TAXNET
세무/회계 전문 재경비즈니스 포털 서비스

내부감사 매뉴얼

실사례로 본 내부회계관리제도 구축 및 운영방안 제시

강인준 · 정병무 · 최정혜 공저

개정7판

조세통람

PREFACE

개정 7판을 내면서

실사례로 본 내부회계관리제도 구축 및 운영방안 제시

업무감사 중심에서 내부통제의 효율성을 위한 컨설팅으로 내부감사가 진화한 이후 대규모 분식사태의 연속으로 인하여 주주와 감독당국을 포함한 각종 이해관계자들이 내부감사에 거는 기대가 날로 증가하고 있다.

2015년 금융감독원의「외부감사 관련 감사 및 감사위원회 운영 모범사례」, 2017년 금융위원회의「회계 투명성 및 신뢰성 제고를 위한 종합대책」및 2018년 11월 시행된 개정「주식회사 등의 외부감사에 관한 법률」제22조에 따른 부정조사 책임 부여 등 내부감사의 역할이 기업 내에만 머무르지 않고 외부감사인과 공조하고, 주주 등 외부 이해관계자들에게 기업의 회계 투명성에 대해 더 높은 신뢰를 주고 대외적 책임까지 지게 되는 수준으로 확대 · 강화되고 있다.

과거에 비하여 내부감사가 관심을 가져야 할 분야가 다양해지고 더 많은 실무적 지원이 필요한 시기에 본서의 다양한 실무적 접근이 도움이 되기를 기대하며, 미진한 부분에 대한 독자 여러분의 피드백을 반영하여 향후로도 더욱 발전하기 위해 노력할 것이다.

본서가 출간될 수 있도록 도움을 주신 ㈜조세통람 임직원 여러분께 감사드린다.

2020년 7월

저자 강인준, 정병무, 최정혜

CONTENTS

CONTENTS

CONTENTS

43년, 세무회계 전문출판 조세통람

조세통람 TAXNET
세무/회계 전문 재경비즈니스 포털 서비스

CHAPTER

01 감사의 기본개념

1 감사의 정의와 감사의 종류

(1) 감사의 정의

넓은 의미에서의 감사(Audit)란 특정대상의 타당성 여부를 조사확인하고 그 결과가 적정한지 여부를 보고하는 활동을 말한다. 예를 들면 회사의 업무가 회사규칙대로 이루어지고 있는지 확인하는 것이 업무감사이고, 회사의 재무제표가 적정한지 확인하는 것이 회계감사이다.

자본주의 사회의 중심은 기업이며, 기업에는 여러 이해관계자가 있다. 우선 자금을 제공한 주주가 있고, 다음 돈을 빌려준 채권자가 있으며, 회사내부의 경영자와 종업원이 있다. 또 이익에 대하여 세금을 거두어 가는 세무서가 있으며, 이러한 모든 이해관계자에게 제공되는 가장 중요한 정보가 재무제표이다. 회사가 제공하는 재무제표의 적정성 여부를 전문가로서의 자격을 갖춘 독립적인 제3자가 검증하고 사회적으로 공표하는 활동을 특히 '회계감사'라고 한다.

미국회계학회는 1973년에 기초적 감사개념보고서(A Statement of Basic Auditing Concepts : ASOBAC)에서 모든 감사에 공통적으로 적용되는 포괄적인 감사의 개념을 다음과 같이 정의하고 있다.

> 감사란 특정실체의 경제적 행위와 사건에 대한 주장과 이미 설정되어 있는 기준(예 : 회사규칙, 기업회계기준 등)과의 합치정도를 확인하기 위하여 이들 주장(예 : 수행한 업무 또는 회사가 작성한 재무제표 등)에 관련되는 증거를 객관적인 방법으로 수집하고 평가하여 그 결과를 여러 이해관계자들에게 전달하는 체계적 과정이다.

이와 같은 감사의 정의는 감사대상과 감사목적 등에 따라 다른 의미로 사용된다. 예를 들면 재무제표감사, 이행감사, 업무감사 및 외부감사, 내부감사 등 각각의 경우에 감사의 의미도 차이가 있다.

(2) 감사의 종류

① 감사대상과 감사목적에 따른 분류

가. 재무제표감사

재무제표감사(Audit of Financial Statements)란 경영자가 작성한 재무제표가 기업회계기준에 따라 중요성의 관점에서 공정하게 표시되었는지를 확인할 목적으로 수행되는 감사를 말한다. 재무제표감사는 공인회계사법, 주식회사 등의 외부감사에 관한 법률 등에서 명시한 독립성을 가진 외부공인회계사가 수행한다.

나. 이행감사

이행감사(Compliance Audit)란 준거감사라고도 하며 특정조직이나 기업이 외부기관이나 기업자체에 의해서 부과된 법령·규칙·절차·의무규정 등을 제대로 이행(또는 준수)하였는가를 평가할 목적으로 수행되는 감사를 말한다.

예를 들면 차관 도입 시 약정요구사항이 있는데 이것을 준수하고 있는지 확인하는 감사이다.

다. 업무감사

업무감사(Operational Audit)란 특정조직이나 기업의 업무이행절차 및 경영활동에 대하여 그 효율성(Efficiency)과 효과(Effectiveness)를 평가할 목적으로 수행되는 감사를 말한다. 업무감사는 회사의 내부 또는 외부감사인이 수행한다.

② 감사주체에 따른 분류

가. 외부감사

외부감사(External Audit)란 조직외부의 독립된 감사인이 실시하는 감사를 말한다. 가장 전형적인 외부감사는 공인회계사에 의한 재무제표감사를 말한다. 외부감사인이 재무제표

감사를 수행하는 과정에서도 이행감사의 일종인 회계제도와 내부통제제도에 대한 평가절차, 즉 내부통제절차가 사전에 수립되어 있고, 수립된 대로 업무가 이루어지고 있는지 검토한다. 그러나 이는 그 자체가 목적이 아니라 재무제표감사의 효율성과 효과를 높이기 위한 것이다.

나. 내부감사

내부감사(Internal Audit)란 조직내부의 종업원이나 감사부서에서 실시하는 감사를 말한다. 내부감사인은 재무정보나 경영정보에 대한 감사업무도 수행할 수 있으나, 주로 회사의 회계제도와 내부통제제도의 유효성 및 경영자의 지시사항이나 외부요구사항의 준수 여부 등을 감사하고 평가하는 이행감사와 경영의 효율성과 효과에 대한 업무감사가 보다 강조된다.

다. 상법상의 감사

우리나라 상법에서 규정하고 있는 감사도 내부감사의 일종이라 할 수 있다. 그러나 상법상의 감사는 주주의 이익을 보호하기 위하여 경영자를 감시하는 기능으로서의 감사업무가 주된 것으로 업무감사를 주로 하는 협의의 내부감사와는 다른 개념이다.

2 회계감사

(1) 회계감사의 정의

> 회계감사란 경영자가 작성(경리부가 작성하나 경영자가 책임을 짐)한 재무제표가 회사의 재무상태와 경영성과 및 기타 재무정보를 기업회계기준에 따라 적정하게 표시하고 있는지에 대하여 독립된 제3자인 감사인(공인회계사)이 회계감사기준에 따라서 감사증거를 수집하고 평가하여 그 결과인 감사의견을 정보이용자인 여러 이해관계자들에게 제공하는 사회적 입증기능이다.

① 회계감사의 대상 : 재무제표

회계감사의 대상은 경영자가 작성한 재무제표로 재무상태표, 손익계산서(또는 포괄손익계산서), 자본변동표, 현금흐름표와 주석사항이 포함된다. 경영자는 재무제표상에 표시되는 모든 항목들이 기업회계기준에 따라 ㉠ 실재성, ㉡ 발생사실, ㉢ 권리와 의무, ㉣ 완전성, ㉤ 평가, ㉥ 측정, ㉦ 재무제표 표시와 공시라는 7가지 사항을 충족하였다고 주장한다. 이러한 경영자의 7가지 '재무제표에 의한 주장'의 진위 여부를 확인하는 것이 회계감사의 목적이다. 즉 재무제표에 현금 1억원이 표시되어 있으면 1억원이 실제로 있고 회사의 소유이며, 현금이 외화라고 하면 평가는 적정한지 그리고 부외현금은 없는지 확인하는 것이다.

② 감사인의 판단기준 : 기업회계기준

기업회계기준이란 기업이 재무제표를 작성할 때 준수해야 할 기준으로, 과거에는 금융감독원에서 제정했으나, 현재는 회계기준위원회에서 제정하고 있다.

감사인이 감사대상 재무제표의 적정성 여부에 대한 감사의견을 형성할 때 판단기준은 '기업회계기준'이다. 경영자는 기업회계기준과 관련규정에 따라 적정한 회계처리를 하여야 하며, 감사인은 회사의 회계처리와 공시가 기업회계기준을 준수하여 이루어졌는지를 확인하여야 한다.

③ 회계감사의 주체 : 감사인(외부의 공인회계사)

회계감사의 3당사자는 정보생산자(또는 정보제공자), 정보이용자, 정보검증자이며, 감사업무를 수행하는 감사주체는 감사인이다.

가. 정보생산자(경영자 또는 피감사회사)

정보생산자란 기업회계기준에 따라서 회사의 재무제표를 작성하는 경영자를 말한다. 경영자는 때로 고의적으로 재무제표를 왜곡하여 작성하기도 한다. 경영자는 재무제표를 작성하는 과정에서 발생된 부정이나 오류에 대한 방지책임, 즉 재무제표작성 책임을 진다.

나. 정보이용자(이해관계자)

정보이용자란 경영자가 작성·제시한 재무제표에 의하여 투자 및 신용 등에 관한 경제적 의사결정을 내리는 자들을 말하며, 투자자·채권자·채무자·정부기관·경영자 등이 있다. 정보이용자들은 경영자가 작성 · 제시한 재무제표의 왜곡에 따른 정보위험을 줄이기 위하여 재무제표감사를 원하게 된다.

다. 정보검증자(감사인)

정보검증자는 경영자가 작성한 재무제표가 기업회계기준에 따라 중요성의 관점에서 공정하게 표시되어 있는지 여부를 검증하는 감사인을 말한다. 감사인은 적격성과 독립성을 유지하고 회계감사기준에 따라 감사업무를 실시하고 감사보고를 하여야 하는 책임, 즉 감사의견 표명책임을 진다.

④ 감사인의 행위기준 : 회계감사기준

감사인의 행위기준이란 감사주체인 감사인이 감사업무를 수행함에 있어서의 행위 지침을 말한다. 감사인의 행위기준을 규정한 것은 '회계감사기준'으로 감사인이 감사대상회사의 재무제표를 감사함에 있어서 감사증거를 수집하고 평가하는 방법과 감사결과를 정보이용자에게 보고하는 방법을 포함하고 있다. 감사인은 회계감사기준을 준수하여 충분하고 적합한 감사증거를 수집하고 이에 근거하여 적절한 감사의견을 형성하여야 한다.

3 내부감사

(1) 내부감사의 의의

"내부감사(Internal Auditing)"란 회사가 자체적으로 내부에서 감사하는 것을 의미하며, 회계제도와 내부통제제도의 유효성, 경영의 효율성 및 각종 경영정보의 적정성 등을 감사, 평가 및 감시하는 기능을 말한다. 내부감사는 경영자가 설정하는 내부통제제도의 일부로서 감사대상회사 중 많은 회사가 내부감사기능을 수행하고 있다. 만약 감사대상회사가 내부감사기능을 수행하고 있다면 외부감사인은 내부감사업무를 이해하고 그 유효성에 대하여 평가하여야 한다.

내부감사의 목적은 외부감사의 목적과 다르지만 사용하는 일부 수단이 유사하므로 외부감사인은 내부감사업무 중 일부를 활용하여 감사업무의 효과와 능률을 증진시킬 수 있다. 그러나 내부감사인의 감사업무를 활용하는 경우 외부감사인의 책임이 줄어드는 것은 아니므로 외부감사인은 내부감사결과를 활용하고자 하는 경우에는 내부감사업무가 외부감사절차에 미칠 수 있는 영향을 고려하여야 한다.

참고 **회계감사기준서 610상의 내부감사기능이 수행한 업무의 활용**

외부감사인은 감사목적에 대한 적절성을 결정하기 위해 활용하기로 계획한 내부감사기능의 업무 전체에 대하여 충분한 감사절차를 수행하여야 한다.

- 해당 업무가 적절히 계획, 수행, 감독, 검토 및 문서화되었는지 여부
- 합리적 결론 도출을 위한 충분하고 적합한 증거가 입수되었는지 여부
- 도달된 결론이 해당 상황에서 적합하고 내부감사기능이 작성한 보고서가 수행된 업무 결과와 일관성이 있는지 여부

(2) 내부감사의 범위 및 목적

내부감사의 범위와 목적은 회사의 규모와 조직구조, 경영자의 요구에 따라 크게 달라진다. 일반적으로 내부감사업무의 범위와 목적에는 다음과 같은 사항이 포함된다.

① 재무정보와 경영정보의 조사

내부감사는 재무정보와 경영정보의 조사업무를 부여받기도 하며, 이에는 ㉠ 정보의 식별, 측정, 분류, 보고지 이용된 수단의 검토와 ㉡ 거래내역, 잔액 및 제반 절차에 대한 세부적인 테스트를 포함된다.

② 회계제도와 내부통제제도의 검토

내부감사의 최우선적인 기능은 회사의 회계제도와 내부통제제도가 적절하고 효과적인지를 감사하고, 평가하고, 그 운용을 모니터링하는 것이다. 경영자는 회계제도와 내부통제제도를 적절하게 수립할 책임을 지며, 계속적으로 이에 대한 주의를 기울여야 한다. 내부감사는 경영자로부터 이러한 시스템을 검토하고, 그 운용을 모니터링하며, 시스템과 운용에 대한 개선을 권고하는 특정업무를 부여받는 것이 일반적이다.

③ **위험관리의 검토**

회사의 제 위험에 대하여 유의적으로 노출되었는지 여부를 식별 및 평가하고 위험관리 및 통제시스템의 개선업무를 부여받는다.

④ **기업지배 달성의 검토**

지배절차의 관련 목적은 윤리 및 가치관, 성과관리와 수탁책임, 조직의 적절한 부문에 대한 위험과 통제에 관한 정보의 커뮤니케이션, 지배기구와 내·외부감사인 및 경영진 간 커뮤니케이션의 효과성 등에 대한 관련 목적을 달성했는지 평가한다.

01

⑤ **경영자의 정책 · 지시사항 · 기타 내부요구사항, 법률 · 규정 · 기타 외부요구사항 등의 준수 여부 검토**

⑥ **회사의 비재무적 통제를 포함한 경영의 효율성, 효과성 및 경제성의 검토**

(3) 내부감사와 외부감사인의 관계

내부감사와 외부감사인과는 다음과 같은 관계에 있다.

① **감사목적**

'내부감사의 역할'은 경영자에 의하여 결정되므로 내부감사의 목적도 경영자의 요구에 따라 달라진다. 그러나 '외부감사의 목적'은 재무제표가 기업회계기준에 따라 중요성의 관점에서 공정하게 표시되어 있는지 여부에 대하여 독립적인 입장에서 감사의견을 표명하는 것으로 확정되어 있다.

② **독립성 유지 여부**

내부감사인은 회사의 일부이므로 그 객관성이나 자율성의 정도에 관계없이 외부감사인보다 독립성이 유지될 수 없다.

③ **감사업무의 활용**

내부감사나 외부감사에서 사용하는 일부수단이 유사하므로 내부감사업무의 일부는 외부감사인이 적용하는 감사 절차의 성격(내부통제에 의존할지 여부, 중점감사항목의 선정 등), 시기(1월에 감사할지, 2월에 감사할지 그리고 채권조회를 10월 말 기준으로 할지, 12월 말 기준으로 할지의 사항 등) 및 범위(샘플을 많이 추출할지, 적게 추출할지의 사항)를 결정하는 데 유용하게 이용될 수 있다. 그러나 내부감사업무는 제한적인 독립성으로 인하여 객관성이 결여될 수 있으므로 내부감사가 아무리 효과적이라고 하여도 외부감사절차를 완전히 생략할 수는 없다.

④ **외부감사인의 책임문제**

외부감사인이 내부감사결과를 이용했다 하여 외부감사인의 책임이 경감되지는 않으며, 감사의견에 대한 책임은 전적으로 외부감사인에게 있다.

4 감사증거

(1) 감사증거의 정의

"감사증거(Audit Evidence)"란 감사인이 감사의견의 근거가 되는 결론에 이르기까지 수집한 제반정보를 말한다. 예를 들면 채권의 경우는 상대방으로부터 회수한 조회서이다. 감사인은 재무제표의 공정성 여부에 대한 감사의견을 형성하기 위하여 감사의견의 기초가 되는 합리적인 감사결론을 도출할 수 있도록 충분하고 적합한 감사증거를 확보하여야 한다.

감사증거는 주로 '내부통제의 시사'와 '입증절차'의 적절한 조합을 통해 수집하며, 때로는 전적으로 입증절차만을 통해 감사증거를 수집할 수도 있다. 감사인은 '내부통제의 시사(Audit of Sampling Test)'에 의하여 회계제도와 내부통제제도의 설계의 적정성과 운용의 유효성 여부에 대한 감사증거를 얻고, '입증절차', 즉 계정잔액과 거래의 내역에 대한 시사와 분석적 절차에 의하여 재무제표 내에 중요하게 왜곡 표시되어 있는 사항을 적발하기 위한 감사증거를 확보한다.

(2) 감사증거의 수집이유

감사인이 감사증거를 수집하는 이유는 다음과 같다.

① 감사증거는 감사대상 재무제표가 공정하게 작성되었는지를 입증하기 위하여 수집한다.

② 감사증거는 감사대상 재무제표에 대한 감사의견(적정의견, 한정의견, 부적정의견, 무의견)을 적절히 형성하기 위하여 수집한다.

③ 감사증거는 소송 등이 제기되는 경우 감사인이 회계감사기준에 따라 합리적인 감사절차를 실시하였음을 대내외적으로 증명하기 위하여 수집하는 것이다.

01

(3) 감사증거의 종류

① 성격별 분류

감사증거는 ㉠ 재무제표의 기초가 되는 중요 원시증빙서류 및 회계기록과 ㉡ 기타 경로로 수집된 확인적 정보로 구성된다. 감사인은 회계기록의 적정성을 검증하기 위한 확인적 정보를 입수하여야 한다.

가. 원시증빙서류와 기초회계기록

a. 원시증빙서류

원시증빙서류(Source Documents)란 최초 거래발생 시 작성되어 회계처리의 기초가 되는 서류를 말하며 지출결의서, 수표부본, 전자자금이체 기록, 세금계산서, 영수증, 각종 계약서 등을 말한다.

b. 기초회계기록

기초회계기록(Underlying Accounting Records)이란 원시증빙서류에 의하여 작성된 재무제표의 기초가 되는 각종 회계기록을 말하며 전표, 분개장, 회계장부(총계정원장 · 보조장부), 원가계산서류 및 회계처리규정집 등을 말한다.

나. 확인적 정보

확인적 정보(Corroborating Information)란 기초회계기록의 정당성을 입증해 주는 확인용 자료를 말하며 실사, 조회확인, 입회확인, 질문 등의 감사기술을 통해서 얻어진 정보 및 기타 감사인이 수집 · 작성한 제반정보들을 말한다.

예를 들면 조회서, 확인서, 입회 Memo, 질문서 등이다.

■ 원시증빙서류와 기초회계기록 및 확인적 정보

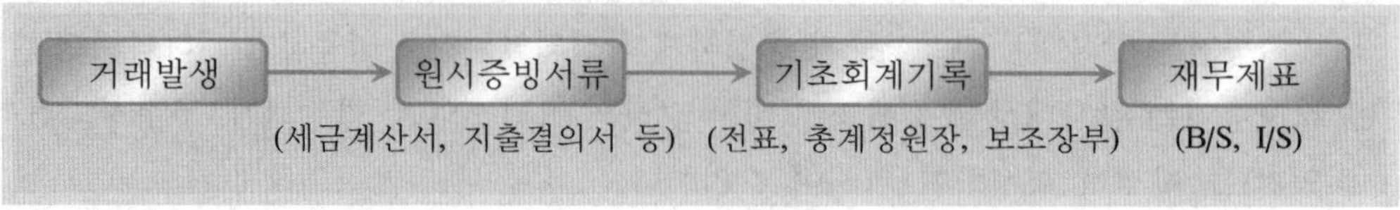

② 수집원천별 분류

감사증거는 수집원천에 따라 내부증거와 외부증거로 분류할 수 있다.

가. 내부증거

내부증거란 기업내부에서 입수하는 증거자료를 말하며 장부, 전표, 증빙서류, 의사록, 계약서, 기타 거래서류 등이 있다. 내부증거를 구하는 감사기술로서는 문서검사(증빙대조, 전기대조), 계산검증 등이 있다.

내부증거는 수집이 용이하지만 회사의 의도적인 왜곡이 가능하므로 외부증거보다는 증거력이 약하다. 다만, 회사의 내부통제제도가 효과적인 경우에는 내부증거라도 그 증거력이 높다.

나. 외부증거

외부증거란 기업외부에서 입수하거나 감사인이 스스로 작성한 증거자료를 말하며 각종 조회서, 타전문가의 증명서, 감사인의 실사자료, 기타 통계자료 등이 있다. 외부증거를 구하는 감사기술로는 실사, 관찰, 질문과 조회, 분석적 절차(당기 : 전기의 비교, 예산 : 당기의 비교 또는 월별 비교표 등)가 있다.

외부증거는 내부증거보다 증거력은 강하나 입수하는 데 시간과 비용이 많이 소요된다.

③ 형태별 분류

감사증거는 형태에 따라 물리적 증거, 문서적 증거, 구두적 증거 및 상황적 증거로 분류할 수 있다.

가. 물리적 증거

물리적 증거란 현금, 재고자산, 유형자산과 같은 재화의 실재성에 관한 증거를 말한다. 감사인은 실사, 관찰(입회)의 감사기법으로 물리적 증거를 얻을 수 있다.

물리적 증거는 각종 증거 중 가장 강한 증거력을 갖지만, 수집범위가 제한적이며 수집비용이 많이 소요된다는 단점이 있다. 물리적 증거는 자산의 실재성을 확인할 수는 있으나, 권리(소유권)의 타당성이나 평가(진부화 정도)의 타당성까지를 충분히 확인할 수 있는 것은 아니다.

나. 문서적 증거

문서적 증거란 각종의 계약서, 원시증빙서류, 회계장부 및 확인증명서와 같은 문서에 의한 증거를 말한다. 문서증거는 회사내부와 회사외부에서 수집되며 감사인은 문서검사, 조회확인 등의 감사기법으로 문서적 증거를 얻을 수 있다.

문서적 증거는 수집은 용이하지만 증거력은 내용에 따라 상당한 차이가 있다. 문서증거의 신뢰성은 문서의 성격, 입수원천 및 내부통제의 유효성에 따라 달라진다.

다. 구두적 증거(구술적 증거)

구두적 증거란 감사인의 질문에 대한 상대방의 구두에 의한 진술 또는 증언을 말한다. 구두증거는 감사업무의 초기에 입수되며, 추가적인 감사절차의 필요성 여부를 결정하는데 단서를 제공한다. 구두적 증거는 Memo로 상대방이 기술한 것을 적어 놓은 것이다.

구두적 증거는 그 자체로서는 증거력이 약하므로 다른 증거에 의한 보완이 필요하며, 구두증거에 의존하고자 하는 경우에는 진술의 내용을 경영자확인서 등으로 문서화하고 상대방의 서명확인을 받도록 하여야 한다.

라. 상황적 증거

상황적 증거란 특정상황이나 환경 등을 추론하기 위하여 수집된 증거를 말한다. ㉠ 재무제표의 신뢰성에 대한 간접적 확신을 얻기 위한 내부통제제도의 평가결과, ㉡ 분석적 절차에 의하여 파악한 비정상항목, ㉢ 매출채권의 소극적 조회에 대한 미회신항목 등이 상황적 증거의 예가 될 수 있다.

상황적 증거는 그 자체로서는 증거력이 약하므로 다른 증거에 의하여 추가적인 확신을 얻도록 하여야 한다.

5 감사기술

"감사기술(Audit Techniques)"이란 감사증거를 입수하기 위하여 감사인이 적용하는 감사증거 수집방법을 말한다. 감사기술에는 ① 검사, ② 관찰, ③ 외부조회, ④ 질문, ⑤ 재계산 및 재수행, ⑥ 분석적 절차가 있으며, 감사인은 이러한 감사기술 중에서 하나 또는 둘 이상의 절차를 적용하여 감사증거를 수집한다. 감사인은 자신의 감사목적을 효과적으로 달성하기 위하여 여러 가지 감사기술 중 적합한 감사기술을 적절히 선택·적용하여 보다 충분하고 적합한 감사증거를 수집하여야 한다.

(1) 검 사

"검사"란 내·외부의 소재를 떠나 종이나 전자 또는 매체 형태의 기록과 문서에 대한 검사와 자산에 대한 실물검사로 구분될 수 있다.

① 기록과 문서의 검사

"기록과 문서의 검사"란 회사 또는 제3자가 보관하고 있는 문서증거를 입수하여 검토함으로서 재무제표 구성항목의 공정성을 검증하는 방법이다.

기록과 문서의 검사에 의하여 수집하는 감사증거의 증거력은 ㉠ 문서의 성격, ㉡ 입수원천, ㉢ 문서를 처리하는 내부통제의 유효성에 따라 신뢰성이 달라진다. 문서증거를 그 증거력에 따라 배열하면 다음과 같다.

문서의 종류	증거력
a. 제3자가 작성하고 보관하는 문서증거	높음.
b. 제3자가 작성하고 회사가 보관하는 문서증거	보통
c. 회사가 작성하고 보관하는 문서증거	낮음.

기록과 문서의 검사방법으로는 증빙대조와 전기대조가 가장 많이 사용된다. 증빙대조(Vouching)란 회계기록의 원천자료인 원시증빙서류와 관계 장부의 회계기록을 대조하여 회계기록의 정확성을 검증하는 방법이며, 전기대조(Checking Posting)란 관계 장부 간의 기록내용이 상호 일치하는가의 여부를 대조하여 확인하는 것이다.

기록과 문서의 검사는 감사목적 중 실재성과 완전성을 검증하는 경우에 각각 다르게 적용된다.

가. 실재성 확인과 역진법

실재성 확인이란 회사의 장부상에 과대 계상되어 있는 가공자산이나 가공부채 등을 확인하는 것이다. 실재성과 관련된 가공자산・부채는 장부상에만 기록되어 있고, 관련증빙이 없는 경우가 많으므로 증빙서류철을 모집단으로 하는 경우에는 발견되지가 않는다. 따라서 자산・부채의 실재성이나 발생사실의 적정성을 확인하기 위해서는 '총계정원장이나 보조부를 모집단으로 하여 표본을 추출하고, 관련원시증빙을 대조확인'하는 '역진법'이 효과적이다.

01

나. 완전성 확인과 전진법

완전성 확인이란 부외자산이나 부외부채 등 실제로 발생은 하였으나 회사의 장부상에 누락되어 있는 거래기록이나 계정잔액을 확인하는 것이다. 완전성과 관련된 부외자산・부채는 증빙서류철에는 포함되어 있으나 명세서나 장부상 기록은 없는 경우가 많으므로 명세서나 장부기록을 모집단으로 하는 경우에는 발견되지가 않는다. 따라서 자산・부채의 완전성을 확인하기 위해서는 '원시증빙철을 모집단으로 하여 표본을 추출하고 전표작성 및 총계정원장과 보조부에의 기록 여부를 추적검사'하는 '전진법'이 효과적이다.

실재성 검증 : 역진법(거래원시증빙 ⟵ 전표 또는 분개장 ⟵ 총계정원장 또는 보조부)
완전성 검증 : 전진법(거래원시증빙 ⟶ 전표 또는 분개장 ⟶ 총계정원장 또는 보조부)

② 실물검사

"실물검사" 또는 "실물자산의 검사(Physical Inspection)"란 감사인 자신이 회사의 실물보유자산에 관하여 실제로 수량을 확인하는 방법을 말한다. 실사절차는 현금, 유가증권, 받을어음, 중요한 재고자산 및 유형자산의 실재성에 대한 감사증거를 얻는 데 적용된다.

즉 현금을 직접 실사하고 실사한 금액을 적고 현금보관자에게서 확인서를 받아 놓는 절차이다.

실사로 수집하는 감사증거의 증거력은 자산의 '실재성', 즉 자산의 존재 사실에 대해 가장 신뢰성 있는 감사증거를 제공해 주는 방법이지만 자산의 '소유권'이나 '가치평가'에 대한 증거를 제공해 주지는 못한다. 따라서 자산의 소유권이나 진부화 여부 등을 파악하기 위해서는 별도의 감사증거를 수집하여야 한다.

실사 시 유의사항은 ㉠ 현금, 유가증권, 받을어음 등 상호융통이 가능한 자산은 동시에 실사하여 융통가능성을 배제하여야 하며, ㉡ 가급적 재무상태표일을 전후한 기간에 실사를 하여 증거의 적시성을 확보하여야 한다는 것이다.

(2) 관 찰

"관찰(Observation)"이란 타인에 의하여 수행되는 절차를 감사인이 육안으로 확인하는 것을 말하며, "입회확인"이라고도 한다. 관찰은 입증절차 시 회사가 수행하는 재고자산의 실사를 관찰하거나 내부통제제도 평가 시 감사증적이 없는 내부통제제도의 수행과정을 관찰하는 경우에 사용된다.

재고자산의 경우 회계사가 직접 실사할 수 없고, 또 회사의 입장에서는 결산을 하고, 관리를 하기 위해서 재고자산에 대하여 실사를 하여야 하기 때문에 회사의 실사 시 회계사가 입회하는 것이다.

입회확인의 증거력은 상황에 따라 달라진다. 일반적으로 입회확인만으로는 재고자산수량의 '실재성'을 확인하는 데 한계가 있으므로 감사인은 입회확인 후 일부항목을 추출하여 직접 실사를 수행하여 재고자산의 실재성에 대한 추가적인 확신을 얻도록 하여야 한다.

또한 입회증거는 감사인이 '입회한 시점에만 유효'하므로 시간이 경과하는 경우에는 증거력이 떨어짐에 유의하여야 한다.

(3) 외부조회

"외부조회(Confirmation)"이란 감사인이 회계기록에 대한 확인적 정보를 입수하기 위하여 회사의 거래처나 제3자에게 '확인조회서'를 발송하여 질문하고 문서로 회신을 구하는 방법을 말한다. 조회확인은 금융기관에의 예금이나 차입금, 일반채권 · 채무, 타처에 보관되어 있는 기업소유의 자산, 계류 중인 소송사건, 계약의 변경 유무, 특정조건의 존재 유무 등에 대한 감사증거를 구하는 데 적용된다.

외부조회의 증거력은 감사인이 직접 수집하는 '직접증거'이고, 회사의 외부에서 입수하는 '외부증거'이므로 자산과 부채의 '실재성'이나 '권리와 의무'의 타당성 등을 확인함에 있어 신뢰성이 높은 감사증거이지만 자산과 부채의 '완전성'이나 '평가의 적정성'에 대한 증거를 제공하지는 못하며 시간과 비용이 많이 소요된다.

조회의 방법에는 적극적 조회와 소극적 조회가 있으며, 감사대상항목의 중요성과 내부통제의 유효성, 조회대상의 수 등을 고려하여 선택적용 하여야 한다. 적극적 조회는 조회사항의 일치 여부에 관계없이 반드시 회신을 요청하는 방법이며, 소극적 조회는 조회사항이 불일치하는 경우에만 회신을 해 줄 것을 요청하는 방법이다. 일반적으로 적극적 조회는 소극적 조회보다 신뢰성 있는 증거를 제공해 준다.

적극적 조회의 경우 회신을 받지 못한 경우에는 ㉠ 원시증빙서류의 검사, ㉡ 조회일 이후의 대금회수나 지급사실 확인, ㉢ 상대방거래처와의 교신철을 검토하는 등 대체적 절차를 수행하여야 하며, 회신내용에 차이가 있는 경우에는 그 이유를 규명하여야 한다.

(4) 질 문

"질문(Inquiry)"이란 감사인이 회사내부의 경영자나 종업원 또는 외부의 관련지식이 있는 사람에게 구두 또는 서면으로 질문하여 정보를 구하는 방법이다. 질문은 회사내부의 사람에 대한 비공식적인 구두질문뿐 아니라 제3자에게 발송한 공식 서면질의까지 망라한다. 감사인은 질문에 대한 응답으로부터 이전에는 없었던 새로운 정보나 확인적 증거를 입수한다.

질문은 채권의 회수가능성에 관한 의견, 재고자산과 유형자산의 진부화정도, 부외자산과 부외부채의 존재 여부, 우발채무의 존재 여부(계류중인 소송사건 등) 및 재무상태표일 후에 발생한 중요사건 등에 적용된다.

질문에 의한 구두증거의 증거력은 응답자의 자질과 정직성 등이 확보되는 경우에는 높다고 할 수 있다. 그러나 구두증거는 일반적으로 그 자체로서는 증거력이 약하므로 추가로 확인적 감사증거를 구하여야 하며, 다른 감사증거와 일치하는지를 평가하여야 한다. 또한 중요한 사항에 대하여는 증거력을 높이기 위하여 구두진술의 내용을 가급적 경영자 확인서 등으로 문서화되어 보완하는 것이 좋다.

(5) 재계산 및 재수행

"재계산"이란 원시증빙서류와 회계기록에 관한 산술적 계산의 정확성을 확인하거나 별도의 재계산을 수행하는 방법을 말한다.

감사인은 각종 회계기록의 가로 또는 세로의 합계액, 잔액, 적수 등을 합계검증하거나 이자금액이나 감가상각비 등을 재계산하여 정확성을 검증한다.

계산검증은 감사인이 직접 검증하는 것이므로 증거력이 높다.

"재수행"이란 감사인이 내부통제의 일부로서 수행되는 절차와 통제를 독립적으로 실행하는 방법으로 내부통제의 적정성을 평가하여 감사위험 및 입증감사 범위를 정하는 데 활용된다.

(6) 분석적 절차

"분석적 절차(Analytical Review)"란 중요한 재무비율(예 : 재고자산회전율, 매출채권회전율) 및 추이(당기 : 전기, 예산 : 당기, 월별비교)를 분석하는 것을 말하며, 그 결과 예측가능한 금액과 상당한 차이를 나타내거나 관련정보와 부합하지 않는 변동 및 사실관계를 조사하는 것을 포함한다. 감사인은 감사계획단계와 감사의 전반적 검토단계에서는 반드시 분석적 절차를 적용하여야 하며, 입증절차단계 및 감사종결 단계에서도 적용하여야 한다.

분석적 절차는 비교적 단순한 방법으로 감사위험이 높은 중점감사항목을 효과적으로 파악할 수 있으며, 감사에 투입되는 시간과 비용을 줄일 수 있다. 그러나 분석적 절차로 수집한 감사증거는 상황증거이므로 그 자체로 높은 증거력을 가지는 것은 아니며, 추가적인 감사절차에 의하여 확인적 증거를 수집하여야 한다.

6 감사문서

(1) 감사문서의 정의

"감사문서(Working Papers)"란 감사인의 전반적인 목적의 달성에 관한 결론의 근거자료로서 수집한 감사증거자료 및 작성한 서류를 말한다. 감사문서는 종이, 필름 및 전자매체 또는 다른 매체에 저장된 자료의 형태를 지닌다.

실무상 감사문서는 서류철로 묶어서 보관하며, 묶는 순서도 계정과목별 순서로 묶는다.

감사인은 ① 감사의견을 지지하는 증거와, ② 감사가 회계감사기준에 의거하여 적절히 수행되었다는 것을 입증할 수 있는 증거를 제공할 수 있도록 중요한 사항을 문서화하여야 한다. 만약 감사인이 감사문서를 작성하지 않게 되면 추후 소송 등이 제기된 경우에 감사인은 자신이 회계감사기준에 의거하여 감사를 수행하였음을 입증할 수가 없게 되며, 따라서 감사인이 자신의 책임을 다하였다는 주장을 할 수가 없다.

(2) 감사문서의 작성목적

감사인이 감사문서를 작성하는 목적은 다음과 같다.

■ 감사문서의 작성목적

① 감사의 계획과 수행과정에 도움이 되기 위하여 작성한다.
② 감사업무에 대한 감독과 검토과정에 도움이 되기 위하여 작성한다.
③ 자산이 수행한 업무에 대해 책임질 수 있도록 하기 위하여 작성한다.
④ 향후의 감사에 지속적으로 유의적인 사항에 대한 기록을 유지하기 위하여 작성한다.
⑤ 감사의견형성의 근거자료로 활용하기 위하여 작성한다.

7 감사절차

(1) 감사절차의 정의

"감사절차(Audit Procedure)"란 감사인이 회사의 재무제표에 대한 적절한 감사의견표명이라는 감사목적을 효과적이고 능률적으로 달성하기 위하여 필요로 하는 '감사증거를 수집하는 과정'을 말한다. 감사인은 회사의 재무제표에 중요한 왜곡표시가 없는지에 대한 합리적 확신을 가져야 적절한 감사의견을 표명할 수 있으며, 감사인이 합리적 확신을 가지기 위해서는 충분하고 적합한 감사증거를 수집하여야 한다. 따라서 감사증거를 수집하는 과정도 합리적인 감사절차에 의하여 수행되어야 한다.

앞서 살펴본 감사증거 및 감사기술과 감사절차와의 상호관계를 요약하면 다음과 같다.

① 감사증거 : 감사의견을 형성하기 위하여 수집한 정보

② 감사기술 : 감사증거를 수집하는 방법(검사, 관찰, 외부조회, 질문, 재계산 및 재수행, 분석적 절차 등)

③ 감사절차 : 감사인이 특정 감사목적을 달성하는 데 필요한 감사증거를 수집하기 위하여 감사기술을 선택·적용하는 감사증거의 수집과정

(2) 감사절차의 구분

감사절차는 일반감사절차와 기타의 감사절차로 구분되며, 이러한 감사절차는 일반적으로 100% 전수검사가 아닌 표본감사의 방법에 의하여 실시한다.

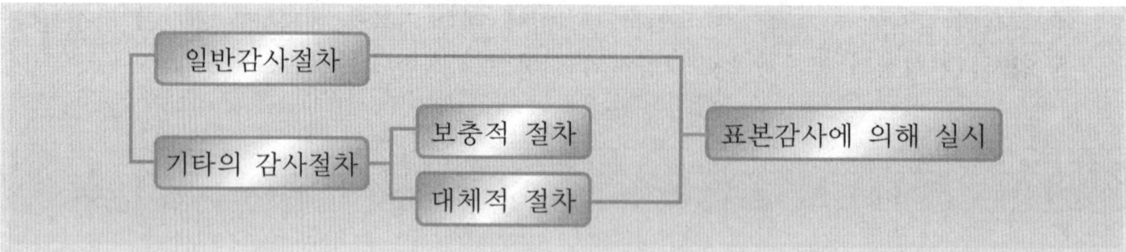

① 일반감사절차

일반감사절차란 감사인이 감사업무 수행 상 실시가능하고 실시하는 것이 합리적인 경

우에는 생략하여서는 아니 되는 감사절차이다. 일반감사절차에 대한 상세한 내용은 뒤에서 설명하기로 한다.

② 기타의 감사절차

기타의 감사절차란 일반감사절차 이외에 감사인이 사정에 따라 필요하다고 인정하여 선택적용하는 감사절차를 말하며, 보충적 절차와 대체적 절차가 있다.

가. 보충적 절차

"보충적 절차"란 일반감사절차를 '보완'할 필요가 있는 경우에 실시하는 감사절차를 말한다. 예를 들어 매출채권의 실재성을 확인하기 위하여 일반감사절차인 '조회확인에 대한 회신을 받았으나 거래처와의 담합 등이 의심되어 확신을 가질 수 없는 경우' 재무상태표일 이후의 회수상황을 검토하는 절차는 보충적 절차라고 할 수 있다.

나. 대체적 절차

"대체적 절차"란 일반감사절차를 실시할 수 없는 경우에 그 '대용'으로 실시하는 감사절차를 말한다. 예를 들어 매출채권의 실재성을 확인하기 위하여 일반감사절차인 '적극적 조회확인을 실시하였으나 거래처로부터 회신을 받지 못한 경우' 재무상태표일 이후의 회수상황을 검토하거나 원시증빙서류를 문서 조사하는 절차는 대체적 절차라고 할 수 있다.

(3) 일반감사절차의 의의

"일반감사절차"란 감사인이 전문가로서 일반적으로 실시하여야 할 감사절차로서, 실시 가능하고 실시하는 것이 합리적인 경우에는 생략하여서는 아니 되는 감사절차를 말한다. 회계감사기준에서는 다음과 같은 5가지를 일반감사절차로 규정하고 있다.

■ 5가지 일반감사절차
① 사업에 대한 이해 ② 감사계획의 수립 ③ 회계제도와 내부통제제도의 평가 ④ 입증절차 ⑤ 분석적 절차

01

CHAPTER

02 내부감사의 개요

1 내부감사의 개념

(1) 내부감사의 기본개념

① 정 의

내부감사란 경영층의 지시사항이 올바로 수행되고 있는지 그리고 회사의 정책·방침·규정이 올바로 준수되고 있는지 확인하는 것이다.

② 내부감사의 주요 기능

- 기업의 내부조직에 대하여 감사를 실시하여 회사의 재산을 보호하는 것이다.
- 기업 내의 문제점을 객관적으로 평가하여 경영자에게 전달하는 체계적인 과정이다.
- 회사의 정책, 방침, 규정의 준수 여부를 검토하여 구성원에게 경각심을 고취시키는 제도이다.

③ 효 과

- 내부감사는 기업의 투명성과 신뢰성을 높이기 때문에 이해관계자의 이익을 보호하는 효과가 있다.
- 기업의 정책, 경영층의 지시사항이 올바로 준수되기 때문에 기업이 제대로 운영된다.
- 기업의 회계·업무조직을 개선하고 정비하여 경영진단 및 자문의 효과가 있다.
- 부정·오류의 발견 및 방지기능을 수행하므로 조직구성원의 윤리의식을 높여준다.
- 기업의 경영효율을 제고한다.

참고 **회계감사기준서 610의 내부감사기능 정의**

내부감사기능의 목적 및 범위는 다음과 같은 기업지배, 위험관리 및 내부통제 관련 절차들의 효과성을 평가 및 개선하기 위해 설계된 인증 및 자문활동을 포함한다.

기업지배와 관련된 활동 :

- 내부감사기능은 기업지배 절차가 윤리와 가치, 성과관리와 수탁책임, 조직의 적절한 부문에 대한 위험과 통제에 관한 정보의 커뮤니케이션, 그리고 지배기구와 내·외부감사인 및 경영진 간 커뮤니케이션의 효과성에 대한 지배절차의 목적을 달성하는지 평가한다.

위험관리와 관련된 활동 :

- 내부감사기능은 위험에의 유의적인 노출을 식별하고 평가하며 위험관리 및 (재무보고절차의 효과성을 포함하여) 내부통제를 개선하는 데 공헌함으로써 기업에 도움을 줄 수도 있다.
- 내부감사기능은 부정의 발견에 있어 기업에 도움을 주는 절차를 수행할 수 있다.

내부통제와 관련된 활동 :

- 내부통제에 대한 평가－내부감사기능에는 통제를 검토하고 그 운용을 평가하며 이에 따른 개선사항을 권고하는 구체적인 책임이 부여될 수 있다. 그렇게 함으로써, 내부감사기능은 통제에 대한 확신을 제공한다. 예를 들어, 내부감사기능은 감사와 관련된 내부통제를 포함하여, 내부통제의 설계, 실행 및 운영 효과성에 대하여 경영진과 지배기구에게 확신을 제공하는 테스트나 다른 절차를 계획하고 수행할 수 있다.
- 재무정보와 경영정보의 조사－내부감사기능에는 재무정보와 경영정보의 식별, 인식, 측정, 분류 및 보고에 이용된 수단을 검토하고 개별 항목에 대하여 구체적인 질문을 하는 직무(거래와 계정잔액 및 제반 절차에 대한 세부적인 테스트 포함)가 부여될 수 있다.
- 경영활동의 검토－내부감사기능에는 기업의 비재무적 활동 등 경영활동의 경제성, 효율성 및 효과성을 검토하는 직무가 부여될 수 있다.
- 법규준수 검토－내부감사기능에는 법규 및 기타 외부적 요구사항과, 경영진의 정책과 지시 및 기타 내부적 요구사항에 대한 준수여부를 검토하는 직무가 부여될 수 있다.

(2) 내부감사조직

① 조직지위의 독립성

내부감사기능은 최고경영자로 하여금 효율적인 경영이 되도록 매니지먼트 서비스를 하는 Staff기능이다. 따라서 가능한 최고경영자 직속으로 조직의 지위를 가져가는 것이 좋다.

내부감사기능의 성공적인 수행을 위하여서는 아래와 같은 사항에 있어서 조직 내의 독립성이 보장되어야 한다.

- 계획에 있어서의 독립성(Programming Independence) : 감사실시대상에 대한 자주적인 결정
- 감사실시에 있어서의 독립성(Investigative Independence) : 확인 및 검사행위에 있어서의 독립성
- 보고에 있어서의 독립성(Reporting Independence) : 감사의견이 최고경영층에 전달될 때까지 어떠한 영향도 받지 않는 것

② 감사업무규정 제정

최고경영자로부터 권한의 위양을 받아 감사업무규정을 제정하고, 이러한 가이드라인은 보다 체계적인 업무수행을 할 수 있고 내부감사인 자신들의 권익보호도 도모할 수 있다.

(3) 내부감사인의 역할과 자세

① 감사인의 능력과 자질

과거에는 단순히 회계상의 부정, 오류의 적발을 목적으로 하던 회계 지향적 감사였다. 그러나 오늘날은 경영활동 전반의 능률성을 종합평가하는 경영자문지향적 감사로 발전되어 왔다.

이러한 내부감사업무를 효율적으로 수행하기 위해서는 감사인으로 하여금 건전한 상식과 경영전반에 대한 포괄적인 이해능력을 요구한다. 이러한 능력배양은 충분한 실무경험을 토대로 항상 문제의식을 가지고 꾸준한 연구와 교육훈련 및 경험의 축적으로 이루어진다.

② 조직의 봉사자로서의 역할

감사인은 기업문화창달의 기수로서 상부조직의 문화를 하부조직에 전달하고 하부조직의 문화를 상부조직에 전달하는 역할을 담당해야 한다. 뿐만 아니라 상의하달과 하의상달의 조정자(Coordinator)로서의 역할도 해야 한다. 또한 훌륭한 관리기법을 연구개발하고 종합하여 조직전체에 확산되도록 그 전파를 담당하는 역할을 해야 한다.

③ 피감사인과의 갈등해소

감사인이 감사업무수행 시 수감인과 어느 정도의 마찰은 피할 수가 없다. 감사인과 수감인 사이에 야기되는 갈등을 줄일 수 있는 가장 최선의 방안은 무엇인가?

- 수감인의 입장과 감정을 이해하는 능력을 배양하고 진솔한 대화로 마음의 문을 열도록 하라.
- 수감인의 과오나 오류에 대하여 너무 심하게 질책하지 말고, 수감인과 함께 문제해결을 하는 자세를 견지하라.
- 감사인의 입장과 감사과정을 충분하게 설명하여 수감인의 협조를 구하라.
- 문제의 적출보다는 제도의 개선 등에 초점을 두어 문제해결을 위한 감사접근을 시도하라.

상기와 같은 몇 가지 방법은 쉽게 이루어지는 것은 결코 아니다. 항상 감사인은 겸손한 자세로 업무에 임하고, 수감자로 하여금 협조를 할 수 있도록 분위기 조성에 힘써야 할 것이다.

(4) 내부감사기술

① 개요

감사기술은 일반적으로 다음과 같다.

- 감사기술
  - 일반감사기술
    - 증빙대조 (Vouching)
    - 장부대조 (Checking Accounting Records)
    - 계산대조 (Recomputation)
    - 계정대조 (Checking Accounts)
    - 전표대조 (Checking Slips)
    - 열람 (Review)
    - 통사 (Scanning)
  - 개별감사기술
    - 실사 (Physical Inspection)
    - 입회 (Observation)
    - 조회 (Confirmation)
    - 질문 (Inquiry)
    - 계정분석 (Account Analysis)
    - 비교 (Comparison)
    - 비율분석 (Ratio Analysis)
    - 조정 (Reconciliation)

일반감사기술은 모든 감사항목에 대해 일반적으로 적용되는 '기본적인 감사기술'이다. 예를 들어 기중(期中)거래의 기장이나, 기말결산 등 회계기록과 그 기초자료의 검토 등에 효과적이다.

개별감사기술은 특정의 감사항목에 대해 개별적으로 적용되는 '특수한 감사기술'이다. 예를 들어 중요 항목에 대해서는 계정분석 등을 사용해서 감사대상항목 내지는 사항의 정확성 또는 타당성을 확인하고 문제해결에 접근하기 위한 감사기술이다.

주로 사실인정을 위해 선택·적용되는 감사절차	주로 능률평가를 위해 선택·적용되는 감사절차
① 열람 각종 업무기록을 비판적으로 살펴보면서 업무의 방침, 절차, 상황(현상과 원인) 등을 개괄적으로 파악하는 절차이다. ② 통사 각종 기록을 빠른 속도로 살펴보면서 예외 항목, 이상 현상을 발견해서 문제점을 파악하는 절차이다. ③ 대조 장부 및 제 기록에 대해 관계사항을 상호대조하고 그 기록 또는 계산이 맞는지를 확인하는 절차이다. 이 절차에는 증빙대조, 장부대조, 계산대조 등이 있다. ④ 실사 사실의 실제성에 대해 직접 세어보는 절차이다. 이 절차에는 현물검증, 현장검증, 현상검증 등이 있다. ⑤ 입회 현장에 나가서 현상을 시찰하고 처리상황의 적부를 판단해서 사실의 실재성을 유추하는 절차이다. ⑥ 조회 사실의 실재(實在)를 제3자의 증명을 받아서 확인하는 절차이다(예 : 우편발송). ⑦ 질문 사실의 실재성 또는 문제점에 대해 당사자, 관계자, 제3자 등에게 설명, 의견, 회답 등을 구해서 그 진술을 청취하는 절차이다. ⑧ 조정 관련 있는 조사사항 상호의 어긋남을 다른 관련 자료에 의해 보충하고 그 실질적 일치 여부를 확인하는 절차이다.	① 분석 사실(현상과 원인)의 근거를 구명해서 이것을 요소별, 차원별, 문제별 등으로 분해하는 절차이다. 이 절차에는 비율분석, 시계열분석 등이 있다. ② 비교 각종의 경영분석수법, 통계수법, 기타의 비교수법을 이용해 수치나 그 외의 것을 가지고 차이를 밝히고, 사태를 인식하고 합법성(준거성), 합목적성(타당성), 합리성(능률성)의 관점에서 사실의 성격과 정도를 구명·평가함과 동시에 그 특성, 착안점 등을 파악하는 절차이다.

② 회계감사기준서상의 감사절차

우리나라의 회계감사기준서 500 감사증거에서 규정하고 있는 감사기술은 다음과 같다.

가. 감사증거를 수집하기 위한 절차

감사인은 검사, 관찰, 외부조회, 재계산, 재수행, 질문 및 분석적절차 중 하나 혹은 둘 이상의 절차를 적용하여 감사증거를 수집한다. 이러한 절차를 적용하는 시기는 부분적으로 수집하고자 하는 감사증거가 이용 가능한 기간이 언제인가에 따라 영향을 받게 된다.

나. 검 사

"검사"란 내・외부의 소재를 떠나 종이나 전자 또는 기타 매체 형태의 기록이나 문서에 대한 조사, 그리고 자산에 대한 실물조사하는 행위를 말한다. 기록과 문서의 검사는 그 성격과 원천 그리고 이를 처리하는 내부통제의 유효성에 따라 다양한 신뢰성을 갖는 감사증거를 제공한다. 서로 다른 정도의 신뢰성을 갖는 문서적 감사증거를 크게 세 가지로 나누면 다음과 같다.

- 제3자가 작성하고 보관하는 문서적 감사증거
- 제3자가 작성하고 회사가 보관하는 문서적 감사증거
- 회사가 작성하고 보관하는 문서적 감사증거

유형자산의 검사는 실재성에 대한 신뢰성 있는 감사증거를 제공해 주지만 소유권이나 가치에 대한 증거를 제공해 주지는 않는다.

다. 관 찰

"관찰"이란 타인에 의하여 수행되는 절차를 육안으로 확인하는 것을 말한다. 회사가 수행하는 재고자산의 실사를 관찰하거나 감사증적이 없는 내부통제제도의 수행을 관찰하는 것을 예로 들 수 있다.

라. 외부조회

"외부조회"란 문서나 전자 형태 또는 기타 형태의 매체에 의해, 제3자(조회 대상자)가 감사인에게 직접 회신함으로써 감사인에게 입수되는 감사증거를 말한다. 예를 들어 감사인은 일반적으로 채권자와 교신해 봄으로써 직접 매출채권을 조회하고자 한다.

마. 재계산 및 재수행

"재계산"은 문서나 기록의 산술적 정확성을 점검하는 것으로 이루어진다.

"재수행"은 감사인이 원래 내부통제의 일부로서 수행되었던 절차와 통제를 독립적으로 실행하는 것을 말한다.

바. 질 문

"질문"은 기업의 내부 또는 외부의 재무나 비재무 분야의 관련 지식이 있는 자로부터 정보를 구하는 것으로 이루어진다. 질문은 다른 감사절차에 추가되어 감사의 전 과정에 걸쳐 폭넓게 이용된다.

사. 분석적 절차

"분석적절차"는 재무데이터와 비재무데이터 간의 개연적인 관계를 연구함으로써 재무정보를 평가하는 것으로 이루어진다. 분석적절차에는 다른 관련된 정보와 일관성이 없거나 예측금액에서 유의적으로 벗어난 것으로 식별된 추세 또는 관계에 대한 조사가 포함되기도 한다.

참고 **회계감사기준서 530의 분석적 절차**

(1) 서 론

- 감사인은 감사의 전반적 계획단계, 입증감사 단계 및 종결단계에서 반드시 분석적 절차를 적용하여야 한다.
- "분석적절차"란 재무데이터와 비재무데이터 간의 개연적인 관계를 분석하여 재무정보를 평가하는 것을 의미한다. 또한 분석적절차에는 다른 관련정보와 불일치하거나 기대치와 유의적인 금액만큼 차이가 있는 변동이나 관계를 조사하는 것도 포함된다.

(2) 분석적 절차의 정의

- 분석적절차에는 기업의 재무정보에 대해 다음 사항과의 비교를 고려하는 것이 포함된다.
  - 과거 보고기간과 비교가능한 정보
  - 기업의 예산 또는 예측과 같은 기대치 또는 감가상각비의 추정과 같은 감사인의 기대치
  - 유사한 산업정보, 예를 들어 산업평균 또는 동일한 산업에서 비슷한 규모를 가진 기업의 매출채권회전율과 해당 기업의 매출채권회전율을 비교
- 분석적 절차는 다음과 같은 관계를 고려하는 것도 포함한다.
  - 기업의 과거경험에 근거할 때 예측가능한 행태를 따를 것으로 기대되는 재무정보 구성요소들 간의 관계(예: 매출총이익률)
  - 재무정보와 관련 비재무정보 간의 관계(예: 종업원수 대비 급여)
- 위에 기술한 분석적절차를 수행하는 데에는 여러 가지 방법을 사용할 수 있다. 이러한 방법은 단순비교부터 고급 통계기법을 이용한 복잡한 분석까지 있을 수 있다. 분석적절차는 연결재무제표나 부문 또는 각 정보의 개별요소에도 적용될 수 있을 것이다. 감사인이 어떤 절차나 방법을 적용하고 어느 정도의 수준에서 적용할 것인가는 전문가적인 판단에 따른다.

• 분석적 절차는 다음의 목적을 위해 이용한다.
- 다른 감사절차의 성격, 시기 및 범위를 계획하는 데 감사인에게 도움을 주기 위해
- 재무제표에 의한 특정주장에 대한 적발위험을 줄이는 데 다른 입증절차보다 분석적 절차의 이용이 효과적이거나 효율적인 경우 입증절차로 사용하기 위해
- 감사의 최종검토단계에서 재무제표의 전반적 검토를 하기 위해

(5) 내부감사의 Flow

일반적인 내부감사절차의 개요는 다음과 같다.

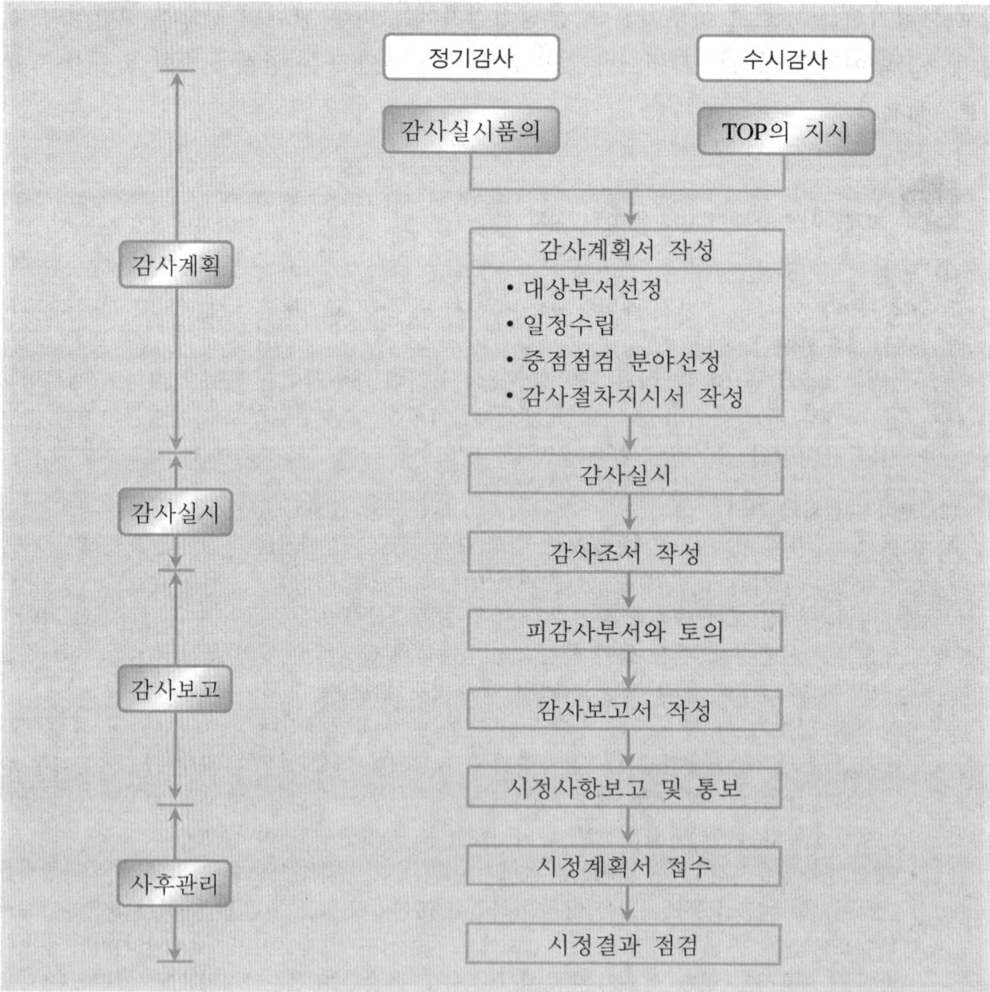

참고 **내부감사의 종류**

내부감사는 대상 · 시기 등에 따라 여러 가지로 분류하고 있다.

(1) 감사대상에 따라

- 부문별 감사－경리부, 총무부, 생산부, 판매부 등
- 기능별 감사－재고관리, 생산관리, 자금관리, 인사관리 등
- 항목별 감사－재무제표의 계정과목별 감사

(2) 감사실시시기에 따라

- 정기감사－정기적으로 실시하는 감사
- 특명감사－최고경영층의 지시에 의한 특별한 감사

이 이외에도 여러 가지 분류 방식이 있으나 분류자체가 중요한 것이 아니기 때문에 추가 설명은 생략한다.

2 내부감사의 운영사례

(1) 미국 G사의 내부감사 운영사례

미국 G사의 내부감사매뉴얼을 중심으로 내부감사의 운영을 설명하면 다음과 같다.

① 내부감사기능

G사의 내부감사기능은 경영층의 지시사항이 올바로 이행되고 있는지 확인하기 위하여 회사의 업무 전반에 대하여 검토하는 것이다. 내부감사인이 제시한 개선권고사항은 회사의 자산을 보호하며, 통제시스템을 개선시키고, 업무능률을 향상시키며, 조직구성원의 통제의식을 강화시킬 수 있어야 한다. 내부감사의 활동내용은 1년에 수차례 이사회의 하부기구인 감사위원회(Audit Committee)에 보고되어야 한다.

그리고 내부감사의 역할은 적발 · 발견차원에서 한 단계 상승하여 경영자문가로서의 역할도 수행하여야 하며, 지나치게 많은 절차나 규정을 만들고 준수 여부를 지나치게 강조하면 조직의 활성화를 저해하고, 의사결정의 신속성을 저하시킬 수 있다는 사실을 명심해

야 하고, 항상 조직의 효율성과 효과성을 증대시킴과 동시에 조직구성원의 통제의식이 취약해지지 않도록 노력해야 한다. G사는 강력한 내부감사기능을 계속 유지할 것이며, 이는 구성원이 잘못되는 것을 방지하고 최선을 다하도록 하기 위한 것이다.

② 내부감사인의 자격

G사의 내부감사인은 평균 50명으로 유지・운영할 것이다. 내부감사인이 되기 위한 회사의 자격요건은 계속 엄격하게 유지할 것이다.

내부감사인은 대학의 경영학 석사학위 이상의 소지자이어야 하며, 동시에 실무경험 2년 이상의 공인회계사 자격을 갖고 있어야 한다.

그리고 경영자문업무의 경험이 있으면 회사에서 우대한다. 또 상기 50명 중 15명 이상은 전산감사에 경험이 있거나, 과거 전산실에 근무했거나, 전산업무에 실무경험이 있어야 한다. 내부감사인으로 5년 이상 근무하면 국제금융부, 재정부, 기획실, 전략수립부 등의 도전적인 업무로 승진 배치될 수 있다.

동시에 3년간의 내부감사실 근무기간 중 업적평가가 하위 20명에 들어가면 회사는 이들과 차년도 급여계약을 체결하지 아니할 수 있다.

③ 감사계획의 수립

내부감사계획을 수립하기 위해서, 내부감사실장은 부서와 업무영역을 고려해야 한다.

우선 내부감사실장은 부서별로 위험도평가를 실시한다. 예를 들면 구매부나 재정부의 경우는 상대적으로 타 부서에 비하여 업무위험도가 높은 것으로 평가한다. 동시에 업무영역별로 위험도평가를 실시한다. 업무영역이라고 하면 일반적으로 구매활동, 생산활동, 판매활동, 인사관리, R&D활동 등이다. 통상 G사는 인사관리의 공평성과 동기부여시스템에 위험성이 높다고 생각하고 있다.

이렇게 부서와 업무영역에 대하여 위험도를 평가한 후 1년에 몇 번 내부감사를 실시할지 결정하는 것이다.

이러한 감사계획은 중장기감사계획(3년)에 기초하여 1년 기준으로 수립하고 있으며, 수립된 감사계획은 연도가 시작하기 전에 감사위원회의 승인을 받고 그 다음 이사회의 승인을 받는다.

④ 감사과정

감사 Cycle은 4단계로 구성된다. 사전조사 및 계획수립, 현장감사, 보고서 작성, 사후관리로 구성된다.

가. 사전조사 및 계획수립

사전조사의 목적은 현장을 방문하기 전에 업무에 대한 정보를 수집하여 중점감사분야를 식별하는 데 있다.

그리고 감사에 참여하는 내부감사인에게 사전에 업무를 할당한다. 업무 할당 시에는 상급자가 항상 복잡하고 어려운 분야를 담당해야 하며, 전산분야는 지정된 전산전문가가 함께 참여해야 한다.

감사팀은 계획 수립 시 반드시 본사의 지역담당책임자와 사전에 협의하여 중점감사분야를 결정해야 하며, 감사실의 운영위원회에서 감사계획에 대하여 토의 · 보고하여야 한다.

필요한 경우에는 사전에 전산 Tape를 감사실로 송부할 것을 요청할 수 있고, 감사실에서 표본을 사전에 선정할 수 있다.

이렇게 사전조사 및 계획수립이 완료되면 감사실장은 방문일자와 요청서류가 기재된 통보서를 작성하여 방문 1주일 전에 방문지역이나 부서의 책임자에게 전달해야 한다.

방문지역이나 부서가 중요한 갑작스런 업무로 내부감사일정을 조정하기 위해서는 사장의 승인을 받아야만 가능하고, 가급적 감사일정의 변경은 허락하지 않는다.

나. 현장감사

방문부서나 지역의 크기와 감사대상 업무의 복잡성에 따라서 조정되나, 통상 현장감사는 2주에서 4주 정도를 원칙으로 하고 있으며, 4주 기간을 초과해야 하는 경우에는 감사실장이 이사회에 보고해야 한다.

내부감사를 개시하는 첫날은 감사착수 회의를 현업책임자와 함께 개최한다.

먼저 내부감사팀의 책임자는 작업범위와 일정을 설명하고, 현업책임자는 영업개황과 취약점 등에 대하여 설명하며, 이때 현업책임자는 중점적으로 검토하여 주었으면 하는 분야도 진술하게 된다.

감사방식은 자산보호 및 내부통제구조의 평가와 경영자문업무를 동일비중으로 실시한다.

현장감사 과정에서 내부감사인은 정보를 수집하고, 수집된 정보에 기초하여, 제안 여부를 결정한다.

그리고 수집된 정보나 자료는 문서화하여 철하고, 항상 검토결과를 기술해야 한다.

실무적으로 자주 활용하는 내부감사기법은 다음과 같다.

- 질 문 : 충분한 답변을 얻을 수 있게 질문해야 하며, 질문과 답변의 내용은 Memo형태로 문서화한다.
- 관 찰 : 현행의 업무나 통제절차를 관찰하여 진술한 대로 행해지는지 보는 것이다.
- 검 토 : 제반보고서를 검토한다.
- 실 사 : 실제로 실물이 있는지 확인하고 세어본다.
- 조 회 : 필요한 경우 조회서를 발송한다.
- 방 문 : 은행이나 주요 거래처는 실제로 방문하여 확인하고, 애로사항을 협의한다.
- 대 조 : 서로 일치해야 하는 사항은 서류를 서로 대조한다.
- 계산검증 : 올바로 계산하고 있는지 계산검증을 한다.

상기와 같은 감사기법으로 내부감사 중의 현장감사를 완료하면 내부감사결과회의를 현업책임자와 함께 개최한다.

여기서는 주로 지적사항과 개선권고사항을 가지고 협의하며, 내부감사인의 지적사항과 현업책임자 간에 의견이 일치하지 아니하면 서로의 의견을 감사결과보고서에 기술하면 된다. 그러나 가급적 상호합의점의 도출을 권고하고 있으며, 현업책임자는 개선권고사항에 대하여 자신의 의견을 충분히 기술해야 한다. 그리고 조직의 대규모화에 따라서 현장의 소리가 Top에게 전달되지 못하는 경우가 많이 생기므로 내부감사인은 현장의 고충과 애로사항을 Top을 대신하여 수렴하고 이사회에 보고할 의무가 있다.

따라서 내부감사인은 현장의 대변자역할도 동시에 수행해야 한다는 사실과 내부감사인은 경영자문가로서의 역할도 동시에 수행해야 한다는 사실을 항상 명심해야 하며, 내부감사의 목적도 현업에 대한 감시와 지원의 양면을 모두 갖고 있어야 한다.

끝으로 현장감사 시 발견된 부정은 발견즉시 감사위원회에 보고해야 하며, 이에 대한 조치는 감사위원회에서 결정한다.

다. 보고서 작성

현장감사를 완료하고, 현업책임자와 토의를 거친 후 본사 감사실로 돌아와서 감사결과보고서 초안을 작성한다.

보고서 초안이 작성되면 반드시 현업책임자에게 송부하여 현업책임자의 승인이 있어야 감사위원회에 제출할 수 있다.

감사결과보고서는 다음과 같은 내용을 포함해야 한다.

a. **감사범위**

어떤 지역이나 부서의 어떤 업무가 감사대상이었다는 것을 명확히 기술한다.

b. **현황설명**

현황설명은 최대한 축약하여 기술한다.

c. **종합의견**

- 종합의견
- 지적사항
- 개선권고사항

d. **현업의 요망사항**

e. **현업책임자의 진술**

상기의 사항이 감사결과보고서에 담겨 있어야 하며, 상기의 보고서는 가급적 3Page 이내로 작성해야 하며, 무슨 일이 있어도 5Page를 넘어서는 안 된다. 그리고 현업의 요망사항은 1Page 내지 2Page 정도로 작성할 것을 권고한다.

라. 사후관리

개선권고사항은 사후관리보고서에 요약하여 첨부되어, 실제로 시정조치되었는지 관리해야 한다. 그리고 연말에 시정조치되지 못한 개선권고사항은 그 사유가 소명되어야 한다.

또 현업의 요망사항에 대하여는 최단시일 내에 그 결과를 현업에 송부하여야 하며, 즉시 요망사항을 수렴하지 못할 경우에는 그 사유를 동시에 송부해야 한다. 현업의 요망사항 관리보고서에 요약되어 계속적으로 관리해야 한다.

⑤ 내부감사 자체연수

내부감사실은 월 1회 이상 2~4시간 정도로 자체연수를 실시해야 하며, 이때는 외부강사와 자체강사를 혼용하여 실시한다. 그리고 1년에 1회 3일 기간으로 합숙교육을 실시하며, 이때 3일 중 하루는 최고경영층과 회사전략을 가지고 토의한다.

내부감사실의 인원 중 5명 정도는 IIA(내부감사 모임)에 멤버로 참석하여, IIA의 새로운 의견서나 업계동향에 대하여 숙지한 후 그 내용을 회람하여야 한다.

또 1년에 1회 2일 기간으로 전산감사의 교육을 실시해야 하며, 이때 G사가 사용하는 전산감사 Package인 ×××에 대하여도 실무상 의견을 협의해야 한다.

⑥ 내부감사인의 평가

내부감사인에 대하여는 Project가 종료 시마다, 즉 감사가 완료 시마다 건건이 평가한다.

이는 우선 자기 스스로 5단계 구간(매우 잘함, 잘함, 보통, 못함, 매우 못함)에 표시를 하면, 감사팀장이 다시 자신의 의견을 표시하여 협의한다. 이러한 평가치는 자신의 점수와 상급자의 점수로 계산되어 누적 관리된다. 감사를 실시할 때마다 감사팀이 새로이 편성되므로 평가의 객관성은 보장받는다고 판단된다. 그러면 이 결과치를 가지고 감사위원회에서 최종적인 점수를 확정하며, 이 점수에 따라서 차년도의 보수가 결정된다. 상급자의 경우도 역시 동일한 방식으로 평가된다.

⑦ 감사실의 전략

감사실의 전략은 힘의 집중화 달성에 두고 있다. 이는 Top이 지시한 사항에 대하여 전 구성원이 숙지하고, 이의 달성을 위하여 온 힘을 다하도록 지도, 감독, 지원하는 것이다.

이를 위해서는 Top의 의중을 명확히 인식하고 있어야 하며, 회사의 전략에 대하여 바른 이해를 하고 있는 것이 필수적이다.

따라서 과거와 같이 부정적발 및 감시자의 역할에서 벗어나 현업의 대변자, Top의 신념의 전파자로서 조직에서 활동해야 하며, 동시에 조직구성원이 해이해지거나 부정한 사고를 갖지 않도록 통제의식을 심어 주어야 하는 것이다.

(2) 국내 S사의 내부감사운영사례

국내 S사의 내부감사운영 상황을 보면 다음과 같다.

① 내부감사의 조직과 기능

가. 조 직

감사소속하의 내부감사기구인 감사부는 감사부장 및 검사역과 검사역을 보좌하는 검사역보로 구성되어 있으며 생산, 판매, 인사, 구매, 하청업체, 건설 등 업무분야별로 검사역을 중심으로 담당업무를 분장하여 운영하고 있다.

나. 기 능

감사부는 감사의 직무를 보조하기 위하여 다음과 같은 임무를 수행한다.

- 내부감사의 계획, 실시 및 결과처리
- 자회사 및 출자회사에 대한 감사계획, 실시 및 결과처리
- 사내고충업무 처리
- 경영자문업무 수행

즉 내부감사=경영감사+회계감사+경영자문의 개념으로 임무를 정의한다.

② 감사의 종류

가. 특별감사

최고경영자(회장, 사장)의 의뢰 또는 감사가 필요에 의해 실시하는 감사를 말한다.

- 특별감사는 회사의 전반적 업무 중 경영에 중대한 영향을 초래하는 취약분야에 대하여 최고경영자(회장, 사장)의 의뢰 또는 감사의 지시에 의거 비정기적으로 실시하는 감사로 수시감사 또는 특명감사라고도 한다.
- 특별감사의 실시는 현재 문제가 제기되어 관련부서가 수습책을 강구 중인 사항이거나, 장래에 문제제기소지 유무와 관계없이 최고경영자(회장, 사장)의 요구가 있을 때와 연중 감사부 직무감사계획에 포함하여 실시되기도 한다.
- 상기 감사 외에 특별감사에 속하는 것으로는 회계부정의 방지목적으로 실시하는 금고검사, 설비 및 안전사고의 예방을 목적으로 하는 조업현장 점검, 공사예산절감, 시공상태, 안전관리 등을 목적으로 하는 건설공사 현장점검, 입찰질서 확립목적으로 실시하는 입찰입회, 검수이행의 적정성 등을 확인하는 검수입회 협력 작업 수행의 적정성을 확인하는 협력 작업 현장점검 및 연말, 연시, 연휴 등 취약시간대에 근무기강을 확립하고 설비 및 안전사고예방을 목적으로 하는 기강점검 등 사전에 예고 없이 행하는 불시점검 등이 특별감사에 포함된다.

나. 일반검사

회사경영전반에 대하여 연 1회 정기적으로 실시하는 감사를 말하며 정기감사 또는 경영감사라고도 한다.

• 일반감사는 타 감사와 달라 회사업무전반에 대해 감사를 하므로 회사의 전 부서가 감사대상이 되고 감사기간도 타 감사보다 긴 것이 특색이다.
• 일반감사대상은 일상감사 또는 특명감사 등 타 감사 시 제외된 부분과 경영전반에 걸친 제도적 모순, 추적감사에 의하지 아니하고는 모순점이 발견되기 어려운 구조적인 문제점을 발굴 시정 또는 개선함에 있다.

③ 감사계획

감사를 효율적으로 수행하기 위하여 감사목적, 감사대상, 감사대상기간, 주요 점검항목, 감사기간, 감사투입인원, 수감부서의 수감준비사항 및 예산 등 감사실시내역을 사전에 수립하는 것을 말한다.

가. 감사계획

감사계획은 감사실시 전에 감사의 방향을 설정함과 동시에 주요 점검대상, 주요 점검항목 및 감사일정 등을 수립하여 감사수행에 차질이 없도록 함으로써 감사효율을 증대시키고 감사의뢰자인 최고경영자, 감사 및 감사대상 부서에 감사실시의 사실과 감사범위를 예고함으로써 수감준비에 차질이 없도록 하는 것을 목적으로 한다.

나. 감사계획서항목

감사계획서는 보통 다음과 같은 항목으로 작성한다.

• 감사제목
  수행할 감사의 대상이나 성질을 쉽게 알 수 있도록 표시한다.
  〈예〉 －××년도 외주갱신계약 감사계획
  －문서운영실태점검계획
  －××년도 일반감사 실시계획
• 감사목적
  감사를 통해 기대되는 이익 또는 효과를 간단명료하게 기술한다.
  〈예〉 ××년도 ○○갱신계약의 각 작업별 원단위 및 단가산출의 타당성을 검토 문제점을 도출, 시정 또는 개선함으로써 ○○작업비의 합리적 집행 및 ○○갱신계약의 합리적 체결 유도

• 감사대상(범위)

감사 시 중점적으로 조사할 업무분야 및 대상기간 등이 해당되는데 감사대상 선정 시 유의할 점은

– 과거 지적사례에 비추어 문제점이 제기될 소지가 많은 업무분야를 우선으로 할 것
– 경영층의 요망사항이나 또는 관심이 많은 업무 및 분야
– 사전에 감시정보가 수집된 분야
– 평소 감사 시 소홀히 취급된 감사취약분야 등을 고려해야 하고 감사대상이 선정되면 각 감사인들이 감사수행상 참고할 수 있는 감사 착안 사항을 업무분야별로 열거하여 효율적인 감사가 될 수 있도록 하여야 한다.

물품구매계약 감사착안 사항의 예를 들면

– 예정가격작성의 적부
– 계약방법, 업체선정의 타당성
– 자재규격서 작성의 적부
– 구매수량의 적부 등이 있고

구체적인 감사 착안 사항에 대하여는 감사인 각자가 과거 사례, 관련규정, 제출자료 등을 참고하여 감사 착수 전이나 수행 중에 활용토록 한다.

02

• 감사대상기간

감사의 대상이 되는 사업연도 또는 기간을 표시한다.

〈예〉 20×1.7.1.~20×2.6.30.까지 집행분

• 감사기간

감사 착수일로부터 감사종료 후 감사결과 보고일까지를 표시한다.

• 감사투입인원

감사대상 업무를 전문분야별로 적정감사인을 투입하여 감사의 효율성을 기하여야 한다.

• 수감부서의 준비사항

수감부서로 하여금 감사기간 중 수감 및 감사에 차질이 없도록 사전에 감사대상 업무 및 분야 등을 주지시켜 수감에 임하도록 한다.

• 소요예산

현지 확인이 필요한 감사 시 출장여비, 시간외근무에 대한 잔업수행 등 감사 수행상 필요한 경비를 사전에 산출하여 예산신청이 가능토록 조치하여야 한다.

이외에도 감사계획서에 필요한 경우 감사대상 업무의 현황자료, 감사결과 처리기준(방침) 등을 포함할 수 있으며 감사대상 분야가 고도의 전문분야인 경우 계획수립 전 해당분야 종사 직원과의 업무에 대한 전문적인 사항 등을 논의하여 감사중점항목설정 및 감사수행에 차질이 없도록 하여야 할 것이다.

④ 감사실시

감사계획이 확정되어 결재가 되면 감사기간에 맞추어 지체 없이 감사를 실시하여야 하고 감사계획이 없이 실시되는 긴급감사의 경우는 일반적인 감사요령에 의해 감사를 실시한다.

가. 감사인 교육

감사 착수 전 감사에 참여하는 감사인에 대하여 감사목적, 감사요지, 업무분담, 중간보고사항 등과 감사 시 유의사항 및 제반사항을 숙지케 한다.

나. 예비조사

a. 감사대상 부서를 방문하여 부서장에게 감사실시사실을 통보하고 감사인과 감사대상 부서 관련 직원 상호 간 인사를 교환함과 동시에 감사반장은 감사실시의 일반개요에 대해 개략적으로 설명한다.
b. 감사대상 부서의 감사대상 업무에 대해 전체적인 현황파악을 위해 아래와 같은 자료를 수집 또는 요구한다.
   - 조직도표 및 인원현황
   - 업무현황 및 Flow Chart
   - 회계관련 현황자료
   - 보관문서 현황
   - 연도운영계획 사업내용 및 추진실적
   - 감사결과 지적사항에 대한 조치현황
   - 기타 감사 착안사항 관련자료
   - 경영실적추이
   - 동종업계 관련자료
   - 경영에 영향을 미치는 환경요인

c. 감사자료 요구는 감사 시 필요한 자료에 한해 최소한 분량으로 제한하여 감사대상부서가 불필요한 시간을 자료작성에 낭비하지 않도록 한다.

d. 감사자료와는 별도로 감사 시 필요한 감사대상 부서의 애로사항, 중점관리 대상업무의 관리방법 등 의문사항에 대하여 수감자로부터 청취하여 감사 시 참고한다.

e. 상기 요구자료 및 감사정보 등을 참조하여 감사인별로 감사 착안사항을 검토하고 감사대상 부서의 업무에 대해 전반적인 사항을 이해하여야 한다.

다. 감사실행

a. 감사반장은 업무를 담당자별로 할당한다.

b. 각 담당자는 자신이 감사하는 분야의 중점감사사항을 점검한다.

c. 필요한 자료를 요청하고 책임자를 면담한다.

d. 면담하는 과정에서 다음과 같은 절차를 실시한다.

- 실물확인
- 입회확인
- 조회확인
- 문서검증
- 질 문
- 계산검증
- 개 관
- 분석적 검토

라. 감사인 회의

감사수행 중 매일 또는 지정일에 감사 또는 감사부장 주재 감사인회의를 개최하여 감사결과보고, 적출사항, 감사기법의 상호교환, 진행 중인 사항의 처리 여부 등에 관해 협의한다.

마. 감사조서 작성

감사조서라 함은 감사인이 감사 작업내용 및 명세를 서면화한 것으로 감사 착수 시부터 최종보고서를 작성할 때까지 작성하며 감사결론과 처리의견을 뒷받침한다.

a. 감사조서는 일반적으로 다음과 같은 목적으로 작성한다.

- 감사결과 알게 된 정보의 기록
- 결함사실의 실체적 진실과 그 정도의 규명

• 완벽한 감사수행 촉진
• 수감부서 직원과의 토의 시 참고자료
• 최종감사보고서 작성 시 자료이용
• 감사결론에 다툼이 발생할 시 논박자료
• 감사진행 성과에 대한 감독자의 검토기준
• 다음 감사를 위한 참고자료

b. 감사조서에는 다음과 같은 종류가 있다.

• 확인서

－감사결과 적출된 사항에 대하여 증거인멸의 우려가 있을 때 내용이 복잡하거나, 당해 사실을 입증할 수 있는 물적 증거가 미흡할 경우 수감자로 하여금 사실내용의 자인 및 확인을 시키게 할 목적으로 징구하는 감사조서를 말한다.

－확인서는 작성자의 소속, 직급, 직번, 성명 및 사실내용을 6하원칙에 의거 작성토록 하고 작성자의 기명날인 및 직상급 또는 차상급자의 확인, 기명날인토록 한다.

• 경위서

－수감자가 시인한 내용에 대해 구체적인 발생사유 경위 등을 상세히 확인할 필요가 있는 경우 혹은 피감사자가 경위진술을 희망할 경우 작성, 징구되는 감사조서를 말한다.

• 문답서

－적출된 사항에 대하여 책임한계가 불분명하거나 그 원인에 대해 구체적 정황을 상세히 알 수 없을 때, 의문 또는 미심 사항이 많아 질문서 또는 증거채집이 곤란할 때 피감사인의 주관적 심리요소(고의, 과실, 기타동기)가 증빙자료에 의하여 규명되지 않을 때 면담에 의해 작성되는 감사조서를 말한다.

－문답서 작성은 증거채집항목을 감안 사전에 질문사항을 결정하고 수감자로부터 반증을 반박하기 위한 자료를 준비하며 논리전개, 문답순서 등에 유의하여야 한다.

－문답은 수감자로 하여금 불신, 경계심 내지 적대감을 주지 않도록 인격을 존중하고 부당한 답변을 유도하기 위해 위계, 강박을 사용하여서는 안 되며 수감자가 편안한 마음을 가지고 사실 그대로를 답변할 충분한 정신적, 시간적 여유와 기회를 주어야 한다.

－문답이 끝난 후 문답내용은 비밀을 엄수하여야 하고 간인 및 정정사항에 대한 정정인, 날인 수감자가 열람케 한 후 기명날인하게 하여야 한다.

• 질문서

– 특정사항에 대해 내용을 설명 또는 변명케 하거나 확인을 필요로 할 때 또는 수감자가 진술을 거부할 때 수감자에게 발부하여 작성, 징구되는 감사조서를 말한다.

– 질문요지는 사실의 발생사유 또는 경위, 위법, 부당사항에 대한 사후처리대책 등이며, 상기사항에 대한 반증자료가 있는 경우 그 자료를 첨부케 한다.

바. 감사결과 종합

감사가 종료되면 각종 감사결과를 종합하고 다음 사항을 최종 확인한다.

- 감사대상에 대하여 6하원칙에 의거 확실히 감사하였는가?
- 객관적 근거, 신빙성 있는 증거자료, 통계적 입증에 의해 사실을 인정하였는가?
- 변상 또는 문책사항에 대하여는 증거자료가 완벽한가?
- 감사조서 내용검토(허위진술 또는 이론의 여지 유무)
- 물적 증거의 보전상태(누락 여부)
- 문제점 상호 간 모순 여부
- 적출내용의 비난 가능성(입건, 지적가능 여부)
- 감사미필사항 정리

사. 처분요구의 결정

감사결과 적출된 위법, 부당 또는 불합리한 사실 등을 정당한 방법으로 채택된 증거에 의거 확정하고 확정된 사실에 대해 위법, 부당사유, 면책사유 등 유무를 검토하여 처분요구종류를 결정하는 것을 말한다.

a. 사실확정

감사결과 발견된 사실은 6하원칙에 의거 확정하여야 하며 감사조서에 의거 인정되어야 한다.

• 누 가(who) :	실제행위자	인적사항명시(소속, 직급, 성명, 직번 등)
	명령지시자	
	관리, 감독자	
	교사, 방조자	
	증인(참고인)	

• 언　제(when) : 사실발생일자 및 종결일자
행위 시의 년, 월, 일
비위회수(상습성)
문서발행 년, 월, 일
연도, 기별구분
• 어디서(where) : 지명, 소재지, 위치, 지점, 소관부서(공장)
• 무엇을(what) : 대상물건(규격, 단위, 단가, 금액, 용도) 또는 비위대상업무
• 왜(why) : 행위목적, 이유, 동기, 발생원인, 소관부서의 조치, 저촉법령, 규정(기준), 귀책사유
• 어떻게(how) : 행위경과(요령)
정당처리방법과의 상이점
감사자 의견

b. **결정기준**

• 일반기준

– 결정은 주의, 시정, 개선, 경고, 징계 등 처분요구 종류별로 한다.

– 결정은 공정하게 하여야 하며 유사한 사례는 상호형평을 유지하여 처분요구 종류를 결정한다. 필요한 경우 감사인 회의를 개최하여 상호의견을 통해 결정할 수 있다.

– 동일인에 대하여 동일감사에 수건의 비위사실이 중복된 때에는 가중하여 결정한다.

• 개별기준

– 주의 : 이미 집행 완료된 사항으로 시정대상이 못 되는 것에 대한 결정

– 시정 : 이미 집행 완료되었으나 정상상태로 회복 또는 교정이 가능한 사항

– 개선 : 제도상 결함이나 업무처리과정상의 모순에 원인이 있다고 인정되는 것

– 경고 : 이미 집행 완료된 사항이고 시정대상이 되지 못하는 사항으로 행위자의 과실이 직접적인 원인이 되는 사항

– 변상 : 고의 또는 중대과실로 인하여 손실을 초래했거나 선량한 관리자로서의 주의의무를 태만히 하여 행위와 결과 간에 상당한 인과관계가 있고 변상책임의 소멸사유가 없는 비위사항

– 징계 : 업무수행 기강을 바로잡고 비위예방을 위해 비위자체가 중과실일 경우 인사위원회에 회부하여 징계 처분할 필요가 있는 경우

– 고발 : 비위사실 자체가 업무착오의 범주를 벗어나 법적행위에 해당되는 특별한 경우에 결정

처분요구안 작성 예

- 서문 : 업무처리 당위성이 기재되어야 함.
  〈예〉 구매업무를 처리함에 있어 구매규정(법규)에 의거 공개입찰방법으로 하여야 함에도
- 본문 : 업무처리의 사실내용이 기재되어야 함.
  〈예〉 공개입찰방법 및 관련규정을 위배하여 처리함으로써 구매원가 상승결과를 초래한 사실이 있는바
- 질문 : 사실내용에 대하여 비난과 동시에 처분요구 종류를 명시한다.
  〈예〉 주의사항의 경우
  이는 ××한 것으로 부당하니 관련자에게는 앞으로 이러한 일이 없도록 주의함을 요함.
  〈예〉 개선사항의 경우
  이는 ××한 것으로 불합리하니 ○○규정 또는 제도(기준)를 △△한 방법으로 개선함을 요함.
  〈예〉 시정사항의 경우
  이는 ××한 것으로 부당하니 ○○한 조치를 취하고 관련자에게는 앞으로 이러한 일이 없도록 주의함을 요함.
  〈예〉 경고사항의 경우
  이는 ××한 것으로 부당하니 관련자 ○○○에게(2인 이상인 경우는 동 ○○○) 경고(2인 이상인 경우 각각 경고) 조치함을 요함.
  〈예〉 징계사항의 경우
  별도의 징계처분요구서를 작성한다.

징계처분요구서

××부 ××과
3−8 과장 김철수(만 46세)
××부 ××과
4−3 계약사무직 이영수(만 37세)

위의 사람들은 다음과 같은 위법, 부당한 사실이 있었으므로 내부감사규정 제×××조에 의거 징계처분을 요구함.

− 다 음 −

위 사람들 중 김철수는 20××, ○월 ××일부터 20××, ○월 ××일까지 사이에 위 부서에서 ××업무를, 위 이영수는 20××, ○월 ××일부터 20××, ○월 ××일까지 사이에 위 부서에서 ××업무를 담당하고 있는(또는 있었던) 사람들로서 각각 그 직무를 수행함에 있어

(1) 위 김철수는 이하 앞의 처분요구안(본문)과 동일
(2) 위 이영수는 앞의 처분요구안(본문)과 동일한 사실이 있다.

따라서 위 사람들의 행위는 고의 또는 중대한 과실로 ××한 것으로 이는 인사규정 제××조에 해당되는 비위임.

• 결정사항의 효력발생시기

결정사항은 각종 보고서에 의거 감사의 결재를 받은 후 처분요구서를 관련부서에 송부한 날로부터 그 효력을 발생한다.

아. 기타 불시점검

• 금고검사 : 현금사고 예방을 위해 자금관리부서의 시재(時在) 및 전도자금관리부서의 자금관리 실태를 불시에 점검하는 감사활동 등이다.
• 조업, 경비현장 순회점검 : 원가절감, 설비 및 안전사고예방을 위해 조업 중인 공장에 대해 예고 없이 점검하는 감사활동이다.
• 건설현장 순회점검 : 공사예산 절감 및 공사품질, 공정, 안전관리를 목적으로 공사 또는 정비현장을 순회 점검하는 감사활동이다.
• 협력작업현장 순회점검 : 협력회사가 협력작업 계약사양에 의거 작업을 수행하는지 여부, 안전관리, 작업품질향상 유도를 위해 작업현장을 순회 점검하는 감사활동이다.
• 입찰입회 : 입찰질서를 확립하여 민원소지를 사전에 제거하고 공정거래를 유도하기 위하여 입찰 시 감사인이 직접 입회하는 감사활동이다.
• 검수입회 : 검수질서를 확립하여 저질품이 합격 판정되거나 부당히 검수를 지연하여 민원이 야기되는 일이 없도록 감사인이 검수장소에서 직접 입회하는 감사활동이다.
• 기강점검 : 취약시간대에 근무기강을 바로잡아 대형설비 또는 안전사고를 예방하기 위해 실시하는 감사활동이다.

⑤ 감사결과 보고 및 처리

감사결과 발견된 사항과 그 평가를 기록하여 감사결과보고서를 작성 감사 또는 최고경영자에게 보고하고 처분요구서를 관련부서에 송부한다.

가. 보고서의 작성

감사보고는 구두, 메모 또는 보고서 형태 등 여러 가지로 할 수 있으나 여기서는 감사결과에 대해 직속상관(감사부장 또는 감사)이나 최고경영자에 전달하기 위해 사용되는 서식의 보고서를 의미한다.

a. 작성기준

보고서에 감사인이 표현하고자 하는 의도를 상대방에게 충분히 전달하기 위해서 보고서는 논리정연하게 작성 및 구성되어야 하고 간결성과 적시성을 고려하여야 한다.

b. **작성체계**

• 보고제목

실시된 감사가 대상으로 삼았던 업무의 특징을 쉽게 알 수 있도록 표시한다.

〈예〉 ××년도 국내원료계약 사후관리 실태점검

××년도 일반감사실시 결과보고

××년도 협력작업 갱신계약 감사결과 보고

• 개 요

감사실시내용을 설명하는 항목으로 다음 사항을 약술한다.

－감사목적

－감사대상(범위)

－감사대상기간

－주요 감사항목

－감사실시기간

－감사 및 인원

나. 총 평

감사실시결과 나타난 사항을 중심으로 감사대상 부서의 업무 상태를 총괄적으로 평가하여 잘된 점과 미흡한 사항 등을 기록한다.

• 주요 지적사항

제목은 간단명료하고 지적코자 하는 전체내용을 잘 대변하며 가급적 행위의 근원을 잘 알 수 있도록 써야 한다.

－지적내용은 지적요지가 확실하고 관련자 외 제3자에게도 자극이 되는 파급효과가 있어야 하며 분명하고 구체적인 말을 사용하여야 하되 간단히 써야 한다.

• 문제점 및 대책

향후 시정 또는 개선을 요하는 사항이 있을 경우 문제점을 제기하고 그 대책을 제시함과 동시에 관련부서를 명기한다.

• 종합의견

적출된 사항에 대한 조치의견, 비위관련자들에 대한 의견, 기타 감사결과의 종합적 의견사항을 적시한다.

⑥ 감사사후관리

감사결과 집행부서에 송부된 요구사항에 대해 그 조치내용을 확인, 검토하고 수감부서가 감사처분요구에 대해 이의제기를 한 때에는 이를 심사하여 적절한 조치를 취하는 일련의 관리절차와 감사결과 적출된 비위사례를 정보로 재활용하기 위해 관리, 처리하는 과정 등을 말한다.

가. 조치내용의 확인

• 감사로부터 시정, 개선, 변상, 징계(경고 포함)의 처분요구를 받은 집행부서장은 지체없이 이에 대해 필요한 조치를 취하고 그 결과를 처분요구서 접수일로부터 1개월 이내에 관계증빙서류를 첨부하여 서면 통보하여야 하는데 통보된 조치내용과 처분요구내용을 비교 검토하는 것을 말한다.
• 담당감사인은 조치내용 검토결과를 감사부장에게 서면보고하고 조치내용이 당초처분요구내용과 상이할 경우 통보를 받은 날로부터 15일 이내에 해당 부서장에게 조치내용의 보완을 요구할 수 있다.
• 조치내용의 적부에 대하여는 다음 감사 시 실제 확인토록 한다.
• 조치내용의 통보가 정당한 이유 없이 지체된 때에는 문서규정에 의한 독촉절차를 진행한다.

나. 이의신청에 대한 심사

해당 부서가 이의신청을 행한 경우에는 이를 심사하여 다음과 같이 처리한다.
• 이의신청을 할 수 있는 기간을 경과한 때에는 기간경과사실을 입증하여 각하 결정한다.
• 이의를 제기한 이유가 비위사실의 인정과 관련한 법령, 규정(기준) 또는 법칙의 위반 등 불충분한 감사조서에 의거한 사실인정에 잘못된 점이 있고 그 이유가 정당하다고 인정할 상당한 사유가 있을 때에는 당초의 처분요구를 취소 결정할 수 있다.
• 또 기처분 요구한 종류의 과중 등 정상참작이 미흡한 경우 당초처분 요구종류를 감경, 결정할 수 있다.
• 이의 제기사유가 처분요구종류의 착오선택에 있고 처분요구종류가 잘못 선택된 것이 분명한 때에는 처분요구 종류를 변경 결정할 수 있다.
〈예〉 시정 불능 사안을 시정 결정한 때 → 개선 또는 주의 등으로 변경결정
• 심사결과 결정사항은 이의 신청한 해당 부서에 송부한다.

3 내부감사 업무매뉴얼

미국 F사의 내부감사 업무매뉴얼을 소개하면 다음과 같다.

(1) 서 문

① 내부감사의 기능

내부감사란 내부통제구조의 효과성과 효율성을 측정하고, 평가하는 통제수단이며, 적시에 경영층에 보고하고, 개선을 실행에 옮기는 통제수단이다.

상기의 목적을 달성하기 위하여 내부감사기능은 타 업무와 독립되며, 독립된 조직으로 운영되어야 한다. 내부감사부가 당사의 경우 재정부소관일지라도 내부감사실장은 항상 최고경영층에 직접 보고할 수 있다.

최고경영층이 내부감사부에 감사 이외의 다른 일을 시킬 때 내부감사부는 내부감사인으로 활동하지 아니하며, 이때는 다른 부서와 동일한 역할을 수행하여야 한다.

그리고 내부감사부는 정기적으로 반복적인 검토와 일상반복적인 승인의 업무를 수행하여서는 아니 되며, 이는 곧 일상업무에 대한 책임을 부담시켜서는 아니 된다는 것이다.

엄격한 내부감사가 조직의 사기를 저하시킨다는 지적도 있으나, 당사는 느슨한 통제가 오히려 구성원을 망가뜨리고, 부정과 사기를 유발한다는 사실을 경험을 통하여 배웠다.

또 피감사인이 합리적이고 떳떳하다면 철저한 내부감사에 대하여 거부감을 가질 이유가 없다. 따라서 내부감사의 중요성은 아무리 강조해도 지나침이 없다.

② 내부감사의 목적과 범위

경영층은 효과적이고, 효율적인 내부통제구조를 수립하고, 유지할 책임이 있으며, 내부감사의 목적도 이러한 경영층의 책임을 지원하기 위한 것이다.

그러면 구체적인 내부감사의 목적을 나열하면 다음과 같다.

- 회사의 목적, 정책, 중장기계획, 예산, 표준, 관련법규를 준수하고 있는지 확인한다.
- 회사의 재산에 대하여 적절한 보호장치가 되어 있는지 확인한다.
- 회사의 정보 및 자료가 적시에, 신뢰성 있고 유용하게 작성·보고되고 있는지 확인한다.
- 회사의 활동이 효과적이고 효율적인지 확인한다.

따라서 내부감사는 회사의 재산을 보호하는 측면과 회사의 정책, 방침을 준수시키는 측면이 있다.

내부감사의 범위는 회사의 전 업무가 대상이 된다.

크게 회계감사와 업무감사로 나누어지나, 실무적으로 양자는 함께 이루어진다.

③ 내부통제구조

내부통제구조란 회사의 목적을 달성하기 위해서 설정해 놓은 모든 방침과 절차를 의미한다. 내부통제구조를 설정하기 위해서는 항상 소요비용과 효익을 비교하여 합리적인 확신을 얻을 수 있어야 한다.

내부통제의 수단이란 회사의 목적을 달성하기 위하여 지시하고, 승인하며, 제한하는 모든 수단을 의미한다.

- 회사의 목적, 정책 등에 대한 전달문서
- 업무분장, 위임전결규정
- 업무처리규정
- 거래의 기록에 대한 접근의 방지방법
- 제3자에 의한 검토
- 예산관리 및 예실차이분석, 표준원가
- 월차성과보고 및 심사분석
- 업적평가
- 인사고과 및 인사정책
- 순환보직
- 기능의 적절한 분리

상기와 같은 통제수단이 적절히 활용되고 있으면 강한 내부통제환경을 가지고 있다고 볼 수 있으며 사람을 믿지 못하기 때문에 통제를 하는 것이 아니라, 올바르고 정확하게 업무를 처리하기 위해서 통제를 수행한다고 이해해야 한다.

④ 내부감사역할담당자의 업무

가. 내부감사위원회(Internal Audit Committee)

내부감사위원회는 대표이사(Chief Executive Officer)와 이사 중 3인(재무담당이사+2인)과 감사실장으로 구성된다.

내부감사위원회의 주요 업무는 다음과 같다.

- 감사계획에 의한 내부감사활동의 진척도를 1년에 4번 회의소집하여 점검한다.
- 차년도의 감사계획을 승인한다.
- 지적사항 및 개선사항의 사후처리를 검토한다.
- 내부감사정책의 변경 시 이에 대하여 승인한다.

나. 감사실장(Internal Audit Manager)

감사실장의 주요 업무는 다음과 같다.

- 감사위원회에 제출할 감사계획의 작성
- 감사일정 및 방문지의 총괄일정계획 수립
- 감사건별 인원배정
- 감사절차지시서의 작성 여부 검토
- 내부감사 착수 시 피감사부서와의 협의 시 참석
- 감사진행상태의 점검
- 감사 시 발견사항의 처리 여부 결정 및 감사철수 전 피감사부서와의 최종 협의 시 참석
- 내부감사보고서의 최종심리
- 감사팀장 및 감사부 직원의 평가
- 내부감사실 직원의 교육훈련계획 수립

(2) 내부감사계획수립

① 계획수립

당사는 최소한 2년에 1번은 내부감사를 받도록 계획되어야 하며, 매년 11월 30일까지 내부감사 3개년 계획초안을 작성하여 내부감사위원회에 제출하여야 한다. 내부감사위원

은 개별적으로 12월 15일까지 감사의 범위, 우선순위, 빈도에 대하여 자문을 하여 주고, 추가적으로 필요한 감사내용을 첨부한다.

감사계획서

Audit		과거 최종 감사일	향후 3년간 감사계획 횟수	당 기(20××)				차기	차차기
Description	Job No.			1/4	2/4	3/4	4/4		
1. 내부감사일반관리	10－000	－	－	130/4	130/4	130/4	130/4	130	130
2. 부서감사									
(1) 자 금 부	10－100	20××.4.	3회	5M/M				5M/M	5M/M
(2) 판매1부	10－200	20××.3.	2회		7M/M			－	7M/M
⋮									

* 내부감사 일반관리 : 1인당 3개월×과장 이상 30명＝ 90 Man/Month 1인당
1개월×대리 이하 40명＝ 40 Man/Month
130

* 자금부 : 5명이 1개월 투입＝5M/M
(기간) 20××.3.1.～20××.3.31. 예정

* 감사대상을 부서로 나눌 수 있고, 업무로 나눌 수도 있다. 예를 들면 지체상금의 납부에 대하여 감사하는 경우는 생산, 판매부서 모두가 해당된다.

감사초점

감사명	감사초점	
	과 거	향 후
1. 자금부감사	자금의 부정사용	• 지급이자 절감방안 • 인원절감방안
2. 판매부감사	수금의 신속화	• 수금의 횡령 여부 • 수금방법의 개선

② 내부감사계획의 승인

상기의 내부감사계획서에 대하여 내부감사위원이 12월 15일까지 조언을 하여 주면, 감사실장은 다시 수정하여 12월 31일까지 내부감사계획서를 내부감사위원회에 제출한다. 이때 유의할 사항은 감사계획서 및 감사초점의 보고서 양이 5Page를 넘지 않아야 한다.

내부감사위원회에서는 다음과 같은 사항에 대하여 토의하여야 한다.

• 내부감사 우선순위의 적정성
• 전기의 계획 대비 실적정도의 검토 및 전기의 감사초점의 달성 여부
  → 별도의 연간운영요약서를 가지고 협의함.
• 시간배분의 적정성
• 추가적인 감사의 포함 여부

상기의 사항이 토의되고 나면 다음 해 1월 15일까지 최종 승인하여 준다.

그리고 감사계획서에 변경이나 수정이 있으면 사전에 내부감사위원회의 승인을 받아야 한다. 따라서 차년도 1/4분기 계획은 반드시 계획대로 실행되어야 하며 2/4분기 계획에 변경이 예상되면 4월 첫째 주 수요일에 소집되는 내부감사위원회에서 승인을 받아야 한다.

③ 시간기록 및 진도보고

내부감사실 직원은 월에 1번씩 Time report를 작성하여 팀장의 승인을 받은 후 감사실장에게 제출하여야 한다. Time report는 매월 말일까지 제출하여야 하고, 말일 자는 자기가 시간을 추정하여 기재하는 것으로 한다.

그리고 Time report 제출 시 자신이 사용한 비용도 팀장의 승인을 받아서 제출하며, 영수증은 Time report에 첨부한다.

Time report의 작성은 「Time report 작성요령」에 따라서 작성한다.

감사실장은 내부감사실 전 직원이 제출한 Time report를 취합하여 진도보고서와 비용사용액을 요약하여 보고한다.

진도보고서는 월단위로 작성하여 보고하며, 하기의 사항이 반드시 분석되어야 한다.

• 감사 Project의 계획시간 대비 실제 투입시간
• 1달간 내부감사실 사용비용의 내역
• 여유시간(Unassigned Time)의 구성비
  – 내부감사실 직원은 자신의 근무시간의 60%를 현장 감사에 할애하고, 30~40% 정도는 내부관리, 교육훈련, 정규휴가에 할애해야 하며, 업무를 할당받지 못하여 쉬는 시간은 10% 이하가 되어야 한다.

④ **감사대상의 선정**

감사대상을 선정하는 방법은 크게 3가지 접근법이 있다.

가. 기능접근법(Function Approach)

기능접근법이란 업무영역별로 구분하는 것이다.

크게 생산, 판매, 인사, 자재, 재고, 경리, 총무 등으로 나누고 다시 판매는 제품출하, 인도, 대금회수 등과 같이 기능을 감사대상으로 선정하는 것이다.

예를 들어 대금회수에 대한 감사라고 하면 판매1과, 2과, 특판과, 수출과 모두가 감사대상이 된다.

나. 조직단위접근법(Organizational Unit Approach)

조직단위접근법이란 조직도에서 규정하고 있는 부서별로 감사하는 것이다.

당사는 조직단위접근법을 원칙으로 하되 기능접근법도 병용하는 것으로 한다.

다. 계정과목접근법(Accounts Approach)

계정과목접근법이란 계정과목을 감사대상으로 하는 것이며, 이는 회계감사 시 주로 사용하나 당사의 내부감사에서는 특별한 경우를 제외하고는 사용하지 아니한다.

(3) 내부감사절차

내부감사는 사전이해, 통제에 대한 검토, 통제 여부의 확인, 보고 및 사후관리의 4단계로 이루어진다.

일반적으로 상기의 4단계를 거치며, 때에 따라서는 일부 중복되기도 하며, 특정단계가 강조되기도 한다.

① **사전이해**

내부감사인은 다음과 같은 질문에 대하여 답변할 수 있어야 한다.

- 무엇이 통제되고 있는가? (What is controlled?)
- 왜 통제되고 있는가? (Why is controlled?)
- 어떻게 통제되고 있는가? (How is controlled?)

상기사항에 대한 답을 얻기 위하여 내부감사인은 업무매뉴얼을 읽고, 피감사부서의 담당자와 인터뷰를 실시하고, 필요하다면 현장을 직접 방문도 하여야 한다.

일반적인 정보내용도 필요하다면 징구해야 하며, 예를 들면 다음과 같다.

- 피감사부서나 감사대상업무의 목적 · 정책
- 예 산
- 위임전결, 직무기술서
- 업무흐름도
- 경영관리정보
- 관련법규

감사인은 업무가 어떻게 이루어지며, 어떻게 통제되고 있으며, 그 통제가 어떤 영향을 미치는지 철저히 이해하여야 한다.

사전이해를 하고 나면 내부감사인은 Memo, 질문서, Flow Chart 등을 사용하여 문서화시켜야 한다.

02

② 통제에 대한 검토

내부감사인은 통제가 적정히 설정되어 있는지를 먼저 식별해야 한다. 예를 들면 수표보관자와 승인권한이 있는 자는 분리되어 있어야 하므로 이러한 기능이 분리되어 있는가 하는 것이다.

통제에 대한 검토 시 과다하게 많은 통제는 업무를 지연시키고, 원가발생을 초래하며, 구성원의 동기부여를 저하시킬 수 있으며, 지나치게 미약한 통제는 우수한 구성원이 부정을 저지를 수 있는 분위기를 조성하여 조직 전체를 쉽게 와해시킬 수 있다.

따라서 내부감사인은 통제는 반드시 있어야 하되, 가장 필요한 곳이나 시점에 설정되어 있는지 검토해야 한다.

그리고 통제에 대한 검토 시 업무책임자가 자신의 해고를 두려워하여 일을 위한 일을 위하여 통제하고 있지는 않는지 주의하여 검토하여야 한다.

통제에 대하여 검토 시 내부감사인은 사람을 믿되, 어떤 누구도 환경변화에 따라서 부정을 저지를 수 있다는 사실을 잊지 말아야 한다.

③ 통제 여부의 확인

통제가 설정되어 있다고 식별되었으면, 통제가 설정되어 있는 대로 실제로 운영되고 있는지 확인하여야 한다.

대부분의 통제는 문서로 남아 있는 것이 일반적이다.

승인이라는 통제수단은 사인(Sign)으로 문서에 남아 있게 된다. 그러면 내부감사인이 문서에 사인이 올바로 되어 있는지 확인하는 것이다.

또 상호대조하는 통제수단이 있다고 하면 차이보고서라는 문서가 남아 있게 된다.

따라서 내부감사인은 차이보고서가 누락 없이 철하여져 있는지 확인하면 된다.

그러나 일부 통제수단은 문서가 없는 경우도 있다. 그 예가 기능의 분리이다. 기능이 분리되어 있다는 것은 분명한 통제수단이지만 문서로 남아 있지 않는다. 이런 경우는 내부감사인이 질문하고 관찰한 후, 질문 · 관찰한 내용을 Memo로 작성하면 된다.

그러면 통제 여부를 확인하는 경우 기간은 어느 정도로 하여야 하며, 검토항목은 얼마나 선정해야 하느냐 하는 문제가 있다. 당사의 경우 기간은 1년을 대상으로 하며, 따라서 12개월에서 골고루 표본을 선정하며, 표본의 수는 하나의 통제점에 대하여 30~40개 정도 추출하는 것을 원칙으로 하며, 1개라도 오류가 있으면 추가로 표본을 추출해서 확인해야 한다.

④ 보고 및 사후관리

감사가 종료되고 나면 피감사부서의 책임자와 발견사항 및 개선사항에 대하여 협의한 후 보고서를 작성한다.

작성된 보고서 초안은 반드시 피감사부서의 승인을 받은 후 공식화될 수 있다.

과거 내부감사인이 피감사부서의 책임자와 친한 관계로 지적사항을 누락시킨 사례가 있었으며, 이러한 경우는 양자 모두 해고사유에 해당하므로 유의하여야 한다.

감사보고서에 수록된 발견사항 및 개선사항은 사후관리철에 기재되어 한 번에 해결될 수 있는 사항과 계속관리사항으로 구분하여 철저하게 사후관리되어야 한다.

감사보고서는 다음과 같이 작성한다.

- 표지 : –감사제목
  –감사대상분야
  –감사일정
  –감사책임자
  –감사보고서 발행일
- 감사목적과 범위
- 발견사항(=지적사항) 및 시정조치
- 개선방안
- 담당자의 의견

02

(4) 내부감사절차지시서와 감사철

① 감사절차지시서

감사절차지시서란 내부감사를 수행하는 절차를 규정한 것으로, 사전에 수행할 절차를 기술하므로 주요 절차를 누락할 위험이 없고, 중점감사분야가 강조되며, 체계적으로 내부감사를 수행하게 하여 준다.

감사절차지시서는 사전이해가 있은 후 작성될 수 있으며, 또한 내부감사업무에 충분한 경험이 있어야 작성할 수 있다.

감사절차지시서의 예를 제시하면 다음과 같다.

감사절차지시서

감사분야 : 외주업체 관리실태

감사명	감사자	일 자	비 고
1. 외주업체List를 징구한다. 2. 외주업체와의 계약체결사항을 전부 징구한다. 3. 외주업체 선정의 적정성을 검토한다. (1) 외주업체선정기준과 비교한다. (2) 필요한 경우 외주업체에 방문한다.			

② **감사철(=Audit working paper)**

감사철이란 내부감사를 실시하면서 작성한 서류와 징구한 서류를 철로 묶은 것이다. 감사철을 체계적으로 정리해야 내부감사를 효율적으로 수행할 수 있으며, 피감사부서의 반대의견에 대하여도 증거로 제시할 수 있다.

당사의 감사철은 다음과 같은 순서로 철한다.

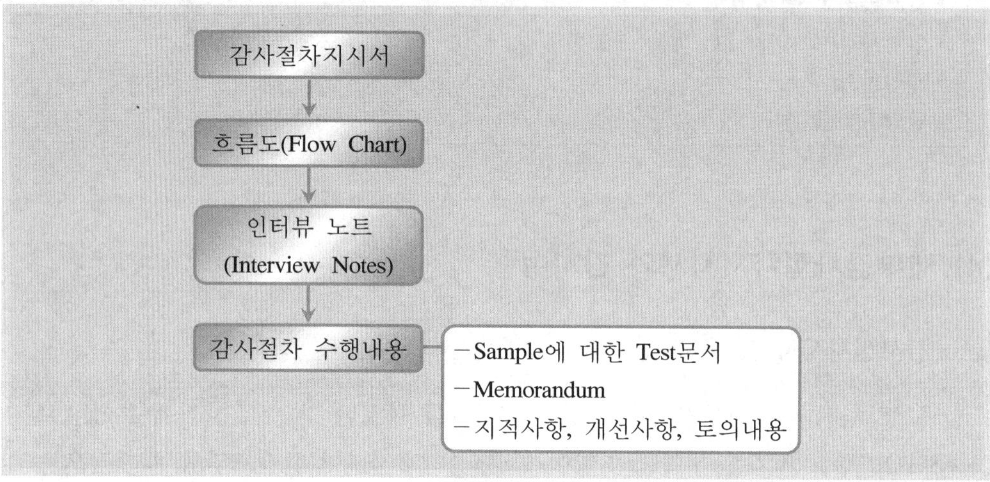

상기의 감사철은 다음과 같은 순서로 철한다.

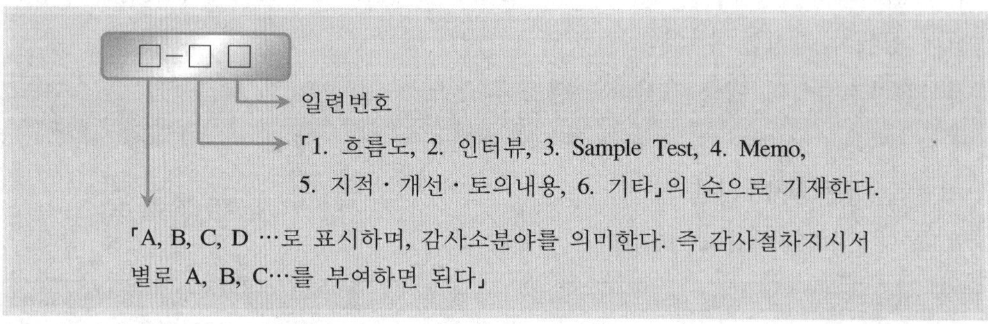

4 내부감사 실무서식

내부감사서식이란 내부감사를 계획하고, 실시하며, 실시결과를 보고하는 제반양식을 의미한다. 내부감사서식을 사전에 규정화하여 규정된 양식을 메우는 방식의 감사를 유도할 수도 있고, 가급적 메모방식을 사용하여 네레이티브 메모랜덤(Narrative Memorandum) 형식으로 감사를 유도할 수도 있다.

규정화된 양식을 사용하면 감사자의 창의성이 감소될 수 있고, 형식화된 감사를 수행할 수 있는 단점이 있는 반면에, 그 절차를 통일시키고 중요사항의 누락을 방지할 수 있는 장점이 있다.

따라서 내부감사실 직원의 자질이나 능력이 내부감사를 훌륭히 수행할 수 있는 정도이면 감사실 직원의 자유재량에 맡기고 최소한의 양식만 규정하는 것이 바람직하며, 업무순환이 빠르고, 그 자질에 한계가 있으면 가급적 양식화하는 것이 바람직하다고 사료된다.

그러면 양식화할 사항을 나열하면 다음과 같다.

- 감사계획서
- 감사실시계획서
- 감사통지서
- 감사조서
- 현지강평자료
- 감사보고서
- 감사효과계획서
- Follow－up 보고서

(1) 감사계획서

감사계획서란 내부감사실의 연간감사일정을 계획하며, 사전에 중점항목을 식별하며, 계획된 감사를 수행하기 위하여 필요한 사항을 사전에 계획하는 것이다.

그러면 연간감사계획에 추가하여 중장기감사계획이 필요한가 하는 것이다. 조직규모가 거대하여 몇 년에 1번 정도의 감사빈도를 갖는다면 중장기감사계획이 반드시 있어야 누락이나 중복감사를 피할 수 있다. 그러나 조직규모가 거대하지 아니하면 1년 감사계획 정도면 충분하며, 감사라는 것이 과거에 행한 사항의 적정성을 검토하는 것이므로 3~4년 앞을 내다보고 계획을 수립하는 것은 그렇게 필요하지 않다고 판단된다.

내부감사란 Top의 눈이므로 연간감사계획은 Top의 방침과 의지가 분명히 담겨 있어야 하며, 또 내부감사실 자체의 경험과 판단에 의한 의견도 적극적으로 담겨 있어야 한다.

사례 1 감사계획서

대상항목	해당 부서	감사일정	참여자	중점항목
공장구매감사	수원공장 부산공장 안산공장	1.15.~1.20. 1.25.~1.31. 2. 1.~2. 4.	홍길동 외 3인 김철수 외 2인 홍길동 외 2인	납품업자선정의 적정성 발주시기, 납기의 적부 부품표준화 달성정도
설 비 감 사	인천공장 울산공장	2.10.~2.15. 2.16.~2.20.	이영수 외 2인 〃	설비의 보존상태 적부 설비예산유용 여부

사례 2 감사계획서

감사항목	감사책임자	1	2	3	4	5	6	7	8	9	10	11	12
자금감사	H. R. Kim	↔	↔										
구매감사	J. R. Kang			↔	↔								
외주감사	C. L. Lee					↔	↔	↔					
설비감사	K. W. Park								↔	↔	↔		
승진감사	C. K. Son											↔	↔
채권감사	O. A. Kim		↔	↔									
⋮	⋮												

사례 3 감사계획서

대상부서	실시기간	참여자	소요 Man/Month	과거감사		사장지시사항
				일 시	지적항목	
판매부	7.1.~7.31.	강철 외 2인	3M/M	20××.6.	채권회수불비	채권회수기일 단축방안강구
⋮						

사례 4 감사계획서

Ⅰ. 감사팀의 조직구성 및 인력운용계획
Ⅱ. 20××년 감사실시 현황 및 조치사항
Ⅲ. 20××년 중점실행과제별 세부실시계획
Ⅳ. 감사팀 교육실시계획
첨부 : 과제별 주요 점검List

(2) 감사실시계획서

감사실시계획서란 연차감사계획서에서 확정된 테마나 부서에 대하여 감사착수 전 세부적인 실시계획을 수립하는 것이다.

따라서 감사실시계획서는 5W 1H의 논리에 입각하여 작성하면 된다.

감사실시계획서를 작성하면 감사할 사항을 논리적인 순서로 배열하며, 감사중점사항, 감사방법을 사전에 식별하므로 감사능률을 향상시킬 수 있다.

그리고 동시에 여러 개의 공장이나 사업소를 방문하는 경우에는 사전에 요청자료의 양식과 Check List를 통일하고, 사용방법 등에 대하여 공통의 이해를 가지게 할 수 있다.

또 감사실시계획서는 감사인을 지휘·통제할 수 있고, 감사능률을 측정하는 수단이 된다.

사례 1 감사실시계획서

1. 감사의 목적 : 지체상금의 적정성 검토
2. 감사대상업무
   (1) 특판부의 공군군납 ××제품의 지체상금발생경위
   (2) ××제품 생산부의 납기관리실태
3. 감사방법
   (1) 책임자 면담실시
   (2) 납기관리 서류검토 및 ××제품 수주계약서 검토
   (3) 특판부와 ××제품 생산부의 왕복문서철 검토
4. 감사자 : 홍길동, 김철수
5. 감사일정 : 20××.6.5.～15.
6. 기 타

사례 2 감사실시계획서

감사대상부서 :					감 사 기 간 :		
감 사 자 :					전회감사기간 :		
감사항목	착안점	감사자료	감사기술	일정 및 소요시간	유의사항	전회감사 지적사항	담당자

사례 3 감사실시계획서

1. 감사목적 : (1) 공해방지에 대한 내부관리점검
   (2) 기업의 사회적 책임 완수
   (3) 공해방지비용의 적정성 확인
2. 감사대상부문 : 생산본부(인천공장, 부산공장)
3. 감사일정 : (1) 준비 – 2.5.~2.8.
   (2) 인천공장 – 2.9.~2.19.
   (3) 부산공장 – 2.20.~2.25.
   (4) 정리 · 보고 – 2.26.~2.28.
4. 감사방법 : (1) 면접 · 질문에 의한 방법
   (2) 서면 · 기록에 대한 검토
   (3) 시찰 및 관찰과 측정에 의한 방법
   (4) 법령, 법규의 준수 여부 검토
5. 감사참여자 : 홍길동 외 2인
6. 감사중점

감사상의 조사중점항목	유의사항
1. 폐수처리시설정비	폐수처리시설정비일지 점검
2. 폐수의 농도	법규상의 폐수농도
⋮	⋮

(3) 감사통지서

감사통지서는 감사의 능률향상을 위해서 대단히 중요한 사항이다. 감사통지서에 요청자료목록이 들어가고, 감사실시일정과 면담요청일자가 들어가므로 피감사부서는 감사착수 전에 요청자료를 준비할 수 있고, 감사실시기간 중에 면담 등의 여유시간을 마련해 놓을 수 있기 때문이다.

사례 1 감사실시통보서

수　　신 : 자재관리부장

발송번호 :

접수번호 :

<table>
<tr><td>감 사 명</td><td colspan="4">××제품 대책건 조사</td></tr>
<tr><td>감사일정</td><td colspan="4">20××.6.10.~20××.6.11. (　　2　　)일간</td></tr>
<tr><td>감 사
대 상
업 무</td><td colspan="4">• F.A.P 오사양 장착경위
　－××용 F.A.P 불출경위
　－도입부품 수불 관리실태
• 부품구별화 관리실태</td></tr>
<tr><td>준 비
요 청
자 료</td><td colspan="4">• F.A.P 수불 List : 20××년 4월
• 부품구별화 관리 관련서류(20×3년)
• F.A.P 오사양 불출 관련서류(20×3년)
• ××용 F.A.P 입고 · 불출 관련서류(20×3년)
(20××.4.16. 10 : 30～18 : 00)</td></tr>
<tr><td rowspan="3">감 사 인</td><td>직 위</td><td>성 명</td><td>직 위</td><td>성 명</td></tr>
<tr><td>과 장</td><td>홍길동</td><td>대 리</td><td>김철수</td></tr>
<tr><td>대 리</td><td>이영수</td><td></td><td></td></tr>
<tr><td colspan="5">귀부(사)에 대하여 위와 같이 감사실시를 통보합니다.

20××. 6. 1.

감사실장　　　　　(인)</td></tr>
<tr><td colspan="5">(참조) 감사실시 전 사정에 의하여 별도의 통보 없이 감사일정이나 감사인이 변경될 수 있습니다.</td></tr>
</table>

사례 2

총무부장 귀하 20××.7.1.

감사실장

<u>소모품 감사실시의 건</u>

주제의 건에 대하여 다음과 같이 감사를 실시할 계획이오니, 협조를 부탁드립니다.

－ 다 음 －

1. 실 시 일 : 20××.8.20.～20××.8.25.
2. 대상기간 : 20××.1. 1.～20××.7.31.
3. 방 법 : 면접, 관찰 및 실지조사
4. 대 상 자 : ××소모품 담당자, ××소모품 담당자
5. 면담요청일 : 20××.8.20, 21, 23.(3일)
6. 자료작성의뢰 :

사례 3

감사실	내부감사실시통지서	
		일자 :

차량영업부
김××영업부장 귀하

감사실장

<u>판매감사실시의 건</u>

국판영업과의 판매감사를 하기에 따라 실시하고자 하오니 적극적인 협조를 부탁합니다.

1. 감사의 중점 : 매출채권의 회수
2. 실시요령
   (1) 일시장소 : 8월 20일 9 : 30～16 : 00
   (2) 조사사항 : 7월 말 매출채권명세서를 가지고 회수가능성에 대한 것을 검토합니다.
   (3) 면담요청시간 :
      ××× 9 : 30～10 : 00 ××× 10 : 00～11 : 00
      ××× 11 : 00～12 : 00 ××× 2 : 00～ 3 : 00
   (4) 상기 면담시간에 조정이 필요하시면 즉시 연락하여 주십시오.

(4) 감사조서

감사조서란 감사한 기록을 남겨두는 서류를 의미한다.

감사를 실시하면서 어떤 사항을 어떻게 감사했는지에 대한 서류가 있어야 사후의 증거가 되며, 감사를 체계적으로 수행할 수 있다.

감사조서라고 하면 다음과 같이 구성된다.

① 감사절차지시서

감사대상항목에 대한 Check List이다. Check List가 있어야 중복되지 않고, 누락시키지도 않으며 가장 적절한 절차를 수행할 수 있는 것이다.

02

② 감사총괄표

감사총괄표에는 감사테마, 감사실시기간, 감사실시부문, 감사항목, 감사자료, 감사결과 요약이 한 표로 집합되는 것이다.

③ 감사실시조서

감사실시조서는 특별한 양식이 있는 것이 아니며, 여기에는 계산검증, 문서대조, 관찰 · 질문사실의 기록 등이 기술된다.

감사조서로서 갖추어야 할 사항은

- 어떤 문제점에 착안했는가?
- 어떤 감사절차로 그 문제점을 해명했는가?
- 그 결과는 어떻게 처리했는가?

하는 것이며, 감사조서는 간결하고 이해 가능해야 하며 올바로 감사를 실시하였는지 상급자가 감독할 수 있어야 한다. 그리고 작성일자와 작성자, 순서번호(Index)가 반드시 기재되어야 한다.

사례 1 감사절차지시서 · 공해감사절차지시서

검토항목	내 용	관련조서	담당자	일 자
1. 담당자의 공해관리 인식도	(1) 공장장은 공해관리의 중요성을 인식하고 있으며, 계속적인 관심을 갖고 있나? (2) 공해관리가 부실할 경우 회사에 치명타를 줄 수 있다는 사실을 인식하고 있나? (3) 공해관리책임자는 공해상황에 대하여 계속 보고받는가?			

감사총괄표

감 사 테 마		감사실시기간	
감사실시부문			
면 접 자			
감 사 항 목			
감 사 착 안 점			
감 사 자 료			
감 사 보 조 자			
감 사 결 과 의 개 요			

감사총괄표

피감사 부문			감사담당자	
감 사 일			응 답 자	
감 사 항 목				
감 사 방 법	자 료	계약서, 영수증, 예산, 계산근거, 전표, 품의서		
	방 법	실사, 질문, 관찰, 검토, 조회, 계산검증, 대조		
	규 정			
감 사 결 과 개 요 :				
피감사부서의 의견 :				

감사총괄표

<table>
<tr><td>감 사 항 목</td><td colspan="3">인사 전보　규정 준수　실태 조사</td><td>감사일시</td><td colspan="2"></td></tr>
<tr><td>현 근 무 지</td><td colspan="2"></td><td>직급</td><td></td><td>성　　명</td><td colspan="2"></td></tr>
<tr><td rowspan="3">발 령 내 역</td><td colspan="2">부　서</td><td colspan="2">일　자</td><td rowspan="2">이행여부</td><td colspan="2">재발령</td></tr>
<tr><td>발령 전</td><td>발령 후</td><td>발령일</td><td>전입일</td><td>부　서</td><td>일　자</td></tr>
<tr><td></td><td></td><td></td><td></td><td></td><td></td><td></td></tr>
<tr><td>사　　유</td><td colspan="7"></td></tr>
</table>

<table>
<tr><td>피감사인 의견 및 건의사항</td><td>감 사 실 소 견</td></tr>
<tr><td>부 서 :
직 위 :　　　성 명 :　　　(인)</td><td>직 위 :　　　성 명 :　　　(인)</td></tr>
</table>

(5) 현지강평회용 자료

현지강평회란 감사가 종료된 후 감사인과 피감사인이 모여서 적발사항에 대해서 대책을 논의하고, 경영개선안에 대하여 실행가능성을 토의하는 회의이다.

따라서 현지강평회의 주된 목적은 피감사부문의 요망사항을 적극적으로 회사차원에서 수용할 수 있도록 수렴하고, 감사인과 피감사인 간에 의견의 일치를 도출하는 데 있다.

현지강평회용 자료는 감사결과의 총괄요약표 형식이며, 피감사부서의 의견이 수렴될 수 있으면 된다.

사례 1 현지강평회용 자료

적발사항, 개선사항	피감사부서의견	처 리			
		실시	검토	보류	기각

사례 2 현지강평회용 자료

현 황	문제점	개선안	피감사부서의견

(6) 감사보고서

감사보고서란 감사의 최종결론을 정확하고, 명확하며, 간결하게 작성하는 보고서이다. 감사보고서는 1장이 될 수도 있고, 여러 장이 될 수도 있다.

내부감사에 있어서도 감사보고서라고 하면 1장 내지는 2~3장의 최종결론보고서를 의미한다.

그리고 내부감사에서는 문제점이 적출된 항목만을 기술하는 것으로는 충분하지 못하다. 중요한 항목에 대해서는 문제가 없었다고 하는 것도 동시에 언급해 주어야 내부감사의 실효성을 제고할 수 있다. 그리고 문제가 없다고 언급한 분야에서 문제가 발생하면 책임문제가 발생하기 때문에 내부감사인이 개선해야 할 사항에 신경을 쓰게 되며, 단지 많은 건수를 지적하고자 하는 적발감사에서 탈피할 수 있다.

사례 1 감사보고서(중간, 최종)

1. 감사의 종류 : 판매업무감사
   (예 : 구매업무감사, 외주관리업무감사, 제조업무감사, 판매업무감사, 재고자산관리감사, 고정자산관리감사, 사무관리감사, 인사·노무관리감사, 연구개발업무감사, 경영계획업무감사, O·A감사, 경리부서감사, 조직관리업무감사, 관계회사감사, 특별지시사항감사)
2. 감사의 구분 : 정기감사, 단독감사
   (예 : 정기감사, 특별감사, 단독감사, 합동감사)
3. 실시기간 : 20××.2.5.~20××.2.22.(실근무일수 : 12일)
4. 피감사부서 및 답변자
   서울영업소 김××소장
   부산영업소 박××소장
   대구영업소 이××소장
5. 감사자
   감사책임자 – 양××부장
   감사담당자 – 최××과장
   감사보조자 – 김××대리, 서××대리 이상 4명
6. 감사일정

연월일	부 서	내 용
20××.2.5.~2.8.	서울영업소	강남구 소재 영업소 방문, 감사실시
⋮	⋮	⋮

7. 감사착안점
   (1) 수금사원의 입금표 관리실태 확인
   (2) 판매사원의 거래처 관리상황
   (3) 영업소의 정리정돈 및 고객 친절성
8. 총괄의견
   (1) 총괄평가–서울·부산영업소의 관리실태 부실
   (2) 문 제 점–수금사원의 횡령이 적발되었고, 거래처관리상 고객 불만이 큼.
   (3) 대 책–서울·부산영업소장의 교체
9. 개선안
   (1) 고객방문일지에 정성이 없음–재교육
   (2) 고객에 대한 전화 응대 시 친절강조–재교육
   (3) 입금표는 소장이 매일 검토
   (4) 영업사원의 인센티브제 확대·강화

10. 피감사부서의 요망사항
  (1) 젊은 소장의 경우 통제가 어려움.
  (2) 나이 많은 영업사원이 조직의 분위기를 해치므로 이에 대한 대책 요망
11. 특명사항에 대한 보고 : 특명사항은 없었음.

사례 2 감사보고서

수　　신 : 사장
일　　자 : 20××.4.10.

본 감사실은 20××.2.5.부터 본사 판매관리실의 협력을 얻어 20××.2.22.까지 서울 · 부산 · 대전 영업소의 채권회수현황을 감사하였습니다.
본 감사실은 감사를 종료하고, 피감사부서에 권고서를 제시했으며 이에 대한 회답도 얻었습니다. 상기의 내용을 정리하여 보고합니다.
1. 채권회수현황의 평가 : 부실함.
  (관리방식을 평가하고 좋다, 나쁘다를 기술한다)
2. 문제점과 개선방안 : 거래처방문이 없음.
  (큰 문제점을 기술하고 이의 해결방안을 기술한다)
3. 피감사부서의 의견 : 낮은 급여로 이직률이 높음.
  (피감사부서의 의견을 기술한다)

(7) Follow－up 보고서

Follow－up 보고서란 지적사항 및 개선사항이 실제로 시정 조치되고 있는지 계속 추적 · 관리하는 보고서이다.

Follow－up은 어떻게 하고 있나 물어보면 일반적으로 다음번 감사에서 확인한다고 말하는 경우가 보통이다. 이것은 시간적으로 용납하기 어려울 정도의 긴 시간이다.

감사의 핵심은 Follow－up 보고서이다. 감사를 실시하는 목적이 무엇인가? 이는 조직구성원에게 통제의식을 심어주고, 사고나 부정을 사전에 방지하며, 개선사항을 현업에 정착시켜 업무의 효율성과 효과성을 증대시키기 위한 것이다.

이를 위해서는 개선권고사항이 어떻게 현업에 정착하고 있는지 확인해야 한다. 이것이 바로 Follow－up 보고서이다.

이러한 Follow－up 보고서가 관리되어야 피감사부문에도 자극을 줄 수 있으며, 실질적인 개선효과를 볼 수 있는 것이다.

사례 1 조치보고서

수 신 : 감사실장

발 신 : 수원공장 공장장 20××년 7월 21일

<table>
<tr><td rowspan="2">건명 :</td><td>감사보고서No.</td><td>1901</td><td>지시일자</td><td>20××년 5월 14일</td><td>지시서No.</td><td>1110</td></tr>
<tr><td colspan="2">조치종류</td><td colspan="4">즉시수정, 연구, 실시보류</td></tr>
<tr><td>조치의 경과 및 내용</td><td colspan="6">효 과</td></tr>
<tr><td>(조치의 경과 및 내용을 구체적으로 기술하고, 재보고예정, 보고완료, 실시취소 등을 반드시 기재)</td><td colspan="6">(효과가 계수적으로 파악이 가능하면 반드시 기재, 계수파악이 곤란하면 정성적인 효과기재)</td></tr>
</table>

사례 2 Follow－up 보고서

감사보고서 No.	지시월일	지시서 No.	건 명	조치의 종류	조치상황	효 과

사례 3 직인관리감사의견에 대한 회답서

항 목	회 답	즉시실시	근일실시	실시검토
1. 법인인감	(1) 법인인감의 관리는 부장에서 이사로 이관하겠음.	○		
	(2) 법인인감은 퇴근 시 금고에 보관하겠음.	○		
	⋮			

보론 1 국내기업의 내부감사 사례

1. 내부감사조직의 운영현황

당사의 내부감사조직은 회사경영업무활동에 대한 종합적인 검토와 평가에 주력하고 있으며 다음과 같은 중점감사항목에 대한 세심한 분석기능을 통해 회사경영상의 능률향상을 기하여 최고경영층에 봉사함을 당부 운영의 목적으로 삼고 있다.

① 경영방침의 수행과정 검토
② 부문별 목표대비 실적분석
③ 내부통제조직의 효율성 측정
④ 부서 간 업무협조체제 원활 여부 검토
⑤ 부정 및 착오발생요인의 사전예방
⑥ 손익항목에 대한 심층분석

감사부는 조직편제상 최고경영자인 사장 직속으로 기구 편성되어 있어, 자체감사 활동 면에서 각별한 지원과 독립성이 보장되어 있다.

내부감사 조직 및 인원

감사원 구성

부 장	과 장	대 리	사 원	계
1	1	2	3	7

2. 내부감사계획수립 및 감사실시 요령

회사가 정한 내부감사규정에 의거 차기 사업연도에 대한 정기감사계획을 매 연도 말에 사장의 기본품의를 얻은 후 부서단위별로 실시한다.

이와는 별도로 사장의 지시에 따라 실시하는 특별감사와 현물 관리부서에 대한 수시감사업무를 수행하고 있으며 매년 실시하는 정기감사 과정을 요약하면 다음과 같다.

내부감사절차

정기감사 업무수행과정	업무처리내역 요약
① 감사계획 수립	• 정기감사계획(연간계획) 작성, 분기단위로 상세시행계획 수립
② 감사시행 통보	• 통상 감사시행 7일 전 통보함을 원칙으로 함.
③ 감사실시	• 감사대상부서 업무에 따라 기간산정
④ 감사조서 작성	• 정확, 명료하게 작성
⑤ 감사회의	• 피감사부서와 충분한 토의과정
⑥ 감사보고	• 중요사항 요약 및 개별지적사항 분리적성
⑦ 감사결과 통보	• 감사보고 후 즉시 통보조치
⑧ 지적사항 사후관리	• 통상 감사결과 통보 후 15일 이내 회신토록 하고 있으나 사안에 따라 기간소요건은 분기별로 취합하여 확인

(1) 감사계획 수립

① 정기감사

본사 및 공장 각 부서의 전년도 감사시행시기 및 감사결과에 따라, 차년도 감사실시 대상부서와 시행시기를 계획 품의하고, 다시 분기별로 감사실시 전에 감사실시와 관련된 세부 일정계획을 수립하여 사장의 품의를 받아야 하는데, 매 분기별 감사계획에는 아래사항이 포함된다(별첨양식 1 참조).

- 감사목적 및 범위의 설정
- 감사중점항목의 설정 및 확인사항표(부서별 Check List) 작성
- 감사원별 업무분담

② 수시감사

본사, 영업소, 저유소, 투자사 업무내역 중 현물관리부서에 대하여는 수시감사 시행

③ 특명감사

최고경영층 지시에 의하여 감사실시대상 및 시행시기에 제약을 받지 않고 시행

⑵ 감사시행 통보

분기별로 승인된 감사계획 일정에 따라 감사실시하기 1주일 전에 피감사부서 및 피감사부서와 연관되는 부서의 업무담당 중역과 부장들에게 서면으로 감사시행 예정기간을 통보하고 감사관련 자료를 요청한다(별첨양식 2 참조). 그러나 현물관리부서에 대한 수시감사 및 특명감사 시행 시에는 업무성격상 사전에 감사시행을 예고하는 서면상의 통보 없이 불시에 감사를 실시하는 경우도 있다.

⑶ 감사실시

- 피감사부에 대한 감사실시는 예정된 감사기간 내에 착수하여 종결시킴을 원칙으로 하나, 감사원들의 업무진행상황상 예정기간보다 일찍 업무마감이 가능한 경우 또는 중대한 문제점 발생 시에는 감사부장의 권한으로 감사기간을 단축 또는 연장하여 실시할 수 있다.
- 제한된 감사일정 내에 감사업무수행의 효율성을 높이기 위하여 각 부서 단위별로 감사실시 주요 항목을 설정한 후 검토확인 작업에 착수한다.
- 피감사부서가 감사대상기간 동안 수행한 업무 중 당초 감사계획 실시 전에 설정한 중점감사항목에 대하여는 세부자료를 사전에 면밀히 수집하여 경영층의 방침, 규정, 제반법규 등의 준수 여부, 업무수행상의 경제성 및 효율성, 내부통제제도의 적절한 확립 여부 등에 관하여 집중적으로 분석 평가한다(별첨양식 3 참조).

  ※ Monitoring System 실시
  - 감사원별로 각 부문별 (영업부문, 재정부문, 공장, 투자사 등으로 구분) 책임담당자를 선정
  - 정기적으로 피감사부서에서 작성하는 중요사항에 대한 보고/분석자료 수집
  - 정밀 분석하여 자체토의(월 2회) 시 현황 및 문제점 검토

- 특히 피감사부서가 현물을 관리하는 부서일 경우에는 현금 및 재고와 관련된 상세 거래내역에 대하여 보관하고 있는 장부 또는 원천서류 등과 실물을 대조 확인한 후, 거래은행이나 구입처를 직접 방문하여 대사 확인하는 업무를 병행한다(별첨양식 4 참조).

⑷ 감사조서 작성

감사업무의 효과적인 진행을 위해 일정한 규격의 감사조서 양식을 사용하여 확인된 제반자료를 기록하며 감사조서 말미에는 문제점이 확인되었을 경우 그 발생상황, 원인 및 이에 대한 시정방안을 간략하게 요약 정리하여 피감사부서 감사 종료 시 해당 감사조서를 토대로 감사회의 자료를 작성한다. 또한 관리감독층의 검토를 통해 개별 감사원 활동의 평가근거 및 교육훈련에 활용되고 있다.

⑸ 감사회의

감사수행 중에 적출된 문제점에 대하여 피감사부서와의 회의를 통해 상호의견을 교환하며, 감사부 측 의견과 피감사부서의 의견이 일치되도록 충분한 토의과정을 거친다.

⑹ 감사보고

감사결과 보고는 원칙적으로 피감사부서에 대한 감사종료 후 보고하는 것으로 되어 있으나 감사업무의 진척도나 중요사안에 따라서는 중간보고와 최종보고를 하기도 하며, 그 어느 것이든 확인된 문제점에 대하여 ① 현재의 상황, ② 발생원인, ③ 관련 입증자료, ④ 문제점으로 인한 회사의 포괄적 손실, ⑤ 개선방안 등을 간단명료하게 정리하여 사장에게 보고한다.

⑺ 감사결과 지적사항 통보

보고된 감사 지적사항 및 이에 대한 권고사항은 사장의 최종결재를 받은 후 지적사항 시정조치통보서에 의해 피감사부서 앞으로 통보하여 이의 시정을 요구한다.

시정조치가 요구되는 사항 중에는 즉시 조치가 가능한 부분이 있는 반면에 일정기간이 경과한 후 시정이 가능한 부분이 있으므로 지적사항에 대한 지속적인 사후관리가 수행되고 있다.

⑻ 지적사항 사후관리

감사업무는 감사보고나 결과통보에 의해 종결되는 것이 아니고, 지적사항이 최종적으로 수정조치되었을 때 비로소 종료되는 것이므로 통보한 감사지적 사항에 대하여는 감사부가 시정조치를 요구하는 시한까지 적절한 조치가 이루어졌는가를 서면으로 통보받고, 추후 시정키로 통보된 사항에 대하여는 매 분기별로 이의 시정을 확인하며, 다음 감사실시 기간 중 전년도 지적사항에 대한 시정조치내역과 그 결과를 재확인한다.

3. 부문별 중점감사항목

제한된 감사일정 내에 감사업무수행 내부통제 System의 효율성을 측정하기 위하여 다음과 같은 방법으로 감사업무에 착수한다.

① 부서별/담당자별 업무분장의 상세한 파악
② Flow Chart를 이용한 단계별 업무흐름도 작성
③ 업무단계별 중요 착안사항 설정
④ 중점감사항목과 관련되는 사내 · 외 여건을 감안하여 최종 감사 Check List 작성

[별첨] 부문별 중점감사항목 및 Check List 사례

〈총무부문〉

1. 승용차의 구입, 폐기 및 운행관리
   (1) 승용차 구입, 폐차 시 기준에 의한 시행 여부 검토
   (2) 차량별 수리비 발생 누계를 파악 과다수리비 지출차량 여부 검토
2. 차량보험 및 사고처리
   (1) 차량보험의 시의 적절한 가입 및 갱신 여부 검토
   (2) 차량사고와 관련하여 후속조치가 당사의 제반규정 및 절차에 준거하여 신속하게 이루어지는가?
3. 주유, 정비 및 제반행정업무
   (1) 일정금액 이상 차량수리비 지출건수를 발췌하여 수리의 적정성, 정확성 검토
   (2) 주차비, 자가소비유류, 통행료 등 제반경비는 적절한 증빙에 의거 지출되고 있는지를 확인 검토
4. 사무용 집기비품의 구매
   (1) 모든 구매는 구매요구서에 의해 이루어졌으며, 적절한 승인권자의 승인 여부 검토
   (2) 주문장 발행에서부터 검수, 조서 및 관련 대전의 지급 등 제반절차의 구매규정의 준수 여부 검토
5. 소액구매전도자금 관리
   (1) 소액구매전도자금 실사잔액과 장부잔액과의 일치 여부 검토
   (2) 정산절차 및 기간은 적절한가?
6. 각종 용역계약 관리
   (1) 용역계약은 공정하고 적정하게 공개입찰에 의해 이루어졌나?
   (2) 용역은 계약에 의해 정확히 이행되고 있나?
   (3) 용역비 지급은 계약서에 의거 정확히 집행되고 있나(과다청구 사례 파악)?
7. 자산관리
   (1) 자산취득 시 자산관리번호를 부여하고 관리하고 있나?
   (2) 자산실사는 회사의 규정에 따라 주기적으로 실사하고 있나?
   (3) 자산관리 대장은 작성되고 있고 실물과의 일치여부 확인

〈인사부문〉

1. 인사정책 및 제도에 관한 사항
   (1) 직무분석 및 적정인원 책정내역을 토대로 타당성 검증
   (2) 인력수급은 중장기 경영계획에 입각하여 수립하였는가?
2. 채용, 이동, 승진, 승급, 휴직, 복직, 퇴직 등에 관련된 업무
   (1) 채용, 이동, 승진, 퇴직 시 적절한 승인권자의 승인 여부 확인
   (2) 인사기록부에 보직변경사항 및 급여변동사항들의 적절한 기재 여부 검토

3. 인사고과 및 포상, 징계 등에 관한 업무
  (1) 인사고과는 정기적으로 적절히 이루어지는가를 검토
  (2) 포상은 공평타당하게 이루어지는가?
  (3) 징계는 적절한 승인권자의 승인을 받았는가?
4. 휴가, 출장, 교육훈련 업무
  (1) 휴가비 보상 산정기준을 검토하고 집행의 타당성을 검증
  (2) 출장비는 적절하게 산정, 지급하는가?
  (3) 교육훈련 중장기 경력개발계획에 의거 체계적으로 이루어지는가?
5. 후생복지관련 업무
  (1) 사내근로복지기금 운영 시 규정준수 여부를 검증
  (2) 우리사주조합 운영 시 조합규약에 의거 운영되는지 검토
  (3) 주택지원자금, 학자금 지급기준 및 집행내역을 검토, 사후관리 적정성을 검증
6. 사우회 운영상황 검토
  (1) 사우회 제반운영이 규약에 의거 처리되고 있는지 여부를 검토
  (2) 결산내용을 검토하여 정확한 손익을 파악 검토
  (3) 대부금 지급 및 상환은 정확히 집행되고 있나?

〈판매부문〉

1. 판매계획대비 실적분석
  (1) 판매계획 수립의 타당성
  (2) 계획대비 실적차이 원인분석 후 사후대책 수립
2. 거래처별 판매계약서의 내용검토 및 이행 여부
  (1) 승인된 판매여신품의서에 근거하여 매매계약의 체결 여부 검증
  (2) 판매계약에 의거 적정하게 거래가 이루어지고 있는지 검증
  (3) 거래중단거래처의 거래중단사유 파악
3. 자금 및 시설대여 거래처 관리
  (1) 시설 및 자금지원 거래처의 담보 및 신용조건 검토
  (2) 거래처 시설 및 자금지원 계약내용을 검토하고 약정조건의 이행 여부를 확인
  (3) 자금 및 시설지원 거래처의 원리금상환이 상환계획표에 의거 이행되는지 검토
4. 판매대전 수금 및 본사 송금관련 검토
  (1) 현금시재 실사를 통해 장부금액과 대조 확인
  (2) 입금표는 일련번호에 의거 정확히 발부 집계되는지 검토(통장이체 입금의 경우 수금내역이 거래처별로 정확히 관리되는지 검토)
  (3) 본사 송금 시 최소한 전잔 이상 송금 여부 검토
5. 거래처의 신용한도 및 담보관리
  (1) 거래처의 신용한도는 해당거래처의 재산상태, 판매량, 회전율 등을 고려하여 적절히 설정되었나?

02

(2) 설정된 신용한도 이상 매출채권 보유하고 있는 거래처 유무
(3) 설정된 신용한도 이상 담보확보 및 담보가치 확인

6. 현금판매가격 및 외상판매가격의 적정성 검토
(1) 현금판매가격 및 외상판매가격을 기준가격과 비교 검토
(2) 수금(입금표) 또는 외상매출 시 가격을 정확히 적용하고 있나?

7. 고객불만처리
(1) 고객불만사항에 대한 모든 사항은 고객불만 관리대장에 관리하고 있나?
(2) 고객불만은 고객불만 처리절차표에 따라 처리하는지 여부 검토
(3) 동일불만이 계속적으로 반복되는지 여부 검토

〈수송, 저장부문〉

1. 용선계약과 지급내역 비교 검토
(1) 용선계약 및 변경된 합의사항의 적정성 및 이행 여부 검토
(2) 용역료는 합의된 용역률표에 의거 정확히 적용 지급되었는지 검토 확인

2. 수송 중 증감량 분석
(1) 선박별 수송 중 증감량 내역 분석
(2) 과다 Loss선박에 대한 구조검사 및 배선규제 실시 여부 확인

3. 유조화차 임대차 구입 검토
(1) 유조화차 용차비는 임대차계약에 의거 정확히 지급되었나 검증
(2) 수송 유조차량 확보는 수송소요량, 수송일수를 고려하여 적정한 기준에 의거 산출되었는가를 검증

4. 저유소별 재고관리실태
(1) 저유소별 재고관리 중 허용 Loss율 초과사례 검증
(2) 저유소 실사재고와 장부재고 과다차이 여부 검증

5. 제품의 품질관리
(1) Sample의 채취 및 관리는 정해진 규정에 의해 이루어지는지 확인

〈재정부문〉

1. 자금운용의 효율성
(1) 단기유동자금 운용내역을 파악하고 가용자금의 적절한 활용유무 검토
(2) 차입금별 차입목적과 원리금상환계획표에 의거 원리금이 상환되고 있는지 검증

2. 회계처리의 적정성 검토
(1) 각 거래의 회계처리는 기업회계기준에 의거 동일한 방법으로 계속 적용되고 있나, 변경되었을 경우 타당성 여부 검증
(2) 각 회계처리는 전표 등 제반 근거서류와 일치하나?
(3) 결산 시 제반 발생항목(미수이자, 감가상각 등)은 정확히 수정분개에 의해 계상되고 있는지를 검증

3. 회계장부조직의 효율성
  (1) 내부통제제도는 회계처리, 보관, 기록 분리의 원칙하에 운영되고 있는지 검증
  (2) 각 회계장부는 빠짐없이 비치 기록되고 있는가?
4. 대여금 차입금 관리
  (1) 대여금의 원리금회수액과 당초 원리금상환계획표와 일치 여부 확인
  (2) 대여금 만기 연장분에 대한 내부승인 검토
  (3) 차입금은 원리금상환계획표와 실제원리금 상환실적과의 차이 확인
5. 현금·유가증권 관리
  (1) 현금감사일 현재 시재액실사 후 장부잔액과 대조 확인
  (2) 유가증권의 매입, 양도, 담보제공, 기타 이유에 의한 거래내역이 정당한지 여부 확인
6. 보험부보의 적정성
  (1) 각종 보험의 보험부보대상, 기간, 요율 등 범위 검증
  (2) 보험미가입 유무확인 및 사고발생에 따른 사후처리 보상금액의 적정성
7. 받을어음·지급어음 관리 실태
  (1) 받을어음 수취사유 파악, 부도어음 포함 여부 검증
  (2) 부도어음의 경우 회수가능성에 대한 검토, 회수실현을 위한 추진상환(담보 등)을 검토
  (3) 지급어음 기말잔액명세서와 지급어음기입장(어음발행대장)의 잔액대조확인

〈건설공사〉

1. 공사계약절차 타당성
  (1) 입찰품의서상에 공사범위 업체선정방법 명시 확인
  (2) 예정가액과 과다한 차이가 발생한 공사에 대하여는 그 원인규명
2. 기성고 지불의 적정성
  (1) 공사대금의 지급은 특정한 경우를 제외하고 기성고에 의해 정확히 지급되고 있는가?
  (2) 공사진행상황이 공사일지에 기록되고 상급관리자에 의해 검열되는가?
3. 도급자재 및 사급자재 관리 실태
  (1) 사급자재 및 사급장비의 내역이 공사도급계약에 명확히 구분되어 있는가 확인
  (2) 미사용 사급자재 및 사용완료 사급장비의 반납조항과 이행상태를 검토
4. 하자보수에 대한 처리
  (1) 하자보수는 신속, 정확하게 이루어졌는지 확인
  (2) 하자발생 시 설계상의 잘못인지 시공상의 잘못인지 원인규명
5. 이행보증 및 하자보증
  (1) 이행보증증권 및 하자보증금 등은 적절히 징구 및 관리되고 있는지 확인
  (2) 계약자의 계약불이행으로 공사가 지연될 경우 이행보증증권의 기간은 적시에 연장되었는지 검토

〈공 장〉

1. 생산계획 대 실적비교 검토
   (1) 생산계획은 판매계획을 적절히 반영하고 있는지 검토
   (2) 생산실적이 생산계획에 미달되거나 적기 생산되지 않았을 경우 원인규명
2. 공장 내 저유 및 출하관리업무상 문제점 유무
   (1) 출하 Meter Ticket는 정확히 발행되고 있는지 확인
   (2) 저유중 증감량이 과대한 경우 원인규명
   (3) 제품출하 시 이의신립사례 사유검증
3. 유량계 연속성 유지
   (1) Flow－Meter 기록부와 출하량 대조확인
   (2) Flow－Meter 봉인상태 확인하고 Flow－Meter 공회전 시 사유검증
4. 불만 제품처리의 적정성
   (1) 출하계에서 반송품에 대한 조치는 회사규정에 의거하여 입고되고 있는지 확인
   (2) 품질미달로 인한 제품반송 시 원인규명 사례 조사
5. 자가소비연료의 관리
   (1) 자가소비연료는 차량별 연료주입카드에 빠짐없이 기재되는지 확인
   (2) 차량별 연료소모율을 산출하여 연료소모율이 과다한 차량에 대해 원인규명
6. 공해방지관련 업무추진내역
   (1) 관계 법규상 필요한 공해방지시설이 설치되었으며, 동 시설은 정상적으로 가동되고 있는지 검토
   (2) 수시로 오염상태 체크하였으며 한도 초과 사례 검토
7. 안전관리
   (1) 사업년도의 경영방침에 따라 회사의 안전관리추진 기본방침을 수립하고 있는가?
   (2) 안전관련 교육은 주기적으로 실시하고 있는지?
   (3) 업무상 재해 사후처리와 관련한 조사보고, 재해분석 및 통계, 대책수립 및 활용여부 확인

〈공무부문〉

1. 자재재고 관리의 적정성
   (1) 창고자재 중 특정품목을 실사 장부수량과 일치 여부 확인
   (2) 출고증 없이 자재 불출된 사례 확인
2. 공사감독업무
   (1) 외주공사 시 반입자재 검사업무의 타당성 검토
   (2) 공사는 당초계획대로 수행되며 하자발생 시 즉각 조치 여부 확인
3. 외주공사계획의 적정성
   (1) 업자등록대장 작성 확인하고, 일정기간의 업자별 거래실적을 비교하여 특정업체에 특혜 준 사례 유무파악

(2) 경쟁입찰의 경우 경쟁입찰 능력 있는 업체 간에 입찰이 되었는지 검토

4. 부식방지활동
   (1) 부식으로 인한 공정사고 유무 확인
   (2) 검사기구 관리실태와 활용 여부 검토
5. 공장반출입 자재
   (1) 외주공사 시 반입자재 검사업무 검토
   (2) 공사완료 후 사급자재 반납업무 검토
6. 창고자재의 활용도
   (1) 창고자재의 주기적인 점검 여부 및 관리실태 확인
   (2) 소공구 관리 검토
7. 하자보수 관리실태
   (1) 공사 중 하자발생 시 원인파악
   (2) 하자보증 이행 여부 확인

〈정비부문〉

1. 정비계획 업무의 타당성 검토
   (1) 정비계획은 현장 및 정비담당부서와 상호 협의하여, 수립되었는지 확인
   (2) 정비작업계획은 예방정비 차원에서 각 공정별로 빠짐없이 수립시행 여부 확인
2. 작업명령서에 따른 정비내역
   (1) 작업명령서에 의한 정비작업은 Order순서대로 시행되고 있는지 확인
   (2) 선작업 후 Work order의 경우가 있다면 그 사유와 발행원인 검토
3. 각종 기기에 대한 정비내역
   (1) 정비불량 및 예방정비 소홀로 가동중단 유무 확인
   (2) 과다 수리발생기기에 대한 원인 파악
4. 공구실운영실태
   (1) 장부상 공구목록과 실비치 여부 확인
   (2) 공구불출 시 관리부에 승인 없이 불출된 사례 확인
5. 예방정비활동 검토
   (1) 정비계획에 따라 예방정비는 계획대로 실행되는지 확인
   (2) 예방정비활동상 나타난 제 공정관리상 문제점을 공정관리에 반영 실적 여부
6. 정비불량으로 인한 사고발생 유무 확인
   (1) 작업명령서는 충분한 검토 후에 작성되었는지 확인
   (2) 정비는 작업명령서의 내용대로 실행되었는지 검토
7. 정비작업 후 자재의 반납상황 검토
   (1) 정비작업 후 미반납자재의 유무 확인

4. 감사조서(Working Paper) 작성요령

⑴ 감사조서 작성의 의의

- 감사인이 수행한 업무의 상세내역
- 문제점이 도출되었을 경우 그 결론에 대한 증빙자료 역할
- 내부통제조직의 적정성 검토
- 감사보고서 작성의 원천자료
- 차기 감사 시 감사정보로 활용가능
- 개별 감사인에 대한 평가
- 자체 교육훈련에 이용

⑵ 감사조서 작성 시 유의사항

- 중점감사항목을 확인·검토하는 데 관련되는지 여부
- 관련부서 간 내부관리체계검토 및 거래의 정확성을 입증하는 데 필요성 유무 검토
- 감사보고서 작성 시 필요 여부

⑶ 감사조서 작성사례

- 감사조서 중앙 최상단에는 피감사부서명과 조서의 제목을 기재
- 감사조서의 양식은 일정한 형태와 크기의 양식을 사용
- 감사조서 좌측하단에는 감사인 서명 및 작성일자 기재하며, 감사부서장은 조서내용 확인한 후 서명날인
- 각 조서에는 수집한 자료 및 관련 장부의 검토결과를 기재하며, 재물실사 관련된 경우에는 피감사부서 담당자의 직함, 성명 기재하고 제반 확인서 첨부
- 1개 조서에는 특정한 업무 하나만을 기재
- 불필요한 감사조서가 되지 않도록 명료하고, 체계적이며, 정확하게 작성되도록 노력한다.
- 관련 감사조서내용에 대하여 피감사부서 측의 이의가 있을 경우 최종적으로 규명된 후 감사지적사항 처리 여부 결정
- 감사조서는 감사업무종결 후 우측하단에 색인번호 부여하여 질서 있게 편철한다.
- 감사인별 감사조서 맨 앞면에는 File Index를 1매 첨부하여, 필요시 관련조서를 신속하게 찾아볼 수 있게 한다.

5. 감사절차의 선택 및 적용기술

⑴ 판매일보상 수금금액 기재 시 허위기재

- 매월 말일 자 외상입금액을 실수금액기준으로 기재하지 않고 익월 초 수금액을 전월 말일 자 수금액으로 왜곡되게 기재

• 조치내용
  − 당일 수금내역은 일·마감 후 익일 본사 통보
  − 거래처에 무통장입금 및 전자어음 거래 유도

⑵ 수금입금표 관리소홀

• 수금입금표관리대장 미작성하여 입금표수불현황 파악 곤란
• 조치내용
  − 수금입금표는 영업사원별로 당일 아침 교부하고, 사용하지 않은 수금입금표는 회사에 반납시키도록 하고, 수금입금표관리대장 작성 및 일련번호순 보관조치
  − 거래처에 무통장입금 및 전자어음 거래 유도

⑶ 부서 간 업무처리 소요기간 검토

• 영업활동
  자재구매/조달업무 등에 있어서 관련부서 간 업무처리 소요기간 산출하여 업무처리 소요기간 검토
• 조치내용
  신속한 영업활동지원 및 적절한 구매/조달업무 추진을 위해 신속·명확한 의사결정 유도

⑷ 판매예상량 대비 판매실적 저조 거래처

• 당초 판매예상량 대비하여 실판매물량이 일정수준 이하(예 : 예상량대비 50% 이하) 거래처에 대한 원인분석
• 조치내용
  지리적 여건, 인근 타사동향 등 외부환경요인과 판매원 인적구성, 영업전략 등 내부요인 정밀 검토하여 대책수립

⑸ 수송선박관리관련 문제점

• 선박구조검사 미실시 사례(구조검사 필요사유 : 신규고정용선 선박)
• 선박연료탱크 관리 미흡
  선박별 연료유 재고검토 결과 화물수송 중 연료탱크 재고증가 사실 발견
• 조치내용
  선박구조검사 실시 및 선박보유 연료사용기록부에 회사 측 확인서명방안 강구

⑹ 주유기 검량 관리강화

• 주유기 토출량에 대한 정기점검 확인 불규칙
• 조치내용
  계량 전문업체 선정하여 정기검량 확인 실시

02

⑺ 자금지원 거래처 중 거래중단

- 조치내용
  지원자금 효과를 고려하여 거래재개 유도, 불가능 시 자금회수 조치

⑻ 대여금 지급거래처 중 선순위 미해지

- 조치내용
  선순위 해지 약정조건의 조속한 이행촉구

⑼ 부외자산관리대장 미작성 사례

- 사무용 비품 중 부외자산을 관리대장에 미기재
- 조치내용
  부외자산관리대장 기록정리

⑽ 영업부서 자체평가액을 담보확보액 산정 시 적용

- 담보물에 대한 평가는 공인감정기관 또는 관리부서의 자체감정가액을 기준으로 해야 함에도 관리부서의 인원부족이라는 이유로 영업부 자체평가로 산정
- 조치내용
  관리부서에 의한 담보가액 재확인 조치

⑾ 비인가 저장품 구매 후 미불출 사례

- 구매요구부서가 구매요청자재의 실제 사용시기를 충분히 검토하지 않고 구매요구함에 따라 비인가 저장품이 장기간 미불출
- 조치내용
  자재구매비용 절감인식 요망되며, 미불출자재에 대한 사유 및 향후 사용 시기 등 재확인

⑿ 주문 및 제품출하업무의 적정성 검토

- 일별, 월별, 계절별 제품의 주문 및 출하실적 비교검토하고, 주문은 있었으나 출하하지 못한 미출하 사례유무 검증(일평균 주문 및 출하량 대비하여 현격하게 감소 또는 없는 날 중점검토)
- 조치내용
  미출하 사례 발생 시 원인 규명하여 철저히 대책수립(재고고갈, 품질하자, 주문 또는 출하업무상 착오 여부에 초점)

⒀ **인장관리 소홀**

- 회사보유 전체인장에 대한 평상시 관리실태 점검
- 조치내용
  인장관리대장 보유토록하고, 인장관리책임자를 명확히 하고, 폐인대상 인장은 조속폐인 조치

⒁ **기 타**

- 판매대금회수액을 횡령하기 위하여 환입물품으로 처리
- 대손상각 후 입금을 기장하지 않고 횡령
- 회수기일 경과된 유가증권 방치
- 재고자산 평가방법을 계속 적용하지 않고 변경하여 이익과대·과소 표시
- 불용품 처분 시 일부 금액을 입금하지 않고 횡령
- 신품으로 구입한 공기구를 유출 횡령하고 중고품으로 대체 입고처리
- 매출을 가수금 처리하고, 후일 지급절차에 의해 횡령
- 가공매출 처리하고 얼마 후 대손처리
- 이연자산을 당기비용 처리하여 이익감소 표시
- 물품구입조로 가불한 후 개인적으로 유용하고 현금으로 반제
- 대여자산을 임의로 매각처분
- 자산관리 미흡으로 불용자산 임의 매각 유용
- 고객불만 미처리에 따른 고정고객 이탈

6. 내부감사보고서의 작성

⑴ **내부감사보고서의 형식**

- 감사목적 및 범위를 한정시키고 감사책임의 명확화
- 검토업무부문에 대한 감사의견 요약정리
- 감사의견의 근거자료로서 감사결과 지적사항 및 권고사항 기재
- 필요시 피감사부서의 답변내용 참고 기재

⑵ **내부감사보고서 작성 원칙**

- 정확성, 명료성, 간결성, 적시성, 객관성, 품위

⑶ **경영층에 대한 보고인 만큼 가급적 요약형태 보고**

- 전반 요약보고는 3매를 초과하지 않도록 작성

• 개별 지적사항은 건별로 작성하되 중요사항은 요약보고에 내용을 포함시키고, 그 밖의 사항은 일괄하여 요약정리

※내부감사보고서(Internal Audit Report) 작성(IIA : Institute of Internal Audit)의 「내부감사의 직업적 실무를 위한 기준」에는 아래와 같이 감사업무결과보고(내부감사보고서)에 대하여 기술하고 있다.

① 감사를 필한 후에 서명한 감사보고서를 작성하여야 한다.
중간보고서는 서면 또는 구두로 이루어질 수 있으며 공식 또는 비공식적으로 제출될 수 있다.

② 내부감사인은 최종보고서를 작성하기 전에 적정수준의 경영관리자와 결론 및 권고사항에 대해 의견교환을 하여야 한다.

③ 보고는 객관적이며 명료하고, 간결하고, 건설적이면서 시의에 적절한 것이어야 한다.

④ 보고에는 감사의 목적, 범위 및 결과를 제시하여야 하며 필요시는 감사인의 의견표시가 있어야 한다.

⑤ 보고는 앞으로의 개선점에 대한 권고사항을 포함할 수 있으며, 만족스러운 업적과 시정조치를 나타낼 수도 있다.

⑥ 감사결론 또는 권고사항에 대한 피감사인의 견해가 감사보고에 포함될 수 있다.

[별첨양식 1]

감사일정계획 및 업무분장내역

감사원 일정	A	B	C	D	E
20××. ~					
20××.	감사회의				

※ 중점검토 항목

1.
2.
3.

[별첨양식 2]

감사관련자료요청

20××.　.　.

1. 귀사에 대한 20××년도 정기감사와 관련하여 아래의 자료를 요청하오니 20××.7.1.까지 준비하여 주시기 바랍니다.
2. 요청자료 중 기작성되어 있는 자료는 상기 요청일까지 정본을 제출바랍니다.

요청자료명	대상기간
1.	
2.	
3.	
4.	
5.	
6.	
7.	
8.	
9.	
10.	
11.	
12.	
13.	
14.	
15.	

[별첨양식 3]

업무흐름도		작성일자	
대상부서		작 성 자	
업 무 명		확 인 자	

02

[별첨양식 4]

판매대전 및 운영자금실사

실사일자 . . .

(단위 : 원)

권 종	판매대전		운영자금	
	매 수	금 액	매 수	금 액
10원권				
50원권				
100원권				
500원권				
1,000원권				
5,000원권				
10,000원권				
50,000원권				
보수				
어음				
기타				
실사금액(A)				
장부금액(B)				
차이(A－B)				

실사인 : ____________

입회인 : ____________

보론 2 미국의 내부감사 운영실태

미국의 FERF(Financial Executive Research Foundation)에서 조사한 운영실태를 기초로 미국의 내부감사운영실태를 설명하면 다음과 같다. 조사 자료가 약간 오래되었으나, 인원증가 및 회계법인과의 친밀성을 제외하고는 최근자료와 큰 차이가 없는 것으로 나타나고 있다.

1. 내부감사책임자의 직책(Title of Chief Internal)

49개 회사를 방문하여 면담을 실시한 결과 내부감사책임자의 직책은 다음과 같았다.

직 책	회사수
• 부사장(Vice－President)	6
• 부사장대우(Assistant Vice－President)	2
• 부서의 장(예 : Director)	36
• 재무담당책임자(Controller)	3
• 총괄감사인(General Auditor)	2
	49

전형적인 내부감사책임자의 직책은 부사장 바로 아래 직책으로 보면 된다.

상기의 표에서 부서의 장(Department Head)이라는 직책은 일반회사의 이사 수준으로 보면 된다.

우리나라의 경우 내부감사실장이 부장 수준인 것에 비하면 우리나라보다 그 지위가 높다고 볼 수 있다. 우리나라의 경우 상법상의 감사가 있어서 전무이사나 상무이사의 수준이지만 형식적이고 실질적인 감사수행을 하지 아니하므로 상법상의 감사와 비교하는 데는 무리가 있다.

2. 내부감사책임자의 근무연수와 전 근무부서

내부감사책임자의 현 지위에서의 근무기간은 평균 2.5년으로 산정되고 있다.

그 분포를 보면 다음과 같다.

	회사수
• 4년 이상	11
• 2년～4년	16
• 2년 미만	10
	37

평균 2.5년이면 상대적으로 근무기간이 짧다고 볼 수 있는데, 이는 내부감사의 특성상 독립성과 공정성을 유지하기 위하여 업무 Rotation을 빨리 시킨다고 볼 수 있다. 또 경영층의 양성과정으로 생각하는 경향도 강하기 때문이다.

내부감사책임자는 외부초빙보다는 내부승진이 많으며 과거경력은 회계부서와 감사실이 가장 많다.

	회사수
• 회계부서, 감사실에서 승진	21
• 다른 회사의 회계부서, 감사실에서 초빙	6
• 회계법인에서 초빙	9
• 회사 내의 비재무부서에서 승진	2
• 다른 회사의 비재무부서에서 초빙	1
	39

3. 내부감사인원의 규모와 구성

내부감사인원은 회사의 규모와 밀접한 관계가 있으며, 내부감사실의 예산은 외형의 약 5/10,000 정도로 산출되고 있다. 내부감사실의 직원은 직원 1,000명당 1명꼴로 산정되며, EDP와 업무감사에 많은 자원투입이 필요하다고 인식하고 있다.

(1) 내부감사인원의 분포

	회사수
• 20명 초과	21
• 5명~20명	14
• 1명~4명	11
	46

(2) EDP감사인의 분포

	회사수
• 2명 이상 EDP감사인 보유	22
• 1명의 EDP감사인	6
• EDP감사인 없음.	21
	49

⑶ 업무감사인의 분포

	회사수
• 업무감사 전문가 보유	16
• 특별히 구분하고 있지 않음.	33
	49

EDP에 전문성을 보유하고 있는 감사인이 극히 취약한 실정이며, 그 취약성은 회사의 관심부족이 아니라 감사와 EDP 모두에 전문성을 보유하고 있는 전문가가 부족하기 때문이다.

4. 주요 추세

내부감사의 추세를 보면 회사의 성장률보다도 높은 율로 내부감사실의 직원에 대한 자질을 계속적으로 향상시키고 있다. 예를 들면 MBA와 CPA자격 모두를 요구하는 회사가 늘고 있는 것이다.

그리고 내부감사인을 내부감사목적으로 채용하기보다는 경영층의 인재양성목적으로 채용하고 있어 내부감사를 장래 경영인을 위한 양성과정으로 유도하고 있다. 이러한 이유로 내부감사인의 배치전환이 조금씩 빨라지고 있다.

결국 내부감사실의 권한이 강화되고, 회사 전반에 강한 영향을 미칠 것으로 예상된다.

5. 내부감사조직

내부감사조직은 대부분의 회사에서 집중화되어 있으며, 집중에서 분산으로 가는 경우는 거의 없는 것으로 이해된다.

	회사수
• 집중화된 내부감사조직	29
• 해외업무는 제외하고 집중화	5
• 자회사 제외하고 집중화	9
• 분산화된 내부감사조직	6
	49

우리나라의 경우에 비유한다면 Group 감사실로 내부감사제도를 운영하는 것과 유사하다고 볼 수 있다.

6. 보고절차

내부감사책임자(Chief Internal Auditor)가 자기 직속상관을 누구로 생각하고 즉시 보고하는지와 그 빈도는 다양하게 조사되었다.

	즉시 보고받는 상사			
	재무담당이사	부사장	사 장	계
• 모든 감사 시마다	14	1	2	17
• 주간, 월간단위	7	–	2	9
• 분기, 반기단위	3	–	–	3
• 연간단위	5	–	1	6
• 정하여 있지 않음(필요한 경우에).	9	2	3	14
	38	3	8	49

그리고 내부감사위원회에 공식적으로 보고하는 규정을 갖고 있는 회사는 49개사 중 29개사이고 나머지는 필요시 보고하는 것으로 조사되었다.

7. 내부감사인과 공인회계사의 관계

내부감사인과 공인회계사의 업무제휴 및 공동토의는 별로 없는 것으로 나타나나, 외부감사인인 공인회계사의 감사보수를 낮추기 위해서 채권 · 채무의 조회서 발송과 EDP Audit 시의 지원을 제공하고 있으며, 이는 약 20% 정도의 감사보수를 줄이는 것으로 나타나고 있다.

그리고 내부감사업무에 대하여는 평가하는 회사가 28개사, 평가가 전혀 없는 회사가 17개사이며, 평가는 사장이 하는 경우가 12개사, 감사받는 부서가 평가하는 회사가 6개사, 그리고 공인회계사 감사 시의 지적사항을 참고하는 회사가 22개사이며 중복답변으로 28개사를 넘고 있다.

그러나 최근에는 회계법인의 대형화로 내부감사실보다 회계법인의 Know－how가 크게 앞서 가자 업무제휴가 크게 늘고 있다.

8. 내부감사인의 활동

내부감사가 정규반복감사와 특별감사의 비중을 어느 정도 두고 있는지 조사하여 보니, 정규반복감사가 주를 이루고 있다.

	회사수
• 91～100%가 정규반복감사	18
• 51～90%가 정규반복감사	21
• 51～90%가 특별감사임.	7
• 91～100%가 특별감사임.	2
	48

그리고 감사요청은 주로 최고경영층과 현업책임자가 많이 요청하는 것으로 나타나고 있다.

	예	아니요
• 이사회가 감사요청함.	10	34
• 대표이사(CEO)가 감사요청	17	29
• 재무담당이사(CFO)가 감사요청	32	14
• 현업책임자	31	15

내부감사실은 자원투입을 어떻게 하고 있는가 조사하였는데, 그 내용을 보면 다음과 같다.

• 거래의 승인사실 확인	15%	회계통제목적
• 거래의 적정성 확인	16%	
• 자산의 접근통제	11%	
• 자산의 실재성	15%	
• 업무의 효율성과 효과성	21%	타감사목적
• 정책의 준수정도	10%	
• 외부규제의 준수정도	9%	
• 기 타	3%	

그리고 49개사 중 37개사는 내부감사에 제한을 두고 있지 아니하며, 12개사는 하기 사항에 대하여는 제한을 두고 있었다.

	회사수
• 임원의 급여수준	4
• 본사감사	3
• 특정자회사	2
• 전부계약	2

9. 내부감사의 역할

내부감사인의 역할이 무엇이냐고 피감사부서에게 질문하니까 경찰관 역할이라고 답변하는 회사도 있고, 경영자문가 역할이라고 답변하는 회사도 있었다.

내부감사인에게 질문하니까 경영자문가로 인식하여 주기를 더 원하는 것 같다. 내부감사인의 역할은 경찰관의 역할과 경영자문가의 역할을 모두 구비해야 한다. 회사에서 경찰관이 없다고 하면 구성원이 더 열심히 일할 것 같으나, 사람은 관리하지 않으면 게을러지고 업무에 대하여도 만족하지 못하는 불행한 결과를 초래한다.

회사에서는 통제라는 개념을 포기할 수 없으며 동시에 과도한 통제는 원가 수반과 업무지연 및 능률저하를 가져올 수도 있다. 따라서 내부감사인은 경찰관 역할과 경영자문가의 역할을 균형 있게 가져가야 하며 그 비중도 상황에 따라 다르나, 아무래도 경찰관 쪽의 비중이 약간 커야 하는 것이 타당하지 않나 사료된다.

10. 최악의 사고

최악의 사고가 무엇인지 조사한 내용은

	회사수
• 전산붕괴	19
• 현금 · 예금 횡령	6
• 재고분실	5
• 납품업자와의 구매담합	4
• 잘못된 경영층의 판단	3
• 회사정책에 대한 오해 · 무지	3

보론 3 사업에 대한 이해를 위하여 고려하여야 할 주요사항

다음에 열거된 사항들은 대부분의 감사업무에 적용되는 일반적인 사항들이다. 이러한 사항들은 모든 감사업무에 적용되는 것은 아니며, 모든 사항을 포함하는 것도 아니다.

1. 일반적인 경제현황의 파악

- 경기동향(예 : 세계경제 및 국내경제 상황, 경제성장률)
- 이자율, 금융시장의 동향
- 인플레이션, 화폐가치변동
- 정부의 정책
  - 금융
  - 재정
  - 세무
  - 재정지원(예 : 정부지원 프로그램 등)
  - 관세, 무역제한사항
- 환율과 외환통제

2. 산업－감사대상회사에 중요한 영향을 미치는 사항

- 시장 및 경쟁상황
- 경기변동주기 또는 계절적 영향
- 기술의 변화
- 사업위험(예 : 기술력, 유행의 민감도, 진입장벽)
- 사양산업 또는 성장산업
- 불리한 조건(예 : 수요의 감소, 초과생산능력, 치열한 가격경쟁)
- 주요비율 및 통계자료
- 산업별 회계관행과 문제점
- 환경보호 요구사항과 문제점
- 규제법규
- 동력의 공급과 원가
- 산업특유의 관행(예 : 고용계약, 자금조달 형태, 회계처리)

02

3. 회 사

⑴ 경영자 및 주식소유관계－중요한 특징

• 회사의 형태－공개법인, 비공개법인, 정부투자기관(최근의 변동 및 계획을 포함)
• 주주 및 특수관계자(국내, 해외, 사업의 명성 및 경험)
• 자본구조(최근의 변동 및 계획사항 포함)
• 조직구조
• 경영진의 경영목표, 경영철학, 전략계획
• 인수 · 합병, 사업의 중단(최근 실적 또는 계획)
• 자금조달의 원천과 방법(현재 및 과거)
• 이사회
－이사회의 구성
－이사구성원의 지명도 및 사업능력
－경영자로부터의 독립성과 경영자에 대한 통제
－이사회의 개최 주기
－감사위원회의 존재 여부 및 활동내역
－회사윤리규범의 채택적용
－전문자문가의 변동상황(예 : 변호사)
• 경영자
－경험 및 지명도
－교체빈도
－주요 재무담당 임직원 및 그들의 조직 내의 위치
－재무담당 부서의 직원
－성과급 보너스 제도(예 : 순이익기준 성과급)
－예산정책
－경영자에 대한 압력(예 : 특정개인의 영향력, 주가유지압력 등)
－경영정보시스템
• 내부감사부서의 기능
• 내부통제환경에 대한 태도

⑵ 회사의 영업－제품, 시장, 공급자, 비용, 운영

• 영업의 성격(제조, 도매, 금융기관, 수입 · 수출)
• 공장시설, 창고, 사무소의 위치
• 종업원 관련사항(예 : 지역별 노동시장, 임금수준, 노동조합, 연금, 정부규제)
• 제품 · 용역 및 시장(예 : 주요 거래처, 주요 판매계약, 판매조건, 이익률, 시장점유율, 경쟁자, 수출, 가격정책, 제품의 지명도, 보증사항, 주문대장, 마케팅정책, 제조공정)

- 주요 공급자(예 : 장기구매계약, 공급의 안정성, 지급조건, 수입, 운송형태)
- 재고자산(예 : 위치, 수량)
- 프랜차이즈, 라이센스, 특허권
- 주요 비용의 형태
- 연구개발활동
- 외화자산・부채 및 외환거래
- 회사에 중대하게 영향을 미치는 관계법률
- 정보시스템(현행과 변경계획)
- 차입금 구조, 차입약정사항 및 제한조건

⑶ **재무성과－회사의 재무상태 및 수익성에 영향을 미치는 중요 요소**

- 주요 재무비율 및 경영통계치
- 추세

⑷ **보고의무－재무제표작성과 관련하여 경영자에게 영향을 미치는 외부요인**

⑸ **관계법률**

- 감독환경과 준수의무
- 세무
- 회사영업에 특별히 관련되는 회계인식과 공시문제
- 감사보고의무
- 재무제표의 이용자

CHAPTER

03 내부통제제도

1 내부통제제도의 기본개념

(1) 내부통제제도의 정의와 목적

"내부통제제도(Internal Control System)"란 재무보고의 신뢰성, 경영의 효과성 및 효율성, 그리고 관련 법규의 준수에 관련된 기업의 목적 달성에 관한 합리적 확신을 제공할 목적으로 지배기구, 경영진 및 기타의 인원에 의해 설계, 실행, 유지되고 있는 절차를 말하며, 통제환경, 기업의 위험평가절차, 관련 사업프로세스 등 재무보고에 관련된 정보시스템과 커뮤니케이션, 통제활동, 통제모니터링으로 구성되어 있다.

예를 들면 물건이 입고되면 반드시 검수해야 하고 검수표를 작성한다든지, 해외출장은 반드시 이사의 결재를 받아야 한다든지 하는 규정이나 절차이다.

내부통제제도를 설정함으로써 경영자가 달성하고자 하는 목적은 다음과 같다.

■ 내부통제제도의 설정목적

① 경영정책의 준수를 포함한 사업전략의 효과적이고 효율적 수행
② 부정과 오류의 발생방지와 발견
③ 관련 법규 및 정책의 준수
④ 회사자산의 보호
⑤ 회계기록의 정확성과 완전성 및 재무정보의 신뢰성과 적시성 확보

이러한 내부통제목적은 관리적 목적과 회계적 목적으로 구분할 수 있다.

① 관리적 통제(Administrative Controls)목적

가. 경영정책의 준수를 포함한 사업전략의 효과적이고 효율적 수행

경영자는 자신이 설정한 경영정책을 직원들이 성실하게 준수하도록 하고, 업무의 중복이나 누락 등을 방지하여 사업전략의 효과적이고 효율적 수행을 증진시키기 위하여 적절한 업무분장과 업무수행과정에 승인절차를 설정한다.

나. 부정과 오류의 발생방지와 발견

경영자는 회사의 업무와 관련하여 발생할 수 있는 부정과 오류가 발생하지 않도록 예방하고, 부정이나 오류가 발생하였을 경우에는 이를 적시에 발견하기 위하여 각종 내부검증 절차를 설정한다.

다. 관련 법규 및 정책의 준수

경영자는 회사의 모든 활동이 관련 법규, 감독규정, 내부정책 및 절차를 준수하기 위한 내부검증 절차를 설정한다.

라. 통제절차

통제절차로는 다음과 같은 절차들이 있다.

- 업무분장을 통한 업무의 전문화 추구
- 문서화를 통한 업무의 표준화 및 단순화
- 권한과 책임을 명확히 하기 위한 위임전결규정
- 관련 법규, 감독규정의 준수를 위한 내부적인 검증절차
- 내부감사 등을 통한 내부적인 검증절차

② 회계적 통제(Accounting Controls)목적

가. 회사자산의 보호

경영자는 회사의 중요한 자산이나 중요한 기록 등을 안전하게 보호하기 위하여 접근통제절차를 설정한다.

나. 회계기록의 정확성과 완전성 및 재무정보의 신뢰성과 적시성 확보

경영자는 정확하고 완전한 회계기록 및 신뢰할 수 있는 재무정보의 시의 적절한 작성 등이 잘 이루어지고 있다는 것을 최대한 확신하기 위하여 회계제도와 문서화절차 및 내부 검증절차 등을 설정한다.

다. 통제절차

통제절차로는 다음과 같은 절차들이 있다.

• 회계제도를 구비하여 계정분류의 정확성 추구
• 거래금액의 정확한 평가와 기록을 위한 승인절차 구비
• 발생한 모든 거래가 완전하게 기록되도록 일련번호에 따른 문서화 체계
• 자산과 문서(서류)의 안전한 보호를 위한 물리적 통제

(2) 내부통제제도가 감사업무에 미치는 영향

회사의 경영자는 앞에서 설명한 관리적 목적과 회계적 목적을 달성하기 위하여 내부통제제도를 설계하고 운용하지만, 감사인의 입장에서는 주로 회계적 목적에 보다 관심을 갖게 된다. 즉 재무제표감사를 수행하는 감사인은 회사의 내부통제제도 중 '재무제표에 대한 경영자주장과 관련된 회계제도와 내부통제제도상의 정책과 절차'에만 관심을 갖는다.

이렇게 감사와 관련된 회계제도와 내부통제제도를 이해하고, 고유위험과 통제위험을 평가함으로써 감사인은 다음과 같은 사항을 확인하거나 결정할 수 있다.

■ 감사와 관련된 내부통제제도에 대한 평가가 감사업무에 미치는 영향

① 재무제표에서 발생할 수 있는 잠재적인 중요한 왜곡표시의 유형식별
② 중요한 왜곡표시위험에 영향을 미치는 요소의 고려
③ 통제위험의 평가결과에 근거한 적절한 감사절차의 설계

(3) 내부통제제도의 한계점

내부통제제도는 경영자와 감사인에게 통제목표가 달성되었다는 절대적인 증거를 제공할 수 없으며, 재무제표의 적정성에 대한 간접적 확신과 설득적 증거만을 제공한다. 이는 다음과 같은 내부통제제도의 한계가 존재하기 때문이다.

■ 내부통제제도의 한계점

① 내부통제 비용의 제한－지나친 통제는 효과보다 비용이 커짐.
② 인적인 요소의 존재－인간적 실수, 제3자와 공모, 권한남용 등
③ 비경상적인 거래의 발생
④ 거래여건의 변화

① 내부통제비용의 제한

일반적으로 내부통제의 비용은 내부통제로부터 얻을 수 있는 기대효익을 초과하지 아니한다. 그러나 소규모 회사의 경우와 같이 구성원이 적은 경우 지나친 내부통제로 인하여 내부통제비용이 기대효익을 초과할 수도 있다.

즉 내부통제로부터 얻을 수 있는 기대효익을 초과하는 비용으로 완벽한 내부통제제도를 설계 및 운용한다는 것은 비경제적일 수 있으므로 내부통제의 설계 및 운용에 소요되는 비용은 제한적일 수밖에 없다.

03

② 인적인 요소의 존재

- 부주의, 산만, 판단착오 및 지시의 오해 등에 기인한 인간의 실수잠재성이 있다.
- 경영자나 종업원이 외부나 내부의 제3자와 공모하여 내부통제제도를 우회할 가능성이 있다.
- 내부통제제도의 운영책임이 있는 임・직원이 권한을 남용할 가능성이 있다.

③ 비경상적인 거래의 발생

대부분의 내부통제는 일상적인 거래에 대해 이루어지는 경향이 있으므로 비경상적인 거래의 발생 시에는 비효과적이다.

④ 거래여건의 변화

거래여건의 변화로 인하여 기존의 통제절차가 부적절하게 되거나 통제절차의 준수가 약화될 가능성이 있다.

(4) 내부통제제도의 구성요소

내부통제제도는 통제환경, 위험평가, 정보 및 의사소통, 통제활동, 모니터링으로 구성되어 있다.

① 통제환경

가. 통제환경의 내용

"통제환경(Control Environment)"이란 조직체계・구조, 내부통제를 유인하는 상벌 체계, 인력운용 정책, 교육정책, 경영자의 철학, 윤리, 리더십 등을 포함한다. 통제환경은 조직의 문화를 결정하며 통제에 대한 구성원들의 의식에 영향을 준다. 예를 들어 엄격한 예산통제와 효과적인 내부감사기능을 갖고 있는 강력한 통제환경은 구체적인 통제절차를 상당히 보완할 수 있다. 그러나 강력한 통제환경 자체가 내부통제제도의 유효성을 보장하는 것은 아니다.

나. 통제환경의 요소

통제환경에서 고려할 요소는 다음과 같다.

a. 성실성과 윤리적 가치에 대한 커뮤니케이션과 실천 : 이들은 통제의 설계, 관리, 모니터링의 효과성에 영향을 주는 본질적 요소들이다.

b. 적격성의 구비 : 특정 직무를 위한 적격성 수준 및 그러한 적격성 수준이 필수적 지식과 기술로 구체화되는 방법에 대한 경영진의 고려사항

c. 지배기구의 참여 : 다음과 같은 지배기구의 속성
- 경영진으로부터의 독립성
- 경험과 성숙도
- 지배기구의 참여 및 보고받는 정보의 범위, 그리고 제반 활동에 대한 조사
- 어려운 문제를 제기하고 경영진과 이를 처리하는 정도 등 지배기구의 행위 그리고 내부감사인과 외부감사인의 상호작용의 적절성

d. 경영진의 철학과 경영방식 : 경영진의 특성
- 사업위험을 감수하고 관리하는 접근방법
- 재무보고에 대한 태도와 행동
- 정보처리기능, 회계기능 그리고 그 인원에 대한 태도

e. 조직구조 : 기업의 목적을 달성하기 위해 기업의 활동을 계획, 실행, 통제 및 검토하는 체계

f. 권한과 책임의 위임 : 경영활동을 위하여 권한과 책임을 위임하는 방법과 보고관계와 승인체계를 설정하는 방법

g. 인적자원에 대한 정책과 실무 : 예를 들어 채용, 적응교육, 훈련, 평가, 상담, 승진, 보상, 상벌관리 등과 관련된 정책과 실무

② 위험평가

"위험평가"란 경영진이 관리대상 위험을 어떻게 결정하는지에 대한 기반을 형성하고 회사의 목적달성과 영업성과에 영향을 미칠 수 있는 내·외부의 위험을 식별하고 평가·분석하는 활동을 의미한다. 그 절차가 기업의 특성, 규모 및 복잡성 등 해당 상황에 적합한 경우 재무제표의 중요한 왜곡표시 위험을 식별하는 데 도움을 준다.

신뢰할 수 있는 재무보고에 관련된 위험에는 재무제표의 경영진주장과 일관성 있게 재무데이터를 개시, 기록, 처리, 보고하는 기업의 능력에 부정적 영향을 미치는 내·외부의 사건이나 거래 또는 상황이 포함되며, 다음과 같은 상황 때문에 발생되거나 변화할 수 있다.

- 사업 환경의 변화 : 규제 또는 영업환경의 변화는 경쟁상 압력의 변화 및 유의적으로 상이한 위험을 초래할 수 있다.
- 신규인력 : 신규인력은 내부통제에 대해 다른 관점을 가지거나 내부통제를 다르게 이해할 수 있다.
- 신규 또는 개편된 정보시스템 : 중요하고 급속한 정보시스템의 변화는 내부통제와 관련된 위험을 변화시킬 수 있다.
- 급속한 성장 : 중요하고 급속한 영업확장은 통제를 왜곡시킬 수 있고, 또 통제를 와해시킬 위험을 증가시킨다.
- 새로운 기술 : 생산공정 또는 정보시스템에 새로운 기술이 도입되면 내부통제와 관련된 위험을 변화시킬 수 있다.
- 새로운 사업모델, 제품 또는 활동 : 기업이 거의 경험이 없는 사업분야나 거래에 참여하는 것은 내부통제와 관련하여 새로운 위험을 발생시킬 수 있다.
- 기업 구조조정 : 인원감축, 감독과 업무분장의 변화를 가져오는 구조조정은 내부통제와 관련된 위험을 변화시킬 수 있다.

- 해외사업의 확장 : 예를 들어 외환거래에서의 추가적이거나 변화된 위험과 같이, 해외사업의 확장이나 취득은 내부통제에 영향을 미치는 새로운 위험이나 종종 독특한 위험을 유발한다.
- 새로운 회계기준의 공표 : 새로운 회계기준의 도입 또는 회계기준의 변경은 재무제표를 작성할 때의 위험에 영향을 미칠 수 있다.

③ 정보 및 의사소통

"정보 및 의사소통"은 조직 구성원이 책임을 적절하게 수행할 수 있도록 시의적절한 정보를 확인 · 수집할 수 있도록 지원하는 절차와 체계를 의미하며, 정보의 생성 · 집계 · 보고체계, 의사소통의 체계 및 방법 등이 포함된다.

가. 관련 사업프로세스 등 재무보고에 관련된 정보시스템

회계시스템 등 재무보고목적에 관련된 정보시스템은 다음 목적을 위해 설계되고 수립된 절차와 기록으로 구성된다.

- (사건과 상황을 포함한) 거래의 개시, 기록, 처리와 보고 및 관련 자산, 부채, 자본의 보고
- 예를 들어 자동으로 계류되고 있는 파일과 이를 적시에 처리하기 위해 따르는 절차와 같이 거래에 대한 부정확한 처리의 해결
- 시스템의 무력화나 통제의 우회에 대한 과정과 규명
- 거래처리시스템에서 총계정원장으로 정보의 전기
- 자산의 감가상각과 손상 및 매출채권 회수가능성의 변화와 같이, 재무보고에 있어 거래 외에 사건이나 상황과 관련된 정보의 포착
- 해당 재무보고체계에 따라 공시되어야 할 정보가 축적, 기록, 처리, 집계되어 재무제표에 적합하게 보고되도록 함.

나. 분 개

기업의 정보시스템에는 반복적으로 발생하는 거래를 기록할 때 요구되는 표준적 분개가 전형적으로 내장되어 있다. 매출, 매입 및 현금지출을 총계정원장에 기록하는 분개, 또는 회수불능 채권에 대한 추정의 변경과 같이 경영진에 의해 주기적으로 이루어지는 회계추정을 기록하기 위한 분개들이 이러한 예이다.

기업의 재무보고절차에는 비반복적이고 비경상적인 거래 또는 조정사항을 기록하기 위한 비표준적인 분개가 포함되기도 한다. 이러한 분개는 예를 들어 기업합병 또는 매각을 위한 연결조정이나 분개, 또는 자산손상과 같은 비반복적인 추정 등이 포함된다. 수작업 총계정원장 시스템에서 비표준적인 분개는 원장, 분개장 및 관련 증빙에 대한 조사를 통해 식별될 수 있다. 총계정원장을 유지하고 재무제표를 작성하는 데 자동화된 절차가 사용되는 경우, 이러한 분개는 전자적 형태로만 존재하므로 컴퓨터를 이용한 감사기법을 사용하여 보다 용이하게 식별될 수 있을 것이다.

다. 관련 사업프로세스

기업의 사업프로세스란 다음을 위해 설계된 활동을 말한다.

- 제품과 서비스의 개발, 구매, 생산, 판매 및 유통
- 제반 법규의 준수
- 회계와 재무보고 정보 등 제반 정보의 기록

사업프로세스는 거래로 귀결되며, 이는 정보시스템에 기록, 처리 및 보고된다. 거래가 어떻게 시작되는지 등 기업의 사업프로세스를 이해하는 것이다.

라. 커뮤니케이션

기업이 재무보고의 역할과 책임, 재무보고와 관련된 유의적 사항들을 커뮤니케이션할 때는 재무보고에 대한 내부통제와 관련된 개인의 역할과 책임을 이해하는 것이 수반된다. 이러한 커뮤니케이션에는 구성원들이 재무보고 정보시스템에서 자신의 활동이 다른 자의 업무와 어떻게 관련되는지에 대한 이해의 정도, 그리고 기업 내의 적절한 상급자에게 예외사항을 보고하는 방법과 같은 것이 포함된다. 커뮤니케이션에 관한 사항은 정책매뉴얼과 재무보고매뉴얼 같은 형태를 취할 수도 있을 것이다. 개방적인 커뮤니케이션 통로는 예외사항이 확실하게 보고되고 조치되도록 하는 데 도움을 준다.

④ 통제활동

"통제활동"은 경영진의 지시가 확실하게 이행되도록 도와주는 정책과 절차이다. 정보기술 또는 수작업 시스템 내의 통제활동은 다양한 목적을 가지고 있으며, 다양한 직급과 직능 수준에서 적용된다. 구체적인 통제활동은 승인, 성과검토, 정보처리, 물리적 통제, 업무분장 등이 포함된다.

정보기술의 사용은 통제활동이 실행되는 방식에 영향을 준다. 기업이 정보의 완전성과 시스템이 처리하는 데이터의 보안을 유지하고 있고, 효과적인 정보기술 일반통제와 응용통제를 포함하고 있는 경우 정보기술시스템에 대한 통제는 효과적이다.

가. 일반통제

일반통제는 다수의 응용소프트웨어와 응용통제의 효과적인 작동을 지원하는 정책과 절차이다. 이들은 대규모 정보기술이나 중소형 정보기술, 또는 최종사용자 환경에 모두에 적용된다. 정보의 완전성과 데이터의 보안을 유지하는 정보기술 일반통제는 공통적으로 다음 사항에 대한 통제를 포함한다.

- 데이터 센터와 네트워크 운용
- 소프트웨어의 취득, 변경 및 유지
- 프로그램 변경
- 접근 보안
- 응용시스템의 취득, 개발 및 유지

나. 응용통제

응용통제는 수작업 또는 자동화된 절차로서 전형적으로 사업프로세스 수준에서 운영되며 개별 응용시스템에 의한 거래를 처리할 때 적용된다. 응용통제는 본질적으로 예방 또는 발견 기능을 수행할 수 있고, 회계기록의 완전성이 확보되도록 설계된다. 따라서 응용통제는 거래나 기타 재무정보의 개시, 기록, 처리 및 보고에 사용되는 절차들과 관계가 있다. 이러한 통제들은 발생된 거래가 승인되고, 완전하고 정확하게 기록되며 처리되도록 도와준다. 이러한 예로는 입력데이터의 편집점검이나 일련번호 점검, 그리고 이에 따른 예외보고서의 수작업 후속조치나 데이터 입력의 수정이 있다.

⑤ 모니터링

"모니터링"은 지속적으로 내부통제의 성과에 대한 효과성을 평가하는 절차다. 이는 적시에 통제의 효과성을 평가하고 필요한 개선조치를 취하는 것을 포함한다. 경영진은 일상적인 활동이나 별도의 평가 또는 이 두 가지를 결합하여 통제를 모니터링한다. 일상적인 모니터링 활동은 종종 기업의 정상적인 반복활동에 내재되어 있으며, 정규적인 경영활동과 감독활동이 포함된다.

경영진의 모니터링 활동에는 문제를 나타내거나 개선이 필요한 분야를 강조하는 것일 수 있는 고객의 고충이나 규제기관의 지적과 같이 외부당사자의 커뮤니케이션에서 얻은 정보를 이용하는 것도 포함될 수 있을 것이다.

2 내부통제절차

(1) 매출 Cycle

통제에 대한 절차 및 기법의 선택은 경영자의 합리적인 판단에 의하는 것이다. 여기서 제시하는 표준내부통제는 원가와 효익의 측면을 고려해야 한다.

03

매출 Cycle의 기능(Function)은 다음과 같다.

- 주문수령
- 거래처 신용판단
- 출고, 운반
- 대금청구
- 매출채권관리
- 대금회수
- 입금관리

① 주문수령

표준내부통제	내부통제가 없는 경우
a. 주문은 거래처의 구매요청서에 의하여 받거나, 명확한 증거서류에 의하여야 한다. 즉 단순한 구두로 주문수령을 해서는 안 된다.	주문수령이 잘못되어 잘못 생산하거나, 수량, 매가, 주소, 대금회수조건이 잘못된다.
b. 주문확정 전에 거래처의 신용을 평가하여 주문수령 여부를 결정해야 한다. 즉 신규 고객의 경우 반드시 신용평가를 하여야 한다.	물건판매 후 회수하지 못하고 대손만 발생한다.

c. 고객의 요청에 의하여 당초의 고객의 구매요청서와 상이한 제품을 제조하기 위해서는 반드시 착수 전에 책임자의 승인을 받아야 한다. 즉 책임자는 당초 주문과 상이한 주문이면 상대회사에 재확인해야 한다.	제품인도 후 고객이 당초 주문서와 상이하다고 반품을 요구한다.
d. 주문수령이 확정되면 고객에게 즉시 주문수령내용을 다시 통보한다.	수량, 가격에 대하여 제품인도 후 고객이 이의를 제기한다.
e. 주문수령은 반드시 문서화되어야 하고, 생산 또는 출고하기 전에 다시 검토・대조되어야 한다. 그리고 수출의 경우는 제반조건에 대하여 재검토하여야 한다.	수출의 경우 상대국의 규정을 제대로 이행하지 아니하여 벌금 등을 부과당한다.
f. 정상적인 할인 및 에누리를 초과하는 경우에는 반드시 영업부 및 관리부의 책임자 승인을 득해야 한다.	비정상적인 가격임에도 개인의 판매목표달성을 위해서 수령하고, 결국은 회사의 전체이미지와 가격정책에 혼란을 초래한다.
g. 주문수령 후 인도되지 못한 주문서는 안전하게 관리・검토되어야 한다.	주문수령서를 분실하여 고객을 잃게 되고, 거래처와 회사의 영업담당자는 서로의 책임으로 돌린다.
h. 인도하지 못한 주문서는 매주 또는 매월 주기적으로 검토되어, 인도 시 지연이 없도록 한다.	납기준수를 못하여 고객을 잃거나, 고객이 제품수령을 거부한다.
i. 내부통제제도에 대한 정책 및 절차가 주기적으로 검토되어야 한다.	내부통제제도가 불필요하게 복잡하거나, 통제점을 제대로 파악하지 못하고 있다.

② 거래처 신용평가

표준내부통제	내부통제가 없는 경우
a. 공식적이고 문서화된 신용정책 및 절차가 수립되어 있어야 한다.	거래처평가를 잘못하여 판매 후 대금회수를 못한다.
b. 각 고객마다 신용한도(Credit Limit)를 선정하고, 주기적으로 검토하며, 신용한도를 초과하는 경우는 영업담당자에게 사유를 소명하게 하고 즉시 현금회수를 요구한다.	상동

③ 출고

표준내부통제	내부통제가 없는 경우
a. 모든 매출에 대해서는 매출송장이 작성되어야 한다.	잘못된 고객에게 배송되거나, 배달시기가 잘못되거나, 회사의 재산이 도난당한다.
b. 판매지시서나 출고승인서는 매일, 매주 또는 최소한 월단위로 기재·관리되어야 한다.	판매지시서를 분실하거나, 출고승인을 받고도 출고하지 아니하거나, 출고하고도 대금청구를 안 하고 있다.
c. 모든 출고·출고에 대하여는 적정하게 문서화되어 있어야 한다.	상기 a와 동일한 위험이다.
d. 출고서류는 사전일련번호가 부여되어 있어야 하고, 출고서류는 일자별 사전일련번호별로 철해져야 한다.	출고서류가 빠져서 대금청구도 못하고, 매출의 기간귀속도 잘못된다.
e. 운송회사 또는 거래처로부터 반드시 출고했다는 확인서를 수령해야 한다.	운송 중 분실되어도 누구책임인지 모르고, 출고여부도 회계부서에서 파악하지 못한다.
f. 최소한 Sample을 선정하여, 다른 사람이 출고되는 제품의 종류, 수량을 다시 확인한다.	잘못된 제품이 출고되어 다시 반품된다.
g. 생산부서와 출고부서는 구분하여 놓는다. 생산담당자가 출고까지 담당하면 오류·부정이 발견되지 못한다.	출고가 잘못되거나, 과다출고가 있어도 파악하지 못한다. 과소 출고 시는 상대방이 즉시 이의를 제기하기 때문에 발견되나, 과다출고는 발견하기 어렵다.
h. 출고지역에 출입하는 사람은 승인된 자만 출입하도록 한다.	제품이 분실되거나, 출고가 잘못된다.
i. 매월에 해당하는 매출의 기간귀속에 대한 구분절차가 수립되어 있어야 한다.	월말경에는 전월매출인지 당월매출인지 구분해야 함에도 구분하지 못하여 수익·비용의 대응이 제대로 이루어지지 못한다.
j. 출고기능은 대금청구기능, 매출채권 관리기능과 분리되어 있어야 한다. 한 사람이 출고하고, 대금청구하고, 채권관리까지 하면 항상 부정이 발생한다.	출고하고도 대금청구를 못하거나, 거래처와 담합하여 횡령한다.

④ **대금청구**

표준내부통제	내부통제가 없는 경우
a. 매출송장의 작성은 반드시 영업관리에서 작성되고, 영업관리가 책임을 져야 한다.	매출송장이 잘못 작성되거나, 제품이 출고되었음에도 청구하지 아니하고 있다.
b. 대금청구기능은 출하 및 회계처리기능과 반드시 분리되어 있어야 한다.	의도적인 부정이 발생한다. 예를 들면 출고하고도 대금을 청구하지 아니한다. 대금청구를 했음에도 장부에 기재하지 아니한다.
c. 매출송장은 반드시 선적서류, 출고지시서 서류에 의하여 즉시 작성되어야 하고, 매출송장에는 반드시 사전일련번호가 부여되어 있어야 한다.	매출송장이 잘못 작성되고, 즉시 대금을 청구하지 아니하여 현금흐름에 문제가 생긴다.
d. 모든 출고서류와 매출송장은 최소한 매월 단위로 장부에 기재되어야 하고, 출고된 사항은 모두 대금을 청구해야 한다.	출고하고도 대금을 청구하지 않는다.
e. 매출송장은 고객에게 전달하기 전에 반드시 가격, 수량, 대금조건 등에 대하여 재검토해야 한다.	매출송장이 잘못 작성된다.
f. 매출송장은 작성된 후 즉시 고객에게 전달해야 하며, 수정을 위해서 신용조사부서나 수금부서를 거쳐서는 아니 된다.	의도적으로 수금부서에서 매출송장을 조작하거나, 장부를 조사한다.
g. 매출할인, 매출에누리는 반드시 사전에 재무부서의 승인을 득하여야 한다.	의도적으로 매출할인하여 주고 개인이 착복한다.
h. Credit Memo(매출할인, 매출에누리 등)는 반드시 사전에 일련번호를 부여하고 번호에 의하여 통제되어야 한다.	Credit Memo의 기간귀속을 잘못 처리한다.
i. 미사용 매출송장과 Credit Memo는 안전하게 보관되어야 한다.	영업사원이 매출송장을 갖고 다니면서 자기 마음대로 매출을 발생시킨다.

⑤ **매출채권관리**

표준내부통제	내부통제가 없는 경우
a. 매출채권장부는 대금청구하거나, 대금을 수령하는 사람이 유지하여서는 절대 아니 된다.	대금수령하여 본인이 횡령한다.

b. 매출채권보조부는 반드시 매출송장 및 대금입금확인서(통장 등)에 의하여 Check되어야 한다.	매출채권보조부관리가 부실하여 거래처별 금액에 착오가 발생한다.
c. 매출채권보조부는 반드시 총계정원장과 대조해야 하고, 대조결과는 상급자에 의하여 승인받아야 한다.	거래처별원장과 총계정원장 간에 차이가 발생하고, 특히 영업부의 장부와 회계장부가 달라진다.
d. 매출채권기일경과표(Aging Schedule)는 매달 작성되어 검토되어야 하며, 장기미회수 거래처에 대하여는 즉시 그 원인이 분석되어야 한다.	회수불능채권도 정상채권인 것처럼 속여 경영자의 업적을 과대 포장한다.
e. 내부매출채권관리보고서가 작성되어야 하며 여기에는 회전율, 기일경과분석, 파산부도거래처, 향후 부도발생거래처, 대금회수 노력의 적정성이 담겨 있어야 한다.	대금회수를 제대로 못하여 계속적으로 대손이 증가한다.
f. 채권잔액에 대한 조정사항(매출할인, 에누리, 대손상각 등)은 반드시 회사정책에 따라 조정되어야 한다.	장부상 채권잔액이 잘못되어 있다. 채권잔액 조정사항에 부정이 개입된다.
g. 채권잔액명세서는 도난, 파괴, 화재 등으로부터 안전하게 보관되어야 한다.	채권기록의 소멸로 채권회수가 불가능해졌다.

⑥ 수금관리

표준내부통제	내부통제가 없는 경우
a. 공식적으로 문서화된 수금절차가 수립되어 있어야 한다.	수금절차나 수금정책이 없어서 수금이 책임자 마음대로 이루어진다.
b. 수금부서는 공식화된 기준에 의하여 채권잔액을 점검해야 하고, 부실·대손예상채권에 대한 회수노력이 고객관리대장에 기재되어 있어야 한다.	수금관리의 부재로 장기미수채권을 대손처리하는 상황이 발생한다.
c. 고객의 불만, 요구사항 등은 신속하게 검토되고 해결할 권한을 담당자에게 주어야 한다.	고객의 불만을 해결하지 못하여 고객이 떠난다.

⑦ 현금수령

표준내부통제	내부통제가 없는 경우
a. 모든 현금수령은 안전하게 즉시 보관될 수 있어야 한다.	영업사원이 수령하고 자기 돈처럼 사용한다.
b. 현금수령은 장부에 기재하고 매일매일 은행에 입금시킨다.	매일 입금시키지 아니하고 큰돈을 회사에 보관하고 있다.
c. 현금관리자는 장부기재(A/R) 및 청구 등의 업무를 담당해서는 아니 된다.	현금분실사고가 있다.
d. 모든 고객에게 통장으로 즉시 송부하도록 방침을 정한다.	상동
e. 현금수령하면 즉시 채권잔액보조부에 기입하여야 한다. 미확인 입금분은 가급적 신속하게 해결되어야 한다.	현금수령이 어느 거래처로부터인지 확인하지 못하는 경우가 있다.

⑧ 매출활동과 관련된 문서

가. 고객주문서(Customer Order)

고객주문서는 고객으로부터 물품의 구입을 요청받은 서류로 회사가 고객의 주문을 위하여 사전에 미리 인쇄된 주문서에 필요한 제품의 수량과 종류를 기록한다. 물론 모든 경우에 주문서가 작성되는 것은 아니며, 때로는 전화나 구두주문도 허용될 수가 있다. 그러나 대부분의 경우 고객주문조건, 주문가격 등에 대한 적절한 통제를 위하여 그리고 고객과 회사 간에 일어날 수 있는 오해의 소지를 없애기 위하여 고객주문서가 필요하다. 이러한 고객주문서를 작성하게 하는 것은 매출과 매출채권거래의 출발점이다.

나. 판매지시서(Sales Order)

판매지시서란 영업부의 직원이 고객의 주문에 대한 상위자의 승인과 신용부서의 신용승인을 받고, 출고지시와 적송지시를 내리며, 거래처에 대한 대금청구를 적절히 하기 위하여 작성된 서류이다. 판매지시서는 고객의 주문에 따라 정확하게 작성되어야 한다.

다. 신용조사파일

신용조사파일은 신용담당자가 고객에 대한 외상판매를 승인할 것인가를 결정하기 위하여 유지하는 파일이다. 신용조사파일에는 고객의 신용도, 과거의 거래실적 등이 기록된다. 또한 고객과의 새로운 거래의 결과를 계속적으로 추가하여 매번 신용조사파일을 새롭게 구성해야 한다.

라. 운송서류[포장명세서(Packing List) 또는 선하증권(B/L : Bill of Lading)]

운송서류란 운송을 완료하였음을 증명하기 위하여 작성되는 서류로 품명, 수량 등을 기록하며, 구체적으로는 포장명세서 또는 선하증권을 말한다. 수출거래의 경우 제품을 주문한 고객에게 제품을 운송한 후 영업부의 운송담당자는 품목, 수량 등을 기재한 포장명세서를 작성하고, 운송업자로부터 받은 선하증권과 함께 고객에게 운송하면 고객은 동 서류와 운송물품을 대조확인하고 적송된 제품을 찾는다. 운송일자는 바로 매출시점이 되기 때문에 매출을 기록하는 근거증빙이 된다. 우리나라 국내거래의 경우에는 포장명세서나 선하증권을 별도로 작성하지 않고 세금계산서나 거래명세표 등을 이용한다.

마. 매출송장(Sales Invoice) 또는 세금계산서

매출송장은 매출상품의 품명, 수량뿐 아니라 매출가격을 기록한 서류로서 매출과 매출채권거래에서 가장 핵심적인 역할을 수행하는 문서이다. 매출송장은 판매지시서와 신용조사파일 및 적송서류에 의거하여 작성되며, 대금의 청구에 관한 직접적인 증빙이 된다. 매출송장은 대금회수파일과 대금미회수파일로 구분하여 보관되어야 한다. 국내거래의 경우에는 대부분 세금계산서나 거래명세표가 매출송장의 역할을 대신 수행한다.

바. 월별계산서(Monthly Statement)

월별계산서란 거래처별로 기초매출채권잔액, 당기거래내역, 당기대금결제액, 현재잔액 등을 기록한 서류이다. 거래처에 정기적으로(보통 매월) 발송하여 상호 간의 거래내역을 대사해 차이내역이 있는지를 확인해보는 목적으로 작성하는 서류이다.

⑨ 수작업하의 FLOW

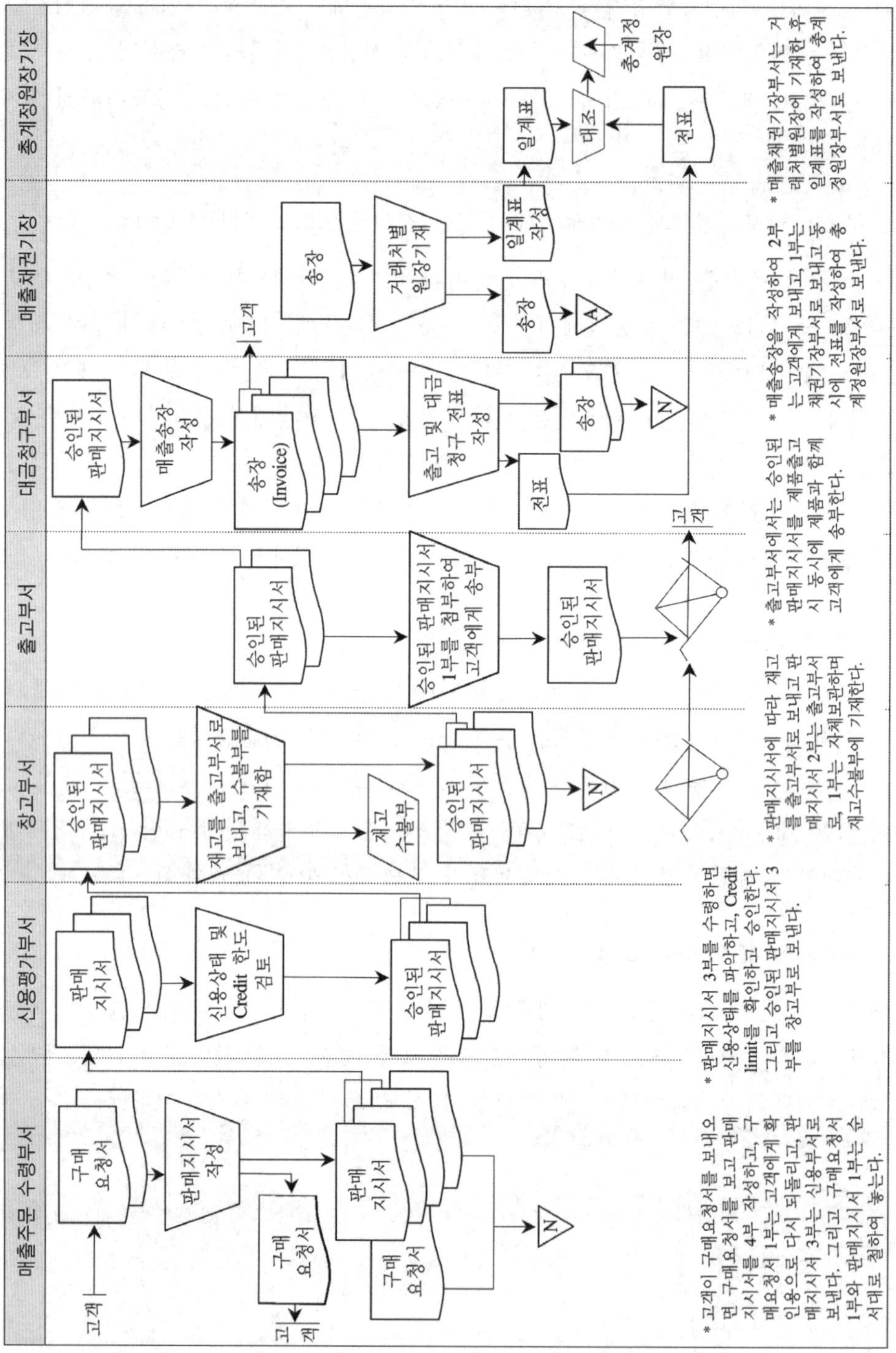
매출주문 수령부서
신용평가부서
창고부서
출고부서
대금청구부서
매출채권기장
총계정원장기장
고객
구매 요청서
판매지시서 작성
구매 요청서
고객
판매 지시서
구매 요청서
N
판매 지시서
신용상태 및 Credit 한도 검토
승인된 판매지시서
승인된 판매지시서
재고를 출고부서로 보내고, 수불부를 기재함
재고 수불부
승인된 판매지시서
N
승인된 판매지시서
승인된 판매지시서 1부를 첨부하여 고객에게 송부
승인된 판매지시서
고객
승인된 판매지시서
매출송장 작성
송장 (Invoice)
고객
출고 및 대금 청구 전표 작성
전표
송장
N
송장
거래처별 원장기재
송장
A
일계표 작성
일계표
대조
총계정 원장
전표
* 고객이 구매요청서를 보내오면 구매요청서를 보고 판매지시서를 4부 작성하고, 구매요청서 1부는 고객에게 확인용으로 다시 되돌리고, 판매지시서 3부는 신용부서로 보낸다. 그리고 구매요청서 1부와 판매지시서 1부는 순서대로 철하여 놓는다.
* 판매지시서 3부를 수령하면 신용상태를 파악하고, Credit limit를 확인하고 승인한다. 그리고 승인된 판매지시서 3부를 창고부로 보낸다.
* 판매지시서에 따라 재고를 출고부서로 보내고 판매지시서 2부는 출고부서로, 1부는 자체보관하며 재고수불부에 기재한다.
* 출고부서에서는 승인된 판매지시서를 제품출고 시 동시에 제품과 함께 고객에게 송부한다.
* 매출송장을 작성하여 2부는 고객에게 보내고, 1부는 채권기장부서로 보내고 동시에 전표를 작성하여 총계정원장부서로 보낸다.
* 매출채권기장부서는 거래처별원장에 기재한 후 일계표를 작성하여 총계정원장부서로 보낸다.

⑩ 전산화된 경우의 FLOW

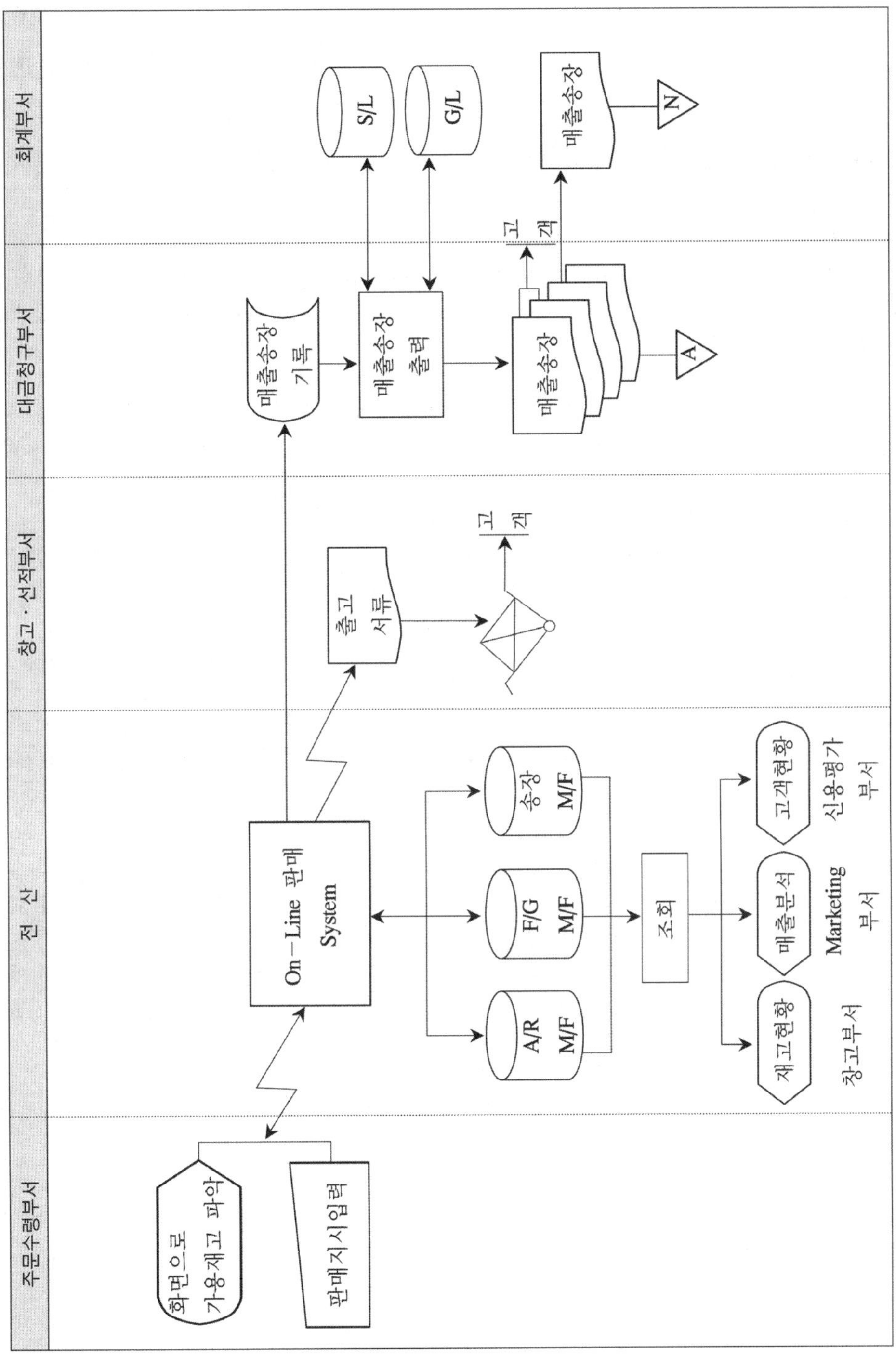

⑪ 매출거래에 대한 내부통제의 시사절차

감사인이 매출활동과 관련된 통제위험을 최종평가하기 위하여 수행하는 내부통제의 시사절차는 다음과 같다. 내부통제제도 평가결과 내부통제가 효과적이라면 매출활동과 관련된 계정과목의 입증절차를 축소할 수 있다.

통제목표 및 감사목표	설정되어야 할 주요 내부통제절차	내부통제의 시사절차
(1) 실재성		
① 승인절차의 준수 매출거래는 적절한 승인을 얻고 집행되었는가?	• 출고가 이루어지기 전에 신용거래의 승인이 있어야 한다.	• 판매지시서에 신용거래 담당부서의 승인이 있었는지를 확인한다.
	• 가격, 운임, 할인 등의 조건에 대한 승인을 얻고 출고지시가 이루어져야 한다.	• 매출송장에 나타난 가격, 운임, 할인 등의 조건이 회사에서 승인한 가격표 등과 일치하는지를 대조 확인한다.
② 기록의 실재성 매출거래기록에는 가공이 아닌 실제로 발생한 거래만 기록되었는가?	• 매출기록과 승인된 매출송장, 판매지시서, 고객주문서와 일치하는지를 정기적으로 확인하여야 한다.	• 관련문서들의 검토확인에 대한 증적을 확인한다.
	• 매출송장에는 사전에 일련번호가 부여되어 있어야 한다.	• 매출송장의 일련번호를 확인한다.
	• 매월 월별계산서가 고객에게 송부되고, 사후 처리되어야 한다.	• 월별보고서의 송부 여부와 고객의 회신파일을 검토한다.
(2) 완전성		
① 기록의 완전성 실제로 발생한 모든 매출거래는 장부에 기록되었는가?	• 운송서류나 매출송장과 매출기록의 대조확인이 정기적으로 이루어져야 한다.	• 운송서류 등과 매출기록을 대조확인한 증적을 문서검증한다.
	• 운송서류나 매출송장에 사전에 일련번호가 부여되어 있어야 한다.	• 운송서류나 매출송장 등에 일련번호가 부여되어 있는지를 확인한다.
	• 출고 미출고파일의 유지, 대금회수 미회수파일을 구분보관하고 수시로 내부검증한다.	• 증빙서류철을 입수하여 적절히 구분 보관되는지를 확인한다.
② 적시성 또는 기간구분 매출거래는 발생한 회계기간에 즉시 기록되었는가?	• 운송서류의 적송일과 보조부상 기록일을 내부검증하여야 한다.	• 관련문서에 대한 내부검증의 증적을 검토 확인한다.
	• 운송서류에 사전에 일련번호를 부여한다.	• 운송서류를 검토한다.

통제목표 및 감사목표	설정되어야 할 주요 내부통제절차	내부통제의 시사절차
(3) 정확성 ① 금액계산의 정확성 기록된 매출거래금액이 정확한가?	• 고객주문서와 선하증권 및 매출송장은 독립적인 담당자에 의하여 내부검증되어야 한다.	• 매출관련문서에 대한 내부검증의 증적(예를 들면 검증확인날인 등)을 검토한다.
② 계정분류의 정확성 매출거래가 적절히 계정분류되었는가?	• 계정분류에 대한 회계규정이나 계정과목표 등이 정비되어 있어야 한다. • 내부검토와 내부검증이 이루어져야 한다.	• 회계규정이나 계정과목표 등을 검토한다. • 관련문서에 대한 내부검증의 증적을 검토한다.
③ 전기 및 요약의 정확성 매출거래가 장부에 적절히 전기되고 집계되었는가?	• 보조부 작성자와 총계정원장 작성자의 업무분장이 이루어져야 한다. • 보조부와 총계정원장의 정기적인 대조(내부검증)가 이루어져야 한다.	• 조직도 검토, 담당자에게 질문하거나 기록절차를 관찰한다. • 내부검증의 증적을 검토한다.

03

⑫ 매출 및 대금회수활동에서 발생 가능한 부정 · 오류와 내부통제절차

(1) 업무분장 및 부서별 기능	(2) 발생가능한 부정 및 오류유형	(3) 필요한 내부통제절차
① 고객주문의 접수와 판매지시서의 작성(주문처리, 판매부서) • 고객주문서 접수 • 승인된 고객 여부, 주문가격, 주문조건 확인 • 판매지시서 작성, 승인	• 승인받지 않은 고객이나 가공의 고객에게 매출될 수 있다. • 주문가격이나 주문조건이 부당하게 접수될 수 있다.	• 승인된 고객일람철의 유지 • 판매지시서의 작성, 승인 및 일련번호화 • 판매지시서상의 가격, 조건에 대한 승인 • 고객주문서와 판매지시서의 대조확인
② 신용매출의 승인(신용조사부서) • 고객에 대한 신용조사 • 판매지시서에 대한 승인 여부 결정 • 고객별 신용조사철의 작성 유지	• 불량거래처에 대한 매출로 부실채권이 증가할 수 있다.	• 신규고객에 대한 신용조사 • 고객별로 승인된 신용조사철 유지
③ 제품의 출고(창고부서) • 판매지시서에 따른 상품출고 • 재고자산의 보관 및 유지	• 제품의 출고가 판매지시서상의 주문내용과 일치하지 않을 수	• 출고된 제품과 판매지시서상의 제품의 일치 여부 내부검증절차

(1) 업무분장 및 부서별 기능	(2) 발생가능한 부정 및 오류유형	(3) 필요한 내부통제절차
• 재고수불부의 작성 및 유지	수 있다.	• 출고된 제품과 주문된 제품의 일치 여부에 대한 내부검증절차
④ 제품의 운송(운송부서)		
• 판매지시서와 출고상품일치 여부 확인 • 판매지시서에 따른 포장과 출고 • 운송서류(선하증권 등) 준비 • 운송인으로부터 수령증 수령	• 제품이 가공거래처나 다른 거래처에게 운송될 수 있다.	• 매 운송마다 판매지시서 승인 • 매 운송마다 운송서류작성, 승인 • 거래처로부터 수령확인증의 회수
⑤ 거래처에 대금청구(대금청구부서)		
• 판매지시서와 적송서류의 비교확인 후 매출송장 · 대금청구서의 작성 • 매출송장과 대금청구서의 발송 • 매일 외상매출액의 합계를 내고 일계표 작성	• 판매된 제품에 대한 대금청구가 누락될 수 있다. • 대금청구서상의 청구금액에 오류가 발생할 가능성이 있다.	• 모든 매출송장에 대한 대금청구확인 • 대금청구서와 매출송장이 일치되는가를 확인하고 이를 일련번호순으로 합철 • 가격과 수량에 대한 계산의 정확성에 대한 내부검증
⑥ 대금의 회수 및 은행입금(매출채권 관리부서 및 자금부서)		
• 외상대금 회수하고 입금표 발행 • 일일 외상대수입일계표 작성 • 회수금액과 수입일계표의 대조확인 후 즉시 은행에 입금 • 정기적으로 은행계정조정표를 작성하여 대조확인	• 청구금액과 틀린 금액으로 입금될 수 있다. • 입금표가 허위로 발행되거나 입금되고도 발행되지 않을 수 있다. • 수입된 현금이 유용될 수가 있다.	• 입금표의 안전한 보관관리 • 입금표의 일련번호 부여 및 입금표관리대장의 작성 유지 • 입금표와 회수금액의 내부검증 • 회수부서와 은행입금부서의 분리 • 회수금액은 즉시 입금 • 정기적인 은행계정조정표의 작성
⑦ 매출보조원장의 기록 및 보관(외상매출금회계부서)		
• 매출송장 · 대금청구서에 의거 인명별 매출원장에 기장하고 인명별 매출보조원장에 보관함. • 매출채권 관리 • 고객별로 월별계산서의 작성 및 발송	• 대금청구서 혹은 외상매출금이 누락되거나 부적절하게 보조원장에 계상될 가능성이 있다. • 고객의 인명별 외상매출잔액이 정확하지 않을 가능성이 있다. • 각종 기록이 분실, 변경되거나 도난당할 가능성이 있다.	• 분개업무와 보조원장 기장업무의 분리 • 고객에게 독립적으로 발송하는 월별계산서 작성 및 보관 • 통제계정과 보조원장의 주기적인 대조 • 접근통제의 실시 • 각 기록에 대한 화재방지 대책 및 물리적 안전장치

(1) 업무분장 및 부서별 기능	(2) 발생가능한 부정 및 오류유형	(3) 필요한 내부통제절차
⑧ 매출거래의 분개와 기장(총계정원장부서) • 매출분개장에 거래분개 • 총계정원장에 기장	• 대금청구서가 분개누락되거나 부적절하게 분개될 가능성이 있다. • 대금청구서가 총계정원장에 부적절하게 기록될 가능성이 있다.	• 일별 외상매출보고서와 매출분개장 합계가 일치하는가 확인 • 일련번호순에 따른 대금청구서의 번호확인 • 장부에 대한 내부검증 및 계산검증

(2) 구매 Cycle

구매 Cycle의 기능(Function)은 다음과 같다.

- 구매
- 입고 · 검수절차
- 매입채무관리
- 대금지급

① 구 매

표준내부통제	내부통제가 없는 경우
a. 거래처선정기능과 대금지급업무 및 회계장부기록 기능은 반드시 분리하여야 한다.	부적절한 거래처로부터 원재료를 구매하고 있으며 대금지급도 임의적이다.
b. 구매담당자의 경우는 정기적으로 Rotation을 실시해야 하고, Rotation을 못하는 경우에는 다른 통제절차가 반드시 있어야 한다.	거래선이 대부분 구매담당자와 밀착되어 있고, 구매담당자가 뇌물을 받고 있다.
c. 원재료, 상품, 소모품 등을 구입 시에는 반드시 구매요청서가 작성되어야 한다. 그러나 교육세미나참석 등의 경우는 반드시 구매요청서가 작성될 필요는 없다.	주문하지 않은 상품이 오거나, 이중으로 주문하거나, 주문한 원재료 등의 주문이 누락되는 경우가 있다.
d. 구매요청서는 반드시 구매원인행위부서에서 작성되어야 하고, 구매부에서 구매하기 전에 승인을 받아야 한다.	부적절한 거래선에서 구매하고 있다.

e. 모든 구매요청서에는 일련번호가 부여되어 있어야 하며, 일련번호가 Check되어야 한다.	구매요청서가 분실되어 장부에 기재되지 못한다.
f. 단일거래처로부터의 구입은 원칙적으로 허용해서는 아니 된다. 설사 품질 · 가격에서 1거래처가 단일거래처를 요구하여도 허용하지 말아야 한다.	납품 중단 시 생산라인 전체가 가동을 중단한다.
g. 구매요청서는 반드시 입고 · 검수부서로 그리고 회계부서로 통보되어야 한다.	• 입고되지도 않고 구매요청서에 의하여 대금지급한다. • 구매요청했는데도 입고되지 않고 있다.
h. 구매단가가 당초 승인가격보다 상승한 경우에는 반드시 승인을 득해야 한다.	승인되지 아니한 고가로 원재료를 매입하고 있다.
i. 매월단위로 구매요청서, 매입채무계정, 입고보고서 간에 대조가 이루어져야 한다.	상호 Cross Check가 없어서 내부관리가 없는 상태이다.
j. 반품에 대하여는 반드시 책임자의 승인절차가 있어야 하고, 적정하게 회계처리되어야 한다.	반품받고도 정품처럼 창고에 보관한 후 출고하고 나서 문제가 생긴다.

② 입고 · 검수절차

표준내부통제	내부통제가 없는 경우
a. 입고부서는 생산부서 및 출고부서와 물리적으로 분리되어 있어야 한다.	입고품이 분실되거나, 입고절차 없이 생산으로 투입된다. 그리고 입고 후에도 부정확하게 입고사실이 보고된다.
b. 입고부서에 대한 접근은 엄격하게 통제되어야 한다. 즉 승인된 사람만 출입할 수 있어야 한다.	상동
c. 승인된 구매요청서에 의한 물품만 입고부서에서 입고를 받아야 한다.	요청하지도 않은 물품이 입고부서를 거쳐서 입고로 처리된다.
d. 입고부서에서는 일련번호가 부여된 검수보고서를 작성하거나, 입고명세서에 검수인을 날인한다.	입고되지도 않았는데 구매대금이 지급되거나, 이중으로 구매대금이 지급된다.
e. 검수보고서에는 반드시 실제로 수령한 원재료, 상품 등에 대하여 작성되어야 한다. 미리 입고를 가정하여 작성하여 놓으면 안 된다.	a와 동일하다.

f. 입고물품은 반드시 수량확인이 되거나, 무게가 측정되어야 한다. 입고된 후 검수조건이면 반드시 검수한 후에 입고로 처리해야 한다.	품질불량이거나, 수량부족인 상태인데도 정상적인 입고로 처리된다.
g. 검수보고서는 반드시 입고부서에서 보관하고 있어야 하며, 지급채무부서로 통보되어야 한다.	주문하지 아니한 물품에 대해서도 대금이 지급되거나, 잘못된 주문에 대하여도 대금이 지급된다.
h. 입고물품은 신속하게 즉시 검수하여, 수량부족, 품질부족 등을 확인해야 한다.	검수지연으로 파손품에 대한 책임규명이 불분명하다.
i. 입고된 물품은 안전하게 보관되어야 한다.	입고물품이 분실된다.
j. 작성된 모든 구매요청서는 잘 보관되어 있어야 하고, 승인받지 아니한 사용을 방지하기 위해서 반드시 승인이 있어야 처리한다.	승인권한이 없는 사람이 임의로 거래선을 변경한다.
k. 구매요청서에는 수량, 운송수단, 납기요구일, 지급조건 등이 반드시 기재되어야 한다.	구매물품이 납기에 안 들어오고 수량도 부족하여 생산활동에 차질을 초래한다.
l. 사전에 승인된 거래선 List를 1년에 한 번씩 검토하여 다시 확정한다. 그리고 새로운 거래선을 추가하거나, 문제 있는 납품처를 제외시킨다.	사장의 친인척이 회사 설립하여 친인척회사로부터 비싼 가격으로 원재료를 구매하고 있다.
m. 거래선의 신용도에 대하여 1년에 한번 검토하여, 재무상의 문제로 부도가능성은 없는지, 그리고 노사분규가능성은 없는지 확인한다.	하청업체에서 노사분규가 있어서 회사의 전체생산에 차질을 가져왔다.
n. 구매 시 항상 공개경쟁입찰방식을 취하고, 공개경쟁입찰방식이 아닌 경우와, 최저가격낙찰기준이 아닌 경우에는 반드시 사전에 승인을 받고, 그 사유가 타당한지 확인한다.	타사에 비하여 비싼 가격으로 구매하고 있다. 그리고 구매원재료의 품질이 불량하여 생산차질을 초래한다.
o. 단지 단일거래처로부터 구매 시에는 단일거래처로부터 구매하는 원인 및 사유가 타당한지 항상 검토해야 한다.	거래선을 경쟁시켜 가격을 낮추어야 함에도 구매담당자와의 담합에 의하여 계속 한 거래처로부터 고가로 구매한다.

03

③ 매입채무관리

표준내부통제	내부통제가 없는 경우
a. 매입채무기장기능은 구매기능 및 총계정원장 기장기능과 분리되어 있어야 한다.	도난 및 오류의 가능성이 높다.

표준내부통제	내부통제가 없는 경우
b. 납품거래처는 그들의 송장(=Invoice)을 바로 매입채무기장부서로 송부하도록 한다.	납품을 받고도 매입채무로 기장하지 못한다.
c. 대금지급을 하기 전에 거래처의 송장과 승인된 구매요청서가 대조되어야 한다.	대금지급이 잘못되어, 납품처의 불만이 크다.
d. 구매요청서나 검수보고서가 없는 송장(=In－voice)은 반드시 경영층의 승인을 득해야 한다.	입고도 없이 송장이 와서 가공채무가 발생하고, 가공채무지급으로 자금이 유용된다.
e. 운임청구서는 반드시 출고서류와 대조한 후 지급해야 한다.	출고하지도 아니한 운임을 지급한다.
f. 납품처의 송장은 반드시 계산검증, 지급기일확인 등을 실시해야 한다.	계산착오가 있음에도 발견하지 못하고 대금을 지급한다.
g. 대금지급 전에 관련서류와 대조되고 관련서류가 첨부되어진 후에 확인하고 지급한다.	이중지급이 이루어지거나, 지급누락이 발생한다.
h. 대금지급 전에는 반드시 원본서류가 첨부되어야 하며, Copy를 첨부하는 경우에는 그 이유가 기술되어야 한다.	Invoice copy로 대금 지급 시 가공으로 Copy본을 작성하여 자금을 횡령한다.
i. 보조부의 매입채무와 총계정원장상의 매입채무는 주기적으로 대사되어야 한다.	채무장부를 조작하여 자금을 횡령한다.
j. 매입할인 및 매입에누리는 반드시 상급자의 승인을 득하여야 한다.	매입할인을 받고도 회사에 통보하지 아니하고, 개인이 착복한다.

④ 대금지급

표준내부통제	내부통제가 없는 경우
a. 대금지급기능은 수표책임자 및 매입채무관리, 입고관리기능과 반드시 분리해야 한다.	수령하지도 않은 상품·원료에 대하여 대금지급이 일어난다.
b. 수표는 반드시 일련번호대로 사용하도록 한다.	승인 없이 수표가 발행된다.
c. 수표발행, 은행이체는 반드시 구매요청서 및 검수보고서, 송장원본 등과 대조한 후 행한다.	승인 없이 그리고 입고도 안 된 상태에서 대금이 지급된다.
d. 대금지급은 반드시 당초 약정한 지급기일에 지급한다.	납품처로부터 접대받고 대금을 일찍 지급한다.

e. 대금지급은 반드시 회계기록에 기록된 것을 확인하고 지급한다.	장부에 기록도 없이 지급되어 이중 지급해도 파악이 안 된다.
f. 미사용수표는 반드시 금고에 보관되어 있어야 하고, 미사용수표 보관자와 도장소지자는 반드시 분리해야 한다.	종업원이 수표횡령 후 도주한다.
g. 대금지급 후에는 관계서류에 Paid라는 날인을 찍어야 한다.	종업원이 관계서류를 다시 첨부하여 이중으로 대금을 횡령한다.
h. 수표는 원칙적으로 은행에 맡겨 은행에서 전담하고 특별한 경우는 송장처리담당자 및 장부관리자가 아닌 사람이 전달해야 한다.	수표를 전달한다고 하면서 횡령한다.
i. 금액기재 후 폐기 또는 잘못 작성한 수표는 반드시 폐기해야 하고 폐기부본은 별도 관리한다.	폐기했다고 하고, 횡령 후 도주한다.

⑤ 매입활동과 관련된 문서

가. 구매요청서(Purchase Requesition)

구매요청서는 권한을 이양받은 담당자에 의한 재화와 용역의 구매요청 또는 작업조장이나 창고담당자에 의한 원재료 구매요청 등을 기록하기 위한 서류이다. 이러한 구매요청서에는 필요한 구입품의 세부적인 항목과 구매요청부서 책임자의 서명이 있어야 한다. 구매요청서는 어느 부서에서라도 작성될 수가 있기 때문에 사전에 일련번호를 부여하기가 어렵다.

나. 구매주문서(구매지시서, P/O : Purchase Order)

구매주문서는 구매요청서에 근거하여 구매부서에서 작성하는 서류로서 책임자의 승인을 받아야 한다. 구매주문서에는 주문물품의 종류와 수량, 가격, 공급자이름이 각각 기록되어야 하며, 일련번호가 부여되어 있어야 한다. 구매주문서는 공급자에게 보내어 필요한 물품이 적기에 납품될 수 있도록 하고 사본은 내부적으로 검수부와 대금지급결의부서에 보낸다. 주의하여야 할 사항은 구매주문서사본을 검수담당자에게 보낼 때는 물품의 수량을 기입하지 말아야 한다는 것이다. 그 이유는 검수부에서 물품이 입고될 때 별도의 실사를 거쳐 수량이 독립적으로 기입될 수 있도록 하고 이를 구매주문서상의 수량과 대조함으로써 보다 완전한 검수가 이루어질 수 있도록 하기 위함이다.

다. 검수보고서

검수보고서는 입고된 물품의 수량과 품질 등을 검사한 후에 작성되는 보고서로, 사전에 일련번호가 부여되어 있어야 한다. 실무적으로 많은 회사에서는 검수보고서를 별도로 작성하지 않고 공란이 있는 구매주문서를 활용하고 있다. 검수담당자는 구매주문서를 받으면 물품이 입고되기 전까지 이를 미검수파일에 보관하고 있다가 물품이 입고되면 미검수파일에 보관되어 있는 구매주문서에 입고된 물품의 종류와 수량 등을 기입하고 검수담당자가 서명한다. 때로는 검수보고서가 구매주문서와는 별도로 작성될 수도 있다.

라. 매도인송장(공급자송장, vendor's invoice)

공급자송장은 공급자가 물품을 적송한 뒤 매입자 측에 보내는 매출송장을 말한다. 매출과 매출채권거래에서 매출송장을 고객에게 보내듯이 회사가 매입자의 입장에 섰을 때는 마찬가지로 공급자가 보내온 송장을 받게 되는 것이다.

마. 지급결의서(지급전표, voucher)

지급결의서는 매입대금의 지급을 결의한 서류로서 기업의 구매, 취득활동을 기록하고 통제하는 공식적 수단으로 이용하는 문서이다. 지급전표 작성자는 구매주문서와 검수보고서 그리고 공급자송장을 비교한 뒤에 서로 일치하면 지급전표를 작성하고 이를 파일로 보관한다. 지급전표는 매입에 관한 관련증빙과 함께 보관되며, 매입채무가 결제되지 않았을 경우에는 미지급 지급전표파일에 보관되고 매입채무가 결제되었을 경우에는 지급 지급전표파일로 보관된다. 지급전표는 매입에 관한 증거문서임과 동시에 각종 장부에 매입내역을 전기하는 근거가 되고 매입채무가 지급되었는가 지급되지 않았는가를 알아볼 수 있는 근거서류가 된다.

⑥ 매입과 대금지출활동에서 발생 가능한 부정 · 오류와 내부통제절차

(1) 업무분장 및 부서별 기능	(2) 발생가능한 부정 및 오류유형	(3) 필요한 내부통제절차
① 구매요청(창고 혹은 사용부서) • 필요한 물품의 파악 • 구매요청서의 작성, 승인	• 필요량을 초과하는 과잉구매요청의 가능성 • 불필요한 재고의 구매요청가능성	• 구매요청서의 작성, 승인 • 구매요청물품의 적정성 검증

(1) 업무분장 및 부서별 기능	(2) 발생가능한 부정 및 오류유형	(3) 필요한 내부통제절차
② 구매주문(구매부서) • 구매요청서상의 내용확인 • 구매주문서의 작성, 승인, 발행 • 구매주문서가 발행되지 않은 채로 누락된 구매요청서의 확인 • 적절한 공급자의 선정	• 승인되지 않은 품목이나 부당유용의 목적으로 구매될 가능성 • 구매요청된 물품의 구매주문이 누락될 가능성 • 고가구입, 저품질의 물품구매 가능성	• 구매주문서의 작성, 승인 • 구매주문서에 사전일련번호의 부여 • 구매요청서와 구매주문서의 내부검증 • 공급자파일구비, 공개경쟁입찰 등
③ 검수 및 보관 a. 주문된 물품의 검수(검수부서) • 도착한 물품의 인수, 검사 • 검수보고서의 작성, 서명 • 구매요청부서에 물품인도하고 서명된 인수증을 회수	• 인수된 물품의 수량이 부정확하거나 품질이 부적정하게 검사될 가능성 • 주문되지 않거나 인수되지 않은 물품을 수령하였다고 검수보고서에 기재할 가능성 • 인수된 품목의 품질, 수량, 규격이 구매요청품목과 다를 가능성	• 검수보고서의 작성, 서명기재 • 검수보고서에 사전일련번호의 부여 • 검수보고서상의 개별물품 수령내역과 구매주문서의 대조 • 회계부서에 의하여 검수보고서와 구매주문서, 매도인송장의 대조 및 합철보관
b. 재고자산의 보관(창고부서) • 물품의 안전한 보관과 유지 • 구매요청한 물품의 인수 여부 확인 • 재고수불부의 작성	• 재고자산의 도난이나 분실의 가능성 • 재고자산의 진부화 가능성	• 창고부서의 검수 및 보관활동 • 요청품목과 수령품목의 비교 • 계속기록법에 의한 재고수불부의 작성 및 유지
④ 대금지급결의(대금지급결의부서) • 대금지급의 타당성 검증(구매주문서, 검수보고서, 매도인송장의 대조확인) • 지급결의서의 작성 • 지급결의서파일의 유지	• 구입되지 않은 품목에 대하여 지급결의서가 작성될 가능성 • 지급결의서상의 수령자나 금액이 잘못 기재되어 잘못 출금될 가능성	• 각 지급결의서와 구매요청서, 구매주문서, 검수보고서, 매도인송장의 대조 및 합철 • 지급결의서의 상위자에 의한 승인
⑤ 대금의 지출(출금부서) • 지급결의서에 의거 물품공급자에게 지급할 어음, 수표의 작성(출납담당) • 지급결의서에 '지급필'도장 찍고 수표지급(자금담당) • 어음 · 수표발행장의 작성	• 수표발행 시 금액, 수령인, 지급일자기록의 오류발생 가능성 • 정당하지 않은 수령인에게 수표가 발행, 배부될 가능성 • 동일구매에 대해 이중으로 대금지급될 가능성	• 수표서명인이 지급결의서와 관련 증빙대조 확인 • 지급결의서에 '지급필'날인을 표시 • 최종서명날인자가 거래처에 직접 발송

⑦ 매입거래에 대한 내부통제의 시사절차

감사인이 매입활동과 관련된 통제위험의 최종평가를 하기 위하여 수행하는 내부통제의 시사절차는 다음과 같다. 내부통제제도 평가결과 내부통제가 효과적이라면 매입활동과 관련된 계정과목의 입증절차를 축소할 수 있다.

통제목표 및 감사목표	설정되어야 할 주요 내부통제절차	내부통제의 시사절차
(1) 실재성 ① 승인절차의 준수 매입거래는 적절한 승인을 얻고 집행되었는가?	• 구매요청서, 구매주문서, 지급결의서는 적절한 승인을 얻어야 한다.	• 매입관련 증빙상에 승인표시 여부(결재도장 등)를 확인한다.
② 기록의 실재성 매입거래기록에는 가공이 아닌 실제로 발생한 거래만 기록되었는가?	• 매입기록과 구매요청서, 구매주문서, 검수보고서, 지급결의서가 일치하는지 정기적으로 내부검증되어야 한다. • 구매요청서를 제외한 서류에 일련번호를 부여한다. • 구매요청서, 구매주문서, 검수보고서, 지급결의서, 매도인송장은 상호내부검증되어야 한다.	• 관련문서들의 검토확인에 대한 증적을 확인한다. • 증빙서류의 일련번호를 확인한다. • 지급전표와 매입증빙을 대조확인한다.
(2) 완전성 ① 기록의 완전성 실제로 발생한 모든 매입거래는 장부에 기록되었는가?	• 구매주문서, 검수보고서, 지급전표에 사전에 일련번호가 부여되고, 순서대로 사용되어야 한다. • 매일의 지급전표와 매입보조부, 재고수불부상의 합계를 내부검증하여야 한다. • 검수 미검수파일 및 대금지급 미지급파일을 구분보관하고 수시로 내부검증한다.	• 매입증빙서류상의 일련번호 부여 여부를 확인한다. • 증빙서류철에서 일부거래를 추출하여 보조부, 수불부상의 기록과 일치하는지를 대조확인한다. • 증빙서류철을 입수하여 적절히 구분 보관되는지를 확인한다.
② 적시성 또는 기간구분 매입거래는 발생한 회계기간에 즉시 기록되었는가?	• 검수 즉시 검수보고서가 작성되어야 한다. • 검수보고서일자와 보조부를 내부검증하여야 한다.	• 검수보고서와 매도인송장철에서 결산일을 전후한 일부거래를 추출하여 보조부에 적절히 기록되었는지를 확인한다.

통제목표 및 감사목표	설정되어야 할 주요 내부통제절차	내부통제의 시사절차
(3) 정확성 ① 금액계산의 정확성 기록된 매입거래금액이 정확한가?	• 구매주문서, 검수보고서, 매도인송장상의 수량, 단가, 금액을 계산검증 및 대조확인하는 내부검증절차가 필요하다.	• 내부검증절차에 대한 증적을 추적 조사한다.
② 계정분류의 정확성 매입거래가 적절히 계정분류되었는가?	• 매입에 대한 회계규정집과 계정과목분류표 등이 정비되어야 한다.	• 회계규정집 및 계정과목분류표 등이 적절히 구비되어 있는지를 확인한다.
③ 전기 및 요약의 정확성 매입거래가 장부에 적절히 전기되고 집계되었는가?	• 매입보조부와 총계정원장담당자의 업무분장이 되어야 한다. • 보조부와 총계정원장과의 정기적인 대조확인이 되어야 한다.	• 질문이나 조직도 등을 입수하여 업무분장이 적절한지를 확인한다. • 보조부와 총계정원장을 대조확인한다.

⑧ 수작업하의 구매FLOW

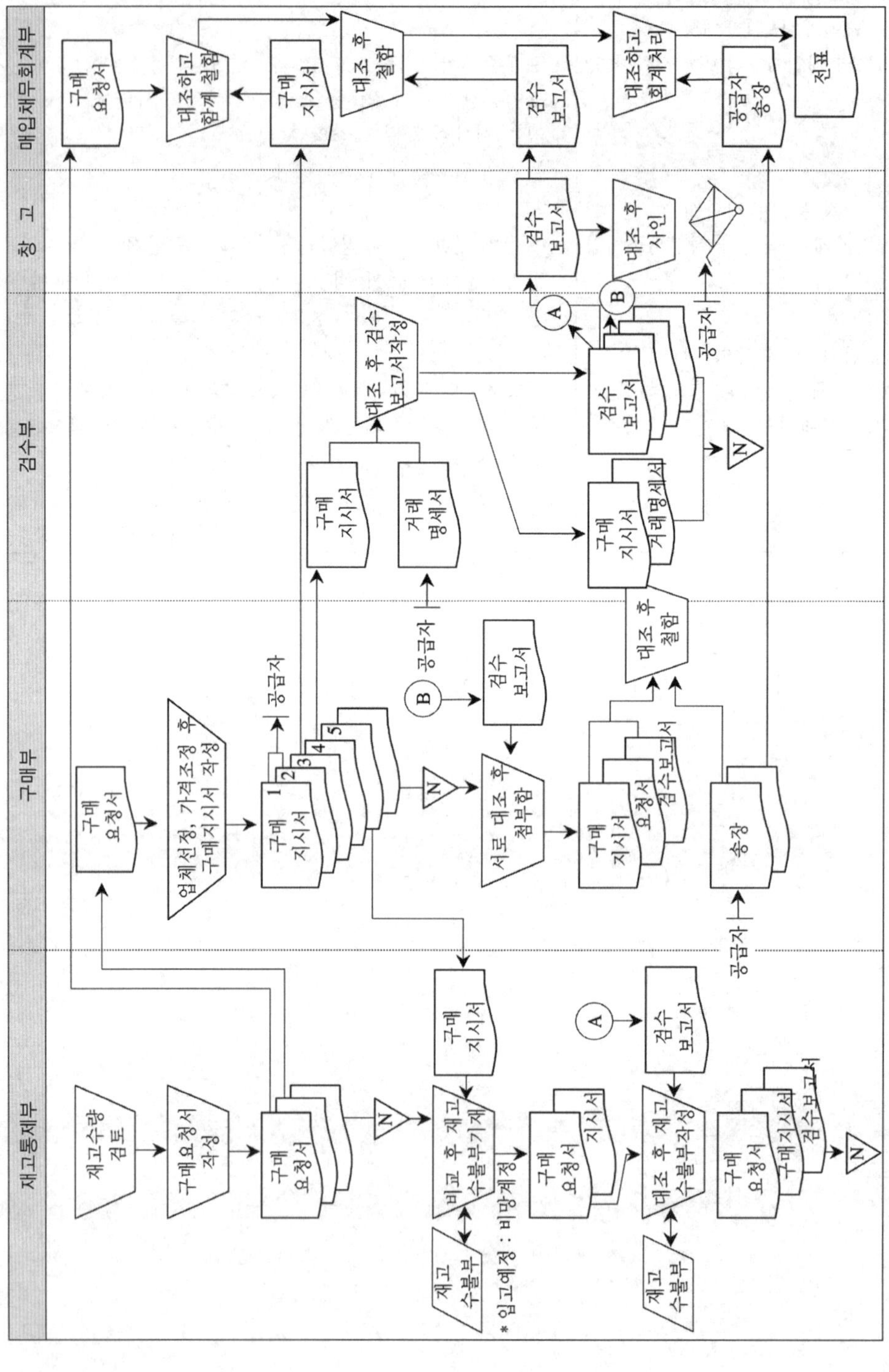

⑨ **전산화된 경우의 FLOW**

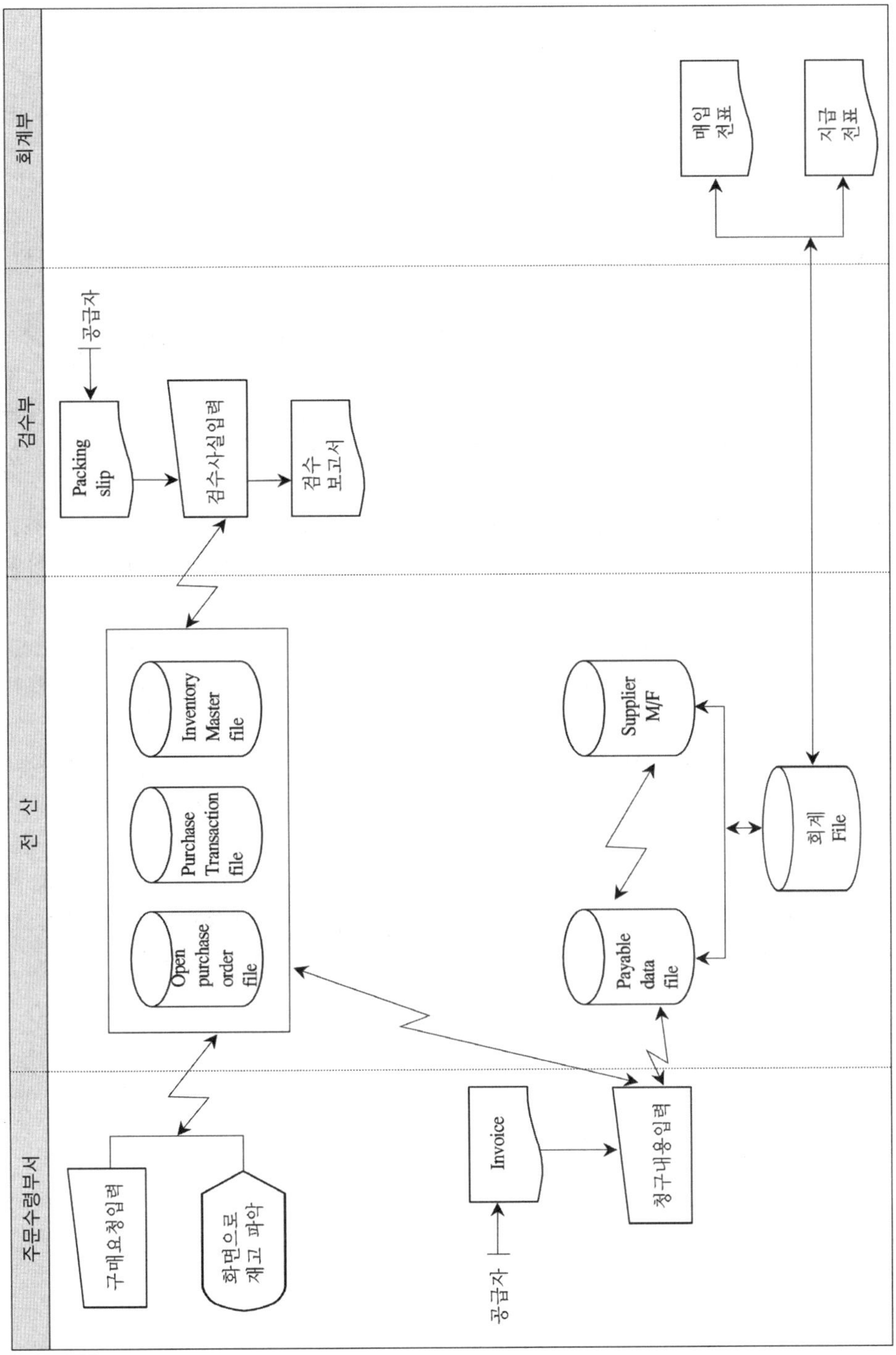

(3) 급여 Cycle

급여 Cycle의 기능은 다음과 같다.

- 인사관리
- 급여작성
- 급여지급통제

① 인사관리

표준내부통제	내부통제가 없는 경우
a. 고용정책, 승진정책, 인사이동정책, 해고정책이 명확하게 수립되어 있어야 한다.	적성이나 능력에 맞지 않는 사람을 채용하게 되고, 특정인에게만 잘 보이면 승진하는 분위기이다.
b. 보험, 휴가제도, 퇴직금제도, 상여제도 등의 보상제도가 재검토되고 승인을 득한다.	잘못 적용하여 벌금을 납부하거나, 현실에 맞지 않는 복지제도를 계속 가져가서 직원들의 불만이 크다.
c. 급여대장과 인사기록을 주기적으로 대조하여 일치 여부를 확인한다.	가공인물에게 계속 인건비가 지급되고, 급여인상이 없었는데도 슬그머니 급여가 인상되었다.
d. 지정된 인사책임자가 종업원의 복지제도에 대하여 회사의 정책과 일치하는지 점검해야 한다.	전문경영인이 본인 임의대로 상여금을 대폭 인상하고 학자금을 지급하여 노조의 지원으로 자신의 직위를 유지하려 한다.
e. 퇴직자의 경우 퇴직금 및 급여를 지급하기 전에 다음 사항을 점검한다. • 선급금의 정산 여부 • 주식취득자금, 주택자금대여금의 정산 여부 • 회사신용카드의 회수 • 컴퓨터 Password의 회수 • 출입카드, 회사배지, 금고key의 회수	선급금이 있는데도 회수하지 못하고 종업원은 퇴사했다. 회사 출입카드를 회수하지 못해서 출입개폐기를 교환하다.

② 급여작성

표준내부통제	내부통제가 없는 경우
a. 급여계산 Program이 제대로 Update되어 있는지 매년 점검한다.	급여산정 및 원천징수에 종종 오류가 발견된다.
b. 급여계산 시 급여 Master file의 변경은 엄격하게 제한되고 승인받아야 한다. 급여 Master file에 대한 정보접근은 엄격하게 규제해야 한다.	급여계산의 착오로 잘못된 급여가 계속 지급되고, 급여 File의 공개로 서로 간의 개인정보가 모두 노출된다.
c. 승인된 자만이 급여부서의 급여대장을 열람할 수 있다.	아무나 열람하는 경우에 개인 간의 정보가 쉽게 노출된다.
d. 인사이동, 퇴사가 있는 경우에는 즉시 급여부서로 통보하여야 한다.	퇴사한 자에게 계속 급여가 지급되고 있다.
e. 급여는 Time card, 급여 Master file, 개인신상기록에 기초하여 산정되어야 한다.	일하지 아니한 시간의 급여도 지급되고, 승인되지 아니한 급여인상이 급여에 반영된다.
f. 특별상여는 반드시 사전승인을 득해야 하고, 상여 원천징수가 타당한지 확인한다.	승인도 안 된 특별상여가 지급된다.
g. 급여계산자는 급여의 은행이체명세서 작성, 급여승인의 업무를 담당해서는 아니 된다.	급여에서 부정이 발생한다.

③ 급여지급통제

표준내부통제	내부통제가 없는 경우
a. 급여지급통장은 항상 Zero상태에서 지급금액만큼만 급여지급통장으로 이체한 후 급여를 통장으로 지급한 후 Zero가 되어야 한다.	급여이체, 수표발행 등의 오류가 발생해도 여러 통장에서 지급되어 확인되지 아니한다.
b. 은행에 제출하는 급여이체명세서에는 항상 책임자가 직접 확인하고 도장을 찍는다.	급여지급 시 계산이나 이체가 잘못된다.
c. 종업원이 자신의 급여를 2개 이상의 통장으로 입금시키는 요구는 받아 주어서는 아니 된다.	종업원이 자기의 필요로 급여를 2~3개 통장으로 나누니까 업무량이 많아진다.
d. 급여이체명세서에 날인하기 전에 급여산정내역서를 검토한 후 날인한다.	급여산정내역서의 검토도 없이 그냥 날인하여 문제가 발생한 경우가 있다.

④ 급여와 인사활동에서 발생가능한 부정과 오류 및 내부통제절차

(1) 업무분장 및 부서별 기능	(2) 발생가능한 부정 및 오류유형	(3) 필요한 내부통제절차
① 종업원의 고용과 급여액의 승인 (인사부서)		
• 입사지원자의 능력평가, 채용승인, 고용계약서 작성 • 급여액, 급여공제액의 결정 • 인사기록카드의 작성, 유지	• 무능력하고 불성실한 직원의 채용 가능성 • 급여액, 급여공제액이 잘못 결정될 가능성	• 직무의 내용과 채용기준에 대한 직무기술서 등의 문서화, 승인 • 채용 전에 인사담당부서장의 채용승인 • 급여액, 공제액 등에 대한 내부검증
② 작업시간카드 및 출근부의 작성 (시간기록부서)		
• 작업시간카드 작성과 감독 • 작업시간카드와 작업확인서의 비교	• 종업원이 작업시간을 과대 계상할 가능성	• 출퇴근과 시간기록의 감시, 감독 • 작업시간에 대한 감독자의 확인, 승인
③ 급여계산과 급여대장의 작성 (급여계산부서)		
• 종업원별 작업시간카드의 집계 • 총급여액과 순지급액의 계산 • 종업원별 급여대장의 작성, 유지	• 급여계산과정에서 오류의 발생가능성 • 부정확한 급여계산기준의 적용가능성 • 가공의 종업원에 대한 급여계상 • 해고된 종업원에 대하여 급여지급이 계속될 가능성	• 급여계산기준의 문서화, 승인 • 급여계산의 내부검증 • 급여대장의 내부검증
④ 급여의 지급과 납세신고 (급여지급부서)		
• 급여수표의 발행 및 날인 • 수표를 종업원에게 배부 • 소득세원천징수액의 산정 및 보고 • 소득세원천징수액의 납부	• 수표발행금액이 과대 계상될 가능성 • 부당한 수령자 혹은 가공의 종업원에게 수표 발행될 가능성 • 관련세금의 계산오류와 납부 지연될 가능성	• 급여지급대장과 수표내용의 내부검증 • 급여계산자와는 독립된 제3자에 의한 급여지급 • 급여수령자의 신원확인, 서명날인 및 영수증 수령 • 독립적인 내부검증

(4) 생산 Cycle

생산 Cycle의 기능은 다음과 같다.

• 원가계산
• 재고관리
• 생산계획 및 생산통제
• 재고흐름의 실물통제

① 원가계산

표준내부통제	내부통제가 없는 경우
a. 원가계산제도는 Cost center별 또는 제품별로 적정하게 집계·배부되고 있으며, 재고통제 및 가격결정을 위해서 유용한 정보를 제공할 수 있게 적정히 유지된다.	부적절한 원가계산으로 단가산정이 어렵고, 원가관리도 어렵다.
b. 최소한 1년에 1번 표준원가가 재개정된다.	표준원가가 오래되어서 현실성이 없다.
c. 표준원가와 실제원가의 차이를 매월 비교하여, 중요한 차이가 발생하면 즉시 원인분석을 실시한다.	오류·부정이 약간씩 있어도 그냥 조사 없이 지나간다.
d. 표준의 개정은 기술부, 경리부의 승인을 거쳐서 이루어진다.	표준의 개정이 현업의 의견이 수렴되지 못하고, 경리부가 일방적으로 정한다.
e. 재고자산의 진부화, 부족, 파손은 즉시 검토되고 회계처리된다.	부실을 고의로 은폐하여 회사의 위기감을 속인다.
f. 매월 신속하게 원가계산이 이루어진다.	원가도 모르면서 판매가격을 정한다.

② 재고관리

표준내부통제	내부통제가 없는 경우
a. 재고관리자는 생산담당자와 구분되어야 하고, 창고에서 실물을 관리하는 자와 구분되어야 한다.	재고가 분실되거나, 일시적으로 왜곡되어도 파악하지 못한다.
b. 원자재매입에 대한 대금지급은 반드시 법	재고입고도 안 된 상태에서 대금지급이 이루어

적 소유권이 이전된 후 이루어져야 한다. 연말에 미착재고는 장부기록과 대사되어야 한다.	져, 금전상의 위험과 장부의 오류가 발생한다.
c. 재고의 입출고와 기간귀속이 정확하게 구분되어야 한다.	원가계산이 잘못되고, 손익의 오류가 발생하고, 월별비교가 어려워 원가관리가 불가능해진다.
d. 재고는 창고에 안전하게 보관되어야 하고, 재고수불부는 총계정원장과 주기적으로 대사되어야 한다.	재고가 분실되거나, 도난 맞고 있으며, 생산에 투입되었는데도 투입분과 창고보관분이 구분되지 아니한다.
e. 재고는 반드시 승인받고 입고 및 출고가 이루어져야 한다.	재고이동이 통제 없이 마음대로 옮겨 다닌다.
f. 재고는 반드시 입고 시 검수되어야 하고, 검수후 대금지급이 이루어져야 한다.	불량재고가 입고되어도 모르고 있으며, 대금지급 후 나중에 불량재고가 확인된다.
g. 생산부서의 생산스케줄에 의하여 재고가 출고되어야 하며, 재고관리자의 승인도 받아야 한다.	잘못된 재고가 생산부로 출고되거나, 수량이 잘못된다.
h. 진부화된 재고는 반드시 분기단위로 파악되어야 한다.	진부화된 재고에 대하여 책임지는 사람도 없고, 계속 장부에 남아 있어 손익을 왜곡시킨다.
i. 진부화된 재고는 반드시 처분계획에 따라 신속하게 처리한다.	스크랩이나 Return품이 도난당하고, 부적절한 가격으로 판매하여 부정이 발생한다.
j. 타인소유재고나 타처보관재고에 대하여 책임문제를 규정하는 절차가 수립되어 있다.	타처에 보관한 재고가 타인에 의하여 사용되고 나중에 충당받아, 재고에 대한 이자만 부담하고 추후 세무조사 시 부가가치세 문제가 크게 발생한다.
k. 재고자산에 대하여 적절하게 보험에 가입한다.	보험에 가입하지 아니하여 한 번의 화재로 회사가 치명적인 손실을 보게 된다.

③ 생산계획 및 통제

표준내부통제	내부통제가 없는 경우
a. 매출예측이 신뢰성 있게 이루어지고 매출예측에 근거하여 생산계획이 수립되고, 재고수준이 결정되고, 다시 재고조달계획이 수립된다.	잘못된 생산계획으로 재고가 부족하거나, 과다한 재고를 보유하게 된다.

b. 원자재소요표(BOM : Bills of Material)가 정확하게 수립되어 있다.	원자재소요표가 없어서 주먹구구식으로 자재를 조달하여, 어느 자재는 남고, 어느 자재는 모자라는 현상이 발생한다.
c. 생산계획부서의 승인에 의하여만 생산이 이루어진다.	필요하지도 아니한 생산을 하거나, 납기가 급박한 거래처에 대하여는 납기를 준수하지 못한다.
d. 원재료 투입과 인건비발생의 기간귀속이 적절하게 이루어진다.	잘못된 기간귀속으로 원가정보가 왜곡된다.
e. 스크랩을 폐기하면서 경쟁입찰방식을 취한다.	스크랩이 잘못된 가격으로 처분되고, 스크랩이 처분되어지는지도 모르는 경우가 발생한다.
f. 생산완료 후 제품은 생산완료지시서에 의하여 창고로 입고된다.	제품이 분실되거나, 파손되어도 통제하는 기능이 없다.
g. 생산완료 후 또는 생산 중에서 계속 품질에 대한 검토가 이루어져야 한다.	불량품이 거래처로 출고되어 다시 불량이라 하여 반품된다.

03

④ 재고흐름의 실물통제

표준내부통제	내부통제가 없는 경우
a. 재고의 실사는 반드시 재고실사계획서에 의하여 체계적으로 이루어진다.	재고실사가 형식적으로 이루어지고, 실물과 장부의 차이가 규명되지 못한다.
b. 재고는 수량을 확인하기 쉽게 배열되어 있어야 하고, 주기적으로 실물이 다시 재정리되어야 한다.	상동
c. 파손, 진부화, 장기체화 재고는 구분하기 쉽게 별도로 구분되어야 한다.	상동
d. 사전에 일련번호가 부여된 재고실사표(Tag)를 사용하여 실사가 이루어져야 한다.	재고실사 시 재고가 이중계상되거나, 누락된다.
e. 실제로 Tag수량이 맞는지 실사하여야 한다. Tag에는 장부수량을 기재하지 아니한다.	실사하지도 않고 대충 수량만 기재한다.
f. 재고실사 시 재고이동이 있는 경우 실사에 포함하는 수량, 실사에서 제외하는 수량이 명확히 구분된다.	실물이 계속 이동한다는 핑계로 부정확하게 대충 실사한다.
g. 최소한 1년에 2번은 실사하고, 1번은 일부 품목만 추출하여 실사하고, 연말에는 전수실사를 한다.	실사를 제대로 하지 아니하여 재고가 있는지 없는지도 모른다.

h. 실사수량과 장부수량은 그 차이원인을 규명한다.	실사 후 대충 맞는다고 하여 차이원인도 규명하지 아니하고 종결하여, 실물관리자가 1~2개는 훔쳐가도 좋다고 생각하게 된다.

(5) 재무 Cycle

재무 Cycle의 기능은 다음과 같다.

재무 Cycle(Treasury Cycle)기능은 현금규모의 결정, 투자관리, 차입약정사항검토, 증자결정, 배당금결정 등에 관한 사항이다.

표준내부통제	내부통제가 없는 경우
a. 재무담당자는 다음의 기능을 담당해서는 아니 된다. • 투자자금 지출 • 유가증권 보관기능 • 이자 및 배당금 지급기능 • 현금수취기능	현금・유가증권이 분실되거나, 승인받지 아니한 사람이 임의로 장부를 수정한다.
b. 모든 은행구좌는 회사의 이름으로 개설하고, 관리해야 한다.	회사예금을 전도 받아 개인예금통장으로 관리하다 횡령한다.
c. 현금, 투자, 차입금, 자본금의 계정은 주기적으로 세무명세서와 대조한다.	일부분개가 오류로 누락된다.
d. 차입의사결정은 반드시 이사회의 승인을 득한다.	차입금이 불법적으로 사용된다. 즉 차입하여 사장이 일시적으로 사용한다.
e. 수표에 대한 Sign한도 및 승인한도는 CFO에 의하여 승인되어야 한다.	사장이 거액을 Sign하여 수표를 발행한다.
f. 차입약정, 사채발행, 리스도입, 차입 시 의무사항, 차입 Cost 및 조건 등은 반드시 재무담당자의 승인을 득하고, 철저히 검토되어야 한다.	높은 이자로 차입하고, 차입조건도 나쁘다.
g. 모든 투자의사결정과 정책은 재무담당자의 사전승인을 득하여야 한다.	자금도 없이 투자하는 방침이 결정된다.

(6) 재무보고 Cycle

재무보고 Cycle의 기능은 다음과 같다.

표준내부통제	내부통제가 없는 경우
a. 회계정책 및 방침은 회계업무매뉴얼에 명확히 기술되어 있다.	잘못된 회계처리를 하고 있다.
b. 회계원칙을 변경하는 경우에는 반드시 그 타당성이 검토되어야 하고 재무담당부사장의 승인을 받는다.	상동
c. 수작업 분개는 반드시 문서화되어 있어야 한다.	분개가 장부에 누락된다.
d. 표준분개는 가능하면 많이 활용해야 한다.	표준의 개념이 없어서 전표만 많이 발행한다.
e. 전표는 매일매일 즉시 입력되어야 한다.	거래가 발생해도, 회계장부에 기록되지 아니한다.
f. 매년 말에 발생주의에 의하여 이미 발생한 부채는 누락 없이 기표하고, 회계처리 방침도 재검토한다.	비용이 누락되어, 이익이 과대 계상된다.
g. 모든 자산은 자산성이 있고, 가치가 적정한지 다시 검토한다.	자산 중 가치가 없어진 것도 모르고 손익을 산정한다.
h. 잘못된 분개는 장부로 기재되지 못하게 통제절차를 수립하고 있다.	가공채무를 계상한 후 인출하여 간다.
i. 월별, 분기별, 연도의 결산일정이 정확하게 수립되어 있다.	결산이 지나치게 늦다.

참고 현금과 예금의 입금 · 출금관련 문서 또는 장부

(1) 영수증(입금표)

영수증은 출납직원이 현금 혹은 어음 · 수표 등을 수납하고 작성한 입금표를 말한다. 출납직원은 입금표를 작성하여 수납자에게 교부하고 사본을 작성하여 이후의 거래가 진행될 수 있도록 한다. 영수증은 입금에 관한 최초의 문서로 영수증에는 사전에 일련번호를 부여하여 번호순서대로 발행되도록 하여야 한다. 입금표관리는 현금예금의 입금과 관련된 가장 중요한 통제절차이다.

(2) 현금수입일계표

현금수입일계표는 출납직원이 매일매일 입금된 현금, 어음, 수표 등의 내역을 기록한 집계표이다. 수입일계표는 매일의 수납된 내용을 요약하여 알려주는 역할을 한다.

(3) 은행입금표

은행입금표는 은행출납원이 현금입금액을 은행에 재입금하기 위하여 작성하는 증빙서류를 말한다. 현금은 입금 즉시 은행에 재입금시켜야 하며, 은행에 입금시킨 직원은 반드시 은행 측의 확인을 받은 은행입금표의 사본을 보관하고 있어야 한다. 이 경우 입금된 현금과 영수증, 수입일계표, 은행입금표상의 금액은 서로 일치하여야 한다.

(4) 지급결의서(지급전표, Voucher)

지급결의서는 매입대금의 지급을 결의한 서류로서 기업의 구매, 취득활동을 기록하고 통제하는 공식적 수단으로 이용하는 문서이다. 상세한 내용은 매입활동(p. 135) 참조

(5) 은행계산서(Bank Statement)

은행계산서는 일정기간 동안에 은행을 거쳐 간 모든 예금입금과 예금지급거래의 거래금액과 거래일자 및 어음 · 수표번호 등이 나타나 있는 표로서 일반적으로는 은행의 당좌원장사본을 말한다.

(6) 은행계정조정표(Bank Reconciliation)

은행계정조정표는 회사예금에 대한 은행 측 잔액과 회사 측 장부잔액의 차이 등의 사유를 밝히고 조정하여 일치시키는 표로 현금과 당좌예금거래의 내부통제절차 중에서 매우 중요한 역할을 한다. 은행계정조정표는 독립된 제3자에 의하여 은행으로부터 입수한 은행계산서와 회사의 은행별 예금보조원장을 대사하여 작성된다.

(7) 현금출납장

현금출납장은 현금계정에 대한 보조부이다. 현금출납장의 작성업무는 현금횡령 등 부정을 방지하기 위하여 현금출납을 담당하는 직원 이외의 직원이 담당하는 것이 원칙이나 실무적으로는 업무의 효율을 위하여 현금출납원이 직접 작성하는 것이 보통이다. 현금출납장에는 현금의 수입이나 지출일자, 금액, 내역 등이 기록되며 이러한 내용의 진위 여부는 상위자에 의하여 수시로 철저히 검증되어야 한다.

(8) 은행별 예금원장

은행별 예금원장은 회사가 작성하는 예금에 대한 보조부로서 각 거래은행별로, 예금종류별로 작성한다.

(9) 어음 · 수표수불부

어음 · 수표수불부는 어음 · 수표의 구입과 발행을 기록하는 관리목적으로 작성되는 보조부이다. 어음 · 수표수불부에는 어음 · 수표용지의 은행구입내용과 어음 · 수표의 발행내용을 기록하며, 어음 · 수표의 발행일자와 어음 · 수표의 번호 및 사용목적 등을 상세히 기록해야 한다. 어음 · 수표는 단 한 장이라도 부정한 목적에 사용되었을 때 회사에 중요한 영향을 미칠 수가 있으므로 기록 및 보관활동에 관한 철저한 관리가 필요하다.

3 내부통제절차(Internal Control Procedure)의 Check Point

앞에서 설명된 바와 같이 내부통제절차는 경영자의 통제목적이 달성된다는 합리적인 확신을 부여하도록 설계된 기업 내의 경영방침이나 절차를 의미하는 것으로 대체로 경영자의 승인, 기능의 분리, 문서화과정, 자산에 대한 보호 및 접근통제절차와 제3자에 의한 독립된 검증절차 등의 6가지 종류로 구분될 수 있으며 이를 회사의 주요 업무 Cycle별로 각각 갖추어야 할 통제목적과 이를 달성할 수 있는 주요 절차를 살펴본다면 다음과 같다.

(1) 전반적인 통제환경과 회계제도와 관련된 내부통제절차에 대한 Check Point

- 책임소재를 명백하게 규정하고 있는 회사의 조직구조 및 직무규정
- 분사무소, 지점 등에 대한 적절한 통제제도
- 이사와 감사의 기능의 분리
- 업적평가에 의한 경영통제제도
- 공정하고 합리적인 인사정책
- 직원 및 임원에 대한 재정보증
- 정기적인 임직원의 보직교환제도
- 예산 및 목표의 달성과 재무보고에 대한 경영자의 방침
- 주요 보완규정의 수립 및 실천
- 적절한 재무 및 관리회계규정
- 정기적(월, 주 등)인 재정 및 경영상태의 보고
  경영자에게 제공되는 분석자료를 첨부한 월차보고서는 내부통제에 대해서 유효한 수단이다. 예산차이는 회계제도가 계획한 대로 운영되어 있는가의 여부의 판단자료를 제공한다.
- 모든 종업원은 연차휴가를 취할 것이 요구되어 휴가 중에는 다른 종업원에게 그 임무를 배정해야 함.
- 작업설명서가 각각의 작업마다 준비되어 있어야 함.
  이 설명서에는 각자의 책임에 관한 일반적인 개요와 각자가 행하는 내부통제 기능에 대한 상세한 일람표가 포함되어야 한다. 이들은 각자가 자기의 임무에 대해서 완전한

이해를 할 수 있도록 상세히 협의해야 한다. 각자는 이상 또는 예외적인 거래를 어떻게 처리하고 그러한 사항을 누구에게 보고해야 하는가를 이해하고 있어야 한다.

(2) 전산내부통제제도에 대한 Check Point

① 전산관련부서의 조직구성과 경영자의 방침

• IT Strategy

회사의 중장기 경영계획을 뒷받침할 수 있는 전산관련 Master Plan(향후 1~3년)이 마련되어 회사의 성장에 따른 H/W와 S/W 요구를 충족시킬 수 있어야 한다.

• 전산화추진위원회(IT Steering Committee)

기업의 IT 활동과 관련된 주요 사항을 검토하고 결정할 수 있는 EDP부서와 사용자부서의 책임자로 구성된 IT Steering Committee가 구성되어야 한다.

• 전산관련 보완규정(Computer Security Policy)

이사회의 승인을 받은 전산관련 보완규정이 마련되어서 회사의 주요 자료의 대외누설과 시스템 S/W와 각종 응용 Program 및 주요 자료의 손상을 방지하고 전산시스템 운영의 안전성을 확보할 수 있도록 IT 관련자의 책임, 권한 및 주요 역할을 기술한 전산보완규정이 마련되어야 한다.

• Data Ownership Policy

회사의 전산 Data에 대한 입력 및 수정의 권한에 대한 규정으로 Data의 소유자 및 관리자의 지정 및 자료에 대한 보완수준별 분류, 부서별 열람가능자료의 종류에 대한 규정이 마련되어야 한다.

• End user Computing Policy

End user Computing 환경의 경우에는 회사 전체적으로 H/W와 S/W의 통일을 기하고 컴퓨터사용과 관련된 문제발생 시 도움을 얻을 수 있는 방안 등에 대한 규정을 의미하며 특히 PC를 사용하는 경우에는 Computer virus의 방지, 불법복제프로그램의 사용방지, PC에 대한 물리적 접근통제 및 자료의 Back up과 자료파손 시 복구절차에 대한 방안이 포함되어야 한다.

• 직원채용 및 교육훈련

• 내부감사

내부감사부서에 EDP감사능력을 갖춘 적절한 직원이 배치되어 전산관련 내부통제제도 등을 검토하여야 한다.

② 기능의 분리(Segregation of Duites)

• 직무기술서

EDP부서 및 전산사용자의 직무를 담당자별로 기술함으로서 자신의 직무 이외의 업무에 대한 접근을 제한한다.

• EDP부서 내의 기능의 분리

조직의 규모에 따라 Programmer, Data base관리자, 컴퓨터 운영자, Network 보완관리자 및 중요자료의 입력자 등의 기능이 적절히 분리되어야 한다.

• EDP부서와 사용자부서의 기능의 분리

EDP부서의 직원에 의한 거래의 시작 및 승인, 주요 자산의 보관, 마스터파일(Master file)의 수정 및 오류의 수정 등의 업무를 배제해야 한다.

• 전산실이 중요 직원 1인에 지나치게 의존하거나 외부 계약직원에 의해 운영되는 경우에는 인원변동의 경우를 대비하여야 한다.

03

③ 논리적 접근통제

• 회사에 일반자료와 중요도가 매우 높은 자료 및 프로그램에 대한 별도의 접근통제절차를 갖고 있어야 한다.

• Password 관리

－개인별 부여

－정기적인 변경

－퇴사직원에 대한 Password의 삭제

－부서이동직원에 대한 접근권한의 변경

－만능 Password의 부여자에 대한 적절한 통제(Security 담당자)

－Password file의 암호화

• Utility Program에 대한 통제

• 자료의 수정과 변경을 가능케 하는 Program의 사용을 엄격히 통제해야 한다.

• Program 개발직원의 Production Library에 대한 접근을 통제해야 한다.

• Manu에 의한 접근통제를 실시한다.

• Terminal에 의한 접근통제를 실시한다.

④ 물리적 접근통제(Physical Access Control)

- 전산실에 대한 관련자 이외의 사람에 대한 출입의 통제 및 경영자의 승인받은 사람에 한하여 출입을 허용한다.
- 회사의 중요지역의 경우 출입일지를 남긴다.
- 주요 전원 공급장치에 대한 접근을 통제한다.
- 주요 통신구 접속지역에 대한 접근을 통제한다.
- 컴퓨터 서비스직원의 방문 시 사전에 약속하고 컴퓨터에 접근시킨다.
- 청소담당직원의 출입일지기록 및 기계실에의 접근을 통제한다.

⑤ 시스템개발과 프로그램변경절차(System Development and Program change Control)

- 내부개발 : 개발방법론을 정립하고 개발과정에 사용자가 참여하고 최종적으로 사용자의 확인을 받는다. 그리고 개발과정의 주요 내용은 문서화한다(Data Flow Diagrams, Logical Data, Structure 등).
- 외부개발 : 개발의뢰회사에 대하여 신뢰성을 평가하고, 개발과정을 문서화하며, 사용자교육훈련계약은 반드시 체결하고, S/W의 Update 계약도 반드시 체결한다.
- 개발직원의 통제 : 프로그램의 개발에 참여한 직원은 프로그램의 운영에 참여하지 않도록 한다.
- 문서화 : System문서, 운영지침서 및 사용자지침서의 문서화를 반드시 갖춘다.
- Program의 수정절차 : Program의 개발과 동일한 절차로 승인, 디자인, 테스트 과정을 거친 후에 업무에 사용되어야 한다.

⑥ 업무의 계속성유지(Business Continuity)

- 백업절차
  - 데이터와 프로그램의 백업파일이 정기적으로 준비된다.
  - 백업파일은 컴퓨터가 위치한 장소와 되도록 멀리 떨어진 장소에 있는 내화금고에 보관한다.
  - 정기적으로 백업파일을 회사건물 밖의 안전한 장소에 보관한다(Off－site 백업).
  - 정기적으로 백업파일의 복구과정을 테스트하여 만일의 경우에 백업자료가 효과적으로 사용될 수 있는지 확인한다.
  - 백업파일에 대한 접근은 책임자에게만 허용하고 24시간 이용 가능하여야 한다.

• 비상복구계획(Disaster Recovery Planning)
 - 컴퓨터가 정상적으로 작동하지 않는 경우가 발생할 때의 처리지침을 기술한 비상복구계획이 작성되어야 한다.
 - 비상복구계획은 다음의 내용을 포함하여야 한다.
   · 비상상황의 종류
   · 주요 연락처(회사, 이름, 직책, 집전화번호)
   · 복구를 위한 접근방법
   · 복구 시의 안전관리측면
   · 비상시에 사용할 수 있는 대체자료처리장치
   · 주요 양식의 위치
   · 사용자별 시스템복구 요구사항(1시간 내, 1일 내 등)
 - 비상복구계획은 정기적으로 시험되어야 한다.
 - EDP 관련설비의 파손과 비상사태발생으로 인한 손실에 대하여 보험가입이 되어야 한다.

03

⑦ 전산실의 운영(Computer Operation)

• 전산실운영에 대한 기록인 Processing Log가 생성되며 승인받지 않은 거래 또는 비정상적인 Processing의 존재유무를 검토하기 위해 정기적으로 Log를 검토한다.
• 회사의 전산설비의 용량과 효율성에 대한 검토가 이루어진다.
• 주요 Job Processing Procedure가 문서화되어 있다.
• 주요 출력물의 배포절차와 배포처에 대한 절차가 마련되어 있다.

⑧ Application Control

• Batch total
• Source data control
• Input validation Routines
• On-line data entry controls
• File maintenance controls
• Output controls

(3) 현금 및 예금에 대한 Check Point

① 현금 및 예금의 수입

- 현금영수 담당직원과 외상매출금 담당기능의 분리 : 입금 및 예금계좌의 관리를 담당하는 종업원은 다음의 업무를 해서는 안 된다.
  - 대금청구서의 작성 및 청구기록의 유지(보관)
  - 외상매출금 보조원장의 관리, 외상매출금의 잔고 조회 및 기일별 보고서의 작성 및 송부
  - 신용 공여의 확대 또는 할인 등의 승인
  - 외상매출금 회수의 촉진 또는 회수불능 외상매출금의 상각
  - 은행잔고표와 사용필 수표에의 관여 또는 은행계정조정
  - 유가증권, 대부어음 또는 기타의 담보물의 보관
  - 총계정원장 또는 지급기록의 관리
  - 지급 또는 그 승인
  - 수표의 발행, 서명, 송부
  - 차입어음에의 서명
  - 급여계산
  - 소액현금 기타 특별한 자금의 관리
- 현금입금거래 시의 입금표의 발행
- 입금표수불에 대한 담당자 이외의 직원에 의한 검토
- 현금입금액은 즉시 은행에 예입
- 지점입금액은 본사에서 관리하기 위해 본사구좌에 즉시 입금
- 은행구좌개설에 대한 경영자의 승인
- 정기적인 현금시재의 조사
- 은행입금액에 대해 입금자 이외의 사람에 의한 증빙대조

② 현금, 예금의 지출

- 현금지급, 어음, 수표의 발행자와 매입채무에 대한 기록관리자의 기능·분리
- 어음 및 수표의 구입 및 발행 시 경영자의 승인
- 어음 수표용지의 취급자 제한
- 어음 및 수표의 수입, 불출관리
  - 수불부의 유지
  - 담보·보증 등 지출 이외의 어음수표 교부내용의 기록
  - 전월이월, 당월수불, 당월수량의 검토조정
  - 폐기된 어음, 수표에 대한 기록
  - 상당기간 미결제된 수표, 어음에 대한 조사
- 어음, 수표발행 시 발행한도에 따른 전결규정
- 어음수표에 대한 사전서명 금지, 소액현금취급자의 수표서명 날인 금지 및 발행수표와 보유현금의 교환금지
- 급여의 현금지급 시 신원파악 및 수령인의 서명
- 급여의 현금지급 시 급여수령부서의 부서장, 급여 관련 은행계정조정담당자, 급여계산, 시간기록 및 수표작성자 이외의 사람에 의한 급여지급
- 미지급급여의 별도관리
- 현금지급 시 영수증 또는 기타증빙서류에 지급필 날인을 표시한다.
- 소액현금을 제외한 모든 현·예금의 지급은 수표로 행해야 함.
- 잘못 쓴 수표는 재사용을 막기 위한 조치를 취하고, File에 보관해야 함.
- 백지의 수표는 수표이체의 권한을 갖는 종업원만이 가까이 할 수 있는 안전한 장소에 보관되어야 함.
- 지급은 뒷받침이 되는 Data를 첨부한 승인필의 전표 또는 정규로 승인된 수표의뢰에 의해서만 행해져야 함.
- 수표에의 서명자는 필요로 하는 대조 및 승인(사무작업의 정확성의 확인, 구입발주서와의 대조 등)이 기록되어 있는 것을 확인하기 위해 전표와 첨부자료를 체크해야 함.
- 일정액 이상 또는 특정한 지급에는 2명의 서명을 필요로 해야 함.
- 수표서명자는 이사회에서 지명되어야 함.
- 백지수표에는 절대로 서명해서는 아니 됨.

(4) 매출 및 매출채권에 대한 Check Point

- 외상매출의 경우 접수 전에 신용조사부의 승인
- 신용조사기능과 대금회수, 판매, 회계기능의 분리 : 외상매출금 보조원장을 관리하는 종업원은 다음의 업무를 행해서는 안 된다.
  - 신용공여의 확대 또는 할인 등의 승인
  - 외상매출금 회수의 촉진 또는 회수불능 외상매출금의 상각
  - 현·예금의 운용 또는 기장
  - 청구서의 작성 또는 청구기록의 관리
- 거래명세서(송장)는 모든 물품에 대해 발행하고 사전에 일련번호를 부여함.
- 청구서는 모든 거래처에 대해 사용하고 사전에 일련번호를 부여함.
- 청구서의 발행을 대장에 기록하고 통제함.
- 판매부서가 작성한 매출총괄표와 경리부서의 매출금액을 대조
- 외상매출금기록 담당자와 현·예금 취급기능의 분리
- 외상매출금의 총계정원장과 매출처원장금액의 정기적 대조
- 외상매출금잔액에 대한 연령표 작성과 이에 대한 경영자의 정기적인 검토
- 정기적인 매출처원장 담당자의 교체
- 외상매출금 잔고의 고객에 대한 조회
- 거래처로부터의 잔액조회에 대한 매출처원장 담당자 이외의 직원에 의한 회신
- 상각채권의 사후관리
- 불량채권의 상각, 일정률 이상의 할인, 반품, 감액처리 등의 경우에 경영자의 승인
- 받을어음의 수령 시 경영자의 승인
- 받을어음의 실물에 대한 정기적인 실사절차 및 장부기록과의 대조

(5) 매입 및 매입채무에 대한 Check Point

- 구매요구서의 작성, 매입채무의 기록, 재고자산의 관리, 대금지급 등의 기능의 분리
- 구매업무, 재고자산 보조부의 기록관리, 입고지시서의 발행, 입고제품의 검수, 검량 등의 기능이 입출고를 직접 담당하는 부서와 분리
- 모든 구매에 대해 사전일련번호가 기재된 구매요구서의 사용

• 모든 구매요구서는 부서책임자의 승인을 받음.
• 일정액 이상의 구매는 입찰방식에 의하고 수의 구매 시는 복수견적에 의함.
• 구매조건은 권한 있는 책임자의 승인을 받음.
• 모든 발주는 주문대장에 기록
• 주문서부본은 검수부서 및 요구부서에 회부
• 정기적인 시장조사의 실시
• 구매처로부터의 송품장에 대한 구매담당자의 주문서대조, 검수보고서대조, 수량, 단가, 금액 등의 검산
• 외상매입금의 통제
  – 입고서 또는 대금청구서(또는 세금계산서)에 의한 매입전표작성
  – 청구서의 비용은 구매요구서나 검수보고서와 대조
  – 거래처별 외상매입금 명세의 매월작성 및 검토
  – 외상매입금의 거래처별 명세와 총계정원장의 정기적 대조
  – 외상매입금의 거래처별 잔액은 정기적으로 거래처에 조회확인
  – 장기미결제구좌는 그 이유를 파악
• 지급어음의 통제
  – 거래처별 지급어음보조부가 출납부서의 어음기입장과는 별도로 존재
  – 지급어음의 발행은 임원에 의해 결정되고 전표작성자 이외의 자에 의해 교부
  – 지급어음의 잔액을 정기적으로 총계정원장과 대조
  – 장기미결제어음은 정기적으로 임원에게 보고
  – 매입채무 이외의 지급어음은 별도로 관리
• 경리부문은 업자로부터의 청구서를 다음과 같이 검사하여야 한다.
  – 기일과 합계금액의 체크
  – 명세금액의 체크
  – 정규의 청구서임의 확인
  – 확인용서류(구입발주서 및 수령서)와의 조합
• 확인용서류는 청구서에 첨부되어 같이 File되어야 함 : 청구서는 권한이 있는 담당자로부터 지급의 승인을 받아야 한다.
• 미지급청구서의 합계액은 정기적으로 총계정원장의 잔액과 조합해야 한다.

(6) 재고자산과 매출원가에 대한 Check Point

- 재고자산의 수령, 재고수불의 기록, 재고불출의 승인, 재고실사감독 등의 기능이 분리
- 검수부에서 모든 구매품목에 대하여 검수를 실시
- 창고의 재고는 창고담당자 이외에는 접근이 제한되며 승인받은 청구서에 의해서만 불출
- 불출 후 사용되지 않은 잔여자재, 파손품은 다시 창고에 입고
- 모든 재고에 대해 재고수불부가 존재
- 타인보관재고에 대한 적절한 기록이 경리부에 보관
- 타인소유보관재고에 대하여도 적절한 기록이 유지
- 최소한 연 1회 재고자산의 장부와 실재재고의 대조확인
- 과다한 재고품목 또는 회전이 늦은 재고에 대하여는 그 이유를 수시로 확인
- 재고자산은 적절한 보험에 가입
- 원가계산을 위한 효율적인 절차의 존재
- 재고자산의 재고기록부와 총계정원장의 금액은 정기적으로 대조

(7) 급여에 대한 Check Point

- 직원의 직급, 호봉, 상여 및 공제내역의 문서화
- 작업수량과 시간은 기계적 또는 독립된 직원에 의해 작성
- 시간기록부는 조장이 승인하고 시간기록계에서 검토
- 급여계산기능은 시간기록 및 급여와 관련된 은행계정의 조정작업담당자와 분리
- 급여지급업무와 급여계산업무, 인사서류의 기록유지, 은행에 급여입금 등은 상호 독립된 직원이 실시
- 급여계산담당자의 정기적인 교체
- 급여의 계정분류의 타당성 검토
- 급여인원을 정기적으로 현장과 대조
- 직원의 서명이 기록된 인사기록이 보관 유지되고 정기적으로 수령인과 대조
- 개별작업에서 발생한 시간과 예정시간을 주기적으로 비교

(8) 재무거래에 대한 Check Point

- 소요자금의 조달, 차입금의 상환 등을 포함한 자금계획을 수립
- 차입, 받을어음의 할인 등에 의한 자금의 조달은 경영자의 승인하에 집행
- 받을어음의 할인 또는 회사어음의 교부에 의한 자금조달은 지정된 금융기관에 한정
- 차입금의 상환, 이자의 지급은 적절한 책임자의 승인 하에 집행
- 유가증권의 보관은 외부의 전문기관 또는 견고한 내부금고를 이용
- 유가증권의 내용과 번호를 기록한 장부를 보관담당자 이외의 직원이 기록유지
- 유가증권 보관담당자는 신원보증보험에 가입
- 유가증권의 보관담당자, 기록담당자 이외의 직원의 정기적인 실사에 의해 실물을 확인
- 수입배당금과 이자에 대해 정기적으로 타당성을 검증
- 자금의 일시대여의 경우 적절한 담보확보

4 전산화된 회사의 내부통제

회사의 업무가 전산화됨에 따라서 회사의 내부통제환경에는 여러 가지 변화가 나타나며, 고유위험과 통제위험이 증대할 수 있으므로 회사는 새로운 전산통제제도를 설계하고 운용할 필요성이 증대된다.

일반적으로 전산화된 환경에서 필요한 전산통제는 전산업무 전 과정에 공통적으로 적용되는 일반통제와 특정업무프로그램을 이용하여 자료를 입력하고, 처리하고, 출력하는 과정에 적용되는 응용통제로 구분된다. '일반통제의 결함에 따른 위험'은 컴퓨터에서 처리되는 모든 응용시스템에 영향을 미치며, 결국 재무제표 전반의 왜곡표시가능성에 영향을 미친다. 반면에, '특정응용통제의 결함에 따른 위험'은 관련 특정계정과목에만 영향을 미친다.

이하 일반통제와 응용통제의 내용을 구체적으로 살펴보기로 한다.

(1) 일반통제

"일반통제(General Controls)"는 회사의 모든 전산업무처리에 공통적으로 적용되는 통제절차로서 전산업무에 대한 전반적인 통제의 틀을 확립하고 응용통제절차를 수립하기 위한 기초가 된다. 즉 일반통제는 회사의 모든 전산시스템이 적절히 조직 · 개발 · 운영 · 유지될 수 있도록 통제하는 제반절차를 말한다.

① 조직 및 운영통제

조직 및 운영통제(Organization and Operating Controls)는 회사의 전산활동에 대한 경영조직적인 틀을 확립하고, 전산시스템의 원활한 운영과 전산부서 내에서의 부정과 오류의 방지 및 전산부서 내 각 담당자들의 책임과 권한을 명확히 하기 위하여 설정되는 통제절차이다.

가. 전산부서와 이용자부서의 업무분장

전산부서는 이용자부서와 조직도상 독립되어 전산업무만 수행하여야 한다. 특히 전산부서는 다음과 같은 업무에 관여해서는 안 된다.

- 거래의 승인, 집행, 원시거래자료의 작성
- 이용자부서에서 발생된 오류의 직접 수정
- 컴퓨터시설 이외의 자산의 보관이나 관리업무

나. 전산부서 내의 업무분장

수작업 시스템하에서의 업무분장(거래의 승인, 집행, 기록, 보관)이 전산시스템하에서는 업무처리에 관하여는 종업원의 수가 감소되면서 기능이 통합되는 경우가 발생하기도 하며, 이러한 업무통합에 의하여 부정이 발생할 가능성이 높아진다. 따라서 전산부서 내에서는 업무의 전문화와 상호견제를 위해서 다음과 같은 직능들은 분리되어 수행되어야 한다.

■ 전산부서 내의 업무분장

직 명	기본직무
시스템분석가	현존시스템 평가, 신규시스템 설계, 시스템문서관리
프로그래머	프로그램작성, 프로그램의 개발 및 문서화, 프로그램의 오류발견 및 수정
오퍼레이터	컴퓨터의 작동 및 유지관리, 프로그램 및 자료파일의 유지관리
자료입력요원	입력자료를 기계판독형태로 변환하여 자료입력
자료보관관리자	프로그램 및 자료기록매체의 보관관리, 컴퓨터처리기록 관리
통제그룹	이용자부서와 전산부서와의 업무조정, 입력·처리과정·출력업무의 감시

특히, 전산관련 부정 중 많은 부분이 프로그래밍 기능과 오퍼레이팅 기능의 업무분장이 이루어지지 않은 경우에 발생한다. 따라서 전산화과정과 전산시스템의 운용과정에서 이 두 가지 기능의 분리는 필수적이다. 만약 프로그래밍기능과 오퍼레이팅기능이 통합되어 있는 경우에는 다음과 같은 보완통제가 필요하다.

- 두 사람 이상의 오퍼레이터를 함께 작업시킴.
- 오퍼레이터의 업무를 프로그램별로 자주 직무순환시킴.
- 컴퓨터 사용일지의 작성과 초과사용시간에 대한 이유를 추적 조사함.
- 프로그래머, 오퍼레이터에 대한 강제휴가제 실시

다. 전산부서의 종업원에 대한 인적통제

a. 권한과 책임의 명시

전산부서에는 업무분장원칙에 따라 각 종업원의 업무내용과 책임을 명시한 직무기술서와 업무처리절차 및 전산조직도 등이 완비되어 있어야 한다.

b. 전산전문요원에 대한 인사관리 및 교육

종업원의 채용 시 엄격한 심사절차를 거쳐야 하며, 채용 후에도 계속적인 감독 및 정기적 평가를 하여야 하고, 전산기술이 급속히 발전함을 감안하여 계속적인 연수와 교육 등이 필요하다.

c. 전산부서원에 대한 통제

오퍼레이터 및 프로그래머에 대한 정기적인 이동과 전산부서 내의 모든 종업원들에 대한 강제휴가의 실시가 때때로 요구되며, 컴퓨터 부정은 회사에게 막대한 손실을 끼칠 가능성이 있으므로 전산부서에 근무하는 모든 종업원에게 충분한 재정보증을 요구해야 한다.

② 시스템 및 프로그램개발과 유지통제

시스템 및 프로그램개발과 유지통제(System Development and Maintenance Controls)는 기존의 수작업업무를 신규로 전산화하거나, 이미 전산화되어 있는 업무의 프로그램을 변경할 때 새로운 시스템이 적절히 설계·시행되고 문서화되게 하기 위하여 설정되는 통제절차이다.

가. 시스템설계 및 변경과정(소프트웨어 구입 포함)에 전산담당자와 이용자부서담당자 및 내부감사담당자가 동시에 참여하여야 한다.

나. 새로운 시스템에 대한 시험절차가 수립되어 있어야 하며 시험결과가 경영자와 이용자부서 등에 의하여 검토되어야 한다.

다. 시스템을 최종적으로 채택할 경우에 각 부서 대표자 간의 합의와 경영자의 최종승인이 있어야 한다.

라. 새로운 시스템에 대한 내용(시스템흐름도, 프로그램흐름도, 프로그램설명서 등)은 적절히 문서화되어야 하며, 문서화된 자료에 대한 접근통제가 적절히 이루어져야 한다.

전산시스템의 내용을 문서화하는 경우의 유용성은 다음과 같다.

- 현존업무를 수시로 평가하여 업무개선과 프로그램 개선방법을 모색할 수 있다.
- 신규로 배치된 종업원을 훈련시키는 데 효과적으로 이용될 수 있다.
- 외부감사인이 전산시스템의 내부통제를 검토할 때 유용한 수단이 될 수 있다.

③ 하드웨어와 시스템소프트웨어 통제

하드웨어(Hardware)와 시스템소프트웨어(System Software) 통제는 컴퓨터기기 및 시스템소프트웨어가 적절하게 기능할 수 있도록 하기 위하여 전자계산기 내에 사전에 설정되어 있는 기능 오류방지와 오류적발 통제절차를 말한다. 대부분의 컴퓨터하드웨어에는 제조회사에 의하여 다음과 같은 통제절차 등이 내장되어 있다.

가. 이중판독검증(Dual Read Check)

입력되는 자료들을 2회에 걸쳐 판독하여 서로 비교해 보는 기능이다.

나. 범위보호(Boundary Protection)

승인받지 않은 형식의 자료가 입력되어 저장되는 것을 방지하기 위한 기능이다.

다. 기우검사 또는 동위수검증(Parity Check)

컴퓨터 내에서의 자료이동 시 발생할 수 있는 오류를 발견해 내기 위한 자동검증기능으로 입력된 자료가 컴퓨터 내의 번역프로그램(Compiler)에 의하여 자동적으로 기계어(Machine Language)로 변환될 때 기수패리티(홀수)나 우수패리티(짝수)를 변환된 기계어에 부가하여 자료이동과정에서 오류발생 여부를 체크하는 방법이다.

라. 지수검사(Digit Check)

컴퓨터 내에서의 자료이동 시 2개 이상의 오류가 발생하였을 경우에도 오류를 발견해 내기 위한 자동검증기능으로 변환된 기계어의 지수합계(Digit Total)를 기록하였다가 후에 그 합계를 검증해 보는 방법이다.

마. 에코검사 또는 반향검증(Echo Check)

03

출력장치에 접수된 자료들을 입력 또는 처리장치들에 회송하여 원래의 자료들과 비교해 보거나, 하나의 명령이 주어졌을 때 그 명령을 수행할 해당 장치로부터 준비가 되었다는 반응이 오는 것을 확인함으로써 컴퓨터 주변장치들이 완벽하게 작동하도록 하기 위하여 설정되어 있는 기능이다.

바. 용량검사(Overflow Check)

컴퓨터의 처리용량을 초과함으로 인하여 처리과정에서 멸실된 자료들을 발견하여 주는 기능이다.

사. 전원보호장치(Uninterruptible Power System)

전력공급이 중단될 경우 자료의 손실을 방지하기 위한 비상전력의 공급기능이다.

④ **접근통제**

접근통제(Access Controls)란 자산(하드웨어)이나 프로그램 및 중요서류(자료파일, 마스터파일, 프로그램문서 등) 등을 안전하게 보호하고 부당하게 사용되는 것을 방지하기 위하여 접근 또는 사용을 통제하는 것을 말한다. 접근통제는 터미널이 산재되어 있는 온라인 시스템에서 특히 중요한 통제절차이다. 접근통제에는 다음과 같은 통제절차가 있다.

가. 하드웨어에의 접근통제

- 하드웨어에의 접근은 업무상 승인된 자에 한하여 이루어질 수 있도록 승인절차의 구비
- '컴퓨터 사용기록부'를 작성하게 하고 이를 정기적으로 책임자가 검토하는 등의 절차를 구비
- 수작업시스템에서처럼 물리적인 보안장치(경비, 특수자물쇠, 방화시설, 보험가입 등)의 구비

나. 프로그램과 자료파일에의 접근통제

- 프로그램이나 자료파일은 업무처리를 위하여 승인된 담당자에게만 허용하기 위하여 상위자의 개별승인, 비밀번호나 접근승인번호(Password)를 할당하는 등 승인절차의 구비
- 프로그램과 자료사용기록부(Program and Data Use Log)를 비치, 기록하게 하여 부적절한 사용이나 변조를 방지
- 전산부서원들의 업무규정집을 구비하여 명확한 업무분장과 책임을 부여

다. 프로그램문서에의 접근통제

- 프로그램문서에의 접근은 업무상 관련종업원에게만 허용되도록 승인절차를 구비
- 중요 전산문서나 파일 등을 별도의 자료보관소(Library)에 보관

⑤ 자료보존 및 처리절차통제

자료보존 및 처리절차통제(Data and Procedural Controls)는 컴퓨터의 파손 및 천재지변 등의 경우에도 업무처리의 계속성을 유지할 수 있도록 자료(Data)를 안전하게 보존하고, 일상적인 컴퓨터 업무처리과정에서의 오류발생가능성을 최소화하기 위하여 설정되는 통제절차를 말한다.

가. 자료보존통제

a. Grand father－Father－Son file 개념에 의한 자료보관방법

전산화된 회계시스템에서는 거래가 발생되면 거래 자료를 컴퓨터에 입력하여 처리하게 한다. 입력된 자료는 먼저 거래자료파일(Transaction Data file)을 생성하고 중앙처리장치에

의하여 마스터파일(Master file)을 갱신시킨다. 거래자료파일이란 마스터파일에 기록된 내용을 변경하거나 추가할 때 사용하는 파일을 말하며, 마스터파일이란 자료처리를 위하여 필요한 레코드를 모두 가지고 있는 파일을 말한다.

Grand father－Father－Son file 개념에 의한 자료보관방법은 Grand father file이나 Father file과 같은 과거의 마스터파일을 삭제하지 않고 당분간 보관하는 방법으로 최근의 Son file이 훼손되거나 파괴되는 경우에 대비하여 자료들(Data)을 복원하기 위한 자료보관방법이다.

예를 들어 1월분 거래가 입력되면 1월분 거래자료파일이 생성되고 저장된다. 이러한 1월분 거래자료와 회계프로그램을 이용하여 중앙처리장치는 마스터파일을 생성해 내게 된다. 그리고 2월분 거래자료가 입력되게 되면 2월분 거래자료파일이 생성되며, 1월분 거래파일이나 마스터파일의 자료와 회계프로그램을 이용하여 중앙처리장치는 2차 마스터파일을 생성해 내게 된다. 따라서 2차로 생성된 마스터파일에는 1월분 거래와 2월분 거래의 처리내용이 모두 포함되게 된다. 3월분도 마찬가지로 처리된다. 이 경우 과거의 거래파일과 마스터파일을 삭제하지 않고 보관하게 되면 현재의 Son file이 파괴된 경우에도 신속하게 자료를 복구하여 업무를 진행해 나갈 수 있다.

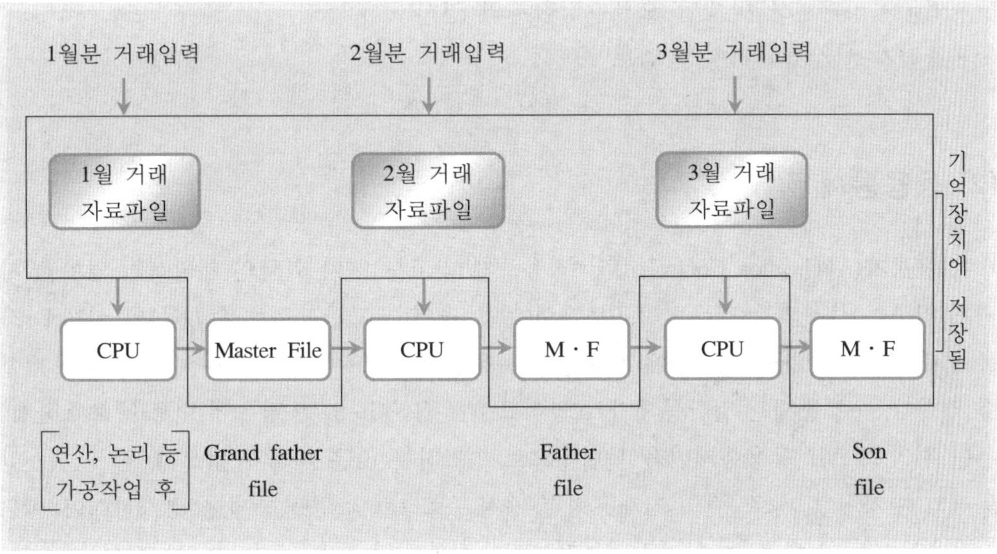

b. 백업파일(Back－up file)에 의한 자료보관방법

백업이란 잘못되거나 부주의한 컴퓨터 조작으로 인하여 파일이나 라이브러리가 손실되는 경우에 대비하여 미리 거래파일이나 마스터파일의 복사파일을 남겨두는 작업을 말하며 백업파일이란 복사된 여벌의 파일을 말한다. 위의 도표에서 각각의 거래자료파일이나 마스터파일을 복사하여 별도의 장소에 보관함으로써 자료(Data)의 안전성을 확보할 수 있다.

c. **기타의 자료보존통제절차**

- 중요한 자료파일, 프로그램 및 프로그램문서의 외부보관
- 과도한 습기, 온도변화 등에 대처할 수 있는 에어컨 시설 등 환경통제
- 화재 및 기타 재해로부터 컴퓨터 하드웨어, 프로그램 및 파일을 보호하기 위한 방화시설 등 구비
- 전산시스템의 복구비용을 조달하기 위한 보험가입

나. 처리절차통제

일상적인 컴퓨터 업무처리과정에서 오류발생가능성을 최소화하기 위하여 입력, 처리과정, 출력과정에 설정하는 통제절차로 전산통제그룹(control group)에 의하여 수행된다.

- 처리될 모든 자료의 정당성 검토 및 선별
- 모든 입력자료에 대한 기록 및 처리 확인
- 업무처리과정상 발생된 오류수정절차의 명시
- 출력자료배부의 적정성 검토

(2) 응용통제

"응용통제(Application Controls)"란 "적용통제"라고도 하며 회사의 개별적인 업무를 처리하기 위하여 사용되는 업무처리프로그램(예를 들면 재고관리프로그램 등)이 실제로 자료를 입력, 처리, 출력하는 과정에서 적절히 사용될 수 있도록 하기 위하여 설정된 통제절차를 말한다. 응용통제는 일반통제가 효과적으로 운용되고 있는 경우에 비로소 유효하게 작용될 수 있으므로 응용통제만을 독립적으로 평가하는 것은 의미가 없으며, 감사인은 일반통제의 평가를 근거로 주요 거래유형별 응용프로그램의 응용통제를 평가하여야 한다.

응용통제는 입력통제, 처리과정통제 및 출력통제의 3가지로 나누어진다.

① 입력통제

입력통제(input controls)는 전산처리될 자료들의 정당성을 확보하고, 자료의 입력과정에서 부정이나 오류가 발생되지 않도록 하기 위하여 설정되는 제반통제절차들이다. 전산처

리과정에서 대부분의 부정이나 오류는 입력시점에서 발생하므로 입력통제는 전산회계시스템에서 가장 중요한 통제절차이다. 부정이나 오류가 포함된 자료가 입력되면 아무리 처리과정통제, 출력통제가 완벽하다 하더라도 원천적으로 틀린 자료를 처리하고 보고하는 결과를 초래한다.

특히 온라인 시스템에서는 터미널이 산재되어 있어 승인받지 않은 자도 터미널에의 접근이 용이하므로 입력통제는 더욱 중요하다 할 수 있다.

가. 입력자료의 적절한 승인절차

정당하게 승인된 거래만이 전산에 입력되어야 한다. 이를 위해서는 다음과 같은 통제절차가 필요하다.

a. 이용자부서에서의 승인

입력될 자료는 전산부서에 전달되기 전에 이용자부서에서 일반적 승인이나 개별적 승인을 얻어야 한다.

b. 전산부서에서의 내부검증

전산부서에서 입력되기 전에 다시 한 번 승인 여부(결재인 등)를 확인하는 등 내부검증이 되어야 한다.

나. 기계어(Machine Readable Language)로의 적정한 변환통제

입력자료가 입력자에 의하여 잘못 입력되거나, 입력자료가 기계어로 변환 시 불완전하거나 부정확하게 처리되는가를 발견해내기 위하여 컴퓨터 내부에 다음과 같은 컴퓨터 편집기능(Computer Editing) 등의 통제기능을 내장시켜 놓을 수 있다.

a. 유효성검증(Validity Test)

자료를 구성하는 각 항목(Item)이 입력되어야 할 정당한 자리에 입력되었는가를 확인하는 통제절차로, 금액을 처리하는 입력자료에 숫자 아닌 문자 등이 포함된 것이 없는가를 발견해 내는 검증기능

b. 한계(합리성)검증(Limit(Reasonableness) Test)

합리적인 상황에서는 도저히 발생할 수 없는 종류의 자료가 처리되는 것은 없는가를 발견해 내고자 하는 통제절차이며, 일일 급여계산에 있어서 24시간 이상의 작업시간이 기록된다거나 재고수량이 부(−)의 숫자로 기록되는 것과 같은 경우를 적발해 내는 것

c. 순서검증(Sequence Check)

거래에 일련번호가 주어져 있거나 아니면 정해진 순서에 따라 자료가 처리되어져야 할 경우에 입력되는 자료들이 일련번호순으로 배열되어 있는지, 자료들이 순서대로 처리되는지의 여부를 검증해 주는 기능. 예를 들면 계속기록법에 의한 재고수불부의 작성 시 발생일자 순서대로 처리되는지를 검증하는 기능

d. 논리성검증(Logic Check)

입력되는 자료들과 해당 파일들과의 관계가 논리적인지를 검증해 주는 기능. 예를 들면 결산분개 시 감가상각비를 차변이 아니라 대변에 기장하는 것과 같은 오류의 검증기능

다. 입력자료의 완전성 확인

입력자료가 빠짐없이 입력되었는지 여부를 검증하기 위하여 일괄통제(Batch Control) 등을 이용할 수 있다. 입력통제를 위하여 계산된 입력합계는 처리과정통제와 출력통제 시에도 필요하다. 일괄통제(Batch Control)란 컴퓨터를 통해서 산출되는 처리결과의 정확성을 검증하기 위해서 입력 전에 담당자나 통제그룹에 의해서 계산되었던 금액과 처리결과를 비교해보는 통제방법으로 다음과 같은 합계가 사용된다.

a. 통제합계(Control Total)

회계상 의미가 있는 처리금액의 합계로 예를 들면 원시증빙상의 금액합계액 등

b. 가상합계(Hash Total)

회계상은 아무런 의미가 없으나 입력자료처리의 완전성을 파악하기 위하여 사용되는 합계숫자로서 예를 들면 거래처 고유번호의 합계액 등

c. 자료합계(Record Total)

입력자료의 처리건수의 합계를 기록하여 이를 통제수단으로 사용하는 것

② 처리과정통제

처리과정통제(Processing Controls)는 컴퓨터에 의한 자료처리과정이 원래의 목적대로 적절히 수행되도록 하기 위하여 설정되는 통제절차를 말하며, 다음과 같은 오류를 방지하기 위한 것이다.

- 입력자료의 비논리적이거나 비합리적인 처리
- 입력된 자료의 처리누락 혹은 중복처리

• 처리과정 중의 자료상실 혹은 왜곡
• 부적절한 파일사용 및 부적절한 파일갱신

이와 같은 오류를 방지하기 위해서는 다음과 같은 통제절차를 이용할 수 있다.

가. 유효성검증, 한계 또는 합리성검증, 순서검증, 논리성검증 기능의 구비

입력자료가 처리과정 중에서 비논리적이거나 비합리적으로 처리되는 것을 방지하기 위하여 유효성검증 등 각종 컴퓨터 편집기능을 컴퓨터 내부에 내장시켜 둔다.

나. 각종 통제합계(Control Total)의 산출 및 검증

입력자료의 처리과정상 누락·중복처리 및 상실·왜곡 등을 방지하기 위하여 입력단계에서 계산된 통제합계와 처리결과의 합계를 상호대조하거나 보조부와 총계정원장의 합계를 계산하여 검증한다.

다. 처리단계별 통제합계(Run－To－Run Control)에 의한 검증

추가 입력된 자료의 처리 전과 처리 후의 필드나 레코드 수 등의 합계를 계산하여 상호비교함으로써 처리과정에서의 오류를 발견하고 통제할 수 있다.

라. 파일선택의 정확성과 파일의 부정사용방지절차

적절한 파일이 사용되는지를 확인하기 위하여 외부라벨이나 내부라벨을 이용한 라벨검증(Label Check)을 하거나 파일의 부정사용을 방지하기 위하여 파일보호링(File Protection ring)을 부착할 수 있다.

③ 출력통제

출력통제(Output Controls)란 컴퓨터에 의한 출력결과의 정확성을 확보하고, 출력결과가 정확하게 승인받은 이용자부서로 전달되도록 하기 위하여 행하여지는 통제절차를 말하며 주로 통제그룹에 의하여 수행된다. 출력자료의 부정유출이나 불법복제가 많이 발생하고 있으므로 출력통제가 보다 강화되어야 한다.

가. 출력자료의 정확성 통제

• 출력합계를 입력합계 및 처리합계와의 비교, 조정
• 출력결과와 원시증빙서류와의 대조확인
• 출력결과를 예상결과와 비교확인

나. 출력자료의 배부통제

- 사전에 필요한 배부부수를 확인하고, 필요부수만 출력하여 승인되지 않은 자에게 배부될 가능성을 통제한다.
- 출력자료배부기록부(Report Distribution Sheet)를 작성하여 배부일자, 배부매수 및 수령자 등을 기록한다.

(3) 특수한 전산환경에서의 전산내부통제

새로운 전산정보시스템 기술이 출현하면서 감사대상회사들은 보다 복잡한 컴퓨터시스템을 구축하여 나가고 있다. 예를 들면 ① 소형컴퓨터와 컴퓨터본체를 연결한 온라인 시스템, ② 데이터베이스방식, ③ 최종사용자처리방식, ④ 회계정보시스템으로 직접 정보를 전달하는 기업경영시스템 등이 이에 해당한다. 이러한 복잡한 시스템은 전산정보시스템을 보다 정교하게 하며, 동 시스템에서 사용하는 특정 응용프로그램을 더욱 복잡하게 한다. 결과적으로 이는 감사위험을 증가시키므로 감사인은 이에 대해 추가적으로 고려하여야 한다.

① 일괄처리시스템

"일괄처리시스템(Batch Processing System)"이란 거래가 발생하면 일단 거래자료파일에 옮겨졌다가 거래자료가 일정기간 또는 일정수량에 달하였을 때 정기적으로 마스터파일을 일괄갱신하거나, 정기적으로 다른 출력자료를 일괄산출하는 자료처리방법이다.

이는 전통적으로 전산처리방식으로 앞서 설명한 전산일반통제와 응용통제의 내용은 거의 그대로 일괄처리시스템에 적용된다.

② 온라인 · 리얼타임 시스템

가. 의 의

"온라인 · 리얼타임 시스템(OLRT)"이란 소형 컴퓨터(Micro Computer)와 컴퓨터 본체(Mainfraim)를 직접 연결하고, 거래발생 시 개별적인 단말기를 통해서 자료를 입력하면 즉시 자료가 처리되고, 그 결과를 즉시 출력하여 이용자가 사용할 수 있는 자료처리방법을 말한다. 컴퓨터 통신기술의 발달로 온라인 시스템은 보다 보편화되고 있는 실정이다.

나. 온라인 시스템과 통제위험

온라인 · 리얼타임 시스템의 성격상 여러 군데에 산재된 소형 컴퓨터의 단말기에의 접근이 용이하고, 여러 명의 다양한 직원에 의한 자료입력 및 승인받지 않은 자가 컴퓨터통신을 이용하여 컴퓨터 본체에 접근할 수 있는 가능성 때문에 통제위험은 보다 증가한다고 볼 수 있다. 즉 온라인 · 리얼타임 시스템에서는 다음과 같은 부정과 오류의 발생가능성이 증가하게 된다.

- 승인받지 않은 사람의 단말기, 프로그램, 자료파일, 마스터파일에의 부정접근
- 승인받지 않은 불법자료의 입력, 자료훼손 및 조작미숙에 따른 입력오류
- 중요자료의 불법유출

다. 온라인 시스템에서 보다 강조되는 내부통제

일괄처리시스템에서의 일반통제와 응용통제절차는 대부분 온라인 시스템에서도 중요한 통제절차가 된다. 이 중에서 온라인 시스템에서 특히 중요한 내부통제는 일반통제 중 접근통제와 응용통제 중 입력통제 및 출력통제라고 할 수 있다.

a. 접근통제

온라인 시스템을 갖춘 회사는 온라인 단말기, 프로그램, 자료파일 등에의 접근통제를 보다 강화하여야 한다. 이를 위하여 접근이 승인된 사용자만이 알 수 있는 비밀번호나 접근승인번호(Password)의 이용, 열쇠나 특수카드의 사용, 종업원별로 사용가능한 소프트웨어 목록의 작성, 컴퓨터사용일지의 작성 등의 통제절차를 철저히 구비하여야 한다.

b. 입력통제

응용통제절차 중 온라인 시스템에서 특히 중요시 되는 것은 입력통제라고 할 수 있다. 직원들의 조작미숙이나 승인받지 않은 자에 의한 불법자료의 입력가능성이 있기 때문에 입력자료에 대한 사전승인절차, 합리성테스트 등 컴퓨터 편집기능, 통제합계(Control Total)절차 등을 철저히 구비하여야 한다.

c. 출력통제

온라인 단말기의 산재로 승인받지 않은 자에 의하여 중요한 자료의 불법유출가능성이 있기 때문에 출력자료에 대한 합계통제절차, 출력자료 배부목록표의 유지절차 등을 철저히 구비하여야 한다.

③ 데이터베이스 시스템

가. 의 의

"데이터베이스 시스템(Data Base System)"이란 서로 관련 있는 많은 자료(Data)들을 집합시켜 놓고, 이러한 자료들은 서로 다른 목적을 가진 여러 이용자들이 공동으로 사용할 수 있도록 하는 시스템을 말한다.

데이터베이스 시스템의 2가지 중요한 특징은 ㉠ 다수의 이용자에 의한 자료의 공유와 ㉡ 응용프로그램으로부터의 자료의 독립성이라고 할 수 있다. 즉 데이터베이스 시스템에서는 하나의 자료를 여러 이용자들이 공유하며, 이들은 데이터베이스 시스템으로부터 자료를 제공받아 각자의 응용프로그램을 이용하여 가공하고 처리한다. 예를 들어 데이터베이스에 유지되고 있는 종업원에 관한 인적 자료들은 급여계산을 위해서도 사용될 수 있고, 승진 · 이동 등 인사관리목적으로도 사용될 수 있다.

나. 데이터베이스 시스템에서 보다 강조되는 내부통제

다양한 응용프로그램에 동일한 자료가 공통적으로 사용되어야 하는 데이터베이스 시스템의 특성 때문에 데이터의 정의와 사용 및 유지를 통제할 필요가 있으며, 이를 위하여 전산통제 중 응용통제보다는 다음과 같은 일반통제를 보다 강화하여야 한다.

a. 프로그램

데이터베이스 시스템은 여러 사용자들의 응용프로그램에 공동으로 사용되기 때문에 향후 새로운 응용프로그램이 개발되거나 기존 응용프로그램이 수정되는 경우에도 기존의 데이터베이스 시스템을 계속하여 효율적으로 사용할 수 있도록 데이터베이스 시스템의 개발과 유지절차를 표준화시켜야 한다.

b. 데이터베이스에 대한 접근통제의 강화

데이터베이스 시스템에 접근하는 여러 사용자들에 대하여 각자가 승인받은 범위 내로 접근을 제한하기 위하여 접근승인번호(Password)를 부여하거나 데이터베이스 시스템 내부에 엄격한 접근통제장치를 설계하여야 한다.

c. 자료보존통제의 강화

데이터베이스에 수록된 자료의 안전성과 충실성을 확보하기 위하여 각 자료에 대한 소유권을 명확히 하고, 데이터베이스를 읽고 변경할 수 있는 권한은 승인받은 자에 한정되도록 하는 절차를 강화할 필요가 있다. 또한 데이터에 대한 백업기능을 강화하여 자료를 보다 안전하게 보존하여야 한다.

5 Flow Chart의 작성

(1) 매출관련 사이클의 흐름도

일반적인 매출관련 사이클의 흐름도를 제시하면 다음과 같다.

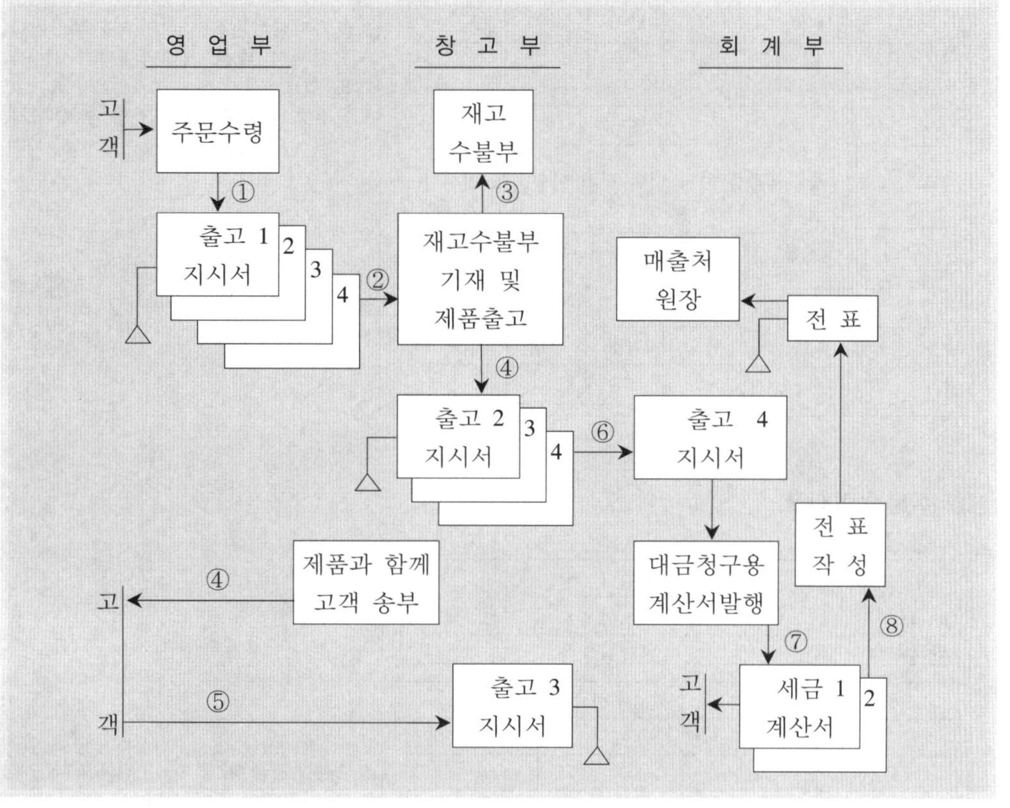

* 흐름도의 설명

① 주문수령하면 수령한 영업사원이 출고지시서 작성(1부 원본, 3부 복사)
② 출고지시서 4부 중 3부를 창고부로 송부
③ 제품출고 시 재고수불부 기재
④ 출고지시서 3부 중 2부를 제품과 함께 고객송부
⑤ 고객에게 인수증 형식으로 사인 수령 후 1부 보관
⑥ 제품출고 후 1부를 경리부로 송부
⑦ 경리부에서 대금청구용 세금계산서 발행
⑧ 경리부에서 전표처리함.

• 판매관련 문서양식

판매와 관련된 문서양식을 예시하면 다음과 같다.

① 출고지시서

출고지시서

거래처 : 차종배차 : 20 년 월 일

NO.	제품명 · 규격	수량	단가	금액	부가세

인수증

상기제품을 하자 없이 정히 확인하여 인수함.

회사 : 성명 : ㉞

상차
경비
판매

• 상기제품이 창고부에서 출고됨을 지시함.

주문수령 NO.

담당자 : ㉞

담당	과장	부장	이사

* 출고지시서는 복사되어 4부 작성된다(출고지시서 대신 거래명세서가 사용되기도 함).
* 인수증은 상대처에게 전달 후 상대처 승인을 얻는 난이다.

② 주문수령전표

주문수령전표

주 문 선 : 수주일자 : 월 일 시 분

인도장소 : 납품일자 :

품명	규격	수량	비고
단가	발주자 : 주문자		

결재	부 서	계	주임	대리	과장	부장	이사
	영 업 부						
	영 업 관 리						

* 주문수령을 메모 대신 전표화하는 경우에 사용되는 양식이다.

③ 거래명세서

공급일자 20 . . .	거래명세서(인수표)	일련번호(−)

공급자	등 록 번 호				공급받는자	등 록 번 호	□□□-□□-□□□□□		
	상 호(법인명)		성명	㉵		상 호(법인명)		성명	㉵
	사 업 장 주 소					사 업 장 주 소			

품 명	규 격	단 위	수 량	단 가	공급가액	부가가치세	합 계	비 고
합 계								

귀하 상기 물품을 정히 인수함. 20 년 월 일 인수자(상호) (성명) ㉵	결재	계	주임	대리	과장	차장	부장
	위치		중량		운임		

* 원본, 창고보관용, 상대거래처보관용, 인수용으로 복사되어 4부가 작성되며, 출고지시서는 1부만 작성되고 이것에 의하여 거래명세서를 작성하는 것이 일반적인 실무이다.

④ 제품출고현황표

제품출고현황		결재	담당	주임	과장	부장	이사
No.	년 월 일						

품 명	규 격	단 위	수 량	비 고

(2) 매입 · 재고관련 사이클의 흐름도

일반적인 매입 · 재고관련 사이클의 흐름도를 제시하면 다음과 같다.

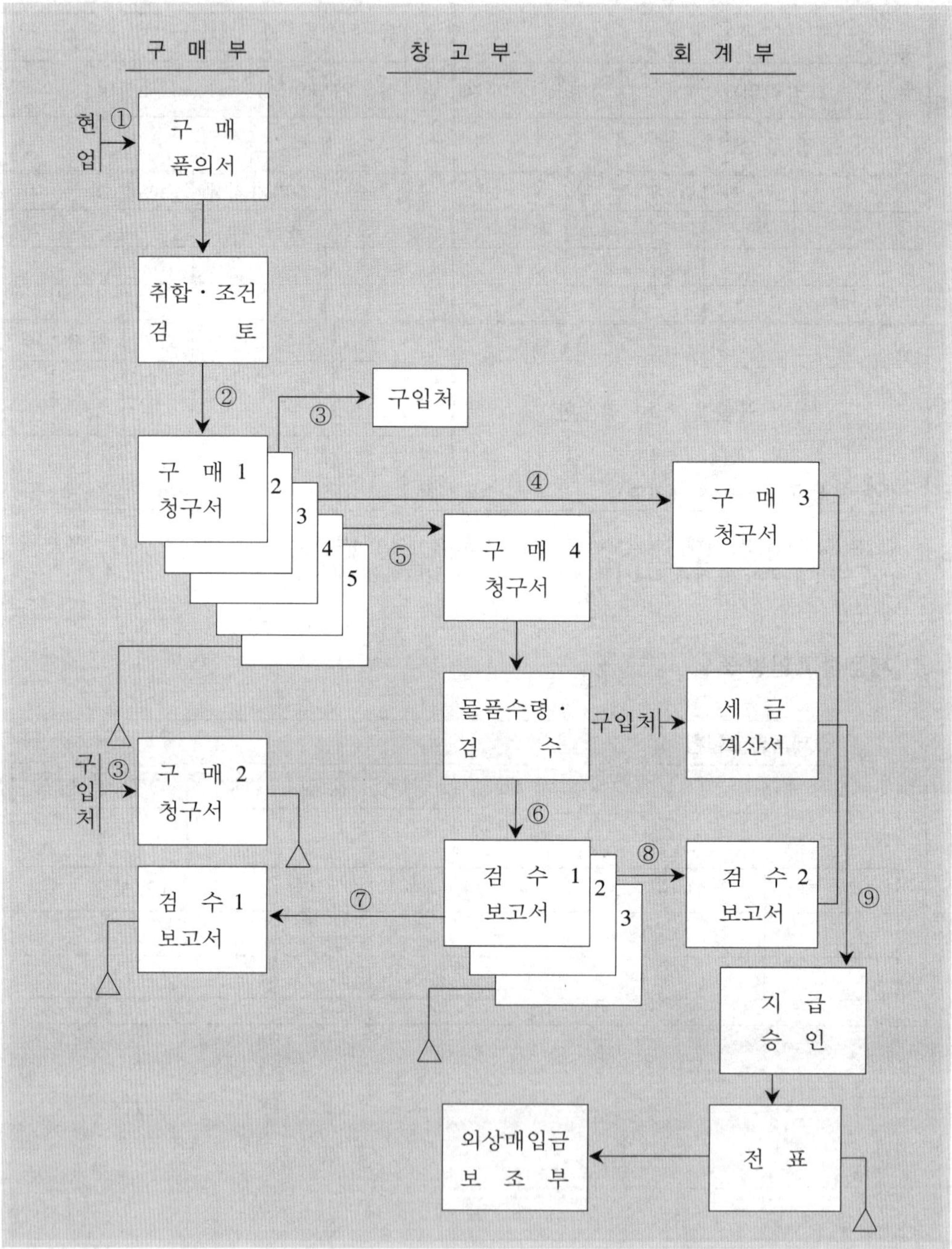

* 흐름도의 설명
① 현업에서 구매품의서 작성하여 구매부로 송부한다.
② 구매요구서를 취합하여 구매청구서 5부를 작성한다.
③ 구매청구서 5부 중에서 2부는 거래처로 송부하고, 구매요구사실을 확인하기 위해 1부는 회수한다.
④ 구매청구서 1부는 회계부로 송부한다.
⑤ 구매청구서 1부는 창고부로 송부한다.
⑥ 창고부는 물품수령 시 검수한 후 검수보고서 3부를 작성한다.
⑦ 검수보고서 1부는 입고사실을 통보하기 위하여 구매부로 송부한다.
⑧ 검수보고서 1부는 회계부로 송부한다.
⑨ 상대처에게 청구한 세금계산서, 구매청구서, 검수보고서를 대조한 후에 전표를 작성한다.

• 매입 · 재고관련 문서양식

매입 · 재고관련 문서양식을 예시하면 다음과 같다.

① 구매승인서

구매승인서

20 년 월 일

결재	계	계장	과장	부장	상무	전무	사장

No.	청구일자	사용일자	요구부서	용도사유	공장결재	계	주임	계장	과장	부장	공장장

	품명	재질	규격	단위	수량	비고
요구사항						

산출근거		제작수리도면		요구부서 결정	창고담당 기장확인
				실장	기장일자
				기사	기장필

② **구매청구서**

발주번호			공사번호	
발주일자		구매청구서	공사명	
업체명			청구부서	
업체코드			담당	

청구번호	품명·규격	검사	단위	수량 중량(KG)	화폐	단가	금액	납기	비고		
									합의사항	인도조건	
										지급조건	
										투입창고	
										이행보증조건	
									검사사항	검사조건	
										공인기관검사비용	
										첨부서류	
										기타	
									기타		
합계						물품대			V.A.T		

1. 본 구매결의서 접수 후 10일 이내 서면으로 수락·거부 통지가 없으면 효력이 발생한 것으로 간주한다. 2. 검사방법은 첨부서류에 명기된 내용에 따른다.	검사조건		××주식회사 자재구매부장
	특기사항		

③ **검수보고서**

검수보고서

구매번호 : 제 호

입 고 일 : 20 . . .

금 액 :

영 수 인 : ㊞

검 사 자 : ㊞

납 품 자 : ㊞

검수 No. : 호

검 수 일 : 20 . . .

검수금액 :

순위	저장품분류	품 명	규 격	단 위	수 량	검수량	단 가	금 액	비 고
계									

검사자 의견

납품처 :

검수자 :

④ 거래명세표

공급자	등록번호			
	상 호		성명	㉃
	주 소			
	업 태		종목	

작성일자	200 년 월 일	전화번호	( ) –

공급받는자	등 록 번 호			
	상 호		성명	
	주 소			
	업 태		종목	

공사번호		발주번호		업체코드		입고번호		입고일자		입고시간	

정문		
	일자	
	시간	

순번	품명 및 규격	납기	단위	계약수량	납품수량	잔량	단가	금액	검사결과		
									합격	불합격	사유
비고	※ 굵은 선 내에는 업체에서 기재합니다.						금 액		불합격코드		
							부가가치세				
							합계금액				

검사자			
	일자		
	시간		
자재창고			
	일자		
	시간		
인수자			
	일자		
	시간		
발주자			
	담당		부장
경리			
	담당		부장

* 회사 자체양식을 인쇄하여 납품처에 제공하여 작성하도록 하는 경우에는 거래명세표가 검수보고서를 겸한다.

⑤ **입고전표**

(　　　)입고전표

납품처　　　　　No.　　　　　20　년　월　일

주문서 No.	품 격	규 격	단 가	반입량	불 량 반환량	입고량	단 가	금 액	비 고

검수자		담당		주임		대리		과장		부장	

03

(3) 생산관련 사이클의 흐름도

일반적인 생산관련 사이클의 흐름도를 살펴보면 다음과 같다.

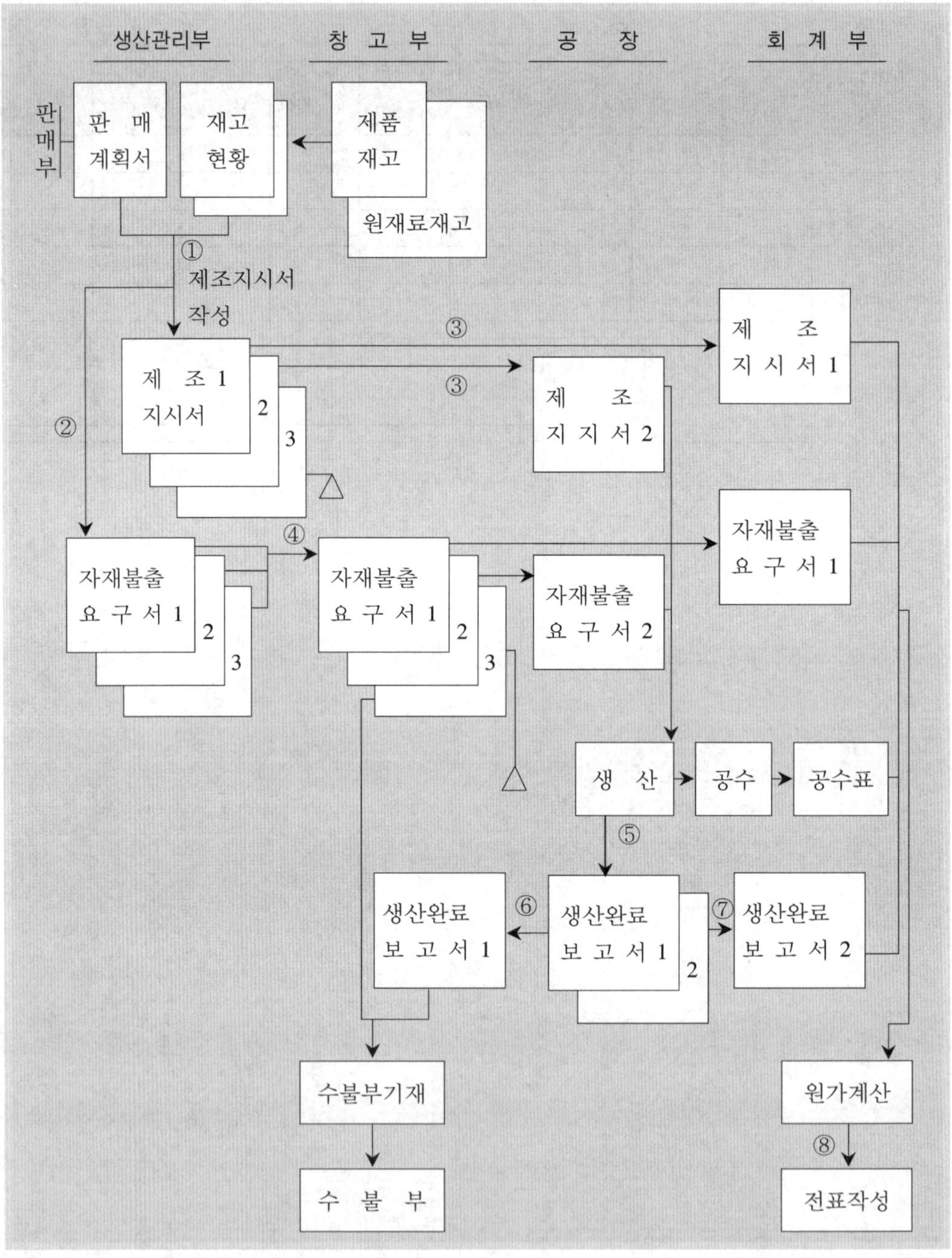

* 흐름도의 설명
① 판매부의 판매계획서와 창고부의 재고현황을 비교하여 제조지시서 3부를 작성한다.
② 제조지시서에 기초하여 자재불출요구서 3부를 작성한다.
③ 제조지시서 1부는 회계부로 송부하고, 1부는 공장으로 송부한다.
④ 자재불출요구서 3부는 창고부로 송부하여, 창고부에서 원자재를 공장으로 출고하며 1부는 회계부로, 1부는 원자재와 함께 공장으로, 1부는 창고부에서 자체보관하여 수불부에 기재한다.
⑤ 공장에서 생산하여 생산이 완료되면 생산완료보고서 2부를 작성한다.
⑥ 생산완료보고서 1부는 제품과 함께 창고부로 송부한다.
⑦ 생산완료보고서 1부는 회계부로 송부한다.
⑧ 회계부에서는 원가계산을 실시하여, 원가계산표를 작성하고 전표를 작성한다.

• 생산관련 문서양식

생산관련 문서양식을 예시하면 다음과 같다.

① 제조지시서

제조지시서 20 년 월 일					결재	담당	계장	과장	공장장	부사장
품 명	종류	규격	재질	수량	착수센터	착수일	완료일	작업시간	비고	

② 자재불출요구서

자재불출요구서 20 년 월 일			담당	과장(대리)	부(차)장	이사
품 명	CODE	규 격	수 량	단 가	금 액	

③ 생산완료보고서

생산완료보고서

품 명	규 격	생산량	불 량	수 율	사람 작업시간	기계 작업시간	완료일

④ 제조지시서(다른 양식)

제조(작업)의뢰서

일 련 번 호 :

수 주 : 20 년 월 일

발주자 주소 :

발주자 상호 :

대 표 자 :

결재	담당	계장	과장	부서장	이사

다음과 같이 발주자와 계약하고 일절서류를 별첨하여 제조(작업)의뢰합니다.

품 명	작업명	재질규격	단 위	수 량	단 가	금 액	납 기

(4) 급여 관련 사이클의 흐름도

일반적인 급여 관련 사이클의 흐름도를 제시하면 다음과 같다.

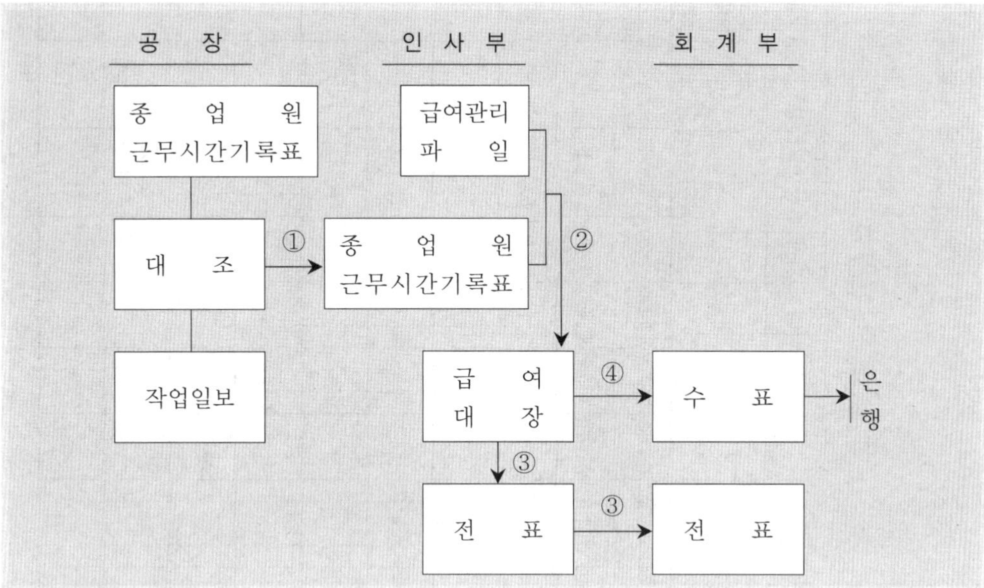

* 흐름도의 설명

① 종업원의 근무시간기록표와 작업일보를 대조한 후 종업원 근무시간기록표를 인사부로 전달한다.

② 인사부는 종업원 근무시간기록표와 급여관련 파일을 토대로 급여대장을 작성한다. 여기에는 관리직과 생산직이 모두 포함되어 있다.

③ 급여대장에 의하여 전표를 작성한 후 회계부로 송부한다.

④ 급여대장을 회계부로 송부하면 이에 따라서 수표를 발행하여 은행에 송부하고, 급여대장은 인사부로 다시 반송한다.

• 급여 관련 문서양식

급여 관련 문서양식을 예시하면 다음과 같다.

① 급여지급명세표

20 년 월분 급여(상여) 지급명세표

결재	담당	대리	과장	차장	부장	이사	상무	전무	사장	회장

성 명																	수령인
	기본일급	근무일수	연장근로시간	야간근로시간	휴일근로시간	월차수당	직책수당	위생일수	연차일수	기타 A	재형저축	갑근세	노조회비	소비조합	기타 A		
	기본시급	기 본 급	연장근로수당	야간근로수당	휴일근로수당	생리수당	식 대	위생수당	연차수당	기타 B	출연기금	주민세	새마을금고	가 불 금	기타 B		
										합계지급액			대 부 금	경조회비	합계공제액	차인지급액	

② 퇴직금지급품의서

담당	계장	과장	부장	이사	상무

<u>퇴직금지급품의서</u>

• 급여규정 제29조에 의하여 다음과 같이 퇴직금을 지급하고자 합니다.

소 속	부 과(반)	직 위		성 명		
존 속 기 간	입사 20 . . .		퇴사 20 . . .(		개월)	
기 간						
임 금 일 수						
기 본 급						
시 간 외 수 당						
생 산 수 당						
심 야·위 험 수 당						
근 속 수 당						
상 여						
합 계						
평 균 임 금	(임금총액) ÷(총일수) 일= 원					
퇴 직 금	원×30× 월/12= 원					
세 액	퇴직소득세 : 원, 주민세 : 원, 계 : 원					
차 감 지 급 액	원	수령인	㉑			
우 리 사 주	융 자	상 환	잔 액	사우회		가불금
경 유	건강보험	예 비 군	안전장구	피 복	기 타	

③ **근태계**

<u>근 태 계</u>

<table>
<tr><td colspan="2">근태구분</td><td colspan="3"></td><td>근태코드</td><td colspan="2"></td></tr>
<tr><td rowspan="2">근
태
자</td><td>부서</td><td colspan="3"></td><td>부서코드</td><td colspan="2"></td></tr>
<tr><td>직위</td><td></td><td>성명</td><td></td><td>사 번</td><td colspan="2"></td></tr>
<tr><td rowspan="2">근태
기간</td><td>자</td><td colspan="3">년 월 일 시 분</td><td rowspan="2">사용
기간</td><td colspan="2">일</td></tr>
<tr><td>지</td><td colspan="3">년 월 일 시 분</td><td colspan="2">시간 분</td></tr>
<tr><td rowspan="2">사
유</td><td colspan="4" rowspan="2"></td><td>직종</td><td colspan="2"></td></tr>
<tr><td>담당</td><td colspan="2"></td></tr>
</table>

공 정 책임자	대리	과장	차장	부장

위와 같이 근태계를 제출합니다.

20 년 월 일

제출인 ㊞

<table>
<tr><td rowspan="2">총
무
부</td><td>담당</td><td>대리</td><td>과장</td><td>차장</td><td>부장</td><td>이사</td><td>상무</td><td>전무</td><td>부사장</td><td>사장</td></tr>
<tr><td></td><td></td><td></td><td></td><td></td><td></td><td></td><td></td><td></td><td></td></tr>
</table>

* 근태계는 사전 제출을 원칙으로 하며, 근태사유 발생일로부터 3일 이내에 제출되어야 한다.
* 근태(코드)구분
  - 조퇴 : 사용(12) 공용(13)
  - 휴직 : 병무(41) 특별(42) 상병(43) 업무상(44) 업무 외(45)
  - 휴가 : 경조(51) 병무(52) 특별(53) 월차(54) 생리(55) 연차(56)
  - 결근 : 무결(61) 유결(62) 병결(63)
  - 교육(70)

전산입력필		

④ **사직원**

사 직 원

소 속		직 위		주민등록 번 호	
사 번		급 호			
성 명		직 종		입사일자	
연락처	주 소 : 전화번호 :			사직일자	
사 유	* 상세히 기록을 요함.				

상기와 같이 사직하고자 하오니 허락하여 주시기 바랍니다.

소속부서			
책임자	과장	부서장	임원

20 . . .

위원회 ㉣

××주식회사 사장 귀하

의견	부서장	임 원 * 보충 여부 기록

T/O직급	요직급	전공	보충시기	자격, 경력 등

	담당	대리	과장	차장	부장	이사	상무	전무	부사장	사장
관리부										
총무부										

6 일반통제절차 이해 및 평가사례

(1) 매출부문에 대한 통제절차

① 매출 및 매출채권과 회사의 의사결정과정과 경영진에 대한 보고절차에 대한 이해에 대하여 다음 절차를 수행한다.

- 매출업무관련 통제절차에 대한 이해 및 조서화
- 통제절차의 적정성 여부에 대한 검토

② 매출부문의 통제절차에 대한 이해 시 고려사항

가. 경영진이 매출활동을 모니터하기 위하여 주로 어떠한 정보를 활용하고 있는가?

- 제품별 매출총이익 금액/비율의 추세
- 반품현황 및 추세
- 매출액 추세

나. 경영진은 매출액의 적정성을 검토하기 위하여 어떠한 절차를 취하고 있는가?

- 연단위 또는 월단위 예산과의 비교
- 생산수량과의 비교
- 전년도 또는 전월 매출액과의 비교

다. 경영진은 외상매출금의 회수가능성을 검토하기 위하여 어떠한 정보를 활용하고 있는가?

- 매출채권 연령분석
- 매출채권회전율 추세
- 신용한도를 초과한 거래처현황
- 취소된 구매요청 현황 및 추세
- 대손처리금액 및 거래처

라. 기타사항에 대한 검토

- 신규거래처수 및 거래가 중단된 기존 거래처수
- 가격이나 수량측면에서 비정상적인 매출현황

③ 질의방법

통제절차에 대한 이해를 위하여 다음과 같은 방법이 사용될 수 있으며, 직접질의방식이 내부통제의 정확한 이해를 위해서는 바람직하나 경영진의 업무 정도 및 감사인에 대한 태도 등을 고려하여 간접질의방식을 사용할 수 있다고 판단된다.

- 직접질의방식 : 경영진에게 해당 부문의 절차(정보의 내용, 제공되는 주기－연단위, 월단위, 주단위－사용용도) 등에 대하여 직접질의
- 간접질의방식 : 관련부서의 실무진에게 경영진의 의사결정을 위하여 어떠한 자료가 언제 작성되어 제공되며, 또한 이러한 자료가 경영자에 의하여 어떤 용도로 활용되는지를 질의

위와 같이 경영진과의 질의를 통하여 회사의 통제환경과 일반적인 통제절차를 파악한 후 다음과 같은 세부적인 감사절차를 통하여 내부통제절차를 이해한다.

매출 및 채권에 대한 세부 내부통제절차 및 관련 자료에 대하여 현업담당자와의 면담을 통하여 이해 및 문서화한다. 다음은 매출부문의 내부통제절차에 대한 사례이다.

03

④ 사 례

가. Key Monitoring Controls

	Key Monitoring Controls
1	**주요 성과측정지표 분석** 매월 영업관리팀에서는 다음의 성과측정지표를 영업부문별, 지역별 및 상품별로 산출하여 경영진에 보고함. －매출액총이익률 －매출회전율 －매출수량 －전기 및 전월 대비 증가율
2	**예산 VS 실적 비교** 경영진은 매출보고서를 통해 매월 영업부문별 상품별 예산과 실적, 전기와 당기를 비교하고 비경상적 차이에 대하여는 원인분석 및 필요한 조치를 수행함.
3	**신용위험 감독통제** 영업관리과장은 매주단위로 지역별 상품별로 다음 사항을 포함한 보고서를 받아서 분석하고 중요한 차이에 대해서는 각 담당자에게 중요한 차이에 대한 설명을 요구함.

	Key Monitoring Controls
3	－매출채권연령분석 －신용공여한도 초과한 거래선의 수와 그 거래금액 －기각된 주문의 수와 그 금액 －불량채권의 수와 그 금액
4	**비경상적인 정보의 감독통제** 영업관리과장은 매월단위로 다음 사항들을 각 영업부문에서 취합하여 보고서를 작성하여 영업관리팀장에게 보고하고, 중요사항에 대하여는 영업담당이사 및 사장에게 보고함. －신규 또는 상실된 거래선 －거래선별 거래액 －대금청구액과 관련된 고객불만 －거래물량, 단가가 비정상적인 거래
5	**중요 매출잔액의 검토** 채권관리과장은 매주단위로 중요 매출잔액(건당 5,000만원) 이상에 대한 Report를 출력하여 비경상적인 금액과 지난주와 비교해서 변동이 큰 금액에 대한 이유를 담당자에게 질문하고 매출채권연령분석표와 연관해서 분석함. 중요한 발견사항에 대해서는 채권관리팀장 및 담당 영업부문팀장에 보고함.

나. Monitoring Control 절차에 대한 이해

a. 매월 영업실적보고서가 영업부서에서 작성되어 회계부장, 재무이사, 대표이사 등의 경영진에게 보고되고 있으며, 동 보고서에는 월간 생산수량, 매출액, 동 월까지 누적 매출액, 매출채권잔액, 주요 제품별 매출총이익 등에 대한 경영계획 대비 실적분석과 매출채권연령분석, 부실채권현황 등이 포함되어 있다. 경영계획 대비 실적의 주요한 차이에 대한 분석도 동 보고서에 포함되어 있다.

b. 매출채권 회수의 경우 수출은 선적 후 10일 이내에 신용장개설은행에 네고가 이루어지며, 내수의 경우 어음 내지 수표로 대금을 회수하고 있으며, 회수실적의 경우도 영업실적보고와 마찬가지로 임원진에 정례적으로 보고된다.

c. 회사는 신규거래처 등록 시 신용조사를 토대로 신용한도를 설정하고 있으며, 이에 대하여 재무담당이사의 승인이 필요하다. 또한 신용한도 이상의 매출거래에 대하여도 재무담당이사의 승인이 필요하다.

d. 매 분기별로 주요 거래처에 대한 매출추세를 분석하고 특이한 변동에 대하여 검토하고 동 사항에 대하여 영업담당이사 및 재무담당이사에게 보고되고 있다.

e. 재무담당임원의 경우도 일상적인 거래처의 특성이나, 재무상황에 대해 충분히 숙지하고 있으며, 신규거래처의 승인도 담당임원에 의해 최종승인절차가 이루어진다.

다. Application Control에 대한 이해 : 매출거래에 대한 개요

a. **매출형태 – 사업부제에 의해 각각의 사업부에서 개별 영업점별 매출발생**

- 국내매출
- 해외수출
- 직수출 : 회사가 직접 Master L/C받고 해외거래처에 수출하는 경우
- Local수출 : Local L/C방식에 의해 국내 수출업체에 매출
  (주요 Local 수출거래처 – xxx회사, yyy회사 등)
- 대행수출 : Offer상, 종합상사 등을 통해서 매출하는 경우 수출에 따른 Commision지급

b. **주요 거래처**

- 관계회사 : xxx회사, yyy회사 등
- 기타회사 : 국내매출 – xxx여개, 수출 – xxx여개

03

c. **대금수령방법**

- 직수출 : 매출발생에 대해 제반 관련서류(B/L 등)를 갖추어 L/C개설은행에 Nego (선적 후 10일 이내 자금부에서 Nego)
- Local수출 : 해당 L/C, 내국신용장물품수령증명서, 세금계산서사본을 갖추어 은행에 Nego
- 국판 : 구매업체에서 어음발행 또는 현금입금(현금결제는 5~10% 정도)

d. **매출계상시기**

- 직수출은 B/L입수하여 B/L상의 선적일 기준으로 매출인식
- 국내매출 및 Local매출은 매월 말일에(xxx회사는 15일, 말일 등 대형거래처는 약간 틀림) 당월분 매출계상

(2) 매입거래에 대한 통제절차

① 매입과 매입채무거래의 평가목적

회사의 경영진(일반적으로 관련된 부서의 과장 내지 부장, 또는 이사)수준에서 행하여지고 있는 관련부서의 내부통제에 대한 적정성을 검토하여 관련거래에 대한 통제위험을 평가하여 문서화하여 감사계획 및 감사전략의 수립에 반영하기 위하여 다음 절차를 수행한다.

• 매입Cycle관련 내부통제에 대한 이해 및 조서화
• 내부통제의 적정성 여부에 대한 검토

② 매입, 매입채무거래관련 내부통제평가 시 참고사항

가. 구매활동의 적정성을 검토하기 위하여 경영진에 의하여 사용되고 있는 주요 성과측정지표는 무엇인가?

• 재무비율
• 구매량/금액의 월단위 추세
• 자본적지출액
• 예산
• 과거 경험치

나. 경영진이 다음의 정보를 검토하는 절차는 무엇인가?

• 공급자와의 분쟁(가격협상, 거래처 이탈, 물량부족 등)
• 장기미처리 주문
• 비정상적이고 중요한 구매거래

다. 경영진은 어떠한 절차를 통하여 매입채무 조정절차의 효과성을 감독 통제하는가?

라. 경영진은 어떠한 절차를 통하여 구매가 적정한 기간에 기록되고 있는지를 감독 통제하는가?

마. 경영진은 어떠한 절차를 통하여 승인된 지출만이 집행되는지를 감독 통제하는가?

바. 경영진이 권한 있는 수표서명자와 권한의 범위를 승인하는 절차는 무엇인가?

③ 사 례

가. Key Monitoring Controls

	Key Monitoring Controls
1	**예산 VS 실적 비교** 구매팀은 매월별로 외상매입금System에서 구매처별 구매보고서를 출력하여 예산과 실적, 전기와 당기, 전월과의 비교를 실시하고 중요사항 및 예외사항 및 대응방안에 대하여 구매팀장, 생산팀장, 생산관리팀장, 재무팀장 등 관련부서장에게 통보함.

	Key Monitoring Controls
2	**주요 구매관리지표의 검토** 매월단위로 생산, 구매 및 영업이사 등이 월차 경영보고자료에 나온 매출총이익, 자본적지출액, 주요 원자재의 수급동향, 구매단가 등에 대하여 토의하고 향후 대응방안을 마련하여 사장 및 이사회에 보고함.
3	**각 공장별 생산현황의 검토** 각 공장의 생산관리팀은 매월단위로 생산수량의 예산 및 실적대비, 전기와 당기비교를 통하여 차이를 비교하고 중요 예외사항에 대해서 구매팀에 보고함. 구매팀은 이를 취합하여 경영진에 보고함.
4	**구매관련 중요 정보검토** 구매과장은 매월단위로 다음의 사항을 포함하는 구매예외사항보고서를 작성하여 사장 및 이사회에 보고함. －공급업자와의 분쟁 －장기 미처리 주문 －비정상적이고 중요한 구매거래 －건당 1억원을 초과하는 매입채무잔액 －건당 5억원을 초과하는 대금지급액 －신규공급자, 납품업체
5	**대금지급절차의 적정성 확인** 회계과장은 구매부서로부터 온 대금결재의뢰서에 대하여 구매 또는 담당부서장의 승인을 받았는지 등의 절차상 적정성을 확인하고 예외사항은 담당팀장에게 보고함.
6	**매입채무잔액의 적정성 검토** 회계팀장은 분기별로 Top 5 suppliers에 대한 매입할인보고서를 출력하여 동 매입할인이 적절히 계상 및 수령되었는지 여부를 확인하고 장기간 미회수된 금액에 대하여는 구매팀에 통보함.

나. Monitoring Control 절차에 대한 이해

a. 매월 구매실적보고서가 구매부서에서 작성되어 회계부장, 재무이사, 대표이사 등의 경영진에게 보고되고 있으며, 동 보고서에는 제품별 구매수량, 금액, 단가변동, 누적구매액, 생산액 및 매출액 대비 구매액, 매입채무잔액, 경영계획 대비 실적분석, 구매의 수입비중, 구매관련 물류비용 등이 포함되어 있다.

b. 매입채무의 지급은 국내매입의 거래에 대해서는 월 2회 대금지급(중소기업 : 45일, 대기업 : 90일 어음)하며 수입거래의 경우 거래형태에 따라(L/C.At sight 등) 달리 지급된다. 국내매입거래에 대해서는 월 2회 대금지급 시 담당자, 담당과장, 부장, 이사의 승인을 받은 후 지급하고 있으며, 대금지급 시 특이사항은 항상 보고되고 있다.

c. 수입거래에 대한 대금지급은 사전에 구매대금지급조건에 따라 일일 자금결제List가 별도로 작성되어 보고되고 있으며, 지급 시 담당자, 담당과장, 부장의 승인이 이루어지고 있다.
d. 신규구매처에 대한 선정은 2 이상의 구매처의 견적서를 받아 부서 간 협의 및 심사를 거쳐 최종임원의 승인을 받아 결정되고 있다.
e. 매 분기별로 주요 거래처에 대한 구매추세를 분석하고 특이한 변동에 대하여 검토하고 동 사항에 대하여 구매담당이사 및 재무담당이사에게 보고되고 있다.
f. 재무담당임원의 경우도 일상적인 거래처의 특성이나, 재무상황에 대해 충분히 숙지하고 있으며, 신규거래처의 승인도 담당임원에 의해 최종승인절차가 이루어진다.

다. Application Control에 대한 이해

〈**구매** Flow〉

a. 사업부별로 매달 20~24일 사이에 향후 1개월에 대한 일자별 생산판매실행계획과 3개월에 대한 월별 생산판매실행계획을 수립하는 생산판매회의를 하는데 여기에서 확정된 제품기종별 생산판매계획과 제품별 MRP(Material Requirement Plan) 및 BOM(Bill Of Material)을 이용하여 원자재산출량을 확정한다.
b. 구매전산시스템에서 자재별 Lead Time과 재고를 고려하여 확정된 발주량이 자동 발주된다.
c. 외자의 경우 운송회사로부터 선적정보를 Fax로 받아 전산입력한다.
d. 자재가 도착하면 구매전략팀의 구매팀에서 통관절차를 수행한다.
e. 내자의 경우 창고에서 입고검사하여 합격품에 한해 입고처리하고 외자의 경우 통관시점에서 입고처리한다.
f. 내자구매는 매월 2번 마감하여 대금지불하고 외자는 거래조건에 따라 대금결제한다.

−지원팀 내에 구매전략팀이 있고 사업부별로 구매파견인력이 별도로 있음.

−매월 집행위원회에 재고현황, 악성재고, 자재가격인하 및 국산화 진행현황 등에 대한 보고가 이루어짐. 이 보고자료에는 원가절감과 재고관리에 대한 경영계획대비 실적 비교도 포함됨.

〈**대금지불 Flow**〉

a. 내자구매

매월 1~15일까지 마감된 세금계산서합계표는 28일에, 16~말일까지 마감된 세금계산서합계표는 다음 달 14일에 지급한다.

b. 대금지급기준

- 1,000,000원 이하−현금
- 1,000,000원 이상 ┬ a. 중소기업 : 45일 어음
  └ b. 대기업 : 90일 어음

c. 회계처리

- 입고시점

(차) 원부재료	×××	(대) GR/IR	×××

: 입고재료에 대한 기중 임시계정으로 월말 매입마감 시 제거됨.

- 마감 시

(차) GR/IR	×××	(대) 매입채무자재	×××

- 대금결제시점

(차) 매입채무자재	×××	(대) 지급어음	×××

〈**외자구매**〉

a. 구매유형에 따른 외화매입채무계정구분

- 외화매입채무−외화자재 : At sight 조건의 L/C, D/P, T/T
- 외화매입채무−Local : Local L/C
- 외화매입채무−구매승인 : 구매승인서
- 외화매입채무−BWT : 보세구역구매, OA 또는 T/T로 결제
- 외화매입채무−Shipper's : Usance L/C
- 외화매입채무−Banker's : Usance L/C
- 외화매입채무−미착L/C : 제3국 무역

03

b. 회계처리

• L/C오픈비용, 운반비용, 보험료 등 부대비 발생 시

(차) 미착품부대비(공)	×××	(대) 미지급금	×××

• 직수입구매

외국 → 보세지역(세관관할) → 보세장치장(삼성전기) → 원창(원재료창고)

ⓐ ⓑ

－보세입고 시

(차) 미착품	×××	(대) 외화매입채무외화자재 (or Usance)	×××

－통관 시

(차) 원부재료	×××	(대) GR/IR	×××
		미착품부대비EX(DO)	×××
		미착품부대비(공)	×××

－월말결산 시

(차) GR/IR	×××	(대) 미착품	×××

• Local구매

내국법인 ——→ ××

－자재입고 시

(차) 원부재료	×××	(대) 외화매입채무Local	×××

• 보세지역구매

보세지역——→ ××(통관절차를 거침)

－자재입고 시

(차) 원부재료	×××	(대) 외화매입채무BWT	×××
		미착품부대비BP	×××
		미착품부대비(공)	×××

• B/L결제시점

	(차) 외화매입채무	×××	(대) 외화당좌예금	×××
	외환차손	×××		
or	(차) 외화매입채무Usance	×××	(대) 단기차입금	×××

* 미착품부대비(공)의 경우 월 중에 실제 발생액을 차변에 계상하고 원자재 입고 시 부대비추정액(매입대금의 3.3%)을 대변에 계상함. 기말시점에 미정산 미착품부대비(공)을 다음과 같이 정산함.
미착품부대비(공)기말재고로 설정될 금액=(당기 중 총발생부대비/당기 총미착품발생금액)×미착품기말재고
위에서 산출된 금액과 기말시점에서 남은 금액과의 차이를 재공품에 반영한다.
(차) 재공품 ××× (대) 미착품부대비(공) ××× or 반대분개

c. 제3국 무역

일종의 중개무역으로 회사가 제조하여 수출하는 것이 아니라 제3국에서 매입하여 수출하는 것으로 물류비용의 절감을 위해 물건은 제3국에서 수입국으로 바로 전달된다.

〈회계처리〉

- 제3국 선적시점

(차) 미착품	×××	(대) 외화매입채무미착L/C	×××

- 월말에 대체 시

(차) 상 품	×××	(대) 미착품	×××

- 수입국 도착 인수 시

(차) 외상매출금	×××	(대) 매 출	×××
(차) 매출원가	×××	(대) 상 품	×××

(3) 재고자산에 대한 통제절차

① 회사의 경영진(일반적으로 관련된 부서의 과장 내지 부장, 또는 이사) 수준에서 행하여지고 있는 관련부서의 내부통제에 대한 적정성을 검토하여 관련거래에 대한 통제위험을 평가하여 감사계획 및 감사전략의 수립을 위해서 실시하는 것이다. 재고업무절차와 관련된 회사의 의사결정과정과 경영진에 대한 보고절차에 대한 이해와 내부통제에 대하여 다음 절차 수행

- 재고업무관련 내부통제에 대한 이해 및 조서화
- 내부통제의 적정성 여부에 대한 검토

② 재고부문의 거래관련 내부통제평가 시 참고사항

가. 재고관리 주요 지표를 파악하고 감독하기 위하여 경영진에 의하여 사용되고 있는 주요 성과측정지표는 무엇인가?

- 일별, 재고별 매출액
- 일별, 월별 구매현황
- 일별, 월별 생산현황
- 월별 제조경비 발생현황
- 제품별, 사업부별, 월별 손익현황
- 재고자산의 회전율

나. 경영진이 재고관리 주요 지표와 다음과 같은 정보를 비교하는 절차는 무엇인가?

- 예산대비 비교
- 전기(월)대비 비교
- 타 경쟁사 대비 비교

다. 경영진이 다음의 정보를 감독하는 절차는 무엇인가?

- 재고이동
- 재고수준, 재고고갈
- 반품률
- 과잉재고
- 진부화 재고
- 인건비 경비의 적정성

라. 원가계산에 대한 이해 및 이의 적정성에 대한 검토

마. 재고업무부문의 세부 내부통제절차 및 관련 자료에 대하여 현업담당자와의 면담을 통하여 이해 및 이의 적정성에 대하여 검토하고 문서화함.

③ 사 례

가. Key Monitoring Controls

	Key Monitoring Controls
1	**예산 VS 실적 비교** 회사는 연간 생산계획을 공장별, 제품별로 기획관리팀에서 취합하여 수립함. 이후 월별로 각 공장 생산관리팀은 영업팀의 월별예산에 기초하여 월별 생산계획을 전월 25일자에 수립하여 생산담당이사의 승인을 받음. 생산담당이사는 매월 생산라인별 생산량 및 제품별 Gross Margin실적을 예산과 비교하는 보고서를 받아 검토함. 이를 통해 예산과 비경상적 차이를 보이는 생산라인 및 제품군에 대하여 원인분석을 하고 개선조치 및 익월 생산계획의 수정 등 필요한 조치를 취함.
2	**재고관리 측정지표 검토** 생산팀장은 월간 생산분석보고서를 작성하여 생산담당이사에게 보고하는바 생산담당이사는 다음의 재고관리 측정지표를 검토함. • 재고수준 • 반품률 • 생산량 • 재고회전율의 추이 및 업계평균과의 비교 • 수율
3	**표준원가 차이분석** 회사는 표준원가시스템에 의해 월별 원가계산이 수행되며 원가팀장은 매 분기 실제투입원가와 표준원가와의 차이분석을 수행하여 다음의 성과측정지표를 분석하고 비경상적인 차이는 그 원인을 조사함. • 구매가격차이 • 소비차이 • 임률차이 • 제조간접비차이
4	**재고자산 실사조정** 회사는 분기별로 재고자산 실사를 수행하며 그 결과는 생산담당이사에게 요약 보고됨. 생산담당이사는 실사수량 차이 및 진부화 재고 등에 대한 주요 원인분석 및 필요한 조치를 관련부서에 지시함. 원가부서는 장부수량을 실사수량에 일치시키는 재고조정을 수행함.
5	**과잉/진부화 재고의 파악** 경영진은 매월 Excess Inventory Report를 통하여 과잉재고, Obsolete/Slow Moving Inventory의 현황과 원인을 검토함.
6	**원가항목 및 제품별 손익분석** 원가팀장은 분기별 원가계산 시 원가항목별로 구성비율 분석과 전분기 대비를 통해 비경상적 원가항목을 분석함. 또한 간접비 배부 후 제품별 원가를 산출하고 이에 근거하여 제품별 손익분석자료를 산출하여 경영진에 보고함.

	Key Monitoring Controls
7	**생산현황의 Real Time Monitoring** 생산팀장은 MRP system을 통해 Real Time으로 생산현황과 재고의 흐름을 Monitoring하고 있음.

나. Monitoring Control 절차에 대한 이해

- 각 사업부별로 월간 경영회의(집행위원회 : 이사회) 시 제품별(T, F, M, D, DR)로 손익을 검토하여 보고함. 이 보고서의 내용에는 전기 대비 손익증감, 제조원가변동요인(원재료, 노무비, 경비), 매출 및 생산실적, 장기체화재고현황, 불량발생현황, 재고자산회전율 등이 포함되어 있음.
- 시스템상에서 제품별 손익계산서의 산출이 가능하며, 각 제품별 원가발생요인을 분석하여 원가절감계획 등에 반영하고 있음.
- 매월 재고실사 후 재고실사 차이내역(불량, BOM)분석을 상급자에게 보고하고 있으며 적절히 결과에 대하여 사후관리되고 있음.
- 매월 노무비 경비발생내역을 집계하여 사업부별로 노무비(급여, 상여, 잡급)경비(고정비, 준고정비, 변동비, 물류비, Q－COST) 등으로 구분하여 분석하고 있음.
- 원가 및 재무손익을 연간 경영계획 및 3개월 실행계획 등과 비교 분석하고 있으며 해당 내용은 재무이사 및 대표이사에까지 보고되고 있음.

다. Application Control 절차에 대한 이해 : 생략

(4) 자금에 대한 내부통제절차

① 자금부문에 대한 통제에 대하여 다음과 같은 절차를 취한다.

- 자금업무관련 일반통제에 대한 이해 및 조서화
- 일반통제의 적정성 여부에 대한 검토
- 상시 절차의 수행 시 일반통제에 대한 이해를 통하여 강점(통제가 양호한 부분)과 약점(통제가 취약한 부분), 기말감사 시 감사전략이 감사프로그램에 포함되어야 할 사항, 회사에 건의할 사항 등을 고려하여야 함.

② 자금부문의 일반통제에 대한 이해 시 고려할 사항

가. 경영진이 추가 자금조달 여부 결정을 위하여 주로 어떠한 정보를 활용하고 있는가?

- 자금수지현황 : 현금 및 예금잔액, 당좌차월금액, 투자계획 등
- 자금조달비용의 추세
- 손익의 추세
- 재무비율 : 부채비율, 유동비율 등

나. 경영진은 타인 및 자기자금 조달금액의 적정성(과소 또는 과다) 여부를 검토하기 위하여 어떠한 절차를 취하고 있는가?

다. 경영진은 이자비용의 적정성(과소 또는 과다) 여부를 검토하기 위하여 어떠한 정보를 활용하고 있는가?

- 연단위 또는 월단위 예산과의 비교
- 자금조달비용의 추세
- 손익의 추세
- 재무비율 : 부채비율, 유동비율 등

라. 경영진은 회사의 파생상품의 적절한 이용 여부에 대하여 어떻게 검토하고 있는가?

- 연단위 또는 월단위 예산과의 비교
- 위험에 대한 노출 정도
- 담당자의 업무숙련도 등
- 기타 사항에 대한 검토
- 은행차입계약서에 포함된 준수사항(부채비율, 매출액 또는 당기순이익 등)의 이행 여부
- 담보제공의 적정성
- 대은행관계 등

③ 세부 내부통제절차에 대한 이해

자금부문의 세부 내부통제절차 및 관련 자료에 대하여 현업담당자와의 면담을 통하여 이해 및 문서화

④ **사 례**

가. Key Monitoring Controls

	Key Monitoring Controls
1	**예산 VS 실적 비교** 자금팀에서는 일일, 주간, 월간, 분기 및 연간자금보고서를 작성하고 일일자금 및 주간보고는 자금팀장까지 보고되고, 월간, 분기 및 연간자금보고는 재무담당이사의 승인을 받아 사장 및 이사회에 보고됨. 자금보고서에는 다음 재무정보를 포함함. • 예산 • 예측자료 • 금융자산의 보유수준 및 만기일 • 과거경험치
2	**자금관리 중점사항의 검토** 자금팀장은 월간 자금보고서를 작성 및 검토하여 재무담당이사에게 보고하는바 재무담당이사는 다음의 자금관리 중점사항을 검토함. • 당좌차월 • 현금흐름 • 자금조달비용 추이 • 이자비용 • 재무비율 • 수익 및 비용의 차이
3	**재무정보의 감독통제** 자금팀에서는 수시로 중요사항에 대하여는 수시로 재무담당이사에게 보고하는바 재무담당이사는 다음 사항을 중점적으로 검토함. • 차입약정의 준수조항(Debt Covenant)의 이행 여부 • 대은행관계 • 금융자산의 유동성과 만기일 • 담보물건의 적정성
4	**선물환 등 파생금융상품** 회사는 선물환거래는 반드시 사장의 결재를 받아서 외환관리팀의 주관하에 이루어지며 중요사항은 수시로 사장에게 보고됨.
5	**은행계정조정** 자금팀에서는 매월 말 당좌거래 은행계정에 대한 은행계정조정을 실시하고 결과를 자금팀장에 보고하는바 자금팀장은 중요 조정사항을 중점적으로 검토함.

나. Monitoring Control 절차에 대한 이해

- 일일자금일보 : 매일 자금일보가 작성되어 자금팀장에 송부되며, 자금팀장은 이를 이용하여 회사의 유동성을 검토함.
- 연단위예산 : 전년 11월경 1년 동안의 예산을 편성하고 이에 대하여 이사회 승인을 받음.
- 실행계획 : 매월 회사의 자금조달 및 운용에 대한 향후 3개월간의 실행계획이 작성되며 동 실행계획에는 향후 1개월 동안의 일별 자금예산 및 그 이후 2개월 동안의 총액단위예산이 포함되어 있으며, 이에 대하여 재무이사에게 보고되고 있음. 매월 말 '실행계획 대비 실적분석 자료'가 재무이사 및 대표이사에 보고되고 있으며, 동 보고서에는 현재 환위험에 노출된 자산 및 부채, 경영계획상의 자금조달스케줄과 실적비교 및 현재 자금시장상황 등이 보고서에 포함되어 있음. 특별한 Issue가 있는 경우 정례보고 이외에 보고서 형태로 대표이사 및 이사회에 보고됨.

다. Application Control 절차에 대한 이해 : 생략

보론 1 내부통제제도의 주요 개선사례

사례 1

1. 채권관리에 관한 사항

(1) 현 황

회사는 외상매출금, 받을어음 등에 대한 불량채권의 관리가 미흡하며, 거래처별 외상매출처원장 총계정원장과의 주기적인 대조절차를 취하지 않고 있다.

(2) 문제점 및 개선책

거래처에 대한 신용관리의 부족으로 인한 불량채권의 증가는 회사의 건전한 재무구조의 유지에 바람직하지 않은 영향을 미칠 것이며, 현재 회사의 성장상황에 비추어 보건대 신용관리의 중요성은 더욱 증대되고 있다고 판단된다.

따라서 영업부에서는 외상매출금 등의 매출채권에 대한 연령조사표를 분기별 혹은 반기별로 작성하여 부실채권발생 가능성을 조기에 포착하고 장기미수채권에 대한 회수노력을 기울여야 할 뿐 아니라 새로운 부실채권이 발생하지 않도록 관리대책을 수립함이 요망된다. 또한, 매월 말 영업부에서 거래처별 외상매출금명세서를 작성하여 경리과로 이송한 후, 경리과에서는 이 명세표의 합계액을 총계정원장과 대조함으로써 총계정원장의 외상매출처원장에 대한 통제기능을 강화시키고, 연 1~2회 정도 회사자체에서 거래처에 채권채무확인조회를 실시할 필요가 있다고 사료된다.

2. 제품의 입고 및 출고에 대한 통제

(1) 제품의 입고에 대한 통제

① 현 황

회사는 ㉠ Q.C. 반에서 검사일보를 작성하여 제품과 함께 창고계로 이송하면 ㉡ 창고계는 제품입고증을 작성하여 제품수불부에 기록한 후 매월 말 1회씩 제품입고증집계표를 작성한다. 창고계는 이 집계표에 근거하여 제품입고전표를 발행하여 결재를 받은 후에 ㉢ 경리과에서 이 전표만을 이송받아서 장부에 기록한다.

② 문제점 및 개선책

상기 절차에 의하면 검사일보, 제품입고증 및 제품입고전표가 제품의 실제흐름을 정확히 반영하고 있는지에 대하여 대조하는 절차가 없다.

따라서 ㉠ Q.C. 반에서는 창고계에 완성된 제품만을 이송시켜, 창고계로 하여금 독자적인 수량확인보고서(제품입고증)를 작성하도록 하고 ㉡ 창고계는 독자적으로 작성한 제품입고증 부본 1부를 경리과로 이송시키고, 매월 말 1회씩 제품입고증집계표를 작성하여 원본을 경리과로 이송시킨다. ㉢ 경리과에서는 매일 Q.C 반에서 이송되어 온 검사일보와 창고계에서 이송되어 온 제품입고증을 상호대조하여 그 일치성 여부를 검토하고 월말에 1회씩 창고계에서 넘어온 제품입고증집계표를 검토한 후 전표를 발행, 결재를 받도록 업무절차를 수정할 필요가 있는 것으로 사료된다.

⑵ 제품의 출고에 대한 통제

① 현 황

회사는 ㉠ 영업부에서 거래명세표 4부(공급자 보관용, 공급자출문증－출고지시서의 역할, 공급받는자 보관용, 영수증)를 발행하고, 이에 근거하여 세금계산서와 매출전표를 작성하여 결재를 받은 뒤, 외상매출원장에 기록하고 경리과에 매출전표를 이송한다. ㉡ 공급자출문증을 수령한 경비는 제품출고품을 확인한 후 출문증에 사인한 후 창고계로 이송한다. ㉢ 창고계는 이 사인된 출문증을 근거로 하여 창고총괄제품수불부 및 창고별제품수불부에 기록한다. ㉣ 경리과는 영업부에 넘어온 매출전표를 근거로 장부에 기록한다.

② 문제점 및 개선책

회사의 내부통제제도에 대한 우리의 검토결과, 상기의 절차에서 나타나는 공급자출문증 및 인수증의 상당부분이 보관되어 있지 않았으며, 일부 발견된 출문증에는 제품출고확인 담당자들의 사인을 거의 찾아볼 수 없다. 또한 창고총괄제품수불부와 창고별제품수불부의 정기적인 대조절차도 발견할 수 없었으며, 일부 매출전표상의 기재내용이 불충실하였다.

상기의 회사의 내부통제제도가 잘 수행된다는 가정하에서 우리는 다음과 같은 개선책을 제시한다.

상기절차 ㉠에서 영업부는 경리과에 거래명세표 3부(출문증 제외)와 세금계산서를 매출전표와 함께 경리과로 이송시키고, 절차 ㉢에서 창고계는 사인된 출문증을 제품수불부에 기록한 후 '기록필'이란 소인을 찍고, 이 출문증을 경리과로 이송시킨다.

절차 ㉣에서 경리과는 영업부에서 넘어온 서류와 창고계에서 넘어온 출문증(사인 및 기록필 찍힌 것)을 상호대조하여 일치성을 확인한 후 거래처에 송부한다. 또한, 절차 ㉢에서 창고총괄제품수불부와 창고별제품수불부를 경리과에서 정기적으로 대조함으로써 총괄장부의 보조장부에 대한 통제기능을 발휘하도록 함이 요망된다.

⑶ 제품의 실사에 관한 사항

회사는 재고자산에 대해 연 2회 정도 실사를 실시한다고 하지만, 우리는 감사기간 중 회사의 실사자료를 입수할 수 없다. 당 회계연도 중에는 본사 및 서울직매소의 재고자산에 대하여 보다 실질적이고 엄격한 자체재고실사가 요망된다.

3. 상품의 입고 및 출고에 대한 통제

⑴ 현 황

① 창고계는 입고되는 상품을 검수하여 상품입고증을 작성하고 이에 근거하여 상품수불부를 기록한 후 자체에서 보관하며 ② 경리과에서는 거래처에서 송부되어 온 거래명세표에 근거하여 매입전표를 발행하여 결재를 받고 장부에 기록한다.

⑵ 문제점 및 개선책

창고계에서 거래명세표를 보지 않고서 독자적으로 상품입고증을 작성하는 것은 대단히 훌륭하다. 그러나 창고계에서 작성한 상품입고증과 거래처에서 송부한 거래명세표가 서로 대조되지 않고 있으므로, 실제 입고된 상품의 종류 및 수량, 불량품이 거래명세표와 상이할 경우 그 발견이 불가능하다. 더구나, 상품과 제품이 혼돈되어 실물관리가 되고 실질적인 실사도 이루어지지 못하고 있는 현재 상황에서는 그 차이내역의 발견은 더욱 불가능한 것으로 판단되므로 다음과 같이 업무처리절차를 변경할 것을 권고한다.

창고계에서 작성한 상품입고증 1부를 경리과로 송부하고, 경리과에서는 거래처에서 직접 송부되어 온 거래명세표와 상품입고증을 대조검토한 후 매출전표를 작성하여 결재 받은 후 장부에 기록한다.

4. 재공품에 대한 통제

회사에서는 제조공정카드(작업지시서)와 재공품이 공정 간에 이동될 때 제조공정카드에 공정담당책임자들의 확인사인을 하지 않고 있다. 이러한 경우에는 공정 간 전달자 사이에 책임소재가 불분명하게 되어 여러 가지 문제를 파생시킬 수 있다. 따라서 회사에서는 제조공정카드와 재공품이 공정 간에 이동될 때 인계자와 인수자 간에 인수일자와 인수량(이상유무)에 대한 확인사인을 하도록 하여 책임소재를 명확히 하고 불량품 관리 및 재공품 실사의 정확한 자료를 확보할 수 있도록 함이 요망된다.

5. 원재료의 입고 및 출고에 대한 통제

⑴ 현 황

① 총무과에서 담당하고 있는 원재료 매입단가 결정에 대해 타 부서에서 사전에 검토 확인하는 절차가 없다. 또한 ② 원재료 입고의 경우, 창고계에서 입고증을 작성하여 경리과로 송부하면, 경리과에서는 원재료입고증과 거래명세표를 상호대조하지 않고 거래명세표만을 근거로 하여 원재료입고전표를 발행한다. ③ 원재료 출고의 경우, 생산부에서 독자적으로 '원재료청구서'를 작성하여 현장책임자 또는 타 부서의 검토·승인 절차 없이 창고계로 송부하여 원재료가 출고된다. 창고계에서는 원재료청구서를 매월 1번씩 월말에 집계하여 '원재료 속보'를 작성하

여 경리과로 송부한다. 경리과에서는 원재료 속보에 근거하여 원재료출고전표를 발행하여 원재료수불부에 기록한다.

⑵ 문제점 및 개선책

원재료의 입고 및 출고의 통제에 대한 문제점은 상기와 같으며, 이에 따라 우리는 다음과 같은 개선책을 제시한다.

① 중요 원재료의 매입단가를 통제하기 위해서 발주 전에 타 부서의 검토를 받도록 하여야 한다.

② 원재료 입고 및 출고의 경우 창고계에서 원재료입고증이 작성되는 대로 1부를 경리과에 송부하고, 매월 말에 입고 및 출고의 집계표(원재료 속보)를 작성하여 경리과에 송부하여야 한다. 경리과에서는 원재료 속보상의 입고와 출고를 원재료입고증 및 출고증과 대조확인 후 원재료출고전표를 발행하여 수불부에 기록하여야 한다(단, 원재료 입고는 거래명세표에 근거하여 입고 시마다 전표 발행함).

③ 원재료 출고의 경우, 생산부 현장에서 독자적으로 작성되는 원재료청구서를 담당책임자의 승인을 받도록 하여 원재료 사용량을 통제하도록 하고 이에 따라 수율관리를 하도록 하여야 한다.

사례 2

1. 재고조사표에 대한 통제

우리는 회사의 재고자산 실사에 입회하였다. 재고자산 실사입회 시 우리는 회사의 재고자산 실사방법에 있어서 다음과 같은 문제점을 발견하였다.

재고실사 시 저장품과 재공품에 대해서는 재고조사표를 부착하지 아니하였으며, 재고실사 시 원재료는 재고조사표를 사용하였으나 재고조사표에 사전에 일련번호를 부여하지 아니하여 재고조사표 통제가 되지 아니하였고, 또한 재고조사표상에 실사자의 서명이 명시되지 아니하였다.

위와 같은 문제점은 재고실사 시 동일한 항목의 중복실사 및 실사누락의 위험을 증대시키며 실사자의 책임의식을 약화시킨다. 따라서 우리는 모든 품목에 대하여 재고조사표의 사용을 권장하며 위치가 다를 때에는 재고조사표를 별도로 사용하고 재고조사표는 실사자에게 배부하기 전에 반드시 일련번호를 부여하여 재고조사표가 누락되거나 허위의 재고조사표가 포함되지 않도록 함이 필요하다. 그리고 실사자의 책임의식을 높이기 위하여 1차실사자 및 2차실사자의 서명을 재고조사표상에 기재할 것을 권고한다.

2. 판매전표 관리

판매전표 중에 일부는 공장장의 결재가 없이 담당과장의 전결로서 처리되고 있는 것이 발견되었다.

이는 적절한 전결규정이 마련되지 않아 발생하는 것으로 담당자의 자의에 의한 외상판매의 실시가능성이 있다. 따라서 모든 서류에 대한 결재규정을 마련하여, 이를 준수할 것을 권고한다.

3. 입금표 및 입금통지서 관리

⑴ 입금표의 일련번호부여

회사는 입금표에 사전번호를 부여하지 않고 있다. 이러한 사전번호의 누락으로 실제수금 후 입금표가 발행되었으나 입금보고를 하지 않을 위험성이 있다. 따라서 입금의 누락이나 지연보고를 방지하기 위하여 영업사원에게 입금표를 교부할 때는 입금표상에 반드시 사전번호를 기재하여야 하며, 이를 입금표관리대장에 기록하고 추후입금 시 입금사실과 확인할 것을 권고하는 바이다.

⑵ 입금통지서 관리

우리의 감사와 관련하여 입금통지서를 검토한 결과, 실제수금일자(입금표발행일자)와 입금기록일자(입금통지서 작성일자)가 일부 상이한 건들이 발견되었으며, 이러한 차이에 대해서 적절한 원인규명이 이루어지고 있지 않은 것으로 파악되었다.

입금보고 시차에 대한 적절한 규명 없이는 수금원이 수금을 즉시 보고하지 아니하거나, 이로 인한 분실 및 부정사용의 가능성이 내재된다. 따라서 고객으로부터 수금된 것은 즉시 수금보고를 준수토록 하여야 하며, 입금표와 입금통지서 작성일자와의 기간차이는 입금통지서의 검토결재 시에 원인을 파악하여 기록할 것을 권고한다.

4. 전표의 전산입력통제

회계전표를 전산에 입력하는 것과 관련하여 전산입력이 완료된 전표를 전산입력되지 않은 전표와 구분되어 있지 않음을 발견하였다.

따라서 해당 전표의 이중입력이나 입력누락을 방지하기 위하여 전표상에 전산입력완료필을 기재할 것을 권고한다.

5. Bank Reconciliation의 업무분담

우리는 은행계정에 대한 감사와 관련하여, 은행계정조정표작성 시 출납업무를 담당하고 있는 사람에 의하여 수행되고 있는 것을 발견하였다. 은행계정조정표의 작성은 출납업무를 담당하지 않는 사람에 의하여 수행되어져야만 내부통제 목적상 그 유용성이 증대된다.

업무의 분담이 적절히 이루어지지 않을 경우에는 어음이나 수표의 발행과 관련하여 부정의 발생가능성이 증대되며, 또한 이러한 부정이 쉽게 발견되지 아니할 수 있다. 우리는 은행계정업무의 출납이나 어음수표의 발행업무에 관여하지 않는 제3자에 의하여 수행할 것과 작성된 은행계정조정표는 상급자에 의한 적절한 검토 및 승인절차를 취할 것을 권고한다.

보론 2 계좌관리, 시재마감 내부통제 및 개선안 사례

구 분	현황	문제점	개선안
통장 계좌관리	• 체인점의 통장은 영업부에서 보관 • 직영점의 통장은 전산팀 통장관리자가 보관 • 임대료 통장은 자금부에서 보관	통장수가 2012년 말 현재 200여 개에 달하고 재경부에서 전체 계좌수를 파악하지 못하고 있었음. 특히 회계시스템에 등록되지 않은 계좌 중 3계좌를 자금팀장이 횡령계좌로 유용하였음.	• 모든 계좌를 자금팀장과 회계팀장이 파악하고 이를 회계팀장이 회계시스템에 등록하여야 하며, 재경본부장(임원)의 승인을 득해야 함. • 자금팀의 자금일보에 기록된 계좌와 회계시스템에 등록된 계좌의 일치여부를 회계팀장이 확인하고 재경본부장에게 보고 및 승인을 득해야 함.
통장정리	개설된 통장 중 사용하지 않는 계좌에 대한 정리관련 프로세스가 없음.	• 2012년 말 현재 은행계좌 70개 중 45개만이 사용 중인 계좌로 파악됨. • 횡령 시 사용계좌인 3계좌는 1998년도에 개설된 계좌로서 사용 중이지 않는 계좌였음(사용 안 하는 것처럼 처리).	거래은행 모두로부터 회사의 계좌현황을 통보 받아 사용되지 않는 모든 계좌는 자금팀에서 즉시 폐쇄하고 이에 대해 재경본부장의 승인을 득해야 함. 정리된 계좌들은 회계시스템 등록에서 삭제해야 함.
예금 시재관리	• 자금팀장이 일일시재현황표를 작성하여 매일 재경본부장에게 보고 • 자금팀장이 매월 말 금융잔액현황표를 작성하여 재경본부장에게 보고	• 일일시재현황표가 계좌별로 작성되지 않고, 은행별 통합금액으로 보고되었고, 횡령 사용계좌의 잔액은 누락되어 있었음. • 월말 금융잔액현황표 또한 횡령한 계좌의 잔액은 포함하지 않고 있었음. • 일일시재현황표를 자금팀원이 아닌 자금팀장이 직접 작성하였음. 따라서 자금팀 내에서도 자금팀장 이외에는 계좌잔액조회가 이루어지지 않고 있었던 것으로 파악됨.	• 자금팀의 시재마감 담당자는 체인점 및 직영점에서 입금 시 당일 선수입금 회계전표를 발의하여야 함. • 자금팀장은 이에 대해 승인 후 회계팀에 전달해야 함. • 자금팀의 시재마감 담당자는 일일시재현황표를 계좌별로 작성하고 자금팀장의 승인 후 이를 재경본부장에게 보고해야 함. • 회계팀장은 입력한 선수입금 전표를 취합하여 검토 후 재경본부장에게 보고 및 승인

구 분	현황	문제점	개선안
예금 시재관리		• 재경본부장은 일일시재현황표 또는 월말 금융잔액현황표와 통장잔액(또는 은행 발행 잔고확인서)을 대사를 하지 않았음. • 체인점 및 직영점에서 입금 시 즉시 선수입금 회계처리를 하지 않고 있음. 따라서 자금팀에서 시재마감은 현금 시재 마감 외에는 예금잔고에 대한 마감은 수행되지 않았음.	을 득해야 함(회계보고와 일치 여부 확인). • 자금팀은 월말 계좌별 은행잔고를 징구하여 월말 일일시재현황표와 첨부하여 재경본부장의 승인을 득해야 함. • 일일시재마감이 현금과 예금 전체에 대해 이루어져야 함.
입금관리	자금팀의 출금이체 담당자는 수금통장에 입금된 자금을 인터넷뱅킹을 통하여 모계좌로 이체하고 수금인출현황표를 작성하여 자금팀장이 검토하고 재경본부장에 보고함.	• 자금팀장이 직접 수금통장에 입금된 자금을 인터넷뱅킹을 이용하여 모계좌로 이체하고 있었음. • 수금인출현황표는 자금팀장이 직접 모계좌 이체내역인 집금결과 조회내역을 출력(매달 15일, 말일 출력)하여 자금부여직원을 통해 이체전표를 발생시키고 이를 승인 후 재경본부장에게 결재를 득함. • 자금팀에서는 자금팀장과 부팀장, 그리고 재경본부장만이 인터넷뱅킹시스템이 설치되어 있었음. 자금팀장은 고의적으로 재경본부장 및 자금부팀장의 조회기능에 횡령에 사용한 계좌를 차단시켰음. • 따라서 수금인출현황표에는 황령계좌의 이체내역은 포함되어 있지 않았음. • 횡령한 금액은 매 분기 말 가공전표를 자금팀장이 직접 작성, 회계시스템에 입력하였음.	• 모든 수금계좌를 모계좌 이체 전 자금팀 이체담당자(자금팀장이 아니어야 함)는 계좌이체 전표를 발의하고 자금팀장 승인 후 회계팀에서 전표입력을 하여야 함. • 이체담당자(자금팀장이 아니어야 함)가 수금인출현황표를 작성하여 자금팀장의 승인 후 재경본부장에게 보고해야 함. • 회계팀은 계좌이체 회계전표를 출력하여 재경본부장에게 보고해야 함. • 재경본부장은 회계전표와 수금인출현황표를 대사하고 최종 확인해야 함. 부정기적으로 인터넷을 통해 이를 직접 조회하여야 함. • 인터넷뱅킹 시 이체등록/조회/결재/계좌이체 업무분장을 하여야 함.

03

구 분	현황	문제점	개선안
회계관리(시재마감)	• 시재마감관련 매일의 현금입출금과 매월 15일, 말일의 수금계좌에서 모계좌로의 이체관련 전표만 자금팀 시재담당자가 작성하고 이에 대해 자금팀장, 재경본부장의 승인을 득함. • 외상매출금 수금에 따른 입금전표는 익월 10~20일경 회계팀에서 발생시키고 이에 대해 회계팀장의 승인을 득함.	• 외상매출금 수금당일 입금전표가 발생되지 않아 예금에 대한 장부마감이 이루어지지 않고 있음. • 외상매출금 수금에 따른 입금전표가 익월 10~20일경 입력되지만 입력 시 수금당일 모계좌로 집금된 금액과 대사가 이루어지지 않았음. • 현금시재 및 모계좌집금관련 전표는 자금팀이 담당하고 외상매출금 수금관련 전표는 회계팀에서 담당하여 예금잔액에 대한 장부마감이 제대로 수행되지 않았음.	• 모든 예금입금 시 당일 입금전표(선수입금)가 자금팀에서 발의되고 자금팀장의 승인 후 회계팀에 전달되어야 함. • 자금팀 시재담당자는 현금과 예금시재를 마감하고 일일시재현황표를 작성하여 자금팀장에 승인 후 회계팀에 전달되어야 함. • 회계팀은 현금과 예금 장부잔액과 일일시재현황표를 대사하고 일치여부를 확인하여 회계팀장 및 재경본부장의 승인을 득하여야 함.
회계관리(전표)	전표관리에 대한 업무프로세스가 없음.	• 당일 투입전표내용(자금관련)을 확인하지 못하고 있으며 가공전표 투입 여부에 대한 검토가 없었음. • 전표철이 일련번호 명시가 없어 가공전표 발생 여부 파악이 불가능함.	• 당일 투입된 자금관련 모든 분개리스트를 회계시스템에서 출력하여 회계팀장은 출력된 전표와 전표일련번호와 대사하고 결재 후 재경본부장의 승인을 득하여야 함. • 모든 전표는 일련번호순으로 출력되어 결재권자의 승인을 득한 후 철해져야 함.

보론 3 과거 회계감사기준 적용지침상의 내부통제제도

회계감사기준 적용지침상에서 규정하고 있는 내부통제제도의 내용 및 검토방법은 다음과 같다.

1. 회계제도와 내부통제제도

회계제도와 관계된 내부통제는 다음과 같은 목표를 달성하기 위한 것이다.

- 모든 거래는 경영자의 일반승인 또는 특별 승인에 따라 집행된다.
- 모든 거래와 경제적 사건은 일반적으로 인정된 회계처리기준에 따라 재무제표가 작성될 수 있도록 정확한 금액으로, 적절한 계정과목에, 그리고 해당 회계기간에 즉시 기록된다.
- 자산과 기록에 대한 접근은 경영자의 승인에 의해서만 허용된다.
- 회계제도상 기록된 자산은 합리적인 주기로 실물자산과 비교되며, 차이가 발생된 경우 적절한 조치가 취해진다.

03

2. 내부통제의 내재적 한계

회계제도와 내부통제제도는 내재적인 고유한계 때문에 경영자에게 통제목표가 달성되었다는 결정적 증거를 제공할 수 없다. 내부통제제도의 한계의 예는 다음과 같다.

- 내부통제에 따른 비용은 내부통제로부터 얻을 수 있는 기대효익을 초과하지 않아야 한다는 경영자의 요구
- 대부분의 내부통제는 비경상적인 거래보다는 일상적인 거래에 대해 이루어지는 경향
- 부주의, 산만, 판단착오 및 지시에 대한 오해 등 인적인 오류의 가능성
- 경영자나 종업원이 내부인원이나 외부의 제3자와 공모하여 내부통제제도를 우회할 가능성
- 내부통제의 운영책임이 있는 임직원이 권한을 남용하여 내부통제를 무시할 가능성
- 여건의 변화로 인하여 통제절차가 부적합하게 되거나 통제절차의 준수가 약화될 가능성

3. 회계제도

감사인은 다음의 사항을 파악하고 이해하는 데 충분하도록 회계제도에 대하여 이해하여야 한다.

- 회사의 주요 거래유형
- 주요 거래유형별로 각 거래가 개시되는 절차

• 유의적 회계기록, 증빙서류 및 재무제표의 계정과목
• 유의적 거래 또는 사건에 대하여 그 발생으로부터 재무제표에 반영되기까지 회계처리 및 재무보고 절차

4. 통제환경

감사인은 내부통제제도와 그 중요성에 대한 경영자의 태도, 의식 및 행동을 평가하는 데 충분하도록 통제환경을 이해하여야 한다.

5. 통제절차

감사인은 회사의 통제절차를 이해할 때 통제환경과 회계제도를 이해하는 과정에서 파악한 통제절차의 유무에 관한 지식을 고려하여 통제절차의 추가적 이해의 필요성 여부를 결정한다. 통제절차는 통제환경과 회계제도와 통합되어 있으므로 감사인은 통제환경과 회계제도에 대한 이해 과정에서 통제절차에 관한 지식도 얻을 수 있을 것이다. 예를 들어, 감사인은 현금과 관련된 회계제도를 이해하는 과정에서 은행계정이 주기적으로 조정되는지 여부를 파악하게 된다. 일반적으로 전반감사계획의 수립 시에는 재무제표 전반이 아니라 재무제표의 각 계정과목과 거래 수준의 경영자주장까지 관련 통제절차를 이해하도록 요구되지는 않는다.

6. 통제위험

⑴ 통제위험의 예비적 평가

통제위험의 예비평가란 재무제표의 중요한 왜곡표시를 예방, 적발 및 수정하는 회사의 회계제도와 내부통제제도의 효과성을 평가하는 과정이다. 어떠한 회계제도나 내부통제제도라도 그 내재적 한계 때문에 일정한 수준의 통제위험은 항상 존재한다.

감사인은 다음과 같은 경우 일부 또는 전체 거래와 계정잔액에 대해 그 경영자주장의 통제위험 수준이 높은 것으로 평가한다.

• 회사의 회계제도와 내부통제제도가 효과적이지 않을 때
• 회사의 회계제도와 내부통제제도의 효과성에 대한 평가가 비효율적일 때

⑵ 이해의 문서화 및 통제위험의 평가

감사인은 감사조서에 다음 사항을 문서화하여야 한다.

① 회사의 회계제도와 내부통제제도에 대한 이해를 위해 필요한 사항
② 통제위험에 대한 평가

통제위험이 높지 않은 것으로 평가했을 때 감사인은 그 결론에 대한 근거를 역시 문서화한다.

회계제도와 내부통제제도에 대한 정보를 문서화하는 데에는 여러 방법이 이용될 수 있다. 문서화 방법의 선택은 감사인의 판단사항이다. 일반적으로 설명식 기술서, 질문서, 점검표 및 업무흐름도 등이 단독으로 또는 상호보완적으로 이용되는 기법이다. 이러한 문서화의 형식과 범위는 회사의 크기와 복잡성 그리고 회계제도와 내부통제제도의 성격에 의해 영향을 받는다. 일반적으로 회사의 회계제도와 내부통제제도가 복잡할수록, 감사인의 감사절차가 확장될수록 보다 더 광범위하게 문서화할 필요가 있다.

⑶ 내부통제의 시사

- 내부통제의 시사는 다음 사항의 유효성에 대한 감사증거를 얻기 위해 수행한다.
  - 회계제도와 내부통제제도의 설계, 즉 회계제도와 내부통제제도가 중요한 왜곡표시의 예방, 적발 및 수정에 적합하도록 설계되었는가의 여부
  - 잔 회계기간 동안 내부통제제도의 운용상태
- 회계제도와 내부통제제도를 이해하기 위해 수행한 감사절차는 특별히 내부통제의 시사를 목적으로 계획한 것은 아니지만 특정 재무제표에 의한 주장에 관계되는 회계제도나 내부통제제도의 설계와 운용의 효과성 여부에 대한 증거를 제공할 수도 있으며, 따라서 내부통제의 시사의 역할도 한다. 예를 들면, 감사인은 현금에 관한 회계제도와 내부통제제도를 이해하는 과정에서 질문이나 관찰 등을 통해 은행계정 조정절차의 효과성에 대한 증거를 얻을 수도 있다.
- 감사인은 회계제도와 내부통제제도를 이해하기 위해 수행한 감사절차가 특정 경영자주장에 관련된 정책이나 절차의 설계와 그 운용의 효과성에 대한 증거도 제공하고 있다고 판단한 때는 이 증거가 충분한 증거라면 이를 이용하여 통제위험이 높지 않다고 평가할 수 있다.
- 내부통제의 시사에는 다음과 같은 절차들이 포함될 수 있다.
  - 내부통제가 적절하게 운용되었다는 증거(예를 들어, 거래가 승인을 얻었다는 것을 확인해 주는 증거)를 얻기 위하여 거래나 기타 사건들에 관한 증빙서류의 검사
  - 감사증적을 남기지 않는 내부통제(예를 들어, 누가 그 기능을 수행하도록 정해졌는가 뿐만 아니라, 실제로 그 기능을 누가 수행하는가 하는 것을 결정하는 경우)에 대한 질문과 관찰
  - 내부통제가 정확하게 수행되었다는 것을 확인하기 위한 내부통제의 재수행(예를 들어, 은행계정의 조정을 재수행하는 것)
- 감사인은 통제위험이 높지 않다고 평가하는 경우 반드시 내부통제의 시사를 수행하여 이를 뒷받침하는 감사증거를 획득하여야 한다. 감사인은 통제위험이 낮다고 평가할수록 회계제도와 내부통제제도의 적절한 설계와 효과적인 운용 사실을 뒷받침할 더 많은 증거를 획득하여야 한다.

• 감사인은 내부통제의 시사를 수행한 결과 내부통제제도가 통제위험의 예비평가 단계에서 파악한 대로 설계·운용되고 있는지 평가하여야 한다. 감사인은 내부통제제도의 이탈사항의 평가에 따라 이미 평가한 통제위험의 수준을 수정할 필요가 있다고 결론내릴 수 있다. 이러한 경우 감사인은 계획한 입증절차의 성격, 시기 및 범위를 조정한다.

7. 감사증거의 질과 적시성

감사인이 수집한 특정 형태의 감사증거는 다른 형태의 감사증거보다 신뢰성이 높다. 일반적으로 감사인에 의한 관찰은 단순한 질문보다는 신뢰성 있는 정보를 제공한다. 예를 들어, 감사인은 통제절차를 직접 수행하는 담당자를 관찰하거나, 적합한 인원에게 질문하여 업무분장에 대한 증거를 수집할 수 있다. 이러한 경우 관찰을 통한 증거가 신뢰성이 높다고 할 수 있다. 그러나 관찰과 같은 일부 내부통제의 시사에 의해 수집된 감사증거는 해당 절차가 적용된 시점에만 관련성이 있다. 따라서 감사인은 기타 기간에 대한 감사증거를 제공할 수 있는 타 시사절차를 이용함으로써 이러한 절차를 보완할 수 있을 것이다.

8. 통제위험의 최종평가

감사인은 입증절차의 결과와 수집한 기타의 감사증거에 근거하여 감사의 결론을 내리기 전에 통제위험의 최종 평가결과가 반영되었는지 고려하여야 한다.

9. 고유위험의 평가와 통제위험의 평가 간의 관계

경영자는 고유위험이 존재하는 상황에 대하여 종종 회계제도와 내부통제제도를 수립함으로써 재무제표의 왜곡표시를 예방 또는 적발·수정하고자 한다. 따라서 대부분의 경우 고유위험과 통제위험은 서로 긴밀하게 연관되어 있다. 이러한 상황에서 감사인이 고유위험과 통제위험을 분리하여 평가하려고 하면 감사위험을 부적절하게 평가할 가능성이 있다. 따라서 감사인은 고유위험과 통제위험을 복합적으로 평가함으로써 감사위험을 보다 더 적절하게 결정할 수 있다.

10. 적발위험

적발위험의 수준은 감사인의 입증절차와 직접적으로 연관된다. 감사인의 통제위험에 대한 평가결과는 고유위험에 대한 평가와 함께 입증절차의 성격, 시기 및 범위에 영향을 미쳐 적발위험을 감소시키고 이에 따라 전체 감사위험을 수용 가능한 수준 이하로 감소시킨다. 감사인이 계정잔액이나 거래를 전수조사 하더라도 대부분의 감사증거가 결정적이라기보다는 설득적이기 때문에 일정 수준의 적발위험은 항상 존재한다.

• 감사인은 감사위험을 수용 가능한 수준 이하로 감소시키기 위해 필요로 하는 입증절차의 성격, 시기 및 범위를 결정함에 있어 고유위험과 통제위험의 평가결과를 고려하여야 한다.

이와 관련하여 감사인은 일반적으로 다음과 같은 사항을 고려한다.

- 입증절차의 성격. 예를 들어, 회사 내부의 당사자나 내부문서를 중심으로 한 시사보다 회사 외부의 독립된 관계자를 중심으로 한 시사를 수행하거나, 특정 감사목적에 대하여 분석적 절차에 추가하여 거래와 계정잔액의 내역에 대한 세부 입증시사까지 수행
- 입증절차의 시기. 예를 들어, 입증절차를 기중에 실시하기보다는 기말에 근접하여 실시하는 것
- 입증절차의 범위. 예를 들어, 표본크기의 증대

• 감사인은 고유위험과 통제위험의 수준이 높을수록 입증감사에서 더 많은 감사증거를 수집하여야 한다. 입증감사를 통하여 수집한 증거를 평가한 결과 중요한 계정과목이나 거래 유형의 경영자주장에 대한 적발위험을 수용 가능한 수준 이하로 감소시킬 수 없다고 판단하는 경우 감사인은 한정의견을 표명하거나 감사의견 표명을 거절하여야 한다.

11. 취약점의 통보

감사인은 회계제도와 내부통제제도에 대한 이해와 내부통제의 시사 결과 내부통제제도의 취약점을 인지하게 될 수 있다. 이 경우 감사인은 중요한 취약점에 대하여는 적합한 책임이 있는 경영자에게 이를 알려야 하는데, 경영자에 대한 통보는 일반적으로 서면에 의한다. 그러나 감사인은 구두에 의한 통보가 더 적합하다고 판단하여 구두로 통보한 경우에는 이에 대한 내용을 감사조서에 문서화한다. 경영자에게 통보할 때에는 감사의 결과로 알게 된 취약점만이 보고되었으며 감사절차는 경영목적과 관련된 내부통제의 적정성을 결정하도록 설계된 것이 아니라는 사실을 나타내는 것이 중요하다.

보론 4 미국기업의 Flow Chart

1. Revenue Cycle

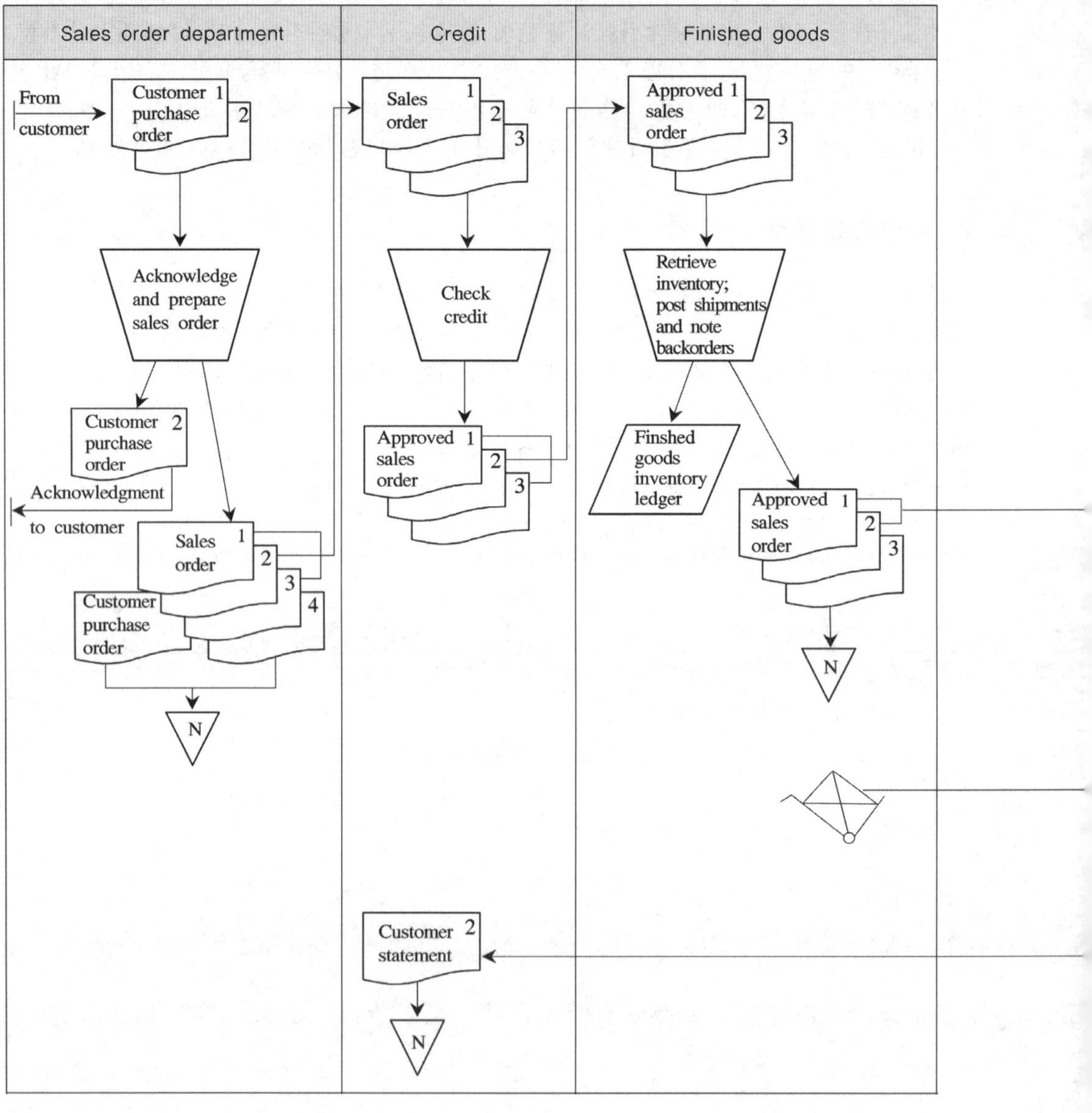

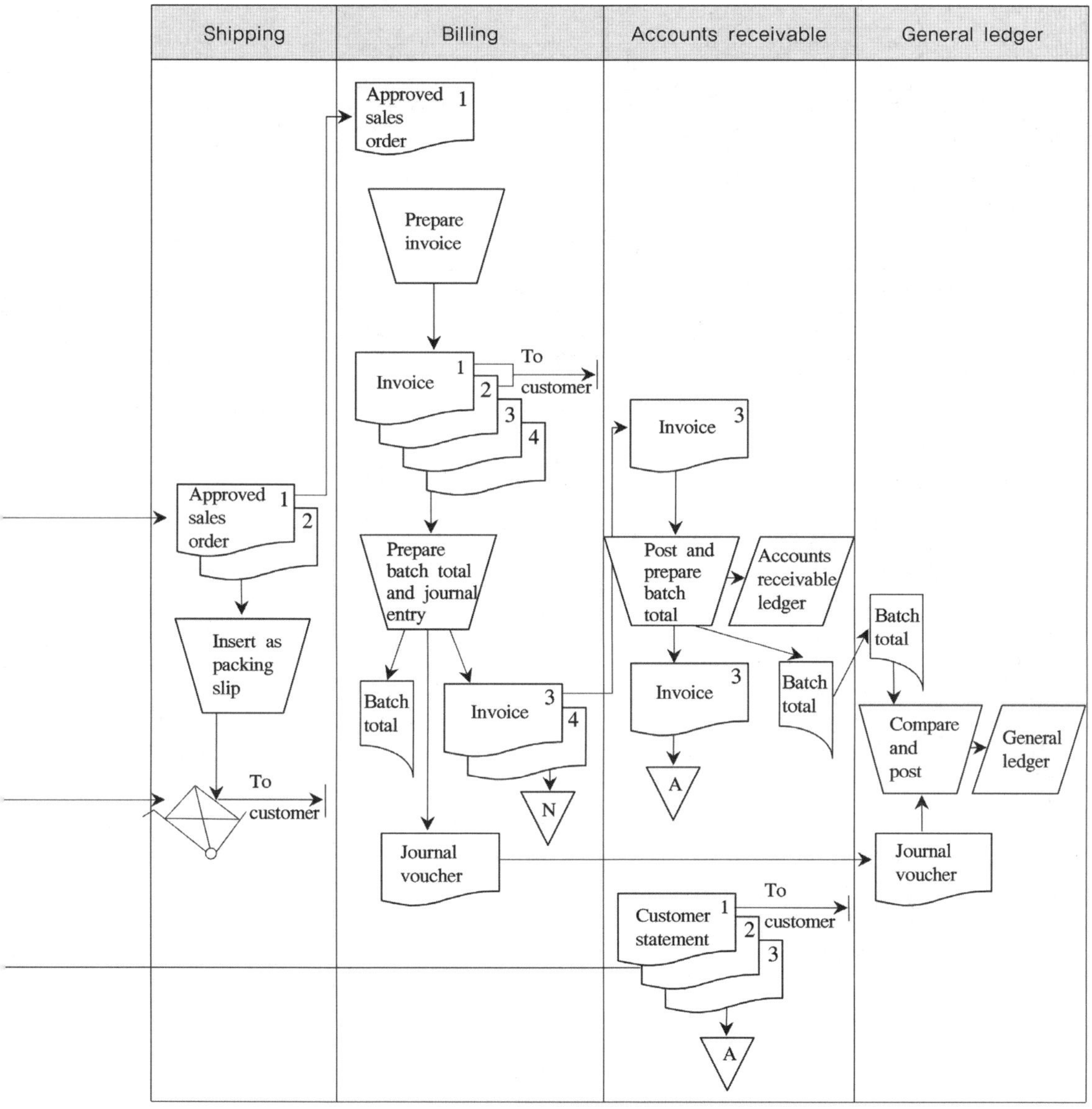
Shipping
Billing
Accounts receivable
General ledger
Approved sales order 1
Prepare invoice
Invoice 1 2 3 4
To customer
Invoice 3
Approved sales order 1 2
Prepare batch total and journal entry
Post and prepare batch total
Accounts receivable ledger
Batch total
Insert as packing slip
Batch total
Invoice 3 4
Invoice 3
Batch total
Compare and post
General ledger
To customer
A
N
Journal voucher
Journal voucher
Customer statement 1 2 3
To customer
A

2. Production Cycle

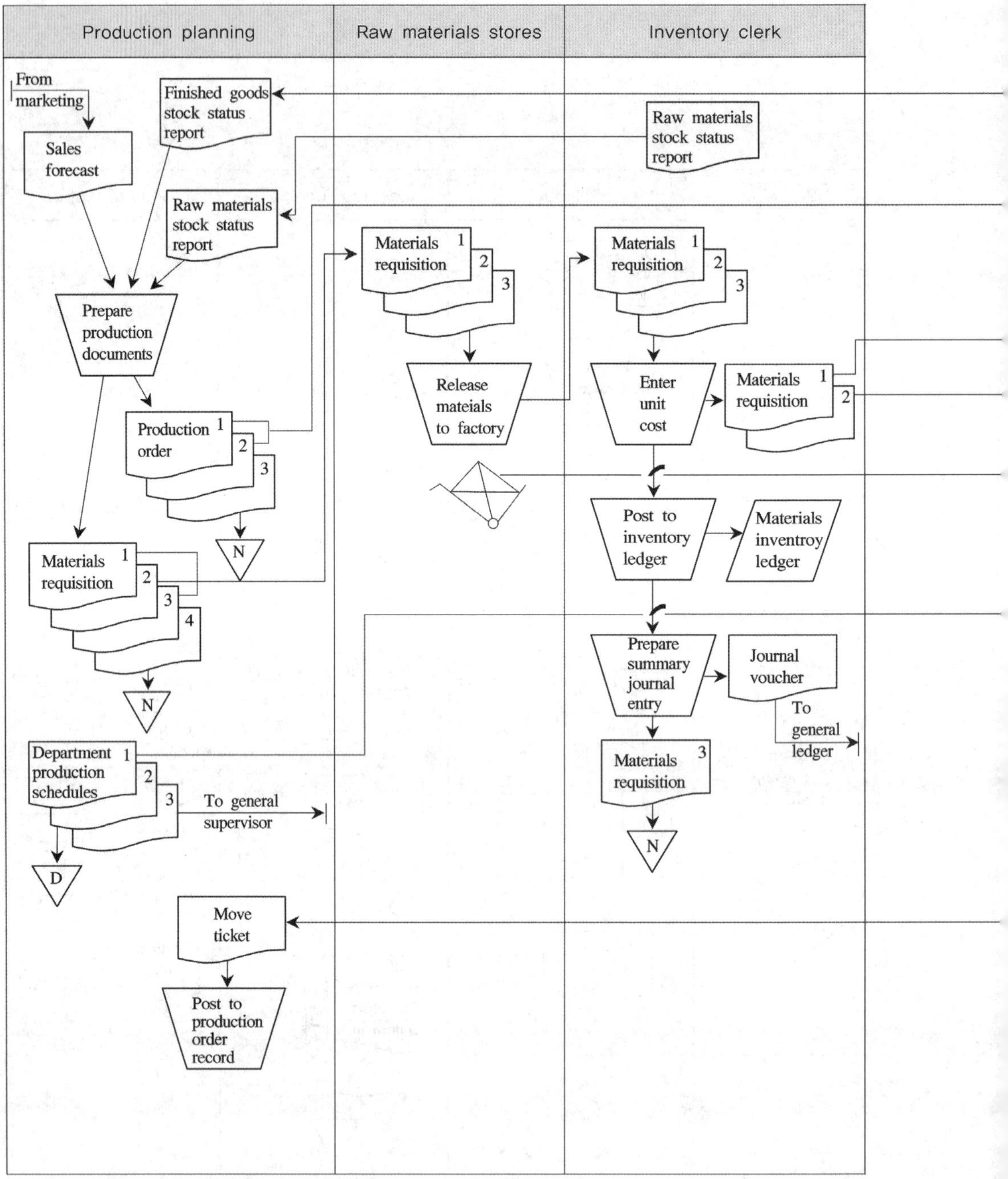

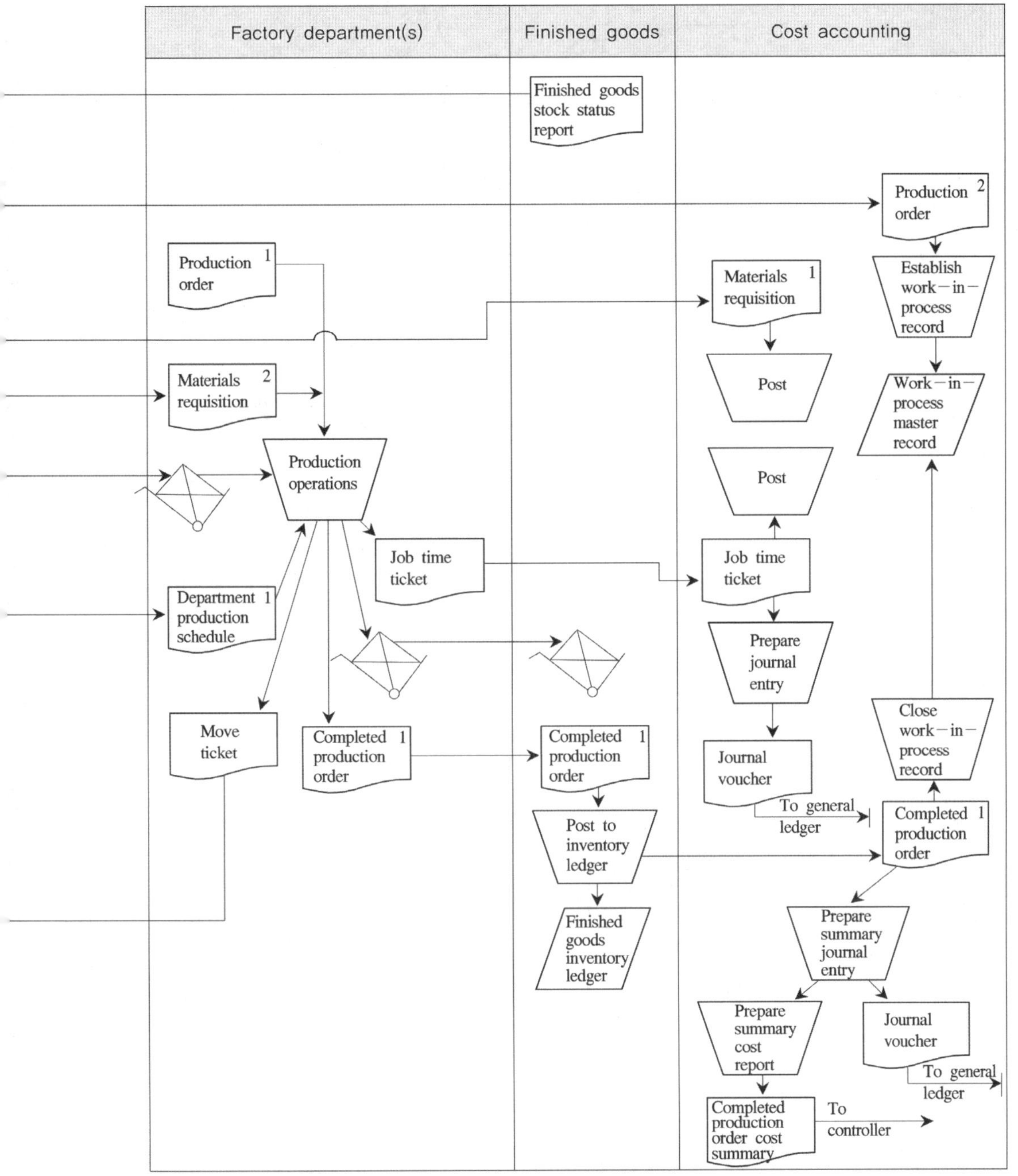

Factory department(s)
Finished goods
Cost accounting
Finished goods stock status report
Production order 2
Production order 1
Materials requisition 1
Establish work-in-process record
Post
Materials requisition 2
Work-in-process master record
Production operations
Post
Job time ticket
Job time ticket
Department production schedule 1
Prepare journal entry
Close work-in-process record
Move ticket
Completed production order 1
Completed production order 1
Journal voucher
To general ledger
Completed production order 1
Post to inventory ledger
Finished goods inventory ledger
Prepare summary journal entry
Prepare summary cost report
Journal voucher
To general ledger
Completed production order cost summary
To controller

3. Purchase Cycle

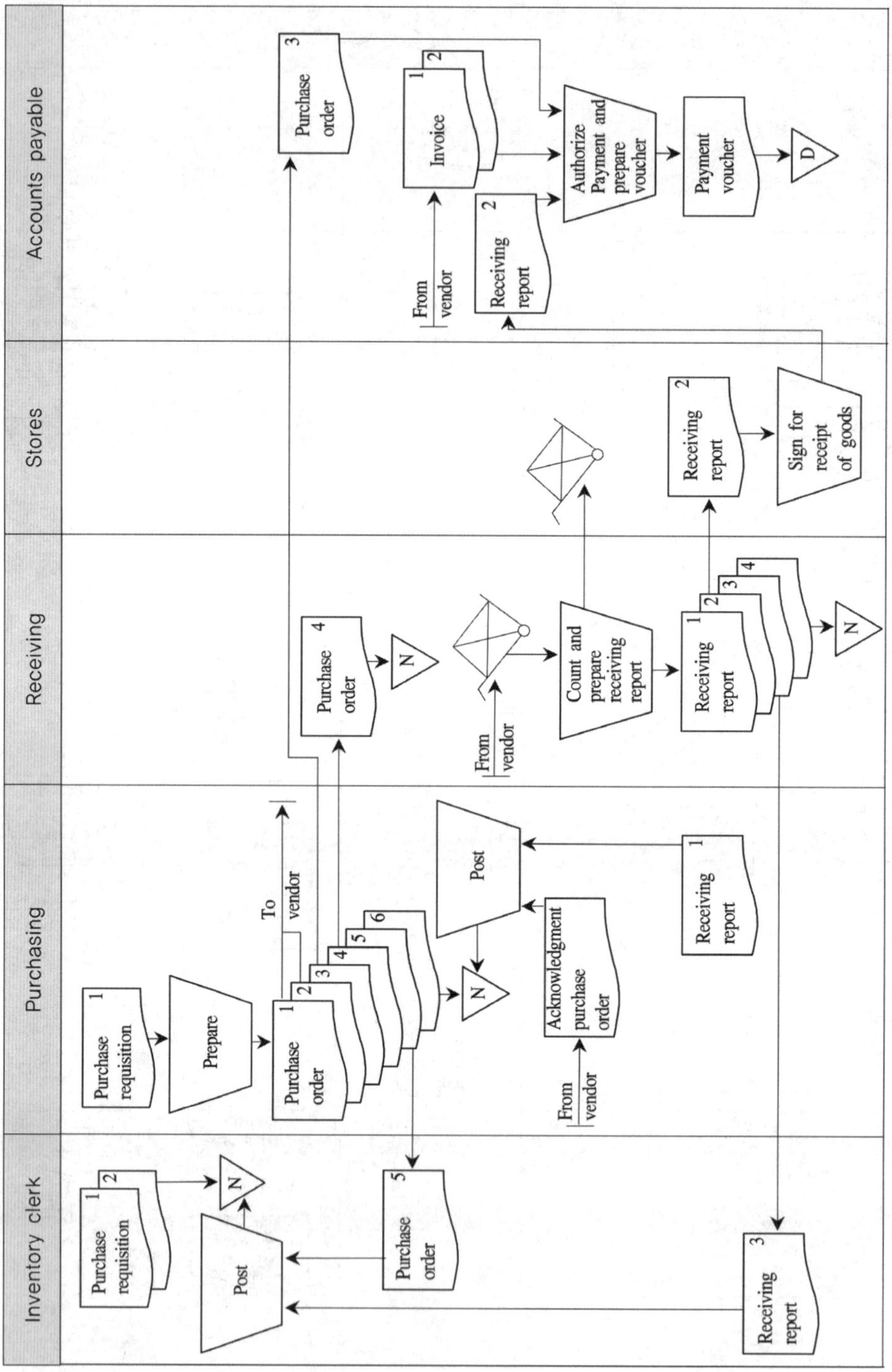

4. Cash Receipts Cycle

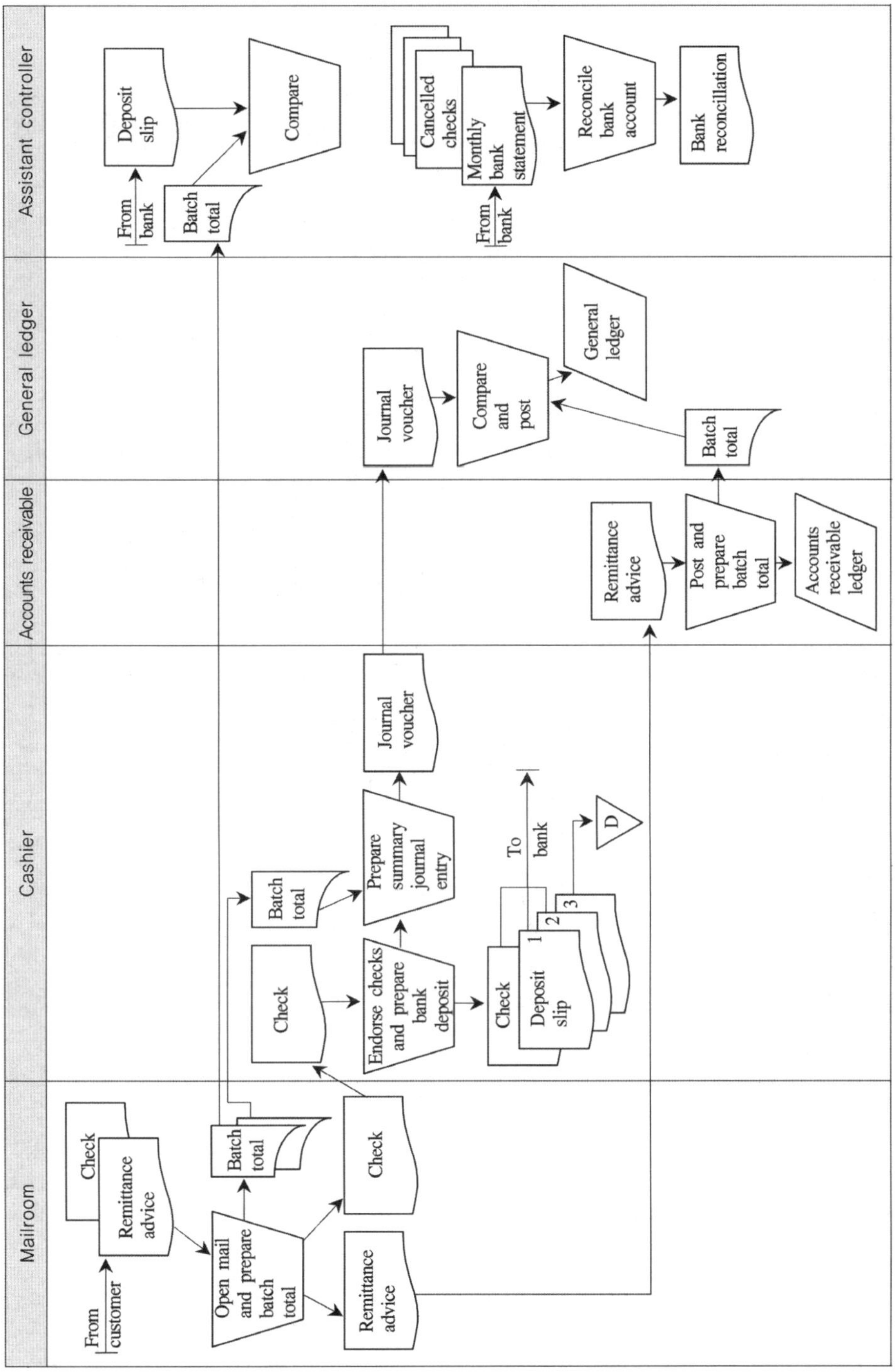

5. Payroll Cycle

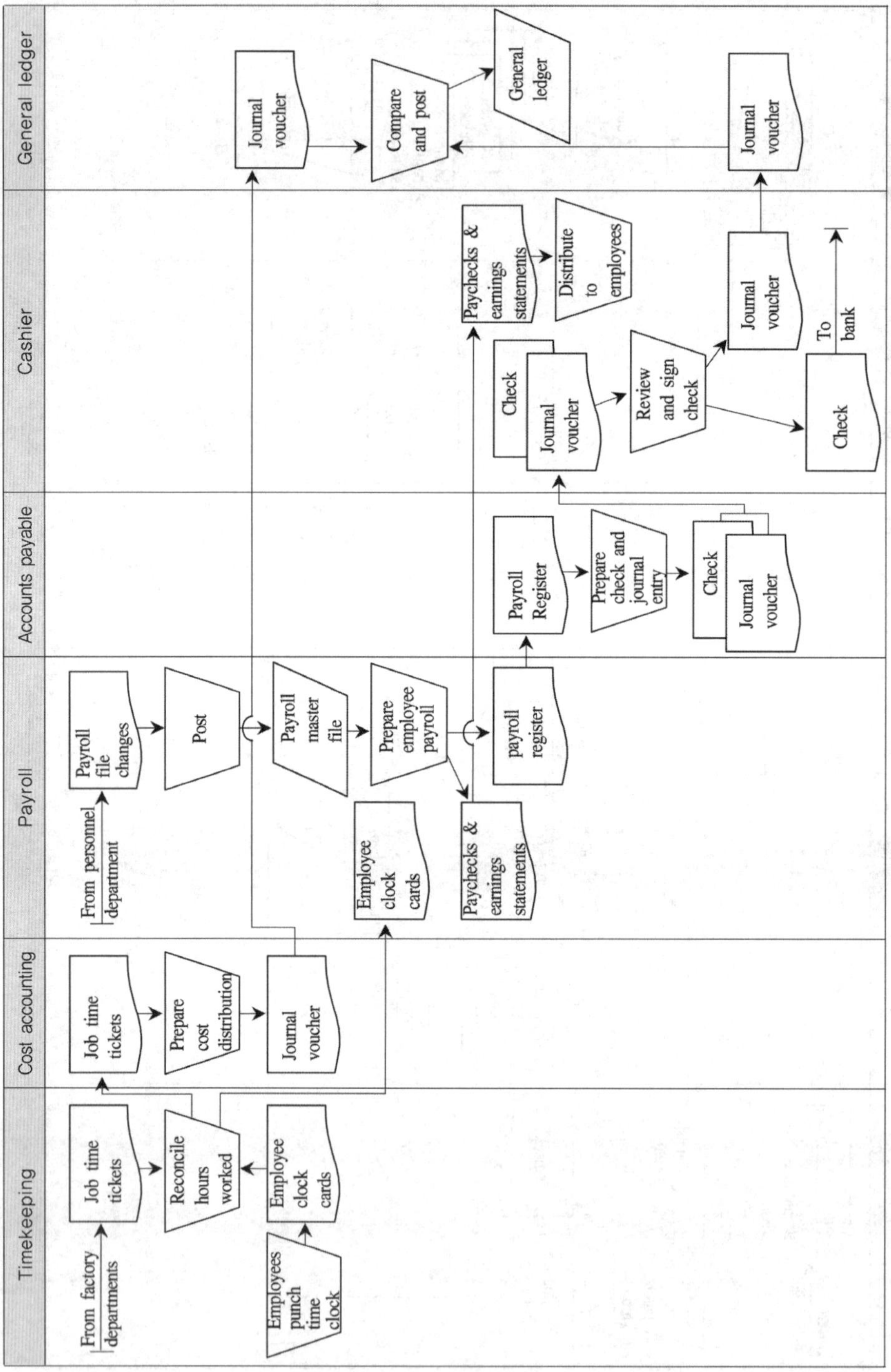

6. Write−off Cycle

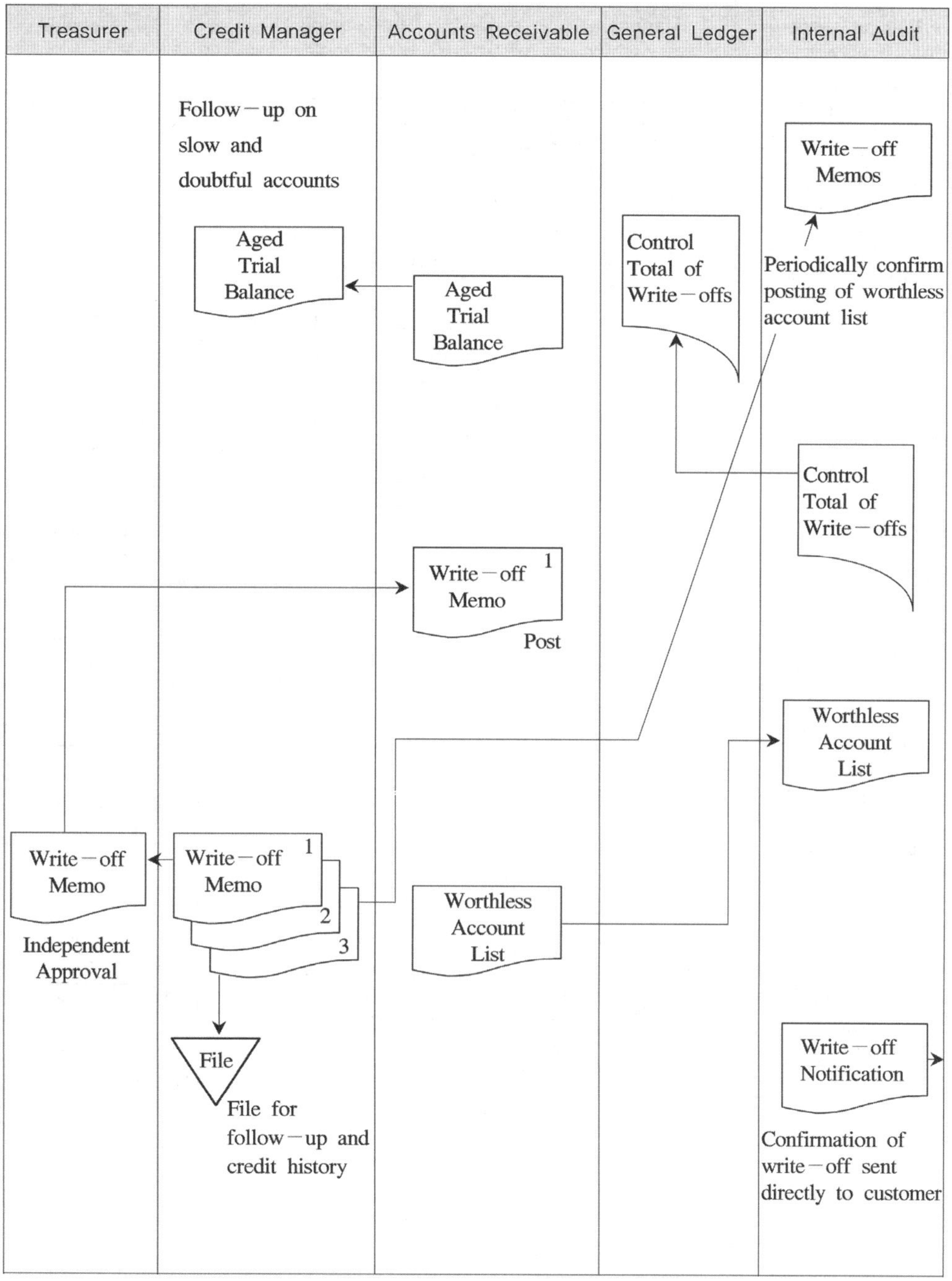

7. Resource management Cycles

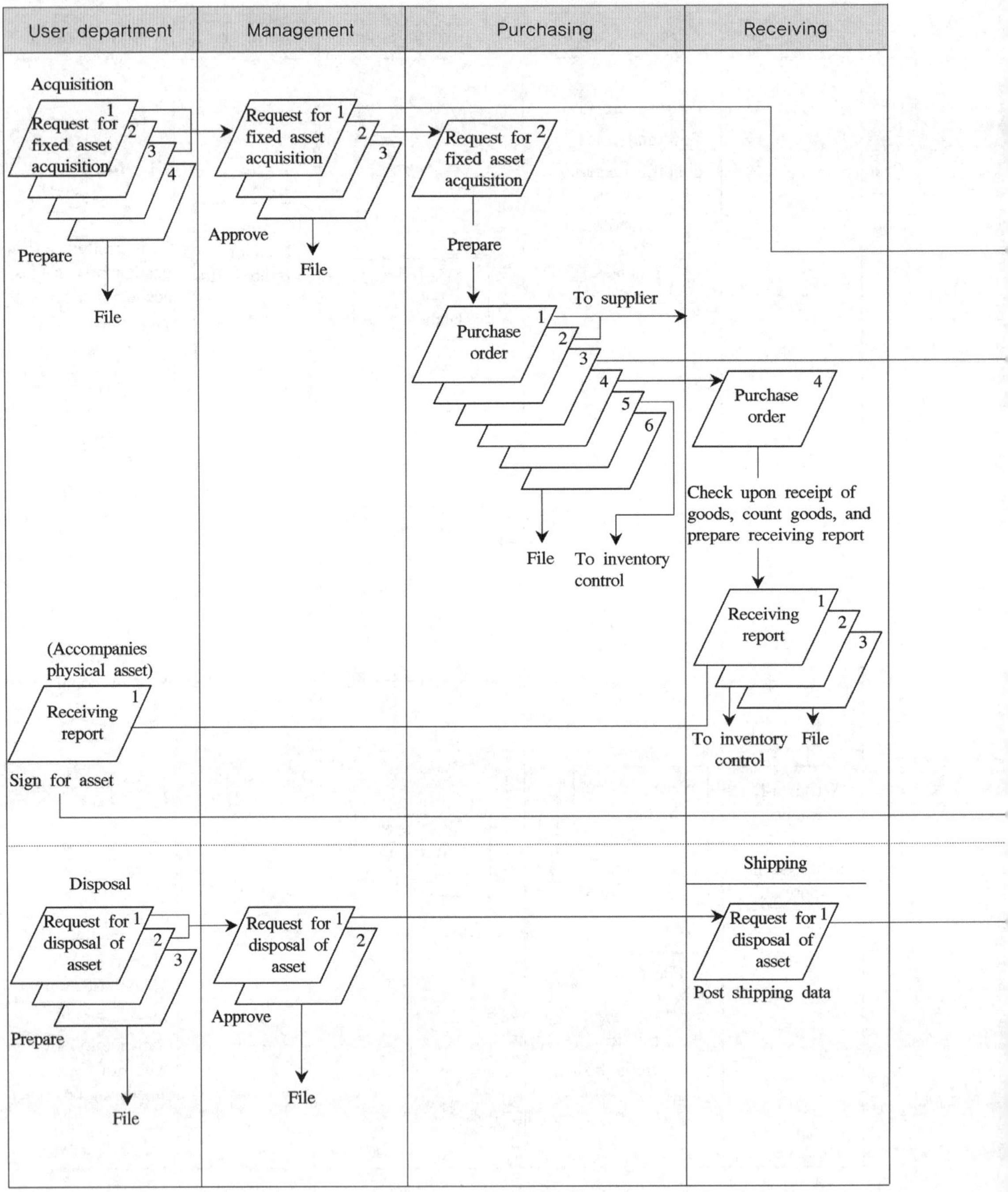

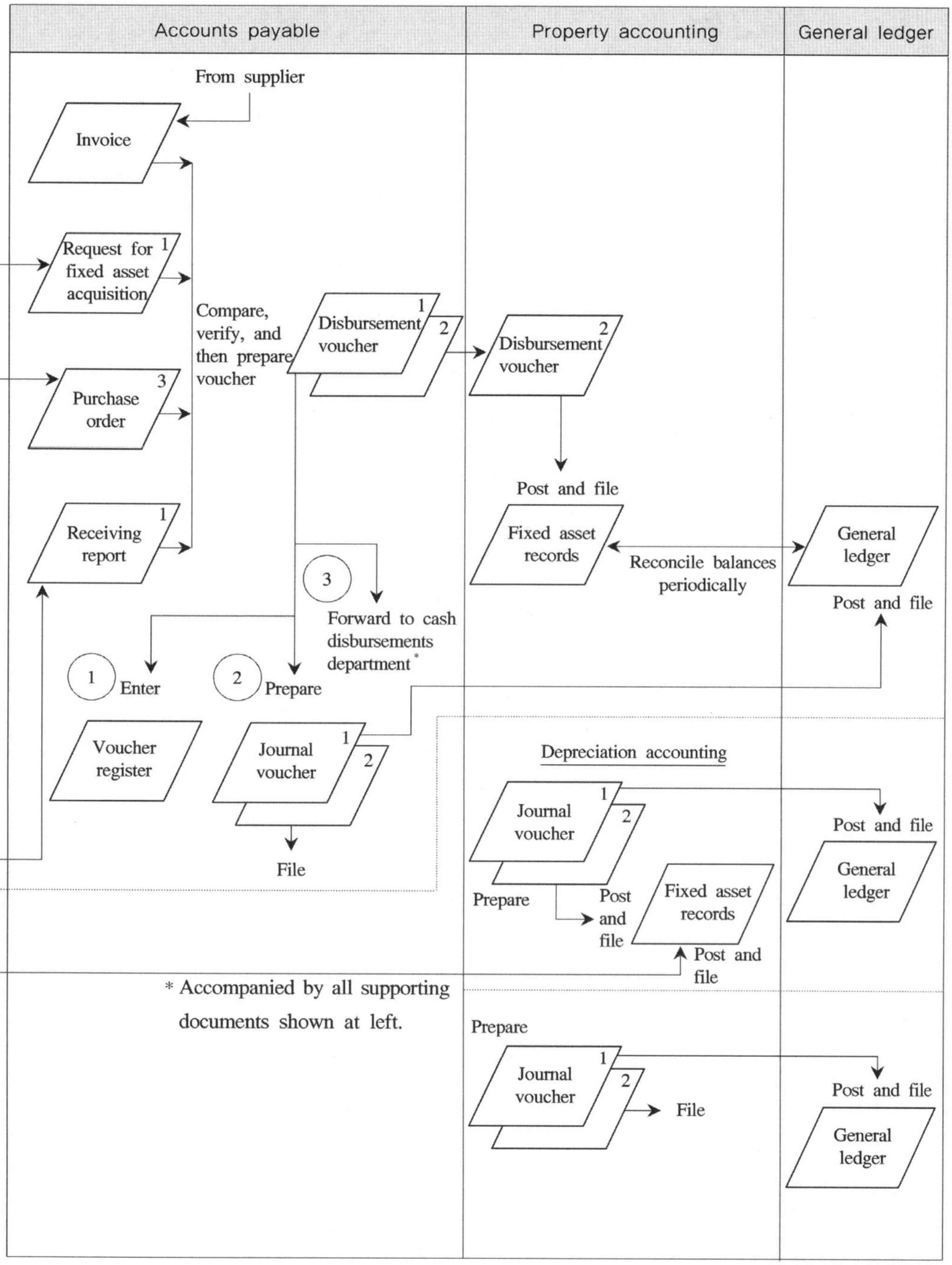
Accounts payable
Property accounting
General ledger
From supplier
Invoice
Request for fixed asset acquisition
1
Purchase order
3
Receiving report
1
Compare, verify, and then prepare voucher
Disbursement voucher
1
2
Disbursement voucher
2
Post and file
Fixed asset records
Reconcile balances periodically
General ledger
Post and file
3
Forward to cash disbursements department*
1
Enter
2
Prepare
Voucher register
Journal voucher
1
2
File
Depreciation accounting
Journal voucher
1
2
Prepare
Post and file
Fixed asset records
Post and file
Post and file
General ledger
* Accompanied by all supporting documents shown at left.
Prepare
Journal voucher
1
2
File
Post and file
General ledger

A. Purchase & Payables－전체 Flow

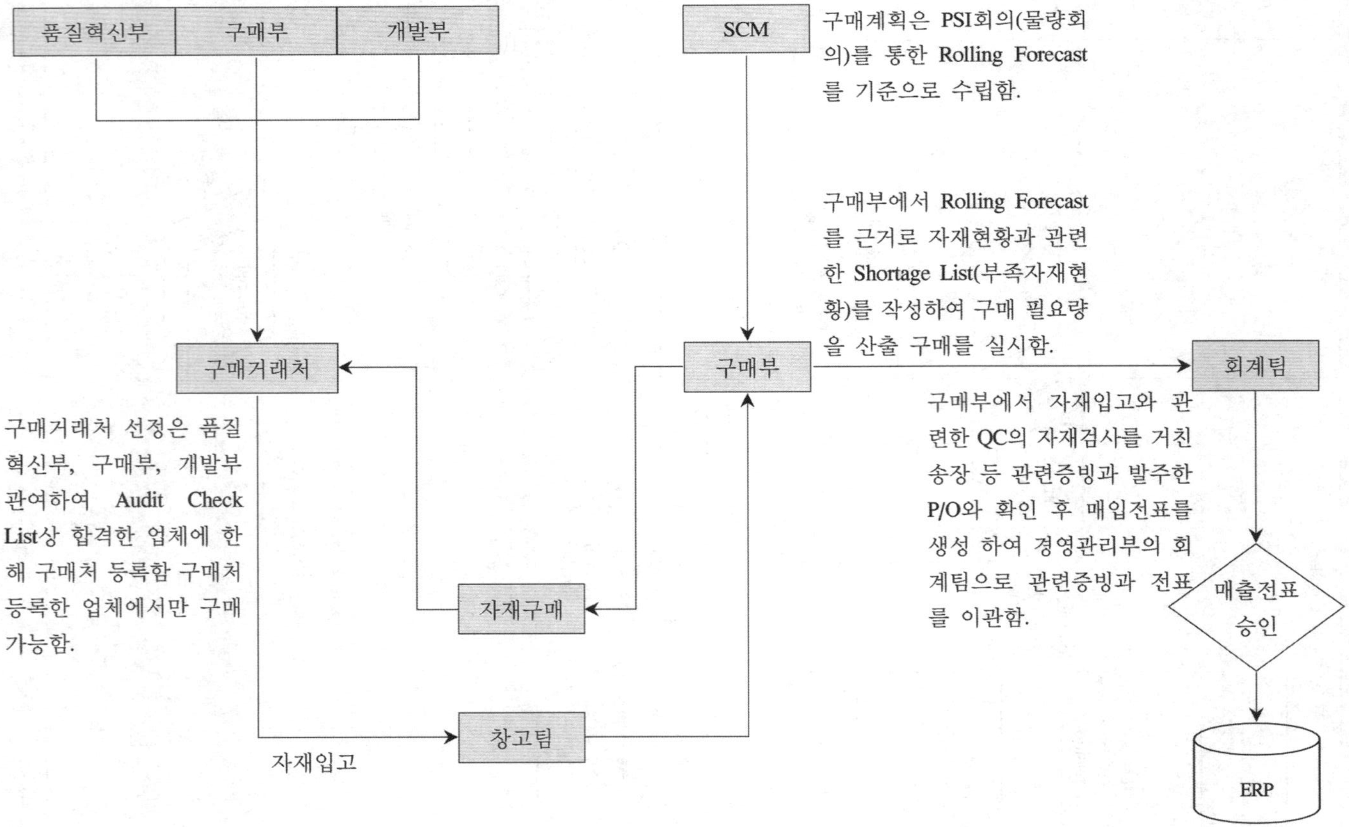

Main Process	Sub Process	세부명칭	통제책임팀	Version
구매	공급업체관리	거래처 선정	품질혁신부, 구매부, 경영관리부	

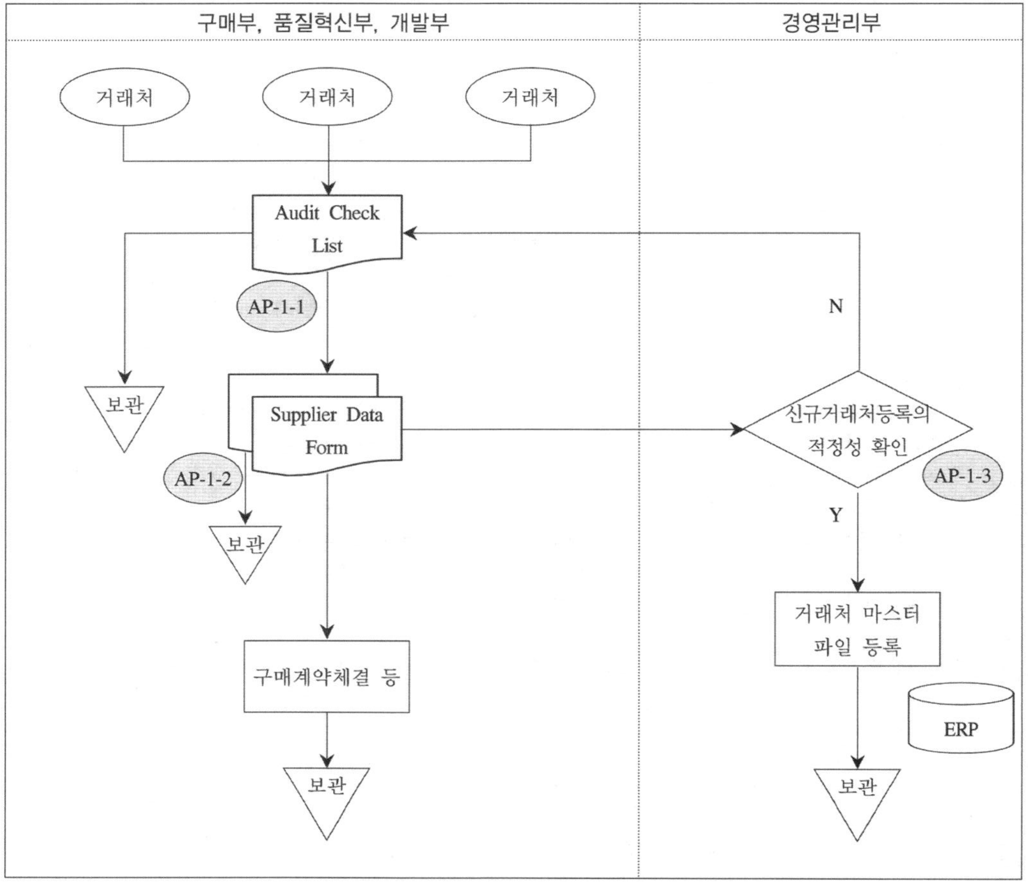

업무활동기술

A1 거래처 선정

A1.1 신규거래처의 선정

1) 제품기획에 따라 본사의 연구소 및 개발팀에서 신제품의 BOM 생성
2) 개발팀 및 구매부에서 신제품 BOM에 따른 구매업체군 생성 및 업체에 샘플요청 / 기존제품의 개량도 동일한 기준을 적용

A1.2 신규거래처등록

개발팀, 품질혁신부, 구매부가 공동으로 신규거래처등록에 관여함.

1) 샘플수령
   Test → 합격
2) Audit 실시 및 승인 (AP-1-1)
   샘플 합격한 업체에 대해 품질, 개발, 구매에서 업체에 대한 Audit 실시하여 합격한 경우 품질혁신부 QC에서 Audit Check List 작성하고 팀장 및 부서장 승인(구매본부장과 개발부장에 메일 등으로 보내고 원본 보관)

Main Process	Sub Process	세부명칭	통제책임팀	Version
구매	공급업체관리	거래처 선정	품질혁신부, 구매부, 경영관리부	

업무활동기술

3) 공급업체현황표 작성 및 승인 (AP-1-2)
Audit Check List를 기준으로 작성된 공급업체현황표를 구매본부장이 승인(Supplier Data Form 2부가 작성되며 1부는 구매부, 1부는 재무팀에서 보관)
－통제포인트 : Audit에 합격한 업체에 한해 Supplier Data Form이 작성되는지 확인하고 전결권자의 승인 유무를 확인한다.

4) 구매계약서 및 품질보증협의서 체결
중요자재(건전지, LCD 등)에 대해서는 구매계약서 및 품질보증협의서를 징구하고 있음(특히 신규업체인 경우)

5) 신규업체등록 및 거래처 Code부여 (AP-1-3)
재무팀에서 구매부에서 제시한 Supplier Data Form과 등록 시 기본서류를 확인한 후 ERP에 신규거래처 등록함(원재료외 기타의 거래처는 재무팀에서 품의서를 작성하여 신규업체 등록됨. 등록 시 구비기본서류 : 사업자등록증, 거래계좌 은행사본 등).
－통제포인트 : 승인된 Supplier Data Form(또는 재무팀 품의서) 및 신규업체 등록서류가 구비되어 있는지 확인한다.

A1.3 동일 item에 대한 거래처등록

동일 item에 대해 2군데 이상의 거래처를 등록함을 원칙으로 함.
단, 신규개발품의 경우는 개발단계에서 외주업체와 같이 개발하는 경우는 1업체인 경우도 있음.

－LCD는 모델별로 업체가 있고, 건전지는 현재 2군대에서 구매(신모델의 경우 변경 가능, 본사에서 업체 지정)
－사출자재는 현재 2군대의 업체를 지정하여 구매하고 있으며 사출자재의 경우 불량률이 높아 회사의 QC직원 거래처에 상주하며 양품만을 입고시킴.
－포장자재는 3군대업체에서 구매

A1.4 업체변경 시

1) 업체변경
신규업체 등록과 동일한 절차를 취함.

2) 신규자재 code 부여
생산기술팀은 개발부에 신규자재 code부여 요청(개발부에서는 업체 변경 사유 등을 기재 및 전결권자의 승인을 득함) → 개발부는 PMS 시스템에 등록함(내용 포함).

3) BOM 수정
생산기술팀에서 PMS시스템 등록사항을 근거로 BOM이 수정됨.

Main Process	Sub Process	세부명칭	통제책임팀	Version
구매	구매오더관리	발주(원자재 등)	구매부	

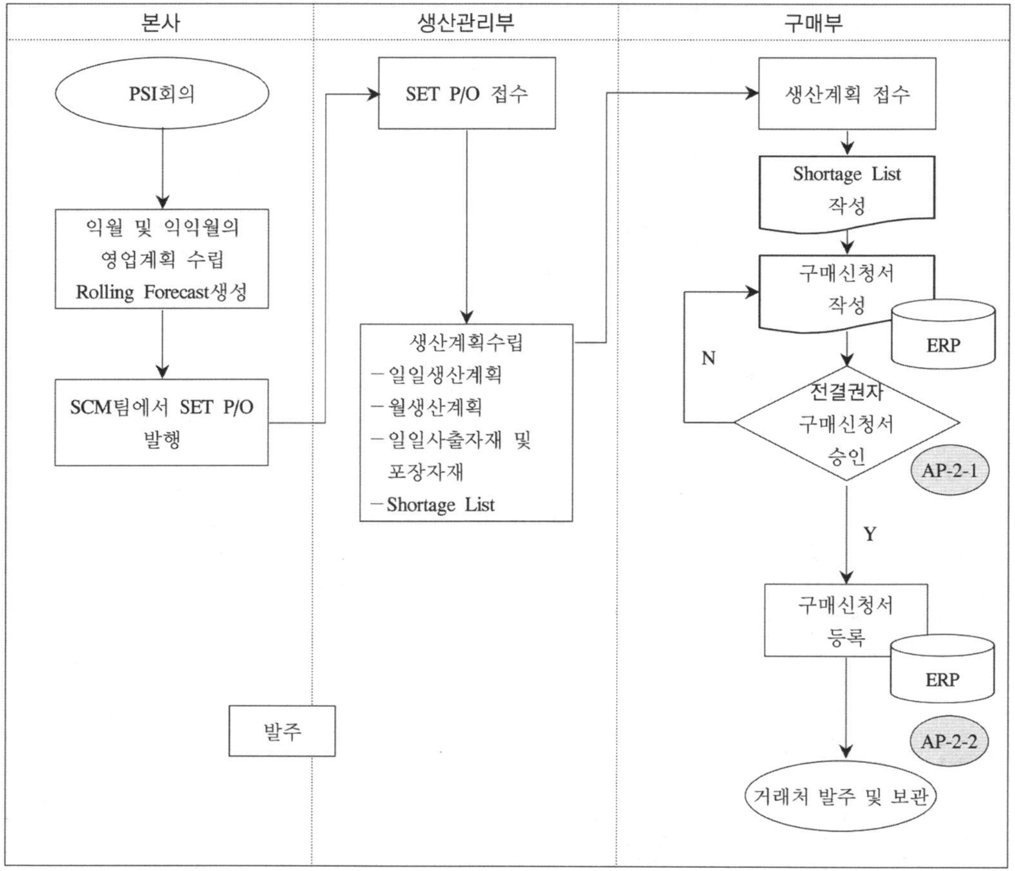

업무활동기술

A2. 발주(원자재내수)

A2.1 생산계획 및 자재소요계획

1) PSI(물량회의) 실시
매달 2회씩 본사에서 PSI(물량회의)를 실시하여 익월 및 익익월의 영업계획수립(영업팀, 해외영업, SCM팀(Supply chain management 공급망관리팀), 구매팀)

2) SET P/O 발행
위의 회의 결과를 토대로 본사 SCM 팀에서 SET P/O 발행

3) SET P/O 수령
생산관리팀의 직원이 위의 SET P/O수령 및 출력하여 구매팀 및 생산관리팀에 전달

4) 생산계획수립
생산관리팀에서는 SET P/O를 기준으로 생산계획 작성

5) Shortage List 작성(EXCEL)
구매담당자는 생산관리팀에서 보내온 생산계획 및 Rolling Forecast 자료를 근거로 자재부족 현황을 작성

Main Process	Sub Process	세부명칭	통제책임팀	Version
구매	구매오더관리	발주(원자재 등)	구매부	

업무활동기술

A3. 구매신청서 작성

1) 구매신청서 작성
구매팀 직원이 Rolling Forecast, 생산관리의 Shortage List(EXCEL) 및 재고수불장을 기준으로 구매신청서(구매P/O) 발행(회로자재, LCD 및 건전지는 Rolling Forecast/사출 및 포장자재는 SET P/O)(구매팀 직원은 Shortage List를 구매팀 및 SCM팀에게 전달(생산일정, 입고가능시기 등 조율)
생산관련 소모자재 및 유형자산은 구매본부, 기타 사무용품 등은 경영지원부 총무팀에서 구매의뢰서를 기준으로 구매신청서(구매P/O) 발행(구매단가는 현업에서 가격에 대한 Source제공)

2) 구매신청서 승인 (AP-2-1)
구매신청서에 대해 구매부장 승인함.
Fax로 거래처에 전달(일정액 이상은 구매본부장 승인－전결규정)
소모자재 및 유형자산은 구매부장, 기타 사무용품은 경영관리본부 부장의 승인)
－거래처 발송여부를 확인하기 위해 발송분에 대해서는 Fax 원본에 확인도장 날인함.
－거래처는 수령확인을 위해 구매주문서에 Sign후 Fax로 반송
－통제포인트 : 구매신청서상의 승인 유무를 확인한다.
거래처 수령 확인 유무를 확인한다.

3) ERP등록 (AP-2-2)
승인된 구매신청서를 ERP에 등록한다.
P/O에 대해서는 ERP에서 입고내역이 관리되며 특히 주요재료에 대해 미입고현황을 주단위로 구매팀 직원이 작성하여 구매본부장에게 보고하며 진행사항을 비고란에 기입한다.
－통제포인트 : 매월 말 ERP에 등록된 구매신청서 중 납기경과로 미종결 구매신청서를 확인하고 원인을 파악하고 확인한다.

Main Process	Sub Process	세부명칭	통제책임팀	Version
구매	매입채무인식	검수 및 매입전표 생성	품질혁신부, 구매부	

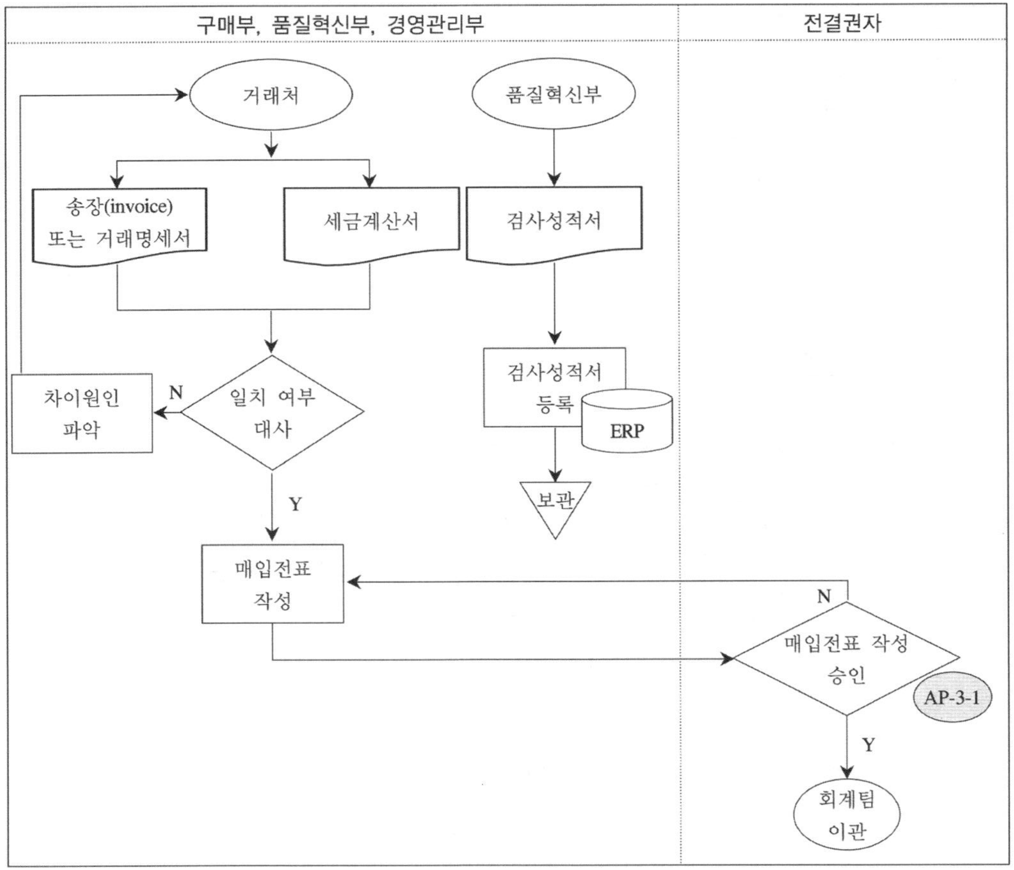

업무활동기술

A3. 검수 및 매입전표 생성

A3.1. 검수

구매물품이 도착하면 품질혁신팀 내의 QC에서 AQL(검수방법)를 적용하여 검수를 실시함(검수하면 검사성적서는 보관하고 송장에 검수확인 하여 물류관리팀에 전달 접수도장 날인).

A3.2. 매입전표(A/P)의 작성

1) 거래처별 입고내역 확인

구매팀에서 거래처별 ERP상의 매입시스템과 자재입고시스템과의 입고내역을 확인한다(차이는 주로 반품이 이루어졌을 경우 발생).

2) 매입전표 작성 승인 AP-3-1

구매팀에서 위 자료 확인 후 월 마감하여 ERP상 매입전표를 출력하고 월입고내역(ERP상) 및 송장(invoice), 세금계산서를 대조(수입품의 경우 송장, Packing list, 수입면장 및 수입세금계산서 등) 후 부서장의 결제를 득한 후 경영관리부 내의 회계팀으로 증빙을 첨부하여 전달

－통제포인트 : 매입전표상의 승인과 관련증빙을 확인한다.

Main Process	Sub Process	세부명칭	통제책임팀	Version
구매	반품관리	반품처리	품질혁신부, 물류관리, 구매부	

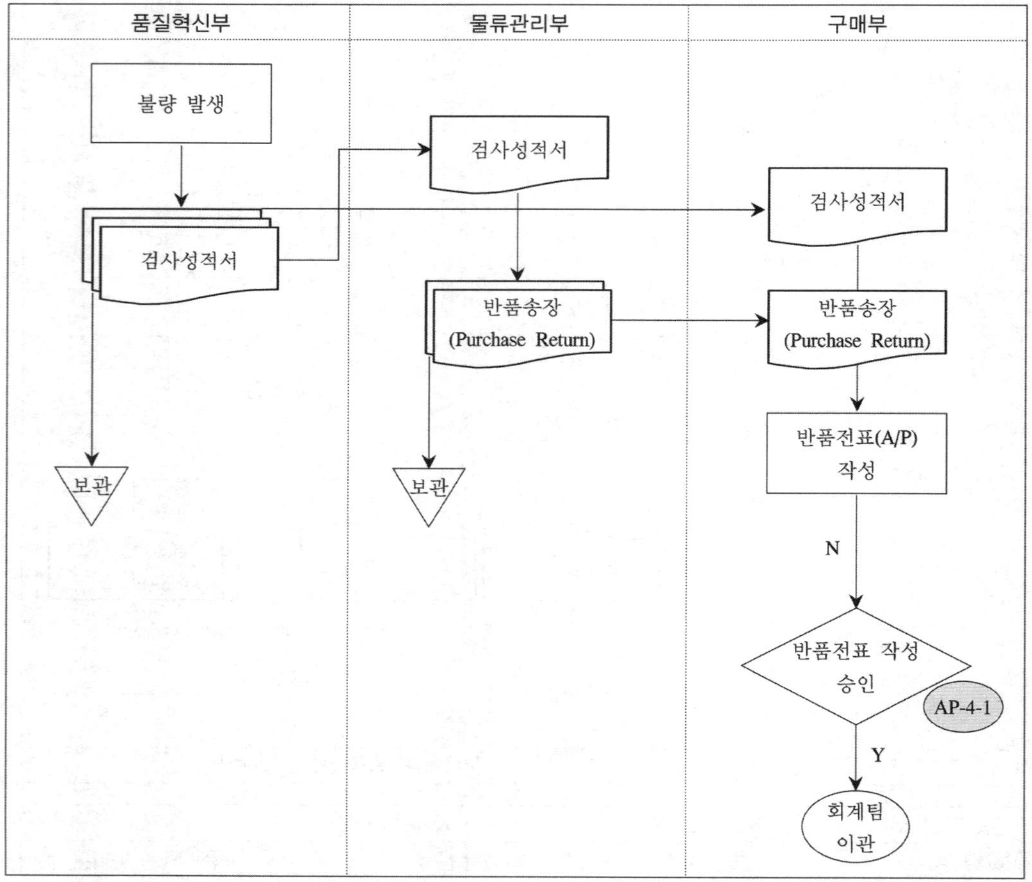

업무활동기술

A4. 반품처리 AP-4-1

1) QC에서 불량 최종확인 후 검사성적서 작성하여 구매 및 물류관리(자재)에 제출

2) 물류관리에서는 반품송장 발행하여 구매팀에 제공

3) 구매팀은 (−) 매입전표 발행

4) 통제포인트 : 반품전표와 관련 증빙 확인 및 반품전표 작성 승인을 확인한다.

Main Process	Sub Process	세부명칭	통제책임팀	Version
구매	구매마감	월 마감 및 년 마감	구매부	

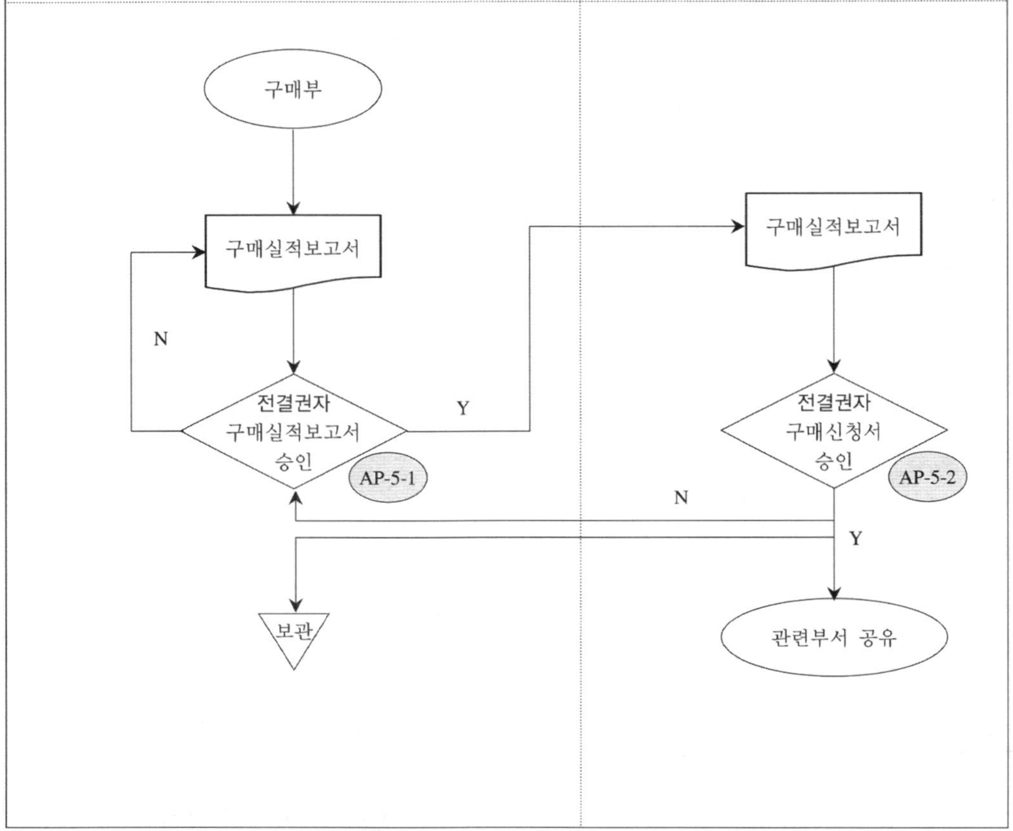

업무활동기술

A5. 마감

A5.1 구매실적 보고서 작성

구매부 직원은 당월의 구입 내역을 요약한 구매실적보고서를 작성한다(구입총액이 재고수불부상의 구입총액과 재무제표상의 A/P 당월 증가액과 일치하는지는 꼭 확인한다).

구매실적보고서에는 다음의 사항이 포함되어야 한다.

- 당월의 주요재료 구입내역
- 계획대비 구입실적 차이분석
- 차월의 구입계획
- 당월의 구매관련 특이사항 (주요재료의 단가 변경, 거래처 변경 등)

A5.2 구매실적보고서 승인

1) 구매부장의 승인 AP-5-1
   구매부장은 구매실적보고서가 적절하게 작성되었는지 확인 후 승인한다.
2) 구매본부장의 승인 AP-5-2
   구매본부장은 구매부에서 작성한 구매실적보고서의 내용을 확인 후 승인한다.
3) 문서의 공유
   승인문서는 관련부서에 Copy본 송부한다.
4) 년 마감실적보고서
   년 마감도 월 마감과 동일한 절차를 거쳐 승인을 받는다.

B. Inventory & Production

Main Process	Sub Process	세부명칭	통제책임팀	Version
생산 및 재고	생산계획관리	생산계획 수립	SCM	

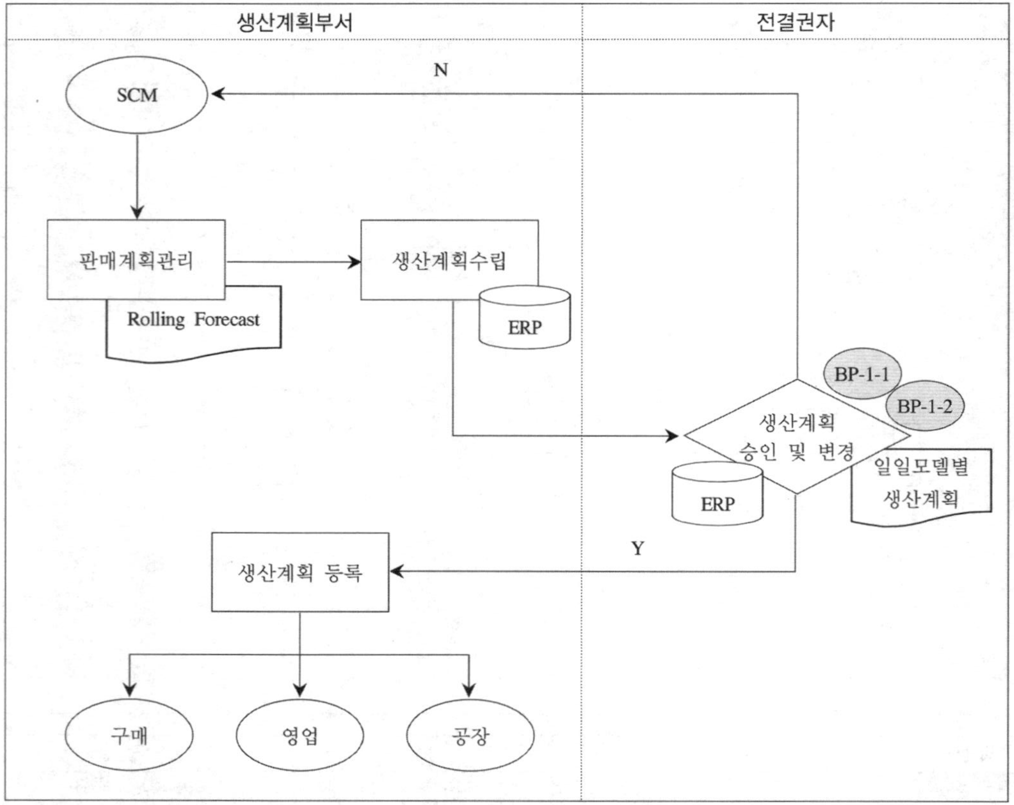

업무활동기술

B1. 생산계획수립

B1.1. 판매계획의 수립
SCM부서에서 PSI회의(임원, 영업, 해외영업 참가)를 통하여 Rolling Forecast 등록한다.

B1.2. 생산계획의 수립 BP-1-1
Rolling Forecast를 통하여 생산계획을 수립하고 일일모델별 생산계획을 수립하고 전결권자에게 보고하고 승인을 받는다.

B1.3. 생산계획의 변경 BP-1-2
생산계획 변경 시 그룹웨어를 통하여 SCM부서에 변경된 생산계획의 승인을 근거로 하여 일일모델별생산계획 변경자료를 송부한다.

B1.4. 생산계획등록
승인 및 변경된 생산계획을 등록한다.

B2. BOM 관리

B2.1. BOM의 설정
개발부서에서 BOM을 등록한다.

B2.2. BOM의 변경
생산부서 생산 중 BOM 변경사유 발생 시 ECN문서를 작성하여 전결권자의 승인을 득한 후 개발부서로 송부하고 개발부는 새로운 BOM을 등록한다.

Main Process	Sub Process	세부명칭	통제책임팀	Version
생산 및 재고	생산계획관리	원재료품질검사	창고팀, 품질혁신부	

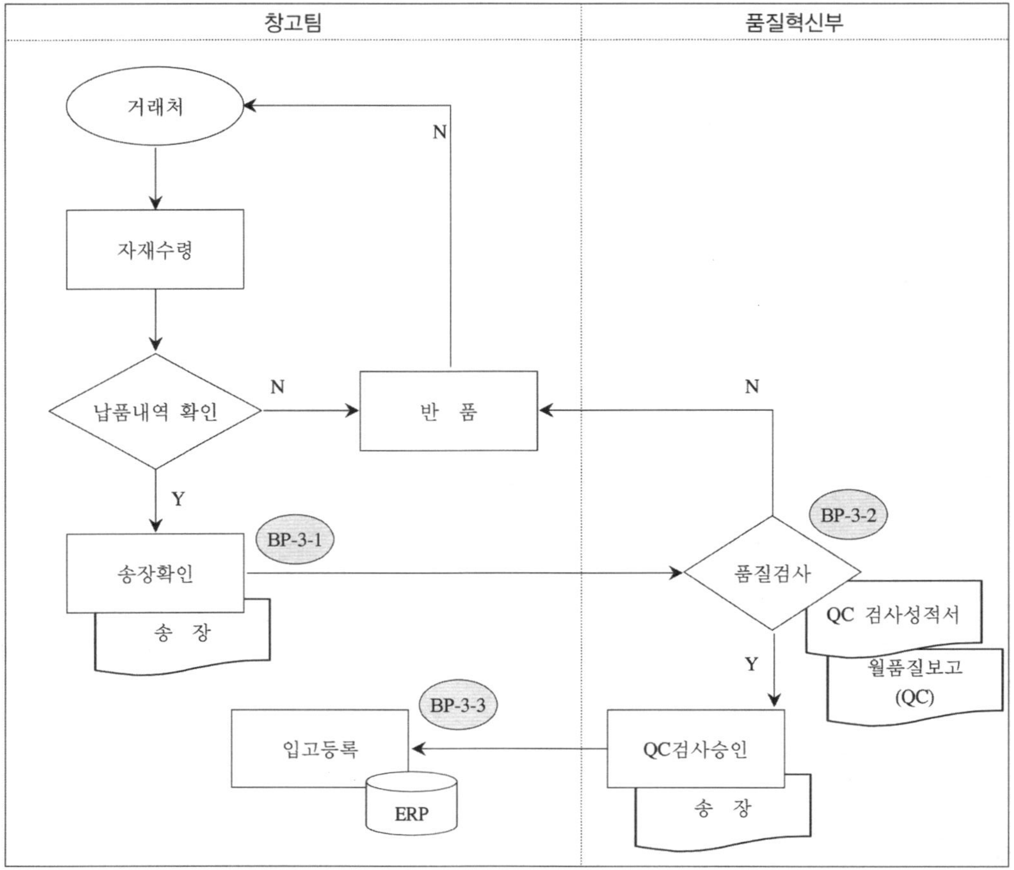

업무활동기술

B3. 원재료 품질검사

B3.1. 원재료 납품내역 확인 (BP-3-1)
구매처로부터 원재료 수령 시 창고 부서에서 입고실물 확인 후 송장에 서명한다.

B3.2. 원재료 품질검사 (BP-3-2)
창고팀으로 부터 송장 확인 후 품질혁신부서에서 AQL방식으로 품질검사 하여 QC검사성적서에 서명하고, 월품질보고서(QC)를 작성한다.

B3.3. 입고등록 (BP-3-3)
품질혁신부서의 QC검사성적서 작성을 통과한 원재료는 창고팀에서 품질부서의 송장승인 확인 후 입고 등록한다.

B4. 자재입고관리

B4.1 자재일일거래명세서 집계
창고팀에서는 자재 일일송장을 집계하여 자재일일입고내역서를 작성한다.

B4.2 자재입고일일관리
창고팀 담당자는 일별 총 입고물량과 송장내역을 대사하고 일치여부를 확인 후 자재일일입고내역서와 ERP와 실물차이내역서를 전결권자(창고팀장)에게 보고한다.

Main Process	Sub Process	세부명칭	통제책임팀	Version
생산 및 재고	생산계획관리	원자재 투입	생산, 재고팀	

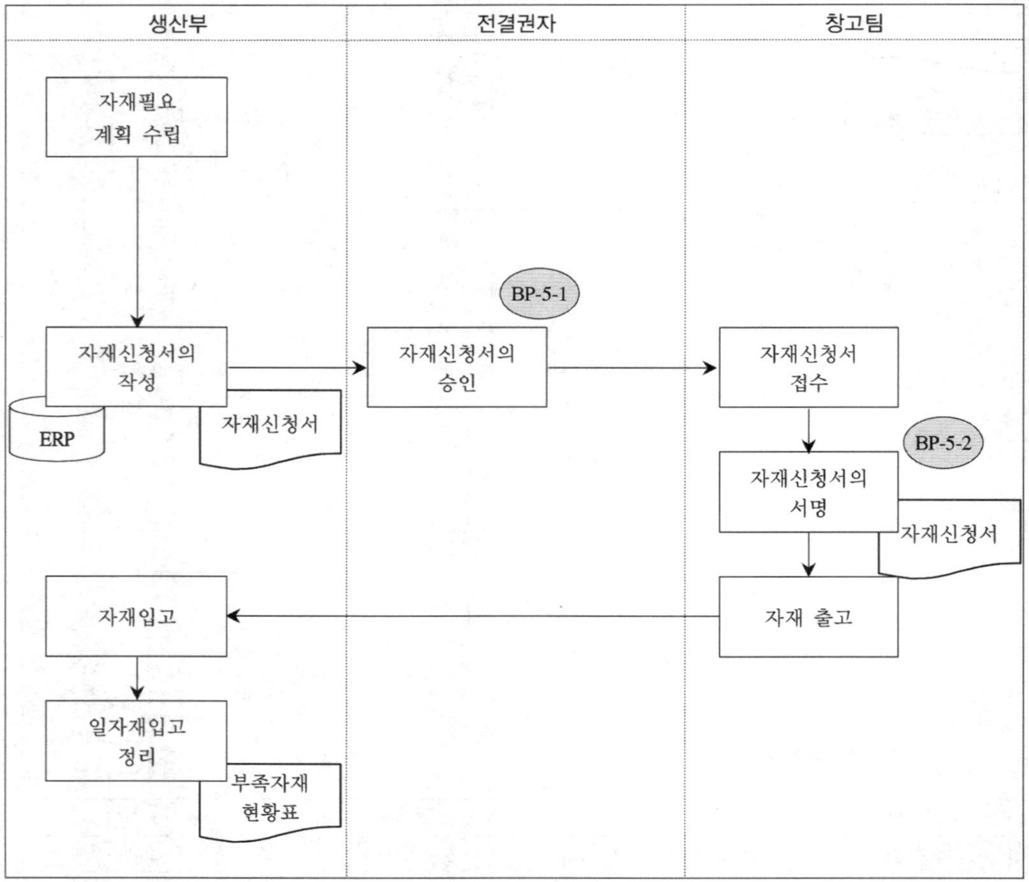

업무활동기술

B5. 원자재 투입

B5.1. 자재출고 의뢰 (BP-5-1)
생산부서의 담당자는 자재신청서를 작성하여 전결권자(생산부서장)의 승인을 득한다.

B5.2. 자재신청서의 서명 (BP-5-2)
창고팀의 자재담당자는 실물 인계 시 자재신청서상에 서명한다.

B5.3. 생산부서 일입고량 파악
생산부서는 창고팀에서 생산부서로 입고 시 일입고량을 파악하여 부족자재현황표 기입한다.

Main Process	Sub Process	세부명칭	통제책임팀	Version
생산 및 재고	생산계획관리	제품입고	생산, 품질혁신부, 창고팀	

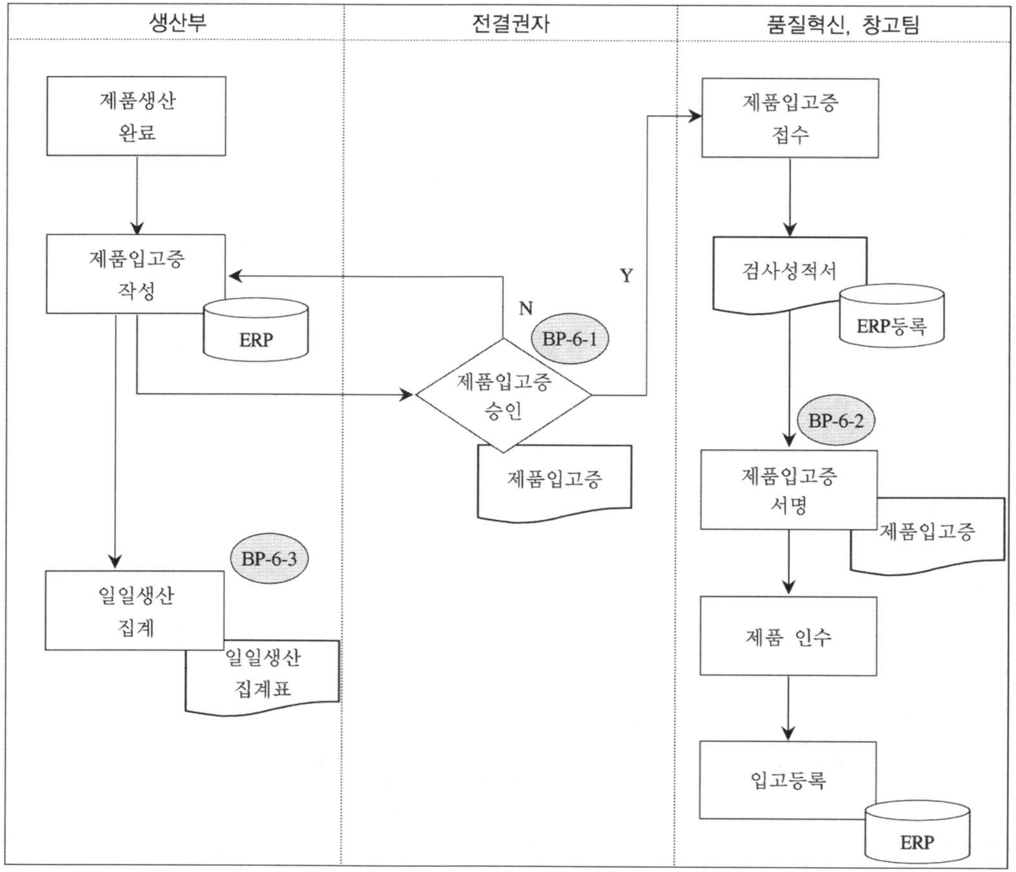

업무활동기술

B6. 제품입고

B6.1. 제품입고증 승인 BP-6-1
생산부서의 담당자는 제품생산 완료 후 제품입고증을 작성하여 전결권자의 승인을 득한다.

B6.2. 제품 품질검사
생산부서로부터 제품입고증 확인 후 품질혁신 부서에서 AQL방식으로 품질검사하여 QC검사성적서에 작성 및 서명한다.

B6.3. 제품입고증 서명 BP-6-2
창고팀의 담당자는 제품인수 시 QC검사성적서 및 수량 확인 후 제품 입고증에 서명 후 ERP에 입고 등록한다.

B6.4. 일일생산집계 BP-6-3
생산부서는 일일 생산에 따른 일일생산집계표를 작성 보고한다.

* 제품출고에 관한 사항은 매출에서 표시함.

Main Process	Sub Process	세부명칭	통제책임팀	Version
생산 및 재고	생산계획관리	수불마감	재무팀	

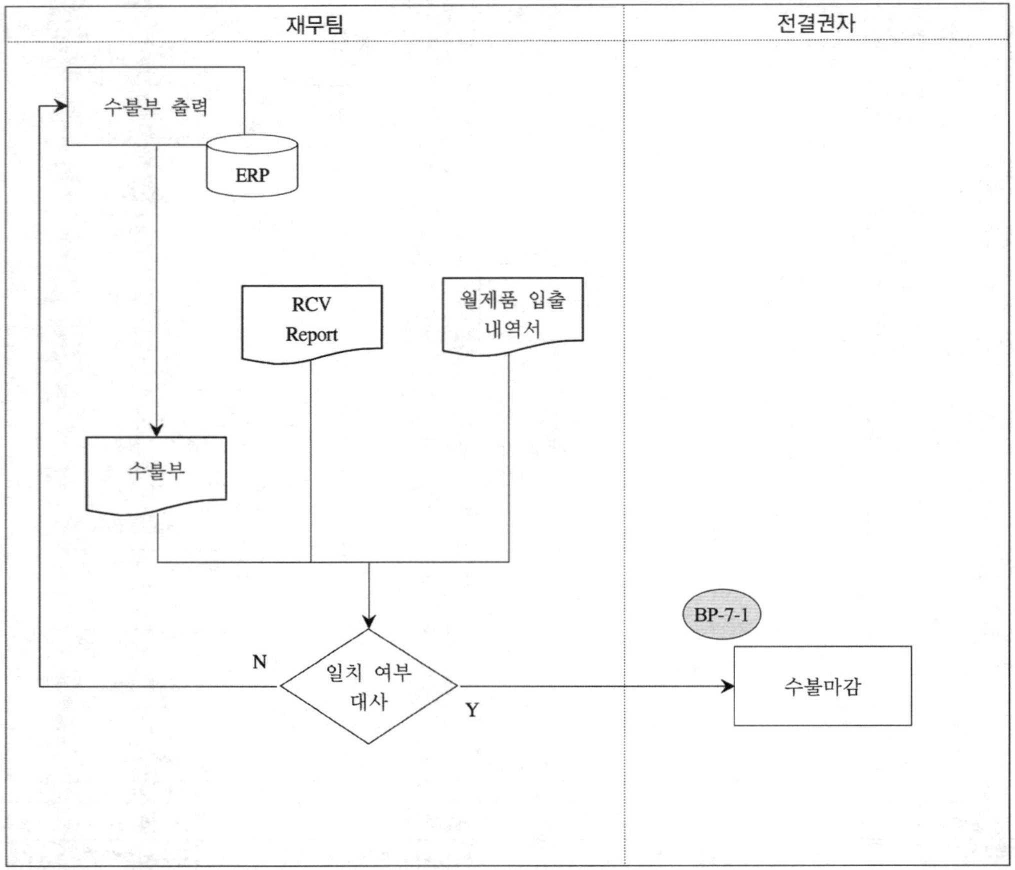

업무활동기술

B7. 수불마감

B7.1. 수불마감 BP-7-1

재무팀의 담당자는 월수불부를 출력하여 RCV REPORT(창고팀의 원자재 입고와 구매부서의 AP 마감종료 후 생성)를 일치시켜 원자재 매입을 마감하고, 제품 입고와 출고는 월제품 입출내역서를 일치시켜 월수불부를 마감하고 원가전표를 생성 후 전결권자의 승인을 득한다.

Main Process	Sub Process	세부명칭	통제책임팀	Version
생산 및 재고	생산계획관리	재고실사	재무팀	

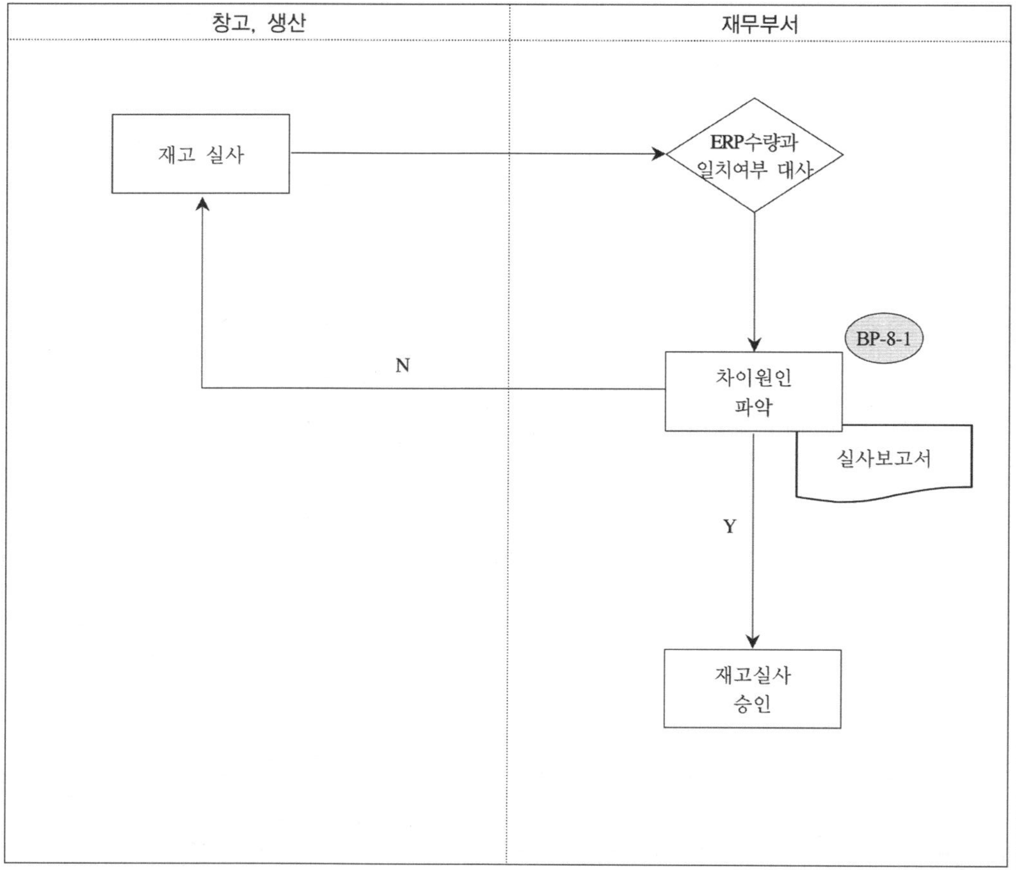

업무활동기술

B8. 재고실사

B8.1 재고실사
재무부서의 담당자는 분기별로 재고실사 품의를 통하여 실사를 진행하며 현업(창고, 생산)부서에서 실사보고서를 작성하고 전결권자(부서장)의 승인을 득한다.

B8.2. 재고실사 차이원인 분석 (BP-8-1)
재무부서는 현업부서 실사보고서와 ERP상 재고수량과의 차이분석서를 작성하여 수량차이 원인을 규명하고 전결권자(부서장)의 승인을 득한다.

Main Process	Sub Process	세부명칭	통제책임팀	Version
생산 및 재고	생산계획관리	A/S 검토	품질혁신부	

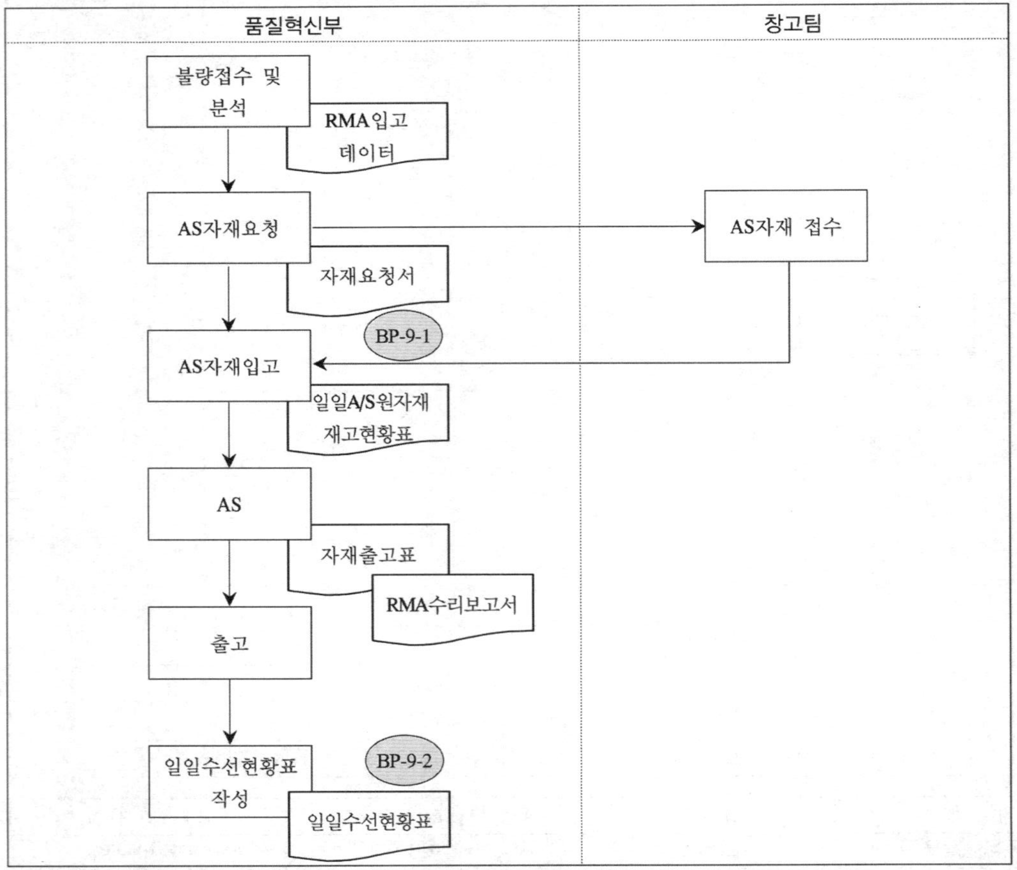

업무활동기술

B9. A/S 검토

B9.1. 불량접수 및 분석
영업부서로 A/S접수를 받고 RMA 입고 데이터를 작성하고 RMA수리일보상에 불량을 분석한다.

B9.2. A/S자재를 요청 및 입고 (BP-9-1)
품질혁신부서는 자재요청서를 작성하여 전결권자의 승인을 득한 후 창고팀에 전달하고 품질혁신부는 일일 A/S 원자재 재고현황표를 작성한다.

B9.3. A/S 작업
수리작업자는 수리를 위한 자재출고표를 작성하여 분출하여 수리를 진행하고 RMA수리보고서를 작성한다.

B9.4. 일일수선현황 (BP-9-2)
일일수선현황표를 작성하여 일일수선현황을 부서장에게 보고 및 승인을 받는다.

C. Sales and Receivables－**전체** Flow

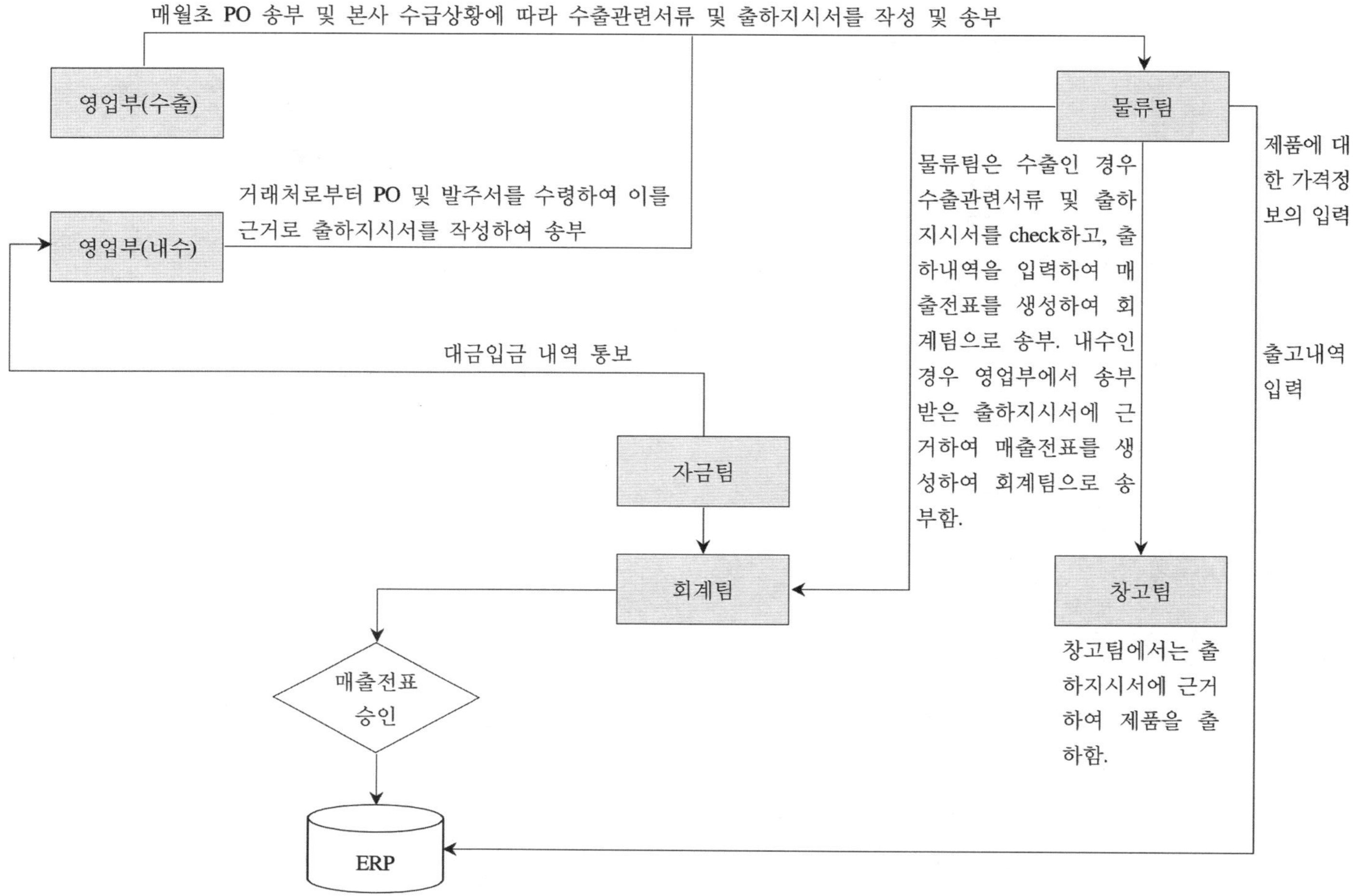

Main Process	Sub Process	세부명칭	통제책임팀	Version
매출	수출	매출발생	물류팀	

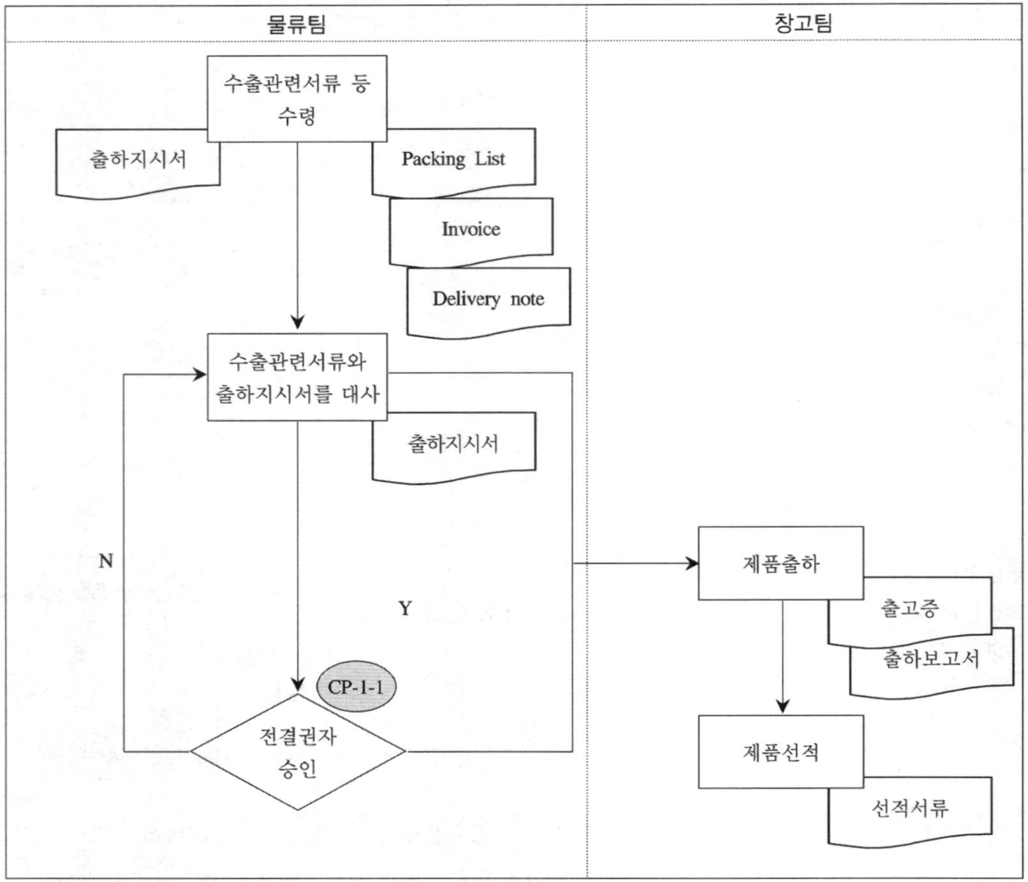

업무활동기술

C1 수출

C1.1 출하지시서 수령
물류팀 담당자는 영업팀에서 in-voice, Packing list, Delivery note 및 출하지시서를 수령하고 이를 check 한다.

C1.2 제품출하 (CP-1-1)
출하지시서는 전결권자의 승인을 득하여 창고팀에 전달한다.

C1.3 제품선적
창고팀에서 출하보고서를 작성하여 본사 SCM팀 및 물류부 등에 E-mail로 통보한다. 창고팀 담당자는 제품을 상차하고 출고증을 작성하여 전결권자의 승인을 득한 후 사외로 반출하며, 제품 선적 시 선적서류를 수령한다.

Main Process	Sub Process	세부명칭	통제책임팀	Version
매출	내수매출	매출발생	영업부	

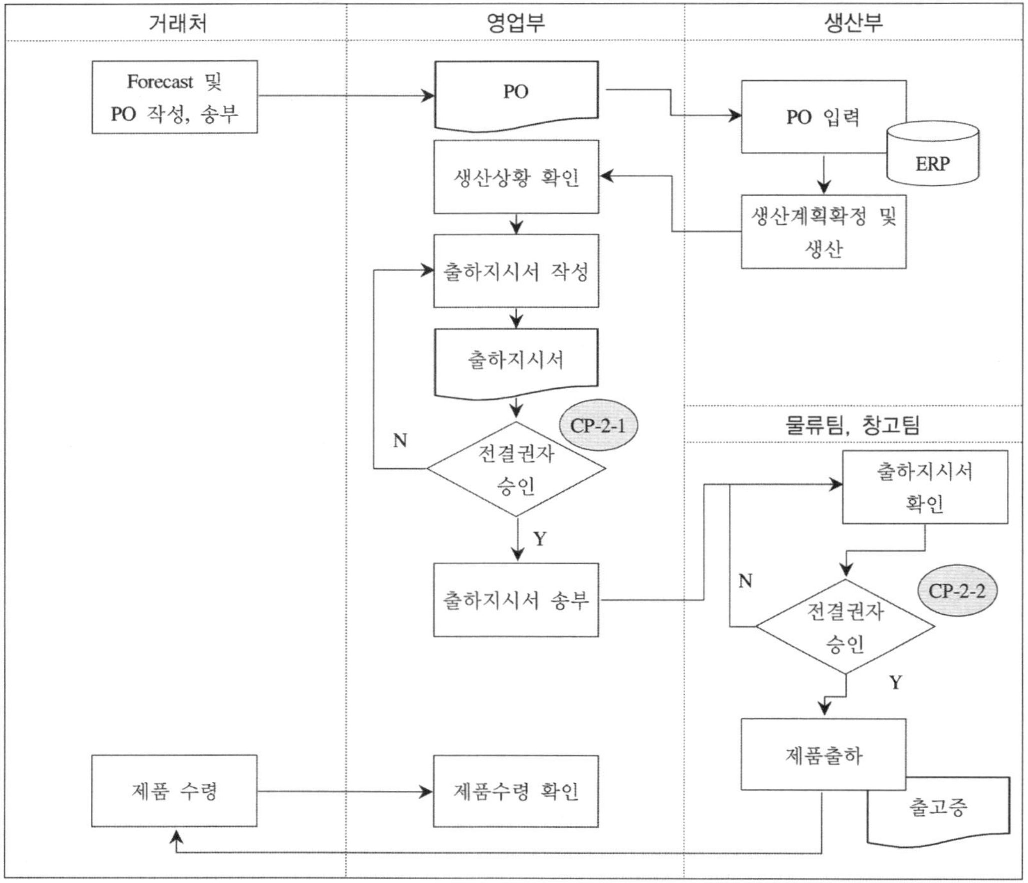

업무활동기술

C2 내수매출

C2.1 Forecast 및 PO 수령
거래처로부터 Forecast(3개월)와 PO(1개월)를 수령하여 생산부에 통보하면, 생산부 담당자는 PO를 ERP에 입력하여 생산계획을 확정한다.

C2.2 출하지시서 작성 (CP-2-1)
영업부당당자는 출하지시서(출하명세 및 금액)를 작성하고, 전결권자에게 승인을 득한 후 관련부서(회계팀, 물류팀, 창고팀)에 E-mail 등으로 송부

C2.3 제품출하승인 (CP-2-2)
물류팀 담당자는 출하지시서를 확인한 후 전결권자의 승인을 득하여 창고팀에 통보하고 창고팀 담당자는 출고증을 작성하여 전결권자의 승인을 득하여 사외로 반출한다.

C2.4 거래처수령확인
물류팀은 물류회사와 영업부는 거래처와 E-mail이나 유선상으로 수령여부를 확인한다.

Main Process	Sub Process	세부명칭	통제책임팀	Version
매출	내수매출	신규거래처 계약체결	영업부	

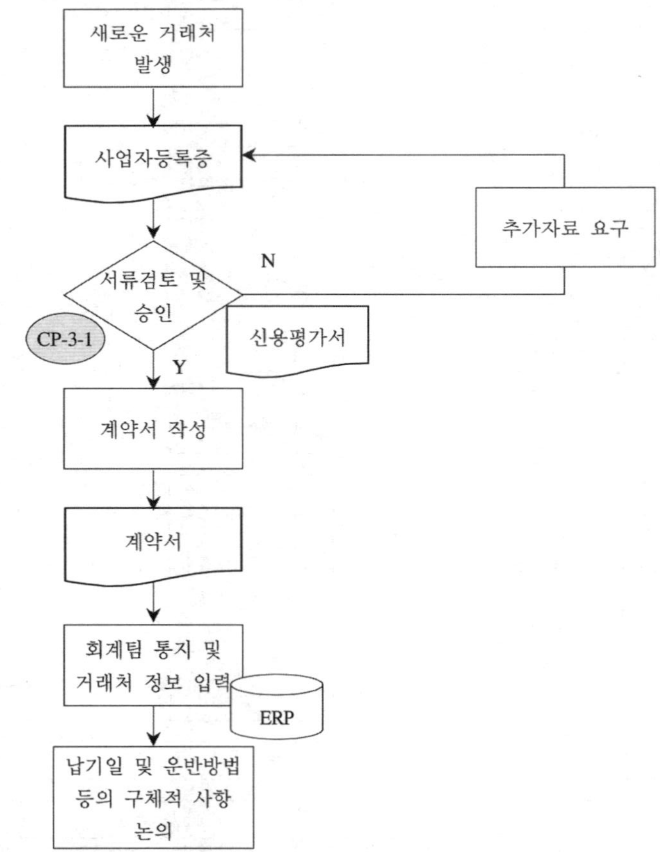

업무활동기술

C3 신규거래처 계약체결

C3.1 신규거래처 요구서류 수령
영업부서 담당자는 신규 거래처 발생 시 거래처로부터 ① 사업자등록증 ② 법인등록증 ③ 은행자료 ④ 국세체납확인서 등을 수령한다.

C3.2 신규거래처에 대한 신용조사
영업부에서는 신규거래 대상업체에 대한 신용평가서를 작성한다. 신용평가서에는 거래처의 재무상태, 담보여력, 시장에서의 평판 등을 기록하여야 하며 신용거래의 경우 신용한도책정기준에 따라 신용한도를 부여한다.

C3.3 서류 검토 및 거래처 승인 (CP-3-1)
전결권자는 위의 서류를 검토하고, 신규거래처 승인여부를 결정한다(재무상태의 평가를 위해 회계팀의 협조를 얻는다). 전결권자 승인 후 거래처와 계약서를 작성한다.

C3.4 회계팀통지 및 ERP입력
영업부담당자는 해당서류를 회계팀에 통지하고, 회계팀에서 거래처 정보를 ERP에 입력한다. 승인된 거래처와 납기일 등에 대한 구체적인 협의를 수행한다.

Main Process	Sub Process	세부명칭	통제책임팀	Version
매출	수출/내수매출	일/월매출마감, 세금계산서 발행	물류팀, 회계팀	

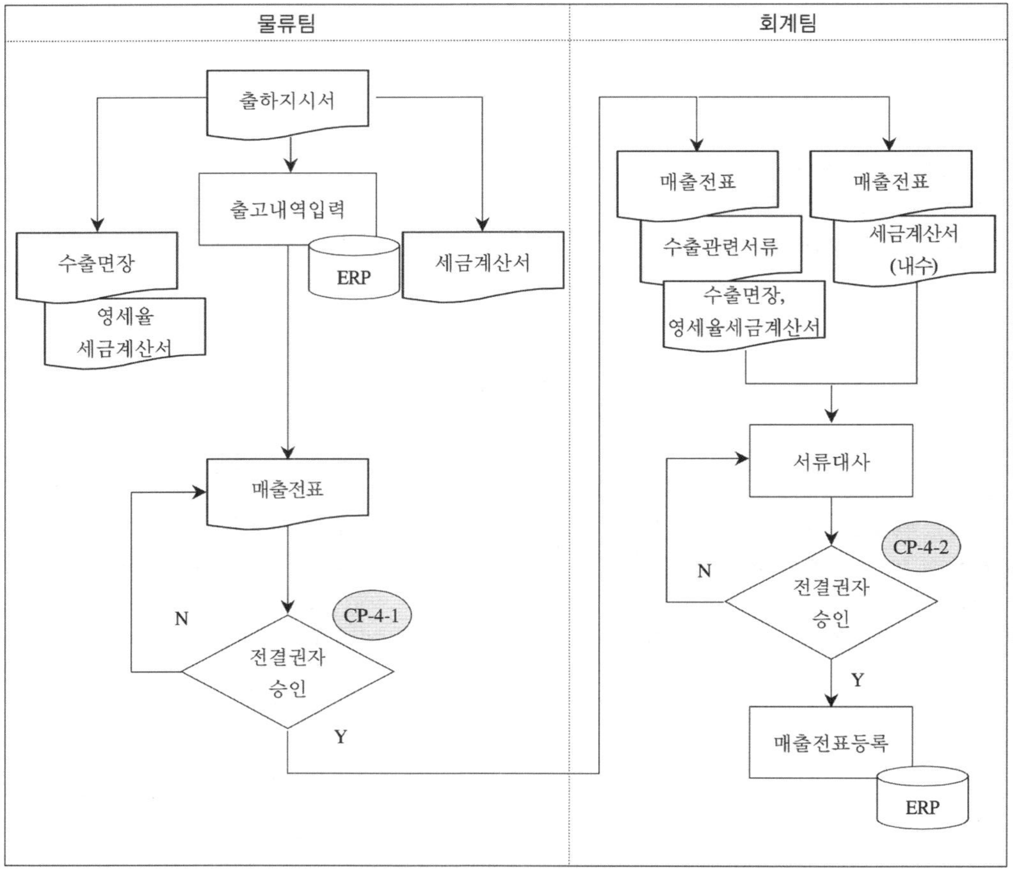

업무활동기술

C4 매출마감

C4.1 매출전표의 입력
물류팀 담당자는 출하지시서에 의거하여, 수출면장(수출)과 세금계산서(내수)를 발행하고, 출고내역을 ERP에 입력하면 매출전표가 생성된다.

C4.2 매출전표의 물류팀 승인 CP-4-1
매출전표는 수출인 경우 출하지시서, 수출면장, invoice, packing list, 영세율세금계산서와 함께 잔결권자의 승인을 득하며, 내수매출인 경우 출하지시서, 세금계산서와 함께 전결권자의 승인을 득한다.

C4.3 매출전표 등록 CP-4-2
물류팀장의 승인을 득한 매출전표와 부속서류는 회계팀으로 송부되어 회계팀 담당자의 대사를 거쳐 회계팀분장의 승인을 득한 후 ERP에 매출전표가 등록된다.

D. Fixed asset & Investments－전체 Flow

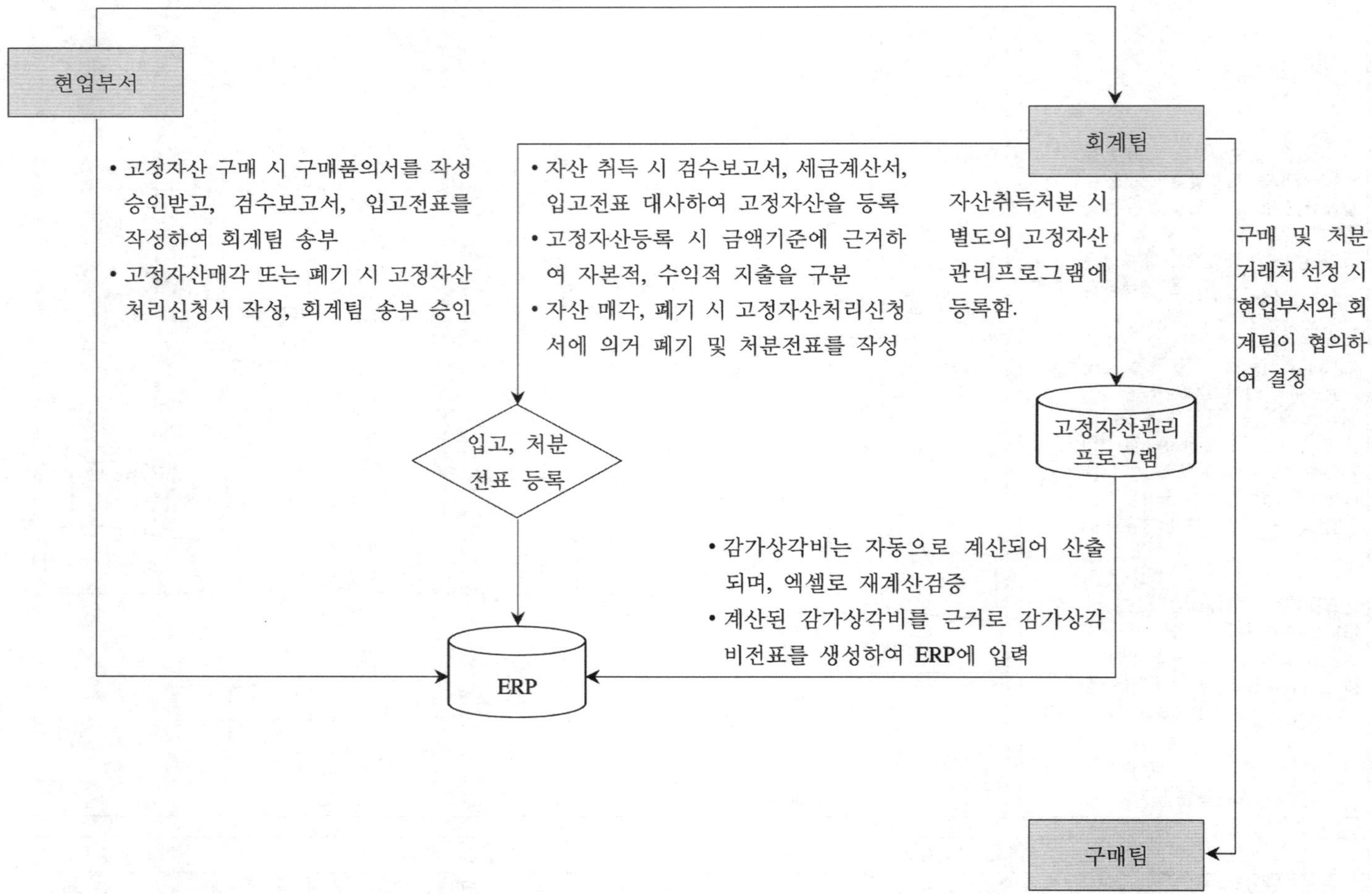

E. Payroll－전체 Flow

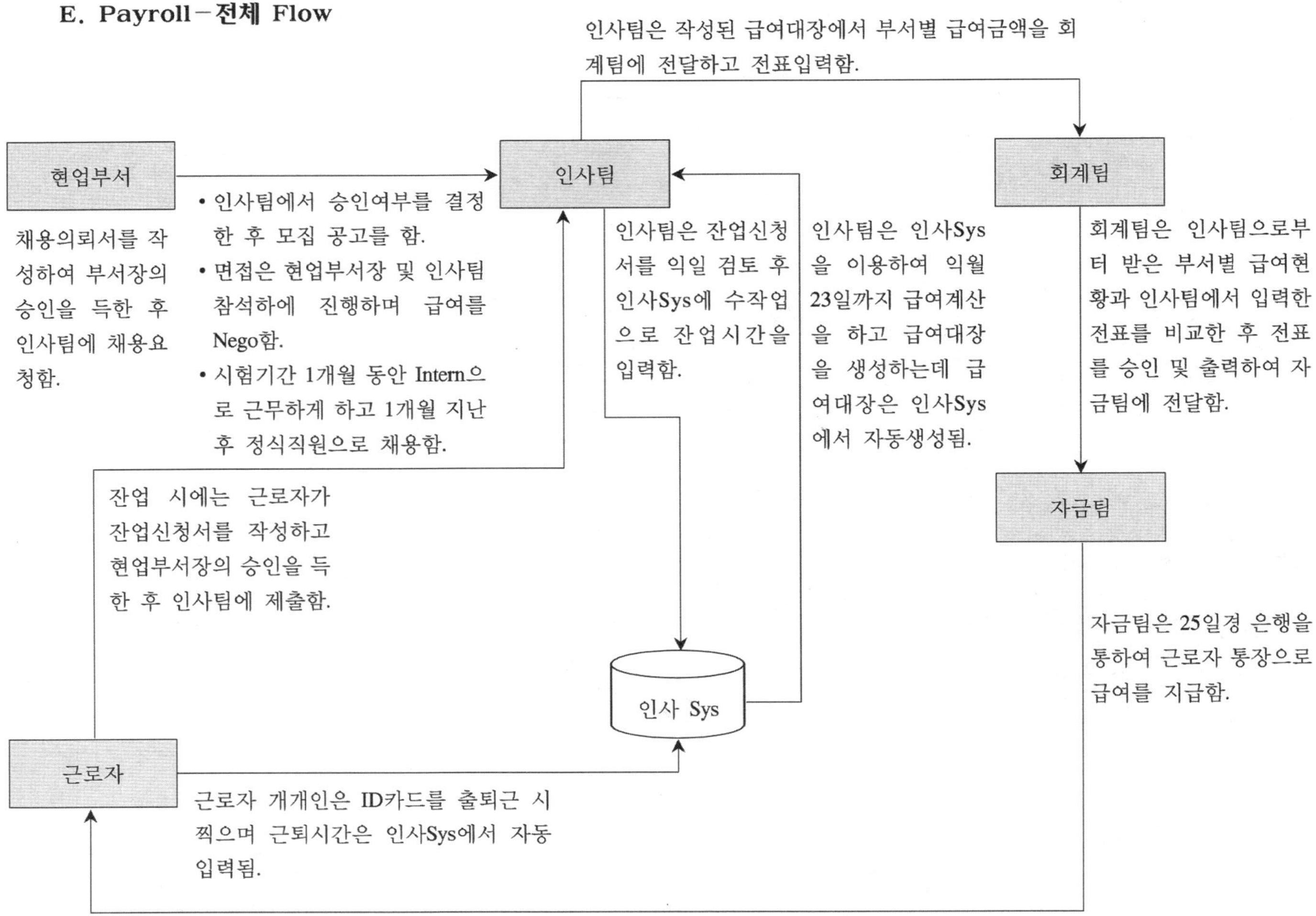

Main Process	Sub Process	세부명칭	통제책임팀	Version
인사	인사관리	채용	인사팀	

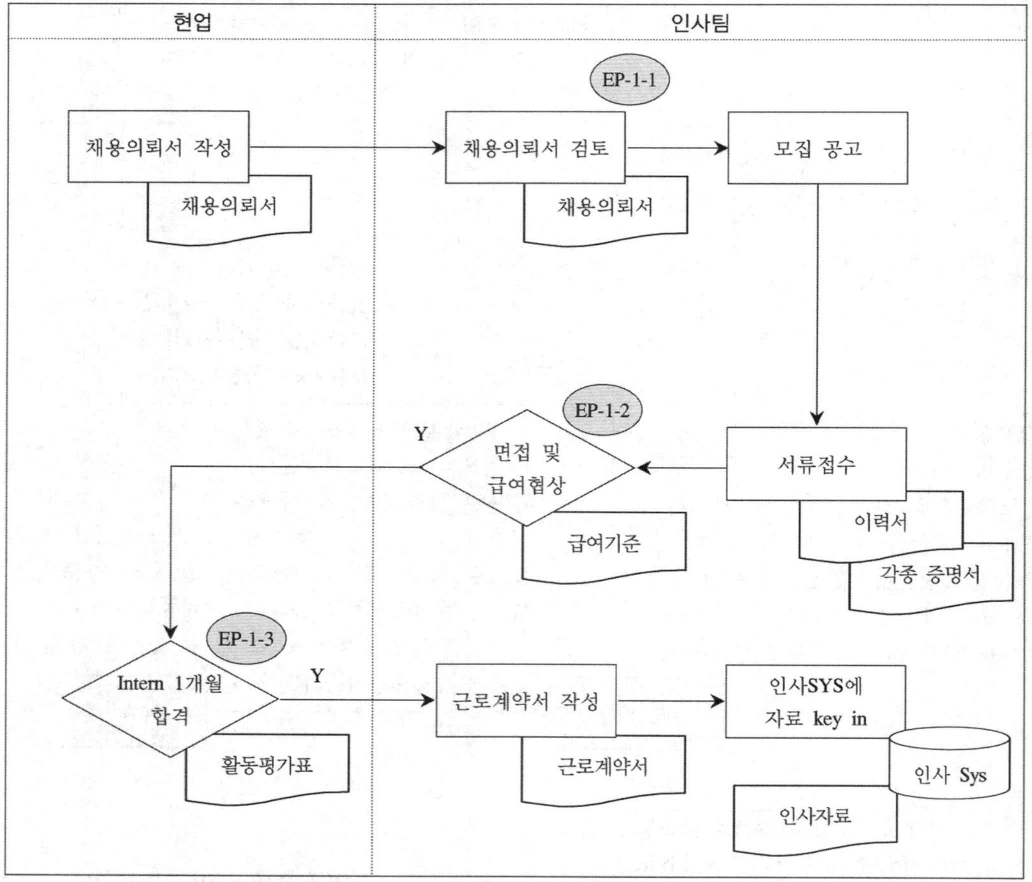

업무활동기술

E.1. 채용

E.1.1. 채용의뢰서 작성
각 현업에서 필요 소요인원에 대하여 채용의뢰서를 작성 부서장 승인 후 인사팀에 인계함.

E.1.2. 채용 및 급여협상 EP-1-1
인사팀은 현업에서 올라온 채용의뢰서를 검토 및 채용 여부 결정 후 모집공고 등을 통하여 인원을 모집하고 급여기준에 맞추어 급여를 협상 및 결정함.

E.1.3. 인턴기간 EP-1-2
채용된 근로자는 1개월간 약 80% 수준의 급여를 받으면서 근무를 하게 되며 1개월의 근무결과에 따라 정식직원으로 채용이 결정됨. 이때 활동평가표가 작성됨.

E.1.4. 인사시스템 입력 EP-1-3
정식직원으로 채용되면 근로자와 근로계약서를 작성하고 인적사항 등을 인사Sys에 등재하고, 근로자별 책정된 급여수준 또한 인사Sys에 입력되면 인사자료가 생성됨.

Main Process	Sub Process	세부명칭	통제책임팀	Version
인사	급여	급여계산	인사팀, 재무/자금팀	

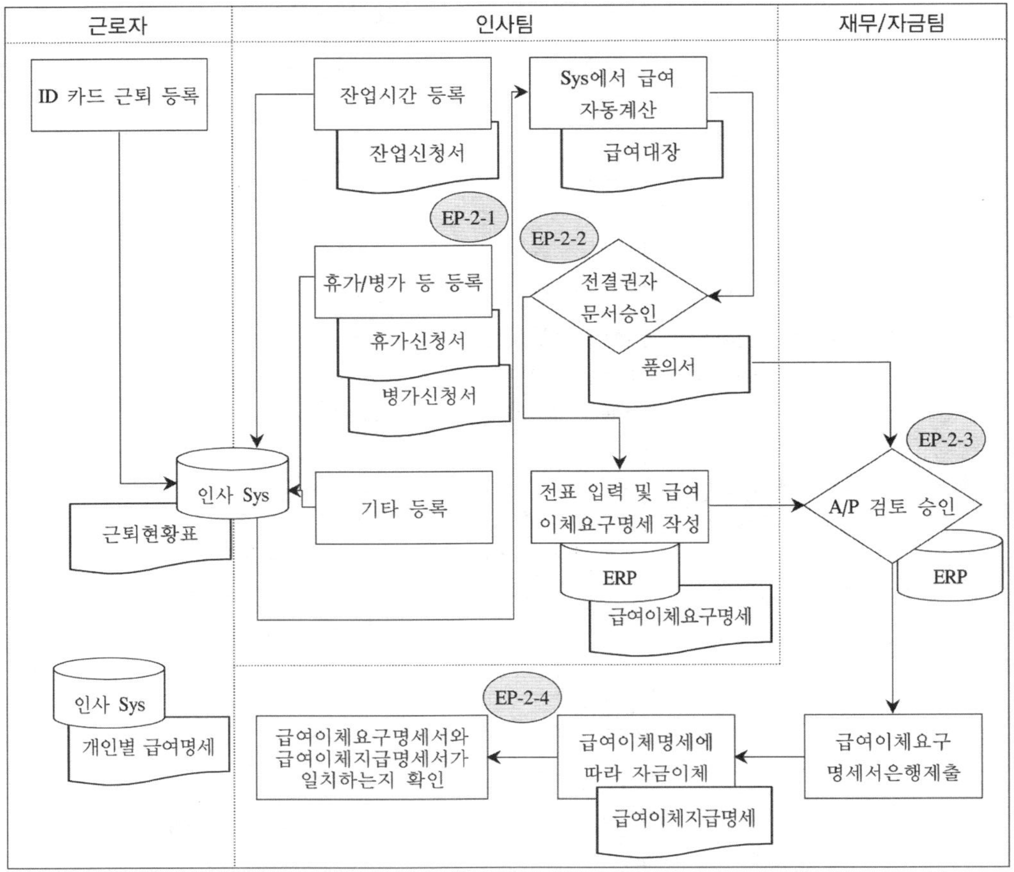

업무활동기술

E.2. 급여계산 및 지급

E.2.1. 급여계산을 위한 Sys 입력 (EP-2-1)
급여계산을 위한 변수들(출근일수, 잔업시간, 휴가, 병가 등)을 인사 Sys에 입력. 입력내용은 상급자의 승인을 받는다.

E.2.2. 급여대장 작성 및 승인 (EP-2-2)
인사Sys에 입력된 변수에 따라 급여대장이 자동적으로 작성되며, 부서별 급여액을 기입한 품의서를 작성하여 전결권자로부터 승인을 받음.

E.2.3. 전표 및 급여이체명세서 작성
인사팀은 급여와 관련된 A/P를 생성하고 급여이체명세를 작성하여 A/P전표와 급여이체요구명세서를 재무팀에 제출함.

E.2.4. 전표 승인 및 급여 이체 (EP-2-3)
재무팀에서는 전표와 품의서를 비교 검토하고 자금팀에서는 급여이체요구명세서에 따라 자금계획을 작성한 후 지급일에 은행에 제출하고 지급 후 은행으로부터 이체지급명세서를 받음.

E.2.5. 급여이체 검토 (EP-2-4)
급여이체요구명세서와 급여이체지급명세 일치하는지 확인, 개인은 개인별 급여명세와 실제 입금된 금액과 일치하는지 확인

F. Treasury－전체 Flow

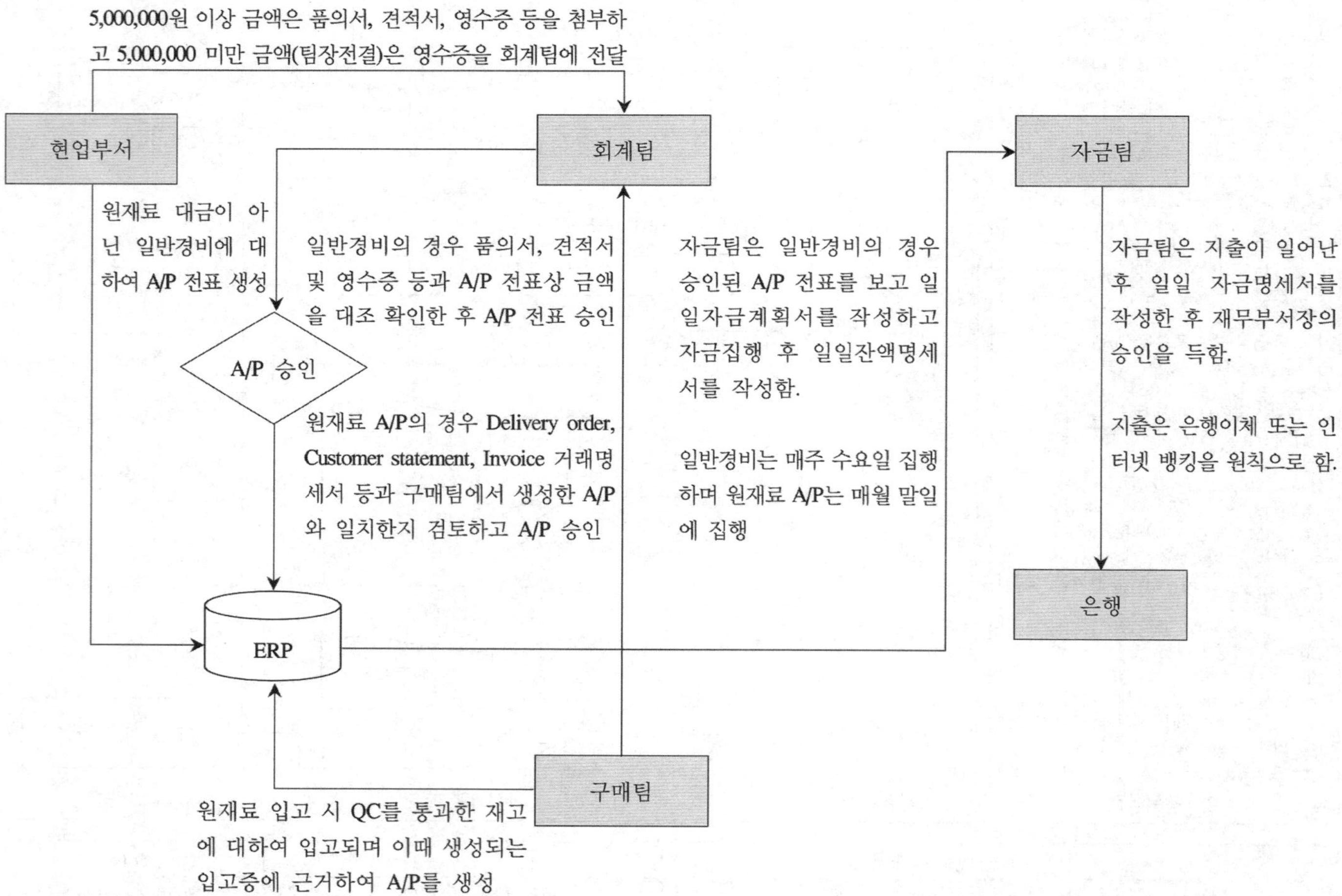

G. Management

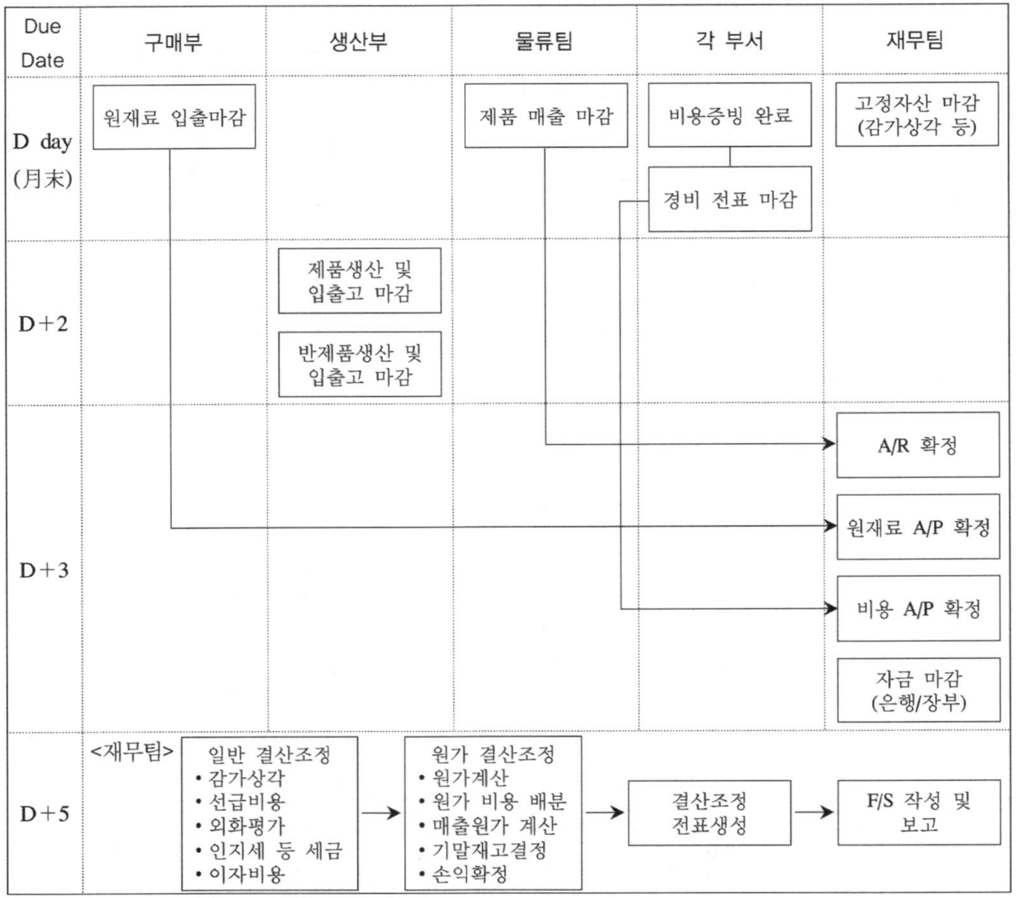

업무활동기술

G-1 결산

G-1-1. 결산공고
재무팀에서는 결산일정을 사내에 공고하고 있으며 사내공고에 따라서 각 부서는 결산을 마치고 있음. 통상적으로 D+5일에 결산이 마감됨.

G-1-2. 기본마감 D-day(매월 말)
매월 말이 D day로서 말일까지 원재료 입출 마감, 제품매출 마감, 일반비용 전표 마감 및 고정자산 마감을 실시함.

G-1-3. 재고수불마감(D+2일)
제품생산 및 입출고 마감 및 반제품생산 및 입출고 마감을 생산팀에서 함.

G-1-4. A/R, A/P 마감(D+3일)
D+3일에는 A/R, 원재료 A/P, 일반경비 A/P 및 자금마감을 하게 되면 일반적인 결산은 완료됨.

G-1-5. 결산마감(D+5일)
결산조정을 하는데 일반결산조정을 먼저하고 후에 원가결산조정을 마치게 됨. 결산조정 전표를 생성하게 되면 F/S가 완성이 되고 재무팀부장 및 본부장의 승인을 득함으로써 완료함.

Main Process	Sub Process	세부명칭	통제책임팀	Version
Management	결산	마감 flow	재무부서	

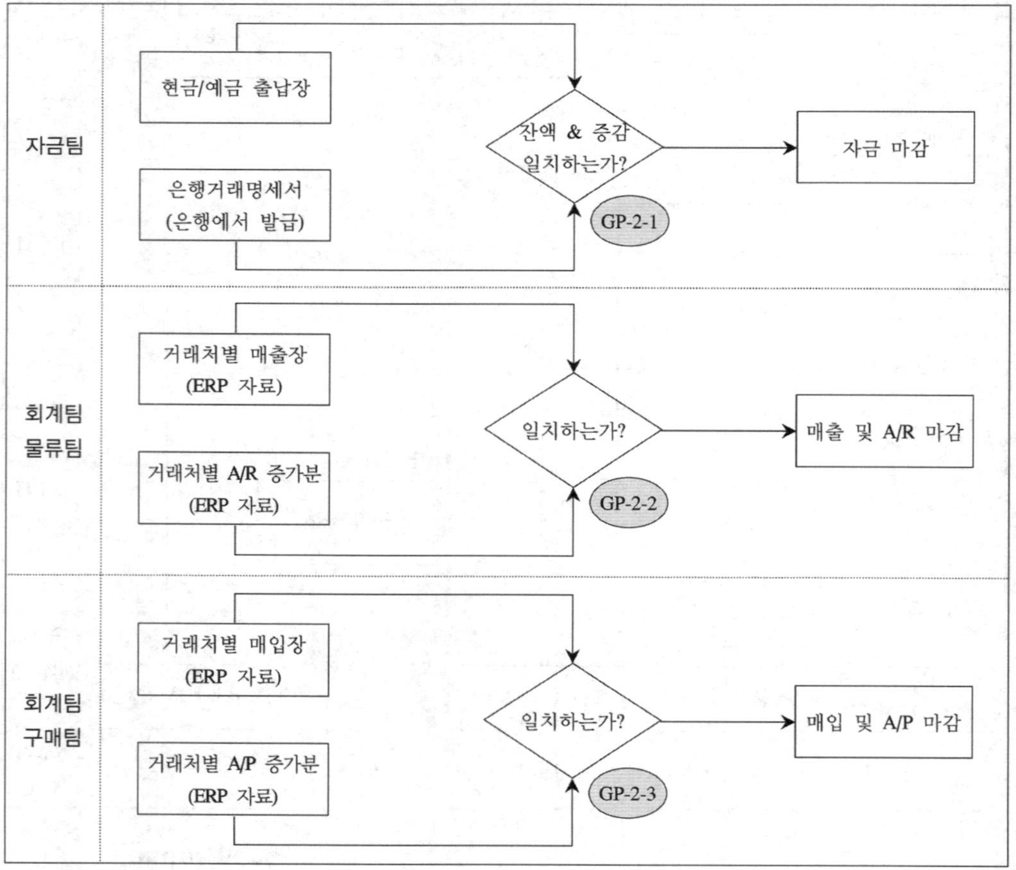

업무활동기술

G-2 마감

G-2-1. 자금마감 (GP-2-1)
현금/예금 원장상 잔액과 은행에서 발급한 은행거래명세서상의 잔액이 일치하는지 확인하고 월 중 증가 감소액이 일치하는지 확인하고 일치하면 자금마감

G-2-2. 매출 및 A/R 마감 (GP-2-2)
매출이 먼저 마감되면 거래처별 매출액 금액이 집계가 되는데 시산표상 거래처별 A/R 증가분과 일치하는지 확인하고 일치하면 A/R 마감을 함.

G-2-3. 매입 및 A/P 마감 (GP-2-3)
제품생산 및 입출고 마감 및 반제품생산 및 입출고 마감을 생산팀에서 함.

G-2-4. A/R, A/P 마감(D+3일)
D+3일에는 A/R, 원재료 A/P, 일반경비 A/P 및 자금마감을 하게 되면 일반적인 결산은 완료됨.

G-2-5. 결산마감(D+5일)
결산조정을 하는데 일반결산조정을 먼저하고 후에 원가결산조정을 마치게 됨. 결산조정 전표를 생성하게 되면 F/S가 완성이 되고 재무팀부장 및 본부장의 승인을 득함으로써 완료함.

Main Process	Sub Process	세부명칭	통제책임팀	Version
Management	경영보고	경영보고 flow	재무팀	

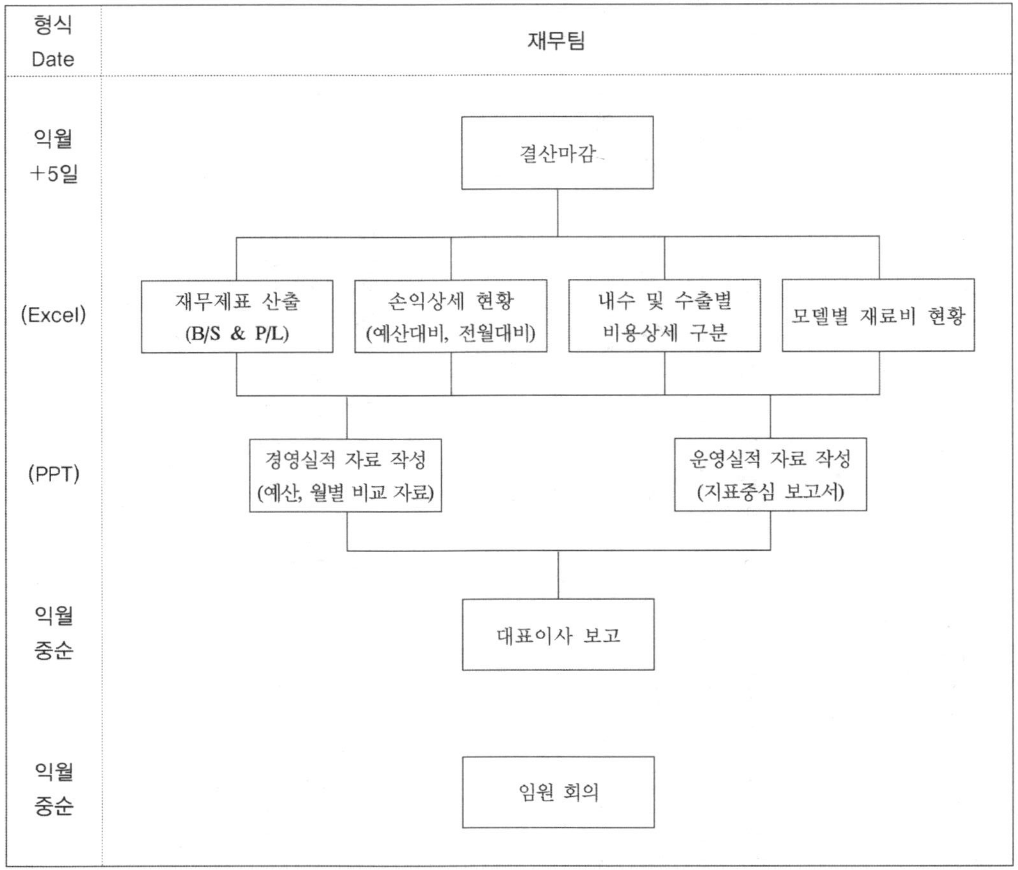

업무활동기술

G-3 경영보고

G-3-1. 결산마감
D+5일까지 전월에 대한 실적 결산 마감이 이루어짐.

G-3-2. 보고 준비자료 작성
경영진 보고를 위한 보고서 작성을 위하여 재무제표, 손익상세현황, 내수/수출별 비용상세 및 모델별 재료비 상세현황을 엑셀로 작성함.

G-3-3. 경영진보고자료 작성
엑셀로 작성된 보고 준비자료를 바탕으로 보고할 PPT자료를 작성함. PPT 자료는 경영실적보고(예산대비, 월대비 실적보고) 및 운영실적 보고(지표관리 관련 보고)로 이루어짐.

G-3-4. 대표이사 보고
익월 중순에 대표이사에게 보고함.

G-3-5. 임원 회의
보고자료를 바탕으로 통상 익월 중순경에 회의를 하며 향후 방향에 대하여 계획을 설정함.

CHAPTER

04 업무감사

1 판매업무감사

(1) 개　요

기업이 망하는 가장 큰 이유는 판매부서의 잘못된 관리에 있다. 판매부서의 경우 전문경영인의 성과 때문에 매출증대에 대한 압력이 대단히 크다. 이러한 경우 판매부서는 대리점과 공모하여 허수매출을 일으키게 된다. 즉 수금은 나중에 할 테니 우선 매출을 좀 받아달라는 공모이다. 이러한 경우 회사의 제품은 고객에게 팔리지도 않고 대리점에 잔뜩 쌓여만 가고, 회사입장에서는 제품이 모두 팔렸다고 착각을 일으켜 또 생산을 하게 되는 것이다.

이런 현상이 몇 년만 반복되면 신규제품이 나와도 고객이 신규제품에 대하여 호감을 갖지 못하며 기업은 계속 위축되고, 능력 있는 직원은 조직을 떠나는 악순환이 반복된다. 그리고 악성채권과 악성재고만 쌓여간다.

그렇다고 새로운 사장이 취임하여도 과감하게 반품처리하고, 재고를 폐기하지 못하는데, 그 이유는 정리하려고 하니까 금융기관에서 자금조달이 불가능해지고 많은 인원을 줄여야 하는 어려움에 봉착하기 때문에 실행을 못하게 된다.

판매업무감사를 수행할 때는 다음과 같은 점에 유의하여야 한다.

- 영업사원별, 지점별로 수금액에 의하여 평가하고 있으며, 수금액에서 자신의 경비(급여, 복리후생비, 판매비, 접대비, 사무실 임차료)를 공제하고, 이 금액에서 다시 제조원가를 차감하여 어느 정도 기여하고 있는지 검토해야 한다.
- 판매 후 6개월 이내 수금하지 못하는 매출액은 반품 처리하여야 하고, 반품에 따른 손실액은 개인의 성과분석에 반영시키고 있는지 검토해야 한다.

- 판매 시 할인 및 Rebate에 대하여는 회사방침이 명확해야 하고, 회사방침을 위배하는 경우에는 즉시 해고할 수 있는 System이 가동되어야 한다.
- 영업사원의 경우 근무시간 중 개인적인 업무를 보는 경우가 많은데 이러한 사항은 판매원 활동일보에서 적출하여 즉시 해고할 수 있는 System이 가동되어야 한다.
- 부도거래처나 장기연체거래처에 대하여 신속하게 채권확보 조치가 이루어졌는지 확인한다.
- 매출채권의 회수 및 장기미회수거래처에 대한 채권확보 조치
- 영업사원의 거래처 관리정도
- 판매촉진정책 및 광고선전의 효과 측정
- 허수매출 또는 가매출의 존재 여부
- 채권회수금액의 유용 여부
- 매출할인 및 Rebate의 적정성
- 반품정책실시의 타당성

04

(2) 판매관리업무 구분

구 분	참고서류	착안점
판매부문 조직화	• 조직도 • 직무분장 규정 • 위임전결 규정	• 판매조직의 비효율성 여부 및 지점의 폐쇄 · 신설 여부 검토
판매방침	• 판매원별 매출표 • 제품별 매출표 • 시장분석자료 • 판매예산	• 시장분석, 제품분석의 타당성 • 판매예산의 달성 가능성 • 판매처의 Credit line적정성 및 채권회수율
판매활동관리	• 판매관리규정 • 판매계약서 • Rebate기준표	• 판매관련서류의 적정한 비치 여부 • 표준판매계약서 이외의 조정사항에 대한 적정성 여부 • 대리점 선정 시의 담보수령 적정성 • Rebate, 덤주기 등의 적정성

구 분	참고서류	착안점
		• 물류비절감 방안 검토 • Claim처리의 신속성 검토
판매원관리	• 판매사원 교육훈련표 • 판매원선발 기준 • 출장보고서 • 거래처 방문일지	• 판매사원의 선발기준의 적정성 • 판매사원이 자사제품에 대한 아는 지식의 정도 • 판매사원의 교육내용이 효과가 있는지 여부 • 출장보고서의 작성 및 상급자와의 토의에 의하여 거래처에 대한 대책이 계속 수립되고 있는지 여부 • 판매사원의 급여체계의 적정성
대리점관리	• 대리점 일람표 • 대리점에 대한 판매단가표	• 대리점에 대한 채권회수기일, 매출할인 약정률, 담보수령 등에 대하여 검토 • 대리점의 점포 Layout, 설계 등의 통일 여부 • 대리점에 대한 지원 사항 검토 • 대리점의 손익상황
제품계획	• 신제품 출시표 • 신제품 연구개발 일정표	• 신제품에 대한 Idea획득 방안 • 경쟁사의 과거 신제품 출시 및 성공 여부에 대한 자료 검토 • 시장을 창조하고자 하는 개척정신의 강조 여부 • 기각제품의 기각사유, 신규제품의 채택사유에 대한 검토 그리고 신제품 실패 시 과거 채택사유에 대한 재검토
판매촉진	• 판매촉진비 사용표 • 판매촉진 계획표	• 판매촉진 활동의 타당성 및 신규매출에의 영향력 정도 • 판매촉진비사용액 중 개인적인 낭비는 없는지 검토
광고선전	• 광고선전 계획표 • 광고선전매체의 선택	• 광고선전의 효과가 명확한지 검토함. 즉 효과도 없이 의례적으로 광고하는 경우도 많음.

구 분	참고서류	착안점
		• 소비자를 명확하게 식별하여 매체를 선택하고 있는지 검토 • 광고선전이 매출로 이어지는지 시차 분석에 대한 검토
거래처관리	• 거래처 신용조사표 • 거래처 Credit Line 및 채권회수 약정표	• 거래처의 신용조사가 제대로 이행되는지 확인 • 거래처의 Credit Line이 수립되어 있고, 초과 시는 추가 판매가 금지되는지 확인
매출채권관리	• Aging Schedule	• 거래처의 신용조사가 주기적으로 이루어지고 있는지 확인 • 부도거래처의 경우 부도발생 사실을 인지하지 못한 사유 및 대책 • 채권회수가 약정일에 신속하게 이루어지고 있는지 확인 • 매출할인, 에누리 모두가 투명하게 공개되어 처리되고 있는지 검토

(3) 판매업무감사 절차지시서

감 사 항 목 : 판매업무감사　　　　작성자____________일자____________
감사대상기간 : ____________　　　　검토자____________일자____________

감사절차	감사조서
1. 판매감사를 위한 자료요청 조직도, 업무분장규정, 판매예산표 대 실적차이분석표, 부실채권현황표, 거래선 선정기준, 판매가격 및 Rebate기준표 등을 징구함. 2. 매출과 매출채권에 대한 비율분석 채권회수기일, 연도별 매출증가율, 1인당 매출액, 주요 거래처별 매출액 추이 등을 분석하여 이상항목 파악 3. 판매예산의 타당성 검토 판매예산의 수립절차 및 금액이 타당하며, 예산 대 실적의 차이원인이 규명되고 있는지 확인	

감사절차	감사조서
4. 판매조직의 효율화 검토 판매조직의 인당매출과 인당경비의 추세를 보아 판매조직의 효율성이 증대되고 있는지 확인 5. 판매방침의 준수성 검토 판매가격의 설정, 판매가격의 할인 여부, 판매수량의 추가제공, 할인 및 Rebate 기준 등에 대한 방침이 명확하고, 방침대로 이행되고 있는지 Sample 추출하여 확인 6. 판매활동관리의 효율성 검토 판매원 활동일보 등을 징구하여 고객 애로사항, 신규거래처 개발, 견본품 배포, Claim처리 등이 제대로 이행되고 있는지 확인 7. 영업사원의 성과분석 영업사원별로 매출 및 비용집계가 제대로 이루어지고 있으며, 성과에 따라 급여 및 상여가 제대로 계산되고 있으며, 영업사원의 선발기준 및 교육훈련이 적정한지 확인함. 8. 판매촉진 정책의 적정성 검토 판매촉진계획표를 징구하여 판매촉진정책에 의하여 증가된 매출규모를 확인하고, 판매촉진비 대비 성과가 있었는지 검토 9. 광고선전의 효율성 검토 광고매체의 선정기준이 적정하고, 광고선전 효과의 측정이 이루어지고 있으며 광고선전에 대한 소비자의 반응이 분석되고 있는지 검토 10. 거래선관리의 타당성 검토 거래선에 대한 신용조사보고서가 제대로 작성되고 있는지, 거래선에 대한 채권의 한도 및 담보물이 거래약정서에 위배되지는 않았는지 Sample 선정하여 확인함. 채권 한도 내에서 추가매출이 이루어지고 있는지도 확인함. 11. 매출채권관리의 적정성 검토 거래처별 Aging Schedule을 징구하여 연체되고 있는 거래처에 대한 조치의 타당성, 불량채권에 대한 회수노력, 거래처별 잔액의 타당성을 확인하기 위해서 조회서 발송, 현지거래선 방문, 전화확인 등을 실시함. 12. 담보관리의 타당성 검토 담보물건대장을 징구하여 담보물건의 감정가액의 타당성, 담보설정 시의 순위 등을 검토함. 거래금액이 큰 거래처, 연체된 거래처, 거래 중단된 거래처에 대한 담보물건에 대하여 집중적으로 조사함. 13. 채권 사후관리의 적정성 검토 불량거래처, 부도 예상거래처, 부도거래처에 대한 관리가 이루어지고 있으며, 부도 후 즉시 채권확보 조치가 이루어졌는지 그리고 부도에 대한 담당자의 책임귀속이 명확하게 이루어지고 있는지 조사함. 필요시 거래처 방문하여 회수가능성 조사함.	

(4) 판매업무감사 질문서

감 사 항 목 : 판매업무감사　　　　　　작성자__________일자__________
감사대상기간 : __________　　　　　　검토자__________일자__________

질문서	Yes/No
(1) 판매이념, 방침, 목표를 명확히 결정, 그것이 조직 전체에 철저히 주지되고 있는가?	
(2) 판매부문에 있어서 판매계획 기능은 완전한가? 또 능률적으로 수행되고 있는가?	
(3) 판매부문과 생산부문의 제휴·조정은 합리적이고 능률적인가?	
(4) 판매계획과 판매목표의 할당 또는 설정과정상의 연관은 합리적으로 진행되고 있는가? 또한 성과의 획득으로 연결되어 효과적으로 기능을 발휘하고 있는가?	
(5) 판매계획과 판매실적과의 상호관계를 충분히 검토·비판·평가하고 있는가?	
(6) 판매조직은 기업의 목적, 규모, 판매능력 등에 비추어 합리적으로 편성되고, 운용되고 있는가?	
(7) 판매원의 능력, 교육훈련, 인사계획, 평가 등은 타당한가?	
(8) 판매관리규정은 실정에 맞게 합리적으로 제정·운용되고 있는가? 또한 규정의 개폐는 능률적으로 되고 있는가?	
(9) 판매처에 대한 여신한도액의 설정·개폐 등은 타당한가?	
(10) 판매원의 능력수준은 어느 정도인가? 그 평가는 공정·타당한가?	
(11) 거래처 분석(판매처조사, 경영자조사, 경영추이, 지불능력조사, 재무제표분석 등)을 판매활동에 효과적으로 활용하고 있는가?	
(12) 시장조사, 판매촉진, 광고선전과 판매활동과의 연계성은 완전한가?	
(13) 판매가격, 판매기준, 판매상품 등은 시장의 실태에 적합하게 되어 있는가? 또한 판매부문은 판매기준 및 가격을 성실히 준수하고 있는가?	
(14) 외상매출금계정 분석은 효과적으로 실시되고 있는가?	
(15) 새로운 마케팅의 연구와 그 실천은 효과를 올리고 있는가?	
(16) 물류 Cost의 절감이 적극적으로 실시되고, 소기의 효과를 올리고 있는가?	

04

(5) 판매업무감사 Check Point

구 분	관련문서	Check Point
주문수령	거래처의 구매요청서 판매지시서	• 주문수령이 취소되었거나, 반품된 사항을 조사한다.
거래처 신용평가	신용평가서	• 신용조사서가 제대로 작성되고 채권의 한도 및 담보가 거래계약서에 위배되지 않는지 조사한다.
선적 · 운반	세금계산서(=매출송장 : Sale Invoice) 거래명세서(=Packing Slip)	• 출고(선적) · 운반이 잘못되거나 지연되거나 운송 중 파손된 사항에 대하여 조사한다.
대금청구	거래처 원장	• 계약조건보다 늦게 대금청구된 것은 없는지 조사한다.
매출채권관리	거래처 원장	• 거래처 중 부도발생, 장기미수거래처 및 정상 거래처의 회수 가능성에 대하여 조사한다.
대금회수	대금수금관리표	• 대금회수 시 횡령사실에 대하여 조사한다.
입금관리	입금표	• 입금일자가 지연된 사항에 대하여 조사한다.

2 구매업무감사

(1) 개 요

구매업무의 경우 항상 구매하는 입장이기 때문에 상대처보다 우위에 서게 된다. 이러한 경우 물품공급자는 어떻게 하든 판매하기 위하여 구매담당자에게 접대하고, 금품을 제공할 수도 있다.

윤리의식이 부족한 구매책임자의 경우는 유사조건이면 특정업체를 지원할 수도 있다. 기업의 입장에서는 가장 저렴한 가격에 가장 품질이 좋은 물품을 적시에 공급받을 수 있는 시스템을 구축해 놓아야 한다. 따라서 구매는 항상 2~3군데에서 받고, 정기적으로 가격조사를 실시하며, 물품이 입고 시에는 철저하게 품질검사를 실시하며, 구매담당자의 경우는 주기적으로 인사이동시키고, 거래처로부터 상품권 등을 수령하는 경우에는 회사에 신고하고, 거래처에도 대표이사명의로 어떠한 접대도 금지하고, 선물도 금지한다는 공문을 납품처에 발송하는 제도가 필요하다.

구매업무감사는 다음과 같은 사항에 중점을 두어야 한다.

- 구매처 선정기준의 타당성
- 계속 구매 시 계속 구매하는 사유 및 정기적인 가격협상의 적정성
- 구매단가에 대한 정기적인 시장조사
- 구매물품의 품질정도 검토
- 구매대금 지급조건의 수립 및 준수정도
- 구매 시 납기의 적정성 및 구매단위의 적정성
- 구매발주 시의 누락 여부

(2) 구매관리업무 구분

구 분	참고서류	착안점
공통사항	• 직무분장규정 • 조직도 • 최근 인사이동표 • 위임전결규정 • 구매규정 • 구매흐름도	• 구매업무의 분장과 권한은 적정하며, 주기적으로 Rotation하는지 여부 • 구매규정이 수립되어 있고 구매규정을 준수하며 구매하는지 검토
발주사항	• 구매규정 • 주문서, 구매청구서	• 구매청구는 문서로 하고, 청구부서의 책임자가 승인하는지 검토 • 발주는 구매부서에서 하며, 구매선 선정기준은 적정한지 확인 • 구매가격은 항상 경쟁입찰방식에 의하는지 검토

구 분	참고서류	착안점
		• 구매가격 결정 시 시장조사를 하여 가격의 적정성을 확인하는지 검토 • 계속 구입품의 경우 주기적인 가격 교섭을 하는지 여부
검 수	• 검수보고서, 납품서 • 주문서, 구매청구서 • 창고대장 • 반품전표	• 검수기준은 명확하게 설정되어 있고, 납입품은 납품서 및 주문서와 대조·확인되는지 검토 • 입고품이 주문서와 상이하면 신속하게 구매부서로 통보하는지 여부 • 반품은 신속하게 이루어지고 반품수령서를 상대방으로부터 승인받고, 상대방 회사에 신속하게 통보하는지 검토
입 고	• 검수전표 • 창고대장	• 검수 후 창고로 입고하면서 인수인계 절차가 명확한지 확인 • 입고 시 신속하게 창고대장에 기재되는지 확인
매입채무계상	• 매입전표 • 매입장 • 재고대장	• 검수완료 후 외상매입금계상이 적정한지 확인 • 매입전표는 주문서와 대조 확인되는지 검토 • 매입장과 재고대장의 일치 여부 확인 • 구매선에 대한 매입채무의 정기적인 조회실시
지 불	• 매입처원장 • 지급규정	• 지불은 반드시 장부에 계상된 매입채무를 확인하고 지급하는지 검토 • 지급전표의 지불에 앞서 회계책임자의 검토 여부 확인 • 대금지불조건을 위배하고 조기에 지급하는 거래처의 유무

(3) 구매업무감사 절차지시서

감 사 항 목 : 구매업무감사　　　　　　　　　　작성자____________일자____________

감사대상기간 : ____________　　　　　　　　　　검토자____________일자____________

감사절차	감사조서
1. 구매감사를 위한 자료요청 업무분장규정, 위임전결규정, 구매처 선정기준, 시장조사 자료철, 구매규정 등을 징구함. 2. 주요 자재의 구매단가 분석 주요 자재의 구매량과 구매단가의 추세를 검토하여 이상항목을 파악 3. 구매업무분장의 적정성 구매 시 항상 2곳 이상에서 견적을 받고, 구매담당자가 아닌 다른 사람이나 상급자가 거래선을 승인하는 업무분장이 되어 있는지 질문하고 관찰함. 그리고 구매담당자는 주기적으로 Rotation하는지 확인함. 4. 구매방침의 준수성 검토 구매 시의 구매단가 결정, 구매처의 선정, 대금지급 등에 대한 방침이 명확하고, 방침대로 이행되고 있는지 Sample 추출하여 확인 5. 구매발주업무의 적정성 검토 검수보고서, 구매청구서를 징구하여 구매청구는 현장에서 하고, 거래선 선정기준에 따라 구매부문이 발주하고, 발주가격은 항상 경쟁입찰 방식이었는지 질문하고 확인함. 그리고 계속 구입품의 경우 정기적인 가격교섭의 실시 여부 검토 6. 검수업무의 적정성 검토 납품서 또는 검수보고서를 징구하여, 반드시 검수부서의 검수를 받은 후 불량의 경우는 반품절차를 올바로 취하고 있는지 확인 7. 입고업무의 적정성 검토 검수되고 나면 즉시 창고로 입고되고, 창고에서 입고 시 수량을 다시 한 번 Check하고 있는지 확인 8. 매입채무의 적정성 검토 매입채무에 대하여 구매선에 전화를 하거나, 조회서를 발송함. 그리고 납품서, 검수보고서, 거래명세서 등과 대조한 후 장부에 계상하는지 확인 9. 지급업무의 적정성 검토 지급조건에 맞추어 지급하는지, 타 업체에 비추어 지급기간은 적정한지 확인 10. 시장조사의 실시 여부 더 좋은 가격에, 더 좋은 품질의 자재를 구매하기 위한 노력이 있는지 확인하고, 노력했다면 절감효과가 얼마인지 확인함.	

감사절차	감사조서
11. 구매 시 납기의 적정성 납기지연 시 무슨 보고서가 작성되며, 납기지연에 따라서 무슨 조치가 취해졌는지 확인 12. 구매담당자의 부정 여부 구매처로부터 Rebate를 받거나, 선물을 받는 경우 회사에 신고하는 제도가 제대로 운영되고 있는지 확인함. 신고하지 아니한 뇌물이 적발되는 경우에는 즉시 해고함.	

(4) 구매업무감사 질문서

감 사 항 목 : 구매업무감사　　　　작성자__________ 일자__________

감사대상기간 : __________　　　　검토자__________ 일자__________

질문서	Yes/No
① 구매방침은 명확히 되어 있는가? ② 구입가격의 인하를 꾀하고 있는가? ③ 내부견제조직은 효과적으로 기능이 발휘되고 있는가? ④ 구매계획은 시장조사를 충분히 하고, 또한 생산의 요구량과 재고량을 조정하여 헛수고가 없도록 하고 있는가? ⑤ 자재의 재고파악은 소정의 절차에 따라서 정확히 하고 있는가? ⑥ 부정행위가 용이하게 발견되고 배제되는 시스템이 확립되어 있는가? ⑦ 구매 시 납기가 제대로 지켜지고 있나? ⑧ 구매가격과 품질은 적정한가? 이를 위해서 2곳 이상에서 견적을 받고, 계속적으로 시장조사를 하고 있나? ⑨ 구매처의 결정은 우량구매처 선정기준에 따라 하고 있나? 신규구매처의 경우 임원·종업원의 친구나 친·인척인 거래처는 없나? ⑩ 구매담당자가 Rebate나 선물을 받으면 모두 회사에 보고하는가? ⑪ 구매담당자가 구매선을 방문 시에는 반드시 2인 이상이 같이 가야 하고 방문 후에는 방문일지를 기록하는가? ⑫ 구매담당자에게 선물을 제공하면 즉시 거래가 중단된다는 공문을 주기적으로 발송하는가? 그리고 특별한 사유 없이 거래선이 변경되는 경우에 본사 감사팀으로 서면 탄원이 가능하다는 사실도 발송하는가?	

(5) 구매업무감사 Check Point

Check Point	Check
(1) 자재수급계획 • 자재기준 소요량과 기준공정표의 점검 • 생산계획과 자재조달의 적시성 • 자재재고수준의 적정성 • 내제품의 제작기간과 생산계획에 따른 자재소요 기간의 적합성 • 자재구매예산의 타당성 • 자재수급계획의 예산과 실적의 차이분석 • 자재품질선택의 기준설정 여부 확인 • 생산변경에 따른 자재조달 대처방안 검토(구매요구, 납기설정, 입고통제 등) • 연관부서 간의 업무절차 파악 • 재고자산 추세파악 및 회전율 파악 (2) 구매요구 • 자재구매요구절차의 내부통제 점검 • 자재구매요구부서의 납기준수 검토 • 구매요구의 사양과 적합한 구매 여부 확인 • 사양변경 및 취소의 적정성 • 구매요구의 통제, 확정 변경 및 취소의 적당성 • 구매요구량 변경 시의 확인절차의 타당성 • 구매요구에 따른 미결, 발주 검토 • 수시구매요구와 정기구매요구의 전결권 검토 (3) 발주관리 • 원부자재 발주절차 파악 • 업체선정기준 검토 ① 일반자재 거래업체선정 ② 외주업체선정 • 견적과 계약사항 검토 ① 거래기준계약서 검토 ② 견적서 검토 • 구매발주서 관리 ① 구매발주서의 pre－numbering 검토 ② 구매발주서의 전결권 검토 ③ 구매발주서부본의 통제업무의 적합성 －QC의 검수자료 활용 －경리의 대금지급확인용 활용(구매발주서와 납품조서의 대조확인)	

Check Point	Check
④ 구매요구 없는 구매발주서 유무확인 ⑤ 구매발주서의 미결검토 ⑥ 발주정정의 타당성(취소, 정정) 　－사양설변 시의 발주타당성 ⑦ 납기관리 　－납기의 분할, 변경 지정 시의 납기준수 　－ABC분류에 따른 품목별 납기관리 　－설변(設變), 생산종료 시의 납기 통제방법 　－결품자재관리절차 검토 　－납품독려체제 검토 ⑧ 경제적 발주단위 검토 ⑨ 신규업체 개발업무 　－가격경쟁력 검토 　－개발부품의 개발비 검토 　－추가발주 시 납기준수 검토 　－부품개발능력(국산화 개발) 　－발주 후 개발진도 Check 　－관련업체의 재하청 유무 검토 　－업체평가내역 검토 　－업체기술 및 경영지원 (4) 자재구매 가격관리 (5) 협력업체관리 • 업체생산능력, 품질관리등급 평가기준 검토 • 업체등록절차 검토 • 납품불이행 업체관리(품질/협력/기술) • 납품실적평가 검토 • 납품 후 불량품관리 • 업체평가의 보상제도 검토 　－발주량 조정 　－대금지급 조건 　－검사제도 • 업체지도 육성 • 업체전도자금 지원 • 기본거래계약 체결	

3 제조업무감사

(1) 개 요

생산부서의 경우 작업자의 부주의나 고의적인 태업 시 회사에 치명적인 손실을 가져온다. 가령 접착제를 칠하는 경우도 1번에 정확하게 칠하면 될 것을 2~3번씩 칠해서 재료를 낭비하고 불량을 유발하는 경우도 있다. 또 야근 작업의 경우도 2명이 할 수 있는 업무를 4명이 하는 경우도 자주 있다.

그리고 자신이 작업하면서 후공정에 가면 불량이 될 수 있다고 알면서도 귀찮으니까 그냥 차공정으로 보내는 경우도 자주 있다. 또 볼트·너트의 경우도 하나하나 주의해서 사용하면 구입량으로 충분한데도 땅에 떨어뜨리는 것을 줍지 아니하여 또다시 많은 양을 구매하는 낭비도 자주 발생한다.

제조업무감사에서는 이러한 눈에 쉽게 보이지 않는 잘못을 바로잡을 수 있어야 한다. 그리고 수율이 나빠지면 대부분의 원인을 재료상의 문제로 돌린다. 또 생산계획의 변경으로 원가가 상승하면 생산부서는 판매부서의 잘못된 수주책임으로 돌리고, 판매부서는 고객책임으로 돌린다.

제조업무감사를 수행할 때 다음과 같은 점에 유의하여야 한다.

- 부품구성표(BOM)가 수립되어 있어서 재료과다사용이 검토되어야 함.
- 작업공수가 제품별·공정별로 수립되어 있어 작업자의 능률이 측정되어야 함.
- 생산계획과 판매계획의 부조화 시 책임귀속 문제
- 공정 중 병목현상이 발생하는 공정의 개선방안
- 불량률, 수율의 원인분석

(2) 생산 및 생산관리업무 구분

구 분	참고서류	착안점
생산계획	• 가동률 • 생산일정표 • 인원배치도 • 설비고장률	• 생산일정계획의 잦은 변경으로 눈에 보이지 않는 손실이 측정되는지 확인 • 판매계획과 생산계획의 조정은 적정하게 이루어지고 있는지 확인

구 분	참고서류	착안점
	• 생산계획표	• 생산계획과 구매계획·외주계획의 조정은 적정한지 확인 • 소요공수에 대한 보유공수의 조정은 누가 적정하게 하나
자재계획	• 자재계획표 • BOM • 재고대장 • 외주계획표	• 재고보유수준을 파악하고 있고 생산계획에 따라 자재가 조달되어 투입되는 흐름에 이상이 없는지 확인 • 자재의 보관이 양호하고, 실제수량이 신속하게 파악되고 있는지 확인 • 자재구입 시 좀 더 싸고 좋은 자재를 구입하기 위해서 노력하고 있는지 확인 • 외주방침, 외주단가, 외주처 지도·관리 등이 적정한지 확인
작업관리	• 작업표준서 • 작업일지 • 교육훈련계획 • 작업개선실적표 • 공정배치도 • 인원배치도	• 생산작업의 표준화가 이루어져 있고, 생산성이 안정되어 있는지 확인 • 작업의 표준시간이 Set-up되어 있어 관리수단으로 활용하고 있는지 검토 • 생산성 향상을 위한 지도교육이 제대로 이행되고 있는지 확인 • 작업개선이 적극적으로 이루어지고 있으며, 제안제도가 활성화되어 있는지 확인
운반관리	• 설비배치도 • 공정흐름도	• 운반 시의 동선을 최소화하도록 설계되어 있는지 확인함. • 거리, 시간, 경로 등을 검토하여 운반 Cost에 대한 분석이 이루어지고 있는지 확인
공정관리	• 납기지연 List • 진도관리표	• 납기지연으로 거래처로부터 불평·불만을 받은 경우는 없는지 확인 • 지연의 보고, 대책처리는 신속하게 이행되고, 근본원인이 규명되는지 확인 • Line Balance가 제대로 이루어져 병목 Line이 없는지 검토

구 분	참고서류	착안점
		• 공정 간의 현품인수도 시 책임소재가 명확한지 확인 • 공정 중의 재고가 적정하게 보관되는지 확인
품질관리	• 불량률 자료 • Claim 자료 • 검수기준서	• 전사적으로 품질향상을 위해서 노력하고 있는지 확인 • 공정 간 이동 시 불량이 중간단계에서 파악되는 기능이 있는지 확인 • 불량의 원인은 규명되고 개선방안이 도출되고 있는지 확인
원가관리	• 원가계산서 • 차이분석표 • 원가계산규정	• 원가계산이 실제원가를 잘 반영하도록 고안되어 있는지 확인 • 원가계산이 신속하게 이루어지고 있는지 확인 • 표준원가제도를 사용하여 차이원인을 분석하고 있는지 확인 • 원가관리기법(VA기법)을 계속적으로 교육하고, 적용하고 있는지 확인

04

(3) 제조업무감사 절차지시서

감 사 항 목 : 제조업무감사　　　　작성자__________일자__________

감사대상기간 : __________　　　　검토자__________일자__________

감사절차	감사조서
1. 생산감사를 위한 자료요청 인원현황, 표준원가표, 생산일 · 월보, 수율표, 기계가동시간표, 재고수불부, 공정흐름도, 작업지시서, 공장배치도, 품질관리도표 등을 징구함. 2. 생산관리지표의 분석 인당노동생산성, 수율, 제조단가 등을 분석하여 생산관리상의 이상항목을 파악함.	

감사절차	감사조서
3. 생산계획의 적정성 검토 생산계획의 변경으로 생산에 차질이 발생한 경우 변경의 이유 및 손실액에 대하여 검토함. 4. 자재관리의 적정성 검토 생산계획에 따라 자재계획이 수립되고 있으며, 공장에서의 자재관리가 적정하게 이루어지고 있는지 검토 5. 작업관리의 적정성 검토 작업표준이 정립되어 있고, 작업표준대로 교육시키고 작업개선을 위해서 노력하고 있는지 검토함. 6. 공정관리의 적정성 검토 중간에 불량이 발생하는 경우 책임공정이 구분되고 있으며, 기계가동의 중단으로 손실이 발생하는 경우 가동중단의 원인이 규명되고, 대책이 수립되었는지 검토 그리고 병목현상이 발생하는 공정에 대하여 개선한 노력이 있는가 확인 7. 품질관리의 적정성 검토 불량률에 대하여 관리하고 있으며, 불량의 원인을 계속적으로 제거하고 있는지 검토 8. 원가관리의 적정성 검토 표준원가와 실제원가의 차이가 분석되며, 원가절감을 위해서 어떠한 노력을 하고 있는지 확인함.	

(4) 제조업무감사 질문서

감 사 항 목 : 제조업무감사　　　　작성자__________ 일자__________

감사대상기간 : __________　　　　검토자__________ 일자__________

질문서	Yes/No
〈생산계획의 입안방식〉 ① 장기계획에서 단기계획으로 단계적으로 입안되어 있는가(몇 개월분까지 확립되어 있는가)? ② 월별계획이 확립되어 있는가, 월말이 다 되어서 결정하거나 예정변경이 자주 일어나고 있지는 않은가? ③ 계획입안에 필요한 기초자료가 정비되어 있는가(작업시간, 가동률, 기준일정 등)? ④ 계획입안의 절차방식은 정당한가(누가 어떤 절차에 의해 입안하고 있는가)?	

질문서	Yes/No
⑤ 각 부문관계자는 입안에 어느 정도 참가하고 있는가(생산회의 · 작업장 회의 등에 운영상황)?	
〈종합계획의 내용〉 ① 판매계획과의 조정은 적절하게 이루어지고 있는가(무계획한 수주에 의해서 생산계획이 무너지고 있는 일은 없는가, 수주생산의 공백을 계획생산으로 조정하고 있는가)? ② 생산계획과 예산(자금계획)에 의해서 뒷받침되고 있는가(지급 면에서 구매계획에 혼란을 가져오는 일은 없는가)? ③ 생산계획과 외주계획과의 조정방법은 적당한가(자공장에 여력이 있는데 외주로 내고 있는 일은 없는가, 외주품의 입고지연 때문에 일정이 늦어지고 있는 일은 없는가)? ④ 생산계획에는 설계나 구매외주의 일정이 무리 없이 고려되고 있는가? ⑤ 신제품계획 또는 확장계획은 적당한가(건물 · 기계나 치공구의 조정계획, 공수계획과 인원계획 · 공수저감과의 조정, 자료준비 등)?	
〈세부계획의 입안방법〉 ① 공정계획에 의해 가공공정의 순서 · 방법이나 표준시간을 지정하고 있는가(그것은 작업전표에 명기되어 있는가)? ② 완급순위를 정하는 방법은 적당한가(공정 간의 여유나 조립순서, 작업프로그램수 등을 고려하고 있는가)? ③ 작업장별 · 공정별 공수를 산정해서 계획을 세우고 있는가, 공수의 과부족(인원 · 기계 등)의 대책은 적당한가? ④ 생산계획표는 자세히 지시되어 있는가(작업장별 · 조별 · 일별 또는 제품별 · 부품별 · 공정별 등으로 구분)? ⑤ 재료나 외주에 대해서 그 소요량이나 입고월일이 명시되어 있는가?	
〈진도관리〉 ① 생산계획 또는 작업명령의 지시방법은 적당한가(그것은 각 직장이나 담당 작업자에 철저히 주지되어 있는가, 작업전표에는 예정이 자세히 기재되어 있는가)? ② 진도표(작업진행대장)의 기록방법은 적당한가(공정별로 진도를 알 수 있는가, 예정과 실적이 비교 대조되어 있는가, 그것은 그래프식으로 표시되어 있는가)? ③ 지연작업의 회복대책은 적당한가(지연건수는 많은가, 지연의 주요 원인은 무엇인가, 대책은 신속하게 취해지고 있는가)? ④ 생산은 계획대로 이루어지고 있는가(실적과 계획에 큰 차이가 있는가, 월말에 몰려서 생산되고 있지 않는가)?	

질문서	Yes/No
⑤ 계획변경이나 지연작업에 대한 조정은 적당한가(계획에 없던 공사나 계획 변경이 많은가, 매주 또는 매월마다 세부계획의 수정을 하고 있는가)?	
〈인력(공수)관리〉 ① 작업장별, 공정별로 공수계획을 행하고 있는가(작업분배를 현장에만 맡겨두고 있지 않는가)? ② 일일계획에 대한 사람이나 기계능력의 조정방법은 적당한가(잔업, 작업의 이동, 인원의 이동, 외주의 조정 등)? ③ 개인별(기계별) 할당방법은 적당한가(다음 작업계획이나 보유작업량을 알고 있는가)?	
〈현품관리〉 ① 재공품의 관리는 확실하게 이루어지고 있는가(무엇이, 어디에, 몇 개 있는지 알고 있는가)? ② 현품의 인수인계방법은 확실한가(현품표 · 이동표 · 발송전표 등이 사용되고 있는가)? ③ 재공품의 보관상태는 적당한가(보관 또는 방치해 두고 있는 사이에 분실이나 파손의 위험은 없는가, 용기나 선반의 양식은 적당한가)?	
〈실적자료관리〉 ① 매일의 생산량과 작업시간을 기록하고 있는가(생산계획에 필요한 실적자료가 파악되어 있는가, 그것은 정확한가)? ② 생산실적은 누가 기록해서 보고하고 있는가(기록자 또는 기록양식은 적당한가)? ③ 실적은 충분히 이용되고 있는가(생산계획이나 원가계획에 이용하고 있는가, 이용방법은 적당한가)?	
〈관리기구와 제도〉 ① 중앙사무소에서 현장을 완전히 파악하고 있는가(사무소가 현장으로부터 떨어져 있지 않는가)? ② 계획적 · 통일적으로 관리가 이루어지고 있는가(각 부문의 움직임에 통일이 결여되고 있지는 않는가, 현장에만 맡기고 있지 않는가)? ③ 생산회의나 진행회의의 운용은 적당한가(계획입안이나 진척에 있어서 관계자의 의견이 받아들여지고 있는가)? ④ 사용되는 장부나 양식은 적당한가(그것은 생산형태에 알 맞는가, 사무절차가 너무 번잡하지 않은가, 예정표나 진도표는 그래프식으로 작성할 수 없는가)? ⑤ 사무절차는 신속히 처리되고 있는가(명령이나 보고가 신속히 전달되고 있는가, 지연이나 사고대책은 신속히 처리되고 있는가)?	

(5) 제조업무감사 Check Point

Check Point	Check
① 외주이용계획을 생산계획의 일환으로 고려하고 있는가, 내 · 외주 구분의 기준은 명확한가? ② 설비투자와 레이아웃계획은 효과적으로 실시되고 있는가, 그것은 신제품개발이나 경영계획과 유기적으로 연결되어 있는가? ③ 일정계획에 의해 가공방법 · 공정순서 · 작업시간 · 사용기계 · 치공구 등을 결정하고 있는가? ④ 계획입안에 필요한 자료가 정비되어 있는가(작업표준 · 표준시간견적표 · 가동률기준 일정 등)? ⑤ 작업의 표준화가 되어 있는가? 그것은 명문화되고 작업자에게 잘 이해되고 있는가? ⑥ 표준시간은 확정되어 있는가? ⑦ 작업자는 매일의 작업결과(작업시간, 재료사용량, 생산량, 각종 작업조건, 인원 등)를 바르게 기록하고 있는가, 그 결과를 어떻게 활용하고 있는가? ⑧ 정리정돈은 충분히 되고 있는가? ⑨ 재고통제는 타당한가, 상비품의 지정구분이나 재고기준의 결정은 명확한가? ⑩ 외주활용의 방침은 명확한가, 내 · 외주의 구분의 기준은 타당한가? ⑪ 재료의 보유율(재료별, 공정별)을 정확히 파악하고 있는가? ⑫ 원가인하의 효과는 구체적으로 향상되고 있는가? ⑬ 납기관리에 문제는 없는가? ⑭ 제품의 규격, 품질은 그 기준이 준수되고 있는가? ⑮ 외주공장의 생산능력은 어떠한가? ⑯ 외주이용방침은 명확한가? ⑰ 정기적으로 외주공장의 실태조사를 하며, 그 실정을 정확히 파악하고 개선노력을 하고 있는가? ⑱ 각 공정 간의 밸런스(Balance)는 잡혀 있는가? ⑲ 전 공정의 책임자, 각 공정의 책임자는 명확히 결정되어 있는가? ⑳ 공정의 병목현상을 보이는 부분은 없는가? ㉑ 설비용량 및 인원배치에 낭비는 없는가? ㉒ 품질관리를 효과적으로 실시할 수 있는 조직풍토를 갖고 있는가? ㉓ 품질검사기준은 적정한가? ㉔ 품질별, 공정별로 불량률을 조사하는가? 특히, 문제가 되고 있는 높은 불량률이 나타나는 현상은 없는가? ㉕ 클레임처리에 관한 처리규정은 있는가? 또한 클레임 처리가 품질관리의 일환으로 효과적으로 실시되고 있는가?	

04

Check Point	Check
㉖ 재고대장의 기록은 신속 · 확실하게 되고 있는가? ㉗ 장부재고와 실지재고와의 차액은 없는가, 그 발생원인의 검토나 처리방법은 타당한가? ㉘ 적정재고량의 검토와 조정은 합리적으로 실시되고 있는가? ㉙ 재고품의 보관장소나 보관절차는 적정한가? ㉚ 납기지연의 점검과 대책에 문제는 없는가? ㉛ 생산실적은 바르게 기록, 보고되고 있는가? ㉜ 생산실적자료와 정보의 수집 · 처리 및 활용상황은 타당한가? ㉝ 검수시스템은 합리적으로 구성되어 있는가, 또 그 운용은 효과적으로 실시되고 있는가? ㉞ 검수 시 자재 등의 수량 · 가격 · 품질이 규정의 검수기준에 준거하여 명확하게 점검되고 있는가, 또 그 처리는 타당한가? ㉟ 검수담당자의 능력, 경험, 인격 등에 대한 평가 및 인사배치, 직무 로테이션(Job rotation)에 문제는 없는가? ㊱ 검수담당자와 업자, 또는 관련부문과의 유착 · 담합에 의해 부정행위가, 일어나지 않는가? ㊲ 검수에 있어서 수량 · 금액 또는 품질 · 손상 · 하자가 있는 경우 구입이나 계약가격과의 차이가 있는 물품의 처리는 적정한가, 또 인하 · 반송의 회계처리는 관습이나 정실에 빠지지 않고 규정과 기준에 따르고 있는가?	

4 회계자금업무감사

(1) 개 요

재경부서의 경우 자금을 다루기 때문에 알게 모르게 많은 금전사고가 있다. 출납직원에 의한 소액분실도 방치하면 커지게 된다.

Firm Banking System을 사용하니까 담당자가 입력하고 승인하면 거액의 자금이 한 번에 유용될 수도 있다. 그리고 선물환거래 등을 하여 손실이 크게 발생하는 경우도 자주 있다. 또 한 사람이 어음 · 수표와 도장을 갖고 있으면 한 번은 크게 사고가 발생한다. 책임자가 세무지식이 부족하여 추후 세무조사를 받는 경우 크게 추징당하는 경우도 자주 있다. 회계자금업무를 감사하는 경우에는 다음과 같은 점에 유의해야 한다.

• 통장과 도장은 반드시 분리되어 있어야 한다.
• 자금일보는 매일 작성되어야 한다.
• Firm Banking 사용 시 Password는 주기적으로 변경하고, 업무분장이 명확히 구분되어야 한다.
• 거액의 자금을 예입하거나 인출 시에는 반드시 2명이 동행하도록 하여야 한다.
• 월차결산이 신속하게 마무리되지 못하는 것은 사고의 위험이 항상 존재하는 것이다.
• 미지급에 계상되어 있다고 하여 무조건 지급하는 것은 안 되고 항상 발생한 증빙을 확인하여야 한다.
• 거래가 모두 장부에 기록되면 항상 해당 부서 및 해당 집행자는 항상 그 결과를 조회할 수 있도록 하여야 한다. 가공전표를 계상하고 대금을 인출할 가능성은 항상 있기 때문에 전표에 일련번호 등의 완전성 통제를 항상 실시하여야 한다.
• 주기적으로 분개장과 전표를 대사하여 잘못된 사항이 장부에 기재되지 아니하였나 확인한다.

(2) 회계자금업무 구분

구 분	참고서류	착안점
경리제도	• 정관 • 조직도 • 회계처리규정 • 계정과목표 • 장부구성표 • 직무분장규정	• 계정과목이 적절히 구분되어 있고, 장부도 제대로 관리되고 있는지 확인 • 전표관리가 적정한지 확인 • 전표의 묶음, 전표의 승인이 제대로 이루어지고 있는지 확인 • 월차결산이 신속한지 확인 • 원가계산의 적정성 확인
유형자산	• 유형자산대장	• 유형자산대장이 실물과 일치하는지 확인 • 감가상각의 적정성 • 자본적지출, 수익적지출 구분의 타당성

구 분	참고서류	착안점
자금관리	• 자금일보 • 자금월보 • 자금수지계획표	• 자금의 부족이 없게 충분히 계획을 수립하여 관리하는지 확인 • 자금의 도난, 횡령이 없게 기능이 분리되어 있는지 확인 • 차입 Cost를 낮추고자 하는 노력의 여부
재고자산	• 재고수불부	• 재고수불부가 제대로 작성・비치되었는지 확인 • 부실재고, 장기재고가 구분관리되는지 확인

(3) 회계자금업무감사 절차지시서

감 사 항 목 : 회계자금업무감사　　　　작성자__________일자__________

감사대상기간 : __________　　　　검토자__________일자__________

감사절차	감사조서
1. 회계자금감사를 위한 자료요청 경리규정, 계정 Code집, 장부종류, 업무분장규정, 자산대장, 재고수불부, 채권연체 List, 세무조정계산서, 전표, 자금수지일보 등을 징구함. 2. 규정의 준수 여부 검토 전표철에의 날인 여부, 자금담당자의 업무분장, 어음・수표의 보관상태, 받을어음・유가증권의 관리상태 장부의 보관상태, 전표의 입력정도 등을 검토함. 3. 예산관리의 통제 여부 검토 예산통제를 제대로 실시하고 있으며, 매월 개인별사용금액을 집계하고 있으며, 예산 대 실적의 차이분석을 실시하고 있는지 확인함. 4. 고정자산관리의 적정성 검토 고정자산대장과 실물이 일치하고 있으며, 주기적으로 고정자산의 실재성을 확인하고 있는지 검토 5. 자금관리의 적정성 검토 자금계획표가 제대로 작성되고 있으며, 자금계획과 실적의 차이가 분석되고 있으며, 자금일보가 매일 매일 승인되고 있는지 검토, 그리고 도장의 경우 어음・수표보관자와 도장소지자가 분리되어 있는지 확인 또 은행예금의 경우 매일 매일 통장과 대사하고 있으며, 주기적으로 은행의 잔고증명서를 징구하는지 확인함.	

감사절차	감사조서
6. 미결산계정의 정리 여부 확인 가지급금, 대여금, 가수금 등의 일시적인 자금대여 및 차압계정이 제때에 정산되고 있는지 검토 7. 재고자산관리의 적정성 검토 정기적으로 재고자산실사를 하고 있으며, 장기미사용재고, 부실재고 등에 대하여 관리하고 있고 재고수불부가 실물재고와 일치하도록 관리하고 있는지 검토 8. 채권관리의 적정성 검토 매출채권의 자산성이 있으며, 장기미회수채권에 대하여 영업부서에 원인규명을 요구하고 있고, 부실채권에 대하여 회수노력을 독려하고 있는지 검토 9. 원가계산제도의 적정성 검토 원가계산결과가 신뢰할 수 있고, 원가계산이 신속하게 이루어지는지 확인 10. 신속한 월차결산 매월 매월의 성과가 신속하고 신뢰성 있게 이루어지고 있는지 검토 11. 세무관리의 적정성 확인 세무조정 시 세액공제·감면은 정당하게 신청하고 있으며, 절세방안이 있는데도 누락한 사항은 없는지 확인	

04

5 R&D업무감사

(1) 개 요

R&D부서의 경우 감사하지 아니하고 방치하면 마치 상아탑처럼 생각하여, 몇 년씩 연구만 하면서 아무 성과조차 내지 못하는 경우가 비일비재하다. 특히 벤처기업의 경우는 R&D부서의 텃세까지 있어서 감히 관리부에서 관리하지 못하고, 기술이 없는 경영자에게도 기술을 가지고 모두 퇴사한다는 압박까지 가하는 경우도 있다.

더 큰 문제는 자신이 개발에 성공하여도 회사의 자산이 아닌 개인의 성과로 착각하여 성공된 Project를 가지고 나가서 창업하는 경우이다. 믿고 맡기는 경영방식이 가장 좋으나 믿고 맡겨도 계속적으로 감사를 실시해야 회사의 재산을 보호할 수 있는 것이다.

(2) R&D업무감사 절차지시서

감 사 항 목 : R&D업무감사　　　　　　작성자__________일자__________

감사대상기간 : __________　　　　　　검토자__________일자__________

감사절차	감사조서
1. R&D감사를 위한 자료요청 Project계획서, 연구개발부서직원의 Time Card Project일보를 징구함. 2. Project 선정기준의 타당성 검토 Project를 선정하게 된 사유와 향후 성과가능성에 대하여 검토함. 3. Proiect 진척관리의 적정성 검토 Project 진척관리가 적정하게 이루어지고 있으며 당초 계획대비 차이가 원인규명되고 있는지 검토함. 4. Project 성과의 보관정도 Project 성과가 회사자산으로 적정하게 관리되고 있으며, 개인이 퇴사하면서 가져갈 수 없는 체계로 이루어져 있는지 검토함. 5. 연구인력의 적정성 검토 연구인력의 채용방법, 교육훈련, 업적평가가 적정하게 이루어지고 있으며 반드시 Project Team에 의하여 Team단위 내에서도 견제가 가능한지 확인함.	

(3) R&D업무감사 Check Point

Check Point		Check
대구분	소구분	
1. 기업전략과제와 R&D계획의 연계성	1. 중·장기 R&D전략 수립 여부 2. 장기전략상 신시장, 신기술의 방향 설정 • 고객 Needs 변화와 시장정보 분석 • 내부기술수준 파악으로 필요기술 분석 －기술적 약점, 결함관리 3. 연구소의 중·장기규모 계획 유무 • 중·장기 연구분야 및 조직 • 인력확보 구조 • 설비확보 내용	

<table>
<tr><th colspan="2">Check Point</th><th rowspan="2">Check</th></tr>
<tr><th>대구분</th><th>소구분</th></tr>
<tr><td>2. 필요기술에 대한 확보방법의 타당성</td><td>1. 신기술의 확보방안 검토
• 사업영역별 검토안 유무
• 자체연구와 기술도입 사유 파악
－연구개발
－위탁연구소
－공동연구(기업 간, 산학)
－기술도입
－기술제휴
• 자체연구와 기술도입 경제성 비교
2. 검토과정상의 Communication 내용
• 참석자
• 회의록 내용</td><td></td></tr>
<tr><td>3. 정보수집 및 활용 실태</td><td>1. 국내 · 외의 정보수집 관리
• 정보원천
－기관, 개인, 전문지, 세미나, 논문 등
• 정보획득 방법(자금투입 여부)
• 정보의 대상
－경영정보
－기술정보
－특허정보
－마케팅정보 등
• 관리 System 운영
2. Project 선정～완료 시까지 획득 정보 활용
3. 보안유지
• 퇴직자 관리(개인특허 여부, 타사 입사)
• Project 보안(서류, PC, 보고, 소별관리)</td><td></td></tr>
<tr><td>4. 연구인력 확보 및 CDP(인재육성) 관리</td><td>1. 연구인력 확보 대책
• 인력Scout방법
• 연구원 학위, 전공과 수행 Project
• 연구원 퇴직현황
2. 연구원 CDP 관리
• CDP 체계
• 연구원의 법상 특혜(병역)와 CDP
• 연구분야별 근속연수와 수행과제
• 연구논문 및 세미나 발표 건수</td><td>※퇴직연구원 자료
－근속연수
－수행과제 내용과 성공 정도
－퇴직 이후 동향(개인특허, 타사 입사)</td></tr>
</table>

04

Check Point		Check
대구분	소구분	
4. 연구인력 확보 및 CDP(인재육성) 관리		－투입 R&D 비용
5. R&D 예산 및 집행관리	1. 총예산편성 방법 및 기준 2. Project별 예산편성기준(외부용역 포함) 3. R&D 비용집행 관리 • 용역계약 등 제반 증빙 확보 • 제반법상 신고의무 이행 • 경상 및 이연처리의 적정	
6. 시약 및 기자재의 관리	1. 시약 및 기자재 구매절차 • 구매요청 • 거래선 선정 및 단가 결정(연구원 개입) • Sample 검수 및 불량 조치 여부 2. 시약규격별 관리 위한 통계자료 활용 • 발주 회수, 수량, 단가 추이 • 국 · 내외 거래선, 특수 또는 일반 3. Project 중단 · 완료 따른 잉여자재 관리 4. 연도 말 재고조사 및 평가 여부 • 재고 반영 또는 미반영 수불부 비치 여부 5. 건축 및 설비공사의 적당성 • 거래선 발주 및 견적 검토의 타당성 • 투자의 효율성 제고 －과잉, 중복, 선행 투자	
7. Project 선정기준 및 방침	1. Idea 제안형태와 수집절차 • 총제안수, 제안자, 근무부서 • 제안제도의 운영(사규 등 유무) • 제안심의 방법 및 기구 2. Project 선정 위한 평가기준 운영 ① 기업목표 Factor －전략과 기업이미지 적합성 ② Marketing Factor －시장규모 및 성장 가능성 －가격 적정성 －기존 제품에의 영향도, Life cycle ③ 연구개발 Factor －기술성공 가능성	

Check Point		Check
대구분	소구분	
7. Project 선정기준 및 방침	－개발Cost 및 기간 －타 Project 및 사업부문과의 관계 ④ 자금 Factor ⑤ 제조 Factor －제조 가능성과 안전성 －원자재 조달 용이성 ⑥ 연구방향 Factor －자체개발 또는 기술도입 여부 3. Project 수행의 우선순위 결정 • 전기 이관 Project와 당기 신규규모의 결정 • 연구원별 배분과의 관계 4. Project 심의기구 구성 여부	
8. Project Leader의 역할과 기능	1. Project 운영조직구조 2. I/S의 선정기준 및 방법 3. I/S의 역할과 기능 4. I/S의 Project 수행 여부	
9. Project 진척관리 방법	1. Project별 추진계획 및 개발 일정관리 • Seed단계 : 가능성 조사 • LAB단계 : Scale up 타당성 평가 • Pilot단계 : 상업화 기초 • Industrialization : 기술지원 2. Project 추진상황관리 • 정기보고서 • 회의체(연구소 또는 관련사업부) • 연구원 연구일지 3. 추진계획의 변경과 중단관리 4. 최종완료 및 사후관리 조치사항	
10. Project 원가계산 체계	1. Project 개발원가의 적정 • 전체 및 단위 연구소별, 직접비와 간접비 2. 공통비 배부기준의 적합	
11. 연구개발 성과의 사업화 여부	1. 사업화추진실적 • 연도별 총계획 대 사업화 건수 비교 • Project별 상업화 실적관리 －매출액, Life cycle(4～5년) －기술개발용역 수입	

<table>
<tr><th colspan="2">Check Point</th><th rowspan="2">Check</th></tr>
<tr><th>대구분</th><th>소구분</th></tr>
<tr><td>11. 연구개발 성과의 사업화 여부</td><td>－투자회수도
• 연구원별 평가체계화
2. 사업화 부진 Project의 실태분석
• 중단 Project
－중단사유분석
－Project 실패비용 및 구성비
• 특허출원
－사후관리 비용
－보존 및 연도별 보유건수</td><td></td></tr>
<tr><td>12. 개발기술의 사후 관리 및 활용도</td><td>1. 기술의 이전 및 활용도
• 공정개선기술실적
• 생산기술 부문에의 지원실적
2. 기술축적 · 공유
• 축적기술의 공유 및 관리방안</td><td></td></tr>
</table>

보론 **연구 Project별 Card**

1. PJT 개요

연구소명	PJT NO.	PJT명	해당사업부	관련제품	PJT 성격	PJT 특징

2. PJT TEAM

PJT LEADER						PJT TEAM 구성원			
소속	직책	성명	사원번호	학위	근속연수	박사	석사	학사	기타

3. PJT 추진기간

PJT 개시일		완료(예정)일		PJT단계별 소요기간				
년	월	년	월	SEED	LAB	PILOT	INDUST	계

4. PJT 선정

PJT IDEA원천	PJT 선정사유																
(> >)	ⓐ	ⓑ	ⓒ	ⓓ	ⓔ	ⓕ	ⓖ	ⓗ	ⓘ	ⓙ	ⓚ	ⓛ	ⓜ	ⓝ	ⓞ	ⓟ	ⓠ

5. PJT 중단

PJT중단시기		중단단계	PJT중단사유
년	월		
			(　　　>　　　>　　　)
			기타 (　　　　　　　)

6. 총투자비

계　획					실　적				
인건비	재료비	기자재	기타	계	인건비	재료비	기자재	기타	계

7. PJT진척관리 및 평가

진척관리기법	진척파악방법	진척관리 기본단위기간	진척관리상 항목의 중요도						PJT 평가항목의 중요도									
			ⓐ	ⓑ	ⓒ	ⓓ	ⓔ	ⓕ	ⓐ	ⓑ	ⓒ	ⓓ	ⓔ	ⓕ	ⓖ	ⓗ	ⓘ	ⓙ
기타(　　)	기타(　　)	기타(　　)																

8. 기　타

PJT KSF		PJT수행 시 애로사항	연구원(팀) 평가	혁신적 풍토정착	평소 연구PJT수행관련 건의사항
개시점	현수준				
		(> >)	(> >)	(> >)	
		기타 (　)	기타 (　)	기타 (　)	

연구 Project별 Card 작성

작성 전 유의사항
1. 본 Card는 연구소의 관리 System 재구축을 위한 것임.
2. 본 Card 작성은 ○○년 이후 선정, 개시된 모든 Project를 대상(중단 Project 포함)으로 함.
3. 본 Card 작성은 Project No.별로 Project Leader가 작성하는 것을 원칙으로 함.
4. 질문에 대한 응답은 별도의 요구가 없는 한 한 개만 선택함.
5. 응답을 「기타」로 응답 시 내용을 필히 기재할 것

• 작성요령

<table>
<tr><th>구 분</th><th>작성요령</th></tr>
<tr><td>Ⅰ. Project 개요</td><td>1. 연구소명 : 다음의 해당 연구소 번호를 기재
① A ② B ③ C
④ D ⑤ E ⑥ F
⑦ G ⑧ H ⑨ I
⑩ J ⑪ K ⑫ L
2. 해당 사업부 : 비용 귀속사업부를 기재, 본부비용으로 귀속 시는 “본부”로 기재
3. Project 성격
① 기초연구 ② 응용연구 ③ 개발연구
4. Project 특징
① 자체개발 ② 모방연구 ③ 개선형연구</td></tr>
<tr><td>Ⅱ. Project Team</td><td>1. Project Leader
1) 학위
① 박사 ② 석사 ③ 학사 ④ 기타
2) 근속연수는 연단위로 기재 : 예) 5.3년
2. Project Team 구성원 : 해당 Project 수행 시 연도별 학위인원수를 기재</td></tr>
<tr><td>Ⅲ. Project 추진기간</td><td>1. Project 개시일 및 완료(예정)일 : 년, 월은 2단위로 기재
2. Project 단계별 소요기간 : 단계별로 연단위 기재
예) 1년 3개월인 경우 1.25년
<table><tr><td>년</td><td>월</td></tr><tr><td>20xx</td><td>xx</td></tr></table></td></tr>
<tr><td>Ⅳ. Project 선정 및 중단</td><td>1. Project Idea원천
• 본 Project의 주된 Idea원천을 우선순위에 따라 3가지만 기재
① 경영층 ② 연구부문(연구원 등)
③ 소비자 ④ 판매 및 영업부문
⑤ 생산부문 ⑥ 개발부문
⑦ 기획부문 ⑧ 논문 및 학술지</td></tr>
</table>

04

<table>
<tr><th>구 분</th><th>작성요령</th></tr>
<tr><td>Ⅳ. Project 선정 및 중단</td><td>⑨ 상품 카탈로그　　⑩ 해외전시장
⑪ 외부기술인력　　⑫ 전문정보센터
⑬ 기타(　　)
• 기타인 경우 필히 내용 기재
2. Project선정 사유 : 본 Project가 어떤 사유로 선정되었는지 다음의 연구과제 선정기준들의 중요도를 선택
<table>
<tr><th></th><th>아주 중요</th><th></th><th>보통</th><th></th><th>중요하지 않음</th></tr>
<tr><td>ⓐ 장기경영전략과의 일치</td><td>①</td><td>②</td><td>③</td><td>④</td><td>⑤</td></tr>
<tr><td>ⓑ 기업이미지 제고</td><td>①</td><td>②</td><td>③</td><td>④</td><td>⑤</td></tr>
<tr><td>ⓒ 시장의 예상수요 규모</td><td>①</td><td>②</td><td>③</td><td>④</td><td>⑤</td></tr>
<tr><td>ⓓ 예상 매출액증가율</td><td>①</td><td>②</td><td>③</td><td>④</td><td>⑤</td></tr>
<tr><td>ⓔ 예상 시장점유율</td><td>①</td><td>②</td><td>③</td><td>④</td><td>⑤</td></tr>
<tr><td>ⓕ 연구개발의 예상기간</td><td>①</td><td>②</td><td>③</td><td>④</td><td>⑤</td></tr>
<tr><td>ⓖ 예상 연구개발비</td><td>①</td><td>②</td><td>③</td><td>④</td><td>⑤</td></tr>
<tr><td>ⓗ 시장에서 선도기업으로의 부상</td><td>①</td><td>②</td><td>③</td><td>④</td><td>⑤</td></tr>
<tr><td>ⓘ 기술적 우위 확보</td><td>①</td><td>②</td><td>③</td><td>④</td><td>⑤</td></tr>
<tr><td>ⓙ 경쟁제품과의 비교 우위</td><td>①</td><td>②</td><td>③</td><td>④</td><td>⑤</td></tr>
<tr><td>ⓚ 기술의 독창성</td><td>①</td><td>②</td><td>③</td><td>④</td><td>⑤</td></tr>
<tr><td>ⓛ 기술의 응용성</td><td>①</td><td>②</td><td>③</td><td>④</td><td>⑤</td></tr>
<tr><td>ⓜ 기술의 축적</td><td>①</td><td>②</td><td>③</td><td>④</td><td>⑤</td></tr>
<tr><td>ⓝ 원가절감</td><td>①</td><td>②</td><td>③</td><td>④</td><td>⑤</td></tr>
<tr><td>ⓞ 투자수익률</td><td>①</td><td>②</td><td>③</td><td>④</td><td>⑤</td></tr>
<tr><td>ⓟ 자본회수기간</td><td>①</td><td>②</td><td>③</td><td>④</td><td>⑤</td></tr>
<tr><td>ⓠ 연구계획의 합리성</td><td>①</td><td>②</td><td>③</td><td>④</td><td>⑤</td></tr>
</table></td></tr>
<tr><td>Ⅴ. Project 중단</td><td>1. Project 중단시기 : 연, 월은 2단위로 기재
예) 20xx년 x월의 경우
<table>
<tr><th>년</th><th>월</th></tr>
<tr><td>20xx</td><td>0x</td></tr>
</table>
2. 중단단계 : 다음의 해당되는 단계 번호 기재
① SEED　　② LAB TEST
③ PILOT 생산　　④ FIELD TEST　　⑤ 상업생산
3. 중단사유 : 중요도에 따라 3가지 항목 선택
① 인력부족　　② 기초기술축적부족　　③ 자금부족
④ 시설부족　　⑤ 외부환경의 변화　　⑥ 수익성 하락예상
⑦ 선진대체 기술의 등장　　⑧ 기타(　　)</td></tr>
</table>

<table>
<tr><th>구 분</th><th>작성요령</th></tr>
<tr><td>Ⅵ. 총투자비</td><td>1. 실적은 20xx년 12월 말 현재 기준으로 작성하되, 연도별 예산대비 실적으로 기재
투자비 : 인건비＋감가상각비＋기술개발비＋운영경비</td></tr>
<tr><td>Ⅶ. Project 진척관리 및 평가</td><td>1. 진척관리기법
① 간트차트 ② PERT/CPM ③ 목표관리
④ 방침관리 ⑤ 기타( )
2. 진척파악방법
① 정기적으로 중간보고서를 제출
② 자체 세미나 또는 정기모임을 통해
③ 팀리더에게 구두로 보고
④ 기타( )
3. 진척관리 기본단위기간
① 주간 ② 격주간 ③ 월간 ④ 분기
⑤ 반기(6개월) ⑥ 연간 ⑦ 기타( )
4. 당 PJT관련 진척관리상 다음 각 항목을 얼마나 중요시하는지 해당 번호에 기재
아주 중요 / 보통 / 중요하지 않음
ⓐ 연구수행방법의 적합성 ① ② ③ ④ ⑤
ⓑ 계획대비 연구진도정도 ① ② ③ ④ ⑤
ⓒ 계획대비 비용지출정도 ① ② ③ ④ ⑤
ⓓ 타사의 신기술개발 ① ② ③ ④ ⑤
ⓔ 경쟁제품의 출현 ① ② ③ ④ ⑤
ⓕ 기술획득의 새로운 방법모색 ① ② ③ ④ ⑤
5. 당 PJT관련 Project 평가항목의 중요도
Project 평가 시 다음 각 항목을 얼마나 중요시하는지 해당 번호에 기재
아주 중요 / 보통 / 중요하지 않음
ⓐ 목표기간 내의 완수 ① ② ③ ④ ⑤
ⓑ 기업이미지 제고 ① ② ③ ④ ⑤
ⓒ 시장진출의 적시성 ① ② ③ ④ ⑤
ⓓ 예상 매출액증가율 ① ② ③ ④ ⑤
ⓔ 예상 시장점유율 ① ② ③ ④ ⑤
ⓕ 경쟁제품과의 비교 우위 ① ② ③ ④ ⑤
ⓖ 기술의 응용성 ① ② ③ ④ ⑤
ⓗ 기술의 축적 ① ② ③ ④ ⑤</td></tr>
</table>

구 분	작성요령
Ⅶ. Project 진척관리 및 평가	ⓘ 원가절감 ① ② ③ ④ ⑤ ⓙ 투자수익률 ① ② ③ ④ ⑤
Ⅷ. PJT주요 내용변동현황	1. 해당 PJT와 주요 내용(연구범위의 변동 등)이 변경 시 계획대비 변경내용 기재 PJT 연구범위 등의 확대 등으로 PJT 명칭변경의 경우도 해당
Ⅸ. 기타	1. 당 PJT 성공을 위한 KSF는 무엇이었고 현재 수준은 어느 정도인지 기술 2. 본 Project 수행 시 애로사항을 중요도에 따라 3가지 선택 ① 인력부족 ② 기초기술부족 ③ 기한촉박 ④ 자금부족 ⑤ 연구시설부족 ⑥ 기타 3. 귀 연구소에서는 연구원의 각 개인(또는 팀)을 평가할 때 다음 중 어느 것을 중요시하는지 중요도에 따라 3가지 선택 ① 학술발표건수 ② 기술서비스건수 ③ 표창건수 ④ 특허·실용신안 출원 및 등록건수 ⑤ 기술보고건수 ⑥ 사외발표 논문수 ⑦ 사내발표 논문수 ⑧ 기타 4. 귀 연구소에서 좀더 창의적인 혹은 혁신적인 연구개발풍토를 정착시키기 위하여 우선적으로 가장 필요한 것을 3가지 선택 ① 자율적인 연구분위기 ② 연구과제별 정해진 시간을 좀 더 탄력적으로 운영 ③ 연구과제별 정해진 자금을 좀 더 탄력적으로 운영 ④ 연구인력의 보강 ⑤ 최고경영자의 연구개발에 대한 관심과 열의 ⑥ 최신시험설비의 도입 ⑦ 연구원에 대한 복리후생 확대 ⑧ 연구개발에 대한 인센티브제도의 도입 및 확대 ⑨ 기타

6 인사업무감사

(1) 인사업무감사 절차지시서

감 사 항 목 : 인사업무감사 작성자__________ 일자__________

감사대상기간 : __________ 검토자__________ 일자__________

감사절차	감사조서
1. 인사업무감사를 위한 자료요청 호봉표, 급여대장, 승진기준 등의 인사 및 급여규정을 징구함. 2. 인사정책의 타당성 종업원과 면담하여 인사정책상의 문제점을 검토 3. 노사관계의 상호신뢰성 노동조합관계자와 면담하여 노조와 회사 간의 문제점을 검토 4. 종업원의 의견조사 인사부에서 정기적으로 종업원의 의견을 조사하여 이를 다시 요약하여 배포하고, 문제점에 대하여 개선되어 가는 사항도 고지하고 있는지 확인 5. 채용의 공정성 채용기준을 검토하고, 신규입사자 중 회사임원의 친·인척이 있거나, 청탁에 의하여 채용하였는지 검토 6. 인사고과의 공정성 인사고과를 정기적으로 실시하고 있으며, 인사고과의 결과가 공정한지 검토함. 7. 인사이동의 타당성 모든 직원이 주기적으로 인사이동되고 있으며 인사이동 후 업무가 마비되는 경우 전임자 책임을 추궁하고, 승진 시 많은 부서를 거친 사람을 우선으로 하고 있는지 검토함. 8. 급여의 적정성 검토 급여수준에 대하여 정기적으로 조사하여, 당사의 급여수준이 항상 업계 이상으로 유지하고 있으며, 상후하박의 원칙을 준수하고 있는지 검토 9. 승진·승급의 검토 사내경쟁을 유도하여 위로 올라갈수록 피라미드형태가 되어야 하고, 동일직급에서 일정기간 내 승진하지 못하면 고문으로 근무하면서 다시 승진하거나, 퇴사하도록 유도하고 있는지 확인 10. 교육훈련의 검토 종업원의 자기개발을 위한 교육훈련을 체계적으로 시행하고 있는지 확인	

감사절차	감사조서
11. 복리후생의 적정성 회사가 종업원의 복리후생을 위하여 무엇을 할 수 있는지 계속적으로 검토하고 있으며, 안전관리, 위생관리, 의식주 문제 등에 대하여 지속적으로 검토하고 있는지 확인	

(2) 인사업무감사 질문서

질문서	Yes/No
1. 인사 · 노무조직과 담당자 ① 조직으로서 인사 · 노무관리를 주관하는 곳이 있는가? ② 그 조직은 최고경영자와 각 부문의 책임자와 인사 · 노무담당자가 3위1체의 충분한 협력이 될 수 있도록 되어 있는가? ③ 인사 · 노무담당자는 노무자의 요구와 경영자 측의 방침과의 조절을 행하는 것인데 현재의 담당자는 이 임무를 감내할 만큼의 적성을 가지고 있는가? ④ 현재의 인사 · 노무담당자는 기업전체의 사정에 통달하고 일반사회 사정도 인식하고 상식이 풍부한 사람인가 또한 그와 같이 노력하는 사람인가? 2. 작업조건(생산과의 관련) ① 공원에게 쓸데없는 수고나 불필요한 대기를 시키지 않도록 재료, 기계공구의 정비, 작업방법, 순서, 일정 등이 잘 되어 있는가? ② 공원의 작업방법, 표준작업의 질 및 양, 표준작업시간 등 작업의 계획적인 수행에 대하여 목표가 될 수 있는 것이 되어 있는가? ③ 작업계획을 수립하기 전에 종업원 각자의 능력 및 기계의 성능이나 재료의 질량 등을 조사하여 무리나 낭비가 없는 작업의 할당을 하고 있는가? ④ 1인의 종업원에게 2인 이상의 상사가 지시하는 일은 없는가? ⑤ 근소한 재료의 부족이나 기계의 고장으로 종업원의 비협력, 부적임 등 때문에 전체의 생산의 정체는 없는가? 3. 고정처리절차 ① 간결하고 공정한 고정처리절차를 작성하고 있는가, 또한 그것을 종업원이 잘 알고 있는가? ② 현장의 관리자, 감독자들이 종업원의 고정을 사전에 탐지하고 해소하는 기술을 체득하고 해소에 노력하고 있는가?	

질문서	Yes/No
③ 종업원의 태도의 변화 등에 주의하고 신속하게 그 원인이 되는 사실을 객관적으로 파악하여 선처하도록 하고 있는가? ④ 감독자는 종업원의 가정사정이나 개인적인 고민을 잘 알도록 노력하고 있는가? ⑤ 감독자는 종업원의 개인적 문제의 좋은 상담상대가 되고 있는가? ⑥ 감독자는 종업원의 장점, 단점, 취미, 성명까지 알고 그에 적합한 취급을 하고 있는가? ⑦ 고정이 제1선의 감독자의 손으로 해소되지 않을 경우에 상층의 관리자, 경영자가 그것을 해소할 수 있는 노력을 하고 있는가? ⑧ 경영자가 고정의 해결에 대하여 제1선 감독자가 종업원에게 말한 것과 상이한 결정을 했을 때 그것을 발표하는 데 제1선 감독자의 입장을 감안하고 있는가? 4. 급 여 ① 현재의 급여는 동 업종, 동 지역의 급여, 임금통계, 가계비지수, 소비자 물가지수 등을 고려하여 지급능력에 기준하여 종업원의 생활에 충분한 것인가? ② 직장의 필요자격, 책임, 직무의 지식, 경험, 내체적 능력, 위험 등의 요소에 기준하여 회사의 직무를 평가하고 있는가? ③ 기본임금은 숙련도, 경험의 유무, 책임의 경중, 곤란의 정도, 노동조건 등의 차에 의하여 직무 간에 공정한 차이가 설정되어 있는가? ④ 직무내용의 변경에 대하여 임금을 적정한 것으로 변경하고 있는가? ⑤ 적당한 생산장려금제도를 취하고 있는가? ⑥ 장려금제도는 현재의 작업필요조건에 적합한가? ⑦ 객관적 성적평정에 의하여 측정된 개개의 종업원의 작업량을 결정하고 있는가? ⑧ 장려금을 지급하는 경우에는 그것이 고정급적인 것이 되지 않도록 주의하고 개인별로 명확한 목표를 설정하고 매일 또는 매월의 성적이 명백히 반영되도록 되어 있는가? ⑨ 임금, 배당 등의 계산은 종업원이 알 수 있도록 되어 있는가? ⑩ 이익분배 등에 의하여 종업원의 경영에 대한 관심을 높이고 있는가? ⑪ 보험이나 공제관계의 법정 또는 협정의 부금 외에 종업원의 불의의 사고 또는 경조에 대비하는 재원을 예비하고 있는가? ⑫ 사무종업원의 급여는 그 직무와 책임에 상응한 것이고 또한 현장종업원과 대비하여 조화가 유지되어 있는가? 5. 인사정책 ① 인사정책은 최고정책의 일부가 되는지에 대한 여부 －인사정책은 중역회에서 적절히 결정되는가?	

질문서	Yes/No
−중역회는 적극적으로 인사보고를 받고 있는가? −인사담당역할의 권한은 적절한가? ② 인사정책이 적절히 수립되는지 여부 −인사정책의 내용은 적절한가? −인사정책은 적절히 수립되어 있는가? −인사정책의 입안검토에 있어서 종업원의 의사가 반영되게끔 되어 있는가? −인사정책의 참고가 되는 노동법규나 노동사정의 검토는 행해지고 있는가? −노동행정관청과의 연락은 밀접한가? ③ 인사정책이 노무관리시책 속에 올바르게 구체화되고 있는지 여부 −인사정책에 입각한 인사관리시책은 문서에 의하여 명확히 또 적절히 규정되어 있는가? −인사관리시책은 정책의 의도를 정확히 반영하고 있는가? −인사정책의 시책화는 항상 신속히 행해지고 있는가? −인사정책의 시책화 후의 검토는 충분히 행해지고 있는가?	

7 경비감사

감 사 항 목 : 경 비 감 사　　　　작성자__________ 일자__________

감사대상기간 : __________　　　　검토자__________ 일자__________

감사절차	감사조서
1. Rebate감사 • 사전에 약정한 대로 지급하는지 검토한다. • 약정서가 제대로 작성되고 있는지 검토한다. • 허수매출에 의한 Rebate는 없는지 확인한다. 2. 가지급금 • 내부규정에 의하여 가지급금이 지급되는지 확인한다. • 가지급금지급 시 정산예정일이 표기되고, 예정일대로 정산되었는지 확인한다. • 미정산 시 그 사유를 조사한다.	

감사절차	감사조서
3. 출장여비 • 출장명령서를 확인하여, 여행기간, 목적, 출장비가 적정한지 검토한다. • 여행일정을 검토하여 규정 외의 경로를 이용하였는지 확인한다. • 출장경비 중 여행용, 관광용, 개인용 경비는 없는지 확인한다. • 출장 후 보고서가 제대로 작성되었는지 검토한다. 4. 교통비 ① 세일즈 업무일보(월간 또는 주간행동예정 · 실적표) 및 관리일보, 타임카드와 교통비를 대조한다. ② 루트 세일즈의 경우 영업활동경로에 따른 교통편, 요금을 점검한다. ③ 회사업무용차, 자가용의 경우 주행거리, 휘발유 · 오일의 보급, 주차장의 사용 등의 타당성을 점검한다(운행일보 등과의 대조). ④ 여비는 각 교통편 및 구간별로 명세를 기입하고 승인을 받아 지불되었는가를 점검한다. 또 세일즈맨끼리 같이 타고 다닐 때의 「이중청구」는 없는가 검증할 것 ⑤ 여비규정의 유무와 그 규정의 준거성을 중심으로 지불의 타당성, 경제성을 검토한다. 5. 접대비 ① 교제비의 사용에 대하여 관리자의 승인을 얻어 실시하고 소정의 절차에 따라 지출되고 있는가? ② 교제비는 판매부문, 영업소, 판매사원마다 예산이 계상되어 적정하게 지출의 확인과 통제가 되고 있는가? ③ 교제비의 경비전표에는 「업소의 정식영수증」이 첨부되어 있는가? 또는 「가공영수증」이나 「담합한 영수증」의 사용은 없는가? ④ 교제비의 사용명세, 지불일시, 상대이름, 인원수 등(전표, 영수증의 조회)에 주의하고 불필요한 접대, "가짜접대 · 놀기접대" 또는 판매경비로써 적당한 청구인가를 검토하고 있는가(즉 감사의 유의점은 그 교제비가 「회사를 위해」 바르게, 효과적으로 쓰였는가를 검토한다)? ⑤ 교제비는 세법상의 입장에 서서 올바르게 회계처리를 하고, 유사한 계정과목의 유용 등에 의해 세무부인을 받는 일은 없는가? ⑥ 「교제비 절약목표」에 대해서 적극적인 노력을 하고 있는가, 문제가 되는 점은 없는가?	

CHAPTER

05 회계감사

1 회계감사의 개요

우리나라는 법에서 외부감사를 받는 회사의 회계처리와 외부감사인의 회계감사에 관하여 필요한 사항을 정하고 이해관계인을 보호하고 기업의 건전한 경영과 국민경제의 발전에 이바지함을 목적으로 "주식회사 등의 외부감사에 관한 법률"을 제정하였다.

(1) 회계감사의 목적

① 회계감사의 목적은 외부감사인으로 하여금 회사의 재무제표가 기업회계기준에 따라 중요성의 관점에서 공정하게 표시되었는지의 여부에 대한 의견을 표명할 수 있도록 하는 데 있다. 적정의견인 경우 외부감사인은 "회사의 재무제표는 중요성의 관점에서 공정하게 표시하고 있다"라는 의견문구를 사용한다.

② 감사인의 적정의견은 회사 재무제표의 신뢰성을 제고시킬 수는 있어도, 경제실체(이하 "회사"라 한다)의 장래 존속능력 또는 회사업무집행에 대한 경영자의 효율성이나 효과성을 감사보고서 이용자에게 보장하는 것은 아니다.

(2) 감사계획의 수립

감사인은 감사를 효과적으로 수행하기 위하여 감사계획을 수립하여야 한다.

"감사계획"은 기대하는 감사의 성격, 시기 및 범위를 결정하기 위한 전반적인 감사전략과 세부적인 감사접근방법을 개발하는 것을 의미한다. 감사인은 감사를 효율적이고 시의적절하게 수행하기 위하여 계획을 수립한다.

① 전반감사계획수립 시 고려사항

가. 회사와 사업에 대한 이해

- 회사의 영업에 영향을 미치는 전반적인 경제적 요소, 법규 및 산업동향
- 회사, 영업, 재무성과 및 재무보고의무(전기감사 이후의 주요 변동사항 포함) 등에 관한 중요한 특성
- 경영자 능력의 일반수준

나. 회계제도와 내부통제제도에 대한 이해

- 회사가 채택하고 있는 회계정책과 회계정책 변경사항
- 새로운 회계기준과 감사관련 규정이 회사에 미치는 영향
- 감사인의 회계제도와 내부통제제도에 대한 축적된 지식, 그리고 내부통제의 시사와 입증절차 시에 상대적으로 강조가 기대되는 중점사항

* 회계제도(Accounting System) : 경제실체가 거래의 회계기록 유지를 위하여 이를 처리하는 일련의 작업과 기록을 말하며, 발생되는 거래와 기타 사건을 식별 · 종합 · 분석 · 계산 · 분류 · 기록 · 요약 및 보고하는 것을 말한다.

* 내부통제제도 : 회사 경영자의 목적달성을 지원하기 위해 경영자가 채택한 모든 정책과 절차(내부통제)를 말한다. 이러한 경영자의 목적이란 경영정책의 준수를 포함한 영업의 효율적 수행, 회사자산의 보호, 부정과 오류의 발생방지와 발견, 정확하고 완전한 회계기록 및 신뢰할 수 있는 재무정보의 시의적절한 작성 등이 잘 이루어지고 있다고 실행가능한 한 최대로 확신하고자 하는 것이다. 내부통제제도는 회계제도의 기능에 직접 관련된 사항뿐만 아니라 그 이외의 사항에 대한 통제를 포함한다.

* 내부통제의 시사 : ① 회계제도 및 내부통제제도가 중요한 왜곡표시의 발생을 방지하거나, 적발하여 수정할 수 있도록 적절하게 설계되었는지의 여부 ② 내부통제가 전 회계기간에 걸쳐서 효과적으로 운용되었는지의 여부를 확인하는 것이다.

* 입증절차(Substantive Procedures) : 재무제표 내에 중요하게 왜곡표시되어 있는 사항을 적발하기 위한 감사증거를 확보하기 위하여 수행하는 시사(test)로서 다음 두 가지가 있다.
① 거래와 계정잔액의 내역에 대한 시사
② 분석적 절차
"거래와 계정잔액의 내역에 대한 시사"는 "내역시사"(Tests of Details), "입증시사"(Substantive Tests) 또는 "정밀시사"(Detailed Tests)로 줄여 쓰는 경우도 있다.
"분석적 절차(Analytical Procedures)"는 중요한 비율 및 추이를 분석하는 것을 말하며, 그 결과 예측가능한 금액과 상당한 차이를 나타내거나 관련된 다른 정보와 부합하지 않는 변동과 상관관계를 조사하는 것을 포함한다.

다. 감사위험과 중요성

- 예상되는 고유위험과 통제위험의 평가와 중대한 감사영역 식별
- 감사목적용 중요성 수준의 설정
- 과거 회계기간의 경험을 포함하여 중요한 왜곡표시 가능성이나 부정의 발생가능성
- 회계추정이 개제되는 분야를 포함하여 복잡성이 내포된 회계분야의 식별

* 감사위험(Audit Risk)이란 감사인이 중요하게 왜곡표시되어 있는 재무제표에 대하여 부적절한 감사의견을 표명할 위험을 말한다. 감사위험은 고유위험, 통제위험 및 적발위험의 3가지 요소로 구성되어 있다.

- 고유위험(Inherent Risk) : 관련된 내부통제가 없다고 가정할 때, 계정잔액이나 거래유형의 왜곡표시가, 단독으로 또는 다른 계정잔액이나 거래유형의 왜곡표시와 합쳐서 중요하게 될 정도로, 그 계정잔액이나 거래유형이 쉽게 왜곡표시될 가능성이 내재되어 있는 위험이다.
- 통제위험(Control Risk) : 계정잔액이나 거래유형에 발생될 수 있는 왜곡표시가, 단독으로 또는 다른 계정잔액이나 거래유형의 왜곡표시와 합쳐서, 중요하게 될 수 있는데도 회사가 운용하는 내부통제제도에 의하여 방지되지 못하거나 또는 적시에 적발되어 수정되지 못할 위험이다.
- 적발위험(Detection Risk) : 계정잔액이나 거래유형에 존재하는 왜곡표시가, 단독으로 또는 다른 계정잔액이나 거래유형의 왜곡표시와 합쳐서, 중요하게 될 수 있는데도 감사인의 입증절차에 의해서 적발되지 못할 위험이다.

라. 감사절차의 성격, 시기 및 범위

- 특정감사영역에 대한 강조사항에서의 변경가능성
- 감사업무에 미치는 정보기술의 영향
- 내부감사업무와 이것이 외부감사절차에 미치는 예상효과

마. 감사업무의 조정, 지도, 감독 및 검토

- 자회사, 지점, 사업부문 등 회사부문의 감사에 대한 타감사인의 참여
- 전문가의 참여
- 감사실시장소의 수
- 감사참여자의 구성

바. 기타사항

- 회사의 계속기업가정에 의문이 제기될 수 있는 가능성
- 특수관계자의 존재 등 특히 주의를 요하는 상황
- 감사계약조건과 법적인 책임
- 계약상 예상되는 회사에 제출될 보고서 또는 회사와의 기타 왕복문서의 성격과 시기

② **세부감사계획의 수립**

가. 감사인은 전반감사계획을 실행하기 위해 계획한 감사절차의 성격, 시기 및 범위를 설정할 세부감사계획을 개발하고 문서화하여야 한다. 세부감사계획서는 감사에 참여하는 감사보조자에 대한 일련의 지시서로서의 역할과 감사업무의 적정한 실행을 통제하고 기록하는 수단으로서의 역할을 한다. 세부감사계획서는 또한 각 감사영역에 대한 목적과 여러 감사영역 또는 절차에 대한 시간예산을 포함할 수 있다.

나. 감사인은 세부감사계획을 수립함에 있어서 고유위험과 통제위험에 대한 구체적인 평가와 입증절차가 제공할 확신의 요구수준을 고려한다. 또한 감사인은 ㉠ 내부통제의 시사와 입증절차의 시기, ㉡ 회사로부터 기대되는 지원업무의 조정, ㉢ 감사보조자의 확보가능성 및 ㉣ 타감사인 또는 전문가의 참여정도를 고려한다.

다. 감사인은 전반감사계획을 실행하기 위해 계획한 감사절차의 성격, 시기 및 범위를 설정할 세부감사계획을 개발하고 문서화하여야 한다. 이때 고려할 사항은 다음과 같다.

- 각 감사영역에 대한 목적과 절차 그리고 시간예산 설정
- 고유위험과 통제위험에 대한 구체적인 평가와 입증절차가 제공할 확신의 요구수준
- 내부통제의 시사와 입증절차의 수행시기
- 회사로부터 기대되는 지원업무의 조정
- 감사보조자의 확보가능성
- 타감사인 또는 전문가의 참여정도
- 회사의 계속기업가정에 대한 타당성

(3) 문서화

문서화(Documentation)란 감사수행과 관련하여 감사인이 수집하고 보관한 정보 및 기타 내용을 조서화하는 것을 말한다.

① 감사인은 감사의견을 지지하는 증거와 감사가 회계감사기준에 의거하여 수행되었다는 증거를 제공함에 있어 중요한 사항을 문서화하여야 한다.

② "문서화"란 감사수행과 관련하여 감사인이 작성하거나 감사인용으로 작성되며 감사인이 수집하고 보관한 자료를 조서화(감사조서)하는 것을 말한다. 감사조서는 종이, 필름 및 전자매체 또는 다른 매체에 저장된 자료의 형태를 지닌다.

③ 감사조서는 감사의 계획과 수행과정에서 도움이 되며, 감사업무에 대한 감독과 검토 과정에서 도움이 되고, 감사의견을 지지하기 위하여 수행한 감사업무로부터 입수한 감사증거를 기록한다.

(4) 감사조서의 형식과 내용

감사조서(Working Papers)란 감사인의 감사계획, 수행한 감사절차의 성격, 시기 및 범위와 그러한 감사절차의 결과로 확보한 감사증거에 근거하여 내린 결론을 기록한 것을 말한다. 감사조서는 필름 또는 전산기록매체 등의 형태로도 기록할 수 있다.

① 감사인은 감사에 대해 전반적으로 이해를 할 수 있도록 충분히 완전하고 자세한 감사조서를 작성하여야 한다.

② 감사인은 감사조서에 ㉠ 감사업무의 계획, ㉡ 수행한 감사절차의 성격, 시기 및 범위, ㉢ 그 결과, ㉣ 그리고 확보된 감사증거로부터 도출된 결론에 대한 정보를 기록하여야 한다. 감사조서는 판단이 필요한 모든 중요한 사항에 대한 감사인의 추론과 이에 대한 감사인의 결론을 포함한다. 원칙 또는 판단에 관한 어려운 문제가 개입된 분야에서는 결론이 나오는 때에 감사인에 의하여 인지한 관련사실을 감사조서에 기록한다.

③ 감사조서는 보통 다음의 사항을 포함한다.

- 회사의 법적, 조직적 체계에 대한 정보(정관, 법인 등기부등본, 사업자등록증, 정부 승인서 등)
- 중요한 법적 문서, 계약서 및 의사록의 발췌 또는 복사본(합작계약서, 기술도입계약서, 차관계약서, 임대차계약서 등과 주주총회와 이사회회의록 등)
- 회사가 속하는 산업, 경제환경 및 법적 환경에 대한 정보
- 세부감사계획서와 이에 대한 변경사항을 포함한 계획수립과정에 대한 증거
- 회계제도와 내부통제제도에 관한 감사인의 이해절차에 대한 증거
- 고유위험과 통제위험의 평가 및 이에 대한 수정의 증거
- 내부감사업무에 관한 감사인의 고려와 도출된 결론에 대한 증거
- 거래와 잔액에 대한 분석
- 주요 비율과 추세에 대한 분석
- 수행된 감사절차의 성격, 시기 및 범위에 대한 기록과 이러한 절차의 결과에 대한 기록

- 감사보조자에 의하여 수행된 업무가 감독되고 검토되었다는 증거(감사업무수행점검표, 심리점검표, 공시사항점검표 등)
- 감사절차의 수행자와 언제 수행되었는지에 대한 표시
- 타감사인이 감사한 부문의 재무제표에 적용된 절차의 상세한 내용
- 타감사인, 전문가, 다른 제3자와의 의사소통에 대한 복사본(변호사조회서 등)
- 감사계약서의 조건과 내부통제제도의 중요한 약점을 포함하여 회사에 전달되거나 회사와 토의한 감사상 문제점에 관한 서신 또는 메모의 복사본
- 회사로부터 받은 서면진술서
- 감사인의 절차에 의해 발견된 예외사항과 비정상적인 사항이 어떻게 해결되고 처리되었는지에 관한 것을 포함하여 감사의 주요 측면에 관하여 감사인이 도출한 결론
- 재무제표와 감사보고서의 복사본

(5) 감사증거

감사증거(Audit Evidence)란 감사인이 감사의견의 근거가 되는 결론에 이르기까지 수집한 정보를 말한다. 감사증거는 재무제표의 기초가 되는 중요 원시증빙서류 및 회계기록과 기타 경로로 수집된 확인적 정보로 구성된다.

감사증거는 내부통제의 시사와 입증절차의 적절한 조합을 통해 수집한다. 수행할 시사의 유형은 감사증거를 수집하는 데 있어 적용할 감사절차를 이해하는 데 중요하다.

① 내부통제의 시사

가. 내부통제의 시사는 감사인이 특정주장에 대해 통제위험이 높지 않다고 평가하는 경우에 수행한다.

나. 감사인은 회계제도와 내부통제제도에 대한 이해를 바탕으로 통제의 수행을 나타내는 특성이나 속성과 통제의 적절한 수행으로부터 이탈을 가능하게 하는 상황이 무엇인지 파악한다. 그런 다음 감사인은 그러한 속성이 나타나는지 또는 이탈을 하는지 시사할 수 있게 된다.

다. 내부통제의 시사를 위한 표본감사는 일반적으로 통제의 적용이 수행 여부를 나타내는 증거를 남기는 경우(예를 들어 신용승인을 나타내는 신용부문 부서장의 매출송장에의 서명, 혹은 마이크로컴퓨터를 이용하는 자료처리시스템에서의 자료입력승인의 증거 등)에 적절하다.

② 입증절차

입증절차는 금액에 대해 감사하는 절차로 분석적 절차와 거래와 계정잔액의 내역에 대한 시사의 두 가지 형태를 지닌다. 입증절차의 목적은 재무제표에 있을지도 모르는 중요한 왜곡표시를 탐지하기 위해 감사증거를 수집하는 것이다. 내역에 대한 입증시사를 수행할 때 재무제표금액에 대한 하나 혹은 둘 이상의 주장(예를 들어 매출채권의 실재성)을 검증하거나 일부금액에 대한 독립적인 추정(예를 들어 진부화된 재고자산의 가치)을 하는 데 있어서 감사증거를 수집하고 시사하기 위해 표본감사와 기타의 항목선택방법을 이용할 수 있다.

③ 증거수집을 위한 절차

감사증거를 수집하는 절차는 조사, 관찰, 재계산, 입회, 외부확인 및 분석적 절차를 포함한다. 적절한 절차의 선택은 상황에 따라 전문가적인 판단에 의한다. 이러한 절차의 적용은 보통 모집단으로부터 시사를 위해 항목을 선택하는 것을 포함한다.

- 조사(Inspection) : 기록, 문서 또는 유형자산을 실지조사하는 행위를 말한다.
- 관찰(Observation) : 타인에 의하여 수행되는 절차를 육안으로 확인하는 것을 말한다. 회사가 수행하는 재고자산의 실사를 관찰하거나 감사증적이 없는 내부통제제도의 수행을 관찰하는 것을 예로 들 수 있다.
- 재계산(Computation) : 원시증빙서류 및 회계기록에 관한 산술적 계산의 정확성을 확인하거나, 별도의 재계산을 수행하는 것을 말한다.
- 입회(Attendance) : 타인의 주관하에 실시되는 절차에 전 과정 또는 일부 과정에 참석하는 행위를 말한다. 예를 들면 재고자산 실사에 입회함으로써 감사인은 재고자산을 조사할 수 있으며, 계량확인과 계량의 기록에 관한 경영자의 업무수행절차가 규정대로 수행되고 있는지 관찰할 수 있을 뿐만 아니라 직접 계량할 수 있다.
- 외부확인(Confirmation) : 회계기록에 대한 확인적 정보를 확보하기 위하여 질문하고 회신받는 절차를 말한다.
- 질문(Inquiry) : 회사내부 또는 외부의 관련지식이 있는 사람에게 정보를 구하는 행위를 말한다.
- 분석적절차(Analytical Review) : 재무데이터와 비재무데이터 간의 개연적인 관계를 연구함으로써 재무정보를 평가하는 절차를 말한다.

(6) 내부통제제도

"내부통제제도"란 재무보고의 신뢰성, 경영의 효과성 및 효율성, 그리고 관련 법규의 준수에 관련된 기업의 목적 달성에 관한 합리적 확신을 제공할 목적으로 지배기구, 경영진 및 기타의 인원에 의해 설계, 실행, 유지되고 있는 절차를 말한다. 이러한 기업의 목적이란 경영정책의 준수를 포함한 영업의 효율적 수행, 회사자산의 보호, 부정과 오류의 발생방지와 발견, 정확하고 완전한 회계기록 및 신뢰할 수 있는 재무정보의 시의 적절한 작성 등이 잘 이루어지고 있다고 실행가능한 최대로 확신하고자 하는 것이다. 내부통제제도는 통제환경, 위험평가, 정보 및 의사소통, 통제활동, 모니터링으로 구성되어 있다.

① "통제환경(Control Environment)"이란 조직체계 · 구조, 내부통제를 유인하는 상벌 체계, 인력운용 정책, 교육정책, 경영자의 철학, 윤리, 리더십 등을 포함한다. 통제환경은 조직의 문화를 결정하며 통제에 대한 구성원들의 의식에 영향을 준다.

② "위험평가"란 경영진이 관리대상 위험을 어떻게 결정하는지에 대한 기반을 형성하고 회사의 목적달성과 영업성과에 영향을 미칠 수 있는 내 · 외부의 위험을 식별하고 평가 · 분석하는 활동을 의미한다. 그 절차가 기업의 특성, 규모 및 복잡성 등 해당 상황에 적합한 경우 재무제표의 중요한 왜곡표시 위험을 식별하는 데 도움을 준다.

③ "정보 및 의사소통"은 조직 구성원이 책임을 적절하게 수행할 수 있도록 시의적절한 정보를 확인 · 수집할 수 있도록 지원하는 절차와 체계를 의미하며, 정보의 생성 · 집계 · 보고체계, 의사소통의 체계 및 방법 등이 포함된다.

④ "통제활동"은 경영진의 지시가 확실하게 이행되도록 도와주는 정책과 절차이다. 정보기술 또는 수작업 시스템 내의 통제활동은 다양한 목적을 가지고 있으며, 다양한 직급과 직능 수준에서 적용된다. 구체적인 통제활동은 승인, 성과검토, 정보처리, 물리적통제, 업무분장 등이 포함된다.

⑤ "모니터링"은 지속적으로 내부통제의 성과에 대한 효과성을 평가하는 절차다. 이는 적시에 통제의 효과성을 평가하고 필요한 개선조치를 취하는 것을 포함한다. 경영진은 일상적인 활동이나 별도의 평가 또는 이 두 가지를 결합하여 통제를 모니터링 한다. 일상적인 모니터링 활동은 종종 기업의 정상적인 반복활동에 내재되어 있으며, 정규적인 경영활동과 감독활동이 포함된다.

(7) 감사의견

감사보고서에는 재무제표 전체에 대하여 명료하게 표명된 감사의견이 기술되어 있다. 재무제표가 기업회계기준에 따라 중요성의 관점에서 공정하게 표시되었다고 판단할 때 감사인은 적정의견(Unqualified Opinion)을 표명한다.

- 한정의견(Qualified Opinion) : 감사인이 충분하고 적합한 감사증거를 입수한 결과, 왜곡표시가 재무제표에 개별적으로 또는 집합적으로 중요하나 전반적이지는 않다고 결론을 내리는 경우와 감사인이 감사의견의 근거가 되는 충분하고 적합한 감사증거를 입수할 수 없었지만, 발견되지 아니한 왜곡표시가 재무제표에 미칠 수 있는 영향이 중요할 수는 있으나 전반적이지는 않을 것으로 결론을 내리는 경우에 한정의견이 표명된다.
- 부적정의견(Adverse Opinion) : 감사인은 충분하고 적합한 감사증거를 입수한 결과 왜곡표시가 재무제표에 개별적으로 또는 집합적으로 중요하며 동시에 전반적이라고 결론을 내리는 경우 부적정의견이 표명된다.
- 의견거절(Disclaimer of Opinion) : 감사인은 감사의견의 근거가 되는 충분하고 적합한 감사증거를 입수할 수 없으며, 발견되지 아니한 왜곡표시가 있을 경우 이것이 재무제표에 미칠 수 있는 영향이 중요하고 동시에 전반적일 수 있다고 결론을 내리는 경우와 다수의 불확실성이 관련된 극히 드문 상황에서 감사인이 각각의 불확실성에 대해 충분하고 적합한 감사증거를 입수하였음에도 불구하고 이들 개별 불확실성 사이의 잠재적 상호작용과 각각의 불확실성이 재무제표에 미칠 수 있는 누적적 영향 때문에 재무제표에 대한 의견을 형성하는 것이 가능하지 않다고 결론을 내리는 경우에 의견거절이 표명된다.

2 회계감사의 절차

회계감사의 일반적인 절차는 감사계획수립, 중감감사, 재고자산 및 금융자산 실사, 입증감사의 순서로 진행된다. 상장법인의 경우에는 규모에 따라 추가적으로 분·반기 검토절차를 수행한다.

(1) 중간감사

중간감사는 회계법인의 감사팀 12월 결산법인인 경우 10월~12월 중 회사를 방문하여 회사의 9월까지의 자료를 기준으로 감사를 한다. 이때는 주로 회사개황을 파악하여 영구조서(장기간 보관해야 할 사항의 묶음철)를 작성하고, 전반감사계획을 수립(전반감사계획은 중간감사 이전에 회사의 과거 재무자료를 기준으로 미리 계획하고 중간감사 기간 중 추가적인 정보를 기준으로 수정 · 보완하는 것이 일반적이다)하고 회사의 주요 내부통제제도에 대하여 평가한다. 내부통제제도는 매출, 매입, 제조, 급여, 재무거래 등 주요 Cycle에 대하여 평가하는데 먼저 질문서를 작성하고 다음에 Flow Chart를 작성한다. 그리고 내부통제에 대한 시사(Test of Control)를 실시한다. 내부통제에 대한 시사란 매출 시 매출전표에 승인하는 것이 통제절차라고 하면 Sample을 선정하여 실제로 매출전표에 승인이 있는지 확인하는 것이다.

① P/F(영구조서)철

- 정관
- 법인등기부등본
- 사업자등록증
- 주주명부
- 조직도
- 인원현황
- 회사소개서
- 회사연혁
- 주요 판매 · 구매계약서
- 관계회사명
- 주요 규정 – 회계규정, 급여규정, 퇴직금규정, 자산관리규정
- 차입계약서
- 제품판매량 및 판매단가
- 거래은행
- 회사가 적용받는 법규

05

② **전반감사계획서 작성**

- 회사에 대한 지식 : 회사연혁, 회사영업환경, 경영자능력, 적용받는 법규
- 회계제도와 내부통제에 대한 이해 : 회계정책, 회계제도, 내부통제제도
- 감사위험과 중요성
- 감사절차의 성격 · 시기 · 범위
- 감사업무의 조정 · 지도 · 감독

③ **세부감사계획서 작성**

④ **내부통제제도 질문서 : 회계법인마다 사전에 작성된 질문서 활용**

⑤ **Flow Chart 작성 : 내부통제제도편 참조**

⑥ **내부통제제도에 대한 시사**

(예시) 매출 Cycle

일 자	내 역	거래처	금 액	전표 승인	출고 지시서와 대조	재고 수불부와 대조	G/L 대조

1. Source : 매출장
2. Sampling : 20개
3. T/M hegend
   V : No exeption
   X : Exception

4. Conclusion :
   No exception nated.

(2) 재고실사

재고실사는 회사에서 실시하는 것이고, 외부감사인은 회사의 재고실사가 적정하게 이루어지고 있는지 확인하기 위하여 입회한다. 그리고 일부 Sample을 뽑아서 실제로 맞는지 셈을 해 본다.

12.31. 전후에 재고실사가 이루어지기 때문에 이날 실시하게 된다.

통상 오전 9 : 00 정도에 회사에 도착하면 먼저 재고실사계획서를 징구하여 전반적인 상황을 검토하고, 공장시찰을 하면서 실제로 재고실사가 이루어지고 있는지 확인한다. 그리고 일부 Sample을 뽑아서 확인한다.

외부감사인이 징구하는 자료는 다음과 같다.

- 재고실사계획서
- 회사의 재고실사 List
- 회사의 Tag Control Sheet

외부감사인은 재고실사 Check List를 작성하여 잘못되거나, 누락된 사항은 없는지 확인한다. 그리고 재고실사 시 또는 결산일 전후에 회사의 어음 · 수표실사, 받을어음실사, 현금실사, 유가증권실사 등을 실시한다.

05

그리고 외부감사인은 회사가 작성한 금융조회서 및 채권 · 채무조회서(회사의 채권 · 채무현황을 징구 후 감사인이 Sample한 업체에 대해 회사가 적성)를 받아 직접 발송 · 회수한다.

(3) 연말감사

회사의 결산이 완료되면 감사팀은 회사를 방문하여, 회사로부터 결산자료를 징구받아 회계감사를 실시한다. 회계감사는 계정과목별로 담당자를 지정하고, 담당자는 자기가 맡은 계정과목이 기업회계기준에 따라 적정하게 작성되었는지 확인한다.

실무상 편철하는 순서는 다음과 같다.

① 감사절차지시서

② Lead Schedule

W/P ref	Account name	전기	당기	수정사항	수정 후

1. Audit Objective
2. Analytical Review
3. T/M Legend
4. Description
5. 수정사항
6. Conclusion

(4) 회계감사 Flow

① Interim work

착 수	
⬇	
개황조사	정관, 등기부등본, 사업자등록증, 주주명부, 조직도, 인원현황, 회사소개서, 주요 계약서, 회사연혁, 관계회사명칭, 회사규정집, 의사록(주주총회, 이사회), 주요 약정서(CB, 로얄티) 전기결산서 및 세무조정계산서, 예산, 제조공정도, 제품판매단가, 제품판매량, 거래은행, 시스템설계서, 최근재무제표, 자본금변동현황, 회사가 적용받는 법규, 주요 매입처, 주요 매출처
⬇	
In－Charge	Job Assignment, Analytical Review, Permanent File, 전반감사계획서 작성
⬇	
주요 Cycle	매출, 매입, 제조, 급여, 재무거래 등
⬇	
담 당 자	질문서작성, Flow Chart 작성, Test of Control＋Test of Transaction
⬇	
Confirmation 발송	12월 말 기준 또는 9월이나 10월 말 기준으로 발송

② Inventory Observation

현장방문	
↓	
재고실사과정관찰	재고실사입회 Memo 작성
↓	
Sample Test	
↓	
Cut－off Test	

③ Year end Audit

Job Assignment	계정과목별로
↓	
연말감사실시	Audit Program, Lead Schedule작성, Test 실시, 수정사항 도출
↓	
회사의 추가조정사항	외부감사인이 외부감사 목적으로 재무제표 확정이전에 계정과목별 또는 세부항목별 관련정보를 요구하는 경우 회사는 이를 직접 작성하여 내부회계관리제도상의 절차를 거친 후 제출하고, 해당 사항에 대해 회사와 외부감사인 간의 의견이 불일치하는 경우 회사가 이의 수정여부 및 수정할 사항을 직접 결정하고 수정작업도 직접 수행
↓	
회사와 협의	
↓	
감사보고서 작성	공시사항점검표, 감사업무점검표, 심리점검표 등

3 분석적 절차

(1) 분석적 절차의 의의

"분석적 절차(Analytical Procedures)"란 재무데이터와 비재무데이터 간의 개연적인 관계를 연구함으로써 재무정보를 평가하는 것으로 이루어진다. 분석적절차에는 다른 관련된 정보와 일관성이 없거나 예측금액에서 유의적으로 벗어난 것(비정상항목)으로 식별된 추세 또는 관계에 대한 조사가 포함되기도 한다. "비정상항목(Unusual Items)"이란 예측가능한 금액과 상당한 차이를 나타내거나 관련된 다른 정보와 부합하지 않는 변동이나 상관관계를 나타내는 항목을 말한다. 따라서 비정상항목은 표본감사에서의 모집단 오류의 대표적 유형이 아닌 오류인 '비정상적 오류'와는 다른 개념이다.

분석적 절차는 비교적 단순한 방법으로 중요한 변동사항이나 비정상항목을 발견하고, 이러한 항목에 감사인원과 시간을 집중적으로 투입하여 중요한 부정과 오류를 효과적으로 발견함으로써 감사의 효과와 경제성을 동시에 달성하게 해준다. 따라서 기업들의 거래규모가 확대되고 감사업무량이 증대되는 현재 감사실무와 감사기준에서는 분석적 절차의 중요성을 강조하고 새로운 분석적 절차기법의 연구에 노력을 기울이고 있다.

감사인은 '계획단계'와 감사의 '전반적 검토단계'에서 반드시 분석적 절차를 적용하여야 하며, '입증절차단계' 및 '종결단계'에서도 적용해야 한다.

(2) 분석적 절차의 가정

감사인이 여러 자료들을 비교·분석하여 비정상항목을 발견하기 위하여는 이용되는 자료에 대하여 일정한 가정이 전제되어야 한다. 분석적 절차를 적용하는 경우 감사인의 기본가정은 다음과 같다.

■ 분석적 절차의 가정

① 이용된 자료 사이에는 일정한 상관관계가 존재한다.
② 주어진 조건에 반하는 사항이 없는 한 자료 간의 관계는 계속 유지된다.

감사인은 이러한 가정에 반하는 비정상항목이 발견되는 경우 그에 대한 합리적인 근거가 있는지를 확인함으로써 회계자료의 완전성, 정확성 및 타당성에 대한 감사증거를 얻을 수 있다.

(3) 분석적 절차의 방법

분석적 절차를 수행하는 데에는 단순한 비교에서 복잡한 통계적 분석까지 여러 가지 방법을 사용할 수 있다. 감사인이 어떤 절차나 방법을 적용하고, 어느 정도의 수준에서 적용할 것인가는 전문가적인 판단에 따른다. 또한 분석적 절차는 재무정보의 개별요소에도 적용할 수 있으며, 연결재무제표, 종속회사 · 사업부 · 부문별 재무제표 등에도 적용할 수 있다.

분석적 절차의 방법에는 다음과 같은 것들이 있다.

■ 분석적 절차의 방법

① 회사의 실제 재무정보와 관련 재무정보와의 비교 – 전기 재무정보, 각종 예측정보, 동종산업정보 등
② 재무정보 구성요소 간의 관계분석 – 계정대조, 계정분석 등
③ 재무정보와 관련 비재무정보와의 관계분석

05

① 회사의 실제 재무정보와 관련 재무정보와의 비교

감사인은 회사의 당기 재무정보를 전기자료, 예상자료, 동종산업자료와 비교, 분석하여 비정상항목을 찾아낼 수 있다.

가. 전기 재무정보와의 비교

회사의 당기 재무정보와 과거 2~3년간의 재무정보를 비교분석하여 중대한 변동사항이 있는지를 확인할 수 있다. 전기와의 비교는 감사인이 감사실무상 많이 사용하는 분석적 검토방법이다. 당기와 전기와의 비교는 금액을 직접 비교할 수도 있고 중요 비율을 계산하여 비교할 수도 있다. 금액비교를 하는 경우에는 계정총액으로 비교하거나 계정과목을 구성하는 세부구성 항목별로 비교할 수 있다.

나. 회사의 기대치 또는 감사인의 예상치와의 비교

a. 회사의 기대치와의 비교

회사의 당기 재무정보와 예산이나 예측치와 같은 회사의 기대치를 비교하여 중요한 차이항목을 발견할 수 있다. 회사는 예산제도나 표준원가시스템에 의하여 영업성과에 대한 기대치를 설정할 수 있다.

b. 감사인의 예상치와의 비교

회사의 당기 재무정보와 감사인이 추정한 예상치를 비교하여 비정상항목을 찾아낼 수 있다. 감사인은 자신의 예상치를 회사의 과거자료나 다른 재무제표 구성항목과의 상관관계를 고려하여 설정할 수 있다. 감사인이 예상치를 설정할 때 회귀분석이나 시계열분석을 이용할 수도 있다.

다. 동종산업정보와의 비교

회사의 당기 재무정보와 회사가 속해 있는 산업평균이나 동종산업의 비슷한 규모회사의 비율과 비교하여 중요한 차이가 있는지를 확인할 수 있다. 동종업계라 하더라도 회사의 규모와 연혁, 회계처리방법의 차이에 따른 특성이 있으므로 산업평균과의 단순비교는 주의하여 수행되어야 한다.

② 재무정보 구성요소 간의 관계분석

재무정보의 구성요소 간에는 일정한 상관관계가 있는 것이 일반적이므로 감사인은 회사로부터 입수한 각종 재무정보 상호 간의 상관관계를 비교분석하여 비정상항목을 발견할 수도 있다. 예를 들면 매출액과 매출원가 간에는 일정한 상관관계가 있으므로 당기 매출액 대비 매출원가비율과 회사의 과거 실적과 비교하여 그 타당성을 예측할 수 있다. 감사인은 매출액과 매출채권 및 대손충당금, 예금이나 유가증권과 이자수익, 차입금과 이자비용, 유형자산과 감가상각비 및 감가상각누계액 등 상호관련 있는 항목의 관계를 분석할 수 있다.

③ 재무정보와 관련 비재무정보와의 관계분석

감사인은 회사의 당기 재무정보와 관련 있는 비재무정보를 입수하여 상관관계를 비교분석함으로써 비정상항목을 발견할 수도 있다. 예를 들어 매출액과 매장면적이나 판매수량, 제조원가와 생산수량, 급여와 종업원수의 관계 등을 비교해 볼 수 있다.

(4) 분석적 절차의 사례

① 재무제표 전반분석

과거 2~3년간의 재무제표와 당기(당반기, 당분기 등) 재무제표를 입수하여 다음과 같은 분석을 수행한다.

가. 백분율 재무상태표를 당좌, 재고, 기타유동자산 등 소분류항목을 중심으로 작성하고 주요 변동원인 규명

나. 백분율 손익계산서를 작성하고 원가율 등 주요 변동원인 규명

다. 제조원가구성비율 등의 분석

라. 재무상태표와 손익계산서의 주요 항목에 대한 추세비율을 분석하고 동종산업의 일반적인 추세 등과 대비

마. 주요 비율을 분석하여 주요 변동원인 규명

a. 활동성비율(총자본회전율, 자기자본회전율, 재고자산회전율, 매출채권회전율 등)을 분석하고 주요 변동원인 규명

b. 안정성비율(유동비율, 당좌비율, 부채비율 등)을 분석하고 주요 변동원인 규명

c. 수익성비율(총자본이익률, 자기자본이익률 등)을 분석하고 주요 변동원인 규명

바. 자기자본이 잠식되어 있거나 매출총손실이 나타나는 경우에는 기업의 계속적 존속가능 여부, 정상조업도, 판매가격형성, 생산성 등과 관련하여 주요 변동원인을 분석하여 정상화방안 검토

② 매출액과 매출채권

직전연도를 포함한 과거 2~3년간의 매출액 및 매출채권과 당기(당반기, 당분기 등) 매출액 및 매출채권의 월별·내용별 명세서를 입수하여 다음과 같이 분석하고 주요 변동원인을 규명한다.

가. 전기와의 비교 : 당기와 과거 2~3년간의 매출액과 매출채권을 총액별로 비교분석하고, 매출품목의 구성내용별로 비교한다.

나. 예상치와의 비교 : 매출액실적치와 회사의 예산액 또는 감사인의 기대치와 비교한다.

다. 동종업계와의 비교 : 산업별 분석지표를 구하여 매출액의 타당성을 검토한다. 예를 들면 산업별 평당임대수익, 운송거리당 여객수·화물량 또는 운임, 판매객실점유율,

05

수출과 국내판매, 제품그룹 또는 판매방법별 구성비율이나 원가율 등의 자료를 입수하여 회사자료와 비교분석한다.

라. 중요 비율분석 : 다음과 같은 중요 비율을 계산하여 전기, 산업평균치와 비교분석한다.

a. 매출총이익률＝매출총이익÷매출액

b. 매출채권회전율＝순매출액÷평균매출채권잔액

c. 총자산에 대한 매출채권비율＝매출채권÷총자산

d. 매출채권회수기일＝매출채권÷1일 평균매출액

e. 대손상각비율＝대손상각액÷순외상매출액

마. 기간별 비교 : 매출액의 변동상황을 월별, 분기별로 비교분석한다.

바. 관련계정대조 : 매출액과 매출채권 및 대손충당금계정 등 관련계정을 비교분석하고, 매출액과 판매직접비(운반비, 판매수수료 등), 매출환입, 매출에누리, 매출할인계정과 비교한다.

매출채권의 연령분석 및 대응하는 대손충당금분석을 행하고, 전년도의 대손실적을 검토하여 매출채권에 대한 대손충당금 설정액의 적정성을 검토한다.

사. 비재무적 정보와의 비교 : 품목별로 매출액과 판매수량, 직원수 등과 비교분석한다.

③ 재고자산

직전기를 포함한 과거 2~3년간 및 당기의 재고자산 과목별 명세를 입수하고 다음과 같이 분석한다.

가. 전기와의 비교 : 당기와 과거 2~3년간의 재고자산을 총액별로 비교분석하고, 재고품목의 구성내용별로 금액과 수량을 전기와 비교한다.

나. 예상치와의 비교 : 재고자산의 생산 및 판매와 관련된 예산을 입수하여 비교한다.

다. 동종업계와의 비교 : 동종업계의 재고자산보유율 및 재고품목 구성비율을 회사의 자료와 비교분석한다.

라. 중요 비율분석 : 다음과 같은 중요 비율을 계산하여 전기, 산업평균치와 비교분석한다.

a. 매출총이익률＝매출총이익÷매출액

b. 재고자산회전율＝순매출액÷평균재고자산금액

c. 총자산에 대한 재고자산비율＝재고자산÷총자산

마. 기간별 비교 : 재고자산과 매출원가의 변동상황을 월별, 분기별로 비교분석한다.

바. 관련계정대조 : 재고자산과 매출원가 및 매입채무 등 관련계정을 비교분석한다.

사. 비재무적 정보와의 비교 : 품목별로 매출원가와 판매수량, 생산수량, 직원수 등과 비교분석한다.

④ 매입액 및 매입채무

직전기와 당기의 원재료 매입액, 매입채무의 내용을 입수하여 다음과 같이 분석한다.

가. 당기와 전기의 매입금액과 매입채무를 비교분석한다.

나. 매입액 예산과 실적과를 비교분석한다.

다. 매입액의 변동 상황과 매입채무를 월별로 비교한다.

라. 총부채액 중 매입채무액비율 및 매입채무 회전기간(매입채무×365/매입액)과 같은 중요 비율을 계산하여 전기, 산업평균과 비교분석한다.

⑤ 기　타

가. 예금 및 유가증권 등 종류별 평균잔액(월평균 등)과 이자율에 근거한 이자수익 전체 금액의 전반적 타당성의 검토

나. 차입금 종류별 평균잔액과 이자율에 근거한 이자비용 전체금액의 전반적 타당성의 검토

05

4 입증절차

(1) 입증절차의 목적

입증절차의 목적은 재무제표상의 계정잔액 및 공시사항이 기업회계기준에 따라 중요성의 관점에서 공정하게 작성되었는지의 여부를 확인하는 것이며, 구체적으로는 재무제표에 의한 경영자의 주장을 검증하는 것이다. "재무제표에 의한 경영자의 주장(Management Assertion)"이란 재무제표를 통하여 경영자가 명시적 또는 묵시적으로 주장하는 다음과 같은 내용을 말한다.

주 장	내 용
① 실재성(Existence)	'자산이나 부채'는 재무상태표일 등 주어진 특정일자 현재 실제로 존재한다.
② 발생사실(Occurrence)	'거래나 사건'은 회계기간 동안 회사에 실제로 발생하였다.
③ 권리와 의무(Right and Obligation)	재무상태표일 등 주어진 특정일자 현재 '자산이나 부채'는 회사에 귀속된다.
④ 완전성(Completeness)	재무제표에 기록되지 않는 '자산, 부채, 거래나 사건' 혹은 공시되지 않은 항목은 없다.
⑤ 평가(Valuation)	'자산이나 부채'는 적절한 가치로 계상되었다.
⑥ 측정(Measurement)	'거래나 사건'은 적절한 금액으로 기록되었으며 수익이나 비용은 적절한 기간에 배분되었다.
⑦ 재무제표 표시와 공시(Disclosure)	재무제표의 구성항목은 기업회계기준에 따라 공시, 분류 및 기술되어 있다.

경영자는 자신이 작성한 재무제표상의 정보가 기업회계기준에 준거하여 적정하게 작성되었다는 주장을 하게 되며, 구체적으로 재무제표상의 계정잔액 및 공시사항이 상기 7가지의 요건을 충족하고 있다고 주장하는 것이다. 감사인은 회사의 재무제표가 기업회계기준에 따라 적정하게 작성되었는지를 확인해 주거나 반박할 수 있도록 충분하고도 적합한 감사증거를 수집하기 위하여 7가지 세부감사목적을 설정하고 구체적으로 감사절차를 수행한다.

(2) 입증절차의 성격, 범위 및 시기의 결정

입증절차의 성격, 범위 및 시기는 ① 고유위험과 통제위험의 평가결과 및 적발위험의 목표수준, ② 감사대상항목의 중요성 등을 고려하여 계정과목별로 결정한다.

① 입증절차의 성격

입증절차란 ㉠ 분석적 절차와 ㉡ 계정잔액과 거래내역에 대한 시사절차를 수행하여 감사증거를 수집하는 과정이며, 주로 내부통제의 유효성정도에 따라 입증절차의 성격이 결정된다. 즉 내부통제의 유효성이 높은 경우에는 분석적 절차를 많이 활용하고 간접증거나 내부증거에 의존하며, 내부통제의 유효성이 낮은 경우에는 계정잔액과 거래내역에 대한 구체적인 시사절차를 많이 수행하고 직접증거나 외부증거에 의존한다.

② 입증절차의 범위

입증절차의 범위는 감사의견형성에 필요한 충분하고도 적합한 감사증거를 확보할 수 있도록 결정되어야 한다.

③ 입증절차의 실시시기

입증절차는 재무상태표일 이후에 실시하는 것을 원칙으로 한다. 다만, 감사업무의 효율성을 제고하기 위하여 때로 재무상태표일 이전 기중감사 시에 입증절차의 일부를 수행하는 경우도 있다.

가. 입증절차는 재무상태표일 이후에 실시하는 것이 원칙

입증절차는 재무상태표일 이후에 실시하는 것을 원칙으로 한다. 왜냐하면 감사인이 표명하는 감사의견은 사업연도 개시일부터 재무상태표일(결산일)까지의 거래기록과 재무상태표일 현재의 계정잔액에 대하여 그 적정성을 검증하고 의견을 표명하는 것이기 때문이다. 즉 감사인이 감사대상기간 전체에 대한 의견을 표명하기 위해서는 회사의 사업연도가 종료된 이후에 검증할 수밖에 없기 때문이다.

05

나. 입증절차를 재무상태표일 이전에 실시하는 경우

a. 재무상태표일 이전에 입증절차를 실시하는 이유

감사인이 재무상태표일 이전시점을 기준으로 입증절차를 실시하고, 감사기준일 이후 재무상태표일까지의 중요 변동 상황만을 추가적으로 확인한다면 감사인은 감사업무의 분리와 이에 따른 감사인원 등의 효율적인 운영으로 감사의 효율성을 제고할 수 있다.

b. 재무상태표일 이전에 입증절차를 실시할 수 있는 조건

재무상태표일 이전에 입증절차를 실시하기 위해서는 다음과 같은 조건이 충족되어야 한다.

- 감사대상항목의 감사위험과 중요성이 낮은 경우
- 회사의 내부통제제도가 잘 정비되어 있어 통제위험의 평가수준이 높지 않은 경우
- 재무상태표일 이후 빠른 시일 이내에 감사가 조기 종료되도록 예정되어 있는 경우

c. 재무상태표일 이전에 입증절차 실시 후 추가적인 감사절차(보충적 절차)

재무상태표일 이전에 입증절차를 실시하는 경우에 입증절차 실시일로부터 재무상태표일까지의 거래 및 재무상태표일 현재의 자산과 부채금액의 적정성을 확인하기 위하여 감사인이 수행해야 할 추가적 절차(follow－up)는 다음과 같다.

- 입증절차 실시 후 재무상태표일까지의 기간 동안 내부통제제도의 유효성과 변화가능성 검토
- 입증절차실시 후의 거래에 대한 분석적 절차 실시
- 필요한 경우에는 표본감사에 의한 추가입증절차 수행

5 입증절차지시서

(1) 현금 및 현금성자산

현금 및 현금성자산 관련계정의 입증절차를 요약하면 다음과 같다.

입증절차지시서

A. 실재성과 발생사실, 권리의 타당성

1. 보유현금은 실사한다.
2. 전도금이나 기타의 현금에 대해서는 보조부와 대조 확인한다.
3. 예금에 대하여는 거래은행에 직접 조회 확인한다.
4. 예금의 사용제한 여부를 검토하기 위하여 차입약정서나 은행조회서 등을 검토하거나 담당자에게 질문한다.

B. 완전성

1. 예금의 기간귀속의 적정성과 완전성 검증을 위하여 은행계정조정표를 작성하고 검토한다.
2. 은행 간 계좌대체거래를 추적조사하여 기간귀속의 적정성을 검토한다.
3. 분석적 절차를 수행한다(전기대비, 월별 변동상황, 비율분석, 예금계정과 이자수익계정의 대조, 평균잔액에 의한 이자수익의 전반적 타당성 검토방법 등을 사용할 수 있다).

C. 평가의 적정성

1. 보유현금에 포함되고 있는 통화대용증권(타인발행수표 등)의 유효성을 평가한다.
2. 외국통화 및 외화표시예금의 평가가 적정한지 검토한다.

D. 측정의 정확성

1. 현금 및 현금성자산명세서 등의 내용을 합계검증하고, 이자수익과 미수수익의 정확성을 검산한다.
2. 현금 및 현금성자산명세서상의 금액과 총계정원장상 및 현금출납장 등 보조부상의 금액과 대조하여 전기의 정확성을 비교 확인한다.

E. 재무제표 표시 및 공시의 적정성

1. 회계처리방법의 적정성과 계속성 여부를 검토한다.
2. 장 · 단기구분(장기성예금 등) 및 계정분류의 적정성을 검토한다.
3. 현금 및 현금성자산 잔액의 사용제한 여부(차입금에 대한 담보제공예금 등)를 확인하고, 주석공시가 적정한지 검토한다.

(2) 유가증권

유가증권 관련계정의 입증절차를 요약하면 다음과 같다.

입증절차지시서

A. 실재성과 발생사실, 권리의 타당성

1. 보유 중인 증권은 실사한다.
2. 타처에 보관되고 있는 증권은 보관자에게 직접 조회 확인한다.
3. 유가증권과 투자자산의 취득 · 처분과 관계있는 증빙들을 검토하여 당기 중 증감내용을 검토하고 취득 및 처분가격의 적정성 여부를 검토한다.
4. 담보제공된 유가증권은 없는가를 확인하기 위하여 담당자에게 질문 또는 조회확인 등을 한다.

B. 완전성

1. 분석적 절차를 수행한다. 분석적 절차에는 전기대비, 월별 변동상황, 비율분석, 유가증권계정과 이자수익, 수입배당금계정 등 관련계정과의 대조, 평균잔액에 의한 이자수익의 전반적 타당성 검토방법 등을 사용할 수 있다.

C. 평가의 적정성

1. 유가증권의 취득원가 적정성을 검토한다.
2. 유가증권의 시가평가 적정성을 검토한다.

3. 유가증권의 손상차손평가 적정성을 검토한다.
4. 지분법투자주식의 지분법평가 적정성을 검토한다.

D. 측정의 정확성

1. 유가증권명세서를 검산한다.
2. 명세서상의 금액과 총계정원장상의 해당 계정잔액 및 유가증권관리대장 등 보조부와 대조 확인하여 전기의 정확성을 확인한다.

E. 재무제표 표시 및 공시의 적정성

1. 유가증권의 재무제표 표시방법 및 계정분류가 적정한지를 확인한다.
2. 유가증권의 장 · 단기구분이 적정한가를 검토한다.
3. 담보제공된 유가증권의 주석공시가 적정한지를 검토한다.

(3) 매출과 매출채권

매출과 매출채권 관련계정의 입증절차를 요약하면 다음과 같다.

입증절차지시서

A. 실재성과 발생사실, 권리의 타당성

1. 보유 중인 받을어음은 실사하고, 타처보관 중인 받을어음은 보관자에게 직접 조회하여 확인한다.
2. 외상매출금에 대하여는 잔액조회를 행한다.
3. 결산일 이후의 매출채권 회수상황을 확인한다.
4. 매출보조부에서 일부거래를 추출하여 거래처, 일자, 내역, 수량, 단가, 금액 등이 거래명세표 등과 일치하는지를 비교 확인한다(역진법).
5. 추출된 거래와 관련된 서류들이 정당한 승인을 얻었는지를 확인한다.

B. 완전성

1. 분석적 절차를 수행한다. 분석적 절차에는 전기대비, 예산대비, 월별추세, 비율분석, 계정대조 등을 사용할 수 있으며 중요 비율분석에는 매출총이익률, 매출채권회전율, 총자산 중 매출채권비율, 대손상각률, 회수기일 등이 있다.
2. 매출에 대한 매출환입, 매출에누리 및 매출할인 등이 적절히 처리되었는가를 확인한다.
3. 매출과 매출조정항목의 기간귀속(Cut－off)의 적정성을 검토한다.

C. 평가의 적정성

1. 대손충당금 설정의 적정성을 검토한다.
2. 외화매출채권의 평가기준, 평가의 적정성을 계산 검증한다.

D. 측정의 정확성

1. 매출채권명세서 등의 계산의 정확성을 검산한다.
2. 명세서상의 금액을 총계정원장잔액 및 매출처원장 등 보조부상의 금액과 대조 확인하여 전기의 정확성을 확인한다.

E. 재무제표 표시 및 공시의 적정성

1. 담보, 할인, 배서양도된 받을어음의 적정표시 여부를 검토한다.
2. 기업회계기준의 공시요구(대손충당금 설정기준, 외화표시채권, 관계회사와의 매출채권 등)와 비교한다.
3. 위탁판매, 할부판매, 시용판매, 예약판매, 도급공사 등에 관련된 회계처리의 적정성 및 주석공시의 적정성을 검토한다.
4. 받을어음과 외상매출금에 매출 이외의 거래에서 발생한 채권의 포함유무를 확인한다.

(4) 재고자산과 매출원가

재고자산과 매출원가 관련계정의 입증절차를 요약하면 다음과 같다.

05

입증절차지시서

A. 실재성과 발생사실

1. 회사의 재고자산실사에 입회한다.
2. 타처에 보관되고 있는 재고자산은 감사인이 직접 조회 확인한다.

B. 권리의 타당성

1. 재고자산의 담보제공 여부와 처분제한유무를 확인한다.
2. 위탁판매품, 타처보관품 등의 소유권에 관하여 담당자나 경영자에게 질문하거나 계약서 등을 검토하여 확인한다.

C. 완전성

1. 분석적 절차를 수행한다. 분석적 절차에는 전기대비, 예산대비, 월별 추세분석, 비율분석 등이 있으며, 특히 매출액과 매출원가를 비교하여 매출원가율의 변동이 큰 경우에는 그 원인을 세밀히 조사 확인한다. 재고자산관련 주요 비율은 매출총이익률, 재고자산회전율, 재고자산회전일수, 총자산대비 재고자산비율 등이 있다.
2. 매출 및 매입의 귀속연도구분(Cut－off)의 적정성을 확인한다.

D. 평가의 적정성

1. 재고자산 및 매출원가계산의 적정성을 검토한다.
2. 재고자산 저가평가의 적정성을 검토한다.

E. 측정의 정확성

1. 재고자산명세서상의 계산의 정확성을 검산한다.
2. 명세서상의 금액과 총계정원장상의 잔액 및 재고수불부 등 보조부상의 금액을 대조확인하다 전기의 정확성을 확인한다.

F. 재무제표 표시 및 공시의 적정성

1. 재무제표에 재고자산의 구분표시(원재료, 재공품, 제품, 상품 등)가 적정한지 여부를 검토한다.
2. 담보제공자산, 보험가입자산, 처분이 제한된 재고자산에 대한 주석공시가 적정한지를 검토한다.
3. 재고자산 과목별 평가방법의 주석공시가 적정한지를 확인한다.

(5) 유형자산과 감가상각

유형자산과 감가상각에 대한 입증절차를 요약하면 다음과 같다.

입증절차지시서

A. 실재성과 발생사실

1. 신규취득 · 처분에 관한 원시증빙서류(지출결의서, 세금계산서, 매매계약서 등)를 문서검사하여 취득원가 및 처분손익계산의 타당성을 검토한다.
2. 중요 유형자산은 직접 실사한다.

B. 권리의 타당성

1. 소유권을 입증하는 관계서류(등기부등본, 매매계약서, 리스계약서 등)를 문서검사하고, 리스자산의 경우에는 금융리스자산의 구분이 적정한지 검토하여야 한다.
2. 담보로 제공된 유형자산 등 소유권의 제한 여부를 확인하기 위하여 등기부등본 등 권리증서와 차입약정서 등을 문서검사한다.
3. 보험가입자산 여부를 확인하기 위하여 보험증서를 입수하여 검토한다.

C. 완전성

1. 감가상각비의 과소계상 여부와 부외자산의 존재 여부를 확인하기 위하여 분석적 절차를 수행한다. 전기와의 비교, 유형자산의 감가상각비의 계정대조, 매출이나 생산량 또는 인원의 증가 등 비재무적 자료와 유형자산의 증가액 및 감가상각비의 변동상황을 비교 확인할 수 있을 것이다.
2. 공장을 순시하여 전반적인 설비나 공구, 비품상황 등을 개략적으로 파악한다.

D. 평가의 적정성

1. 수익적지출과 자본적지출의 구분기준을 파악하고 그 타당성 및 기준대로 분류되고 있는지를 증빙대조 등으로 검사한다.
2. 건설자금이자 등 자본화된 이자비용을 재계산하여 취득원가의 적정성을 검증한다.
3. 감가상각 회계처리방법의 적정성, 계속성 여부를 검토하고 개략적 검토(Overall Test)방법 등 분석적 절차와 일부항목에 대한 재계산 검증을 통하여 정확성을 검증한다.
4. 재무상태표일에 자산의 잔존가치와 경제적내용연수를 검증한다.

E. 측정의 정확성

1. 유형자산명세서상의 금액의 합계를 검산한다.
2. 명세서상의 금액과 총계정원장상의 금액 및 유형자산관리대장 등 보조부상의 금액을 상호 대조 확인하다 전기의 정확성을 확인한다.

F. 재무제표 표시 및 공시의 적정성

1. 재무제표 표시가 기업회계기준에 따라 적정하게 작성되었는지의 여부를 확인한다.
2. 회계처리방법(감가상각, 자본적지출과 수익적지출의 회계처리방법 등)의 타당성과 계속성을 검토하고, 중요한 회계변경이 있는지를 확인한다.
3. 감가상각방법, 담보제공자산, 보험가입자산 및 리스자산, 자산재평가, 건설자금이자 등의 주석공시가 적정한지 여부를 확인한다.

05

(6) 매입과 매입채무

매입과 매입채무관련 계정의 입증절차를 요약하면 다음과 같다.

입증절차지시서

A. 실재성과 발생사실 및 의무의 타당성

1. 외상매입금 등 명세서상의 내용을 검수보고서나 거래명세서 및 송장 등 관계증빙을 대조 확인하는 등 문서검사한다.
2. 필요하다고 판단되는 경우에는 채권자에게 직접 조회 확인할 수 있다.
3. 전기재무제표와의 비교 및 관계장부상의 기록을 검토하여 장기간 정리되지 아니한 유동부채가 있는지를 파악하고 그 이유를 검토하여 실제회사의 의무인지를 확인한다.

B. 완전성

1. 매입관련 항목에 대한 분석적 절차를 수행한다. 전기대비, 예산대비, 월별 변동상황, 비율분석 및 재고수불부와 매입장상의 매입수량 대조확인 등 계정대조 등을 사용하여 부채의 완전성을 확인한다.
2. 매입에 대한 매입환출, 매입에누리 및 매입할인 등이 적절히 처리되었는가를 확인한다.

3. 매입채무와 관련된 부외부채를 확인하기 위하여 다음과 같은 절차를 실시한다.
   ① 재무상태표일 직후 일정기간 동안의 지급기록을 검토하여 장부에 미반영된 부외부채의 유무를 확인한다.
   ② 재무상태표일 직후 일정기간 동안 청구된 증빙서류(거래명세서, 세금계산서 등)를 검토하여 재무상태표일 현재 부외부채 여부를 확인한다.
   ③ 회사발행어음의 회계처리의 적정성을 검토하고 발행어음 중 누락된 부외부채가 있는지를 확인한다.
4. 매입과 매입조정항목의 기간귀속(Cut－off)의 적정성을 검토한다.

C. 평가의 적정성

1. 외화채무의 외화평가가 적정한지를 계산검증 등으로 확인한다.

D. 측정의 정확성

1. 외상매입금 · 지급어음 등 명세서상 계산의 정확성을 검산한다.
2. 외상매입금 등의 명세서 잔액과 총계정원장상의 금액 및 거래처별 매입처원장 잔액 등 보조부상의 금액과의 일치 여부를 대조 확인한다.

E. 재무제표 표시와 공시의 적정성

1. 일반적 상거래(상품, 원재료 등의 매입)에서 발생한 매입채무와 기타의 채무(미지급금, 어음차입금 등)의 계정분류가 적정한지 확인한다.
2. 외화채무 및 특수관계자와의 거래 등의 주석공시가 적정한지를 검토한다.
3. 우발채무(판매보증충당금, 계류 중인 소송사건 등)에 관한 주석이 충분한지 검토한다.

(7) 장 · 단기차입금

장 · 단기차입금계정의 입증절차를 요약하면 다음과 같다.

입증절차지시서

A. 실재성과 발생사실, 의무의 타당성

1. 당기 중 장 · 단기차입금의 증감내용을 이사회의사록 등을 확인하여 그 승인 여부를 확인하고, 차입약정서 · 사채발행계약서 등을 열람하고 증빙대조로 확인한다.
2. 금융기관으로부터의 차입금 등 금융기관 관련항목(이자율, 담보내용 등 포함)에 대해서는 반드시 은행조회서를 입수하여 확인한다.
3. 당기 중 원금상환이나 이자지급 등 차입처와의 약정사항이 준수되고 있는지를 증빙대조 및 차입계약서상의 내용과 대조확인하고, 계약위반이나 채무불이행사실 등이 있는 경우 재무제표에 미치는 영향을 검토하여 계속기업으로서의 존속의문을 고려한다.

4. 이자비용, 미지급이자 등 관련금융비용의 계상액이 적정한가를 계산검증 등을 통하여 검토한다.

B. 완전성

1. 분석적 절차를 수행한다. 분석적 절차에는 전기대비, 예산대비, 월별 변동상황비교, 비율분석 및 차입금계정과 이자비용계정의 계정대조 등의 방법이 있다. 또한 이자비용의 완전성을 확인하기 위하여 차입금의 평균잔액과 감사인의 추정이자율을 이용한 이자비용의 추정치와 실제 회사계상 이자액과의 차이를 계산하여 그 적정성을 검토하는 전반적 타당성 검토방법(Overall Test)을 사용할 수 있다.
2. 부외부채를 확인하기 위하여 어음・수표수불검토나 이자비용 등 영업외비용 등을 검토하여 장부에 기록된 차입금 이외의 이자가 지급되었는지의 여부를 검토한다.

C. 평가의 적정성

1. 외화차입금의 외화평가가 적정한가를 확인한다.
2. 사채발행비 및 사채할인발행차금의 상각이 적절하게 이루어지고 있는지를 확인한다.

D. 측정의 정확성

1. 장・단기차입금 및 사채명세서상의 합계 및 이자비용 등 여러 가지 계산을 검산한다.
2. 명세서상의 금액과 총계정원장 및 보조부상의 해당 계정금액을 대조 확인하다.

E. 재무제표 표시와 공시의 적정성

1. 장・단기구분이 적정한지를 채무상환계획서와 대조확인하고, 유동성장기부채는 고정부채와 구분 표시되고 있는지 확인한다.
2. 차입금에 대한 담보제공 여부와 은행 또는 관계회사로부터 지급보증을 받았는지의 여부를 조사하여 적절히 공시되도록 요구한다.
3. 전환사채, 신주인수권부사채, 자기사채 등의 주석공시가 적정한지 검토한다.
4. 외화차입금과 관계회사차입금 등의 주석공시가 적정한지 확인한다.

(8) 자본계정

자본계정의 변동은 주로 상법이나 증권거래법 등의 법규에 의한 법적 절차에 의하여 이루어지므로 부정이나 오류의 발생가능성은 아주 적다. 따라서 감사인은 자본계정감사 시 상법 등 관련법규에 따른 적법성을 검토하는 데 중점을 두어야 한다.

입증절차지시서

A. 실재성과 발생사실

1. 주주명부나 주식대장을 검토하여 기중 자본의 변동상황을 확인한다.
2. 기중 자본증가 또는 감소의 적법성 여부를 확인하기 위하여 정관, 등기부등본, 주주총회의사록, 이사회의사록 등을 검토하고, 유가증권신고서나 주식청약서, 주금납입보관증 등과 비교 확인한다.
3. 자본잉여금과 이익잉여금의 명세표를 검토하고 그것들이 적법한 절차에 따라 계상되었는지를 검토한다. 예를 들면 배당결의의 적법성 등을 검토한다.
4. 주식할인발행차금과 배당건설이자는 적법하게 발생되어 계상되었는지를 확인한다.
5. 자기주식이 있는지를 확인하고 그 취득경위가 합법적인가를 검토한다.

B. 권리와 의무의 타당성

1. 회사의 수권주식수, 발행주식수 등을 회사의 정관이나 등기부등본과 대조 확인하다 자본관계부분을 검토한다.
2. 우선주식이나 전환사채, 신주인수권부사채 등의 발행조건 및 상환, 전환내용 등을 검토한다.
3. 배당금의 산정내용과 배당금지급, 미지급상황 등을 이사회의사록 및 배당기록철과 대조 확인하다 검토한다.

C. 완전성

1. 분석적 절차를 수행한다. 당기 중 증자내역은 주식할인발행차금상의 신주발행비항목과의 계정대조로 타당성을 확인할 수 있다.
2. 주주총회의사록이나 이사회의사록 등을 검토한다.

D. 평가의 적정성

1. 각종 잉여금계정에의 기입내용을 관계증빙과 대조하고 잉여금계상이 합법적인지를 검토한다.
2. 주식할인발행차금이나 배당건설이자의 상각이 적정한지 검토한다.

E. 측정의 정확성

1. 자본계정명세서상의 합계검증을 한다.
2. 명세서상의 금액이 총계정원장상의 금액 및 보조부상의 해당 계정잔액과 일치하는지를 대조 확인하다.

F. 재무제표 표시와 공시의 적정성

1. 자본계정 및 자본조정항목 등의 재무제표 표시가 타당한가를 확인한다.
2. 당기 중 자본변동에 대하여 적절한 공시가 있는가를 확인한다.
3. 주석공시사항(주식수, 1주의 금액, 증자 · 감자 등 자본금의 변동내역, 자기주식, 배당액 산정내역, 전기오류수정손익 등)표시가 적정한지 검토한다.

6 표본감사

(1) 기본개념

회계감사는 전수감사, 특정항목감사, 표본감사에 의하여 수행될 수 있으나 일반적으로는 주로 표본감사에 의하여 수행된다. "표본감사(Audit Sampling)"란 감사인에게 모집단 전체에 대한 결론을 도출할 수 있는 합리적인 근거를 제공하기 위해, 감사와 관련이 있는 모집단에 속한 모든 표본단위가 추출될 기회를 가지도록 하여 전체항목(100%)보다 적은 수의 항목에 대해서 감사절차를 적용하는 방법을 말한다. 감사인은 표본으로 추출된 일부 항목에 대해서만 감사증거를 수집하고 평가함으로써 모집단에 대한 결론을 내릴 수 있다. 회계감사의 목적은 재무제표의 공정성에 대한 적절한 감사의견을 형성하는 것이므로 표본감사를 수행하는 경우에도 감사의견형성에 충분하고 적합한 감사증거를 수집하도록 하여야 한다.

감사인이 감사증거를 수집하기 위하여 시사항목을 선택하는 방법에는 모든 거래에 대하여 100% 전부를 검증하는 '전수검사방법'과 모집단으로부터 특정항목만을 선택하여 검증하는 '특정항목감사방법' 및 일부항목을 표본추출하여 추출된 항목만 검증하고 표본결과를 근거로 모집단을 추정하는 '표본감사방법'이 있다. 표본감사방법은 통계학적 방법에 의하여 수행되는지 여부에 따라 통계학적 이론을 이용하는 '통계적 표본감사'와 감사인의 주관적인 경험과 전문가적인 판단에 의한 '비통계적 표본감사'로 구분된다.

감사인은 감사절차를 설계할 때 시사항목의 선택방법을 적절히 결정하여야 한다. 어떤 선택방법을 사용할 것인지에 대한 결정은 상황에 따라 다르기 때문에 감사인은 감사위험과 감사효율성에 근거하여 상황에 맞는 적절한 방법을 결정하여야 하며, 결정된 방법이 시사의 목적을 달성하는 데 충분하고 적합한 감사증거를 효과적으로 제공하는지를 고려하여야 한다.

회계감사에서 시사항목을 선택하는 방법을 요약하면 다음과 같다.

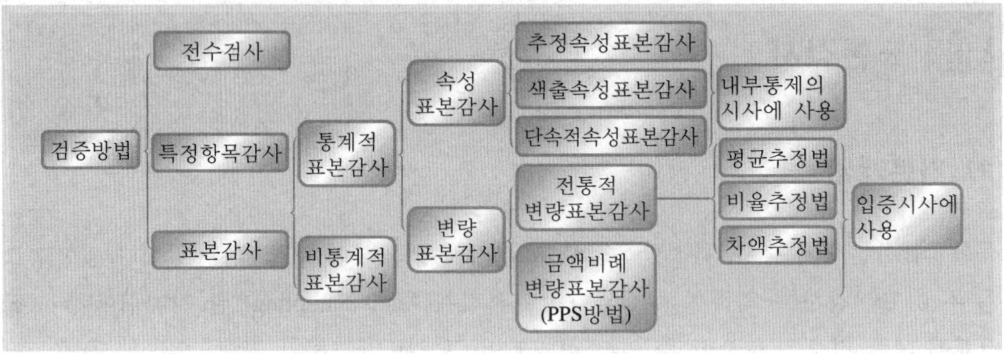

(2) 표본감사에 따른 위험

표본감사를 수행하는 경우에는 비표본위험과 표본위험이 발생하게 된다. 비표본위험은 전수검사를 하거나 표본감사를 수행하거나 항상 나타나는 위험이며, 표본에 근거한 감사인의 결론이 모집단 전체에 동일한 감사절차를 적용하였을 경우 도달하였을 결론과 다르게 될 수 있는 위험이 표본위험이다. 감사인은 특히 표본위험을 적절히 고려하여 표본감사를 설계하고 표본결과를 평가하여야 한다.

"비표본위험(Non－Sampling Risk)"이란 감사인이 표본위험과 관련이 없는 다른 이유에 의해 오류의 결론에 도달할 위험을 말한다. 따라서 비표본위험은 표본감사에서만 나타나는 위험이 아니라 전수검사를 하는 경우에도 나타나는 위험이다. 비표본위험은 주로 감사인이 갖는 인간적 한계점 때문에 발생한다.

예를 들어 50개의 오류가 포함된 1,000개의 모집단에서 100개의 표본을 추출하였으며 100개의 표본에는 5개의 오류가 포함되어 있었다. 이러한 표본은 모집단의 특성을 대표하는 대표표본으로 표본위험은 존재하지 않지만 100개의 표본에 포함된 5개의 오류를 감사수행과정에서 1개라도 발견하지 못하였다면 모집단에 대하여 잘못된 결론을 내리게 되며, 이러한 위험을 비표본위험이라 한다.

(3) 표본감사방법의 종류

표본감사방법은 '통계적 표본감사'와 '비통계적 표본감사'로 구분된다. 통계적 표본감사와 비통계적 표본감사의 구분은 다음의 도표에서 보듯이 ① 표본크기의 결정방법, ②

표본추출방법, ③ 표본결과의 평가방법을 통계학적 표본이론을 적용하여 통계적으로 수행하느냐, 감사인의 축적된 경험과 판단에 의하여 비통계적으로 수행하느냐에 따라서 결정된다.

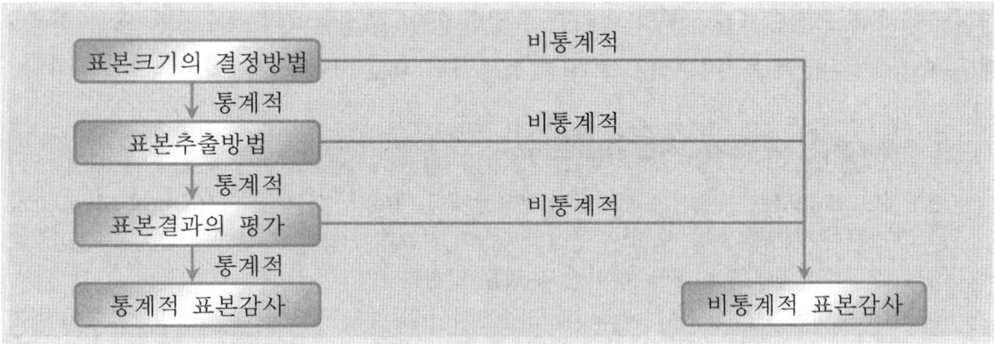

통계적 표본감사방법과 비통계적 표본감사방법 중 어느 방법을 이용할 것인지에 대한 결정은 특정상황에서 충분하고 적합한 감사증거를 수집하기 위해 어느 방법이 보다 더 효율적인가에 대한 판단문제이다. 예를 들면 내부통제의 시사에서 오류의 성격이나 원인에 대한 감사인의 전문가적인 분석이 단순한 오류의 유무에 대한 통계적 분석보다 중요하다고 판단되는 경우에는 비통계적 표본감사방법이 보다 적절할 것이다.

① 통계적 표본감사

"통계적 표본감사(Statistical Sampling)"는 감사인의 주관적인 판단을 배제하고 객관성을 확보하기 위하여 확률이론을 이용한 '통계학적 표본이론'을 적용하여 표본크기를 결정하고, 표본추출방법을 선택하며, 표본감사결과를 평가하는 방법이다.

통계적 표본감사방법에는 다음과 같이 내부통제의 시사를 위한 속성표본감사방법과 계정잔액과 거래유형에 대한 입증시사를 위한 변량표본감사방법이 있다. 변량표본감사방법은 다시 전통적인 변량표본감사방법과 금액비례표본감사방법으로 구분된다.

감사영역	표본감사방법	확률분포의 가정	최종추정치
내부통제의 시사	속성표본감사	포아송분포	추정오류상한율
입증시사	변량표본감사	정규분포	모집단금액이나 추정오류금액의 상·하한 범위
	금액비례표본감사	포아송분포	추정오류상한율을 이용하여 추정오류상한 금액을 파악함.

② 변량표본감사

"변량표본감사(Variables Sampling)"란 주로 입증시사 단계에서 계정잔액의 적정성을 확인하기 위하여 사용되는 방법이다. 변량표본감사는 정규분포를 가정하며, 표본에 의해 모집단금액이나 모집단오류금액의 범위를 추정하고 이 추정금액과 장부가액 또는 허용오류액(중요성 기준금액)을 비교함으로써 계정잔액에 대한 신뢰성을 얻기 위한 것이다.

■ 변량표본감사에서 가정하는 확률분포

전통적인 변량표본감사에서는 모집단의 분포상태에 대하여 정규확률분포(Normal Distribution)를 가정한다. 정규분포란 모집단 구성항목들의 분포상태(표준편차)가 평균치를 중심으로 하여 좌우대칭형태를 이루는 특이한 분포를 말한다.

정규분포상태에서는 평균(M : mean)과 표준편차(σ)만 알고 있으면 다른 개별항목들이 어떠한 발생빈도를 나타내고 있는가를 결정할 수 있다. 즉 정규분포에 따르면 M±1σ 내에는 모든 항목들 중 68.3%가 분포되어 있으며, M±2σ범위 내에는 95.4%가, M±3σ 내에는 99.7%의 항목이 포함되어 있는 것이다. 그러나 실제 회계모집단이 정규분포를 이루는 경우는 거의 없으므로 변량표본감사에서는 표본평균의 분포와 중심극한정리를 추가로 가정한다.

③ 금액비례표본감사방법

"금액비례표본감사방법(Probability Proportional to size Sampling : PPS)"은 화폐단위표본감사법(Monetary Unit Sampling : MUS)이라고도 하며, 속성표본감사방법을 변형시켜 계정잔액 입증시사에 사용하는 방법이다. 금액비례표본감사방법은 속성표본감사방법과 마찬가지로 포아송 확률분포(또는 이항분포)를 가정하여 모집단금액의 추정없이 모집단이 포함하고 있는 추정오류상한액을 파악하여 회사의 장부잔액의 적정성을 검증하는 방법이다. 금액비례표본감사방법은 화폐의 최소단위인 1원을 표본단위로 하여 표본을 추출하며, 개별항목의 금액의 크기에 따라 모집단이 자동으로 계층화되어 금액이 큰 항목은 표본추출의 가능성이 높아지므로 과대계상가능성이 높은 항목(일반적으로 자산계정과 수익계정의 감사)의 실재성을 확인하는 데 주로 이용된다.

(4) 비통계적 표본감사

"비통계적 표본감사(Non−Statistical Sampling)"는 통계학적 표본이론에 근거하지 아니하고 '감사인의 축적된 경험과 전문가적인 판단'에 의하여 표본의 크기와 표본추출방법을 결정하고 주관적으로 표본감사결과를 평가하는 방법이다.

감사인이 표본크기의 결정, 표본추출방법의 선택, 표본결과의 평가 중 어느 하나라도 통계학적 표본이론에 근거하여 수행하지 못한 경우에는 표본위험을 통계적으로 측정할 수 없으므로 통계적 표본감사로 볼 수는 없다. 통계적 표본감사를 수행하는 것이 지나치게 과다한 감사비용을 소요하거나 자료 등이 미비하여 통계적 표본감사를 수행하기 곤란한 감사환경에서는 비통계적 표본감사를 적용할 수 있다.

(5) 통계적 표본감사와 비통계적 표본감사의 장 · 단점

통계적 표본감사와 비통계적 표본감사의 장점이나 단점은 결국 다음과 같이 표본크기의 결정방법, 표본추출방법, 표본결과의 평가방법에서 통계학적 확률이론 또는 감사인의 축적된 경험과 전문가적인 판단에 의존하는지에 의한 것이라고 할 수 있다.

■ **통계적 표본감사와 비통계적 표본감사의 비교**

구 분	통계적 표본감사	비통계적 표본감사
① 표본크기의 결정	통계학적 확률이론을 이용하여 주어진 조건에서 가장 적절한 표본크기결정	감사인의 주관과 경험에 의해 감사상황에 따라 탄력적으로 표본크기 결정
② 표본추출	무작위추출법 등에 의하므로 감사인의 편의(Bias) 제거	자의적 추출법 등에 의하므로 감사인의 편의(Bias) 제거 불가능
③ 표본결과의 평가	표본위험을 통계적으로 측정하여 객관적인 감사결론 도출	표본위험에 대한 통계적 측정이 곤란하므로 객관적인 감사결론 도출이 어려움.

7 회계감사 관련 규정

우리나라는 일정규모 이상의 주식회사, 유한회사, 학교법인 및 공동주택에 대하여 법령에서 법으로 '외부감사', 즉 독립된 외부의 감사인이 회계감사를 실시하는 것을 주식회사 등의 외부감사에 관한 법률("이하 외감법")에서 강제하고 있으며 그 내용은 다음과 같다.

(1) 주식회사 등의 회계감사

주식회사 등의 외부감사에 관한 법률("이하 외감법")에서 회계감사와 관련하여 다음과 같이 규정하고 있다.

① 감사대상 회사(외감법 제4조 제1항)

- 주권상장법인
- 해당 사업연도 또는 다음 사업연도 중에 주권상장법인이 되려는 회사
- 자본시장과 금융투자업에 관한 법률 제390조에 따른 상장규정(이하 "상장규정"이라 한다)에 따른 우회상장이나 자본시장과 금융투자업에 관한 법률 시행령 제6조 제4항 제14호에 따른 기업인수목적회사(이하 "기업인수목적회사"라 한다)와의 합병상장이 인정되는 회사
- 다음 각 목의 사항 중 3개 이상에 해당하는 회사(소규모회사) 및 해당 사업연도에 최초로 설립등기를 한 회사는 제외한다.

  가. 직전 사업연도 말의 자산총액이 120억원 미만인 회사

  나. 직전 사업연도 말의 부채총액이 70억원 미만인 회사

  다. 직전 사업연도의 매출액(직전 사업연도가 12개월 미만인 경우에는 해당 기간을 12개월로 환산하며, 1개월 미만은 1개월로 본다)이 100억원 미만인 회사

  라. 직전 사업연도 말의 종업원(「근로기준법」 제2조 제1항 제1호에 따른 근로자이며, 일용근로자 및 「파견근로자보호 등에 관한 법률」 제2조 제5호에 따른 파견근로자는 제외한다)수가 100명 미만인 회사

  마. 사원수가 50인 미만인 경우(유한회사에 한정한다)

- 회사가 사업연도 중에 분할하거나 합병하여 설립된 회사(단, 설립등기하였을 때 위의 '가.', '나.', '라.', '마.' 중에 3개 이상 해당하는 경우는 제외)
- 위의 소규모회사 기준에 해당하더라도 직전 사업연도 말의 자산총액이 500억원 이상인 회사 또는 직전 사업연도의 매출액이 500억원 이상인 회사

② 감사대상 제외 회사(외감법 제4조 제2항)

- 공공기관의 운영에 관한 법률에 따라 공기업 또는 준정부기관으로 지정받은 회사 중 주권상장법인이 아닌 회사
- 지방자치단체 출자・출연 기관의 운영에 관한 법률 제2조 제2항 제1호 각 목의 지방공기업
- 자본시장과 금융투자업에 관한 법률 제182조 제1항에 따른 투자회사 및 투자유한회사, 같은 법 제249조의 13에 따른 투자목적회사
- 기업구조조정투자회사법에 따른 기업구조조정투자회사
- 자산유동화에 관한 법률에 따른 유동화전문회사
- 민법 제32조에 따라 금융위원회의 허가를 받아 설립된 금융결제원으로부터 거래정지처분을 받고 그 처분의 효력이 계속 중인 회사. 다만, 채무자 회생 및 파산에 관한 법률에 따라 회생절차의 개시가 결정된 회사는 제외한다.
- 해산・청산・파산 사실이 등기되거나 1년 이상 휴업 중인 회사
- 상법에 따라 합병절차가 진행 중인 회사로서 해당 사업연도 내에 소멸될 회사
- 그 밖에 위의 규정에 준하는 사유로 금융위원회가 정하는 회사

③ 감사인(외감법 제2조)

- 공인회계사법 제23조에 따른 회계법인
- 공인회계사법 제41조에 따라 설립된 한국공인회계사회에 총리령으로 정하는 바에 따라 등록을 한 감사반

④ 감사인의 선임(외감법 제10조)

- 회사는 매 사업연도 개시일부터 45일 이내(다만, 「상법」 제542조의 11(자산총액 2조원 이상인 상장회사 등) 또는 「금융회사의 지배구조에 관한 법률」 제16조에 따라 감사위원회를 설치하여야 하는 회사의 경우에는 매 사업연도 개시일 이전)에 해당 사업

연도의 감사인을 선임하여야 한다. 다만, 회사가 감사인을 선임한 후 제4조 제1항 제3호에 따른 기준을 충족하지 못하여 외부감사의 대상에서 제외되는 경우에는 해당 사업연도 개시일부터 4개월 이내에 감사계약을 해지할 수 있다.

- 직전 사업연도에 회계감사를 받지 아니한 회사는 해당 사업연도 개시일부터 4개월 이내에 감사인을 선임하여야 한다.
- 주권상장법인, 대형비상장주식회사 또는 금융회사는 연속하는 3개 사업연도의 감사인을 동일한 감사인으로 선임하여야 한다. 다만, 주권상장법인, 대형비상장주식회사 또는 금융회사가 제7항(감사인 지정 등) 각 호의 사유로 감사인을 선임하는 경우에는 해당 사업연도의 다음 사업연도부터 연속하는 3개 사업연도의 감사인을 동일한 감사인으로 선임하여야 한다.
- 회사는 다음 각 호의 구분에 따라 선정한 회계법인 또는 감사반을 해당 회사의 감사인으로 선임하여야 한다.

－주권상장법인, 대형비상장주식회사 또는 금융회사

가. 감사위원회가 설치된 경우 : 감사위원회가 선정한 회계법인 또는 감사반

나. 감사위원회가 설치되지 아니한 경우 : 감사인을 선임하기 위하여 대통령령으로 정하는 바에 따라 구성한 감사인선임위원회(이하 "감사인선임위원회"라 한다)의 승인을 받아 감사가 선정한 회계법인 또는 감사반

－그 밖의 회사 : 감사 또는 감사위원회가 선정한 회계법인 또는 감사반. 다만, 다음 각 목의 어느 하나에 해당하는 경우에는 해당 목에서 정한 바에 따라 선정한다.

가. 직전 사업연도의 감사인을 다시 감사인으로 선임하는 경우 : 그 감사인

나. 감사가 없는 대통령령으로 정하는 일정규모 이상의 유한회사인 경우 : 사원총회의 승인을 받은 회계법인 또는 감사반

다. 나목 외의 감사가 없는 유한회사인 경우 : 회사가 선정한 회계법인 또는 감사반

- 감사 또는 감사위원회는 감사인의 감사보수와 감사시간, 감사에 필요한 인력에 관한 사항을 문서로 정하여야 한다. 이 경우 감사위원회가 설치되지 아니한 주권상장법인, 대형비상장주식회사 또는 금융회사의 감사는 감사인선임위원회의 승인을 받아야 한다(5항).
- 감사 또는 감사위원회는 감사보고서를 제출받은 경우 제5항에서 정한 사항이 준수되었는지를 확인하여야 한다. 이 경우 감사위원회가 설치되지 아니한 주권상장법인, 대형비상장주식회사 또는 금융회사의 감사는 제5항에서 정한 사항이 준수되었는지를 확인한 문서를 감사인선임위원회에 제출하여야 한다.

• 회사는 감사인을 선임 또는 변경선임하는 경우 그 사실을 감사인을 선임한 이후에 소집되는 상법에 따른 정기총회에 보고하거나 대통령령으로 정하는 바에 따라 주주 또는 사원에게 통지 또는 공고하여야 한다.

⑤ 증권선물위원회에 의한 감사인의 지정(외감법 제11조)

증권선물위원회는 다음 각 호의 어느 하나에 해당하는 회사에 3개 사업연도의 범위에서 증권선물위원회가 지정하는 회계법인을 감사인으로 선임하거나 변경선임할 것을 요구할 수 있다.

• 감사 또는 감사위원회(감사위원회가 설치되지 아니한 주권상장법인, 대형비상장주식회사 또는 금융회사의 경우는 감사인선임위원회를 말한다. 이하 이 조에서 같다)의 승인을 받아 감사인의 선임기간 내에 증권선물위원회에 감사인 지정을 요청한 회사
• 감사인의 선임기간 내에 감사인을 선임하지 아니한 회사
• 감사 또는 감사인선임위원회의 승인 또는 주권상장법인의 경우 연속하는 3개 사업연도의 감사인을 동일 감사인 선임을 위반하여 감사인을 선임하거나 증권선물위원회가 회사의 감사인 교체 사유가 부당하다고 인정한 회사
• 증권선물위원회의 감리 결과 회계처리기준을 위반하여 재무제표를 작성한 사실이 확인된 회사. 다만, 증권선물위원회가 정하는 경미한 위반이 확인된 회사는 제외한다.
• 회사의 재무제표를 감사인이 대신하여 작성하거나, 재무제표 작성과 관련된 회계처리에 대한 자문을 요구하거나 받은 회사
• 주권상장법인 중 다음 각 목의 어느 하나에 해당하는 회사
  가. 3개 사업연도 연속 영업이익이 0보다 작은 회사
  나. 3개 사업연도 연속 영업현금흐름이 0보다 작은 회사
  다. 3개 사업연도 연속 이자보상배율이 1 미만인 회사
  라. 다음의 재무기준에 모두 해당하는 회사(다만, 금융회사 및 기업인수목적회사는 제외)
    – 직전 사업연도의 재무제표(연결재무제표를 작성하는 회사의 경우에는 연결재무제표를 말한다. 이하 같다)상 자본에 대한 부채의 비율이 같은 업종[통계법에 따라 통계청장이 고시하는 한국표준산업분류의 대분류 기준에 따른 업종(제조업은 제외한다)을 말하며, 제조업은 중분류 기준에 따른 업종을 말한다] 평균의 1.5배를 초과하는 회사

05

－직전 사업연도의 재무제표상 자본에 대한 부채의 비율이 200퍼센트를 초과하는 회사

－직전 사업연도의 재무제표상 이자보상배율이 1 미만인 회사

• 기업구조조정 촉진법 제2조 제5호에 따른 주채권은행 또는 대통령령으로 정하는 주주가 대통령령으로 정하는 방법에 따라 증권선물위원회에 감사인 지정을 요청하는 경우의 해당 회사

• 감사인해임(외감법 제13조) 규정을 위반하여 감사계약의 해지 또는 감사인의 해임을 하지 아니하거나 새로운 감사인을 선임하지 아니한 회사

• 감사인의 감사시간이 표준 감사시간보다 현저히 낮은 수준이라고 증권선물위원회가 인정한 회사

• 직전 사업연도를 포함하여 과거 3년간 최대주주의 변경이 2회 이상 발생하거나 대표이사의 교체가 3회 이상 발생한 주권상장법인

• 그 밖에 공정한 감사가 특히 필요하다고 인정되어 대통령령으로 정하는 회사

가. 상장규정에 따라 관리종목으로 지정된 회사. 다만, 다음 각 목의 어느 하나의 사유로 인하여 관리종목으로 지정된 경우는 제외한다.

－주주 수 또는 상장주식 수 등 주식분산 기준을 충족하지 못하는 경우

－주식거래량 기준을 충족하지 못하는 경우

－시가총액 기준을 충족하지 못하는 경우

나. 코스닥시장에 대하여 별도로 정하는 상장규정에 따라 투자주의 환기종목으로 지정된 코스닥시장상장법인. 다만 내부회계관리제도에 대한 검토 또는 감사 결과 중요한 취약점의 발견 또는 중요한 범위제한이 있거나 감사의견(내부회계관리제도에 대한 검토의견을 포함한다. 이하 이 항에서 같다)이 표명되지 않았다는 이유로 지정된 경우는 제외한다.

다. 해당 사업연도 또는 다음 사업연도 중에 주권상장법인이 되려고 하거나 상장규정에 따른 우회상장이나 기업인수목적회사와의 합병상장이 인정되는 회사. 다만, 다음 각 목의 어느 하나에 해당하는 회사는 제외한다.

－코스닥시장상장법인이 되려는 유가증권시장상장법인

－유가증권시장상장법인이 되려는 코스닥시장상장법인

－코넥스시장에 주권을 상장하려는 법인

－주권상장법인이 되려는 기업인수목적회사

라. 감사인의 감사계약 해지(외감법 시행령 제21조) 사유에 감사계약이 해지된 회사

마. 법 제6조(재무제표의 작성 책임 및 제출), 제9조(감사인의 자격 제한 등), 제9조의 2(주권상장법인 감사인의 등록 및 취소), 제10조(감사인의 선임), 제12조(감사인 선임 등의 보고), 제13조(감사인의 해임), 제21조(감사인의 권한 등) 및 제22조(부정행위 등의 보고)를 위반한 회사. 다만, 증권선물위원회가 정하는 경미한 위반이 확인된 회사는 제외한다.

바. 다른 법률이 정하는 바에 따라 증권선물위원회에 감사인을 선임하거나 변경선임할 것이 요청된 회사

사. 소속 임직원이 금융위원회가 정하는 금액 이상의 횡령 또는 배임을 했다는 혐의가 있는 주권상장법인으로서 다음 각 목의 어느 하나에 해당하는 회사

- 소속 임직원(퇴임하거나 퇴직한 임직원을 포함한다. 이하 이 호에서 같다)을 고소한 경우
- 소속 임직원에 대한 공소가 제기된 경우

아. 회사가 제16조 제1항을 위반한 경우(제16조 제1항에 따라 증권선물위원회에 제출해야 하는 자료에 거짓의 기재 또는 표시가 있거나 기재하여야 할 사항을 누락한 경우를 포함한다)

• 증권선물위원회는 다음 각 호의 어느 하나에 해당하는 회사가 연속하는 6개 사업연도에 대하여 감사인을 선임한 경우에는 증권선물위원회가 대통령령이 정하는 기준과 절차에 따라 지정하는 회계법인을 감사인으로 선임하거나 변경선임할 것을 요구할 수 있다(단, 증권선물위원회의 감리를 받은 회사로서 그 감리 결과 회계처리기준 위반이 발견되지 아니한 회사).

가. 주권상장법인. 다만, 대통령령으로 정하는 주권상장법인은 제외한다.

나. 제1호에 해당하지 아니하는 회사 가운데 자산총액이 대통령령으로 정하는 금액 이상이고 대주주 및 그 대주주와 대통령령으로 정하는 특수관계에 있는 자가 합하여 발행주식총수(의결권이 없는 주식은 제외한다. 이하 같다)의 100분의 50 이상을 소유하고 있는 회사로서 대주주 또는 그 대주주와 특수관계에 있는 자가 해당 회사의 대표이사인 회사

⑥ 회계처리기준(외감법 제5조)

금융위원회는 금융위원회의 설치 등에 관한 법률에 따른 증권선물위원회의 심의를 거쳐 회사의 회계처리기준을 다음 각 호와 같이 구분하여 정한다.

- 국제회계기준위원회의 국제회계기준을 채택하여 정한 한국채택국제회계기준를 적용하여 재무제표 및 연결재무제표를 작성하여야 하는 회사는 다음과 같다.
  - 주권상장법인. 다만, 코넥스시장에 주권을 상장한 법인은 제외한다.
  - 해당 사업연도 또는 다음 사업연도 중에 주권상장법인이 되려고 하거나 상장규정에 따른 우회상장이나 기업인수목적회사와의 합병상장이 인정되는 회사. 다만, 코넥스시장에 주권을 상장하려는 법인은 제외한다.
  - 금융지주회사법에 따른 금융지주회사. 다만, 같은 법 제22조에 따른 전환대상자는 제외한다.
  - 은행법에 따른 은행
  - 자본시장과 금융투자업에 관한 법률에 따른 투자매매업자, 투자중개업자, 집합투자업자, 신탁업자 및 종합금융회사
  - 보험업법에 따른 보험회사
  - 여신전문금융업법에 따른 신용카드업자
- 한국채택국제회계기준을 적용하지 아니하는 회사는 이 법에 따라 정한 회계처리기준(일반기업회계기준, 중소기업회계기준, 특수분야회계기준 등)

⑦ 내부회계관리제도의 운영 등(외감법 제8조)

- 회사는 신뢰할 수 있는 회계정보의 작성과 공시(公示)를 위하여 다음 각 호의 사항이 포함된 내부회계관리규정과 이를 관리 · 운영하는 조직(이하 "내부회계관리제도"라 한다)을 갖추어야 한다. 다만, 주권상장법인이 아닌 회사로서 직전 사업연도 말의 자산총액이 1천억원 미만인 회사와 대통령령으로 정하는 회사는 그러하지 아니하다.
  - 회계정보(회계정보의 기초가 되는 거래에 관한 정보를 포함한다. 이하 이 조에서 같다)의 식별 · 측정 · 분류 · 기록 및 보고 방법에 관한 사항
  - 회계정보의 오류를 통제하고 이를 수정하는 방법에 관한 사항
  - 회계정보에 대한 정기적인 점검 및 조정 등 내부검증에 관한 사항
  - 회계정보를 기록 · 보관하는 장부(자기테이프 · 디스켓, 그 밖의 정보보존장치를 포함한다)의 관리 방법과 위조 · 변조 · 훼손 및 파기를 방지하기 위한 통제 절차에 관한 사항
  - 회계정보의 작성 및 공시와 관련된 임직원의 업무 분장과 책임에 관한 사항

－그 밖에 신뢰할 수 있는 회계정보의 작성과 공시를 위하여 필요한 사항으로서 대통령령으로 정하는 사항

- 회사는 내부회계관리제도에 의하지 아니하고 회계정보를 작성하거나 내부회계관리제도에 따라 작성된 회계정보를 위조 · 변조 · 훼손 및 파기해서는 아니 된다.
- 회사의 대표자는 내부회계관리제도의 관리 · 운영을 책임지며, 이를 담당하는 상근이사(담당하는 이사가 없는 경우에는 해당 이사의 업무를 집행하는 자를 말한다) 1명을 내부회계관리자(이하 "내부회계관리자"라 한다)로 지정하여야 한다.
- 회사의 대표자는 사업연도마다 주주총회, 이사회 및 감사(감사위원회가 설치된 경우에는 감사위원회를 말한다. 이하 이 조에서 같다)에게 해당 회사의 내부회계관리제도의 운영실태를 보고하여야 한다. 다만, 회사의 대표자가 필요하다고 판단하는 경우 이사회 및 감사에 대한 보고는 내부회계관리자가 하도록 할 수 있다.
- 회사의 감사는 내부회계관리제도의 운영실태를 평가하여 이사회에 사업연도마다 보고하고 그 평가보고서를 해당 회사의 본점에 5년간 비치하여야 한다. 이 경우 내부회계관리제도의 관리 · 운영에 대하여 시정 의견이 있으면 그 의견을 포함하여 보고하여야 한다.
- 감사인은 회계감사를 실시할 때 해당 회사가 이 조에서 정한 사항을 준수했는지 여부 및 내부회계관리제도의 운영실태에 관한 보고내용을 검토하여야 한다. 다만, 주권상장법인의 감사인은 이 조에서 정한 사항을 준수했는지 여부 및 내부회계관리제도의 운영실태에 관한 보고내용을 감사하여야 한다.
- 검토 또는 감사를 한 감사인은 그 검토결과 또는 감사결과에 대한 종합의견을 감사보고서에 표명하여야 한다.

⑧ 과징금(외감법 제36조)

- 금융위원회는 회사가 고의 또는 중대한 과실로 회계처리기준을 위반하여 재무제표를 작성한 경우에는 그 회사에 대하여 회계처리기준과 달리 작성된 금액의 100분의 20을 초과하지 아니하는 범위에서 과징금을 부과할 수 있다. 이 경우 회사의 위법행위를 알았거나 현저한 주의의무 위반으로 방지하지 못한 상법 제401조의 2(업무집행지시자 등) 및 제635조 제1항에 규정된 자나 그 밖에 회사의 회계업무를 담당하는 자에 대해서도 회사에 부과하는 과징금의 100분의 10을 초과하지 아니하는 범위에서 과징금을 부과할 수 있다.

• 금융위원회는 감사인이 고의 또는 중대한 과실로 회계감사기준을 위반하여 감사보고서를 작성한 경우에는 그 감사인에 대하여 해당 감사로 받은 보수의 5배를 초과하지 아니하는 범위에서 과징금을 부과할 수 있다.

⑨ **벌칙(외감법 제39조, 제40조, 제41조, 제42조, 제43조, 제44조)**

• 상법 제401조의 2(업무집행지시자 등) 제1항 및 제635조 제1항에 규정된 자나 그 밖에 회사의 회계업무를 담당하는 자가 회계처리기준을 위반하여 거짓으로 재무제표를 작성·공시하거나 감사인 또는 그에 소속된 공인회계사가 감사보고서에 기재하여야 할 사항을 기재하지 아니하거나 거짓으로 기재한 경우에는 10년 이하의 징역 또는 그 위반행위로 얻은 이익 또는 회피한 손실액의 2배 이상 5배 이하의 벌금에 처한다(1항).

• 제1항에도 불구하고 회계처리기준을 위반하여 회사의 재무제표상 손익 또는 자기자본 금액이 자산총액의 일정 비중에 해당하는 금액만큼 변경되는 경우에는 다음 각 호에 따라 각각 가중할 수 있다. 다만, 자산총액의 100분의 5에 해당하는 금액이 500억원 이상인 경우에만 적용한다.

  − 재무제표상 변경된 금액이 자산총액의 100분의 10 이상인 경우에는 무기 또는 5년 이상의 징역에 처한다.

  − 재무제표상 변경된 금액이 자산총액의 100분의 5 이상~100분의 10 미만인 경우에는 3년 이상의 유기징역에 처한다.

• 감사인, 감사인에 소속된 공인회계사, 감사, 감사위원회의 위원 또는 감사인선임위원회의 위원이 그 직무에 관하여 부정한 청탁을 받고 금품이나 이익을 수수(收受)·요구 또는 약속한 경우에는 5년 이하의 징역 또는 5천만원 이하의 벌금에 처한다. 다만, 벌금형에 처하는 경우 그 직무와 관련하여 얻는 경제적 이익의 5배에 해당하는 금액이 5천만원을 초과하면 그 직무와 관련하여 얻는 경제적 이익의 5배에 해당하는 금액 이하의 벌금에 처한다.

  또한, 금품이나 이익을 약속·공여하거나 공여의 의사를 표시한 자도 같다.

• 상법 제401조의 2(업무집행지시자 등) 제1항 및 제635조 제1항에 규정된 자, 그 밖에 회사의 회계업무를 담당하는 자, 감사인 또는 그에 소속된 공인회계사나 감사 또는 감리 업무와 관련하여 감사인, 감사인에 소속된 공인회계사 및 증권선물위원회 위원을 보조하거나 지원하는 자 다음 각 호의 어느 하나에 해당하는 행위를 하면 5년 이하의 징역 또는 5천만원 이하의 벌금에 처한다.

- 상법 제401조의 2 제1항 및 제635조 제1항에 규정된 자나 그 밖에 회사의 회계업무 등 내부회계관리제도의 운영에 관련된 자로서 내부회계관리제도에 따라 작성된 회계정보를 위조·변조·훼손 또는 파기한 경우
- 감사인 또는 그에 소속된 공인회계사나 감사업무와 관련된 자로서 감사조서를 위조·변조·훼손 또는 파기한 경우
- 이사의 부정행위 등을 보고하지 아니한 경우
- 주주총회 등에 출석하여 거짓으로 진술을 하거나 사실을 감춘 경우
- 신고자 등의 신분 등에 관한 비밀을 누설한 경우

• 상법 제401조의 2(업무집행지시자 등) 제1항 및 제635조 제1항에 규정된 자, 그 밖에 회사의 회계업무를 담당하는 자, 감사인 또는 그에 소속된 공인회계사나 감사 또는 감리 업무와 관련하여 감사인, 감사인에 소속된 공인회계사 및 증권선물위원회 위원을 보조하거나 지원하는 자로 감사업무와 관련된 자가 다음 각 호의 어느 하나에 해당하는 행위를 하면 3년 이하의 징역 또는 3천만원 이하의 벌금에 처한다.

- 재무제표를 제출하지 아니한 경우
- 감사인 또는 그에 소속된 공인회계사가 재무제표를 작성하거나 회사가 감사인 또는 그에 소속된 공인회계사에게 재무제표 작성을 요구하는 경우
- 정당한 이유 없이 지배회사 또는 감사인의 열람, 복사, 자료제출 요구 또는 조사를 거부·방해·기피하거나 거짓 자료를 제출한 경우
- 정당한 이유 없이 감사인 선임 기간 내에 감사인을 선임하지 아니한 경우
- 비밀을 누설하거나 부당한 목적을 위하여 이용한 경우
- 자료제출 등의 요구·열람 또는 조사를 거부·방해·기피하거나 거짓 자료를 제출한 경우
- 재무제표를 작성하지 아니한 경우
- 감사인 또는 그에 소속된 공인회계사에게 거짓 자료를 제시하거나 거짓이나 그 밖의 부정한 방법으로 감사인의 정상적인 회계감사를 방해한 경우

• 제28조(부정행위 신고자의 보호 등) 제3항을 위반하여 신고자 등에게 공익신고자 보호법 제2조 제6호에 해당하는 불이익조치를 한 자는 2년 이하의 징역 또는 2천만원 이하의 벌금에 처한다.

• 상법 제401조의 2(업무집행지시자 등) 제1항 및 제635조 제1항에 규정된 자, 그 밖에 회사의 회계업무를 담당하는 자, 감사인 또는 그에 소속된 공인회계사가 다음 각 호의 어느 하나에 해당하는 행위를 하면 1년 이하의 징역 또는 1천만원 이하의 벌금에 처한다.

- 정당한 이유 없이 제11조(증권선물위원회에 의한 감사인 지정 등) 제4항을 위반하여 증권선물위원회의 요구에 따르지 아니한 경우
- 제11조(증권선물위원회에 의한 감사인 지정 등) 제6항을 위반하여 감사인을 선임한 경우
- 제23조(감사보고서의 제출 등) 제1항에 따른 감사보고서를 제출하지 아니한 경우
- 제23조(감사보고서의 제출 등) 제6항을 위반하여 감사인의 명칭과 감사의견을 함께 적지 아니한 경우

(2) 학교법인의 회계감사

사립학교법 제31조에서 학교법인은 관할청에 결산서를 제출할 때에 학교법인 중 대학교육 기관을 설치·경영하는 학교법인은 학교법인과 독립한 공인회계사 또는 회계법인의 감사증명서 및 부속서류를 첨부하여야 하는 것으로 규정하고 있다.

(3) 공동주택의 회계감사

① 주택조합의 회계감사

주택법 제34조에서 주택조합은 다음에 해당하는 날로부터 30일 이내에 외감법 제3조의 규정에 의한 감사인에게 회계감사를 받아야 하며, 그 감사결과를 관할 시장·군수·구청장에게 보고하고, 인터넷에 게재하는 등 해당 조합원이 열람할 수 있도록 하여야 하는 것으로 규정하고 있다.

- 주택법 제16조의 규정에 의한 사업계획승인을 얻은 날부터 3월이 경과한 날
- 주택법 제29조의 규정에 의한 사용검사 또는 임시사용승인을 신청한 날

회계감사를 실시한 자는 회계감사 종료일부터 15일 이내에 회계감사결과를 관할 시장·군수·구청장과 당해 주택조합에 통보하여야 한다.

② 공동주택 관리주체의 회계감사

주택법 제45조의 3에서 다음의 경우에 공동주택의 관리주체는 매년 10월 31일까지 외감법 제3조에 따른 감사인의 회계감사를 매년 1회 이상 받아야 하는 것으로 규정하고 있다.

다만, 해당 공동주택 입주자 및 사용자의 3분의 2 이상이 서면으로 회계감사를 받지 아니하는 데 동의한 연도에는 회계감사를 받지 아니할 수 있다.

- 300세대 이상인 공동주택
- 300세대 미만인 공동주택으로서 입주자 및 사용자의 10분의 1 이상이 연서로 요구하는 경우 또는 입주자대표회의가 그 의결을 거쳐 요구하는 경우

8 회계감사기준 주요 개정 내용

금융위원회는 수주산업 핵심감사제를 상장기업에 확대도입하고 감사인의 감사보고를 개선하여 정보이용자에게 더 많은 유용한 정보를 제공하기 위해 2017년 12월 20일자로 회계감사기준을 개정하였으며 2018년 12월 15일 이후 종료되는 보고기간의 재무제표에 대한 감사부터 적용된다.

회계감사기준의 주요 개정 내용은 다음과 같다.

① 핵심감사사항(Key Audit Matters)을 상장회사에 도입
② 상장사 감사인의 업무수행이사 성명 기재
③ 상장사 계속기업 가정의 적절성에 대한 공시내용 평가 강화
④ 감사의견의 전반부 배치 등 감사보고서 체계개편

(1) 핵심감사사항(Key Audit Matters)

핵심감사사항은 상장회사의 주요 재무적 이슈사항에 대해 보다 구체적인 정보를 제공할 목적으로 도입되었으며, 회계감사기준에 의하면 감사인은 중요왜곡표시위험이 더 높게 평가되거나 유의적 위험으로 식별된 분야, 추정불확실성이 높은 것으로 식별된 회계추정치를 포함하여, 유의적 경영진판단이 수반된 재무제표 분야와 관련되는 유의적 감사인 판단 및 보고기간 중 발생한 유의적인 사건이나 거래가 감사에 미치는 영향 등을 고려하여 감사위원회 등 회사의 내부감사기구와 협의하여 핵심감사사항을 선정하고 감사보고서에 선정 이유, 감사인이 수행한 절차 및 그 결과를 기술한다.

상장회사의 규모별 도입 시기는 다음과 같다.

상장사(코넥스 제외) 규모	도입 시기	비 고
자산 2조원 이상	2018년 감사보고서(2019년 작성)	감사위원회 의무 설치
자산 1천억원 이상	2019년 감사보고서	상근감사 의무 설치
전체 상장사	2010년 감사보고서	–

(2) 상장사 감사인의 업무수행이사 성명 기재

상장사 감사인의 업무수행이사 성명 기재는 감사보고서 실명제와 같은 개념으로 감사에 대한 책임을 강화함으로써 감사품질을 제고할 목적으로 개정되었다.

(3) 상장사 계속기업 가정의 적절성에 대한 공시내용 평가 강화

회사의 경영상 중요한 사건이나 상황이 식별되었으나 입수된 감사증거를 근거로 감사인이 중요한 불확실성이 존재하지 않는다고 결론을 내리는 경우라도 그 상황에 대한 공시(주요 사건이나 상황, 의무를 충족할 수 있는 기업의 능력과 관련된 해당 사건이나 상황의 유의성에 대한 경영진의 평가, 이러한 사건이나 상황의 영향을 완화하는 경영진의 계획 또는 계속기업으로서의 존속능력에 대한 평가의 일부분으로서 경영진이 내린 유의적 판단)가 이루어짐에 따라 이해관계자에게 보다 많은 정보를 제공할 목적으로 제정되었다. 이 규정의 도입 시기는 위의 핵심감사사항과 같다.

(4) 감사의견의 전반부 배치 등 감사보고서 체계개편

감사인에 대한 책임에 대한 기술이 강화되고 감사보고서 후반부에 표시되는 감사의견이 감사보고서 맨 앞에 표시하도록 순서를 변경하였으며 기존의 감사보고서에 포함되었던 사항도 내용과 형식이 변경되었다.

보론 1 주식회사 등의 외부감사에 관한 법률 개정내용(법제처)

주식회사 등의 외부감사에 관한 법률은 2017년 10월 31일에 전면 개정되었다. 상장주식회사 중심의 회계투명성 제고 과정에서 나타난 유한회사의 주식회사 상장기피 등 부작용을 방지하기 위하여 유한회사를 외부감사 규율대상에 포함하고, 감사인의 독립성과 책임성을 강화하고 감사업무의 품질을 높이기 위하여 회사의 외부감사인 선임 절차 등을 개선하며, 회계법인의 품질관리에 관한 제도적 장치를 마련하는 한편, 회계감사기준 위반 등에 대한 행정조치를 정비하고, 회사의 회계 관련 내부통제를 강화하는 가운데, 감사의 독립성과 전문성을 확보할 수 있는 감사인 주기적 지정제를 도입하는 등 현행 제도의 운영과정에서 드러난 미비점을 개선·보완하려는 것이다.

◇ 주요내용

가. 법률의 제명 변경 및 체계 정비

법률의 규율대상 확대 등을 반영하여 법률 제명을 「주식회사의 외부감사에 관한 법률」에서 「주식회사 등의 외부감사에 관한 법률」로 변경하고 법률체계를 전반적으로 정비함.

나. 유한회사에 대한 외부감사 도입(제2조 제1호 및 제4조)

회계감독 관련 규제의 형평을 도모하고 회계정보 이용자의 올바른 판단을 유도하기 위하여 주식회사와 경제적 실질이 유사한 유한회사도 감사인에 의한 외부감사를 받도록 함(2019년 11월 1일 이후 시작되는 사업연도부터 적용).

다. 외부감사 대상 선정기준에 매출액 기준 도입(제4조 제1항 제3호)

외부감사 대상이 되는 회사의 범위를 정함에 있어 자산·부채·종업원 수 외에 회사의 규모, 이해관계자, 재무상황 등과 관련성이 높은 매출액을 선정기준에 추가함(2018년 11월 1일 이후 시작되는 사업연도부터 적용).

라. 회사의 감사 전 재무제표 제출 의무 강화(제6조 제2항부터 제5항까지 및 제30조 제1항)

회사가 감사인 및 증권선물위원회에 재무제표를 사전제출하지 않은 경우 그 사유를 공시하도록 하고, 증권선물위원회는 해당 위반사실을 공시할 수 있도록 함(2018년 11월 1일 이후 시작되는 사업연도부터 적용).

마. 회사의 재무제표 대리 작성 요구 등 금지(제6조 제6항)

감사인의 독립성을 강화하기 위하여 현재 감사인에게만 회사의 재무제표 대리 작성, 회계처리 자문행위 금지 의무를 부과하던 것을 회사에 대해서도 이러한 행위를 감사인에게 요구하지 못하도록 함(2018년 11월 1일 이후 시작되는 사업연도부터 적용).

바. 회사의 내부통제 실효성 강화(제8조 제4항 및 제6항)

내부회계관리제도 운영실태 등을 회사의 대표자가 직접 주주총회 등에 보고하도록 하고, 상장법인에 한해 내부회계관리제도에 대한 인증수준을 현행 '검토'에서 '감사'로 상향함(감사인의 내부회계관리제도 감사는 감사보고서 작성일 기준 전년 말 자산총액 2조원 이상의 주권상장법인에 대해서는 2019년 감사보고서부터, 자산총액 5천억원 이상의 주권상장법인에 대해서는 2020년 감사보고서부터, 자산총액 1천억원 이상의 주권상장법인에 대해서는 2022년 감사보고서부터 적용하고, 2023년 감사보고서부터는 전체 주권상장법인에 대하여 적용).

사. 대형비상장주식회사 및 금융회사에 대한 회계규율 강화(제9조 및 제10조)

이해관계자 보호 필요성이 높은 대형비상장주식회사 및 금융회사에 대해 감사인의 자격 및 선임 등과 관련하여 상장회사에 준하는 회계규율을 적용함(2018년 11월 1일 이후 시작되는 사업연도부터 적용).

아. 상장법인 감사인 등록제도 도입(제9조의 2)

상장법인의 외부감사는 감사품질 관리를 위하여 일정 요건을 갖추어 금융위원회에 등록한 회계법인만 할 수 있도록 함(2019년 11월 1일 이후 시작되는 사업연도부터 적용).

자. 감사인 선임 기한 변경(제10조 제1항)

회사는 매 사업연도 개시일부터 45일 이내에 감사인을 선임하도록 하되, 감사위원회를 의무적으로 설치하여야 하는 회사는 매 사업연도 개시일 이전까지 감사인을 선임하도록 함(2018년 11월 1일 이후 시작되는 사업연도부터 적용).

차. 감사인 선임절차 개선(제10조 제4항)

감사인 선임절차의 투명성 확보를 위하여 회사 경영진이 감사 또는 감사인선임위원회의 승인을 받아 감사인을 선임하던 것을 감사 또는 감사위원회가 선정한 자를 선임하도록 변경함(2018년 11월 1일 이후 시작되는 사업연도부터 적용).

카. 감사인 지정 사유 확대(제11조 제1항)

회사의 재무제표 작성의무 위반, 최근 3년간 최대주주(2회) 또는 대표이사(3회) 교체가 빈번한 회사, 주채권은행 또는 대통령령령으로 정하는 주주의 요청, 제16조의 2 제1항에서 정한 표준감사시간에 현저히 미달한 경우 등을 감사인 지정 사유로 추가하며, 기존의 감사인 지정 사유인 상장법인 재무기준 요건을 일부 강화함(2018년 11월 1일 이후 시작되는 사업연도부터 적용).

타. 상장법인 등에 대한 주기적 감사인 지정제 도입(제11조 제2항 및 제3항)

감사인의 독립성을 확보하고 감사품질을 개선하기 위하여, 상장법인 및 소유·경영 미분리 회사에 대해 연속하는 6개 사업연도의 감사인을 회사가 선임한 이후에는 증권선물위원회가 지정하는 감사인을 선임하도록 하는 주기적 감사인 지정제를 도입함. 다만, 최근 6년 이내에 감리를 받은 결과 회계부정이 발견되지 않은 경우, 그 밖에 대통령령으로 정하는 바에 따라 회계처리의 신뢰성이 양호한 경우는 주기적 감사인 지정 대상에서 제외함(2019년 11월 1일 이후 시작되는 사업연도부터 적용).

파. 표준 감사시간 도입(제16조의 2)

한국공인회계사회에서 표준 감사시간을 정할 수 있도록 하되, 대통령령으로 정하는 바에 따라 금융감독원 등 대통령령으로 정하는 이해관계자의 의견을 청취·반영하도록 하고 3년마다 타당성을 재검토하도록 함.

하. 감사업무의 품질관리기준 근거 마련 및 회계법인의 감사품질 관리 강화(제17조 및 제29조 제5항부터 제7항까지)

감사업무의 품질관리기준에 대한 법적 근거를 마련하고, 품질관리기준에 대한 감사인 대표자의 책임을 명시하며, 증권선물위원회가 품질관리 감리 결과에 따른 개선권고, 그 이행여부 점검 및 미이행사실의 외부 공개를 할 수 있도록 함.

거. 회계처리기준 위반에 대한 감사 또는 감사위원회의 처리절차 강화(제22조 제3항부터 제5항까지 및 제47조 제2항)

내부감사는 회계부정 발견 시 외부전문가를 선임하여 조사·시정조치하고 그 결과를 증권선물위원회와 감사인에게 제출하도록 함. 이 경우 필요한 자료나 정보, 자금 등을 회사 대표에게 요청할 수 있으며, 요청에 불응한 회사 대표에 대해서는 과태료를 부과하도록 함.

너. 회계법인에 대한 보고의무 강화(제25조 제2항 및 제5항)

회계법인의 사업보고서 제출 시 연차별 감사투입 인력 및 시간, 이사 보수, 이사의 징계내역 등을 추가 기재하도록 하며, 상장법인의 감사인인 회계법인은 그 법인의 경영, 재산, 감사업무의 품질관리 등에 중대한 영향을 미치는 사항이 발생한 경우 이를 증권선물위원회에 수시 보고하도록 함.

더. 회계감사기준 위반 등에 대한 조치 정비(제29조 제3항 및 별표 1)

공정·타당하다고 인정되는 회계감사기준에 따르지 아니하고 감사를 실시하는 등의 행위를 한 감사인에 대하여 손해배상공동기금 추가 적립 명령, 감사업무의 제한, 경고 및 주의 등의 조치를 할 수 있도록 함.

러. 회계법인 대표이사 등 제재 신설(제29조 제4항 및 별표 2)

금융위원회가 정하여 고시하는 회사에 대한 중대한 감사 부실이 발생한 경우 품질관리기준에 따른 업무설계·운영을 소홀히 한 대표이사(품질관리업무 담당이사 포함)에 대하여 제재조치를 할 수 있는 근거를 마련함.

머. 회사 및 감사인에 대한 과징금 제도 도입(제35조 및 제36조)

분식회계 회사에 대해서는 분식회계 금액의 20%, 회사의 회계업무를 담당하는 자 등에 대해서는 회사에 대한 과징금의 10%, 부실감사를 한 감사인에 대해서는 감사보수의 5배를 각각 초과하지 않는 범위에서 과징금을 부과할 수 있도록 함(2018년 11월 1일 이후 회사 또는 감사인이 고의 또는 중대한 과실로 제5조에 따른 회계처리기준을 위반하여 재무제표를 작성하거나 제16조에 따른 회계감사기준을 위반하여 감사보고서를 작성한 경우부터 적용).

버. 회계부정 관련 제재 강화(제29조 제1항, 제31조 제9항, 제39조, 제40조, 제45조 및 제48조)

분식회계를 한 회사 임원에 대한 직무정지 조치 신설, 회계부정 관련 징역 및 벌금의 상향 및 병과, 필요적 몰수추징 규정, 감사인의 손해배상책임 시효연장 등 회계부정 관련 제재를 강화함.

서. 내부신고자 보호 강화(제41조 제5호, 제43조 및 제47조 제1항)

내부신고자의 신분 등에 관한 비밀을 누설하거나 내부신고자에게 불이익한 대우를 한 자에게 벌금 또는 징역 및 과태료를 부과하도록 함.

보론 2 수주산업 핵심감사사항 사례(회계감사기준위원회)

수주산업(건설업, 조선업 등 관련 기업회계기준서에 따라 진행기준을 적용 하는 업종)핵심감사제는 "회계감사 실무지침 2016-1. 수주산업 감사 시 특별 고려사항에 대한 실무지침"에 의해 2016년부터 시행되었으며, 주식회사 등의 외부감사에 관한 법률의 적용을 받고 자본시장과 금융투자업에 관한 법률에 따른 사업보고서 제출대상법인에 적용된다.

수주산업 핵심감사사항으로 우선적으로 고려되어야 할 사항은 다음과 같다.

① 투입법에 따른 수익인식 등 기업의 회계정책
② 공사예정원가에 대한 추정의 불확실성
③ 산정된 공사진행율의 적절성
④ 미청구공사금액의 회수가능성에 대한 평가
⑤ 공사변경에 따른 회계처리의 적절성

수주산업 핵심감사사항

수주산업 핵심감사사항은 "회계감사실무지침 2016-1(2018년 개정, 감사기준서 701 감사보고서 핵심감사사항 커뮤니케이션을 의무 적용하거나 조기 또는 선택 적용하는 수주산업 기업은 제외함)"에 따라 감사인의 전문가적 판단과 지배기구와의 커뮤니케이션을 통해 당기 재무제표 감사에서 수주산업과 관련하여 가장 유의적인 사항을 선정한 것입니다. 해당 사항은 재무제표 전체에 대한 감사의 관점에서 재무제표 전체에 대한 의견을 형성할 때 다루어진 사항이며, 감사인은 이 사항에 대하여 별도의 의견을 제공하는 것은 아닙니다.

투입법에 따른 수익인식

재무제표에 대한 주석 X에서 기술한 바와 같이 회사는 선박 및 해양 특수선 계약에 대해 기업회계기준서 제1115호 '고객과의 계약에서 생기는 수익'에 따라 진행률 기준으로 수익을 인식하고 있습니다.

또한 재무제표에 대한 주석 Y는 선박 및 해양 특수선 부문에서 당기에 진행률로 인식된 수익은 XXX백만원으로 총수익의 X%(1*)를 차지하며, 미청구공사 금액은 당기 XXX백만원으로 전기 XXX백만원에 비해 Y% 증가(1*)하였음을 나타내고 있습니다.

또한 주석 Z는 선박 및 해양 특수선 부문의 경우 자연 재해에 따른 접근 제한으로 공사기간이 연장될 것으로 예상됨에 따라 해당 부분의 총계약원가 변동이 …(2*)

재무제표에 대한 주석 X에서 기술한 바와 같이 유가 하락, 중국경제의 성장률 둔화 및 환율 인상 등의 요인으로 인해 수주산업의 업황이 악화되고 있으며 이로 인해 선박 및 해양 특수선 계약에 대한 수익인식의 불확실성이 증가하고 있어(1*) 우리는 투입법에 따른 수익인식을 수주산업 핵심감사사항으로 결정하였습니다. 그리고 우리는 수익인식의 적정성을 확인하기 위하여 경영진이 수익인식을 위해 설계·적용하고 있는 내부통제에 대해 시사절차를 수행하였으며,

05

그 결과 내부통제 설계 및 운영상의 일부 취약점이 발견되어 이에 대한 보완계획을 확인하였고 최초의 감사계획보다 입증감사의 범위를 확대하였습니다. 우리는 또한, 회사의 향후 원가추정치를 평가하기 위해 계약서, 선박평가전문가의 평가 결과, 과거 추정치의 정확성 등을 고려하였습니다. 또한 수익으로 인식할 금액이 정확한지의 여부에 대한 계산검증을 실시하였습니다.

(1*) 회사에 주석으로 기재하도록 권장하고 주석으로 기재하지 않을 경우 재무제표 주석에 대한 언급 없이 감사인이 해당 내용 기술

(2*) 재무제표 주석 기재 내용 등을 언급

보론 3 감사보고서 본문 예시(회계감사기준)

1. 현행 감사보고서 본문

독립된 감사인의 감사보고서

우리는 별첨된 ABC 주식회사 및 종속기업(들)의 연결재무제표를 감사하였습니다. 동 연결재무제표는 20X1년 12월 31일과 20X0년 12월 31일 현재의 연결재무상태표, 동일로 종료되는 양 보고기간의 연결손익계산서(또는 연결포괄손익계산서), 연결자본변동표 및 연결현금흐름표 그리고 유의적 회계정책에 대한 요약과 그 밖의 설명정보로 구성되어 있습니다.

연결재무제표에 대한 경영진의 책임

경영진은 한국채택국제회계기준에 따라 이 연결재무제표를 작성하고 공정하게 표시할 책임이 있으며, 부정이나 오류로 인한 중요한 왜곡표시가 없는 연결재무제표를 작성하는 데 필요하다고 결정한 내부통제에 대해서도 책임이 있습니다.

감사인의 책임

우리의 책임은 우리가 수행한 감사를 근거로 해당 연결재무제표에 대하여 의견을 표명하는데 있습니다. 우리는 한국회계감사기준에 따라 감사를 수행하였습니다. 이 기준은 우리가 윤리적 요구사항을 준수하며 연결재무제표에 중요한 왜곡표시가 없는지에 대한 합리적인 확신을 얻도록 감사를 계획하고 수행할 것을 요구하고 있습니다.

감사는 연결재무제표의 금액과 공시에 대한 감사증거를 입수하기 위한 절차의 수행을 포함합니다. 절차의 선택은 부정이나 오류로 인한 연결재무제표의 중요한 왜곡표시위험에 대한 평가 등 감사인의 판단에 따라 달라집니다. 감사인은 이러한 위험을 평가할 때 상황에 적합한 감사절차를 설계하기 위하여 기업의 연결재무제표 작성 및 공정한 표시와 관련된 내부통제를 고려합니다. 그러나 이는 내부통제의 효과성에 대한 의견을 표명하기 위한 것이 아닙니다. 감사는 또한 연결재무제표의 전반적 표시에 대한 평가뿐 아니라 연결재무제표를 작성하기 위하여 경영진이 적용한 회계정책의 적합성과 경영진이 도출한 회계추정치의 합리성에 대한 평가를 포함합니다.

우리가 입수한 감사증거가 감사의견을 위한 근거로서 충분하고 적합하다고 우리는 믿습니다.

감사의견

우리의 의견으로는 회사의 연결재무제표는 ABC 주식회사와 그 종속기업(들)의 20X1년 12월 31일과 20X0년 12월 31일 현재의 재무상태, 동일로 종료되는 보고기간의 재무성과 및 현금흐름을 한국채택국제회계기준(또는 일반기업회계기준)에 따라 중요성의 관점에서 공정하게 표시하고 있습니다.

XXX 회계법인
대표이사 XXX
[감사인의 주소]
20X2년 X월 X일

2. 개정 감사보고서 본문

독립된 감사인의 감사보고서

감사의견

우리는 ABC주식회사와 그 종속기업들(이하 "연결회사")의 연결재무제표를 감사하였습니다. 해당 연결재무제표는 20X1년 12월 31일과 20X0년 12월 31일 현재의 연결재무상태표, 동일로 종료되는 양 보고기간의 연결포괄손익계산서, 연결자본변동표, 연결현금흐름표 그리고 유의적인 회계정책의 요약을 포함한 연결재무제표의 주석으로 구성되어 있습니다.

우리의 의견으로는 별첨된 연결회사의 연결재무제표는 연결회사의 20X1년 12월 31일과 20X0년 12월 31일 현재의 연결재무상태와 동일로 종료되는 양 보고기간의 연결재무성과 및 연결현금흐름을 한국채택국제회계기준에 따라, 중요성의 관점에서 공정하게 표시하고 있습니다.

감사의견근거

우리는 회계감사기준에 따라 감사를 수행하였습니다. 이 기준에 따른 우리의 책임은 이 감사보고서의 연결재무제표감사에 대한 감사인의 책임 단락에 기술되어 있습니다. 우리는 재무제표감사와 관련된 대한민국의 윤리적 요구사항에 따라 연결회사로부터 독립적이며 그러한 요구사항에 따른 기타의 윤리적 책임을 이행하였습니다. 우리가 입수한 감사증거가 감사의견을 위한 근거로서 충분하고 적합하다고 우리는 믿습니다.

계속기업 관련 중요한 불확실성

연결재무제표에 대한 주석 XXX에 주의를 기울여야 할 필요가 있습니다. 연결재무제표에 대한 주석 XXX은 20X1년 12월 31일로 종료되는 보고기간에 순손실 ZZZ가 발생하였고 연결재무제표일 현재로 기업의 유동부채가 총자산보다 YYY만큼 더 많음을 나타내고 있습니다. 주석 XXX에서 기술한 바와 같이, 이러한 사건이나 상황은 주석XXX에서 설명하고 있는 다른 사항과 더불어 계속기업으로서의 존속능력에 유의적 의문을 제기할 만한 중요한 불확실성이 존재함을 나타냅니다. 우리의 의견이 이 사항으로부터 영향을 받지 아니합니다.

핵심감사사항

핵심감사사항은 우리의 전문가적 판단에 따라 당기 연결재무제표감사에서 가장 유의적인 사항들입니다. 해당 사항들은 연결재무제표 전체에 대한 감사의 관점에서 그리고 우리의 의견 형성 시 다루어졌으며, 우리는 이러한 사항에 대하여 별도의 의견을 제공하지 않습니다.

[감사기준서 701에 따른 핵심감사사항 각각에 대한 기술]

연결재무제표에 대한 경영진과 지배기구의 책임

경영진은 한국채택국제회계기준에 따라 이 연결재무제표를 작성하고 공정하게 표시할 책임이 있으며, 부정이나 오류로 인한 중요한 왜곡표시가 없는 연결재무제표를 작성하는 데 필요하다고 결정한 내부통제에 대해서도 책임이 있습니다.

경영진은 연결재무제표를 작성할 때, 연결회사의 계속기업으로서의 존속능력을 평가하고 해당되는 경우 계속기업 관련 사항을 공시할 책임이 있습니다. 그리고 경영진이 기업을 청산하거나 영업을 중단할 의도가 없는 한 또는 그 외에는 다른 현실적인 대안이 없는 한, 회계의 계속기업전제의 사용에 대해서도 책임이 있습니다.

지배기구는 연결회사의 재무보고절차의 감시에 대한 책임이 있습니다.

연결재무제표감사에 대한 감사인의 책임

우리의 목적은 연결재무제표에 전체적으로 부정이나 오류로 인한 중요한 왜곡표시가 없는지에 대하여 합리적인 확신을 얻어 우리의 의견이 포함된 감사보고서를 발행하는 데 있습니다. 합리적인 확신은 높은 수준의 확신을 의미하나 감사기준에 따라 수행된 감사가 항상 중요한 왜곡표시를 발견한다는 것을 보장하지는 않습니다. 왜곡표시는 부정이나 오류로부터 발생할 수 있으며 왜곡표시가 연결재무제표를 근거로 하는 이용자의 경제적 의사결정에 개별적으로 또는 집합적으로 영향을 미칠 것이 합리적으로 예상되면 그 왜곡표시는 중요하다고 간주됩니다.

감사기준에 따른 감사의 일부로서 우리는 감사의 전 과정에 걸쳐 전문가적 판단을 수행하고 전문가적 의구심을 유지하고 있습니다. 우리는 또한 :

- 부정이나 오류로 인한 연결재무제표의 중요왜곡표시위험을 식별하고 평가하며 그러한 위험에 대응하는 감사절차를 설계하고 수행합니다. 그리고 감사의견의 근거로서 충분하고 적합한 감사증거를 입수합니다. 부정은 공모, 위조, 의도적인 누락, 허위진술 또는 내부통제 무력화가 개입될 수 있기 때문에 부정으로 인한 중요한 왜곡표시를 발견하지 못할 위험을 오류로 인한 위험보다 큽니다.
- 상황에 적합한 감사절차를 설계하기 위하여 감사와 관련된 내부통제를 이해합니다. 그러나 이는 내부통제의 효과성에 대한 의견을 표명하기 위한 것이 아닙니다.
- 연결재무제표를 작성하기 위하여 경영진이 적용한 회계정책의 적합성과 경영진이 도출한 회계추정치와 관련 공시의 합리성에 대하여 평가합니다.
- 경영진의 회계의 계속기업전제 사용의 적절성과, 입수한 감사증거를 근거로 계속기업으로서의 존속능력에 대하여 유의적 의문을 초래할 수 있는 사건이나 상황과 관련된 중요한

불확실성이 존재하는지 여부에 대하여 결론을 내립니다. 중요한 불확실성이 존재한다고 결론을 내리는 경우, 우리는 연결재무제표의 관련 공시에 대한 감사보고서에 주의를 환기시키고 이들 공시가 부적절한 경우 의견을 변형시킬 것을 요구받고 있습니다. 우리의 결론은 감사보고서일까지 입수된 감사증거에 기초하나, 미래의 사건이나 상황이 연결회사의 계속기업으로서 존속을 중단시킬 수 있습니다.

- 공시를 포함한 연결재무제표의 전반적인 표시와 구조 및 내용을 평가하고 연결재무제표가 기초가 되는 거래와 사건을 공정한 표시가 달성될 수 있는 방식으로 표시하고 있는지 여부를 평가합니다.
- 연결재무제표에 대한 의견을 표명하기 위해 기업의 재무정보 또는 그룹내의 사업활동과 관련된 충분하고 적합한 감사증거를 입수합니다. 우리는 그룹감사의 지휘, 감독 및 수행에 대한 책임이 있으며 감사의견에 대한 전적인 책임이 있습니다.

우리는 여러 가지 사항들 중에서 계획된 감사범위와 시기 그리고 감사 중 식별된 유의적 내부통제 미비점 등 유의적인 감사의 발견사항에 대하여 지배기구와 커뮤니케이션합니다.

우리는 또한 독립성 관련 윤리적 요구사항을 준수하고 우리의 독립성 문제와 관련된다고 합리적으로 판단되는 모든 관계와 기타사항들, 해당되는 경우, 관련 제도적 안전장치를 지배기구와 커뮤니케이션한다는 진술을 지배기구에게 제공합니다.

우리는 지배기구와 커뮤니케이션한 사항들 중에서 당기 연결재무제표감사에서 가장 유의적인 사항들을 핵심감사사항으로 결정합니다. 법규에서 해당 사항에 대하여 공개적인 공시를 배제하거나 또는, 극히 드문 상황으로 우리가 감사보고서에 해당 사항을 기술함으로 인한 부정적 결과가 해당 커뮤니케이션에 따른 공익적 효익을 초과할 것으로 합리적으로 예상되어 해당 사항을 감사보고서에 커뮤니케이션해서는 안 된다고 결론을 내리는 경우가 아닌 한, 우리는 감사보고서에 이러한 사항들을 기술합니다.

이 독립된 감사인의 감사보고서의 근거가 된 감사를 실시한 업무수행이사는 XXX입니다.

XXX 회계법인
대표이사 XXX
[감사인의 주소]
20X2년 X월 X일

보론 4 변량표본감사(차액수정법)

사 례

공인회계사 김갑동 현대㈜의 외상매출금계정에 대한 입증절차를 수행하기 위하여 조회서를 발송하려 한다. 김 회계사는 표본감사방법 중 차액추정법을 이용하기로 하였다.

외상매출금의 모집단 총항목수는 외상매출금보조원장에 나타난 400개의 거래처이고 총장부가액은 32,000,000원이다. 감사인은 중요성기준금액을 1,000,000원으로 설정하였고 모집단에서 예상되는 오류는 750,000원 정도라고 생각하였다. 감사인이 사전에 예비적 표본에 의하여 계산한 모집단의 예상표준편차는 2,000원이다. 감사인은 α위험을 25%로 하고 β위험은 10%로 설정하였다(신뢰도계수는 각각 1.15와 1.28이다).

또한 감사인이 추출한 표본의 장부가액은 총 4,300,000원이었으며 감사인이 추출된 표본에 대하여 조회서를 회신받아 검증한 결과 다음과 같은 5개의 오류가 발견되었다. 이러한 표본오류금액의 표준편차를 계산한 결과는 5,429원이었다.

오류수	장부가액	감사가액	차 액
1	150,300	126,420	23,880
2	100,420	87,450	12,970
3	83,790	63,790	20,000
4	65,000	45,000	20,000
5	53,780	62,780	(9,000)
합 계	453,290	385,440	67,850

[물음]

감사인이 외상매출금에 대한 입증절차 수행 시 차액추정법을 사용하는 경우 표본감사절차의 수행과정을 감사준칙에서 설명하고 있는 5단계로 나누어 설명하라.

[해답]

1. 표본의 설계

(1) 감사목적의 결정

감사인의 외상매출금계정에 대한 입증시사의 목적은 외상매출금의 장부잔액이 기업회계기준에 따라 적정하게 계상되어 있는지를 확인하는 것이다. 감사인이 검증하고자 하는 대상의 속성은 매출채권의 과대계상이나 과소계상오류의 존재 여부이다. 일반적으로 외상매출채권의 경우 7가지 세부입증감사목적 중 채권의 과대계상 가능성의 확인을 위한 실재성 및 권리의 타당성확인이 감사인의 가장 중요한 감사목적이 될 것이다.

감사인은 외상매출금의 모집단에서 발생가능한 오류를 명확히 정의하고, 모집단 예상오류금액을 파악하여 표본크기를 결정하는 데 반영하여야 한다.

⑵ **모집단과 표본단위의 결정**

전통적인 변량표본감사에서는 모집단과 표본단위를 물리적 단위로 규정한다. 감사인은 모집단과 표본단위를 결정할 때 감사목적적합성과 완전성 및 모집단의 계층화를 고려하여야 한다. 매출채권에 대한 실재성(과대계상 여부)확인이 감사인의 시사목적이라면 역진법이 효과적이므로 외상매출금 보조원장은 모집단과 표본단위로 적절할 것이다.

사례에서 모집단은 외상매출금 보조원장에 포함되어 있는 400개의 거래처로, 표본단위는 각 거래처들로 규정할 수 있다. 따라서 금액비례표본감사와는 달리 계정잔액이 영(0)인 항목들도 표본으로 추출될 수 있다. 또한 통계적 표본추출의 경우에는 항목별 금액의 크기와 관계없이 모든 항목들이 표본으로 추출될 확률은 동일하여야 한다.

⑶ **표본감사방법의 선택**

감사인은 감사환경과 감사의 효율성을 고려하여 통계적 표본감사나 비통계적 표본감사방법을 선택하여야 한다. 통계적 표본감사방법에는 금액비례표본감사와 전통적 변량표본감사방법이 있는데 감사대상의 특성에 맞게 선택하여야 한다. 전통적 표본감사를 선택하는 경우에도 평균추정법, 차액추정법, 비율추정법이 이용될 수 있다. 문제에서는 차액추정법을 사용하기로 하였다.

2. 표본크기의 결정

감사인은 표본감사목적을 달성하기 위하여 가장 효율적인 표본의 크기를 결정하여야 한다. 표본의 크기를 결정하기 위해서는 ㉠ 부당수용위험의 허용수준, ㉡ 부당거부위험의 허용수준, ㉢ 허용오류금액, ㉣ 모집단의 예상오류금액, ㉤ 모집단의 예상표준편차, ㉥ 모집단의 크기들이 사전에 결정되어 있어야 한다.

앞서 설명한 표본수 산출공식(ⓒ식)에 의하여 비복원추출의 경우 표본의 크기를 결정하면 다음과 같다.

① 복원추출 시

$$n=\left\{\frac{N\cdot(Z_\alpha+Z_\beta)\cdot\sigma}{TE-E}\right\}^2=\left\{\frac{400\cdot(1.15+1.28)\cdot 2{,}000}{1{,}000{,}000-750{,}000}\right\}^2=61\text{개}$$

* 전통적인 변량표본감사방법을 이용하는 경우에는 정도(Precision)의 계산식에 의하여 도출된 다음의 표본수 계산식에 의하여 표본수를 결정하여야 한다.

$$n=\left\{\frac{N\cdot(Z_\alpha+Z_\beta)\cdot\sigma}{TE-E}\right\}^2$$

n : 표본수 N : 모집단크기 Z_α : α위험계수 Z_β : β위험계수
σ : 모집단예상표준편차 TE : 허용오류액 E : 모집단예상오류

3. 표본추출방법의 선택

감사인은 추출된 표본이 모집단을 대표할 수 있도록 표본추출방법을 선택하여야 한다. 표본추출방법에는 통계적 방법과 비통계적 방법이 있으며, 통계적 방법이 보다 객관적이고 감사인의 편의를 제거할 수 있다.

통계적 방법 중 무작위추출법과 체계적추출법을 설명하면 다음과 같다.

① 무작위추출법 : 난수표나 난수발생기를 사용하여 53개의 표본을 추출한다.
② 체계적추출법 : 처음 출발번호를 정해 매 7번째나 8번째(400/53)마다 하나씩 추출한다.

4. 감사절차의 수행

감사인은 표본으로 추출된 항목들에 대하여 감사목적에 부합되는 감사절차를 수행하여야 한다. 외상매출금의 실재성과 권리의 타당성을 확인하기 위해서는 일반적으로 조회확인절차를 수행한다.

감사절차의 수행 중 선택한 항목에 대해 감사절차를 적용하는 것이 적절치 않은 경우에는 대체항목(Replacement Item)을 추출하여 감사절차를 수행하고, 해당 항목에 대해 적절한 감사절차를 수행할 수 없는 경우에는 해당 항목을 오류(Error)로 처리하여야 한다.

5. 표본감사결과의 평가

(1) 발견된 오류의 성격과 원인의 파악

감사인은 표본감사결과 발견된 오류의 성격과 발생 원인을 파악하여 반복적·의도적 오류인지 여부와 비정상적 오류인지 여부를 확인하고, 발견된 오류가 특정시사목적과 다른 감사분야에 미치는 영향 등을 고려하여야 한다.

⑵ 모집단오류의 통계적 추정

감사인은 표본감사결과를 기초로 모집단오류금액을 구간추정하고, 이러한 모집단의 추정오류구간의 상한과 하한이 감사인의 허용오류구간 내에 포함되어 있는지를 비교 확인하여야 한다.

① 모집단의 점추정오류액의 계산

가. 표본의 평균오류금액($\bar{e}$) = 표본의 오류금액의 합계/표본수

= 67,850원/53개 = 1,280원

나. 모집단오류금액의 점추정치($\bar{E}$) = 표본의 평균오류금액($\bar{e}$)×모집단의 수(N)

= 1,280원×400개 = 512,000원

② 모집단의 달성정도의 계산

가. 표본오류금액 표준편차의 계산

$$\sigma_e = \sqrt{\frac{\sum(e_i)^2 - n(\bar{e})^2}{n-1}}$$

e_i : 표본의 개별오류액

$\bar{e}$: 표본의 평균오류액

오류수	e_i	$(e_i)^2$
1	23,880	570,254,400
2	12,970	168,220,900
3	20,000	400,000,000
4	20,000	400,000,000
5	(9,000)	81,000,000
합 계	67,850	1,619,475,300

따라서 $\sigma_e = \sqrt{\frac{1,619,475,300 - 53\times(1,280)^2}{53-1}} = 5,429$

나. 모집단의 달성정도(비복원추출 시)

비복원추출 시 모집단의 달성정도는 다음과 같이 계산한다.

$$p'' = Z_\beta \cdot \sigma_e \cdot N \cdot \frac{1}{\sqrt{n'}} \cdot \sqrt{\frac{N-n'}{N}} = 1.28\times5,429\times400\times\frac{1}{\sqrt{53}}\times\sqrt{\frac{400-53}{400}} = 355,620\text{원}$$

표본감사결과 부당거부위험(α위험)이 존재하면 추가적인 감사절차의 수행으로 제거가능하나 부당수용위험(β위험)은 제거되지 않으므로 달성정도를 계산할 때는 β위험(부당수용위험)만을 고려한다.

③ 모집단의 추정오류구간의 계산

$PI = \bar{E} \pm P'' = 512{,}000 \pm 355{,}620$

따라서 추정오류액 하한 : 156,380원　　추정오류액 상한 : 867,620원

⑶ **표본감사결과의 평가**

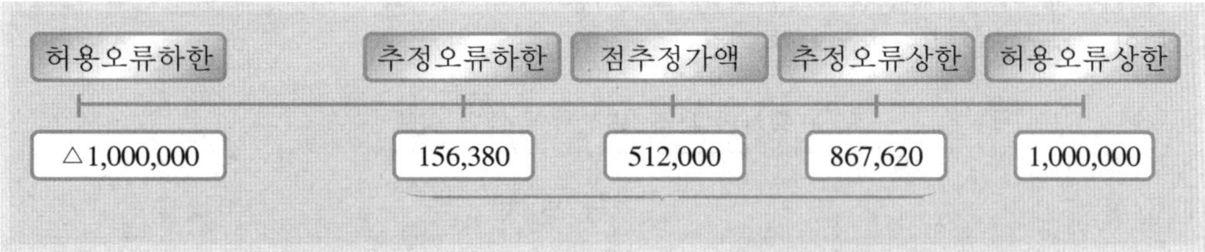

추정오류액구간이 허용오류액(중요성기준금액)의 상·하한 범위 내에 존재하므로 모집단의 장부가액은 적정하게 표시되었다고 할 수 있다.

보론 5 감사 시 사용양식(한국공인회계사회 감사조서 양식)

다음은 한국공인회계사회에서 발표한 감사조서 양식으로 전반감사계획과 관련한 회사의 사업 및 법규에 대한 이해, 감사계획의 수립, 통제환경의 이해와 평가 및 위험평가절차 이해와 평가 양식과 입증감사절차지시서이다.

회사의 사업 및 법규에 대한 이해

회 사 명 : ______________ 작 성 자 : __________ 일자 : __________

회계연도 : ______________ 검 토 자 : __________ 일자 : __________

항 목	조서번호	수 행 자	비 고
(회사 및 각 환경 측면에서의 이해) 1. 해당 재무보고체계 등 관련 산업적 요인, 규제적 요인 및 기타 외부적 요인을 이해하여야 한다. 2. 재무제표에 예상되는 거래유형과 계정잔액 및 공시 등의 이해를 위한 회사의 성격을 이해하여야 한다. 여기에는 다음과 같은 사항들이 포함된다. (1) 회사의 경영활동 (2) 회사의 소유 및 지배 구조 (3) 특수목적기업에 대한 투자 등 회사가 진행 중이거나 계획하고 있는 투자의 유형 (4) 회사의 조직구조와 자금조달 방식 3. 회사의 회계정책의 선택과 적용을 이해하여야 하며, 회계정책의 변경 시 그 이유도 포함한다. 회사의 회계정책이 당해 회사의 사업에 적합한지, 그리고 그것이 해당 재무보고체계 및 관련 산업에서 적용되는 회계정책과 일관성이 있는지 여부를 평가하여야 한다. 4. 회사의 목적과 전략 및 중요한 왜곡표시위험을 초래할 수 있는 관련 사업위험을 이해하여야 한다. 5. 회사의 재무성과의 측정과 검토를 이해하여야 한다.			

회사의 사업 및 법규에 대한 이해 – 계속

항 목	조서번호	수 행 자	비 고
(법규 측면에서의 이해) 1. 회사와 산업에 적용되는 법규 및 회사가 이러한 법규를 어떻게 준수하고 있는지 이해하여야 한다. 2. 중요성 금액과 공시의 결정에 직접적인 영향을 미칠 것으로 인식되는 법규조항의 준수 여부에 관하여 충분하고 적합한 감사증거를 입수하여야 한다. 3. 재무제표에 중요한 영향을 미칠 수 있는 기타의 법규에 대한 위반사례를 식별하는 데 도움을 줄 수 있도록 아래의 감사절차를 수행하여야 한다. 기타 다른 감사절차에서 식별된 위반 및 위반 가능성에 대해서도 주의해야 한다. (1) 회사가 이와 같은 법규를 준수하고 있는지 여부에 대하여 경영진, 그리고 적절한 경우 지배기구에게 질의함. (2) 관련 인허가기관이나 규제기관과의 왕복문서가 있는 경우 이를 조사 4. 경영진, 그리고 적절한 경우 지배기구에게 재무제표를 작성에 영향을 미치는 법규위반 또는 위반으로 의심되는 사항으로서 알고 있는 모든 사실들을 감사인에게 공개하였다는 내용의 서면진술을 요구하여야 한다. 5. 식별되었거나 의심되는 위반이 없는 경우, 상기 절차 외에 회사의 법규준수에 관한 감사절차의 수행이 요구되지 아니한다.			

회사의 사업 및 법규에 대한 이해 요약표

회 사 명 : ______________________

결 산 일 : ______________________

항 목	내 역
(회사 및 각 환경 측면에서의 이해)	
1. 산업의 분류 및 성격	
2. 산업별 규제요인 및 기타 외부적 요인	
3. 산업별 보고 요구사항	*산업별 감독기관에서 요구하는 보고서와 같이, 감사에 적용되는 산업별 보고 요구사항이 있다면 기재*
4. 적용되는 회계정책	*회계정책의 선택과 적용, 변경이 있는 경우는 변경의 이유를 문서화*
5. 목적과 전략 및 사업위험	
6. 회사 일반사항	회사명 국문 : 영문 : 주소 본사 : 공장 :
7. 회사연혁	(1) 설립연월일 : (2) 기업공개일 : (3) 자본금 증감내역 : 일 자 / 증자금액 / 증자 후 자본금 / 재원

조서번호 : 2100A－1

항 목	내 역
7. 회사연혁	(4) 합작여부 합작선 / 합작일 / 투자금액 / 지분율 (5) 주주 현황 및 관계 대주주 / 주주명 / 지분율 / 영업상 관계 (6) 투자하고 있는 회사 또는 투자 예정 중인 회사 회사명 / 지분율 / 영업상관계
8. 회사의 조직	(1) 주요 부서별 인원 본 사 / ( )공장 / ( )공장 임원 관리부서 생산부서 영업부서 (2) 종업원 복지후생 – 노동조합 결성 여부 : – 복지제도 : (3) 자문기관 – 변호사 : – 세무고문 : – 기타 :

조서번호 : 2100A－2

05

<table>
<tr><th>항 목</th><th>내 역</th></tr>
<tr><td>8. 회사의 조직</td><td>(4) 내부감사부서 :
– 조직에서의 위치 :
– 내부감사 시기 :</td></tr>
<tr><td>9. 회사의 영업내용

(1) 주요제품(용역)</td><td>

제품명 / 구성비율 / 생산능력</td></tr>
<tr><td>(2) 구매 활동</td><td>– 주요 원자재 :
– 주요 조달처 :
– 구매 방법 :
– 구매 관련 애로사항 등 :</td></tr>
<tr><td>(3) 생산 활동</td><td>– 제조공정 :
– 제조기간 :
– 외주가공, 하청 등 :</td></tr>
<tr><td>(4) 판매 활동</td><td>– 업계현황 및 전망 :
– 제품별 수출비율 :
– 가격결정 :
– 동업자와의 관계 :</td></tr>
<tr><td>(5) 영업상 주요사항</td><td>– 특허권 :
– 연구개발 활동 :
– 회사 영업 전망 :</td></tr>
<tr><td>10. 회사의 재무사항</td><td>(1) 거래은행 :
– 주거래은행 :
– 기타 거래은행 :

(2) 주요 자금 원천 :

(3) 주요 차입금 :</td></tr>
</table>

조서번호 : 2100A－3

<table>
<tr><th>항 목</th><th>내 역</th></tr>
<tr><td>10. 회사의 재무사항</td><td>(4) 여유 자금 운용 방법 :

(5) 주요투자활동 :</td></tr>
<tr><td>11. 기타</td><td>(1) 주요 약정 사항 :
유의한 계약이나 약정을 신규로 체결하였거나 변경한 내역이 있다면 관련 계약서를 추가로 검토하여 조서화한다.

<table>
<tr><th>종류</th><th>계약기간</th><th>계약내용</th><th>계약금액</th></tr>
<tr><td>장기구매계약</td><td></td><td></td><td></td></tr>
<tr><td>장기판매계약</td><td></td><td></td><td></td></tr>
<tr><td>건설계약</td><td></td><td></td><td></td></tr>
<tr><td>연구개발계약</td><td></td><td></td><td></td></tr>
<tr><td>임대차계약
임대인
임차물건
임차기간
임차보증금
임차료
지급조건</td><td></td><td></td><td></td></tr>
<tr><td></td><td></td><td></td><td></td></tr>
<tr><td></td><td></td><td></td><td></td></tr>
<tr><td></td><td></td><td></td><td></td></tr>
<tr><td></td><td></td><td></td><td></td></tr>
</table>

<u>기술도입계약</u>
<table>
<tr><th></th><th colspan="2">계약기간</th><th></th></tr>
<tr><th>기술제공자</th><th>도입일</th><th>만료일</th><th>제품명</th></tr>
<tr><td></td><td></td><td></td><td></td></tr>
<tr><td></td><td></td><td></td><td></td></tr>
<tr><td></td><td></td><td></td><td></td></tr>
</table>
</td></tr>
</table>

조서번호 : 2100A－4

<table>
<tr><th>항 목</th><th>내 역</th></tr>
<tr><td>11. 기타</td><td>(2) 진행 중인 주요 소송 사건 :
일자 / 소송내용 / 상대방 / 전망

(3) 기타 사항 :</td></tr>
<tr><td colspan="2">회사 및 각 환경 측면에서의 이해에서 식별된 위험 항목 요약
•
•
•
•
상기에서 발견된 위험항목에 대해 조서번호 2300 감사위험의 평가에 적절히 반영</td></tr>
<tr><td colspan="2">(법규 측면에서의 이해)</td></tr>
<tr><td>1. 회사 및 산업에 적용되는 법규</td><td></td></tr>
<tr><td colspan="2">식별된 법규위반 및 위반가능성에 대해 경영진 또는 지배기구와 토론한 내용
•
•
•
•

식별된 법규위반 및 위반가능성에 대한 항목 요약
•
•
•
•
상기에서 발견된 위험항목에 대해 조서번호 2300 감사위험의 평가에 적절히 반영</td></tr>
</table>

조서번호 : 2100A－5

감사계획의 수립

회 사 명 :		작 성 자 :		일자 :	
결 산 일 :		검 토 자 :		일자 :	

Part A. 전반감사전략과 감사계획수립

항 목	조서번호	수 행 자	비 고
(감사팀의 구성) 1. 업무수행이사 및 다른 핵심 업무팀원의 역할을 수행할 팀원을 식별하여 감사팀을 구성한다. 2. 업무품질관리검토자가 지정되었는지 또는 회계법인의 품질관리 규정 등에 의거 지정되어야 하는지 여부를 확인한다. 3. 감사인 측 전문가의 참여를 고려한다. 감사인 측 전문가를 감사에 활용하는 경우, 조서번호 2131 감사인 측 전문가의 활용을 참고한다. 4. 내부 감사인 또는 서비스조직의 업무를 활용할 필요성에 대해서 고려한다. (1) 회사에 내부감사기능이 있다면 조서번호 2132 내부감사의 활용을 참조한다. (2) 서비스조직을 감사업무에 활용하고자 하는 경우 조서번호 2133 서비스조직의 활용을 참조한다. 5. 감사팀, 그리고 감사팀에 소속되지 않은 감사인 측 전문가가, 전문가적 기준 및 해당 법규의 요구사항에 따라 감사 업무를 수행 수행하기에 적합한 적격성과 및 역량을 갖추고 있는지 여부를 고려한다.			
(업무의 지휘/감독, 검토 및 자문) 1. 업무팀원들에 대한 지휘와 감독 및 업무팀원들이 수행한 작업의 검토에 대하여 그 성격과 시기 및 범위를 계획하여야 한다. (1) 경험이 적은 팀원의 업무는 보다 경험이 많은 팀원이 검토한다는 것을 기반으로 하여, 업무팀원 간에 업무의 작성과 검토에 대한 역할과 책임을 지정한다.			

Part A. 전반감사전략과 감사계획수립－계속

항　　　　　　목	조서번호	수 행 자	비　　고
(2) 업무팀원 간 주요 내부 회의(예를 들어, kick－off meeting, debrief meetings 등)와 검토(적절한 경우에는 업무품질관리검토자의 검토를 포함)의 시기를 결정하고 기록한다. * 어느 시기에 인력이 배치될 것인지, 업무담당자 및 지시, 감독 및 검토담당자를 조서번호 2110A 업무분장표를 활용하여 표시할 수 있다. 2. 업무수행이사는 자문과 관련하여 다음의 절차를 수행하여야 한다. (1) 어렵거나 논쟁의 여지가 있는 사항들에 관하여 업무팀 내부 및 업무팀과 회계법인 내・외부의 적합한 위치의 자들 간에 적합한 자문을 실시 (2) 감사업무 수행과정에서 실시된 자문의 성격, 범위와 그 결론을 감사문서에 포함 (3) 업무팀 내부나 자문수행자, 또는 해당되는 경우 업무수행이사와 업무품질관리검토자 간에 의견의 불일치가 발생하면, 이를 처리하고 해결하기 위한 회계법인의 정책과 절차를 준수			
(업무팀원 간 토의) 1. 업무수행이사와 다른 핵심 업무팀원들은 업무팀원 간의 토의를 계획하고 참여하는 등 감사계획에 참여하여야 한다. 업무팀원 간의 토론내용 및 도달된 유의적 결정사항을 문서화한다. 2. 업무수행이사와 다른 핵심업무팀원은 부정이나 오류 가능성에 대해 토의하여야 하며 이때 아래의 내용을 포함한다. (1) 부정이 어떻게 발생할 것인지 등 기업의 재무제표가 부정에 의하여 어디서 어떻게 중요하게 왜곡표시될 위험성이 높은지 (2) 해당 재무보고체계에 대하여 기업의 실질과 상황에 맞게 적용하는 문제 (3) 특수관계 및 그 거래로부터 유발될 수 있는, 부정이나 오류에 의해 재무제표가 중요하게 왜곡표시될 취약성에 대한 특별한 고려 (4) 특수관계자에 대해 입수한 관련 정보를 업무팀의 다른 구성원과 공유 3. 상기 외에, 위험평가 검토결과, 중요성, 감사계획, 전문가적 의구심의 필요성 등 감사의 방향과 수행과 관련된 사항을 논의한다. 4. 업무수행이사는 토의에 참여하지 않은 업무팀원들에게 어떤 사항을 커뮤니케이션할 것인지 결정하여야 한다.			

감사계획의 수립

Part A. 전반감사전략과 감사계획수립 - 계속

항 목	조서번호	수 행 자	비 고
(감사계획 수립의 확인) 1. 주요감사계약 내용의 확인 (1) 감사목적과범위 : 상장( ), 코스닥( ), 일반( ), 임의( ) (2) 연결재무제표 감사 여부 : 여( ), 부( ) (3) 감사일정 : • 감사계획 : • 중간감사 : • 재고 실사입회 : • 조회절차 : • 기말감사 : • 연결감사 (4) 실사장소 : • 본사 : • 공장/지점 : (5) 감사보고서 제출 예정일 : • 국문(부), 영문(부) 2. 회사에 대한 이해 및 감사위험에 대한 예비적 평가 (1) 회사에 대한 이해 조서번호 1100 계약 전 위험평가, 1200 감사업무 조건의 합의, 1300 독립성, 윤리규정 및 품질관리기준의 준수 및 2100 회사의 사업 및 법규에 대한 이해에서 파악된 재무제표에 중대한 영향을 미칠 수 있는 사항 요약 (해당 내역 기술) (2) 위험평가 분석적 절차 조서번호 2120 분석적 절차(계획단계)를 통해 발견된 주요사항 및 감사위험평가에 반영될 사항 요약 (해당 내역 기술)			

05

항 목	조서번호	수 행 자	비 고
(3) 감사위험의 평가 조서번호 2301 감사위험의 평가(재무제표 수준), 2302 감사위험의 평가(경영진 주장 수준)에서 검토된 고유위험 및 조서번호 2511 통제환경 이해와 평가, 2512 위험평가 절차 이해와 평가, 2513 통제의 모니터링 이해와 평가, 2520 정보시스템과 커뮤니케이션의 이해와 평가, 2530 통제활동의 이해와 평가 및 내부통제 미비점 식별의 이해 및 평가 내역 요약 (해당 내역 기술) • 유의적인 위험으로 파악된 사항 • 회사가 채택하고 있는 회계정책/법규 등에 주요한 변경 내용이 있다면 해당 내역 기술 • 회계기준 및 법규 변경 사항이 감사에 미치는 영향 • 통제위험의 예비적 평가 내역 • 도달한 결론 (사례 1) 통제위험에 대한 예비적평가결과 및 회사의 조직 및 규모 등을 감안하여 통제의 운영효과성을 테스트하는 절차가 비효율적이라고 판단하여 통제위험을 높음(High)으로 평가하고 실증절차 위주의 감사를 수행함. (사례 2) 우리의 과거 감사경험 및 통제위험의 예비적평가 결과, 회사의 통제위험은 보통(Moderate) 이하로 평가되었으며, 이에 따라 중간감사(혹은 기말감사) 시 통제의 운영효과성에 대해 테스트를 수행하고 그 결과에 따라 실증절차의 성격, 시기, 범위를 결정할 예정			
1. 통제테스트 계획 (1) 감사인은 다음 중 하나에 해당한다면 관련 통제의 운영효과성에 대한 충분하고 적합한 감사증거를 입수할 수 있도록 통제테스트를 설계하고 수행하여야 한다. 1) 경영진주장 수준의 중요한 왜곡표시위험을 평가할 때 통제가 효과적으로 운영되고 있다는 기대를 한 경우(즉, 실증절차의 성격, 시기 및 범위를 결정할 때 통제의 운영효과성에 의존하려고 하는 경우)			

Part A. 전반감사전략과 감사계획수립 – 계속

항 목	조서번호	수 행 자	비 고
2) 실증절차만으로는 경영진주장 수준의 충분하고 적합한 감사증거를 제공할 수 없는 경우 (2) 통제의 운영효과성에 대한 감사증거를 입수하기 위하여 다음과 같은 사항이 포함된 질문과 더불어 기타의 감사절차를 수행하여야 한다. 1) 감사대상 기간 중 관련 시기에 해당 통제가 적용된 방법 2) 통제의 일관된 적용 3) 통제 적용의 수행자 또는 수단 (3) 테스트할 통제가 다른 통제(간접통제 또는 ITGC)에 의존하고 있는지 여부를 결정함. 만약 그렇다면 그러한 간접통제 또는 ITGC가 효과적으로 운영되고 있음을 뒷받침하는 감사증거를 입수할 필요가 있는지 여부를 결정하여야 한다. (4) 특정 통제의 운영효과성과 관련하여 전기의 감사에서 얻은 감사증거를 이용하기로 계획한 경우, 전기의 감사 후 해당 통제에 유의적인 변화가 발생하였는지에 관한 감사증거를 입수하고 전기 감사로부터 얻은 감사증거가 계속적으로 관련성이 있는지 확인하여야 한다. 감사인은 해당 통제에 대한 이해를 재확인하기 위하여 관찰 또는 조사를 수반한 질문을 수행함으로써 이러한 증거를 입수하여야 한다. 1) 만약 전기의 감사에서 얻은 감사증거의 계속적 관련성에 영향을 미치는 변화가 생겼다면, 감사인은 당기감사에서 그 통제에 대한 테스트를 수행하여야 한다. 2) 만약 전기의 감사에서 얻은 감사증거의 계속적 관련성에 영향을 미치는 변화가 없었다면, 감사인은 매 3회의 감사에 최소한 한 번은 통제에 대한 테스트를 수행하여야 한다. 그리고 특정 보고기간의 감사에서 감사인이 의존하고자 하는 통제 모두에 대하여 테스트를 수행하고 후속되는 두 보고기간의 감사에서는 통제에 대한 테스트를 전혀 수행하지 않을 가능성을 피하기 위해, 매 보고기간의 감사마다 일부 통제에 대한 테스트는 반드시 수행하여야 한다. 3) 감사인은 유의적이라고 결정한 위험에 대하여 그 통제에 의존하려고 계획한 경우, 당기에 해당 통제를 테스트하여야 한다.			

Part A. 전반감사전략과 감사계획수립 – 계속

항 목	조서번호	수 행 자	비 고
2. 실증절차 수행 계획 (1) 중요한 왜곡표시의 평가된 위험과 관계없이 중요한 각 거래 유형과 계정잔액 및 공시에 대하여는 실증절차를 설계하고 수행하여야 한다. (2) 유의적인 경영진주장 수준의 중요한 왜곡표시위험에 대응하는 실증절차를 수행하여야 한다. 유의적 위험에 대응하는 접근방법이 실증절차만으로 구성되어 있는 경우에는, 반드시 세부테스트를 포함시켜야 한다. (3) 경영진주장에 대한 중요한 왜곡표시의 평가된 위험과 세부테스트를 고려하여, 특정 실증적 분석절차가 적절한지를 결정한다. (4) 모집단 전체 항목을 테스트할지 혹은 전체 항목보다 적은 수의 항목에 대해 테스트할지 결정한다. (5) 기업이 제공한 정보를 이용할 때, 해당 정보가 감사 목적상 충분히 신뢰할 수 있는지 평가하여야 하며, 필요한 경우 다음을 포함한 절차를 수행하여야 한다. 1) 해당 정보의 정확성과 완전성에 대한 감사증거를 입수한다. 2) 정보가 감사인의 목적을 위해 충분히 명확하고 자세한지 여부를 평가한다.			
3. 중간기간에 수행된 절차 (1) 통제에 의존하고자 하는 특정 시기나 전체 기간에 대해서 통제테스트를 수행한다. (2) 감사인이 중간기간 중에 통제의 운영효과성에 대한 감사증거를 입수한 경우, 다음을 수행하여야 한다. 1) 중간기간 이후 해당 통제에 유의적 변화가 있었는지에 대해 감사증거를 입수함. 2) 잔여기간에 대해 입수할 추가적인 감사증거를 결정함.			
4. 경영진 측 전문가 감사증거로 사용될 정보가 경영진 측 전문가가 수행한 업무로 작성되었다면, 경영진 측 전문가의 업무를 평가하거나 경영진 측 전문가가 수행한 업무에 대해 감사인 측 전문가의 참여가 필요한지 고려하여야 한다. 조서번호 2131 감사인 측 전문가의 활용 참조			

감사계획의 수립

Part A. 전반감사전략과 감사계획수립 – 계속

항 목	조서번호	수 행 자	비 고
5. 외부조회 절차 실증감사절차로서 외부조회 절차를 수행할지 여부를 고려하여야 한다. 은행 조회절차에 대해서는 조서번호 4000A 현금및현금성자산, 장단기금융상품 참조. 매출채권 조회절차에 대해서는 조서번호 4000C 매출채권(장단기) 참조			
6. 재고실사 입회 계획 재고실사 입회 계획과 관련하여서는 조서번호 4000E100 재고자산 실사입회 참조			
7. 초도감사 초도감사를 착수하기 전에 (1) 의뢰인 관계 및 감사업무의 수임 여부에 대해 조서번호 1100 계약 전 위험평가에서 요구되는 절차를 수행 (2) 감사인의 변경이 있는 경우, 공인회계사윤리기준의 관련 요구사항을 준수하기 위하여 전임감사인과 커뮤니케이션하여야 한다. 초도감사와 관련된 입증절차에 대해서는 조서번호 3800 초도감사 –기초잔액 감사 참조			
8. 감사계획 및 전략의 변경 경영진주장 수준의 중요한 왜곡표시위험에 대한 감사인의 평가는 추가적인 감사증거가 입수됨에 따라 감사의 진행 중에 변경될 수 있다. 후속감사절차를 수행하면서 최초 평가의 근거가 된 감사증거와 일관성이 없는 감사증거나 새로운 정보를 입수한 경우에는, 기존의 평가를 수정하고 따라서 계획된 후속감사절차도 변경하여야 한다.			
9. 그룹감사 계획 법정 감사에 추가하여 그룹 감사 목적의 보고(그룹 감사팀으로서 또는 부문 감사팀)가 수행될 것인지 고려한다. 조서번호 9100 그룹감사계획의 수립 참조			

감사계획의 수립

Part A. 전반감사전략과 감사계획수립 – 계속

항 목	조서번호	수 행 자	비 고
10. 부문별 보고 부문정보가 해당 재무보고체계에 따라 표시되고 공시되었는지에 대해 충분하고 적합한 감사증거를 입수하여야 한다. 조서번호 4000SEG 부문별정보 참조			
11. 감사 계획에 예측불가능성(Unpredictability) 요소 포함 재무제표 수준의 부정에 의한 중요한 왜곡표시의 평가된 위험에 대하여 전반적인 대응을 결정할 때, 예측불가능성(Unpredictability) 요소를 포함하여야 한다.			

Part B. 감사 계획 확인 및 승인

항 목	내 용
1. 수임과 계속에 대한 평가 업무 수임과 계속에 대한 평가가 완료, 검토되었고 업무수행이사가 승인하였다. 업무 수임과 계속에 대해 수행된 절차 및 결론은 적절하며 미리 알았더라면 업무를 수임하지 않을 만한 정보는 발견되지 아니하였다. 조서번호 1100 계약 전 위험평가 참조	□ 확인함.
2. 감사업무 조건의 합의 경영진, 또는 적절한 경우 지배기구와 감사업무 조건에 대하여 합의하고, 합의한 조건은 감사계약서 또는 기타 적절한 형태의 합의서에 기록되어야 한다.	□ 확인함. 서면계약서로 준비하였으며 회사의 서명을 득함. 서명된 계약서는 감사조서로 보관함.

감사계획의 수립

Part B. 감사 계획 확인 및 승인 – 계속

항 목	내 용
3. 독립성, 객관성 및 윤리적 요구사항 회계법인 및 감사팀의 독립성은 적합하게 고려되고 문서화되어야 한다. 모든 감사팀 구성원(전문가 등 포함)의 독립성과 윤리적 요구사항의 준수와 관련하여 식별된 쟁점은 적절히 해결되었고, 독립성 요구사항에 대한 준수에 관한 결론을 문서화하여야 한다. 조서번호 1300 독립성, 윤리규정 및 품질관리기준의 준수 참조.	□ 확인함. □ 독립성과 유리적 요구사항 준수와 관련되어 식별된 쟁점은 없음. □ 독립성과 유리적 요구사항 준수와 관련되어 식별된 쟁점은 다음과 같았으며 적절히 해결됨. (상황 및 해결 내역에 대한 기술)
4. 감사전략과 계획 수립 ① 감사 목적상 중요성은 충분히 평가되고 결정되었다. 조서번호 2700 중요성 참조 ② 전반적인 감사 전략 및 감사계획, 감사의 범위와 시기, 업무의 지시, 감독 및 검토를 위한 준비가 적절히 수행되었다. 동 조서 Part A 참조 ③ 업무품질관리검토이사가 참여한 경우, 감사계획 단계부터 충분히 참여하고 계획 시점까지 발생한 쟁점사항에 대해 논의하였다. ④ 최초 계획 이후 새로운 사실 등을 입수하여 감사계획 및 전략에 변경이 필요한 경우 이를 적절히 반영하였다. 조서번호 3100 위험에 대한 대응에 이를 적절히 반영함.	□ 확인함. □ 확인함. □ 해당 사항 없음. □ 업무품질관리검토이사와 논의할 일시 및 내용 (논의 일시 및 내역에 대한 기술) □ 최초 감사계획 및 전략에 변경이 필요한 사항은 발견되지 아니함. □ 확인함.

감사계획의 수립

Part B. 감사 계획 확인 및 승인－계속

항　　목	내　용
5. 감사위험 평가 및 이에 대한 대응 전략 ① 재무제표 수준 및 경영자주장 수준의 위험이 적절하게 식별되고 그 논리가 적절히 문서화되었다. 조서번호 2301 감사위험의 평가(재무제표 수준), 2302 감사위험의 평가(경영진 주장 수준) 참조 ② 평가된 위험에 대응하여 수행될 절차를 계획하였다. 조서번호 3100 위험에 대한 대응 참조	□ 확인함. □ 확인함.
6. 지배기구와의 커뮤니케이션 경영진과 지배기구를 포함하여, 회사와 적시에 적절한 논의가 이루어졌다. 구두상의 커뮤니케이션 및 논의 내역에 대해 문서화되었다.	□ 확인함. (논의 일시 및 내역에 대한 기술)
7. 그룹감사의 계획 및 수행 감사 계획 시 그룹감사 영향을 적절히 고려하였고 부문에 대한 감사 전략 및 계획은 충분히 검토하였다. 조서번호 9100 그룹감사계획의 수립 참조	□ 해당 사항 없음. □ 확인함.

아래 작성자 및 검토자는 201×년 ××월 ××일로 종료되는 회계연도 ________________회사의 [연결] 재무제표 감사와 관련하여 상기와 같이 전반 감사계획이 수립되었음을 확인합니다.

작성자 :

• 참 여 공 인 회 계 사　　서명 : ____________________　　일자 : ____________________

검토자 :

• 업 무 수 행 이 사　　서명 : ____________________　　일자 : ____________________

• 업무품질관리검토이사　　서명 : ____________________　　일자 : ____________________

통제환경 이해와 평가

회 사 명 : ____________ 작 성 자 : ________ 일 자 : ________

회 계 연 도 : ____________ 검 토 자 : ________ 일 자 : ________

※ 작성요령 및 작성사례 :

1. 감사인이 이해한 회사 통제환경의 핵심요소를 기재한다. 아래 기재된 것은 예시이므로 참조한다.
2. 통제환경의 설계가 왜곡표시위험에 대해 미치는 영향을 고려하여 판단한다.
3. 각 핵심요소별로 이해 및 평가의 근거가 되는 조서번호를 기재한다.
4. 소규모기업인 경우 Audit Guide 2510 통제환경, 위험평가절차 및 통제의 모니터링 이해와 평가를 참조하여 '8. 기타사항'을 작성한다.

고려요소	통제환경의 핵심요소(*1)	평가결과(*2)			관련조서번호 (*3)
		양호	미흡	N/A	
1. 정직성과 윤리적 가치에 대한 커뮤니케이션과 실천 <주요고려요소> －업계에서의 경영자의 평판 －회사의 윤리강령 존재 및 이를 교육 전파 여부	□ 경영진의 부정적인 의심을 고려할 사항이 발견되지 아니함. □ 윤리규정이 문서화 되어 있으며 주기적으로 교육을 실시한다. □ 문서화된 윤리규정은 존재하지 않으나 경영지이 경영과정에서 실천하는 행동 및 태도를 통하여 윤리경영을 실행하고 있다. □ 기타 [구체적 설명]				
2. 적격성의 구비 <주요고려요소> －회사의 임직원들이 업무수행을 위하여 요구되는 지식, 기술 및 정직성에 대한 판단	□ 회사의 임직원들은 업무수행을 위하여 요구되는 지식, 기술 및 정직성을 갖추고 있는 것으로 판단됨. □ 기타 [구체적 설명]				

통제환경 이해와 평가－계속

고려요소	통제환경의 핵심요소(＊1)	평가결과(＊2)			관련조서번호 (＊3)
		양호	미흡	N/A	
3. 지배기구의 참여 <주요고려요소> －이사회 및 감사의 조직 및 자율성 －이사회, 감사와 외부감사인 간의 의사소통 －이사, 감사의 자질과 경험의 정도 －회의 소집 횟수와 업무처리 내용	□ [구체적 설명]				
4. 경영진의 철학과 경영방식 <주요고려요소> －사업상의 위험을 관리하는 경영자의 자세 －재무보고에 관한 경영자의 태도 －계획과 실적을 비교, 보고하는 제도유무와 효율성 －보고된 차이에 대응하는 경영자의 자세 －정보처리기능, 회계기능 및 회계인원에 대한 태도	□ [구체적 설명]				
5. 조직구조 <주요고려요소> －회사의 규모, 영업활동, 위치에 따른 조직구조의 적정성 －정보처리과정에서의 거래의 입력이나 변경 자료보관에 관한 조직부서간 권한 분담의 적정성 －상충되는 기능의 적절한 분리	□ 회사 영업의 규모 및 복잡성을 고려하여 적절한 업무분장이 이루어지고 있다. □ 경영진이 밀접하게 관여를 하고 있어 부정확한 금액을 쉽게 식별할 수 있다. 이러한 밀접한 관여로 인하여 직원들은 보다 많은 주의를 기울인다.				

통제환경 이해와 평가－계속

고려요소	통제환경의 핵심요소(＊1)	평가결과(＊2)			관련조서번호 (＊3)
		양호	미흡	N/A	
6. 권한과 책임의 할당 <주요고려요소> －직무규정, 이해조정, 행동규범에 대한 방침 －조직목표, 업무수행 기능, 기타 규정 등을 다루는 권한과 책임의 부여 －직무, 보고체계 및 업무관계에 대한 구체적인 기술서 유무	□ 회사의 조직은 단순하며 권한은 각 임직원들에게 배정되어 있다. 회사의 규모와 성격을 고려할 경우 적절하다고 판단됨. □ 기타 [구체적 설명]				
7. 인적자원에 대한 정책과 실무 <주요고려요소> －직원의 채용, 훈련, 동기부여, 평가, 승진 등에 관한 기준과 절차 －직무를 명확히 한 문서화된 직무기술서와 업무 설명서	□ [구체적 설명]				
8. 기타(＊4)	□ [구체적 설명]				

05

위험평가절차 이해와 평가

회 사 명 : ____________________ 작 성 자 : ____________ 일 자 : ____________

회 계 연 도 : ____________________ 검 토 자 : ____________ 일 자 : ____________

※ 작성요령 및 작성사례 :

1. 감사인이 이해한 회사 위험평가 절차의 핵심요소를 기재한다. 아래 기재된 것은 예시이므로 참조한다.
2. 위험평가 절차의 설계가 왜곡표시위험에 대해 미치는 영향을 고려하여 판단한다.
3. 각 핵심요소별로 이해 및 평가의 근거가 되는 조서번호를 기재한다.
4. 소규모기업인 경우 **Audit Guide 2510** 통제환경, 위험평가 절차 및 통제의 모니터링 이해와 평가를 참조하여 '3. 기타사항'을 작성한다.

고려요소	위험평가절차의 핵심요소(＊1)	평가결과(＊2)			관련조서번호 (＊3)
		양호	미흡	N/A	
1. 전사적 목표의 설정 <주요 고려요소> －전사 목표의 수립 여부 －전사 목표에 달성하기 위한 방안 수립 여부 －전사 목표 달성하지 못할 위험요인 분석 여부 －전사 목표와 사업위험에 근거하여 수정 보완 여부	회사의 위험평가절차는 다음과 같은 특징을 가지고 있음. □ 연간 목표가 수립되고 경영진이 수립한 예산이 설정이 되어 있음. 예산 대비 실제 금액에 대한 검토를 주기적으로 수행한다. 이러한 검토는 수립된 목표를 정기적으로 검토할 수 있도록 해주고 비경상적이거나 예상치 않은 보고 금액을 식별할 수 있도록 해준다. □ 경영진은 월별/분기/반기 등 일정한 주기로 재무정보에 대한 검토, 검증 및 분석을 수행하고 있으며 오류 및 비경상적인 보고금액을 식별 대응한다.				

위험평가절차 이해와 평가-계속

고려요소	위험평가절차의 핵심요소(*1)	평가결과(*2)			관련조서번호(*3)
		양호	미흡	N/A	
	□ 기타 [구체적 설명] □ 경영진은 전사적 목표를 수립한 바 없음.				
2. 주요 환경변화에 따른 경영진의 위험평가 분석 절차 재무적영향이 있으며 감사전략에 영향을 미칠 것으로 예상되는 환경변화를 경영진이 모두 식별하여 대응하는가? (경영진이 파악하지 못하는 재무보고 목적과 관련된 위험이 존재하는지 유무) <주요 환경변화요소> -사업환경의 변화 : 규제 또는 영업환경의 변화는 경쟁상 압력의 변화 및 유의적으로 상이한 위험을 초래할 수 있다. -신규인력 : 신규인력은 내부통제에 대해 다른 관점을 가지거나 내부통제를 다르게 이해할 수 있다. -신규 또는 개편되는 정보시스템 -급속한 성장 -새로운 기술	□ 추가적으로 식별된 위험은 없음. □ 감사전략에 영향을 미칠 수 있는 것으로 경영진이 식별하지 못한 환경변화가 존재함. [관련 위험의 설명을 기재]				

위험평가절차 이해와 평가－계속

고려요소	위험평가절차의 핵심요소(＊1)	평가결과(＊2)			관련조서번호(＊3)
		양호	미흡	N/A	
－새로운 사업모델, 제품 또는 활동 －기업 구조조정 －해외사업의 확장 －새로운 회계기준 공표					
3. 기타(＊4)	□ 기타 [구체적 설명]				

내부통제질문서

회 사 명 : ______________　　작 성 자 ______________　　일　자 ______________

결 산 일 : ______________　　검 토 자 ______________　　일　자 ______________

[거래유형 : 현금및현금성자산]

내　용	Yes	No	N/A
Ⅰ. 현금및현금성자산의 수입			
1. 만족스러운 내부통제조건			
① 수입금액은 즉시 은행에 예금되고 있다.			
② 현금의 영수는 수표의 서명, 현금회계장부 외의 장부취급, 은행계정 조정 등을 하지 않는 자가 담당한다.			
③ 현금영수는 금전등록기 기타 유사한 기구에 의하여 효과적으로 통제되고 있다.			
2. 업무분장			
업무구분　　　　부서 및 성명			
3. 질문사항(응답자 :　　　　　)			
1) 현금을 영수하는 직원 또는 그를 감독하는 직원의 임무와 기능이 내부통제목적상 겸임하여서는 안 될 임무와 기능(특히 매출거래처에 대한 기록)으로부터 분리되고 있는가?<통제환경>			
2) 영수한 수표는 은행입금 이외에는 사용치 못하도록 제도화되어 있는가?<정당성>			
3) 영수증 부본을 현금영수자 또는 그를 감독하는 사람 이외의 제3자가 장부기록과 대조하는가?<정당성>			
4) 모든 입급액은 일정시간 내에 즉시 예금시키는가?<정당성>			
5) 지점에서 영수한 현금은 본사에서만 인출할 수 있는 은행계정에 예금시키는가?<정당성>			
6) 모든 은행구좌는 임원의 승인을 받아 개설하는가?<정당성>			

BB1－1

내부통제질문서

[거래유형 : 현금및현금성자산] - 계속

내 용	Yes	No	N/A

3. 질문사항(응답자 :   ) - 계속
   7) 예입은 예입담당자 이외의 제3자가 예입증을 즉시 대조하는가?<정당성>
   8) 현금시재액조사는 현금을 취급치 아니하는 제3자가 수시로 실시하는가?<정확성유지>

Ⅱ. 현금과 당좌예금의 지출

1. 만족스러운 내부통제조건
   ① 일정금액 이내의 소액지출은 소액현금에서 지급한다.
   ② 소액현금은 정액전도제도를 채택한다.
   ③ 수표작성, 수표서명, 결제된 수표의 보관, 은행계정조정표의 작성업무는 각각 다른 사람이 담당한다.
   ④ 모든 지출에는 그에 관련된 증빙서류가 있고 그 증빙서류에는 「지급필」(소인)의 표시를 한다.
   ⑤ 백지수표를 발행하지 아니한다.

2. 업무분장

업무구분	부서 및 성명

3. 질문사항(응답자 :   )
   1) 수표ㆍ어음에 의한 지급 및 동 용지의 관리
      a. 지급자 또는 그를 감독하는 자의 임무와 기능은 내부통제의 목적상 겸임하여서는 안 될 임무와 기능(특히 매입처에 대한 기록)으로부터 분리되어 있는가?<통제환경>
      b. 어음 및 수표의 발행이 완전하게 수량확인되어 장부에 반영되는가?<완전성>
      c. 발행되는 어음 및 수표의 금액적인 정확성이 확인되는가?<정확성>
      d. 어음 및 수표의 구입 및 발행은 정당하게 승인되는가?<정당성>
      e. 어음 및 수표의 수량에 관한 실물관리가 적절하게 유지되는가?<감독통제>
      f. 수표작성자 또는 그를 감독하는 사람만이 수표용지(미발행수표)를 취급하는가?<통제환경>

BB1-2

내부통제질문서

[거래유형 : 현금및현금성자산]－계속

내 용	Yes	No	N/A
3. 질문사항(응답자 :)－계속 g. 수표와 어음용지의 수불부는 <완전성> • 수불 시마다 기록하는가? • 보증, 담보 등 지출 목적 외의 교부내용을 상세히 비고란에 설명하는가? • 전월이월, 당월수불, 월말수량을 매월 검토하고 조정하는가? • 폐기된 수표·어음의 번호를 절취하여 은행에 반납하거나 수표부본에 첨부하며, 수불부에 폐기 여부를 기록하는가? h. 청구서와 증빙서류는 <감독통제> • 수표의 서명자가 서명 시에 대조하는가? • 재사용을 방지하기 위해서 지급필 표시를 하는가? i. 상당한 기간 동안 결제되지 아니하는 수표를 조사하는가? <정확성> j. 은행으로부터 미회수 수표·어음의 목록을 통보받고 있으며 이를 적절히 관리하고 있는가?<정확성, 완전성> k. 수표는 모두 이중으로 서명 또는 날인하거나 단독서명을 하는 경우의 한도금액이 정해져 있는가?<정당성> l. 회사는 다음 사항을 금지시키고 있는가?<정당성> • 사전서명 • 소액현금취급자의 수표서명 m. 직원의 급료는 수표로 지급하거나 종업원의 은행계좌에 예입하는가? n. 급료를 현금 또는 수표로 지급할 때 <정당성> • 수령인은 영수증에 서명하는가? • 지급하기 전에 신원파악을 하는가? • 독립된 급여지급대리인이 있는가? • 그렇지 않으면 급여지급자 이외의 제3자가 수시로 급여지급에 입회하는가? o. 급료지급은 다음의 사람 이외의 제3자가 담당하는가?<통제환경> • 급여를 수령하는 직원의 부서장 • 급여관련계좌의 은행계좌조정자 • 다음과 관련된 사람			

BB1－3

내부통제질문서

[거래유형 : 현금및현금성자산] − 계속

내　　용	Yes	No	N/A
3. 질문사항(응답자 :　　　　　　) − 계속 　　급여계산 　　시간기록 　　수표작성 p. 미지급된 급여는 별도로 관리하고 있는가?<정당성> 2) 소액현금의 지급 a. 현금지급은 모두 전도된 소액현금에서 이루어지는가?<정확성> b. 소액현금은 1인의 보관하에 있는가?<정확성> c. 소액현금영수증(지급증)은?<정당성> • 모든 지급에 대하여 작성하는가? • 사용되지 못하도록 지급 시에 영수증 또는 증빙서류에 지급필 (소인)의 표시를 하는가?			

BB1−4

내부통제질문서

회 사 명 :		작 성 자		일 자	
결 산 일 :		검 토 자		일 자	

[거래유형 : 매출과 매출채권]

내 용	Yes	No	N/A
1. 만족스러운 내부통제구조 ① 출고된 제품에 대하여는 전부 청구서가 작성되고 장부에 적절히 기록될 수 있는 통제방법이 있다. ② 판매는 출하전표 또는 송장 등이 첨부되고 사전일련번호가 인쇄된 청구서에 의하여 통제된다. ③ 판매가격은 적절한 절차에 따라 승인받는다. ④ 에누리, 할인 등(비현금) 처리를 적절한 절차에 따라 승인받는다. ⑤ 외상매출보조부 합계와 통제계정의 금액은 일치한다. ⑥ 청구서의 작성, 외상매출금, 현금, 재고자산의 기록기능은 상호 견제되도록 분담되어야 한다.			
2. 업무분장 업무구분 부서 및 성명			
3. 질문사항 (응답자 :) 1) 외상매출금의 경우 납품주문이 오면 접수하기에 앞서 신용조사부의 승인을 받는가?<통제환경> 2) 신용조사기능은 다른 기능, 특히 대금회수, 판매, 회계기능과 완전히 분리되어 있는가?<통제환경> 3) 송장은 ⓐ 출고되는 모든 물품에 사용되는가? ⓑ 사전일련번호가 부여되어 있는가?<정당성>			

BB2－1

05

내부통제질문서

[거래유형 : 매출과 매출채권] - 계속

내 용	Yes	No	N/A
3. 질문사항(응답자 :) - 계속 4) 청구서는 ⓐ 모든 판매에 대하여 사용되는가? ⓑ 사전일련번호가 부여되어 있는가?<정당성> 5) 청구서와 송장을 비교하여 출하된 품목에 해당하는 청구가 틀림없이 되었는지 확인하기 위하여 송장의 수량과 내역을 확인하는가?<정확성> 6) 청구서는 모두 기재되며 통제되고 있는가?<정당성> 7) 청구서는 ⓐ 가감승산을 해보는가?<정당성> ⓑ 조건을 확인하는가? ⓒ 가격을 확인하는가? 8) 부분적인 출하가 이루어지는 경우에도 다른 경우와 똑같은 절차를 따르는가?<정당성> 9) 집기비품의 매각, 부산물 판매 또는 종업원에 대한 판매의 경우도 일반 판매에 준하는 절차를 따르는가?<정당성> 10) 경리부서와 별도로 판매부서에서 매출총괄표를 작성하여 경리부와 대조하는가?<완전성, 정확성> 11) 외상매출금 기록담당자 또는 그를 감독하는 사람의 임무 및 기능은 겸임하여서는 안 될 기능(특히 현금 · 현품을 취급하거나 기록하는 기능)과 분리되어 있는가?<통제환경> 12) 외상매출금 기록담당자 이외의 제3자가 일정기간마다 매출원장과 통제계정잔액을 대조하는가?<유지> 13) 계정잔액에 대하여 정기적으로 연령표를 작성하여 임원으로부터 검토받고 있는가?<정당성> 14) 매출처원장 기록담당자를 가끔 교체하는가?<통제환경> 15) 외상매출금 계산서를 매월 고객에게 송부하는가?<정확성> 16) 외상매출금의 잔액에 대하여 외상매출처로부터 질문이 있을 때 외상매출금 기록담당자 이외의 제3자가 확인 조사하는가?<정확성> 17) 상각채권은 상각 후에도 관리하는가?<정당성>			

BB2-2

내부통제질문서

[거래유형 : 매출과 매출채권] − 계속

내　　용	Yes	No	N/A
3. 질문사항(응답자 :　　　　　) − 계속 18) 다음 사항은 임원의 승인을 받고 하는가?<정당성> a. 불량채권의 상각 b. 일정률 이상의 할인 c. 에누리 장려금 또는 계산조정 d. 환　급 e. 기타 감액처리 19) 환입품은 입고확인절차를 따르는가?<정당성> 20) 매출 또는 외상매출금에 관련된 어음인수는 임원의 승인을 받는가?<정당성> 21) 어음기록부 잔액은 통제계정잔액과 정기적으로 대조하는가?<유지> 22) 어음의 기간연장, 갱신 등에는 해당 승인권자의 승인을 받는가?<정당성> 23) 어음과 동 담보물은 어음기록 담당자 이외의 제3자에 의하여 장부와 대조 확인되는가?<통제환경> 24) 정기적으로 어음의 실사를 하고 또한 외부의 보관자에 확인을 하는가?<유지>			

BB2 − 3

내부통제질문서

회 사 명 : ________　　작 성 자 ________　　일 자 ________

결 산 일 : ________　　검 토 자 ________　　일 자 ________

[거래유형 : 매입과 매입채무]

내 용	Yes	No	N/A

1. 만족스러운 내부통제
   ① 구매요구서의 효과적인 사용과 통제가 이루어진다.
   ② 경쟁입찰에 의한 가격 등 합리적인 가격조건을 승인 통제하는 기능과 조직이 있다.
   ③ 검수보고서를 효과적으로 사용하고 통제한다.
   ④ 청구서의 가격과 계산을 검증하고 구매요구서, 검수보고서와 대조한다.
   ⑤ 구매, 외상매입금의 처리, 검수 및 제증빙서의 검토 및 승인의 임무는 서로 분리되어야 한다.

2. 업무분장

업무구분	부서 및 성명

3. 질문사항(응답자 :　　　　　)
   1) 구매부서의 기능은 겸임하여서는 안 될 기능(특히 구매요구서의 작성, 대금지급, 매입채무기록, 현품보관기능)과 분리되어 있는가?<통제환경>
   2) 외상매입금 기록담당자 또는 그를 감독하는 사람의 직무 및 기능은 겸임하여서는 안 될 기능(특히 현금, 현품을 취급하거나 기록하는 기능)과 분리되어 있는가?<통제환경>
   3) 입 · 출고부서로부터 구매업무, 재고자산 보조부의 기록관리, 입고지시서 발행, 입고제품의 검수, 검량 등 기능이 분리되어 있는가?<정당성>
   4) 구매요구부서의 구매요구서(청구서)에 대하여
      a. 모든 구매는 구매요구서에 의하여 요청하는가?<정당성>
      b. 상비품의 청구서는 입 · 출고 부서책임자의 승인을 받는가?<정당성>
      c. 구매요구서는 청구부서 책임자의 승인을 받는가?<정당성>
      d. 구매요구서는 사전일련번호가 기입된 표준양식에 의하는가?<완전성>

BB3－1

내부통제질문서

[거래유형 : 매입과 매입채무] － 계속

내 용	Yes	No	N/A
3. 질문사항(응답자 :) － 계속 5) 구매부서의 적절한 업무통제를 위하여 a. 일정액 이상의 구매는 경쟁입찰에 의하여 구입하는가?<정당성> b. 수의구매 시 복수의 견적을 받아 구매처를 결정하는가?<정당성> c. 구매조건(가격, 수량, 납기, 대금결제방법 등)은 권한 있는 책임자의 승인을 받는가?<정당성> d. 모든 발주에 대해서 주문대장이 기록되고 관리되는가?<완전성> e. 주문서부본은 검수부서 및 요구부서에 즉시 회부되는가?<정확성> f. 정기적으로 시장조사를 실시하는가?<정당성> g. 구매처로부터의 송품장에 대하여 구매담당자는?<정확성> • 주문서와 대조하는가? • 검수보고서와 대조하는가? • 수량, 단가, 금액 등의 검산을 행하는가? • 매입부대비에 대한 검토와 책임자의 승인을 받는가? • 입고지시서에 의하여 입고조치하는가? 6) 매입 및 외상매입금계정의 기록에 대한 적절한 통제로서 a. 입고서 또는 대금청구서(세금계산서)에 의하여 매입전표가 작성되는가?<정당성> b. 매입전표작성 후 입고서는 외상매입금 등 보조담당자에게 작성되는가?<정확성> c. 거래처별 외상매입금 증감명세표(또는 잔액명세표)가 매월 작성되는가?<정확성> d. 외상매입금명세표(또는 잔액명세표)가 G/L과 일치하는지 검토하는 자가 따로 있는가?<정확성> e. 거래 원천증빙서류는 해당 부서에서 매월 적정히 마감되어 회계부서로 송부되고 승인되는가?<정당성> f. 현금구매(어음포함)도 일단 외상매입금계정에 계상되었다가 해당 계정에 대체되는가?<정당성> g. 외상매입금담당자 이외의 제3자가 일정기간마다 매입처원장과 통제계정잔액을 대조하는가?<유지> h. 계정잔액에 대하여 정기적으로 연령표를 작성하여 임원으로부터 검토받고 거래처에 확인 조회되는가?<감독통제>			

BB3－2

내부통제질문서

[거래유형 : 매입과 매입채무] - 계속

내 용	Yes	No	N/A
3. 질문사항(응답자 :) - 계속 i. 매입처의 청구서는 외상매입기록담당자 이외의 자에 의하여 장부와 대조되는가?<유지> j. 임원이 장기미결제구좌에 대한 이유를 파악하는가?<감독통제> 7) 지급어음(전자어음)계정의 적절한 통제를 위하여 a. 거래처별 지급어음보조부가 출납부서의 어음기입장과는 별도로 비치되고 있는가?<정확성> b. 지급어음의 발행은 임원에 의하여 결정되고 전표작성자 이외의 자에 의하여 교부되는가?<정당성> c. 거래처별 지급어음잔액은 수시 또는 정기적으로 지급어음보조기입장 담당자 이외의 자에 의하여 조사보고되는가?<유지> d. 지급어음증감명세서는 매월 작성되고 보조부, G/L과 일치 여부를 검토하는 자가 따로 있는가?<감독통제> e. 장기미결제어음은 정기적으로 임원에게 조사, 보고되는가?<감독통제> f. 매입채무 아닌 지급어음은 별도로 구분관리되고 있는가?<정당성> g. 어음용지의 불출 · 사용관리는 적절한가?<완전성> 8) 수입거래에 대하여 a. 국내매입절차에 준하여 이루어지고 있는가?<정당성> b. 매입부대비용은 적정하게 원가에 계상되는가?<정확성> c. 수입대전의 은행결제는 지체 없이 회계부서에 통보되는 절차가 있는가?<완전성> d. 통관서류, 금융관계서류 등은 담당자 이외의 자가 다음 사항을 검토하는가?<정확성> • 수입단가, 수량, 금액의 검산 • 해상운임 · 보험료의 타당성 • 관세, 법인세, 부가가치세 등의 검산 • 통관수수료, 보관료, 금융비용의 검토 9) 원가 또는 비용지급의 계정분류는 최초로 하는 자 이외의 책임자에 의하여 적정성을 검토받는가?<정확성>			

BB3-3

내부통제질문서

회 사 명 : ______________　　작 성 자 ______________　　일 자 ______________

결 산 일 : ______________　　검 토 자 ______________　　일 자 ______________

[거래유형 : 재고자산과 매출(제조)원가]

내 용	Yes	No	N/A
1. 만족스러운 내부통제조건			
① 수량과 금액이 표시된 재고기록부와 통제기록부, 통제계정을 정기적으로 조정하여 일치시킨다.			
② 재고기록부는 개별적 수불증빙에 의하여 기록되고 통제계정은 그 총괄표에 의하여 전기된다.			
③ 창고담당자 이외의 제3자에 의해 정기적으로 재고실사를 실시한다.			
④ 재고자산에 대해서는 재고품수령, 재고기록부기록, 원재료청구승인, 재고실사감독 등의 기능이 서로 분리되어 있다.			
2. 업무분장			
업무구분　　　　부서 및 성명			
3. 질문사항(응답자 :　　　　)			
1) 검수부에서 모든 구매품목을 검수하는가?<정당성>			
2) 창고에 보관된 재고는 <통제환경>			
a. 창고담당직원 이외에는 아무도 접근할 수 없는가?			
b. 질서정연하게 보관되어 있는가?			
c. 승인받은 청구서에 의해서만 불출되는가?			
3) 불출된 후 사용하지 않은 잔여자재, 파손품 등은 다시 창고에 입고시키는가?<정당성>			
4) 불출물품의 용도가 변경된 경우 경리담당자에게 서면으로 통보하는가?<정당성>			

BB4－1

내부통제질문서

[거래유형 : 재고자산과 매출(제조)원가] – 계속

내 용	Yes	No	N/A
3. 질문사항(응답자 :) – 계속			
5) 다음 품목의 재고기록부가 있는가?<정당성 · 정확성>			
a. 원재료			
b. 재공품			
c. 제 품			
d. 저장품			
6) 경리부는 회사의 소유로서 타인이 보관하고 있는 품목(위탁품, 외주가공품, 타인창고에 보관 중인 물품 등)에 대한 기록을 통제하고 있는가?<완전성>			
7) 경리부는 타인의 소유로서 회사에서 보관하고 있는 품목(수탁품, 가공의뢰품 등)에 대한 기록을 통제하고 있는가?<정당성>			
8) 재고자산장부를 기록, 유지하는 사람은 재고자산에 접근할 수 없도록 기능이 분리되어 있는가?<통제환경>			
9) 최소한 1년에 1회는 재고자산장부와 실제재고를 대조 확인하는가?<유지>			
10) 재고실사<유지>			
a. 재고실사를 담당하는 직원은?			
• 적절한 지침에 따라 수행하는가?			
• 적절한 감독을 받고 있는가?			
b. 일련번호가 사전에 부여된 조사표를 사용하는가?			
c. 조사표는 모두 통제되는가?			
d. 정확한 입출고마감이 되고 있는가?			
e. 재고실사의 담당을 재고자산을 보관하거나 재고자산기록의 담당자 이외의 직원이 하는가?			
f. 재고조사표의 수량이나 내용을 확인하는가?			
g. 진부화된 품목, 수탁품 등은 따로 표시하는가?			
h. 재고실사에 사용되는 수량, 단위는 가격평가 시에 사용되는 수량, 단위와 일치하는가?			
• 만일 그렇지 않으면 실사수량, 단위와 가격평가단위의 환산방법을 확인하는가?			
i. 재고자산명세표를 조사표와 대조 확인하는가?			
j. 재고자산명세표와 가격계산을 검증하는가?			
k. 재고자산실사종합표를 검증하는가?			

BB4 – 2

내부통제질문서

[거래유형 : 재고자산과 매출(제조)원가] − 계속

내 용	Yes	No	N/A
3. 질문사항 (응답자 :) − 계속 11) 재고자산장부와 실제재고와의 차이점 특히 동일품목에서 차이가 계속 발생하거나 금액상 큰 차이가 있을 때 즉시 검사하는가?<유지> 12) 과다한 재고품목 또는 회전이 늦은 재고품목을 수시로 확인하는 정규적인 절차가 있는가, 또한 폐품/진부화품에 대하여는 책임자에게 보고하고 있는가?<정당성> 13) 원가계산의 적절한 통제를 위해서<정확성> a. 생산에 투입된 모든 재료는 생산부서에 의하여 부문별, 공정별, 작업지시서별, 제품별 등으로 집계 보고되는가? b. 재료의 출고단가는 재고자산보조부 담당자가 정확하게 통보해 주는가? c. 노무비는 작업일지나 생산보고서 등에 의하여 그 사용부문별, 작업지시서별 또는 제품별로 집계 보고되는가? d. 생산에 투입된 재료와 노무는 재고자산 보조부로부터 작성된 재료수불보고서 및 급여대장과 각각 대조 검토되는가? e. 제조경비는 부문별, 공정별 또는 기타 원가중심점별로 분류 집계되어 보고되는가? f. 제조경비와 공통부문비 배부기준은 생산부, 기술부, 공무부 등 관계부서의 기술적 검토를 토대로 작성되었는가? g. 배부율을 정할 때 조업단축, 잉여설비 등과 같이 표준 또는 정상이 아닌 원가차이요소가 고려되는가? h. 원가요소의 비목은 정당한 원가배부를 위하여 충분히 세분되어 집계되고 있는가? i. 제조원가, 원가요소, 원가차이 등의 부문별, 공정별, 작업지시서별, 제품별 수치를 전기 및 예산수치와 비교, 검토하는 보고서가 매월 또는 정기적으로 작성되는가? j. 표준원가계산제도를 채택하고 있으면 • 표준원가, 과거실적, 동종 산업의 평균치, 기술적 검토 등의 제 요인에 대한 충분한 연구가 뒷받침되어 설정되었는가? • 표준원가는 정기적으로 검토 수정되는가? • 수량과 금액으로 인식된 원가차이는 원가분석이 철저하게 되고 관리목적에 유용하게 이용되는가? 14) 재고자산에 대하여 적절한 보험에 가입하고 있는가?<통제환경>			

BB4－3

내부통제질문서

회 사 명 : ＿＿＿＿＿＿　　작 성 자 ＿＿＿＿＿＿　　일　자 ＿＿＿＿＿＿

결 산 일 : ＿＿＿＿＿＿　　검 토 자 ＿＿＿＿＿＿　　일　자 ＿＿＿＿＿＿

[거래유형 : 급여]

내　용	Yes	No	N/A
1. 만족스러운 내부통제조건 ① 모든 직원의 급여율, 원천징수세액, 공제세액 등의 승인사항이 서류화되어 있다. ② 작업시간 또는 작업수량은 기계적으로 또는 독립된 자료에 의하여 작성된다. ③ 급여의 계정분류는 급여부서 이외의 제3자가 작성한 승인된 자료에 의해서 처리한다. ④ 급여는 급여계산임무와 상호 독립되어 있는(견제되어 있는) 직원이 지급한다. ⑤ 급여기능 내에는 a. 인사서류의 기록유지 b. 급여인상 c. 급여대장의 기록 d. 급여지급 e. 은행의 급여예금조정 등이 상호분리되어 있다. 2. 업무분장 업무구분 ＿＿＿＿＿＿　　부서 및 성명 ＿＿＿＿＿＿ 3. 질문사항(응답자 :　　　　) 1) 시간기록부에 대하여 <정당성> a. 시간기록부작성이 기계화되어 있는가? b. 교대작업에 대하여 해당 직원이 승인하는가? c. 조장(또는 반장)이 승인하는가? d. 시간기록계에서 검토 확인하는가? e. 시간계산을 확인하는가?			

BB5－1

내부통제질문서

[거래유형 : 급여] - 계속

내 용	Yes	No	N/A
3. 질문사항(응답자 :) - 계속			
2) 작업시간기록표에 대하여 <정당성>			
a. 작업시간기록표를 사용하는가?			
b. 조장이 승인하는가?			
c. 시간기록부와 조정계산하는가?			
3) 급여계산담당자는 다음 사항을 확인하는가?<정당성>			
a. 임금률			
b. 가, 감, 승, 제 계산			
c. 공제금액의 타당성			
4) 다음 사항에 대하여 서명 날인된 승인서가 있는가?<감독통제>			
a. 초임금 및 임금률			
b. 최초의 임금률			
c. 해 고			
5) 급여계산기능은 다음 기능과 구분되어 있는가?<통제환경>			
a. 시간기록			
b. 급여은행계정조정			
6) 급여계산기능을 급여부서내부에서 교대하는가?<통제환경>			
7) 급여의 회계처리를 담당하는 사람 이외의 제3자가 급여의 계정분류가 적정한지 검토하는가?<정당성>			
8) 개개의 작업에서 발생한 시간과 예정시간과를 비교 대조하는가?<정당성>			
a. 큰 차이가 생기면 즉시 조사하는가?			
9) 급여인원을 현장에서 확인해 보는가?<정당성>			
10) 직원의 서명(또는 도장)견본이 기록되어 있는 인사기록을 적절히 보관하고 있는가?<정당성>			
11) 인사기록카드는?<정당성>			
a. 모든 현장인원에 대하여 작성하는가?			
b. 현재의 직급, 급여, 기타 인사정보를 반영하는가?			
c. 아무나 접근할 수 없도록 보관되는가?			

BB5 - 2

내부통제질문서

회 사 명 : ____________ 작 성 자 ____________ 일 자 ____________
결 산 일 : ____________ 검 토 자 ____________ 일 자 ____________

[거래유형 : 재무거래]

내 용	Yes	No	N/A
1. 업무분장			
업무구분 / 부서 및 성명			
2. 질문사항(응답자 :)			
1) 소요자금을 조달, 차입금의 상환 등을 포함하는 자금계획을 수립하는가?<통제환경>			
2) 차입할인 · 받을어음의 할인 등에 의한 자금의 조달은 적당한 책임자의 승인을 얻는가?<정당성>			
3) 받을어음의 할인 또는 회사어음의 교부에 의한 자금조달은 금융기관에 한정하는가?<정당성 · 완전성>			
4) 차입금을 상환 · 이자지급은 적당한 책임자의 승인을 얻는가?<정당성>			
5) 유가증권(매입어음 등 포함 이하 같음)의 취득, 처분은 적당한 책임자의 승인을 받는가?<정당성>			
6) 여유자금의 활용계획은 적당한 책임자의 승인을 얻는가?<정당성>			
7) 유가증권의 보관은 외부의 전문기관 또는 견고한 내부기관을 이용하는가?<유지>			
8) 유가증권 내용과 번호를 기록한 장부를 보관담당자 이외의 직원이 기록 유지하고 있는가?<정당성>			
9) 기명식 유가증권은 모두 회사이름으로 되어 있는가?<권리 · 의무>			
10) 유가증권취급자는 모두 신원보증이 되어 있는가?<통제환경>			
11) 보관담당자와 기장담당자 이외의 직원에 의하여 정기적으로 실사 또는 확인이 되어 장부의 기록과 대조되는가?<유지>			
12) 증권의 취득 매출 담보차입 등을 하는 경우에는 적당한 책임자의 승인을 받는가?<유지>			
13) 상각되어 부외로 된 증권에 대하여 적절한 관리가 이루어지는가?<정확성>			
14) 유가증권의 이자표에 대하여 적절한 관리가 이루어지는가?<정확성>			
15) 유가증권의 배당금이자의 수입은 주기적으로 점검하는가?<유지>			
16) 여유자금의 일시대여는 사전에 적당한 책임자의 승인을 받는가?<정당성>			
17) 일시대여의 경우에는 적절한 담보를 받는가?<정당성>			
18) 일시대여금에 대한 이자는 정기적으로 점검하는가?<유지>			

BB6－1

EDPS 내부통제질문서

회 사 명 : ____________ 작 성 자 ____________ 일 자 ____________
결 산 일 : ____________ 검 토 자 ____________ 일 자 ____________

질문사항	Yes	No	N/A	서술내용
Ⅰ. 일반통제				
1. 일반사항 : 전산환경에 대한 일반적 정보				
1) 전산실의 조직과 전산화 Master Plan의 징구				
2) 당년도 중 시스템 신규개발계획이나 변경계획 유무의 확인				
3) 전기 이후 중요한 변경이 된 프로그램 리스트 징구				
4) 현재 전산처리되고 있는 업무분야의 리스트 징구				
5) 주전산기의 형태				
① 설치장소				
② 본체				
제작사 : IBM, HP, UNISYS, Fuzitz, VAX, 기타( )				
시스템 모델 :				
소유형태 : 임차, 매입, 리스				
Main Memory 크기 :				
Operating System :				
6) 보조전산기 형태				
사용목적과 분야 :				
제작사 : IBM, HP, UNISYS, Fuzitz, VAX, 기타( )				
시스템 모델 :				
소유형태 : 임차, 매입, 리스				
Main Memory 크기 :				
Operating System :				
7) Back－up장비				
① 설치장소				
② 본체				
제작사 :				
시스템 모델 :				
용량 : (Mb, GB, TB)				
③ Back－up 주기 :				
④ Back－up 분야 :				

B10－1

05

질문사항	Yes	No	N/A	서술내용
8) Network 형태 ① Network 방식 : 이더넷, 토큰링, 토큰버시, SNA, 기타(　　) ② Network Operating System 종류 : ③ Network 크기 Host Server 대수 : 단말기대수 : ④ 보안장비 9) 응용 프로그램의 리스트 징구 2. 조직 및 운용통제 1) 전산부서와 이용자부서의 기능이 분리되어 있는가? 겸직자가 있다면 성명, 부서명, 기능, 권한을 기술하라. 2) 전산부서가 담당하지 말아야 할 기능이 제한되어 있는가? ① 현금화할 수 있는 문서의 작성 ② 전산자원 이외의 자산에 대한 입출고문서의 작성, 승인, 처리 ③ 제한되지 않았다면 성명, 기능, 문서명을 기술하라. 3) 전산부서 내의 다음 기능이 상호분리가 되어 있는가? ① 업무분석기능 ② System설계기능 ③ Programing기능 ④ Program기능 ⑤ Operating기능 분리되어 있지 않다면 겸직하고 있는 기능을 기술하고 위험을 평가하라. 4) 전산부서 운용에 대한 다음의 절차가 구비되고 실행되는가? ① 담당분야별 Program에 대한 접근제한절차 ② 전산요원에 대한 주기적인 강제 휴가제 ③ 전산부서 조직도상 모든 요원은 충원되어 있는가? ④ 신입 및 기존직원에 대한 공식적인 교육훈련계획이 마련되어 있는가?				

B10－2

EDPS 내부통제질문서－계속

질문사항	Yes	No	N/A	서술내용
⑤ 전산부서 업무매뉴얼이 있으며, 변경 즉시 개정되고 있는가?				
⑥ 전산부서를 통제하는 부서의 기능은 정기적으로 수행되고 있는가?				
⑦ 이용자 부서의 개선 및 요구사항을 접수하는 공식적인 절차가 구비되어 있는가?				
3. 시스템개발과 개발문서 통제				
1) 시스템개발(구입포함) 단계별로 이용자 부서가 적극적으로 참여하는가?				
2) 이용자 부서를 위한 다음과 같은 개발문서가 구비되어 있으며 이용자 부서의 검토, 승인절차가 존재하는가?				
① 분야별 시스템 설명서와 Flow Chart				
② 분야별 업무분석서				
③ Input Layout				
④ Output Layout				
⑤ 중요 Code 설명서				
⑥ 시스템 운용매뉴얼				
3) 시스템 개발 및 변경을 위한 다음의 문서가 작성되고 유지관리되고 있는가?				
① 분야별 시스템 설명서와 Flow Chart				
② DFD(Data Flow Diagram)				
③ ERD(Entity Relationship Diagram)				
④ Code설계서				
⑤ Program List와 Spec.				
⑥ Program Source Code				
⑦ Input 설계서				
⑧ Output 설계서				
⑨ 운용매뉴얼				
⑩ Table List				
4) 시스템 Testing 후 경영자와 이용자부서의 최종승인 절차가 있는가?				
5) 기존 File 또는 Database의 전환에 따르는 경우 정확성을 보장하는 통제절차가 있는가?				

B10－3

질문사항	Yes	No	N/A	서술내용
6) 시스템 가동 이후 모든 Program의 변경에 대한 검토, 승인, 문서화 절차가 마련되어 있는가?				
7) 시스템 개발에 따른 모든 문서의 정확한 작성, 유지, 개정, 보관을 위한 절차가 마련되어 있는가?				
8) 시스템 Testing을 위한 표준화된 절차가 마련되어 있는가?				
4. 하드웨어와 시스템 소프트웨어 통제				
1) H/W 및 S/W에 대한 운용 및 기능오류 탐지를 위한 통제가 마련되어 있는가?				
2) H/W 및 S/W 오류를 관리하기 위한 오류일지가 작성, 유지되고 있는가?				
3) H/W 및 S/W 운용 시 자동적인 Log File이 작성되고 이를 주기적으로 출력하여 정당한 사용 여부를 검토하는가?				
4) System S/W의 변경에 대한 검토, 승인절차가 마련되고 이를 적정히 준수하고 있는가?				
5. 접근통제				
1) System 개발문서에 대한 접근제한절차가 마련되어 있는가?				
2) Data File 및 Program에 대한 접근제한절차가 있는가?				
3) H/W에 대한 접근제한절차가 마련되어 있는가?				
6. 자료 및 절차통제				
1) H/W의 물리적 안전대책을 위한 절차가 마련되어 있는가? ① 물리적 파손에 대한 보험가입 여부 ② 전산요원에 대한 재정보증 ③ 리스한 H/W의 경우 파손 시 책임한계				
2) 전산기 가동중단에 대한 안전대책이 마련되어 있는가?				
3) Program 및 Data File의 Back－up 절차가 마련되어 있는가?				
4) Operating Manual의 작성유지에 대한 책임이 명확히 부여되고 지속적으로 검토되는가?				

B10－4

EDPS 내부통제질문서－계속

질문사항	Yes	No	N/A	서술내용
5) System개발단계에서의 개발단계별 통제절차가 마련되어 있는가? ① 업무분석단계 ② System설계단계 ③ 구현(Programing)단계 ④ Testing단계 ⑤ System운용단계 ⑥ System유지보수단계 Ⅱ. 적용통제 1. 입력통제 1) 입력자료의 타당성 통제 ① 입력자료는 승인과정이 존재하는가? ② 입력된 자료의 완전성을 확인할 수 있는 통제장치가 있는가? ③ 입력자료 접수과정에서 누락을 확인할 수 있는 절차가 있는가? 2) 사용되는 중요코드를 검증하는 절차 ① 중요코드의 입력오류를 Check할 수 있는 기능이 있는가? 3) 자료전환과정에서의 통제절차가 존재하는가? 4) 자료이동과정(처리단계 간 또는 부서 간)에 관한 통제절차가 존재하는가? 5) 입력오류의 수정절차에 대한 통제절차가 있는가? ① Error Report의 출력 ② Error 수정에 대한 승인 ③ Error 유형의 주기적인 분석 ④ 승인되지 않은 자에 대한 Error 수정 제한절차 2. 처리통제 1) 입력된 거래의 처리누락 또는 중복처리에 대한 방지절차가 존재하는가? 2) 부당한 Data File을 사용하거나 갱신을 방지하기 위한 절차가 존재하는가? 3) 비논리적, 비합리적 입력자료에 대한 통제절차가 존재하는가?				

B10－5

05

EDPS 내부통제질문서 – 계속

질문사항	Yes	No	N/A	서술내용
4) 처리과정 중 자료의 상실이나 부당변경을 방지하는 절차가 존재하는가? 5) 모든 보조저장장치(Tape, Disk)에는 Label이 부착되고 File No 및 보존기한이 기록되어 있나? 3. 출력통제 1) 출력된 자료의 정확성을 검증할 수 있는 절차가 존재하는가? 2) 원시증빙과 출력문서를 대조하는 절차가 존재하는가? 3) 출력물의 출력시기와 배부 등을 통제하는 절차가 마련되어 있는가?				

B10–6

내부통제제도의 평가절차 및 평가서

회 사 명 : ________ 작 성 자 ________ 일 자 ________

결 산 일 : ________ 검 토 자 ________ 일 자 ________

[거래유형 : 현금및현금성자산]

내 용	조서번호
Ⅰ. 내부통제구조의 파악 1. 현금 등의 관리에 관한 사규, 방침 및 보관 등 전반적인 상황을 파악한다. 2. 회계기록과 재무제표부속명세서를 개관하여 감사할 범위를 결정한다. 3. 내부통제질문서와 업무흐름도(또는 업무기술서)를 작성하여 현금및현금성자산에 대한 내부통제구조를 파악한다. 4. 위 제 사항의 파악결과에 의하여 전반감사계획서상의 내부통제제도에 대한 예비적 평가를 수정하고 통제감사계획을 보완한다. Ⅱ. 통제감사(Tests of controls) 1. 관찰, 질문, 거래기록의 추적 등으로 내부통제구조의 운용을 검토하고 그 결과에 의하여 기중거래의 감사계획을 보완한다. 2. 기중거래의 감사 2－1. 입금거래의 감사 1) 보조부(현금출납부, 은행장 등) 및 총계정원장을 개관하여 비정상적항목 유무조사 <정당성> 2) 입금전표나 보조부 등에서 (　　)건의 입금 거래를 선정하여 다음과 같이 검증 <정당성 · 완전성 · 정확성> ⑴ 영수증부본 대조(금액, 일자, 일부인 등에 유의) ⑵ 수입승인의 적정성 검토 ⑶ 전표, 일계표, 보조부 및 총계정원장 대조 ⑷ 상대계정 보조부 및 총계정원장 대조 ⑸ 과목분류의 적정성 검토	

B1－1

내부통제제도의 평가절차 및 평가서

[거래유형 : 현금및현금성자산] - 계속

내 용	조서번호
2-2. 출금거래의 감사 1) 보조부 및 총계정원장을 검토하여 비정상적 항목 유무조사 <정당성> 2) 출금전표, 보조부 등에서 일정수의 출금거래를 선정하여 다음과 같이 검증 <정당성 · 완전성 · 정확성> (1) 대조(금액, 일자, 소인 등에 유의) (2) 지급승인의 적정성 검토 (3) 수표부본, 전표, 일계표, 보조부, 총계정원장 대조 (4) 상대계정 보조부 및 총계정원장 대조 (5) 과목분류의 적정성 검토 2-3. 수표 · 어음 용지의 관리 1) 수표와 어음용지의 기초수량, 당기의 수령량, 사용량, 폐기량 등의 기준일까지의 내용 파악, 정리 2) 은행으로부터 제시받은 미회수 수표 · 어음 목록의 내용을 검토하여 부외부채 또는 우발채무 발생의 가능성을 검토한다. Ⅲ. 결 론 현금과 당좌예금 거래에 대한 통제위험을 심층적으로 평가하고 개선 권고사항 및 기말잔액 입증감사 시의 유의사항을 요약한다. 1. 통제위험의 최종 평가 결과 2. 입증감사계획의 수정여부 및 입증감사 시 유의사항 3. 개선권고사항	

B1-2

내부통제제도의 평가절차 및 평가서

회 사 명: ____________ 작 성 자 ____________ 일 자 ____________
결 산 일: ____________ 검 토 자 ____________ 일 자 ____________

[거래유형 : 매출과 매출채권]

내 용	조서번호
Ⅰ. 내부통제구조의 파악 1. 제품, 판매망, 신용정책, 시장점유율, 특수관계자와의 거래, 수출과 내수비중 등 전반적인 매출상황을 파악한다. 2. 회계기록과 재무제표부속명세서를 개관하여 감사할 범위를 결정한다. 3. 내부통제질문서와 업무흐름도(또는 업무기술서)를 작성하여 매출과 매출채권에 대한 내부통제구조를 파악한다. 4. 위 제 사항의 파악결과에 의하여 전반감사계획서상의 내부통제제도에 대한 예비적 평가를 수정하고 통제감사계획을 보완한다. Ⅱ. 통제감사(Tests of controls) 1. 관찰, 질문, 거래기록의 추적 등으로 내부통제구조의 운용을 검토하고 그 결과에 의하여 기중거래의 감사계획을 보완한다. 2. 기중거래의 감사 2－1. 일상거래 1) 매출 및 매출채권 보조부 및 총계정원장을 개관하여 비정상적 항목 유무조사 <정당성> 2) 세금계산서, 송장, 전표 또는 보조부에서 ( )건의 매출거래를 선정하여 다음 사항 조사 <정당성 · 완전성 · 정확성> ⑴ 송장(거래명세서)대조 ⑵ 세금계산서 대조 ⑶ 단가 및 금액계산검토 ⑷ 수량, 규격, 품목의 일치 여부	

B2－1

내부통제제도의 평가절차 및 평가서

[거래유형 : 매출과 매출채권] − 계속

내 용	조서번호
⑸ 거래처 물품인수의 검토 ⑹ 매출(외상매출)승인의 적정성 ⑺ 송장, 매출전표, 매출보조부, 재고자산보조부, 매출처원장, 받을어음장, 일계표 및 총계정원장의 추적 ⑻ 매출 및 매출채권의 계정분류의 타당성 2−2. 비일상거래 및 회계추정의 검토 <정당성 · 완전성 · 정확성> 1) 매출할인, 에누리, 환입, 장려금 2) 대손충당금설정 및 대손상각 3) 외화매출채권의 평가 4) 특수관계자에 대한 매출 및 매출채권유무 및 적정성 5) 할부판매, 연불판매 등 특수판매의 회계처리 6) 부산물 매각액의 적정성 3. 매출채권의 조회(통제위험이 보통 수준 이하인 경우 기중감사 시에 조회가능) <실재성> 1) 조회기준일 현재 매출채권명세서를 징구하여 보조부와 대조하여 명세서 금액 합계와 총계정원장 잔액 대조 2) 거래처 중 일부를 선정하여 기준일 현재의 매출채권조회리스트와 조회서를 작성하여 직접 발송 3) 회신된 조회서는 조회리스트와 대사하고 회송된 것과 회신에 이상이 있는 것은 그 원인 등을 관계부서와 검토 4) 발송 후 2주 이내에 회신율이 만족스럽지 못하면 회신이 없는 거래처에 2차 조회 5) 회신이 없는 거래처의 채권에 대해서는 세금계산서, 송장 등 대조와 같은 기타의 입증감사절차로 그 적정성 검토 6) 조회결과의 요약 7) 기말잔액 입증감사에 연결	

B2−2

내부통제제도의 평가절차 및 평가서
[거래유형 : 매출과 매출채권] − 계속

내　　용	조서번호
Ⅲ. 결　론 매출과 매출채권의 거래의 대한 통제위험을 심층적으로 평가하고 개선권고사항 및 기말잔액 입증감사 시의 유의사항을 요약한다. 1. 통제위험의 최종 평가 결과 2. 입증감사계획의 수정여부 및 입증감사 시 유의사항 3. 개선권고사항	

B2 − 3

내부통제제도의 평가절차 및 평가서

회 사 명: ____________ 작 성 자 ____________ 일 자 ____________
결 산 일: ____________ 검 토 자 ____________ 일 자 ____________

[거래유형 : 매입과 매입채무]

내 용	조서번호
Ⅰ. 내부통제구조의 파악 1. 주요 매입품과 매입에 관한 사규, 구매방침, 구매선 등 전반적인 매입상황을 파악한다. 2. 회계기록과 재무제표부속명세서를 개관하여 감사할 범위를 결정한다. 3. 내부통제질문서와 업무흐름도(또는 업무기술서)를 작성하여 매출과 매출채권에 대한 내부통제구조를 파악한다. 4. 위 제 사항의 파악결과에 의하여 전반감사계획서상의 내부통제제도에 대한 예비적 평가를 수정하고 통제감사계획을 보완한다. Ⅱ. 통제감사(Tests of controls) 1. 관찰, 질문, 거래기록의 추적 등으로 내부통제구조의 운용을 검토하고 그 결과에 의하여 기중거래의 감사계획을 보완한다. 2. 기중거래의 감사 2－1. 일상거래 1) 매입 및 매입채무 보조부와 총계정원장을 개관하여 비정상적 항목 유무조사 <정당성> 2) 매입 및 매입채무 보조부, 검수보고서 등에서 (　　)건의 매입거래를 선정하여 다음 사항 조사 <정당성 · 완전성 · 정확성> ⑴ 구매요구서, 주문서, 납품서 및 검수보고서와 대조 ⑵ 청구서 또는 세금계산서와 대조 ⑶ 구매요구서와 수량, 규격, 품목의 일치 여부 ⑷ 매입단가의 적정성	

B3－1

내부통제제도의 평가절차 및 평가서

[거래유형 : 매입과 매입채무] – 계속

내 용	조서번호
(5) 매입승인의 적정성 (6) 청구서, 세금계산서, 검수보고서, 매입전표, 매입보조부, 재고자산보조부, 매입처원장, 지급어음기입장, 일계표 및 총계정원장의 추적 (7) 매입 및 매입채무의 계정분류의 타당성 2–2. 비일상거래의 검토 1) 할인, 에누리, 환출, 장려금 <정당성 · 완전성 · 정확성> 2) 외화매입채무의 평가 <평가> 3) 특수관계자에 대한 매입 및 매입채무 유무 및 거래 <적정성> 4) 할부매입, 연불매입 및 특수매입의 회계처리 <정당성> 3. 매입채무의 조회(통제위험이 낮다고 평가된 경우 기중감사 시 조회가능) <실재성> 1) 조회기준일 현재 매입채무명세서를 징구하여 보조부와 대조하고 명세서 금액합계 총계정원장 잔액 대조 2) 거래처 일부를 선정하여 기준일 현재의 매입채무조회리스트 작성 및 조회서 발송 3) 회신된 조회서는 조회리스트와 대사하고 회송된 것과 회신에 이상이 있는 것은 그 원인 등을 관계부서와 검토 4) 발송 후 2주 이내에 회신율이 만족스럽지 못하면 회신이 없는 거래처에 2차 조회 5) 회신이 없는 거래처의 채무에 대해서는 세금계산서, 송장 등 대조와 같은 기타의 입증감사절차로 그 적정성 검토 6) 조회결과의 요약 7) 기말잔액 입증감사에 연결	

B3–2

내부통제제도의 평가절차 및 평가서
[거래유형 : 매입과 매입채무] - 계속

내 용	조서번호
III. 결 론 매입과 매입채무의 거래에 대한 통제위험을 심층적으로 평가하고 개선권고사항 및 기말잔액 입증감사 시의 유의사항을 요약한다. 1. 통제위험의 최종 평가 결과 2. 입증감사계획의 수정여부 및 입증감사 시 유의사항 3. 개선권고사항	

B3－3

내부통제제도의 평가절차 및 평가서

회 사 명 : ______ 작 성 자 ______ 일 자 ______
결 산 일 : ______ 검 토 자 ______ 일 자 ______

[거래유형 : 재고자산과 매출(제조)원가]

내 용	조서번호
Ⅰ. 내부통제구조의 파악 1. 재고자산의 수불, 관리, 실사와 원가계산에 관한 사규, 방침과 재고자산의 보관장소 등에 대한 정보를 파악한다. 2. 회계기록과 재고자산명세서를 개관하여 감사할 재고자산과 원가계산 대상을 결정한다. 3. 내부통제질문서와 업무 및 원가계산흐름도(또는 업무기술서)를 작성하여 재고자산과 매출원가에 대한 내부통제구조를 파악한다. 4. 위 제 사항의 파악결과에 의하여 전반감사계획서상의 내부통제구조에 대한 예비적 평가를 수정하고 통제감사계획을 보완한다. Ⅱ. 통제감사(Tests of controls) 1. 관찰, 질문, 거래기록의 추적 등으로 내부통제구조의 운용을 검토하고 그 결과에 의하여 기중거래의 감사계획을 보완한다. 2. 기중거래의 감사 2－1. 재고자산 1) 재고자산명세서, 보조부, 원가계산서류 및 총계정원장을 개관하여 비정상적 항목 유무 조사 <정당성> 2) 매입 시 입고거래의 검토 : 상품 및 원재료의 매입에 대한 원시증빙에서 일부를 표본추출하여 해당품목의 입고거래내역이 적절히 수불부에 반영되었는지 검토－매입에 대한 통제감사와 연결	

B4－1

내 용	조서번호
3) 매출 시 출고거래의 검토 : 상품 및 제품의 매출보조부에서 일부를 표본추출하여 해당품목의 출고거래내역이 적절히 수불부에 반영되었는지 검토 - 매출에 대한 통제감사와 연결 4) 생산투입 시 출고내역의 검토 : 생산일보 등에서 일부를 표본추출하여 원재료 등의 생산투입출고내역이 적절히 수불부에 반영되었는지의 검토 5) 생산완료 시 입고내역의 검토 : 생산일보 등에서 일부를 표본추출하여 제품의 생산완료입고내역이 적절히 수불부에 반영되었는지 검토 6) 상기 재고자산의 입·출고거래를 검토 시 다음 사항을 감안한다. (1) 입출고의 승인의 적정성 (2) 품목, 규격, 수량, 단가의 수불부와 일치 여부 (3) 재고자산보조부, 총계정원장 일치 여부 (4) 평가의 적정성 및 계속성 <평가> (5) 계정분류의 타당성 2-2. 제조원가 1) 제조원가계산에 관한 자료를 징구하여 다음 사항 조사 <정당성·완전성·정확성> (1) 재료비, 노무비, 경비 분류의 적정성 및 계속성 (2) 원가부과 및 배부의 적정성 및 계속성 (3) 재공품과 제품원가 계산의 정확성 (4) 원가계산서의 제품단위원가와 수불단가의 일치 여부 (5) 원가계산서와 제조보조부 및 총계정원장의 제조관련과목 금액의 일치 여부 Ⅲ. 결 론 재고자산과 매출원가 거래에 대한 통제위험을 심층적으로 평가하고 개선권고사항 및 기말잔액 입증감사 시의 유의사항을 요약한다.	

B4-2

내부통제제도의 평가절차 및 평가서

[거래유형 : 재고자산과 매출(제조)원가] – 계속

내 용	조서번호
1. 통제위험의 최종 평가 결과 2. 입증감사계획의 수정여부 및 입증감사 시 유의사항 3. 개선권고사항	

B4 – 3

05

내부통제제도의 평가절차 및 평가서

회 사 명 : ________ 작 성 자 ________ 일 자 ________

결 산 일 : ________ 검 토 자 ________ 일 자 ________

[거래유형 : 급여 및 퇴직금]

내 용	조서번호
Ⅰ. 내부통제구조의 파악 1. 급여, 퇴직금 등에 대한 사규, 방침 등에 대한 정보를 파악한다. 2. 인건비의 과목별 금액, 급여대장 등을 개관하여 감사할 급여항목을 결정 3. 내부통제질문서와 업무흐름도(또는 업무기술서)를 작성하여 급여에 대한 내부통제제도 파악 4. 위 제 사항의 파악결과에 의하여 전반감사계획서상의 내부통제구조에 대한 예비적 평가를 수정하고 통제감사계획을 보완한다. Ⅱ. 통제감사(Tests of controls) 1. 관찰, 질문, 거래기록의 추적 등으로 내부통제구조의 운용을 검토하고 그 결과에 의하여 기중거래의 감사계획을 보완한다. 2. 기중거래의 감사 2－1. 월별 급여대장을 급여액과 공제액으로 구분하여 정리하고 평균인건비, 인건비의 항목별 당・전기실적/예산비교, 월별명세, 보조부 및 총계정원장을 검토하여 비정상적항목 유무조사 <정당성・정확성> 2－2. 특정월의 급여대장에서 (　　)건의 인원을 선정하여 다음 사항 검증 <정당성・완전성・정확성> ⑴ 인사기록과 대조(입사년월일, 승급, 기준급여 등) ⑵ 기준 이외 급여의 증빙(타임카드 등)대조 및 계산 검토 ⑶ 세액공제액 등의 타당성 ⑷ 급여, 공제액계산의 정확성	

B5－1

내부통제제도의 평가절차 및 평가서

[거래유형 : 급여 및 퇴직금]－계속

내　　용	조서번호
(5) 계정분류의 타당성 (6) 급여대장, 보조부, 총계정원장의 전기확인 (7) 채용, 승급, 상여금, 제수당 등의 승인의 적정성 2－3. 기간 중 지급된 일정수의 퇴직금 지급거래를 선정하여 퇴직금이 사규 또는 근로기준법에 따라 적정히 계산 지급되었는지 검토 <정당성 · 완전성 · 정확성> 2－4. 월별, 과목별 인건비명세서를 징구하여 세무신고서와 대조 <유지> Ⅲ. 결　론 급여거래에 대한 통제위험을 심층적으로 평가하고 개선권고사항 및 기말잔액 입증감사 시의 유의사항을 요약한다. 1. 통제위험의 최종 평가 결과 2. 입증감사계획의 수정여부 및 입증감사 시 유의사항 3. 개선권고사항	

B5－2

내부통제제도의 평가절차 및 평가서

회 사 명 : ______________ 작 성 자 ______________ 일 자 ______________
결 산 일 : ______________ 검 토 자 ______________ 일 자 ______________

[거래유형 : 재무거래]

내 용	조서번호
Ⅰ. 내부통제구조의 파악 1. 재무관리(자금조달 · 자금운용)에 관한 사규, 방침, 자금사정 등 전반적인 상황을 파악한다. 2. 회계기록과 재무제표부속명세서를 개관하여 감사할 범위를 결정한다. 3. 내부통제질문서와 업무흐름도(또는 업무기술서)를 작성하여 자금조달 · 자금운용에 대한 내부통제구조를 파악한다. 4. 위 제 사항의 파악결과에 의하여 전반감사계획서상의 내부통제에 대한 예비적 평가를 수정하고 통제감사계획을 보완한다. Ⅱ. 통제감사(Tests of controls) 1. 관찰, 질문, 거래기록의 추적 등으로 내부통제구조의 운용을 검토하고 그 결과에 의하여 기중거래의 감사계획을 보완한다. 2. 기중거래의 감사 2－1. 장단기차입금 거래의 ( )건을 선정하여 다음 사항 조사 <정당성 · 완전성 · 정확성> ⑴ 차입금에 대한 승인의 정당성 ⑵ 이자비용계산의 정확성 ⑶ 상환에 대한 승인의 정당성 ⑷ 담보로 어음 등이 제공된 경우 당해 어음의 기록관리상태 2－2. 장단기대여금 거래의 ( )건을 추출하여 다음 사항 조사 <정당성 · 정확성 · 완전성> ⑴ 대여에 대한 승인의 정당성 ⑵ 이자수익계산의 정확성	

B6－1

내부통제제도의 평가절차 및 평가서

[거래유형 : 재무거래] - 계속

내　　용	조서번호
(3) 회수에 대한 승인의 정당성 (4) 담보를 제공받은 경우 당해 담보물건의 관리의 적정성 2-3. 유가증권의 취득 및 처분 거래의 (　　)건을 추출하여 다음 사항 조사 <정당성 · 정확성 · 완전성> (1) 취득처분에 대한 승인의 정당성 (2) 유가증권의 보관 · 예탁의 적정성 (3) 주기적인 실물확인 등(예탁 시는 조회)의 적정성 (4) 이자수익 · 배당금 수령액계산의 정확성 Ⅲ. 결　론 재무거래에 대한 통제위험을 심층적으로 평가하고 개선권고사항 및 기말잔액 입증감사 시의 유의사항을 요약한다. 1. 통제위험의 최종 평가 결과 2. 입증감사계획의 수정여부 및 입증감사 시 유의사항 3. 개선권고사항	

B6-2

입증감사절차지시서

적 용 지 침

본 입증감사절차지시서는 한국공인회계사회가 발표한 자료로 일반기업회계기준을 적용하는 제조업을 대상으로 한 표준감사절차지시서로 작성된 것이므로 제조업 이외의 업종이나 기타 회사의 개별상황에 따라 적절히 수정 또는 보완하여 사용하여야 한다(한국채택국제회계기준을 적용하는 제조업을 대상으로 한 표준감사절차지시서도 발표되어 있음).

입 증 감 사 절 차

(A. 현금및현금성자산, 장단기금융상품)

회 사 명 : ____________________ 작 성 자 : __________ 일 자 : __________

결 산 일 : ____________________ 검 토 자 : __________ 일 자 : __________

경영진 주장 :

A : 정확성(Accuracy) E : 실재성(Existence) RO : 권리와 의무(Rights and obligations)

C : 완전성(Completeness) O : 발생사실(Occurrence) CL : 분류(Classification)

CO : 기간귀속(Cutoff) V : 평가(Valuation) U : 이해가능성(Understandability)

※ 작성요령 :

조서번호 2302 감사위험의 평가(경영진 주장 수준)의 계정과목 및 파악된 위험을 '구분'란에 기재하고, 이의 위험평가 결과('유의적 위험'란), 대응하는 감사절차 실시여부('후속감사절차'란)를 기재한다.

구 분	유의적 위험 (Y/N)	후속감사절차				조서번호
		내부통제 이해 및 평가 실시여부 (Y/N)	내부통제 테스트 실시여부 (Y/N)	실증절차 실시여부		
				실증적 분석절차 실시여부 (Y/N)	세부 테스트 실시여부 (Y/N)	

Part 1. 절차 예시

감 사 절 차	경영진 주장	조서번호
1. 현금및현금성자산 총괄표 작성 당기말잔액은 총계정원장과, 전기말잔액은 전기감사보고서와 각각 대조하고, 양년도간 특별한 변동사항은 그 원인을 규명한다.	E, C, CL	
2. 현금및현금성자산 및 장단기금융상품 명세서 (1) 현금및현금성자산, 장단기금융상품 명세서를 입수하여 금액을 계산검증하고 보조부와 대조 확인한다. (2) 명세서를 스캔하여 유의적이거나 비경상적인 항목들을 검토한다.	C, V	
3. 현금, 미사용수표 및 어음의 실사를 수행한다.	E, C, RO	

조서번호 : A－1

입증감사절차(A. 현금및현금성자산, 장단기금융상품)

Part 1. 절차 예시－계속

감 사 절 차	경영진 주장	조서번호
4. 금융기관 등에 대한 조회 외부 조회에 대한 구체적인 절차는 Audit Guide 3320 외부조회를 참고한다.	E, RO	
5. 사용이 제한된 예금과 장기성예금 해당 여부 예금의 사용제한이나 질권, 기타 담보제공 및 장기성 예금 여부를 확인하기 위하여 은행조회서, 의사록, 대출약정서 등을 검토하고, 경영진에게 질문한다.	CL	
6. 재무제표 공시사항 검토(공시사항점검표 참조)	C, CL, U	
7. 감사결론의 기술		

Part 2. 추가 고려 절차

감 사 절 차	경영진 주장	조서번호
1. 금융기관 등에 대한 조회 시 유의사항 (1) 기중에 거래가 해지되었거나 잔액이 없는 예금계정을 포함하여 모든 금융기관으로부터 조회서를 발송 및 회수한다. (2) 조회서상의 미회수 어음/수표내역을 보고기간종료일 현재 미사용, 견질제공, 지급어음명세서 등을 통하여 확인한다. (3) 은행연합회가 제공하는 월보 및 일보(여수신현황표)를 입수하여 차입금, 여신한도, 담보제공, 지급보증, 파생상품 등의 내역이 금융기관조회서의 내용과 일치하는지 확인한다. (4) 회사로부터 조회서 발송대상 금융기관 리스트를 입수하여 다음과 같은 절차를 수행한다. ① 당기 또는 전기 말 현재 예·적금, 차입금, 지급보증 등의 잔액이 있는 모든 금융기관이 포함되어 있는지를 잔액명세서와 대조하여 확인한다. ② 당기 말 현재 잔액은 없으나 기중 거래가 있었던 모든 금융기관이 포함되어 있는지를 확인하기 위하여 예금, 차입금 및 이자비용 장부를 개관한다. ③ 당기 중 파생상품거래, 지급보증거래, 한도거래 등이 있었던 모든 금융기관이 포함되어 있는지를 확인하기 위하여 회사의 자금담당자에게 질문하고 또한 징구받은 제계약서 및 제의사록을 검토한다.	E, RO	

조서번호：A－2

입증감사절차(A. 현금및현금성자산, 장단기금융상품)
Part 2. 추가 고려 절차－계속

감 사 절 차	경영진 주장	조서번호
(5) 모든 계좌를 조회하지 않는 경우 그 근거를 조서화한다. (6) 금융기관조회서의 작성은 회사가 하는 것이 효율적이나, 발송과 회신은 감사인이 직접 수행하여야 한다.		
2. 양도성예금증서(CD) 및 표지어음의 실사를 수행한다. (1) CD의 사본(또는 발생사실 확인서)이 아니라 반드시 실물을 회사가 소유하고 있는지 기말재고실사 시 및 기말감사시점에 모두 확인한다. (2) 분석적절차를 통하여 회사의 영업현황, 재무구조 또는 자금능력 등에 비추어 그 보유사유의 타당성과 보유규모의 적정성을 평가한다. (3) 회사에게 취득자금의 원천 및 입·출금 관련 증빙자료(통장기록 등)를 요구하여 정상적인 회사의 자금능력으로 해당 CD 등을 취득하였는지 여부를 검토한다. (4) 기말감사시점에 동 CD가 양도되었다면 그 양도대금이 정상적으로 회사에 입금되었는지 확인한다. (5) 서면진술서에 그 내역을 기재하고, 회사소유임을 확인받는 절차를 고려한다.	E, RO	
3. 은행계정 간 자금이체를 검토한다. (1) 보고기간 말에 근접하여 발생한 회사의 은행계정과 타인을 위하여 관리하는 계정 간의 자금이체를 식별한다. (2) 각각의 입금과 출금이 동일한 회계기간의 회계기록에 반영되었는지 검토한다. (3) 동일한 회계기간에 은행에 기록되지 않은 항목이 은행계정조정표에 적절하게 나타나고 있는지 검토한다. (4) 타인을 위하여 관리하는 계정의 경우, 내부거래계정이 적절히 설정되었음을 검증하고 자금이체는 기말 이후에 취소되었는지 여부를 검토하여 해당 거래가 실질이 없었으며 기말에 취소되었어야 했는지 검토한다.	CL, V	
4. 보고기간종료일 전후의 현금예금 거래의 기간귀속의 적정성을 검토한다.	C, V	
5. 이자부예금에 대한 수입이자, 미수수익 등의 적정성 확인 및 관련 손익계정과 연결한다.	C, V, A	
6. 사업연도 종료일부터 감사종료일까지 입출금거래전표를 개관하고 특이한 거래 또는 부외부채의 유무를 확인한다.	C, CL	

조서번호 : A－3

입 증 감 사 절 차

(B. 유가증권(유동, 비유동, 지분법 포함))

회 사 명 : ______________ 작 성 자 : ______ 일 자 : ______

결 산 일 : ______________ 검 토 자 : ______ 일 자 : ______

경영진 주장 :

A : 정확성(Accuracy)	E : 실재성(Existence)	RO : 권리와 의무(Rights and obligations)
C : 완전성(Completeness)	O : 발생사실(Occurrence)	CL : 분류(Classification)
CO : 기간귀속(Cutoff)	V : 평가(Valuation)	U : 이해가능성(Understandability)

※ 작성요령 :

조서번호 2302 감사위험의 평가(경영진 주장 수준)의 계정과목 및 파악된 위험을 '구분'란에 기재하고, 이의 위험평가 결과('유의적 위험'란), 대응하는 감사절차 실시여부('후속감사절차'란)를 기재한다.

구 분	유의적 위험 (Y/N)	후속감사절차				조서번호
		내부통제 이해 및 평가 실시여부 (Y/N)	내부통제 테스트 실시여부 (Y/N)	실증절차 실시여부		
				실증적 분석절차 실시여부 (Y/N)	세부 테스트 실시여부 (Y/N)	

Part 1. 절차 예시

감 사 절 차	경영진 주장	조서번호
1. 유가증권 총괄표 작성 당기말잔액은 총계정원장과, 전기말잔액은 전기감사보고서와 각각 대조하고, 양년도간 특별한 변동사항은 그 원인을 규명한다.	E, C, CL	
2. 유가증권 명세서 (1) 금융자산명세서를 입수하여 금액을 계산검증하고 보조부와 대조확인한다. (2) 명세서를 스캔하여 유의적이거나 비경상적인 항목들을 검토한다.	C, V	

조서번호 : B－1

입증감사절차(B. 유가증권(유동, 비유동, 지분법 포함))

Part 1. 절차 예시－계속

감　사　절　차	경영진 주장	조서번호
3. 유가증권의 실재성 확인 (1) 다음의 방법으로 유가증권의 실재성을 확인한다. ① 회사가 직접 보유 중인 유가증권은 실사한다. ② 타처보관 또는 담보로 제공된 유가증권은 보관자에게 직접 조회하거나 보관확인서를 입수한다. ③ 조회서, 계약서 및 의사록 등의 검토를 통하여 유치권, 저당권 및 담보제공 등을 확인한다. 외부 조회에 대한 구체적인 절차는 Audit Guide 3320 외부조회를 참고한다. ④ 제3자 소유 유가증권을 대신하여 보유하고 있는 경우, 유가증권명세서에 포함되어 있지 않음을 확인하고, 실제 소유자에게 성격과 수량을 확인한다. (2) 유가증권 수탁기관의 존속가능성을 평가한다.	E, RO	
4. 유가증권 완전성 검토 이사회의사록 및 과거거래원장을 검토하고 계정 잔액과 기타관련계정 간의 관계를 분석하며 다른 테스트를 고려하여 유가증권의 완전성을 검토한다.	C	
5. 중요한 증감의 검토 (1) 기중 중요한 유가증권의 취득거래에 대하여는 거래증빙을 대사하여 거래의 기간귀속, 발생사실, 취득원가 등을 확인한다. (2) 최초인식 시 공정가치(일반적으로 제공한 대가와 동일)로 측정되었음을 확인하고, 당기손익인식유가증권의 거래원가는 당기손익으로, 그 외의 유가증권의 거래원가는 해당 공정가치에 가산되었음을 확인한다. (3) 기중 중요한 유가증권의 처분거래에 대해 거래증빙을 대사하여 거래의 기간귀속, 발생사실, 처분손익 등을 확인한다.	O, C, CO, V	
6. 유가증권의 분류 유가증권이 일반기업회계기준 제6장 및 제8장에 따라 단기매매증권, 매도가능증권, 만기보유증권 및 지분법적용투자주식으로 적절히 분류되었는지 검토한다.	CL	
7. 유가증권의 후속측정 (1) 공정가치로 평가하는 유가증권에 대하여 다음의 절차를 수행한다. ① 공시가격으로 측정된 유가증권－독립적으로 입수한 공시가격과	V	

조서번호 : B－2

05

입증감사절차(B. 유가증권(유동, 비유동, 지분법 포함))

Part 1. 절차 예시－계속

감 사 절 차	경영진 주장	조서번호
대사한다. 유동성이 적은 유가증권에 대하여는 공시가격의 적합성을 평가한다. ② 평가기법을 사용한 공정가치로 측정된 유가증권－활성시장에서 공시되는 거래가격이 없음을 확인하고, '공정가치 등 회계추정치에 대한 입증감사절차'를 수행한다. ③ 평가로 인한 손익이 각 분류별로 당기손익 또는 기타포괄손익누계액으로 적절히 반영되었는지 검토한다. ④ 매도가능증권의 미실현보유손익의 변동내역과 처분에 따른 실현손익의 내용을 검토한다. (2) 손상차손 인식 후의 원가로 인식된 유가증권－활성시장에서 공시되는 거래가격이 없음을 확인하고, 공정가치를 신뢰성 있게 측정할 수 없음에 대한 근거를 확인한다. (3) 상각후원가로 측정되는 만기보유증권의 경우, 최초인식금액과 만기가액의 차이가 유효이자율에 따라 적절히 상각되고, 이를 취득원가와 이자수익에 가감하고 있는지 확인한다.		
8. 유가증권의 손상검토 (1) 유가증권 손상에 대한 회사의 회계정책을 입수하고, 해당 회계정책이 일반기업회계기준 제6장에 일치하는지 여부를 확인한다. (2) 회사의 회계정책에 따라 유가증권의 손상 대상이 모두 파악되었는지 확인한다. 누락된 종목에 대하여는 사유를 파악하고 정당성을 평가한다. (3) 손상이 발생되었다는 객관적인 증거를 확인하고 추가적으로 손상인식이 필요한 항목이 없는지 여부를 확인한다. (4) 손상차손을 인식한 항목에 대하여 평가의 적정성을 확인한다. 추가적으로 손상차손을 인식한 항목에 대하여 인식한 미수이자의 실현가능성을 검토한다. (5) 손상차손이 회복된 경우 관련 회계처리를 검토한다.	V	
9. 지분법적용투자주식에 대한 지분법 평가 (1) 회사의 지분법 산출내역 및 기초자료를 징구한다. (2) 관계기업의 재무정보에 대한 충분하고 적합한 감사증거를 획득한다. 해당 관계기업이 유의적 부문일 경우 그룹감사인이나 부문감사인에 의하여 감사절차 등이 수행될 것이며, 유의적 부문이 아닐 경	V, CL	

조서번호 : B－3

입증감사절차(B. 유가증권(유동, 비유동, 지분법 포함))

Part 1. 절차 예시－계속

감 사 절 차	경영진 주장	조서번호
우 그룹감사인에 의하여 그룹수준의 분석적 검토절차 등이 수행될 것이다. 상세한 내용을 연결재무제표에 대한 감사절차를 참고한다. (3) 지분법 평가가 일반기업회계기준 제8장에 따라 수행되었는지 확인한다.		
10. 배당금 및 이자수익 (1) 지분증권으로부터의 배당금이 지급액을 받을 권리가 확정되는 시점에 당기손익으로 인식되었는지 확인한다. (2) 채무증권에 대한 이자수익은 유효이자율법에 따라 당기손익으로 인식되었는지 확인한다.	O, CO, A	
11. 재무제표 공시사항(공시사항 점검표 참조)	C, CL, U	
12. 감사결론의 기술		

Part 2. 추가 고려 절차

감 사 절 차	경영진 주장	조서번호
1. 유가증권의 재분류 (1) 유가증권이 재분류된 경우, 그 내용 및 이유를 검토하여 일반기업회계기준 제6장에 따른 재분류인지 여부를 확인한다. (2) 재분류 시 과거 분류에서의 미실현손익에 대한 처리 및 새로운 분류의 취득원가의 측정이 일반기업회계기준 제6장에 따라 수행되었는지 확인한다.	CL	
2. 유가증권의 양도 유가증권의 양도거래가 있는 경우, 일반기업회계기준 제6장 제거조건을 충족하는지 검토한다.	E, RO, CL	
3. 보고기간 말을 전후한 유가증권의 취득 및 처분과 환매조건부 처분에 의한 처분익 계상 등 결산조작의 가능성을 검토한다.	E, CL	
4. 특수관계자와의 거래의 경우, 금융상품의 취득 및 처분가액의 적정성을 확인한다.	E, V	
5. 투자일임계약자산 및 신탁업법에 의한 신탁상품의 회계처리의 적정성을 확인한다.	V	

조서번호 : B－4

05

입 증 감 사 절 차

(DER. 파생상품)

회 사 명 : ____________ 작 성 자 : ____________ 일 자 : ____________

결 산 일 : ____________ 검 토 자 : ____________ 일 자 : ____________

경영진 주장 :

A : 정확성(Accuracy) E : 실재성(Existence) RO : 권리와 의무(Rights and obligations)

C : 완전성(Completeness) O : 발생사실(Occurrence) CL : 분류(Classification)

CO : 기간귀속(Cutoff) V : 평가(Valuation) U : 이해가능성(Understandability)

※ 작성요령 :

조서번호 2302 감사위험의 평가(경영진 주장 수준)의 계정과목 및 파악된 위험을 '구분'란에 기재하고, 이의 위험평가 결과('유의적 위험'란), 대응하는 감사절차 실시여부('후속감사절차'란)를 기재한다.

구 분	유의적 위험 (Y/N)	후속감사절차				조서번호
		내부통제 이해 및 평가 실시여부 (Y/N)	내부통제 테스트 실시여부 (Y/N)	실증절차 실시여부		
				실증적 분석절차 실시여부 (Y/N)	세부 테스트 실시여부 (Y/N)	

Part 1. 절차 예시

감 사 절 차	경영진 주장	조서번호
1. 파생상품 총괄표 작성 당기말잔액은 총계정원장과, 전기말잔액은 전기감사보고서와 각각 대조하고, 양년도간 특별한 변동사항은 그 원인을 규명한다.	E, C, CL	
2. 파생상품 명세 파생상품명세서를 입수하여 계산검증하고, 보조부와 대조 확인한다. 명세서는 다음과 같은 세부사항을 포함한다. • 파생상품의 유형(스왑, 선물, 옵션 등) 및 기초상품(주식, 이자율, 환율, 상품 등)	C, V	

조서번호 : DER－1

입증감사절차(DER. 파생상품)

Part 1. 절차 예시 – 계속

감 사 절 차	경영진 주장	조서번호
• 파생상품의 계약조건(계약단위수량, 통화, 매매일, 만기일, 거래상대방, 결제조항, 매도제한 등) • 파생상품거래의 목적(매매목적 또는 위험회피목적) • 위험회피회계의 적용 여부 및 위험회피대상, 관련 문서화 내용 • 공정가치		
3. 파생상품 거래의 조회 파생상품의 거래상대방(금융기관 등)에게 조회서를 발송하여 거래의 실재성 및 완전성을 확인하고, 거래조건의 정확성을 확인한다. 외부 조회에 대한 구체적인 절차는 Audit Guide 3320 외부조회를 참고한다.	E, RO	
4. 파생상품의 완전성 파생상품 관련 보조부, 이사회의사록, 금융기관조회서 등을 확인하여 회사제시 파생상품 거래내역의 완전성을 확인한다.	C	
5. 파생상품의 후속측정 (1) 활성시장의 공시가격으로 측정된 파생상품 – 공정가치가 보고기간말의 공시가격과 동일한지 검증한다. 해당 공시가격이 일반기업회계기준 제6장 문단 6.15를 따르고 있는지 여부를 평가한다. (2) 평가기법을 사용한 공정가치로 측정된 파생상품 – 활성시장에서 공시되는 거래가격이 없음을 확인하고, '공정가치 등 회계추정치에 대한 입증감사절차'를 수행한다. '전문가의 활용'을 고려한다. (3) 권리와 의무가 적절한 공정가치로 측정되어 자산, 부채로 계상되어 있는지 확인한다. 평가로 인한 손익이 당기손익으로 적절히 회계처리되었는지 확인한다. 단, 위험회피수단으로 지정된 파생상품의 경우, 위험회피유형별로 적절하게 회계처리되었는지 확인한다. (4) 매도 등에서 발생할 수 있는 거래원가가 공정가치에서 가감되지 않았는지 검증한다.	V	
6. 파생상품의 표시 (1) 공정가치가 양(+)인 모든 파생상품이 유동자산으로 표시되었고 공정가치가 음(−)인 모든 파생상품(위험회피수단은 별도표시)은 유동부채로 표시되었는지 확인한다. 파생상품자산과 파생상품부채는 일반기업회계기준 제2장 문단 2.42 및 제3장 문단 3.5에서 허용하는 경우를 제외하고는 상계되지 않았음을 확인한다. (2) 파생상품관련 손익은 총액으로 표시되었음을 확인한다.	CL	

조서번호 : DER – 2

입증감사절차(DER. 파생상품)

Part 1. 절차 예시－계속

감　사　절　차	경영진 주장	조서번호
7. 파생상품 손익의 재계산 회사가 작성한 분석에 기초하여 파생상품의 기초와 기말잔액 간의 변동을 파생상품 관련된 손익 계정과 대사한다(신규 파생상품과 당기 중에 만기가 도래하였거나 청산된 파생상품을 고려).	A, C	
8. 재무제표 공시의 적정성 검토(공시사항점검표 참조)	C, CL, U	
9. 감사결론의 기술		

Part 2. 추가 고려 절차

감　사　절　차	경영진 주장	조서번호
1. 내재파생상품의 식별과 인식 일반기업회계기준 제6장에 따라 복합금융상품에 대하여 내재파생상품을 분리하여야 하는지 여부를 판단한다.	C, CL	
2. 위험회피회계의 적용에 대한 절차 (1) 위험회피문서가 개시시점 작성되었으며, 위험회피관계, 위험관리목적, 위험회피전략, 위험회피수단, 위험회피대상항목, 회피대상위험의 성격, 위험회피 효과성 평가방법 등을 포함하고 있는지 확인한다. (2) 회사가 설정한 위험회피회계의 유형/수단/대상이 일반기업회계기준 제6장에서 인정하는 내용인지 확인한다. (3) 당기 중에 위험회피로 지정된 각각에 대한 전진적/소급적 위험회피효과 테스트를 입수하고, 적절하다면, 중요한 왜곡표시위험의 평가에 근거하여 검증한다. (4) 위험회피회계의 결과, 관련 위험회피대상 및 위험회피수단의 공정가치 변동이 회피 유형별(공정가치위험회피, 현금흐름위험회피, 순투자위험회피)로 일반기업회계기준 제6장에 따라 처리되었는지 확인한다. (5) 위험회피로 지정된 것에 대해서, 위험회피회계가 지속될 수 있는지 또는 중단이 필요한지 여부를 검토한다.	A, C, CL	

조서번호 : DER－3

입 증 감 사 절 차

(C. 매출채권(장단기))

회 사 명 : ______________ 작 성 자 : __________ 일 자 : __________

결 산 일 : ______________ 검 토 자 : __________ 일 자 : __________

경영진 주장 :

A : 정확성(Accuracy) E : 실재성(Existence) RO : 권리와 의무(Rights and obligations)

C : 완전성(Completeness) O : 발생사실(Occurrence) CL : 분류(Classification)

CO : 기간귀속(Cutoff) V : 평가(Valuation) U : 이해가능성(Understandability)

※ 작성요령 :

조서번호 2302 감사위험의 평가(경영진 주장 수준)의 계정과목 및 파악된 위험을 '구분'란에 기재하고, 이의 위험평가 결과('유의적 위험'란), 대응하는 감사절차 실시여부('후속감사절차'란)를 기재한다.

<table>
<tr><th rowspan="3">구 분</th><th rowspan="3">유의적
위험
(Y/N)</th><th colspan="4">후속감사절차</th><th rowspan="3">조서번호</th></tr>
<tr><th rowspan="2">내부통제
이해 및 평가
실시여부
(Y/N)</th><th rowspan="2">내부통제
테스트
실시여부
(Y/N)</th><th colspan="2">실증절차 실시여부</th></tr>
<tr><th>실증적
분석절차
실시여부
(Y/N)</th><th>세부
테스트
실시여부
(Y/N)</th></tr>
<tr><td></td><td></td><td></td><td></td><td></td><td></td><td></td></tr>
<tr><td></td><td></td><td></td><td></td><td></td><td></td><td></td></tr>
<tr><td></td><td></td><td></td><td></td><td></td><td></td><td></td></tr>
</table>

Part 1. 절차 예시

감 사 절 차	경영진 주장	조서번호
1. 매출채권 총괄표 작성 당기말잔액은 총계정원장과, 전기말잔액은 전기감사보고서와 각각 대조하고, 양년도간 특별한 변동사항은 그 원인을 규명한다.	E, C, CL	
2. 매출채권명세서 (1) 거래처별 매출채권명세서를 입수하여 금액을 계산검증하고 보조부와 대조 확인한다. (2) 명세서를 스캔하여 유의적이거나 비경상적인 항목들을 검토한다.	C, V	

조서번호 : C－1

입증감사절차(C. 매출채권(장단기))

Part 1. 절차 예시－계속

감사 절차	경영진 주장	조서번호
3. 외상매출금 외부 조회 외부 조회에 대한 구체적인 절차는 Audit Guide 3320 외부조회를 참고하고, 조회처 선정 시 상세테스트의 방법은 Audit Guide 3300 감사증거 및 Audit Guide 3310 표본감사를 참고한다.	E, RO, V	
4. 매출채권 명세서를 검토하여 일반적 상거래 이외에서 발생된 채권의 포함여부를 조사하여 계정과목 재분류 여부를 결정하고, 장단기 구분의 적정성을 검토한다.	V, CL	
5. 매출채권의 회수가능성 및 대손충당금의 적정성 (1) 거래처별로 연령분석표를 입수하여 검토한다. (2) 회수기간분석 등 분석적검토를 실시한다. (3) 매출채권 회전율과 회수기일을 검토한다. (4) 매출채권의 회수가능성에 대하여 경영자와 토의한다. (5) 담보가 있는 경우 실재성, 소유권, 시가를 검증한다. (6) 합리적이고 객관적인 대손추계액 산정기준(개별적방법 또는 과거의 대손경험율에 의한 방법 등)에 의하여 대손충당금이 설정되어 있는지 확인하고, 당기의 대손상각 및 대손충당금 비율을 전기의 비율과 비교한다.	V, A	
6. 보고기간종료일을 전후한 제품인도 및 용역제공이 해당기간에 적절히 반영되었는지를 검토한다.	RO, V	
7. 외화표시 매출채권의 환산내용을 검토한다.	V, A	
8. 특수관계자와의 거래 특수관계자와의 거래에 대한 구체적인 절차는 Audit Guide 3500 특수관계자 거래를 참고한다.	E, CL	
9. 재무제표 공시사항 검토(공시사항점검표 참조)	C, CL, U	
10. 감사결론의 기술		

Part 2. 추가 고려 절차

감사 절차	경영진 주장	조서번호
1. 받을어음의 실사 보관 중인 받을어음은 실사하고 타처보관 중인 받을어음은 보관자에게 직접조회하거나 결산일 후의 회수 상황을 확인한다.	E, RO	

조서번호 : C－2

입증감사절차(C. 매출채권(장단기))
Part 2. 추가 고려 절차 - 계속

감 사 절 차	경영진 주장	조서번호
2. 할인, 양도 및 담보제공 여부에 대한 검토 (1) 매출채권 중 할인했거나, 배서양도, 팩토링 및 담보제공한 금액에 대해서는 그 명세를 얻어서 제거조건을 충족하는지 검토하고 필요한 경우에는 조회서 등을 통하여 거래사실을 확인한다. (2) 기말현재 배서양도, 할인어음 중 만기미도래분에 대한 금액을 파악하여 우발부채와 연결 검토한다.	RO, CL	
3. 현재가치에 의한 평가의 적정성 매출채권 중 현재가치에 의한 평가사항이 있는 경우 동 평가액과 동 할인차금의 계산이 적정한지 검증하고, 관련손익계정에 반영되었는지 확인한다.	V, A	
4. 채권조정의 적정성 매출채권 중 채권조정이 있는 경우 그 회계처리의 적정성을 검토한다.	V	
5. 관세환급(수입부과금환급금, 개별소비세 등) 미수금의 검토 (1) 전기와 비교하여 물량 및 단가에 중요한 변화가 있는지 확인 (2) 관세환급 등 미수금 설정내역을 입수하여 미수금이 합리적으로 설정되었는지 검토 (3) 기중에 입금된 관세환급금 등 내역을 입수하여 미수금 기설정금액과 차이가 있는지 검토	E, V	
6. 장기성 채권의 이자수익 검토 장기성채권, 장기대여금, 장기금융상품 등의 평균이자율과 평균적수를 곱하여 이자수익의 합리성에 대한 Overall test를 수행한다.	A, C	

05

조서번호 : C-3

입 증 감 사 절 차

(D. 기타유동자산)

회 사 명 : ______________ 작 성 자 : __________ 일 자 : __________

결 산 일 : ______________ 검 토 자 : __________ 일 자 : __________

경영진 주장 :

A : 정확성(Accuracy) E : 실재성(Existence) RO : 권리와 의무(Rights and obligations)

C : 완전성(Completeness) O : 발생사실(Occurrence) CL : 분류(Classification)

CO : 기간귀속(Cutoff) V : 평가(Valuation) U : 이해가능성(Understandability)

※ 작성요령 :

조서번호 2302 감사위험의 평가(경영진 주장 수준)의 계정과목 및 파악된 위험을 '구분'란에 기재하고, 이의 위험평가 결과('유의적 위험'란), 대응하는 감사절차 실시여부('후속감사절차'란)를 기재한다.

구 분	유의적 위험 (Y/N)	후속감사절차				조서번호
		내부통제 이해 및 평가 실시여부 (Y/N)	내부통제 테스트 실시여부 (Y/N)	실증절차 실시여부		
				실증적 분석절차 실시여부 (Y/N)	세부 테스트 실시여부 (Y/N)	

Part 1. 절차 예시

감 사 절 차	경영진 주장	조서번호
1. 기타유동자산 총괄표 작성 당기말잔액은 총계정원장과, 전기말잔액은 전기감사보고서와 각각 대조하고, 양년도간 특별한 변동사항은 그 원인을 규명한다.	E, C, CL	
2. 기타유동자산 명세서 기타 유동자산 각 계정별 명세서를 입수하여 금액의 계산검증 및 보조부와 대조 확인한다.	C, V	
3. 기타유동자산 외부조회 주요 거래처에 대한 자산이 중요할 경우 외부 확인을 수행하며 외부 확인에 대한 구체적인 절차는 Audit Guide 3320 외부조회를 참고한다.	A, E, C, RO	

조서번호 : D－1

입증감사절차(D. 기타유동자산)

Part 1. 절차 예시－계속

감　사　절　차	경영진 주장	조서번호
4. 중요한 항목 및 금액에 대하여 관련 증빙을 대조 확인한다. 기타 유동자산 중 주요금액에 대하여는 관련 증빙서류와 대조하여 거래발생 및 금액의 타당성을 확인한다. 상세테스트의 방법은 Audit Guide 3300 감사증거 및 Audit Guide 3310 표본감사를 참고한다.	A, E, V	
5. 기간계산에 의하여 인식되는 중요한 항목에 대하여는 기간계산의 적정성을 검증한다.	C, CO	
6. 회수가능성 및 대손충당금의 적정성 회수불능채권의 대손처리여부를 확인하고, 대손충당금의 설정이 적정한지의 여부와 전년과 동일한 기준의 적용여부를 검토한다.	V	
7. 외화표시 자산의 환산내용을 검토한다.	V, CL	
8. 특수관계자와의 거래 특수관계자와의 거래에 대한 구체적인 절차는 Audit Guide 3500 특수관계자 거래를 참고한다.	E, CL	
9. 재무제표 공시사항 검토(공시사항점검표 참조)	C, CL U	
10. 감사결론의 기술		

Part 2. 추가 고려 절차

감　사　절　차	경영진 주장	조서번호
1. 선급비용 등에 대한 기간계산의 적정성 검증 시에는 다음 사항을 고려한다. (1) 선급비용 등에 대한 계산 시, 보험계약, 임대차계약 등 기간계산에 필요한 계약이 누락 없이 포함되어 있는지 확인함. (2) 유의한 조정 항목이 존재하는 경우, 차이 조정에 대한 조사 결과는 적절한 담당자의 검토와 승인을 받았는지 여부를 확인하고, 중요성을 고려하여 중요 조정항목을 관련증빙과 대조확인함. (3) 선급비용 명세서를 스캔하고 유의적이거나 비경상적인 항목 또는 1년 이상 조정표상에 남아 있는 항목에 대해서 조사함.	C, CO	
2. 선물 등 파생상품거래유무 선물 등의 거래유무를 확인하고 그 계약이나 매매에 의하여 발생된 자산, 부채의 처리내용과 동 거래로 인한 손익의 인식이나 처리가 적정한지를 '파생상품'과 연계하여 검토한다.	V, CL	

조서번호 : D－2

05

입증감사절차(D. 기타유동자산)

Part 2. 추가 고려 절차－계속

감　　사　　절　　차	경영진 주장	조서번호
3. 각종 보험관련거래의 적정성 검토 피감사회사로부터 보험가입현황을 입수하고, 동 내역의 적정성을 확인하기 위하여 보험증서 등의 증빙을 검토하거나 필요한 경우 외부조회를 실시한다.	E, RO	
4. 경영진 측 및 감사인 측 전문가 수행 업무의 평가 감사증거로 사용될 정보가 경영진 측 전문가가 수행한 업무의 도움으로 작성되거나 감사과정에서 감사인 측 전문가가 수행한 업무를 활용하는 경우 Audit Guide 2131 전문가의 활용을 참조하여 평가한다.	A, E, C, O, V	

조서번호 : D－3

입 증 감 사 절 차

(E. 재고자산)

회 사 명 : ______________ 작 성 자 : __________ 일 자 : __________

결 산 일 : ______________ 검 토 자 : __________ 일 자 : __________

경영진 주장 :

A : 정확성(Accuracy)	E : 실재성(Existence)	RO : 권리와 의무(Rights and obligations)
C : 완전성(Completeness)	O : 발생사실(Occurrence)	CL : 분류(Classification)
CO : 기간귀속(Cutoff)	V : 평가(Valuation)	U : 이해가능성(Understandability)

※ 작성요령 :

조서번호 2302 감사위험의 평가(경영진 주장 수준)의 계정과목 및 파악된 위험을 '구분'란에 기재하고, 이의 위험평가 결과('유의적 위험'란), 대응하는 감사절차 실시여부('후속감사절차'란)를 기재한다.

구 분	유의적 위험 (Y/N)	후속감사절차				조서번호
		내부통제 이해 및 평가 실시여부 (Y/N)	내부통제 테스트 실시여부 (Y/N)	실증절차 실시여부		
				실증적 분석절차 실시여부 (Y/N)	세부 테스트 실시여부 (Y/N)	

Part 1. 절차 예시

감 사 절 차	경영진 주장	조서번호
1. 재고자산 총괄표의 작성 당기말잔액은 총계정원장과, 전기말잔액은 전기감사보고서와 각각 대조하고, 양년도간 특별한 변동사항은 그 원인을 규명한다.	E, C, CL	
2. 재고자산수불부 검증 (1) 재고자산수불부를 계산검증한다. (2) 재고자산수불부의 입출고와 재무상태표, 손익계산서, 제조원가명세서의 관련 계정과 연결한다.	C, V	

조서번호 : E－1

입증감사절차(E. 재고자산)

Part 1. 절차 예시 – 계속

감 사 절 차	경영진 주장	조서번호
3. 재고자산 실사 입회 후속절차 (1) 재고자산 실사입회절차는 조서번호 E100. 재고자산실사입회를 참조한다. (2) 재고실사입회 시 입수한 재고자산집계표와 재고자산수불부의 재고자산 수량을 연결한다. 상세테스트의 방법은 Audit Guide 3300 감사증거 및 Audit Guide 3310 표본감사를 참고한다.	E, RO, V	
4. 분석적 검토 (1) 매출액 또는 총자산 대비 재고자산비율의 분석 (2) 재고자산증감율의 분석 (3) 매출수량, 생산수량, 매출원가에 대한 재고자산회전율의 분석	E, C	
5. 재고자산의 단가 (1) 외부로부터 구입한 재고의 단가일 경우, 재고수불부상의 단가를 구입증빙과 대사하고, 원가계산에 의해 산출된 단가일 경우 계산 검증한다. (2) 품목별 단위당 원가를 전기의 단가와 비교하고 중요한 변화가 있거나 비정상적인 재고단가변동에 대하여 조사한다.	V, A	
6. 재고자산의 평가 (1) 파손품, 진부화품, 장기체화재고 및 잉여재고에 대한 향후 판매계획, 생산계획을 확인하여 재고자산평가손실의 적절성을 검토한다. (2) 재고자산의 순실현가능가액에 대한 타당성을 검토하고, 장부금액이 순실현가능가액을 초과하는 경우 재고자산평가손실이 적절하게 반영되었는지 검토한다.	V	
7. 재고자산 Cut – off (1) 결산일 전후 일정기간의 출고증, 판매지시서, 출하일보 및 입고증, 주문서, 검수보고서를 매입보조부와 대조 확인하여 Cut off test한다. 상세테스트의 방법은 Audit Guide 3300 감사증거 및 Audit Guide 3310 표본감사를 참고한다.	CO	
8. 특수관계자와의 거래 (1) 관계회사 등 특수관계인과의 거래유무를 파악하고 거래가격의 타당성(부당한 고가 또는 저가)을 파악한다. (2) 특수관계자와의 거래에 대한 구체적인 절차는 Audit Guide 3500 특수관계자 거래를 참고한다.	E, CL	

조서번호 : E – 2

입증감사절차(E. 재고자산)

Part 1. 절차 예시－계속

감 사 절 차	경영진 주장	조서번호
9. 미착품 명세에 미착부대비용이 적절히 계상되었는지 여부를 확인한다.	RO, C	
10. 담보제공 혹은 양도담보로 제공된 재고자산의 유무를 확인한다.	RO	
11. 재무제표 공시사항 검토(공시사항점검표 참조)	C, CL U	
12. 감사결론의 기술		

Part 2. 추가 고려 절차

감 사 절 차	경영진 주장	조서번호
1. 재고자산의 장부수량과 실제수량과의 차이에서 발생하는 감모손실이 적절하게 회계처리되었는지 검토한다.	V, A	
2. 피감사회사가 표준원가계산방법을 적용하고 있는 경우 표준원가와 실제원가의 중요한 차이가 발생하는 계정에 대하여 조사한다. 이러한 차이를 매출원가 재고자산에 배분하는 데 대한 합리성을 검토한다.	V	
3. 원재료에서 재공품으로, 재공품에서 제품으로의 대체의 적정성을 검토(출고일보, 생산일보 등을 상호대조)	E	
4. 본지점 등의 내부거래가 있을 경우 내부이익의 계산방법을 파악하고 내부이익의 제거여부를 확인한다.	E, CL	
5. 장래의 매입계약, 혹은 판매계약 중에 계약이행에 의한 손실이 발생할 우려가 있는 것이 포함되어 있지 않는가를 검토한다.	RO, V	

조서번호 : E－3

입 증 감 사 절 차

(E100. 재고자산실사입회)

회 사 명 : ______________ 작 성 자 : ________ 일 자 : ________

결 산 일 : ______________ 검 토 자 : ________ 일 자 : ________

경영진 주장 :

A : 정확성(Accuracy) E : 실재성(Existence) RO : 권리와 의무(Rights and obligations)

C : 완전성(Completeness) O : 발생사실(Occurrence) CL : 분류(Classification)

CO : 기간귀속(Cutoff) V : 평가(Valuation) U : 이해가능성(Understandability)

※ 작성요령 :

조서번호 2302 감사위험의 평가(경영진 주장 수준)의 계정과목 및 파악된 위험을 '구분'란에 기재하고, 이의 위험평가 결과('유의적 위험'란), 대응하는 감사절차 실시여부('후속감사절차'란)를 기재한다.

<table>
<tr><th rowspan="3">구 분</th><th rowspan="3">유의적 위험 (Y/N)</th><th colspan="4">후속감사절차</th><th rowspan="3">조서번호</th></tr>
<tr><th rowspan="2">내부통제 이해 및 평가 실시여부 (Y/N)</th><th rowspan="2">내부통제 테스트 실시여부 (Y/N)</th><th colspan="2">실증절차 실시여부</th></tr>
<tr><th>실증적 분석절차 실시여부 (Y/N)</th><th>세부 테스트 실시여부 (Y/N)</th></tr>
<tr><td></td><td></td><td></td><td></td><td></td><td></td><td></td></tr>
<tr><td></td><td></td><td></td><td></td><td></td><td></td><td></td></tr>
<tr><td></td><td></td><td></td><td></td><td></td><td></td><td></td></tr>
</table>

Part 1. 절차 예시

감 사 절 차	경영진 주장	조서번호
1. 구체적인 재고자산 실사입회절차는 Audit Guide 3301 감사증거－특정항목에 대한 구체적인 고려사항를 참조한다.	E, V	
2. 실행불가능한 경우를 제외하고, 회사의 재고실사 계획을 입수하고, 재고실사에 입회하여 다음 절차를 수행한다. (1) 재고자산 실사의 결과를 기록하고 통제하기 위한 경영진의 지시와 절차를 평가한다. (2) 실사 전후 및 실사 중 재고자산의 이동에 대한 통제와 관련된 절차 등 경영진이 수행하는 실사절차에 대해 관찰한다.	E, V	

조서번호 : E100－1

입증감사절차(E100. 재고자산실사입회)

Part 1. 절차 예시－계속

감　　사　　절　　차	경영진 주장	조서번호
(3) 재고자산 실사 입회 시 재고자산의 실재성을 확인하고 진부화되었거나 손상된, 또는 장기 보유 중인 재고자산을 식별하기 위하여 재고자산에 대하여 조사한다. (4) 테스트 실사 시 경영진의 실사기록에서 선정된 항목을 실제의 재고로 추적하거나 실제의 재고에서 선정된 항목을 경영진의 실사기록으로 추적한다.		
3. 재고자산의 최종 기록이 재고자산 실사의 결과를 정확하게 반영하고 있는지 여부를 결정하기 위해 재고자산의 최종 기록에 대한 다음의 감사절차를 수행한다. (1) 감사인의 테스트 실사의 결과를 기록한다. (2) 경영진의 최종 실사기록 사본을 입수한다.	E	
4. 재무제표일 외의 일자에 수행된 재고자산 실사 (1) 재고자산 실사가 재무제표일이 아닌 일자에 수행될 경우, 실사일과 재무제표일 사이의 재고자산 변동이 정확하게 기록되었는지 확인한다. (2) 감사인이 예상하지 못한 상황으로 재고자산 실사에 입회할 수 없는 경우, 감사인은 다른 일자를 정하여 재고자산을 실사하거나 실사에 입회하여야 하며, 기업의 재고자산 실사일과 감사인의 실사 입회일 사이의 거래에 대한 감사절차를 수행하여야 한다.	E	
5. 재고자산 실사의 입회가 실행가능하지 않은 경우 재고자산의 실사 이전에 취득하거나 매입한 특정의 재고자산 항목에 대해 이후의 매출과 관련된 서류를 조사하는 것과 같은 대체적인 감사절차를 수행하며, 대체적인 절차가 가능하지 않은 경우 감사의견을 변형한다.	E	
6. 제3자가 보관, 통제하고 있는 재고자산이 재무제표에 중요한 경우 당해 제3자에게 외부확인을 요청하거나, 해당 상황에 적합한 조사 또는 기타의 감사절차를 수행한다. 외부 조회에 대한 구체적인 절차는 Audit Guide 3320 외부조회를 참고한다.	E	

조서번호 : E100－2

입증감사절차(E100. 재고자산실사입회)

Part 2. 추가 고려 절차

감 사 절 차	감사목적	조서번호
1. 다음의 경우에는 합리적 확신을 얻을 수 있을 때까지 표본규모를 확대하여 시사를 실시하거나 회사담당자로 하여금 재고실사를 다시 수행하도록 요구한 후 감사인의 시사를 재실시할 것을 고려하여야 한다. (1) 재고자산수량의 적정성에 대한 합리적 확신을 얻을 수 없을 정도로 중요한 예외사항이 발견된 경우 (2) 예외사항이 지나치게 많아서 재고실사의 전반적인 신뢰성에 대하여 합리적 확신을 얻을 수 없는 경우	E	
2. 입회에 참여한 감사인은 재고실사입회에 대한 방법, 범위, 결과와 기말감사 시 유의할 점 등을 기술한다.	E	

조서번호 : E100－3

입 증 감 사 절 차

(F. 투자자산)

회 사 명 : ______________ 작 성 자 : ________ 일 자 : ________

결 산 일 : ______________ 검 토 자 : ________ 일 자 : ________

경영진 주장 :

A : 정확성(Accuracy) E : 실재성(Existence) RO : 권리와 의무(Rights and obligations)

C : 완전성(Completeness) O : 발생사실(Occurrence) CL : 분류(Classification)

CO : 기간귀속(Cutoff) V : 평가(Valuation) U : 이해가능성(Understandability)

※ 작성요령 :

조서번호 2302 감사위험의 평가(경영진 주장 수준)의 계정과목 및 파악된 위험을 '구분'란에 기재하고, 이의 위험평가 결과('유의적 위험'란), 대응하는 감사절차 실시여부('후속감사절차'란)를 기재한다.

구 분	유의적 위험 (Y/N)	후속감사절차				조서번호
		내부통제 이해 및 평가 실시여부 (Y/N)	내부통제 테스트 실시여부 (Y/N)	실증절차 실시여부		
				실증적 분석절차 실시여부 (Y/N)	세부 테스트 실시여부 (Y/N)	

Part 1. 절차 예시

감 사 절 차	경영진 주장	조서번호
1. 투자자산 총괄표의 작성 당기말잔액은 총계정원장과 전기말잔액은 전기감사보고서와 각각 대조하고 양년도간에 특별한 변동사항이 있는 경우에는 그 원인을 규명한다.	E, C, CL	
2. 투자자산산명세서 투자자산산명세서를 입수하여 금액을 계산검증하고 잔액이 보조부와 일치하는지를 확인한다.	C, V	
3. 조회확인 중요한 항목은 직접 조회확인하여 해당조서와 연결하며, 주주총회의사록, 이사회의사록, 보험계약서 등을 검토하여 이 계정으로 분류된 자산	E, RO	

조서번호 : F－1

입증감사절차(F. 투자자산)

Part 1. 절차 예시 – 계속

감 사 절 차	경영진 주장	조서번호
의 실재성을 검토하고 유치권, 저당권 및 담보제공의 존재여부를 검토한다. 외부 확인에 대한 구체적인 절차는 Audit Guide 3320 외부조회를 참고한다.		
4. 권리증서(등기부등본, 등록원부 등)를 획득하여 투자부동산의 실재성과 소유권 및 담보제공 등의 소유권제한 여부를 확인한다.	E, RO	
5. 당기 중 중요한 증감내용에 대해 증빙대조하고 그 취득 및 처분가격이 적정한가를 확인하여 손익계정과 연결한다.	E, C, V	
6. 투자자산과 관련하여 발생한 이자, 임차료, 처분손익 등 관련손익계정이 적정하게 계상되었는가 확인한다. 특히, 장기성채권, 장기대여금, 장기금융상품 등의 평균이자율과 평균적수를 곱하여 이자수익의 합리성에 대한 Overall test를 수행한다.	C, V, A	
7. 회수가능성 회수불능자산의 대손처리 여부를 검토하고 대손충당금 설정의 타당성 및 계속성 여부를 검토한다.		
8. 기간계산에 의하여 인식되는 계정에 대하여는 기간 계산내용을 검증한다.	RO, V	
9. 현재가치에 의한 평가의 적정성 (1) 투자자산 중 현재가치에 의한 평가사항이 있는 경우 동평가액과 동할인차금의 계산이 적정한지 검증하고, 관련손익계정에 반영되었는지 확인한다. (2) 장기성 채권(장기대여금 등)에 대한 현재가치평가 여부를 검토하라.	V, A	
10. 특수관계자와의 거래 특수관계자와의 거래내용의 타당성과 회계처리 및 표시상의 적정성을 검토한다.	E, CL	
11. 재무제표 공시사항 검토(공시사항점검표 참조)	C, CL, U	
12. 감사결론의 기술		

Part 2. 추가 고려 절차

감 사 절 차	경영진 주장	조서번호
1. 당기 중 중요한 증감내용에 대해 계약서, 등기부등본 등 소유권 관련 문서 확인하고, 투자부동산 계정분류의 적정성 여부를 검토한다.		
2. 취득원가에 포함된 취득부대비용 등이 적절한지 확인한다. 취득 및 처분가격이 적정한가를 확인하여 손익계정과 연결한다.	V	

조서번호 : F-2

입 증 감 사 절 차

(G. 유형자산)

회 사 명 : ______________ 작 성 자 : ______ 일 자 : ______

결 산 일 : ______________ 검 토 자 : ______ 일 자 : ______

경영진 주장 :

A : 정확성(Accuracy) E : 실재성(Existence) RO : 권리와 의무(Rights and obligations)

C : 완전성(Completeness) O : 발생사실(Occurrence) CL : 분류(Classification)

CO : 기간귀속(Cutoff) V : 평가(Valuation) U : 이해가능성(Understandability)

※ 작성요령 :

조서번호 2302 감사위험의 평가(경영진 주장 수준)의 계정과목 및 파악된 위험을 '구분'란에 기재하고, 이의 위험평가 결과('유의적 위험'란), 대응하는 감사절차 실시여부('후속감사절차'란)를 기재한다.

구 분	유의적 위험 (Y/N)	후속감사절차				조서번호
		내부통제 이해 및 평가 실시여부 (Y/N)	내부통제 테스트 실시여부 (Y/N)	실증절차 실시여부		
				실증적 분석절차 실시여부 (Y/N)	세부 테스트 실시여부 (Y/N)	

Part 1. 절차 예시

감 사 절 차	경영진 주장	조서번호
1. 유형자산총괄표 작성 유형자산 장부가액의 변동내용을 나타내는 요약표를 입수하여 분석하고, 당기말잔액은 총계정원장과 전기말잔액은 전기감사보고서와 각각 대조하고, 양년도간에 특별한 변동사항이 있는 경우에는 그 원인을 규명한다.	E, C, CL	
2. 유형자산명세서 유형자산명세서를 입수하여 명세서의 내용을 계산검증하고 유형자산대장 등의 보조부와 대조확인한다.	C, V	

조서번호 : G－1

입증감사절차(G. 유형자산)

Part 1. 절차 예시－계속

감 사 절 차	경영진 주장	조서번호
3. 권리증서(등기부등본, 등록원부 등)를 획득하여 유형자산의 실재성과 소유권 및 담보제공 등의 소유권제한여부를 확인한다.	E, RO	
4. 유형자산처분명세서를 제시받아 처분가격 등의 적정성을 검토하고 처분손익 등 관련손익계정과 연결	A	
5. 재평가모형으로 측정		
(1) 유형자산은 원가모형이나 재평가모형 중 하나를 회계정책으로 선택하여 유형자산 분류별로 동일하게 적용하였는지 검토한다.	V, A, C, CL	
(2) 최초 인식 후에 공정가액을 신뢰성 있게 측정할 수 있는 유형자산은 재평가일의 공정가액에서 이후의 감가상각누계액과 감액손실누계액을 차감한 재평가금액을 장부가액으로 하였는지 검토한다.		
(3) 공정가액이 감정에 의해 결정된 경우, 감정이 전문적 자격이 있는 평가인에 의해 이루어졌는지 검토한다.		
(4) 재평가된 자산의 공정가액이 장부가액과 중요하게 차이가 나는 경우 재평가를 하였는지 검토한다.		
(5) 특정유형자산을 재평가할 때 해당자산이 포함되는 유형자산분류 전체를 재평가하였는지 검토한다.		
(6) 유형자산의 장부가액이 재평가로 인하여 증가된 경우에 그 증가액은 기타포괄손익으로 인식하였는지 검토한다.		
(7) 유형자산의 재평가와 관련하여 인식한 기타포괄손익의 잔액이 있다면 그 유형자산을 폐기하거나 처분할 때 재분류조정이 제대로 이루어졌는지 검토한다.		
(8) 공정가치 평가에 대한 상세절차는 조서번호 EST 공정가치 등 회계추정치를 참조하고, 감사증거로 사용될 정보가 경영진 측 전문가가 수행한 업무의 도움으로 작성되거나 감사과정에서 감사인 측 전문가가 수행한 업무를 활용하는 경우 Audit Guide 2131 전문가의 활용을 참조하여 평가한다.		
6. 건설중인자산의 회계처리의 적정성 및 다음 사항을 검토	V	
(1) 건설중인자산에 대한 당기 지출액		
(2) 유형자산을 취득하기 위한 약정액		
(3) 건설중인자산의 대체가 적절하게 회계처리되었는지 검토		

조서번호 : G－2

입증감사절차(G. 유형자산)

Part 1. 절차 예시 – 계속

감 사 절 차	경영진 주장	조서번호
7. 손상차손 등 (1) 사용 중인 유형자산 중 손상징후가 있다고 판단되는 경우 손상차손의 계상 및 회계처리의 적정성을 검토 (2) 손상차손을 인식한 경우에는 손상을 초래한 상황의 변화나 내용, 손상차손의 평가에 사용된 회수가능가액의 산정방법과 그 금액을 확인	V, A	
8. 특수관계자와의 거래 특수관계자와의 거래에 대한 구체적인 절차는 Audit Guide 3500 특수관계자 거래를 참고한다.	E, CL	
9. 감가상각비명세서 징구 및 계상의 적정성 (1) 감가상각비명세서를 징구하여 감가상각방법, 내용연수 또는 상각률의 계속적용 여부 및 비용배부기준의 타당성을 검토 (2) 신규취득자산에 적용하는 내용연수의 타당성을 검증 (3) 감가상각방법이나 내용연수를 변경한 경우 그 타당성과 재무제표에 미치는 영향을 확인 (4) 유형자산에 대한 세무상의 처리방법을 확인하고, 세무와 회계상에 차이가 존재할 경우 그 차이에 대하여 적절하게 회계처리하고 있는지 검토 (5) 감가상각 및 감가상각누계액 계정과 유형자산계정의 총액과의 비율을 검토하고 전기와 비교하고 감가상각비 계산의 산술적 정확성을 검토한다. (6) 감가상각비의 배분을 전기와 비교	C, V, A	
10. 재무제표 공시사항 검토(공시사항점검표 참조)	C, CL, U	
11. 감사결론의 기술		

Part 2. 추가 고려 절차

감 사 절 차	경영진 주장	조서번호
1. 필요시 중요한 유형자산에 대해서는 실사를 할 것을 고려한다.	E	
2. 복구비용을 반영하여야 할 경우에는 추정 복구비용의 내용, 추정방법, 금액 및 회계처리방법을 검토	V, C	
3. 수익적지출 및 자본적지출 구분의 타당성 및 계속성을 검토	A	

조서번호 : G–3

05

입증감사절차(G. 유형자산)

Part 2. 추가 고려 절차－계속

감 사 절 차	경영진 주장	조서번호
4. 동종 또는 이종자산과의 교환으로 취득한 유형자산의 유무에 대하여 질문하고, 이에 대한 회계처리의 적정성을 검토	A	
5. 내용연수 도중 사용을 중단하고, 처분 또는 폐기할 예정인 유형자산 또는 장래 사용을 재개할 예정인 유형자산이 있는지 파악하여 동 유형자산에 대한 회계처리의 적정성을 검토한다.	V, CL	
6. 리스자산 (1) 리스계약서를 입수하여 운용리스와 금융리스의 구분이 정확한지 검토 (2) 리스자산이 실제로 존재하며 회사의 영업활동을 위하여 사용되고 있는지 확인	E, RO	
7. 정부보조금 등 정부보조금, 공사부담금 등에 의하여 유형자산을 무상 또는 공정가액보다 낮은 대가로 취득한 경우, 그 유형자산에 대한 취득원가 계상액, 이에 대한 회계처리 및 재무제표 표시의 적정성을 검토한다.	V, CL	

조서번호 : G－4

입 증 감 사 절 차

(H. 무형자산)

회 사 명 : ______________________ 작 성 자 : __________ 일 자 : __________

결 산 일 : ______________________ 검 토 자 : __________ 일 자 : __________

경영진 주장 :

A : 정확성(Accuracy) E : 실재성(Existence) RO : 권리와 의무(Rights and obligations)

C : 완전성(Completeness) O : 발생사실(Occurrence) CL : 분류(Classification)

CO : 기간귀속(Cutoff) V : 평가(Valuation) U : 이해가능성(Understandability)

※ 작성요령 :

조서번호 2302 감사위험의 평가(경영진 주장 수준)의 계정과목 및 파악된 위험을 '구분'란에 기재하고, 이의 위험평가 결과('유의적 위험'란), 대응하는 감사절차 실시여부('후속감사절차'란)를 기재한다.

구 분	유의적 위험 (Y/N)	후속감사절차				조서번호
		내부통제 이해 및 평가 실시여부 (Y/N)	내부통제 테스트 실시여부 (Y/N)	실증절차 실시여부		
				실증적 분석절차 실시여부 (Y/N)	세부 테스트 실시여부 (Y/N)	

Part 1. 절차 예시

감 사 절 차	경영진 주장	조서번호
1. 무형자산총괄표 작성 무형자산 장부가액의 변동내용을 나타내는 요약표를 입수하여 분석하고, 당기말잔액은 총계정원장과, 전기말잔액은 전기감사보고서와 각각 대조하고 양년도간에 특별한 변동사항이 있는 경우에는 그 원인을 규명한다.	E, C, CL	
2. 무형자산명세서 무형자산명세서를 입수하여 금액을 계산검증하고 잔액이 보조부와 일치하는지를 확인한다.	C, V	
3. 등록증, 계약서 및 조회서 등을 검토하여 소유권 및 소유권제한사항을 확인하고, 무형자산의 실재성에 대한 의문이 있을 경우, 변호사 또는 기술사용권자 및 상표권자에게 조회한다.	RO	

조서번호 : H－1

입증감사절차(H. 무형자산)

Part 1. 절차 예시－계속

감 사 절 차	경영진 주장	조서번호
4. 무형자산처분명세서를 제시받아 처분가격 등의 적정성을 검토하고 처분손익 등 관련손익계정과 연결시킨다.	E, V, A	
5. 무형자산상각비의 적정성 (1) 상각비명세서를 징구하여 상각액 및 간접법의 경우 상각누계액 계상의 적정성과 상각방법, 내용연수 또는 상각률, 잔존가액의 계속적용 여부 및 비용배부기준의 타당성을 검토한다. (2) 내용연수가 20년을 초과하는 경우 그 근거(관계법령 또는 계약 등) 및 내용연수 결정에 고려한 중요 요소를 확인한다. (3) 당기상각액이 손익계정별로 적절하게 계상되었는지 확인한다.	V, A	
6. 손상차손 등 (1) 사용 중인 무형자산 중 손상징후가 있다고 판단되는 경우 손상차손의 계상 및 회계처리의 적정성을 검토 (2) 손상차손을 인식한 경우에는 손상을 초래한 상황의 변화나 내용, 손상차손의 평가에 사용된 회수가능가액의 산정방법과 그 금액을 확인		
7. 재무제표 공시사항 검토(공시사항점검표 참조)	C, CL, U	
8. 감사결론의 기술		

Part 2. 추가 고려 절차

감 사 절 차	경영진 주장	조서번호
1. 무형자산에 대한 지출로서 과거 회계연도의 재무제표나 중간재무제표에서 비용으로 인식한 지출(즉, 무형자산의 인식기준충족시점 이전의 지출)이 그 후의 기간에 발생한 무형자산의 취득원가의 일부로 계상되었는지를 검토한다. 특히, 무형자산으로 인식한 개발비와 당기비용으로 인식한 연구비 및 경상개발비의 회계처리 적정성을 검토한다.	V, CL	
2. 영업권과 염가매수차익의 회계처리의 적정성을 검토한다(K－IFRS 1103 사업결합 참조).	V	
3. 정부보조금 등 정부보조금, 공사부담금 등에 의하여 무형자산을 무상 또는 공정가액보다 낮은 대가로 취득한 경우, 그 무형자산에 대한 취득원가 계상액, 이에 대한 회계처리 및 재무제표 표시의 적정성을 검토한다.	V, CL	

조서번호：H－2

입 증 감 사 절 차

(I. 기타비유동자산)

회 사 명 : ______________ 작 성 자 : __________ 일 자 : __________

결 산 일 : ______________ 검 토 자 : __________ 일 자 : __________

경영진 주장 :

A : 정확성(Accuracy) E : 실재성(Existence) RO : 권리와 의무(Rights and obligations)

C : 완전성(Completeness) O : 발생사실(Occurrence) CL : 분류(Classification)

CO : 기간귀속(Cutoff) V : 평가(Valuation) U : 이해가능성(Understandability)

※ 작성요령 :

조서번호 2302 감사위험의 평가(경영진 주장 수준)의 계정과목 및 파악된 위험을 '구분'란에 기재하고, 이의 위험평가 결과('유의적 위험'란), 대응하는 감사절차 실시여부('후속감사절차'란)를 기재한다.

구 분	유의적 위험 (Y/N)	후속감사절차				조서번호
		내부통제 이해 및 평가 실시여부 (Y/N)	내부통제 테스트 실시여부 (Y/N)	실증절차 실시여부		
				실증적 분석절차 실시여부 (Y/N)	세부 테스트 실시여부 (Y/N)	

Part 1. 절차 예시

감 사 절 차	경영진 주장	조서번호
1. 기타비유동자산 총괄표의 작성 당기말잔액은 총계정원장과, 전기말잔액은 전기감사보고서와 각각 대조하고, 양년도간 특별한 변동사항은 그 원인을 규명한다.	E, C, CL	
2. 기타비유동자산명세서 기타비유동자산명세서를 입수하여 금액을 계산검증하고 잔액이 보조부와 일치하는지를 확인한다.	C, V	
3. 기타비유동자산 외부확인 주요 거래처에 대한 자산이 중요할 경우 외부 확인을 수행하며 외부 확인에 대한 구체적인 절차는 Audit Guide 3320 외부조회를 참고한다.	A, E, RO	

조서번호 : I－1

입증감사절차(I. 기타비유동자산)

Part 1. 절차 예시 - 계속

감 사 절 차	경영진 주장	조서번호
4. 중요한 항목 및 금액에 대하여 관련증빙을 대조확인한다. 기타비유동자산 중 주요금액에 대하여는 관련 증빙서류와 대조하여 거래발생 및 금액의 타당성을 확인한다. 상세테스트의 방법은 Audit Guide 3300 감사증거 및 Audit Guide 3310 표본감사를 참고한다.	E, C, V	
5. 기타비유동자산과 관련하여 발생한 손익계정이 적정하게 계상되었는가 확인한다.	C, V, A	
6. 회수가능성 회수불능자산의 대손처리 여부를 검토하고 대손충당금 설정의 타당성 및 계속성 여부를 검토한다.	V	
7. 현재가치에 의한 평가의 적정성 기타비유동자산 중 현재가치에 의한 평가사항이 있는 경우 동 평가액과 할인차금의 계산이 적정한지 검증하고, 관련손익계정에 반영되었는지 확인한다.	V, A	
8. 특수관계자와의 거래 특수관계자와의 거래에 대한 구체적인 절차는 Audit Guide 3500 특수관계자 거래를 참고한다.	E, CL	
9. 재무제표 공시사항의 적정성 검토(공시사항점검표 참조)	C, CL, U	
10. 감사결론의 기술		

Part 2. 추가 고려 절차

감 사 절 차	경영진 주장	조서번호
1. 감사인 측 및 경영진 측 전문가 수행업무의 평가 감사증거로 사용될 정보가 경영진 측 전문가가 수행한 업무의 도움으로 작성되거나 감사과정에서 감사인 측 전문가가 수행한 업무를 활용하는 경우 Audit Guide 2131 전문가의 활용을 참조하여 평가한다.	A, E, C, O, V	

조서번호 : I-2

입 증 감 사 절 차

(J. 자산손상)

회 사 명 : ______________________ 작 성 자 : __________ 일 자 : __________

결 산 일 : ______________________ 검 토 자 : __________ 일 자 : __________

경영진 주장 :

A : 정확성(Accuracy)	E : 실재성(Existence)	RO : 권리와 의무(Rights and obligations)
C : 완전성(Completeness)	O : 발생사실(Occurrence)	CL : 분류(Classification)
CO : 기간귀속(Cutoff)	V : 평가(Valuation)	U : 이해가능성(Understandability)

※ 작성요령 :

조서번호 2302 감사위험의 평가(경영진 주장 수준)의 계정과목 및 파악된 위험을 '구분'란에 기재하고, 이의 위험평가 결과('유의적 위험'란), 대응하는 감사절차 실시여부('후속감사절차'란)를 기재한다.

<table>
<tr><th rowspan="3">구 분</th><th rowspan="3">유의적 위험 (Y/N)</th><th colspan="4">후속감사절차</th><th rowspan="3">조서번호</th></tr>
<tr><th rowspan="2">내부통제 이해 및 평가 실시여부 (Y/N)</th><th rowspan="2">내부통제 테스트 실시여부 (Y/N)</th><th colspan="2">실증절차 실시여부</th></tr>
<tr><th>실증적 분석절차 실시여부 (Y/N)</th><th>세부 테스트 실시여부 (Y/N)</th></tr>
<tr><td></td><td></td><td></td><td></td><td></td><td></td><td></td></tr>
<tr><td></td><td></td><td></td><td></td><td></td><td></td><td></td></tr>
<tr><td></td><td></td><td></td><td></td><td></td><td></td><td></td></tr>
</table>

Part 1. 절차 예시

감 사 절 차	경영진 주장	조서번호
1. 손상대상자산의 완전성 검토 손상징후 여부에 관계없이 손상검사대상 자산이 존재하는지 검토한다. 개별자산 또는 현금창출단위에 손상검사대상자산이 모두 포함되는지 검토한다.	E, O, V	
2. 손상징후 검토 매 보고기간 말마다 자산손상을 시사하는 징후가 있는지 외부정보 및 내부정보를 검토한다. 특히, 아직 사용가능하지 않은 무형자산은 최소한 매 보고기간 말에 회수가능액을 추정하였는지 반드시 검토한다. 손상을 시사하는 외부정보와 내부정보를 회사가 충분히 고려하였는지 검토한다.	E, O, V	

조서번호 : J－1

입증감사절차(J. 자산손상)

Part 1. 절차 예시 - 계속

감사절차	경영진 주장	조서번호
3. 현금창출단위 식별의 적정성 (1) 경영진이 구분한 현금창출단위의 적정성을 검토한다. (2) 현금창출단위가 변경되는 경우 그 사유에 대하여 검토한다.		
4. 영업권의 현금창출단위로의 배분의 적정성 (1) 영업권이 취득일부터 현금창출단위에 배분되었는지 확인한다. (2) 영업권의 최초 배분이 취득일 후 최초로 개시하는 회계연도 말까지 완료되었는지 검토한다.	V, A	
5. 순공정가치의 측정의 적정성 (1) 구속력 있는 매매계약이 있거나 활성시장의 존재 여부를 확인한다. (2) 구속력 있는 매매계약이 없거나 활성시장이 존재하지 않는 경우 이용가능한 최선의 정보의 적정성을 검토한다.	V, A	
6. 사용가치 측정의 적정성 (1) 사용가치 측정의 근거가 되는 최근의 재무예산/예측이 경영진의 승인을 득하였는지 확인한다. (2) 미래현금흐름이 경영진의 최선의 추정치가 반영된 합리적이고 객관적인 가정을 기초로 하였는지 검토한다. 이 때 내부증거보다 외부증거에 더 큰 비중을 두었는지 확인한다. (3) 최근 재무예산/예측의 대상기간 후의 성장률이 고정되거나 계속 감소한다고 가정하였는지 확인한다. 성장률이 시장의 장기평균성장률을 초과하지 않는지 확인한다. (4) 이중계산을 방지하기 위하여 검토대상 자산의 현금유입과 거의 독립적인 현금유입을 창출하는 자산으로부터의 현금유입(예 : 매출채권 등)이나 이미 부채로 인식된 의무와 관련하여 발생하는 현금유출(예 : 매입채무, 퇴직급여채무, 충당부채 등)은 포함하지 아니하였는지 검토한다. (5) 미래현금흐름 추정치에 다음과 같은 사유로 발생할 것으로 예상되는 현금유입이나 현금유출이 포함되지 아니하였는지 검토한다. ① 아직 확약되지 않은 미래의 구조조정 때문에 발생할 것으로 예상하는 미래현금유출이나 관련된 원가절감 또는 효익 ② 자산의 성능을 향상시키는 과정에서 발생할 미래현금유출 또는 그러한 향상으로 발생할 것으로 예상하는 미래현금유입	V, A	

조서번호 : J-2

입증감사절차(J. 자산손상)

Part 1. 절차 예시 - 계속

감 사 절 차	경영진 주장	조서번호
(6) 재무활동으로부터의 현금유입이나 유출 또는 법인세 환급액 또는 법인세 납부액은 미래현금흐름 추정 시 포함하지 아니하였는지 검토한다. (7) 할인율은 현행시장 평가를 반영한 세전할인율로 한다. 자산의 고유할인율이 시장에서 직접 이용가능하지 않은 경우 대용치를 사용하였는지 확인한다. (8) 감사증거로 사용될 정보가 경영진 측 전문가가 수행한 업무의 도움으로 작성되었다면, 감사 목적상 해당 전문가가 수행한 업무의 유의성을 고려하여 필요한 정도로 다음의 절차를 수행한다. ① 경영진 측 전문가의 적격성, 능력 및 객관성을 평가 ② 경영진 측 전문가가 수행한 업무를 이해 ③ 관련 경영자주장에 대한 감사증거로서의 경영진 측 전문가가 수행한 업무의 적합성을 평가		
7. 유형자산(개별 자산 또는 유형자산만으로 구성된 현금창출단위) 사용 및 처분으로부터 기대되는 미래의 현금흐름총액의 추정액과 장부금액을 비교하였는지 확인한다.		
8. 손상차손 환입의 적정성 매 보고기간 말마다 영업권을 제외한 자산에 대해 과거에 인식한 손상차손이 더 이상 존재하지 않거나 감소된 것을 시사하는 징후가 있는지를 검토한다.	V, A	
9. 손상차손을 인식하지 않은 경우에 다른 일반기업회계기준에 따른 검토대상 확인 자산손상을 시사하는 징후가 있다면 잔여내용연수, 감가상각방법 또는 잔존가치를 검토하여 조정할 필요가 있는지 검토한다.	E, O, V	
10. 재무제표 공시 사항의 적정성 검토(공시사항점검표 참조)	C, CL, U	
11. 감사결론의 기술		

Part 2. 추가 고려 절차

감 사 절 차	경영진 주장	조서번호
1. 공동자산의 손상차손 적정성 본사 또는 부문의 건물, 전산설비 및 연구소와 같은 공동자산이 기업의 조직구조에 따라 적정하게 결정되었는지 검토한다.	V, A	

조서번호 : J-3

입 증 감 사 절 차

(AA. 매입채무(장단기))

회 사 명 : ______________ 작 성 자 : __________ 일 자 : __________

결 산 일 : ______________ 검 토 자 : __________ 일 자 : __________

경영진 주장 :

A : 정확성(Accuracy) E : 실재성(Existence) RO : 권리와 의무(Rights and obligations)

C : 완전성(Completeness) O : 발생사실(Occurrence) CL : 분류(Classification)

CO : 기간귀속(Cutoff) V : 평가(Valuation) U : 이해가능성(Understandability)

※ 작성요령 :

조서번호 2302 감사위험의 평가(경영진 주장 수준)의 계정과목 및 파악된 위험을 '구분'란에 기재하고, 이의 위험평가 결과('유의적 위험'란), 대응하는 감사절차 실시여부('후속감사절차'란)를 기재한다.

구 분	유의적 위험 (Y/N)	후속감사절차				조서번호
		내부통제 이해 및 평가 실시여부 (Y/N)	내부통제 테스트 실시여부 (Y/N)	실증절차 실시여부		
				실증적 분석절차 실시여부 (Y/N)	세부 테스트 실시여부 (Y/N)	

Part 1. 절차 예시

감 사 절 차	경영진 주장	조서번호
1. 매입채무 총괄표 작성 당기말잔액은 총계정원장과 전기말잔액은 전기감사보고서와 대조하고 양년도간 특별한 변동이유를 규명한다.	E, C, CL	
2. 매입채무명세서를 받아 다음 절차를 수행한다. (1) 계산검증을 하고, 매입처별 보조부와 대조하고 동 잔액들이 최근의 청구서 등에 근거하여 계상되었는가를 확인한다. (2) 지급어음명세를 검토하여 정상적인 영업활동 이외의 거래에서 발생된 어음의 포함여부를 조사하여 계정과목 재분류를 검토하고, 장단기구분의 적정성을 검토한다.	C, V	

조서번호 : AA－1

입증감사절차(AA. 매입채무(장단기))

Part 1. 절차 예시－계속

감 사 절 차	경영진 주장	조서번호
3. 분석적 절차 (1) 매입채무명세를 전년도와 비교하고 예측하지 못한 변동이 있는지(예를 들면 주요 공급자, 차변잔액 구성비율 및 계정잔액 경과일수의 변동) 또는 반대로 예측되는 변동이 일어나지 않은 이유 등을 조사한다. (2) 당기 매입액 및 평균 매입채무를 기초로 하여 회전율 및 지급기간을 예측산정하여 회사의 지급기간과 비교확인하고, 감사인의 예상과 다른 경우 추가적인 원인을 분석한다. (3) 지급어음, 기업구매카드, 구매자금대출에 대한 평균잔액에 평균이자율을 곱하여 이자비용의 적정성을 테스트한다.	C, V	
4. 외부 조회에 대한 구체적인 절차는 Audit Guide 3320 외부조회를 참고한다.	E, RO, C	
5. 보고기간종료일 이후 지급된 매입채무 (1) 결산일 전후 일정기간의 매입채무지급액 및 송장, 검수보고서를 추적 검토하여 기간귀속(Cut－off)의 적정성을 확인한다. (2) 마감일 전후의 매입채무기록, 입고기록, 공급자계산서 및 기타 증빙이 적절한지 테스트하고, 매입채무의 기간귀속을 관련되는 계정(재고자산 등)의 기간귀속과 비교한다. (3) 미착품으로 계상된 재고와 관련하여 소유권의 이전시점(도착지 또는 선적지 인도기준 등)에 따라 적절히 매입채무로 계상되고 있는지 검토한다.	E, RO, C	
6. 재무제표 표시사항의 적정성 검토 (1) 재고자산구매에서 발생하지 아니한 채무의 재분류 (2) 1년 이후 지급될 금액의 재분류(예 : 장기성 매입채무) (3) 결산일 후 행해진 주요수정사항을 검토 (4) 기업구매카드 및 기업구매자금대출제도에 의한 매입 시 계정분류의 적정성을 확인한다(기업구매지금대출 시 판매기업이 환어음을 결제하기 전까지는 매입채무로, 환어음을 결제한 후에는 단기차입금으로 회계처리함).	CL	
7. 재무제표 공시 사항의 적정성 검토(공시사항점검표 참조)	C, CL, U	
8. 감사결론의 기술		

조서번호 : AA－2

입증감사절차(AA. 매입채무(장단기))

Part 2. 추가 고려 절차

감 사 절 차	경영진 주장	조서번호
1. 조회 시 유의사항 (1) 과소계상된 매입채무를 적발하기 위하여는 비경상적인 소액거래처를 표본으로 추출하여 조회서를 발송한다. 특히, 전기대비 매입채무가 크게 감소한 매입처에 대해 집중적으로 조회한다. (2) 채권자에 대한 조회, 이사회의사록과 기타서류의 검토 등을 통하여 매입채무에 대한 담보권 및 담보로 제공된 자산을 확인한다. (3) 금융기관조회서 검토 시 Usance 거래 및 기업구매카드, 기업구매자금대출에 대한 장부상 부채계상을 확인한다.		
2. 장기연불조건의 매매거래 및 이와 유사한 거래의 현재가치평가 여부와 회계처리방법의 적정성 검토	V, CL	
3. 회사정리 및 화의절차개시 및 당사자 합의로 원금, 이자율, 기간 등이 재조정된 매입채무에 대한 회계처리의 적정성 검토	V	
4. 미이행 구매계약을 검토한다. 미이행 구매계약 기록을 검토하여 해당 계약에서 충당부채가 계상되어야 할 잠재적 손실이 발생할 수 있는지 여부를 검토한다.	C, A, RO, V	
5. 지급어음 및 기타 양도성 증서로 대체될 매입채무의 처리를 검토한다.	CL	

조서번호 : AA－3

입 증 감 사 절 차

(BB · DD. 장단기차입금, 사채)

회　사　명 : ______________________ 작 성 자 : ____________ 일　자 : ____________

결　산　일 : ______________________ 검 토 자 : ____________ 일　자 : ____________

경영진 주장 :

A : 정확성(Accuracy)　E : 실재성(Existence)　RO : 권리와 의무(Rights and obligations)

C : 완전성(Completeness)　O : 발생사실(Occurrence)　CL : 분류(Classification)

CO : 기간귀속(Cutoff)　V : 평가(Valuation)　U : 이해가능성(Understandability)

※ 작성요령 :

조서번호 2302 감사위험의 평가(경영진 주장 수준)의 계정과목 및 파악된 위험을 '구분'란에 기재하고, 이의 위험평가 결과('유의적 위험'란), 대응하는 감사절차 실시여부('후속감사절차'란)를 기재한다.

구　분	유의적 위험 (Y/N)	후속감사절차				조서번호
		내부통제 이해 및 평가 실시여부 (Y/N)	내부통제 테스트 실시여부 (Y/N)	실증절차 실시여부		
				실증적 분석절차 실시여부 (Y/N)	세부 테스트 실시여부 (Y/N)	

Part 1. 절차 예시

감　사　절　차	경영진 주장	조서번호
1. 장단기차입금 및 사채 총괄표의 작성 당기말잔액은 총계정원장과 전기말잔액은 전기감사보고서와 대조하고 양년도간 특별한 변동이유를 규명한다.	E, C, CL	
2. 장단기차입금 및 사채 명세서 (1) 명세서를 입수하여 금액을 계산검증하고 잔액이 보조부와 일치하는지를 확인한다. (2) 신규 사채발행내역을 유가증권신고서 등을 통하여 확인한다.	C, V	
3. 외부 조회에 대한 구체적인 절차는 Audit Guide 3320 외부조회를 참고한다.	E, RO, C, A	

조서번호 : BB · DD－1

05

입증감사절차(BB · DD. 장단기차입금, 사채)

Part 1. 절차 예시－계속

감 사 절 차	경영진 주장	조서번호
4. 차입계약서상의 주요 계약사항의 준수 여부를 확인한다.	RO, CL	
5. 중요한 증감거래에 대하여 입출금거래를 확인하고, 피감사회사가 실제로 회계연도 중에 상환한 금액과 비교한다.	E, C	
6. 은행조회서상의 최종이자지급일을 확인하여 미지급(선급)이자 계산을 확인하고, 미지급비용명세 또는 선급비용명세와 연결한다.	C, V, A	
7. 차입금 평균금액과 이자율을 이용하여 이자비용에 대한 Overall Test를 실시한다. 이때 약정이자율에 대한 신뢰성을 검토하여야 한다.	C, A	
8. 연불수입조건으로 Banker's Usance 잔액이 조회될 경우 단기차입금 계상의 적정성을 검토한다(이자는 금융비용임).	C, CL	
9. 재무제표 표시사항 검토 (1) 단기차입금에 당좌차월, 어음상의 채무 포함여부를 확인 (2) 1년 이후에 상환될 차입금은 장기채무로 재분류(상환계획서, 은행조회서, 기재사항 대조) (3) 장기채무 중 1년 이내에 상환될 차입금은 유동성장기부채로 재분류 (4) 보고기간종료일로부터 1년 이내에 상환되어야 하는 채무는, 보고기간종료일과 재무제표가 사실상 확정된 날 사이에 보고기간종료일로부터 1년을 초과하여 상환하기로 합의하더라도 유동부채로 분류 (5) 보고기간종료일로부터 1년 이내에 상환기일이 도래하더라도, 기존의 차입약정에 따라 보고기간종료일로부터 1년을 초과하여 상환할 수 있고 기업의 그러한 의도가 있는 경우에는 비유동부채로 분류 (6) 사채할인차금은 사채에서 차감하는 형식으로 기재 (7) 전환증권의 경우 상환할증금, 할인할증발행차금, 전환권 등 조정을 액면가액에 가감하는 형식으로 표시	CL	
10. 주주총회 또는 이사회 의사록, 계약서, 금융기관조회서 또는 기타 서류를 검토하여 고정부채에 대한 승인 및 신용한도의 유무를 확인한다.	C, CL	
11. 재무제표 공시사항의 적정성 검토(공시사항점검표 참조)	C, CL, U	
12. 감사결론의 기술		

조서번호 : BB · DD－2

입증감사절차(BB · DD. 장단기차입금, 사채)

Part 2. 추가 고려 절차

감　　사　　절　　차	경영진 주장	조서번호
1. 조회 시 유의사항 (1) 은행, 보험회사, 종금사 등 채권자에 직접조회하여 기말잔액, 상환기한, 이자율, 최종이자지급일, 담보내용 주요차입조건 등을 확인(중도상환은행 포함) (2) 조회서의 회신금액과 은행연합회 제공 여수신현황표와 대사 확인한다.	E, RO, C, A	
2. 전환증권 (1) 전환사채, 신주인수권부사채 등 전환증권을 발행한 경우에는 발행가액, 권리행사조건(행사가격, 행사기간 등), 특약사항, 담보 또는 보증 제공 내역 등 기존 주주의 이해에 관계되는 중요한 사항을 확인한다. (2) 전환증권 발행의 경우에는 사채발행차금, 전환권(신주인수권)조정, 상환할증금에 대한 회계처리의 적정성을 검토하고 전환권(신주인수권)대가는 자본계정(또는 자본분류조건 미충족 시 부채계정)과 연결한다. (3) 전환권 행사에 대한 회계처리 시 실제권리행사일을 기준으로 사채의 장부가액이 결정되었는지 여부를 확인하고 장부가액(주식 발행가액)의 타당성을 검증한다. (4) 신주인수권 행사의 경우에는 상환할증금, 신주인수권대가에 대한 회계처리의 적정성을 검토한다. (5) 사채발행차금과 전환권(신주인수권)조정의 상각방법 및 금액의 적정성을 확인하고 사채이자계정에 연결한다.	E, RO, V, A	
3. 사채발행차금 등의 상각 사채발행가액(사채발행수수료와 사채발행과 관련하여 직접 발생한 기타비용을 차감한 후의 가액)과 액면가액의 차액인 사채발행차금 등의 상각방법 및 금액의 적정성을 확인하고 사채이자계정에 연결한다.	V, A	
4. 채무조정의 적정성 회사정리 및 화의절차개시 및 당사자 합의로 원금, 이자율, 기간 등이 재조정된 장단기차입금 및 사채에 대한 회계처리의 적정성을 검토한다.	V	

조서번호 : BB · DD－3

05

입 증 감 사 절 차
(CC. 기타유동부채)

회 사 명 : ____________ 작 성 자 : ________ 일 자 : ________

결 산 일 : ____________ 검 토 자 : ________ 일 자 : ________

경영진 주장 :

A : 정확성(Accuracy)	E : 실재성(Existence)	RO : 권리와 의무(Rights and obligations)
C : 완전성(Completeness)	O : 발생사실(Occurrence)	CL : 분류(Classification)
CO : 기간귀속(Cutoff)	V : 평가(Valuation)	U : 이해가능성(Understandability)

※ 작성요령 :

조서번호 2302 감사위험의 평가(경영진 주장 수준)의 계정과목 및 파악된 위험을 '구분'란에 기재하고, 이의 위험평가 결과('유의적 위험'란), 대응하는 감사절차 실시여부('후속감사절차'란)를 기재한다.

구 분	유의적 위험 (Y/N)	후속감사절차				조서번호
		내부통제 이해 및 평가 실시여부 (Y/N)	내부통제 테스트 실시여부 (Y/N)	실증절차 실시여부		
				실증적 분석절차 실시여부 (Y/N)	세부 테스트 실시여부 (Y/N)	

Part 1. 절차 예시

감 사 절 차	경영진 주장	조서번호
1. 기타유동부채의 총괄표 작성 당기말잔액은 총계정원장과, 전기말잔액은 전기감사보고서와 각각 대조하고, 양년도간 특별한 변동사항은 그 원인을 규명한다.	E, C, CL	
2. 기타유동부채 명세서 (1) 계정별로 거래처, 거래내용, 계산근거, 기말잔액이 표시된 명세서를 입수하여 금액을 계산검증하고 보조부와 대조 확인한다. (2) 기초와 기말의 내역을 비교하고 회계처리의 계속성을 확인한다. (3) 명세서를 스캔하여 유의적이거나 비경상적인 항목들을 검토한다.	E, RO, V	
3. 기타유동부채 외부 조회	A, E, C, RO	

조서번호 : CC－1

입증감사절차(CC. 기타유동부채)

Part 1. 절차 예시－계속

감 사 절 차	경영진 주장	조서번호
주요 거래처에 대한 채무가 중요할 경우 외부 확인을 수행하며 외부 확인에 대한 구체적인 절차는 Audit Guide 3320 외부조회를 참고한다.		
4. 중요한 항목 및 금액에 대하여 관련증빙을 대조확인한다. 기타 유동부채 중 주요금액에 대하여는 관련 증빙서류와 대조하여 거래발생 및 금액의 타당성을 확인한다. 상세테스트의 방법은 Audit Guide 3300 감사증거 및 Audit Guide 3310 표본감사를 참고한다.	A, E, V	
5. 미지급계상의 완전성 검토 손익계산서 및 제조원가명세서상의 비용항목을 검토하여 미지급계상의 완전성을 확인한다.	C, CO	
6. 보고기간종료일 이후에 지급된 금액 검토 보고기간종료일 이후 지급된 금액을 조사하여 당기에 제공받은 용역과 관련된 지급에 대하여 해당기간에 적절히 부채로 계상되었는지를 확인한다.	C, CO	
7. 외화표시 채무의 환산내용을 검토한다.	V, CL	
8. 재무제표 표시사항의 적정성 검토 (1) 가수금 등의 미결산 항목은 그 성질을 나타내는 적절한 과목으로 표시 (2) 기타의 유동부채 중 그 성질이나 금액이 중요한 경우 구분 기재 (3) 기타유동부채 중 1년 이후에 지급될 금액을 재분류	CL, U	
9. 특수관계자와의 거래 특수관계자와의 거래에 대한 구체적인 절차는 Audit Guide 3500 특수관계자 거래를 참고한다.	E, CL	
10. 재무제표 공시사항의 적정성 검토(공시사항점검표 참조)	C, CL, U	
11. 감사결론의 기술		

Part 2. 추가 고려 절차

감 사 절 차	경영진 주장	조서번호
1. 장기 미처리거래에 대한 확인 장기 미처리거래가 존재할 경우 이유를 규명하고 적절한 회계처리를 유도	E, V	
2. 감사인 측 및 경영진 측 전문가 수행업무의 평가 감사증거로 사용될 정보가 경영진 측 전문가가 수행한 업무의 도움으로 작성되거나 감사과정에서 감사인 측 전문가가 수행한 업무를 활용하는 경우 Audit Guide 2131 전문가의 활용을 참조하여 평가한다.	A, E, C, O, V	

조서번호 : CC－2

05

입 증 감 사 절 차

(EE. 퇴직급여부채, 급여)

회 사 명 : ______________ 작 성 자 : __________ 일 자 : __________

결 산 일 : ______________ 검 토 자 : __________ 일 자 : __________

경영진 주장 :

A : 정확성(Accuracy)	E : 실재성(Existence)	RO : 권리와 의무(Rights and obligations)
C : 완전성(Completeness)	O : 발생사실(Occurrence)	CL : 분류(Classification)
CO : 기간귀속(Cutoff)	V : 평가(Valuation)	U : 이해가능성(Understandability)

※ 작성요령 :

조서번호 2302 감사위험의 평가(경영진 주장 수준)의 계정과목 및 파악된 위험을 '구분'란에 기재하고, 이의 위험평가 결과('유의적 위험'란), 대응하는 감사절차 실시여부('후속감사절차'란)를 기재한다.

구 분	유의적 위험 (Y/N)	후속감사절차				조서번호
		내부통제 이해 및 평가 실시여부 (Y/N)	내부통제 테스트 실시여부 (Y/N)	실증절차 실시여부		
				실증적 분석절차 실시여부 (Y/N)	세부 테스트 실시여부 (Y/N)	

Part 1. 절차 예시

감 사 절 차	경영진 주장	조서번호
1. 퇴직급여충당부채의 총괄표 작성 당기말잔액은 총계정원장과, 전기말잔액은 전기감사보고서와 각각 대조하고, 양년도간 특별한 변동사항은 그 원인을 규명한다. 당기의 퇴직급여충당부채 증가액이 당기 인식한 퇴직급여와 일치하는지 검토하고 차이내역에 대해서는 그 원인을 조사한다.	E, C, CL	
2. 급여의 분석적 검토 월별급여명세서(부서별)를 징구하여 전기의 해당기간과 대비하고 특별한 변동사항이 있는 경우, 그 변동원인을 규명한다.	C, O, A	

조서번호 : EE－1

입증감사절차(EE. 퇴직급여부채, 급여)

Part 1. 절차 예시－계속

감 사 절 차	경영진 주장	조서번호
3. 급여와 관계된 다음의 과목이 적절하게 계상되었는가 검토한다. (1) 미지급급여 및 상여 (2) 미지급된 복리후생비 (3) 원천세 예수금 (4) 제조원가 및 판매관리비 구분	C, O, A	
4. 연차 부여와 관련된 회사의 회계정책을 이해하고 연차수당 미지급비용 계상액의 적절성을 검토한다.	C, E, A	
5. 기중퇴직금 지급액의 확인 기중퇴직금지급액에 대하여 적당량을 선정하여 퇴직금지급규정에 따라 적정하게 지급되었으며, 퇴직연금(보험)가입의 경우 보험수령액과 퇴직급여충당부채 감소내역을 비교검토한다.	O, A	
6. 당기 퇴직급여충당부채 설정액의 계산검증과 계정분류 (1) 직원 및 임원 퇴직금지급규정 징구 (2) 평균임금계산방법 근속년수에 따른 지급율 등의 주요사항 파악 (3) 퇴직급여추계액의 정확성 검증 (4) 일반기업회계기준상의 당기 설정할 금액과 회사계상액을 비교검토 (5) 당기 설정액이 적절하게 제조원가 및 판매관리비로 구분 회계처리 되었는지를 검토한 후 관련계정에 연결 확인	C, V, A, CL	
7. 퇴직보험예치금/퇴직연금 운용자산의 적정성 확인 보험회사 등에 예치 또는 신탁되어 있는 퇴직보험예치금 또는 퇴직연금 운용자산에 대한 수급권을 검토하고, 잔액조회서 및 기타 증빙서류를 입수하여 계정잔액의 적정성을 확인한다.	E, RO, V, A	
8. 재무제표 공시사항의 적정성 검토(공시사항점검표 참조)	C, CL, U	
9. 감사결론의 기술		

조서번호 : EE－2

입 증 감 사 절 차

(FF. 제 충당부채, 기타의 비유동부채)

회 사 명 : ______________ 작 성 자 : __________ 일 자 : __________

결 산 일 : ______________ 검 토 자 : __________ 일 자 : __________

경영진 주장 :

A : 정확성(Accuracy) E : 실재성(Existence) RO : 권리와 의무(Rights and obligations)

C : 완전성(Completeness) O : 발생사실(Occurrence) CL : 분류(Classification)

CO : 기간귀속(Cutoff) V : 평가(Valuation) U : 이해가능성(Understandability)

※ 작성요령 :

조서번호 2302 감사위험의 평가(경영진 주장 수준)의 계정과목 및 파악된 위험을 '구분'란에 기재하고, 이의 위험평가 결과('유의적 위험'란), 대응하는 감사절차 실시여부('후속감사절차'란)를 기재한다.

구 분	유의적 위험 (Y/N)	후속감사절차				조서번호
		내부통제 이해 및 평가 실시여부 (Y/N)	내부통제 테스트 실시여부 (Y/N)	실증절차 실시여부		
				실증적 분석절차 실시여부 (Y/N)	세부 테스트 실시여부 (Y/N)	

Part 1. 절차 예시

감 사 절 차	경영진 주장	조서번호
1. 제 충당부채 및 기타의 비유동부채 총괄표 작성 당기말잔액은 총계정원장과 전기말잔액은 전기감사보고서와 각각 대조하고 양년도간에 특별한 변동사항이 있는 경우에는 그 원인을 규명한다.	E, C, CL	
2. 제 충당부채 및 기타의 비유동부채 명세서 제 충당부채 및 기타의 비유동부채 명세서를 입수하여 금액을 계산검증하고 잔액이 보조부와 일치하는지를 확인한다.	C, A	
3. 제 충당부채 변경 내역에 대한 검토 (1) 충당부채의 전체 또는 일부의 사용에 대해서 사용된 금액은 의무의 이행과 대응되는지 확인하기 위하여, 관련 증빙 문서 검토, 관련된	C, E, RO	

조서번호 : FF－1

입증감사절차(FF. 제 충당부채, 기타의 비유동부채)

Part 1. 절차 예시－계속

감 사 절 차	경영진 주장	조서번호
비용과의 대사, 지출된 비용이 당초 충당부채에서 사용되었음을 회사의 회계기록에서 확인한다. (2) 충당부채의 전체 또는 일부의 환입에 대해서 관련 사유 및 증빙 문서를 검토하고, 의무 이행을 위하여 자원이 유출될 가능성이 더 이상 높지 않은지 평가하며 환입이 관련된 손익계산서상의 당초 비용과 동일한 계정과목에 반영되었는지 여부를 확인한다.		
4. 제 충당부채 및 기타의 비유동부채의 완전성 확인 회사와 사업에 대한 지식 및 전년도 감사결과, 다른 테스트에서 입수한 감사증거 등을 통하여 회사의 제 충당부채 및 기타의 비유동부채의 완전성에 대하여 검토한다.	C	
5. 제 충당부채의 산정근거의 적절성에 대하여 검토한다.	V	
6. 제 충당부채 및 기타의 비유동부채에 대한 외부조회 주요 거래처에 대한 채무가 중요할 경우 또는 제 충당부채의 계약 조건에 대한 외부 확인이 필요할 경우 외부 확인을 수행하며 외부 확인에 대한 구체적인 절차는 Audit Guide 3320 외부조회를 참고한다.	A, E, C, RO	
7. 기간계산에 의하여 인식되는 계정에 대하여는 기간 계산내용을 검증한다.	C, CO	
8. 외화표시부채의 환산내용을 검토한다.	V	
9. 특수관계자와의 거래 특수관계자와의 거래에 대한 구체적인 절차는 Audit Guide 3500 특수관계자 거래를 참고한다.	E, CL	
10. 재무제표 공시사항 검토(공시사항점검표 참조)	C, CL, U	
11. 감사결론의 기술		

Part 2. 추가 고려 절차

감 사 절 차	경영진 주장	조서번호
1. 현재가치에 의한 평가의 적정성 기타의 비유동부채 중 현재가치에 의한 평가사항이 있는 경우 동 평가액과 동할인차금의 계산이 적정한지 검증하고, 관련손익계정에 반영되었는지 확인한다.	V, A	

조서번호 : FF－2

입증감사절차(FF. 제 충당부채, 기타의 비유동부채)

Part 2. 추가 고려 절차－계속

감　　사　　절　　차	경영진 주장	조서번호
2. 감사인 측 및 경영진 측 전문가 수행업무의 평가 감사증거로 사용될 정보가 경영진 측 전문가가 수행한 업무의 도움으로 작성되거나 감사과정에서 감사인 측 전문가가 수행한 업무를 활용하는 경우 Audit Guide 2131 전문가의 활용을 참조하여 평가한다.	A, E, C, O, V	
3. 제품보증충당부채의 감사절차(예시) (1) 회사의 제품보증정책에 대해 파악하고, 판매계약서 · 약정서 등을 검토하여 이를 확인한다. (2) 제품보증충당부채와 관련비용계정의 변동을 검토하고, 동종업계 및 산업평균비율과 비교한다. (3) 설정비율의 타당성을 검토하고, 충당부채의 적정성을 확인한다. (4) 당기 중 신규 또는 비정상적인 제품보증과 관련된 의무가 발생했는지를 검토한다. (5) 잠재적인 보증문제가 존재하는지 확인하기 위해 계약서, 내부회신문서 또는 생산보고서 등을 검토한다. (6) 보고기간종료일 이후에 거액이나 신규 또는 비정상적인 보증문제가 발생하였는지 검토한다. (7) 충당부채 설정 시 제품보증과 관련하여 추가적으로 발생할 수 있는 벌과금 또는 기타비용이 존재하는지 검토한다. (8) 제품보증 클레임과 관련하여 변호사로부터 조회서의 수령 여부를 고려한다.	RO, C, V, A	

조서번호 : FF－3

입 증 감 사 절 차

(TUL. 부외부채)

회 사 명 : ____________ 작 성 자 : ________ 일 자 : ________

결 산 일 : ____________ 검 토 자 : ________ 일 자 : ________

경영진 주장 :

A : 정확성(Accuracy) E : 실재성(Existence) RO : 권리와 의무(Rights and obligations)

C : 완전성(Completeness) O : 발생사실(Occurrence) CL : 분류(Classification)

CO : 기간귀속(Cutoff) V : 평가(Valuation) U : 이해가능성(Understandability)

※ 작성요령 :

조서번호 2302 감사위험의 평가(경영진 주장 수준)의 계정과목 및 파악된 위험을 '구분'란에 기재하고, 이의 위험평가 결과('유의적 위험'란), 대응하는 감사절차 실시여부('후속감사절차'란)를 기재한다.

구 분	유의적 위험 (Y/N)	후속감사절차				조서번호
		내부통제 이해 및 평가 실시여부 (Y/N)	내부통제 테스트 실시여부 (Y/N)	실증절차 실시여부		
				실증적 분석절차 실시여부 (Y/N)	세부 테스트 실시여부 (Y/N)	

Part 1. 절차 예시

감 사 절 차	경영진 주장	조서번호
1. 어음수표에 대한 부외부채 확인 (1) 어음수표 총괄표 확인 회사로부터 거래은행별로 다음 내용이 포함된 어음수표총괄표를 징구하고, 어음수표관리대장과 일치하는지 확인한다. －거래은행명 －전기 말 미사용 내역(번호 및 매수) －어음수표구입상황(구입일자, 매수, 번호) －발행상황(발행번호 및 매수) －폐기내용(작성 시 오기, 담보제공어음 회수 등)	RO, C, V	

조서번호 : TUL－1

입증감사절차(TUL. 부외부채)

Part 1. 절차 예시－계속

감 사 절 차	경영진 주장	조서번호
－미사용 내역(번호 및 매수) －누락번호 및 매수		
(2) 어음수표 수불 Test 어음·수표별 당기 사용매수에 대한 총괄적검증 결과 불일치의 경우 (A)>(B) 부외부채가능성이 있으므로 주의한다. 전기 미사용수량 ／ 회계장부상 발행수량 (＋) 당기 중 교부받은 수량 ／ (＋) 비망기록상 발행수량 (－) 기말 미사용수량 ／ (＋) 폐기 수량 (A) 당기 어음·수표사용수량 ／ (B) 당기 어음·수표사용수량		
－전기 말 미사용내역 : 전기 말 Cut－off 자료, 어음수표부본, 발행대장 등과 대조 확인 －당기 교부받은 내역 : 은행별로 은행조회서 또는 은행보관 어음수표 교부대장사본과 비교확인(중도해지 은행을 포함하여야 함) －당기 발행내역 : ① 회사의 어음수표 발행대장, 회계장부기록, 또는 어음수표부본과 대조확인(지급어음, 단기차입 등 금융어음) ② 비망기록(융통어음, 담보견질어음수표, 대여어음)을 검토하여 감사일 현재 회수된 것은 실물을 확인하고 미회수된 것은 보관증을 확인대조하거나 상대채권자에 조회 확인 －폐기내역 : 실물확인하거나 은행보고용 자료에 의해 확인 －미사용내역 : 현물을 실사하거나 어음수표발행대장과 어음수표부본을 개별대조 확인 －은행조회서에서 미회수어음수표내역이 확인되는 경우에는 그 미회수내용을 규명함으로서 위에 기술한 중복되는 절차를 생략 가능 －자가어음 발행의 경우 : 은행도어음 이외에 자가어음을 발행하는 경우도 상기 절차에 준하여 추가적으로 부외부채 발생가능성 검토		
2. 결산일 전후의 자금거래내역 파악 결산일 이후 일정기간 동안에 발생한 지급거래에 대하여 부채로 미반영된 사항이 있는지 여부를 확인한다.	RO, C, V, A	
3. 감사결론의 기술		

조서번호 : TUL－2

입증감사절차(TUL. 부외부채)

Part 2. 추가 고려 절차

감 사 절 차	경영진 주장	조서번호
1. 은행조회서 또는 은행연합회 자료상의 확정지보금액과 회사의 수입업무와 관련하여 발생한 채무(L/C관련 매입채무와 단기차입금에 포함된 수입관련 채무) 계상액을 비교하고 차이의 원인을 분석한다.	RO, C	
2. D/A, D/P 조건의 매입채무의 경우에는 은행조회서로 확인할 수 없다. D/A, D/P 조건의 매입채무의 부외부채 유무를 확인하기 위해서는 보고기간종료일 이후의 매입송장, B/L(선하증권) 등을 개관하여 선적일 등을 검토하는 등의 다른 절차를 수행하여야 한다.	RO, C	
3. 가계정(가지급·가수금)의 내용 가계정의 발생·결재사항을 검토하여 개인사채의 차입여부를 판단하고 기말잔액에 지급이자와 관련된 금액이 포함되었는지의 여부를 확인한다.	RO, C	
4. 차입금 이외의 지급이자 검토 지급이자나 영업외비용의 잡계정 등의 보조부 내역을 검토하여 회사장부에 반영된 차입금 이외의 지급이자 등으로 부외부채 유무를 확인한다.	C	
5. 파생상품거래내역에 대하여 담당부서의 거래기록부를 조사확인하고 기말현재 부채로 계상될 거래누락 여부를 검토한다.	RO, C	
6. 보고기간종료일을 전후하여 몇일간의 기간동안 은행 간에 주요한 거래가 있는지 여부를 검토하고, 주요거래에 대한 사유를 확인한다.	C	
7. 은행으로부터 결산일 전후 1주일가량의 은행거래내역이 기록된 당좌거래명세서(당좌원장사본)를 입수하여 예금의 입출금에 대한 기간귀속의 적정성을 검토하라.	C, CO	

조서번호 : TUL－3

입 증 감 사 절 차

(CL. 우발부채 및 약정사항)

회 사 명 : ______________________ 작 성 자 : __________ 일 자 : __________

결 산 일 : ______________________ 검 토 자 : __________ 일 자 : __________

경영진 주장 :

A : 정확성(Accuracy) E : 실재성(Existence) RO : 권리와 의무(Rights and obligations)

C : 완전성(Completeness) O : 발생사실(Occurrence) CL : 분류(Classification)

CO : 기간귀속(Cutoff) V : 평가(Valuation) U : 이해가능성(Understandability)

※ 작성요령 :

조서번호 2302 감사위험의 평가(경영진 주장 수준)의 계정과목 및 파악된 위험을 '구분'란에 기재하고, 이의 위험평가 결과('유의적 위험'란), 대응하는 감사절차 실시여부('후속감사절차'란)를 기재한다.

구 분	유의적 위험 (Y/N)	후속감사절차				조서번호
		내부통제 이해 및 평가 실시여부 (Y/N)	내부통제 테스트 실시여부 (Y/N)	실증절차 실시여부		
				실증적 분석절차 실시여부 (Y/N)	세부 테스트 실시여부 (Y/N)	

Part 1. 절차 예시

감 사 절 차	경영진 주장	조서번호
1. 우발부채 및 약정사항 명세서의 입수 모든 유의한 우발부채 및 약정사항 명세서를 입수하여 다음의 절차를 수행한다. 여기에는 해당된다면 전기 재무상태표상의 대응되는 금액 및 전기에 존재하였던 약정을 포함한다. (1) 명세서의 산술적 정확성을 테스트한다. (2) 중요한 우발부채를 초래하는 사건이나 상황에 관하여 경영진에 대하여 질문하고 각각의 논의된 사항들에 대하여 문서화한다.	E, C, CL	

조서번호 : CL－1

입증감사절차(CL. 우발부채 및 약정사항)

Part 1. 절차 예시－계속

감 사 절 차	경영진 주장	조서번호
2. 우발부채 및 약정사항의 완전성 검토 다음 사항을 참조하여 기말현재의 우발부채 및 약정사항의 완전성을 검토한다. (1) 회사의 거래 금융기관으로부터 받은 외부조회서 (2) 주총, 이사회 등의 의사록에 대한 검토 내용 (3) 은행연합회 기업신용정보자료 (4) 소송과 배상청구에 대한 회사의 내・외부 법률고문과의 커뮤니케이션. 소송과 배상청구에 대한 구체적인 절차는 Audit Guide 3301 감사증거－특정항목에 대한 구체적인 고려사항를 참고한다. (5) 회사의 인감 날인부 (6) 회사의 계약서에 대한 검토 내용	C	
3. 우발부채 계상의 적정성 (1) 우발부채 중 확정채무화될 것이 확실하고 그 손실금액을 예측할 수 있는 것에 대해서는 부채로 계상되었는지를 검토한다. (2) 필요한 경우에는 보증채무, 보증예약 등에 대하여 상대 거래처에게 직접 확인 (3) 제조물책임, 환경문제 등을 원인으로 하는 우발부채를 고려할 필요가 없는가를 검토 (4) 경영지도각서와 같은 보증에 준하는 우발부채의 원인으로 될 가능성이 있는 행위를 하고 있지 않는가에 대하여 경영자에 대한 질문	A, C, V	
4. 서면진술서 보고기간종료일 현재의 우발부채(부표내용 포함) 및 약정사항에 대하여는 서면진술서에 기재(모든 부채의 완전성에 관한 사항을 포함)하여 책임자의 서명 날인을 받는다.	C, V, CL, U	
5. 특수관계자 거래 특수관계자와의 거래에 대한 구체적인 절차는 Audit Guide 3500 특수관계자 거래를 참고한다.	E, CL	
6. 재무제표 공시사항의 적정성 검토(공시사항점검표 참조)	C, CL, U	
7. 감사결론의 기술		

조서번호 : CL－2

05

입증감사절차(CL. 우발부채 및 약정사항)

Part 2. 추가 고려 절차

감 사 절 차	경영진 주장	조서번호
1. 매출채권의 양도, 할인 매출채권의 양도(어음의 배서) 또는 할인 내용을 확인하기 위해 관계책임자에게 질문 또는 매출채권 계정을 검토하여 감소(어음은 만기일전)된 내용을 검토하고 회계처리의 적정정을 검토한다.	V, CL	
2. 파생상품거래 선물거래, 선물환거래, 스왑거래 등의 내용을 파악하고 선물거래손익, 미결제잔액을 선물계약부서의 보조부를 조사하여 회계처리 및 공시의 적정성을 '파생상품'과 연계하여 검토한다.	RO, CL	
3. 소송과 배상청구 (1) 소송과 배상청구 항목의 완전성을 확인하기 위해 다음 절차를 수행한다. ① 경영진, 그리고 해당되는 경우 내부 법률고문 등 기업 내부의 다른 인원에게 질문함. ② 지배기구의 회의록 및 기업과 외부 법률고문 간의 왕복문서를 검토함. ③ 법률비용 계정을 검토함. (2) 외부 법률고문과의 커뮤니케이션 식별된 소송과 배상청구에 관하여 감사인이 중요한 왜곡표시위험이 있다고 평가한 경우 또는 감사절차를 수행한 결과 그 밖의 중요한 소송과 배상청구가 존재할 가능성이 나타나는 경우 다음과 같은 외부 법률고문과의 커뮤니케이션을 수행한다. ① 조회서 발송 ② 외부 법률고문과의 직접 커뮤니케이션 ③ 법규 또는 관련 법률전문직 단체에 의해 감사인과 외부 법률 고문 간의 직접적인 커뮤니케이션이 금지된 경우에는 대체적인 감사절차를 수행 (3) 감사인은 다음의 모두에 해당되는 경우 감사보고서의 의견을 변형시킨다. ① 감사인이 외부 법률고문과 커뮤니케이션을 하거나 만나는 것을 경영진이 거부함. 또는 외부 법률고문이 질의서에 대한 적절한 답변을 거부하거나 답변이 금지됨. ② 감사인이 대체적인 감사절차를 통하여는 충분하고 적합한 감사증거를 얻을 수 없음.	RO, O, C, CL	

조서번호 : CL－3

입증감사절차(CL. 우발부채 및 약정사항)
Part 2. 추가 고려 절차－계속

감 사 절 차	경영진 주장	조서번호
(4) 경영진, 그리고 적절한 경우 지배기구에게 서면진술을 징구한다. 서면진술에는 다음의 사항을 포함한다. ① 재무제표를 작성할 때 그 영향을 고려해야 할 알려진 실제의 또는 발생가능한 소송과 배상청구를 감사인에게 모두 공개하였으며, ② 해당 재무보고체계에 따라 회계처리하고 공시하였음. (5) 변호사조회서 회신결과 등을 검토하여 재무제표상에 공시하거나 우발부채로 계상하여야 하는지 검토한다.		
4. 담보제공 및 지급보증채무에 대한 검토 (1) 이사회 의사록 등과 대조 확인 (2) 회사의 인감대장 등을 열람하여 기록되지 아니한 담보제공 및 지급보증채무 여부를 검토 (3) 어음/수표 검토를 통하여 견질 등으로 제공된 어음/수표 중 지급보증 관련 어음/수표의 발행이 없는지를 확인(모든 견질 어음/수표의 용도를 기재하여 관련 채무, 보증 또는 거래와 확인하여야 함) (4) 관계회사 등의 재무상태 등을 검토하여 담보제공 및 지급보증 가능성을 검토하고 필요한 경우 당해 관계회사로부터 확인서를 입수 (5) 은행연합회 기업신용정보 자료와 대사하여 차이내역 검토	RO, C	
5. 약정사항 중 회사에 손실을 발생시킬 수 있는 다음 내용을 검토한다. (1) 중요판매계약(공사도급계약 포함), 수출관련서류를 검토하고 관계책임자에게 질문하여 클레임의 발생사실 및 발생가능성 (2) 중요구매계약을 검토하여 가격 및 기타조건에 있어 회사에게 불리한 조건의 유무	RO, C	
6. 감사인 측 및 경영진 측 전문가 수행업무의 평가 감사증거로 사용될 정보가 경영진 측 전문가가 수행한 업무의 도움으로 작성되거나 감사과정에서 감사인 측 전문가가 수행한 업무를 활용하는 경우 Audit Guide 2131 전문가의 활용을 참조하여 평가한다.	A, E, C, O, V	

조서번호 : CL－4

입 증 감 사 절 차

(GG. 자본)

회 사 명 : ______________ 작 성 자 : ________ 일 자 : ________

결 산 일 : ______________ 검 토 자 : ________ 일 자 : ________

경영진 주장 :

A : 정확성(Accuracy)	E : 실재성(Existence)	RO : 권리와 의무(Rights and obligations)
C : 완전성(Completeness)	O : 발생사실(Occurrence)	CL : 분류(Classification)
CO : 기간귀속(Cutoff)	V : 평가(Valuation)	U : 이해가능성(Understandability)

※ 작성요령 :

조서번호 2302 감사위험의 평가(경영진 주장 수준)의 계정과목 및 파악된 위험을 '구분'란에 기재하고, 이의 위험평가 결과('유의적 위험'란), 대응하는 감사절차 실시여부('후속감사절차'란)를 기재한다.

구 분	유의적 위험 (Y/N)	후속감사절차				조서번호
		내부통제 이해 및 평가 실시여부 (Y/N)	내부통제 테스트 실시여부 (Y/N)	실증절차 실시여부		
				실증적 분석절차 실시여부 (Y/N)	세부 테스트 실시여부 (Y/N)	

Part 1. 절차 예시

감 사 절 차	경영진 주장	조서번호
1. 자본계정의 총괄표 작성 당기말잔액은 총계정원장과 전기말잔액은 전기감사보고서와 각각 대조하고, 양년도간 특별한 변동이유를 규명한다.	E, C, CL	
2. 자본계정의 명세서 기초잔액, 증가, 감소 및 기말잔액, 수권주식수 및 기말 현재 발행주식수, 주당 액면가액 등을 포함하여, 주식 종류별로 구분된 자본 계정에 대한 명세서를 입수하여 금액을 계산검증하고 잔액이 보조부와 일치하는지 확인한다.	C, A	

조서번호 : GG－1

입증감사절차(GG. 자본)

Part 1. 절차 예시－계속

감 사 절 차	경영진 주장	조서번호
3. 자본금 변동사항에 대하여 관련 증빙과 대조 확인하고 회계처리의 적정성을 확인한다.	E, C, V	
4. 자본잉여금 변동사항에 대하여 관련 증빙과 대조 확인하고 회계처리의 적정성을 확인한다.	E, C, V	
5. 기타포괄손익누계액(매도가능증권평가손익, 해외사업환산손익, 현금흐름위험회피 파생상품평가손익 등) 항목에 대한 금액의 정확성 및 회계처리의 적정성을 확인한다.	V, A	
6. 주당이익(손실)의 계산을 검증한다. (희석증권이 있는 경우 희석화 여부를 판단하라)	A, U	
7. 재무제표 표시사항 검토 (1) 납입자본과 적립금을 자본금, 주식발행초과금, 적립금 등과 같은 분류로 세분화 (2) 주당이익(손실)(공개기업이나 상장절차를 진행하고 있는 기업이 아닌 경우 주당이익을 공시하지 않을 수 있음)	CL, U	
8. 재무제표 공시사항의 적정성 검토(공시사항점검표 참조)	C, CL, U	
9. 감사결론의 기술		

Part 2. 추가 고려 절차

감 사 절 차	경영진 주장	조서번호
1. 자본금 (1) 증자가 있는 경우 수권자본범위, 입금기록(유상증자), 등기부등본을 확인 (2) 감자가 있는 경우 적법성과 감자차손익의 적정성을 확인하고 등기부등본 확인 (3) 현물출자일 경우 공정가액평가와 회계처리의 적정성 확인 (4) 신주청약증거금, 청약미수금이 있는 경우 관련 증빙과 대조 확인 (5) 정관 및 법인등기부등본을 입수하여 자본계정의 내역을 확인 (6) 주주명부나 주식대장을 검토하여 기중 자본의 변동상황을 확인	E, C, V	
2. 자본잉여금 (1) 자본잉여금 내용 및 증감사항의 타당성을 검토 (2) 전환증권의 발행 및 전환 등에 대한 회계처리의 적정성을 검토	E, C, V	

조서번호 : GG－2

입증감사절차(GG. 자본)

Part 2. 추가 고려 절차－계속

감 사 절 차	경영진 주장	조서번호
3. 이익잉여금 이익잉여금 증감사항의 타당성 확인을 위해 전기 및 당기의 이익잉여금 처분계산서를 검토하고, 다음 절차를 수행한다. (1) 임의적립금이입액, 결손금처리액 및 이익잉여금 처분에 따른 증감내역에 대한 주주총회 승인 여부 확인 (2) 법령에 따라 적립되는 이익잉여금의 관련법규 준수여부 확인 (3) 현금배당 및 주식배당에 관한 승인 및 관련 세부자료를 검토하고, 배당금액의 계산을 검증하라. 법규, 차입약정서 및 기타 증서 등에 의한 제약사항을 검토하라. 또한 이러한 배당 등이 처분가능한 이익(배당가능이익 등)으로부터 이루어진 것인가를 검토하라. (4) 기타 이익잉여금의 변동사항의 타당성 검토	E, C, V	
4. 자기주식의 취득 (1) 취득경위, 향후처리계획, 질권 기타 담보제공여부(보관증확인 또는 조회확인) (2) 자기주식 취득대가의 실제 지불 및 회계처리 여부 (3) 주식소각을 목적으로 취득한 경우에는 실사	E, RO, V	
5. 회계기간 중 주식기준보상(Share－based Payment)약정이 부여된 경우 이에 대한 내용을 정관, 주주총회 또는 의사회 의사록, 법인등기부등본 및 관련 약정서를 통하여 파악하고, 주식기준보상 약정의 부여, 행사 및 소멸 그리고 관련비용의 회계처리가 적절하게 이루어지고 있는지를 검토한다.	E, RO, V, A	
6. 금융상품의 특성의 변경으로 인하여 부채에서 자본으로(또는 이와는 반대로) 계정재분류가 이루어져야 하는 경우 이러한 회계처리의 적합성을 고려한다.	CL, U	

조서번호 : GG－3

입 증 감 사 절 차

(P. 매출 및 기타수익)

회 사 명 : ______________ 작 성 자 : __________ 일 자 : __________

결 산 일 : ______________ 검 토 자 : __________ 일 자 : __________

경영진 주장 :

A : 정확성(Accuracy) E : 실재성(Existence) RO : 권리와 의무(Rights and obligations)

C : 완전성(Completeness) O : 발생사실(Occurrence) CL : 분류(Classification)

CO : 기간귀속(Cutoff) V : 평가(Valuation) U : 이해가능성(Understandability)

※ 작성요령 :

조서번호 2302 감사위험의 평가(경영진 주장 수준)의 계정과목 및 파악된 위험을 '구분'란에 기재하고, 이의 위험평가 결과('유의적 위험'란), 대응하는 감사절차 실시여부('후속감사절차'란)를 기재한다.

구 분	유의적 위험 (Y/N)	후속감사절차				조서번호
		내부통제 이해 및 평가 실시여부 (Y/N)	내부통제 테스트 실시여부 (Y/N)	실증절차 실시여부		
				실증적 분석절차 실시여부 (Y/N)	세부 테스트 실시여부 (Y/N)	

Part 1. 절차 예시

감 사 절 차	경영진 주장	조서번호
1. 매출액 비교분석표 작성 당기금액은 총계정원장과 전기금액은 전기감사보고서와 각각 대조하고 양년도간에 특별한 변동사항이 있는 경우에는 그 원인을 규명한다.	O, A, CL	
2. 매출액명세서 및 부가가치세신고서의 입수 수익종류별, 월별 또는 지역별 매출액명세서의 잔액이 보조부와 일치하는지를 확인하고 부가가치세신고서와 대조, 계산의 정확성을 검증한다.	O, A	

조서번호 : P－1

입증감사절차(P. 매출 및 기타수익)

Part 1. 절차 예시－계속

감 사 절 차	경영진 주장	조서번호
3. 분석적 검토 최근 2～3년간 손익계산서에 대한 다음의 분석적검토를 실시한다. (1) 매출액의 내용별 구성비율의 분석 (2) 매출액과 판매비(운반비, 수출비, 판매수수료 등)와의 비교분석 (3) 월별매출액의 비교분석 (4) 매출총이익율의 분석 (5) 매출액 대비 환입, 에누리, 할인 등의 비교분석 (6) 재무비율의 추이를 분석하고 결과치를 산업평균과 경쟁사와 비교 (7) 월별 또는 분기별 예산과 실제 매출액을 비교하고, 중요한 차이에 대한 검토 (8) 결산일 전후 수일간의 매출액을 당해연도 평균 일일 매출액과 비교 (9) 당기의 월별 판매단가자료를 입수하여 추세를 분석하고, 전기의 평균판매단가와 비교	O, C, A	
4. 거래형태별 수익인식기준의 타당성을 검토한다.	O, C, A, CL	
5. 결산일 직전 · 후의 거래를 분석하여 기간귀속의 적정성을 확인한다. 5－1. 기중 회사의 거래내역을 분석하여 매출의 발생사실을 확인한다.	C, A	
6. 기타수익의 적정성 기타수익의 종류별, 월별 또는 지역별 명세서의 잔액이 보조부와 일치하는지를 확인한다.	O, A	
7. 특수관계자와의 거래 관계회사 등 특수관계자와의 거래유무를 확인하고, 거래가 있으면 이해관계 없는 제3자와의 거래와 같이 정당하고 공정하게 이루어졌는가를 검토한다. 특수관계자와의 거래에 대한 구체적인 절차는 Audit Guide 3500 특수관계자 거래를 참고한다.	O, CL	
8. 재무제표 공시사항 검토(공시사항점검표 참조)	CL	
9. 감사결론의 기술		

조서번호 : P－2

입증감사절차(P. 매출 및 기타수익)

Part 2. 추가 고려 절차

감 사 절 차	경영진 주장	조서번호
1. 수익인식기준의 유형별 검토 (1) 거래 이후에도 판매자가 관련 재화의 소유에 따른 위험을 부담하는 경우 수익인식의 적정성(반품추정액의 적정성 포함)을 검토한다. (2) 특수판매(위탁판매, 할부판매, 예약판매, 시용판매, 도급공사 등)가 있는 경우 미실현이익의 계상여부를 검토한다. (3) 매출에누리, 매출환입, 매출할인, 판매장려금 등의 기간귀속의 적정성을 검토하고, 매출액의 차감항목으로 회계처리되었는지를 검토한다. (4) 진행률에 따른 수익인식이 적용되는 도급공사 및 용역매출이 있는 경우 진행률 산정의 적정성을 검토한다. (5) 미인도청구(Bill and hold) 거래를 검토한다.	O, C, A, CL	
2. 내부거래의 제거 내부거래가 있는 경우 내부거래금액과 내부미실현이익은 적절히 상계 제거되었는가 검토한다.	A	

조서번호 : P－3

입 증 감 사 절 차

(Q. 매출원가, 제조원가)

회 사 명 : ______________ 작 성 자 : __________ 일 자 : __________

결 산 일 : ______________ 검 토 자 : __________ 일 자 : __________

경영진 주장 :

A : 정확성(Accuracy) E : 실재성(Existence) RO : 권리와 의무(Rights and obligations)

C : 완전성(Completeness) O : 발생사실(Occurrence) CL : 분류(Classification)

CO : 기간귀속(Cutoff) V : 평가(Valuation) U : 이해가능성(Understandability)

※ 작성요령 :

조서번호 2302 감사위험의 평가(경영진 주장 수준)의 계정과목 및 파악된 위험을 '구분'란에 기재하고, 이의 위험평가 결과('유의적 위험'란), 대응하는 감사절차 실시여부('후속감사절차'란)를 기재한다.

<table>
<tr><th rowspan="3">구 분</th><th rowspan="3">유의적
위험
(Y/N)</th><th colspan="4">후속감사절차</th><th rowspan="3">조서번호</th></tr>
<tr><th rowspan="2">내부통제
이해 및 평가
실시여부
(Y/N)</th><th rowspan="2">내부통제
테스트
실시여부
(Y/N)</th><th colspan="2">실증절차 실시여부</th></tr>
<tr><th>실증적
분석절차
실시여부
(Y/N)</th><th>세부
테스트
실시여부
(Y/N)</th></tr>
<tr><td></td><td></td><td></td><td></td><td></td><td></td><td></td></tr>
<tr><td></td><td></td><td></td><td></td><td></td><td></td><td></td></tr>
<tr><td></td><td></td><td></td><td></td><td></td><td></td><td></td></tr>
</table>

Part 1. 절차 예시

감 사 절 차	경영진 주장	조서번호
1. 매출원가 비교분석표 작성 (1) 전기의 매출원가 금액은 전기감사보고서와 대조하고, 기초재고액과 당기매입액(또는 당기제조원가) 및 기말재고액은 재고자산조서와 연결한다. (2) 총괄표상의 계산의 정확성을 검증한다. (3) 전기 말 대비 당기말잔액의 변동내역을 확인하고 양년도간 특별한 변동사항은 그 원인을 규명한다.	C, O, CL	
2. 매출원가와 매출액을 전기와 비교하여 매출이익률의 변동이 큰 경우에는 그 원인을 조사한다.	C, A	

조서번호 : Q－1

입증감사절차(Q. 매출원가, 제조원가)

Part 1. 절차 예시－계속

감 사 절 차	경영진 주장	조서번호
3. 매출원가의 구성을 검토 (1) 타계정에서 대체된 내용과 타계정으로 대체된 명세서를 입수하여 그 처리의 적정성을 검토 (2) 관세환급금 등 매출원가에서 차감할 사항의 유무를 검토 (3) 중요한 타계정 금액에 대해서는 금액적 중요성 및 발생원천을 고려하여 관련 증빙의 적정성을 검증	A	
4. 원가계산방법의 타당성 회사가 채택하고 있는 원가계산제도에 따른 원가계산 방법이 타당한가를 검토한다(원가계산관계서류 징구).	A	
5. 제조원가명세서의 적정성 전기 대비 제조원가명세서를 징구하여 제조원가 명세서의 구성항목과 제조원가에서 각각의 원재료비, 노무비, 경비가 차지하는 비중이 적절한지에 대하여 검토한다.	O, C, A	
6. 제조원가항목의 분석적검토 제조원가 각 항목의 월별 변동사항을 검토하고, 전기와도 비교하여 그 변동의 타당성을 확인	O, C, A	
7. 보고기간종료일 직전 · 후의 거래를 분석하여 기간귀속의 적정성을 확인한다.	C, CO	
8. 특수관계자 거래 특수관계자와의 거래에 대한 구체적인 절차는 Audit Guide 3500 특수관계자 거래를 참고한다.	E, CL	
9. 재무제표 공시사항 검토(공시사항점검표 참조)	C, CL, U	
10. 감사결론의 기술		

Part 2. 추가 고려 절차

감 사 절 차	경영진 주장	조서번호
1. 제조원가명세서의 적정성 전기 대비 제조원가명세서를 징구하여 다음의 감사절차를 수행한다. (1) 원가구성비율 등을 제조원가 요소별로 전기와 대비하여 적정성을 검토하고 비정상적인 거래에 대해서는 증빙대조하여 그 타당성을 확인한다.	O, C, A	

조서번호 : Q－2

입증감사절차(Q. 매출원가, 제조원가)

Part 2. 추가 고려 절차－계속

감 사 절 차	경영진 주장	조서번호
(2) 보조부 및 총계정원장과 대조하고 보조부를 개관하여 특이한 금액이 있으면 증빙을 검토한다. (3) 제조원가와 판매관리비와의 구분기준을 검토하며, 배부된 간접비를 관련 증빙과 비교하고 계산을 검증한다. (4) 제조원가 중 재무상태표와 연결되는 부분을 검토한다. (5) 타계정에서 대체된 내용과 타계정으로 대체된 명세서를 입수하여 그 처리의 적정성을 검토한다. (6) 매입량과 판매량을 비교하고, 비경상적이거나 중요한 변동을 조사하고 직접재료비 요소에 적용된 매입가격을 구매주문서, 구매송장 등 이용가능한 증거를 통해 확인한다. (7) 재고자산평가손실과 감모손실이 매출원가에 반영되었는지 검토한다.		

조서번호 : Q－3

입 증 감 사 절 차

(R. 판매비와관리비)

회 사 명 : ______________________ 작 성 자 : __________ 일 자 : __________

결 산 일 : ______________________ 검 토 자 : __________ 일 자 : __________

경영진 주장 :

A : 정확성(Accuracy) E : 실재성(Existence) RO : 권리와 의무(Rights and obligations)

C : 완전성(Completeness) O : 발생사실(Occurrence) CL : 분류(Classification)

CO : 기간귀속(Cutoff) V : 평가(Valuation) U : 이해가능성(Understandability)

※ 작성요령 :

조서번호 2302 감사위험의 평가(경영진 주장 수준)의 계정과목 및 파악된 위험을 '구분'란에 기재하고, 이의 위험평가 결과('유의적 위험'란), 대응하는 감사절차 실시여부('후속감사절차'란)를 기재한다.

<table>
<tr><th rowspan="3">구 분</th><th rowspan="3">유의적 위험 (Y/N)</th><th colspan="4">후속감사절차</th><th rowspan="3">조서번호</th></tr>
<tr><th rowspan="2">내부통제 이해 및 평가 실시여부 (Y/N)</th><th rowspan="2">내부통제 테스트 실시여부 (Y/N)</th><th colspan="2">실증절차 실시여부</th></tr>
<tr><th>실증적 분석절차 실시여부 (Y/N)</th><th>세부 테스트 실시여부 (Y/N)</th></tr>
<tr><td></td><td></td><td></td><td></td><td></td><td></td><td></td></tr>
<tr><td></td><td></td><td></td><td></td><td></td><td></td><td></td></tr>
<tr><td></td><td></td><td></td><td></td><td></td><td></td><td></td></tr>
</table>

Part 1. 절차 예시

감 사 절 차	경영진 주장	조서번호
1. 판매비와관리비 총괄표 작성 당기금액은 총계정원장과, 전기금액은 전기감사보고서와 각각 대조하고, 양년도간 특별한 변동 사항은 그 원인을 규명한다.	C, O, CL	
2. 판매비와관리비 월별명세서를 입수하여 다음의 절차를 수행한다. (1) 전기와 대비하여 검토 (2) 매출액에 대한 구성비율 검토 (3) 보조부 및 총계정원장과 대조 (4) 보조부를 개관하여 특별한 금액이 있으면 담당자에게 질문하고 필요한 경우 증빙을 확인	O, C, A	

조서번호 : R－1

입증감사절차(R. 판매비와관리비)

Part 1. 절차 예시－계속

감 사 절 차	경영진 주장	조서번호
3. 판매비와관리비 중 관련되는 자산 또는 부채계정이 있을 경우 해당 자산 또는 부채 계정의 감사조서와 연결하여 검토한다. (1) 급여 및 퇴직급여는 미지급비용 또는 퇴직급여충당부채 조서와 연결 (2) 감가상각비와 수선비는 유형자산 감사조서와 연결 (3) 무형자산상각비는 무형자산 감사조서와 연결 (4) 대손상각비는 매출채권, 대손충당금감사조서와 연결 (5) 보험료는 선급비용과 연결	V, A	
4. 전력비, 수도료, 임차료, 사용료 등 매월 지급되는 비용은 최종월지급분의 계상유무를 검토한다.	C, CO	
5. 보고기간종료일 직전・후의 거래를 분석하여 기간귀속의 적정성을 확인한다.	C, CO	
6. 판매관리비용이 성격에 따라 적절히 분류되었는지를 파악한다. 특히, 판매관리비와 제조원가의 혼동, 판매관리비와 영업외비용의 혼동에 유의한다.	CL	
7. 특수관계자와의 거래 특수관계자와의 거래에 대한 구체적인 절차는 Audit Guide 3500 특수관계자 거래를 참고한다.	E, CL	
8. 재무제표 공시사항 검토(공시사항점검표 참조)	C, CL, U	
9. 감사결론의 기술		

Part 2. 추가 고려 절차

감 사 절 차	경영진 주장	조서번호
1. 다음의 비용은 관련되는 자산 또는 부채계정의 감사조서와 연결하여 검토한다. (1) 급여 및 퇴직급여는 미지급비용 또는 퇴직급여충당부채 조서와 연결 (2) 감가상각비와 수선비는 유형자산 감사조서와 연결 (3) 무형자산상각비는 무형자산 감사조서와 연결 (4) 대손상각비는 매출채권, 대손충당금 감사조서와 연결 (5) 보험료는 선급비용과 연결	V, A	

조서번호 : R－2

입 증 감 사 절 차

(S. 기타이익, 기타비용)

회 사 명 : ______________ 작 성 자 : __________ 일 자 : __________

결 산 일 : ______________ 검 토 자 : __________ 일 자 : __________

경영진 주장 :

A : 정확성(Accuracy) E : 실재성(Existence) RO : 권리와 의무(Rights and obligations)

C : 완전성(Completeness) O : 발생사실(Occurrence) CL : 분류(Classification)

CO : 기간귀속(Cutoff) V : 평가(Valuation) U : 이해가능성(Understandability)

※ 작성요령 :

조서번호 2302 감사위험의 평가(경영진 주장 수준)의 계정과목 및 파악된 위험을 '구분'란에 기재하고, 이의 위험평가 결과('유의적 위험'란), 대응하는 감사절차 실시여부('후속감사절차'란)를 기재한다.

구 분	유의적 위험 (Y/N)	후속감사절차				조서번호
		내부통제 이해 및 평가 실시여부 (Y/N)	내부통제 테스트 실시여부 (Y/N)	실증절차 실시여부		
				실증적 분석절차 실시여부 (Y/N)	세부 테스트 실시여부 (Y/N)	

Part 1. 절차 예시

감 사 절 차	경영진 주장	조서번호
1. 기타이익 및 기타비용 총괄표 작성 당기금액은 총계정원장과, 전기금액은 전기감사보고서와 각각 대조하고, 양년도간 특별한 변동 사항은 그 원인을 규명한다.	C, O, CL	
2. 기타이익 및 기타비용 월별명세서를 징구하여 다음의 절차를 수행한다. (1) 전기와 대비하여 검토 (2) 보조부 및 총계정원장과 대조 (3) 보조부를 개관하여 특별한 금액이 있으면 담당자에게 질문하고 필요한 경우 증빙을 검토	O, C, A	

조서번호 : S－1

입증감사절차(S. 기타이익, 기타비용)

Part 1. 절차 예시－계속

감　　사　　절　　차	경영진 주장	조서번호
3. 자산 또는 부채와 관련된 기타이익과 관련하여서는 관련 자산 또는 부채의 감사조서와 연결하여 전반적 합리성을 검토한다.	V, A	
4. 자산 또는 부채와 관련된 기타비용과 관련하여서는 관련 자산 또는 부채의 감사조서와 연결하여 전반적 합리성을 검토한다.	C, V, A	
5. 특수관계자와의 거래 특수관계자와의 거래에 대한 구체적인 절차는 Audit Guide 3500 특수관계자 거래를 참고한다.	E, CL	
6. 재무제표 공시사항 검토(공시사항점검표 참조)	C, CL, U	
7. 감사결론의 기술		

Part 2. 추가 고려 절차

감　　사　　절　　차	경영진 주장	조서번호
1. 기타이익과 관련하여 다음의 항목은 자산의 또는 부채의 감사조서와 연결하여 전반적 합리성을 검토한다. (1) 이자수익은 해당 이자부 자산조서 (2) 대손충당금환입은 해당 자산조서 (3) 임대료는 임대보증금 조서 (4) 단기매매금융자산평가(처분)이익, 매도가능금융자산처분이익, 지분법(지분법적용 투자주식)이익, 배당금수익은 유가증권조서 (5) 자산손상환입은 해당자산조서 (6) 외환차익, 외화환산이익은 해당자산조서 (7) 유형자산처분이익은 유형자산조서 (8) 사채상환이익은 사채조서 (9) 법인세환급액은 법인세 관련조서	V, A	
2. 기타비용과 관련하여 다음의 항목은 자산의 또는 부채의 감사조서와 연결하여 전반적 합리성을 검토한다. (1) 이자비용은 해당 이자부 부채조서(금융비용을 재고자산이나 투자자산 또는 유형자산의 취득원가로 계상한 경우에는 관련자산 조서) (2) 매출채권처분손실은 매출채권조서 (3) 단기매매금융자산평가(처분)손실, 매도가능금융자산처분손실, 지분법(지분법적용투자주식)손실은 유가증권조서	C, V, A	

조서번호 : S－2

입증감사절차(S. 기타이익, 기타비용)

Part 2. 추가 고려 절차－계속

감　사　절　차	경영진 주장	조서번호
(4) 자산손상차손은 해당자산조서 (5) 외환차손, 외화환산손실은 관련 외화자산부채계정조서 (6) 유형자산처분손실은 관련 유형자산조서 (7) 사채상환손실은 사채조서		
3. 기타이익 및 기타비용 인식기준의 검토 해당 기타이익과 기타비용의 인식기준이 적정한지 검토한다. 예) 원금 또는 이자의 회수가 불확실한 채권의 기간경과분에 대한 이자수익은 현금을 수취하는 시점에 인식하였는가?	A	

조서번호 : S－3

05

입 증 감 사 절 차

(T. 이연법인세, 미지급법인세)

회 사 명 : ____________ 작 성 자 : ________ 일 자 : ________

결 산 일 : ____________ 검 토 자 : ________ 일 자 : ________

경영진 주장 :

A : 정확성(Accuracy)	E : 실재성(Existence)	RO : 권리와 의무(Rights and obligations)
C : 완전성(Completeness)	O : 발생사실(Occurrence)	CL : 분류(Classification)
CO : 기간귀속(Cutoff)	V : 평가(Valuation)	U : 이해가능성(Understandability)

※ 작성요령 :

조서번호 2302 감사위험의 평가(경영진 주장 수준)의 계정과목 및 파악된 위험을 '구분'란에 기재하고, 이의 위험평가 결과('유의적 위험'란), 대응하는 감사절차 실시여부('후속감사절차'란)를 기재한다.

구 분	유의적 위험 (Y/N)	후속감사절차				조서번호
		내부통제 이해 및 평가 실시여부 (Y/N)	내부통제 테스트 실시여부 (Y/N)	실증절차 실시여부		
				실증적 분석절차 실시여부 (Y/N)	세부 테스트 실시여부 (Y/N)	

Part 1. 절차 예시

감 사 절 차	경영진 주장	조서번호
1. 법인세 과목에 대한 총괄표 작성 당기말잔액은 총계정원장과 전기말잔액은 전기감사보고서와 각각 대조하고 양년도간에 특별한 변동사항이 있는 경우에는 그 원인을 규명한다.	E, C, O, CL	
2. 전기분 세무조정내용 대사확인 전기분 세무조정계산서와 결정결의서 등을 검토하여 전기분 법인세신고서 초안과의 일치여부를 확인하고 환급, 수정신고, 경정이 있었던 경우 그 회계처리의 타당성 검토 및 당기분 법인세계산에 영향을 미치거나 고려되어야 할 유보사항 등을 검토한다.	O, C, A	

조서번호 : T－1

입증감사절차(T. 이연법인세, 미지급법인세)

Part 1. 절차 예시 - 계속

감 사 절 차	경영진 주장	조서번호
3. 당기분 법인세신고서의 검토 회사가 작성한 법인세신고서 초안을 입수하여 회사의 각종 장부 및 감사조서와 대조확인하고, 부인될 가능성이 있는 항목이 있는 경우 해당 항목에 관한 회계처리 또는 공시의 타당성을 검토한다.	C, A, RO	
4. 당기 회계이익과 과세소득과의 차이의 검토 일시적차이와 비일시적차이로 구분하여 다음 사항을 확인한다. (1) 당기 과세소득에 가산할 일시적차이와 차감할 일시적차이의 내용과 금액의 누락 여부 (2) 비일시적차이로 당기 과세소득에 익금산입하거나 손금으로 인정될 사항의 내용과 금액의 누락 여부 (3) 비과세소득과 소득공제내용이 적정하게 계상되었는지 여부 (4) 이월결손금이 있는 경우 세무상 적절한 처리 여부	C, A	
5. 당기 법인세비용 및 미지급법인세의 검토 법인세비용의 계산과 관련하여 다음 사항을 확인한다. (1) 자본에 가감되는 이연법인세자산(부채)와 법인세부담액 (2) 최저한 세 규정에 해당 여부 (3) 산출세액의 계산 (4) 공제감면세액이 적정한지 관련법규와 증빙서류를 확인 (5) 일시적차이 및 이월결손금에 대한 미래 법인세효과의 산정과 기간배분의 적정성 (6) 이연법인세자산(부채)의 비유동성 분류 및 금액의 적정한 계상여부 및 실현가능성 (7) 법인세에 부가되는 세액(법인세할 주민세, 농특세 등)이 포함되었는지 여부 (8) 중간예납과 원천납부세액이 적정한지 보조부와 영수증 등을 대조확인 (9) 차감납부할 세액은 미지급법인세계정과 연결하여 대조하고 차이가 있을 경우 그 원인을 규명	O, A	
6. 재무제표 공시사항의 적정성 검토(공시사항점검표 참조)	C, CL, U	
7. 감사결론의 기술		

조서번호 : T-2

입증감사절차(T. 이연법인세, 미지급법인세)

Part 2. 추가 고려 절차

감 사 절 차	경영진 주장	조서번호
1. 관계법령에 의한 준비금 등의 손금산입이 있는 경우에는 이익잉여금처분계산서의 처분내용에 해당준비금 등이 적정하게 반영되었는지 검토한다.	C, A	
2. 자산수증이익과 채무면제이익(법인세법상 이월결손금에 충당된 금액을 제외 후 익금), 자기주식처분손익이 있는 경우에는 소득조정사항에 포함되었는지 여부를 검토한다.	A	
3. 국세나 지방세 중 과세당국의 처분에 불복하여 이의신청 또는 심판청구 중이거나, 최근의 세무실사에 의해 감사일 현재 과년도분의 확정고지세액이 있는 경우, 그 중요성에 따라 감사보고서 기재 여부 및 전기오류수정 처리여부, 전기 및 당기의 미지급법인세와 이연법인세자산(부채)에 미치는 효과를 검토한다.	O, C, A	
4. 경영진 측 및 감사인 측 전문가 수행 업무의 평가 감사증거로 사용될 정보가 경영진 측 전문가가 수행한 업무의 도움으로 작성되거나 감사과정에서 감사인 측 전문가가 수행한 업무를 활용하는 경우 Audit Guide 2131 전문가의 활용을 참조하여 평가한다.	A, E, C, O, V	

조서번호 : T－3

입 증 감 사 절 차

(U. 중단사업)

회 사 명 : ______________________ 작 성 자 : ________ 일 자 : ________

결 산 일 : ______________________ 검 토 자 : ________ 일 자 : ________

경영진 주장 :

A : 정확성(Accuracy) E : 실재성(Existence) RO : 권리와 의무(Rights and obligations)

C : 완전성(Completeness) O : 발생사실(Occurrence) CL : 분류(Classification)

CO : 기간귀속(Cutoff) V : 평가(Valuation) U : 이해가능성(Understandability)

※ 작성요령 :

조서번호 2302 감사위험의 평가(경영진 주장 수준)의 계정과목 및 파악된 위험을 '구분'란에 기재하고, 이의 위험평가 결과('유의적 위험'란), 대응하는 감사절차 실시여부('추가감사절차'란)를 기재한다.

구 분	유의적 위험 (Y/N)	추가감사절차				조서번호
		통제활동 이해 및 평가 실시여부 (Y/N)	통제 테스트 실시여부 (Y/N)	실증절차 실시여부		
				실증적 분석절차 실시여부 (Y/N)	세부 테스트 실시여부 (Y/N)	

Part 1. 절차 예시

감 사 절 차	경영진 주장	조서번호
1. 중단사업의 조건 충족여부 검토 다른 사업과 식별가능성, 사업중단계획의 내용 및 사업중단의 형태 등 중단사업의 조건이 모두 충족되는지 여부를 검토한다.	O	
2. 사업중단에 대한 최초공시사건의 적정성 검토 최초공시사건을 다음 중 빠른 날로 하였는지 검토한다. (1) 구속력 있는 매각계획의 체결 (2) 기업의 이사회나 또는 유사한 권한을 가진 의사결정기구의 특정사업에 대한 공식적이며 구체적인 중단계획의 승인 및 발표	O, CL	

조서번호 : U－1

05

입증감사절차(U. 중단사업)

Part 1. 절차 예시－계속

감 사 절 차	경영진 주장	조서번호
3. 특정사업을 처분하는 경우 처분예정시기가 최초공시사건일로부터 1년 이내인지 검토 단, 1년 규정을 적용하지 않는 경우에 해당하는지 검토(일반기업회계기준 제28장 문단 28.6 참조)	A	
4. 중단사업손익의 인식과 측정 회사가 계상한 중단사업손익이 중단사업으로부터 발생한 영업손익과 영업외손익으로서 사업중단직접비용과 중단사업자산감액손실을 모두 포함하였는지 검토한다. 특히, 사업중단과 직접 관련되어 발생할 것으로 예상되는 비용은 중단사업손익에 반영하고 충당부채로 계상하여야 한다.	O, A	
5. 사업중단계획을 철회한 경우 (1) 전년도의 사업중단직접비용과 중단사업자산감액손실을 제외한 중단사업손익을 계속사업의 손익으로 재분류하였는지 검토한다. (2) 전년도의 사업중단직접비용과 중단사업자산감액손실은 계속해서 중단사업손익으로 보고하고, 사업중단계획을 철회하기로 한 기간에 환입하여 중단사업손익으로 보고되었는지 검토한다.	O, A	
6. 재무제표 공시사항 검토(공시사항점검표 참조)	C, CL, U	
7. 감사결론의 기술		

Part 2. 추가 고려 절차

감 사 절 차	경영진 주장	조서번호
1. 중단사업에 대한 손익계산서상 표시방법 검토 중단사업손익으로 구분 표시하고 그 구성내역은 주석으로 기재 (1) 사업중단직접비용 (2) 중단사업자산손상차손 (3) 그 밖에 중단사업으로부터 발생한 영업손익과 영업외 손익 중단사업손익은 법인세효과를 차감하여 순액으로 표시하고 법인세효과는 주기한다.	CL	
2. 경영진 측 및 감사인 측 전문가 수행 업무의 평가 감사증거로 사용될 정보가 경영진 측 전문가가 수행한 업무의 도움으로 작성되거나 감사과정에서 감사인 측 전문가가 수행한 업무를 활용하는 경우 조서번호 2131 전문가의 활용을 참조하여 평가한다.	A, E, C, O, V	

조서번호 : U－2

입 증 감 사 절 차

(EST. 공정가치 등 회계추정치)

회 사 명 : ______________ 작 성 자 : ______ 일 자 : ______

결 산 일 : ______________ 검 토 자 : ______ 일 자 : ______

경영진 주장 :

A : 정확성(Accuracy) E : 실재성(Existence) RO : 권리와 의무(Rights and obligations)

C : 완전성(Completeness) O : 발생사실(Occurrence) CL : 분류(Classification)

CO : 기간귀속(Cutoff) V : 평가(Valuation) U : 이해가능성(Understandability)

※ 작성요령 :

1. 조서번호 2302 감사위험의 평가(경영진 주장 수준)의 계정과목 및 파악된 위험을 '구분'란에 기재하고, 이의 위험평가 결과('유의적 위험'란), 대응하는 감사절차 실시여부('추가감사절차'란)를 기재한다.
2. 본 조서서식은 회계추정치가 적용되는 계정과목별로 각각 작성한다.
3. 유의적 위험을 초래하는 회계추정치에 대하여는 II. 유의적 위험에 대응하는 추가감사절차를 추가적으로 수행한다.

구 분 (계정과목)	유의적 위험 (Y/N)	추가감사절차				조서번호
		통제활동 이해 및 평가 실시여부 (Y/N)	통제 테스트 실시여부 (Y/N)	실증절차 실시여부		
				실증적 분석절차 실시여부 (Y/N)	세부 테스트 실시여부 (Y/N)	

I. 회계추정치에 대한 입증감사절차

감 사 절 차	경영진 주장	조서번호
1. 조서번호 3400 공정가치 등 회계추정치에서 수행된 위험평가에 기초하여 다음을 결정한다. 구분 / 내용 경영진이 회계추정치와 관련하여 해당 재무보고체계의 요구사항을 적합하게 적용했는지 여부 / Y□ N□	V	

조서번호 : EST－1

입증감사절차(EST. 공정가치 등 회계추정치)

I. 회계추정치에 대한 입증감사절차－계속

감 사 절 차	경영진 주장	조서번호
[구분 | 내용] 회계추정치의 도출방법이 적합하며 일관되게 적용되어 왔는지 여부: Y□ N□ / 회계추정치와 이의 도출방법에 전기와 다른 변경이 있었다면 해당 상황에 비추어 적합한지 여부: Y□ N□ N/A□ / 충분하고 적합한 감사증거를 입수하기 위하여 전문적인 기술이나 지식이 요구되는지 여부: Y□ N□		
2. 평가된 위험에 대응할 때 회계추정치의 성격을 고려하여 다음의 절차 중 하나 이상을 수행하여야 한다. (1) 감사보고서일까지 발생한 사건이 회계추정치에 관한 감사증거를 제공하고 있는지 여부를 결정한다. (2) 경영진의 회계추정치 도출방법과 그러한 추정의 근거가 된 데이터를 테스트한다. 이 과정에서 다음 사항을 평가한다. ① 이용된 측정방법이 해당 상황에 적합한지 여부 ② 경영진이 적용한 가정이 해당 재무보고체계의 측정목적에 비추어 합리적인지 여부 (3) 적합한 실증절차와 함께, 경영진의 회계추정치 도출방법에 대한 통제의 운영효과성을 테스트한다. (4) 경영진의 점추정치를 평가하기 위하여 감사인이 점추정치 또는 범위치를 도출한다. 이를 위해 다음 절차를 수행한다. ① 만약 감사인이 경영진과 다른 가정이나 추정방법을 이용하는 경우에는, 감사인의 점추정치 또는 범위치가 관련 변수들을 고려하고 있음을 보이고 또 이것이 경영진의 점추정치와 유의적인 차이가 있는 경우 이를 평가하는 데 충분하도록 경영진의 가정이나 추정방법을 이해함. ② 만약 감사인이 범위치를 이용하는 것이 적합하다고 결론을 내리면, 입수한 감사증거를 근거로 하여 범위치 내의 모든 결과들이 합리적이라고 여겨질 때까지 동 범위치를 좁힘.	V	
3. 감사증거에 기초하여 재무제표의 회계추정치가 해당 재무보고체계의 관점에서 합리적인지 또는 왜곡표시되었는지 여부를 평가한다.	V	

Nested table within the first row:

구분	내용
회계추정치의 도출방법이 적합하며 일관되게 적용되어 왔는지 여부	Y□ N□
회계추정치와 이의 도출방법에 전기와 다른 변경이 있었다면 해당 상황에 비추어 적합한지 여부	Y□ N□ N/A□
충분하고 적합한 감사증거를 입수하기 위하여 전문적인 기술이나 지식이 요구되는지 여부	Y□ N□

조서번호 : EST－2

입증감사절차(EST. 공정가치 등 회계추정치)

I. 회계추정치에 대한 입증감사절차－계속

감 사 절 차	경영진 주장	조서번호
4. 회계추정치와 관련된 재무제표의 공시가 해당 재무보고체계의 요구사항을 준수하고 있는지 여부에 대해 충분하고 적합한 감사증거를 입수한다.	C, CL, U	
5. 감사결론의 기술		

II. 유의적 위험에 대응하는 추가감사절차

감 사 절 차	경영진 주장	조서번호
1. 유의적 위험을 초래하는 회계추정치에 대해 다음 사항을 평가한다. (1) 경영진이 대체적인 가정이나 결과를 어떻게 고려하였는지, 그리고 그러한 가정이나 결과를 왜 기각하였는지, 그렇지 않을 경우 회계추정치를 도출할 때의 추정 불확실성에 어떻게 대응하였는지에 관한 사항 (2) 경영진이 이용한 유의적 가정들이 합리적인지 여부 (3) 경영진이 이용한 유의적 가정들이 합리적인지 또는 해당 재무보고체계를 적합하게 적용하였는지와 관련하여, 특정한 일련의 행위를 실행할 경영진의 의도 및 이를 실행할 능력	V	
2. 상기 1의 (1)에서 만약 경영진이 유의적 위험이 유발되는 회계추정치의 추정불확실성에 따른 영향에 적절히 대응하지 못하였다고 판단하면, 필요하다고 고려되는 경우 범위치를 도출하여 회계추정치의 합리성을 평가한다.	V	
3. 다음 사항들이 해당 재무보고체계의 요구사항을 준수한 것인지 여부에 대해 충분하고 적합한 감사증거를 입수한다. (1) 재무제표에 회계추정치를 인식하거나 인식하지 않기로 한 경영진의 결정 (2) 당해 회계추정치를 위하여 선택한 측정기준	V	
4. 추정의 불확실성에 대한 공시가 적절한지 평가한다.	C, CL, U	
5. 감사결론의 기술		

조서번호 : EST－3

입 증 감 사 절 차

(IOC. 정보시스템조직의 회계관리 입출력)

회 사 명: ____________ 작 성 자: ________ 일 자: ________

결 산 일: ____________ 검 토 자: ________ 일 자: ________

경영진 주장 :

A : 정확성(Accuracy)	E : 실재성(Existence)	RO : 권리와 의무(Rights and obligations)
C : 완전성(Completeness)	O : 발생사실(Occurrence)	CL : 분류(Classification)
CO : 기간귀속(Cutoff)	V : 평가(Valuation)	U : 이해가능성(Understandability)

※ 작성요령 :

조서번호 2302 감사위험의 평가(경영진 주장 수준)의 계정과목 및 파악된 위험을 '구분'란에 기재하고, 이의 위험평가 결과('유의적 위험'란), 대응하는 감사절차 실시여부('추가감사절차'란)를 기재한다.

구 분	유의적 위험 (Y/N)	추가감사절차				조서번호
		통제활동 이해 및 평가 실시여부 (Y/N)	통제 테스트 실시여부 (Y/N)	실증절차 실시여부		
				실증적 분석절차 실시여부 (Y/N)	세부 테스트 실시여부 (Y/N)	

Part 1. 절차 예시

감 사 절 차	경영진 주장	조서번호
1. 일반거래기록의 장표처리 안전성 검증 (1) 월말을 포함한 수일간의 입력자료 리스트를 출력하여 일계표를 검증한다. (2) 상기 입력 리스트와 보조부의 기록을 대사한다. (3) 상기 일계표와 총계정원장을 대사한다. 2. 총계정원장과 각종 재무제표의 결론에 대한 정확성 검증 (1) 총계정원장의 출력자료와 시산표와 대사 (2) 시산표와 각종 명세서 대사 (3) 시산표와 재무제표 대사		

조서번호 : IOC－1

입증감사절차(IOC. 정보시스템조직의 회계관리 입출력)

Part 1. 절차 예시－계속

감 사 절 차	경영진 주장	조서번호
3. 결산감사 시의 계속성, 정확성 검증 (1) 중간감사 시산표와 결산 시의 동일자 시산표를 대사하여 중간감사일 이후의 정정. 수정분개의 타당성 검증 (2) 결산분개 리스트를 입수하여 해당 기초자료와 대사하여 타당성 및 계산 검증 4. 입력기초자료의 거래인식에 대한 검토 입력기초자료의 거래인식에 대한 감사절차는 해당 과목별로 별도로 검증한다. 5. 프로그램 변경 통제 및 접근통제에 대한 검토 추가 (1) 어플리케이션의 모든 변경이 적절히 승인 및 테스트되고, 실행환경에 반영되기 전에 승인되는지를 확인한다. (2) 승인된 사용자와 응용시스템만이 데이터에 대해 특정기능(e.g. 수정, 실행, 조회)으로 접근을 할 수 있는지 확인한다. 6. 재무보고 프로세스 및 분개와 기타 조정사항에 대한 통제 이해 (1) 분개와 기타 조정사항에 대한 개시, 기록 및 처리에 대한 회사의 문서화된(또는 문서화되지 않은) 정책과 절차를 검토한다. (2) 가공의 분개가 승인되지 않은 변경을 예방하고 적발하기 위해 설계된 통제를 검토한다. 7. 결론 정보시스템에 대한 검토 결론을 내린다. (1) 입력자료는 정확하게 분개되고 집계되어 각종 명세서와 재무제표작성에 자동 연결되고 있으므로 각종 출력자료만으로 잔액검증을 한다. (2) 입력자료와 출력자료는 불안전하게 연결되고 있으므로 출력자료를 해당과목의 감사보조자료로 활용한다. (3) 입력과 출력자료를 검증한 결과 데이터의 증거능력이 극히 저조하므로 전산자료는 감사에 응용하지 않고 과목별 별도 절차를 이행한다.		

조서번호 : IOC－2

입 증 감 사 절 차

(CF. 현금흐름표 검토조서)

회 사 명: ______________ 작 성 자: ________ 일 자: ________

결 산 일: ______________ 검 토 자: ________ 일 자: ________

감 사 절 차	조서번호
1. 현금흐름표 및 이를 뒷받침하는 세부 명세서를 입수하여 다음을 수행한다. (1) 현금흐름표는 회계기간 동안 발생한 현금 흐름을 영업활동, 투자활동 및 재무활동으로 분류하여 보고하고 있는지 검증한다. (2) 영업활동 현금흐름은 직접법 또는 간접법을 이용하여 적절히 표시되고 있는지 검증한다. (3) 명세서의 산술적 정확성을 테스트하고 금액을 현금흐름표상의 적절한 항목과 대사한다. 2. 영업활동 현금흐름의 구성내역에 대하여 다음의 절차를 통하여 적정성을 검토한다. (1) 영업활동으로 표시된 현금흐름을 검토하여 회사의 주된 수익창출활동과 일치하는지 검토한다. (2) 영업활동 현금흐름에 포함된 금액이 전기의 구분과 일관되는지 검토한다. (3) 전기와 계정 구분에 유의적인 불일치가 있는 경우 이에 대한 증빙서류를 입수하여 그 적합성을 평가한다. 3. 투자활동 현금흐름의 구성내역에 대하여 다음의 절차를 통하여 적정성을 검토한다. (1) 투자활동 현금흐름의 구성을 검토하여 미래의 수익 창출을 위한 자원의 확보를 위하여 지출되었는지 검토한다. (2) 투자활동 현금흐름에 포함된 금액이 전기의 구분과 일관되는지 검토한다. (3) 전기와 계정 구분에 유의적인 불일치가 있는 경우 이에 대한 증빙서류를 입수하여 그 적합성을 평가한다. (4) 현금및현금성자산의 사용을 수반하지 않는 투자활동 거래는 현금흐름표에서 제외되었는지 확인하고 그러한 항목을 관련 조서 또는 기초 자료와 대사한다. (5) 회계기간 중 지배력을 획득 또는 상실한 종속기업이나 기타의 사업을 식별하고 현금흐름표에서 총 현금흐름의 효과를 한 항목으로 구분하여 표시하고 투자활동으로 분류하였는지 확인한다.	

조서번호 : CF－1

입증감사절차(CF. 현금흐름표 검토조서)

감 사 절 차	조서번호
4. 재무활동 현금흐름의 구성내역에 대하여 다음의 절차를 통하여 적정성을 검토한다. (1) 재무활동 현금흐름의 구성을 검토하여 미래의 수익 창출을 위한 자원의 확보를 위하여 지출되었는지 검토한다. (2) 재무활동 현금흐름에 포함된 금액이 전기의 구분과 일관되는지 검토한다. (3) 전기와 계정 구분에 유의적인 불일치가 있는 경우 이에 대한 증빙서류를 입수하여 그 적합성을 평가한다. (4) 현금및현금성자산의 사용을 수반하지 않는 재무활동 거래는 현금흐름표에서 제외되었는지 확인하고 그러한 항목을 관련 조서 또는 기초 자료와 대사한다. (5) 회계기간 중 지배력을 상실하지 않는 종속기업에 대한 소유지분 변동으로 발생한 현금흐름은 재무활동 현금흐름으로 분류하였는지 확인한다. 5. 현금흐름표에서 이자, 배당금 및 법인세의 분류가 별도로 구분되어 표시되었는지 검토한다. 6. 간접법을 이용하여 영업활동 현금흐름을 보고하는 경우 다음의 사항이 적절히 반영되었는지 검토한다. (1) 현금흐름표에 표시된 당기순이익을 (포괄)손익계산서와 대사하고 해당 항목이 명확하게 표시되었는지 검토한다. (2) 재무제표 항목(재고자산, 영업활동에 관련된 채권 및 채무 등)의 증감을 재무상태표와 대사 확인하고 관련된 감사 조서의 금액과 대사 확인한다. (3) 감가상각, 충당부채, 이연법인세, 외화환산손익, 지분법손익, 및 비지배지분과 같은 비현금 항목을 전기 조서 및 관련 조서와 대사하고 이러한 항목들이 영업활동 현금흐름에서 제거되었는지 검토한다. (4) 투자활동 현금흐름이나 재무활동 현금흐름으로 분류되는 항목들이 영업활동 현금흐름에서 제거되었는지 확인하고 필요시 관련 조서나 증빙서류를 검토한다. 7. 재무제표 공시사항의 적정성 검토(공시사항점검표 참조) 8. 감사결론의 기술	

조서번호 : CF－2

보론 6 일반회계기준과 한국채택국제회계기준(K-IFRS) 감사절차지시서 주요 차이

앞에서 표시한 일반회계기준 감사절차지시서와 한국채택국제회계기준 감사절차지시서의 주요 차이는 다음과 같다(2017년 말 기준).

1. 유가증권

구분	일반회계기준	K-IFRS
유가증권의 분류	유가증권이 일반기업회계기준 제6장 및 제8장에 따라 단기매매증권, 매도가능증권, 만기보유증권 및 지분법적용투자주식으로 적절히 분류되었는지 검토한다.	금융자산이 K-IFRS 1039, 1028에 따라 당기손익인식금융자산, 매도가능금융자산, 만기보유금융자산, 대여금및수취채권 및 관계기업투자로 적절히 분류되었는지 검토한다.(주)
변동지분실체(VIE) 및 기타의 부의 투자자산 식별	-	• 경영진에게 질문을 하고 다른 감사절차의 결과를 고려하여, 특수목적기업(SPE)이 존재함을 의미하는 당해 기간의 거래를 식별한다. • 계약서와 기타의 필요한 정보와 문서를 포함한 관련 서류를 경영진으로부터 입수하고, 해당 거래가 SPE로 간주되어야 하는지 여부를 검토한다. • SPE가 존재한다면, 경영진이 회계처리지침과 회계정책을 따라 해당 거래를 올바르게 회계처리하였는지 검토한다. • 문서화가 적합하고 완전한지 검토한다.

(주) 한국채택국제회계기준의 금융상품 기준서 개정

2018년 1월 1일부터 적용되는 기업회계기준서 제1109호는 금융자산, 금융부채 및 비금융항목을 매입하거나 매도할 수 있는 일부 계약의 인식과 측정을 규정하며, 이 기준서는 기업회계기준서 제1039호 '금융상품 : 인식과 측정'을 대체되어 기존에 발표한 감사절차지시서상의 금융자산 분류가 변경되었으며 그 내용은 다음과 같다.

(가) 금융자산과 금융부채의 분류

기업회계기준서 제1109호는 금융부채의 분류와 측정에 대한 기업회계기준서 제1039호의 기존 요건을 대부분 유지하였다. 그러나 만기보유금융자산, 대여금 및 수취채권과 매도가능금융자산의 금융자산의 기존 분류를 삭제하였다.

기업회계기준서 제1109호에 의하면, 최초 적용 시에 금융자산은 상각후원가측정 금융자산, 기타포괄손익－공정가치측정 채무상품, 기타포괄손익－공정가치측정 지분상품, 당기손익－공정가치측정 범주로 분류된다. 기업회계기준서 제1109호에 따른 금융자산의 분류는 일반적으로 금융자산이 관리되는 방식인 사업모형과 금융자산의 계약상 현금흐름의 특성에 근거하여 결정된다. 주계약이 이 기준서의 적용범위에 해당하는 금융자산인 계약에 내재된 파생상품은 분리되지 않고, 복합금융상품 전체를 기준으로 금융자산을 분류한다.

금융자산은 다음 두 가지 조건을 모두 충족하고, 당기손익－공정가치 측정 항목으로 지정되지 않은 경우 상각후원가로 측정된다.

－계약상 현금흐름을 수취하기 위해 보유하는 것이 목적인 사업모형하에서 금융자산을 보유한다.

－계약조건에 따라 특정일에 이자와 원금 잔액에 대한 이자지급만으로 구성되어 있는 현금흐름이 발생한다.

채무상품은 다음 두 가지 조건을 모두 충족하고 당기손익－공정가치 측정항목으로 지정되지 않은 경우 기타포괄손익－공정가치로 측정한다.

－계약상 현금흐름의 수취와 금융자산의 매각 모두를 통해 목적을 이루는 사업모형하에서 금융자산을 보유한다.

－계약조건에 따라 특정일에 이자와 원금 잔액에 대한 이자지급만으로 구성되어 있는 현금흐름이 발생한다.

단기매매항목이 아닌 지분상품의 최초 인식일에 회사는 그 투자지분의 후속적인 공정가치 변동을 기타포괄손익으로 표시할 수 있는 취소 불가능한 선택을 할 수 있다. 이러한 선택은 금융상품별로 이루어진다.

상기에서 설명한 상각후원가, 기타포괄손익－공정가치로 측정하지 않는 모든 금융상품은 당기손익－공정가치로 측정한다. 회사는 상각후원가 또는 기타포괄손익－공정가치로 측정하는 요구사항을 충족하는 금융자산을 당기손익－공정가치 측정 항목으로 지정한다면 회계불일치를 제거하거나 유의적으로 줄이는 경우에는 최초 인식시점에 해당 금융자산을 당기손익－공정가치 측정 항목으로 지정할 수 있다. 다만, 이러한 지정은 취소할 수 없다.

최초에 거래가격으로 측정되는 유의적인 금융요소가 없는 매출채권이 아닌 금융자산은 당기손익－공정가치 측정 항목이 아니라면 최초에 공정가치에 취득에 직접 관련되는 거래원가를 가산하여 측정한다.

다음 회계정책은 금융자산의 후속측정에 적용한다.

당기손익-공정가치측정 금융자산	이러한 자산은 후속적으로 공정가치로 측정. 이자와 배당수익을 포함한 순손익은 당기손익으로 인식
상각후원가 측정 금융자산	이러한 자산은 후속적으로 유효이자율법을 사용하여 상각후원가로 측정. 상각후원가는 손상손실에 의해 감소. 이자수익, 외화환산, 손상 및 제거에 따르는 손익은 당기손익으로 인식
기타포괄손익-공정가치측정 채무상품	이러한 자산은 후속적으로 공정가치로 측정. 유효이자율법을 사용하여 계산된 이자수익, 외화환산손익과 손상은 당기손익으로 인식. 다른 순손익은 기타포괄손익으로 인식. 제거 시에 기타포괄손익에 누적된 손익은 당기손익으로 재분류
기타포괄손익-공정가치측정 지분상품	이러한 자산은 후속적으로 공정가치로 측정. 배당은 배당금이 명확하게 투자원가의 회수를 나타내지 않는다면 당기손익으로 인식. 그 외의 순손익은 기타포괄손익으로 인식하며, 후속적으로 당기손익으로 재분류되지 않음.

기존의 분류 체계와 개정된 분류체계를 예시하면 다음과 같다.

계정과목	K-IFRS 제1039호에 따른 분류	K-IFRS 제1109호에 따른 분류
현금및현금성자산	대여금 및 수취채권	상각후원가
매출채권	대여금 및 수취채권	상각후원가
미수금	대여금 및 수취채권	상각후원가
매도가능금융자산	매도가능금융자산	당기손익-공정가치 지분상품
매도가능금융자산	매도가능금융자산	기타포괄손익-공정가치 채무상품
만기보유금융자산	만기보유금융자산	상각후원가
보증금	대여금 및 수취채권	상각후원가

2. 자산손상

K-IFRS 감사절차지시서에서는 자산징후검토에 대해 세부적인 보충설명을 첨부하였다.

보충설명 1 : 자산손상 징후

- 자산손상 징후 검토
  (1) 매 보고기간 말마다 자산손상을 시사하는 징후가 있는지를 검토한다. 만약 그러한 징후가 있다면 당해 자산(또는 현금창출단위)의 회수가능액을 추정한다.
  (2) 자산손상을 시사하는 징후가 있는지를 검토할 때는 최소한 다음을 고려한다.

• 자산손상 징후 검토 시 고려사항

(1) 외부정보

① 회계기간 중에 자산의 시장가치가 시간의 경과나 정상적인 사용에 따라 하락할 것으로 기대되는 수준보다 중요하게 더 하락하였다.

② 기업 경영상의 기술·시장·경제·법률 환경이나 해당 자산을 사용하여 재화나 용역을 공급하는 시장에서 기업에 불리한 영향을 미치는 중요한 변화가 회계기간 중에 발생하였거나 가까운 미래에 발생할 것으로 예상된다.

③ 시장이자율(시장에서 형성되는 그 밖의 투자수익률을 포함한다. 이하 같다)이 회계기간 중에 상승하여 자산의 사용가치를 계산하는 데 사용되는 할인율에 영향을 미쳐 자산의 회수가능액을 중요하게 감소시킬 가능성이 있다.

④ 기업의 순자산 장부금액이 당해 시가총액보다 크다.

(2) 내부정보

① 자산이 진부화되거나 물리적으로 손상된 증거가 있다.

② 회계기간 중에 기업에 불리한 영향을 미치는 중요한 변화가 자산의 사용범위 및 사용방법에서 발생하였거나 가까운 미래에 발생할 것으로 예상된다. 이러한 변화에는

㈎ 자산의 유휴화

㈏ 당해 자산을 사용하는 영업부문을 중단하거나 구조조정하는 계획

㈐ 예상 시점보다 앞서 자산을 처분하는 계획

㈑ 비한정 내용연수를 유한 내용연수로 재평가하는 것 등을 포함한다.

③ 자산의 경제적 성과가 기대수준에 미치지 못하거나 못할 것으로 예상되는 증거를 내부보고를 통해 얻을 수 있다. 내부보고를 통해 발견할 수 있는 자산손상을 시사하는 증거의 예는 다음과 같다.

㈎ 자산의 매입, 운영 및 관리에 쓰이는 현금지출액이 당초 예상수준을 중요하게 초과한다.

㈏ 자산에서 발생하는 실제 순현금흐름이나 실제 영업손익이 당초 예상수준에 비해 중요하게 악화된다.

㈐ 자산에서 발생할 것으로 예상되는 순현금흐름이나 예상 영업손익이 중요하게 악화된다.

㈑ 자산에서 발생하는 순현금흐름 또는 영업손익 각각의 당기 실적치와 미래 예상치를 합산한 결과, 순현금유출이나 영업손실이 발생할 것으로 예상된다.

• 기타의 자산손상 징후

상기 외부정보와 내부정보는 자산손상을 시사하는 징후가 모두 열거되어 있지 아니하다. 따라서 자산손상을 시사하는 다른 징후가 있는 경우에도 회수가능액을 추정한다.

보충설명 2 : 할인율 산정

- 할인율은 다음에 대한 현행 시장의 평가를 반영한 세전할인율로 한다.
  (1) 화폐의 시간가치
  (2) 미래현금흐름을 추정할 때 조정되지 아니한 자산의 고유위험
  할인율 추정에 사용한 기준이 세후기준이라면 이 기준을 세전할인율을 반영하기 위해 조정한다.

- 화폐의 시간가치와 자산의 고유위험에 대한 시장의 평가를 반영한 할인율은, 그 자산이 창출할 것으로 기대되는 현금흐름의 금액과 발생시기 및 위험이 동일한 현금흐름을 창출하는 투자안을 선택하는 경우 투자자들이 요구하는 수익률과 같다. 이러한 할인율은 다음을 이용하여 추정한다.
  (1) 유사한 자산에 대해 현행 시장거래에서 형성되는 내재이자율, 또는
  (2) 용역잠재력이나 위험의 측면에서 평가대상 자산과 유사한 단일의 자산(또는 자산의 포트폴리오)을 보유하고 있는 상장기업의 가중평균자본비용
  그러나 미래현금흐름 추정치에서 조정한 위험은 자산의 사용가치를 측정하는 데 사용되는 할인율에 다시 반영하지 아니한다. 그렇지 않으면 일부 가정의 효과는 이중계산될 것이다.

- 자산의 고유할인율이 시장에서 직접 이용가능하지 않을 경우에는 할인율을 추정하기 위해 대용치를 사용한다. 대용치를 사용하여 자산의 고유할인율을 추정할 때 우선적으로 고려할 사항은 다음과 같다.
  (1) 자본자산가격결정모형(CAPM)과 같은 기법을 사용하여 결정한 기업의 가중평균자본비용
  (2) 기업의 증분차입이자율
  (3) 그 밖의 시장차입이자율

  한편, 상기에서 다음을 조정한다.
  (1) 자산의 추정현금흐름과 관련된 고유위험에 대해 시장이 평가하는 방법을 반영한다.
  (2) 자산의 추정현금흐름과 관련이 없거나 이미 추정현금흐름에서 조정된 위험은 제외한다.
  (3) 또한 국가위험, 환위험 및 가격위험과 같은 위험을 고려한다.

- 할인율은 기업의 자본구조 및 자산구입대금을 조달하는 방법과는 독립적이다. 왜냐하면 자산에서 발생될 것으로 기대되는 미래현금흐름은 자산구입대금을 조달하는 방법에 의존하지 않기 때문이다.
- 미래법인세현금흐름은 회수가능액에 영향을 미칠 수 있다. 미래법인세현금흐름은 다음 두 가지 요소로 나누어 분석하는 것이 편리하다.
  (1) 손상차손의 인식 후, 자산의 세무기준액과 장부금액 간의 차이에서 비롯되는 미래법인세 현금흐름. 이러한 차이는 IAS 12에서 '일시적차이'로 설명된다.
  (2) 자산의 세무기준액이 회수가능액과 같을 경우에 발생할 미래법인세현금흐름

• 대부분의 자산에 대해서는 일시적차이로 인한 효과를 IAS 12에 따라 이연법인세부채나 이연법인세자산으로 인식한다. 따라서 이중계산을 방지하기 위해 일시적차이로 인한 미래 세금효과(상기 (1))는 회수가능액을 결정할 때 고려하지 않는다.
• 최초 인식시점에 자산의 세무기준액은 통상 원가와 동일하다. 따라서 순공정가치에는 자산의 세무기준액이 회수가능액과 동일하다면 발생할 미래법인세현금흐름에 대한 시장참여자의 평가가 암묵적으로 반영되어 있다. 따라서 상기 (2)에서 언급한 요소를 반영하기 위해 순공정가치를 조정해야 할 필요는 없다.
• 원칙적으로 사용가치에는 자산의 세무기준액이 사용가치와 동일하다면 발생할 미래법인세현금흐름(상기 (2)의 요소)의 현재가치가 포함되어야 한다. 그럼에도 불구하고 그러한 요소의 효과를 추정하는 것은 부담이 될 수 있다. 그 이유는 다음과 같다.
  (1) 이중계산을 방지하기 위해 일시적차이로 인한 효과를 제외할 필요가 있다.
  (2) 사용가치를 결정할 때에는, 사용가치와 동일한 세무기준액이 사용가치 자체에 반영될 수 있도록 하기 위해 반복적이고 복잡한 계산이 필요할 것이다.

  이러한 이유로 IASC는 사용가치를 결정할 때 세전미래현금흐름과 이에 따른 세전할인율을 사용하도록 요구하기로 결정하였다.

기타 : 한국채택국제회계기준의 금융상품 기준서 개정

2018년 1월 1일부터 적용되는 기업회계기준서 제1109호는 기업회계기준서 제1039호의 '발생손실'모형을 '기대신용손실'모형으로 대체하였다. 새로운 손상모형은 상각후원가로 측정되는 금융자산, 계약자산 및 기타포괄손익-공정가치로 측정되는 채무상품에 적용되지만, 지분상품 투자에는 적용되지 않는다.

기업회계기준서 제1109호에서 손실충당금은 다음 두 가지 기준으로 측정된다.

- 12개월 기대신용손실 : 보고기간 말 이후 12개월 이내에 발생가능한 금융상품의 채무 불이행 사건으로 인한 기대신용손실
- 전체기간 기대신용손실 : 금융상품의 기대존속기간에 발생할 수 있는 모든 채무불이행 사건에 따른 기대신용손실

회사는 12개월 기대신용손실로 측정되는 다음의 금융자산을 제외하고는 전체기간 기대신용손실에 해당하는 금액으로 손실충당금을 측정한다.

- 보고기간 말에 신용위험이 낮다고 결정된 채무증권
- 최초 인식 이후 신용위험(즉, 금융자산의 기대존속기간동안에 걸쳐 발생할 채무불이행 위험)이 유의적으로 증가하지 않은 기타 채무증권과 은행예금

매출채권과 계약자산에 대한 손실충당금은 항상 전체기간 기대신용손실에 해당하는 금액으로 측정된다.

금융자산의 신용위험이 최초 인식 이후 유의적으로 증가했는지를 판단할 때와 기대신용손실을 추정할 때, 회사는 과도한 원가나 노력 없이 이용할 수 있고 합리적이고 뒷받침될 수

있는 정보를 고려한다. 여기에는 미래지향적인 정보를 포함하여 회사의 과거 경험과 알려진 신용평가에 근거한 질적, 양적인 정보 및 분석이 포함된다.

기대신용손실을 측정할 때 고려하는 가장 긴 기간은 회사가 신용위험에 노출되는 최장 계약기간이다.

기대신용손실의 측정

기대신용손실은 신용손실의 확률가중추정치이다. 신용손실은 모든 현금부족액(즉, 계약에 따라 지급받기로 한 모든 계약상 현금흐름과 수취할 것으로 예상하는 모든 계약상 현금흐름의 차이)의 현재가치로 측정된다. 기대신용손실은 해당 금융자산의 유효이자율로 할인된다.

신용이 손상된 금융자산

매 보고기간 말에 회사는 상각후원가로 측정되는 금융자산의 신용이 손상되었는지 평가한다. 금융자산의 추정미래현금흐름에 악영향을 미치는 하나 이상의 사건이 발생한 경우에 해당 금융자산은 신용이 손상된 것이다.

3. 퇴직급여부채, 매각예정자산 및 부문별 정보의 감사절차지시서

(1) 퇴직급여부채

퇴직급여채무의 측정에 있어 일반회계기준에서는 청산가치 개념을 채택한다. 즉, 회계연도말 현재 임직원이 일시에 퇴직할 경우 지급하여야 할 퇴직금에 상당하는 금액으로 측정하나 K－IFRS에서는 예측급여채무의 개념을 채택하여, 보험수리적 방법으로 측정한다. 즉, 미래의 퇴직급여를 추정할 때 미래의 임금상승률 등을 고려하며, 시장수익률에 기초한 이자율을 적용하여 할인한다.

(2) 매각예정자산 및 부문별정보

매각예정자산과 관련하여 K－IFRS에서는 매각예정분류기준을 충족하는 경우에만 유동자산으로 분류하여야 하나, 일반회계기준에서는 12개월 이내에 비유동자산을 처분할 의도를 가지고 있다면 당해 자산을 유동자산으로 분류한다. 따라서 두 기준을 적용한 결과는 서로 다를 수 있다.

(3) 부문별 정보

일반회계기준은 사업별 부문과 지역별 부문으로 구분하도록 하고 있으나, K－IFRS에서는 내부적으로 구분하는 영업부문에 따라 부문정보를 구분할 수 있어서 반드시 사업별 부문이나 지역별 부문으로 구분하지 않을 수 있다.

입 증 감 사 절 차

(EE. 퇴직급여부채, 급여)

회 사 명 : ______________ 작 성 자 : ________ 일 자 : ________

결 산 일 : ______________ 검 토 자 : ________ 일 자 : ________

경영진 주장 :

A	: 정확성(Accuracy)	E	: 실재성(Existence)	RO	: 권리와 의무(Rights and obligations)
C	: 완전성(Completeness)	O	: 발생사실(Occurrence)	CL	: 분류(Classification)
CO	: 기간귀속(Cutoff)	V	: 평가(Valuation)	U	: 이해가능성(Understandability)

※ 작성요령 :

조서번호 2302 감사위험의 평가(경영진 주장 수준)의 계정과목 및 파악된 위험을 '구분'란에 기재하고, 이의 위험평가 결과('유의적 위험'란), 대응하는 감사절차 실시여부('추가감사절차'란)를 기재한다.

구 분	유의적 위험 (Y/N)	추가감사절차				조서번호
		통제활동 이해 및 평가 실시여부 (Y/N)	통제 테스트 실시여부 (Y/N)	실증절차 실시여부		
				실증적 분석절차 실시여부 (Y/N)	세부 테스트 실시여부 (Y/N)	

Part 1. 절차 예시

감 사 절 차	경영진 주장	조서번호
1. 퇴직급여부채의 총괄표 작성 총괄표를 입수하여 다음을 수행한다. (1) 총괄표를 총계정원장 및 전기 감사조서와 대사한다. (2) 총괄표의 산술적 정확성을 검토한다.	E, C, CL	
2. 퇴직급여 및 기타장기종업원급여의 파악 다음의 절차를 수행하여 기업의 퇴직급여제도와 기타장기종업원급여를 파악한다. (1) 급여 지급에 대한 법적 의무를 확인하기 위해서 경영진에게 질의하고 각각의 관련 법률이나 기업의 문서(예 : 노동조합 협약서)를 검토한다.	E, C, RO	

조서번호 : EE－1

입증감사절차(EE. 퇴직급여부채, 급여)

Part 1. 절차 예시 - 계속

감 사 절 차	경영진 주장	조서번호
(2) 퇴직연금 및 기타급여를 비공식적으로 지급하는 반복적인 관행이 있는지에 대해서 경영진에게 질의한다. 만약 있다면, 퇴직연금을 지급하는 기업의 비공식적 관행이 의제의무를 발생시키는지 여부를 평가한다.		
(3) 제도에 대한 요약 설명자료, 내부적인 규약 및 노동조합계약서와 같은 이용가능한 정보를 검토하고 문서화된 조건과 상이한 조건으로 급여를 지급하는 비공식적 관행에 대해서 경영진 및 가능하다면 연금제도관리인이나 보험자에게 질의한다하여 비공식적인 관행을 포함한 각 제도의 조건들을 이해한다.		
3. 퇴직급여제도의 분류를 검토 퇴직급여제도의 주요한 조건에서 도출된 경제적 실질에 기초하여, 제도의 분류가 확정기여형 제도인지 또는 확정급여형 제도인지 평가한다.	CL, U	
4. 확정급여제도의 보험계리인의 보고서 검토<부록 2의 평가 사례를 참고한다> 회사의 보험수리적 평가에 대한 원본 자료를 입수하여 다음의 절차를 수행한다.	A, V	
(1) 재무제표의 인식된 금액이 보고기간 말에 결정될 금액과 중요한 차이가 나지 않을 정도의 주기를 두고 공정가치 평가가 수행되었는지 여부를 평가한다.		
(2) 보험계리인의 평가가 보고기간 말 전에 수행되었다면 평가보고서상의 금액과 재무상태표에 인식된 금액 간의 차이 조정내역을 입수하여 검토한다.		
(3) 보험계리인의 보고서를 검토하여 퇴직급여제도의 모든 정확한 조건, 관련된 요소, 또는 조건의 변경이 적절하게 반영되었는지 여부를 확인하고 예측단위적립방식이 적용되었는지 검토한다.		
(4) 확정급여제도를 위한 기금이 적립되었다면, 사외적립자산 수탁자의 보고서 원본이나 사외적립자산에 대한 그 밖의 목록을 입수하여 다음을 수행한다. ① 목록의 산술적 정확성을 검토하고 합계금액을 총계정원장이나 재무제표의 공시사항과 직접 대사하여 확인한다. ② 사외적립자산을 수탁자(또는 다른 실체)가 보유하고 있는 조건에 대한 설명을 입수하고 해당자산이 사외적립자산의 정의를 충족하는지 평가한다.		

조서번호 : EE-2

감 사 절 차	경영진 주장	조서번호
③ 기업이 기금에 납부하여야 하는 미지급기여금과 기업이 발행한 양도불가능한 금융상품은 사외적립자산에서 제외되었음을 검토한다. ④ 종업원급여와 관계없는 기금부채, 신탁자산 또는 기업이 보유하는 그 밖의 사외적립자산이 있다면 이는 사외적립자산에서 차감되었는지 확인한다(예 : 매입채무 및 파생상품관련부채 등). (5) 사외적립자산이 공정가치로 측정되었는지 확인한다. (6) 보험계리인이 적용한 할인율 및 기타 재무적 정보(미래 임금상승률 등)의 적정성을 검토한다. (7) 다음과 같이 보고서상의 정보를 총계정원장과 대사한다. ① 합계금액을 퇴직연금 및 그 밖의 종업원급여 계정잔액에 대한 비교표시된 요약자료와 대사한다. ② 산술적 정확성을 검토한다. ③ 질문과 조사를 통해서 비교표시된 요약자료와 보험수리보고서 간의 조정항목이 적절한지 판단한다. ④ 당해연도 중에 보험수리보고서와 총계정원장 계정 간의 차이 조정과정에서 발생한 유의한 조정에 대한 근거를 검토한다. (8) 보험계리인의 보고서가 경영진 측 전문가가 수행한 경우, 또는 보험계리인의 보고서에 대한 검토에 감사인 측 전문가가 수행한 업무를 활용한 경우 Audit Guide 2131 전문가의 활용을 참조하여 평가한다.		
5. 확정기여제도에 대한 회계처리를 검토한다. 기업의 확정기여제도의 당해 기간의 기여금 결정 및 관련문서(예 : 계약서, 회의 의사록, 채용기록 등)를 입수하여 다음의 감사절차를 수행한다. (1) 중요성 및 고유위험을 토대로, 결정된 기여금액에 대해서 검토한다. (2) 이러한 급여를 위해 이미 지급된 금액을 검토하고 잔여부채(미지급비용) 또는 자산(선급비용)을 결정한다. (3) 다음 내용을 기업의 회계기록에서 검증한다. ① 아직 지급되지 않은 금액(미지급비용)에 대해서 미지급비용 및 관련 비용 인식되었는지 검토한다. ② 선지급된 금액은 미래 지급액이 감소하거나 현금이 환급되는 만큼을 자산(선급비용)으로 인식	A, C, E, O	

조서번호 : EE－3

입증감사절차(EE. 퇴직급여부채, 급여)

Part 1. 절차 예시－계속

감　사　절　차	경영진 주장	조서번호
6. 급여의 분석적 검토 월별급여명세서(부서별)를 징구하여 전기의 해당기간과 대비하고 특별한 변동사항이 있는 경우, 그 변동원인을 규명한다.	C, O, A	
7. 급여와 관계된 다음의 과목이 적절하게 계상되었는가 검토한다. (1) 미지급급여 및 상여 (2) 미지급된 복리후생비 (3) 원천세 예수금 (4) 제조원가 및 판매관리비 구분	C, O, A	
8. 연차 부여와 관련된 회사의 회계정책을 이해하고 연차수당 미지급비용 계상액의 적절성을 검토한다.	C, E, A	
9. 재무제표 공시사항의 적정성 검토(공시사항점검표 참조)	C, CL, U	
10. 감사결론의 기술		

Part 2. 추가 고려 절차

감　사　절　차	경영진 주장	조서번호
1. 할인율 및 기타 재무적 가정의 검토 시에는 다음을 참조한다. 다음의 절차를 고려하여 퇴직급여채무의 계산에서 사용된 할인율을 검토한다. (1) (금융기관의 정보와 같은) 외부출처를 확인하거나 보고기간 말 현재 우량회사채의 시장수익률에 대해서 제3자 확인서를 입수한다. ① 할인율을 결정하기 위해서 사용된 회사채(또는 국공채)의 통화와 조건이 퇴직급여채무의 통화 및 예상지급시기와 일관성이 있는지 확인한다. 만약 해당사항이 있다면, 가중평균할인율 또는 관찰가능한 시장이율보다 더 긴 기간으로 추정한 할인율의 결정을 검토한다. ② 이자율 결정에 사용된 기준(방법)이 작년과 일관되는지를 결정하고 불일치사항들을 평가한다. ③ 이자원가의 계산을 검토한다(즉, 기초에 결정된 할인율을 회계기간 중 확정급여채무의 현재가치에 적용하여 산정하며, 확정급여채무의 중요한 변동이 있는 경우에는 이를 고려한다).	A, C	

조서번호 : EE－4

입증감사절차(EE. 퇴직급여부채, 급여)

Part 2. 추가 고려 절차－계속

감 사 절 차	경영진 주장	조서번호
(2) 미래의 임금과 급여수준, 미래 의료원가(이 경우 중요하다면 급여의 청구와 지급에 관련된 관리원가도 미래 의료원가에 포함), 그리고 사외적립자산의 기대수익률을 포함하여 보험수리평가에서 사용된 다른 재무상 보험수리적 가정의 합리성을 평가한다.		
2. 확정급여제도의 손익 항목의 인식 및 인식된 자산의 적합성 검토 (1) 비용 또는 자본화되어 인식된 금액을 보험계리사의 평가금액과 대사하고 당기손익으로 인식되는 다음의 금액들을 재계산한다. ① 당기근무원가 ② 과거근무원가와 정산으로 인한 손익 ③ 순확정급여부채(자산)의 순이자 (2) 보고된 확정급여자산의 적합성을 평가할 때, K－IFRS 2114에 포함된 세부적인 지침이 고려되었는지 여부를 평가한다. (3) 자산의 원가에 포함되는 부분은 각각의 조서와 상호 참조한다. (4) 상기의 총합계 중 손익으로 인식된 부분은 기업의 회계기록과 일치하는지 대사확인한다. (5) 상기 (1)에서 요구하는 항목들을 포함하여, 당기손익 항목과 관련된 K－IFRS 1019에서 요구하는 공시사항이 표시되었음을 확인한다.	A, V	
3. 확정급여제도의 퇴직급여 지급/청구를 검토 중요성, 고유위험 및 회사의 퇴직연금/기타의 퇴직급여 제도에 대한 통제의 효과성에 기초하여, 급여의 지급 및 청구의 정확성과 완전성을 검토한다. 회사의 회계처리방법에 대한 이해에 기초하여 절차가 수정되어야 한다. 다음의 절차는 급여의 지급 및 청구의 정확성과 완전성을 평가하는 방법으로서 고려되어야 하며 해당정보가 이용가능할 때(즉, 중간 기간 또는 기말) 수행되어야 한다. 또는, 적합한 목적을 달성하기 위하여 다음의 절차를 수정하여 사용할 수 있다. (1) 해당 회사로부터 세부 지급 명세서를 입수하여 보고된 금액과 대사한다. 적합한 테스트 방법을 이용하여 지급된 급여 중 샘플을 증빙서류와 대사한다. (2) 지급이 제3의 관리업체에 의해 이루어지고 회사는 이러한 정보에 대한 통제를 하고 있지 않다면, 회사의 서비스조직 활용에 대하여 확신을 얻기 위한 적절한 절차를 수행할 것을 고려한다.	A, C	

조서번호 : EE－5

입증감사절차(EE. 퇴직급여부채, 급여)

Part 2. 추가 고려 절차－계속

감　　사　　절　　차	경영진 주장	조서번호
4. 보험계리인이 사용한 종업원데이터가 적절한지 판단한다. 중요성, 고유위험 및 퇴직연금/기타의 퇴직후급여제도에 대한 통제의 효과성을 기초로 한 범위에서, 보험계리사가 사용한 인구조사 데이터의 정확성과 완전성을 검토한다. (1) 다음을 수행하여 인구조사 데이터에서 개별 가입자 정보의 정확성을 검토한다. ① 급여대장에서 현재 근무 중인 종업원을 선택하고 인사기록파일에서 해고되어 가득된 자 및 퇴직자를 선정하여 인구조사 데이터 파일에 적절하게 포함되어 있는지 대사한다. ② 가입자의 인사파일에서 다음과 같은 종업원 데이터를, 제도의 조건에 따라 인구조사 데이터 파일에 적절히 대사한다. • 생년월일 • 성별 • 입사일 • 퇴사일(해당사항이 있는 경우) • 급여 또는 (시간당) 적용 임률 • 근무시간, 최소근무시간이 요구되는 경우 • 기타 ③ 보험계리사가 계산에 사용한 기초데이터에 대하여 상기의 검토를 수행하는 대신 대체적인 절차로서, 선정한 종업원 리스트를 보험계리사에게 발송하여 해당 종업원에 대한 상기의 정보가 계산에 이용된 인구조사 데이터와 일치하는지 확인해 주도록 요청한다. (2) 인구조사 데이터의 완전성을 평가하기 위하여 다음과 같이 실증적 분석절차를 수행한다. ① 평가에 사용된 인구조사 데이터의 기준일에 가장 근접한 회사의 급여대장 상의 대상 인원수와 평가에 포함된 실제 가입자수 간의 인원수 조정 자료를 입수하여 검토한다. 조정 항목에 대하여 이해한다. ② 전기의 평가시점부터 당기까지 해고되어 가득된 종업원의 증감을 입수하여 검토한다. 연도별 유의적인 변경에 대한 이해를 포함하여 증감 변동의 합리성을 검토한다.	A	

조서번호 : EE－6

입증감사절차(EE. 퇴직급여부채, 급여)
Part 2. 추가 고려 절차－계속

감 사 절 차	경영진 주장	조서번호
③ 적합한 원천문서(예 : 퇴직연금의 경우는 급여지급대장 또는 기타의 퇴직후급여제도의 경우는 지급청구대장)상의 퇴직자 인원수를 평가에 포함된 인원수와 대사하여 조정한 자료를 입수하여 검토한다. 조정금액에 대하여 이해한다. ④ 유형별로(근무 중인 종업원, 해고되어 가득된 자 및 퇴직자) 기타의 퇴직후급여제도와 퇴직연금제도의 인원수 차이에 대한 조정내역을 입수하여 검토한다. 조정항목의 합리성(예 : 연금이 퇴직시점에 일시불로 지급되기 때문에 연금제도의 퇴직자가 더 적은 경우)을 검토한다. (3) 다음을 수행하여 인구조사 데이터에 잘못 포함된 부분이 있는지 검토한다. ① 보험계리사로부터 인구조사데이터파일을 입수하고 여기에서 종업원을 선택하여, 급여대장(또는 이에 준하는 원천자료)에 대사하여 적절히 포함되었는지 확인한다. ② 가입자의 인사파일에서 다음과 같은 종업원 데이터를, 제도의 조건에 따라 인구조사 데이터 파일에 적절히 대사한다. • 생년월일 • 성별 • 입사일 • 퇴사일(해당사항이 있는 경우) • 급여 또는 (시간당) 적용 임률 • 근무시간, 최소근무시간이 요구되는 경우 • 기타		
5. 요구되는 기여금이 납부되었는지 확인한다. (1) 퇴직급여제도의 조건 및 법률상 기금적립요건에 따라 요구되는 기여금이 납부되었는지 여부를 확인한다. 제도에서 요구되고 있으며 보험계리인이 가정한 종업원, 퇴직자 및 사용자 기여금이 납입되었는지 여부를 확인한다(예 : 사용자의 현금지급기록, 수탁자의 보고서, 수표사본, 은행거래명세서 등을 검토하여). (2) 보험계리인이 가정한 요구되는 기여금이 적절한 기간에 납부되었는지 여부를 판단한다(예 : 현금지급기록이나 수탁자 보고서를 참조하여).	A, C, E, O	

조서번호 : EE－7

05

입증감사절차(EE. 퇴직급여부채, 급여)
Part 2. 추가 고려 절차－계속

감　　사　　절　　차	경영진 주장	조서번호
(3) 기말 시점의 적절한 잔액의 인식을 포함하여, 관련된 기간 이외에 발생한 기여금의 영향을 평가한다. (4) 퇴직급여제도의 측정일이 보고기간 말과 다르다면, 측정일과 보고기간 말 사이의 기간 동안 기여금이 납부되었는지 여부를 판단하고 재무제표상 또는 재무제표의 공시사항으로 보고된 퇴직급여제도의 적립 상태가 이러한 기여금을 반영하여 적절히 조정되었는지 여부를 평가한다.		
6. 제도의 개정, 축소 또는 정산이 존재할 경우 이에 대한 회계처리를 검토한다. (1) 당기 중에 발생한 확정급여제도의 개정, 축소 또는 정산을 식별한다(예 : 경영진에게 질문하고 경영진의 회의록을 검토하여). (2) 제도개정, 축소 또는 정산의 효과를 결정하기 전에 현재의 보험수리적 가정을 활용하여 확정급여채무의 현재가치와 관련 사외적립자산의 공정가치가 재측정되었음을 확인한다. (3) 제도개정, 축소 또는 정산 직전과 직후 확정급여채무의 현재가치 및 관련 사외적립자산의 공정가치를 보험수리적 평가와 대사하여 일치하는지 확인한다. (4) 과거근무원가가 제도개정이나 축소로 인해 발생하는 확정급여채무 현재가치의 변동액인지 재계산한다. (5) 정산으로 인한 손익이 다음 ⑴과 ⑵의 차이인지 재계산한다. ① 정산일에 결정되는 확정급여채무의 현재가치 ② 정산가격(이전되는 사외적립자산과 정산과 관련하여 기업이 직접 지급하는 금액을 포함) (6) 제도개정, 축소 또는 정산이 발생한 때에 손익이 인식되었음을 회계기록에서 확인한다. (7) 이러한 사건이 식별되었다면, 이러한 변화를 위해 요구되는 규정상의 승인이나 기타 승인이 이루어졌는지 여부를 고려한다.	A, C, E, O	

조서번호 : EE－8

입 증 감 사 절 차

(U. 매각예정비유동자산과 중단영업)

회 사 명 : ____________________ 작 성 자 : __________ 일 자 : __________

결 산 일 : ____________________ 검 토 자 : __________ 일 자 : __________

경영진 주장 :

A : 정확성(Accuracy) E : 실재성(Existence) RO : 권리와 의무(Rights and obligations)

C : 완전성(Completeness) O : 발생사실(Occurrence) CL : 분류(Classification)

CO : 기간귀속(Cutoff) V : 평가(Valuation) U : 이해가능성(Understandability)

※ 작성요령 :

조서번호 2302 감사위험의 평가(경영진 주장 수준)의 계정과목 및 파악된 위험을 '구분'란에 기재하고, 이의 위험평가 결과('유의적 위험'란), 대응하는 감사절차 실시여부('추가감사절차'란)를 기재한다.

구 분	유의적 위험 (Y/N)	추가감사절차				조서번호
		통제활동 이해 및 평가 실시여부 (Y/N)	통제 테스트 실시여부 (Y/N)	실증절차 실시여부		
				실증적 분석절차 실시여부 (Y/N)	세부 테스트 실시여부 (Y/N)	

Part 1. 절차 예시

감 사 절 차	경영진 주장	조서번호
1. 매각예정 비유동자산(처분자산집단) 명세서를 입수하여 계산검증하고 보조부와 대조 확인한다.	C, V, CL	
2. 매각예정 분류조건 충족여부 검토 (1) K－IFRS 5 문단 6～8에 따른 매각예정 분류조건이 모두 충족되는지 여부를 검토한다. (2) 매각계획의 변경이 발생하는 경우 매각예정 분류조건이 충족될 수 없는지 검토한다.	O, CL	

조서번호 : U－1

입증감사절차(U. 매각예정비유동자산과 중단영업)

Part 1. 절차 예시－계속

감　　사　　절　　차	경영진 주장	조서번호
3. 매각예정 비유동자산(처분자산집단)의 측정 검토 순공정가치와 장부금액 중 작은 금액으로 측정되었는지 검토한다. 1년 이후에 매각될 것으로 예상되는 경우 매각부대원가를 현재가치로 측정하였는지 검토한다.	V, A	
4. 자산의 순공정가치 변동의 회계처리 적정성 검토 순공정가치의 하락 및 증가에 대하여 회계처리가 적정한지 검토한다. 더 이상 매각예정으로 분류할 수 없는 비유동자산의 장부금액에 반영하는 조정금액이 계속영업손익에 포함되었는지 여부를 검토한다.	A, V	
5. 중단영업의 조건 충족여부 검토 중단영업이 다음과 같은 정의를 충족하는지 검토한다. (1) 별도의 주요 사업계열이나 영업지역이다. (2) 별도의 주요 사업계열이나 영업지역을 처분하려는 단일 계획의 일부이다. (3) 매각만을 목적으로 취득한 종속기업이다.	O	
6. 매각계획의 변경으로 매각예정 분류조건 미충족 시 재무제표 표시 검토 매각계획의 변경으로 더 이상 매각예정으로 분류할 수 없는 경우 비교표시되는 모든 회계기간에 재분류하여 계속영업손익에 포함하였는지 여부를 검토하고 과거기간에 해당하는 금액이 재분류되었음을 공시하였는지 검토한다.	O, CL	
7. 재무제표 공시사항 검토(공시사항점검표 참조)	C, CL, U	
8. 감사결론의 기술		

Part 2. 추가 고려 절차

감　　사　　절　　차	경영진 주장	조서번호
1. 매각예정 비유동자산의 실사 매각예정 비유동자산(처분자산집단)의 실재성과 소유권을 검증하고 유치권, 저당권 및 담보제공 등에 대하여 조회서, 계약서 및 의사록 등을 검토한다.	E, RO	
2. 폐기될 비유동자산의 분류 검토 폐기될 비유동자산(처분자산집단)이 매각예정으로 잘못 분류되었는지 검토한다. 폐기될 처분자산집단이 K－IFRS 문단 32(1)～(3)의 요건을 충족하는 경우 사용이 중단된 날에 중단영업으로 표시되었는지 확인한다.	O, CL	

조서번호 : U－2

입증감사절차(U. 매각예정비유동자산과 중단영업)
Part 2. 추가 고려 절차－계속

감 사 절 차	경영진 주장	조서번호
3. 과거기간의 중단영업을 당기에 조정하는 경우 분류표시의 검토 과거 기간에 중단영업의 처분과 직접 관련하여 중단영업으로 표시했던 금액을 당기에 조정하는 경우 다음과 같은 조정사항의 성격과 금액이 공시되었는지 검토한다. (1) 처분거래의 조건과 관련된 불확실성의 해소. 예를 들어, 매수자와 가격조정 및 보상 문제의 해결 (2) 처분 전 구분단위의 영업에서 발생하거나 영업과 직접 관련된 불확실성의 해소. 예를 들어, 매도자가 부담하는 환경보호의무와 제품보증의무의 해소 (3) 처분거래와 직접 연관되어 결제하는 경우의 종업원급여제도와 관련된 채무의 결제	CL	
4. 중단영업손익의 포괄손익계산서상 표시방법 검토 다음의 합계가 포괄손익계산서에 단일금액으로 표시되었는지 확인한다. (1) 세후 중단영업손익 (2) 중단영업에 포함된 자산이나 처분자산집단을 순공정가치로 측정하거나 처분함에 따른 세후 손익	A, CL	
5. 중단영업손익으로 구분 표시하고 그 구성내역은 주석으로 기재 (1) 중단영업의 수익, 비용 및 세전 중단영업손익 (2) 기업회계기준서 제1012호의 문단 81(8)에 의한 ㈎와 관련된 법인세비용 (3) 중단영업에 포함된 자산이나 처분자산집단을 순공정가치로 측정하거나 처분함에 따라 인식된 손익 (4) 기업회계기준서 제1012호의 문단 81(8)에 의한 ㈐와 관련된 법인세비용	CL	
6. 경영진 측 및 감사인 측 전문가 수행 업무의 평가 감사증거로 사용될 정보가 경영진 측 전문가가 수행한 업무의 도움으로 작성되거나 감사과정에서 감사인 측 전문가가 수행한 업무를 활용하는 경우 Audit Guide 2131 전문가의 활용을 참조하여 평가한다.	A, E, C, O, V	

조서번호：U－3

입 증 감 사 절 차

(SEG. 부문별 정보)

회 사 명 : ____________________ 작 성 자 : __________ 일 자 : __________

결 산 일 : ____________________ 검 토 자 : __________ 일 자 : __________

경영진 주장 :

A : 정확성(Accuracy) E : 실재성(Existence) RO : 권리와 의무(Rights and obligations)

C : 완전성(Completeness) O : 발생사실(Occurrence) CL : 분류(Classification)

CO : 기간귀속(Cutoff) V : 평가(Valuation) U : 이해가능성(Understandability)

※ 작성요령 :

조서번호 2302 감사위험의 평가(경영진 주장 수준)의 계정과목 및 파악된 위험을 '구분'란에 기재하고, 이의 위험평가 결과('유의적 위험'란), 대응하는 감사절차 실시여부('추가감사절차'란)를 기재한다.

구 분	유의적 위험 (Y/N)	추가감사절차				조서번호
		통제활동 이해 및 평가 실시여부 (Y/N)	통제 테스트 실시여부 (Y/N)	실증절차 실시여부		
				실증적 분석절차 실시여부 (Y/N)	세부 테스트 실시여부 (Y/N)	

Part 1. 절차 예시

감 사 절 차	경영진 주장	조서번호
1. 경영진이 부문정보의 결정에 사용한 방법을 이해하고, 동 내용을 문서화한다. 문서화할 항목의 예는 다음과 같다. (1) 부문 간 판매, 대체 및 청구와 부문 간 거래금액의 제거 (2) 예를 들어 매출액 영업이익률과 같이, 예산이나 기타의 예상 결과와 비교 (3) 자산과 비용의 부문 간 배부 (4) 과거 보고기간과의 일관성, 그리고 일관성이 위배된 경우 관련 공시의 적절성	C, A CL	

조서번호 : SEG－1

입증감사절차(SEG. 부문별 정보)

Part 1. 절차 예시－계속

감 사 절 차	경영진 주장	조서번호
2. 1.에서 문서화한 내용을 기초로 다음의 절차를 수행한다. (1) 경영진이 사용한 방법에 의해 기준서에 따른 공시가 이루어질 수 있는지 여부를 평가한다. (2) 적절한 경우, 동 방법의 적용에 대해 테스트한다.	C, A, CL	
3. 부문정보가 기준서에 따라 표시되고 공시되었는지 분석적절차 또는 해당 상황에 적합한 기타의 감사절차를 수행한다.	C, A, CL	
4. 재무제표 공시 사항의 적정성 검토(공시사항점검표 참조)	C, CL, U	
5. 감사결론의 기술		

조서번호 : SEG－2

보론 7 전산화된 환경에서의 감사실무접근방법 사례연구 (한국공인회계사회)

1. 전산화된 환경에서의 감사

본 연구는 회사의 회계 및 관련업무처리가 전산화되어 있는 경우에 감사인이 전산화의 특성과 전산화가 회계감사에 미치는 영향 등을 고려함에 있어 도움을 주기 위한 것으로 작성되었으며 전산화된 환경에서의 회계감사에 대하여 고려하여야 할 모든 사항이 포함된 것은 아니다. 따라서 감사인은 회사의 전산정보시스템환경과 감사위험 등을 고려하여 전문가적인 판단에 의하여 본 방법의 적용범위와 정도 등을 결정하여야 할 것이다.

다만 감사인은 본 방법을 적절히 감사실무에 적용하기 위하여 다음과 같은 절차를 수행하는 것을 고려하여 볼 수도 있다.

첫째, 감사계획의 이해와 위험평가를 위하여 본 자료 '2. (1) 감사계획 및 위험의 평가'에 따라 회계관계자와의 면담 및 문서의 간략한 검토를 통해 관련정보를 수집하여 충분히 검토하고 이를 조서화한 후, '[부록 1] 전산정보시스템 위험평가 체크리스트'를 작성하여 조서화한다.

둘째, '[부록 1] 전산정보시스템 위험평가 체크리스트'의 작성 및 평가결과 전산정보시스템에 대한 추가적인 감사절차가 필요하다고 판단되었을 경우에는 본 자료 '2. (2) 회사의 전산정보시스템의 이해'의 내용에 따라 전산정보시스템에 대한 기본자료를 수집하고 검토하여 감사대상회사의 전산정보시스템환경에 대한 이해를 위한 '[부록 2] 전산정보시스템의 이해를 위한 기본자료 체크리스트'를 작성하여 수집・정리된 자료와 함께 조서화한다.

셋째, 감사대상회사의 전산정보시스템에 대한 내부통제를 파악하고 이의 유효성을 확인하기 위하여 '[부록 3] 일반통제 검토 체크리스트'와 '[부록 4] 업무용 응용시스템별 통제시사프로그램'에 따라 감사절차를 수행하고 해당 조서를 작성한다.

마지막으로, 감사인은 상기의 감사절차를 모두 수행한 후에 그 결과에 근거하여 본 자료 '3. 감사결과의 적용'에 따라 추가적인 감사절차를 수행한다.

2. 전산화된 환경에서의 감사위험의 평가와 내부통제 검토

(1) 감사계획 및 위험의 평가

① 감사계획의 이해

감사계획을 수립함에 있어 회사의 사업과 시스템을 이해하기 위해서는 회사의 전산정보시스템에 대해 전반적인 이해가 요구된다. 위와 같은 측면에서 전반적인 이해를 위하여 감사대상회사의 전산정보시스템에 대해 과도하게 자세히 검토가 수행될 필요는 없으나, 감사대상회사의 전산화 정도, 시스템의 복잡성, 회사경영활동의 전산정보시스템에 대한 의존정도는 결정할 수 있을 정도로 전산정보시스템의 평가가 충분히 이루어져야 한다.

전산화된 환경에서의 감사계획 (이하 "감사계획")도 일반감사절차를 제대로 수행하기 위한 일환으로 수립되며 회사에 대한 이해와 전반적인 감사위험에 관한 예비평가에 근거하여야 하며 또한 다음과 같은 목적을 달성하기 위한 것이다.

- 전산화된 기업의 통제환경의 이해와 문서화
- 각 개별 감사분야의 예상 감사접근방법의 결정을 위한 특정의 고유위험과 통제위험요소 파악
- 감사대상회사의 전산정보시스템의 활용범위, 복잡성, 경영활동의 전산화 의존정도를 파악하여 전산감사전문가의 참여의 필요성 검토 등

감사계획의 개념은 모든 감사대상회사에 적용된다. 그러나 전산화된 환경과 관련하여 감사계획에 포함될 정보의 성격과 범위는 회사에 따라 상이하다. 본 감사계획을 위한 검토사항은 전형적인 중간정도의 전산정보시스템이 설치된 회사를 대상으로 한 것이다. 따라서 상대적으로 복잡하거나 덜 정교한 시스템인 경우에는 회사의 환경을 고려하여 적절히 감사계획이 수정되어져야 할 것이다.

② 감사계획 및 위험평가를 위한 검토사항

가. 정보시스템 사용수준

감사인은 회사의 전산정보시스템에 대한 의존정도를 판단하여 전산정보시스템의 복잡성을 판단한다. 이를 위하여 다음 사항을 고려한다.

- 고객회사의 전산정보시스템의 사용정도로서 경영활동에서 전산에 의하여 처리되는 거래의 비중, 경영 및 관리활동에서 컴퓨터를 사용하는 인원의 비율, 그리고 핵심적 의사결정을 지원하는 전산정보의 비중 등
- 전산정보시스템의 복잡성으로서 전산정보시스템에 의해 처리되는 거래유형의 수, 원시증빙에 의하여 자동 회계처리되는 수준, 그리고 온라인 실시간 처리 등 정보통신망(Network) 활용수준 등
- 기업경영에 대한 중요성으로서 전산정보시스템이 일정시간 장애 시 경영업무의 혼란 및 영향의 정도, 전산처리과정의 중요오류의 기업경영에 미치는 영향, 그리고 특정기능(예 : 입출금, 신용승인 등)을 적시에 수행하기 위하여 요구되는 전산정보시스템에 대한 의존도 등

나. 정보시스템 통제환경

경영진이 전산부서의 활동을 적절한 관심을 가지고 관리를 하고 있는지 여부는 다음 사항을 통하여 파악할 수 있다. 이는 회사의 전산정보시스템에 대한 통제환경을 판단할 수 있는 중요한 정보가 될 수 있다.

05

• 경영층의 전산정보시스템의 관리에 대한 태도로서 전산정보시스템의 장단기계획이 전사적 목표와 관련하여 수립되어 운영되는지, 최고경영층은 전산정보시스템의 계획 및 의사결정 등에 적극적으로 참여하며 지원하는지, 전산/정보기술부서 책임자는 전산정보시스템의 통제와 관리에 대하여 명확한 인식이 있는지 여부 등
• 경영상의 전산/정보기술부서에 대한 관리로서 전산/정보기술부서의 조직상 위치는 적절한지, 전산/정보기술부서 내의 업무분장이 적절한지, 전산/정보기술 직원의 사기 및 교육 등 조직관리적 지원이 적절한지, 사용자부서의 시스템개발 참여에 대한 공식적인 규정 또는 개발이 존재하는지, 의사결정을 위한 전산정보위원회 등이 운영이 되고 있는지, 그리고 전산활동에 대한 내부감사적 측면에서 검토가 있는지 여부 등
• 경영통제의 틀로서 전산관련규정이 적절한지, 전산부서를 관리하기 위하여 전산자원의 활용, 장애 등의 주요 통계자료가 적절히 활용되고 있는지, 공식적인 시스템개발과 변경관리에 대한 지침이 있는지 여부

③ 고유위험과 통제위험 요소

감사계획 중 개별적인 감사분야에 대한 효과적인 감사절차와 관련하여 다음의 요소 등을 고려하여 고유위험과 통제위험 요소를 파악한다.

• 재무제표 작성 또는 주요 유형의 거래처리 등에 있어서 회사의 전산정보시스템에 대한 의존정도
• 회사의 전산정보시스템의 상대적 복잡성
• 전산부서의 경영조직상의 위치
• 회사의 경영활동에 전산정보시스템의 의존정도
• 전산에 수록된 데이터나 프로그램에 대한 불법변경의 상대적 위험성 등

가. 감사접근방법

상기와 같은 사항을 고려하여 위험평가를 수행하고 감사계획을 수립하게 된다. 이러한 감사계획의 수립과 위험평가를 수행하기 위해서는 일반감사인의 적용가능성과 목적적합성을 모두 고려하여 감사접근방법이 수립되어져 있어야 한다. 여기에는 위험평가를 수행하기 위하여 서문에서 기술한 바와 같이 중간규모의 제조업을 가정하여 전산정보시스템환경에서의 위험평가표를 제시하였다.

본 전산정보시스템 위험평가 체크리스트는 감사대상회사에 대하여 전산정보시스템과 관련한 위험수준을 평가할 수 있도록 하고 나아가서 전산정보시스템에 대한 추가적인 감사절차의 수준을 감사인으로 하여금 판단하는 데 도움을 주는 데 그 목적이 있다. 즉 감사인은 '[부록 1] 전산정보시스템 위험평가 체크리스트'를 통하여 감사대상회사의 전산정보시스템에 대한 의존도, 전산정보시스템의 자원의 신뢰성, 응용프로그램 등의 변경경험, 외부의 영향, 정보자산 등을 고려하여 전산정보시스템과 관련된 위험을 판단하여야 하며 이를 근거로 전산정보시스템에 대한 추가적인 감사절차의 수행 여부를 결정하여야 한다. 여기에서 주의할 점은 '[부록 1] 전산정보시스템 위험평가 체크리스트'를 적용하면서 각 질문사항에 대하여 개별항목에 대한

양적 평가보다는 각각의 전산정보시스템관련 사항이 얼마나 감사대상회사의 비즈니스에 중요한 영향을 주는지 여부를 고려하여 판단해야 한다는 것이다.

'[부록 1] 전산정보시스템 위험평가 체크리스트'는 정량적 분석이 가능하도록 작성되었다. 이를 통하여 감사인은 감사대상회사의 전산정보시스템에 대한 위험평가를 수행하고 그에 대한 판단근거로 삼을 수 있을 것이다. 그러나 이는 감사목적, 혹은 감사대상회사의 특성 등 여러 가지 요인에 따라 점수 비중이 달라질 수 있는 것으로서 유연하게 적용되어야 할 것이다.

⑵ 감사대상회사의 전산정보시스템에 대한 이해

감사인이 전산정보시스템에 대한 감사절차를 수행함에 있어서 가장 기본이 되는 것은 회계감사기준 및 회계감사준칙에서 규정된 바에 따라 감사를 계획하고 효과적인 감사접근방법을 개발하기 위하여 회계제도와 내부통제제도를 충분히 이해하여야 한다는 것이다. 따라서 감사대상회사의 전산정보시스템환경에 의해 영향을 받는 분야의 감사를 계획할 때는 전산정보시스템 활동의 중요성과 복잡성 및 감사에 이용될 자료의 이용가능성의 이해방편으로 감사대상회사의 전산정보시스템에 대한 여러 가지 기초자료를 수집하고 이에 대하여 충분히 이해하여야 한다.

① 전산정보시스템에 대한 기본자료의 수집

여기서는 감사대상회사의 전산정보시스템에 대한 이해를 위하여 감사인이 수집하여야 할 기초자료를 제시하였다.

가. 전산부서의 조직과 관리(Organization)

- 회사의 전산정보시스템의 연혁과 주요 응용시스템의 개발현황
- 회사조직도, 전산부서의 조직도
- 전산정보시스템에 대한 경영진의 정책
- 경영층이 참여하는 전산추진위원회 등의 운영 여부 및 위원회의 구성과 회의록 등
- 경영층 및 전산관리책임자와 면담을 통해 전산정보시스템의 관리에 대한 인식의 파악
- 전산관계 규정 및 개인용 컴퓨터(PC) 등의 관리지침, 단말기운영관리지침 등
- 전산정보시스템에 대하여 회사가 설정한 내부통제

나. 전산센터 및 전산정보시스템 구성(System Configurations)

- 전산센터의 위치
- 회사 전체적인 전산기기 구성도(Hardware Configurations)
- 전산기기(Hardware)목록
- 주 전산기기(Main Systems), 서버, 개인용컴퓨터 정보
- 주요 시스템별 평균자료처리건수, 디스크 사용률, 중앙처리장치 사용률 등 운영정보

다. 다음과 같은 시스템 소프트웨어(System Software)의 명칭, 버전, 최종 업그레이드 일자

- 운영체제(Operating System)
- 데이터베이스관리시스템(DBMS : Database Management System)

• 접근통제소프트웨어(Access Control S/W)
• 변경관리소프트웨어(Change Control S/W)
• 통신/네트워크 관리소프트웨어

라. 정보통신시스템(Networks Systems)
• 데이터 통신의 네트워크 구성도
• 데이터 통신망의 응답속도, 서비스정지기간 등 운영정보

마. 주요 응용시스템(Applications)
• 주요 응용시스템의 기능
• 회사 전체적인 주요 응용시스템의 구성도(System Configurations)
• 자체 개발한 주요 응용시스템에 대하여 구축시기, 프로그램언어, 변경시기정보 및 탑제된 하드웨어의 내용
• 외부에서 구입한 소프트웨어 패키지(예 : ERP패키지)에 대하여 최초설치시기, 프로그램언어, 최종 업그레이드, 주요 기능정보
• 상기 주요 응용시스템의 원시자료 입력부서 및 자료처리 유형
• 다른 주요 시스템과 연결운영(Interface) 관계

바. 외부의 컴퓨터처리센터(Service Bureau)를 회사가 이용하는 경우
• 해당 Service Bureau의 계약서(서비스수준계약서 포함)
• 주요 응용프로그램의 처리방식
• 외부전산센터에 대한 외부전문가의 감사수행자료

② 전산정보시스템의 파악 및 이해

감사인이 전산정보시스템의 내부통제에 대하여 테스트하기 전에 우선 상기의 수집자료에 대한 파악과 이해가 선행되어야 한다. 감사인은 위와 같은 전산정보시스템에 대한 기초자료의 검토를 통하여 감사대상회사의 전산정보시스템에 대한 대략적인 현황을 이해할 수 있을 것이다. 이러한 이해가 선행되지 않고는 감사대상회사의 전산정보시스템에 대한 내부통제의 테스트는 불가능하다고 할 수 있다.

감사인은 조직구조관련 기초자료를 통하여 회사의 전반적인 현황을 파악할 수 있다. 감사인은 감사대상회사의 전산정보시스템에 대한 정책 및 운영지침을 검토하여 다음 사항을 확인할 수 있다.

• 시스템개발 방법론
• 시스템 변경유지절차의 규정화
• 컴퓨터실 등의 출입통제 등 물리적 통제
• 프로그램 및 데이터의 부당한 변경 등에 대한 논리적 통제
• 비상복구계획 등

또한 전산정보시스템에 대한 내부통제자료는 최근의 내・외부감사에 있어 전산부문의 감사가 수행되었는지를 파악하기 위하여 필요하며 내부감사부서 또는 전산부서 자체의 전산부문에 대한 일일(주별 또는 월단위)의 감사사항을 확인할 수 있다.

전산센터 및 전산정보시스템구성자료를 통하여 감사인은 감사대상회사의 전산정보시스템의 전체 규모를 인식하고 그 복잡성을 평가할 수 있으며 시스템의 사용률 자료를 통하여 감사대상회사의 전산정보시스템에 대한 가용성을 파악할 수 있다. 또한 시스템소프트웨어자료는 감사인이 감사대상회사에서 사용하고 있는 운영체제, 보안프로그램, DBMS의 종류 등을 파악하여 시스템소프트웨어별로 수행할 감사절차를 결정할 수 있다.

정보통신시스템자료는 감사대상회사의 네트워크구성도를 통하여 전국에 걸친 시스템 간의 데이터흐름을 보여주며 지역시스템 간의 전송망에 대한 현황, 즉 임차 여부, 속도, 그리고 백업라인의 구비 여부를 확인할 수 있게 한다. 주요 응용시스템의 파악을 통하여 감사인은 중점적으로 감사절차를 수행해야 할 응응프로그램을 선별할 수 있으며 이는 기말 입증감사 시 계속적으로 연결된다.

상기 입수자료는 감사인에 의하여 수행된 감사절차를 명확히 하기 위하여 별도의 형식으로 재작성되거나 이를 활용하여 감사대상회사의 정보를 이해하기 위한 조서로서의 역할을 한다. 이와 같은 회사의 전산정보시스템의 이해를 위한 절차수행 및 조서화를 위하여 [부록 2]에서는 "전산정보시스템의 이해를 위한 기본자료 체크리스트"를 제시하였으며 [부록 2－첨부]에서는 감사대상회사의 전산정보시스템의 개요를 정리한 사례를 제시하였다.

⑶ 전산정보시스템에 대한 내부통제의 검토

① 전산정보시스템에 대한 내부통제의 개요

전산정보시스템은 감사대상회사의 비즈니스의 목표와 전략달성에 있어서 중요한 성공요소의 하나로 작용하고 있다. 나아가서 전산정보시스템은 감사대상회사의 관리 및 회계프로세스를 처리하고 그 결과를 보고하는 매우 중요한 역할을 하고 있다. 따라서 전산정보시스템의 프로세스는 매우 중요하다고 할 수 있으며 이러한 전산정보시스템에 대한 통제는 감사대상회사의 업무프로세스의 내부통제의 유효성에 영향을 미칠 수 있고 감사인이 입수한 감사증거(전산정보시스템에서 전송되고, 처리되거나 혹은 전자적으로 접근되어지는 데이터)의 신뢰성에도 영향을 미치게 된다.

이러한 전산정보시스템의 프로세스는 크게 기획・조직 프로세스, 개발・구현 및 유지보수 프로세스, 운영프로세스, 그리고 이들 프로세스들을 관리하는 모니터링 프로세스의 4가지 프로세스로 크게 나눌 수 있다(COBIT Ⅲ, 2000, Information Systems Audit and Control Foundation). 이들 프로세스는 각종 응용시스템의 내부통제와 관련하여 직접적인 관계가 있는 부분도 있지만 그렇지 아니하고 전산정보시스템부문에 전체적으로 영향을 미치는 부분도 포함한다. 이렇게 특정한 응용시스템의 내부통제와 직접적으로 관련이 없는 통제는 감사대상회사에 대한 기본자료 수집절차에서 대부분 파악될 수 있다. 그러나 감사인은 그러한 부분에 대하여 중요성을 판단하고 추가적인 감사절차를 수행할 것인지 여부를 결정하여야 한다.

전산정보시스템에 대한 내부통제는 전반적인 내부통제의 목적의 달성을 뒷받침하는 것으로 이는 수작업통제절차와 컴퓨터프로그램에 설계된 절차를 포함한다. 위와 같은 수작업통제절차와 컴퓨터통제절차는 전산정보시스템에 대한 경영관리체계, 물리적 보안 및 환경통제, 정보보호관리체계, 중요 응용시스템에 대한 개발·구현체계 및 변경통제, 비상(재해복구)계획, 그리고 내부감사를 통한 내부관리절차의 검토를 통하여 평가할 수 있다.

상기의 관리체계 및 절차들은 전산정보시스템 전반에 영향을 미치는 통제와 특정한 중요 응용시스템에만 특히 영향을 미치는 통제를 포함하고 있다. 이러한 통제의 목적은 전산활동에 대한 통제의 틀을 확립하고 내부통제의 목적이 달성되고 있다는 것에 대한 합리적인 확신을 제공하는 데 있다. 다음은 감사인이 감사절차를 수행하기에 앞서 상기의 통제절차에 대한 전반적인 이해를 돕기 위하여 각 통제별로 요약하였다.

가. 전산정보시스템에 대한 경영관리체계

조직이 전산활동에 대한 경영조직적인 틀을 확립할 수 있도록 설계되어야 한다는 것으로서 다음과 같은 것을 포함한다.

- 전산활동의 통제와 관련된 경영정책과 절차
- 전산활동에 따른 적절한 업무분장(예 : 거래처리의 입력에 따른 준비, 프로그래밍과 컴퓨터운영의 분리 등)
- 경영진이 참여하는 전산운영위원회의 활동
- 장·단기 전산정보시스템활동에 대한 계획
- 전산활동에 대한 원가관리
- 전산정보시스템의 서비스제공수준에 대한 관리
- 기타 법적인 규제사항의 준수 여부 관리

나. 물리적 보안 및 환경통제

- 컴퓨터 기계실, 개인용 컴퓨터 등에 대한 물리적 출입통제
- 적절한 수준의 화재 등 재해에 대한 설비의 설치

다. 정보보호관리체계

- IT자산에 대한 효율성, 효과성, 안전성 및 신뢰성을 향상시키기 위한 절차의 수립 및 문서화
- 동 절차를 지속적으로 관리 및 운영하여 정보보호목표인 비밀성, 무결성, 가용성을 실현하기 위한 일련의 과정 및 활동

라. 시스템개발 및 구현체계

- 시스템의 개발 및 구현에 대한 방법론을 수립하고 문서화
- 솔루션의 도출, 응용소프트웨어의 도입 등을 위한 사용자요구사항 분석절차 등

마. 변경통제

- 시스템의 유지보수에 대한 체계적인 규정을 수립하고 문서화
- 응용프로그램변경에 대한 이력관리 절차
- 사용자요구사항을 만족시킬 수 있는 테스트 절차 등

바. 비상(재해복구)계획

- 사업지속계획에 대한 규정을 수립하고 문서화
- 주요 응용프로그램에 대한 비상계획의 수립 및 계속적인 훈련
- 재난복구센터의 운영관리 등

사. 내부감사

- 전산정보시스템부서에 대한 정규적이고 구체적인 내부감사활동

② 감사절차

감사인은 감사대상회사의 전산정보시스템에 대한 내부통제의 유효성을 평가하기 위하여 일반적으로 다음과 같은 감사절차를 수행한다.

첫째, 감사인이 감사대상회사의 비즈니스상에서 중요한 역할을 차지하는 업무프로세스를 식별하고 관련프로세스에 대하여 이해한 후 주요 내용을 정리 요약하여 조서화한다. 여기에서 이러한 중요한 업무프로세스에 영향을 미치는 전산정보시스템의 역할을 이해하고 이러한 전산정보시스템에 대한 개략적인 위험을 인식한다.

둘째, 입수한 감사증거에 대한 신뢰성의 확보와 감사대상회사의 주요 업무프로세스와 관련이 있는 전산응용시스템의 내부통제에 대한 유효성을 확보하기 위하여 관련내부통제를 식별하고 또한 얼마나 다양한 내부통제가 존재하는지를 파악하기 위하여 누가 내부통제를 수행하고, 어떤 자료와 파일 등이 사용되어지는지를 확인하여야 한다. 그리고 이러한 절차를 통하여 식별한 내부통제가 감사인이 파악한 위험을 예방하고, 적발할 수 있는지 여부에 대한 예비평가를 수행한다. 또한 내부통제에 대한 예비평가절차를 토대로 통제시사의 수행 여부를 결정한 후 통제시사를 수행하거나 추가적인 감사절차의 수행 여부를 결정하게 된다.

마지막으로, 통제시사를 수행할 경우에는 식별한 내부통제에 대한 관련내부통제가 실제로 존재하는지, 내부통제의 목적을 달성하고 있는지, 적절히 운용되고 있는지 확인한다. 이는 주요 응용시스템에 있는 내부통제에 대하여 각각 수행하고 이를 위하여 감사인은 적절한 증거를 입수하여야 한다.

제조업에 속하는 감사대상회사의 주요 업무프로세스는 일반적으로 크게 영업, 구매, 생산, 회계, 인사/급여 등의 주요 프로세스로 나누어 볼 수 있다. 여기에서는 서문에서 밝힌 바와 같이 중간규모의 제조업을 가정하였을 경우의 대표적인 중요 업무프로세스로서 영업, 구매, 회계업무를 중심으로 예를 들어 살펴보고자 한다. 이들 각 업무프로세스에 대한 구체적인 감사절차는 다음과 같다.

가. 주요 업무프로세스에 대한 이해 및 위험 파악

a. 영업프로세스

영업프로세스의 중요 절차는 주문접수와 주문내용 기록, 출고지시, 제품발송, 거래명세서 및 세금계산서발행, 매출채권기록, 수금, 그리고 수금내용을 고객의 매출채권에 반영하는 것이다. 통상적인 영업응용시스템에서는 제품발송 시, 발송제품의 내용을 주문내용과 비교하도록 설정되어 있을 것이다. 또한 거래명세서는 매일 출고 시마다 혹은 정기적으로 발행할 것이며, 매출채권은 응용시스템상에서 수금액과 비교 후 조정되도록 설정된다. 마지막으로 마감은 기준일에 주문접수 후 제품을 발송한 내용을 매출채권으로 인식하는 작업 등이다. 감사인은 전산정보시스템에서 이루어지고 있는 자동화된 출고승인, 자동전표, 그리고 비교절차를 포함하여 중요한 관련이 있는 절차들을 식별, 테스트, 평가하고 신뢰할지 여부를 판단해야 한다.

영업프로세스와 관련하여 전산정보시스템에서 식별할 수 있는 다음과 같은 위험은 매출, 수금거래의 기록에 대하여 부적절한 결과를 가져올 수 있으며 결과적으로 재무제표를 왜곡시킬 수도 있다.

- 부적절한 접근권한부여절차 혹은 동 절차의 부재
- 부적절한 응용시스템변경절차 혹은 동 절차의 부재
- 부적절한 응용시스템형식(Configuration) 설정관리
- 부적절한 고객사마스터파일 관리
- 부적절한 제품마스터파일 및 제품판매단가마스터파일 관리
- 주문서 접수의 부적절한 승인절차
- 주문확인 없는 제품발송 및 부적절한 제품발송일자 부여
- 부적절한 송장의 인쇄 및 매출의 기록
- 부적절한 입금거래의 기록
- 부적절하거나 누락된 보조원장과 총계정원장의 비교절차

b. 구매프로세스

구매프로세스의 중요 절차는 주문(발주)과 제품입고, 검수, 매입채무의 기록 및 거래처에 대한 매입채무 대금지급현황을 반영하는 것이다. 구매응용시스템에서는 주문서류와 비교확인된 제품의 검수 후 입고 시 자산 및 관련부채가 기록된다. 또한 입고된 제품에 대하여 주문서류와 송장의 비교확인 후 대금이 지급되면서 관련부채가 감소하게 된다. 마지막으로 마감은 기준일에 주문 후 입고한 내용을 매입채무로 인식하는 작업 등이다. 감사인은 전산정보시스템에서 이루어지고 있는 자동화된 승인, 자동전표, 그리고 비교절차를 포함하여 중요한 관련이 있는 절차들을 식별, 테스트, 평가하고 신뢰할지의 여부를 판단해야 한다.

구매프로세스와 관련하여 전산정보시스템에서 식별할 수 있는 다음과 같은 위험은 구매, 지급거래의 기록에 대하여 부적절한 결과를 가져올 수 있으며 결과적으로 재무제표를 왜곡시킬 수도 있게 된다.

- 부적절한 접근권한부여절차 혹은 동 절차의 부재
- 부적절한 응용시스템변경절차 혹은 동 절차의 부재
- 부적절한 응용시스템형식(Configuration) 설정관리
- 부적절한 구매거래처마스터파일 관리
- 부적절한 원 · 부재료재고마스터파일 및 매입단가마스터파일 관리
- 주문발송의 부적절한 승인절차
- 주문발송 없는 제품입고 및 부적절한 제품입고일자 부여
- 부적절한 검수확인과 구매주문 비교절차
- 부적절한 송장내용의 입력 및 매입의 기록 혹은 기록누락
- 원 · 부재료의 입고 없는 지급거래의 개시
- 부적절하거나 누락된 보조원장과 총계정원장의 비교절차

c. 회계프로세스

회계프로세스는 상대적으로 간단한 목적을 가지고 있다고 할 수 있다. 즉 기간별 정확한 재무제표와 그에 따르는 적절한 명세서의 제공에 그 목적이 있다. 이 프로세스는 일반적으로 데이터의 누적금액을 계산하기 위한 거래금액의 계정분류작업부터 시작되며 이것은 "계정과목분류표(Chart of Accounts)"에 의하여 이루어지는 관리절차이다. 이 절차는 회계프로세스의 가장 기본적인 절차이며 회계응용프로그램의 목적을 달성하기 위하여 가장 중요하다. 회계응용프로그램에서는 직접적으로 데이터가 입력되거나 혹은 각 응용프로그램이 가지고 있는 보조원장으로부터 업로드(Upload)되는 형식으로 데이터가 입력된다. 이렇게 거래의 기록이 집계되면 총계정원장은 거래별 마감절차를 거치게 되며 비일상적인 회계거래의 기록 등이 입력되고 나면 회사의 재무제표와 그에 따르는 적절한 명세서가 산출된다.

회계프로세스와 관련한 전산정보시스템에서 식별할 수 있는 다음과 같은 위험은 부정확한 재무제표가 산출될 뿐만 아니라 결과적으로 경영진의 잘못된 의사결정을 초래할 수 있다.

- 부적절한 접근권한부여절차 혹은 동 절차의 부재
- 부적절한 응용시스템변경절차 혹은 동 절차의 부재
- 부적절한 응용시스템형식(Configuration) 설정관리
- 부적절한 계정과목분류표(Chart of Accounts) 관리
- 부적절한 거래의 입력, 누락 및 중복입력
- 거래의 부적절한 계정과목 분류 및 기간귀속
- 보조원장으로부터 총계정원장으로의 전송 오류
- 비일상적인 거래의 부적절한 입력 및 기간귀속 오류
- 재무제표대상기간의 부적절한 정의
- 총계정원장의 부적절한 합산처리
- 부적절하거나 누락된 보조원장과 총계정원장의 비교절차

나. 내부통제의 식별 및 예비평가

이러한 영업, 구매 및 회계시스템에 대하여 감사인은 예상되는 위험을 예방하고 적발하기 위하여 다음과 같은 내부통제가 감사대상회사 내에 존재하는지 식별하고 이에 대하여 예비평가를 수행한다. 감사인은 이를 위하여 다음의 내부통제에 대하여 적절한 통제절차가 존재하는지 그리고 누가 통제절차를 수행하는지를 식별하고, 또한 해당 통제절차가 적절히 운용된다면 통제목적을 달성할 수 있을지 여부를 판단하여야 한다.

a. 공 통

- 접근권한부여 및 폐지에 대한 적절한 승인절차
- 프로그램개발자의 프로덕션환경 접근금지
- 응용프로그램변경에 대한 적절한 승인 및 사용자 확인절차
- 응용프로그램변경관리를 위한 소프트웨어 사용
- 정기적인 응용시스템 형식(Configuration) 설정 검토
- 보조원장과 총계정원장의 비교보고서를 시스템에서 제공하거나 주기적으로 비교하는 절차

b. 영업시스템

- 거래처파일, 재고마스터파일 및 제품가격파일의 갱신에 대한 적절한 승인절차
- 주요 주문서 접수에 대한 자동승인절차
- 제품발송일자를 매출일자로 인식하도록 자동설정, 제품발송일자는 시스템일자를 사용
- 시스템에서 정당한 주문의 접수 및 승인내용이 없는 제품발송을 불허하도록 설정
- 고객마스터와 재고마스터파일에 없는 고객 및 제품에 대한 매출거래를 제한하도록 시스템에서 설정
- 시스템에서 고객의 주문번호를 자동부여, 관리
- 시스템에서 매출채권의 연령보고서를 제공

c. 구매시스템

- 구매거래처파일 및 재고마스터파일갱신에 대한 적절한 승인절차
- 주문발송에 대한 자동승인절차
- 주문서류, 입고서류, 검수서류 그리고 송장 간의 비교확인절차
- 시스템에서 정당한 주문의 발송이 없는 제품입고를 불허
- 제품의 입고 시 즉시 입고기록하고 이때 입고일자를 시스템의 일자를 사용하도록 설정
- 거래처마스터와 재고마스터파일에 없는 거래처 및 원·부재료에 대한 구매거래(주문, 입고, 송장기록 등)를 제한하도록 시스템에서 설정
- 시스템에서 구매주문번호를 자동부여, 관리

d. 회계시스템

- 계정과목분류표파일의 갱신에 대한 적절한 승인절차
- 분개입력에 대한 자동승인절차

• 입력 시 차변거래의 합계와 대변거래의 합계의 일치를 요구
• 분개입력 시 일자는 시스템일자를 사용

다. 통제시사 및 감사결과 요약

감사인은 감사대상회사의 영업, 구매 및 회계시스템에 대한 다음의 내부통제에 대하여 해당 통제절차가 실제로 존재하는지, 내부통제의 목적을 달성하고 있는지, 적절히 이행되고 있는지 다음의 절차를 통하여 확인한다. [부록 4]에서는 업무용 응용시스템별 통제시사 프로그램을 예시하였다.

a. 공 통

• 접근권한부여 및 폐지에 대한 공식적인 절차가 존재하는가?
• 동 절차는 관리자에 의하여 지속적으로 모니터되고 있는가?
• 영업시스템에 대한 접근권한목록을 검토한 결과 불필요한 접근권한이 허용된 사용자가 존재하지는 않는가?
• 공식적인 패스워드정책은 존재하는가?
• 동 절차는 강제적이고 정기적인 패스워드의 변경, 동일 패스워드의 일정기간 재사용금지, 특정관련숫자 혹은 문자의 사용금지, 일정자릿수 이상의 패스워드 사용 등을 포함하고 있는가?
• 공식적인 응용프로그램 변경절차가 존재하는가?
• 개발환경과 프로덕션환경은 물리적, 논리적으로 구분되어 있는가?
• 변경관리 프로그램을 사용하고 있는가?
• 응용프로그램 변경에 대한 이력관리가 이루어지고 있는가?
• 응용프로그램 변경에 대하여 적절한 승인이 이루어지고 있는가?
• 프로그램변경 후 사용자 확인절차가 있는가?
• 정기적인 응용시스템 형식(Configuration) 설정을 검토하는 절차가 존재하는가?
• 보조원장과 총계정원장의 비교보고서를 시스템에서 제공하거나 주기적으로 비교 · 조정하는 절차가 수행되는가?

b. 영업시스템

• 고객거래처마스터파일 및 재고마스터파일의 갱신에 대한 접근권한은 적절하게 부여되어 있는가?
• 시스템에서 주요 주문서 접수에 대하여 시스템적 검토 후 자동승인되도록 설정되어 있는가?
• 시스템에서 발송일자를 매출일자로 자동인식하도록, 그리고 발송일자는 시스템일자를 사용하도록 설정되어 있는가?
• 시스템에서 주문번호 혹은 고객명이 없는 주문서접수를 불허하는 절차가 존재하는가?
• 시스템에서 주문내용 없는 발송을 불허하도록 설정되어 있는가?
• 시스템에서 고객마스터와 재고마스터파일에 없는 고객 및 제품에 대한 매출거래를 제한하도록 설정되어 있는가?

- 시스템에서 고객의 주문번호를 관리하도록 설정되어 있는가?
- 시스템에서 매출채권의 연령보고서를 제공하는가?

c. 구매시스템

- 구매거래처마스터파일 및 재고마스터파일의 갱신에 대한 접근권한은 적절하게 부여되어 있는가?
- 시스템에서 주요 주문서 발송에 대하여 시스템적으로 자동승인되도록 설정되어 있는가?
- 시스템에서 주문서류, 입고서류, 검수서류, 그리고 송장 간의 내용을 비교 확인하도록 설정되어 있는가?
- 시스템에서 입고 후 검수일자를 매입일자로 자동인식하도록, 그리고 입고일자는 시스템일자를 사용하도록 설정되어 있는가?
- 구매거래처마스터와 재고마스터파일에 없는 구매거래처 및 원부재료에 대한 구매거래(주문, 입고, 송장기록 등)를 제한하도록 시스템에서 설정되어 있는가?
- 시스템에서 주문내용 없는 입고를 불허하도록 설정되어 있는가?
- 시스템에서 구매주문번호를 자동 부여, 관리하도록 설정되어 있는가?
- 계정과목분류표파일의 갱신에 대한 적절한 승인절차가 설정되어 있는가?
- 시스템에서 분개입력에 대한 자동검증 후 승인절차가 설정되어 있는가?
- 시스템에서 입력 시 차변거래와 대변거래의 합이 일치되도록 요구하도록 설정되어 있는가?
- 시스템에서 분개입력 시 일자는 시스템일자를 사용하도록 설정되어 있는가?

감사인은 상기와 같은 절차를 통하여 감사대상회사의 업무용 응용시스템에 대한 내부통제의 유효성을 판단하여야 한다. 이를 근거로 추가적인 감사절차의 방법, 시기 및 범위를 결정한다. 또한 감사결과를 요약하여 감사대상회사에게 권고사항을 제공하거나 감사인의 판단근거로서 조서화한다.

3. 감사결과의 적용

전산정보시스템에 대한 내부통제의 검토 후 그 결과에 따라 감사인은 특정의 업무프로세스와 관련된 전산정보시스템에 대한 신뢰 여부를 각각 결정하고 이에 따라 각 업무프로세스에 관련된 계정과목의 잔액에 대한 입증감사의 방법, 범위, 시기에 관한 감사계획의 변경 여부를 고려하여야 한다. 감사대상회사의 전산정보시스템에 대한 내부통제에 대하여 신뢰할 것인가는 감사인의 전문가적 판단에 따른다. 다만, 그 판단에 대한 근거는 감사조서로 작성되어야 할 것이다.

본 지침에 따라 감사절차를 수행한 경우 내부통제의 신뢰성에 따라 다음의 상황이 있을 수 있을 것이며, 이에 따른 감사계획의 적절한 변경이 요구될 수도 있다.

① 내부통제를 신뢰할 수 있는 경우

감사인은 전산정보시스템을 신뢰할 수 있으므로 내부통제에 의존하여 제한적인 입증감사를 기중 및 기말감사 시에 실시하게 된다.

② 전산정보시스템에 대한 내부통제에 대해 신뢰할 수 없는 경우

전산정보시스템에 대하여 신뢰할 수 없으므로 이를 고려하여 확대된 입증감사절차를 감사대상기간 전체에 걸쳐 수행할 것인지를 결정하여야 한다.

05

[부록 1] 전산정보시스템 위험평가 체크리스트

본 전산정보시스템 위험평가 체크리스트는 고객회사가 유지하고 있는 전산정보시스템 환경의 위험수준을 감사인이 예비적으로 평가하여 감사계획수립에 반영하기 위한 표이다. 따라서 본 체크리스트는 이러한 감사인의 평가에 도움을 주기 위하여 작성된 것이며 원칙적으로 각 항목과 관련하여 감사대상회사의 구체적인 상황을 고려하여 감사인의 전문가적인 판단하에 총괄적인 평가가 이루어져야 할 것이다. 본 표에 제시된 항목들은 예시적인 것이며 특정회사의 상황에 비추어 부적절하거나 또는 새로운 평가항목의 추가적인 적용이 필요하다고 감사인이 판단하는 경우에는 언제라도 전문가적인 판단에 근거하여 적절히 수정하여 이용하여야 할 것이다.

내 용	예	아니요
1. 감사의 성격이 외감법감사인가? 임의감사인가?		
2. 전산정보시스템과 관련한 추가적인 규제사항이 적용되는가?		
3. 전산정보시스템과 관련한 특별한 개선사항의 권고를 요구하는가?		
4. 감사대상회사의 업종은 다음 중 하나에 해당하는가? －은행업 등을 포함한 금융업 －항공/전력/가스산업 －정보통신서비스업 －도매/유통업		
5. 재무정보가 전산정보시스템에 의하여 대부분, 혹은 전부 처리되는가?		
6. 전부 혹은 대부분의 전산정보시스템이 외부용역업체를 통하여 운영되고 있는가?		
7. 거래업체들과 EDI, VAN 등으로 연결되어 거래가 이루어지는 부분이 있는가?		
8. 감사대상회사가 주요 프로세스에 클라이언트/서버시스템을 통한 ERP패키지를 구축하였는가?		
9. 회사의 전산전문요원은 20명(전산서비스업체 이용 시는 그 서비스업체 인원이 100명) 이상인가?		
10. 감사대상회사의 전산정보시스템에 접속하는 사용자는 100명이 넘는가?		
11. 감사대상회사의 시스템은 다음 중 하나 이상에 해당하는가? －메인프레임급 컴퓨터 －다수의 서버급 컴퓨터		
12. 감사대상회사의 업무수행에 있어서 인터넷의 이용이 중요한가?		
13. 감사대상회사의 네트워크는 다음 중 어느 범위에 해당하는가? －대부분 사이트의 연결 －일부 사이트의 연결		
14. 감사대상회사의 주요 응용(업무)시스템에 대한 자체개발의 범위는 다음 중 하나에 해당하는가? －대부분의 응용시스템에 대하여 자체개발 －일부 응용시스템에 대하여 자체개발		

내 용	예	아니요
15. 감사대상회사의 주요 응용시스템에 대한 변경은 월 1회 이상 자주 일어나는가?		
16. 감사대상회사의 주요 컴퓨터 및 네트워크시스템에 대한 변경은 월 1회 이상 자주 일어나는가?		
17. 감사대상회사의 주요 업무프로세스에 대한 변경은 연 1회 이상 자주 일어나는가?		
18. 다음 사항을 고려할 때 주요 응용시스템들은 복잡한가? －대량의 거래량과 광범위하고 복잡한 계산 －거래의 승인, 개시 및 실행에 문서화증빙이 존재하지 아니함. －전산정보시스템에 의하여 자동으로 처리되는 절차의 존재 －여러 응용시스템 간의 자동화된 인터페이스 －데이터베이스관리시스템의 사용		
19. 주요 응용시스템에 대한 자료의 입력 및 처리방식은 다음 중 하나에 해당하는가? －Real time 입력/마스터파일이 자동으로 즉시 갱신 －온라인 입력/마스터파일이 뱃치형식으로 갱신		

총괄평가표

상기에서 언급한 바와 같이 이 체크리스트를 사용한 전산정보시스템 위험평가는 원칙적으로 감사를 담당하는 감사인의 전문가적 판단에 의하여 결정된다. 다만, 감사인이 전문가적인 판단을 내리는 데에 도움을 주기 위하여 다음과 같은 평가방법을 제시하는 바이며 이러한 평가방법이 모든 상황에서 항상 적용되어야 하는 것은 아니다.

종합결과－"예"로 대답한 항목의 개수 ________ 개

－7번 또는 8번 항목이 "예"인가? ________

－9번 또는 10번 항목이 "예"인가? ________

종합결론 매우복잡 복 잡 보 통 단 순

위험도의 단계	판단의 기준	IT감사전문가의 참여 필요성
매우 복잡 (Very Complex)	"예"로 대답한 항목의 개수가 14개 이상이거나 7번 또는 8번이 포함되는 경우	반드시 IT감사전문가가 참여하여야 함.
복 잡 (Complex)	"예"로 대답한 항목의 개수가 10개 이상, 14개 미만이거나 9번 또는 10번이 포함되는 경우	감사인의 판단에 따라 IT감사전문가가 참여할 수 있음.
보 통 (Moderate)	"예"로 대답한 항목의 개수가 5개 이상, 10개 미만인 경우	IT감사전문가가 참여할 필요 없음.
단 순 (Simple)	"예"로 대답한 항목의 개수가 5개 미만에 해당하는 경우	전산정보시스템에 대한 추가적인 감사절차가 필요 없음.

[부록 2] 전산정보시스템의 이해를 위한 기본자료 체크리스트

본 체크리스트는 회사의 전산정보시스템의 이해를 위하여 감사인이 면담 또는 문서검토를 통하여 일반적으로 수집하여야 할 기본적인 정보를 체크하기 위한 것이며 필요한 모든 사항을 전부 포함하고 있지 않을 수도 있다. 따라서 감사인의 회사의 현황에 대한 전문가적인 판단에 따라 적절히 조정하여 적용할 수 있다.

내 용	수행자	조서번호
1. 전산부서의 조직과 관리 －회사의 전산정보시스템의 연혁과 주요 응용시스템의 개발현황 －회사조직도, 전산부서의 조직도 －전산정보시스템에 대한 경영진의 정책 －경영층이 참여하는 전산추진위원회 등의 운영 여부 및 위원회의 구성과 회의록 등 －경영층 및 전산관리책임자와 면담을 통해 전산정보시스템의 관리에 대한 인식 파악 －전산관계규정 및 개인용 컴퓨터(PC) 등의 관리지침, 단말기운영관리지침 등 －전산정보시스템에 대한 내부통제		
2. 전산센터 및 전산정보시스템 구성 －전산센터의 위치 －회사 전체적인 전산기기 구성도(Hardware Configurations) －전산기기(Hardware)목록 －주 전산기기(Main Systems), 서버, 개인용 컴퓨터 정보 －주요 시스템별 평균자료처리건수, 디스크사용률, 중앙처리장치사용률 등 운영정보		
3. 다음 시스템소프트웨어의 명칭, 버전, 최종업그레이드 일자 －운영체제(Operating System) －데이터베이스관리시스템(DBMS : Database Management System) －접근통제소프트웨어(Access Control S/W) －변경관리소프트웨어(Change Control S/W) －통신네트워크 관리소프트웨어		
4. 정보통신시스템 －데이터 통신의 네트워크 구성도 －데이터 통신망의 응답속도, 서비스 정지기간 등 운영정보		
5. 주요 응용시스템 －주요 응용시스템의 기능		

내 용	수행자	조서번호
－회사 전체적인 주요 응용시스템의 구성도(System Configurations) －자체 개발한 주요 응용시스템에 대하여 구축시기, 프로그램언어, 변경시기정보 및 탑재된 하드웨어의 내용 －외부에서 구입한 소프트웨어 패키지(예 : ERP패키지)에 대하여 최초 설치시기, 프로그램언어, 최종업그레이드, 주요 기능정보 －상기 주요 응용시스템의 원시자료 입력부서 및 자료처리 유형 －다른 주요 시스템과 연결운영(Interface)관계		
6. 외부의 컴퓨터처리센터를 이용하는 경우 －해당 Service Bureau의 계약서(서비스수준계약서 포함) －주요 응용프로그램의 처리방식 －외부 전산센터에 대한 외부전문가의 감사수행자료		

[첨 부] 전산정보시스템의 개요(사례)

System Information	AS/400(Case 1)	HP－9000(Case 2)
CPU Model	S 720	Enterprise
Operating System	OS/400 X.X	HP－UX VX.X
Security System	OS/400	OMNIGUARD
Memory	1,024MB	1,024MB
Disk Capacity	4,920GB	SHARED PRODUCT
Disk Utilization	85%	85%
CPU Utilization	59.7%	29.4%
On－line Percentage	85%	N/A
Batch Percentage	15%	N/A
Database Systems	DB2/400	Oracle 7.X.X
Job Control Systems	PDM	PDM
On－line System	OS/400	N/A
Production Software	OS/400	N/A
Telecommunications	TCP/IP	TCP/IP
Applications Processes	매출 및 매출채권관리	재고관리
소유권	직접소유	직접소유
Maintenance	IBM이 관리 중	HP가 관리 중
Location	서울본사	서울본사

[부록 3] 일반통제검토 체크리스트

본 일반통제검토 체크리스트는 감사인이 감사대상회사의 전반적인 전산정보시스템의 환경의 이해를 위하여 일반통제에 대한 검토를 수행 시에 활용하기 위한 기본적인 사항들을 담고 있으며 감사인의 판단에 의하여 개별감사대상회사에 따라 수행되어야 하는 항목을 가감하여 사용할 수 있다.

내 용	수행자	조서번호
1. 감사대상회사가 전산활동에 대한 경영조직적인 틀을 확립할 수 있는 조직을 가지고 있는지 확인하기 위하여 다음 사항을 검토한다. －전산활동의 통제와 관련된 경영정책과 절차 －전산활동에 따른 적절한 업무분장(예 : 거래처리의 입력에 따른 준비, 프로그래밍과 컴퓨터운영의 분리 등) －경영진이 참여하는 전산운영위원회의 활동 －장·단기전산정보시스템활동에 대한 계획 －전산활동에 대한 원가관리 －전산정보시스템의 서비스제공수준에 대한 관리 －기타 법적인 규제사항의 준수 여부 관리		
2. 전산정보시스템의 물리적 보안 및 환경에 대한 통제의 존재를 확인하기 위하여 다음 사항을 검토한다. －컴퓨터기계실 등에 대한 물리적 출입통제 －소화장비, 항온항습장비의 설치 여부 －발전기, 무정전장비 등의 설치 여부		
3. 정보자산의 보호 등을 위한 정보보호관리체계의 존재 여부를 확인하기 위하여 다음 사항을 검토한다. －IT자산에 대한 효율성, 효과성, 안전성 및 신뢰성을 향상시키기 위한 절차의 수립 및 문서화 －동 절차를 지속적으로 관리 및 운영하여 정보보호목표인 비밀성, 무결성, 가용성을 실현하기 위한 일련의 과정 및 활동		
4. 응용프로그램의 개발 및 변경에 대한 적절한 통제가 있는지 확인하기 위하여 다음 사항을 검토한다. －시스템의 개발 및 구현에 대한 방법론 －시스템의 개발 및 구현에 대한 문서화 규정 －솔루션도출, 응용시스템의 도입 등을 위한 사용자요구사항 분석절차		
5. 정보자산에 대한 변경통제의 적정성을 확인하기 위하여 다음 사항을 검토한다. －시스템의 유지보수에 대한 규정 및 문서화		

내　　용	수행자	조서번호
－응용시스템의 변경에 대한 이력관리절차 －사용자참여를 규정한 테스트절차		
6. 사업의 계속성을 보장할 수 있는 비상계획의 적정성을 확인하기 위하여 다음을 검토한다. －사업지속계획에 대한 규정 수립 및 문서화 －주요 응용시스템에 대한 비상계획의 수립 －비상계획에 대한 지속적인 테스트 －재난복구센터의 운영관리 －주요 정보자산에 대한 백업활동		
7. 내부감사가 전산정보시스템부서의 운영 및 보안활동에 대한 내부감사부서의 활동을 제공하는지 다음을 통하여 확인한다. －내부감사부서의 IT부서에 대한 내부감사보고서 －IT부서에 대한 내부감사규정		

[부록 4] 업무용 응용시스템별 통제시사 프로그램

본 통제시사 프로그램은 일반적인 중규모 제조기업의 응용시스템에 대한 통제시사 시 적용하여야 할 내용을 예시하고 있으며 모든 기업에 적용하여야 할 모든 사항을 포괄하고 있는 것은 아니기 때문에 감사인의 판단에 따라 수행되어야 하는 항목을 가감하여 사용할 수도 있다.

〈공 통〉

내 용	수행자	조서번호
1. 접근권한부여 및 폐지 등에 대한 공식적인 절차의 존재를 확인하기 위하여 다음 사항을 검토한다. －사용자계정신청서의 존재 －접근권한부여신청서의 존재 －상기 신청서에 사용자부서장 및 전산부서 책임자의 승인 －응용시스템별 접근권한 리스트의 주기적인 검토를 통한 불필요한 접근권한 보유자의 존재 여부 －퇴사/인사이동에 따른 접근권한갱신절차의 존재 여부		
2. 공식적인 패스워드정책의 존재를 확인하기 위하여 다음 사항을 검토한다. －패스워드 규정 －강제적이고 정기적인 패스워드의 변경 －동일패스워드의 일정기간 재사용 금지 －주민번호 등 특정한 숫자 혹은 문자사용금지 －최소 6자 이상의 패스워드 사용		
3. 개발자의 프로덕션환경 접근방지를 확인하기 위하여 다음 사항을 검토한다. －프로덕션환경에 대한 프로그램개발자의 사용자계정 존재 여부 －사용자의 접근내용에 대한 로그분석 －프로덕션환경과 개발환경의 물리적 구분		
4. 응용프로그램 개발 및 변경에 대한 적절한 절차가 있는지 확인하기 위하여 다음 사항을 검토한다. －응용프로그램변경관리 소프트웨어의 사용 －변경된 프로그램이 프로덕션환경으로 옮겨질 경우 책임자의 승인필요 －변경 후 테스트과정에서 변경요청자의 참여필요 －변경된 프로그램에 대한 버전 및 변경내용 등에 대한 이력관리		
5. 설정된 응용시스템 형식(Configuration)의 적정성을 확인하기 위하여 다음 사항을 검토한다. －응용시스템의 형식(Configuration)설정 내용을 문서화하여 보관 －최초분기에 한 번씩 실제 시스템형식과 설정문서를 비교확인		

내 용	수행자	조서번호
6. 주요 응용시스템 및 데이터에 대한 백업 및 원격지 보관이 적절하게 이루어지고 있는지 확인한다.		
7. 보조원장과 총계정원장의 비교보고서를 시스템에서 제공하는지 다음을 통하여 확인한다. –보조원장의 합계와 전송완료된 총계정원장의 합계를 비교확인하는 화면이 존재 –통제합계를 비교할 수 있는 보고서가 출력		

〈영업응용시스템〉

내 용	수행자	조서번호
1. 고객거래처마스터파일, 재고마스터파일 및 제품가격마스터파일의 갱신에 대한 승인절차의 적정성을 확인하기 위하여 다음 사항을 검토한다. –접근권한리스트를 통한 비적격자의 존재 여부 –마스터파일의 갱신을 위한 책임자의 승인절차 확인		
2. 주요 주문서접수에 대한 자동승인절차를 확인하기 위하여 다음 사항을 검토한다. –각 승인권자에게 적절한 금액기준이 적용 –일정액 이상의 주문접수금액입력에 대하여는 반드시 책임자의 승인이 필요		
3. 제품발송일자를 매출일자로 인식하도록 자동설정되어 있는지 확인하기 위하여 다음 사항을 검토한다. –매출인식화면의 일자와 제품발송화면의 제품발송일자의 자동연계 –제품발송화면의 제품발송일자와 시스템일자의 자동연계		
4. 시스템에서 정당한 주문의 접수내용이 없는 제품발송을 불허하도록 설정되어 있는지 확인하기 위하여 다음 사항을 검토한다. –제품발송화면에서 주문내용을 직접입력 불가능 –제품발송화면의 미발송 리스트와 주문접수화면의 자동연계		
5. 고객마스터와 재고마스터파일에 없는 고객 및 제품에 대한 매출거래를 제한하도록 시스템에서 주문접수화면과 고객마스터파일 및 재고마스터파일이 자동연계되어 있는지 검토한다.		
6. 시스템에서 고객의 주문번호를 자동 부여, 관리하는지 확인하기 위하여 다음 사항을 검토한다. –주문접수화면에서 주문번호를 직접 입력불가능 –자동 부여된 주문번호는 선적, 거래명세서, 세금계산서발행 및 매출거래확인 화면에서도 식별 가능		
7. 시스템에서 매출채권의 연령보고서를 제공하기 위해 결산일을 기준으로 거래처별 매출채권의 연령을 계산한 보고서를 제공하는지 검토한다.		

〈구매시스템〉

내　　용	수행자	조서번호
1. 구매거래처마스터파일, 재고마스터파일 및 구매가격마스터파일의 갱신에 대한 승인절차의 적정성을 확인하기 위하여 다음 사항을 검토한다. －접근권한리스트를 통한 비적격자의 존재 여부 －마스터파일의 갱신을 위한 책임자의 승인절차 확인		
2. 주문발송에 대한 자동승인절차를 확인하기 위하여 다음 사항을 검토한다. －각 승인권자에게 적절한 금액기준이 적용 －일정액 이상의 주문금액에 대하여 반드시 책임자의 승인이 필요		
3. 주문서류, 입고서류, 검수서류, 그리고 송장 간의 비교확인절차를 확인하기 위하여 주문원부재료의 인식이 주문서류, 입고서류, 검수서류, 그리고 송장 간의 비교확인을 체크한 후에야 가능하도록 설정되어 있는지 검토한다.		
4. 시스템에서 정당한 주문의 발송이 없는 원부재료 입고를 불허하는지 확인하기 위하여 다음 사항을 검토한다. －주문원부재료의 인식은 주문서류, 입고서류, 검수서류, 그리고 송장 간의 비교확인을 체크한 후에 가능 －입고화면과 구매주문화면의 자동연계		
5. 원부재료 입고 시 즉시 입고기록하고 이때 입고일자를 시스템의 일자를 사용하도록 설정되어 있는지 검토한다.		
6. 구매거래처마스터와 재고마스터파일에 없는 거래처 및 원부재료에 대한 구매거래(주문, 입고, 송장기록 등)를 제한하도록 시스템에서 설정되어 있는지 확인한다.		
7. 시스템에서 구매주문번호를 자동으로 부여 관리하고 있는지 확인하기 위하여 다음 사항을 검토한다. －구매주문화면에서 주문번호를 직접 입력할 수 없음. －자동부여된 구매주문번호는 입고, 검수 및 대금지급화면에서도 식별		

〈회계시스템〉

내　　용	수행자	조서번호
1. 계정과목분류표파일의 갱신에 대하여 적절한 승인절차가 존재하는지 확인하기 위하여 다음 사항을 검토한다. －접근권한리스트를 통한 비적격자 존재 여부 －책임자의 승인을 통한 원장파일의 갱신		

내　　용	수행자	조서번호
2. 분개입력에 대한 자동승인절차를 확인하기 위하여 다음 사항을 검토한다. －각 승인권자에게 적절한 금액기준이 적용 －일정액 이상의 입력금액에 대하여 반드시 책임자의 승인이 필요		
3. 분개의 입력 시 차변거래와 대변거래의 합계가 일치하도록 시스템이 설정되어 있는 것을 다음을 검토하여 확인한다. －차·대변의 합을 통제합계로 사용하여 분개입력 시 시스템이 자동체크 －합계가 일치하지 아니할 경우 가계정을 사용하여 입력되며 가계정은 사후관리		
4. 분개입력 시 일자는 시스템일자를 사용하도록 시스템일자와 자동연계되어 있는지 검토한다.		

CHAPTER

06 경영진단 및 개선감사

1 개선감사의 개요

(1) 개 념

개선감사란 회사의 장점과 단점을 분석하여 장점은 더욱 강화시키고, 단점은 보완·개선하는 방안을 찾아내는 것이다.

(2) 개선감사의 방법

개선감사의 방법은 주로 질문서를 사전에 작성하여 질문서상에서 문제점을 발견하고, 동시에 Flow Chart를 작성하여 업무흐름도상의 문제점을 발견한다.

그리고 타사사례 등을 참조하고, 실무책임자와 협의하여 개선점을 찾아가는 식으로 진행된다. 경영진단기업이라고 하여 명확하게 정립된 방법이 있는 것은 아니다.

(3) 개선감사의 주요 착안점

① 회사의 경영전략에 대한 진단

가. 사장에게 "당신 회사의 존속과 성장을 보증하여 줄 가장 중요한 것 하나를 들라면 무엇이 있겠는가?"라고 질문하면, 대부분의 사장이 당황하고 답변하지 못한다. 모 기업의 사장 답변을 예시하면

"기업이 이익을 추구하지 않으면 안 되는 것은 당연합니다. 하지만 올해 이익목표를 낮추기로 하였습니다. 그 대신 세일즈맨 20명을 보강하여 판매망을 확충키로 하였습니다. 또, 3년 안에 연구개발 상품을 갖기 위해 모험적인 투자도 했습니다. 그 결과 올해 수지는 많이 떨어지지만 앞으로 5년간 살아남고 성장하기 위해서 현상유지만으로는 안 된다고 생각하고 있습니다"라고 답변했다. 이는 상기 회사의 사장은 판매망확충과 신제품출시라는 명확한 전략을 갖고 있는 것이다.

풍부한 자산, 높은 기술, 훌륭한 인재가 모여 있어도 제대로 되지 않는 회사, 도산한 회사는 셀 수 없을 만큼 많다는 사실을 명심해야 한다.

나. 자가진단요령

- 과거 우리 회사가 어떻게 하여 성장했나 하는 성장요인을 혼자서 생각해 본다.
- 그 성장요인이 힘을 발휘한 이유와 당시의 기업환경을 검토해 본다.
- 성장 당시의 기업환경과 현재의 기업환경을 비교해 본다.
- 현재의 기업환경에서 성장하기 위한 성공요인을 고찰해 본다.
- 위의 성공요인을 획득하기 위해서 무엇을 해야 할지 결정한다.

다. 회사의 경영전략을 수행해 나가기 위한 중기경영계획이 있는가?

- 5년 후의 경영진의 경영능력 향상 목표
- 5년 후의 영업 구조개선 목표 및 영업력 강화 목표
- 5년 후의 제품력 강화 목표
- 5년 후 관리자그룹의 인재육성 목표
- 재무체질개선 목표

06

② 회사 중역진의 경영능력과 자질에 대한 진단

가. 중역진이 종업원에게 미치는 감화력, 영향력은 계산할 수 없을 정도로 크다. 중역진은 교사보다도 성직자가 되어야 하며, 이것을 자각하고 인내심 있게 교육을 해 나가야 기업의 체질이 바뀐다. 종업원에게 철저한 삶의 방식을 가르쳐 주어야 하고, 일하는 가운데 삶의 보람을 느낀다는 진리를 가르쳐야 한다. 경영자는 계단을 오르듯 한 층 한 층 경영이념을 승화시켜 가야 한다. 경영자가 공부하고 연구하지 않으면 경영 이념의 승화도 실현될 수 없다. 기업은 경영자의 그릇 이상으로 크지 못한다. 경영자의 그릇이란 고객을 위하는 마음, 사회를 위하는 마음, 국가를 위하는 마음이 가식이 아닌 진심에서 우러나올 때, 즉 자기의 소유를 버리고 숭고한 자기실현의 목표와 막중한 책임감을 느낄 때 커지는 것이다.

나. 자가진단요령

- 중역진이 현실에 안주하지 않고 개선하고자 하는가?
- 중역진이 자기의 개인적인 이득보다 희생정신을 진심으로 갖고 있는가?
- 중역진이 검소, 절약, 봉사, 희생이라는 단어를 자주 사용하고 있는가?
- 중역진의 마음이 항상 젊은가?

③ 회사의 판매전략에 대한 진단

가. 시장환경은 급속하게 변화하고 있다. 수년 후 누구를 상대로 어떤 제품을 가지고 경영을 해 나갈지 확고한 목표설정이 되어 있나?

나. 회사는 수년 전과 비교해서 판로가 어느 정도 강화, 확대되어 있는가?

다. 몇 년 후 회사가 속해 있는 업종은 어떻게 변할지 항상 생각하고 있으며 경쟁 기업은 앞으로 어떻게 할지 생각해 보고 있는가?

라. 회사 제품을 왜 사는지 계속 자문해 보는가?

④ 회사의 판매력에 대한 진단

가. 판매 없이 사업 없다는 사고방식이 기업활동 전반에 고루 배어 있는가?

나. 「제품기획력≥판매력≥생산력」의 3종류의 힘의 균형이 올바로 잡혀 있는가?

다. 판매도 평범한 사람에게서 비범한 재능을 끌어낼 수 있다는 진리에서 이루어지는가? : 가장 효율 높은 방법을 연구하여, 그 방법을 표준화하여 종업원에게 가르쳐 주고, 반복 실시해 나감으로써 평범한 사람이 비범한 일을 해낼 수 있는 진리는 생산공장에서 당연시되나, 판매부분에서는 의외로 채용되지 못하고 있다.

라. 회사에서는 꼭 필요하다는 인식에 의해 실제로 도움이 되는 세일즈 매뉴얼을 갖고 있나? : 각자의 매뉴얼이 정말로 필요할 때 필요한 부서에서 직접 연구, 작성하는 것이 바람직하다.

⑤ 회사 취급 제품에 대한 진단

가. 모든 제품은 도입기, 성장기, 성숙기, 쇠퇴기의 Life Cycle이 있다. 어떤 제품이 어디에 속해 있는지 알고 있나?

나. 회사에서는 신제품 비율이 몇 %를 차지하고 있는가? 과거 3년간 개발된 신제품이 전체 매출의 20% 이상이 되지 못하면 경계심을 가져야 한다.

다. 회사에 지금 돈을 벌어 주는 제품과 앞으로 벌어 줄 제품이 무엇인지 알고 있나?
라. 제품개발 기본방침 시 마케팅, 기술력, 생산력의 3요소를 검토하고 있는가? 그리고 명확한 견식을 가진 기술개발방침하에서 개발활동을 하는가?

⑥ 회사의 종업원에 대한 진단

가. 회사의 전 관리자가 경영자의 구상과 생각을 이구동성으로 말할 수 있는가?
나. 관리자가 진지하게 자기발전을 하지 않으면 안 되겠다는 위기감을 갖도록 항상 동기부여하고, 자극을 주고 있는가?
다. 당신은 종업원에게 꿈을 주고 있는가? 또한 종업원은 당신에게 꿈을 갖게 하는가?
라. 잘못된 점은 나에게 직언을 하며, 정보를 은폐시키지 않고 당당하게 행동하며, 아부는 회사를 망친다고 건전하게 생각하고 있나?

⑦ 회사의 재무관리에 대한 진단

가. 중장기 자금수지계획을 갖고 있는가?
나. 회사의 2~3년 후를 대비한 재무체질분석을 실시하는가?
다. 회사의 BEP매출을 알고 있나?
라. 재무제표 중 재무상태표를 시가로 환산하여 파악하고 있는가?
마. 자금부와 은행 간의 유대는 좋은가?

06

2 생산성향상을 위한 개선감사

(1) 생산의 기본원칙

생산의 기본원칙은 전체 작업소요시간 및 운영단계를 결정적으로 좌우하는 제한요소(Limiting Step)를 찾아내어 개선하는 것이며, 이것이 개선되면 다시 새로운 제한요소를 찾아내는 것이다.

① 관리의 주요 도구란 적당한 판단기준이나 측정기준을 의미하는 것이다.

가. 전제

- 판단을 안 하는 것보다 하는 것이 낫다.
- 물리적이고 셀 수 있어야 한다.

나. 용도

- 개인이나 조직의 목표를 분명하게 설명한다.
- 성과측정 시 객관적 타당성을 부여한다.
- 다양한 관리조직의 비교가 가능하다.

다. 형태

- 선형성 판단기준(Linearity Indicator)

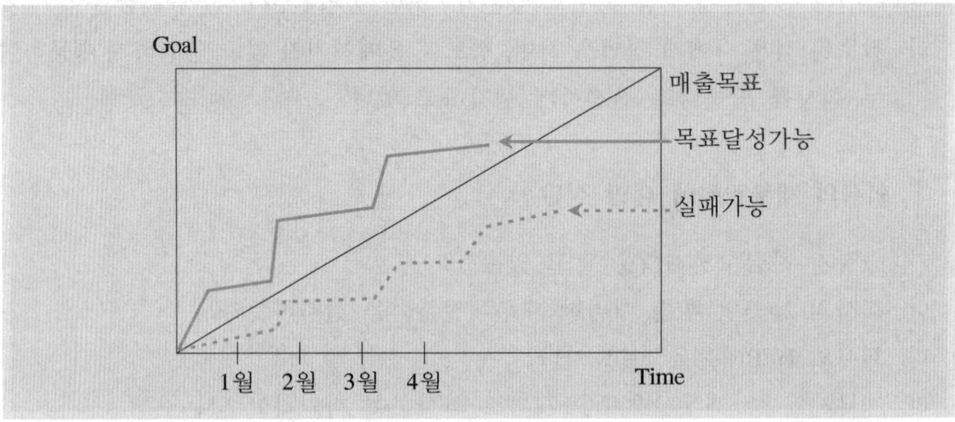

- 경향판단기준(Trend Indicator)

  (예) 이번 달의 생산량과 지난 다섯 달간의 생산량 비교

- Stagger Chart

예정치가 설정된 달	7월	8월	9월	10월
7월	22	28	34	29
8월	23 [*1]	27	33	31
9월		21 [*2]	30	30
10월			29 [*3]	
⋮				

*1 7월에 예측하기를 22로 했으나 실제는 23

*2 7월에 28 예측, 8월에 27 예측했으나 실제 8월 주문량은 21임.

*3 7월에 34 예측, 8월에 33 예측, 9월에 30으로 예측했으나 실제 9월 주문량 29임.

Stagger Chart는 미래의 사업경향에 대한 감각을 얻어내는 데 더할 나위 없이 효과적인 수단임.

라. 예측방법

한 부서의 관리자에게 예측을 맡기는 것은 효과적이 아니며, 생산과 영업분야 관리자 모두에게 예측을 요구해 일치해야 한다는 책임감을 고취시켜야 한다. 예측의 원리를 적용해야 예상된 업무량을 바탕으로 인원을 활용할 수 있다. 이러한 관리가 없으면 "사람들은 언제나 어떠한 업무든 간에 완수하는 데 가능한 한 최대한의 시간을 쓴다"는 파킨슨의 법칙처럼 무분별하게 인원이 증가한다.

② 품질의 보증이란 입고시점의 원자재 보증, 공정 중의 검사, 최종품질검사이다. 핵심원리는 생산과정이 덜 진행되었을 때 조치를 취해야 하며, 지나친 간섭으로 업무흐름을 저해하면 안 된다는 것이다.

③ 생산성을 증대시키는 작업 레버리지는 작업에 비해서 높은 산출을 만들어 내는 높은 레버리지의 작업을 추구해야 하며(예 : 자동화), 작업의 단계를 단축시켜야 한다.

(2) 관리업무의 생산성향상

① 관리자의 업무성과란 실제로 완성되거나, 종결되거나, 눈에 보이는 결과물이 업무성과이다. 평가하고 의견을 제시하며, 업무방향을 제시하고, 업무자원을 효율적 배치하며, 오류를 발견하고 직원교육과 부하직원의 능력개발에 신경 쓰고 제품을 기획하는 것은 결과라기보다 활동이다.

② 관리자는 여러 개의 공이 땅에 떨어지지 않고 동시에 공중에 머물게 하기 위해 마치 곡예사처럼 쉴 새 없이 움직여야 한다. 자기 조직의 능력을 극대화할 수 있는 활동에 정력과 주의를 집중시켜야 하며, 관리자는 지렛대의 작용이 극대화될 수 있도록 그 지점으로 움직여야 하는 것이다. 가장 유용한 정보는 일상적으로 숨 가쁘게 진행되는 대화 속에 있다. 그러나 문서로 작성된 보고서가 느려도 직원들의 훈련으로 소중한 경험이므로 무시해서는 안 된다.

③ 관리활동에서 또 중요한 사항은 의사결정이다. 의사결정작업은 현재 봉착한 문제와 상황을 얼마나 잘 이해하고 있느냐에 달려 있다. 따라서 관리자의 업무 중 가장 큰 비중은 정보수집이 차지하게 된다. 관리자의 역할 중 가장 중요한 것은 그의 행동이 부하직원, 동료 또는 상관에게까지 표준모델이 되고 있다는 사실이다.

④ 효과적인 업무위임을 위해서는

- 업무를 위임하는 사람이나, 위임받는 사람은 반드시 정보를 공유해야 한다.

• 작업이 진척될수록 감독의 밀도는 낮아져야 한다. 즉 제품의 품질관리원칙처럼 저부가가치 단계에서 감독해야 한다.

• 부하직원의 신임도에 따라 감독 횟수가 결정되어서는 안 되며, 업무의 진척상황에 따라 결정되어야 한다.

⑤ 효과적인 관리활동을 위해서는

• 한계선을 알아야 한다. 절대 변명할 수 없는 일을 먼저 찾아 우선순위를 부여한다.

• 비슷한 일을 일괄처리한다. 관리자는 많은 보고문과 결재서류를 검토할 때 얼마의 시간을 정해 놓고 한꺼번에 처리하는 것이 좋다.

• 중간관리자는 달력을 자신의 생산계획수단으로 사용해야 한다.

• 관리감독직의 관리자는 6~8명의 부하직원이 최적이다. 3~4명은 너무 적고, 10명은 너무 많다.

(3) 관리업무로서의 회의

① 피터 드러커는 회의를 하는 데 근무시간 중 25% 이상을 사용한다면 이는 관리자의 조직운영에 문제가 있음을 보여주는 징후라고 했다. 회의란 관리에서 반드시 필요한 조건은 아니지만, 그렇다고 불필요한 조건도 아니라는 것을 다시금 강조한다. 회의 그 자체를 거부해선 안 된다. 단, 가능한 한 회의에서 사용되는 시간을 효율적으로 관리해야 한다.

② 회의의 종류

가. 과정중심 회의 : 회의에 규칙성을 부여해 정기화해야 한다.

• 일대일 회의 : 정기적으로 계획에 잡힌 회의로 관리자가 부하직원의 업무성숙도에 따라 회의횟수를 결정하고, 시간은 통상 1시간(통상 2주에 한 번, 90분 정도) 정도이며, 1 : 1회의는 부하직원이 주관하는 것이며, 상관은 부하직원의 업무진행상황이나 문제점을 지원하는 입장에 있어야 한다. 상관은 "질문을 하나 더하라"는 것이 1 : 1회의의 관리원칙이다.

• Staff Meeting : 상관과 그 외 직원 모두가 참석하며, 주제는 2명 이상이 제기하는 문제이면 좋다. 그리고 회의 중 설교는 안 된다.

• Operation Reviews : 서로 만날 기회가 별로 없는 직원들이 서로 알 수 있는 매개체 역할을 하는 검토로, 반드시 공식적인 발표가 있어야 하며, 구성인원은 조직부장, 검토부장, 발표자, 청중으로 구성하는 것이 좋다.

나. 업무중심 회의

시간을 정해 놓은 과정중심 회의와는 달리 특별한 시간이 있을 때 정책결정을 목표로 여는 회의로 의장은 참석자를 명확히 식별해야 하며, 참석자는 8명을 넘지 말아야 한다. 참석자들이 회의시간을 지키도록 해야 한다.

자신의 근무시간 중 피터 드러커의 말처럼 업무중심 회의에 25% 이상의 시간을 쓰면 조직에 이상이 있는 것이며, 과정중심 회의는 25%의 범주에 드는 것이 아니다.

(4) 의사결정

① 정책결정의 이상적 모델

결정을 내려야 하는 중요한 직책을 맡은 사람이 구습에 사로잡혀 지위에서 나오는 권력이나 휘두른다면, 아마도 그가 내리는 결정은 올바른 결정과는 거리가 먼 결정일 것이다.

② 의사결정의 단계

가. 첫 단계 : 자유로운 토론

(예) 김철수 씨 : 일반적으로 이 회사에서 일을 잘하고 있는 사람은 회의에서 상관의 의견이 나올 때까지 기다리네. 그러다가 그 의견을 뒷받침하는 말을 몇 마디 하는 것이지.

→ 관리자에게 이것은 정말 끔찍한 일이다. 이런 회의를 통해서 나오는 것은 쓸모없는 결정뿐이다.

나. 둘째 단계 : 명확한 결정 단계

→ 어떤 문제에 대해 의견이 좁혀지지 않을수록 명확한이란 말은 더욱 중요하다.

다. 마지막 단계 : 전적인 지지를 얻는 것

모두의 동의를 이끌어 낼 수는 없으나, 전적인 지지를 얻는 것이 관리자의 능력이자 의무이다.

③ 의사결정을 위한 6가지 질문

- 어떤 것에 대한 결정을 내려야 하는가?
- 이러한 결정은 과연 언제 내려져야 하는가?
- 누가 결정을 내릴 것인가?

06

• 결정을 내리기 앞서 누구와 상의를 할 것인가?
• 누가 내려진 결정에 동의 혹은 반대를 할 것인가?
• 누구에게 결정된 사항을 통보할 것인가?

(5) 기 획

기획이란 내일의 성과를 위한 오늘의 창조적 활동을 의미한다. 기획의 절차는 다음과 같다.

① 제1단계 : 환경적 요구를 검토한다.

• 관리자는 현재의 시점과 미래의 시점에서의 환경을 점검 · 분석해 보아야 한다.
• 관리자는 지금 현재의 환경이 요구하는 사항들과 지금부터 1년 후라는 미래의 시점에서 요구되는 사항들의 차이점을 인식해야 한다.

(예) －현재 고객이 원하는 것은?
－우리 회사가 고객을 충족시키고 있나?
－1년 후 고객이 원하는 것은?

② 제2단계 : 현재 상황을 파악한다.

기획의 두 번째 단계는 현재 상황을 파악하고 결정하는 일이다. 이를 위해서 현재 진행 중인 Project와 현재의 능력을 리스트로 작성해야 한다.

③ 제3단계 : 차이를 극복하기 위해 해야 할 일을 정한다.

• 차이를 극복하기 위해 꼭 해야 할 일은?
• 차이를 극복하기 위해 할 수 있는 일은?

상기 2가지 질문을 한 후 어떤 효과를 언제쯤 거둘 수 있는지 참작하여 실질적으로 무엇을 할 것인가를 결정해야 한다. 이렇게 정해진 행동방향이 Strategy이다.

기획업무의 진정한 Output은 연간 업무계획이라는 문서나 형식이 아니라, 과정을 진행함에 따라서 내려지는 결정사항들과 기획과정의 결과에 의해 취해진 실질적인 행동이다.

(6) 조정 · 통제 및 보고

① 보 고

NASA는 이중보고의 기본원리를 큰 스케일의 관리기법으로 승화시켰다. 우량기업의 경우는 이중보고의 가치와 유용성을 중시하고 있다.

(예) 경비 직원이 엔지니어인 공장관리담당자에게 보고, 그러나 관심이 없다. 그래서 본사 경비담당자에게도 보고토록 한다. 그러면 누가 상사인가 하는 의문이 제기되나 경비 직원의 상사는 실질적으로 2명이라는 결론에 도달한다.

우량기업은 부서의 책임관리자가 제공할 수 있는 업무처리의 신속성과 우선순위, 그리고 이를 위한 기술관계를 동시에 달성하기 위하여 이에 대한 해결책으로 이중보고 System을 사용하고 있으며, 물론 보다 간단하고 명료한 방법을 쓰면 더 좋겠지만 사실상 그런 방법은 없다. 보고는 한 사람에게만 한다는 사고는 절대적으로 잘못된 것이다.

② 조정과 통제

조정과 통제는 주어진 상황에 따라서 다르다.

어떤 조정과 통제의 유형을 적용할 것인가를 결정하는 것은 관리자의 중요 업무이다.

자유시장체제의 기본원리에 의하면 감독하고 관리할 필요성은 낮다. 그러나 자유시장체제의 기본원리가 적용될 수 있는 상황은 기업에 있어서 극히 제한적이다. 따라서 수행해야 하는 업무와 그것의 성과를 판단하는 기준을 정의해야 하며, 관리자에게 그의 업무를 감독, 평가 그리고 수정할 수 있는 권한을 주어야 한다. 그리고 통제보다는 신뢰, 공존과 같이 잠정적인 언어사용이 중요하며, 공통된 가치관으로 통제해야 한다. 통제하지 아니하는 것은 침몰하는 배에서 혼자만 살려고 하는 것이다.

06

(7) 동기부여

관리자의 가장 중요한 직무는 부하직원으로부터 최대의 성과를 이끌어 내는 것이다. 이를 위해서 교육과 동기부여가 최상이다. 개인의 성과에 따른 성과지표는 그의 성공의 정도를 가늠하며, 그가 더 발전할 수 있도록 해준다. 관리자는 사무실 처장과 같은 개인에게 의미 없는 보상보다는 업무와 관계있는 보상을 해주어야 한다.

부하직원을 자아성취단계로 이끌 방법은 경기 규칙을 세우고, 직원 스스로 자신을 평가할 수 있는 방법을 제시하는 것이다.

(8) 업무관련 성숙도

부하직원의 업무관련 성숙도도 어떤 일에서는 높은 성숙도를 나타내나, 어떤 일에서는 전혀 그렇지 않다. 따라서 부서를 이동시켜야 한다. 특히 부하직원의 업무관련 성숙도가 낮으면 부하직원에게 언제 어떻게 할 것인지에 대한 상세한 지시가 필요하다.

부하직원의 업무관련 성숙도		효과적인 경영방식
낮 음	→	세세한 지시
중 간	→	지지, 상호논의방식
높 음	→	목표설정, 간섭최소화

그리고 부하직원의 업무관련 성숙도가 변하면 경영자의 경영방식도 변해야 한다.

(9) 업무평가

① 업무평가의 초점은

- 부하직원의 미비점을 개선할 수 있는 방법을 찾아야 한다.
- 업무동기를 강화시킬 수 있어야 한다.

② 엄격한 의미에서 직원의 업무성과를 공정하게 평가할 수 있는 객관적인 방법을 찾기란 어려운 일이다. 그러나 그래도 해야 한다.

그러면 관리자를 평가하는 경우에는 개인업무 성과중심이어야 하나? 그가 관리하고 있는 팀의 성과를 평가해야 하나? 하는 문제가 있는데 2가지 모두 평가해야 한다. 한 사람을 승진시킨다는 것은 부서에 속해 있는 다른 사람들에 대한 표본을 창출하는 것이다.

3 부문별 개선감사 Check List

(1) 생산제조

항 목	내 용	체 크
1. 생산계획	1) 누가 어떻게 입안하며 어떠한 자료들이 참고가 되었는가? 2) 판매계획과 관련되어 있는가? 3) 장기계획에서 단기계획으로 단계적으로 입안되었는가? 4) 월별계획은 수립되어 있는가? 5) 외주계획과의 조정방법은 적당하며, 예산에 의해 뒷받침되고 있는가? 6) 설계 및 구매외주의 일정은 무리 없이 고려되었는가? 7) 신제품계획 및 확장계획은 적당한가? 8) 부품국산화 추진계획은 적절한가?	
2. 공정관리	1) 작업장별, 공정별 배치는 타당한가? • 재료의 공급, 타공정 및 타작업장과의 관련 • 기계의 배열방법, 재료 및 반제품의 보관방법 2) 공정별로 보아 가장 불량률이 높은 공정은 어디인가? 3) 공정별 Capa의 밸런스가 유지되는가? 4) 공정순서의 변경, 합병 및 불요공정의 폐지 등으로 작업의 용이화를 꾀할 수 있는 방안은 없는가? 5) 공정계획에 의거 가공공정의 순서, 방법 및 표준시간은 지정되어 있는가? 6) 공정 간 완급순위를 정하는 방법은 적정한가? 7) 공정별 진도, 예정과 실적비교 등 진도표의 기록방법은 적당한가? 8) 무작업 현황표를 작성하며, 그 사유는 분석하고 있는가?	
3. 작업관리	1) 작업표준화는 되어 있는가? 2) 인원의 증감률과 생산의 증감률과의 관계는 어떠한가? 3) 생산량의 증가는 능률향상에 의한 것인가, 아니면 단순히 종업원의 숙련에 의한 것인가? 4) 생산은 계획대로 되고 있는가? 5) 생산계획표는 작업장별, 조별, 일별 또는 제품별, 공정별로 자세히 지시되었는가? 6) 계획에 따른 작업명령의 지시방법은 적정한가? 7) 일일계획에 대한 사람이나 기계능력의 조정방법은 적당한가?	

06

항 목	내 용	체 크
3. 작업관리	8) 개인별, 기계별 할당방법은 적절한가? 9) 현품의 인수인계방법은 확실한가? 10) 중앙사무소에서는 현장을 완전히 파악하고 있는가? 11) 명령, 보고 등이 충분히 이루어지고 있으며 작업개선은 적극적으로 실시되고 있는가? 12) 작업지도는 충분히 이루어지고 있으며 작업개선은 적극적으로 실시되고 있는가? 13) 생산 및 작업속도가 느린 곳은 없는가, 사유는? 14) 지연작업의 회복대책은 적당하며, 생산계획의 변경에 대한 조정은 적당한가? 15) 수주량의 변화에 의한 조업도의 변화는 심하지 않은가? 16) 불량률, 수율은 어떠한가, 그 대책은? 17) 품종별, 부문별 능률의 차이가 있는가, 이유는? 18) 특정작업장의 이직률이 특히 높지는 않은가, 이유는? 19) 현재의 가동률은 어느 정도인가(일반수준에 비해 어떠한가)? 20) 가동률을 저하시키고 있는 주된 원인은 무엇인가? 21) 가동률을 향상시키기 위해 생산관리방식을 개선할 필요는 없는가? 22) 표준여유율은 어느 정도인가?	
4. 작업환경	1) 기계설비의 Lay－out은 기능별, 제품별로 적정하게 되어 있는가? • 작업대의 높이나 재료, 공구 등의 배치는 능률적인가? 2) 현재의 운반방법, 운반제도는 적절한가? 3) 작업장 정리정돈은 잘 실시되고 있는가? 4) 작업환경조건의 불비로 능률의 저하나 불량품의 증가는 없는가? 5) 안전이나 위생의 측면에서 문제가 되는 점은 없는가? 6) 어려운 작업환경의 극복을 위한 대책은 수립되어 있는가?	
5. 검　　사	1) 검사기준은 확립되어 있으며 적절한가? 2) 최종완제품뿐만 아니라 중간공정, 부품, 재료 등에 대해서도 검사기준이 있는가? 3) 외부검사 등에서 검사담당자의 주관에 좌우되는 일은 없는가? 4) 불량품의 검사방법은 적절한가? 5) 검사부문은 제조부서로부터 독립되어 있는가? 6) 검사책임자 및 직접 담당자 직위는 어떠한가?	
6. 외주관리	1) 생산량의 증대가 주로 외주에 의존하고 있지는 않는가? 2) 외주품목 결정 및 하청방침은 적정한가? 3) 현재의 발주처는 적절하며, 하청공장의 관리(조사, 지도)를 행하고 있는가(계약서 유무 등)?	

항 목	내 용	체 크
6. 외주관리	4) 재료나 외주에 대해서 소요량 및 입고월, 일이 명시되어 있는가? 5) 납입품의 수납절차나 검사기준이 정비되어 있으며 불량품처리는 적절한가? 6) 납기에 늦은 외주처는 없는가, 원인은? 7) 외주품목에 대해 자체생산의 가능성은 검토되었는가? 8) 외주처는 부보 및 담보설정은 되었는가? 9) 외주처에 대한 치공구 대여대장 비치관리는 어떤가?	
7. 설비관리	1) 설비계획은 장기생산계획에 의거 경영계획에 포함되어 있는가? 2) 설비기계의 가동상황은 어떠한가, 기계 휴지원인은? 3) 설비보전불량으로 가공불량이 나오는 사례가 많은가? 4) 설비의 대체는 적정한 시기에 이루어지고 있는가? 5) 감가상각은 실시되고 있으며, 그 방법은 적정한가? 6) 일시적 수요증가로 인해 과잉설비투자 사례는 없는가? 7) 기계 및 공구관리 담당자가 있으며, 정기검사는 실시되고 있는가? 8) 대장비치 여부 및 대출공구기록의 정확 여부(고가장비 가동일지) 9) 공구보유량의 파악은 항상 실시되고 있는가? 10) 공구의 파손, 분실에 대한 대책은 어떠한가? 11) 시설재에 대한 History Card는 기록되어 있는가? 12) 화재보험 등의 부보는 적절한가? 13) 설비의 Lay－out은 효율적인가(건물 포함)?	
8. 재고관리	1) 재고량이 과다하지는 않는가? 2) 현재의 작업 Lot(제작단위수)는 적당하며, 그 기준은 무엇인가? 3) 재공품의 보관 상태는 적절한가? 4) 재공품은 장부와 일치하는가?	
9. 품질관리	1) QC활동을 위한 조직이 구성되어 있는가? 2) 품질관리에 대한 경영자의 이해 정도는 어떠한가? 3) 품질관리는 전사적으로 조화를 이루어 추진되고 있는가? 4) 사내 표준화가 되어 있는가, 규정은 있는가? 5) 종업원들에 대한 품질관리교육은 실시하고 있는가? 6) 샘플링검사는 실시되고 있으며, 그 방식은 적절한가? 7) 외주생산에 대한 품질관리대책은 수립되어 있는가? 8) 자재별 적정소요량은 산출되어 있는가? 9) 종결된 QC의 사후관리대책은 적절한가?	

06

(2) 영업판매

항 목	내 용	체 크
1. 판매계획	1) 판매부문의 목적방침이 명백히 제시되어 있는가? 2) 판매계획 수립의 기준은 적정한가? 3) 판매계획을 월별, 지역별 업종의 특성에 따라 수립하고 있는가? 4) 수립된 판매계획은 현실성, 정확성, 융통성이 있으며 판매노력에 자극을 줄 수 있는가? 5) 판매액의 변동에 대하여 언제나 그 원인을 검토하고 있는가? • 정기적 변동 상태를 조사하고 있는가? • 계절적 변동을 측정하고 있는가? • 경기변동을 감안하고 있는가? 6) 판매계획에 기준하는 계획수치와 판매실적의 비교를 실시하고 있는가? 7) 수입자유화 품목에 대한 대응전략은 수립되어 있는가? 8) 기존제품의 시장점유율 유지 또는 재고방안이 수립되어 있는가?	
2. 판매조직	1) 판매조직은 판매목적에 적합한가? 2) 판매목적을 달성하기 위한 필요한 업무가 각 조직단위에 빠짐없이 할당되어 있는가? 3) 판매부문의 각 조직단위는 판매부문의 방침이나 조건에 적응하도록 분할되어 있는가? 4) 판매목적, 방침의 수행에 따른 책임과 권한은 적정한가? 5) 판매부문 간 또는 타부문 간의 업무협조는 원활한가? 6) 판매조직은 탄력적으로 운용되고 있는가?	
3. 시장조사	1) 판매계획수립을 위한 시장조사 및 분석은 적극적으로 실시하고 있는가? 2) 사내외 자료를 수집, 정비, 이용하고 있는가? 3) 국내외 시장동향에 대한 정보수집 List 및 가격변동표는 비치관리하고 있는가? 4) 해외출장자를 통한 전략 신기술제품입수 및 개발은 활발하게 실시되고 있는가? 5) 과거의 판매실적을 분석하고 있는가? 6) 시장조사 Channel 및 방법은 적정한가? 7) 조사결과를 효과적으로 판매활동에 이용하고 있는가? 8) 판매수준의 예측은 연구조사에 의해서 합리적으로 도출되는가? • 그 예측은 충분히 자주 행해지는가?	

항 목	내 용	체 크
3. 시장조사	• 그 예측은 생산계획을 수립하는 데 사용되는가? 9) 판매원을 통한 소비자 요구사항을 조사하고 있는가?	
4. 제품계획	1) 현재 생산하고 있는 제품별 과거 3년 내지 5년의 매출액 추이는 상승하고 있는가? 2) 제품계획은 제품별 시장점유율을 감안하여 수립되고 있는가? 3) 제품의 개발계획은 구매자의 수용에 합치되는 방침으로 수립되고 있는가? 4) 개발제품의 Cost, 공수, 품질 등의 제품분석을 실시하고 있는가? 5) 제품브랜드의 보급도는 어느 정도인가? 6) 수익성 하향제품의 생산중지를 판단하기 위한 일련의 기준들을 갖고 있는가? 7) 기존 고수익성 제품의 판매증대를 위한 제품의 다용도화를 꾀하고 있는가? 8) 제품의 품질을 떨어뜨리지 않고 비용절감이 가능한가? 9) 특별수요(올림픽 등)에 대비한 제품계획은 수립되어 있는가? 10) 수요자의 요구사항을 제품계획에 반영시키고 있는가? 11) 경쟁우위 첨단기술제품의 개발촉진계획은 별도로 수립되어 있는가? 12) 제품차별화 정책은 적정한가?	
5. 판매원 관리	1) 판매원의 활동은 조직적, 계획적인가? 2) 판매원의 교육은 적절히 실시되고 있는가? 3) 판매원들은 자기업무를 효과적으로 수행하기 위하여 판매하고 있는 제품에 대한 충분한 지식이 있는가? 4) 판매원은 신제품이 기존제품과 비교해서 어떤 점이 우수하고 어떤 점이 부족한지를 알고 있는가? 5) 판매원들이 회사제품의 잠재고객이나 잠재적 이용가능성에 대해서 알지 못함으로써 판매기회를 놓치는 경우는 없는가? 6) 특정판매원의 성공적인 판매전략을 타판매원이 배울 수 있도록 조사하고 기록 보급시키고 있는가? 7) 판매원들은 그들이 방문한 고객의 명단과 그들이 취한 접근방법에 대한 고객의 반응 및 그들이 갖고 있는 제안 등에 대해서 매일 또는 1주일에 한 번씩 보고서를 제출하는가? 8) 판매관리자는 판매원의 판매활동과 이에 대한 잠재적인 구매자의 반응을 관찰하기 위해 그와 동행한 적이 있는가? 9) 생산지연문제 등에 관하여 판매원들에게 미리 정보를 주는가? 10) 판매사원과 대리점과의 관계는 어떠한가(인적사항)?	

항 목	내 용	체 크
5. 판매원 관리	11) 평상시 임금수준의 갑작스런 변동은 없는가? 12) 거래처별 담당자별 등에 대하여 외상매출금 잔액 등을 Check하고 있는가? 13) 임시판매직 사원의 관리는 적정한가?	
6. 판매관리	1) 판매가격 결정기준은 확립되어 있는가? 2) 유통구조에 문제점은 없는가? 3) 출하업무가 신속한가, 즉 수급이 원만하여 유통이 잘 이루어지고 있는가, 미출하 제품은 없는가? 4) 제품재고 관리업무와 판매활동의 억제는 원활한가? 5) 판매제품의 반품수준의 지난 몇 년 동안 추세는 어떠한가, 증가추세라면 그 이유는? 6) 반품상품의 처리는 어떻게 하고 있는가? 7) 판매관리비의 책정은 어떠한가? 8) 정책판매의 타당성 여부는 어떠한가? 9) 입찰판매 시 응찰가격의 결정은 합리적인가? 10) 판매할당제도를 채택하고 있는가? 11) 판매할당의 기준은 실적, 장래의 수요증가예측 등에 의하여 실시하고 있는가? 12) 지점, 영업소, 출장소의 소재지와 판매담당구역은 어떻게 되어 있는가? 13) 담당구역의 고정화가 되고 있지는 않은가? 14) 판매원의 판매할당량이 실정에 맞게 세워져 있는가? 15) 각 판매원들은 보다 높은 안목으로 자신들이 판매할당량결정에 적극적으로 참여했는가? 16) 현금(소액현금) 및 수표관리방식은 적정한가? 17) 통장보관 및 사용인감 관리 상태는 적정한가? 18) 어음회수일 분석은 실시하고 있는가? 19) 채권잔액은 정기적으로 확인하고 있는가(분기 말)?	
7. 판촉활동	1) 제품별 시장점유율 및 경쟁상대는 어떠한가? 2) 가격의 결정 및 유지의 문제점과 대책은 어떠한가? 3) 경쟁사의 판매촉진은 어떠한가? 4) 고수익성 제품의 판매증대를 위한 특별한 판촉활동이 이루어지는가? 5) 모델 및 가격다양화를 통한 판촉강화활동을 계획하고 있는가? 6) Package 상품의 개발촉진현황은 어떠한가? 7) 판촉을 원한 유통기구의 확보계획은 어떠한가? 8) 팩토링 취급점의 개설확대방안은 어떠한가? 9) 판촉에 유효한 재료는 판매원에게 제공하고 있는가?	

항 목	내 용	체 크
7. 판촉활동	10) 판촉물에 대한 재고관리기록을 유지하는가? 11) 거래선에 대하여 공장견학, 상품지식, 간단한 수리방법, 판매기술 등의 판촉을 위한 교육을 실시하고 있는가? 12) 거래선에 대하여 카탈로그 등의 판촉재료를 제공하고 있는가? 13) 거래선에 대하여 경품 또는 초대 등의 판매장려책을 실시하고 있는가? 14) 거래선에서 제공한 판촉재료가 유효하게 사용되고 있는가를 체크하고 있는가?	
8. 광 고	(광고계획) 1) 광고계획은 판매목표액 및 시장점유율을 고려하여 수립되었는가? 2) 광고제품의 수익실적 및 예상수익은 어느 정도인가? 3) 광고제품의 소구점을 적절하게 설정하고 있는가(가격, 품질, 효용, 사용자의 간편성, 쾌적성 등)? 4) 광고제품에 대한 소비자, 중매업자의 이미지나 태도는 어떠한가? 5) 잠재수요자층에 대한 조사 분석은 되고 있는가? 6) 제품시장의 지역적 구성 및 그 집중 정도는 어떻게 되어 있는가? 7) 판매경로 분석에 따른 적절한 광고방법을 택하고 있는가? 8) 경쟁제품의 광고, 판매촉진책, 시장점유율 등을 검토하고 있는가? 9) 광고시점이나 주요 Moment 활용은 적절한가? 10) 광고효과분석은 주기적으로 매체별로 실시하는가? (광고활동) 1) 광고계획의 수립 및 실시관련 인원은 적정한가? 2) 광고담당부서와 관계부문과의 Communication은 원활한가? 3) 광고자료를 판매원이 판촉자료로 활용하고 있는가? 4) 판매원의 판매체크나 의견을 광고에 반영시키는 수용체제가 되어 있는가? 5) 제품의 소개 선전을 하여 판매원의 활동을 지원하고 있는가? 6) 다이렉트 매일광고를 실시하고 있는가? 7) 광고와 수요자와의 관계를 고려하고 있는가? (광고비) 1) 매출액에 대한 광고비의 비중은 어느 정도인가? 2) 총비용 중에 광고비의 비중은 어느 정도인가? 3) 광고비 책정기준은 무엇인가? 4) 광고비 책정은 경쟁사의 광고비, 광고방법, 광고캠페인 규모 등을 충분히 조사 검토하였는가?	

항 목	내 용	체 크
8. 광 고	5) 경쟁사를 의식한 나머지 광고비의 과다책정은 없는가? 6) 광고비의 결정에는 경기변동을 예측하여 이것을 고려하고 있는가? 7) 광고비에는 탄력성을 주고 있는가? 8) 광고비의 배분은 적정한가(월별, 계절별, 지역별, 매체별)? 9) 광고예산의 통제관리는 적절한가? (광고매체) 1) 매체선정 기준은 적정한가? • 소비자의 제특성을 충분히 고려하였는가? • 제품별 특성 및 매체별 비용을 고려하였는가? 2) 사용매체의 특성이나 커버리지 정도로 보아 매체사용횟수는 적정한가? 3) 이들 사용매체에 대한 소비자의 반응을 체크하기 위하여 적당한 조치가 강구되어 있는가? 4) 전반적인 매체계획에는 수시로 타이밍을 맞추어서 수정 변경할 수 있도록 탄력성을 주고 있는가? 5) 경쟁사의 매체계획 및 출고계획은 체크하고 있는가? 6) 광고대행업체의 선정은 적정한가? (광고제작) 1) 광고제작은 적절하게 행하여지고 있는가(Layout, 색채, 광고주명, Title, Copy, 문장)? 2) 소비자의 수준 등을 고려하여 제작하는가? 3) 소비자의 반응 체크자료를 정리 분석하여 향후 광고제작에 참고로 하는가? 4) 소비자의 관심을 환기시키고 욕망을 일으켜 행동을 유발하는 연결성을 가지고 있는가?	
9. 거 래 처 관계관리	1) 거래처별의 자료는 정비하고 평가를 실시하고 있는가? 2) 판매망 강화를 위한 조직화를 적극적으로 실시하고 있는가? 3) 거래처 지원은 적절하게 실시하고 있는가? 4) 거래처에 대한 신용도 관리는 하고 있는가(장기, 부실채권분석, 신용한도 설정)? 5) 거래처별 특징을 파악하고 있는가? 6) 거래한도 초과거래선 분석 및 대책은(담보 및 보증금현황파악)? 7) 거래처 증감을 검토하고 있는가? 8) 거래처별 매출 : 수금잔고 비율은 정기적으로 Check하는가? $\left[\frac{\text{잔 고}}{\text{매 출}} \times \text{기간}\right]$	

항 목	내 용	체 크
10. 서 비 스	1) 서비스조직 규모 및 조직력은 어떠한가(고객통신망 설치 여부 등)? 2) 고객에 대한 특별서비스가 제품수익성에 어떠한 영향을 미치는가? 3) 고객에 대한 특별서비스 내용에 대한 관리를 계속하고 있는가? 4) 판매서비스 부서는 고객들과 영업담당자들로부터 나온 불평을 검토하고 조치를 취하는가? 5) 대리점 서비스요건 점검을 하고 있는가? 6) 서비스 취약지역에 대한 대책은 어떠한가?	

(3) 재무회계

항 목	내 용	체 크
1. 회 계 System	1) 회계조직은 경영의 규모나 성격에 적합한가? 2) 회계내부통제 System은 적정한가? 3) 회계처리는 기업회계기준에 적합한 것인가? 4) 계정의 분류 및 총괄계정과 보조계정의 관계는 경영실정에 적합한가? 5) 매일 전기하여야 할 원장을 월말에 일괄 전기하는 사례는 없는가? 6) 회계부서와 타부서와의 연결은 전표로 일관되고 있는가? • 모든 거래는 일자별로 원장에 기록되는가? • 각 계정잔액이 음수로 계상되는 사례는 없는가? • 장부잔액과 관련부서 계수가 일치하는가?	
2. 회계절차	1) 회사가 전년도와 동일한 회계처리의 원칙과 절차를 적용하고 있는가? 2) 시산표는 매월 작성되고 있는가? 3) 전표의 발행, 검증, 수불(출납), 기장의 순서와 절차는 실정에 적합한가? 4) 관계회사 거래와 업종별 혹은 거래형태별 회계처리는(수출, 장기할부판매 등) 적절히 구분 표시되어 있는가? 5) 결산 및 그 첨부서류는 일치하는가? • 결산금액과 증거서류는 일치하는가? • 거래 전체가 누락된 것은 없는가? • 동일거래의 이중기장은 없는가? • 대차변 동시 상쇄된 오류는 없는가?	

항 목	내 용	체 크
2. 회계절차	• 당기손익으로 처리해야 할 것을 불필요한 경과계정을 사용하여 자산 및 부채화한 것은 없는가? 6) 장기간 미정산된 계정과목은 없으며 기말잔액은 정당한 것인가?	
3. 자금운용	1) 자금의 고정화와 투자상황, 그에 준하는 자금운용상황에 문제는 없는가? 2) 현재의 매출채권, 재고품(원재료, 재공품, 제품), 유형자산투자의 상황은 재산과 자금이용 면에서 악영향을 미치고 있지는 않은가? • 원재료, 재공품, 제품의 각각 회전기간은 적당히 Balance가 유지되어 있는가? • 유형자산에 대한 투자는 과대투자되어 있지 않은가? 3) 매출채권의 한도, 적정 재고액을 결정하여 효율적인 자금운용을 하고 있는가? • 현재의 매출채권 회수관리는 적절한가? • 재고품은 과다하게 보유하고 있지는 않은가? 4) 자금의 운용과 안전성 관계에 문제는 없는가? 5) 자금수지예산표는 작성하고 있는가, 실적은 Check하는가?	
4. 회계정보의 이 용	1) 이익계획면 • 한계이익을 통한 채산관리는 행해지고 있는가? • B.E.P.를 계산하여 경영목표를 정하고 있는가? 2) 원가계산면 • 원가계산방법은 적당한가? • 표준원가는 설정하고 있는가? • 부문별 원가계산은 하고 있는가? 3) 경영관리면 • 중요한 경영관리자료가 작성되어 있는가? • 이러한 관리 자료는 통계적 수법으로 처리되어 있는가(Graph 등)? • 관리 자료는 경영에 어떻게 연결되는가?	
5. 세무관련 사 항	1) 회계결산과 세무신고와의 차이는 어떻게 되어 있는가? 2) 납세계획은 자금계획에 반영되어 있는가? 3) 납세는 적기에 행해지고 있는가? • 납부세액은 징수세액과 일치하는가? • 원천징수는 정확히 계산되었는가? • 담당자의 태만으로 인한 가산세가 발생하지는 않았는가? • 세제해택은 최대한 수혜하고 있는가?	
6. 시재관리	(현 금) 1) 현금시재액은 장부잔액과 일치하는가? 2) 현금관리규정은 있으며, 이를 준수하고 있는가?	

항 목	내 용	체 크
6. 시재관리	3) 현금시재가 과다하지는 않은가? 4) 현금시재 확인 시 동시 Check항목 • 마을금고시재 파악 • 보관 중인 인장, 통장 등 List 작성 • 수입인지수불대장 관리상태 (예 금) 1) 예금시재액은 장부잔액과 일치하는가? 2) 예금잔고증명을 매월 발급받고 있는가? 3) 매월 예금계정조정표를 작성하고 있으며, 그 정정내용을 알고 있는가? 4) 은행원장을 부분적으로 수취하여, 정기적인 Check을 하고 있는가? 5) 회사의 은행계정조정표는 계수적으로 정확한가? (수표어음) 1) 미발행 수표어음은 적절히 관리되고 있는가? 2) 훼손수표는 적절히 통제하고 있는가? 3) 어음수표수불관리대장의 관리자 통제절차는 타당한가? 4) 수표어음용지 신청에 대한 입고수량에 대해 관리자 확인절차는 있는가(수표 : 20장, 어음 : 10장)? 5) 견질어음 • 견질어음대장 또는 목록의 현황은 어떠한가? • "보관증이 미회수된 것" 또는 "회수약정기일이 경과된 것"은 없는가? • 기타 미정리건에 대한 경리부서의 대책은 어떠한가? • 어음발행 시 어음표면에 "견질용"이라고 기재되어 있는가? • 자매회사 간 융통어음의 파악 및 관리상태는 어떠한가(협조현황 등)?	
7. 입출금 관리	(현 금) 1) 현금 입·출금절차는 타당한가(입·출금전표－전결－입·출금)? 2) 현금 입·출금절차상 불필요한 과정은 없는가? 3) 현금 입·출금이 분리되어 있는가(출입통계 관리상태 등)? 4) 현금출납 시 증빙징구절차는 타당한가(자금수령증, 본인인장 또는 사인수령, 입금표 등)? (수표어음) 1) 수표의 서명은 지급거래를 승인하는 자 이외의 제3자에 의해 이루어지고 있는가? 2) 선일자 수표의 경우, 수표에 기재되어 있는 발행일까지 선일자 수표계정 또는 받을어음 계정에 계상하고 있는가?	

06

항 목	내 용	체 크
7. 입 출 금 관 리	(기 타) 1) 관리자 및 고정거래선의 인감등록부 비치관리상태는 어떠한가? 2) 특수목적을 위해 전불된 자금 이외에, 합계부서 아닌 딴 부서에서 현금보관하는 사례는 없는가? 3) 회사별 예금의 종류는 타당한 것인가, 전결상태는 어떠한가?	
8. 유가증권	1) 보관 유가증권 잔액과 실물은 일치하는가? 2) 실물중 담보제공된 경우, 담보제공증서는 비치되어 있는가? 3) 유가증권 발생, 감소에 따른 품의서는 비치되어 있는가(타사에 대한 출자사항 등)?	
9. 매출채권	(외상매출금) 1) 장부와 실물은 일치하는가? 2) 불량매출채권으로 대손 가능성이 있는 것은 없는가? 3) 대손충당금은 적정히 설정하고 있는가? 4) 채권잔고는 정기적으로 확인하고 있는가? (받을어음) 1) 장부와 실물은 일치하는가(거래선별, 일자별)? 2) 담보제공어음에 대한 보관증 비치상태는 어떠한가? 3) 추심어음의 관리는 어떠하며, 그 절차는 타당한가? 4) 기일경과어음(사실상 부도)에 대한 해당 부문자(영업)의 요청 통신문은 비치되어 있는가? 5) 대손충당금은 적절히 설정하고 있는가?	
10. 재고자산	1) 실제재고와 잔고는 일치하는가? 2) 재고조사는 정기적으로 실시하고 있는가(과대 여부 등)? 3) 재고를 수시 확인할 수 있는 기록이 유지, 보관되고 있는가? 4) 재고자산은 판매 또는 사용가능한 것인가? 5) 재고자산의 종목 및 항목분류는 적절한가? 6) 재고조사결과를 구매 등에 활용하는 체계적인 방안이 수립되어 있는가? 7) 재고자산의 평가방법은 적정한가? 8) 재고조사에서 차이가 발생한 경우, 처리절차는 적정한가? 9) 파손품 또는 기준미달품을 수시 파악, 처리하고 있는가? 10) 재고대상 보관자와 실물 보관자는 분리되어 있는가?	
11. 기 타 유동자산	(업무가지급금) 1) 장기미정리 잔액현황은 어떠한가? 2) 미정리 잔액에 대한 경리부서의 독촉근거는 있는가?	

항 목	내 용	체 크
11. 기 타 유동자산	3) 전결규정 및 정리절차는 어떠한가(Sampling하여 실시)? 4) 현금정리 입금 시 내부통제제도는 어떠한가? (개인가지급금) 1) 장기미정리 잔액현황은 어떠한가? 2) 개인가불 업무규정에 따라 정리되고 있는가?	
12. 유형자산	1) 장부상의 유형자산은 모두 실재하며 적정히 관리되고 있는가? 2) 감가상각은 계속성의 원칙에 의하여 적정히 이루어지고 있는가? 3) 자본적지출과 수익적지출을 구별하는 정책이 있으며, 적당히 구별하고 있는가? 4) 상각완료 자산의 관리는 어떻게 하고 있는가? 5) 유형자산의 구입 및 처분의 서면요구와 승인은 있으며, 적정히 이루어지고 있는가? 6) 실제구입 및 처분은 승인서와 대조, 확인되어 있는가? 7) 임차 또는 임대자산이 있는 경우, 기록 및 관리는 적정히 이루어지고 있는가?	
13. 매입채무	(외상매입금) 1) 매입처별 매입채무가 기록, 유지되고 있으며 장부와 일치하는가? 2) 매입처의 잔고확인을 정기적으로 징구하고 있는가? 3) 청구서 등의 관련증빙서류의 유효성이 검토되고 있는가(물품의 수량 및 상태<입고보고서>, 주문품의 내용 및 수량<주문서>, 가격 및 기타부대조건<주문서 또는 공급자의 가격표>)? 4) 다음의 서류는 각기 다른 직원에 의해 작성되고 있는가(입고보고서, 주문서, 청구서의 검토)? 5) 외상매입금의 지급은 직접 거래선에서 하고 있으며, 이는 누가 하는가? 6) 기간연장 등으로 이자를 지급한 예가 있으며, 그 이자율은 적정한가? 7) 반품 및 기타 Claim사항의 처리는 어떻게 하고 있는가? 8) 일정기간 내에 처리되지 않은 Claim사항은 무엇이며 그 원인은? (지급어음) 1) 어음발행은 사내 견제조직에 의해 집행되고 있는가? 2) 미교부 보관 중인 어음과 보관대장과는 일치하는가? 3) 미교부된 어음의 처리는 어떠한가?	
14. 차 입 금	1) 은행장부와 회사장부가 상호 일치하는가? 2) 차입금과 관련, 융자기간조건 지급이자는 어떻게 관리되고 있는가, 연체이자는 어떠한가? 3) 담보내용은 어떠하며 이는 적정한가?	

항 목	내 용	체 크
14. 차 입 금	4) 상환계획은 수립되어 있는가? 5) 어음차입금계정의 타당성 및 발행관리는 적정한가?	
15. 기 타	1) 장기미정리 계정은 없는가(미수금, 보증금, 미지급금, 예수금, 선수금 등)? 2) 상기의 미정리 계정을 거래처와 상호 Check하고 있는가? 3) 도산 거래선에 대한 미정리 상태는 어떠한가?	

(4) 기획 심사

항 목	내 용	체 크
1. 경영진과 조 직	(경영진) 1) 경영진은 어떤 사람들인가(학력, 경력, 성품, 인간관계)? 2) 경영진의 경영참가 정도는 어떠한가? 3) 경영은 권한관계에 있어서 One Man인가, 조직적인가? (조 직) 1) 조직은 경영규모에 상응하게 편성되어 있는가(부문화 실시 여부)? 2) 그 조직에는 경영의 특성이 살려져 있는가? 3) 조직에 관한 규정으로 어떤 것이 있는가? 4) 조직상의 책임과 권한은 명확하게 규정되어 있는가? 5) 조직상 Staff부문으로서 무엇이 있는가, 그 임무는? 6) 최고의사결정을 위한 경영진의 회의로서 어떤 것이 있는가? 7) 책임과 권한 면에서 그 회의의 내용은 어떤 것인가? 8) 부문별 주요 관리자는 적합한 사람들인가?	
2. 경영목표 및 전반계획	1) 경영목표는 명시되어 있는가? 2) 이익목표는 어떻게 세우고 있는가? 3) 장기계획을 세우고 있으며, 어느 정도로 구체화하고 있는가? 4) 그것은 연간 사업계획 및 경영방침확립의 기초 Data로 어떻게 활용되고 있는가? 5) 자금의 효율적 운영에 관한 계획은 수립되어 있는가? 6) 설정된 계획을 달성하는 데 무리는 없는가? 7) 기업변신을 위한 고려는 하고 있는가?	
3. 경영방침	1) 경영방침은 제도적으로 확립되어 있는가? 2) 장기계획과 연간 사업계획에 상응하는 경영방침을 수립, 실시하고 있는가?	

항 목	내 용	체 크
3. 경영방침	3) 경영방침의 내용은 어떠한가? • 경영방침에 논리적인 모순은 없는가? • 판매방침은 영업방침이나 판매활동에 충분히 반영되어 있는가? • 생산방침은 판매방침에 의거, 수립되어 있는가? • 구매방침은 생산과 결부되어 수립되어 있는가? • 재무방침은 자본충실(이익의 획득)을 도모하는 것을 전제로 하고 있는가? 4) 전 직원은 경영방침을 주지하고 있는가?	
4. 내부통제 체 제	1) 내부감사는 어떠한 형태로 실시되고 있는가? 2) 관리지식 결여로 인한 통제상 문제점은 없는가? 3) 보고제도나 감독제도는 규정대로 실시하고 있는가?	
5. 기 획 예산기능	(기 획) 1) 전반적 경영관리의 향상을 위해 제도의 개선책 등이 계속 입안되고 있는가? 2) 계획기준은 타당한가? 3) 계획은 주관부서에서 충분히 검토, 작성되었는가(동업계, 국가전체 점유비 등)? 4) 계획의 경직성으로 각 사업부의 창의성이 저해되지는 않았는가? 5) 계획에 따른 시간, 인력, 자금의 분배는 합리적인가? 6) 계획에 대한 실적 Follow－up은 어떻게 실시되고 있는가? 7) 계획에 대한 책임소재는 명백한가? 8) 계획변경, 예산의 변경은 적절하게 실시되고 있는가? (예 산) 1) 예산편성은 경영여건변화에 탄력성 있게 적응할 수 있도록 편성되었는가? 2) 예산편성은 경제성, 효율성의 원칙에 입각하였는가? 3) 예산과목의 통폐합 필요성은 없는가? 4) 예산편성 시 이중계상 또는 미계상된 것은 없는가? 5) 예산편성 시 경비의 산출근거는 명백한가(불용경비의 계속적인 계상 여부)? 6) 예산의 한도의 집행사용은 어떻게 관리하고 있는가? 7) 비용예산은 Zero Base 기준으로 수립되는가?	
6. 목표관리	(외 형) 1) 매출액에 대한 목표달성도, 신장률 등이 계속 Follow－up되고 있는가?	

06

항 목	내 용	체 크
6. 목표관리	2) 1인당 매출액관리는 실시되고 있는가? 3) 매출목표달성을 위한 개선책이 입안, 실시되고 있는가? 4) 매출액은 적절히 관리되고 있는가? 5) 시장구조의 특성에 따른 매출액 관리는 실시되고 있는가(기존시장－달성률, 신장률, 취약지역－중점관리, 신규시장－별도관리)? (손 익) 1) 매출총이익, 세전이익에 대한 목표달성도, 신장률 등이 계속 Follow－up되고 있는가? 2) 손익취약품목의 중점관리는 실시되고 있는가(BEP 이하의 품목 : 미달 원인분석 및 대책강화 등)? 3) 매출액에 대한 손익관리는 실시되고 있는가(품목별)? 4) 신규 또는 기존 Item에 대한 손익관리가 구분되어 실시되고 있는가? (비 용) 1) 매출액에 대한 매출원가비율은 관리되고 있는가? 2) 매출액에 대한 판매관리비의 구성은 적정한 것인가? 3) 특히 주 품목의 매출액에 대한 광고선전비는 효율적으로 집행되고 있는가? 4) 비용항목의 예산집행관리는 실시되고 있는가(전기(월)비교)? 5) 비용항목은 변동비와 고정비로 구분 관리하고 있는가? 6) 매출액과 이익의 목표달성도에 따른 비용의 탄력적 운용은 실시되고 있는가? 7) 변동비 성격의 비용을 절감하는 방안이 입안, 실시되고 있는가?	
7. 경영분석	1) 사별 경영분석 System은 경영전반에 걸쳐 효율적으로 운영되고 있는가? 2) 경영분석자료는 진실된 것인가? 3) 제반 비율분석은 적정하게 실시되고 있는가? • 수익성－총자산(자산)순이익률, 총자본경상이익률, 경영자본 매출액순이익률, 매출액경상이익률 • 안정성－부채비율, 차입금 의존도, 고정장기적합률 • 활동성－총자본회전율, 경영자본회전율, 매출채권회전율, 유형자산회전율, 재고자산회전율 • 유동성－현금예금비율, 당좌비율, 유동비율, 운전자본 • 경영비용－총수지비율, 영업수지비율, 매출원가율, 매출영업비율, 금융비용비율 • 기 타－1인당 생산성, 설비투자금융, 노동장비율 4) 현금흐름표의 작성 및 활용은 적정한가?	

항 목	내 용	체 크
7. 경영분석	5) 백분비 및 비교 재무제표의 작성 및 활용은 적정한가? 6) 경영분석의 결과는 전반적 경영관리에 활용되고 있는가?	
8. 투 자	(투자의 효율성) 1) 투자계획은 효율적으로 수립되었는가(부문별)? 2) 투자의 우선순위는 적정한가? 3) 사전 충분한 사업성 검토를 행하였는가? (투자자산관리) 1) 경상 또는 신규로 나누어 구분 관리하고 있는가? 2) 투자효과 및 자금조달방법에 대한 관리는 어떠한가? 3) 투자효과는 이익과 관련하여 측정되었는가? (투자집행) 1) 투자는 제반 규칙에 준거하여 집행되었는가? 2) 기자재에 대한 시장조사는 충분히 실시되었으며 최선의 조건하에 계약체결되었는가? 3) 건물공사의 경우 잦은 도면 변경으로 인한 공사비 증가 및 공사지연은 없었는가? 4) 입지조건 및 대지가격은 적정한가(소비지, 원재료 구입지, 노동력, 용수, 기타)? 5) 계획대비 투자집행실적의 차이규명은 하는가? 6) 동업계 대비 Line당 투자설비 규모는 적정한가?	

06

(5) 인사교육조직

항 목	내 용	체 크
1. 조 직	1) 조직의 규모나 구조는 적절한가? • 사람을 중심으로 만들어지지는 않았는가? 2) 조직의 제정이나 개정은 누가 하고 있는가(회장 품의사항 준수여부, 조직단위의 설치 · 폐지)? 3) 업무분장은 잘 되어 있는가? 4) 각 관리자의 업무가 명확하며 적절한 감독의 범위를 유지하고 있는가? 5) 조직구조는 계층수가 최소가 되도록 가능한 한 단순화가 되어 있는가? 6) 1인 중심의 조직은 없는가?	

항 목	내 용	체 크
1. 조 직	7) 조직구조가 회사, 사업부, 부, 과의 목표에 일치되지 않게 구성된 경우는 없는가? 8) Line과 Staff의 구분은 명확하며 상호의 권한을 침해하는 경우는 없는가? 9) 조직 간의 균형은 적절히 이루어지고 있는가? 10) 조직의 내부통제System은 적절한가? 11) 각종 위원회나 회의는 유효하게 운영되고 있는가? 12) 비공식 조직현황은 파악되고 있는가? 13) 인적구조상 문제점은 없는가? ※ 조직도, 사원명부, 업무분장규정, 조직개편품의서, 업무전결규정	
2. 채용 및 이동관리	1) 중장기 인력수급계획은 수립되어 있는가? 2) 채용절차는 적정한가? 3) 신규경력자 채용 시 각 선발기준은 적정한가? 4) 채용 시 건강진단을 철저히 하고 있는가? 5) 사원의 적성 및 능력에 맞는 인사이동이 이루어지고 있는가? 6) 순환보직제도를 채택하고 있는가(Career Development Program)? 7) 빈번한 인사이동으로 담당자의 업무효율성을 저하시키지는 않는가? 8) 신원보증서류 관리 상태는 어떠하며, 보증기간 만료 시 적기에 갱신을 하고 있는가(직무변경 시 재조치)? 9) 퇴사자의 사후관리는 시행되고 있는가? ※ 신원재정보증관리대장, 채용 File	
3. 직무분석 및 인사 고과	1) 직무분석 • 직무분석을 시행하고 있는가? • 직무를 그 목적, 방법, 능력, 적성 등을 고려하여 적절히 배분하고 있는가? 2) 인사고과 • 평가척도 및 방법은 적정한가? • 인사고과 시 평정자의 감정이나 개인 의견이 지배적인 결정을 하지는 않는가? ※ 인사고과규정	
4. 승진, 승급	1) 승진, 승급기준은 적정한가? 2) 연차승진, 승급제도는 잘 실시되고 있는가? 3) 연공서열식 및 능력급의 승진, 승급이 조화를 이루고 있는가? 4) 타사의 승진, 승급제도는 어떠한가? 5) 인사고과와 결과를 기준으로 승진, 승급이 이루어지고 있는가? ※ 승진발령품의서	

항 목	내 용	체 크
5. 표상 및 징계	1) 인사고과 결과를 표창 및 징계의 근거자료로 충분히 활용하고 있는가? 2) 표창보상제도의 운용은 적절한가? 3) 징계규정의 운영은 공정타당하게 실시되고 있는가?	
6. 제안제도	1) 사원의 창의력 증진과 참여의식 제고를 위한 제안제도는 실시되는가? 2) 회사의 이익을 가져온 제안에 대해 적절한 포상을 실시하는가(성과관리)? 3) 제안제도에 대한 사원의 참여도는 높은가?	
7. 급여수당	1) 급여체계 및 수당지급현황은 어떠한가(급여수준에 대한 불만계층은 없는가)? 2) 급여지급기준 및 방법은 적당한가? 3) 상여, 연월차 등의 시행상 문제점은 무엇인가?	
8. 복리후생	1) 복리후생현황은 어떠한가? 2) 임직원의 요구를 반영하여 복리후생계획을 수립하고 있는가? 3) 직원의 사기앙양을 위해 복리증진대책은 수립하고 있는가? 4) 법정보험, 급식, 경조, 할인구매 등의 제도완비 및 시행 여부 5) 타사와 비교한 복리후생 수준은 어떠한가? 6) 근무분위기의 자율성은 어느 정도 유지되고 있는가? 7) 사원휴가제도 운영은 적정하게 이루어지고 있는가? 8) 학자금, 장학금 지급상태는 적정한가?	
9. 교육훈련	1) 교육훈련의 조직은 적정한가? 2) 부문별 직급별 교육내용, 일정, 계획 등은 적정한가? 3) 새로운 업무에 적응시키기 위한 교육은 활발한가? 4) 교육훈련 수료자의 처우는 적정한가? 5) 사원으로 하여금 애사정신을 고양시키기 위한 Curriculum은 마련되어 있는가? 6) 해외연수 및 사외교육현황은 어떠한가? 7) 그룹 및 회사의 경영전략 및 구체적인 미래상에 대한 교육은 실시되고 있는가? 8) 훈련 시 시청각교재 이용 등 현대적 교육방법을 이용하고 있는가? ※ 교육훈련대장	
10. 기 타	1) 특정직 채용자의 채용계획, 기준은 마련되어 있는가? 2) 특정직원의 관리는 잘되고 있는가?	

06

(6) 노　무

항 목	내 용	체 크
1. 고용 및 근로계약	1) 고용계획은 현장사정 및 관리자의 의견이 적절히 반영된 수급계획에 의거 수립된 것인가? 2) 직종별로 적격자를 뽑을 수 있는 기준이 마련되어 있는가? 3) 면접시험 및 실기측정은 합리적으로 시행되는가? 4) 숙련공, 특수기술자는 채용에 적절한 고려를 하고 있는가? 5) 근로계약서가 회사에 일방적으로 유리하도록 되어 불만을 초래하는 경우는 없는가? 6) 시급산출은 적정한 방법으로 행해지는가?	
2. 교육 및 근로감독	1) 종업원 교육훈련에 대해 장기적인 대책을 수립하여 실시하고 있는가? 2) 교육 시 업무교육 또는 생활지도나 작업장 내의 태도, 자세를 가르치고 있는가? 3) 현장업무 감독자의 인원은 적정한가? 4) 현장업무 감독자의 권한 및 책임은 적절하게 주어져 있는가? 5) Line과 노무 감독자와의 Communication은 원활한가? 6) 감독자는 적절히 그 임무를 수행하고 있는가? 7) 개인의 능력과 숙련의 정도에 맞는 적재적소의 배치를 실시하고 있는가? 8) 감독자와 종업원 간의 업무상 협조관계는 원활한가? 9) 한 종업원에게 2명 이상의 감독자가 지시하는 경우는 없는가? 10) 작업목표달성을 위해 무리한 작업독려를 하지 않는가? 11) 종업원의 행동규범이 마련되어 있으며, 종업원은 그 규정을 숙지하고 있는가?	
3. 안전 및 보건관리	1) 작업 중 나타나는 안전사고의 현황 및 문제점은 무엇인가? 2) 안전사고의 유형별 분류 및 예방책은 마련되어 있는가? 3) 기계설비 등의 위험물에 대한 위험표시가 되어 있는가? 4) 정기적인 안전검사를 실시하고 있는가? 5) 화재예방계획은 잘되어 있으며 소화준비 및 훈련도 완벽하게 되어 있는가? 6) 종업원의 안전교육은 실시되고 있는가? 7) 종업원에 대한 정기적인 건강진단을 실시하고 있는가? 8) 부녀자, 연소자에 대해 적절한 배려를 하고 있는가? 9) 작업환경은 어떠한가?	

항 목	내 용	체 크
4. 임금관리	1) 임금계산은 정확한가(결근, 징계, 복직, 승격, 연차)? 2) 적정한 임금체계가 수립되어 있는가? 3) 이익분배 등에 의해 종업원의 경영에 대한 관심을 높이고 있는가? 4) 회사는 임금지급일 및 임금규정을 철저히 이행하여 종업원으로 하여금 신뢰할 수 있게 하는가? 5) 능력급, 성과급제도가 도입 실시되고 있는가? 6) 승급기준은 설정되어 있는가?	
5. 복리후생	1) 종업원을 위한 식당, 탈의실, 오락시설, 주거시설 등의 운영실태는 어떠한가? 2) 정서함양을 위한 도서실 운영실태는 어떠한가? 3) 휴식, 휴가 등은 적절하게 운용되고 있는가? 4) 인원 유출을 억제하고 안정을 유지시키기 위한 복지시설 등은 설치되어 있는가(야학운영 등)? 5) 산재보험 부보는 적정한가?	
6. 고충처리	1) 간결하고 공정한 고충절차를 시행하고 있는가? • 종업원의 이용도는 어떠한가? 2) 종업원의 사사로운 고민을 잘 파악하고 그 해결에 도움을 주고 있는가? 3) 감독자는 훌륭한 상담자역할을 하고 있는가? 4) 종업원의 제안이 건실할 경우 제대로 채택되고 있는가? 5) 불만처리에 장시간이 소요될 경우 그 진행사항을 종업원에게 알려 주고 있는가?	
7. 노사관계	1) 노사 간의 협력체제와 신뢰관계는 어느 정도인가? 2) 노사문제 사전예방을 위하여 구체적으로 어떤 노력을 기울이고 있는가? 3) 경영층은 노조를 올바르게 이해하고 적극적인 태도를 보이고 있는가? 4) 현 노조는 조합원으로부터 어느 정도 신뢰를 받고 있으며, 노조의 운영은 민주적으로 운영되고 있는가? 5) 하의상달을 위한 제도적 장치는 어떤 것이 마련되어 있는가? 6) 근로감독지적사항 및 보고내용은 어떤 사항인가?	

(7) 자재구매

항 목	내 용	체 크
1. 자재계획	1) 구매계획은 생산계획에 관련되어 있는가? 2) 기자재 등 소요계획 확정은 어디에서 하는가, 적절한가? 3) 자재별 수급계획은 적절한가? 4) 재고수준은 고려하는가?	
2. 구매조직	구매기능의 상호견제 조직은 어떠한가(품의, 발주, 검수, 재고 및 수불관리, 회계처리 및 지급기능의 상호분리)?	
3. 구매방법	1) 현재의 구매방법(품질, 가격 등)은 적정한가? 2) 재료, 자재 등의 시장조사가 충분히 실시되었으며 가장 좋은 제조건하에 구매가 실시되고 있는가? 3) 가격변동을 고려하여 장기단가계약 등의 대책이 있는가? 4) 납기의 지정절차는 적정한가? 5) 납기보장을 위한 구체적인 대책은 수립되어 있는가? 6) 구매요청 시 시방서 등은 첨부되고 있는가? 7) 구입처 변경 시 책임자의 서면 승인이 있는가? 8) 계약서상 부실내용은 없는가? 9) 구매약정은 서면으로 하고 있으며 수량, 가격, 기타조건(할인, 운송료 등)이 포함되어 있는가? 10) 구매선의 결정은 업자의 자산상태, 생산능력, 과거수행실적 등을 조사하여 결정하고 있는가? 11) 구매계약은 2개사 이상의 견적서를 징구, 검토하여 결정하는가? 12) 지명 Maker와 구매계약이 되어 있는 경우 • 단가책정은 변경할 수 있는가? • 타 Maker 자체 구입 시 문제점은 무엇인가? 13) 신규거래 시 거래처의 신용조사는 철저한가? 14) 구매선의 잦은 변경은 없는가, 사유는? 15) 구매부서는 각각의 납품부서로부터 구입실적에 대한 누적총계치를 갖고 있는가? 16) 구매 발주시기 및 발주방법은 적당한가? 17) 국산자재(특히 Group사 제품)활용을 위한 대책이 있는가? 18) 현금결제조건으로 구매하는 자재의 종류 및 사유는 타당한가? 19) 수송 및 자재수령 방법은 적정한가(운송비 부담, 품질검수, 수량검수, 불량품 및 과부족처리)? 20) 기자재 청구는 서면으로 하고 있는가? 21) 동일 담당자가 동일 거래선을 계속 맡고 있지는 않는가, 사유는?	

항 목	내 용	체 크
4. 자재검수 및 수불	1) 자재검수의 담당부서 및 검수는 적정한가? 2) 자재 입·출고 시 검수보고서는 언제, 어떻게 작성되었는가? 3) 수량부족, 훼손 등의 일반적인 하자는 어떻게 처리하며 손상보상 청구는 적정하게 되고 있는가? 4) 기술적인 하자검토는 실시하고 있는가? 5) 입고시점에서 승인된 구매약정서 내용과의 대조, 검사를 실시하는가? 6) 사전일련번호가 부착된 입고보고서의 작성 여부 및 자재출납장에의 기록 여부	
5. 자재보관 관리	1) 자재의 성질, 용도, 사용기기 등에 따라 구분, 정리, 보관하는가? 2) 고가의 자재나 별도의 주의를 요하는 자재의 보관, 관리방법의 적정방법은 적정한가? 3) 정기적인 재고조사의 실시 여부 및 재고장의 기록, 유지 여부 4) 현장인도된 자재에 대한 관리체계는 어떠한가? 5) 잉여자재 및 불용자재 발생의 경우 그 사유 및 책임소재는? 6) 파손, 망실에 대한 관리는 적정한가? • 파손, 망실, 멸실의 경우 보고계통 • 특정인의 경우 고의 또는 중대한 과실의 경우 보상책임 여부 • 방지대책은? 7) 잉여자재 및 불용자재의 타자매사 사용가능성은 검토되고 있는가? 8) 공동자재의 재고에 대한 정보가 공장 간 원활히 교환되고 있는가? 9) 자재가 사장되는 것은 없는가, 활용방안은? 10) 매입과 재고와의 조정은 이루어지고 있는가?	
6. 외자구매	1) 해외정보 입수체제는 적절한가? 2) 단가인하 및 Delivery원활을 위해 도입선다변화에 대해 노력하고 있는가? 3) Shipping 가능 자재를 Air Freight로 한 것은 없는가, 사유는? 4) 수출용원자재의 경우 관세환급업무와 관련이 적정하게 처리되고 있는가? 5) L/C Open비용, 관세 Charge 등 제비용에 대한 해당 증명서류는 있는가? 6) 고의적 과대 환율적용 및 과대부보 사례는 없는가? 7) 관세 등을 비용 처리하고 회수 후 임의 처리하는 사례는 없는가? 8) L/C전도급, 미착품 계정은 적절히 재고자산으로 대체되었는가? 9) 단가품의서 확인 및 타사 도입가와 비교하여 어떠한가?	

항 목	내 용	체 크
7. 외주관리	1) 외주처에 대한 업무지도 및 관리는 실시하고 있는가? 2) 외주가공계약서는 비치되어 있으며 계약조건별로 이행되고 있는가? 3) 가공임계산은 타당한가? 4) 불량품 발생의 경우 반품처리는 신속히 이루어지는가?	
8. 수입통관	1) 통관계획서는 적정한가? 2) 계획에 대한 실적은 분석되고 있는가? 3) 통관 시 감정가격 산정은 타당한가? 4) 세율적용은 타당한가? 5) 법정기한 초과 등 업무형태로 인한 가산세 추징 사례는 없는가? 6) 지연통관으로 인해 조업에 지장을 초래하는 사례는 없는가? 7) 지연통관의 현황 및 사유는 무엇인가? 8) 통관부족분 처리는 적정한가? 9) 통관자금관리는 적정한가(가불 후 입금지연 등)? 10) 통관제비용지출은 기준에 의거 처리되고 있는가? 11) 보세창고 내 장기장치품 현황 및 사유는 무엇인가? 12) 보세창고 입고지연 현황 및 사유는 무엇인가? 13) 영업창고 이용의 경우 현황 및 사유는 무엇인가? 14) 보세창고 회전율은 어떠한가? 15) 관세분납 및 외화획득용 시설재에 대한 사후관리는 적정한가? 16) 선임지급은 타당한가? 17) 선임 및 미지급금(하역비) 등의 잔고현황은 어떠한가?	

(8) 일반현황

검토항목	관련자료	평가포인트
−회사유형	등기부등본 정관, 사규	기업의 특성 및 문화 가능한 사업영역 경영권보호 관련조항
−성장과정	연혁	사업의 전개방향과 속도감 경영난 극복의 경험
−경영진 현황	경영진 구성 경영진 이력서(출신, 연령, 근속)	상근 여부, 책임감, 전문성 학력, 경력, 경영전략상 업적

검토항목	관련자료	평가포인트
–경영진 현황	타회사 근무 시 경영성과, 표창 여부 대표이사의 임기, 추천절차	경영스타일, 건강, 평판 대표이사, 후계자 선발 타당성
–지분구조	최근 5년간 주요 주주현황 최근 5년간 지분변동 최근 5년간 자본금변동	지분구조의 안정성 경영진, 우리사주의 지분추이 증자의 수월성, 경영권 분쟁요소
–대주주 현황	대주주 이력서 임원겸직 대주주	대주주의 자질 대주주의 경영참여 정도
–이사회 현황	이사진 이력사항 최근 이사회의 활동내역 이사회 의사록	이사회 독립성 권한, 경영참여 정도
–감사진 현황	감사진 이력사항	감사진 독립성
–조직구성	조직구성도	사업부서 간 역학관계
–인력소요	최근 5년간 부문별 종업원수 최근 5년간 종업원 평균급여 종업원 이직률, 평균근속기간 퇴직금 산정방식	성력화의 정도, 임금상승조짐 인건비부담 증가추세 직장의 안정성 주식보너스 여부
–노조	최근 5년간 노사분류 사실 노조원 비중	노사분규조짐 노조의 성격
–주요 계약사항	관련계약서	원료조달, 생산, 판매 등 사업전반에 관련된 계약조건

(9) 사업현황

검토항목	관련자료	평가포인트
–사업구성	최근 5년간 사업부문별 매출구성 내수와 수출의 구성(원화, 외화표시) 사업부문별 종업원수, 평균임금수준	주력사업의 추이 수출선 다변화, 환율변동 민감도 부문별 노동집약도
–주요 제품	제품의 공정도 최근 5년간 주요 제품의 성장추이 최근 5년간 주요 제품의 마진추이	제품생산기일 주력제품의 성장성 주력제품의 수익성
–사업전략	사업전략에 관한 외부용역보고서 회사내부의 중장기사업계획서	경영진의 사업전망 환경변화에 대한 적응력

검토항목	관련자료	평가포인트
－투자	최근 5년간 주요 투자실적 향후 예상되는 주요 투자(규모) 투자에 대한 자금조달계획서	투자사유 투자의 적정성 여부 자금조달의 합리성
－사업매각	과거 5년간 사업매각내역 향후 예상되는 주요 매각계획서 매각대금의 활용계획서	매각사유 사업의 건전성유지 여부 재투자 및 재무구조개선
－산업특성	산업기사 스크랩 각종 산업분석자료 최근 5년간 시장규모 추이 향후 시장규모 전망치 업계의 월별수급현황	라이프사이클상 위치 경기변동에 대한 민감도 진입장벽, 정부규제 시장변화의 요인, 기술민감도 계절적 특징
－경쟁현황	주요 경쟁수의 수 최근 5년간 회사 및 경쟁사 시장점유율 추이 업계의 최근 가동률 추이 경쟁사의 생산능력	경쟁심화의 정도 경쟁우위요소 설비과잉 여부
－기술력	인증, 특허권, 주요 기술내역 신제품 출시빈도 과거 5년간 히트상품의 수	품질우위요소 아이디어, 창의성 여부 수요변화 감지능력
－판매유통	유통경로 차트 유통경로별 매출비중 최근 5년간 대형신규개척거래선	유통경로의 효율성 유통경로의 변화 판로개척력, 적극성
－제품가격	최근 5년간 주요 제품의 가격 추이 최근 5년간 원가/판매가격의 비율 추이	가격인상요인과 빈도 원가전가의 탄력성
－거래처관리	최근 5년간 주요 거래처별 매출 추이 주요 거래처별 판매 및 수금조건 최근 5년간 대형부실채권 발생규모	판매기반의 안정성 경쟁사와의 비교우위 모니터링 능력
－광고선전	최근 5년간 광고선전비/매출액 추이 주요 광고비지출 내역서 판매장려금의 내역	광고선전비 의존도 수요의 광고노출 민감도
－생산설비	주요 설비의 취득연도 및 내용연수 주요 설비의 평균사용연수 주요 설비의 보험가입액 주요 설비의 감가상각액	설비의 노후화 개체투자의 필요성 주요 설비의 시가환산 주요 설비의 보수유지액
－생산현황	최근 5년간 주요 제품의 생산능력 추이 최근 5년간 주요 제품의 생산량 추이	경쟁사와의 비교 규모의 경제

검토항목	관련자료	평가포인트
-생산현황	최근 5년간 주요 제품의 가동률 추이 최근 12개월간 주요 제품의 가동률 추이 외주가공 의존도	유휴설비 생산능력의 안정성 납기준수, 외주업체통제력
-출하 및 재고	최근 5년간 주요 제품의 출하량 추이 최근 5년간 주요 제품의 재고량 추이 최근 12개월간 주요 제품의 출하량 추이 최근 12개월간 주요 제품의 재고량 추이	경쟁사와의 비교 과잉재고 여부 설비투자과잉의 증거
-생산효율성	주요 제품의 불량률, 평균수율	
-원가현황	최근 5년간 주요 원자재의 가격 추이 최근 5년간 재료비/원가구성 추이 최근 5년간 인건비/원가구성 추이 최근 5년간 주요 원자재 수급동향 향후 주요 원자재 수급전망 향후 주요 원자재 가격전망	원가압박요인 파악 효율화 가능성 사업의 안정성
-원자재구입	원자재의 내수와 수입비중(외화표시) 주요 구입처의 내역 및 구입조건 주요 구입처의 도산 여부	원자재구입의 안정성 자금압박요인 파악 기타 구입애로상황
-연구개발현황	최근 5년간 연구개발비투자 추이 최근 5년간 주요 연구개발프로젝트 최근 5년간 연구개발 인력현황 진행 중인 주요 연구개발프로젝트	매출액대비 비중 획기적인 성과 경쟁사와의 비교 성공가능성과 파급효과
-공해, 환경	공해방지시설	비용부담, 지역마찰요인

(10) 재무현황

검토항목	관련자료	평가포인트
-기초자료	최근 5년간 결산서 최근 5년간 감사보고서 최근 5년간 세무조정계산서 최근 5년간 외부평가서 및 용역보고서 최근 자산실사자료(존재 시) 최근 12개월간 합계잔액시산표	CP. 회사채평가, 경영진단

검토항목	관련자료	평가포인트
-기초자료	최근 5년간 회계처리방법 변경내역	회계처리 일관성, 분석징후
	최근 5년간 주석사항 특기사항	
	전기오류수정손익 내역	
	부외부채명세서	은행별 예·적금, 차입, 당좌
	거래은행현황	어음, 지급보증, 할인거래
-자산구조	최근 5년간 현금 및 예금현황	사용제한내역
	매출채권 Aging Schedule	직전사업연도, 악성채권
	최근 5년간 대손상각 내역	
	최근 5년간 재고자산 내역	과목별, 품목별
	최근 5년간 기타 및 투자자산 내역	무수익자산의 비중
	불용재고 및 Slow Moving Item	직전사업연도, 악성재고
	최근 5년간 대여금현황	일반대여, 특수관계자 구분
	최근 5년 내 실시한 유형자산재평가 내역	
	최근 5년 내 유형자산매각 내역	
	투자부동산 내역	최근월 종류, 장부가액 공시지가
	유가증권 내역	현재가치
	건설중인자산 내역	
-수익성	최근 5년간 매출액총이익률 추이	
	최근 5년간 매출액경상이익률 추이	
	최근 5년간 총자본경상이익률 추이	
	최근 5년간 자기자본경상이익률 추이	
	최근 5년간 금융비용부담률 추이	
	최근 5년간 매출원가율 추이	
	최근 5년간 원가구성비 추이	노무비, 재료비, 경비
-성장성	최근 5년간 총자산증가율 추이	
	최근 5년간 매출액증가율 추이	사업부문, 제품별
	최근 5년간 자기자본증가율 추이	
	최근 5년간 당기순이익증가율 추이	
-활동성	최근 5년간 총자산회전율 추이	
	최근 5년간 매출채권회전율 추이	
	최근 5년간 재고자산회전율 추이	
	최근 5년간 매입채무회전율 추이	
-현금흐름	최근 5년간 현금흐름 원천별 조달현황	현금흐름변동요인
	최근 5년간 현금흐름 운용별 지출현황	추세, 증감요인분석
	최근 5년간 자금과부족현황	만성적 부족상태 여부
	소요자금 내부조달비율	자금조달패턴의 건전성

검토항목	관련자료	평가포인트
−자본 및 부채 구조	최근 5년간 장단기차입금 현황	차입처, 종류, 금리, 만기별
	최신 월 장단기차입금 현황	외화차입금 구분
	담보 및 지급보증 제공한 내역	
	담보 및 지급보증 제공받은 내역	
	회사채 내역 및 조건	CB, BW 포함
	회사채 발행여력	발행한도와 기발행액
	향후 5년간 차입금상환 스케줄	
	우발채무현황	부외부채 확인
	최근 5년간 부채비율 추이	변동요인
	최근 5년간 차입금의존도 추이	
	금융비용을 부담하지 않는 부채/총부채 추이	
	최근 5년간 유동부채비율 추이	
	최근 5년간 평균이자율 추이	관련사업계획서 첨부
	향후 5년간 투자 및 운전자금소요계획	우선주, 무의결권주 포함
	최근 5년간 유상증자내역	
	향후 5년간 유상증자계획	

(11) 재무추정

검토항목	관련자료	평가포인트	체 크
−기초자료		향후 5년 이상의 추정재무상태표 향후 5년 이상의 추정손익계산서 향후 5년 이상의 추정현금흐름표	
<추정손익 계산서>			
−매출액 추정	매출액 추정방법은 무엇인가?	추정기간의 연도별, 제품별	
	추정은 구체적으로 계산되었나?	추정판매량, 판매가격	
	장래의 경기전망은 고려되었나?	경기예측보고서	
	장래의 산업전망은 고려되었나?	산업전망보고서	
	시장점유율 변화는 분석되었나?	과거시장점유율 자료첨부	
	회사의 시장점유율 예측은 타당한가?	추정기간의 연도별 시장점유율	
	최근 매출액과 추정 1차연도 매출액은 근사한가?		

검토항목	관련자료	평가포인트	체 크
－매출액 추정	현재 생산능력으로 달성 가능한 매출액인가?		
	판매경로, 방법의 변경이 필요한가?	시설규모 분석자료	
－매출원가 추정	매출원가 구성항목은 모두 망라되었나?	추정원가명세서	
	추정초연도 매출원가율은 최근치에 근사한가?		
	매출원가율의 변화는 타당한가?		
	인원계획은 적절한가?		
	퇴직급여는 적정하게 추정되었나?	1인당 매출액, 평균인건비 비교	
	감가상각비는 적절하게 추정되었나?	연도별감가상각비와 자산원가비교	
－판매관리비 추정	인건비 추정은 타당한가?	추정기간 내 인원계획, 1인당 인건비	
	퇴직급여는 적절히 추정되었나?		
	신시장 개척비용은 반영되었나?		
	대손상각은 적절하게 추정되었나?		
	신제품의 연구개발비는 반영되었나?		
－영업외손익 추정	유형자산의 처분손익은 적절하게 추정되었나?		
	금융비용은 추정차입금의 변동을 반영하고 있나?		
－법인세비용 추정	부담할 법인세비용은 적절하게 추정되었나?		
	조세감면과 이와 관련한 농어촌특별세 등은 고려되었나?		
<추정 재무상태표>			
－전반적 사항	최근연도와 추정 1차연도의 재무상태표는 근접한가?	현금예금, 투자자산, 감가상각계수	
	추정손익계산서, 추정현금흐름표와의 필요계정이 제대로 연결되어 있는가?	유형자산, 장단기차입금, 순이익	
－매출채권 추정	매출액과 대비하여 타당한가?	추정연도별 매출채권회전율	
	대손상각은 고려되었나?		

검토항목	관련자료	평가포인트	체 크
−재고자산 추정	추정손익계산서의 매출원가가 타당하게 반영되었나? 추정기간 내 이상적 변동이 있는가?	 추정연도별 재고자산회전율	
−유형자산 추정	추가설비투자가 반영되었나? 자산매각계획이 반영되었나? 감가상각은 반영되었나?		
−부채추정	부채성충당금은 적절히 계상되었나? 매입채무의 규모는 타당한가? 미지급법인세는 반영되었나? 장단기차입금의 변동은 추정손익계산서와 추정현금흐름표에 부합하는가?	 추정연도별 매입채무회전율	
−자기자본 추정	자본금의 증가, 감자계획은 반영되었나?		
<추정 현금흐름표>			
−현금의 원천	추정손익계산서의 내용이 적절히 반영되었나? 신규차입은 추정재무상태표의 차입금변동과 부합하는가? 비경상적인 현금유입이 있는가? 이들의 금액은 적절한가?	비현금수익, 비용조정 자산매각계획 매각대상자산과 시가와의 차이	
−현금의 운용	차입금의 상환은 추정재무상태표와 부합하는가? 시설투자계획은 반영되었는가?		

보론 1 이윤극대화를 위한 경영자문(집단적 접근방법)

1. 실무지침의 범위(Scope of Practice Aid)

이 실무지침은 경영자문가가 고객회사의 재무활동의 개선점 발견에 필요한 정보 및 기법을 제공함을 목적으로 하고 있다. 이 실무지침은 또한 회사자원의 최적배분과 보다 효율적이며 수익성 있는 사업운영을 가능케 해줄 것이다.

이 실무지침의 가장 중요한 특징은 경영자문가에게 다음과 같은 문제들을 해결하는 기법을 알려주는 데 있다.

- 문제점 파악 및 문서화
- 파악된 문제점들의 중요도 결정
- 발견된 문제들에 대한 기술의 적절성 검토
- 개선권고안의 제출
- 개선조치가 필요한 분야 파악
- 문제의 심각성에 대한 문서화
- 개선조치의 우선순위 결정
- 최종 개선권고서한 작성

이런 경영자문서비스는 고객의 각 분야에서 개선이 필요한 분야를 파악하고 그에 알맞은 개선안을 만들어 구두 혹은 서면으로 통보함으로써 종결된다. 이러한 기법은 경영자문가가 고객에게 제공하는 회계 기타 관련서비스와 연계하여 사용할 수 있다.

이 실무지침이 취급되는 범위는 포괄적이지만 모든 분야를 상세하게 다루지는 않는다.

어떤 부분은 기발간된 실무지침에 수록되어 있기도 하나, 완전한 설명을 위하여 여기에 다시 기술하기도 한다.

이 실무지침의 주된 목적은 경영자문가가 고객의 영업을 이해하고, 개선해야 할 핵심사항을 파악, 목표달성에 필요한 개선안의 우선순위를 결정하는 데 도움을 주는 것이며, 여기서 말하는 목표란 이윤의 극대화를 말한다. 고객의 목표를 달성하거나 고객의 영업을 이해하는 일반적 검토수단으로 '진단적 검토기법'을 이용할 수 있다.

이 실무지침은 단기적 검토기법 서식들(진단적 검토질문서와 진단적 검토요약들)을 이용하여 고객의 이익개선을 위한 경영자문서비스 업무를 수행하는 방법을 설명하고 있다.

이 진단적 검토질문서의 제 질문들은 고객의 이익에 영향을 주는 활동들의 효율성을 보다 잘 파악할 수 있도록 할 것이다.

그리고 진단적 검토요약표는 진단적 검토질문서로부터 도출된 정보와 개선사항을 명확하게 해준다.

첨부서식들은 참고목적으로 예시되었으며 경우에 따라서는 그대로 사용할 수도 있을 것이다. 경영자문가들은 각자의 방법과 경험에 근거 첨가, 삭제, 변경 등 필요에 따라 수정한 서식들을 사용할 수 있을 것이다. 따라서 예시된 각 부문의 질문들이 모든 사항을 포괄하거나 개인의 창의력이나 고객 또는 해당산업 이해의 대체수단으로 사용되어서는 안 된다. 이 실무지침을 활용하는 데 다음 사항을 유의하여야 한다.

- 이 실무지침이 이런 종류의 경영자문서비스의 제공에 대한 기준이나 권장기법으로 이해되어서는 안 된다.
- 여기 서술된 많은 내용은 모두 수행할 필요가 없을 수도 있다. 왜냐하면 경영자문가는 이미 고객에 대한 다양한 정보를 가지고 있으며, 고객의 이익에 영향을 미치는 요소나 분야를 이미 알고 있을 수도 있기 때문이다.

이 실무지침에서 사용하는 용어는 다음과 같이 정의된다.

- 결정적(Critical) : 최우선으로 개선해야 할 사항
- 중요한(Substantial) : 고객의 이익개선에 상당한 영향을 미칠 사항
- 좋은(Good) : 고객의 이익을 개선할 수 있는 사항
- 미미한(Minimal) : 고객에게 약간의 이익을 줄 수 있는 사항

2. 계약 시 고려사항

경영자문가들은 항상 고객에게 이윤극대화 문제에 대해 조언·조력할 기회를 가지고 있다. 이러한 기회는 고객에 대한 관찰, 질문, 분석의 결과로 제공할 수 있으며 고객이 요청하기도 한다. 경영자문가들은 경영층으로부터 예비조사를 포함 최종 개선권고, 개선조치의 이행, 나아가 평가를 위한 자료준비에 이르기까지 용역계약을 요청받을 수 있다.

이러한 경우의 경영자문가의 보조는 고객의 현재 재무상태와 처한 상황에 대한 이해에 기초를 둔 경영자문에 한정될 것이다. 필요한 서류의 준비, 개선권고사항의 실제 적용을 위한 지원 등을 비롯하여 많은 조사와 노력을 필요로 하는 것 등을 계약에 포함할 수 있다.

경영자문가 업무의 범위와 성격은 고객의 능력, 상황, 경영자문가가 제공하고자 하는 서비스의 내용 및 정도에 달려 있다.

어떤 계약, 상담이든지 간에 고객은 기본 자료와 가정을 제공하여야 하며 조치사항의 결정에 참여하여야 한다.

(1) 계약절차 예시

이윤극대화를 위한 경영자문서비스는 보통 다음과 같은 단계를 밟는다.

① 고객요청의 접수 및 고객평가
② 계약내용에 대한 이해
③ 예비조사
④ 고객의 이윤극대화를 위한 접근방법에 대한 최초평가

⑤ 정보수집
⑥ 진단적 검토기법을 통한 이윤극대화 분야와 요소들의 파악 및 분석
⑦ 발견사항 및 개선안에 대한 사전협의
⑧ 구두 또는 문서에 의한 최종보고서

고객에 대한 기접촉 여부 및 고객의 영업과 조직에 대한 이해정도 등에 따라 취해야 할 조치들이 조정될 수 있다. 다음에 상기 단계들을 보다 자세히 설명한다. 권고안에 대한 실제이행 모니터에 대한 내용들은 이 실무지침에 포함시키지 않고 있다.

⑵ 고객평가

새로운 고객에 대한 경영자문서비스 업무를 수임해야 할지 여부를 결정하기 위해서 경영자문가는 고객이 용역을 요청하게 된 배경을 검토해 보아야 할 것이다. 최초 토의에서 같은 정보들을 얻을 수 있을 것이다.

- 고객이 전에 다른 경영자문가를 이용했었다면 교체의 이유는 무엇인가?
- 누가 이 고객을 소개했는가?
- 고객은 어떤 은행과 거래를 하고 있는가?
- 고문변호사는 누구인가?
- 고객이 얼마나 오랫동안 이 사업을 영위했는가?
- 이 사업부문에 다른 회사들이 있었다면 그 회사들은 지금 어떻게 되었는가?
- 현 사업의 성격은 무엇인가?
- 재무상태는 어떻게 변화해 왔는가?
- 소유주는 누구이며 또 동업자는 누구인가?
- 경영진은 사업을 성공적으로 이끌 수 있는 경험과 자질을 갖추고 있는가?
- 이 고객은 계속해서 경영자문서비스를 받고자 하는가? 아니면 1회의 일시적 경영자문서비스를 원하는가?

  이 새로운 고객의 경영자문서비스를 수임할 것인가를 결정하기 위해 경영자문가는 추가적으로 다음 사항들을 고려해야 한다.
- 새로운 고객으로부터 업무수임이 경영자문가의 윤리규정을 어기거나 경영자문가 자신의 업무방침과 상반되지는 않는가?
- 경영자문가가 효과적인 비용으로 고객의 목표를 달성할 수 있다고 믿는가?
- 경영자문가는 그 계약내용을 성공적으로 수행할 능력을 가지고 있는가?

⑶ 계약내용의 이해

일단 경영자문가가 어떤 고객을 받아들이기로 결정했다면 수행해야 할 서비스의 목적, 범위 등을 파악하여야 한다. 경영자문가가 제공하는 서비스가 이익의 극대화를 보장하는 것은 아니며, 보수는 결과에 상관없이 보수를 지급하여야 한다는 것을 고객에게 이해시켜야 한다.

고객의 이윤극대화를 위한 용역계약 내용에는 이익의 개선이 가능한 분야를 파악할 수 있도록 돕거나, 이익계획이나 예측 등의 필요한 정보를 준비하는 것을 돕는 것을 포함할 수 있다.

재무제표에 관련된 내용들은 이 실무지침에서는 상세히 다루지 않았다.

⑷ **예비조사와 최초 평가**

예비조사는 개선가능 분야의 파악에 매우 중요하다.

경영자문가는 예비조사 동안 사전지식이나 경험을 이용하여 회사의 이익에 긍정적 또는 부정적으로 영향을 줄 수 있는 요인들에 대한 최초판단을 한다.

진단적 검토질문서를 작성해 보면 경영자문가의 최초판단이 적절한지 아니면 수정이 필요한지를 알 수 있다.

예비조사 시 경영자문가가 일반적으로 질문하는 내용들은 다음과 같다.

- 조직의 구조와 형태
- 경영목표
- 자본조달의 원천과 금액
- 제품의 종류
- 마케팅 전략
- 제품의 생산방법 및 공장의 위치
- 종업원수와 구성
- 경영자가 받아보는 재무정보 및 통제방법

06

경영자문가는 예비조사를 근거로 용역수행을 위한 접근방식에 대해 최초의 판단을 내리고 구체적 업무수행계획을 세우게 된다.

⑸ **정보수집**

중소기업의 이윤극대화 용역수행 시 경영자문가는 다음의 사항에 대한 충분한 정보를 수집해야 한다.

- 고객의 최대취약점 발견
- 현재 이익창출에 가장 많은 공헌을 하는 분야 파악
- 예비조사자료 확인과 계약내용의 면밀한 이해

수집된 정보들은 다음과 같이 분류할 수 있다.

- 조직
- 경영목표
- 자본의 원천과 규모의 적정성
- 제품 및 서비스
- 마케팅
- 생산과정

• 인적자원
• 경영정보와 통제

⑹ **개선가능분야 및 요소의 선정**

이 실무지침에서 개선가능분야란 사업이 이익을 내기 위해 필수적인 분야들을 말한다.

이 각 분야들은 그 구조와 운용 등에서 강·약점을 정확히 파악하기 위해서 세밀한 연구검토가 필요하다. 연구검토과정에서 더 많은 조사를 하거나 수정을 해야 할 수도 있다.

이 실무지침에 수록된 각 분야의 관련요소 외에도 필요에 따라 질문을 추가할 수 있다.

예를 들어 이 책자에서는 중요하게 취급되지 않은 세무문제 등이 중요하게 취급될 수도 있다. 이 실무지침에서 채택된 분야의 이익기여도의 명확한 서술은 진단적 검토질문서보다 더 중요하다.

⑺ **사전협의**

용역수행 중이라도 경영자문가는 즉각적인 개선이 가능한 아이디어나 제안에 대해서는 고객에게 수시로 보고하여 그러한 효익을 가능한 빨리 얻을 수 있도록 하는 것이 좋다. 고객이 즉각적인 이행에 대한 제안을 받아들인다면 이익을 보다 빨리 실현할 수 있을 것이다.

⑻ **최종보고서**

개선안의 실제 이행단계에서의 자문을 논외로 할 때 이윤극대화를 위한 용역계약은 경영자문가가 발견사항들에 기초한 개선권고안들에 대한 최종보고서를 제출함으로써 종료된다.

이러한 개선안들은 진단적 검토요약표로부터 도출된 것이다.

고객에 대한 최종보고서는 개선안과 용역수행 동안의 건의사항에 대해 여러 번 교환된 정보를 요약한 보고서이다. 경영자문가는 최종결론을 문서화하고, 만약에 보고가 구두로 이루어진 경우에는 최종보고에 포함된 개선안들도 함께 문서화하여야 한다.

3. 예시양식을 이용한 기법

예시된 진단기법에서는 두 가지 양식을 사용하고 있다. 즉 진단검토요약표와 진단적 검토질문서이다.

A. 진단검토요약표는 다섯 개 장으로 나누어진다.

1. 검토분야
   이윤극대화와 관련된 사업분야를 파악한다.
2. 검토요소
   각 분야에서 검토되어야 할 주요 요소를 상세히 한다.
   질문이나 주제에 의하여 파악할 수 있으며 진단적 검토질문서와 연계시켜 파악한다.

3. 조서참조
   검토요소와 관련된 특정조서를 파악 연결한다.

4. 개선기회의 파악
   진단적 검토질문서에 대한 대답에 근거하여 개선기회의 여부에 관하여 전문가의 전반적 판단을 내릴 수 있는 검토요소들을 체크한다.

5. 중요 언급사항
   고객과 협의하여야 할 중요한 발견사항을 기술한다.

B. 진단적 검토질문서는 여섯 개 장으로 나누어진다.

1. 질문
   진단적 검토요약표에 나타난 각 요소들과 관련, 경영자문가나 그의 직원이 검토할 질문들을 작성한다.

2. 질문에 대한 회답
   예
   아니요
   해당사항 없음

3. 책임자
   질문서에 포함된 각 항목을 책임질 수 있는 각 부서담당자의 이름을 적는다.

4. 개선기회 여부 : 개선기회는 있는가?
   N－전혀 없다
   M－조금 있다
   G－많이 있다
   S－상당히 많다
   C－매우 많다

5. 문제점과 개선방안을 기재한다.

6. 조서참조
   관련조서와 연결시킨다.
   예시양식은 경영자문가가 우선 진단적 검토질문서를 완성하여 그 결과들을 진단적 검토요약표로 작성하는 방법을 보여주고 있다. 요약표는 모든 질문에 대한 대답내용을 요약한 표지로 사용한다.

고객과의 최초회합 또는 조사 후에는 고객에게 물어볼 적절한 질문을 도출하는 것이 첫 단계가 된다. 이 실무지침에 예시된 기법들은 경영자문가들이 사용할 수 있는 여러 가지 중의 하나일 뿐이다. 경영전문가들은 다양한 기법과 양식을 개발 사용할 수 있다. 이 접근법은 이윤을

극대화하는 문제뿐만 아니라 많은 다른 주제들의 경우에도 마찬가지이다.

모든 고객에게 동일한 질문을 할 필요는 없다. 일단 경영자문가가 다양한 영역, 환경과 모든 고객에게 사용할 수 있는 질문파일을 개발한다면 특정고객에 대한 질문을 개발하기가 매우 쉬울 것이다.

4. 검토과정의 소개

다음에 예시된 진단검토요약표와 진단적 검토질문서 양식은 진단적 기법에 사용할 수 있다. 각 분야별로 필요시 추가적인 요소들을 기입할 수 있도록 여백을 남겨 놓았다.

이는 예시 양식들이 모든 사항을 포괄한 것이 아니기 때문에 경영자문가들이 그를 자신의 요소들을 삽입할 수 있도록 하기 위한 것이다. 각 요소 아래에 기재한 마지막 질문 '기타'는 전문가가 고객에 대한 그들 자신의 판단과 지식으로 적절한 질문들을 추가하도록 하기 위한 것이다.

예시된 진단적 검토질문서는 진단적 검토요약표의 최초인 분야인 조직에 관한 질문들을 담고 있다.

그 다음은 앞에 예시된 진단검토요약표에 포함된 각 분야에 관한 일련의 추가적인 표준질문들이다.

이 진단적 검토기법을 소개하고 있는 중소기업 경영자문 실무지침 No.2는 현금, 현금계정, 받을채권, 재고자산, 지급채무에 대한 질문들을 담고 있다. 그 실무지침에 포함된 완성된 표준 진단적 검토질문서와 진단적 검토요약표는 이 실무지침서에서 기술하고 있는 진단적 검토기법을 나타내 준다.

■예시 1 진단검토요약표

×××주식회사
진단검토요약표

	날 인	일 자	조서번호
작 성 자			
검 토 자			
최종승인자			

영 역	조 직									경영의 목적과 목표											자본의 원천과 타당성									마케팅										
	1	2	3	4	5	6	7	8	9	10	11	12	13	14	15	16	17	18	19	20	21	22	23	24	25	26	27	28	29	30	31	32	33	34	35	36	37	38	39	40
요 소	조직구조	조직도	경영방침	권한과책임	표준업무절차					계획수립절차	산업내위상정립목표	대상시장계획	장단기계획	지역계획	수익성계획	성장성계획	계속성계획				소유주지분	부채	운전자본	자금관리	자금예측	대주들과의관계				마케팅계획	제품구성계획	가격결정	판매촉진	유통	아프터서비스	판매관계				
개선기회 조서번호																																								
개선기회 전혀 없음		✓		✓																			✓			✓					✓									
개선기회 미미함					✓	✓								✓							✓																			
개선기회 어느 정도 있음	✓	✓										✓	✓				✓								✓					✓				✓						
개선기회 상당히 많음										✓	✓				✓							✓											✓		✓					
개선기회 결정적으로 많음																								✓								✓				✓				

중요언급사항		
22	부채수준이 너무 높음 : 부채비율이 산업기준을 초과함	
24	현금이 통제되고 있지 않음 : 잠재적 수익 기회상실 : 횡령의 가능성 있음	
32	비효과적인 가격결정공식 : 최소제품원가분석	
36	판매예측부족 : 판매보고서 및 고객사후관리	

×××주식회사

영역		재화 및 용역								생산								
		41	42	43	44	45	46	47	48	49	50	51	52	53	54	55	56	57
요소		연구개발	산업추세파악	경쟁자파악	보고	다각화	제조대구매			예측과통제	재고	예측	품질통제	재무통제	설비	인사		
개선기회	조서번호																	
	전혀 없음	✓				✓									✓			
	미미함		✓	✓						✓				✓		✓		
	어느 정도 있음				✓		✓											
	상당히 많음																	
	결정적으로 많음										✓		✓					

영역		인력자원																경영계보와 통제						
		58	59	60	61	62	63	64	65	66	67	68	69	70	71	72	73	74	75	76	77	78	79	80
요소		경영진	의사소통	모집	채용	교육훈련	보상/이익	동기부여	인사고과	노사관계	인력계획및이용	법률및규정	노사협약	건강관리				총계정원장	재무제표	기타관리보고서	정보의이용	특별검토분야		
개선기회	조서번호																							
	전혀 없음		✓	✓	✓							✓	✓											
	미미함	✓					✓				✓							✓	✓					
	어느 정도 있음													✓						✓	✓	✓		
	상당히 많음					✓																		
	결정적으로 많음																							

중요언급사항			
	50	재고감모 과다 : 재고안전보관 통제 미흡	
	52	제품품질관리 미흡 : 반품과다	
	62	생산, 애프터서비스, 판매분야의 종업원 훈련 극히 부족	

■예시 2 진단적 검토질문서

×××주식회사

진단검토요약표

	날 인	일 자	조서번호
작 성 자			
검 토 자			
최종승인자			

질 문	회 답			회사담당자	개선기회					언급사항	조서참조
	예	아니요	해당 무		N	P	G	S	C		
조직											
1. 조직구조											
가. 회사는 법인체인가?	✓			홍길동	✓						
나. 가장 적절한 사업형태인가?	✓			홍길동	✓						
다. 다른 관련기업이 있는가?		✓		홍길동	✓						
라. 기업매수나 합병을 고려해 본 적이 있는가?		✓		홍길동			✓			합병을 할 경우 상당한 이익을 가져올 수 있음.	G1
마. 이사회가 정책을 결정하는가?		✓		홍길동					✓	이사회에 의한 경영방침결정부족	G2
바. 이사회가 형식적으로 운영되는가?		✓		홍길동				✓		이사회 소집이 너무 적음.	G3
사. 경영층은 회사운영에 필요한 다양한 자질을 가지고 있는가?	✓						✓				
아. 기타											

5. 진단적 검토요소와 질문사례

(1) 조직

몇몇 중소기업체는 공식적인 조직구조가 없이도 업무를 효과적으로 운용한다.

중소기업의 초기단계에서는 모든 업무를 한 개인이나 그룹이 효과적으로 감독할 수 있다. 이런 상황에서는 비공식적 조직이 모든 상황을 잘 알고 있으므로 더 효과적일 수 있다. 그러나 사업이 커지고 확장될수록 비공식적 조직이 효과적으로 필요한 기능을 수행하기 어려워진다. 이 단계에서는 회사의 정책, 업무절차와 직무 등에 대한 의사소통을 원활하게 하기 위해서 보다 공식적인 조직이 필요하게 된다. 적절한 권한을 가진 책임라인이 목표설정과 경영책임을 규정함으로써 이윤극대화를 위한 경영능력을 강조시킬 수 있다.

① 조직구조

a. 회사는 법인인가?
b. 가장 적절한 기업형태인가?
c. 다른 관계회사는 있는가?
d. 매수합병이나 기업인수를 고려해 본 적이 있는가?
e. 이사회가 정책결정을 하는가?
f. 활동은 형식적이지 않은가?
g. 경영층은 기업을 영위하기 위한 다양한 능력을 보유하고 있는가?
h. 기타

② 조직도

a. 회사는 공식조직도를 가지고 있는가?
b. 조직도는 회사의 구조를 정확하게 묘사하고 있는가?
c. 조직구조는 적정한가?
d. 조직도는 다음 사항을 나타내고 있는가?
- 직위체계
- 직무범위

e. 조직원의 커뮤니케이션은 적절히 이루어지는가?
f. 조직변화에 따라 계속 수정・보완하고 있는가?
g. 기타

③ 경영방침

a. 회사의 경영방침은 문서화되어 있는가?
b. 경영방침은 경영층의 사고와 요구를 잘 반영하고 있는가?
c. 경영방침은 적절한가?
d. 경영방침은 정기적으로 검토되고 수정・보완되는가?
e. 경영방침은 적절히 조직원에게 배포되고 있는가?

f. 경영방침은 이용자들이 잘 이해하고 있는가?
g. 기타

④ 경영층 직무
a. 경영층 직무는 명문화되어 있는가?
b. 경영층 직무는 사실적인가?
c. 경영층 직무는 잘 이해되고 있는가?
d. 경영층 직무는 회사목적달성을 충족시키기에 적합한가?
e. 경영층 직무는 필요에 따라 수정 · 보완되는가?
f. 기타

⑤ 권한과 책임
a. 회사는 책임과 권한을 적절히 위임하고 있는가?
b. 책임이 주어진 자에게 적절한 권한도 주어져 있는가?
c. 책임은 명문화되어 있는가?
d. 개인에게 주어진 책임은 모니터되고 있는가?
e. 책임과 권한수행에 부적합한 인물은 그 위치에서 제외시키는가?
f. 기타

⑥ 표준업무절차
a. 회사의 조직구조와 표준적인 업무절차가 효과적으로 연계되어 있는가?
b. 표준업무절차는 문서화되어 있는가?
c. 표준업무절차는 적절한 개인에게 의사소통되는가?
d. 표준업무절차는 필요에 따라 개정되는가?
e. 표준업무절차는 다음 사항들을 포함하고 있는가?
- 직무개요
- 규정과 규칙
- 승진과 이동
- 평가과정

f. 기타

⑵ 경영목표와 목적

많은 회사의 명확한 목표나 목적에 대한 기술 없이 업무를 시작하고 있으며, 때로는 개업 후에도 목표나 목적 없이 영업활동을 수행하고 있다. 명확한 목표와 목적하에서 영업활동을 할 때 보다 더 잘 감독되고 측정될 수 있으며 진척과정을 잘 평가할 수 있다.

목표나 목적의 단순한 설정만으로도 현실적인 업무방법에 대한 문제의식을 끌어내게 할 수 있다. '임무기술서'(회사의 방침, 대외명분, 경영철학, 사회에 대한 목표를 기술함)는 회사의 분위기와 상황을 설정하고 그러한 분위기와 환경하에서 회사가 사용할 운영방법과 기법들을 선정하는 데 사용된다.

⑦ 계획단계

a. 회사는 임무기술서를 가지고 있는가?

b. 임무기술서에는 다음의 내용들이 포함되고 있는가?

- 지도지침
- 기업존속에 대한 명분
- 경영철학
- 사회에 대한 목표

c. 조직도는 '임무기술서'를 잘 반영하고 있는가?

d. 기타

⑧ 업종 내에서의 위치

a. 회사는 해당 업종에서의 다음 사항에 대한 순위를 파악하고 있는가?

- 매출액
- 제품의 다각화
- 경쟁력

b. 회사는 다음 사항에 대한 목표를 선정하고 있는가?

- 매출액
- 제품라인의 다각화
- 신제품 개발

c. 기타

⑨ 시장

a. 회사는 시장과 관련 다음 사항을 결정하고 있는가?

- 현재의 대상시장
- 장래 목표시장
- 잠재적 시장

b. 회사는 다음 사항에 관한 구체적인 프로그램이 있는가?

- 시장확장
- 기존 시장에 대한 확충

c. 공식적인 시장관리전략이 수립되어 있는가?

d. 국내 및 해외의 시장상황

e. 기타

⑩ 장 · 단기계획

a. 회사는 공식적인 장 · 단기계획을 수립하고 있는가?

b. 그 계획들은 측정 가능하며, 달성 가능하며, 적절한가?

c. 그 계획들은 정기적으로 결과치와 비교되는가?

d. 그 계획들은 정기적으로 수정 · 보완되는가?

e. 위 목표와 목적달성을 위해 필요한 방법이 구상되어져 있는가?
f. 기타

⑪ 지리
a. 회사는 현재의 대상지역과 향후의 목표대상지역을 정의하고 있는가?
b. 상기의 지역계획은 다음 사항들을 모두 고려한 결과인가?
• 관련비용
• 물류문제
－판매전액
－제품배송
－제품보관
c. 기타

⑫ 수익성
a. 회사는 분야별 수익성계획을 다음과 같이 수립하고 있는가?
b. 위 계획은 실제성이 있는가?
• 제품라인별
• 지역별
c. 상기 계획은 수정・보완되는가?
d. 회사는 공장 혹은 지역별로 부분이익관리제를 도입하는가?
e. 위 계획들은 적정 투자수익률, 매출액수익률, 고이익 부문에 대한 적절한 보상을 포함하는가?
f. 법인 및 개인소득세에 관한 적절한 계획이 있는가?
g. 기타

⑬ 성장성
a. 성장성에 대한 목표가 있는가?
b. 문서화되어 있는가?
c. 관련조직원들이 잘 이해하고 있는가?
d. 효과적인가?
e. 성장성 목표에는 다음 사항들이 포함되어 있는가?
• 합병
• 기업매수
• 수직, 수평적인 확장
• 신제품 라인 신설
f. 위 목표들은 구체적인 스케줄과 방법에 관하여 잘 정의되어져 있는가?
g. 위 성장계획은 현실적이며 달성 가능한가?
h. 위 계획들은 최고경영자에 의해 지지되고 있는가?

i. 위 계획들은
  • 새로운 인지
  • 공장신축을 포함하고 있는가?
j. 위 계획과 목표는 수정 · 보완되는가?
k. 기타

⑭ 계속성
a. 회사는 다음과 같은 경우에도 영업을 계속할 계획이 있는가?
  • 제품설비의 손망
  • 주요 구성원 퇴사
  • 공급원의 상실
  • 중요한 고객의 상실
  • 우호적 혹은 비우호적 인수
  • 합병제의
b. 이 계획들은 다음 사항들을 고려할 때 현실적인가?
  • 주요 구성원의 목표
  • 주요 구성원의 충원
  • 산업동향
c. 상기 목표들은 수정 · 보완되는가?
d. 회사조직구조는 회사목표에 적합하게 구성되어 있는가?
e. 만일 아니라면 그러한 계획에 맞게 목표들을 수정할 수 있는가?
f. 회사는 임원 승계에 대한 계획을 가지고 있는가?
g. 보상계획은 주요 구성원의 유지에 도움이 되는가?
h. 기타

⑶ 자본원천 및 적정성

사업실패의 빈번한 이유 중의 하나는 자본의 부족이다. 적절한 자본의 조달프로그램은 기업계속성의 중요한 요소이다.

자본조달 프로그램의 장 · 단기 자본수요와 필요 자본조달 문제를 함께 다루도록 고안되어야 한다.

⑮ 소유주지분
a. 회사의 소유주 지분은 다음 사항을 고려할 때 적절히 구성되어 있는가?
  • 적절성
  • 이익의 재투자
  • 보통주와 우선주의 구성
  • 지분양수도 약정

b. 회사는 필요한 경우에 추가적인 자본확보계획이 있는가?
c. 회사는 다음 사항들을 검토하였는가?
  • 증자
  • 후배주의 발행
  • 전환우선주의 발행
d. 회사는 소유지분금액을 결정하기 위하여 적절한 자기자본 비율을 설정하는가?
e. 기타

⑯ 부채
a. 회사는 부채계획을 갖고 있는가?
b. 회사의 부채는 상환능력에 비추어 현실적인가?
c. 단기차입금이 장기목적을 위하여 사용되지 않도록 부채구조가 이루어져 있는가?
d. 회사는 관련법규 등과 관련 부채구조를 검토하는가?
e. 회사의 합리적인 부채 · 자본비율을 가지고 있는가?
f. 회사는 부채상환계획을 가지고 있는가?
g. 부채의 자본전환계획이 있는가?
h. 부채를 통한 추가적인 자금조달계획이 있는가?
i. 회사는 부채의 한 유형으로서 사채를 고려하였는가?
j. 회사는 부채한도를 갖고 있는가?
k. 그 부채한도는 적절한가?
l. 기타

⑰ 운전자본
a. 운전자본은 적당한가?
b. 운전자본의 구성은 적절한가?
c. 운전자본의 추세는 건전한 방향으로 가고 있는가?
  • 역사적으로?
  • 계획에 대비해서?
d. 운전자본을 보호하기 위한 계획은 있는가?
e. 운전자본은 균형이 이루어지고 있는가?
  • 채권과 재고자산 간에는?
  • 산업비율에 비추어서는?
f. 운전자본 소요액을 충족시키기 위한 단기차입계획은 수립되어 있는가?
g. 기타

⑱ 현금관리
a. 공식적인 현금관리 프로그램이 존재하는가?
b. 동 계획은 적절히 관리되는가?

c. 현금관리계획은 다양한 투자방법을 이용하기 위해 정기적으로 수정・보완되는가?
d. 현금관리 프로그램은 적합한 사람에 의하여 운영되는가?
e. 현금관리자는 다음 사항에 관한 필요정보를 모두 갖고 있는가?
- 매출
- 추심흐름
- 지급요구

⑲ 예측
a. 다음과 같은 사항을 예측하기 위한 계획이 존재하는가?
- 부채의 증가 또는 감소
- 자본의 증가 또는 감소

b. 부채/자본예측은 다음 사항에 대한 예측을 근거로 이루어지는가?
- 매출액 신장
- 공장확장
- 제품라인 개발

c. 역사적으로 보아 자본소요에 대한 예측능력이 있는가?
d. 기타

⑳ 채권자
a. 다음과 같은 채권자와 좋은 관계를 유지하고 있는가?
- 은행
- 투자브로커
- 채권양수자(Factors)

b. 채권자는 다음과 같은 매체를 통하여 회사의 상황에 대한 정보를 계속 얻고 있는가?
- 재무보고서
- 뉴스레터
- 개인적 접촉

c. 대체적인 차입선을 고려하고 있는가?
d. 기타

⑷ 마케팅

마케팅은 고객이 요구하고 갈망하는 재화 및 용역에 대한 제품계획, 가격결정, 판매촉진, 유통 및 서비스 제공으로써 정의될 수 있다. 이것은 당신이 원하는 제품, 장소, 시간, 방법 및 조건으로 판매를 하기 위하여 수행하여야 하는 모든 활동을 포함한다.

소규모 회사는 재화나 용역을 적정가격으로 고객에게 판매할 수 있다면 공식적 마케팅계획 없이도 매우 성공적일 수 있다. 조직이 성장함에 따라 조직활동은 더욱 복잡해진다. 경쟁으로 인해 보다 나은 제품을 만들거나 똑같은 제품을 더 낮은 가액으로 판매하게 된다. 인구변동을 포함한 인구학적 요인들은 시장을 극적으로 변화시킬 수 있다. 이들 요인들은 회사의 생존과 성장을 위하여 공식적인 마케팅계획을 요구하게 된다. 공식화의 정도는 영업규모에 달려 있다.

㉑ 시장계획

a. 회사는 잘 정의된 마케팅계획을 갖고 있는가?
- 장기
- 단기

b. 시장계획은 문서화되어 있는가?

c. 시장계획은 정기적으로 수정・보완되는가?

d. 시장계획은 회사목표와 일치하는가?

e. 시장계획은 실제 성과와 비교 분석되는가?

f. 시장계획은 다음 사항을 포함하고 있는가?
- 주된 마케팅용역
- 고객의 종류
- 고객의 수
- 고객의 규모
- 제품
- 가격결정
- 판매촉진
- 배송
- 서비스
- 기획매출

g. 시장계획은 효과적인가?

h. 기타

㉒ 제품계획

a. 회사는 자사제품을 평가하기 위하여 시장조사기법을 사용하고 있는가?

b. 시장조사 결과는 다음 기능부서들과 적절하게 의사소통하는가?
- 연구개발
- 제조
- 매출

c. 회사는 다음과 같은 계획을 갖고 있는가?
- 신제품 개발
- 제품개량

d. 제품계획에는 다음 사항을 검토하고 있는가?
- 제품라인
- 품질
- 상표

• 포장

• 관련서비스

e. 제품계획은 검토되고 모니터되는가?

f. 제품계획은 여타활동과 적절히 조정되고 있는가?

g. 기타

㉓ 가격결정

a. 회사는 문서화된 가격결정정책을 갖고 있는가?

b. 가격결정정책은 효과적으로 의사소통되고 있는가?

c. 가격결정정책은 이행 여부가 적절히 모니터되는가?

d. 경쟁자의 가격 및 가격결정정책도 모니터되고 있는가?

e. 가격결정정책에 고객의 반응을 모니터하기 위한 적절한 피드백 매카니즘이 존재하고 있는가?

f. 가격결정정책의 개발에 직접원가 계산기법을 이용하는가?

g. 가격결정정책은 다음 사항을 고려하고 있는가?

• 직접원가 및 간접원가

• 할인 및 에누리

• 이용가능한 신용정책

• 수송 및 선적

• 인플레이션 효과

• 산업 및 경제적 요인

h. 기타

㉔ 판매촉진

a. 회사는 판매촉진계획 또는 정책을 갖고 있는가?

b. 동 계획은 문서화되어 있는가?

c. 판매촉진계획은 정기적으로 수정・보완되는가?

d. 판매촉진계획은 다음 사항을 포함하고 있는가?

• 공중관계(P.R)

• 판매촉진

• 광고

e. 회사의 광고수단은?

• 텔레비전

• 라디오

• 신문

• 잡지

• 상업전문지

• 우편발송 혹은 카탈로그

f. 광고프로그램은 효과적으로 모니터되는가?
g. 회사는 전시회에 참가하고 있는가?
h. 전시회에서 얻은 결과는 평가되는가?
i. 기타

㉕ 유통

a. 회사의 유통시스템은 다음을 갖추고 있는가?
  • 회사소유창고
  • 임차창고
  • 지역유통센타
  • 임차수송장비
b. 유통시스템은 정기적으로 평가하고 있는가?
c. 회사의 제품은 다음의 어떤 경로를 통하여 판매되는가?
  • 회사소유시설
  • 프랜차이즈
  • 유통업자
  • 도매상
  • 소매상
  • 동업자 단체
d. 판매권역은 설정되어 있는가?
e. 대체안의 효과에 대하여 정기적으로 평가하고 있는가?
f. 기타

㉖ 서비스

a. 회사는 자사제품에 대하여 직접 서비스를 실시하는가?
b. 서비스센터를 이용하는가?
c. 서비스 담당직원은 적절히 훈련받고 있는가?
d. 서비스운영의 효과는 모니터되는가?
e. 서비스운영의 효과를 모니터하기 위한 고객피드백시스템이 있는가?
f. 기타

㉗ 매출

a. 회사는 공식적 매출관리정책을 갖고 있는가?
b. 회사는 매출예측을 작성하고 있는가?
c. 매출예측은 다음 어느 것에 의하여 수행되는가?
  • 지역별
  • 영업사원의 할당액별
  • 사업부의 할당액별

06

- 고객의 유형별
- 지점별

d. 회사는 공식적 매출정책을 갖고 있는가?
e. 회사는 매출훈련 프로그램을 갖고 있는가?
f. 영업사원은 다음 보고서를 작성하는가?

- 고객접촉
- 고객사후관리

g. 매출보고서는 다음을 포함하고 있는가?

- 지역별 매출
- 영업사원별 매출
- 제품별 매출
- 고객유형별 매출
- 지점별 매출
- 실적과 예측의 비교
- 당기와 전기의 비교

h. 기타

(5) 재화 및 용역

이 분야는 마케팅과 관련되지만 범위가 보다 제한적이다. 이 분야의 당면문제는 회사의 제품인 재화 또는 용역이 고객의 욕구에 부합되는지를 정규적으로 모니터하는지 여부를 결정하는 것이다. 단일 재화나 용역에 의존하는 것은 기술적, 환경적, 정치적 등의 요인으로 인하여 위험성이 높다.

소규모의 회사들은 흔히 공식적 연구개발 프로그램을 갖고 있지 않지만 그 회사내부에 연구개발위원회가 존재한다면 수용가능하다.

판매에 적합한 재화나 용역을 갖지 못하는 것은 재고의 진부화, 고객상실 또는 최악의 경우에는 기업실패를 가져온다.

㉘ 연구개발

a. 회사는 정형화된 연구개발 부서를 갖고 있는가?
b. 연구개발 부서는 문서화된 목표 및 목적을 갖고 있는가?
c. 그 목표 및 목적은 관련 직원과 적절히 의사소통되는가?
d. 정기적으로 수정 · 보완되는가?
e. 연구개발 부서의 예산은 적당한가?
f. 회사는 과거 2년 기간 어떠한 신제품/용역(혹은 제품개선)을 개발하였는가?
g. 회사는 기존제품을 개선하고 수정 · 보완할 프로그램을 갖고 있는가?
h. 기타

㉙ 산업추세의 모니터

a. 회사는 해당 산업협회의 구성원인가?
b. 고위경영층은 관련협회 모임에 정규적으로 참석하는가?
c. 효과적인 고객피드백시스템이 존재하는가?
d. 회사는 산업통계를 입수하고 있는가?
e. 회사는 산업데이터와 비교하여 자신의 영업활동을 평가하는가?
f. 기타

㉚ 경쟁에 대한 모니터

a. 회사는 자신의 경쟁자들을 파악하고 있는가?
b. 회사는 자신의 경쟁자들을 다음에 의해 평가하는가?
 • 경쟁자의 매출문건, 카탈로그 및 광고문안 입수
 • 경쟁자의 가격결정정책
 • 경쟁자의 제품분석
 • 경쟁자의 유통시스템분석
c. 회사는 자신의 외국경쟁자들도 모니터하고 있는가?
d. 회사의 시장점유율은 증가하고 있는가?

㉛ 보고

a. 회사의 품질보고는 다음을 포함하고 있는가?
 • 선적지연
 • 고객상실
 • 고객의 불만
 • 구매제안의 철회
b. 회사는 다음 사항에 대한 불량보고서를 갖고 있는가?
 • 완성품
 • 입고원재료
c. 불량보고서는 적절히 이용되고 있는가?
d. 보고된 문제부분은 추적 조사되는가?
e. 기타

㉜ 다각화(Diversification)

a. 회사는 다음과 같은 방법을 통하여 다각화를 고려하였는가?
 • 수출판매
 • 정부계약
 • 수직적 확장 · 원재료 제조나 원재료 제조업체의 인수
 • 수평적 확장 · 구입상품의 제조 또는 제조업자의 인수
 • 유지 · 보수센터의 설립

• 새로운 시장의 진입

b. 기타

㉝ 제조 대 구매

a. 회사는 제조 대 구매결정기법을 이용하고 있는가?

b. 그 기법은 정규적으로 이용되고 있는가?

c. 사용된 기준은 적절한가?

d. 그 결과는 모니터하고 있는가?

e. 회사의 제조구매결정은 경영층의 목표에 부합한 것인가?

f. 기타

⑹ 생산

소규모사업을 최초로 시작할 때 한 사람 혹은 소규모집단이 제조공정의 모든 면을 비공식적인 방법으로도 효과적으로 통제할 수 있다. 소규모제조회사는 공식적인 생산통계시스템이 없이도 효과적으로 운영될 수 있다.

사업이 성장하거나 더 많은 제품이 생산라인에 추가됨에 따라 비공식적 시스템이 종종 무너질 수 있다. 이러한 경우 과잉생산, 원자재 부족으로 인한 생산지연, 불량품 생산을 초래할 수 있다. 그러한 비능률은 이익에 악영향을 미치고 사업의 실패를 초래한다. 과잉생산은 재고과다를 초래하고 운전자본을 고갈시킨다. 생산지연은 주문취소와 재고과다를 초래할 수 있다. 불량품은 고객을 놓칠 뿐만 아니라 보증에 많은 비용을 들게 한다. 효과적인 생산통제시스템은 판매예상액에 맞추어 생산량을 조절하여 완제품 재고를 최소화한다. 원재료와 구매부품 또한 생산예정에 맞추어 구매수량과 시기를 결정함으로써 이들 재고에 대한 투자를 최소화한다.

초과근무수당을 최소화시킬 수 있게 생산을 계획하여야 하며, 작업폐물은 통제하여 최소화시키고 공장과 설비는 효과적으로 이용하여야 한다.

㉞ 계획과 통제

a. 회사는 생산통제시스템을 가지고 있는가?

b. 생산통제계획은 다음의 사항을 포함하고 있는가?

• 작업공정
• 작업스케줄
• 조달통제
• 원재료 흐름통제
• 자금통제
• 생산 및 판매예측과 조정

c. 회사는 엔지니어링 원가를 통제하고 있는가?

d. 회사의 설비에 대한 통제는 다음의 사항을 포함하고 있는가?

• 이용행위

• 규모의 적정성
• 투자수익률 검토에 근거한 투자
• 대체
• 유지보수
• 계약

e. 회사는 적절한 창고유통제도를 가지고 있는가?
f. 기타

㉟ 재고

a. 재고는 생산계획에 따라 조정되는가?
b. 판매 및 생산예측에 맞게 재고구입이 조정되는가?
c. 재고수불부는 유지되고 있는가?
d. 그 기록은 정확한가?
e. 진부화재고와 장기재고는 관리되는가?
f. 회사의 재고수준을 줄이기 위해 유통업자와 도매업자를 이용하고 있는가?
g. 기타

㊱ 예측

a. 공식적인 예측시스템을 사용하는가?
b. 적절히 모니터되는가?
c. 효과적인가?
d. 예측인 실제 시장조건을 반영하여 만들어지는가?
e. 기타

㊲ 품질통제

a. 회사는 제품이나 서비스의 질적 통제를 위한 절차를 가지고 있는가?
b. 회사는 품질통제를 모니터하는가?
c. 그러한 통제는 효과적인가?
d. 그러한 통제는 제품과 서비스의 변화를 반영하여 수정・보완되는가?
e. 다음에 대한 공식화된 품질통제시스템이 있는가?
  • 입고원재료
  • 생산
  • 완제품

f. 기타

㊳ 자금통제

a. 회사의 자금통제는 다음의 사항을 포함하고 있는가?
  • 원가회계시스템

- 원가중심점
- 생산분석
- 예산
- 변동분석
- 생산능력이용
- 간접비 분석
- 예산과의 비교
  - 최초예산
  - 변동수정예산
- 작업폐기물 보고
- 휴지시간

b. 이러한 보고가 효과적인가?

c. 기타

㊴ 설비

a. 회사는 적절한 시설을 가지고 있는가?

- 공장
- 생산시설
- 수송설비

b. 이러한 설비가 적절히 유지되고 있는가?

- 공장
- 생산시설
- 수송설비

c. 이러한 설비가 적절히 보호되는가?

- 공장
- 생산시설
- 수송설비

d. 기타

㊵ 인사

a. 구성원에 대한 다음 사항을 검토하는 계속프로그램이 있는가?

- 자질
- 능력
- 목표수행능력

b. 부하직원에 대한 상급자의 인사고과가 이루어지고 있는가?

c. 이러한 인사고과는 적어도 1년에 한 번씩 이루어지는가?

d. 이러한 인사고과는 효과적인가?

e. 이러한 인사고과는 구성원의 강등 혹은 승진에 영향을 주는가?
f. 기타

(7) 인력자원

모든 사업은 규모에 상관없이 인력에 의존하며 사업의 흥망 여부는 그 인력에 달려 있다.

구성원은 의사결정을 통해 기업의 운명을 결정짓는다. 소규모 사업에서는 소수의 주요 구성원들이 기업경영에 중요한 영향을 끼칠 수 있으므로 인력자원 문제에 대한 인식이 더욱 절실하다.

㊶ 인사관리

a. 회사의 구성원은 충분한가?
b. 회사는 다음의 직원들을 적절히 두고 있는가?
 • 경영층
 • 생산
 • 마케팅 및 판매
 • 관리
c. 인사기록부가 유지되고 있는가?
d. 인사이동, 보유인력에 대한 실제적인 자료가 유지되고 있는가?
e. 문서화된 교과기준이 있는가?
f. 이것은 정기적으로 수정 · 보완되는가?
g. 매년 주요 간부직원들이 이해상충보고서를 작성하는가?
h. 구성원의 사기는 만족스러운가?
i. 퇴사 시 인터뷰가 행해지는가?
j. 경영자가 연구자 채용을 요구하는가?
k. 기타

㊷ 의사소통

a. 회사는 종업원들과의 의사소통이 잘 이루어지는가?
b. 그러한 의사소통이 문서화되어 있는가?
c. 회사는 다음의 모든 부문의 종업원들과 효과적으로 의사소통하고 있는가?
 • 경영층
 • 월급제 종업원
 • 시간제 종업원
 • 하청계약자
d. 회사는 다음의 사람들과도 효과적으로 의사소통하고 있는가?
 • 고객
 • 공급자
 • 자문역

- 감독기관
- 금융기관
- 지역사회
- 잠재고객
- 소유주

e. 회사는 제안제도가 있는가?
- 완벽하게 사용되고 있는가?
- 내부문제뿐만 아니라 외부문제까지 포함하여 다루는가?

f. 회사는 다음으로부터 피드백을 받고 있는가?
- 고객
- 공급자
- 자문역

g. 기타

㊸ 신입직원 모집

a. 회사는 어디를 통해서 종업원을 뽑는가?
- 대학취업센터
- 직업소개소
- 생업전문지
- 기존종업원의 소개
- 훈련프로그램
- 광고

b. 채용시험절차가 사용되는가?

c. 채용시험절차가 정기적으로 수정·보완되는가?

d. 채용시험절차가 기대되고 만족할 만한 결과를 가져오는가?

e. 회사가 필요로 하는 종업원을 채용하는 데 문제가 없었는가?

f. 적시에 채용할 수 있었는가?

g. 회사소개 책자나 기타 모집관련 자료에 회사자신을 적절히 소개하고 있는가?

h. 표준인터뷰 질문서가 있는가?

i. 인터뷰는 수행되고 있는가?

j. 인터뷰의 내용은 적절한가?

k. 기타

㊹ 고용

a. 회사는 채용정책을 가지고 있는가?

b. 채용정책은 회사의 목적과 부합되는가?

c. 문서화되어 있는가?

d. 그것은 정기적으로 수정 · 보완되는가?
e. 문서화된 종업원 편람이나 매뉴얼이 있는가?
f. 현재 적용되고 있는가?
g. 잘 이용되고 있는가?
h. 문서화된 직무기술서가 있는가?
i. 그것은 실제 적용되는가?
j. 관련 담당자들이 그 내용을 잘 이해하고 있는가?
k. 회사는 차별금지정책을 견지하고 있는가?
l. 실제로 잘 적용하고 있는가?
m. 기타

㊺ 훈련
a. 현장훈련 프로그램이 있는가?
b. 현장훈련 프로그램들은 적절한가?
c. 회사는 정부후원 교육프로그램을 적절히 이용하고 있는가?
d. 세액공제제도를 활용하고 있는가?
e. 종업원에게 새로운 지식을 교육훈련하기 위하여 산업체교육과 기타 훈련과정을 이용하고 있는가?
f. 회사는 종업원에게 필요한 정보를 제공하기 위하여 회의와 의사소통방법을 이용하는가?
g. 종업원에게 필요한 정보를 제공하기 위한 사보가 있는가?
h. 기타

06

㊻ 보수 및 복리후생
a. 공식적인 보상관리프로그램이 있는가?
  • 동 프로그램은 합리적인가?
b. 적절한 퇴직계획이 있는가?
  • 이익분배
  • 연금
c. 모든 보상계획은 수정 · 보완되는가?
d. 회사는 다음을 가지고 있는가?
  • 간부직원에 대한 이연 보상
  • 핵심직원에 대한 생명보험
  • 단체 생명보험
  • 건강보험
  • 상해보험
e. 종업원 보상은 사전에 결정된 날짜에 검토되는가?
f. 적절한 승진규정이 구비되어 있는가?

g. 급료와 임금정책에 경쟁이 도입되어 있는가?
h. 기타

㊼ 동기부여
a. 종업원들에 대한 동기부여 계획이 있는가?
b. 문서화되어 있는가?
c. 정기적으로 수정 · 보완되는가?
d. 효과적인가?
e. 다음의 종업원 유형별로 상이한 동기부여 방법을 적용하는가?
- 생산
- 감독
- 서무
- 관리
- 중역

f. 종업원에게 만족을 주기 위해 금전 이외에 다음 요소들도 고려하고 있는가?
- 근무보장
- 수용
- 인정
- 책임
- 근무환경

g. 기타

㊽ 평가
a. 회사는 종업원을 위한 평가제도가 있는가?
b. 문서화되어 있는가?
c. 정기적으로 수정 · 보완되는가?
d. 피평가자들은 평가제도를 이해하고 있는가?
e. 평가기준들은 주관적이기보다는 객관적인가?
f. 평가결과는 다음에 대한 근거로 사용되는가?
- 승진
- 인사이동
- 급여조정
- 포상

g. 미래의 평가에 대한 설정에 종업원이 함께 참여하는가?
h. 그러한 목표는 중간중간에 모니터되어지는가?
i. 동 목표는
- 현실적인가?
- 달성가능한가?

j. 기타

㊾ 노사관계

a. 좋은 노사관계를 유지하기 위한 계획이 있는가?
- 문서화되어 있는가?
- 정기적으로 수정・보완되는가?
- 종업원들의 욕구충족에 기여하는가?
- 다음과 같은 항목을 포함하는가?
  - 회사후원행사
  - 소그룹 활동
  - 직원들의 경조사에 대한 배려가 있는가?
  - 식사와 휴식을 위한 시설을 제공하는가?

b. 동 계획은 다음 중 어느 것으로 작용하는가?
- 동기부여요소
- 만족요소(위생요인)

c. 기타사항

㊿ 인력계획과 이용

a. 인력소요에 대한 계획이 수립되어 있는가?

b. 문서화되는가?

c. 정기적으로 수정・보완되는가?

d. 인력계획은 적절하게 결정되는가?

e. 인력계획은 다음의 요소들을 모두 고려하여 전체 인력요소를 파악하도록 되어 있는가?
- 유형별
- 수
- 분류기준
- 해당부서

f. 인력계획은 다음의 모든 분야를 포함하고 있는가?
- 생산직
- 행정직
- 중간관리직
- 경영층

g. 인력계획은 각 유형별 인적자원을 어디에서 확보할 수 있는지 명시하고 있는가?

h. 인력계획은 적재적소 배치계획을 포함하고 있는가?

i. 기준은 적절한가?

j. 인력계획은 다음 요소들도 고려하여 소요인원을 파악하고 있는가?
- 이직
- 승진
- 퇴직

k. 기타

06

㊿ 법률과 규정

a. 중앙정부와 지방정부의 고용관련 법률이나 규정들을 이해하고 있는가?

b. • 회사규정은 문서화되어 있는가?
   • 회사규정은 적절한 사원들에게 배포되었는가?
   • 회사규정은 적절한가?
   • 회사규정은 이해되고 있는가?
   • 회사규정은 준수되는가?
   • 회사규정은 실행되는가?

c. 회사의 규정은 근로기준법 등 고용관련 법률과 규정을 포괄하고 있는가?

d. 기타사항

㊾ 단체협약

a. 만약에 회사가 내부 · 외부의 단체협상 그룹이 있다면, 문서화된 단체협약이 있는가?

b. 빈번한 파업이나 작업중단 없이 잘 운영되어 왔는가?

c. 해결되지 않은 고충에 대한 관리제도가 있는가?

d. 회사 내에 유능한 노사문제 전문가가 있는가?

e. 회사내부에 없다면 외부전문가를 이용하고 있는가?

f. • 고충사항들이 많지 않은가?
   • 고충사항들이 신속히 처리되는가?

g. 기타

㊲ 건강관리

a. 회사에는 건강관리계획이 있는가?

b. 동 계획은 문서화되어 있는가?

c. 동 계획은 정기적으로 수정 · 보완되는가?

d. 동 계획에는 다음 사항들이 포함되어 있는가?
   • 배치 전 신체검사
   • 정기건강진단
   • 사소한 질병과 직업병의 처리
   • 건강교육
   • 개인 건강상담

e. 신체검사는 직무의 필요에 따라 실행하는가?

f. 정기적인 건강진단은 종업원의 직무와 근무환경에 상응하여 실행하는가?

g. 종업원들의 계속 근무를 위해 사소한 질병을 치료할 수 있는 내부 응급처리시설이 있는가?

h. 회사의 건강교육에는 다음과 같은 주제들이 포함되어 있는가?
   • 체중조절

• 조기질병치료
• 적당한 휴식
• 여가활동

i. 회사는 지역사회의 건강프로그램의 사용을 권장하고 있는가?
j. 회사에 체력단련시설이 있는가?

⑻ 경영정보와 통제

소유주가 직접 사업을 영위하는 초기단계에 기업소유주나 전문경영자가 대부분의 회사정보를 비공식적인 방법으로 유지한다.

초기에는 이러한 방법으로도 경영자가 의사결정에 필요한 정보를 충분히 얻을 수가 있을 것이다. 경영정보시스템은 기업경영의 효과를 극대화시키기 위해 절대적인 요소이다. 의사결정의 질을 향상시킬 수 있는 정보를 제공하기 위해서는 공식적인 정보시스템이 만들어져야 한다. 여기에는 손익계산서, 재무상태표는 물론 원가와 생산관련 자료와 같은 유용한 영업보고서 등이 포함된다.

㊴ 총계정원장 체계

a. 문서화된 과목일람표가 있는가?
• 적절한가?
• 적절한 설명이 포함되어 있는가?
b. 회사가 선택한 시스템은 회사의 요구를 충족시킬 수 있는가?
c. 동 시스템은 확실한가?
d. 동 시스템은 회사의 영업활동에 맞추어 적절히 변경되었는가?
e. 기타

㊵ 재무제표

a. • 전기대비 및 예산대비 재무상태표
• 전기대비 및 예산대비 손익계산서
b. 손익계산서는 어느 단위로 작성되는가?
• 사업부
• 해당부서
• 생산라인
c. 비교분석표는 차이를 어떻게 표시하는가?
• 금액
• 비율
d. 손익계산서는 매출액대비 비율을 보여주는가?
e. 기타

㊶ 기타 경영관리보고서

a. 비율분석이 사용되는가?

b. 예산과 수정예산의 비교가 이루어지는가?
c. 경영관리보고서는 누계실적치와 잔여예산을 더하여 예상실적치를 추정하도록 되어 있는가?
d. 재무보고서는 해당 산업의 자료와 비교 · 분석되는가?
e. 손익분기점 계산이나 직접원가 계산방법을 사용하는가?
f. 회사가 채택하고 있는 시스템은 영업보고서에 포함할 다음 자료를 제공하는가?
- 적체현황
- 생산관련자료
- 단위당 원가
- 차이보고

g. 자료제시와 비교를 할 목적으로 그래픽이 사용되는가?
h. 자금흐름보고서는 있는가?
i. 필요시 추가적인 경영자료의 작성을 위해 통계적인 자료를 충분히 유지하는가?
j. 기타

㊼ 정보의 이용

a. 재무제표는
- 충분히 상세한가?
- 충분할 정도로 자주 작성되는가?
- 적시에 작성되는가?
- 의사결정에 이용할 수 있는가?
- 내부에서 작성되는가?
- 적절히 검증하는가?

㊽ 특별검토분야

a. • 시스템과 절차들은 문서화되어 있는가?
- 시스템과 절차들은 적절한가?

b. 위험도가 높은 분야에 대한 내부통제가 잘 되어 있는가?
c. 회사양식의 사용을 적절히 통제하는가?
d. 중요한 문서들을 화재나 기타 재난으로부터 보호하도록 되어 있는가?
e. 보험부보현황을 최소한 1년에 1번 정도는 검토하는가?
f. 문서화된 회계처리지침서가 사용되고 있는가?
g. 문서화된 구매절차가 있는가?
h. 기타

보론 2 경영진단 요약 보고서(사례)

1. 예산관리

(1) 예산편성

미국 선진기업의 경우 통상 예산편성은 9월 초에 착수하여 10월 말경이면 완료하고 있습니다. 그리고 예산편성 시 매출 및 판매촉진비의 경우는 개인별 목표까지 정립되고, 일반관리부서의 경우는 과단위 수준까지 예산편성이 세밀하게 이루어집니다. 그리고 과비용도 과장비용과 과장공통비로 집계됩니다.

예산편성 시 권한 위양이 이루어져 개인당 통제가능비의 경우는 월 한도가 모두 설정되어집니다.

귀사의 경우 예산편성 시 개인단위까지의 목표부여 기능이 없고, 예산편성 시의 권한 위양도 이루어지지 않고 있는 것으로 이해되며, 예산편성도 10월 말에 착수하는 것으로 이해됩니다.

(2) 예산실행 및 통제

선진기업의 경우 관리가능비는 월차실행예산을 편성하여 매월의 한도를 초과하는 것은 불가능합니다. 그러나 우리나라의 경우 추가예산이라 하여 예산한도액을 쉽게 초과하여 지출하고 있습니다. 우리나라의 경우 부서회식, 야근 시 회식 등 관리가능비를 상당히 여유 있게 사용하나, 선진기업의 경우는 부서회식, 퇴근 후 공동식사가 거의 없습니다. 그리고 법인카드로 개인비용사용은 절대 불가합니다.

귀사의 경우 비용지출에 대하여 엄격히 관리하는 것으로 이해되나, 대부분의 비용지출이 품의 승인을 얻어야 이루어지고 있으며, 월 한도액 통제는 실시하지 아니하고 있습니다.

선진기업의 경우 개인당 예산이 월 얼마라고 결정되면 그 범위 내에서는 사전승인 없이 지출되고 있으며, 이는 예산편성 시 위임전결이 이루어졌기 때문입니다.

우리나라의 경우 사전통제방식을 주로 사용하고 있으나 선진기업의 경우는 주로 사후통제방식으로 운영됩니다.

(3) 사후분석

선진기업의 경우 예산과 실적의 차이분석이 익월 3일 정도면 가능하고, 원가계산은 대부분 표준원가 System을 사용하고 있습니다.

귀사의 경우 예실차이분석을 하고는 있으나, 월차결산이 익월 7~8일 정도에 가능합니다.

미국이나 일본의 경우 월차성과보고서는 과장 또는 부장에게 배포되며, 필요한 경우 회사운영회의에 참석하여 회사의 월차성과에 대하여 공감대를 형성하고 있습니다.

귀사의 경우는 회사의 성과를 과장 이상에게 공개하여 공감대를 형성하는 공식적인 제도는 없는 것으로 이해됩니다. 공개 여부는 회사의 문화에 따라서 결정할 사항입니다.

⑷ 비용집계표

선진기업의 경우 관리가능비에 대하여 책임과 권한을 주고, 사전승인제도가 없는 대신에 개인별 비용집계표 및 부서별 비용집계표가 매월 출력되어 관리되고 있습니다. 따라서 회사직원 4명이 같이 가서 접대하는 경우도 누군가에게는 비용이 귀속되어야 하고, 모두 동일하면 1/4씩 귀속시키고 있습니다. 추후 내부감사제도에 의하여 개개인이 사용한 비용이 개인용인지 회사용인지를 확인하고 있습니다.

귀사의 경우 복리후생비에 대하여만 비용을 집계하고 있으나, 사용할 수 있는 재량이 주어지지 아니한 비용을 개인별로 집계하는 것은 큰 의미가 없습니다.

그리고 선진기업의 경우 상기 비용집계표는 개인별 차년도 연봉책정 시 고려사항입니다.

⑸ 예산편성지침서

선진기업의 경우 예산편성지침서는 대단히 상세하며, 사전에 예산위원회에서 중요사항을 결정합니다. 예를 들면 차년도 작업일수는 250일, 근로자의 날, 창업기념일의 선물대는 1인당 50,000원과 같이 상세하게 구성되어 있습니다.

이렇게 상세하게 Simulation을 실시하면 계획경영이 가능하고, 사전에 비용지출의 타당성을 검증하며, 실제비용지출 시 오류나 누락을 방지할 수 있습니다.

귀사의 경우 아직 예산관리가 정착되지 못하여 예산편성지침서가 세밀하지는 못합니다.

2. 구분손익관리

⑴ 손익관리

선진기업의 경우 거래처별 손익, 제품별 손익, 수주No별 손익 등의 관리를 실시하고 있으며, 원가계산의 정확성을 기하기 위하여 ABC원가계산방식도 도입하고 있습니다.

그러나 귀사의 경우 거래처별 손익, 수주No별 손익 등의 관리는 실시되지 않고 있습니다. 그리고 선진기업의 경우 사내이자제도를 도입하여 제품별 손익을 산정하는 경우 사내이자도 부과하고 있습니다.

⑵ 영업책임자별 손익관리

선진기업의 경우 영업책임자별로 손익관리를 실시하고 있으며, 조직단위별로 묶어서 관리하고, 개인별 손익관리까지도 실시하고 있습니다.

그리고 공장과 영업 간에도 내부대체가격을 설정하여 영업담당자는 얼마에 수주해야 하고 공장관리자는 얼마에 제조해야 한다는 원가의식이 투철합니다. 그러나 귀사의 경우는 책임단위별 손익관리 및 내부대체 가격제도를 운영하지 않고 있습니다.

3. 원가관리

⑴ 표준원가 System

선진기업의 경우 대부분 표준원가 System을 운영하고 있으며 Modapts 또는 Stop Watch에 의하여 표준공수가 Set－up되어 있습니다.

그러나 우리나라의 경우 표준원가 System을 제대로 운영하고 있는 회사가 적으며, 표준공수가 정립되지 아니하여, 1명만 야근작업을 해도 될 것을 3명, 4명이 하는 경우도 많이 있습니다.

표준공수에 의하여 10개 생산을 하려면 10시간을 사용해야 하는데 왜 14시간을 사용했느냐고 그 원인을 규명할 수 있어야 하는데 우리나라의 경우 노조반발이 심하여 쉽지 않은 작업입니다.

귀사의 경우도 표준공수에 의한 시간관리가 상기와 같이 이루어지지 못하는 것으로 이해됩니다. 표준공수에 의한 시간관리가 어려운 경우에는 최소의 인원으로 운영하되, 급여를 많이 지급하는 방식이 있습니다.

⑵ 사무직 사원의 적정인원

선진기업의 경우 1년에 1~2회 정도(3~4일정도 실시) 직무분석을 실시하고 있습니다. 직무분석의 내용은 보고하는 자, 보고받는 자, 시간분별 업무내용을 기술하는 것입니다.

보고받는 내용		보고하는 내용	
보고하는 자	내 용	보고받는 자	내 용
시 간	업무내용		소요시간
08 : 00	회사출근		
08 : 00~08 : 10	책상정리 P.C 켬		
08 : 10~08 : 30	부서회의		10분
08 : 30~08 : 50	신문, 화장실		20분

상기의 업무내용을 분석하여 상급자와 담당자가 상호협의하여 업무량이 과중한지의 여부, 부가가치가 있는 업무가 무엇인지를 확인하고, 상급자가 상기 직무기술서 1장을 갖고 있습니다.

영업관리의 경우 개인당 관리하는 거래처의 수와 거래처의 방문횟수 및 시간과 거래처에 대한 분석시간을 포함하여 적정인원을 산정하고 있습니다.

⑶ 개인당 관리가능비

국내 J사의 경우 외국인에게 지분을 넘긴 후 외국인경영자가 영업사원의 접대비를 반으로 줄이자 모두 영업이 곤란하다고 주장했습니다.

그러나 개인당 비용집계표가 관리되고, 월 한도액 통제가 이루어지자 1년 뒤 접대비의 반으로도 주요 고객을 잘 유지하고 있다고 합니다.

또한 관리자의 경우도 직무기술서에 의하여 시간을 산정하니까, 실제업무에 소요되는 시간은 3~4시간 정도로 산출되고 있었습니다.

⑷ P.C관리

회사 P.C를 정기적으로 점검하여 Game이나 주식시세가 들어가 있으면 감봉 등의 불이익이 가해지며, 항상 사무실의 중앙에는 Printer와 연결시켜 놓고 사용합니다.

또한 전화의 경우도 700번 등 개인용으로 사용할 수 있는 번호는 모두 막아 놓습니다.

4. 중장기 전략 및 Core Concept의 정립 등

⑴ 전략개념

선진기업의 경우 과장 이상에게 회사의 전략이 무엇이고, 차년도의 중점추진분야가 무엇이냐고 질문하면 즉시 답변이 나옵니다. 그리고 회사의 Core Concept의 무엇이냐고 질문해도 즉시 답변이 나옵니다.

그러나 우리나라 기업의 경우는 대부분의 기업이 답변을 하지 못하고 있으며, 귀사도 거의 유사하다고 사료됩니다.

⑵ 기업문화

항상 세금을 낼 것이 있으면 떳떳이 내고, 무리한 절세는 요구하지 아니하고, 회사의 출입에 대하여 엄격히 통제하여 야근을 해야 하는 경우에는 반드시 사전승인을 득하며, 과장 이상 또는 부장 이상은 통상 사전승인 없이 주로 야근하는 관리방식입니다. 즉 지위가 높을수록 늦게까지 일하고, 하위직은 거의 정시에 퇴근합니다. 또 내부감사제도가 운영되어, 담뱃값을 영수증에 포함한 것이 적발되면 감봉 또는 해고로 이어집니다.

그러나 우리나라 기업의 경우는 낮에는 한가로이 작업하고, 저녁에는 상사가 퇴근해야 퇴근하는 풍토가 대부분입니다.

⑶ 인사관리

선진기업의 경우 인사관리부서에서는 향후 5년 뒤에 과장이 될 수 있는 사람, 향후 5년 뒤에 부장이 될 수 있는 사람의 List를 작성하고, 이들이 어떠한 부서를 거쳐야 하고, 이들이 어떠한 교육을 받아야 하는지 계속 관리하고 있습니다. 그러나 우리나라의 경우는 채용, 승진발표, 급여관리 등이 인사부의 주요 업무로 관리되고 있습니다.

5. 전산화 측면

선진기업의 경우 전산에 대하여 영업에 반드시 필요한 경우에는 막대한 자금을 투자하나, 일반제조업체의 경우는 상당히 인색한 편입니다. 오히려 P.C를 많이 활용하여 Data분석을 실시하고 있습니다.

선진기업의 경우도 서류작업이 상당히 많으나 대부분 Format이 정형화되어 있고, 모양이나 양식, 외관 때문에 서류작성시간을 투입하지는 않습니다.

그러나 우리나라 기업의 경우는 보고서류의 양식에 많은 시간을 투입하고 있으며, 전산화한 후에도 사용하지 않는 보고서가 대단히 많습니다.

6. 조직단위

선진기업의 일반관리부서는 대부분 소규모이고, 지나치게 세분화되어 있지 아니하며, 관리부서는 지원부서라는 개념하에 운영되고 있습니다. 그러나 우리나라의 경우 일반관리부서는 미국의 3배 정도이며, 대단히 세분화되어 있고 지원부서가 아니라 군림하는 부서로 많이 운영되고 있습니다.

7. 외부용역

선진기업일수록 외부컨설팅용역이 많지 않습니다. 선진기업의 경우 필요한 경우에는 주로 1~2명 전문가로부터 자문을 받거나 교육을 수강하는 정도입니다.

그 이유는 회사를 가장 잘 개선할 수 있는 사람은 실제로 그 업무를 수행하는 사람이라는 믿음 때문입니다.

귀사의 경우도 한국생산성본부와 한국능률협회컨설팅으로부터 생산관리용역을 수행하다 모두 중단한 것으로 알고 있습니다.

미국의 경우도 ABC용역이 많이 있었으나 90%가 실패했다고 보고 있습니다. 폐법인은 귀사에 MODAPTS 교육의 실시를 권고하여, 이는 생산관리사에게 10시간 정도 교육을 수강하면 충분하다고 사료됩니다. 필요한 경우 TFTeam과 공동으로 시간측정을 실시하면 약 1~2주 정도의 도움만 받아도 충분합니다.

8. 내부통제

선진기업의 경우 회계 및 자금부서 직원의 경우는 재정보험에 가입하고 있으며, 현금취급자와 회계기록자는 항상 구분하는 기능의 분리를 실시하고 있습니다. 또 자금의 경우도 일정금액 이상의 현금・수표인출은 금지하고 있으며, 일정금액 이상의 현금이 필요하면 반드시 2인이 동행하게 되어 있습니다. 그리고 실질적인 내부감사가 정기적으로 실시되고 있습니다.

귀사의 경우 상기 제도는 도입하여 운영하고 있는 것으로 이해됩니다.

06

CHAPTER

07 회계의 부정과 오류

일반적으로 부정은 고의적이고 부정직한 행동이라고 정의되지만, 회계에서는 재무제표를 고의로 허위 표시하거나 자산을 사취, 횡령, 불법사용 및 부당 사용하는 것을 의미한다. 한편, 오류는 고의성은 없으나 옳지 않은 적용 등에 의한 사실을 왜곡하는 행동으로 회계에서는 재무제표를 고의성은 없으나 허위로 표시하는 것을 의미한다.

국제회계기준(ISA 240)에서는 재무제표의 왜곡은 부정 혹은 오류에 의해 발생할 수 있고 부정과 오류는 의도성 여부에 따라 구별한다고 규정하고 있다.

1 회계부정과 오류의 정의

(1) 회계부정

우리나라의 회계감사기준서 240에서 부정은 경영진, 지배기구, 종업원 또는 제3자 중 1인 이상이 부당하거나 불법적인 이득을 취하기 위해 기만행위가 연루된 의도적인 행위로 인하여 재무제표가 왜곡표시되는 것을 의미한다. 부정의 예로는 사실을 은폐하기 위해 위조, 거래의 기록에 대한 계획적인 누락 또는 감사인에 대한 의도적인 거짓 진술 등을 들 수 있다.

부정은 기업 경영에 있어서 중요한 위험요소로 부정 발생 시에는 문제 해결을 위한 시간적 손실과 인적자원의 비생산적 활용으로 인한 조직의 비효율성 유발, 부정예방과 조사를 위해 외부전문가에게 지급되는 비용, 윤리 및 도덕성 측면에서 기업 평판 실추로 인한 금전적 · 비금전적 손실, 성실하게 일하는 다른 임직원의 사기저하, 불건전한 기업풍

토로 우수한 인력의 이직 가능성, 경영진과 종업원 간의 상호 신뢰붕괴, 경영성과의 저하, 주식 가치의 하락 등을 초래하고 장기적으로는 기업 도산의 위험까지도 초래할 수 있다.

(2) 회계오류

회계오류는 원시기록과 회계기록에서의 계산, 사무적 착오, 사실의 간과 등에 의한 회계의 기초자료에 대한 오류와 기업회계기준 적용, 추정, 계정분류 등 회계기준, 정책에 대한 오류 등에 의한 행위로 재무제표가 왜곡표시되는 것을 의미한다.

2 회계부정과 오류의 유형

(1) 회계부정

회계부정은 부정한 재무보고에 의한 왜곡표시와 자산의 횡령 등에 의한 왜곡표시 유형으로 볼 수 있다.

부정한 재무보고는 재무제표 이용자를 기만하기 위한 재무제표 금액이나 공시의 누락 등 의도적 왜곡표시를 수반한다. 부정한 재무보고는 경영진이 기업의 성과와 수익성에 대한 재무제표 이용자의 인식에 영향을 미쳐 이들을 기만하기 위한 목적으로 이익을 조정하려는 노력에 의해 야기될 수 있다. 그러한 이익조정은 사소한 행위나 가정에 대한 부적합한 수정 또는 경영진의 판단 변경으로부터 시작될 수 있을 것이다. 압력과 동기는 이러한 행위를 강화시켜 부정한 재무보고를 초래할 정도까지 이끌 수 있다. 그와 같은 상황은 경영진이 시장의 기대를 충족시키려는 압력이나 성과에 따른 보상을 최대화하려는 욕구에 따라, 재무제표를 중요하게 왜곡표시함으로써 부정한 재무보고를 유도하는 입장을 의도적으로 취할 때 발생될 수 있다. 기업에 따라서는 경영진이 세금을 최소화시키기 위하여 이익을 중요하게 감소시키거나, 은행 차입을 위하여 이익을 과장하려는 동기도 있을 것이다.

자산의 횡령은 기업자산의 도난을 수반하며, 종업원들이 종종 상대적으로 소액이며 중요하지 않은 금액으로 저지른다. 그러나 여기에는 대개 발견하기 힘든 방법으로 자산의 횡령을 더 잘 숨기고 위장할 수 있는 경영진이 개입될 수도 있다.

07

미국 감사기준(SAS 99)에서는 부정을 크게 두 가지 유형으로 정의하고 있다.

첫째는 임직원 등의 부정(자산의 횡령)으로 현금 또는 자산의 도난, 수익의 편취, 급여 부정 및 착복 등이 포함되며, 가장 일반적인 부정의 유형이다. 때로는 종업원이 납품업체가 과다한 금액을 청구하도록 하는 등 제3자와 공모하여 부정을 행하기도 한다. 가장 빈번하게 발생하는 임직원의 부정은 허위 비용청구를 통해서 이뤄진다.

둘째는 조작된 재무보고(분식회계)로 재무제표 이용자를 기만하기 위해 재무제표의 금액이나 공시를 왜곡/누락시키는 조직적인 부정이다.

(2) 회계오류

회계오류는 여러 가지 원인으로 발생하기 때문에 그 원인을 일반화하여 전부 열거하기는 어렵지만 그 예를 들면 다음과 같다.

① 기업회계기준 적용상의 오류

일반적으로 인정되지 않는 회계기준이나 주어진 경제 사건에 부적합한 회계기준을 적용하는 경우를 말한다. 예를 들어, 상장법인 등 외감법 시행령 제5조에 해당하는 회사는 한국채택국제회계기준을 적용하여야 하나 일반기업회계기준을 적용하는 것, 중소기업 범위를 벗어난 회사가 일반회계기준상의 중소기업특례를 적용하는 것, 단기투자목적으로 취득한 유가증권을 공정가치법으로 평가하지 않고 취득가액 기준으로 평가하는 것, 매 회기 말 자산에 대한 손상 검토를 행하지 않는 것 등이 이에 해당한다.

② 추정상의 오류

회계추정을 함에 있어서 사실의 누락이나 정보의 간과 등 성실성 부족으로 발생한 오류이다. 예를 들어, 불황으로 대손상각률이 상당히 증가한 사실을 무시하고 호황이던 과거자료에만 의존하여 대손상각률을 부당하게 낮게 추정하거나 유형자산의 내용연수를 지나치게 길게 추정하여 감가상각비가 적게 추정되는 것이 이에 해당한다.

③ **계정분류상의 오류**

계정처리상의 오류로 예를 들어, 자본적 지출과 수익적 지출의 잘못 구분하거나 계정과목을 잘못 기록하는 것 등이 이에 해당한다.

④ **계산상의 오류**

덧셈, 뺄셈, 곱셈, 나눗셈 등 수리적 계산의 오류를 말한다.

⑤ **사실의 누락과 오용**

자산, 부채, 자본, 수익과 비용을 인식하지 않고 누락시키거나 그들에 관한 자료를 잘못 사용하는 것을 말한다. 예를 들어, 부외자산 및 부외부채 누락, 제품보증비 또는 하자보증비를 인식하지 않는 것 등이 이에 해당한다.

오늘날에는 내부통제시스템의 중요한 도구인 컴퓨터의 사용으로 계산상의 오류는 범하기 드물고 입력상의 오류는 발견되기 쉽다. 그러나 원천 자료의 잘못으로 계산상의 오류가 발생하거나 기장의 완전 누락 등으로 컴퓨터로 점검되지 않는 것도 있다.

3 부정의 발생요인과 위험요소

(1) 발생요인

부정 발생 요인은 일반적으로 압력 · 동기, 기회 및 태도 · 자기합리화의 세 가지로 구분한다. 이러한 세 가지 요인이 존재한다고 반드시 부정이 발생했거나 발생할 것을 의미하지는 않는다. 그러나 이러한 요인들이 존재할 경우, 부정의 발생가능성을 증가시킬 수 있다. 또한, 세 가지 요인 모두가 충족되지 않더라도 부정은 발생할 수 있다.

① **압력 · 동기**

실질적인 압박 또는 심리적인 압력. 개인의 재정적 압박, 경영목표 달성에 대한 부담 및 성과에 기초한 보너스 제도 등에서 압박이 생성될 수 있다.

② 태도 · 자기합리화

부정행위자가 자신의 행위를 자기합리화. 자기합리화란 회사 공금의 유용을 일시적인 대출로 간주한다거나, 상위 경영진에서 해오던 부정적인 관행을 단순히 모방하는 경우, 회사의 부당한 처우를 부정에 의한 금전적인 이익으로 보상받고자 하는 경우와 자신의 부정행위에 따른 피해자가 없을 것으로 보는 경우 등이 부정을 유발시키는 대표적인 자기합리화로 볼 수 있다.

③ 기 회

기회는 여러 가지 형태로 나타날 수 있다. 재무보고와 관련된 내부통제가 취약하거나, 자산 보호가 불충분할 경우, 부정행위자가 분식회계 또는 자산유용을 보다 용이하게 수행할 수 있다. 통제를 회피할 수 있는 지위에 있는 임직원이 있다면, 부정을 행할 기회가 제공될 수 있다. 부정행위가 적발될 가능성이 낮다는 인식과 부정행위에 대한 조직 내의 징계가 미약할 경우 부정이 발생할 가능성을 증가시키게 된다.

또한 공모는 부정행위자에게 현행 통제를 무력화시키거나, 우회할 수 있는 기회를 제공한다. 예방 통제는 공모에 의한 부정을 효과적으로 방지 못하는 것이 일반적이다.

(2) 위험요소

회계감사기준서 240에서는 부정 위험요소를 다음과 기술하고 있다. 모든 부정요소들의 예가 모든 상황에 관련성이 있는 것은 아니며 어떤 것은 기업의 규모나 소유구조 또는 환경에 따라서 유의성이 더 높거나 낮을 수도 있다. 또한 예시된 부정요소의 순서는 이들 간의 상대적 중요성이나 발생빈도를 반영하는 것이 아니다.

① 부정한 재무보고에 의한 왜곡표시와 관련된 위험요소

가. 동기 · 압력

재무적 안정성 또는 수익성이 다음과 같은(또는 이들이 나타내고 있는) 경제적, 산업적 또는 개별기업의 운영 상황에 의해 위협을 받는다.

- 이익 감소를 수반하는 치열한 경쟁이나 시장의 포화
- 기술 변화, 제품진부화 또는 이자율 변동과 같은 급격한 변동에 대한 고도의 취약성

• 소비자 수요의 중요한 감소, 산업 또는 경제 전반에 걸친 사업실패의 증가
• 파산, 채무불이행에 따른 담보물 처분, 또는 임박한 적대적 인수의 위협을 일으키는 영업손실
• 재무제표에는 이익 및 이익의 증가로 보고됨에도 불구하고 영업활동으로부터의 현금흐름이 반복적으로 부족하거나 영업활동으로부터 현금을 조달능력이 없음.
• 특히 동종 산업의 타기업에 비했을 때 급격한 성장이나 비경상적인 수익성
• 새로운 회계나 법률, 또는 규제상의 요구사항

경영진이 제3자의 요구사항이나 기대를 충족시켜야 하는 지나친 압력이 존재한다.

• 예를 들어 지나치게 낙관적인 보도자료나 사업보고서상의 메시지와 같이, 경영진 스스로의 기대를 포함하여 투자분석가, 기관투자자, 중요한 채권자 또는 다른 외부인의 수익성이나 추세에 대한(특히 과도하게 공격적이거나 비현실적인) 기대수준
• 주요 연구개발이나 자본적 지출을 위한 조달 등 경쟁력을 유지하기 위한 추가적인 부채나 자본조달을 해야 할 필요성
• 상장유지요건이나 부채상환 또는 기타 채무약정 요구사항의 충족에 대한 한계적 능력
• 사업결합이나 계약체결 등 진행 중인 유의적 거래에 있어 저조한 재무적 결과를 보고할 경우 예상되거나 실재하는 부정적 영향

이용가능한 정보에 의하면 경영진이나 지배기구 구성원들의 개인적 재무상황이 기업의 재무적 성과에 의하여 위협을 받고 있음을 보인다.

• 기업에 대한 재무상의 중요한 이해관계
• 예를 들어 상여금, 주식옵션, 수익에 따른 지급약정과 같이 그 보상 중 중요한 부분이 주가, 영업성과, 재무상태 또는 현금흐름에 대한 공격적인 목표의 달성여부에 의존됨.
• 기업채무에 대한 개인보증

매출이나 수익성에 따른 성과보상 목표 등 지배기구에 의해 수립된 재무적 목표를 달성하려고 할 때는 경영진이나 종업원에 대한 과도한 압력이 존재한다.

나. 기 회

부정한 재무보고의 수행기회는 산업의 성격이나 해당 기업의 영업성격에 따라 다음과 같은 사항에서 발생될 수 있다.

• 일반적인 영업활동이 아닌 특수관계자와의 거래 또는 감사를 받지 않거나 타감사인이 감사하는 관계기업과의 유의적 거래
• 공급처나 판매처에 대하여 부적합하거나 불공정한 거래를 초래할 수도 있는 거래조건을 강제할 수 있는, 특정 산업영역을 지배하는 강력한 재무적 상황이나 능력
• 입증하기 어려운 주관적 판단이나 불확실성이 개입된 유의적 추정치에 근거한 자산, 부채, 수익 또는 비용
• 유의적이거나 비경상적인, 또는 고도로 복잡한 거래. 특히 보고기간 말에 근접한 거래로서 "형식보다 실질의 우선"이라는 난해한 문제를 일으키는 것
• 경영환경과 문화가 상이한 서로 다른 국가 간에 국제적으로 위치하거나 수행되는 주요 사업
• 명백한 사업적 당위성이 없어 보이는 사업 중개자의 이용
• 명백한 사업적 당위성이 없어 보이는 조세피난처에서의 중요한 은행계좌, 종속기업 또는 지점운영

경영진의 모니터링이 다음과 같은 이유로 효과적이지 아니하다.

• (소유경영기업이 아닌 경우에) 보완통제가 없이 1인 또는 소집단에 의해 경영이 지배됨.
• 재무보고절차 및 내부통제에 대한 지배기구의 감시가 효과적이지 아니함.

다음에서 나타나는 것처럼 복잡하거나 불안정한 조직구조가 존재한다.

• 기업에서 지배적 지분을 가지고 있는 조직이나 개인을 결정하기가 어려움.
• 통상적이지 않은 법적 실체나 권한구조가 수반된 지나치게 복잡한 조직구조
• 상위경영진, 법률고문 또는 지배기구의 빈번한 교체

내부통제의 각 부문이 다음과 같은 이유로 미비점이 있다.

• 자동화된 통제 및 (외부보고가 요구되는 경우) 중간재무보고에 대한 통제 등 통제 일반에 대한 부적절한 모니터링
• 높은 이직률, 또는 회계, 내부감사 그리고 정보기술 분야에서의 효과적이지 못한 인력의 고용
• 유의적 내부통제 미비점이 존재하는 상황 등 효과적이지 않은 회계 및 정보시스템

다. 태도 · 합리화

• 기업가치나 윤리기준에 대한 경영진의 커뮤니케이션, 시행, 지원 또는 강조가, 혹은 부적합한 가치나 윤리기준에 관한 커뮤니케이션이 효과적이지 않음.

- 회계정책의 선택이나 유의적 회계추정치의 결정에 비재무담당 경영진의 과도한 참여나 집착
- 증권관련 법규나 기타 법규의 위반 사실이 있거나, 부정혐의 또는 법규위반의 혐의로 기업이나 상위경영진 또는 지배기구에 대한 제소의 사실이 있음.
- 기업의 주가나 이익추세의 유지 또는 상승에 대한 경영진의 과도한 관심
- 경영진이 재무분석가, 채권자 그리고 기타의 제3자에게 공격적이거나 비현실적인 예측치의 달성을 약속함.
- 경영진이 알려진 유의적 내부통제 미비점을 적시에 개선하지 못함.
- 경영진이 세무상의 목적으로 보고이익을 최소화시키기 위해 부적합한 수단을 이용하는 데 관심을 가짐.
- 상위경영진의 낮은 사기
- 소유경영자가 개인적 거래와 사업적 거래를 구분하지 아니함.
- 소유 집중 기업에서의 주주 간 분쟁
- 한계선상에 있거나 부적합한 회계처리를 중요성 기준에 근거하여 정당화하려는 경영진의 반복적인 시도
- 경영진과 당기 또는 전임 감사인이 다음과 같은 이유로 긴장 관계에 있음.
  - 회계, 감사 또는 보고의 문제와 관련하여 당기 또는 전임감사인과의 빈번한 논쟁
  - 감사의 완료 또는 감사보고서 발행과 관련하여 비현실적인 시간제약 등 감사인에 대한 비합리적인 요구
  - 관련 인원 또는 정보에 대하여 부적합하게 접근을 제한하거나 지배기구와 효과적인 커뮤니케이션을 할 수 없도록 감사인에게 가해지는 제약
  - 특히 감사인의 업무수행 범위 또는 감사업무에 참여하거나 자문을 제공하는 인원의 선정이나 계속적인 참여에 대하여 영향을 미치려는 시도와 같이 감사인에 대한 경영진의 지배적인 행동

07

② 자산의 횡령에 의한 왜곡표시에서 나타나는 위험요소

자산의 횡령으로 인한 왜곡표시와 관련된 위험요소도 부정이 존재할 때 일반적으로 나타나는 세 가지 상황, 즉 동기나 압력, 기회, 태도 및 합리화의 기준으로 분류된다. 부정한 재무보고로 인한 왜곡표시와 관련된 위험요소의 일부는 자산의 횡령으로 인한 왜곡표시가 발생할 때에도 나타날 수 있다. 예를 들어 경영진의 효과적이지 못한 모니터링과

내부통제의 기타 미비점은 왜곡표시가 부정한 재무보고에 의한 경우와 자산의 횡령에 의한 경우 모두에 나타날 수 있다.

가. 동기 · 압력

현금이나 횡령이 용이한 기타의 자산을 취급하는 경영진이나 종업원의 개인적인 금융채무는 동 자산을 횡령하도록 하는 압력을 발생시킬 수도 있다.

기업과 현금이나 횡령이 용이한 기타의 자산을 취급하는 종업원 간 대립적인 관계는 해당 종업원이 이러한 자산을 횡령할 동기를 유발할 수 있다. 대립적인 관계는 예를 들어 다음과 같은 이유로 생길 수 있을 것이다.

• 종업원에 대한 알려지거나 예상되는 해고
• 종업원의 급여나 복리후생 계획에 대한 최근 또는 향후의 예상되는 변경
• 기대에 맞지 않는 승진, 급여 또는 기타 보상

나. 기 회

자산횡령의 가능성은 어떤 특성이나 환경에 따라 증가될 수 있다. 예를 들어 다음과 같은 경우 자산횡령의 기회가 증가한다.

• 보유 중이거나 처리 중인 거액의 현금
• 고가 또는 수요가 많은 소형의 재고자산
• 무기명채권, 다이아몬드 또는 컴퓨터 칩 등 환금이 용이한 자산
• 시장성이 높거나 소유권에 대한 관찰 가능한 식별이 어려운 소형의 유형자산

자산에 대한 부적절한 내부통제는 자산횡령의 가능성을 증가시킬 수 있을 것이다. 예를 들어, 다음과 같은 경우에는 자산이 횡령될 수 있을 것이다.

• 직무분장이나 독립적 견제가 적절하지 아니함.
• 여비나 기타 청구가능 경비와 같은 상위경영진의 지출에 대한 불충분한 감시
• 예를 들어 원격 사업장에 대한 불충분한 감독이나 모니터링과 같이, 자산담당 종업원에 대한 경영진의 불충분한 감시
• 자산 취급 종업원에 대한 불충분한 채용 심사
• 자산에 대한 불충분한 기록관리
• 거래의 권한부여 및 승인에서의 부적절한 시스템(예를 들어 구매업무의 경우)
• 현금, 투자자산, 재고자산 또는 유형자산에 대한 부적절한 물리적 보호장치
• 자산에 대한 완전하고 적시적인 차이조정의 결여

- 거래에 대한 적시적이고 적합한 문서화의 결여(예를 들어 반품에 대한 기록)
- 핵심 통제기능을 수행하는 종업원에 대한 강제휴가의 미실시
- 정보기술에 대한 경영진의 불충분한 이해에 따라 정보기술 담당 종업원에 의한 자산 횡령이 가능함.
- 정보시스템 접속기록에 대한 통제 및 검토 등 자동화된 기록에 대한 부적절한 접근 통제

다. 태도 · 합리화

- 자산횡령과 관련된 위험을 모니터링하거나 감소시킬 필요성에 대한 무시함.
- 현존하는 통제를 무력화하거나 내부통제의 알려진 미비점에 대한 적합한 개선조치를 취하지 않음으로써 자산횡령에 대한 내부통제를 무시함.
- 기업, 또는 종업원에 대한 기업의 처우에 불쾌함이나 불만을 나타내는 행동
- 자산이 횡령되었음을 나타내는 것일 수 있는 행동이나 생활방식의 변화
- 소액 절도에 대한 용인

4 부정위험관리 및 감사인의 감사절차

(1) 부정위험관리

부정위험관리는 경영진의 의지 및 기대를 반영한 공식화된 정책 및 절차, 부정위험관리 조직, 제보 및 내부 고발자 프로그램 등 부정위험관리 프로그램의 운영은 물론 조직 내 부정위험의 평가 및 탐지, 대응과 관련된 제반 활동을 포함한다. 부정 위험 관리는 크게 부정예방, 부정탐지, 부정대응의 단계로 구분되며 각 단계별로 국내외에서 내부통제 설계를 위한 framework으로 가장 많이 적용하는 COSO(Committee of Sponsoring Organizations of the Treadway Commission)의 내부통제 5가지 내부통제 구성요소와 연계하여 세부 수행분야 규정하고 활용하는 것을 말한다.

부정예방은 조직 내 발생할 수 있는 부정의 유형과 부정위험관리프로그램의 존재를 조직구성원에게 인지시키는 것이 핵심이며, 이를 위해 윤리 및 행동규정, 부정위험 정책(부정에 대한 구체적적인 정의 및 예시 포함)과 절차, 제보라인과 내부고발자프로그램,

부정예방 관련 교육, 부정위험 관리조직, 문화(특히 경영진의 의지 및 관심) 등의 정비를 말한다.

부정탐지는 부정위험평가, 부정탐지활동의 설계 및 구현, 부정감사(진단)활동의 수행으로 구분할 수 있으며 부정위험은 평가는 부정유형의 파악, 부정유형별 관련조직 및 프로세스 파악을 들 수 있으며, 부정탐지활동의 설계 및 구현은 부정 위험별 진단 방안의 수립, 부정위험 관리 프로그램 운영 방안 및 계획 수립을 말한다.

"내부통제제도(Internal Control System)"란 재무보고의 신뢰성, 경영의 효과성 및 효율성, 그리고 관련 법규의 준수에 관련된 기업의 목적 달성에 관한 합리적 확신을 제공할 목적으로 지배기구, 경영진 및 기타의 인원에 의해 설계, 실행, 유지되고 있는 절차를 말하며, 통제환경, 기업의 위험평가절차, 관련 사업프로세스 등 재무보고에 관련된 정보시스템과 커뮤니케이션, 통제활동, 통제모니터링으로 구성되어 있다.

내부통제목적은 관리적 통제목적(경영정책의 준수를 포함한 영업의 효율적 수행, 부정과 오류의 방지와 발견, 통제절차)과 회계적 통제목적(회사자산의 보호, 회계기록의 정확성과 완전성 및 재무정보의 신뢰성과 적시성확보, 통제절차)으로 구분할 수 있다.

COSO의 내부통제 5가지 내부통제 구성요소는 다음과 같다.

① **부정위험평가**

첫 번째 단계로 부정 발생과 관련된 부정 위험 요인들을 파악하고 평가를 수행한다. 모든 조직은 산업, 운영, 지역, 규모, 조직 구조 및 경제 여건 등에 기인하는 고유의 부정위험을 가지고 있다. 부정위험평가는 조직의 어느 곳에 부정 위험 요인이 존재하는지와 잠재적인 부정의 발생 형태를 파악하는 것이다. 부정위험평가는 현행 내부 통제를 고려하지 않은 고유 위험의 파악을 목적으로 한다.

② **통제 환경의 조성**

다음으로는 조직 전반에 영향을 미치고, 나머지 내부통제 구성요소의 기초가 되는 통제환경을 건전하게 만드는 것이 필요하다. 통제 환경에는 조직문화, 윤리규정, 임직원 교육, 부정 제보 프로그램 등이 포함된다. 부정 방지와 적발을 위한 통제 강화하고 부정행위에 대한 적절한 조치가 따르고 부정을 방지하려는 조직의 분위기와 윤리적인 행동이 권장되는 조직 분위기가 조성되어야 한다. 이를 위해서는 최고경영진의 의지가 가장 중요하다.

③ 부정 방지를 위한 통제활동의 설계 및 구현

부정위험평가를 통해 식별된 부정 위험에 대하여 적절한 통제활동이 존재하는지 평가를 수행한다. 식별된 부정에 대한 통제활동이 존재하지 않을 경우, 경영진은 부정에 대한 적절한 통제활동을 설계하고 구현하여야 한다. 부정에 대한 통제활동은 예방적 통제와 적발적 통제로 구성된다. 상위 경영진이 통제활동을 회피하거나 무시할 위험에 대해서 특별히 주의하여야 한다. 이를 위해서는 감사위원회의 실질적인 감독, 익명의 제보가 가능한 내부고발 절차 마련 등이 필요하다.

④ 정보 공유 및 의사소통

부정 방지 프로그램과 통제활동 구현 과정에서 효과적인 의사소통이 필수적이다. 부정 방지에 대한 경영진의 의지와 부정 방지 프로그램과 통제활동은 조직 구성원 모두에게 명확히 전달되어야 한다. 이를 통해 구성원들은 부정 방지 활동, 요구되는 각자 역할 및 회사의 부정 위험 방지 의지를 명확히 이해하게 된다. 업무 매뉴얼, 사내 소식지, 인트라넷, 교육, 경영진 연설 등을 통해서 부정 방지 프로그램과 통제활동이 전달될 수 있다. 부정 방지 프로그램과 통제활동은 설계 및 운영 평가를 위해서 적절한 형태로 문서화되어야 한다.

⑤ 모니터링

부정 방지 프로그램과 통제활동의 효과성은 대하여 지속적으로 모니터링되어야 한다. 모니터링 활동은 내부감사팀 등에 의해서 수행되는 독립적인 평가와 담당자가 업무 수행 과정에서 수행하는 일상적인 모니터링으로 구성될 수 있다. 실시간으로 이루어지는 일상적인 모니터링 절차는 부정 방지에 있어, 독립적인 평가보다 보다 효과적일 수 있다. 또한, 예방통제 활동의 효과성을 점검하고, 추가적인 부정 위험 요인을 파악할 수 있는 적발통제활동은 부정 방지 프로그램에 반드시 포함되어야 한다. 기업 활동이 확대되고 정보시스템 활용이 심화되어, 방대한 양의 데이터로 기업활동이 저장된다. 따라서 부정 징후 탐지와 효과적인 부정 적발이 가능하게 하는 데이터 분석 기법의 활용이 필요하다.

효과적인 부정 방지 프로그램은 역동적으로 운영되어야 한다. 모니터링 과정에서 파악한 정보는 부정 위험 평가에 반영되고, 이에 따라 부정 방지 프로그램 전체가 업데이트되어야 한다.

(2) 감사인의 감사절차

감사인은 재무제표가 전체적으로 부정이나 오류에 의한 중요한 왜곡표시가 없다는 합리적 확신을 얻을 책임이 있다. 그러나 감사인이 감사기준에 따라 적절하게 감사를 계획하고 수행하여도 감사의 고유한계에 의하여 재무제표의 중요한 왜곡표시 중 일부가 발견되지 못할 불가피한 위험이 존재한다. 이에 회계감사기준서 240에서는 부정에 의한 중요한 왜곡표시 위험을 식별 · 평가하고 그러한 왜곡표시를 발견할 수 있는 주요 절차를 다음과 같이 기술하고 있다. 이 절차는 내부감사에서도 사용될 수 있다.

① 전문가적 의구심

감사인은 회계감사기준서 200에 따라, 기업의 경영진 및 지배기구의 정직성과 성실성에 대한 감사인의 과거 경험과 관계없이, 부정에 의한 중요한 왜곡표시의 가능성이 존재한다는 것을 인식하면서 감사의 전 과정을 통하여 전문가적 의구심을 유지하여야 한다.

② 업무팀 내부의 토의

감사인은 업무팀원 간의 토의를 하여야 하며, 토의에 참여하지 않은 팀원에 대하여는 업무수행이사가 어떠한 사항을 커뮤니케이션할지 결정하도록 요구하고 있다. 이러한 토의에서는, 부정이 어떻게 발생할 것인지 등 기업의 재무제표가 부정에 의하여 어디서 어떻게 중요하게 왜곡표시될 위험성이 높은지를 특히 강조하여야 한다. 이러한 토의는 경영진과 지배기구가 정직하고 성실하다는 업무팀원들의 믿음을 배제하고 수행되어야 한다.

③ 위험평가절차 및 관련 활동

감사인은 기업의 내부통제 등 기업과 그 환경을 이해하기 위한 위험평가절차 및 관련 활동을 수행할 때, 부정에 의한 중요한 왜곡표시 위험을 식별하기 위한 정보를 입수하기 위하여 다음의 절차를 수행하여야 한다.

감사인은 경영진에게 다음에 관한 질문을 하여야 한다.

- 재무제표가 부정에 의해 중요하게 왜곡표시될 위험에 대한 경영진의 평가
- 경영진이 기업의 부정위험을 식별하고 대응하는 절차
- 경영진이 지배기구에게 행한 커뮤니케이션

• 기업의 영업실무와 윤리적 행동에 대한 경영진의 견해에 관하여 경영진이 종업원에게 행한 커뮤니케이션

감사인은 기업에 영향을 주는 부정으로서 실제로 발생하였거나 의심되는 부정 또는 혐의 중인 부정을 알고 있는지 여부를 결정하기 위해, 경영진 및 기업 내의 적합한 자에게 질문을 하여야 한다.

내부감사기능이 있는 기업의 경우, 감사인은 내부감사부서에 질문을 하여, 기업에 영향을 주는 부정으로서 실제로 발생하였거나 의심되는 부정 또는 혐의 중인 부정을 내부감사부서가 알고 있는지 여부를 결정하고, 부정위험에 관한 이들의 견해를 파악하기 위해 내부감사부서에 질문을 하여야 한다.

경영진이 수립한 내부통제에 대하여 지배기구가 어떠한 감시기능을 수행하고 있는지 이해하여야 한다.

감사인은 기업에 영향을 주는 부정으로서 실제로 발생하였거나 의심되는 부정 또는 혐의 중인 부정을 지배기구가 인지하고 있는지 여부를 결정하기 위해 지배기구에 질문을 하여야 한다. 지배기구에게 이러한 질문을 하는 것은 경영진에 대한 질문의 답변내용을 보강하는 목적도 있다.

감사인은 수익계정 등에 대한 분석적절차를 수행할 때 비정상적이거나 예상되지 아니한 관계가 식별된 경우, 이것이 부정에 의한 중요한 왜곡표시 위험을 나타내는지 여부를 평가하여야 한다.

감사인은 입수한 기타정보가 부정에 의한 중요한 왜곡표시 위험을 나타내는지 여부를 고려하여야 한다.

감사인은 다른 위험평가절차 및 관련 활동의 수행을 통해 입수한 정보가 하나 이상의 부정위험요소가 존재하고 있음을 나타내는지 여부를 평가하여야 한다.

④ 부정에 의한 중요한 왜곡표시 위험의 식별과 평가

감사인은 재무제표 수준, 거래 유형 및 계정잔액 그리고 공시에 대한 경영진주장의 수준에서 부정에 의한 중요한 왜곡표시 위험을 식별하고 평가하여야 한다.

감사인은 수익의 인식에 부정위험이 존재한다는 가정에 기초하여, 어떤 유형의 수익이나 수익거래 또는 경영진주장이 그러한 위험을 발생시키는지 평가하여야 한다.

감사인은 부정에 의한 중요한 왜곡표시의 평가된 위험을 유의적 위험으로 취급하여야 하며, 따라서 아직 수행하지 않은 부분이 있다면 기업의 통제활동 등 그러한 위험에 관련된 통제를 이해하여야 한다.

⑤ 부정에 의한 중요한 왜곡표시의 평가된 위험에 대한 대응

감사인은 재무제표 수준의 부정에 의한 중요한 왜곡표시의 평가된 위험에 대하여, 회계감사기준서 330에 따라 전반적인 대응을 결정하여야 한다.

감사인은 재무제표 수준의 부정에 의한 중요한 왜곡표시의 평가된 위험에 대하여 전반적인 대응을 결정할 때, 다음의 절차를 수행하여야 한다.

- 유의적 업무수행 책임을 부여할 개별 구성원의 지식, 기술 및 능력과 해당 감사업무에 있어서 부정에 의한 중요한 왜곡표시 위험에 대한 감사인의 평가결과를 고려하여 업무를 배정하고 감독함.
- 특히 주관적인 측정과 복잡한 거래와 관련된 경우, 회계정책의 선택과 적용이 경영진의 이익조정 노력에 따른 부정한 재무보고의 징후인지 여부를 평가함.
- 감사절차의 성격, 시기 및 범위를 선택할 때, 예측불가능성 요소를 포함시킴.

감사인은 경영진 주장 수준의 부정에 의한 중요한 왜곡표시의 평가된 위험에 대응할 수 있도록 후속감사절차의 성격, 시기 및 범위를 설계하고 수행하여야 한다.

경영진은 그렇지 않았다면 효과적으로 운영된다고 보이는 통제를 무력화는 예측불가능하게 발생될 수 있기 때문에, 이는 부정에 의한 중요한 왜곡표시 위험의 하나이며, 따라서 유의적 위험이다.

경영진에 의한 통제무력화 위험에 대한 감사인의 평가결과에 관계없이, 감사인은 다음의 감사절차를 계획하고 수행하여야 한다.

- 총계정원장에 기록된 분개와 재무제표 작성 시 이루어진 조정사항의 적절성을 테스트하기 위하여 분개 및 기타 조정사항의 처리와 관련하여 부적합하거나 비정상적인 행위가 있었는지에 대하여 재무보고절차에 관여하는 자들에게 질문함, 보고기간 말에 이루어진 분개 및 기타 조정사항을 선택, 보고기간 전체를 통하여 이루어진 분개 및 기타 조정사항을 테스트할 필요가 있는지 고려함.
- 회계추정치에 편의가 있는지 검토하고, 편의가 있다면 이를 유발하는 환경이 부정에 의한 중요한 왜곡표시 위험을 나타내는 것인지 여부를 평가하기 위하여 회계추정행한 판단과 결정이 비록 개별적으로는 합리적이라고 하더라도, 부정에 의한 중요한 왜곡표시 위험을 의미할 평가, 전기재무제표에 반영된 유의적 회계추정치에 경영진의 판단과 가정을 소급 재검토
- 기업의 상적인 사업과정을 벗어나는 거래, 또는 기업과 그 환경에 대한 감사인의 이해와 감사 중에 입수한 정보에 근거했을 때 비정상적으로 보이는 유의적 거래의 경우, 감사인은 해당 거래의 사정한 재무보고를 수거나 자산 평가하여야 한다.

감사인은 식별된 경영진의 통제 위험에 대응하기 위하여 문단 32의 절차에 추가하여 다른 감사절차를 수행할 필요가 있는지 여부를 결정하여야 한다.

⑥ 감사증거의 평가

감사인은 재무제표가 기업에 대해 감사인이 이해한 바와 일치하는지 전반적인 감사의 종결에 근접하여 수행된 분석적절차가 부정에 의한 중요한 왜곡표시 위험으로서 인식하지 못했던 위험을 나타내는지 평가하여야 한다.

감사인은 왜곡표시를 식별한 경우 이러한 왜곡표시를 부정의 징후로 평가하여야 한다. 만약 그러한 징후가 있으면 감사인은 특정의 부정사례가 단독으로 발생된 사건이 아닐 수 있음을 인식하고, 감사의 다른 측면, 특히 경영진진술의 신뢰성과 관련하여 해당 왜곡표시가 미치는 시사점을 평가하여야 한다.

감사인이 그 중요성과 관계없이 왜곡표시를 식별하였으며, 그 왜곡표시는 부정의 결과이거나 결과일 가능성이 있고, 경영진(특히 상위 경영진)이 관여되었다고 믿을 이유가 있다면, 감사인은 부정에 의한 중요한 왜곡표시 위험의 및 그러한 평가에 감사절차의 성격, 시기 및 범위에 미치는 영향을 재평가하여야 한다. 감사인은 또한 이전에 입수한 증거의 신뢰성을 상황이나 조건 종업원, 경영진 또는 제3자가 관여된 공모의 가능성을 나타내 고려하여야 한다.

감사인이 재무제표가 부정의 결과로 중요하게 왜곡표시되었음을 확인하였을 때, 또는 재무제표가 부정의 결과로 중요하게 왜곡표시되었는지 여부에 대한 결론을 내릴 수 없을 때에는, 감사에 평가하여야 한다.

⑦ 서면진술

감사인은 다음 사항에 대하여 경영진, 그리고 적절한 경우 지배기구의 서면진술을 입수하여야 한다.

- 부정의 예방과 발견을 내부통제있다는 사실을 인정한다는 것
- 부정에 의하여 재무제표가 중요하게 왜곡표시될 위험에 경영진의 평가결과를 감사인에게 공개하였다는 것
- 기업에 영향을 미치는 부정 또는 의심되는 부정에 대하여, 이들이 알고 있는 바를 감사인에게 공개하였다는 것

⑧ 문서화

감사인은 감사기준서 다음 사항을 감사문서에 포함시켜야 한다.

• 업무팀이 기업의 재무제표가 부정에 의하여 중요하게 왜곡표시될 취약성에 대해 토론한 결과 도달된 유의적 결정
• 재무제표와 경영진 주장 수준에서

감사인은 평가된 중요한 왜곡표시 위험에 대하여 다음 사항을 감사문서에 포함시켜야 한다.

• 재무제표 수준에 대처하기 위한 전반적인 대응, 감사절차의 성격, 시기 및 범위, 그리고 경영진주장 수준의 부정과의 연계성
• 경영진의 통제 위험에 대응하기 위하여 설계된 절차 등 감사절차의 결과

감사인은 부정과 관련하여 경영진, 지배기구, 규제감독기관 및 기타 당사자와 수행한 감사문서에 포함시켜야 한다.

감사인은 수익인식과 관련하여 부정에 의한 중요한 왜곡표시 위험이 존재한다는 가정을 해당 감사업무의 상황에 적용할 수 없다 결론을 내린 경우, 그러한 결론을 내리게 된 이유를 감사문서에 포함시켜야 한다.

5 부정과 오류의 책임

(1) 경영진의 책임

기본적으로 부정과 오류의 예방과 발견에 대한 주된 책임은 기업의 지배기구와 경영진에게 있다. 경영진은 적절한 회계제도, 내부통제제도의 구축 · 실행, 경영진 및 임직원의 정직하고 윤리적인 조직문화 조성 등을 통한 부정과 오류를 예방 및 발견할 수 있는 체계를 구축하여야 한다.

(2) 감사인의 책임

감사인은 감사기준에 따라 감사를 수행하는 감사인은 재무제표가 전체적으로 부정이나 오류에 의한 중요한 왜곡표시가 없다는 합리적 확신을 얻을 책임이 있다. 그러나 감사인이 감사기준에 따라 적절하게 감사를 계획하고 수행하여도 감사의 고유한계에 의하여 재무제표의 중요한 왜곡표시 중 일부가 발견되지 못할 불가피한 위험이 존재한다.

고유한계란 감사인이 회계감사기준에 의거 적절히 감사를 계획되고 수행되더라도 재무제표상의 중요한 왜곡표시를 발견하지 못할 수도 있는 불가피한 위험을 말한다. 부정은 보통 이를 은폐하기 위한 공모, 위조, 거래기록이 의도적인 누락 및 외부 감사인에 대한 의도적이고 왜곡된 진술 등의 행위를 동반하고 반증이 없는 한 외부 감사인은 진술이 진실하고 기록과 문서가 진실하다고 받아들일 수밖에 없다.

"회계감사기준서 200"에서는 감사의 고유한계를 재무보고의 성격(경영진의 판단 관련 한계), 감사 절차의 성격(감사증거에 대한 한계), 재무보고의 적시성 및 효익과 비용 간의 균형으로 규정하고 있다.

따라서 감사인은 부정과 오류의 방지에 대해 책임을 지지 않으나 전문가적인 의구심을 가지고 감사를 계획·수행하여 부정과 오류가 발생할 위험에 대한 평가와 적발 노력에 대해서는 책임을 지게 된다. 즉 예를 들어 감사인은 내부통제시스템의 취약점을 파악하고 그러한 취약점이 부정이나 오류에 어떻게 영향을 미치고 있는지를 적발하기 위하여 노력해야 하는 것이다.

6 감리지적 주요사례

금융감독원은 매년 주식회사 등의 외부감사에 관한 법률과 관련한 회계감사 업체에 대해 일정한 수를 샘플 등의 방법에 의해 상장법인은 금융감독원, 비상장법인은 공인회계사회에 위탁하여 회계감리를 실시하고 있다. 다음은 회계감리 결과에 따른 외부감사 및 회계 등에 관한 규정 시행세칙상의 양정규정과 금융감독원에서 발표한 2017년도 감리결과 주요 지적사례에서 발췌한 내용이다.

(1) 감리결과조치양정기준

위법행위에 대한 조치양정은 관련금액의 중요성, 질적 특성, 고의성의 유무, 과실의 정도 및 발생원인·결과·방법 등을 종합적으로 판단하여 결정된다.

위법행위는 위법동기별로 관련금액 규모비율의 기준비율 대비 배수의 합산에 따라 중요도를 다음과 같이 구분한다.

중요도	I	II	III	IV	V
기준금액 대비 배수	16배 이상	8배 이상 16배 미만	4배 이상 8배 미만	2배 이상 4배 미만	1배 이상 2배 미만

기준금액은 다음과 같이 산정된다.

A유형 : 위법행위가 당기손익 또는 자기자본에 영향을 미치는 경우
{(자산총계＋매출액)/2}×1%

B유형 : 자산·부채의 과대·과소 계상, 수익·비용의 과대·과소계상 또는 영업활동으로 인한 현금흐름의 과대·과소계상에 영향을 미치는 경우
(위반행위로 영향받는 자산총계 또는 매출액)×4%

C유형 : 위법행위가 특수관계자 거래, 담보로 제공한 자산·질권 설정된 자산 등 자산의 사용 및 처분 제한과 관련되거나 타인에게 제공한 금전채권 관련 지급보증·계류 중인 소송사건 등 우발부채와 관련된 주석사항인 경우
{(자산총계＋매출액)/2}×5%

D유형 : 위법행위가 계정과목 재분류 등 상기 'A' 내지 'C'에서 열거한 항목 이외에서 발생한 경우
(위반행위로 영향받는 자산총계 또는 매출액)×10%

위반행위에 대한 조치기준은 회사, 회사임직원, 감사인, 공인회계사로 구분되어 있으며, 여기서는 회사 및 회사 임직원에 대한 조치 사항을 표시한다.

중요도	기본조치		
	고의	중과실	과실
가중 시 최대	고의 I 단계와 동일	과징금 또는 증권발행제한 10월, 감사인지정 3년, 대표이사 또는 담당임원 해임권고, 감사(감사위원) 해임권고	증권발행제한 6월, 감사인지정 2년, 담당임원 해임권고

중요도	기본조치		
	고의	중과실	과실
I	과징금 또는 증권발행제한 12월, 감사인지정 3년, 대표이사 및 담당임원 해임 권고, 감사(감사위원) 해임권고, 회사(임직원 포함) 검찰고발	과징금 또는 증권발행제한 8월, 감사인지정 2년, 담당임원 해임권고, 감사(감사위원) 해임권고	증권발행제한 4월, 감사인지정 2년
II	과징금 또는 증권발행제한 10월, 감사인지정 3년, 대표이사 또는 담당임원 해임권고, 감사(감사위원) 해임권고, 회사(임직원 포함) 검찰고발	과징금 또는 증권발행제한 6월, 감사인지정 2년, 담당임원 해임권고, 감사(감사위원) 해임권고	증권발행제한 2월, 감사인지정 1년
III	과징금 또는 증권발행제한 8월, 감사인지정 2년, 담당임원 해임권고, 감사(감사위원) 해임권고, 회사(임직원 포함) 검찰통보	과징금 또는 증권발행제한 4월, 감사인지정 2년	증권발행제한 1월, 감사인지정 1년
IV	과징금 또는 증권발행제한 6월, 감사인지정 2년, 담당임원 해임권고, 감사(감사위원) 해임권고, 회사(임직원 포함) 검찰통보	과징금 또는 증권발행제한 2월, 감사인지정 1년	경고
V	과징금 또는 증권발행제한 4월, 감사인지정 2년, 담당임원 해임권고, 회사(임직원 포함) 검찰통보	과징금 또는 증권발행제한 1월, 감사인지정 1년	주의
감경 시 최소	과징금 또는 증권발행제한 2월, 감사인지정 1년	경고	조치 없음.

특히 주의하여야 할 것은 고의의 경우 검찰고발 또는 통보로 이어진다는 것이다.

(2) 주요 감리 지적사례 발췌내용

① 매출(매출채권) 및 매출원가(재고자산)관련

가. A사의 공사수익 과대계상 등(공사진행률 산정 오류)

- 회사 지적사항 : 회사는 경비 및 노무비를 제외한 재료비만을 반영한 공사진행률로 공사수익을 산정함으로써, 자기자본을 과대 계상하였으며, 재료비만을 누적공사원가로 집계하여 공시함으로써, 공사계약 관련 주석에 누적공사원가를 과소 기재함.
- 감사인 지적사항 : 감사인은 회사의 공사진행률 산정방법이 기업회계기준에 부합하는지 여부를 면밀히 검토하지 않았으며, 공사계약 관련 주석에 누적공사원가가 과소 기재되었음에도, 이를 제대로 확인하지 못하는 등 감사절차를 소홀히 함.
- 시사점 : 감사인은 당시 회사가 경비와 노무비를 프로젝트별로 배분하는 원가집계 프로세스를 갖추지 않고 재료비만으로 공사진행률을 산정하자, 회사로 하여금 원가집계 프로세스를 개선하도록 권고만 하고, 충분한 검토 없이 이를 그대로 인정하여 감사절차 소홀로 조치를 받았는바, 감사인은 기업회계기준 등에 명백히 규정하고 있는 사항과 달리 회사가 회계처리를 할 경우에는 회사의 주장만 신뢰하지 말고 좀 더 면밀하게 검토하여 이를 감사의견에 적절히 반영할 필요가 있음.

나. B사의 매출 및 매출원가 과대계상

- 회사 지적사항 : 회사는 기판매제품 중 일부를 교환해주는 과정에서 제품을 반환받았으나 대체 제품은 결산일 현재 미출고 상태로서 미인도청구판매의 요건을 충족하지 못했음에도 관련 매출을 취소하지 않아 매출을 과대계상하였으며, 일부 거래처에 대해서는 대체제품을 먼저 출고했으나 반환받을 제품은 결산일 현재 미입고 상태로서 대체제품 출고분에 대해 매출원가로 인식했으나 반환받을 제품을 재고자산으로 인식하지 않아 매출원가를 과대계상하였음.
- 감사인 지적사항 : 감사인은 제품인도 후 교환이 빈번하게 발생하는 계약의 특성 및 회사가 세금계산서 기준으로 매출액을 인식하면서도 교환거래에 대해서는 수정세금계산서를 발행하지 않는 실무관행 등을 감사 시 고려하지 않아, 매출원장상 개별 거래건에 대해 제품이 인도되었는지 여부에 대한 감사절차만 수행하였을 뿐 거래처별로 인식한 매출액만큼 제품이 모두 인도되었는지 여부를 확인하기 위한 감사절차를 소홀히 하였음.

• 시사점 : 제품판매 이후 교환이 매우 빈번하게 발생하고 있어 결산일 현재 거래처별 매출인식액 대비 제품이 부족하게 인도된 경우 매출과대계상의 가능성이 있음에도 감사인은 매출원장상 일부 샘플에 대해 거래명세서와 세금계산서를 확인하는 등의 일반적인 감사절차만 수행하였을 뿐, 거래처별 매출액과 제품인도수량을 비교하는 등의 검토를 소홀히 하였음. 감사인은 매출거래에 대해 획일적인 감사절차를 적용하기보다 회사의 거래특성을 자세히 파악하고 이로 인한 회계기준 위반가능성 등을 고려한 감사절차를 설계하고 수행할 필요가 있음.

다. C사의 재고자산 과대계상

• 회사 지적사항 : 회사는 재고자산이 장부수량과 실제수량이 일치하지 않자, 최대주주 및 그 종속회사에 이동하여 보관하고 있는 것으로 허위증빙을 작성하는 방식으로 실제 존재하고 있지 않는 가공의 원재료를 재무제표에 계상하여 기말 재고자산 및 당기순이익을 과대계상하였음. 다음 회계연도에는 법정관리 조사보고서 작성을 위한 재고실사 시 고철인 회사 재고자산의 특성상 실사가 어렵다는 이유로 실사를 수행하지 않았고 재고자산실사명세와 기말재고자산명세가 차이가 있음에도 이를 확인하지 않아 기말 재고자산 및 당기순이익을 과대계상하였음.
• 감사인 지적사항 : 감사인은 3년간 연속 감사를 수행하면서 총 재고자산의 시세가 지속적으로 하락하고 있는 상황에서 재고자산 수량이 증가했고, 회사보관 재고자산을 타처로 이동할 경우 마진율이 낮은 업종의 특성상 회사는 매출이익을 얻기 힘들며 실제 운송비용이 발생하지 않은 점 등 실재성을 의심할 만한 정황이 있었음에도 이에 대한 감사절차를 소홀히 하여 회사의 재고자산 과대계상 사실을 감사의견에 반영하지 못함. 다음 회계연도에 선임된 신규감사인은 회사가 기말재고금액보다 큰 재고자산감모손실을 인식했음에도 재고자산과 관련하여 정확한 측정이 어렵다는 이유 등으로 수량측정을 제외하고 육안으로만 실제성을 확인하였으며, 재고자산실사명세와 기말재고자산명세가 차이를 확인하지 아니하는 등 감사절차를 소홀히 하여 회사의 재고자산 과대계상 사실을 감사의견에 반영하지 못함.
• 시사점 : 재고자산의 수량, 단가 등이 비경상적인 경우에 회사의 설명에만 의존하기보다는 회사의 주장에 대한 의구심을 가지고 제출증빙의 신뢰성 및 관련손익(운반비)의 발생여부 등을 확인하여야 함. 또한, 기말재고자산에 대해서 측정의 어려움 등을 이유로 재고자산 실사입회를 생략하지 말고, 회사 제출자료 간의 상호 대사를 통한 감사증거의 신뢰성 검토를 하는 것이 바람직함.

라. D사의 매출 및 매출원가 과대계상

- 회사 지적사항 : 회사가 수행 중인 일부 공사현장에서 발주처의 잦은 설계 변경 및 시공 오류 등으로 공사가 지연되면서 실제 투입된 누적발생원가가 기존 실행예산을 초과하여 진행률이 100%를 넘는 등 총공사예정원가 변동 사유가 발생하였음에도 불구하고, 공사진행률 산정 시 반영하지 않아 공사기간 중 매출 및 매출원가가 과대·과소계상됨.
- 감사인 지적사항 : 감사인은 공사진행률과 예상손실의 적정성 확인 및 회계추정치인 총공사예정원가 추정과정에 대한 검증 등의 감사절차를 소홀히 하여 회사의 회계처리기준 위반사실을 감사의견에 적절히 반영하지 못함.
- 시사점 : 감사인은 공정별 진척도와 원가 집계 자료를 통해 실제 공정률과 수익인식 공사진행률 간 차이를 확인한 후, 회계추정치인 총공사예정원가가 적정한지를 검토할 필요가 있음.

② 유가증권 관련

가. A사의 전환상환우선주 계정분류 및 평가 관련 회계처리 오류

- 회사 지적사항 : 회사는 비상장 종속기업 발행 전환상환우선주가 내재파생상품과 주계약으로 구성되고, 각각의 공정가치를 신뢰성 있게 분리하여 측정할 수 없으므로 전체를 당기손익인식금융자산으로 계상하여야 함에도, 이를 매도가능금융자산 등으로 계상하여 관련 평가손실을 당기손익으로 인식하지 아니하고, 기타포괄손익으로 인식하여 당기순이익을 과대계상함.
- 감사인 지적사항 : 감사인은 복합상품의 계정과목 분류에 대한 검토를 소홀히 하였고, 평가관행에 따라 내재파생상품을 분리 가능한 것으로 표시한 평가보고서를 그대로 신뢰하고 적합성 여부에 대한 검토를 간과하여 회사의 회계처리기준 위반을 감사의견에 적절히 반영하지 못함.
- 시사점 : 감사인은 복합상품 회계처리에 대하여 주의를 기울여야 하며, 전환상환우선주 평가의 적정성을 확인하기 위하여 발행회사의 상환능력(상환권 평가 시 고려요소)과 발행조건(전환권 평가 시 고려요소) 등에 대하여 면밀히 검토하여야 함.

나. B사의 종속기업투자주식 과대계상

- 회사 지적사항 : 회사는 종속기업투자주식에 대한 손상평가 검토 시 이월결손금 공제와 자본적지출 추정을 소홀히 한 외부평가기관의 평가보고서를 그대로 활용함으로써 종속기업 보통주를 과대계상함.
- 감사인 지적사항 : 감사인은 이월결손금 공제와 자본적지출 추정을 소홀히 한 평가보고서를 그대로 신뢰하고 적절성 여부에 대한 검토를 간과하여 회사의 회계처리기준 위반을 감사의견에 적절히 반영하지 못함.
- 시사점 : 감사인은 외부평가기관의 평가보고서라 하여 이를 그대로 신뢰하지 말고, 회사의 사업계획 등 평가근거자료를 상세히 분석하여 평가방법, 평가가정 및 투입변수 등이 적절한지 검토하여야 함.

다. C사의 매도가능금융자산 손상차손 미인식

- 회사 지적사항 : 회사는 매도가능금융자산으로 보유하는 상장주식의 시가가 원가 대비 유의적으로 하락하여 회사가 회계정책으로 정한 손상에 해당함*에도 손상차손 인식을 회피하기 위해 재무제표 주석으로 공시한 회계정책을 임의로 변경하고 회계정책 관련한 내부 품의서류를 조작하는 등의 부정한 방법으로 손상차손을 인식하지 않아 당기순손실을 과소계상함.

  * 동 주식이 31% 하락하여 회사의 손상인식 기준인 30% 이상 조건을 충족
- 감사인 지적사항 : 감사인은 전기 조서 및 전기 재무제표 검토를 소홀히 하여 회사가 주식 손상기준을 임의로 변경한 사실을 발견하지 못하였으며, 동 주식의 시가가 기말결산일 이후 일부 회복된 사실*은 손상징후 판단 시 고려요소가 아님에도 감사인은 이를 근거로 회사의 위법한 회계처리를 그대로 수용하는 등 감사절차를 소홀히 함.

  * 12월 말 결산일 기준 △31% 하락하였으나, 2월 중에 △28%로 시가가 소폭 상승
- 시사점 : 감사인은 회사가 회계정책을 일관되게 유지하고 있는지 전기 조서 검토 등을 통해 확인할 필요가 있으며, 상장주식 손상검토 시 결산일 이후 시가 회복 여부는 손상 판단 시 고려요소가 아님을 유의하여야 함.

③ 대손충당금, 충당부채 관련

가. A사의 공사미수금에 대한 대손충당금 과소계상

- 회사 지적사항 : 회사는 아파트 공사미수금과 관련하여 시행사가 재개발조합으로 대

07

규모 미분양이 발생하였거나 폐업을 하였음에도 시행사의 채무상환능력을 양호하게 평가하여 대손충당금을 과소계상함.

- 감사인 지적사항 : 감사인은 공사미수금에 대한 회수가능성을 평가하는 감사절차를 소홀히 하여 동 대손충당금 관련 회계처리기준 위반을 감사의견에 적절히 반영하지 못함.
- 시사점 : 감사인은 시행사가 재개발 조합이거나 소규모 신생기업인 아파트 공사 현장의 경우, 시행사의 채무상환능력이 부족하므로 미분양 발생 시 할인분양 정책, 시행사의 폐업여부 등을 확인하여 공사미수금 회수가능가액 평가 시 적정하게 반영되었는지 검토가 필요함.

나. B사의 매출채권에 대한 대손충당금 과소계상

- 회사 지적사항 : 회사는 폐업·부도거래처의 매출채권에 대하여 담보자산이 없는 등 회수가능성이 희박함에도 세법상 대손충당금의 손비인정한도인 1%의 대손충당금만을 설정함으로써 폐업·부도거래처에 대한 대손충당금을 과소계상하였음.
- 감사인 지적사항 : 폐업 · 부도 거래처에 대해서 담보자산이나 회수내역 등 매출채권의 회수가능성을 검증하기 위한 대체적인 절차를 취하지 않았음.
- 시사점 : 감사인이 회사로부터 매출채권에 대한 연령분석자료를 확보하지 못할 경우에는, 대체적인 감사절차를 취해야 함.

④ 기타 자산 · 부채 관련

가. A사의 이연법인세자산 과소계상

- 회사 지적사항 : 금감원의 감리 진행 중 회사는 대규모 당기순이익이 과대 계상된 과거 재무제표를 재작성하면서도, 경정청구를 통해 환급될 과다납부 법인세액을 이연법인세자산으로 인식하지 않았음.
- 감사인 지적사항 : 감사인은 과거 재무제표 재작성으로 인해 기존에 납부한 법인세가 경정청구의 대상이라는 사실 및 추정 환급예상세액을 인지하였음에도, 감사절차 수행 시 "경정청구 시 환급가능 여부에 대한 판단에 불확실성이 있다"는 회사의 소명만을 받아들여 이연법인세자산의 자산성에 대해 적절히 확인하지 않는 등 일부 감사절차를 소홀히 하였음.

• 시사점 : 과거 재무제표의 오류를 수정하여 재작성하는 경우, 관련 세법을 기초로 기납부법인세액의 환급가능성에 대해 충분히 검토하여 이연법인세자산 인식여부를 판단할 필요가 있음.

나. B사의 토지 손상차손 과소인식

• 회사 지적사항 : 회사는 보유 중인 토지가 경매 유찰 등 자산손상의 징후가 발생하였음에도 상장폐지를 모면하기 위해 허위의 매매계약서를 평가근거로 회수가능액을 과대평가하여 손상차손을 과소인식함.
• 감사인 지적사항 : 감사인은 경매가 진행되어 유찰된 상황에서 당시 시세보다 현저히 높은 금액으로 체결된 매매계약의 진위여부에 대해 전문가적 의구심을 갖고 확인하는 절차를 소홀히 하여 회사의 회계처리기준 위반사실을 감사의견에 적절히 반영하지 못함.
• 시사점 : 감사인은 회사의 분식 유인이 높고, 회사로부터 입수한 감사증거의 신뢰성에 의구심이 발생하는 경우 추가적인 감사절차를 수행하여 감사증거의 신뢰성을 명확히 확인할 필요가 있음.

다. C사의 건설중인자산 과대계상

• 회사 지적사항 : 회사는 부동산 선매각 형태로 자금을 조달하여 건물을 신축하던 중 계약이 합의해제되어 거래상대방이 부담한 이자비용 등을 보상하면서 이를 전액 비용처리하지 아니하고, 일부를 차입원가로 보아 자산으로 계상함으로써 자기자본을 과대계상함.
• 감사인 지적사항 : 감사인은 건설중인자산의 성격 및 부동산 매각계약의 실질을 파악하는 감사절차를 소홀히 하여 회사가 비용항목을 자산항목으로 잘못 계상한 회계처리기준 위반을 감사의견에 적절히 반영하지 못함.
• 시사점 : 감사인은 회사가 제시한 이자비용의 차입원가 자본화 내역에 대한 감사절차를 수행함에 있어, 단순 재계산 외에 이자비용이 자본화 대상요건에 부합하는지 여부에 대해 차입계약서, 이사회의사록, 공시사항 등을 면밀히 확인하는 감사절차를 충실히 수행할 필요가 있음.

⑤ 재무제표 주석 미기재 관련

가. A사의 담보제공 자산 주석미기재

- 회사 지적사항 : 회사는 은행 대출약정 등과 관련하여 유형자산 담보제공금액을 주석에 과소 기재하거나, '15년에 대출금 전액 상환으로 관련 신탁담보가 말소된 유형자산을 신탁예치되어 있는 것으로 잘못 기재함.
- 감사인 지적사항 : 감사인은 은행연합회 여신조회금액, 금융기관조회서, 부동산등기부등본 등에 표시된 담보제공액이 재무제표 주석에 적절히 기재되었는지 대사하는 절차를 소홀히 하여, 이를 감사의견에 적절히 반영하지 못함.
- 시사점 : 회사의 차입금 및 채무약정한도에 비하여 주석에 기재된 사용제한자산 금액이 과도하게 큰 경우, 오류가 존재할 가능성이 높으며, 기말에 관련 차입금 잔액이 없더라도 채무약정이 있는 한, 대부분 회사가 부동산 등을 금융기관에 담보로 제공하므로, 담보제공여부 등에 대하여 회사 담당자에게 질문하고, 부동산등기부등본, 은행연합회 조회자료, 금융기관조회서 등을 면밀하게 검토할 필요가 있음.

나. B사의 특수관계자 간의 거래내역 주석 과소기재

- 회사 지적사항 : 회사는 특수관계자로부터의 공사용역 매입액을 재무제표 주석에 과소기재하거나, 누락한 사실이 있음.
- 감사인 지적사항 : 감사인은 세금계산서 검토가 아닌 대금 결제 자료를 통해 특수관계자 거래 금액의 적정성을 검토하여 회사의 과소기재 사실을 확인하지 못하였고, 전기 재무제표상의 특수관계자 거래금액과 당기 재무제표상의 금액의 비교·검토, 회사 담당자에 대한 질문절차 등 감사절차를 소홀히 하여, 회사의 특수관계자 거래 주석기재 누락 사실을 발견하지 못하였음.

  * 거래처별 미지급금 결제 금액이 공사용역 금액과 동일할 것이라고 잘못 판단하고, 거래금액을 정확히 확인할 수 있는 세금계산서 등의 자료검토를 누락
- 시사점 : 특수관계자 거래는 매입 및 매출 등 통상의 거래에서 주로 발생하지만, 회사 사옥 건설공사 등 비정기적인 거래에서도 발생할 수 있으므로, 해당 거래의 거래상대방이 특수관계자인지 파악한 후 특수관계자 거래인 경우에는 주석에 기재되어 있는지 확인할 필요가 있음.

다. C사의 특수관계자와의 자금거래내역 주석 미기재

• 회사 지적사항 : 회사는 특수관계자로부터 자금을 차입하고 상환하였음에도, 특수관계자에 대한 기말 미상환 차입금 잔액만을 주석에 기재하고 기중 자금거래내역(차입 · 상환)은 재무제표 주석에 기재하지 아니함.
• 감사인 지적사항 : 감사인은 특수관계자 거래와 관련하여 일반적인 감사절차를 취하였으나, 주석에 특수관계자와의 기중 자금거래내역(차입 · 상환)이 미기재된 사실을 감사의견에 적절히 반영하지 못함.
• 시사점 : 특수관계자와의 자금거래와 관련하여 기말시점의 자금거래 잔액만이 아니라 기중 자금거래내역(차입 · 상환) 또한 기업회계기준서에서 요구하는 주석기재사항에 해당되는 점을 유의하여야 함.

라. D사의 매출채권 매각잔액 주석미기재

• 회사 지적사항 : 회사는 비금융기관 거래처에게 배서양도한 어음에 대하여 어음양수인의 지급청구가 있을 때 지급을 담보하여야 하며 담보책임은 우발부채로서 재무제표 주석에 기재하여야 함에도 이를 누락하였음.
• 감사인 지적사항 : 배서양도, 할인어음 중 만기미도래분에 대한 금액을 파악하여 우발부채와 연결 검토하여야 함에도, 거래처에 배서양도한 어음 명세를 징구하는 등의 감사절차를 취했다는 내용이 없어 감사절차 소홀의 책임이 있음.
• 시사점 : 비금융기관 거래처에 배서양도한 어음의 경우 회사가 제시하지 않으면 파악하기 어렵다는 점을 고려할 필요가 있음.

07

⑥ 연결재무제표 및 합병 관련

가. A사의 연결대상 종속회사 범위산정 오류

• 회사 지적사항 : 회사는 ㈜OOOO에 대해 종속회사 및 손자회사가 보유한 지분율(50%)을 고려하지 않고 회사가 보유한 지분율(16.7%)만 고려하여 ㈜OOOO를 연결대상에서 누락함으로써 연결재무제표상 자기사본을 과대계상*하였음.

* ㈜OOOO는 비상장회사로서 공정가치 산정이 어려워 연결재무제표상 매도가능증권으로 계상 후 취득원가로 평가

• 감사인 지적사항 : 감사인은 종속회사가 보유한 매도가능증권의 세부내역을 확인하지 않아 연결재무제표 관점에서의 지분율 파악 및 연결여부 검토 등의 절차를 수행하지 않았음.

• 시사점 : 감사인은 종속회사에 대해 부문감사인을 활용하는 경우 종속회사의 지분증권 보유내역 및 연결여부 등에 대해 커뮤니케이션할 필요가 있음.

나. B사의 종속기업 회계기준위반에 따른 연결재무제표 오류

• 회사 지적사항 : 회사는 종속회사가 허위의 전표 등을 이용하여 재고자산 등 자산을 과대계상하고 매입채무 등 부채를 과소계상하는 등 회계처리기준을 위반하여 재무제표를 작성하였음에도 이를 검토하지 아니하고 그대로 인용하여 연결재무제표를 작성
• 감사인 지적사항 : 감사인은 종속회사의 담당이사와 회사의 담당이사가 동일한 상황에서 종속회사가 허위의 전표 등을 이용하여 재고자산 등 자산을 과대계상하고 매입채무 등 부채를 과소계상하여 발생한 연결재무제표의 회계처리기준 위반사항을 감사의견에 적절히 반영하지 못함.
• 시사점 : 연결회사는 연결재무제표 전반에 대한 책임이 있기 때문에 종속회사의 재무제표 적정성에 대하여서도 검토를 철저히 해야 하며 연결감사인은 연결회사와 종속회사의 담당이사가 동일할 경우 위반동기가 동일하게 적용될 수 있음을 고려할 필요가 있음.

⑦ 금융회사 관련

가. A저축은행의 대출채권에 대한 대손충당금 과소계상

• 회사 지적사항 : 회사는 차주인 시행사가 자금부족으로 완전자본잠식상태 및 타금융기관 연체 등록 중이며, 시공사의 기업회생절차 진행 등으로 PF 사업이 중단되고 부실화된 상태임에도 대손충당금을 과소계상함.
• 감사인 지적사항 : 감사인은 대손충당금에 대한 감사 시 시공사의 기업회생절차 진행 및 자금부족으로 인한 사업중단 등의 자산건전성 재분류사유를 적절히 반영하지 못하는 등 차주의 채무상환능력에 대한 검토를 소홀히 함.
• 시사점 : 감사인은 대규모 자금이 투입되는 PF사업의 특수성을 감안하여 회사 사업의 진행현황뿐만 아니라 자금흐름을 통한 채무이행현황 등 다양한 자료를 확인할 필요가 있음.

나. B저축은행의 자산 손상차손 미인식

• 회사 지적사항 : 회사는 보유 중인 회원권의 시세가 지속적으로 하락하는 등 자산손

상 징후가 존재함에도 회수가능성에 대한 평가를 소홀히 하여 회원권의 손상차손을 과소계상함.

• 감사인 지적사항 : 감사인은 시세가 하락하고 있는 회원권에 대해 손상징후 검토 및 회수예상가액 산정 등 적절한 감사절차를 취하지 않았음.
• 시사점 : 감사인은 회사가 보유한 회원권에 대한 평가 시 회원권은 회원권거래소의 시세조회 등을 통해 손상징후 및 회수가능액 추정절차를 수행하여야 함.

다. C저축은행의 대출채권에 대한 대손충당금 과소계상

• 회사 지적사항 : 회사는 3개 차주에 대한 PF대출채권이 회수의문으로 분류된 지 1년 이상 경과하였고, 회수가능성이 매우 낮은 여신임에도 이를 추정손실로 재분류하지 아니함으로써, 대출채권에 대한 대손충당금을 과소계상
• 감사인 지적사항 : 감사인은 회사가 대손충당금을 과소 계상하였음에도, 회사가 기존에 충당금 과소적립으로 지적받지 아니하였고, 금융당국으로부터 수차례 재정리요구*를 받은 사실을 통해 회사의 분류를 인정했다고 주장한 사실을 그대로 받아들여 감사결론을 잘못 내리는 등 감사절차를 소홀히 하여 회사의 회계처리기준 위반을 감사의견에 적절히 반영하지 못함.

* 검사 시 법규 위반 등 지적 내용을 해소하도록 요구하는 절차

• 시사점 : 감사인은 금융당국의 답변을 인용하는 회사의 주장이 타당한지의 여부에 대해 금융당국에 질의 또는 확인 등을 해볼 필요가 있으며 또한 저축은행 대출채권의 회수가능성 검토를 보다 면밀히 하여 건전성 재분류를 검토할 필요 있음.

⑧ 기타 지적사항

가. A사의 영업활동으로 인한 현금흐름 과대계상

• 회사 지적사항 : 회사는 공장임차보증금 회수금액을 투자활동으로 분류해야 함에도, 영업활동으로 잘못 분류하여 영업활동으로 인한 현금흐름을 과대계상하였음.
• 감사인 지적사항 : 감사인은 회사의 현금흐름표를 감사하는 과정에서 영업활동으로 인한 현금흐름이 전기 대비 큰 폭으로 증가하였고, 주요 증가원인이 공장임차보증금의 회수라는 사실을 인지하였으나, 원가절감을 위하여 일부 공장을 폐쇄함에 따라 자금이 회수된 것으로서, 해당 사항이 회사의 주요 영업활동과 밀접하게 연관되어 있다고 잘못 판단하는 등 감사절차를 소홀히 하여 회사의 회계처리기준 위반을 감사의견에 적절히 반영하지 못함.

• 시사점 : 영업활동으로 인한 현금흐름의 세부 증감 원인을 면밀히 파악하고 증감내역이 적절한 현금흐름으로 구분 표시될 수 있도록 주의를 기울일 필요가 있음.

나. B사의 유동성분류 오류

• 회사 지적사항 : 회사는 비유동자산으로 분류해야 할 투자부동산을 유동자산으로 잘못 분류함.
• 감사인 지적사항 : 감사인은 토지는 경매 등 매각절차가 진행되고 있어 비유동자산으로 분류할 실익이 크지 않았다고 잘못 판단하는 등 유동・비유동 분류에 대한 감사절차를 소홀히 하여 회사의 회계처리기준 위반을 감사의견에 적절히 반영하지 못함.
• 시사점 : 유동성 분류는 기업회계기준서에서 명시적으로 요구하고 있으므로 관련 기준서의 규정내용을 정확히 숙지할 필요가 있음.

보론 1 부정의 가능성을 나타내는 상황의 예(회계감사기준서)

회계감사기준서 240에서 부정의 가능성을 나타내는 상황에 대한 예시는 다음과 같다.

1. 회계기록의 불일치

- 완전하게 또는 적시에 기록되지 않은 거래, 그리고 금액, 보고기간, 분류 또는 회계정책에 있어 부적절하게 기록된 거래
- 근거가 없거나 승인되지 않은 잔액이나 거래
- 재무적 결과에 중요한 영향을 미치는 최종 순간의 조정사항들
- 종업원이 승인된 직무의 수행에 필요한 것과 상응하지 않는 시스템과 기록에 접근한 증거
- 부정 혐의에 관하여 감사인이 알게 된 정보나 불만사항

2. 상호 모순되거나 찾을 수 없는 증거

- 문서의 분실
- 변조가 된 것으로 보이는 문서
- 원본문서가 존재할 것으로 예상됨에도 불구하고 사진촬영본이나 전자전송 문서 외에는 확인할 수 없는 경우
- 차이조정에서 설명되지 않은 중요한 항목
  예를 들어 수익보다 급속한 성장을 보이는 매출채권과 같이, 재무상태표 항목의 비경상적인 변화나 추세, 또는 주요 재무비율이나 상호관계의 비경상적인 변화
- 질문이나 분석적절차에서, 경영진이나 종업원들의 일관성 없고 모호하거나 납득할 수 없는 답변
- 기업의 기록과 회신되어 온 확인 간의 비경상적인 차이
- 매출채권 기록에서 다수의 대변분개나 기타 조정사항들
- 매출채권 보조원장과 통제계정 간, 또는 거래처가 확인해 준 금액과 매출채권 보조원장 간의 설명되지 않거나 불충분하게 설명된 차이
- 취소된 수표가 일반적으로 은행잔액명세와 함께 기업에 반송되는 상황임에도 불구하고 분실되었거나 존재하지 않는 취소수표
- 유의적 크기의 재고자산 또는 실물자산의 분실
- 해당 기업의 기록보관에 대한 실무나 정책과 상반되는, 입수할 수 없거나 분실한 전자적 증거
- 확인요청에 대하여 기대보다 더 적거나 더 많은 수의 회신
- 주요 시스템의 변경 및 프로그램 변경 테스트 그리고 당기의 시스템의 변경 및 개발 활동에 대한 증거를 생성할 능력이 없음.

3. 감사인과 경영진 간에 문제가 있거나 비정상적인 관계

- 감사증거가 발견될 것으로 보이는 기록, 설비, 특정 종업원, 고객, 거래처 또는 기타의 자에 대한 접근 거부
- 복잡하거나 논란이 있는 쟁점들의 해결에 대한 경영진의 부당한 시간적 압력
- 특히 감사증거에 대한 감사인의 비판적 평가와 관련하여, 또는 경영진과의 잠재적인 의견 불일치에 대한 해결과정에 있어 감사업무의 수행에 대한 경영진의 불평이나 업무팀원에 대한 경영진의 위협
- 요청한 정보 제공에 대한 기업의 비정상적인 지연
- 감사인이 컴퓨터를 이용한 감사기법으로 테스트하기 위해 주요 전자파일에 접근하는 것을 꺼림.
- 보안, 운영 그리고 시스템 개발 인원 등 주요 정보기술 운영 인원과 설비에 대한 접근 거부
- 보다 완전하고 이해가능성이 높게 재무제표의 공시를 추가하거나 수정하는 것을 꺼림.
- 식별된 내부통제의 미비점들에 대하여 적시에 대처하는 것을 꺼림.

4. 기 타

- 감사인이 개인적으로 지배기구와 만나는 것을 경영진이 허용하기 꺼려 함.
- 산업표준과 일치되지 않는 것으로 보이는 회계정책
- 변화된 상황에 따른 것으로 보이지 않는 회계추정치의 빈번한 변경
- 기업 행동강령의 위반에 대한 용인

보론 2 부정에 의한 중요한 왜곡표시의 평가된 위험에 대한 감사절차의 예

회계감사기준서 240에서는 부정한 재무보고 또는 자산의 횡령으로 인한 부정에 의한 중요한 왜곡표시의 평가된 위험에 대처하기 위하여 적용 가능한 감사절차를 다음과 같이 예시하고 있다.

1. 경영진주장 수준에서의 고려

부정에 의한 중요한 왜곡표시 위험에 관한 감사인의 평가에 대한 구체적 대응은 부정위험요소, 식별된 상황, 영향을 미칠 거래의 유형, 계정잔액, 공시 및 경영진주장의 유형이나 이들의 결합에 따라 달라질 것이다. 다음은 이러한 대응의 구체적인 예시이다.

- 기습적이거나 예고 없이 사업장을 방문하거나 특정 테스트를 수행함. 예를 들어 미리 감사인의 참석이 예고되지 않았던 사업장의 재고실사에 입회하거나, 갑자기 특정 일자에 현금실사를 수행함.
- 실사완료일과 보고기간 말 사이에 잔액의 조작위험을 최소화시키기 위하여 기업이 재고실사를 보고기간 말 또는 이에 근접한 일자에 수행하도록 요청함.
- 당기의 감사접근방법을 변경함. 예를 들어 서면확인서의 발송과 더불어 주요 거래처와 공급자와 구두로 접촉하거나, 조직 내의 특정 당사자에게 확인요청서를 발송하거나, 추가적이거나 다른 정보를 요청
- 분기 말 또는 보고기간 말의 조정분개를 세부적으로 검토하여 그 성격이나 금액상 비경상적으로 보이는 항목을 조사함.
- 특히 보고기간 말 또는 보고기간 말에 근접하여 발생한 유의적이고 비경상적인 거래들에 대하여 특수관계자와의 거래가능성이나 거래를 뒷받침할 수 있는 재무적 자원의 원천을 조사함.
- 세분화된 데이터를 이용하여 실증적 분석절차를 수행함. 예를 들어 매출과 매출원가를 지역별, 사업단위별 또는 월별로 감사인이 예측한 수치와 비교함.
- 위험 및 위험에 대처하기 위한 통제 여부와 그 방법을 통찰하기 위해 부정에 의한 중요한 왜곡표시 위험이 식별된 영역과 관련된 인원을 면담함.
- 독립된 타감사인이 하나 이상의 종속기업, 사업부문 또는 지점의 재무제표를 감사하고 있는 경우, 이러한 부문 간의 거래나 활동으로부터 발생하는 부정에 의한 중요한 왜곡표시의 평가된 위험에 대처하기 위하여 수행하여야 할 업무의 범위를 타감사인과 토의함.
- 부정에 의한 중요한 왜곡표시의 평가된 위험이 높은 재무제표 항목과 관련하여 전문가의 업무가 특별히 중요하다면, 전문가의 발견사항이 합리적인지 여부를 결정하기 위하여 전

문가의 제 가정이나 방법론, 또는 그 발견사항의 일부 또는 전부와 관련된 추가적인 절차를 수행하거나 이러한 목적으로 타전문가를 참여시킴.

- 예를 들어 매출환입충당금과 같이, 회계추정치와 판단이 개입되는 특정의 쟁점이 어떻게 해결되었는지 사후적으로 평가하기 위하여, 과거의 감사받은 재무제표에서 선정한 재무상태표 계정과목의 기초잔액을 분석하기 위한 감사절차를 수행함.
- 보고기간 중에 수행한 차이조정에 대한 고려 등 계정이나 기업이 작성한 기타의 차이조정에 대하여 절차를 수행함.
- 모집단의 예외사항 테스트를 위한 데이터 마이닝 등 컴퓨터를 이용한 기법을 수행함.
- 정보시스템에서 생성된 기록과 거래의 무결성을 테스트함.
- 감사대상기업의 외부원천으로부터 추가적인 감사증거를 구함.

2. 구체적인 대응–부정한 재무보고에 의한 왜곡표시

부정한 재무보고에 의한 중요한 왜곡표시 위험에 대한 감사인 평가의 대응사례는 다음과 같다.

(1) 수익인식

- 예를 들어, 당기와 과거 보고기간의 월별, 제품별 또는 사업부별 보고수익 간의 비교와 같이 세분화된 데이터를 이용함으로써 수익 관련 실증적 분석절차를 수행함. 컴퓨터를 이용한 감사기법은 수익 간의 비경상적이거나 기대하지 못한 관계나 거래들을 식별하는 데 유용함.
- 적합한 회계처리는 종종 거래조건이나 약정에 의해 영향을 받으며 할인조건이나 그 적용기간이 적절히 문서화되지 아니하는 경우가 있기 때문에, 관련 계약조건과 부속약정 존재에 대하여 거래처에 확인함. 예를 들어, 인수조건, 인도 및 지급조건, 향후 또는 진행 중인 공급자 의무의 존재 여부, 제품에 대한 반품권, 보증된 재판매가액, 취소 및 환불조항 등이 종종 그러한 상황과 관련됨.
- 기업의 판매 및 마케팅 인원이나 내부의 법률고문에게 보고기간 말에 근접한 매출이나 출고에 대해 질문함. 그리고 이러한 거래와 관련하여 비경상적인 조건이나 상황을 알고 있는지 질문함.
- 출고 중이거나 출고대기 상태에 있는 제품(또는 처리 대기 중인 반품)을 관찰하기 위하여 보고기간 말에 하나 이상의 사업장에 입회하고 매출 및 재고자산과 관련된 기타의 적절한 기간귀속 절차를 수행함.
- 수익거래가 전자적으로 발생, 처리 및 기록되는 상황이라면, 이들이 실제로 발생하였으며 적절하게 기록되고 있다는 확신을 제공하는지를 결정하기 위하여 통제에 대한 테스트를 수행함.

(2) 재고자산 수량

- 재고실사 때나 그 후에 특별한 주의를 요하는 사업장이나 항목을 식별하기 위하여 기업의 재고기록을 조사함.
- 예고하지 아니하고 특정 사업장의 재고실사에 입회하거나 동일한 날에 모든 사업장의 재고실사를 수행함.
- 실사수행일과 보고기간 말 사이의 부당한 조작위험을 최소화시키기 위하여 재고실사를 보고기간 말 또는 이에 근접한 일자에 수행함.
- 실사입회 중에 추가적인 절차를 수행함. 예를 들어 포장된 재고자산에 대하여는 내용물, 적재방법(예를 들어 가운데를 비우기) 및 라벨의 부착 방식을, 그리고 향수나 특수 화학제품과 같은 액체는 그 품질(즉, 순도, 등급 또는 농도)을 더 엄격하게 조사함. 전문가의 활용은 이러한 측면에서 도움이 될 수 있음.
- 수량을 재고자산의 등급이나 유형, 사업장 또는 기타의 기준에 따라 과거 보고기간의 수량과 비교하거나, 실사수량을 계속기록법에 의한 수량과 비교함.
- 컴퓨터를 이용한 감사기법으로 재고실사 자료를 추가로 테스트함. 예를 들어 일련번호에 대한 통제를 테스트하기 위하여 태그번호 별로 정렬하거나 항목의 중복 또는 누락가능성을 테스트하기 위하여 항목의 일련번호로 정렬함.

(3) 경영진의 추정치

- 경영진의 추정치와 비교하기 위한 독립적인 추정치를 도출하기 위하여 전문가를 이용함.
- 회계추정치의 도출과 관련된 계획을 수행할 경영진의 능력과 의도를 확인하기 위해 경영진과 회계부서 외의 자에게 질문을 확대함.

3. 구체적인 대응 – 자산의 횡령에 의한 왜곡표시

서로 다른 상황에서는 항상 서로 다른 대응이 필요하다. 일반적으로, 자산의 횡령으로 인한 부정에 의한 중요한 왜곡표시의 평가된 위험에 대한 감사인의 대응은 특정 계정잔액과 거래유형에 중점을 두게 될 것이다. 비록 위에서 언급한 두 가지 범주에 대한 감사인의 대응 중 일부는 그러한 상황에 적용될 수 있겠지만, 업무수행의 범위는 식별된 횡령위험에 대한 개별적인 정보와 연계되어야 한다.

자산의 횡령으로 인한 중요한 왜곡표시 위험에 관한 감사인의 평가에 따른 대응의 예는 다음과 같다.

- 보고기간 말 또는 이에 근접한 시기에 현금이나 유가증권을 실사함.
- (지급일, 매출취소 및 환입 기록 등)감사대상 보고기간의 계정 변동에 대하여 거래처에 직접 확인함.
- 상각채권의 추심액에 대하여 분석함.
- 사업장별 또는 제품유형별 재고부족을 분석함.

• 주요 재고자산 비율을 산업표준과 비교함.
• 재고감소에 대한 근거문서를 계속기록법에 의한 기록과 검토함.
• 매입처 목록과 종업원 목록 간 주소 또는 전화번호가 일치하는지 식별하기 위하여 전산상으로 대조함.
• 주소, 종업원 주민등록 번호 또는 과세당국 번호나 은행 계좌번호의 중복 여부를 확인하기 위하여 급여지급 기록을 컴퓨터를 이용하여 조사함.
• 예를 들어 성과평가의 부재와 같이, 관련 활동에 대한 증거가 거의 또는 전혀 없는 종업원에 대한 인사기록을 검토함.
• 비경상적인 유형이나 추세를 나타내는 매출할인이나 환입을 분석함.
• 제3자와 특별한 계약조건이 있는지 확인함.
• 계약이 조건대로 수행되고 있는지에 대한 증거를 입수함.
• 거액의 비경상적인 비용의 타당성을 검토함.
• 상위경영진과 특수관계자에 대한 대여금의 승인내역 및 현재 잔액을 검토함.
• 상위경영진이 제출, 보고한 지출의 수준 및 그 타당성을 검토함.

〈참고문헌〉

2017년 금융감독원 감리지적 사례
국제회계기준 ISA 240
미국감사기준 SAS 99
㈳한국감사협회 전문자료－부정과 위험관리
안홍복, 「회계오류와 부정」, 2015년, 나눔
외부감사 및 회계 등에 관한 규정 시행세칙
정운섭, 「투명경영을 위한 부정위험관리와 상시 모니터링」, 2009년, 삼일회계법인
회계감사기준 회계감사기준서 240

CHAPTER

08 자산·부채의 실사 및 M&A

1 항목별 세부실사요령

(1) 실사기준(사례)

① **실사목적**

본 실사는 주식양수도계약서 제2조(양수도금액)에서 규정한 "주식회사 ××"의 순자산가액을 산정하는 것을 목적으로 한다.

② **실사기준일**

본 실사는 주식양수도계약서 제7조(순자산가액평가기준일)의 규정에 따라 ××년 ××월 ××일을 기준일로 한다.

③ **실사기준**

본 실사는 주식양수도계약서 제6조(회계감사기준)의 규정에 따라 기업회계기준을 준수함을 원칙으로 한다. 다만, 아래의 평가기준은 기업회계기준에 불구하고 이를 우선하여 적용한다.

가. 출자금 및 유가증권은 장부가액(또는, 상장주식은 시가, 비상장주식은 순자산 지분해당액 등)대로 평가한다.

나. 재고자산 중 원재료 및 저장품은 회사가 매입한 매입원가 기준으로, 제품은 제품원가기준으로 하여 공히 총평균법에 의한다.

다. 매출채권은 담보여력, 거래상황, 거래일수 등을 감안, 양수도 쌍방 간의 협의에 의하여 회수가능 여부를 판정하고 순자산가액 산정에서 조정한다.

라. 담보물건에 대한 평가에 있어 양수도 쌍방의 의견이 다른 경우에는 한국감정원의 평가금액에서 선순위 저당권 및 주택임대차보호법에 의한 선순위 금액을 공제한 금액으로 한다.

마. 퇴직급여충당부채는 인수인계일(20xx.01.31.) 현재 잔존하는 임직원 전원이 퇴직 시 지급받아야 할 퇴직금추계액으로 설정한다. 단, 근속연수 1년 미만인 자에 대한 퇴직금계산은 월할 계산하여 퇴직금추계액으로 설정한다.

바. 부외채무 · 우발채무 및 제세충당금(법인세법 등 각종 세법의 규정에 의하여 납부할 세금)은 순자산가액에서 공제한다.

사. 다음 사항은 순자산가액산정에서 제외한다.

- 부도처리된 채권
- 자산 중 실사결과 가공 및 부실자산으로 인정되는 금액
- 채권발생일로부터 3개월 이상 경과되고 거래 중단된 채권
- 무형자산의 장부가액
- 자산이 실제로 없거나 생산활동에 정상적으로 사용할 수 없는 자산의 장부가액
- 기타 회수불가능하다고 인정되는 채권일체

아. ㈜××김의 영업권 일체는 금 ××만원으로 한다.

자. 토지 중 아래의 a, b 및 c의 공장용지는 평당 150,000원으로 평가하며, d 및 e의 답 및 전은 평당 50,000원으로 평가하고, f 및 g의 공장용지는 평당 100,000원으로 평가한다.

a. 경기도 안성군 공장용지 1,236㎡(374평)

b. 경기도 안성군 공장용지 1,670㎡(505평)

c. 경기도 안성군 공장용지 883㎡(267평)

d. 경기도 안성군 답 1,891㎡(572평)

e. 경기도 안성군 전 734㎡(222평)

f. 이리시 공장용지 4,481㎡(1,355평)

g. 이리시 공장용지 3,606㎡(1,091평)

차. 주주임원에게 부과된 제세공과금 중 회사가 대납한 금액과 기타 가불처리되어 있는 금액은 잔금지급일까지 회사에 입금조치되는 것으로 한다.

카. 실사결과 나타난 회사와 관련된 부외자산은 회사의 자산에 포함한다.

(2) 현　금

① 아래 양식의 현금실사조정명세서를 장소별(본사, 공장, 직매장, 지점 등)로 완성하고 임직원대여금에 속하는 가불증해당액, 유가증권에 속하는 증서류 해당액, 예수금에 속하는 보관현금 등을 조정한다.

현금실사조정명세서

구 분	금 액	비 고
실사현금잔액(A) : 1. 지폐금액 2. 동전금액 3. 자기앞수표금액 4. 증서류해당액 5. 타인소유보관현금(△)		
실사일 현재 장부잔액(B)		
실사현금과부족액(A－B) : 1. 가불증해당액 2. 3.		
실사기준일 현재 현금잔액(A＋C－D) : 1. 실사일까지의 입금액 (　)건(C) 2. 실사일까지의 출금액 (　)건(D)		

② 권종별 현금실사표를 지폐 및 동전 등 화폐의 권종별 수량이 구분되도록 완성하고 회사의 출납담당자 및 책임자의 입회확인서를 받아야 한다.

③ 자기앞수표 및 증서류실사표를 자기앞수표에 대여하는 수납일자, 수납처, 발행금융기관, 수표번호 및 금액이 명기되고 증서류는 증서종류 및 권종별 수량이 확인되어야 하고 회사 책임자의 입회확인을 받아야 한다.

④ 타인소유보관현금 및 가불증실사표를 타인소유보관현금에 대하여는 소유자별 금액과 보관사유가 명기되도록 하고 가불증은 가불일자, 가불자 직책및 성명, 가불사유 및 금액이 명기되도록 하여 완성하고 회사 책임자의 확인을 받아야 한다.

(3) 예 금

① 아래 양식의 예금실사조정명세서를 장소별(본사, 공장, 직매장, 지점 등)로 완성하고 은행잔고와 차액 등을 조정한다.

예금실사조정명세서

은행명	예금 · 적금의 종류	구좌번호	금 액	연 이자율	최종이자 지급기간	만기일	비고

② 예금잔액조정표를 장부가액, 기발행미인출수표, 은행미기입예금, 이자수익원금가산액, 오류발생액 등과 은행잔액이 명기된 양식으로 완성하여 관련거래기록과 대사확인한다.

③ 예금미수이자계산명세표를 은행별, 예금종류별로 실사기준일 현재까지의 미수이자 계산근거 및 금액이 명시된 양식으로 완성하고 은행조회확인내용 등과 대사확인하여야 한다.

④ 인출제한예금 내역표를 은행별, 예금종별, 인출제한사유 등이 명기된 양식으로 완성하고 그 타당성을 확인하여야 한다.

(4) 유가증권

① 아래 양식의 유가증권실사조정명세서를 장소별로 완성하고 계상 착오분 및 실사결과 과부족액을 조정하고 회사 책임자의 입회확인을 받아야 한다.

유가증권실사조정명세서

종 목	발행일	취득일	만기일	권면액	증서번호	수 량	금 액	이율 및 이자 지급조건	비 고

② 타처보관 유가증권실사표를 지출일자·보관처·보관사유·유가증권의 종류 및 수량·금액 등이 명기된 양식으로 완성하여 회사 책임자의 확인을 받고 보관증 등 관련기록과 대사하여야 하며 필요한 경우에는 조회확인절차를 취한다.

(5) 외상매출금

① 아래 양식의 외상매출금실사조정명세서를 장소별로 완성하고 조회확인 결과의 차이금액, 장려금이나 에누리 등 감액조정분, 반품미정리액 등을 조정한다.

외상매출금실사조정명세서

거래처	우편주소 (전화번호)	금 액	최종 판매일자	최종 수금일자	월간 평균거래액	거래 조건	거래상태 및 중단 여부	비 고

② 채권보전현황표를 거래처명, 계약자(실점주), 신원보증내용, 근저당권설정내용(감정가액부기), 거래보증금 등이 명기된 양식으로 완성하고 비치서류 및 공부 등을 대조확인한다.

③ 거래유형요약표를 가격조건, 매출할인이나 에누리 및 장려금 여부, 반품처리요건, 매출자료정리방법, 판촉물지급빙법 등이 명기된 양식으로 완성하고 거래약정서, 관련품의서, 부가가치세신고서류 등과 대조확인한다.

④ 실사기준일 현재의 모든 외상매출금에 대하여 신속히 조회확인절차를 취하고 조회결과 차이항목에 대하여는 그 원인을 규명하고 실사조정절차를 취하고 무응답자에 대하여는 거래내용을 추적확인한다.

(6) 받을어음

① 아래 양식의 받을어음실사조정명세서를 장소별로 완성하고 기장누락분, 추심절차 종료분, 배서양도분을 조정한다.

받을어음실사조정명세서

거래처	입금일	어음수표 번호	금액	어음발행일	어음만기일	지급지	최종배서인	비고

② 타처보관어음명세표를 추심의뢰 중인 받을어음에 대하여는 어음수표번호, 금액, 만기일, 추심의뢰은행, 추심의뢰일자 등이 명기되도록 하고 담보제공된 받을어음의 경우에는 어음수표번호, 금액, 만기일, 담보제공처, 사유 등이 명기되도록 완성하여 관련기록과 대사하고 필요한 경우에는 조회확인절차를 취한다.

③ 부도어음명세표를 어음수표번호, 금액, 입금거래처, 발행인, 배서인, 지급지, 만기일, 부도일, 부도발생사유, 후속조치내용, 회수가능성 여부 등이 명기된 양식으로 완성하여 회사 책임자의 확인을 받는다.

④ 배서양도어음명세표를 양도처, 양도일자, 어음수표번호, 금액, 만기일, 발행인, 수납처, 결제 여부 등이 명기된 양식으로 완성하고 회사 책임자의 확인을 받는다.

⑤ 실사기준일 현재의 모든 받을어음을 실사하고 요건불비어음, 기일경과어음, 자가어음, 상거래와 무관한 융통어음, 기일갱신어음 등을 면밀히 검토한 후 회사 책임자의 확인을 받는다.

(7) 전도금과 가지급금

① 전도금과 가지급금에 대하여는 각각 아래 양식의 실사조정명세서를 장소별로 완성하고 정리누락분, 재분류항목 등을 조정한다.

전도금(또는 가지급금)실사조정명세서

관련부서	담당자	일 자	금 액	지급사유	정리예상일자	비 고

② 전도금이나 가지급금 중 필요한 경우에는 담당자의 자필확인서를 징구하거나 조회확인절차를 취한다.

(8) 재고자산

① 아래 양식의 재고자산실사조정명세서를 장소별로 완성하고 실사조정과부족분, 상태평가감 등을 조정한다.

재고자산실사조정명세서

과 목	구 분	장 소	장부가액	실사조정가감액	실사금액	비 고

② 아래 양식의 재고자산수불명세표를 장소별, 품목별로 완성하고 장기체류품, 과다재고 등을 분석하고 생산 및 판매기록과 대사한다.

재고자산수불명세표

품 명	기초이월재고			당기 생산			불 출			실사기준일재고		
	수량	단가	금액	수량	단가	금액	수량	단가	금액	수량	단가	금액

③ 아래 양식의 재고실사조정표를 장소별로 완성하여 실지재고조사를 실시하고 실사과부족 수량을 확인한다.

재고실사조정표

품목 · 규격 · 단위	실사일 현재 실사수량	실사일－기준일		실사기준일 현재 실사수량	실사기준일 현재 장부수량	과부족 수량	비 고
		입 고	출 고				

④ 재고실사과정에서 진부화, 파손 및 불량품 등을 면밀히 조사하여 불량재고조사표를 작성하고 평가감 예상액을 산정한다.

⑤ 실사일 현재의 타처보관품이 있는 경우에는 품명, 규격, 단위별로 보관처, 보관사유 등을 명기한 양식으로 타처보관재고명세표를 별도작성하고 현지답사 또는 조회확인절차를 취한다.

⑥ 재고실사에 있어서 각 품목의 최종입고전표 및 최종출고전표를 확인 · 요약하고 장부마감의 적정성을 검토한다.

(9) 선급금, 미수금과 보증금 등

① 선급금, 미수금과 보증금 등에 대하여는 각각 아래 양식의 실사조정명세서를 완성하고 조회확인결과의 차이금액, 정리누락분 등을 조정한다.

선급금, 미수금(또는 보증금 등)실사조정명세서

계정과목	발생일자	상대처	내 역	금 액	비 고

② 실사기준일 현재의 모든 선급금, 미수금과 보증금 등에 대하여 신속히 조회확인절차를 취하고 계약서나 거래내용 등을 추적확인한다.

(10) 선급비용

- 아래 양식의 선급비용실사조정명세서를 완성하고 증빙서 등과 대사하고 계산검증하도록 한다.

선급비용실사조정명세서

명세비목	지급처	지급내용	산출근거	금 액	비 고

(11) 유형자산

① 아래 양식의 유형자산실사조정명세서를 완성하고 취득가액착오분, 감가상각과소계상액, 실물과부족금액 등과 토지 중 평가를 달리하는 목록에 대한 평가조정액을 조정하여 실사금액을 산정한다.

유형자산실사조정명세서

과목	자산명	소재지(소유자)	수량	장부가액				조정액		실 사 금 액	비고
				단가	취득가액	감가충당금	미상각잔액	조정내용	금액		

② 아래 양식의 담보제공내역표를 완성하고 관계기록 및 은행조회서 등과 대사한다.

담보제공내역표

과 목	자산명	소재지	수 량	장부가액	설정내용 및 금액	담보권자	관련차입금	비고

③ 모든 등기등록자산에 대한 소유권과 가등기, 압류 등 소유권에 대한 하자사항을 등기부등본 등과 대조 확인하여 타인소유자산명세표를 작성한다.

④ 취득가액의 계상근거와 자본적지출의 타당성을 검토하고 감가상각의 적정성을 검증한다.

⑤ 기계장치 등에 대한 가동상황을 검토하고 정상가능을 유지하기 위하여 필요한 보수 또는 수리비정도를 산정한다.

(12) 상표권과 영업권(기타 무형자산 포함)

① 아래 양식의 상표권실사조정명세서를 완성하고 취득금액의 타당성을 검토한다.

상표권실사조정명세서

취득일	내 역	취득금액	상각연수	상각누계액	장부잔액

② 상표권 실제소유주를 등록원부와 대조확인한다.

③ ㈜××의 영업권일체를 ××원으로 평가계상한다.

(13) 외상매입금

① 아래 양식의 외상매입금실사조정명세서를 각 위치별로 완성하고 조회확인결과의 차이금액, 다른 항목의 실사과정에서 발견된 누락금액 등을 조정한다.

외상매입금실사조정명세서

거래처	우편주소(전화번호)	(거래일자) 거래내용	금 액	비 고
실사기준일 현재 장부금액				
(실사조정내용)				
조정 후 실사금액				

② 실사기준일 현재의 모든 외상매입금에 대하여 신속히 조회확인절차를 취하고 조회결과 차이항목에 대하여는 원인을 규명하여 실사조정절차를 취하고 무응답항목에 대하여는 거래내용을 추적확인한다.

③ 실사과정에서 거래내용이 분명하지 아니하거나 거래의 복합성 등으로 인하여 추가적인 직접 확인절차를 필요로 하는 항목은 비고란에 그 사유를 명기한다.

(14) 지급어음

① 아래 양식의 지급어음실사조정명세서를 완성하고 부외지급어음, 마감누락분지급어음, 조회결과 차이금액 등을 조정한다.

지급어음실사조정명세서

은행명	발행인	만기일	어음수표 No	거래처(전화번호)	금 액	비 고
실사기준일 현재 장부금액						
(실사조정내용)						
조정 후 실사금액(매수) (　　)						

② 아래 양식의 어음수표용지수불실사표를 작성하여 회사 책임자의 입회하에 수불수량을 엄격히 계산검증하고 입회확인을 받는다. 다만, 용지수불대사기간은 필요에 따라 조정한다.

어음수표용지수불실사표

은행명	어음또는 수표구분	교부받은 용지			폐기용기 매수	담보견질 매수	발행결제 매수	미사용 매수	미결제 매수	과부족 매수
		일자	일련번호	매수						
합 계	어음									
	수표									

③ 어음수표폐기용지실사표를 용지교부은행・어음수표구분・어음수표번호・폐기일자・폐기원인이 명기된 양식으로 완성하여 회사 책임자의 확인을 받고 어음수표부본과 원본번호부본 및 관련기록과 대사확인한다. 만일 어음수표원본이 은행에 반납된 경우에는 은행확인절차를 취한다.

④ 담보 또는 견질어음수표실사표를 용지교부은행・어음수표구분・어음수표번호・담보제공일자・제공목적・제공처(전화번호)가 명기된 양식으로 완성하여 회사 책임자의 확인을 받고 관련기록과 대사확인한다. 그리고 필요한 경우에는 보관처 앞으로 조회확인절차를 취한다.

⑤ 미사용어음수표용지실사표를 용지교부은행・어음수표구분・어음수표번호・용지보관자가 명기된 양식으로 완성하여 회사 책임자의 입회하에 실사하고 입회확인을 받는다.

⑥ 어음수표발행결제기록대사표를 발행월별・용지교부은행・어음수표구분・발행매수・결제매수가 명기된 양식으로 완성하고 발행순서가 일련번호순서에 준하는가의 여부와 발행일자와 결제일자가 타당한가의 여부 등을 지급어음장부 및 은행의 당좌거래원장사본 등과 대사확인한다.

(15) 미지급금

① 아래 양식의 미지급금실사조정명세서를 각 위치별로 완성하고 조회확인결과의 차이금액, 다른 항목의 실사과정에서 발견된 누락금액 등을 조정한다.

미지급금실사조정명세서

<table>
<tr><th>거래상대처</th><th>우편번호(전화번호)</th><th>(거래일자)거래내용</th><th>금 액</th><th>비 고</th></tr>
<tr><td></td><td></td><td></td><td></td><td></td></tr>
<tr><td colspan="3">실사기준일 현재 장부금액</td><td></td><td></td></tr>
<tr><td colspan="3">(실사조정내용)</td><td></td><td></td></tr>
<tr><td></td><td></td><td></td><td></td><td></td></tr>
<tr><td colspan="3">조정 후 실사금액</td><td></td><td></td></tr>
</table>

② 실사기준일 현재의 미지급금에 대하여 신속히 조회확인절차를 취하고 조회결과 차이항목에 대하여는 원인을 규명하여 실사조정절차를 취하고 무응답항목에 대하여는 거래내용을 추적확인한다.

③ 미지급금의 거래내용이 세금계산서나 계약서 등에 의하여 확정된 금액이 아니고 추정에 의하여 계상된 경우에는 그 계상근거의 타당성을 충분히 검증하고 보충조서를 작성 첨부한다.

④ 실사과정에서 거래내용이 분명하지 아니하거나 거래의 복잡성 등으로 인하여 추가적인 직접 확인절차를 필요로 하는 항목은 비고란에 그 사유를 명기한다.

(16) 미지급비용

① 아래 양식의 미지급비용실사조정명세서를 각 위치별로 완성하고 기간계산착오분, 마감누락분 등을 조정한다.

미지급비용실사조정명세서

비용과목	거래처(전화번호)	계상근거	금 액	비 고
실사기준일 현재 장부금액				
(실사조정내용)				
조정 후 실사금액				

② 실사기준일 현재의 모든 미지급비용에 대하여 그 계상근거를 충분히 검증하고 필요하다고 인정하는 경우에는 조회확인절차를 취한다.

(17) 단기차입금 및 장기차입금

① 단기차입금 및 장기차입금에 대하여는 아래 양식의 실사조정명세서를 완성하고 재분류사항이나 착오금액을 조정한다.

단기차입금 및 장기차입금실사조정명세서

구 분	과 목	차입처	차입금종류	차입일	이자율	금 액	상환만기일	비 고

② 차입금조건및상환계획표를 아래 양식에 따라 작성하고 관련기록 및 은행조회서와 대조확인한다.

차입금조건및상환계획표

과목	차입처	차입금 종류	차입액	상환액	잔액	이자조건		담보 조건	상환조건		비고
						지급 조건	이자율		상환 방법	최 종 상환일	

③ 모든 단기차입금 및 장기차입금에 대하여는 거래은행 앞으로 신속히 조회확인절차를 취한다.

(18) 선수금과 가수금

① 선수금과 가수금에 대하여는 각각 아래 양식의 실사조정명세서를 장소별로 완성하고 정리누락분, 조회확인결과 차이금액, 재분류사항 등을 조정한다.

선수금(또는 가수금)실사조정명세서

구 분	상대처	입금일자	입금내용	금 액	정리예정일	비 고

② 모든 선수금과 가수금에 대하여 신속히 조회확인절차를 취한다.

③ 선수금거래와 가수금거래의 거래빈도나 거래단위 등을 감안하여 중요성이 있다고 판단될 경우에는 소급하여 검토하고 거래성격 및 문제점을 요약한다.

(19) 예수금과 예수보증금

① 예수금과 예수보증금에 대하여는 각각 아래 양식의 실사조정명세서를 장소별로 완성하고 정리누락분, 조회확인결과 차이금액 등을 조정한다.

예수금(또는 예수보증금)실사조정명세서

구 분	상대처	예수일자	예수내용	금 액	정리예정일	비 고

② 모든 예수보증금과 중요한 예수금에 대하여는 신속히 조회확인절차를 취하고 무응답 건에 대하여는 거래기록을 추적확인하고 계약서 등과 대사한다.

(20) 미지급법인세 등

① 아래 양식의 미지급법인세 등 실사조정명세서를 완성하고 그 타당성을 검토한다.

미지급법인세 등 실사조정명세서

세 목	귀속연도	산출근거	금 액	납부예상일	비 고

② 인정상여예상세액, 이자소득이나 기타소득에 대한 원천징수불이행분, 부가가치세조정분, 취득세 등에 대하여도 검토조정한다.

(21) 퇴직급여충당부채

① 아래 양식의 퇴직급여충당부채실사조정명세서를 완성하고 인사기록부 등과 대사한 후 계산검증한다.

퇴직급여충당부채실사조정명세서

<table>
<tr><th rowspan="2">근무부서</th><th rowspan="2">성 명</th><th rowspan="2">입사일</th><th rowspan="2">근속년월수</th><th rowspan="2">지급률</th><th colspan="4">평균임금</th><th rowspan="2">추계액</th></tr>
<tr><th>최종 3개월
평균급여</th><th>연평균
상 여</th><th>연평균
수당 등</th><th>계</th></tr>
<tr><td></td><td></td><td></td><td></td><td></td><td></td><td></td><td></td><td></td><td></td></tr>
</table>

② 근속년월수는 20xx.01.17.까지로 계산하고 근속연수 1년 미만인 자에 대하여는 월할 계산한다.

(22) 사 채

• 아래 양식의 사채실사조정명세서를 완성하고 은행조회서 및 등기부등본 등과 대조확인하다.

사채실사조정명세서

회차구분	발행일	발행총액	이자율	원금상환조건	이자지급조건	보증기관 (취급점)	비고

2 재무실사자료 List

구 분	필요자료명칭	양식첨부 여부	제출일자	비 고
1. 현 금	• 현금실사조정명세서 • 권종별현금실사표 • 자기앞수표 및 증서류실사표 • 타인소유현금 및 가불증실사표			
2. 예 금	• 예금실사조정명세서 • 예금잔액조정표 • 예금미수이자계산명세표 • 인출제한예금내역표 • 은행조회확인서 • 당좌원장사본 • 제 예금증서 및 통장			
3. 유가증권	• 유가증권실사조정명세서 • 타처보관유가증권실사표 • 유가증권 현물 및 보관증			

구 분	필요자료명칭	양식첨부 여부	제출일자	비 고
4. 외상매출금	• 외상매출금실사조정명세서 • 채권보전현황표 • 거래유형요약표 • 조회확인서 • 거래약정서 및 관련계약서 • 거래처별보조장부			
5. 받을어음	• 받을어음실사조정명세서 • 타처보관어음명세표 • 부도어음명세표 • 배서양도어음명세표 • 받을어음 현물 및 보관증 • 조회확인서 • 받을어음기일장			
6. 전도금, 가지급금	• 전도금실사조정명세서 • 가지급금실사조정명세서 • 확인서			
7. 재고자산	• 재고자산실사조정명세서 • 재고자산실사수불명세표 • 재고실사조정표 • 불량재고조사표 • 타소보관재고명세표 • 조회확인서			
8. 선급금, 미수금, 보증금	• 선급금실사조정명세서 • 미수금실사조정명세서 • 보증금실사조정명세서 • 조회확인서 • 계약서			
9. 선급비용	• 선급비용실사조정명세서 • 조회확인서			
10. 유형자산	• 유형자산실사조정명세서 • 담보제공내역표 • 타인소유자산명세표 • 공장배치도 • 등기등록부등본			

구 분	필요자료명칭	양식첨부 여부	제출일자	비 고
10. 유형자산	• 감가상각명세표 • 유형자산대장			
11. 상표권, 영업권	• 상표권실사조정명세서 • 인허가사항목록			
12. 외상매입금	• 외상매입금실사조정명세서 • 거래약정서 및 계약서 • 조회확인서			
13. 지급어음	• 지급어음실사조정명세서 • 어음수표용지수불실사표 • 어음수표폐기용지실사표 • 담보 또는 견질어음수표실사표 • 미사용어음수표용지실사표 • 어음수표발행결제기록대사표 • 은행조회확인서			
14. 미지급금	• 미지급실사조정명세서 • 계약서 등 • 조회확인서			
15. 미지급비용	• 미지급비용실사조정명세서 • 조회확인서			
16. 단기차입금, 장기차입금	• 단기차입금 및 장기차입금실사조정명세서 • 차입금조건 및 상환계획표 • 은행조회확인서			
17. 선수금, 가수금	• 선수금실사조정명세서 • 가수금실사조정명세서 • 조회확인서			
18. 예수금, 예수보증금	• 예수금실사조정명세서 • 예수보증금실사조정명세서 • 조회확인서			
19. 미지급법인세등	• 미지급법인세등실사조정명세서 • 원천징수납부현황 • 부가가치세신고납부현황 • 취득세신고납부현황			
20. 퇴직급여 충당부채	• 퇴직급여충당부채실사조정명세서 • 인사기록부			

구 분	필요자료명칭	양식첨부 여부	제출일자	비 고
20. 퇴직급여 충당부채	• 퇴직금지급규정 • 급여대장			
21. 사 채	• 사채실사조정명세서 • 은행조회확인서 • 등기부등본			
22. 일반사항	• 결산서(최근 5개년) • 세무신고서(최근 5개년) • 정 관 • 법인등기부등본 • 회사의 기구조직도표 • 장부조직도표 • 거래은행일람표(우편주소부기) • 주요 고객 및 대리점목록 • 회계관련제규정 • 경리부업무분담표 • 부보현황 • 자산임대차계약목록 • 미결소송사건현황 • 주주총회의사록 및 이사회의사록			

실사일정계획

업무구분 \ 일 자	3	6	9	12	15	18	21	24	27	30
(1) 실사계획서 입안										
가. 실사대상회사의 현황파악	↔									
나. 실사계획 및 세부실사요령 작성	↔									
다. 실사인원투입계획 및 업무 분장계획입안		↔								
(2) 1단계 실사작업										
가. 재무실사필요자료 작성의뢰		↔	↔	↔	↔					
나. 채권채무조회서발송		↔								
다. 은행조회서발송		↔								
라. 재고조사실사			↔							
마. 고정자산실사			↔							
바. 화폐성자산실사			↔							
사. 중요거래처 현지답사				↔						
아. 관계기관방문확인					↔					
(3) 2단계 실사작업										
가. 과목별실사조정명세서 검토						↔	↔			
나. 조회서회신미도착분 추가확인						↔	↔			
다. 부실채권 세부검토요약						↔	↔			
라. 불량 및 불용자산 세부검토 요약						↔	↔			
마. 부외자산 세부검토요약						↔	↔			
바. 부외부채 및 우발채무 세부 검토요약						↔	↔			
사. 조세채무 세부검토요약						↔	↔			
(4) 실사마감 및 보고서작성										
가. 과목별실사조정명세서 완결								↔		
나. 수정재무상태표작성									↔	
다. 실사보고서 초안작성 및 협의									↔	
라. 실사보고서 인쇄 및 제출										↔

3 실사방법

(1) 유동계정 등 조사방법

항 목	중점사항	증빙자료	조사방법
현금	• 현금실사 • 사고와 관련된 보유금 유무	• 현금출납장 • 보유장	• 현금시재일치 여부 • 보유의 업무와 관련 여부
당좌예금 지급어음 이자비용	• 예금잔액 확인 • 수표(어음)발행부본과 장부일치(부외발행 여부) • 수표(어음)중간번호의 분실 · 멸실 • 가능한 한 거래처 수표 수령 여부 • 당좌차월이자의 적정 지급 여부 • 견질어음수표의 보관 및 회수 • 현금(수표)지급거래처 품의현황	• 당좌예금원장 • 수표어음발행대장 • 어음기일장 • 수표어음발행부표 • 수표어음실물 • 은행 측 거래처원장(사본) • 어음수표책인수명세 • 폐기수표어음번호철	• 은행조회서 증명 • 어음 및 수표의 발행부표의 번호 확인 대조 • 어음 및 수표의 발행부표의 금액을 원장 대조 • 어음 및 수표책 인수명세대조 • 은행원장과 회사장부와 일치확인(부외결제, 차월이자의 일치 여부) • 어음 및 수표의 취소번호 확인 • 견질어음수표의 보관거래처 보관증 확인 • 차입금계정과 이자비용의 비교
기타예금 및 보증금 (보통 · 저축 · 정기통지 · 제 예금) 이자수익 투자신탁	• 예금잔액일치 여부 • 장부와 통장의 일치 여부 • 장부와 은행별 원장의 일치 여부 • 이자수익의 입금누락 여부 • 보험금의 부외인출 유용 여부	• 은행예금원장 • 예금통장 • 예금증서 • 은행 측 원장사본 • 보험회사 원장사본	• 은행조회서 증명 • 입출금상황(일자 · 금액) 대조 • 수입자금인출 보관 여부 • 은행 측 원장과 입출금 일자 대조 • 은행 측 원장과 대조 • 어음대여금에 대한 이자수익 • 보험회사의 원장확인

항 목	중점사항	증빙자료	조사방법
받을어음 유가증권	• 받을어음 계정잔액 확인 • 받을어음 실사 · 유가증권 실사 • 부도어음 · 요건미비어음 파악 • 원금상환기일 경과 • 유가증권 유무	• 받을어음 원장(유가증권) • 받을어음 실물 • 받을어음 은행보관증	• 추심어음 · 은행보관어음 확인(보관증대조) • 어음 실물확인 • 유가증권 실물확인
가지급금 (무역부가불)	• 가사용도에 따른 회수시기의 적정성 • 장기미회수가사용의 유용여부 • 정리잔액의 유용 여부 • 사고와 관련된 가사용의 유무	• 경리과 장부 • 관련 각과 장부 • 업무가불정리대장 • 지출결의서	• 거래처(직원)에 대한 잔액 조회 • 관련부서 장부의 일치여부 • 무역부 가사용에 대한 건별 · 용도별 정리시기 및 방법이 제 증빙자료와 일치 여부
선급금	• 잔액회수가능성 및 근저당설정 여부 • 장기미회수선급금의 원인조사 • 지급방법 및 회수방법의 타당성	• 경리과 원장 • 관련부서 장부 • 품의서, 지출결의	• 거래처에 대한 잔고조회 • 품의서(지출결의서)상의 회수방법대로 실행여부 • 현금(수표)지급 및 현금회수(경비대체가 아닌)시 사유
차입보증금	• 보증기일경과분에 대한 회수 여부(거래보증금 · 건물임대보증금 등) • 기일만료 후 계약 미갱신	• 관계장부 서류철 • 계약서	• 증빙대조 · 거래처 잔고조회 • 계약금액의 회수가능성 및 채권확보사항
외상매입금 미지급금 각종 경비 (외주가공비 등)	• 물품대금의 가공지급 여부(필요한 부분에 대하여만)	• 관계장부(경리) • 관계장부(관련과) • 지출품의서	• 증빙대조 · 거래처 확인 • 현금구매인 경우 그 타당성 검토 • 대금결제방법의 지출품의서와 일치 여부 • 거래처 현금대여와 채권확보
시산표	각 계정과목의 적정성	감사일 현재의 시산표	

(2) 현 금

Check Point	비 고
1. 현금출납잔액, 현금실사표상 장부잔액, 시산표상 현금계정(말일 재고기준에 의할 경우)를 일치시킨 후 날인하였는가? 2. 현금실사는 직접 실시하였는가? 3. 실사표 작성 후 담당자 날인 및 책임자 날인을 하였는가? 4. 현금실사결과 현금과부족이 발생한 경우 그 원인을 확인한 후 담당자 확인서를 받았는가? 5. 현금시재 중 발행일자가 장기간 경과된 보증수표에 대하여는 발행은행에 확인 조회하였는가? 6. 현금시재 중 당일자 당좌수표는 없는가? 7. 고액의 당좌수표에 대하여는 현금실사일 현재 유거래 확인을 거래은행에 하였는가? 8. 당좌수표(소액환, 전신환, 조체급통지서, 국고수표, 기타 환포함)의 입금경위 및 권리행사에 하자가 없는가? 9. 미정리 업무보유가 있는 경우 미정리현황표를 양식에 의거 작성하였는가(당좌일자, 인출자명, 금액, 내역, 최종결재자, 인출 시 정리예정일자, 비고)? 10. 각 보유는 개별적으로 다음 사항에 해당하므로 업무유보로 기록하는가? • 현금지출과 증빙회수에 시차가 있으나 즉시(당일)정리되는 소액지출 • 가지급계정으로 처리할 사항이나, 사고의 여지가 없고 단시일에 완결되는 건으로 기장표시되지 않음이 대단히 편리한 거래 • 거래기장할 수 없는 거래로 단시일에 정리되는 지출 11. 결재가 미흡하거나 납득이 되지 않는 유보분에 대하여는 최고책임자의 확인을 하였는가? 12. 출금미정리사항이 있는 경우 그 납기 후 증빙을 확인하였는가? 13. 출금미정리명세표를 작성하였는가(일자, 거래처명, 금액, 내용, 비고)? 14. 입금미정리사항이 있는 경우 그 내용 및 증빙을 확인하였는가? 15. 입금미정리명세표를 작성하였는가(일자, 거래처명, 금액, 내용, 비고)? 16. 현금재고에 포함되는 예금에 대하여는 잔고증명을 현금실사기준일자로 발급받아 확인 후 첨부하였는가? 17. 현금출납표는 당일 마감되고 있는가? 18. 자체 현금실사는 규정에 의해 실시 결재되고 있는가?	

(3) 당좌예금

Check Point	비 고
1. 은행으로부터 실사기준일자(현금실사일자와 동일)로 은행조회서를 발급받아 당좌계정잔액 및 시산표잔액(계정분류가 은행순으로 되어 있는 경우 예금명세별로)과 대조확인 후 첨부하였는가? 2. '1.'의 대조에서 발생한 차이에 대하여 은행계정조정표를 작성하였는가? 3. 은행으로부터 수표 및 어음책 인수확인서를 발급받아, 경리과에 보관된 수표·어음 사용 부표 및 미사용 수표·어음책을 대조하였는가? 4. '3.'의 대조에서 차이가 있는 경우 충분히 납득할 만한 사유가 있으며 이에 대한 증거자료를 받았는가? 5. 수표어음책 부표와 당좌예금대장에 결제된 수표·어음을 각각 건별로 일자 및 금액을 대조 확인하였는가? 6. '5.'에서 나타난 차이 중 폐기된 수표·어음장은 번호를 절취하여 보관하고 있는가? 7. '5.'에서 나타난 차이 중 견질수표·어음은 보관증을 빠짐없이 관리하고 있으며 혹 회수기일이 경과된 건은 없는가? 8. '5.'에서 나타난 차이 중 분실수표·어음의 경우는 필요한 법적절차(분실공고, 공시최고, 제판결)를 밟았는가? 9. 은행으로부터 당좌원장사본을 받아 은행의 원장 차월과 경리과 은행계정 대월(인출)을, 또한 은행의 원장 대월과 경리과 은행계정 차월(입금)을 각각 건별로 일자·금액대조를 하였는가? 10. '6.'의 대조에서 나타나는 차이가 정상적인 원인(이자비용의 지연 등)에 의한 것인가를 확인하였는가? 11. 수표·어음책과 수표·어음발행인감 및 명단은 각각 별도의 관리자에 의하여 보관 사용되고 있는가? 12. 당좌수표의 발행절차는 「수표책, 수표발행대장, 전표」를 책임자가 동시에 대조확인한 후 발행하고 있는가?	

(4) 기타예금

Check Point	비 고
1. 은행예금명세를 작성하였는가? 2. 은행으로부터 은행조회서를 현금실사일기준으로 발급받아 확인 후 첨부하였는가? 3. 은행예금계정, 시산표잔액(은행예금명세), 예금잔고증명을 대조확인하였는가? 4. '3.'의 차이사항이 있는 경우 그 원인을 명확히 파악하였으며, 그 중요사항은 확인서를 제출받았는가? 5. 각 통장(또는 증서, 은행의 원장)과 경리과 예금계정의 입금, 대조확인하였는가? 6. '5.'의 차이사항이 있는 경우 그 원인을 명확히 파악하였으며, 정상적 사항이 아닌 건에 대하여는 담당자 확인서를 제출받았는가?	

(5) 받을어음(부도어음 포함)

Check Point	비 고
1. 받을어음을 실사하고 명세표를 작성하였는가(발행일자, 지급일자, 발행자, 금액, 비고(지급일 및 No.))? 2. 받을어음계정, 받을어음실사명세표, 시산표상 받을어음잔액을 대조확인한 후 날인하였는가? 3. 받을어음 중 실제거래와 관계없이 갖고 있는 어음은 없는가? 4. 받을어음 중 은행보관어음에 대하여는 은행으로부터 보관증명서를 발급받아 확인 후 첨부하였는가? 보관날짜가 이미 경과한 것은 보관처로부터 실물을 회수하여 확인한 후 제각시킨다. 5. 받을어음 중 자가어음은 없는지 확인하였는가? 6. 자가어음명세를 작성하고 입금처리경위를 확인하였는가? 7. 어음 중 제시 기일 경과된 건은 없는가? 8. 어음 중 필요기재요건의 누락 등에 의해 권리행사에 하자가 있는 건은 없는가? 9. 부도어음(수표)이 없는지 확인하고 별도명세를 작성하였는가(종류, 번호, 발행일자, 발행인, 금액, 지급일자, 부도사유, 입금처관리직원, 회수 여부 판정)? 10. 부도처리된 어음(수표)의 입금경위를 확인하였는가? 11. 부도어음(수표)의 대금회수 가능성 여부를 정확히 파악하여 명세표에 기입하였는가? 12. 받을어음 중 비중이 큰 금액에 대하여는 지급처로 되어 있는 금융기관에 발행인 거래사실 유무를 확인 조회하였는가? 13. '12.'의 거래확인 조회된 양(건류, 금액)은 만족할 만한가?	

(6) 유가증권

Check Point	비 고
1. 유가증권을 실사하고 유가증권실사표를 작성하였는가? 2. 유가증권계정과 실사명세표와 시산표를 대조확인하고 날인하였는가? 3. 유가증권계정과 유가증권 수불부와 대조하였는가? 4. 담보유가증권은 전량 유가증권보관증이 있는가? → 전화확인 요망 5. 대여유가증권은 전량 차용증(보관증)이 있는가? → 전화확인 요망 6. 차용유가증권에 대하여는 상대처의 확인서를 의뢰하여 받았는가? 7. 만기 도래되었으나 대금회수하지 않은 유가증권은 없는가? 8. 이자수익(선수이자 포함) 발생은 정상적으로 입금처리되었는가? 9. 투자유가증권의 경우 무상주의 지급이 있었는가를 주식발행부서에 문의한 후 주식수가 합산처리되어 배당금까지 받았는지를 확인한다. 10. 출자금 : 출자증서는 있는가? 배당금이 입금되었는가(배당금입금이 없으면 출자기관에서 배당하지 않았는가)? 11. 금융거래조회서로 금융권보관 유가증권을 확인하였는가? 12. 증권번호확인 13. 질권설정 여부	

(7) 가지급금

Check Point	비 고
1. 가지급금의 명세서 작성(시산표, 원장확인) 2. 관련 각과(직원, 거래처)와 잔액, 처리일 등 장부와 확인하여 이상은 없었는가? 3. 장기간 미처리된 것은 없는가? 처리잔액은 즉시 환입되었는가? 4. 사고와 관련된 가지급금은 없는가? 5. 지출결의서에 책임자의 결재가 있는가? 6. 가지급금은 당초의 사용목적에 부합되었는가? 7. 가지급용 A/C에 대체 시 책임자의 결재가 있는가? 8. 가지급금의 정리가 선급금, 대여금 등으로 대체되었을 시 추적조사 확인 9. 가지급금으로 지급되었거나 현금으로 반환되거나 일부현금으로 정리된 경우에는 보관경위를 Check하였는가?	

Check Point	비 고
10. 무역부 가지급금 ① 대행, 임가공, 원재료생산업자, 원재료수입업자가 부담하여야 할 관세, Freight, 금융지원 등을 가지급하여 준 것이 없는가? 또 장기 회수되지 않거나 기타 다른 계정으로 대체되지 않았는가? ② '①'의 가지급금은 보전대책이 되어 있는가(계약서, 담보사항)? ③ '①'의 결제(품의)되어 있는가? ④ '①'의 거래처에 대한 증빙은 정확하게 징구하였는가? ⑤ 원재료 및 제품의 수입 등 수입자금(L/C open 비용 등)의 내부통제는 잘되어 있는가? ⑥ 수입자금의 정리는 정확하게 되고 있는가? ⑦ 해외지사 송금 시 환율은 정확하게 적용되었는가? ⑧ 해외지사 송금 시 해외지사 월장부 등에 의해 입금확인은 되었는가? 11. 전기잔액과 이월잔액은 확인하였는가? 12. 이자수익은 회수 입금되었는가?	

(8) 선급금

Check Point	비 고
1. 선급금명세서 작성(원장, 시산표 확인) 2. 거래처에 대한 잔고조회(거래처, 관련 각과) 3. 장기미회수선급금의 원인조사는 했는가? 4. 지급한 선급금이 당초목적에 사용되었는가? 5. 거래처의 증빙은 철저히 징구하였는가? 6. 경책대체가 아닌 현금회수 시 사유는 무엇인가? 7. 해외매입금과 선급금이 동시에 계상되어 잔액으로 남아 있지 않는가? (동일거래선) 8. 전기잔액과 이월잔액은 확인하였는가? 9. 품의서 확인 : 품의서 혹은 지출결의서에 회수방법이 명시된 경우 그 실시 여부 10. 장기성 선급금에 대하여는 이자회수 여부	

(9) 차입보증금

Check Point	비 고
1. 보증기일 경과분에 대한 회수 여부 2. 기일만료 후 계약미갱신분은 없는가? 3. 거래처 잔고조회는 하였는가? 4. 전기잔액과 이월잔액은 확인하였는가? 5. 거래처 잔고조회 불능 거래처는 계약서 및 관계증빙 검토는 하였는가? 6. 품의서 및 결제확인 7. 이자수익의 발생은 없는가(거래보증금, 공탁금)?	

(10) 선급비용

Check Point	비 고
1. 리스료 · 지급임차료 · 보험료 · 이자비용 등 비용계정과 동시에 확인한다. 2. 발생 원인별로 추적하되 원인행위가 없는 비용이 있는가 조사한다. 3. 비용이나 이자의 적용기간이 중복된 것이나 기간이 초과한 것은 없는가? 4. 임차계약서 · 보험계약서 등과 대조하여 전액계산의 부정은 없는가? 5. 리스료 · 옥상착수임차료 등은 임차기일이 만료되었는데도 임차료 · 리스료가 계속 지급되지 않는가? 6. 품의서를 대조하여 기일 요율 · 이자율 등을 확인한다. 7. 화재보험료 중 계약이 취소되었는데도 1일 계약서 혹은 계약서사본에 의해 보험료를 계속 지급하고 있는 것은 없는가?	

(11) 이자수익

Check Point	비 고
1. 이자수입은 이자발생 원인, 즉 예금, 차입보증금, 대여금, 어음대여금, 선급금 등의 사항을 조사한 후 이에 대한 이자수익을 찾는 방법으로 Check하였는가? 2. 이자계산방법은 정확한가(원금, 일자, 이자율)? 3. 입금 누락된 이자수익은 없는가? 4. 발생된 이자수익을 수령할 시 법인세 · 주민세 등의 원천징수액이 있었는가, 있었으면 원천징수영수증을 발급받아 법인세선급금으로 처리하였는가?	

(12) 미수금

Check Point	비 고
1. 명세서작성시산표와 원장, 보조장과 대조확인하였는가? 2. 장기간 미회수된 것의 원인은 확인하였는가? 3. 거래처 잔고조회 및 관련 각과의 확인은 하였는가?	

(13) 외상매입금

Check Point	비 고
1. 외상매입금명세서 작성 후 매입처원장과 비교확인 2. 거래처 잔고조회 3. 현금출납장, 지급어음장, 선급금 등을 대조하여 이중지급이 없는가 대사한다. 4. 장기간 결제하지 아니한 미지급분에 대하여 실재성과 진실성을 검토한다. 5. 매입에누리와 매입할인은 없었는지와 이 공제액이 누락되지 않고 기입되었는지 검토한다. 6. 외상매입금 차변잔액이 발생하였는지 검토하고 발생되었으면 선급금이 기장되었거나, 지급초과이거나, 환출이 과대한 경우이므로 이를 시정해야 한다. 7. 외상매입을 조건으로 담보나 보증금을 제공한 경우 확인 및 검토를 한다. 8. 현금결제 및 신속한 지불을 조건으로 수수료를 징수하는 일이 없는가? 9. 최종지급일의 마감일을 확정지어 마감일 이후의 합계금액이 장부잔액과 일치하는가 확인한다. 10. 전기잔액과 이월잔액은 확인하였는가? 11. 대금지급조건이 통상적이 아닌 경우에는 품의서를 확인하였는가?	

(14) 차입금

Check Point	비 고
1. 차입금명세서를 작성한다(차입보조원장과 원장의 대조). (차입의 종류, 일자, 차입처, 이자율, 만기일, 지급일, 담보조건의 내용, 이자비용, 지급상황, 미지급이자 등의 사항을 기입한다) 2. 차입금 차입품의서, 결의서, 이자비용 영수증 등과 대조하여 적정성을 검토한다.	

Check Point	비 고
3. 차입금 상대과목인 현금, 예금계정과 이자비용계정을 상호 비교하여 차입금의 누락 또는 허위 차입금이 있는가 확인한다. 4. 결산기에 나타나는 미지급이자가 정당하게 계상되었으며, 결산기 이후 심사기간까지 차입금결제 및 이자비용지급상황을 검토하여 차입금의 허위 누락 여부를 검토한다. 5. 차입금에 대한 담보를 검토 근저당등기 여부를 조사, 상품, 유가증권 등의 동산담보 내용을 파악하여 차입금의 실재성을 조사한다. 6. 변제된 차입금에 대하여 적정한 회계처리와 설정된 담보가 완전히 해제되었는지를 증빙서류를 토대로 검토하였는가? 7. 가수금성질의 입금을 차입금으로 정리한 것은 없는가? 8. 차입금의 이자를 소정의 이율 이상으로 지불한 것이 없는가? 9. 차입금을 기일 전에 반제한 것을 환불이자가 입금되었는가? 10. 전기잔액과 이월잔액은 확인하였는가? 11. 은행으로부터 실사기준일자로 은행조회서를 발급받아 계정잔액과 확인하였는가?	

차입금 검토명세표

차입처	차입 종류	담보제공자산			차입 금액	상환 기일	지급 이자	이자의 지급 기일	반제일	반제 금액	차입 잔액	환출 이자	담보해 제여부	검토
		담보 조건	장부 가액	설정 금액										

(15) 지급어음

Check Point	비 고
1. 지급어음계정과 어음발행대장을 대조하였는가? 2. '1.'의 차이에 대한 원인(견질어음, 교환어음 등)을 충분히 파악하였으며 이는 정상적인 거래사항인가? 3. 지급어음의 발행절차는 「어음책 지급어음 발행대장, 전표」를 책임자가 동시에 대조확인한 후 발행하고 있는가? 4. 지급어음 기일장에 의하여 결제어음을 지급어음계정과 당좌계정을 대체정리하고 있는가? 5. 지급어음명세를 작성하였는가? 6. 회사별 물품구입대금 지불조건에 대한 현황을 분석한다.	

(16) 이자비용

Check Point	비 고
1. 이자비용의 지급원인(차입금, 수입보증금 등)은 확실한가? 2. 이자비용의 계산방법은 틀림이 없는가? 3. 이자비용에 대한 증빙(이자비용계산서)은 틀림이 없는가?	

(17) 단기대여금(어음대여금)

Check Point	비 고
1. 인명계정을 작성하고 총계정을 대조한다. 2. 각 대여금을 관계증서(차용증, 금전소비대차계약)와 대조 확인한다. 3. 회수가능성을 검토하고 대손처리가 있었는가 확인한다. 4. 담보물건을 검토하고 담보가치에 대해 검토한다. 5. 이자수익이 발생하였는지 검토하고 입금 여부를 확인한다. 6. 어음대여금 ① 기말잔액을 확인한다(어음실물과도 대조확인). ② 이자수익에 대한 계상기준의 정확성과 계속성을 검토한다. ③ 어음개서의 내용을 검토·분석하여 불량채권의 유무를 확인한다. ④ 단자회사 발행어음 이외 기업어음 유무를 확인한다. 기업어음은 원칙적으로 금하며 기업어음이 있을 경우 단자금리보다 더 이상의 금리를 받을 수 있다.	

(18) 수입보증금

Check Point	비 고
1. 임대보증금의 입금일자·금액 등을 상대방에 잔고조회하고 계약서 등을 검토하여 입금지연·금액의 일부유용 사례가 없는지 조사한다. 2. 임대보증금의 계약기간이 경과하였는데도 시세에 비해 현저히 낮은 금액으로 계속 상대방에게 혜택을 주고 사례금을 받은 일이 없는지 검토한다. 3. 임대보증금 이외에 임대료(월정 수입임대료)를 받고, 이를 입금치 않은 사례가 있는지 검토한다(품의서 대조).	

Check Point	비 고
4. 거래보증금의 입금일자·금액 등을 거래처에 잔고조회하고 영업부의 관리대장과 비교대조하여 입금지연·유용 사례가 없는지 조사한다. 5. 거래보증금에 대한 이자비용의 적정 여부를 검토하고 이중지급·이자계산 기간의 초과 사례가 없는지 조사한다.	

(19) 선수금

Check Point	비 고
1. 명세서를 작성하였는가(원장과 시산표, 보조장부 대조확인)? 2. 발생사유와 내용을 보고 계약서와 증빙을 대조 확인하였는가? 3. 동일건의 금액이 외상대출금계정에 계상되어 있지 않는가? 4. 거래처와 잔고확인은 하였는가? 5. 장기간 선수금계정에 살아 있는 것은 없는가? 6. 선수금 내용에 합당한 재고자산 재고는 파악하였는가?	

(20) 유형자산의 조사방법

Check Point	비 고
1. 유형자산의 취득 시 사전품의가 있는가(사전승인)? (취득자산종류, 금액에 따라 다를 경우 이를 설명하라) 2. 초과지출 시 추가승인을 얻었는가? 3. 유형자산처분 승인한도와 시행 여부 4. 담보조건으로 제공 여부 5. 1년에 한 번씩 실사를 하고 있는가(실물조사표 작성)? 6. 유형자산대장과 장부(원장)와 대조	

4 기업의 합병 · 매수절차에 관한 체크리스트

(1) 합병 · 매수의 일반적 절차와 CPA의 역할

① 기업합병의 정의

기업의 합병(Merger)이란 두 개 이상의 기업이 결합하여 실질적으로 하나의 기업이 되는 것을 말한다. 이러한 합병에는 법률적으로 신설합병과 흡수합병 두 가지가 있는데 신설합병은 두 개 이상의 기존기업이 모두 해산 · 소멸하고 전혀 새로운 하나의 회사가 설립되는 것이고, 흡수합병은 두 개 이상의 기존기업 중 하나는 존속하고 다른 기업은 그 존속기업에 흡수되는 것을 말한다.

합병은 흔히 수평적 합병, 수직적 합병 및 복합적 합병으로 구분하기도 하는데, 수평적 합병이란 동종업종에 종사하는 기업들 간의 합병을 의미하고, 수직적 합병이란 관련업종 간의 합병을 의미한다. 복합적 합병이란 수평과 수직이 아닌 서로 관련이 없는 업종 간의 합병을 말한다.

② 기업매수의 정의

기업의 매수(Acquisition)란 어떤 기업이 상대기업의 자산이나 주식을 취득하여 그 상대기업의 경영권 · 지배권을 획득하는 것을 말한다. 자산취득에 의한 기업매수는 상대기업의 중요한 영업용자산의 일부 또는 전부를 양수함으로써 그 영업과 관련된 신용, 고객, 영업권과 경우에 따라서는 임직원까지 확보가 가능하여 결국 양수한 영업의 경영권, 지배권을 취득할 수 있게 된다.

주식취득에 의한 기업매수에는 상대기업이 발행한 기존주식을 취득하거나 상대기업이 발행하는 신규주식을 인수하는 두 가지 방법이 있다. 어느 경우에나 발행주식의 과반수를 소유할 때 지배권이 완전하게 되지만 현대의 기업처럼 주식소유가 고도로 분산되어 있을 경우에는 20~30%와 같이 과반수 미만을 소유하더라도 지배권을 행사할 수 있는 경우가 많다. 기업의 매수를 협의로 해석할 때에는 자산취득에 의한 기업매수를 제외한 주식취득에 의한 기업매수만을 의미하기도 한다.

③ M&A의 정의

위에서 살펴본 바와 같이 기업의 합병이라는 Merger와 기업의 매수라는 Acquisition의 머리글자인 M&A를 외국에서는 기업의 합병 · 매수라는 약자로 사용하고 있는데 이를 우리나라에서는 기업의 합병 · 매수라는 용어 이외에 매수 · 합병 또는 단순히 기업매수 혹은 기업인수 등 다양하게 번역하여 사용하고 있다. 그러나 본서에서는 이것을 원어에 충실하도록 하기 위하여 '기업의 합병 · 매수' 또는 'M&A'라는 용어로 통일하여 사용하기로 한다.

기업합병의 경우에는 상대기업이 특정기업에 흡수되거나 특정기업과 통합되어 법적으로나 경제적으로 하나의 기업이 되지만, 기업매수의 경우에는 상대기업이 법적으로는 존재하면서 경제적으로만 하나가 된다는 점에서 차이가 있다. 그러나 경제적으로는 하나가 된다는 점에서는 합병이나 매수가 동일하므로 M&A의 실무차원에서는 기업의 합병과 매수를 같은 범주에 포함시키며 양자 간의 구별을 안 하기도 한다.

이와 같은 M&A가 최근 들어 갑자기 성행하고 있는 주된 이유는 기업 확장의 방법으로서 가장 효과적이기 때문이다. 즉 기업을 신설하여 사업을 정상궤도에 이르게 하려면 많은 비용이 소요되고 그에 따른 상당한 기간소요가 필수적이다. 더욱이 현대와 같이 급변하는 경영환경하에서는 그 준비기간이 길면 길수록 위험은 더욱 커지게 마련이다. 이러한 단점을 해결해 주는 것이 바로 M&A가 되기 때문에 많은 기업들이 선호하고 있다.

M&A는 기업의 인수자에게만 필요한 것이 아니라 양도자에게도 적정한 시기에 적정한 가격으로 기업을 상품처럼 매각할 수 있다는 점에서 양도자에게도 유익한 제도이다.

그러나 이러한 우호적 M&A만이 있는 것이 아니라 경우에 따라서는 적대적 M&A까지로 발전하고 있어서 이에 대한 방어책과 함께 부정적 기능이 문제로 제기되고 있으며 이의 해소방안도 연구되고 있다.

요컨대 오늘날의 M&A는 기업합병과 기업매수는 물론 합작투자에 의한 자본결합까지도 포함하는 광범위한 뜻으로 사용되어지고 있으며, 기업수요자와 기업공급자 간의 직접거래를 벗어나서 중간매개자인 M&A전문회사까지 등장함으로써 그 거래규모가 점차 거대해지고 거래과정 역시 복잡하게 발전하여 가고 있다.

④ M&A의 일반적 절차

M&A에서는 기업도 상품으로 본다. 그러나 일반 상품매매에서는 매도자(공급자)와 매수자(수요자) 간의 합의로 거래가 완결되지만, 기업은 일반상품과 달리 살아 있는 조직체이며 똑같은 기업이 많이 존재하는 것도 아니므로 그 거래가 간단하게 성사되고 종료되지는 않는다.

일반적으로 M&A는 다음과 같은 과정을 거쳐 이루어진다.

먼저 기업 확장의 필요성과 그 가능성이 충분하다고 확신된다면 M&A추진에 관한 최고 경영층의 의사결정이 이루어짐으로써 M&A는 개시된다.

M&A추진반은 대상기업의 선별기준을 수립하고, 그 기준에 적합한 목표기업을 찾아 나설 것이다. 합병 또는 매수할 기업으로서 공개된 것도 있을 것이고 매물로 나온 것은 아니지만 탈취하고 싶은 대상기업도 있을 것이다. 여하간 합병 또는 매수대상이 될 수 있는 목표기업을 몇 개 선정하고 그들에 대한 정보수집과 인수가능성을 은밀히 타진한다.

이때 목표기업이 매각대상으로 공개된 것이라면 접근이 용이하겠지만 그렇지 않은 경우는 매우 조심스럽게 극비로 추진된다.

이렇게 수집된 정보를 기초로 목표기업이 당초에 의도한 M&A목적과 부합되며 성공가능성이 있는지에 대하여 일차 평가가 이루어져야 하는데, 이를 위해서는 막연하지만 법규 등의 제약조건 유무, 개략적인 기업가치, 매수 후의 효과 등을 예측하여 최종 M&A대상기업 하나를 선정한다.

일단 대상기업이 선정되면 이때부터는 본격적인 정보파악이 실시된다. 즉 대상기업의 경영진과 직접 접촉하여 상세한 기업내부정보를 요구함은 물론 거래처, 경쟁기업, 감독관청 등으로부터 객관적인 외부정보도 수집하여 분석한다. 이 분석 자료를 기초로 대상기업의 가치를 평가한 후 가격협상에 들어가는데, 이때의 가격은 확정가격으로 결정될 수도 있지만 자산 · 부채의 실사 후 확정될 장부가격에서 얼마의 영업권이나 할인이 가감되는 소위 조건부 가격으로 결정되기도 한다.

합병 · 매수가격이 결정되면 M&A과정 중 가장 중요한 절차인 합병 · 매수계약이 체결되는데, 물론 이 단계 이전에 자금조달계획과 관련법규 검토가 선행되어야 한다. 계약이 체결되면 인수단이 구성되어 현장에 파견되며 자산 · 부채의 실사를 거쳐 외형적인 M&A가 실시된다.

한편 후속적인 조치로서 경영진단을 실시하고 그 결과를 기초로 새로운 경영전략을 수립함은 물론 이를 실천할 조직개편과 인사발령이 뒤따르며, 마지막 단계로서 새출발을 알리기 위한 대외홍보에 들어감으로써 M&A활동은 완료된다.

이상의 과정을 도표로 표시하면 별지와 같은 「M&A의 일반적 절차도」가 작성된다.

그러나 M&A의 절차는 정형화될 수 없고 당해 M&A의 동기 여하에 따라 각양각색으로 진행되는 것이 보통이다. 즉 당사자의 합의에 따라 많은 부분이 생략되거나 순서가 바뀌어 수행되기도 하므로 M&A는 더욱 복잡하게 된다.

■ M&A의 일반적 절차도

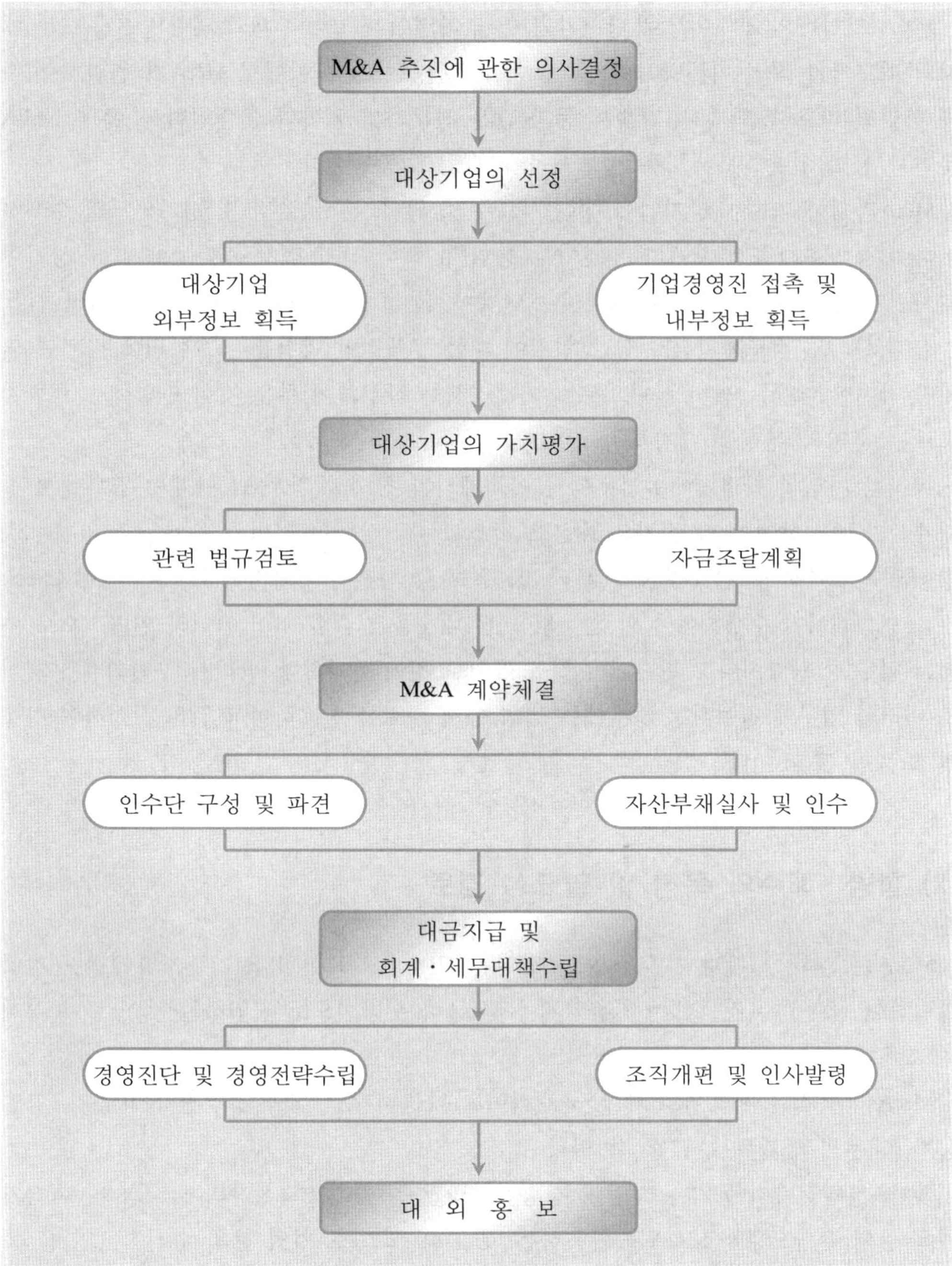

08

⑤ M&A와 공인회계사

M&A도 하나의 거래이므로 당사자가 있게 마련이다. 합병주체와 피합병주체 또는 매수자와 매도자가 직접 이해당사자가 된다. 이러한 당사자 사이에서 M&A가 원만히 성사되게 하려면 변호사, 회계사, 감정사 등과 같은 전문가뿐만 아니라 증권회사, 은행, M&A전문회사 등과 같은 자금 또는 정보제공 기관들도 동원된다.

M&A과정 중 인수대상기업에 대한 자료수집, 확인, 분석, 추정 및 평가업무를 수행하기 위하여 공인회계사가 참여하는 것이 보통인데, 특히 상기 절차도표 중에서 '대상기업의 가치평가'와 '자산 · 부채실사 및 인수'단계에서는 공인회계사의 참여가 필수적이다.

실제로 어느 정도까지 참여할 것인지에 대한 구체적인 범위는 상호합의에 따르면 되겠지만 참여할 때에는 필히 서면으로 용역계약서를 작성하여 두는 것이 만일에 발생할지도 모르는 후일의 분쟁을 예방하는 길이다.

이러한 기업의 합병 · 매수업무에 공인회계사가 참여할 경우 각 단계별 업무에서 공인회계사가 수행하여야 할 절차의 내용을 Checklist로 작성한 것이 다음에서 논의될 '(2) 합병 · 매수의 목적 및 필요성 검토'부터 '(10) 홍보 및 사후관리'까지이다. 그러나 이 Checklist는 공인회계사가 수행하여야 할 업무의 모든 내용을 기술한 것이 아니라 일반적으로 수행되는 업무 중 중요하다고 판단되는 것을 예시한 것에 불과하다. 따라서 공인회계사가 실제로 이러한 업무에 참여하는 경우에는 별첨 예시 자료를 참고하여 적절히 작성하여 사용하면 도움이 될 것이다.

(2) 합병 · 매수의 목적 및 필요성 검토

M&A는 흔히 '시간과 기술을 사는 경영전략'이라고 표현된다. 기존시장에 신규기업을 설립하여 참여하는 것보다는 기존업체를 M&A하는 방법으로 진입하는 것이 보다 경제적인 경우가 많기 때문이다.

M&A의 목적은 사례별로 매우 구체적이고 다양하지만 대략 경영전략적 동기, 영업적 동기, 재무적 동기로 분류될 수 있다.

첫째, 경영전략적 동기는 기업이 경영전략적 차원에서 조직성장과 국제화 및 핵심기술 취득 등의 수단으로서 M&A를 활용하는 것이다. 그 예로 기업 간의 수직적 결합을 통해 안정적인 원자재 구매선 혹은 매출처를 확보하는 것을 들 수 있다.

둘째, 영업적 동기는 시장지배력의 증대, 규모의 경제추구, 시장참여를 위한 시간단축 등의 목적으로 M&A를 활용하는 것이다. 즉 기업규모의 대형화를 통해 시장에서의 지배력을 키우고 이를 통해 독과점의 이익을 추구하거나 단위당 생산비용이 절감될 수 있는 규모의 경제를 추구하거나, 신규시장에의 진입을 용이하게 하기 위해 M&A를 추진하는 것이다.

셋째, 재무적 동기는 위험분산, 자금조달능력의 확대, 조세절감의 목적을 위하여 M&A를 활용하는 것이다. 위험분산효과란 아이스크림 장수와 우산 장수처럼 경기변동에 따른 현금흐름의 상관계수가 1보다 작은 기업 간의 결합으로 공동보험효과를 보는 것을 말한다.

M&A를 통해 기업규모가 커지고 파산위험이 줄어들게 되면 자금조달능력이 증대될 수 있다.

또한 이익이 많이 발생하여 과다한 조세부담을 하고 있는 기업의 경우에는 이월결손금이 많은 기업을 인수하여 조세를 절감하려고 하기도 한다. 물론 이때는 향후 인수대상기업에서 이익을 창출할 수 있는지에 대한 검토가 이루어져야 할 것이다. 법인세법에서는 합병에 의한 이월결손금의 승계 시 해당 사업부문의 이익에서만 공제하도록 되어 있다.

위에서 M&A의 목적을 크게 세 가지로 분류하고 각각에 대하여 간단하게 설명하였지만 이외에도 기업공개의 수단으로 활용하거나 상속의 수단으로 활용되기도 한다.

이러한 M&A는 궁극적으로 경영의 전략적 수단차원으로 인식되어야 하므로 M&A를 통해 새로 부여되는 기회를 충분히 활용하여 의도한 목적을 달성할 수 있는 능력이 자체적으로 있는지에 대해서 사전에 면밀한 검토가 있어야 할 것이다.

이러한 대상기업의 목적 및 필요성을 검토하는 데 사용될 Checklist는 다음과 같다.

■ 기업합병 · 매수절차에 관한 Checklist(합병 · 매수의 목적 및 필요성 검토)

	Check하여야 할 내용	Check 결과			
		예	아니요	해당 무	관련서류번호
	⑴ **M&A의 목적**				
1	대상기업 M&A의 목적 및 필요성에 대해서 중장기 경영계획과 연계하여 구체적이고 세부적으로 검토하였는가?				
2	M&A의 목적은 다음 중 어느 범주에 속하는가? A. 경영전략적 목적 B. 영업적 목적 C. 재무적 목적				
3	M&A 후에 본래의 M&A목적을 달성할 수 있는 능력과 수단을 자체적으로 보유하고 있는지 사전적으로 검토되었는가?				
	⑵ **경영전략적 목적**				
1	M&A의 목적이 수직적 결합을 위한 것인가?				
2	대상기업을 인수함으로써 안정적인 원자재 확보 혹은 안정적인 시장확보라는 목적달성에 무리한 점이 없는가?				
3	수직적 결합이 오히려 시장경쟁논리를 배제시켜 내부적인 비효율을 초래할 가능성에 대한 검토가 수행되었으며 이러한 대처 안에 대해서 고려하였는가?				
4	핵심기술 취득을 목적으로 한 것이라면 M&A 이외에 기술만을 도입하는 로열티계약이나 특허권 구매 등 다른 대체안과 비교하여 각각의 강 · 약점에 대해 검토하였는가?				
5	M&A목적인 해당 핵심기술정보가 쉽게 유출되거나 도용될 수 있는 가능성과 이에 대한 대응방안을 검토하였는가?				
6	조직성장을 목적으로 한 M&A라면, M&A와 같은 외적성장방법과 내적성장방법의 장 · 단점에 대해서 비교 검토하였는가?				
7	M&A를 통한 미래성장가능성에 대하여 충분히 검토되었는가?				

	Check하여야 할 내용	Check 결과			
		예	아니요	해당 무	관련서류번호
	(3) **영업적 목적**				
1	시장점유율 증대를 통한 시장지배력 증대가 목적이라면 M&A를 통해 시장지배력이 의도한 목적을 달성할 수 있을 정도로 증대될 가능성에 대해 검토하였는가?				
2	시장점유율 증대를 위한 M&A가 독과점 및 불공정거래를 규제하는 법률에 저촉되는지 여부에 대해 검토하였는가?				
3	규모의 경제효과를 목적으로 할 경우, M&A에 의해 규모가 너무 비대해져 오히려 규모의 불경제가 나타날 수 있는 가능성에 대해서 검토하였는가?				
4	규모의 대형화로 인해 효과를 볼 수 있는 원료구입, 재고관리, 유통판매, 고정생산비 등 각 세부적인 부분에 대하여 충분한 검토가 이루어졌는가?				
5	M&A에 의해 시장에 참여할 경우, 시장참여 시간단축으로 인한 효익이 인수에 소요되는 추가비용과 비교하여 타당성 검토가 이루어졌는가?				
6	M&A에 의한 시장참여시에 기존의 다른 업체들과 분쟁이 발생할 가능성에 대해 검토하였는가?				
	(4) **재무적 목적**				
1	M&A의 목적이 위험분산 효과의 달성을 위한 것이라면 M&A가 이러한 효과를 가져오기에 적합한지를 검토하였는가?				
2	자금조달능력 증대가 목적이라면 대상기업에 담보력이 있는 자산이 어느 정도나 있는지 파악하였는가?				
3	대상기업을 통해 증권시장에 직상장을 하거나 장외등록을 할 수 있는 가능성 및 제한규정에 대해 검토하였는가?				
4	조세절감이 목적이라면 대상기업의 누적이월결손금 중에서 법인세계산상 공제받는 데 지장이 없는지에 대해서 검토하였는가?				
5	법인세 이외에 M&A과정에서 상속세, 증여세 등의 세금을 절세할 수 있는 기회가 있는지에 대해서는 검토하였는가?				

08

(3) 대상기업의 선정 및 정보파악

M&A의 필요성 및 타당성에 대한 판단이 종료되어 M&A에 대한 최고경영층의 의사결정이 이루어지면 대상기업의 선별기준을 수립하고 그 기준에 적합한 기업을 선정하게 된다. 일단 대상기업이 선정되면 그 기업이 M&A목적에 부합되는지의 적정성을 판단하기 위하여 정보를 파악해야 한다.

목표기업의 정확한 평가는 M&A의 성공 여부를 판가름하는 매우 중요한 과정이므로 매수기업은 제한된 기간 내에 최대한의 방법을 동원하여 필요정보를 수집하여야 하며 수집된 정보를 바탕으로 M&A 여부에 관한 의사결정과 정교한 M&A전략을 수립하여야 한다.

대상기업의 선정은 M&A의 필요성에 부합되어야 한다. 즉 M&A의 필요성에 따라 대상기업의 선정범위가 달라지기 때문이다.

대상기업을 선별하는 방법은 대체로 다음과 같이 구분된다.

- **순차적 방법**
  사전에 선별기준을 설정하여 이러한 기준에 부합되는 기업 중 매도의사가 있는 기업을 공략하는 방법

- **시장접근적 방법**
  대상기업 선정과정의 코스트를 절약하기 위하여 매도의사가 있는 기업들을 파악하여 그중 대상기업을 선정하는 방법

실무적으로는 선별기준에 의하여 대상기업을 추적하면서 매도의사가 있는 기업들을 조사하는 절충적 방법이 많이 적용되며 통상적으로 복수 이상의 기업이 선정된다.

대상기업에 대한 정보수집은 대상기업이 매물로 나온 기업인가 아닌가, 공개기업인가 비공개기업인가에 따라 많은 차이가 발생한다. 즉 매물로 나온 기업이 아니거나 비공개기업인 경우에는 정보수집에 많은 제약이 있기 때문에 매우 정교하고 다양한 방법이 적용되어야 하며 때로는 정보수집절차를 극비로 추진하여야 할 경우가 발생한다.

대상기업이 선정되고 해당기업의 정보수집이 완료되면 구체적인 M&A전략이 수립되어 실행에 들어가게 된다.

이러한 대상기업의 선정 및 정보파악에 사용될 Checklist는 별지와 같다.

■ 기업합병 · 매수절차에 관한 Checklist(대상기업의 선정 및 정보파악)

	Check하여야 할 내용	Check 결과			
		예	아니요	해당 무	관련서류번호
	(1) **대상기업의 선정**				
1	M&A의 필요성과 타당성이 충분히 검증되었는가?				
2	M&A의 필요성에 따른 대상기업의 선정기준이 수립되었는가? • 인수기업의 경영전략과의 부합성 • 공개 여부 • 산업형태 • 지역 • 상대적 시장점유율 • 인수금액 범위 • 시장, 금융, 세무 등의 Synergy 효과 • 미래 잠재성장성 등				
3	대상기업의 선정기준은 객관적 기준뿐 아니라 최고경영층의 주관적 판단이 수용되었는가?				
4	대상기업의 선별은 아래와 같은 방법에 의하였으며 이에 따른 타당성 검토가 이루어졌는가? • 순차적 방법 • 시장접근적 방법 • 절충법				
5	대상기업을 파악하기 위하여 아래와 같은 적절한 정보수집방안이 설정되었는가? • 전문중개기관 • 금융기관 • 전문가 등				
6	정부정책(예 : 정부투자기관의 민영화정책)을 입수하여 정부의 의지 및 정부의 매각대상기업이 존재하는지의 여부를 파악하였는가?				
7	대상기업 선정을 위한 정보수집을 위하여 외부전문가의 활용 여부를 검토하였는가?				
8	M&A협상과정에서의 실패 등을 고려하여 대상기업을 2개 이상의 복수 기업으로 선정할 필요성은 검토되었는가?				

	Check하여야 할 내용	Check 결과			
		예	아니요	해당 무	관련서류번호
9	대상기업이 선정된 경우 계약체결 이전에 정보수집 등을 위하여 의향서 작성이 검토되었는가? (부록 1 참조)				
	(2) **대상기업의 정보파악**				
1	대상기업에 대하여 상세한 필요정보를 수집하기 위한 효율적인 계획이 수립되었는가?				
2	대상기업이 매각의사를 표시한 경우 그 매각이유가 면밀히 검토되고 타당성이 확인되었는가?				
3	대상기업의 유형에 따라 정보수집전략이 차별화되어 적용되었는가? • 매각희망기업과 희망하지 않은 기업 • 공개기업과 비공개기업				
4	대상기업의 정보수집을 위하여 전문가의 참여를 검토하였는가? 외부 인력이 참여할 경우 조사의 중요부문은 자체 인력에 의하여 수행되었는가?				
5	대상기업의 정보수집을 위한 다양한 방안이 검토되고 실행되었는가? • 거래처 • 금융기관 • 고용인 • 협회 • 경쟁업체 • 감독관청				
6	대상기업에 대한 일반정보가 수집되었는가? • 정관, 등기부등본, 주거래은행, 주식보유현황, 노동조합상황, 주요 거래처, 재무상태, 경영실적, 제품 및 기술, 소송사건, 특수관계인 등				
7	대상기업의 정량적 정보뿐 아니라 정성적 정보도 수집되었는가? 또한 공개되지 않은 특수정보가 충분히 수집되었는가? • 대주주의 실제주식 소유현황 • 기업 내의 친인척 고용현황 • 타사 보증규모 및 부외부채				

	Check하여야 할 내용	Check 결과			
		예	아니요	해당 무	관련서류번호
7	• 시장에서의 대상기업의 위치 • 외부규제사항 등				
8	대상기업의 정보수집결과가 동종업계의 타사와 비교되어 그 적정성이 검토되었는가?				
9	대상기업의 정보수집이 비밀을 요할 경우 이에 대한 적절한 보안대책이 수립되고 검토되었는가?				
	(3) M&A전략의 수립				
1	수집된 대상기업의 정보를 기초로 하여 제1차평가결과 적절한 대상기업이 최종 확정되었는가?				
2	M&A절차의 실행을 위한 별도의 참모진이 구성되었는가?				
3	대상기업의 M&A를 위한 단계별 실행계획이 수립되었는가?				
4	대상기업의 M&A를 위한 성공요인이 요약되어 충분히 검토되었는가? 또한 실패할 경우, 제2차 M&A대상기업의 선정 등 별도 대안이 설정되어 있는가?				
5	M&A를 위하여 타사와 경쟁할 경우 경쟁회사에 관한 정보수집방안 등 대응전략이 수립되었는가?				

08

(4) 대상기업의 가치평가

대상기업의 가치평가란 광의로는 대상기업을 선정함에 있어 필요한 기준으로 예를 들면 그 기업이 속하는 업계에서의 위치라든지 특징을 조사하여 최종적으로 압축된 대상기업의 가격을 산정하는 것까지를 가리킨다. 이에 대하여 협의로는 대상기업의 가격의 산정, 결국 1주당의 주가를 산정하는 것이다. 대상기업의 가치를 평가함에 있어서 대상기업이 공개기업인 경우는 현실적으로 거래가 이루어지고 있는 시장에서의 주가를 바탕으로 주가의 산정이 이루어져야 하며, 비공개기업인 경우는 재무분석과 재무이론을 응용하여 합리적인 가격을 산정해야 한다.

기업의 주가산정방법에는 순자산가치방식, 수익가치방식, 주가수익률방식, 현금흐름할인방식, 상대가치방식, 순자산가치와 수익가치의 평균방식 등이 있다.

이를 간단하게 설명하면 다음과 같다.

순자산가치방식이란 평가기준일 현재의 자산총계에서 부채총계를 차감하여 순자산가치를 산출하여 이 순자산을 발행주식총수로 나누어 산정하는 방식이다. 이때에 자산 및 부채를 시가로 할 것인가 아니면 장부가로 할 것인가가 중요하다.

수익가치방식이란 기업이 미래에 벌어들일 것으로 예상되는 주당 배당가능이익의 흐름을 추정한 다음 이를 적당한 이율로 할인하여 현재의 주가를 산정하는 방식으로 현대 기업재무론에 있어서 가장 호응을 받고 있는 방식이다.

주가수익률방식이란 기업의 세금공제 후 1주당 이익에 유사기업의 주가수익률(PER)을 적용하여 주가를 역산하는 방법이다. 즉 세금공제 후 1주당 이익에 유사기업의 주가수익률을 곱하여 산출한다.

현금흐름할인방식이란 기업의 장래의 현금흐름을 적당한 할인율로 할인하여 현재가치로 환원하여 평가액을 산정하는 방식이다. 즉 일정기간의 현금흐름과 일정기간 후의 기업의 잔여가치를 추정하여 이를 할인하여 발행주식수로 나누어 주가를 계산하는 방식이다.

상대가치방식이란 평가하려는 회사와 사업내용이 유사한 업종에 속하는 상장회사의 주가, 1주당 배당금액, 1주당 연간이익금액, 순자산가액 등을 고려하여 대상회사의 평가금액을 산정하는 방법이다.

이상과 같은 기업의 가치평가방법을 이용하여 대상기업의 가치를 평가함에 있어서 일반적으로 사용되는 Checklist는 다음과 같다.

■ 기업합병 · 매수절차에 관한 Checklist(대상기업의 가치평가)

	Check하여야 할 내용	Check 결과			
		예	아니요	해당 무	관련서류번호
	(1) **일반적인 내용**				
1	대상기업의 업종은 무엇이며 업계현황은 어떠한가?				
2	대상기업은 공개기업인가?				
3	어떤 평가방법을 사용할 것인가?				
	(2) **공개기업인 경우**				
1	1주당 주가를 산정하기 위한 주식시가 적용대상기간을 결정하였는가(예 : 최종 3개월)?				
2	평가를 하기 위한 주식시가 적용대상 기간 동안 특별한 사건 등으로 인하여 적용을 배제할 시기가 존재하는지 검토하였는가?				
3	매수대상기업의 주가를 유사기업의 주가와 비교하여 주가적용에 대한 타당성을 검증하였는가?				
4	주가시가의 적용이 일부 불충분할 경우 다른 평가방법의 적용 가능성에 대하여 검토하였는가?				
	(3) **순자산가치 방식**				
1	자산 및 부채의 평가 시 장부가로 할 것인가, 시가로 할 것인가?				
2	장부가로 평가할 경우 자산의 평가 시 무형자산과 이연자산 중 가치 없는 자산이 제외되었는가?				
3	장부가로 평가할 경우 계상되지 않은 부채는 존재하지 않는가?				
4	장부가로 평가할 경우 평가기준일은 적정한가? 또한 평가기준일의 재무제표가 징구되었으며 객관성이 확보되었는가?				
5	시가로 평가할 경우 유형자산 등은 공신력 있는 감정기관의 감정가액인가?				
6	시가로 평가할 경우 무형자산은 실제가치가 인정되는 것만을 계상하였는가?				
7	시가로 평가할 경우 유가증권은 시장성의 유무에 따라 적정하게 평가되었는가?				

	Check하여야 할 내용	Check 결과			
		예	아니요	해당 무	관련서류번호
8	시가로 평가할 경우 회수가 의문시 되는 채권에 대하여 적정하게 평가되었는가?				
9	영업권 평가방법은 적절한가?				
	⑷ **수익가치방식**				
1	주당 배당가능이익의 추정은 합리적인가?				
2	할인율은 업종 및 업계의 현황을 고려하여 합리적으로 추정되었는가? (예 : 동업계 평균이익률, 대상기업의 추세를 고려한 이익률, 시장실질금리 등)				
3	할인대상기간의 추정은 합리적인가?				
4	유사 공개기업의 주가수익률을 적용할 경우 어느 기간 동안의 주가수익률을 사용할 것인가가 검토되었는가?				
	⑸ **현금흐름할인방식**				
1	할인대상기간의 추정은 합리적인가?				
2	대상기간 동안의 현금흐름의 추정은 합리적인가?				
3	할인율의 추정 시 무위험요소와 위험요소가 적절하게 고려되었는가?				
4	대상기간 이후의 기업의 잔여가치는 합리적으로 계산되었는가?				
	⑹ **상대가치방식**				
1	평가대상회사와 사업내용이 비슷하고 유사한 업종에 속하는 상장회사가 존재하는가?				
2	해당 상장회사와 주가, 1주당 배당금액, 1주당 이익금액, 순자산가액은 합리적인 방법에 의하여 산출된 자료들인가?				
	⑺ **매수자의 판단**				
1	상기의 객관적인 자료에 의한 대상기업의 가치평가 이외에 궁극적으로 매수자의 주관이 고려되어 대상기업의 가치평가가 이루어졌는가?				

(5) 가격협상 및 자금조달계획

대상기업의 가치평가작업이 끝나면 인수기업은 평가된 가치를 바탕으로 대상기업과 가격협상을 벌이게 된다. 모든 상거래에서와 마찬가지로 인수기업은 객관적으로 평가된 가치 이하 금액으로 대상기업을 매수하려 할 것이며, 반대로 대상기업 측에서는 객관적인 평가자료 이외에 주관적 논리 및 주장으로 자신의 가격을 높이기 위해 노력할 것이다. 이러한 협상과정에서 양측의 의견이 수렴되어지고 각자가 자신의 손해를 최대한 줄이고 어느 정도 이익을 얻었다고 생각하는 시점에서 가격협상이 이루어질 것이다. 인수하려는 기업 측에서는 대상기업의 객관적인 가치 이외에 고려되지 아니한 긍정적인 요소와 부정적인 요소들을 참작하여 가격협상에 임해야 할 것이다.

가격협상이 끝나면 인수기업은 거래대금을 지급하기 위한 자금조달에 관한 전략과 구체적인 계획을 수립하고 실행하게 된다. 이때 인수 측은 기본적으로 자신이 보유하고 있는 자금에서 M&A대금을 지불할 수도 있다. 그러나 성사 여부가 불확실한 합병・매수거래를 위해 막대한 자금을 항시 보유하고 있는 기업은 거의 없으며, 일시적인 여유자금으로 대금을 지급하더라도 바로 자금을 추가로 조달해야 하는 경우가 대부분이다.

일반적으로 기업은 새로운 사업에 착수하거나 기존사업을 확장할 때와 마찬가지로 M&A거래의 대금지급을 위해 가중평균 자본비용이 최저가 되도록 내부조달과 외부조달(Internal & External Financing)을 적절하게 활용하게 된다. 그러나 M&A의 경우는 그 형태와 목적에 따라서 계획사업을 위한 자금조달(Project Financing)과는 접근방법에서 다른점이 많다. 통상의 경우 자금을 조달할 때는 자기의 신용이나 자산을 이용하여 은행이나 자본시장으로부터 자금을 조달하지만, M&A거래의 경우에는 LBO(Leveraged Buy－Out : 합병 및 매수에 있어서 대상기업의 자산을 담보로 제공하거나 신용을 이용하여 자금을 조달함으로써 기업을 매수하는 금융기법)방식을 이용할 수 있으며 이 경우 대상기업의 신용이나 자산을 이용하여 외부자금조달을 할 수도 있다. LBO방식을 이용할 경우 M&A는 자금조달의 가능성과 M&A 후 채무상환능력에 따라 거래의 성공 여부가 결정된다.

자금조달의 계획을 수립함에 있어서는 대체로 두 단계의 과정이 필요하다. 우선 인수측은 필요한 자금의 조달규모를 파악하여야 하는데, 그 규모를 최소화하여야 한다.

자금조달규모가 커질수록 절대적인 비용이 증가함은 물론 한계비용이 큰 폭으로 증가하기 때문이다. 자금조달의 규모를 최소화하기 위해서는 결국 거래의 종결과정에서 투입되는 자금을 적게 하여야 할 것이다. 다음 단계에서는 M&A의 전체적인 윤곽을 파악하여 각각의 자금조달방법별로 그 규모와 시기 및 비용을 검토하는 것이다.

마지막으로 M&A과정이나 M&A 후에 예상되는 자금흐름의 계절적 변동이나 기타 예상되는 일시적 악화 등을 고려하여 적정한 운영자금을 충분히 준비하여야 한다.

상술한 각 단계별 절차로 수행할 때 일반적으로 사용되는 Checklist는 다음과 같다.

■ 기업합병 · 매수절차에 관한 Checklist(가격협상 및 자금조달계획)

	Check하여야 할 내용	Check 결과			
		예	아니요	해당 무	관련서류번호
	(1) **일반적인 내용**				
1	가격협상 시 대금지급방법 및 이에 따른 자금조달계획에 대한 충분한 연구가 있었는가?				
2	회사의 입장에서 볼 때 가장 적합한 대금지급방법은 무엇인가?				
	(2) **가격협상**				
1	구체적인 협상이 개시되기 전에 대상회사의 가치평가 결과를 근거로 하여 최대협상제시 가격이 내부적으로 결정되었는가?				
2	매수를 희망하는 회사가 2개 이상인 경우 타 회사의 동향, 매수의지 등에 관한 정보를 입수하여 분석하였는가?				
3	M&A제시가격에 대하여 적정금액, 보수적 금액, 낙관적 금액 등 제시금액에 관한 시나리오가 작성되었는가? 또한 대금지급방법의 종류 중 최적안 선택에 관한 시나리오가 작성되었는가?				
4	M&A제시가격에 대한 내부적인 결정과정에서 참석자의 범위, 장소, 자료 등에 관한 보안유지방안이 작성되고 실시되었는가?				
5	자산 · 부채의 실사 및 특정조건의 확정 후 금액이 결정되는 조건부 가격의 적용범위가 결정되었는가?				
	(3) **자금조달계획**				
1	대상기업을 M&A하기 위해 소요되는 자금의 총규모를 파악하였는가?				
2	M&A에 필요한 자금을 가능한 한 최소화하기 위한 모든 방안에 대해 검토하였는가?				
3	M&A에 필요한 자금이 내부에서 자체적으로 조달될 수 있는지와 외부자금을 조달할 수 있는 여력에 대해 파악하였는가?				

	Check하여야 할 내용	Check 결과			
		예	아니요	해당 무	관련서류번호
4	'3.'에서 파악된 자금조달방법은 가중평균자본비용을 최저로 하기에 적합한 방법인가?				
5	자금의 자체조달능력에 한계가 있거나, 한계가 없는 경우에도 대상기업을 검토하는 과정에서 대상기업이 보유하고 있는 자산 및 신용으로 LBO방법을 이용할 수 있는지에 대해 검토하였는가?				
6	대상기업이 보유하고 있는 자산을 이용하여 LBO방식을 활용하고자 하는 경우 선담보제공 여부 등을 파악하여 담보제공을 통해 추가로 차입할 수 있는 가능성에 대해 검토하였는가?				
7	담보의 제공 없이 신용으로 LBO방식을 이용할 경우 자금을 조달하는 방법과 가능한 금액의 규모에 대해 검토하였는가?				
8	투자자들에게 채무형태의 자금조달뿐 아니라 우선주, 보통주, 신주인수권 등 자기자본에 참여할 수 있는 기회를 줄 수 있는지 검토하였는가?				
9	상기 과정에서 파악된 자금조달계획이 각 방법 및 시기별로 계획대로 이루어지지 않을 가능성에 대해 충분히 검토하였는가? 만약 그런 가능성이 있다면 대체안이 준비되어 있는가?				

(6) 관련법규 검토 및 계약서 작성

기업의 합병 · 매수와 관련하여 검토하여야 할 법규의 내용은 상법 · 자본시장과 금융투자업에 관한 법률(자본시장법) · 독점규제 및 공정거래에 관한 법률(공정거래법) · 세법 · 외국환거래규정 및 은행업관련규정 등이 있다. 이 중 국내기업 간이면서 대규모기업집단에 속하지 아니하는 경우에는 상법 · 자본시장법이 주요 검토대상법률이라 하겠다.

합병 · 매수의 법률적 측면은 규제하고자 하는 측면과 장려하고자 하는 측면이 있다. 규제적인 면은 합병 · 매수자체의 효력에 영향을 미칠 수 있으므로 주도면밀하게 사전적으로 검토되어야 하며, 장려적인 면은 합병 · 매수의사결정에 영향을 줄 것이나 합병 · 매수의 효력에는 영향이 없다.

기업의 합병 · 매수와 관련된 법규는 각 관련 법률에 산발적으로 분포되어 있으며 대상기업의 물색, 가격협상, 계약, 사후관리 등 M&A업무 전반에 영향을 미치므로 관련조항의 명확한 해석과 이에 따른 대응책이 지속적으로 검토되어야 한다.

계약서 작성은 대상기업이 선정되어 가치평가 및 가격협상이 완료된 후 쌍방 간의 M&A에 관한 최종 합의과정이라 할 수 있다.

계약서에는 쌍방 간의 중요 합의사항이 망라되어야 함은 물론 계약불이행 시 조치사항, 미확인 부분에 대한 사후 정산내용까지 포함되어야 하며 일부 중요사항이 시간의 경과에 따라 확정될 경우에는 가계약과 본 계약 혹은 1차계약과 2차계약 등으로 구분하여 계약업무가 진행될 수 있다.

계약행위는 법률적 문제를 야기하므로 전문가의 조언 등 사전에 충분한 검토가 이루어져야 한다.

이러한 관련법규 검토 및 계약서 작성을 검토하는 데 사용될 Checklist는 다음과 같다.

■ 기업합병 · 매수절차에 관한 Checklist(관련법규 검토 및 계약서 작성)

	Check하여야 할 내용	Check 결과			
		예	아니요	해당 무	관련서류번호
	(1) **법규 검토**				
1	기업합병 · 매수절차와 관련하여 검토하여야 할 법규가 모두 망라되었는가? • 상법 • 자본시장법 • 공정거래법 • 세법 • 기타(은행업관련규정, 외국환거래규정 등)				
2	관련법규조항을 면밀히 검토하여 해당사항이 있는지의 여부가 판단되었는가? 또 각종 인허가사항이 있는지 검토하였는가?				
3	관련법규에 저촉되는 경우 이에 대한 해결책이 강구되었는가?				
4	법률적 해석이 요구되는 경우 외부전문가의 자문을 통하여 명확히 규명하였는가?				
	A. 상법				
1	대상회사의 발행주식총수의 10분의 1을 초과하여 취득한 경우 이를 대상회사에 통지하였는가(상법 342의 3)?				
2	대상회사의 정관에 주권양도 시 이사회 승인이 필요한 규정이 존재하는지 검토하였는가(상법 335～335의 7)?				
3	합병계약서와 그 승인결의를 위한 주주총회의 소집과 특별결의 등은 적절히 이루어졌는가(상법 522)?				
4	합병재무상태표의 공시에 관한 규정을 준수하였는가(상법 522의 2)?				
5	합병 반대주주의 주식매수청구권 행사에 대한 대응책이 검토되었는가(상법 522의 3)?				
6	흡수합병 및 신설합병의 경우 각각 보고총회와 창립총회의 절차를 수행하였는가(상법 526～527)?				

08

	Check하여야 할 내용	Check 결과			
		예	아니요	해당 무	관련서류번호
7	합병등기를 위한 제반절차 및 시기가 결정되었는가(상법 528)?				
8	서로 다른 종류의 회사 간 합병이 이루어질 경우 이에 대한 제한규정이 검토되었는가(상법 174 · 600)?				
	B. 자본시장과 금융투자업에 관한 법률(자본시장법)				
1	대상법인이 상장법인인 경우, 주식의 대량보유 등에 대하여 보고규정을 검토하였는가?				
2	상장법인과 비상장법인의 합병 시 비상장법인의 유가증권발행인등록에 관한 규정이 검토되었는가?				
3	M&A방법으로서 공개매수를 활용할 경우 이에 관한 규정이 적용되었는가(자본시장법 133～146)?				
4	인수기업 혹은 대상기업이 상장법인인 경우 이에 대한 신고의무가 이행되었는가(자본시장법 161 · 165의 4)?				
	C. 독점규제 및 공정거래에 관한 법률(공정거래법)				
1	대상회사의 인수가 기업결합의 제한규정에 저촉되는지의 여부를 검토하였는가(공정거래법 7)?				
2	대상회사의 인수가 공정거래위원회의 기업결합의 신고 등의 대상 여부인가를 확인하였는가(공정거래법 12～13)?				
3	대상회사의 인수로 인하여 부당한 공동행위의 제한규정에 저촉되는지 검토하였는가(공정거래법 19)?				
4	기업합병 및 매수절차가 공정거래법에 해당사항이 있는 경우 이에 대한 적절한 대안이 수립되었는가?				
	D. 세 법				
1	세법규정 중 대상기업의 인수에 영향을 미치는 사항이 발췌되어 검토되었는가? • 양도소득, 적격합병검토(법인세법 44, 44의 3) • 합병법인의 납세의무승계(국세기본법 23)				

	Check하여야 할 내용	Check 결과			
		예	아니요	해당 무	관련서류번호
2	조세특례제한법에서 규정된 관련조항이 검토되었는가? • 중소기업 간의 통합에 의한 양도소득세의 이월과세(조특법 31) • 기타(조득법 38~38의 3 · 47의 3 · 119 · 120)				
3	기타 관계규정의 검토 • 은행업관련규정 • 해외투자관련 법규(외국환거래규정 등)				
	(2) **계약서 작성**				
1	계약서에 포함되어야 할 사항이 모두 망라되었는가? • 서론(Introductory Material) • 가격과 양도방법(The Price and Mechanics of the Transfer) • 실태설명과 보증(Representations and Warranties) • 서약(Convenances) • 종결조건(Conditons to Closing) • 보상(Indemnification) • 해약절차와 구제책(Termination Procedures and Remedies) • 기타 법률관계(Legal Miscellany) (부록 2, 3 참조)				
2	상법상 기재사항이 계약서에 반영되었는가(상법 523~524)?				
3	현재의 사업과 관련한 인허가 취득 여부와 배타적 사용권 획득에 관하여 계약서 포함 여부를 검토하였는가?				
4	우발채무의 사후보장에 관한 내용이 포함되었는가?				
5	예상치 못한 손실이나 인수가액 재조정 등에 대비하여 인수대금의 일부보류 등에 관한 사항이 계약서에 반영되었는가?				
6	겸업금지약정이 계약내용에 포함되었으며 법률적 제재조항도 포함되었는가?				
7	계약서가 법률적 측면에서 문제가 없는지 전문가의 검토가 수행되었는가?				

08

참고 유가증권시장공시규정 중 주요경영사항 등

제 7 조【주요경영사항】

① 유가증권시장주권상장법인은 다음 각 호의 어느 하나에 해당하는 때에는 그 사실 또는 결정(이사회의 결의 또는 대표이사 그 밖에 사실상의 권한이 있는 임원 · 주요주주 등의 결정을 말하며, 이 경우 이사회의 결의는 「상법」 제393조의 2에 따른 이사회 내 위원회의 결의를 포함한다. 이하 같다) 내용을 그 사유 발생일 당일에 거래소에 신고하여야 한다. 다만, 제1호 다목, 제2호 중 가목 (7) · 나목 (4) · 다목 (4) · 라목 (4), 제3호 중 가목 (1)과 나목 (5)에 해당하는 경우에는 사유 발생일 다음 날까지 거래소에 신고하여야 한다.

1. 해당 유가증권시장주권상장법인의 영업 및 생산활동에 관한 다음 각 목의 어느 하나에 해당하는 사실 또는 결정이 있은 때
   가. 최근 사업연도 매출액의 100분의 5(대규모법인의 경우 1,000분의 25) 이상에 해당하는 영업 또는 주된 영업의 일부 또는 전부가 정지(그 결정을 포함한다)되거나 그 정지에 관한 행정처분이 있은 때(그 영업의 인가 · 허가 또는 면허의 취소 · 반납과 그에 상당하는 생산품에 대한 판매활동의 정지를 포함한다)
   나. 최근 사업연도 매출액의 100분의 5(대규모법인의 경우 1,000분의 25) 이상을 차지하는 거래처와의 거래가 중단된 때
   다. 최근 사업연도 매출액의 100분의 5(대규모법인의 경우 1,000분의 25) 이상의 단일판매계약 또는 공급계약을 체결한 때 및 해당 계약을 해지한 때
   라. 최근 사업연도 매출액의 100분의 5(대규모법인의 경우 1,000분의 25) 이상의 제품에 대한 수거 · 파기 등을 결정한 때
   마. 최근 사업연도 매출액의 100분의 5(대규모법인의 경우 1,000분의 25) 이상을 생산하는 공장에서 생산활동이 중단되거나 폐업된 때
2. 해당 유가증권시장주권상장법인의 재무구조에 변경을 초래하는 다음 각 목의 어느 하나에 해당하는 사실 또는 결정이 있은 때
   가. 해당 유가증권시장주권상장법인이 발행하는 증권에 관한 다음의 어느 하나에 해당하는 사실 또는 결정이 있은 때
      (1) 증자 또는 감자에 관한 결정이 있은 때
      (2) 주식의 소각에 관한 결정이 있은 때. 이 경우 (1)에 따른 자본금 감소의 방법으로 하는 사항은 (1)에 의하여 신고하여야 한다.
      (3) 자기주식의 취득 또는 처분(신탁계약 등의 체결, 해지 또는 연장을 포함한다), 신탁계약 등의 체결을 통해 취득한 자기주식의 유가증권시장 외에서의 처분에 관한 결정이 있은 때
      (4) 「상법」 제329조의 2 및 제440조에 따른 주식분할 또는 병합(자본감소를 위한 주식병합은 제외한다)에 관한 결정이 있은 때
      (5) 「상법」 제329조에 따라 액면주식을 무액면주식으로 전환하거나 무액면주식을 액면주식으로 전환하기로 하는 결정이 있은 때

(6) 주권 관련 사채권(법 제165조의 10 제1항에 따른 사채와 「은행법」 제33조 제1항 제3호에 따른 은행주식 전환형 조건부자본증권을 말한다. 이하 같다) 등과 관련하여 다음의 어느 하나에 해당하는 때

(가) 전환사채, 신주인수권부사채, 교환사채 또는 증권예탁증권(외국에서 이와 유사한 증권 또는 증서가 발행되는 경우를 포함한다)의 발행에 관한 결정이 있은 때

(나) 조건부자본증권(법 제165조의 11 제1항에 따른 조건부자본증권과 「은행법」 제33조 제1항 제2호부터 제4호까지의 규정에 따른 조건부자본증권을 말한다. 이하 같다)의 발행에 관한 결정이 있은 때

(다) 조건부자본증권이 주식으로 전환되는 사유가 발생하거나 그 조건부자본증권의 상환과 이자지급 의무가 감면되는 사유가 발생한 때

(7) 해외증권시장에 주권 등의 상장을 추진하거나 이미 상장한 유가증권시장주권상장법인이 다음의 어느 하나에 해당되는 때

(가) 해외증권시장에 주권 등을 상장하기 위한 결정이 있은 때 및 해당 주권 등을 상장한 때

(나) 해외증권시장에 상장 후 해당국 증권감독기관 또는 증권거래소 등에 기업내용을 정기 또는 수시로 신고·공시하거나 보고서, 그 밖의 관련서류를 제출한 때. 다만, 국내 증권관계법령 및 이 편에 따라 신고 또는 공시하거나 제출하는 사항과 중복되는 경우는 제외한다.

(다) 해외증권시장에서의 상장폐지를 결정하거나 해당국 증권감독기관 또는 증권거래소로부터 매매거래정지, 상장폐지, 그 밖의 조치(해당법인이 이를 요청한 때를 포함한다)를 받은 때 및 상장폐지된 때

(라) 해당국 증권거래소로부터 조회공시를 요구받은 때

(8) 해당법인이 발행한 주권을 상장폐지 하기로 결정한 때

(9) 발행한 어음이 위·변조된 사실을 확인한 때

나. 해당 유가증권시장주권상장법인의 투자활동에 관한 다음의 어느 하나에 해당하는 사실 또는 결정이 있은 때

(1) 자기자본의 100분의 10(대규모법인의 경우 100분의 5) 이상에 상당하는 신규시설투자, 세칙에서 정하는 시설외투자, 시설증설 또는 별도공장의 신설에 관한 결정이 있은 때

(2) 최근 사업연도 말 자산총액의 100분의 5(대규모법인의 경우 1,000분의 25) 이상의 유형자산(임대를 목적으로 하는 부동산을 포함한다. 이하 같다)의 취득 또는 처분에 관한 결정[법 시행령 제103조 제1호에 따른 특정금전신탁 또는 법 제9조 제19항에 따른 사모집합투자기구(해당 법인이 자산운용에 사실상의 영향력을 행사하는 경우에 한한다)에 의한 취득 및 처분을 포함한다. 이하 이 목 (3)에서의 취득 또는 처분에서 같다]이 있은 때

(3) 자기자본의 100분의 5(대규모법인의 경우 1,000분의 25) 이상의 출자(타법인이 발행한 주식 또는 출자증권의 취득을 말한다. 이하 같다) 또는 출자지분 처분에 관한 결정이 있거나, 주권 관련 사채권의 취득 또는 처분에 관한 결정이 있은 때. 다만,

08

다음의 어느 하나에 해당하는 경우에는 그러하지 아니하다.

㈎ 공개매수에 의한 출자. 다만, 외국기업이 발행한 주권을 대상으로 하는 외국 법률에 의한 공개매수의 경우에는 해당 국가에서 공개매수신고서 또는 이에 준하는 서류를 제출하는 때에 이를 신고하여야 한다.

㈏ 금융기관(「금융위원회의 설치 등에 관한 법률」 제38조 각 호의 어느 하나에 해당하는 기관을 말한다)의 단기매매증권의 취득 · 처분(담보권 등 권리실행에 의한 출자 · 출자지분 처분을 포함한다)

⑷ 자기자본의 100분의 5(대규모법인의 경우 1,000분의 25) 이상을 출자(최근 사업연도 말 재무상태표상의 가액을 기준으로 한다)하고 있는 주권비상장법인(코스닥시장상장법인을 포함한다)이 제3호 나목 ⑴부터 ⑶까지의 어느 하나에 해당된 사실이 확인된 때

다. 해당 유가증권시장주권상장법인의 채권 · 채무에 관한 다음의 어느 하나에 해당하는 사실 또는 결정이 있은 때

⑴ 자기자본의 100분의 10(대규모법인의 경우 100분의 5) 이상에 해당하는 단기차입금의 증가에 관한 결정이 있은 때. 이 경우 단기차입금에는 모집 외의 방법으로 발행되는 만기 1년 이내의 사채금액을 포함하며, 기존의 단기차입금 상환을 위한 차입금은 제외한다.

⑵ 자기자본의 100분의 5(대규모법인의 경우 1,000분의 25) 이상의 채무를 인수하거나 면제하여 주기로 결정한 때

⑶ 자기자본의 100분의 5(대규모법인의 경우 1,000분의 25) 이상의 담보제공(타인을 위하여 담보를 제공하는 경우에 한한다. 이하 같다) 또는 채무보증(입찰 · 계약 · 하자 · 차액보증 등의 이행보증과 납세보증은 제외한다. 이하 같다)에 관한 결정이 있은 때. 이 경우 그 결정일 또는 사유발생일 현재의 채무자별 담보제공 또는 채무보증 잔액을 함께 신고하여야 한다.

⑷ 제2호 다목 ⑶에 해당하는 채무자가 제3호 나목 ⑴부터 ⑶까지의 어느 하나에 해당된 사실이 확인된 때

⑸ 발행한 사채와 관련하여 자기자본의 100분의 5(대규모법인의 경우 1,000분의 25) 이상의 금액에 상당하는 원리금의 지급을 이행하지 못한 때. 이 경우 신고금액의 산정은 해당 사업연도에 발생한 미지급금 중 기신고분을 제외한 누계금액을 기준으로 한다.

⑹ 「신용정보의 이용 및 보호에 관한 법률 시행령」 제21조 제2항의 금융기관으로부터 받은 대출금과 관련하여 자기자본의 100분의 5(대규모법인의 경우 1,000분의 25) 이상의 금액에 상당하는 원리금의 지급을 이행하지 못한 때. 이 경우 신고금액의 산정은 해당 사업연도에 발생한 미지급금액 중 기신고분을 제외한 누계금액을 기준으로 한다.

⑺ 자기자본의 100분의 5(대규모법인의 경우 1,000분의 25) 이상의 타인에 대한 선급금 지급, 금전의 가지급, 금전대여 또는 증권의 대여에 관한 결정이 있은 때. 이 경우

종업원(최대주주 등 이외의 자인 경우에 한한다)·우리사주조합에 대한 대여의 경우에는 제외한다.

라. 해당 유가증권시장주권상장법인의 손익에 관한 다음의 어느 하나에 해당하는 사실 또는 결정이 있은 때

(1) 천재·지변·전시·사변·화재 등으로 인하여 최근 사업연도 말 자산총액의 100분의 5(대규모법인의 경우 1,000분의 25) 이상의 재해(최근 사업연도 말 재무제표상의 가액을 기준으로 한다)가 발생한 때

(2) 자기자본의 100분의 5(대규모법인의 경우 1,000분의 25) 이상의 벌금·과태료·추징금 또는 과징금 등이 부과된 사실이 확인된 때

(3) 임·직원 등(퇴직한 자를 포함한다)의 횡령·배임혐의가 확인된 때 및 그 혐의가 사실로 확인된 때. 단, 임원이 아닌 직원 등의 경우에는 횡령·배임금액이 자기자본의 100분의 5(대규모법인의 경우 1,000분의 25) 이상인 경우로 한한다.

(4) 파생상품의 거래(위험회피 목적의 거래로서 회계처리기준에 따른 높은 위험 회피효과를 기대할 수 있는 경우를 제외한다)로 인하여 자기자본의 100분의 5(대규모법인의 경우 1,000분의 25) 이상의 손실(미실현분을 포함한다)이 발생한 때. 이 경우 신고금액의 산정은 해당 사업연도에 발생한 손실 중 기신고분을 제외한 누계손실을 기준으로 하며, 다수의 파생상품 거래가 있는 경우에는 손실과 이익을 상계한다.

(5) 자기자본의 100분의 5(대규모법인의 경우 1,000분의 25) 이상의 금액에 상당하는 임원 등(퇴직한 자를 포함한다)의 가장납입 혐의가 확인된 때 및 그 혐의가 사실로 확인된 때

(6) 매출채권 이외의 채권에서 발생한 손상차손(채권별 손상차손 금액을 합산하여 산정하며 해당 사업연도에 발생한 누계금액을 기준으로 한다)이 자기자본의 100분의 50(대규모법인의 경우 100분의 25) 이상인 사실을 확인한 때. 이 경우 그 사유발생일 현재의 손상차손 대상 채권별 잔액을 함께 신고하여야 한다.

마. 해당 유가증권시장주권상장법인의 결산에 관한 다음의 어느 하나에 해당하는 사실 또는 결정이 있은 때

(1) 「외감법」 제23조 제1항에 따라 회계감사인으로부터 감사보고서를 제출받은 때. 이 경우 해당 감사보고서상 다음의 어느 하나에 해당하는 사실이 확인된 때에는 이를 함께 신고하여야 한다.

(가) 감사의견 부적정, 의견거절 또는 감사범위의 제한으로 인한 한정

(나) 최근 사업연도의 자기자본이 자본금의 100분의 50 이상 잠식(지배회사 또는 지주회사인 유가증권시장주권상장법인의 경우에는 비지배지분을 제외한 자본총계를 기준으로 한다. 이하 같다). 이 경우 자본금 전액이 잠식된 경우에는 별도로 표시하여야 한다.

(다) 최근 사업연도의 매출액(재화의 판매 및 용역의 제공에 한한다. 이하 같은 목 (3) 및 제40조 제2항 제4호 가목 (3)에서 같다)이 50억원 미만

08

(2) 회계감사인의 반기검토보고서상 검토의견이 부적정 또는 의견거절인 때

(3) 최근사업연도의 결산결과 다음의 어느 하나에 해당하는 사실이나 결정이 있은 때. 이 경우 결산주주총회의 소집을 통지·공고하기 이전까지 이를 신고하여야 하며, 매출액·영업손익·당기순손익 항목 및 자산·부채·자본총계 현황을 함께 신고하여야 한다.

㈎ 최근사업연도 매출액, 영업손익 또는 당기순손익이 직전 사업연도 대비 100분의 30(대규모법인의 경우 100분의 15) 이상 증가 또는 감소

㈏ (1)의 ㈏ 및 ㈐에 해당하는 경우

(4) 주식배당에 관한 결정이 있은 때. 이 경우 사업연도 말 10일 전까지 그 예정내용을 신고하여야 한다.

(5) 현금·현물배당(법 제165조의 12에 따른 분기배당 및 「상법」 제462조의 3에 따른 중간배당을 포함한다)에 관한 결정이 있은 때 및 중간배당(분기배당을 포함한다)을 위한 주주명부폐쇄기간(기준일을 포함한다)을 결정한 때. 이 경우 해당 배당신고는 세칙이 정하는 시가배당률에 의하여야 하며 액면배당률은 이를 표시하지 아니한다.

(6) 회계처리기준 위반행위와 관련하여 다음의 어느 하나에 해당하는 때

㈎ 해당법인 또는 그 임·직원(퇴직한 자를 포함한다)이 「외부감사 및 회계 등에 관한 규정」에 따라 증권선물위원회로부터 검찰고발 또는 검찰통보 조치된 사실과 그 결과가 확인된 때

㈏ 해당법인 또는 그 임·직원(퇴직한 자를 포함한다)이 회계처리기준 위반행위를 사유로 검찰에 의하여 기소되거나 그 결과가 확인된 때. 다만, ㈎에 따라 신고한 경우에는 그러하지 아니하다.

㈐ 임원이 「외부감사 및 회계 등에 관한 규정」에 따라 증권선물위원회로부터 해임권고 의결된 사실이 확인된 때

3. 해당 유가증권시장주권상장법인의 기업경영활동에 관한 다음 각 목의 어느 하나에 해당하는 사실 또는 결정이 있은 때

가. 해당 유가증권시장주권상장법인의 지배구조 또는 구조개편에 관한 다음의 어느 하나에 해당하는 사실 또는 결정이 있은 때

(1) 최대주주가 변경된 사실이 확인된 때

(2) 지주회사인 유가증권시장주권상장법인의 자회사가 새로이 편입 또는 탈퇴된 때

(3) 「상법」 제3편 제4장 제2절 제2관 또는 제3관에 따른 주식교환 또는 주식이전의 결정이 있은 때

(4) 「상법」 제374조·제522조·제530조의 2, 제530조의 12 및 법 시행령 제171조 제2항 제1호부터 제4호까지에서 규정한 사실에 관한 결정이 있은 때

(5) 「상법」 제527조의 2에 따른 간이합병 또는 제527조의 3에 따른 소규모합병에 관한 결정이 있은 때

나. 해당 유가증권시장주권상장법인의 존립에 관한 다음의 어느 하나에 해당하는 사실 또는 결정이 있은 때

(1) 발행한 어음 또는 수표가 부도로 되거나 은행과의 당좌거래가 정지 또는 금지된 때

(2) 「채무자 회생 및 파산에 관한 법률」에 따른 다음의 어느 하나에 해당하는 경우

(가) 회생절차 개시·종결·폐지 신청을 한 때 및 법원으로부터 회생절차 개시·종결 또는 폐지, 회생절차 개시신청 기각, 회생절차 개시결정 취소, 회생계획 인가·불인가 등의 결정사실을 통보받은 때

(나) 파산신청을 한 때 및 법원으로부터 파산선고 또는 파산신청에 대한 기각 결정 사실을 통보 받은 때

(3) 「상법」 제517조 및 그 밖의 법률에 따른 해산사유가 발생한 때. 다만, 「상법」 제227조 제4호 및 제517조 제1호의 2에 따른 해산사유에 해당하는 경우에는 그러하지 아니하다.

(4) 거래은행 또는 금융채권자가 법인의 경영관리 또는 공동관리를 개시·중단 또는 해제하기로 결정한 사실이 확인되거나 법인이 동 관리의 신청·신청취하를 한 때

(5) 주채권은행 또는 금융채권자협의회와 경영정상화 계획의 이행을 위한 약정을 체결한 때

다. 해당 유가증권시장주권상장법인에 대하여 다음의 소송 등의 절차가 제기·신청되거나 그 소송 등이 판결·결정된 사실을 확인한 때. 다만, (4)의 경우에는 소송의 제기(상소를 포함한다)·허가신청, 소송허가 결정, 소송불허가 결정, 소취하(상소취하를 포함한다)·화해·청구포기(상소권포기를 포함한다)의 허가신청·결정 및 판결의 사실 등을 확인한 때

(1) 유가증권시장주권상장법인이 발행한 상장 또는 상장대상 증권의 발행에 대한 효력, 그 권리의 변경 및 그 증권의 위조 또는 변조에 관한 소송

(2) 청구금액이 자기자본의 100분의 5(대규모법인의 경우 1,000분의 25) 이상인 소송 등

(3) 임원의 선임·해임을 위한 소수주주의 법원에 대한 주주총회 소집허가 신청, 임원의 선임·해임 관련 주주총회결의의 무효·취소의 소, 임원의 직무집행정지가처분 신청 등 임원의 선임·해임 또는 직무집행과 관련한 경영권분쟁 소송

(4) 증권관련 집단소송법에 따른 소송

라. 주주총회소집을 위한 이사회결의 또는 주주총회결의가 있은 때. 이 경우 사업목적 변경, 사외이사의 선임·해임, 감사(감사위원회 위원을 포함한다)의 선임·해임, 집중투표제의 도입·폐지 등 투자판단에 중대한 영향을 미칠 수 있는 사항에 대하여는 이를 구분하여 명기하여야 한다.

4. 제1호부터 제3호까지 이외에 해당 유가증권시장주권상장법인의 영업·생산활동, 재무구조 또는 기업경영활동 등에 관한 사항으로서 주가 또는 투자자의 투자판단에 중대한 영향을 미치거나 미칠 수 있는 사실 또는 결정이 있은 때. 이 경우 제28조에서 정하는 사항은 제외한다.

② 제1항에도 불구하고 다음 각 호의 어느 하나에 해당하는 유가증권시장주권상장법인에 대하여는 제1항 제2호 다목 (2)부터 (4)까지는 이를 적용하지 아니한다.

1. 「은행법」에 따른 은행
2. 법에 따른 투자매매업자 또는 투자중개업자

3. 「보험업법」에 따른 보험회사
4. 법에 따른 종합금융회사
5. 「상호저축은행법」에 따른 상호저축은행
6. 「여신전문금융업법」에 따른 설립된 시설대여업자
7. 「여신전문금융업법」에 의하여 등록된 신기술사업금융업자
8. 법 제152조 제3항에 따른 공공적 법인
9. 「채무자 회생 및 파산에 관한 법률」에 따른 회생절차의 진행 중에 있는 법인

③ 제1항 제4호의 주가 또는 투자자의 투자판단에 중대한 영향을 미치는지에 대한 구체적인 기준은 세칙으로 정한다.

제 8 조【자회사의 주요경영사항】

① 지주회사인 유가증권시장주권상장법인은 소유하고 있는 자회사 주식의 최근 사업연도 말 재무제표상 가액(사업연도 중 편입하는 경우에는 그 취득가액)이 지주회사의 최근 사업연도 말 자산총액의 100분의 10 이상인 자회사가 제7조 제1항 각 호(제2호 가목 (4)·(5), 제3호 가목 (1) 및 라목을 제외한다)의 어느 하나에 해당하는 때에는 그 사실 또는 결정 내용을 그 사유발생일 다음 날까지 거래소에 신고하여야 한다.

② 지주회사의 자회사가 제7조 제1항 제3호 나목 (1)부터 (3)까지의 어느 하나에 해당하는 경우 해당 자회사가 제1항에서 규정하고 있는 자회사인 경우에는 그 사유발생일 당일에, 그 외의 자회사인 경우에는 그 사유발생일 다음 날까지 그 사실 또는 결정내용을 거래소에 신고하여야 한다.

③ 지주회사의 자회사가 주권상장법인인 경우로서 지주회사가 세칙이 정하는 바에 따라 신청서를 제출한 경우에는 해당 자회사가 제7조 제1항 각 호의 신고를 하는 때에 지주회사가 제1항 및 제2항에 따른 신고를 한 것으로 본다.

제 8 조의 2【종속회사의 주요경영사항】

① 지배회사인 유가증권시장주권상장법인은 종속회사가 다음 각 호의 어느 하나에 해당하는 경우에는 그 사실 또는 결정 내용을 그 사유발생일 다음 날까지 거래소에 신고하여야 한다. 다만, 국내소재 종속회사가 법 제161조 제1항 제1호, 제3호 및 제4호에 해당하는 경우에는 사유발생일 당일에 신고하여야 한다.

1. 주요종속회사가 법 제161조 제1항 제1호, 제3호, 제4호, 제6호 및 법 시행령 제171조 제3항 제1호, 제3호에 해당하는 경우
2. 법 제161조 제1항 제2호에 해당하는 경우로서 종속회사의 정지된 영업부문의 매출액이 지배회사의 최근 사업연도 매출액의 100분의 5(대규모법인의 경우 1,000분의 25) 이상에 해당하는 경우
3. 법 제161조 제1항 제5호에 해당하는 경우로서 종속회사의 자본증가 또는 자본감소 금액이 지배회사의 최근 사업연도 자기자본의 100분의 5(대규모법인의 경우 1,000분의 25) 이상에 해당하는 경우
4. 법 제161조 제1항 제7호에 해당하는 경우로서 다음 각 목의 어느 하나에 해당하는 경우. 다만, 중요한 양수·양도기준은 다음 각 목으로 한다.

가. 종속회사가 양수·양도하려는 영업부문의 자산액(장부가액과 거래금액 중 큰 금액을 말한다. 이하 같은 호 라목 및 제7호에서 같다)이 지배회사의 최근 사업연도 말 자산총액의 100분의 5(대규모법인의 경우 1,000분의 25) 이상에 해당하는 경우
나. 종속회사가 양수·양도하려는 영업부문의 매출액이 지배회사의 최근 사업연도 매출액의 100분의 5(대규모법인의 경우 1,000분의 25) 이상에 해당하는 경우
다. 종속회사가 영업의 양수로 인하여 인수할 부채액이 지배회사의 최근 사업연도 말 부채총액의 100분의 5(대규모법인의 경우 1,000분의 25) 이상에 해당하는 경우
라. 종속회사가 양수·양도하려는 자산액이 지배회사의 최근 사업연도 말 자산총액의 100분의 5(대규모법인의 경우 1,000분의 25) 이상에 해당하는 경우
5. 법 시행령 제171조 제3항 제2호에 해당하는 경우로서 종속회사에 대한 소송관련 청구금액이 지배회사의 최근 사업연도 말 자산총액의 100분의 5(대규모법인의 경우 1,000분의 25) 이상에 해당하는 경우
6. 법 시행령 제171조 제3항 제4호에 해당하는 경우로서 종속회사가 지배회사 주식을 교환대상으로 하는 교환사채권의 발행에 관한 결정이 있은 때
7. 법 시행령 제171조 제3항 제5호에 해당하는 경우로서 종속회사가 양도하려는 자산액이 지배회사의 최근 사업연도 말 자산총액의 100분의 5(대규모법인의 경우 1,000분의 25) 이상에 해당하는 경우
② 지배회사인 유가증권시장주권상장법인은 제1항의 신고사항이 다음 각 호의 어느 하나와 중복되는 경우에는 제1항에 따라 신고하여야 한다.
1. 제8조의 신고사항. 다만, 중복사항이 제8조 제3항에 따라 신고된 경우에는 제1항에 따라 신고한 것으로 본다.
2. 제7조 제1항 제2호 나목 (4) 또는 같은 호 다목 (4)의 신고사항

(7) 대금지급 및 회계·세무처리

기업매수·합병으로 거래대상기업의 경영권이 양수됨과 동시에 대금의 결제가 있게 된다. 대금지급방법은 쌍방 간의 합의에 따라 다양한 방법이 적용될 수 있는바, 현금을 일시에 지급하는 방법과 할부 혹은 연불방식으로 구분할 수 있다.

후자의 경우에는 채무증서를 이용하는 방식과 주식지급방식, 인수기업의 향후 수입과 연계시켜 지급하는 방식 등으로 나누어 볼 수 있다.

현금지급방법은 매수자가 자신의 책임하에 매수자금을 조달하고 지급하게 되며 그 자금조달방법으로 자신의 신용과 자산뿐 아니라 매수기업의 자산을 이용하기도 한다. 현금매수 시에는 거래당시 예측할 수 없었던 손해를 담보하기 위하여 일정액을 유보할 수도 있으며 이 경우 주식양도에 따른 조세부담이 문제되는 경우도 있다.

채무증서에 의한 지급은 매수 측이 어음 등 채무를 보증하는 증서를 발행하여 대금을 지급하는 것으로 경우에 따라 주식으로의 전환을 보장하는 사채발행의 형식도 가능하다.

주식에 의한 지급은 합병 시 주로 시행되는 방법이며, 매수 시에는 주식의 교환형태로 나타난다.

매수·합병의 취지에 따라 매수자의 경영권이 확보될 수 있을 정도의 주식을 인수하고 경영권을 해치지 아니하는 범위 내에서 매도자에게 주식을 지급하는 것이며 경우에 따라 의결권이 제한된 우선주 등의 지급이 고려되기도 한다.

연계방식에 의한 지급은 대상기업의 향후 경영성과에 따라 일정률의 지급을 연계시키는 것으로 매수자의 위험은 감소시키나 매도자의 불이익이 초래될 수 있다. 즉 경영권을 인수한 매수자가 약정된 기간 동안 임의의 회계처리방식에 의하여 매도자에게 손해를 미칠 수 있으므로 이러한 방법은 상호신뢰를 바탕으로 이루어질 수 있다.

회계처리방법은 매수법이 현행 기업회계기준에 적합한 방법이다. 합병이 아닌 지분매수의 경우에는 연결재무제표의 작성 여부 및 지분법대상 관계회사인지에 따라 추가적인 회계처리가 따르게 된다.

합병에 따른 세무문제는 과거와 현재의 문제로 나누어 볼 수 있으며, 과거의 문제는 피합병법인 혹은 피인수법인의 과거 숨겨진 조세위협으로 과점주주로서의 제2차납세의무 등이 있을 수 있다. 현재의 조세문제는 피합병법인의 양도소득에 관한 납세의무 이행으로 매수·합병대금 결정 시에 고려되어야 할 사항이다. 적격합병인 경우에는 장부가액대로 합병된 것으로 보아 과세이연이 적용된다.

이러한 대금지급 및 회계·세무처리를 검토하는 데 사용될 Checklist는 다음과 같다.

■ 기업합병 · 매수절차에 관한 Checklist(대금지급 및 세무회계처리)

	Check하여야 할 내용	Check 결과			
		예	아니요	해당 무	관련서류번호
	(1) **대금지급**				
1	가격협상 시 제시되었던 대금지급방법과 실제지급방법에 차이가 있는가? 차이가 있는 경우 그 변경에 관한 타당성이 검토되었는가?				
2	대금지급방법 결정 시 다음과 같은 유의할 점에 대한 검토는 이루어졌는가? • 부외부채의 존재가능성과 사후방안 • 우발채무의 발생가능성과 사후방안 • 부외부채 혹은 우발채무의 발생가능한 금액 • 상대방의 신뢰도, 평판 등 인적요소 • 인수자로서의 자금조성방법 및 현금지급능력				
3	대금지급방법은 거래상황에 따라 합리적으로 결정되었는가(현금, 채무증서, 주식, 연계방식 등)?				
4	미래예측하지 못한 상황 등을 고려하여 일정기간 지급보류금액에 대한 검토는 이루어졌는가?				
5	대금지급방법의 선택에 따른 세무상 손익에 대하여 검토하였는가?				
	(2) **현금에 의한 대금지급방법**				
1	회사자체의 현금여력은 고려되었는가?				
2	차입금(단기, 장기, 사채 등)으로 현금을 조달할 경우 이자율과 이자비용에 대한 법인세 절세효과에 대한 분석이 이루어졌는가?				
3	신주를 발행하여 현금을 조달할 경우, 기존주주들과의 협의와 동의가 있었는가?				
4	상기의 현금조달방법을 혼합할 경우의 이자비용 및 이자비용의 법인세절세효과를 고려하여 최적의 비율로 결정되었는가?				
	(3) **보통주에 의한 대금지급방법을 선택할 경우**				
1	기존주주들의 동의를 득하였는가?				

08

	Check하여야 할 내용	Check 결과			
		예	아니요	해당 무	관련서류번호
2	주식발행을 통한 주당순이익의 희석효과에 대한 사전고려가 있었는가?				
3	주식발행을 통한 경영권의 침해 여부에 대한 사전고려가 있었는가?				
	⑷ **전환우선주에 의한 대금지급방법을 선택할 경우**				
1	기존주주들의 동의를 득하였는가?				
2	주당순이익의 희석효과를 고려하여 전환비율을 결정하였는가?				
3	우선주가 보통주로 전환될 경우 경영권의 침해 여부에 대한 사전고려가 있었는가?				
	⑸ **사채에 의한 대금지급방법을 선택할 경우**				
1	어떤 종류의 사채를 발행할 것인가?				
2	전환사채를 발행할 경우 주당순이익의 희석효과에 대한 사전분석이 있었는가?				
3	사채이자에 대한 법인세절세효과를 고려하였는가?				
4	회계처리는 매수법을 따르는가?				
	⑹ **전환권(Warrants)에 의한 대금지급방법을 선택할 경우**				
1	우선권(Option)행사에 따라 보통주를 매입할 경우 주당순이익의 희석효과에 대한 분석이 있었는가?				
2	우선권행사에 따라 보통주를 매입할 경우 경영권침해 여부에 대한 사전고려가 있었는가?				
3	회계처리는 매수법을 따르는가?				
	⑺ **연계방식에 의한 대금지급방법을 선택할 경우**				
1	연계방식에 따른 득과 실을 면밀히 분석하였는가?				
2	연계방식을 제안할 경우 필수사항에 관한 계획이 정립되었는가? • 지급기간 • 지급비율				

	Check하여야 할 내용	Check 결과			
		예	아니요	해당 무	관련서류번호
	• 지급의 기준이 되는 금액(예 : 영업이익) • 최저 및 최고한도액 등				
	(8) **회계 · 세무처리**				
1	합병이 시장가치에 의한 것인가 혹은 장부가액에 의한 것인가?				
2	합병 시 피합병회사자산의 임의평가증이 이루어졌는지 여부와 그에 따른 세무대책은 마련되었는가?				
3	합병에 따른 세무신고(피합병법인결산)가 합법적으로 이루어질 수 있는 것인가?				
4	양도소득이 발생할 것인지의 여부와 발생할 경우 그 금액은 합리적으로 추정될 수 있는가(법인세법 44)?				
5	지방세법상 과점주주로서 취득세부과대상 여부는 검토되었는가(지방세법 시행령 11)?				
6	법인세법상 비업무용부동산 해당자산의 존재 여부 및 대처방안은 검토되었는가?				
7	피합병법인 주주의 양도소득세, 의제배당 등 관련 조세문제는 검토되었는가(법인세법, 소득세법)?				

(8) 자산과 부채의 실사 및 인수

M&A과정 중의 최대 교섭항목은 합병 · 매수 대상기업의 합병 · 매수가격을 결정하는 일이다.

이때에 고려될 요소들 중에는 여러 가지가 있겠지만, ① 장래의 예상매출액과 이익신장도, ② 경영자를 포함한 종업원의 능력과 사기, ③ 그 업계의 특성에 대한 당해 기업의 우위성과 시장지배율, ④ 유사회사의 실제거래가격, ⑤ 기업의 순자산가치, ⑥ 장래의 추가적 투자필요성과 그 규모, ⑦ M&A 시의 예상 Synergy 효과, ⑧ 기타 전략적 가치 등이 있을 수 있다.

이상의 항목 중에서 매수대상기업의 순자산가치는 매우 중요한 요소인데 이 순자산가치가 우선 산출되어야 기타 요소를 기초로 추산된 Premium 또는 Discount금액을 가감시킬 수 있다.

이러한 순자산가치를 평가하기 위해서는 그 기업의 자산과 부채가액을 확정한 후 '자산－부채＝순자산'의 공식에 따라 순자산가치를 계산한다.

M&A뿐만 아니라 조인트벤처, 거액의 기채, 해외주식시장에의 상장 등과 같은 대상기업의 소유권이나 자본구조의 중요한 변동을 가져올 거래제안(Proposed Transaction)이 있을 때에는 항상 그 대상기업의 재무 또는 영업활동을 정밀조사분석(Investigative Analysis)하게 되는데 이를 적정성 검토(Due Diligence Work)라 한다. 이러한 적정성 검토의 절차는 의뢰회사가 필요로 하는 정보의 종류와 내용에 따라 그 범위와 상태가 달라지지만 방법은 주로 질문과 분석에 의한다.

적정성 검토의 주목적이 순자산가치 확정에 있을 경우 이를 위해서는 다음과 같은 단계적인 절차가 수행되는데, 이 업무는 상당한 회계전문지식을 요하므로 CPA의 참여가 필수적이다.

① 재무제표 작성기준에 대한 확인절차
② 자산실사절차
③ 부채실사절차
④ 실사차이 처리절차
⑤ 인수절차

그러나 합병 · 매수계약서상에 합병 · 매수가격결정을 실사결과에 의하지 아니하고 사전에 합의된 일정금액 또는 장부가액에 의하도록 약정되어 있을 경우에는 상술한 바와 같은 정규적인 절차가 단계별로 수행되지 아니하고 당해 사정에 따라 적절히 수정 보완된 절차가 수행된다.

가격결정이 이처럼 실사기준이 아니고 확정금액기준 또는 장부가액기준일 때에는 대체로 재고자산의 실사입회, 유형자산의 시가감정, 채권채무의 조회절차가 생략되는 것이 보통이며 대신 분석기법이 적용된다.

본 장에서는 합병 · 매수가격이 실사결과에 따라 결정될 때를 전제하여 설명된 것이므로 이러한 경우가 아니라면 당해 사정에 따라 본 절차를 적절히 수정하여 사용될 수 있을 것이다.

상술한 각 단계별 절차를 수행할 때 일반적으로 사용되는 Checklist는 별지와 같다.

■ 기업합병 · 매수절차에 관한 Checklist(자산과 부채의 실사 및 인수)

	Check하여야 할 내용	Check 결과			
		예	아니요	해당 무	관련서류번호
	(1) **재무제표 작성기준에 대한 확인절차**				
1	분석대상 B/S의 작성기준일은 언제인가? 20 년 월 일 현재				
2	동 B/S는 외부감사인으로부터 감사를 받은 것인가?				
3	외부감사결과 순자산가액에 영향을 미칠 사항은 없었는가?				
4	직전 회계연도 말의 순자산가액과 현재의 순자산가액을 비교할 때 차이가 10% 이하인가?				
5	하기 자산의 평가기준은 명확히 수립되었는가? 재고자산(평가방법 :) 유가증권(평가방법 :) 투자자산(평가방법 :)				
	(2) **자산실사절차**				
	A. 현금과 예금 및 유가증권				
1	현금과 예금의 잔액은 직전 연도 말의 잔액과 비슷한 수준인가?				
2	보관현금과 유가증권은 실사하였는가?				
3	현금잔액에 포함된 통화대용증권(우표, 수입인지 등)은 유효성이 있는 것인가?				
4	실사결과 장부금액과 일치하지 않을 경우 그 원인을 규명하여 정당성을 확인하였는가?				
5	예금잔액은 은행의 잔액증명서 또는 조회서와 일치하고 있는가?				
6	외국통화 및 외화표시 예금은 적정한 기준에 의하여 평가되었는가?				
7	유가증권의 평가방법은 적정하며, 계속 동일한 방법이 적용되고 있는가?				

	Check하여야 할 내용	Check 결과			
		예	아니요	해당 무	관련서류번호
8	유가증권은 시가에 의해 평가하였는가?				
9	담보제공 등 타처에 보관 중인 유가증권은 조회서에 의하여 직접 확인되었는가?				
10	예금 중 타인을 위해 담보로 제공된 것은 없는가?				
	B. 매출채권				
1	매출채권잔액은 전월 말 및 직전 회계연도 말과 비슷한 수준인가?				
2	받을어음은 실사 확인하였는가?				
3	타처에 보관되어 있는 받을어음은 직접 확인 조회하였는가?				
4	받을어음 중 만기일 경과 또는 부도된 것은 없는가?				
5	외상매출금은 각 채무자에게 직접 조회 확인하였는가?				
6	조회서의 회답을 받지 못한 경우에는 매출관계서류와 회수실적을 감안하여 회수가능성을 검토하였는가?				
7	매출채권에 대한 대손충당금은 적정하게 설정되어 있는가?				
8	신규거래처로서 잔액이 과대한 거래처는 없는가?				
9	기준일을 전후하여 거액의 증감내용은 없는가?				
10	관계회사, 주주임원 및 종업원에 대한 매출채권 내용 중 비정상적인 사항은 없는가?				
	C. 기타유동자산				
1	대여금, 미수금, 전도금 등은 실제거래에서 발생된 것인가?				
2	선급비용, 미수수익 등의 미경과 계산은 적정한가?				
3	대여금, 미수금, 전도금 등은 회수 가능한 것이며 적정한 대손충당금이 설정되어 있는가?				

08

	Check하여야 할 내용	Check 결과			
		예	아니요	해당 무	관련서류번호
	D. 재고자산				
1	재고자산잔액은 전기말 및 전월말잔액과 비교하여 큰 변동은 없는가?				
2	회사수탁품, 리스재고자산, 타처보관품, 위탁판매로 인한 적송품 등 보관 장소별로 구분 파악하였는가?				
3	타처에 보관 중인 재고자산 등은 조회 확인하였는가?				
4	재고자산의 실사입회 전에 재고수불의 마감에 직접 관련된 증빙서의 최종일자와 번호를 확인하였는가?				
5	재고자산은 실사 입회하였는가?				
6	인수기준일과 실사일이 다른 경우 그 기간 동안의 수불을 검증하여 이상 유무를 확인하였는가?				
7	재공품, 제품의 대체 등 기간귀속은 적절한가?				
8	재고자산의 평가방법은 적정하며 계속 동일한 방법이 적용되고 있는가?				
9	시가하락, 품질저하, 진부화, 손상 등이 있는 경우 그로 인한 장부가액의 감액조치는 적절한가?				
10	담보로 제공된 재고자산은 없는가?				
	E. 투자자산				
1	보유하고 있는 증권은 실사하였는가?				
2	타처에 보관되어 있는 증권은 보관자에게 조회하였는가?				
3	투자자산의 평가방법은 적정하며 계속 동일하게 적용되고 있는가?				
4	투자자산은 시가에 의해 평가되었는가?				
5	유가증권에 대하여 평가를 하고 있는 경우에는 그 회계처리는 타당한가?				
6	투자부동산은 등기부등본을 징구하여 소유권을 확인하였으며, 타인을 위해 담보로 제공된 것이 있는지 확인하였는가?				
7	미수수익의 계상은 적정한가?				

	Check하여야 할 내용	Check 결과			
		예	아니요	해당 무	관련서류번호
8	장기대여금, 특정현금과 예금, 임차보증금, 영업보증금 등은 조회하였으며 회수가능성은 확실한가?				
9	대손우려가 있는 투자자산은 없는가?				
10	담보로 제공된 투자자산은 없는가?				
	F. 유형자산				
1	유형자산잔액이 직전회계연도말잔액과 비슷한 수준인가?				
2	유형자산은 명세표에 의하여 개별적으로 현물확인을 하였는가?				
3	부동산은 등기부등본을 징구하여 소유권을 확인하였으며 타인을 위해 담보로 제공된 것이 있는지 확인하였는가?				
4	유형자산의 취득원가는 적정하게 계상되었는가?				
5	유형자산(특히 부동산)은 시가에 의해 평가하고 장부금액과 차이를 계산하였는가?				
6	감가상각방법은 매년 동일하게 적용되고 있는가?				
7	리스자산에 대한 회계처리는 적정한가?				
8	금융리스자산의 감가상각은 소유자산과 같은 방법으로 계상하고 있는가?				
9	건설중인자산은 계정처리가 적정한가?				
10	담보제공자산은 등기부등본 등 관계서류와 대조하였는가?				
11	보험가입자산은 보험증서를 확인하였는가?				
	G. 무형자산, 이연자산				
1	영업권, 특허권 등 무형자산의 자산성은 인정되는가?				
2	이연계정의 계정별 내용과 금액은 타당하게 계상되었는가?				

	Check하여야 할 내용	Check 결과			
		예	아니요	해당 무	관련서류번호
3	M&A계약서에 이연자산 중 인수 제외하도록 규정되어 있는 것은 없는가?				
4	상각내용은 적정하며 전기와 동일한 기준에 의하였는가?				
	H. 부외자산				
1	장부에 계상되지 아니한 부외자산이 있을 수 있는바 다음 중 해당되는 것은 없는가? －과소평가된 유형자산 －저가로 평가된 투자자산 －LIFO로 평가된 재고자산 －계상되지 아니한 특허권 －내부사용목적으로 개발된 거액의 S/W －이월공제 가능한 결손금				
2	상기와 같은 부외자산은 대부분 금액추정이 불가능하거나 중요성이 없는 것이 보통인바, 이에 해당되는 것은 어떠한 것이 있는가?				
	(3) **부채실사절차**				
	A. 차입금				
1	채권자에게 기말잔액, 이자율, 상환만기, 미지급이자, 담보제공 내용 등을 조회하였는가?				
2	차입금에 대한 미지급이자 계산은 적정한가?				
3	차입금의 원리금 중 연체된 것은 없는가?				
4	외화차입금이 있을 경우 그 평가는 적절한가?				
5	차입금잔액은 은행연합회 자료 및 은행조회서와 일치하는가?				
	B. 매입채무				
1	합병인수기일에 임박하여 거액의 변동은 없는가?				
2	관계회사, 주주임원, 종업원과의 거래로 발생한 내용은 진실성이 있는가?				

	Check하여야 할 내용	Check 결과			
		예	아니요	해당 무	관련서류번호
3	합병인수기일 이후의 매입거래 가운데 기준일에 속하는 매입채무는 없는가?				
4	회사발행어음 중 담보제공어음, 금융어음 등이 포함되지는 않았는가?				
	C. 미지급비용, 법인세				
1	합병인수기일 현재 미지급이자, 미지급급료 등의 계상은 적정하며 추가로 지급되어야 할 항목은 없는가?				
2	전기세무조정 내용은 적정한 것인가?				
3	피합병법인의 미납법인세 등 장차 납부하여야 할 국세, 지방세, 가산금 및 체납처분비는 없는가?				
	D. 사채, 장기차입금				
1	사채발행비, 사채할인발행차금, 사채할증발행차금, 전환권 조정계정 및 신주인수권 조정계정은 적절하게 계상된 것인가?				
2	장기차입금은 채권자로부터 기말잔액, 이자율, 만기일 미지급이자, 담보제공 내용 등을 조회하였는가?				
3	외화차입금이 있을 경우 그 평가는 적절한가?				
4	차입금잔액은 은행조회서 및 은행연합회 자료와 일치하는가?				
	E. 퇴직급여충당부채				
1	퇴직급여충당부채는 적정하게 설정되었는가?				
2	단체퇴직보험에 가입한 경우는 잔액을 조회 확인하였는가?				
	F. 부외부채				
1	가지급금, 가수금 등의 가계정 및 주주단기채무, 채권의 금액이 과대하지 않은가?				
2	정당한 이유 없이 폐기수표 및 어음용지는 과대하지 않은가?				

08

	Check하여야 할 내용	Check 결과			
		예	아니요	해당 무	관련서류번호
3	어음수표의 명세서 내용은 그 구입, 사용, 미사용 양식 등과 일치하는가?				
4	폐기어음수표용지에 대해서는 그 발행부본 보관 여부 또는 은행에 반납 여부를 확인하였는가?				
5	장부에 기록되지 않은 대여어음은 없는가?				
6	차입금이자 이외의 이자비용 해당액은 없는가?				
7	자산 가운데 장부가액에서 제외되어야 할 다음과 같은 자산은 없는가? －진부화된 재고 －불량채권 －유휴불량자산 －고가로 평가된 투자자산 －불용자산				
	G. 우발채무				
1	관계회사 또는 타인을 위한 보증채무는 없는가?				
2	기준일 현재 손해배상청구 기타 소송사건은 없는가?				
3	주요 판매계약이나 구매계약 등에 포함된 제약사항 중 회사의 손실을 초래할 수 있는 내용은 없는가?				
4	기타 추가로 발생될 수 있는 채무액은 없는가? －퇴직금추가지급약속액 －부과 예상되는 벌과금 －추징 가능한 법인세 －매출의 보증기간 미완료에 따른 우발채무				
	(4) **실사차이 처리절차**				
1	실사에 관련된 내용 중 검토되지 아니한 것은 없는가?				
2	실사결과는 회사 제시자료(B/S명세서, 우발사항, 부외자산 및 부채, 회계방침 등)와 비교되어 차이가 분명하게 확인되었는가?				
3	차이내용에 관하여 대상회사는 차이발생 사유를 설명하거나 차이를 모두 인정하였는가?				

	Check하여야 할 내용	Check 결과			
		예	아니요	해당 무	관련서류번호
4	대상회사의 회계실무책임자, 회계담당임원, 사장 등의 연기명으로 서명된 재무확인서를 받았는가?				
5	상기 재무확인서의 내용 중 부인, 한정, 진술거부 등은 없었는가?				
6	실사결과보고서는 책임회계사에 의하여 작성되고 동 회계법인 내의 제3자에 의하여 객관적으로 심리되었는가?				
7	실사결과보고서에는 실사 후의 자산과 부채의 공정가치를 기초로 계산된 순자산가치, 합병 또는 매수계약서상에 명시된 방법에 따라 계산된 순자산가치가 명확히 표시되어 있는가?				
	(5) **인수절차**				
	A. 합병인수회계처리				
1	자산의 일부를 매수하거나 영업의 일부를 양수하는 경우의 회계처리는 당해 매수 또는 양수계약에서 정한 방법에 따라 결정된 금액을 취득가액으로 하였는가?				
2	합병의 경우 합병회사는 합병기일 현재의 피합병회사 순자산을 승계하는 것으로 처리해야 하는데 이때의 순자산이란 자산의 공정가치에서 부채의 공정가치를 차감한 가액을 의미하는바, 순자산으로 승계하였는가? 이 경우 발생되는 과세문제를 고려하였는가?				
3	그러나 타법령의 규정에 의하여 불가피한 경우에는 순자산 대신에 장부가액으로 승계할 수 있는바, 장부가액으로 승계하였다면 그 법적근거가 적절한가?				
4	자산과 부채의 공정가치는 다음 사항을 제외하고는 기업회계기준에 따라 기장된 장부가액을 의미하는바, 이를 준수하였는가? -유형자산 공신력 있는 감정기관의 감정가액 또는 공공기관이 공시한 시가표준액 등 객관적이고 합리적인 가액으로 한다.				

	Check하여야 할 내용	Check 결과			
		예	아니요	해당 무	관련서류번호
4	－유가증권 합병기일 현재 유가증권의 평가액은 객관적이고 합리적인 가액으로 한다. －퇴직급여충당부채 합병기일 현재 전 종업원이 일시에 퇴직할 경우 지급하여야 할 퇴직금추계액으로 한다. －법인세비용 합병기일 현재 피합병회사가 부담하여야 할 법인세 등의 확정액 또는 추계액으로 한다. －부외자산 및 부외부채 합병회사가 합병계약서상에서 M&A하기로 한 가액으로 한다.				
	B. 영업권과 부의영업권				
1	합병회사가 피합병회사로부터 승계한 순자산가액을 초과하는 경우, 동 초과액을 영업권으로 계상하였는가?				
2	합병대가가 피합병회사로부터 승계한 순자산가액보다 낮은(미달) 경우, 동 미달액을 합병차익(부의영업권)으로 계상하였는가?				
	C. 잉여금				
1	피합병회사의 자본잉여금과 이익잉여금은 그대로 승계할 수 없으며 합병차익(부의영업권)이 발생하는 경우에는 합병연도에 일시 환입한다. 이를 준수하였는가?				
	D. 상호투자주식				
1	합병 시 상호투자주식에 대하여 신주를 교부하지 아니하고 소각하는 경우에는 동 상호투자주식의 장부가액을 합병대가로 보아야 하는바, 이를 준수하였는가?				
2	합병 시 상호투자주식의 소유로 인하여 자기주식을 취득하게 되는 경우 등 자기주식의 취득원가는 합병당사회사의 장부가액으로 하여야 한다. 이를 준수하였는가?				

	Check하여야 할 내용	Check 결과			
		예	아니요	해당 무	관련서류번호
	E. 합병비용				
1	합병으로 인하여 발생되는 주식발행비는 주식할인발행차금으로 계상되었는가?				
2	피합병회사의 자산을 취득할 때 발생되는 등록세 등 부대비용은 당해 자산의 취득원가로 계상하였는가?				
3	합병과 관련하여 발생되는 기타비용 중 비용의 성격에 따라 판매비와관리비에 해당되는 것은 해당 계정으로 처리하였는가?				
	F. 합병 후의 회계처리				
1	합병기일 현재 존재하는 소송사건 등 우발사항이 합병기일 이후 측정기간(1년) 이내에 확정되는 경우에는 동 손익을 염가구매선택권(즉시 손익인식) 또는 영업권으로 처리하는바, 이러한 사항은 없는가?				
2	사업결합(합병)에 대한 최초 회계처리가 사업결합(합병)이 발생한 보고기간 말까지 완료되지 못한다면, 취득자는 회계처리가 완료되지 못한 항목의 잠정 금액을 재무제표에 보고한다. 측정기간 동안에 취득자는 식별가능한 자산(부채)으로 인식한 잠정 금액의 증가(감소)를 영업권의 감소(증가)로 인식하는바, 이러한 사항은 없는가?				

(9) 신경영전략수립 및 조직개편

대상기업의 자산, 부채의 인수가 완료되면 인수기업의 전략을 반영하여 새로운 조직체로 출발하게 된다. 즉 인수기업의 정책을 반영하고 기존조직의 경영환경 및 장점을 최대한 고려하여 새로운 경영전략을 수립하여야 함과 동시에 이를 기초로 새로운 조직을 구성하여야 한다.

새로운 조직구성은 새로운 경영전략을 달성하기 위한 형태로 개편되어야 하며 이 과정에서 중요한 것은 기존조직 구성원들의 동요 및 반발을 최소화하고 새로운 조직구성원과의 융화를 통한 협동 분위기를 조성하는 데 중점을 두어야 한다.

신경영전략수립 절차에서는 기존 경영전략의 재검토 및 수정, 보완절차를 취하여야 하며 최대한 조속한 시일 내에 확정하여 공표함으로써 새로운 조직체로 이행되는 데 따른 코스트를 최소화할 수 있다. 신경영전략수립을 위한 개괄적인 절차를 요약하면 다음과 같다.

① 환경분석

기업이 속한 산업의 정부정책, 경쟁자 분석, 고객 및 시장분석, 기술환경, 공급자, 유통과정 등의 환경을 분석

② 기존 경영전략의 진단

기존기업의 마케팅, 기술력, 물류, 조직 및 인력 등을 진단

③ 중장기경영전략 수립

신규기업의 위상분석, 비전수립 및 경영목표설정, 경영전략수립

④ 세부 추진전략 설정

각 부문별 세부적인 추진전략 설정

조직개편절차는 기존 조직구성원들의 입장에서는 민감한 사항이므로 매우 신중히 처리하여야 한다.

새로운 조직개편의 핵심사항은 기존 조직구성원 중 주요 인력의 지속적 근무를 유도하고 신경영전략에 대한 공감대를 형성함과 동시에 새로운 구성원과의 협동 및 융화분위기를 조성하는 것이라 할 수 있다.

이러한 신경영전략수립 및 조직개편 시 사용될 Checklist는 별지와 같다.

■ 기업합병 · 매수절차에 관한 Checklist(경영전략수립 및 개편)

	Check하여야 할 내용	Check 결과			
		예	아니요	해당 무	관련서류번호
	(1) **신경영전략 수립**				
1	대상기업의 경영전략이 수립되어 있으며 이를 징구하였는가?				
2	기업이 속한 사업의 환경분석을 실시하였는가? • 정부정책 : 육성정책, 개발정책 등 • 경쟁자 분석 • 고객 및 시장분석 : 주요 고객, 시장규모, 제품별 가격 및 비용구조 • 기술환경 • 공급자 분석 : 원료수급체계, 공급자현황 • 유통과정 분석 : 유통체계, 유통업자 등				
3	대상기업의 전반적 경영진단을 실시하였는가? • 마케팅 측면 : 고객관리, 마케팅조사 및 계획 • 기술력 : 기술개발능력, R&D능력, 기술관련 인력조직 • 물류관리 : Logistic Value Chain 분석 • 재무 · 회계 : 재무계획, 자금계획, 재무분석 • 정보기술 : 정보기술전략, 시스템구축계획 • 조직 및 인력 : 조직관리, 채용관리, 인사고과, 경력관리제도, 급여 및 복지, 교육훈련				
4	인수기업의 경영방침을 대상기업의 신경영전략에 반영하는 방안을 검토하였는가?				
5	기업의 경영환경 등을 고려한 중장기경영전략을 수립하였는가? • 기업의 위상분석 : 강 · 약점, 기회 및 위협요인(SWOT) 분석, 제품포트폴리오 분석, 중점추진전략 도출 • 비전수립 : 기업이념 및 사명, 장기비전, 사업영역 • 경영전략 : 각 기능부문별 중장기경영전략				
6	중장기경영전략을 달성하기 위한 세부추진전략을 수립하였는가?				

	Check하여야 할 내용	Check 결과			
		예	아니요	해당 무	관련서류번호
7	신경영전략에 대하여 기존 및 새로운 구성원의 충분한 공감대를 획득하였는가?				
	⑵ **조직개편**				
1	조직의 개편을 위하여 신경영전략과의 연계성을 검토하였는가?				
2	신경영전략을 고려한 조직개편 방향을 설정하였는가(팀제의 도입 등)?				
3	기존 조직체계의 합리성에 관한 진단을 실시하였는가?				
4	조직개편을 위하여 기존 인력에 대한 개인별 업무분석을 실시하였는가?				
5	개인별 업무분석에 근거하여 신조직에서 중요한 역할을 담당할 핵심인력이 파악되었는가? 기존 핵심인력의 동요를 막기 위한 별도 방안이 수립되었는가?				
6	기존 조직의 진단결과 장점을 부각시키고 기존 조직구성원의 반발을 최소화하기 위한 방안이 수립되었는가? 특히 노조문제에 대한 대응방안이 강구되었는가?				
7	새로운 조직개편안에 대하여 모든 구성원의 공감대를 형성할 수 있는 홍보 등의 프로그램을 작성하였는가?				
8	기존 조직구성원 중 부적합 인력에 대한 전출, 보직변경 등의 조치를 위한 구체적 방안이 설정되었는가?				
9	조직개편안이 완성된 후 실행을 위한 구체적 계획이 수립되었는가?				
10	기존 조직구성원과 신규 구성원 간의 융화를 위한 별도의 프로그램이 작성되었는가?				

(10) 홍보 및 사후관리

M&A가 완료된 후 새로운 기업에 대한 홍보 및 사후관리가 이루어져야 한다.

대상기업의 M&A과정이 복잡하고 장기간이 소요되었을 경우에는 M&A자체에만 역점을 두게 되는 것이 일반적이나 M&A 후의 홍보 및 사후관리도 매우 중요하다.

이러한 홍보 및 사후관리는 새롭게 출범하는 기업의 향후 경영관리에 상당한 영향을 미칠 수 있으며 M&A과정에서는 예기치 못하였던 새로운 문제가 사후에 발생될 수 있기 때문이다.

따라서 M&A의 전 과정을 통하여 M&A 후 영향을 미칠 항목들을 고려하여 사전에 이에 대한 대비책을 강구하여야 할 것이다.

새로운 기업에 대한 홍보는 M&A의 형태에 따라 달라질 수 있다.

즉 신설합병의 경우에는 신규기업에 대한 홍보가 이루어져야 하며 흡수합병의 경우에는 기존기업의 변화부분에 대한 홍보가 실시되어야 한다. 특히 대상기업이 과거에 부정적 이미지를 가지고 있었다면 그러한 이미지를 쇄신하고 새로운 기업으로서의 변신을 적극 홍보하여야 할 것이다.

이러한 홍보는 대외적인 홍보뿐 아니라 대내적 홍보도 포함되는 개념으로서 모든 구성원의 공감대 형성에도 많은 중점을 두어야 한다.

사후관리는 M&A진행과정에서 발췌된 사후 영향요소들에 대한 관리로서 계약이 이행되어 인수가 완료되면 M&A의 마지막 절차로서 수행된다. 사후관리가 효율적으로 이루어지지 못하면 경제적으로 막대한 손실을 초래하게 되는 것은 물론이고 문제의 해결이 원만하지 못할 경우 당초 기대했던 효과가 무산되는 경우가 대부분이다.

효율적인 사후관리를 위해서는 M&A 전 과정에서 사후에 영향을 미칠 수 있는 요소들을 적시에 발췌하여 사전에 이에 대한 대비책을 강구하여야 한다.

또한 M&A과정이 장기간 소요될 경우 매수가 완료된 시점에서 재검토하여 제반여건이 변경되었다면 이러한 여건변화에 따른 적절한 조치가 취해져야 할 것이다.

홍보 및 사후관리에 사용될 Checklist는 별지와 같다.

■ 기업합병 · 매수절차에 관한 Checklist(홍보 및 사후관리)

	Check하여야 할 내용	Check 결과			
		예	아니요	해당 무	관련서류번호
	(1) **홍 보**				
1	신경영전략에 근거하여 이에 따른 홍보전략이 수립되었는가?				
2	기존조직의 홍보전략이 검토되어 새로운 홍보전략에 적절히 반영되었는가?				
3	M&A형태(신설합병, 흡수합병 등)에 따라 적절한 대응 홍보계획이 수립되었는가?				
4	인수기업과 연계된 동일집단의 일원으로서의 통합 CI전략이 수립되었는가?				
5	대상기업의 부정적 이미지가 존재하는 경우 이미지 쇄신을 위한 구체적 홍보프로그램이 수립되어 있는가?				
6	기업의 환경, 전략, 비용 등을 고려한 효과적 홍보방법이 면밀히 검토되어 결정되었는가? (예 : 신문, 전문잡지, 방송 등)				
7	새로운 조직으로 출범할 경우 기업의 이미지를 효과적으로 나타낼 수 있는 슬로건, 비전, 회사로고 등이 준비되었는가?				
8	새로운 조직의 출범을 효율적인 마케팅 전략과 연계하는 방안이 검토되었는가? (예 : 주요 고객들을 초청하여 창업식 등의 거행)				
9	새로운 조직의 이념, 비전, 경영목표 등에 대하여 모든 구성원들의 공감대 형성을 위한 효율적인 홍보계획을 수립하였는가?				
	(2) **사후관리**				
1	M&A과정에서 발췌된 사후관리사항에 대하여 검토 후 종합하는 절차를 수행하였는가? (예 : 기납부세액의 갱정 여부, 부실채권의 사후 발견 등)				

	Check하여야 할 내용	Check 결과			
		예	아니요	해당 무	관련서류번호
2	M&A과정에서 사용한 제반 추정치에 대한 사후적 확인을 통하여 매수대상기업의 객관적 가치산정에 변동이 있는지 평가하였는가?				
3	사후관리사항에 의하여 미치게 될 영향 등을 파악하기 위하여 관련전문가들의 의견을 징구하였는가? (예 : 법률전문가, 회계 및 세무전문가)				
4	사후에 영향을 미칠 수 있는 항목들에 대한 적절한 조치가 강구되어 있는가? (예 : 계약서에 사후책임을 규정하는 조항의 명시)				
5	사후관리사항 중 매수상대자의 동의나 계약이 필요한 경우 이에 대한 조치를 강구하였는가?				
6	M&A완료 후 당초의 여건이 변화되어 그 영향이 심각한 경우 이에 대한 적절한 대비책이 강구되어 있는가? (예 : 해당 산업에 대한 규제 법률의 제정 등)				
7	M&A완료 후 회계·세무에 관한 사항이 규정에 의하여 적절히 처리되었는가?				
8	사후관리사항 중 제반 조치들의 시행과정에서 최고경영층을 포함한 관련자들에게 적절히 검토되고 요약되어 수시로 보고되고 있는가?				
9	M&A가 완료된 후 사후적으로 전문가의 자문이 필요한 영역에 대하여 제시되고 이에 대하여 협의하였는가? (예 : 경영정책, 자금계획수립, 기업공개, 경영관리시스템 등)				

(11) 부록－관련서식 예시

● [부록 1]

의 향 서

○○주식회사(이하 "갑"이라 한다)와 ○○주식회사(이하 "을"이라 한다)는 "갑"이 "을"의 주식을 양수받는 계약을 체결하기 위한 업무(이하 "본 계약 건"이라 한다)를 추진하는 데 있어 필요한 사항을 아래와 같이 합의하고 그 증거로 본 의향서를 서명·날인하여 각 1부씩 보관한다.

제1조【목 적】
본 의향서는 "을"의 주식양도제의와 관련하여 양수도계약을 체결하기 전까지 주식가액의 평가, 양수도 가격결정, 양수도 계약조건의 협상, 본 계약체결 등에 필요한 사항을 정하기 위함에 있다.

제2조【매수 권유행위】
본 의향서가 유효하게 된 후 즉각 "을"은 "갑" 이외의 다른 매수희망자에게 본 계약건과 관련된 자료를 제공하거나 기타 매수를 권유하는 행위를 하지 않는다.

제3조【자료제공】
본 의향서가 유효하게 된 후 "갑"이나 "갑"이 지정한 자는 "을"의 재무제표와 부속명세서 및 기타 본 계약 건을 추진하는 데 필요한 회사자료를 요구할 수 있으며 "을"은 정당한 이유가 없는 한 이에 응하여야 한다. "갑"은 제공받은 자료 및 정보의 취급을 "갑"의 본 계약 건 담당자만으로 국한하며 사외는 물론 "갑"의 기타 임직원에게 유출되지 않도록 필요한 모든 조치를 취하여야 한다.

제4조【양수도계약 체결】
"갑"과 "을"은 협상결과에 따라 본 계약 건에 대한 주식양수도의 세부내용을 규정한 별도의 양수도계약을 체결한다.

제5조【의향서의 해지】
본 의향서는 계약협상 시까지 유효하며, 계약협상에 합의가 되지 않는 경우는 자동해지된다. 쌍방은 본 의향서의 해지를 이유로 상대방에게 손해배상을 청구할 수 없다.

제6조【신의성실의 원칙】
"갑"과 "을"은 신의성실의 원칙에 입각하여 양수도에 관하여 협상한다. 본 의향서에 기재되지 않은 사항은 양 당사자 간에 합의에 의하여 처리한다.

제7조【효력】
본 합의서는 하기에 서명·날인하는 날로부터 유효하다.

20××년 ××월 ××일

○○주식회사	○○주식회사
대표이사 ×××	대표이사 ×××

[부록 2]

합병계약서

○○주식회사(이하 "갑"이라 한다)와 ○○주식회사(이하 "을"이라 한다)는 경영합리화를 위하여 합병하기로 하고 다음과 같이 계약을 체결한다.

제1조 【합병방법】
"갑"과 "을"은 합병하여 "갑"은 존속하고 "을"은 해산한다.

제2조 【발행할 주식의 총수】
"갑"은 합병으로 인하여 회사가 발행할 주식의 총수를 기명식 보통주식 ×××주를 증가하여 총 ×××주로 한다.

제3조 【증가할 자본금과 준비금 총액】
"갑"이 합병으로 인하여 증가할 자본금은 ×××원으로 하고, 준비금과 적립금 등은 제6조에서 정한 합병일에 있어서 "을"의 재무상태표상 금액으로 한다.

제4조 【합병 시 발행신주 및 교부비율】
"갑"은 합병 시 기명식 보통주식(1주의 금액 ××천원) ×××주를 발행하여 합병기일 현재 "을"의 주주명부에 기재되어 있는 주주에 대하여 그가 소유하는 "을"의 주식 1주에 대하여 "갑"의 주식 ×××주의 비율로 배정교부하며 "갑"은 "을"의 주식 1주에 대하여 ×××원의 합병교부금을 "을"에게 지급한다.

제5조 【합병승인 총회기일】
"갑"과 "을"은 이 계약의 승인 및 합병에 필요한 사항을 의결하기 위하여 20××년 ××월 ××일에 각각 주주총회를 개최한다. 다만, 합병절차의 진행상 필요한 경우에는 "갑", "을" 협의하에 이 기일을 변경할 수 있다.

제6조 【합병일】
"갑"과 "을"의 합병일은 20××년 ××월 ××일로 한다. 다만, 합병절차의 진행상 필요한 경우에는 "갑"과 "을"이 협의하여 이를 변경할 수 있다.

제7조 【자산의 인수】
"을"은 20××년 ××월 ××일 현재의 재무상태표와 기타 동일의 계산서류를 기초로 하여 합병기일에 그 자산, 부채 및 권리의무 일체를 "갑"에게 인계하고 "갑"은 이를 인수한다.
이 경우 "을"은 20××년 ××월 ××일부터 합병기일에 이르기까지의 자산, 부채의 변동에 관하여는 별도의 계산서류를 작성하여 그 내용을 명확히 하여야 한다.

08

제8조【신의성실】

"갑"과 "을"은 이 계약체결 후 합병기일에 이르기까지 선량한 관리자의 주의의무를 다하며, 신의와 성실로써 각기의 업무집행 및 재산의 관리운영을 하며 그 재산 또는 권리의무에 중대한 영향을 미치는 행위를 하는 경우에는 "갑"과 "을"이 협의하여 실행한다.

제9조【종업원의 인수】

"갑"은 "을"의 종업원을 합병기일에 "갑"의 종업원으로 인수하고 기타사항에 관하여는 "갑"과 "을"이 협의하여 정한다.

제10조【신주이익배당 기산일】

제4조에 의하여 발행하는 주식에 대한 이익배당의 계산기준일은 당해 회계연도 초일인 20××년 ××월 ××일부터 기산한다.

제11조【계약의 변경】

이 계약체결일로부터 합병기일에 이르는 사이에 천재지변, 기타 "갑" 또는 "을"의 재산, 경영상태에 중대한 변동이 생긴 때에는 "갑"과 "을"은 협의하여 합병조건을 변경하거나 또는 이 계약을 해제할 수 있다.

제12조【계약의 효력발생】

이 계약은 제5조에 규정하는 각기의 주주총회의 승인을 얻은 때에 그 효력을 발생한다.

제13조【계약 외 사항】

이 계약에서 규정한 이외의 합병에 관하여 필요한 사항은 이 계약의 취지에 따라 "갑"과 "을"이 협의하여 결정한다.

위 계약의 성립을 증명하기 위하여 계약서 2통을 작성하고 "갑"과 "을" 대표이사가 기명날인하여 각각 1통씩 보관한다.

20××년 ××월 ××일

갑 : 　　　　　　　　　　을 :

[부록 3]

주식매매계약서

서울시 강남구 ○○동 ○○○번지에 거주하는 ○○○(이하 “갑”이라 한다)는 본 계약체결일 현재 ○○주식회사가 발행한 주식을 서울시 강남구 ○○동 ○○○번지에 소재하는 ○○주식회사(이하 “을”이라 한다)에게 양도함에 있어 다음과 같이 주식매매계약을 체결하고, 이를 증명하기 위해 ○○○을 입회인으로 하고 계약서를 3통 작성한 후 기명날인하여 각각 1통씩 보관하기로 한다.

–다 음–

제1조 【매매주식】

“갑”이 “을”에게 매각할 “매매주식”의 종류와 수는 다음과 같다.

가. 발행회사 : ○○주식회사

나. 발행주식총수 : ××××주

다. 주식종류 : 기명식 보통주식(1주당 액면가액 : ×××원)

라. 매매수량 : ×××주(본 계약체결일 현재 총발행주식의 ××%)

제2조 【주식인수금액】

매매주식을 인수하기 위해 “을”이 “갑”에게 지불해야 할 총금액은 아래의 가와 나의 금액을 합한 금액으로 한다.

가. 순자산가액 : 20××년 ××월 ××일자 ○○주식회사 재무제표상 순자산가액에 “을”에 의해 실시된 실사를 통해 “갑”과 “을” 양측이 합의한 조정사항을 반영한 후의 금액인 금 ×××××××으로 한다.

나. 영업권 : ○○주식회사의 영업권은 금 ×××××으로 한다.

제3조 【주식인수대금의 지불조건】

1. “을”은 주식인수금액을 계약금과 잔금으로 나누어 다음의 조건에 따라 “갑”에게 현금이나 “갑”이 인정하는 수표로 지급하여야 한다.

   가. 계약금은 금 ×××××으로 하며 본 계약체결일에 “을”이 “갑”에게 지급한다.

   나. 잔금 ××××원은 20××년 ××월 ××일에 “을”이 “갑”에게 지급한다.

2. 제1항의 주식인수대금의 지급이 "을"의 귀책사유로 인하여 지불예정일보다 늦어지는 경우에는 "을"은 "갑"에게 연체이자율(연 ××%)을 적용하여 산정한 지체보상금을 지불하기로 한다.

제4조 【주권의 양도 및 주권양도의 효력】

1. "갑"은 본 계약체결 후 주식인수금액전액을 수령한 즉시 제1조에 정한 "매매주식" 및 이의 명의개서에 필요한 제반서류를 "을"에게 인도하여야 한다.
2. "을"은 제4조 제1항의 "매매주식" 양수와 동시에 "매매주식"에 대한 주주권을 "갑"으로부터 완전히 이전받는다.

제5조 【당사자의 의무】

1. "갑"과 "을"은 20××년 ××월 ××일 쌍방이 기명날인하여 교환한 의향서와 20××년 ××월 ××일 "을"에 의해 실시된 실사를 통해 채권, 채무 등 제반사항에 대하여 충분히 숙지하고 있으므로, 이 계약체결 이후로는 다음의 각호의 보장사유를 제외하고는 회사 및 주식의 내용에 관하여 이의를 제기하지 아니하기로 한다.
   가. 자산, 부채의 실사일 이후 잔금지불일까지 통상적인 업무수행의 결과 발생한 사항 이외의 예외적인 재산상태의 변화
   나. 자산, 부채의 실사일 이후 잔금지불일까지 통상적인 업무수행과 관련하여 종래의 관행에 반하여 부담하는 채무
   다. 실사과정에서 ○○주식회사가 "을"에게 제시한 것 외의 부외채무 또는 우발채무
2. "갑"은 "별첨 1"의 주식매도인이 "매매주식" 전부를 정당하게 소유하고 있고 이의 매도에 관한 모든 권리를 "갑"이 주식매도인으로부터 완전하게 위임받았음을 진술하고 보증하며, 추후 주식매도인이 매도한 "매매주식"과 관련하여 상속관련 분쟁 또는 소유권 분쟁으로 인하여 발생되는 모든 책임은 "갑"이 진다.
3. "갑"은 ○○주식회사가 "을"에게 제시한 이외의 부외채무 또는 기타 우발채무가 자산・부채의 실사일 이전의 원인에 근거하여 발생함으로 인해 "을"에게 재정상의 손해가 발생한 경우에는 "을"에게 즉시 배상할 것을 확약한다.

제6조 【특 약】

1. 본 계약체결과 동시에 "갑"은 "을"에게 ○○주식회사의 경영상태, 재정상태 등을 정확히 파악하고 본 계약을 조속히 완결할 수 있도록 "을" 또는 "을"이 지명하는 자가 ○○주식회사에 파견되어 근무할 수 있도록 협력하여야 한다.
2. 제3조 제1항의 잔금지급일에 "갑"은 ○○주식회사의 모든 이사와 감사의 사임서를 받아 "을"의 잔금지급과 동시에 이를 "을"에게 교부하여야 하며 ○○주식회사 법인인감을 비롯 제반인감을 "을"에게 인도하여야 한다.

제7조 【세금 등】

본 계약체결과 관련하여 부과되는 세금, 공과금, 기타 부과금 등은 1차 납세의무성립시기의 각 당사자가 부담하기로 한다.

제8조 【경쟁금지】

"갑"은 본 계약발효일로부터 ×년간 ○○주식회사가 영위하고 있는 사업과 동일하거나 경쟁이 되는 사업을 직접, 간접적으로 영위하여서는 아니 된다.

제9조 【해제권】

1. 본 계약체결 후 제3조 제1항의 잔금지불일 이전까지 타방 당사자의 중대한 귀책사유 없이 본 계약을 해지하는 경우에는 계약해지를 통보한 당사자는 타방 당사자에게 다음과 같은 위약금을 지불하도록 한다.
   가. "갑"이 계약해지를 통보하는 경우 : "갑"은 "을"로부터 수령한 제3조 제1항 계약금의 2배를 "을"에게 지불하여야 한다.
   나. "을"이 계약해지를 통보하는 경우 : "을"은 제3조 제1항의 계약금을 포기하기로 한다.
2. "갑" 또는 "을"이 본 계약에서 약정한 의무를 이행하지 않거나 이행을 지체하는 경우 7일간의 유예기간을 정하여 이행을 최고하고, 그 최고를 받은 상대방은 그 유예기간 내에 의무를 이행하지 아니할 때에는 이 계약을 해제할 수 있는 권리를 갖는다.
   이 경우 귀책당사자는 상대방이 입은 모든 손해를 즉시 배상하여야 한다.

제10조 【관할법원】

이 계약에 관하여 분쟁이 발생할 경우에는 ○○지방법원을 제1심 관할법원으로 한다.

제11조 【기 타】

이 계약에 명시되지 않은 사항은 관계법령 및 일반상관례에 준하여 "갑"과 "을"이 협의하여 결정한다.

20××년 ××월 ××일

갑 :

을 :

입회인 :

5 순자산가액실사 및 기업가치평가보고서(사례)

(1) 용역보고서 요약

① 순자산가액 실사

가. 기준일 : 2017년 12월 31일

나. 순자산가액 실사기준

기업회계기준을 적용하였으며 외부자료 등에 의하여 객관적인 시가가 확인 가능한 경우에는 이에 의하였습니다.

평가대상	실사기준
매출채권 등 영업상의 채권	• 부실거래처 : 연체기간, 담보 및 과거회수실적 등을 고려하여 개별적으로 평가 • 정상거래처 : Aging Schedule에 의하여 평가
재고자산	장기체화재고 등에 관한 자료를 근거로 평가감
유형자산	감정가액, 감정가액이 없으면 토지는 개별공시지가, 건물은 지방세 시가표준액, 기타 유형자산은 기업회계기준상 장부가액 소유권확인은 토지건물등기부등본, 차량증록증, 선박등록증, 중기등록증 등
유가증권	순자산 지분가액, 단 시장성주식은 실사기준일 전 2개월 평균가액
장기채권채무의 현재가치계산 시 할인율	2017년 12월 31일 3년 만기 무보증회사채수익률(BBB－)(또는 시장수익률)에 Risk Premium(2%)을 가산한 금리를 적용
외화자산과 부채의 환산 시 환율	2017년 12월 31일 매매기준율

다. 순자산가액

(단위 : 백만원)

구 분	회사제시	조정 후
자 산 총 계		(주 1)
부 채 총 계		(주 2)
순 자 산 가 액		

(주 1) 토지를 공시지가와 기준시가에 의해 평가함으로 인해 ××만원의 평가감이 발생함.
(주 2) 관계회사 지급보증 중 회사가 보증금액을 대지급해야 할 가능성이 높은 지급보증금액의 현재가치 ××만원을 우발손실로 인식하였음.

라. 순자산가액 실사와 관련하여 본 보고서 이용 시의 유의사항

- 관계회사에 대한 지급보증
  - 회사의 관계회사 등에 대한 지급보증액은 ××백만원임. 이 중 상속세납세보증과 관련해 법인 입보한 금액 중 ××백만원에 대해선 우발손실로서 인식하였음.
  - 계열사 등에 매각검토에 있어서도 회사가 지급보증을 하고 있는 내역 및 지급보증을 받고 있는 내용이 미치는 영향이 충분히 고려되어야 보다 현실적인 방안이 수립될 수 있을 것임.

마. 본 용역의 범위에 포함되지 아니하는 항목

관계회사와 관련회사에 대한 실사 미실시

② 기업가치평가

가. 기업가치평가방법

- 기업가치 DCF모델(Discounted Cash Flow Model)을 이용
- 현금흐름정의 : 영업현금흐름(Free Cash Flow)개념사용

	영업손익(EBIT)
−	법인세비용
	세후영업손익
+	감가상각비 및 무형자산상각비 등(비현금거래)
±	순운전자본의 증감
−	투자현금흐름(CAPEX)
	영업현금흐름(Free Cash FLow)

- 기업가치

	추정기간 영업현금흐름(Free Cash FLow)
÷	할인율(가중평균자본비용 WACC)
	추정기간의 현재가치(영업현재가치)
+	추정기간 이후의 현재가치(영구현금흐름의 영업현재가치)
	영업가치
+	비영업자산의 가치

− 이자부부채의 가치

자기자본의 가치(기업가치)

나. 적용순서

a. 미래 영업손익의 추정

회사의 과거 5개년 손익자료, 미래추정자료, 연구기관 등의 미래 거시경제지표 추정 자료 및 회사가 속한 산업의 환경 · 전망 등의 자료를 활용하여 추정

b. 법인세비용의 계산

평가기준일 현재의 법인세 정한 법인세율, 지방소득세율 및 회사의 이월결손금 등을 고려하여 추정

c. 세후영업손익 계산

d. 순운전자본의 증감계산

미래 매출액 및 매출원가의 추정금액을 기준으로 과거 매출채권회전율, 재고자산회전율, 매입채무회전율을 고려하여 순운전자본 증감계산

e. 투자현금흐름(CAPEX)

기존 유형자산 및 무형자산 등의 사용가능 기간, 미래 추정 매출을 달성하기 위한 신규 투자 및 보완 투자 등을 고려한 투자현금흐름 추정

f. 감가상각비 및 무형자산상각비 등

기존 보유자산 및 위의 투자현금을 고려한 감가상각비 및 무형자산상각비 추정

g. 추정기간의 영업현금흐름(Free Cash FLow)계산

h. 가중평균자본비용(WACC)의 추정

CAPM(Capital Asset Pricing Model)을 이용하여 자기자본비용을 구하고 외부차입조달비용을 이용하여 타인자본비용을 산출한 후, 이를 각각 자기자본과 타인자본의 비율에 따라 가중평균하여 WACC를 산출

구 분
가. 무위험이자율(Rf)(주 1)
나. 국내시장프리미엄(Rm－Rf)(주 1)
다. Levered Beta(주 2)
라. Specific premium(주 3)
마. 자기자본비용[가＋(나×다)＋라]

구 분
바. 타인자본비용(주 4)
사. 자기자본비중(주 5)
아. 타인자본비중(주 5)
자. Tax Rate
차. 가중평균자본비용[마×사+바×(1－자)×아](주 6)

(주 1) 무위험이자율은 Bloomberg의 국내 10년 만기 국고채 이자율을 적용함. Bloomberg에서 제공하는 무위험이자율(Rf) 및 시장수익률(Rm)을 적용하여 Market Risk Premium을 산정

(주 2) 유사 동종기업의 Unlevered Beta와 목표자본구조에 따라 산정
Levered Beta=Unlevered Beta×[1+(1－Tax rate)×(대용기업 타인자본/자기자본)](하마다모형)

(주 3) 자기자본비용을 산정함에 있어 기업규모 또는 상대적 산업 특성에 따라 실제 시장에서 투자자로부터 CAPM에 의해 산정된 수익률보다 추가적인 수익률의 반영(필요에 따라)

(주 4) 타인자본비용은 2017년 말 기준 회사의 신용등급에 기반한 한계차입이자율을 적용함. 또는 회사의 2017년 말 기준 가중평균차입이자율 적용

(주 5) 목표자본구조는 유사 동종기업들의 평균 자본구조를 적용

(주 6) 가중평균자본비용(WACC)=자기자본비용×자기자본비중+타인자본비용×(1－Tax Rate)×타인자본비중

i. 영업가치의 계산

추정기간의 미래현금흐름을 WACC로 할인하여 영업활동의 가치 계산+추정기간 중 최종연도의 미래현금흐름의 향후에도 계속적으로 발생한다는 가정하에 최종연도의 현금흐름에 최종연도의 CAPEX와 감가상각비 등에 의한 현금흐름 조정, 영구성장율을 추정에 의한 현금흐름을 WACC로 할인하여 영업활동의 영구가치(Continuing Value) 계산=영업가치

j. 비영업자산의 가치 계산

회사의 보유 자산 중 영업활동과 관련 없이 보유하고 있는 현금및현금성자산(영업활동에 필요한 자금 이상의 보유액), 단기대여금, 유가증권, 회원권 등

k. 이자부부채의 가치 계산

2017년 말 현재 이자부부채의 금액 산정

l. 자기자본의 가치(기업가치)

다. 본 추정의 한계

• 손익추정 및 현금흐름의 추정에 대한 제 가정의 현재 상황에서의 합리성에 대한 검토라는 점에서 장래예측에 대한 정확성을 판단하거나 실현가능성을 보증하는 것이 아니며 향후의 경제상황이나 제 가정의 변화에 따라 그 내용이나 결과가 달라질 수 있음.

• 순자산가액 실사에서 언급한 우발사항이 향후 회사의 손익추정 및 현금흐름의 추정에 영향을 미칠 수 있음.

③ **기 타**

본 요약보고서는 이용자의 편의를 위하여 필요하다고 판단되는 사항만을 요약한 것이므로 본 용역보고서의 내용이 전부 요약되어 있는 것이 아닙니다. 따라서 본 용역보고서를 이용하시는 경우 반드시 본 용역보고서의 본문에서 설명된 전체 내용을 종합하여 판단하거나 인용하여야 합니다.

(2) 용역세부보고서

① 용역의 개요

가. 용역의 배경과 목적

회사의 재무구조, 영업 및 제반 경영개선 및 구조조정을 위한 투자유인 및 M&A(제3자 인수)와 관련된 의사결정을 지원하기 위해 본 용역을 수행하는 것입니다.

나. 용역의 범위

회사의 순자산가액 실사와 회사가 제시한 향후 5년간 추정손익과 추정현금흐름의 합리성에 대한 검토 및 기업가치산정 업무로 구분됩니다. 상기 업무와 관련하여 수행한 주요 절차를 요약하면 다음과 같습니다.

a. **순자산가액 실사**

• 매출채권(외상매출금, 받을어음)의 회수가능성 검토
• 관계회사 장기대여금의 회수가능성 검토
• 외부자료에 의하여 시가가 파악될 수 있는 자산의 시가 파악
• 장기미회수 채권과 부도거래처 채권의 회수가능성 검토
• 장기채권 · 채무의 현재가치 평가
• 지급보증 등에 따른 우발손실금액 추정
• 자산과 부채의 유동성 구분의 적정성에 대한 검토

- 기타의 계정과목에 대하여는 일반적인 회계검사절차의 수행을 통해 각 계정과목의 적정성을 검토
- 주요 채권 · 채무잔액 및 금융거래에 대한 조회확인

b. 손익추정과 현금흐름 예측의 합리성 검토 및 기업가치산정

회사가 제시한 실사기준일 이후의 향후 5년간의 손익추정 및 현금흐름 예측자료에 근거하여 다음의 업무를 수행하였습니다.

- 손익추정을 위한 가정의 합리성 검토
- 추정 손익계산서의 합리성 검토
- 향후의 현금흐름 예측을 위한 가정의 합리성 검토
- 추정 현금흐름표의 합리성 검토
- 추정 현금흐름을 고려한 기업가치산정

c. 순자산가액 실사와 관련하여 수행하지 못한 주요한 절차

외부감사보고서가 없는 경우는 회사가 제출한 재무제표 등을 각각 이용하였습니다.

d. 보고서 이용 시 유의사항

본 보고서 이용 시 특히 유의하여야 할 사항을 요약하면 다음과 같습니다.

- 본건 실사 등 용역업무가 회사의 장래 사업성이나 환금가능성에 대한 예측은 아니라는 점
- 향후의 추정손익과 추정현금흐름에 대한 합리성의 검토결과가 장래예측이 정확하다는 것을 보장하는 것은 아니라는 점
- 본건 실사 등 용역업무가 회계처리상의 모든 부정이나 허위의 적발을 행하는 것이 아니라는 점

08

② 순자산가액 실사

가. 순자산가액의 평가기준 및 기준일

a. 평가기준

순자산가액의 평가에 있어 회사와 협의한 바에 따라 기업회계기준을 적용하였으며 외부자료 등에 의하여 객관적인 시가가 확인 가능한 경우에는 이에 의하였습니다. 이러한 평가기준과 관련된 주요 사항을 요약하면 다음과 같습니다.

- 부도어음 : 연체기간, 담보 및 과거회수실적 등을 고려하여 개별적으로 평가

매출채권 등 영업상 채권(외상매출금, 받을어음, 미수금, 선급금, 대여금 등) : 하기 방법 1과 방법 2를 병행하여 평가함.

－방법 1 : 각 계정별로 다음과 같은 Aging Schedule에 의하여 평가

연체기간	분 류	대손율	비 고
0~3개월	정상	0.5%	
3~6개월	요주의	2.0%	
6개월 이상	고정	20%	담보가액 있는 경우
6개월 이상	회수의문	75%	담보가액 없는 경우
6개월 이상	추정손실	100%	담보 없고 부도상태

－방법 2 : 연체기간, 담보 및 과거회수실적 등을 고려하여 개별적으로 평가

• 재고자산 : 주요 재고자산에 대한 실사수행과 장기체화재고 등에 대한 자료를 근거로 평가함.

• 유가증권 : 회사 보유 유가증권은 모두 비상장주식으로 이는 최근 재무제표를 이용한 순자산지분가액과 취득원가 중 저가법으로 평가함.

• 골프회원권 및 콘도회원권 : 세법상 기준시가 또는 시가

• 유형자산 : 감정가액, 감정가액이 없으면 토지는 최근 공표된 개별공시지가, 건물은 지방세시가표준액, 기타 유형자산은 기업회계기준상 장부가액으로 평가함.

• 퇴직급여충당부채 : 실사기준일 현재 퇴직금지급규정에 의한 퇴직급여추계액으로 평가

• 어음수표 : 은행이 발행하는 미회수 어음수표 조회내역을 징구하여 실사수량, 지급어음/미지급금 장부, 견질명세서 등과 대조

• 기타 : 외화자산과 외화부채의 환산 시 적용환율은 실사기준일의 매매기준율을 적용

b. 순자산가액 산정 평가기준일

순자산가액 산정의 평가기준일(또는 실사기준일)은 2017년 12월 31일입니다.

나. 순자산가액 실사와 관련하여 발견된 주요 사항의 요약

순자산가액 실사와 관련하여 발견한 주요 사항을 정산표의 형식으로 요약하면 다음과 같습니다.

(단위 : 천원)

계정과목	금 액			
	순장부가액	차 변	대 변	조정 후 금액
Ⅰ. 유동자산 1. 당좌자산 2. 재고자산 Ⅱ. 비유동자산 1. 투자자산 2. 유형자산				
자산총계				
Ⅰ. 유동부채 Ⅱ. 비유동부채				
부채총계				
순자산가액				

③ 주요 계정과목별 수행절차와 발견사항의 요약

본건 실사방법과 절차 및 발견사항을 주요 계정과목별로 요약하면 다음과 같습니다.

가. 현금및현금성자산, 장단기금융상품

- 수행한 절차의 요약 : 회사의 금융거래 관련기록 및 담당자와의 면담을 통하여 거래 금융기관을 파악하고, 제 예금 및 차입금현황 등에 대하여 직접 조회하였으며, 장단기 구분의 적정성 및 사용제한 여부에 대한 검토에 중점을 두었습니다.
- 금융기관 조회서 발송 및 회수내역의 요약
- 발견사항의 요약

나. 매출채권

a. 매출채권의 구성

(단위 : 천원)

구 분	금 액
외 상 매 출 대 손 충 당 받을어음금	

구 분	금 액
대손충당금	
계	

b. **외상매출금과 받을어음**

• 계정과목의 성격

회사의 제품은 합판, ×× 등으로 구성되어 있으며 대리점이나 직거래처에 공급하고 있습니다. 대리점은 담보가 설정되어 있는 유통업체이며 총여신은 담보 이내로 운용하는 게 원칙이나 대리점의 거래실적과 신용도에 따라 담보가액을 초과해 채권액을 운용하는 곳도 있습니다. 직거래처는 무담보 거래처이며 신용도에 따라 채권액을 관리하고 있습니다. 그 외 일시거래처에도 제품을 판매하고 있으며 이는 현금 선입금 후 판매하고 있으므로 관련매출채권은 없는 상태입니다.

회사의 외상매출금과 받을어음은 대리점이나 직거래처에 대한 금액이며, 대금회수조건을 살펴보면 월 마감 후 익월 말 이내에 현금 또는 4개월 이내 결제어음을 수령하고 있습니다.

• 수행한 절차의 요약

실사기준일 현재 회사의 외상매출금의 확인 및 평가를 위하여 거래처에 대한 조회 및 증빙 확인을 통하여 장부상 금액의 실재성과 회수가능성에 대한 검토를 실시하였습니다.

그리고 받을어음은 실물확인 및 타처보관분에 대하여는 조회 및 증빙확인을 통하여 실재성을 확인하였으며 평가기준일 현재의 만기 미도래 배서어음명세서를 징구하였습니다. 회사는 매출채권거래처를 정상거래처와 부실거래처로 구분하여 관리하고 있는바, 각각의 명세서를 징구하여 순자산가액의 평가기준에 상술한 바와 같이 정상거래처에 대해선 Aging Schedule에 의하여 평가하였으며, 부실거래처의 경우엔 연체기간, 담보 및 과거회수실적 등을 고려하여 개별적으로 평가하였습니다.

실사기준일 현재 정상거래처에 대한 매출채권 금액은 다음과 같습니다.

정상거래처의 경우에 있어 Aging Schedule에 의한 채권별 분류는 다음과 같습니다.

(단위 : 천원)

구 분	금 액	분 류	평가감률	평가감액
3개월 이내		정상	0.5%	
3~6개월		요주의	2%	

구 분	금 액	분 류	평가감률	평가감액
6개월 이상		고정/회수의문	20/75%	
계				

다. 미수수익

a. **미수수익의 구성**

(단위 : 천원)

구 분	금 액	성 격
예 · 적금에 대한 미수이자		
관계회사대여금에 대한 미수이자		
계		

b. **수행한 절차의 요약**

예 · 적금에 대한 미수이자는 재계산을 통하여 계산의 정확성을 검토하였으며, 관계회사대여금에 대한 미수이자는 원금의 회수가능성에 따라 평가하였고 미수이자계산의 적정성을 검토하였습니다.

c. **발견사항의 요약**

라. 기타의 당좌자산

a. **선급금**

- 계정과목의 성격 : 선급금은 주로 자재선급금으로 구성되어 있습니다.
- 수행한 절차의 요약 : 추세분석과 명세서의 검토 결과 특이한 사항이 없고, 금액적 중요성이 없어 추가적인 검토를 생략하였습니다.

b. **미수금**

- 계정과목의 성격 : 지급보증 대납분과 재료손실분에 대한 보상액 미수금 등으로 구성되어 있으며 세부내역은 다음과 같습니다.

(단위 : 천원)

구 분	금 액	비 고

08

• 수행한 절차의 요약 : 미수금에 대한 세부명세를 회사로부터 제시받아 회사담당자와의 인터뷰와 관련증빙을 통해 회수가능성 및 유동성 여부를 파악하였습니다. 이 중 ××㈜ 관련미수금은 Survey report를 검토하였으며 ○○㈜ 관련미수금은 이미 입금됨을 확인하였습니다. △△㈜와 □□회사에 대한 미수금 전부와 기타 미수금 중 ××천원은 회수가능성이 희박한 것으로 판단하여 평가감하였습니다.

• 발견사항의 요약

c. 선급비용

• 선급비용의 구성

(단위 : 천원)

구 분	금 액	비 고
보 험 료		
건 물 재 산 세		
기 술 사 용 료		
선 급 이 자		
기 타		
합 계		

• 수행한 절차의 요약 : 회사로부터 명세를 제시받아 선급비용의 기간계산의 정확성을 검토하였으며 예외사항이 있는지에 대하여 검토하였습니다.

• 발견사항의 요약

d. 기타의 당좌자산

기타의 당좌자산은 가지급금, 선납세금, 선급부가가치세, 예치보증금으로 구성되어 있으며, 회사로부터 세부명세서를 제시받아 예외사항이 있는지에 대하여 명세를 통사하였습니다. 또한 선급부가가치세에 대해서는 회사의 부가가치세 신고서류를 확인하였습니다. 그 결과 특이한 사항은 발견되지 않았습니다.

마. 재고자산

a. 재고자산의 구성 및 계정의 성격

(단위 : 천원)

구 분	금 액
상 품	
제 품	

구 분	금 액
부 산 물 제 품	
재 공 품	
원 재 료	
부 재 료	
저 장 품	
합 계	

b. **제 품**

- 수행한 절차의 요약 : 제품의 실재성을 확인하기 위해 2017년 12월 31일을 기준일자자로 실사를 실시하였으며, 실사기준일과 실사일과의 차이는 회사의 제품수불부와 관련증빙을 징구하여 확인하였습니다. 또한, 제품제조원가의 산정방법에 대해 회사 담당자의 설명과 장부의 검토를 통해 관련제품의 원가배분과정을 이해하였습니다. 장기체화재고에 대한 자료와 1등급 이외 품목에 대한 2017년 12월 중 평균판매단가와 원가를 비교해 원가에 미달하는 품목에 대해 평가감하였습니다.
- 발견사항의 요약

(단위 : 천원)

NO	계정과목	금 액	순자산효과	내 역

c. **원재료**

원재료의 실재성을 확인하기 위해 2017년 12월 31일을 기준일자자로 실사를 실시하였으며, 기준일과 실사일과의 차이는 회사의 원재료 수불부와 관련증빙을 징구하여 확인하였습니다. 또한 원재료 단가계산의 적정성을 확인하기 위하여 관련매입증빙 등을 검토하였습니다. 그 결과 특이한 사항은 발견되지 않았습니다.

d. **저장품**

- 수행한 절차의 요약 : 저장품의 실재성을 확인하기 위해 20xx년 12월 31일을 기준일자로 본사와 ×× 야적장에 대해 실사를 실시하였으며, 기준일과 실사일과의 차이는 회사의 저장품 수불부와 관련증빙을 징구하여 확인하였습니다. 또한, 저장품 단가계산의 적정성을 확인하기 위하여 관련매입증빙 등을 검토하였습니다. 실사 중 발견된 불용자재에 대해서는 실사기준에 따라 적절히 평가감하였습니다.
- 발견사항의 요약

e. **기타 재고자산**

재공품의 경우엔 제품재고실사 시 검토하였으며, 기타 재고자산은 추세분석과 명세서의 검토 결과 특이한 사항이 없고 금액적 중요성이 없어 추가적인 검토를 생략하였습니다.

바. 유가증권

a. **유가증권 및 투자유가증권의 구성**

(단위 : 천원)

구 분	금 액	성 격
매 도 가 능 증 권		
만 기 보 유 증 권		
지분법적용투자주식		
계		

b. **수행한 절차의 요약**

유가증권의 실재성을 확인하기 위하여 보관 중인 유가증권에 대하여는 실사를 수행하였고 담보로 제공된 경우에는 보관증을 확인하였고 타처에 보관한 경우에는 조회 확인하였습니다. 회사는 만기보유증권인 국공채에 대하여는 취득원가로 평가하고 있으며, 매도가능증권 중 상장주식은 시가로, 비상장주식은 취득원가로 평가하였으며, 지분법적용투자주식은 지분법을 적용하여 평가하였습니다. 금번 실사 시 유가증권 중 비상장주식에 대하여순자산가액으로 평가하였으며, 지분법적용투자주식의 투자제거차액에 대해서는 실현가능성을 검토하여 평가하였습니다.

c. **발견사항의 요약**

사. 장기대여금, 가입권 및 기타의 투자자산

a. **수행한 절차의 요약**

장기대여금은 정리계획안에 따라 상환계획이 확정되어 있으므로 직접 조회를 생략하였습니다. 또한, 정리계획안에 따라 상환예정인 장기대여금은 현재가치로 평가하였습니다.

가입권은 골프회원권, 콘도회원권, 전신전화가입권, 인천수출공단출자금으로 구성되어 있습니다. 골프회원권과 콘도회원권의 실재성 확인을 위하여 회원권을 실사하였습니다.

골프회원권은 골프회원권거래소 3개사의 평균시가로 평가하였습니다. 그리고 평가기준일 현재 퇴직보험예치금의 이자가 가산되어 이를 원본에 가산하였습니다.

b. 발견사항의 요약

아. 유형자산

a. 수행한 절차의 요약

유형자산의 증감내역에 대한 예외사항을 파악하기 위하여 유형자산에 대한 증감명세를 통사하였으며, 토지와 건물에 대한 소유권 및 담보제공 여부를 파악하기 위해 부동산등기부등본을 확인하였습니다.

회사가 보유하고 있는 토지와 건물에 대해서는 감정가액(한국감정원), 감정가액이 없으면 토지는 개별공시지가, 건물은 지방세 시가표준액 등으로 평가하였습니다.

토지와 건물을 제외한 유형자산의 경우 시가가 확인되지 아니하므로 법인세법상 감가상각방법에 따라 감가상각누계액계상의 적정성을 검토하였습니다.

b. 회사가 보유하고 있는 토지에 대한 공시지가

(단위 : 천원)

구 분	장부가액	감정가액/공시지가	차 이
토 지			

c. 회사가 보유하고 있는 건물에 대한 시가표준액

(단위 : 천원)

구 분	장부가액	감정가액/시가표준액 등	차 이
건 물			

d. 발견사항의 요약

자. 매입채무 및 기타 유동부채

a. 수행한 절차의 요약

매입채무 및 기타유동부채에 대한 거래처별 명세서를 제시받아 예외사항 유무에 대한 검토를 위하여 명세서를 통사하였습니다.

주요 잔액에 대한 조회확인에 대하여는 '⑤ 채권 · 채무 조회현황 및 조회결과'를 참조하시기 바랍니다.

• 외상매입금 : 실사기준일 현재 주요 거래처별 외상매입금명세를 제시받아 이를 검토하였으며, 관련 보조부를 통사하여 실사기준일 이후의 지급상황을 확인하였습니다. 그 결과 특이한 사항은 발견되지 않았습니다.

• 지급어음 : 실사기준일 현재 주요 거래처별 지급어음명세를 제시받아 이를 검토하였으며, 관련보조부를 통사하여 실사기준일부터 실사일까지의 지급상황을 확인하였습니다. 그 결과 특이한 사항은 발견되지 않았습니다.

• 미지급금 : 실사기준일 현재 회사의 미지급금은 상거래 등과 관련하여 관계회사에 대한 미지급금과 리스회사에 대한 리스료 기간계산에 의한 미지급비용 등 다수거래처에 대한 미지급금이 계상되어 있습니다. 미지급금계정과 관련하여 그 타당성을 확인하기 위하여 장부와 제 증빙서류 등을 검토하였으며 유동부채 범주 내의 계정재분류사항을 제외하면 특이한 사항은 발견되지 않았습니다. 유동부채 범주 내의 계정재분류사항은 실사목적상 중요성이 없어 조정하지 않았습니다.

• 선수금 : 선수금은 당사가 거래처로부터 물품대로 받은 금액 중 물품대를 초과하는 부분으로 차후 거래가 있는 경우 정산됩니다. 선수금계정의 타당성을 확인하기 위하여 장부와 제 증빙서류를 검토하였으며, 회사가 제시한 금액과 실사기준에 의한 평가금액은 차이가 없습니다.

• 예수금 : 실사기준일 현재 상기 계정은 소득세, 주민세, 국민연금 및 건강보험 등의 예수금으로 이루어져 있으며, 이의 타당성을 확인하기 위하여 장부와 제 증빙서류를 검토하였으며, 회사가 제시한 금액과 차이가 없습니다.

• 예수보증금 : 실사기준일 현재 상기 계정은 회사 소유 ××아파트에 대한 전세보증금과 기타 운송계약보증금으로 구성되어 있으며, 이의 타당성을 확인하기 위하여 장부와 제 증빙서류를 검토하였으며, 회사가 제시한 금액과 차이가 없습니다.

• 예수부가가치세 : 상기 계정의 타당성을 확인하기 위하여 장부와 제 증빙서류를 검토하였으며, 회사가 제시한 금액과 차이가 없습니다.

• 미지급비용 : 실사기준일 현재 상기 계정은 일급직 직원에 대한 미지급임금으로 구성되어 있으며, 이의 타당성을 확인하기 위하여 장부와 제 증빙서류를 검토하였으며, 회사가 제시한 금액과 차이가 없습니다.

• 상여충당금

 －계정과목의 성격 : 평가기준일 현재 상기 계정은 월차결산을 위하여 매월 계상한 상여금 배부액 중 미정산분으로 부의 부채금액입니다. 이러한 부의 부채는 향후 비용화되었어야 할 성격입니다.

 －발견사항의 요약

차. 장 · 단기차입금 및 유동성장기부채

a. 수행한 절차의 요약

회사로부터 명세서를 제시받아 계산 및 기간구분 등의 적정성을 검토하였으며 회사제시 장 · 단기차입금의 타당성을 확인하기 위하여 금융기관 은행조회, 은행연합회 자료((업체별 월보 은행별 계정과목별 조회(잔액)) 및 관련 장부와 제 증빙서류를 검토하였습니다.

금융기관에의 조회확인 등에 대하여는 '④ 금융기관조회서 발송 및 회수내역의 요약'을 참조하시기 바랍니다.

b. 발견사항의 요약

카. 비유동부채(장기차입금제외)

a. 비유동부채의 구성

(단위 : 천원)

구 분	금 액	비 고
임 대 보 증 금		
장기성미지급금		
소 계		

b. 수행한 절차의 요약

• 임대보증금 : 실사기준일 현재 상기 계정은 회사 소유 ××아파트에 대한 전세보증금이며, 이의 타당성을 확인하기 위하여 장부와 제 증빙서류를 검토하였으며, 회사가 제시한 금액과 차이가 없습니다.

• 장기성미지급금 : 상기 계정의 타당성을 확인하기 위하여 장부와 제 증빙서류를 검토하였으며, 회사가 제시한 금액과 차이가 없습니다.

c. 발견사항의 요약

타. 퇴직급여충당부채

a. 수행한 절차의 요약

회사로부터 퇴직급여충당부채 관련 자료를 제시받아 퇴직급여계산대상의 완전성, 계산의 정확성 및 당기 중 지급한 퇴직금의 적정성에 대하여 검토하였습니다.

b. 발견사항의 요약

④ 금융기관조회서 발송 및 회수내역의 요약

가. 개 요

평가기준일 예금과 차입금의 실재성과 정확성을 검토하기 위하여 회사가 제시한 모든 예금과 차입금에 대하여 조회하였으며, 전량 회수하였습니다.

나. 조회현황 및 조회결과

내 역				조회여부	회신여부
은행명	예금/차입금종류	계좌번호	금액		

⑤ 채권 · 채무 조회현황 및 조회결과

가. 개 요

평가기준일 현재 자산의 실재성과 정확성 그리고 부채의 완전성을 검토하기 위하여 일정한 기준에 의거 표본추출하여 상대거래처에 조회하였습니다.

또한, 조회서가 회수되지 아니한 거래처와 조회내역이 상이한 거래처에 대하여는 추가적으로 조회 또는 전화통화를 통해 확인하였으며, 관련계약서 등 회사보유자료 등을 검토하는 대체적 방법을 사용하였습니다. 대체적 방법에 의해 검토한 결과 하기 '나.'에 기술된 예외사항을 제외하고는 특이한 예외사항은 발견되지 않았습니다.

나. 조회현황 및 조회결과

a. **자산**

• 외상매출금 : 회사의 외상매출금은 대리점이나 직거래처에 판매하고 판매대금을 미수취한 금액입니다. 실사기준일 현재의 잔액에 대해 상위 70%에 해당하는 거래처를 선정해 조회서를 발송하였습니다.

(단위 : 천원)

전 체		발 송		회 수		표본추출기준
거래처수	금 액	거래처수	금 액 (조회율)	거래처수	금 액 (회수율)	

• 받을어음 : 회사의 받을어음은 상기 외상매출금을 약 4개월 이내의 어음으로 수취한 부분입니다. 실사기준일 현재의 잔액에 대해 상위 70%에 해당하는 거래처를 선정해 조회서를 발송하였습니다.

• 미수금 : 미수금은 회사의 보조부 및 관련증빙과 회사담당자와의 인터뷰를 통해 확인하는 것으로 조회절차를 대신하였습니다.

• 선급금 : 선급금은 ××㈜와 ○○㈜에 대한 금액이 대부분인바, 두 회사에 대해서만 조회서를 발송하였습니다.

08

b. **부채**

• 외상매입금

(단위 : 천원)

전 체		발 송		회 수		표본추출기준
거래처수	금 액	거래처수	금 액 (조회율)	거래처수	금 액 (회수율)	

(주) 외상매입금의 미확인금액에 대해서는 실사기준일 이후의 지급내역을 검토함.

• 지급어음
• 미지급금
• 선수금 : 금액적 중요성이 적어 장부와 관련증빙을 검토하는 것으로 조회서 발송을 대체하였습니다.

⑥ 어음 · 수표와 관련된 부외부채에 대한 검토

가. 수행한 절차의 요약

당좌거래 금융기관으로부터 입수한 미도래 어음수표리스트에 근거하여 실사기준일 현재 금융기관이 교부한 어음수표 중 금융기관에 미도래한 어음수표에 대하여 부채계상 유무, 견질제공 여부, 기말 현재 미사용 여부 등을 검토하여 부외부채의 존재가능성에 대하여 검토하였습니다.

나. 검토결과

당좌거래은행으로부터 입수한 2017년 12월 31일 현재의 미도래어음수표리스트를 회사의 지급어음잔액명세서, 견질어음수표리스트 및 어음수표실사수량들과 비교해 본 결과 예외사항이 없습니다.

다. 담보로 제공된 견질어음의 내역

⑦ 기타사항

가. 운용리스의 금융리스 전환

실사기준일 현재 회사의 운용리스현황은 별첨 7과 같습니다. 회사가 운용리스로 계상한 리스계약은 경제적 실질을 반영하여 전액 금융리스로 전환하였습니다.

(단위 : 천원)

NO	계정과목	금 액	순자산가액	내 역

나. 사용이 제한된 예 · 적금의 내역

(단위 : 천원)

구 분	은행명	계좌번호	금 액	사용제한사유

다. 부동산의 근저당 설정내역

a. 토지의 근저당 설정내역

(단위 : 백만원)

구 분	순위번호	설정자	채권최고금액	비 고
	소 계			

b. 건물의 근저당 설정내역

(단위 : 백만원)

구 분	순위번호	설정자	채권최고금액	비 고
	소 계			

라. 담보제공 자산내역

(단위 : 천원)

담보권자	담보제공자산	장부가액	채권최고액	내 역	

마. 계류 중인 소송사건 내역

(단위 : 천원)

종 류	구 분	소의 종류	건	소송금액

바. 관계회사/관련회사와의 거래

• 평가기준일 현재 채권 · 채무액

(단위 : 천원)

회 사	매출채권	부도어음	관계회사 장기대여금	기 타	계

⑧ 기업가치선정

가. 평가방법의 정의

기업가치평가는 전체기업가치 DCF 모델(Discounted Cash Flow Model)을 사용하여 수행하였습니다. 전체기업가치 DCF 모델은 한 기업의 자기자본가치를 해당 기업의 영업활동에서 발생하는 가치에서 부채의 가치를 차감한 것으로 정의합니다. 이때 영업활동의 가치는 영업활동으로부터 발생하는 현금흐름을 해당 현금흐름의 위험정도를 반영하는 자본비용(이하 "WACC" : Weighted Average Cost of Capital)으로 할인하여 계산하였습니다.

나. 평가방법단계

• 미래 영업손익의 추정
• 법인세비용의 계산
• 세후영업손익 계산

- 순운전자본의 증감계산
- 투자현금흐름(CAPEX) 추정
- 감가상각비 및 무형자산상각비 등 추정
- 추정기간의 영업현금흐름(Free Cash FLow)계산
- 가중평균자본비용(WACC)의 추정
- 미래현금흐름을 WACC로 할인하여 영업활동의 가치와 영구가치(Continuing Value)를 합산하여 영업가치 도출
- 비영업자산의 가치 계산
- 이자부부채의 가치 계산
- 영업가치에 비영업자산 가치를 더하고 부채가치를 차감하여 자기자본의 가치계산

다. 기업가치평가를 위한 제반가정

a. 추정기간

손익 및 현금흐름의 추정기간은 t=0 시점인 2018년 1월 1일로부터 2022년 12월 31일(t=5)까지로 총 5년입니다.

b. 추정의 방법

손익 및 현금흐름 추정은 회사가 제시한 2018년부터 2022년 말까지의 사업계획의 타당성과 제반가정의 합리성을 검토한 후 동 기간 동안의 손익 및 현금흐름을 추정하였습니다. 이 기간 동안의 사업계획은 과거 회사의 영업실적과 추세를 감안하였으며, 회사가 제3자에 의해 인수되어 정상적인 영업활동이 가능하다는 가정하에 수립되었습니다. 국내경제 성장률 및 회사의 사업방향 등을 종합적으로 고려한 후 일정한 성장률과 물가상승률을 가정하여 매출 및 현금흐름을 추정하였습니다.

c. 물가상승률 등 추정

- 거시경제변수에 대한 검토
  회사의 사업계획을 검토하는 과정에서 사용된 소비자물가상승률, 생산사물가상승률 및 명목임금상승률 등 주요 거시경제지표는 The Economist Intelligence Unit의 최근자료를 사용하였습니다.
- 향후 PCB시장 전망 및 반도체시장 전망(관련 협회, 연구기관의 전망자료 등)

라. 추정재무제표작성

a. 매출액의 추정

2018년부터 2022년 말까지의 매출액은 각 제품별로 회사의 과거 매출성장률, 동 시장에서의 시장점유율, 향후 PCB시장의 상황 등을 고려하여 회사가 제시한 매출계획을 반영하여 결정하였습니다.

b. 매출원가의 추정

향후 예상되는 PCB제품의 원가율은 과거 5개년치 원가율을 평균한 비율로 하여 매출원가를 추정하였으며, 기타제품의 원가율은 2013년과 2014년은 가동률 하락 및 환율 등의 영향으로 2015년 이후 원가율의 3년 평균치 적용하여 추정하였습니다(참고로, 매출원가를 과거의 자료 및 추정매출액을 기준으로 재료비, 인건비성 경비, 기타경비로 구분하여 추정하는 것이 일반적이다).

c. 판매비와관리비의 추정

• 인건비의 추정

2017년의 인건비 자료를 이용하여 아래와 같은 가정하에 미래인건비 발생액을 추정하였습니다.

• 2017년 1인당 평균 인건비 : 32백만원

• 2017년 말 현재 일반관리직원수 : 130명

• 향후 연간 인건비 인상률 : 4%(물가상승률 포함)

• 일반관리직원 증가율 : 0%

복리후생비는 과거 5년간 인건비 총액 대비 복리후생비 발생비율을 산출하여 추정하였습니다.

• 기타 판매비와관리비의 추정

기타 판매비 및 관리비는 과거 5개년간 매출액대비 평균비율을 구한 후 이 비율이 미래에도 적용된다는 가정하에 추정하였습니다. 그러나 2015년에 발생한 기타 판매비 및 일반관리비 중 광고선전비는 ○○그룹과 관련하여 부담한 금액이 일시적으로 증가하여 이 사항을 제외하고 기타 판매비 및 일반관리비를 추정하였습니다. 추정 시 사용한 매출액 대비 비용비율은 아래와 같습니다.

• 매출액 대비 기타 판매비 및 일반관리비 비율 : 2.85%

d. 법인세비용의 추정

법인세비용은 위에서 기술한 가정에 따라 발생한 영업손익을 근거로 하여 법인세법에 따라 계산된 금액을 법인세비용으로 추정하였습니다.

e. 순운전자본의 추정

추정재무상태표상의 매출채권, 매입채무 및 재고자산은 회사의 과거 5개년치 재무재표에서 계산한 각 계정과목별 평균회전율을 추정매출과 추정매출원가에 적용하여 산출하였습니다. 그리고 각 자산의 순증감액을 합산한 수치를 순운전자본의 증감액으로 가정하여 미래현금흐름추정 시 이용하였습니다. 한편 순운전자본의 추정에 사용된 과거 회사의 각 자산별 평균회전율은 다음과 같습니다.

(단위 : 회)

회전율	회사의 과거 5개년 평균
매출채권회전율	3.48
매입채무회전율	5.72
재고자산회전율	9.31

f. 감가상각비, 유형자산투자액 및 매각액 추정

감가상각비, 유형자산투자액 및 매각액은 향후 2022년까지 회사에서 투자액 및 자본적 지출액을 추정하여 현금흐름에 반영하였습니다. 감가상각비, 유형자산투자액 및 매각액은 아래와 같은 가정으로 추정하였습니다.

구 분	내용연수	상각방법	유형자산 투자금액
건물	10~40년	정액법	투자액 및 자본적지출액
기타	4~8년	정액법	

위의 가정하에 2022년까지의 총유형자산투자액은 아래와 같습니다.

(단위 : 백만원)

구 분	투자금액
건 물 기타유형자산	₩
총 계	₩

g. **추정재무제표 요약**

추정손익계산서, 추정재무상태표 그리고 추정현금흐름표

마. 미래영업현금흐름(Free Cash Flow)의 추정

미래영업현금흐름(이하 "FCF")은 '③ 추정재무제표의 작성'에서 예측한 미래손익을 근거로 하여 다음과 같은 방식으로 계산되었습니다.

	영업손익(EBIT)
−	법인세비용
	세후영업손익
+	감가상각비 및 무형자산상각비 등(비현금거래)
±	순운전자본의 증감
−	투자현금흐름(CAPEX)
	영업현금흐름(Free Cash FLow)

FCF는 기업의 영업활동으로부터 창출되고, 부채 및 자기자본 등을 제공한 각 자본 공급자들에게 귀속될 수 있는 현금흐름을 반영하기 때문에 전체기업의 가치를 추정하기 위한 목적에 사용될 가장 적절한 현금흐름개념입니다. 즉 위에서 계산된 FCF는 채권자에게는 부채의 상환 및 이자지급의 형태로, 그리고 주주에게는 배당 등의 형태로 지급될 금액으로 구분될 수 있습니다.

바. 가중평균자본비용(Weighted Average Cost of Capital : 이하 "WACC")의 추정

가) 자기자본비용 추정

a. **자기자본비용 내역**

- 자기자본비용＝무위험수익률＋(시장수익률－무위험수익률)×β
- 무위험수익률 : Bloomberg의 2017년 말 현재 10년만기 국고채 이자율 이용 → 2.47%
- 시장수익률 : 2017년 말 현재 Bloomberg에서 제공하는 무위험이자율(Rf) 및 시장수익률(Rm)을 적용하여 Market Risk Premium을 산정 → 11.38%
- β계수 추정 : 평가대상회사와 유사한 상장회사 5개사를 선정하여 평균베타 0.92를 목표부채비율을 감안하여 계산된 0.84를 사용

b. 자기자본조달비용＝무위험수익률＋(시장기대수익률)×β

＝2.47%＋(11.38%×0.84)＝12.03%

나) 타인자본조달비용

타인자본조달비용은 2017년 12월 31일 현재의 차입금의 이자율을 반영하였습니다.

다) WACC 추정

WACC는 아래와 같은 산식에 의하여 계산되었습니다(t=법인세율).

$$\text{WACC} = \text{타인자본조달비용} \times (1-t) \times \frac{\text{부채}}{\text{총자산}} + \text{자기자본비용} \times \frac{\text{자본}}{\text{총자산}}$$

위와 같은 산식에 의하여 계산된 WACC는 11.25%입니다.

사. 기업가치평가 결과

기업가치 구성항목	구성항목	계산결과
기업가치	영업의 가치	2018년 1월 1일을 기준시점으로 하여 2022년 12월 31일까지의 총 5년간의 FCF를 현재가치 계산
	Continuing Value(영구가치)	추정기간 이후의 현금흐름은 2022년의 현금흐름수준에 영구성장률을 반영한 현금흐름이 영구적으로 발생한다고 가정하여 현재가치 계산
	기업가치 계(A)	
비영업자산가치(B)		회사의 자산 중 영업활동과 관련 없는 자산
이자부부채가치(C)		2017년 12월 31일 현재 이자부 부채
기업가치(자기자본가치, A+B-C)		

아. 추정재무제표 및 현금흐름작성의 한계

위에서 추정한 손익 및 현금흐름은 회사가 제시한 사업계획에 근거하여 작성한 것이며 사업계획은 회사가 제3자에게 인수되어 정상적인 영업이 가능하다는 가정하에 세워진 것입니다.

손익추정 및 현금흐름의 추정에 대한 제 가정의 현재 상황에서의 합리성에 대한 검토는 장래예측에 대한 정확성을 판단하거나 실현가능성을 보증하는 것이 아니며 향후의 경제상황이나 제 가정의 변화에 따라 그 내용이나 결과가 달라질 수 있습니다. 또한 순자산가액 실사에서 언급된 우발사항이 향후 회사의 손익추정 및 현금흐름의 추정에 영향을 미칠 수 있습니다.

6 기업개선방안보고서(사례 I)

(1) 워크아웃의 목적 및 수행절차

① 워크아웃의 목적

××의 기업구조개선작업의 효율적 수행과 채권금융기관의 자산의 건전성을 제고하기 위한 대안의 제시

② 워크아웃의 수행절차

본 워크아웃 절차는 회사의 자료를 기초로 수행하였으며, 우리가 현재까지 수행한 절차는 다음과 같다.

- ××에 대한 기초자료의 수집 및 검토
- 회사의 자산과 부채의 실사
- 회사의 청산가치 및 계속기업가치의 산정
- 청산 시 예상회수율의 평가
- 과거 영업실적 및 경영파탄의 원인 파악
- 경영진의 구조조정계획의 검토 및 평가
- 미래현금흐름의 추정 및 구조조정대안의 제시
- 시나리오 분석 및 채권금융기관과 경영진의 의견을 수렴하여 최적 시나리오의 도출

(2) 회사의 개요

① 일반현황

- 업종 :
- 주요 생산제품 :
- 임원수 :
- 기술연구소 :
- 제조공장 :
- 판매법인 :

② 영업전망

• ××：××세계시장은 2000년부터 3년간은 연평균 30%, 그 후 3년간은 연평균 17%씩 성장할 것으로 전문기관들이 예측하고 있음. 회사는 기존의 유럽시장 외에 이란과 중국 등 아시아 지역 및 중남미의 신속한 진출을 통하여 향후 3~4년은 매출과 영업수익의 급성장이 예상되고 있으나 계속적인 신제품 및 기술개발이 필요함.
• ××：××현지법인으로부터의 중계무역 상품으로서 ××의 원자재난이 해결되기 전에는 자체회생이 불가능할 것이며, 수익성 증대를 위해서는 시장의 다변화를 이루어야 함.
• ××：시장진입의 지연으로 인해 경쟁력을 갖추기 위해서는 상당한 연구개발 투자 및 마케팅 활동이 추가적으로 있어야 함. 향후 세계시장은 계속적으로 확대될 것임.
• ××：개발도상국의 성장과 더불어 매출액은 증가할 것으로 판단됨.
• ××：틈새시장으로서 서비스 제공회사의 영업능력에 따라 매출액이 증대가능함.

③ 재무현황

회사의 재무제표는 실사 중 발견된 수정사항을 반영하여 재작성하였으며 ××와 ○○의 연결재무제표임.

가. 손익계산서

(단위：천원)

구 분	2003년	2004년
매출액	247,537	271,990
매출원가	217,862	236,868
매출총이익	29,675	35,122
영업이익	9,757	13,119
경상이익	1,337	(3,187)
당기순이익	787	(4,503)
순이자비용	10,005	19,392
매출액성장률	23.80%	9.88%
매출원가율	88.01%	87.09%
총자본경상이익률	1.02%	－1.64%
이자보상비율	0.98	0.68

• 이자보상비율＝영업이익/순이자비용

• 2003년에 비해 영업이익은 증가하였으나 이자비용 등의 급격한 증가로 인하여 당기 순이익은 크게 감소함.
• 2003년과 2004년의 영업이익은 차입금의 급격한 증가로 인하여 순이자비용도 보상하지 못함.

나. 재무상태표

(단위 : 천원)

구 분	2003년	2004년
자산총계	160,041	228,817
부채총계	130,217	201,873
자본총계	29,824	26,944
유동비율	141.54%	127.09%
부채비율	436.62%	749.24%
차입금의존율	64.59%	73.21%

• 2004년 자산의 증가는 주로 재고자산 및 매출채권 등의 유동자산의 증가로 인함.
• 차입금의 급격한 증가로 인하여 유동비율, 부채비율 및 차입금의존율은 악화되었음.
• 2003년과 비교하여 2004년의 총자산 증가액은 690억원 정도이고 총자산 증가액 중 유동자산 증가액은 500억원 정도임.
• 2003년과 비교하여 2004년의 총부채 증가액은 720억원 정도이고 총부채 증가액 중 차입금 증가액은 640억원 정도임.
• 결국 매출채권 및 재고자산의 증가가 차입금증가에 의존함으로써 이자비용 부담이 가중되어 수익성이 낮아짐.

다. 잉여현금흐름(FCF)

(단위 : 천원)

Free Cash Flow	2003년	2004년
Operating income	9,757	13,119
Amortization	(1,105)	(1,674)
Leases	1,089	911
Adjusted EBIT	9,741	12,355
Income Taxes	(475)	(469)

Free Cash Flow	2003년	2004년
Tax Shield on Interest	(3,082)	(5,973)
Tax Shield on Nonoperating Items	(488)	(951)
Tax on Adjusted EBIT	5,696	4,962
Changes in Deferred Taxes	0	0
NOPLAT	5,696	4,962
Depreciation	4,782	6,594
Retirement & Severance Benefits	522	314
Amortization	1,105	1,674
Gross Cash Flow	12,104	13,545
Increase in Working Capital	33,980	43,854
Increase in PPE	16,208	6,839
Increase in Net Deferred Assets	985	11,796
Gross Investments	51,172	62,489
Free Cash Flow	(39,068)	(48,944)

• 잉여현금흐름은 본업활동이 창출해 낸 현금유입액에서 당해 연도 중에 새로운 사업에 투자하고도 남는 현금을 말하는 것으로 위의 FCF를 볼 때 회사의 잉여현금흐름은 마이너스로 이는 부족현금을 차입금의 조달로 이용했다는 것을 보여주고 있음.

(3) 회사의 부실원인 분석

경영진의 관리능력 부재	현금흐름 및 자금과부족
• 부담능력에 초과하는 연구개발비의 투자 및 상품화의 지연 • 경영진의 기술력 지상주의 • 경영자의 사업계획의 편중 －계획의 진행에 있어 투자목적에는 충실하였으나 성과물의 산출시기 및 현금흐름 등에 대한 계획이 소홀함. • 해외 현지법인에 대한 관리의 부재 －해외 현지법인의 수익성, 자금의 사용 등에 대한 지나친 자율권 부여로 적절한 관리가 되지 않음.	• 영업실적의 악화에 따른 현금창출능력의 상실 －영업실적 악화와 매출채권의 미회수액 증가로 인한 현금부족현상이 심화됨. • 신규자금의 조달을 통한 운영비용 사용 －2004년 640억원 정도의 순차입금을 추가 조달하여 운영비용에 사용함에 따른 이자비용의 증가와 원금회수 압박의 증가

08

경영진의 관리능력 부재	현금흐름 및 자금과부족
• 위기관리능력 미흡 －2003년부터 회사의 상황이 급속히 악화되었으나 적절한 대응조치를 하지 못함. • 인사관리의 문제점 －연구개발 및 영업직 등 핵심인력의 계속적인 유출이 발생해 왔음.	

(4) GAAP에 의한 실사가치와 청산가치의 산정

① 청산가치 산정표

(단위 : 백만원)

구 분	회사제시금액	기업회계기준에 의한 실사금액	조정 후 금액	청산가치 산정기준에 따른 평정	평정 후 금액
자 산 가 액	245,218	△125,673	119,545	△23,764	95,781
부 채 가 액	219,970	11,692	231,662	231,272	462,934
순자산가액	25,248	△137,365	△112,117	△255,036	△367,153

② 주요 평정내용

자 산		부 채	
내 역	금 액	내 역	금 액
매출채권의 감액	53,165	차입금의 증가	245,911
재고자산의 감액	51,804	기타부채의 감소	△2,947
투자유가증권의 감액	18,172		
유형자산의 감액	13,826		
무형자산의 감액	6,711		
기타자산의 감액	5,759		
합 계	149,437	합 계	242,964

• 상기 평정내역은 회사제시와 청산가치와의 차이를 설명한 것임.

③ 청산가치 산정기준

- 매출채권의 경우 조기 회수를 위한 비용과 회수가능성에 의한 대손예상액을 감액하여 평가하였음.
- 재고자산의 경우 장기보유재고는 전액 평가감하고 나머지 재고에 대하여는 현재의 판매가격을 고려하여 평가감하였음.
- 유가증권과 투자유가증권의 경우 상장주식은 2005년 6월 30일의 시가로 평가하였고 비상장주식은 순자산가치 또는 청산가치로 평가하였음.
- 유형자산의 경우 기초가액(감정가액, 공시지가, 장부가액, 시가)에 경매 시 지역별 평균낙찰률을 고려하여 평가함.
- 무형자산의 경우 청산가치가 없는 것으로 보아 전액 감액 처리함.
- 해외 현지법인과의 채권 · 채무의 경우 금액이 상호 간 불일치할 경우 증빙추적으로 확인된 금액을 제외하곤 채권은 적은 금액으로 채무는 많은 금액으로 평가함.
- 자회사에 대한 지급보증의 경우 청산가치 평가 시 회사의 부채로 계상함.
- 청산관련비용은 고려하지 않음.

④ 현금흐름에 의한 기업가치와 청산가치의 비교

(단위 : 백만원)

할인율	계속기업가치	청산가치
14.5%	264,402	95,781
18.5%	227,984	95,781
20.47%	212,295	95,781
22.0%	201,005	95,781

- 적용할 할인율은 다음과 같음.
  - 14.5% : 서울지방법원 관리위원회가 결의한 기본할인율
  - 20.47% : 2005년 6월 30일 현재 가중평균자본비용(WACC)
  - 18.5% : 서울지방법원 관리위원회가 결의한 기본할인율＋최고의 위험프리미엄
  - 22.0% : ×× Expert가 제시한 할인율
- 기업가치는 현금흐름(FCF)을 할인한 금액임.
- 결론 : ××㈜ 계속기업가치가 청산가치보다 많으므로 Workout의 필요성이 인정됨.

⑤ 채권자별 청산 시 조별 회수가능액(2005년 6월 30일 현재)

(단위 : 천원)

구 분	채권액				자산가액	우선권자채권	개별담보	공동담보	무담보채권회수액	회수액합계	회수율(%)
	차입금 등	지급보증	우발채무	계							
퇴직금 등				10,784		10,784				10,784	100
금융기관채권											
××은행	24,343	66,447		90,790			3,950	2,687	6,940	13,577	14.95
××은행	17,543	25,421		42,964			7,439	1,085	2,840	11,364	26.45
××은행	9,840	28,570		38,410			3,154	1,188	2,810	7,152	18.62
××은행	6,387	13,340		19,727			1,169	620	1,479	3,268	16.57
××은행	2,850	27,869		30,719			1,949	879	2,300	5,128	16.69
××은행	17,500			17,500			15,000		206	15,206	86.89
××은행	13,003			13,003					1,072	1,072	8.25
기타금융기관채권	77,979	22,285		100,264			12,101	775	7,207	20,083	20.03
소 계	169,445	183,932		353,377			44,762	7,234	24,854	76,850	21.75
전환사채	15,237			15,237					1,257	1,257	8.25
해외현지은행			48,378	48,378					3,990	3,990	8.25
금융기관이외채권				35,158					2,900	2,900	8.25
합 계				462,934	95,781	10,784	44,762	7,234	33,001	95,781	20.69

• 공동담보는 2005년 8월에 제공한 ××과 ××의 주식임.

(5) 회사의 자구계획안의 평가

① 자산매각

회사안	××사업부의 일괄매각	물 건 : ××사업부 매각예상금액 : 매각예상시기 : 현금유입시기 :
평 가	현재시점 매각 시	매각가능성 낮음. → ××공장의 가동률이 현저히 떨어지는 상황임.
	××공장가동률 정상화 후 매각	• 연구소와 함께 매각 시 • 연구소 폐쇄 후 ××공장만 매각 시

• 현재 시점에서의 매각가능성은 없고 2007년 이후 매각 시에도 2007년까지 지속적인 연구개발투자가 필요함.

② 합리화 계획

회사안	합병	××의 합병을 통한 조직구조의 단순화
	폐쇄	현지법인 폐쇄
	해외판매 및 연구법인의 감축	• ××소재 3개 법인의 통합운영 • ××의 연구인력의 감축
	유상증자	××년 이후 ××억원의 유상증자
	경비절감	인력감축 및 경비절감
평가	합병	××의 순자산 가액이 2005년 6월 말 현재 △××억원의 자본잠식임. 따라서 합병주주총회에서 외부주주의 매수청구권 행사 등 복잡한 절차에 비하여 합병의 실익이 없으므로 청산 후 국내영업부로 흡수하는 것이 유리
	폐쇄	폐쇄대상 회사가 영업조직으로 정리가 용이함.
	해외판매 및 연구법인의 감축	현재 ××법인의 통합운영과 연구인력 감축은 진행되고 있는 상황이며 진행과정에 있어 특별한 문제점은 없음.
	유상증자	실현가능성이 낮음.
	경비절감	실현가능함.

③ 추가적인 구조조정계획의 제시

- ×× 현지법인의 매각 : 재무구조와 경영성과가 양호하므로 매각이 가장 용이함. 그러나 본사에의 Cash Flow 기여도 및 현 상황에서의 가동률 저하를 고려하여 정상화 즉시 매각하여 부족 운전자금지원액에 우선 충당
- 해외 판매법인의 정리 : ××의 존립을 위하여 모든 제품의 매출을 ××가 직접 처리하기로 함에 따라 해외 판매법인의 존립기반이 사라짐. 따라서 해외 판매법인은 주요 지역 영업소 형태의 조직으로 전환 또는 자력에 의한 존속(자금지원 금지)
- 보유 유가증권의 매각 : 투자목적의 유가증권 장부가액 ××억을 매각하여 질권설정 차입금 우선상환
- 연구개발조직의 축소정비
  - ××개국에 산재되어 있는 연구소 및 연구인력의 단일화
  - 서울 연구소의 경우 ××년 ××월 ××일 현재 ××건의 개발이 진행 중이며 이 중 상당수는 제품의 디자인 변경에 관한 연구로서 연구개발 건수의 단순화 및 디자인 개발은 외주에 의하도록 함.

08

• 대주주 및 경영진의 고통분담 및 감자
 －대주주의 경영참가 배제
 －×× 현재 상근임원 ××명으로 전체 회사의 규모에 비하여 과다하므로 임원수를 적정 수준으로 감축

(6) 손익 및 현금흐름 추정

① 기업개선 전 손익 및 현금흐름 추정(20××년 ××공장의 $116백만 매각 가정)

(단위 : 백만원)

구 분	2005.12.31.	2006.12.31.	2007.12.31.	2008.12.31.	2009.12.31.
총차입금	402,361	451,941	323,487	317,398	354,978
세후영업이익 (NOPLAT)	(8,495)	37,214	27,223	10,694	11,067
적정이자 지급능력		24,809	18,148	7,130	7,378
실제이자비용	23,505	75,775	60,758	59,338	63,759
당기순이익(손실)	(208,097)	(35,996)	105,423	(46,859)	(52,593)

• 부족자금은 신규차입금으로 충당하는 것으로 작성함.
• 계속되는 자금부족으로 인하여 ××사업 매각에도 불구하고 차입금 및 실제이자비용이 증가하고 있음. 따라서 Workout 필요성 있음.
• 적정이자 지급능력은 세후영업이익에 이자보상배수 1.5를 적용한 금액임.

② 기업개선 후의 손익 추정

가. 주요 가정

• 제품매출 : 2005년 및 2006년은 주문현황을 참작한 판매가능액으로, 2007년 이후는 제품종류별 세계시장의 예측자료분석 후 회사의 시장점유율 고려함.
 －유리한 조건 : 빠른 시장 진입, ××의 신규시장 선점
 －불리한 조건 : 성장기에 진입하여 경쟁심화로 초과수익력 감소 예상, 중국의 경우 기술이전 조건부이므로 2년 내에 부메랑 효과 예상
• 상품매출 : ×× 현지법인의 매출 예측 후 회사의 매출 반영(과거는 현지법인 매출액의 40～50%를 본사를 통한 매출이었으나 향후에는 100%)

• 인건비 : 1인당 평균 인건비 산정
• 매출원가 : 원재료비 · 제품종류별 표준 원재료비 및 과거의 분석자료 비교 적용
• 기타 경비 : 변동비, 기타 경비의 속성별 예측
• 리스료 : 과거의 운용리스를 전액 자본화하였으므로 실제이자비용으로 전환 발생
• 회전율 : 회전율은 과거 경험치에서 경영자의 경영합리화 의지를 반영하였음.
• 환율 및 이자율의 가정

구 분	2005	2006	2007	2008	2009
이자율	14.5%	13.4%	12.3%	11.2%	10.1%
환 율	1,450.00	1,350.00	1,300.00	1,250.00	1,200.00

• 현재가치 산정시의 할인율 : 18.5%

나. 추정손익 및 이자지급능력

a. 현재상태 유지

(단위 : 백만원)

구 분	2005.12.	2006	2007	2008
제품매출액	34,502	253,123	274,940	308,379
상품매출액	35,704	236,600	266,713	261,329
매출원가	70,424	425,945	472,069	487,832
영업이익	(6,636)	40,029	42,832	51,771
세후영업이익(NOPLAT)	(8,495)	37,214	40,923	50,907
이자보상비율	1.5	1.5	1.5	1.5
이자지급한도액	–	24,809	27,282	33,938

b. ×× 매각 시(2007년) : 매각금액 US$××백만

(단위 : 백만원)

구 분	2005.12.	2006	2007	2008
제품매출액	34,502	253,123	141,363	9,293
상품매출액	35,704	236,600	266,713	261,329
매출원가	70,424	425,945	365,420	256,525
영업이익	(6,636)	40,029	29,132	11,559
세후영업이익(NOPLAT)	(8,495)	37,214	27,223	10,694
이자보상비율	1.5	1.5	1.5	1.5
이자지급한도액	–	24,809	18,148	7,130

(7) 부채 구조조정 계획

① 부채 구조조정 계획(안)

(단위 : 백만원)

구 분	내 역	금 액
조정대상	××년 ××월 ××일 현재의 차입금(353,377) 및 미지급이자(4,089)	357,466
	××년 ××월 ××일까지 예대상계(12,167) 및 이자상환(1,524)	−) 13,691
	담보 투자주식의 처분(2,763) 및 예대상계(25,613)	−) 28,376
	××년 ×월 ×일부터 ××년 ××월 ××일까지 이자원금가산(정상이자율 적용)	+) 28,951
	신규운영자금 지원액	+) 11,700
	구조조정협약대상 차입금	356,050
구조조정	이자우대 차입금(Prime rate 11% 적용), 약정금리가 11% 이하인 경우는 약정금리 연체이자(××. ××. ××.까지 발생)	274,984 정상이자 적용
	이자면제	46,066
	전환사채	35,000
	계	356,050

가. 이자부담 차입금 : 274,984백만원

- 이자부담 차입금 : 4년 평균 NOPLAT에 이자보상비율 1.5와 이자율 11%를 적용함.
- 이자지급유예 : ××년 ××월 ××일부터 ××년 ××월 ××일까지 발생이자는 유동성 부족이 심각한 현실을 고려하여 Workout 기간의 발생이자 20,244백만원을 ××년 ××월부터 2년(연 2회)간 분할상환하도록 함.
- 이자부담 차입금 잔액유지 : Workout 기간 중 상환되는 차입원금은 이자면제 차입금에서 상환되는 것으로 함.

나. 이자면제 차입금 : 46,066백만원

- 이자면제기간 : 2007년
- 상환 : 2008년(11,700백만원)부터 2009년(34,366백만원)까지 전액상환

다. 전환사채 : 350억원

- 전환권 행사 청구시기 : 발행즉시부터
- 전환가격 : 신청일 직전 1개월 종가평균의 75%
  이때 유상증자나 감자가 있었던 경우에는 적절히 고려함.
- 보장수익률 : 0%
- 기한 : 2009년 12월 31일
  기한 경과 후 일반차입금으로 전환이 가능함.

라. 신규 운영자금 지원 : 11,700백만원

- IMF 이후 원자재 수급난으로 인한 비정상적인 공장가동으로 유동성 부족이 심함. 공장의 정상가동을 위하여 운영자금이 절실함.
- 상환 : 2008년 일시상환

② 부채구조조정 결과요약

가. 현재상태 유지 시

(단위 : 백만원)

	2005	2006	2007	2008	2009
세후영업이익(NOPLAT)	(8,495)	37,214	40,923	50,907	52,446
연도별 이자비용	5,089	30,310	30,190	30,109	30,029
실제 이자보상 배율		1.23	1.36	1.69	1.75
차입금 상환	–	–	–	11,700	34,366
미지급이자 상환	–	5,061	10,122	5,061	–
미지급이자 잔액	5,089	15,183	5,061	–	–
현금잔액	6,457	8,667	8,148	11,263	6,930

- 연도별 이자비용 : 이자지급능력에 해외전환사채 이자 등을 가산함.
- 이자부담 차입금 : 2009년까지 이자부담 차입금액은 동일함(2009년 말 잔액 274,984 백만원).

(8) 사후관리계획

① 기업지배구조의 개선

- 존속될 관계회사에 대한 관리 강화
  - 해외 현지법인을 관리할 수 있는 조직 및 보고체계의 구축, 정기적인 감사의 실시
- 대주주의 경영참여 제한
- 경영진의 재구성(전문경영인 영입 완료)
  - 독자적 의사결정이 가능한 전문경영인으로의 교체 및 내부감사의 권한 강화
- 채권금융기관의 지속적인 자금관리
- 외부기관의 지속적인 모니터링
  - 채권금융기관이 사외이사를 임명하여 정기적인 모니터링 결과를 채권금융기관에 보고

② 보고체계의 구축

- 정기보고서의 제출(주간, 월, 분기, 반기, 년)
- 돌발사태에 대한 대비
  - 회사와 채권금융기관 간의 지속적인 협의체를 구성하여 돌발적인 상황 대처

7 기업개선방안보고서(사례 II)

(1) 과거 4개년 경영실적분석

① 생산판매실적

가. 생산량 및 가동률 실적

(단위 : yds)

구 분	생산량				증감률		
	1997년	1998년	1999년	2000년 상반기	98−00	99−01	00−02
제 품							
수출임가공							
임가공수입							
상 품							
계							
총생산능력							
가 동 률							

나. 판매실적

(단위 : 천원)

구 분	생산량				증감률		
	1997년	1998년	1999년	2000년 상반기	98−00	99−01	00−02
제 품							
수출임가공							
임가공수입							
상 품							
계							

회사는 1996년 말에 공장을 신축하여 이전하는 관계로 생산가동률이 초기에는 저조하였으나 그 이후 증가추세를 보였으며, 매출액도 공장이전 후 정착단계인 1997년에는 매출액이 저조하여 생산량이 매우 낮은 수준이며, 1998년에는 호조를 보여 1997년의 수출물량 ××yds, 수출액 ××백만원에서 1998년에는 ××yds, ××백만원으로 크게 증가하였고, 1999년

에는 제품수출보다는 상대적으로 평균단가가 낮은 임가공에 치중하여 매출액의 증가율(35.4%)이 생산량의 증가율(78.2%)보다 낮습니다. 2000년 상반기의 생산량과 매출액의 감소는 경기 하락에 인한 국내 임가공 매출량의 감소와 회사제품의 특성상 매출이 상반기보다는 하반기에 집중되어 있기 때문입니다.

연 도	구 분	수 출	내 수	합 계	비 율
1997년	상반기				
	하반기				
1998년	상반기				
	하반기				
1999년	상반기				
	하반기				
합 계	상반기				
	하반기				

② 손익분석

가. 손익계산서 분석

(단위 : 천원)

과 목		1997년	1998년	1999년	2000년 상반기
Ⅰ.	매 출 액				
Ⅱ.	매 출 원 가				
Ⅲ.	매 출 총 이 익				
Ⅳ.	판 매 관 리 비				
Ⅴ.	영 업 이 익				
Ⅵ.	경 상 이 익				
Ⅶ.	법 인 세 비 용				
Ⅷ.	당 기 순 이 익				
	매 출 원 가 율				
	판매비와관리비율				
	금 융 비 용 률				

나. 매출원가 분석

구 분		1997년	1998년	1999년	2000년 상반기
매출액	제 품				
	상 품				
	임가공				
	합 계				

구 분		1997년	1998년	1999년	2000년 상반기
매출원가	제 품				
	상 품				
	임가공				
	합 계				

구 분		1997년	1998년	1999년	2000년 상반기
매출원가율	제 품				
	상 품				
	임가공				
	합 계				

회사의 매출원가율을 분석해 보면 설비 투자 후 1997년과 1998년에는 가동률이 저조하여 고정비가 차지하는 원가부분을 감당하지 못하여 원가율이 현저히 높게 나타났습니다. 1999년에는 가동률의 증가(96%) 및 감가상각방법을 정률법에서 정액법으로 변경한 효과(2001년 : ××백만원, 2002년 : ××백만원)와 회사의 원가흐름 가정인 선입선출법의 적용으로 전년도 이월된 낮은 제품원가가 당기 매출원가로 적용된 효과 등이 복합되어 원가율이 76%대로 급격히 개선되었습니다. 2000년의 제품과 상품의 원가율이 낮은 것은 인원의 감소(1999년 말 : 114명, 2000년 반기 : 90명)와 환율변동 전의 원가로 제조된 기존 제품이 당기 매출에 대응(선입선출법)되는 데 기인한 것입니다.

회사의 경상이익률이 부의 숫자로 상당히 악화되어 있는 것은 설비투자(투자액 : ××백만원)에 필요한 자금은 주로 은행차입에 의존(1996년 차입금 : ××백만원)함에 따른 과다한 금융비용 때문이며, 2000년 상반기의 이자비용 증가는 이자율의 상승과 운영자금압박 및 기존차입금 상환불능에 따라 발생한 연체이자 때문입니다. 회사의 금융비용 부담은 증가 추세로 현재의 회사 사정상 차입금의 상환은 힘들어 보이며, 또한 금융비용의 부담도 감소하지 않을 것으로 판단됩니다.

(단위 : 백만원, %)

구 분	1997년	1998년	1999년	2000년 상반기
평균차입금 이자비용				
평균이자율				

③ 재무상태표 분석(자산, 부채의 증감)

(단위 : 천원)

구 분	1997년	1998년	1999년	2000년 상반기
유동자산				
당좌자산				
재고자산				
비유동자산				
투자자산				
유형자산				
무형자산				
자산총계				
유동부채				
비유동부채				
부채총계				
자본총계				

회사의 당좌자산의 변동은 주로 매출액의 증가에 따른 매출채권의 증가와 재고자산의 증가에 기인한 것이며, 매출채권의 경우 아래에서 보는 바와 같이 회전율과 회전기간이 계속적으로 증가하는 추세이며, 2000년도의 매출채권 회전기간 급증은 경제상황의 악화로 인한 국내 거래처의 부도 및 채권회수기간의 연장 때문이며, 현재는 채권회수에 어려움을 겪고 있습니다.

(단위 : 천원)

구 분	1997년	1998년	1999년	2000년 상반기
매출액 매출채권 매출채권회전율 매출채권회전기간				

재고자산의 경우에는 ××업체의 특성상 주로 주문생산이 이루어짐에 따라 생산계획을 예측할 수 있어 재고보유비율이 타 업종보다 낮으나, 회사의 재고보유비율은 계속 증가하고 있으며 이는 생산수급계획의 창고, Order 물량의 취소와 사전 ×× 확보의 과다 등에 기인한 것으로 분석되고 있습니다. 또한, 재고보유비율이 매입채무 보유비율보다 높게 나타나 운전자금의 부담이 가중되고 있음을 알 수 있습니다.

(단위 : 천원, %)

구 분	1997년	1998년	1999년	2000년 상반기
매출원가 재고자산 재고자산보유비율 매입채무보유비율				

회사의 유형자산은 설비투자 이후 감가상각에 의해 감소를 보이고 있으며, 유동부채의 주요한 변동은 1997년과 1998년에는 ××㈜와의 주식상호 교환과정에서 발생한 주주단기차입금의 감소(1997년 : ××백만원, 1998년 : ××백만원)와 2001년에 신규로 차입한 운영자금(××백만원)의 증가 때문이며, 1999년에는 생산량 증가에 따라 원재료 매입이 증가하여 매입채무가 증가(1998년 : ××백만원, 1999년 : ××백만원)하였기 때문이며, 또한 환율상승에 따른 유동성장기차입금(1998년 : ××백만원, 1999년 : ××백만원)이 증가하였기 때문입니다.

회사의 비유동부채는 설비투자를 위한 장기차입금의 유동성대체(1997년 : ××백만원, 1998년 : ××백만원, 2003년 : ××백만원)에 따라 감소하고 있으나, 1998년에는 신규차입의 증가, 2000년에는 환율상승으로 인한 외화장기차입금의 증가로 인하여 변동폭이 적게 나타났습니다.

회사의 자본금은 수차례의 증자로 현재는 ××억원이며, 결손금은 주로 ××년 설비투자 직후 발생한 당기순손실 ××백만원 때문에 발생하였습니다.

④ 현금흐름분석

(단위 : 천원, %)

구 분	1997년	1998년	1999년
영업활동으로 인한 현금흐름 (금융비용 차감 전) 금융비용 금융비용 차감 후 현금			

구 분	1997년	1998년	1999년
유동성상환액 유동성상환 후 현금 유형자산의 증감 외부자금조달 전 소유액 외부자금소요액 외부자금조달 후 현금 기초현금 기말현금			

회사는 1996년 ××공단이전 및 ×× 등 거액의 설비투자로 차입금 의존도가 증대되었고, 1997년 초기 기계시운전 및 ××사업폐쇄로 생산시설이 정상가동되지 않아 영업실적이 극히 부진하여 고정비 부담을 충당하지 못했으며, 1998년까지는 공장가동률이 정상가동률(90%)에 이르지 못하여 금융비용 부담이 가중되었으나 1999년 가동률의 증가 및 고정비 비중의 감소로 인하여 영업활동에 의한 현금이 이자비용을 충당할 수 있으나 차입금의 상환은 당분간 힘들 것으로 판단되며, 2000년은 국내소비심리 위축으로 인한 내수시장의 침체 및 거래처 부도 등으로 자금회수가 어려워지고 매출의 계절성 등 복합적인 원인이 가중되어 2000년 6월 말 현재 운전자금 부족을 초래하고 있습니다. 회사는 현재 자금부족으로 정상지출비용(급여, 원재료 매입 등)이 결제되지 못하고 있는 상태여서 정상적인 영업활동을 할 수 있는 자금 확보가 시급한 문제로 제기되는 실정입니다.

⑤ 경영실적 종합분석

회사는 1996년에는 신규투자 이후 매출의 부진과 투자 시 차입한 이자비용 때문에 과다한 손실이 발생했고, 이러한 영향은 1998년까지 계속되어 경상손실 기준으로 약 ××억원(1997년 : ××백만원, 1998년 : 백만원)의 손실을 기록하였습니다. 이는 초기투자가 실적으로 반영되지 못한 부분과 설비투자에 소요되는 비용의 약 ××%(총투자액 : ××백만원, 은행차입금 : ××백만원, 주임종차입금 : ××백만원, 잔여분은 구공장 매각대금으로 충당)정도를 은행에서 차입한 결과 과도한 금융비용의 부담에서 기인한 것으로 판단됩니다.

1999년에는 수출보다 내수에 주력함으로서 매출신장률이 35%에 달하여 공장가동률이 정상에 이르게 되었고 이에 따라 적자의 규모가 대폭 감소하게 되었으나, 1997년 말에 발생한 IMF 사태 이후 급격한 내수의 감소에 의해 2000년 상반기에는 저조한 실적을 보이고 있습니다. 이에 따라 차입금의 이자비용 부담이 가중되고, 재고자산의 계속적인 증가에 따라 자금회전이 원활하지 못하게 되어 운영자금 부족상태에 빠져 있는 상황입니다.

회사는 새로운 ×× 기술을 개발하기 위하여 기술개발팀을 운영하여 ×× 등을 개발하였으며, 그중 ××기술은 특허를 출원한 상태입니다.

(2) 자산, 부채실사 결과

① 실사기준

××㈜의 자산, 부채가액의 산정은 기업회계기준에 따라 작성된 2000년 6월 30일(실사기준일 또는 재무상태표일) 현재의 재무상태표상에 계상된 금액을 기초로 평가하였습니다.

가. 기본원칙

- 장부가액이 실질가치를 반영하는 경우에는 장부가액으로 평가함.
- 장부가액이 실질가치를 반영하지 못하는 경우에는 시가로 평가하거나, 손실발생 예상액을 차감한 실질가치로 조정하여 평가함.
- 금융자산, 부채는 2000년 6월 30일(금융거래 조회일)의 금융거래조회서로 확인된 가액으로 평가함.
- 재무상태표에 표시되지 아니하는 부외자산 및 부외부채는 발생가능금액을 합리적으로 산출하여 자산 및 부채로 계상함.
- 금액적 중요성측면에서 실사인이 판단하여 금액적 중요성이 없을 경우에는 세부절차는 생략함.

나. 세부계정별 평가기준

- 현금 : 실사가액
- 예금, 장기성예금, 퇴직보험예치금, 금융기관대여금 : 금융거래조회서의 조회가액
- 유가증권
  - 시장성 있는 주식 : 상장주식 또는 장외등록주식은 2000년 6월 30일 현재의 종가로 평가함.
  - 시장성 있는 채권 : 6월 30일 현재 기준가격 또는 유통수익률로 평가
  - 시장성 없는 주식 : 투자대상회사의 입수가능한 최근일의 순자산가액으로 평가
  - 시장성 없는 채권 : 장부가액 또는 취득가액으로 평가하되 손실예상액을 평가하여 반영함.

－기타의 유가증권 : 적정한 가액으로 평가하되 객관적인 기준이 없는 경우에는 장부가액으로 평가함.

• 매출채권 : 거래처에 조회서 확인 및 기타의 실사절차로 2003년 6월 30일 현재 장부가액의 실재성과 완전성을 검토함. 대손상각(손실예상액)은 과거의 대손경험률과 개별채권의 연령분석에 의하여 평가함.

• 재고자산

－수량 : 실사작업일 기준 재고자산실사를 실시하며, 진부화 등을 파악함.

원재료, 저장품, 제품 : 2000년 6월 30일 기준으로 전량을 실사함.

－금액 : 일부 표본추출하여 증빙대사 및 제조원가계산의 타당성을 검토함.

원재료, 저장품 : 원재료 등의 보조장부에서 일부 표본추출하여 증빙대사함.

제품 : 제조원가계산의 적정성을 검토하여 제품원가를 검증함.

미착품 : 발생관련 증빙을 대사하여 금액의 적정성을 검토함.

• 유형자산

－감정가액이 있는 경우

a. 상각자산(건물, 기계장치 등)＝(감정가액－감정일 이후 상각해당액)×평균낙찰률

b. 비상각자산(토지)＝감정가액×평균낙찰률

－감정가액이 없는 경우

a. 토지, 건물＝(공시지가 또는 과세시가표준액)×평균낙찰률

b. 기타의 유형자산＝장부가액

• 무형자산, 선급비용 : 원칙적으로 장부상 계상액을 전액 차감함.

• 미수수익 : 원본의 회수가능성을 고려하여 회수가능성이 없는 경우에는 평가손실액에 반영하고 시가평가대상 채권의 미수수익은 전액 차감함.

• 기타의 자산, 부채 : 금액적 중요성을 고려하여 실사절차를 실시하고 평가손익이 발생하는 경우에는 시가가액을 적용함.

• 실사기준일 이후의 중요사건 : 실사기준일 이후 중요 변동사항 등을 검토함.

기준별 자산, 부채의 실사 결과

(단위 : 천원)

계정과목	회사 제시	수정사항		수정 후	시가수정사항		시가 수정 후	청산수정사항		청산 수정 후
		차변	대변		차변	대변		차변	대변	
유동자산										
당좌자산										
현금과예금										
유가증권										
매출채권										
대손충당금										
미수금										
미수수익										
선급금										
선급비용										
관세가지급금										
재고자산										
상　품										
제　품										
재공품										
원재료										
저장품										

② 자산실사

회사의 자산에 대하여 반기 말 현재 기업회계기준에 의한 실사 결과의 수정내역은 다음과 같습니다(단위 : 천원).

a. 유가증권 및 예적금 미수수익 계상오류

미수수익	×××	잉여금	×××

b. 재고수량차이 및 진부화된 재고의 평가

잉여금	×××	제　품	×××
		상　품	×××

c. 반기 말을 기준으로 무형자산의 상각

잉여금	×××	연구개발비	×××
		신주발행비	×××
		환율조정차	×××

d. 매출채권의 개별분석 후 충당금 설정

잉여금	×××	대손충당금(매출채권)	×××
		대손충당금(부도어음)	×××

③ 부채의 실사

회사의 부채에 대하여 실사한 수정내역은 다음과 같습니다(단위 : 천원).

a. 단기차입금 미지급이자 미계상

잉여금	×××	미지급이자	×××

b. 계정분류오류

단기차입금	×××	매입채무	×××

c. 연체리스료의 미계상

잉여금	×××	미지급금	×××
재공품	×××		

d. 외화차입금의 반기 말 환산

장기차입금	×××	잉여금	×××
유동성장기차입금	×××		

e. 퇴직급여충당부채 설정 시 계산오류

잉여금	×××	퇴직급여충당부채	×××

④ 담보 및 보증현황

a. 회사가 2000년 6월 30일 현재 담보제공한 자산내역은 다음과 같습니다.

(단위 : 천원)

자산명	담보내용	장부가액	설정금액	제공처
공장토지 건 물 기 계 사원기숙사 사원 APT	포괄근저당 〃 〃 주택부금대출 주택부금대출			
합계				

b. 회사가 타인으로부터 제공받은 담보내역은 다음과 같습니다.

(단위 : 천원)

성 명	담보제공자산	설정금액	보증처

(3) 향후 손익 및 현금흐름의 추정

① 기본전제 및 회사자구계획(경영개선계획)

가. 기본전제

a. 검토의 목적

××㈜의 향후 5개년간의 사업성 분석을 토대로 기업가치 산정 및 자금소요액 파악

b. 기본전제

• 분석기준일 : 2000년 6월 30일

• 분석대상기준일 : 5년(2000년 하반기 – 2004년)

–제조업에 대한 투자분석 대상기간은 5~7년으로 하는 것이 일반적이라고 할 수 있으나 여기에서는 5년간 현금흐름을 기준으로 하고, 5년 후 미래수익가치에 대해서는 분석종료 기간의 현금흐름에 성장률을 고려하여 산정함.

• 기업가치 분석방법 : 순현재가치법

• 적정할인율

－기본할인율 : 2000년 6월 말 현재의 6대 시중은행의 실세금리인 1년 만기 정기예금 이자율 중 최저치를 2000년의 기본할인율로 하고, 과거 5년간 6대 시중은행의 상기 이자율 최저치를 2004년의 기본할인율로 하여 직선적으로 감소하는 것으로 하여 각 연도 기본할인율로 정함(민사 50부 지침원용).

－위험프리미엄 : 현재의 회사규모, 자금사정 및 국내 경제사항 등을 감안할 때 위험프리미엄을 매년도 4%를 유지한다고 가정함(민사 50부 지침원용).

－상기사항을 고려한 적정할인율은 다음과 같습니다.

	2003년	2004년	2005년	2006년	2007년
적정할인율	18.50%	17.40%	16.30%	15.20%	14.10%

• 5개년 사업성 분석의 주요 가정 : 1997년부터 2000년 상반기의 영업실적을 토대로 하여 ××㈜의 현 체제를 계속 유지하는 것을 전제로 각 연도의 추정재무제표를 산출함.

－주요 거시경제지표 : LG경제연구소, 한국산업연구원(KIET), WEFA 등 연구기관의 향후 5개년간의 예측치의 평균을 적용함.

[환 율]

연구기관	2000년 하반기	2001년	2002년	2003년	2004년
LG경제연구소	1,450.0	1,280.0	1,200.0	1,150.0	1,125.0
한국산업연구원(KIET)	1,380.0	1,250.0	1,200.0	1,180.0	1,170.0
WEFA	1,372.0	1,225.0	1,182.0	1,155.3	1,143.7
평균	1,400.7	1,251.7	1,194.0	1,161.8	1,146.2

[생산자물가지수]

연구기관	2000년 하반기	2001년	2002년	2003년	2004년
LG경제연구소	15.20%	3.50%	3.10%	2.70%	2.30%
한국산업연구원(KIET)	14.00%	1.20%	2.80%	2.80%	3.00%
한국개발연구원(KDI)	15.10%	3.50%	3.50%	2.50%	2.00%
평균	14.77%	2.73%	3.13%	2.67%	2.43%

[민간소비증가율]

연구기관	2000년 하반기	2001년	2002년	2003년	2004년
LG경제연구소	−9.50%	3.70%	4.30%	5.40%	6.00%
한국산업연구원(KIET)	−3.90%	0.10%	3.80%	4.90%	5.30%
한국개발연구원(KDI)	−4.50%	2.80%	4.90%	5.40%	5.50%
평균	−5.97%	2.20%	4.33%	5.23%	5.60%

[차입금이자율]

연구기관	2000년 하반기	2001년	2002년	2003년	2004년
차입금이자율	18.00%	16.60%	14.60%	13.00%	11.06%

− 매출채권 및 매입채무의 회전기간 : 1997년에서 2000년 상반기 추세분석과 회사현황을 고려하여 다음과 같이 가정함.

매출채권 회수기간 : 60일(과거 4년간의 추세 및 현재 매출채권회수율 고려)

매입채무 회수기간 : 160일(과거 4년간의 추세 및 현재 대금지급상황 고려)

− 매출활동 : 회사의 과거 매출액 추세를 참조하고 2000년 상반기 매출실적에 나타나는 회사의 현재상황과 기술개발현황, 향후 수주전망을 분석 검토하여 향후 매출액을 추정함.

■ 수출

① 수량

• 제품수출(직수출)

−2000 하반기 : 과거 4년간 매출물량분석 결과 상반기 대비 하반기 매출 비중이 6 : 4 정도로 하반기 매출이 많으나, 현재 회사자금부족으로 인한 ×× 수입의 한계로 인하여 과거 매출 비중을 적용하기에는 어려움이 있으므로 상반기 대비 매출증가율이 가장 낮은 1999년 증가율 4.5%를 적용함.

−2001 이후 : 2000년 상반기에 제품수출물량이 대폭 감소한 것을 고려할 때 당분간의 매출증가는 기대하기 어려우므로 2002년까지는 전년대비 5%증가 2003년 이후에는 10%의 물량증가를 가정함.

• 상품수출

−2000년 하반기 : 과거 4년간의 매출물량분석 결과 하반기에는 상반기보다 230%

08

의 매출물량이 증가하나 현재의 회사자금상황을 고려하여 상반기 실적에 150% 증가를 반영함.

－2001년 이후 : 제품과 동일함.

• 임가공수출

－2000년 하반기 : 1999년 상반기 매출물량 대비 하반기 실적이 110% 증가하였고, 2000년의 7월에서 8월의 영업실적을 고려해 볼 때 이러한 추세가 계속 유지되고 있으므로 2000년 하반기 매출물량을 1999년 하반기 증가율을 적용함.

－2001년 이후 : 회사는 ×× 수입에 대한 자금난으로 인하여 직수출의 매출신장은 힘들 것으로 판단되며 반기 말 현재 임가공수출 물량도 전년 대비하여 큰 폭으로 감소하였으나 1999년 하반기부터 회사는 직수출에서 임가공수출로 전환하고 있으며, 2000년 상반기에는 ×× 및 ×× 등의 ××을 개발하여 9월 현재 Design 접수 및 Order수주를 고려하여 2000년 매출실적에 매년 20% 증가를 가정함.

② 단가

• 수출은 외화($)로 매출단가가 결정되므로 과거 4년간의 연평균 환율 대비 매출단가를 선형함수로 분석하여 최근단가 추세를 상호비교하여 결정함.

■ 내수

① 수량

• 2001년 하반기 : 1997년 이후 계속적인 증가추세가 1999년 말까지 지속되었으나 2000년 상반기 매출은 큰 폭으로 하락하였고 한국경제상황을 고려해볼 때 당분간은 지속될 것으로 판단되므로 2000년 상반기의 매출물량에 과거 4년간의 상반기 대비 하반기 평균 증가율을 적용하여 산정함.

• 2001년 이후 : 2000년 매출실적을 토대로 경제상황의 악화 및 소비시장의 위축이 당분간 계속될 것으로 예상되어 민간소비증가율 만큼의 매출량 증가를 가정하였음.

② 단가

과거 4개년간 매출단가 추이 및 최근의 단가를 상호분석하여 2000년 하반기 단가를 산정하였고 2001년 이후는 연구기관이 예측한 생산자물가 상승률만큼 증가시킴.

－재료비

i. 수량 : 과거 4개년간 원재료 출고량 대비 제품생산량으로 생산수율을 계산하고 이를 감안하여 재료사용량 산정하며, 과거 추세분석 결과 재료사용량의 5%를 재고로 보유함.

ii. 단가 : 원재료는 주로 ××에서 수입하는 ××으로 매입단가는 외화($)로 결정되며 과거 4개년 생산단위당 재료비 단가를 기초로 연평균 환율을 이용하여 산정함.

• 운영활동

－차입금 및 장기미지급관세의 상환 : 현재의 회사상황을 감안하여 장기차입금만 상환한다고 가정함.

장기미지급관세는 2000년 하반기 및 2001년에 각각 ××원 상환됨.

－판매관리비와 제조경비

과 목	산출근거
인 건 비	• 2000년 6월 말까지의 실제지급액을 부서별로 집계하여 부서별 월평균급여를 산정함(정상가동시간을 초과할 때까지 2000년 반기 말 현재의 인원(××명)이 유지). • 매년 임금상승률은 명목임금상승률을 고려하여 10%로 산정함.
퇴 직 급 여	• 총급여 지급액의 10%(인원의 변동이 없다고 가정함)
복 리 후 생 비	• 총급여의 12%로 산정함.
감 가 상 각 비	• 상각방법 : 정액법 • 과거연도의 상각률 고려하여 산정함.
수 선 비	• 매출액 대비 0.2%
보 험 료	• 고정비 성격으로 1개년 40백만원으로 일정함.
접 대 비	• 매출액 대비 0.5%로 산정함.
광 고 선 전 비	• 매출액 대비 0.1%로 산정함.
임 차 료	• ××사무실에 대한 임대료로 매월 0.8백만원
차 량 유 지 비	• 매출액 대비 1.1%로 산정함.
수 출 제 비 용	• 제품수출 매출액의 17%로 산정함.
소 모 품 비	• 매출액 대비 2.0%
공정소모품비	• 변동비 및 고정비 성격이 포함되어 있어 매출수량 ×× 기준으로 250만 이하 ××원, 250만 초과 ××원
제 도 제 판 비	• 고정비 성격으로 매년 350백만원으로 일정하다고 가정함.
외 주 가 공 비	• 매출수량 대비 68원
전 력 비	• 매출수량 대비 40원
지 급 리 스 료	• 회사의 운용리스료 상환스케줄대로 지급함.
기 타 비 용	• 매출액 대비 7.8%

• 투자활동 및 기타 지출활동

－유형자산에 대한 투자 : 회사의 현재의 시설투자를 고려해 2001년 이후 대체투자만 된다고 가정하여 매년 1억원씩 산정함.

－기타 투자자산에 대한 투자 : 공동시설분담금에 대하여 분기별로 3,103,643원 지급함.

－기타의 지급활동

이연자산 상각 : 기업회계기준에 따라 상각함.

이자비용 : 받을어음 할인 및 시설분담금이자를 고려하여 연평균 차입금(추가차입금 포함)×이자율

－법인세

과세표준	법인세율	소득할주민세율
100백만원	10%	10%
100백만원 이상	28%	10%

• 기타 수입활동

－이자수익 : 평균 현금, 예금잔액의 9%

나. 회사의 자구계획 및 추가차입

a. **회사자구계획**

• 자산매각 : 비업무용자산 및 처분 가능한 투자자산은 없어 자산매각계획은 없습니다.

• 자본증자 : 현재 주주임원 장기차입금 ××백만원 중 ××백만원을 2001년에 자본전입할 계획입니다. 이러한 자본전입은 회사의 부채비율을 개선하는 효과가 있습니다.

• 인원감축 : 회사는 자구계획의 일환으로 이미 2000년 1월 중에 ××명의 인원을 감축하였습니다. 이러한 인원감축은 2000년 및 그 이후 연도에 회사의 비용절감 효과를 가져오게 될 것입니다.

b. **추가차입**

사업성 분석을 토대로 현금과부족 및 다음 해의 최소 1개월간의 운영경비(××억원)를 고려하여 부족분을 당해 연도에 추가차입한다고 가정함.

××(주)

ITEM	UNIT	2000-1H Actual	2000 2nd	2000	2001	2002	2003	2004
손익계산서								
Ⅰ. 매출액	천원	2,326,406	4,359,225	6,685,631	6,989,173	7,725,478	8,781,509	10,118,208
제품수출		304,981	260,008	564,989	477,429	478,191	511,825	555,448
제품매출		5,670	10,741	16,412	15,788	16,988	18,353	19,852
상품수출		267,340	696,594	963,934	915,065	916,527	980,991	1,064,601
상품매출		11,544	34,681	46,225	48,549	52,236	56,436	61,045
수출임가공		1,321,045	2,840,024	4,161,069	4,495,736	5,146,193	6,008,892	7,113,849
임가공수입		415,826	517,177	933,003	1,036,606	1,115,342	1,205,011	1,303,414
Ⅱ. 매출원가		2,227,232	3,369,847	5,597,080	5,808,096	5,978,422	6,587,421	6,945,203
매출원가율		95.74%	77.30%	83.72%	83.10%	77.39%	75.01%	68.64%
Ⅲ. 매출총이익		99,174	989,378	1,088,552	1,181,077	1,747,056	2,194,088	3,173,005
Ⅳ. 판매관리비		584,351	417,279	1,001,629	808,852	876,910	963,423	1,033,408
판매관리비율		25.12%	9.57%	14.98%	11.57%	11.35%	10.97%	10.21%
Ⅴ. 영업이익(비용)		-485,177	572,099	86,922	372,225	870,146	1,230,665	2,139,598
Ⅵ. 영업외수익(비용)		-1,028,289	-810,563	-1,838,852	-1,465,678	-1,479,631	-1,186,443	-928,296
Ⅶ. 경상이익 (법인세차감전순이익)		-1,513,466	-238,464	-1,751,930	-1,093,454	-609,485	44,222	1,211,301
Ⅷ. 법인세 등		-	-	-	-	-	-	-
Ⅸ. 당기순이익		-1,513,466	-238,464	-1,751,930	-1,093,454	-609,485	44,222	1,211,301

××(주)

Cash Flow & Funding

	UNIT	2000－1 Actual	2000 2nd	2001	2002	2003	2004
현금흐름 및 자금수지							
ITEM	UNIT						
Ⅰ. 영업활동으로 인한 현금흐름	천원						
(1) 매출활동에서 조달한 현금			3,903,305	6,117,367	7,481,399	8,431,443	9,675,104
(2) 임대료수익			330	660	660	660	660
(3) 운영경비 외 지급			3,125,931	6,048,677	5,975,963	6,645,727	7,444,239
Ⅰ. 영업활동으로 인한 현금흐름(1+2－3)			777,704	69,350	1,506,096	1,786,377	2,231,525
Ⅱ. 투자활동으로 인한 현금흐름							
• 신규유형자산투자액				100,000	100,000	100,000	100,000
• 기타투자자산투자액			6,207	12,415	12,415	12,415	12,415
Ⅱ. 투자활동으로 인한 현금흐름			6,207	112,415	112,415	112,415	112,415
Ⅲ. 자구계획으로 인한 현금흐름							
• 비업무용자산 처분							
• 투자자산 처분							
Ⅲ. 자구계획으로 인한 현금흐름							
영업 및 투자자구활동으로 인한 현금흐름(Ⅰ－Ⅱ+Ⅲ)			771,497	－43,065	1,393,681	1,673,962	2,119,110

××(주)

Cash Flow & Funding

ITEM	UNIT	2000 2−nd	2001	2002	2003	2004
현금흐름 및 자금수지						
Ⅳ. 재무활동으로 인한 현금흐름						
(1) 기존차입금의 상환		900,403	1,574,728	1,109,618	311,982	138,200
(2) 기타부채의 상환		16,406	16,406			
Ⅳ. 재무활동으로 인한 현금흐름 (− : 상환)		916,809	1,591,134	1,109,618	311,982	138,200
Ⅴ. 이자비용 및 이자수익						
(1) 이자비용		619,604	1,326,357	1,370,207	1,243,532	994,889
(2) 이자수익		0	18,004	53,672	50,296	56,429
Ⅳ. 이자비용 및 이자수익		−619,604	−1,308,352	−1,316,535	−1,193,235	−938,460
Ⅵ. 순현금흐름						
Ⅵ. 순현금흐름(Ⅰ−Ⅱ+Ⅲ−Ⅳ)		−764,916	−2,942,551	−1,032,472	168,745	1,042,450
Ⅶ. 기초현금과예금						
Ⅶ. 기초현금과예금		182,552	617,636	575,085	542,613	711,358
Ⅷ. 총현금흐름						
• 총현금흐름(Ⅵ+Ⅶ)		−582,364	−2,324,915	−457,387	711,358	1,753,808
Ⅸ. 최저운전자금						
• 최저운전자금		617,636	575,085	542,613	711,358	753,808
Ⅹ. 현금과부족액						
Ⅷ. 현금과부족액(+ : 잉여, − : 부족)		−1,200,000	−2,900,000	−1,000,000	0	1,000,000
Ⅺ. 신규 단기차입금 차입						
단기차입금차입액		1,200,000	2,900,000	1,000,000	0	0
Ⅻ. 신규 단기차입금 상환						
• 단기차입금상환액(+ : 상환)		0	0	0	0	1,000,000

××(주)

Balance Sheet

대차대조표

	ITEM	UNIT	2000－1H Actual	2000 2－nd	2001	2002	2003	2004
	자산							
(1)	유동자산	천원	3,199,781	4,116,483	4,995,219	5,217,280	5,756,993	6,268,048
(1－1)	재고자산		1,691,240	1,698,933	1,712,746	1,726,576	1,741,346	1,757,343
	제　품		513,471	513,471	513,471	513,471	513,471	513,471
	재공품		217,788	217,788	217,788	217,788	217,788	217,788
	원재료		784,019	791,713	805,525	819,355	834,125	850,122
	기타재고자산		175,962	175,962	175,962	175,962	175,962	175,962
(1－2)	당좌자산		1,508,541	2,417,550	3,282,473	3,490,704	4,015,647	4,510,706
	최소현금		182,552	617,636	575,085	542,613	711,358	753,808
	매출채권		989,127	1,445,047	2,316,853	2,560,932	2,910,997	3,354,102
	기타당좌자산		336,863	354,867	390,535	387,159	393,291	402,795
(2)	고정자산							
(2－1)	투자자산		192,740	198,948	211,362	223,777	236,191	248,606
	투자유가증권		4,900	4,900	4,900	4,900	4,900	4,900
	공동시설분담금		106,742	112,949	125,364	137,778	150,193	162,607
	기타투자자산		81,099	81,099	81,099	81,099	81,099	81,099
(2－2)	무형자산		732,859	547,839	182,537	－	－	－
	무형자산		732,859	547,839	182,537	－	－	－
(2－3)	유형자산		5,544,743	5,230,759	4,719,291	4,195,323	3,681,322	3,577,975
자산총계			9,670,124	10,094,029	10,108,410	9,636,381	9,674,506	10,094,630

××(주)

Balance Sheet

		2000－1H Actual	2000 2－nd	2001	2002	2003	2004

부 채

(3)	부 채						
(3－1)	유동부채	6,681,712	8,964,830	10,627,858	10,912,072	10,862,428	10,157,483
	매입채무	668,917	956,861	777,274	881,281	1,005,419	1,152,520
	단기차입금	5,181,912	7,177,086	9,019,701	9,199,908	9,026,126	8,174,080
	기타유동부채	830,883	830,883	830,883	830,883	830,883	830,883
(3－2)	고정부채	3,971,874	2,351,124	1,295,931	1,149,174	1,192,720	1,106,488
	장기차입금	3,596,630	1,925,326	736,336	424,354	286,154	－
	퇴직급여충당금	200,732	267,692	417,896	583,120	764,867	964,788
	기타고정부채	174,512	158,106	141,700	141,700	141,700	141,700
	부채총계	10,653,586	11,315,955	11,923,789	12,061,246	12,055,149	11,263,971

(4)	자 본						
	자본금	1,600,000	1,600,000	2,100,000	2,100,000	2,100,000	2,100,000
	자본잉여금	143,191	143,191	143,191	143,191	143,191	143,191
	이익잉여금	－2,726,653	－2,965,117	－4,058,571	－4,668,056	－4,623,834	－3,412,533
	자본총계	－983,462	－1,221,926	－1,815,380	－2,424,865	－2,380,643	－1,169,341

부채와자본총계	9,670,124	10,094,029	10,108,410	9,636,381	9,674,506	10,094,630

(4) 기업가치 평가

① 자산가치

가. 계속기업가치(시가)

계속기업가치란 기업재산을 해체, 청산함이 없이 이를 기초로 하여 기업활동을 계속할 경우의 가치를 의미하며, 회사의 총자산가액을 기준으로 평가를 할 경우 위에서 보는 바와 같이 장부가액보다 4,465백만원이 많으며 그 내용은 다음과 같습니다.

(단위 : 천원)

1. 회사제시 총자산가액			10,147,147
2. 실사수정액	매출채권에 대한 대손추가설정	(186,893)	
	제품에 포함된 불량품원가 차감	(179,955)	
	미수수익 추가계상	887	
	유형자산의 평가	5,727,008	
	이연자산의 평가	(896,192)	
	수정액 합계		4,464,855
3. 계속기업가치(시가)			14,612,002

나. 청산가치

청산가치에 의해 평가할 경우의 총자산가액은 계속기업가치(시가)로 평가한 경우보다 4,401백만원이 적으며 그 내용은 다음과 같습니다.

(단위 : 천원)

1. 계속기업가치(시가)			14,612,002
2. 수정금액	선급비용의 차감	(37,495)	
	유형자산 평가감	(3,846,648)	
	재고자산 평가감	(409,742)	
	공동시설분담금 평가감	(106,741)	
	수정액 합계		(4,400,626)
3. 수정 후 총자산가액(청산가치)			10,211,376

② 계속기업가치(수익가치)

미래현금흐름 할인법(DCF)에 의한 기업가치는 미래의 영업활동 현금흐름에 해당 기업의 위험도를 반영한 적정할인율로 현재가치화한 것으로 산출공식은 다음과 같습니다.

기업가치＝추정기간 현금흐름의 현재가치＋잔존가치의 현재가치

$$=\Sigma\{Ct/(1+r)t\}+\{(Cn+1)/(1+r)(r-g)\}$$

n : 추정 최종연도

Ct : t기의 순영업활동 현금흐름

Cn＋1 : n＋1기의 순영업활동 현금흐름

r : 할인율

t : 연차수

g : 고정성장률

회사의 현재 상황을 토대로 한 사업성 분석

(단위 : 천원)

	2000년	2001년	2002년	2003년	2004년	2005년 이후
영업활동을 의한 현금	771,497	−43,065	1,393,681	1,673,962	2,119,110	19,663,816
할인율	18.50%	17.40%	16.30%	15.20%	14.10%	14.10%
현재가치	706,176	−33,576	934,317	974,146	1,080,802	10,123,923
DCF	13,785,788					
청산가치	10,211,376					
자산가치(시가)	14,612,002					

③ 가치평가 결과분석

'(3) 향후 손익 및 현금흐름의 추정'에서 분석된 회사의 미래현금흐름에 기초한 계속기업가치는 138억원으로 청산가치 102억원을 36억원만큼 상회하고 있습니다. 이는 회사가 현재 직면하고 있는 위기상황을 극복하고 계속될 수 있다면, 이러한 사업의 계속을 통해 창출하는 수익가치가 회사를 파산적 청산절차를 통해 해체했을 때의 자산가치보다 높다는 것을 나타내는 것입니다.

그러나 현재의 회사의 상황은 자력으로는 계속 생존의 능력이 없는 것으로 판단되므로 채권단의 지원조치가 선행되어야 '생존'의 가정이 성립되는바, 채권단 입장에서의 '회사존립 여부에 대한 경제성 판단'은 지원조치의 내용을 반영한 후의 채권단의 채권회수율을 분석함으로써 가능할 것입니다.

(5) 재무구조 개선방안

① 자금소요계획

회사의 조사기준일 현재의 차입금현황과 향후 현금흐름 분석결과를 토대로 자금소요계획을 분석하면 다음과 같습니다.

(단위 : 천원)

	2000년 하반기	2001년	2002년	2003년	2004년
기초차입금	8,778,542	9,102,412	10,256,037	10,124,262	9,812,280
기존차입금상환 (장기차입금 부분)	900,403	1,574,728	1,109,618	311,982	138,200
추가차입금 상환	–	–	–	–	1,000,000
유동성부족분 추가차입	1,200,000	2,900,000	1,000,000	–	–
기말 차입금	9,102,412	10,256,037	10,124,262	9,812,280	8,674,080

* 기존차입금의 상환스케줄상 상환금액은 각 연도 외화차입금상환액에 대해서는 당해연도 환율추정치로 환산하였으므로 현재의 차입금 잔액과는 다소 차이가 발생됨.

현재 38억원에 이르는 단기차입금의 계속적인 Revolving을 전제로 할 때 장기차입금이 2002년까지 36억원이 상환되어야 하므로 이 기간 동안 차입원리금상환부담 등으로 누적자금부족액이 51억원에 이르게 됩니다. 즉 실질적인 원금상환능력이 2003년까지는 없음을 알 수 있습니다.

② 대안의 설정 및 대안별 효과분석

회사를 생존시키는 것을 전제로 채권단이 지원방안을 마련한다면, 다음과 같은 대안이 고려될 수 있을 것입니다.

가. 1안

향후 5년간 장기차입금상환을 유예하고 기존 단기차입금을 계속 만기연장함.

나. 2안

기존 단기차입금을 계속 만기연장을 시키고 2002년까지 은행차입금 이자 50%를 감면(장기차입금 이자율은 현재 평균 이자율인 7.5%를 유지시킴)

③ 대안별 효과분석

앞에서 설정된 대안별로 원리금 상환스케쥴을 작성하면 아래 표와 같습니다.

채권자 손익분석을 위해서 단기차입금은 2004년까지 만기연장 후 2005년부터 5년간 균등상환되는 것으로 가정하였습니다.

또한 아래 표의 '순추가차입부분'은 단기자금 부족분으로 채권단의 추가자금지원이 요구되는 금액입니다.

■ 대안별 추가차입 및 상환액

• 현안－단기차입금상환유예

	2000년 하반기	2001년	2002년	2003년	2004년	2005년	2006년	2007년	2008년	2009년	합 계
순추가차입	299,597	1,325,272									1,624,869
순차입금상환			109,618	311,982	1,138,200	1,857,339	1,571,185	1,571,185	1,571,185	1,571,185	9,701,879
이자비용	619,604	1,326,357	1,370,207	1,243,532	994,889	797,892	634,844	434,433	260,660	86,887	7,769,305

• 1안－차입금원금유예

	2000년 하반기	2001년	2002년	2003년	2004년	2005년	2006년	2007년	2008년	2009년	합 계
순추가차입	200,000	1,200,000									1,400,000
순차입금상환				1,000,000	1,200,000	1,414,454	1,414,454	1,414,454	1,414,454	1,414,454	9,272,270
이자비용	546,487	1,143,526	1,123,069	966,455	747,007	652,781	473,873	338,481	203,089	67,696	6,262,464

• 2안－이자 50% 감면

	2000년 하반기	2001년	2002년	2003년	2004년	2005년	2006년	2007년	2008년	2009년	합 계
순추가차입		725,272									725,272
순차입금상환	403		809,618	811,982	1,138,200	1,437,339	1,151,185	1,151,185	1,151,185	1,151,185	8,802,282
이자비용	307,102	642,066	620,141	1,003,032	762,629	452,605	352,026	251,447	150,868	50,289	4,592,205

④ 대안별 채권자손익분석

• 대안별 채권자 순현금유입액

	2000년 하반기	2001년	2002년	2003년	2004년	2005년	2006년	2007년	2008년	2009년	합 계
현안	320,007	1,084	1,479,825	1,555,514	2,133,089	2,655,231	2,206,029	2,005,618	1,831,845	1,658,072	15,846,314
1안－차입금 원금유예	346,487	－56,474	1,123,069	1,966,455	1,947,007	2,067,235	1,888,327	1,752,935	1,617,542	1,482,150	14,134,733
2안－이자 50% 감면	307,102	－83,206	1,429,759	1,815,014	1,900,829	1,889,944	1,503,211	1,402,632	1,302,054	1,201,475	12,668,814

• 대안별 순현금유입액의 현재가치

	2000년 하반기	2001년	2002년	2003년	2004년	2005년	2006년	2007년	2008년	2009년	합 계
현안	292,912	845	992,068	905,216	1,087,932	1,040,216	757,438	603,529	483,118	383,250	6,546,524
1안－차입금 원금유예	317,150	－44,031	752,900	1,144,359	993,025	809,862	648,355	527,492	426,599	342,587	5,918,298
2안－이자 50% 감면	281,100	－64,873	958,504	1,056,229	969,473	740,407	516,126	422,079	343,394	277,711	5,500,150

• 대안별 채권자손익분석

	순현금유입액의 현재가치	청산 시 회수액	차 이	비 율
현안	6,546,524	8,153,494	1,606,970	80.29%
1안－차입금원금유예	5,918,297	8,153,494	2,235,197	72.59%
2안－이자 50%감면	5,500,150	8,153,494	2,653,344	67.46%

청산 시 회수액은 청산가치에 채권자비율만큼을 감안하여 계산함(기업청산가치 중 금융기관 차입금이 차지하는 비율로 계산함).

추후 차입금 및 이자비용 회수의 현재가치로 계상된 순현금유입액의 현재가치와의 청산 시 회수액을 비교하면 모든 대안이 청산 시 회수액보다 적은 것을 알 수 있습니다.

■ 회수율 비교

현재 약정상 장단기차입금의 원리금 상환스케줄대로 정상회수가 되는 경우의 채권회수율과 설정된 대안별 채권회수율을 계산하면 다음과 같습니다.

	현 가	회수율
약정상	7,293,895	100%
청산	8,153,494	112%
1안－차입금원금유예	5,918,297	80%
2안－이자 50%감면	5,500,150	75%

약정상 차입금의 현가는 장단기차입금(주임종차입금 제외) 8,246,542천원과 약정상 이자발생액을 현재가치로 할인한 것으로 회사의 청산가치가 상당히 높게 산출됨으로써 청산에 의한 회수율보다 낮게 나타나고 있습니다.

(6) 결론 및 사후관리

① 결 론

회사는 ××년에 ××공단으로의 공장이전에 따른 신규설비투자로 과다한 자금차입이 이루어졌으나 그동안 매출부진으로 영업활동을 통한 설비투자 자금회수가 원활히 이루어지지 못함으로써 어려움을 겪고 있었으며, 1999년에는 공장이 정상가동되어 영업이익이 흑자로 반전하였으나 1997년 말 IMF 이후 매출부진으로 인하여 자금사정이 악화되어 있습니다. 다만, 계속적인 기술개발에 의하여 ××년 하반기에는 신규제조방법에 따른 ××의 매출이 증대되고 있음에 따라 매출실적이 호전되고 손익이 다소 호전될 것으로 전망됩니다.

그러나 차입원리금을 약정대로 상환할 수 있는 능력은 추정 대상연도인 2004년 말까지도 없는 것으로 분석되고 있으며, 단기차입금 ××억원과 매년의 장기차입금 상환예정액의 상환유예가 이루어진다면 이자지급능력은 있는 것으로 판단됩니다.

따라서 단기차입금의 계속적인 연장을 전제로 하고 장기차입금 상환을 5년간 유예하면 ××년, ××년 ××억원 정도의 자금지원으로 회생가능할 것으로 분석되고 있습니다. 또 다른 방안으로 단기차입금의 계속적인 연장과 단기차입금 이자율을 현재의 50% 수준으로 인하시켜 주면 ××억원 정도의 단기자금 수혈로 회생가능한 것으로 분석됩니다.

그러나 이러한 지원방안에 따른 채권단의 채권회수율은 청산에 의한 회수보다 상당히 낮게 나타나고 있어 경제성이 없는 것으로 분석되고 있으나, 회사의 기계장치에 대한 감정가액이 장부가액보다 ××여 억원이 높게 산출되고 있고 이에 따라 산출된 청산가액은 장부가액보다 ××여 억원이 높게 나타나고 있어 실제로 파산적 청산절차를 이행하였을 때 자산의 매각가능성과 매각가능가액에 대한 추가적인 면밀한 검토가 필요하다고 판단됩니다.

② 사후관리체계

채권단의 정책적 입장에 따른 의견조율과정을 거쳐 ××㈜를 지원하여 회생시키기로 결정하게 된다면 다음과 같은 사후조치가 강구되어야 할 것입니다.

• 채권금융기관 간 지원분담비율 결정
  − 채권순위별 지원분담비율 협의
• 경영부실에 따른 주주 경영진에 대한 책임 추궁
  − 전문경영인 영업이나 은행과의 공동경영
  − 부채초과에 따른 구주주 주식소각 및 유상증자(구주주의 증자참여나 제3자, 은행의 증자 참여)

• 경영정상화에 대한 약정체결
  －채권단과 회사의 협의하에 회사의 자구조치 내용과 일정의 확정
  －자구조치 미이행이나 지연 시 Penalty 확정
  －은행 측의 지원내용에 대한 약정체결
• 회사의 경영정상화 이행상황에 대한 감독
  －은행에 의한 외부회계감사인 지정
  －분기별 영업, 재무, 회계 및 일반 경영상태에 대한 보고 및 검토

(7) 기업가치

① 적정할인율

가. 기본할인율

회사정리사건처리요령 예규를 준수하여 적정할인율을 2000년 6월 말 현재의 6대 시중은행(조흥, 상업, 제일, 한일, 서울, 외환)의 실세금리인 1년만기정기예금이자율 중 최저치를 선택하여 기본할인율로 하기로 함.

나. 위험프리미엄

현재의 회사규모, 자금사정 및 국내경제사항 등을 감안할 때 위험프리미엄을 4% 유지한다고 가정함.

다. 적정할인율

	2000년 12월	2001년	2002년	2003년	2004년
할인율	18.500%	17.400%	16.300%	15.200%	14.100%

② 현금흐름

	2000년 12월	2001년	2002년	2003년	2004년	2005년
영업활동을 위한 현금	771,496,763	－43,064,698	1,393,681,087	1,673,962,082	2,119,110,313	2,119,110,313

③ 기업가치

	성장률	2000년 12월	2001년	2002년	2003년	2004년	2005년
Discount factor		18.50%	17.40%	16.30%	15.20%	14.10%	
Discount factor(acc.)		91.53%	85.18%	85.98%	86.81%	87.64%	
			91.53%	85.18%	85.98%	86.81%	
				91.53%	85.18%	85.98%	
					91.53%	85.18%	
						91.53%	
성장률 "3%"	3%						19,663,816,420
Discounted Cash Flow－연간		706,175,527	－33,576,225	934,316,781	974,145,615	1,080,802,111	10,123,922,512
Discounted Cash Flow－누계		706,175,527	672,599,302	1,606,916,083	2,581,061,698	3,661.863,810	13,785,786,321
Total Discounted Cash Flow		13,785,786,321					

보론 자산가치 평가기준

1. 개 요

(1) 기본원칙

××사업부(이하 "사업부")의 자산 및 부채에 대한 평가는 기업회계기준에 따라 작성된 평가기준일(2011년 9월 30일) 현재 회사가 제시한 ××사업부와 관련된 자산 및 부채를 대상으로 하되

① 장부가액이 실질가치를 반영하는 계정과목에 대해서는 장부가액으로 평가한다.
② 장부가액이 실질가치를 반영하지 못하는 항목에 대하여는 시가로 평가하거나 실질가치로 조정하여 평가한다.
③ ××사업과 관련이 없는 자산, 부채는 이전대상에서 제외함을 원칙으로 한다.
④ 종업원과 관련한 채권, 채무는 이전대상에서 제외함을 원칙으로 한다.
⑤ "××"의 회계처리가 상이한 경우 회계처리방법을 일치시켜 평가한다.

(2) 계정과목별 평가기준

① 현금과예금, 장기성예금, 금융기관대여금

현금, 예금은 이전대상에서 제외함을 원칙으로 하되 ××사업의 운영을 위해 필요한 것에 한해 장부가액으로 평가한다.

② 유가증권

유가증권은 이전대상에 제외함을 원칙으로 하되 ××사업의 운영을 위해 필요한 것에 한해 다음 기준에 의한다.

• 주식 : 평가기준일 현재의 시가(시장성 없는 경우 최근 결산상 순자산가액)
• 채권
 - 시장성 있는 채권 : 평가기준일 현재 시가평가액(최근 증권업협회고시 기준수익률을 적용하여 할인함)
 - 시장성 없는 채권 : 장부가에 적절한 예상손실을 반영한 가액
• 출자금 : 투자대상회사의 최근 결산 재무상태표상의 순자산가액

③ 매출채권(부도어음 포함), 미수금, 선급금, 장 · 단기대여금, 보증금

• 장부가액을 원칙으로 하되 개별분석에 의한 연체기간별 대손추산액을 산정하여 이를 차감한 순액으로 평가한다.
• 소송, 분쟁 중인 자산은 장부가로 평가하고 이전 후 사후 정산한다.
• 부도 및 법정관리에 해당하는 거래처의 채권은 원칙적으로 이전대상에 제외한다.

- 장기매출채권은 현재가치로 할인하여 평가한다.
- 진행기준에 의해 계상한 매출채권 등은 인도기준으로 조정하여 평가한다.

④ 미수수익 및 선급비용

평가기준일 현재 장부가액으로 평가한다.

⑤ 재고자산

- 인도기준을 적용하여 평가하되 진행기준에 의해 계상한 재고자산은 인도기준으로 조정하여 평가한다.
- 평가기준일 현재 장부가액으로 평가하되 실물실사의 결과를 조정한 금액으로 평가한다.
- 진부화 및 불용재고자산은 순실현가능가액으로 평가한다.

⑥ 유형자산

- 최근 재평가를 목적으로 감정평가를 실시한 재평가대상자산은 재평가가액으로 평가한다.
- 재평가대상에 제외된 자산은 장부가액을 원칙으로 하되 감정가액이 있는 경우에는 감정가액으로 평가한다.
- 법인세법상의 업종별 기준내용연수에 따라 동일한 감가상각방법을 적용한 가액으로 평가한다.
- 진부화 및 불용자산은 순실현가능가액으로 평가한다.

⑦ 무형자산

자산성이 없는 것으로 보아 '0'으로 평가한다.

⑧ 부채

××사업과 직접 관련이 있는 부채에 한하여 장부가액으로 평가한다.

⑨ 외화자산 및 부채

외화자산 및 외화부채는 기업회계기준에 따라 기준일 현재의 기준환율로 환산한 가액으로 평가한다.

⑩ 기타

본 기준에서 정한 사항 이외의 추가적인 사항은 통합사무국 내 총괄반에서 협의하여 결정한다.

2. 자산가치 평가절차

'×× 3사'의 자산 및 부채를 평가함에 있어 '×× 3사'와 "회계법인"이 합의한 평가절차는 다음과 같다.

(1) 일반기준

'×× 3사' 및 '회계법인'이 합의한 '자산가치 평가기준'을 적용하고 그 외는 기업회계기준에 따라 자산 및 부채를 평가한다. 실사는 장부 및 관련증빙을 대사, 실물확인 등으로 실시한다. 또한 원칙적으로 이전이 제외되는 자산 및 부채는 실사절차를 수행하지 아니한다.

(2) 세부절차

① 예금

이전대상 예금은 국책과제수행과 관련된 것으로 잔액증명서로 확인한다.

② 매출채권 등

- 장부 및 관련증빙을 확인하고 개별 매출채권 내용을 검토한다.
- 유상사급관련 매출채권은 미정산관련 매입채무와 상계한다.
- 대손충당금은 개별분석하여 다음 기준에 의하여 대손추산액을 산정한다.

구 분	대손설정률
6개월 미만	0%
6개월 이상~1년 미만	10%
1년 이상	100%

- 분쟁 또는 소송 중인 매출채권은 이관 후 사후정산하기로 '×× 3사'가 합의하였는바, 동 채권에 대하여는 우발채무 여부를 검토하고 대손충당금은 설정하지 않는다.
- 법정관리 및 화의절차 진행 중인 채권은 이전대상에서 제외하는 것으로 한다.
- 매출채권 중 회수기일이 2011년 9월 30일 현재 1년 이상이 되는 채권은 7%의 할인율을 적용하여 할인한다.
- 선급금 중 계약에 의한 납품예정일로부터 경과기간을 계산하여 매출채권과 동일한 비율로 대손충당금을 계산한다.

③ 미수수익 및 선급비용

장부 및 증빙을 확인하고 해당 원본의 실재성과 기간 안분의 재계산 등으로 검토한다.

④ 재고자산

- 원재료는 실사 및 Roll-Back을 통하여 기준일 현재 수량을 확인하였으며 각 사의 평가방법에 따라 단가를 평가한다.
- 실사 시 발견된 수량차이 및 진부화 자산은 그 실현가치를 산정하여 반영한다.
- 재공품은 인도기준에 따라 평가한다. 따라서 진행기준으로 인식한 매출은 인도기준으로 조정하며, 기존에 매출인식하였으나 인도되지 않은 물량에 대하여는 매출채권과 상계하거나 선수금으로 계상한다.

• 미착품은 관련증빙에 의해 확인하고 회계처리를 검토하여 '×× 3사'의 회계처리방법을 동일하게 조정한다.

⑤ 유형자산

• 유형자산 중 토지, 건물, 구축물, 기계장치, 차량운반구는 자산재평가법에 의한 재평가액으로 평가한다(재평가기준일 : 2011년 10월 1일일).
• 재평가에서 제외된 자산은 장부가액으로 평가한다.
• 건설중인자산은 7%의 이자율을 적용하여 계산한 건설자금이자를 포함하여 평가한다.
• 유형자산 중 재평가자산은 당기에 감가상각을 실시하지 않으며, 재평가하지 않은 공기구, 집기비품 중 일반관리용자산은 4년, 철도차량사업용자산은 8년의 내용연수를 적용하여 감가상각을 한다.

⑥ 무형자산

무형자산은 전액 감액 처리한다.

⑦ 부 채

회사가 제시한 부채는 철도차량사업과 직접적인 관련 여부를 검토하고 조회 또는 관련증빙으로 확인한다.

⑧ 외화자산 및 부채의 환산

외화자산 및 부채는 실사기준일 현재의 기준환율을 적용하여 환산한다.

⑶ 실사절차

재고자산 및 유형자산에 대한 실사는 다음과 같이 실시한다.

① 실사일시 : 2011년 11월 8일
② 실사대상 : 재고자산－원재료
유형자산－토지, 건물, 구축물, 기계장치, 차량운반구, 공기구
③ 표본추출방법 : 원재료－표본이 모집단의 50% 이상 되도록 금액 기준으로 추출
유형자산－100,000,000원 이상 전수 추출
④ 실사방법 : 실사표를 사용하여 완전성 확인
회계사 및 타사 직원 입회하에 실시

조정사항 세부내역

2011년 9월 30일 현재

×× 주식회사 ××사업부

×× 주식회사 ××사업부(이하 "사업부")의 2011년 9월 30일 현재의 평가액은 기준일 현재 자산실사기준에 합의된 절차를 적용하여 다음에서 설명하고 있는 조정사항을 반영하여 계산된 것입니다(단위 : 원).

(1) 합의된 기준에 의하여 ××사업과 관련이 없는 것으로 판단되어 이전 조정되는 자산 및 부채의 총액은 다음과 같습니다.

자 산	부 채
선급금	매입채무
매출채권	미지급금
보증금	기타의 유동부채
토 지	
건 물	
기계장치	
합 계	합 계

이전 조정되는 자산은 회사에서 이전시키지 아니하기로 결정한 사항이며, 이전 조정되는 부채는 Usance 차입금 등 실무상 이전이 곤란하다고 판단되어 조정한 것입니다.

(2) 회사에서 추가로 이전할 것으로 제시된 자산은 다음과 같습니다.

자 산	금 액
구축물	
차량운반구	
공구및기구	
집기비품	
원재료	
합 계	

상기 추가로 이전할 것으로 제시된 자산은 부외자산이 아닌 회사의 장부에 기록되어 있는 자산으로 회사에서 최초제시 시 이전자산으로 처리하였어야 하나, 회사 측 오류로 누락되었던 자산입니다.

(3) 매출채권

매출채권의 평가조정 내용은 다음과 같습니다.

내 용	금 액
• 진행기준에서 인도기준으로 조정함에 따른 감액	
• 외화환산손실	
• 채권의 과다계상액	

(4) 미수금

미수금의 증가액 ××원은 외화환산이익에 의한 증가입니다.

(5) 선급금

선급금의 평가조정내역은 다음과 같습니다.

내 용	금 액
• 최초제시 시 누락금액	

상기 금액 ××원은 실사기준일 현재 원가로 대체하지 아니하였으며, 회사의 장부에 선급금으로 계상되어 있으나 회사가 누락하여 제시하지 못한 것입니다. 따라서 선급금의 실재성이 확인되고, 원가계산 시 포함되지 아니하였음이 입증되어 자산으로 증액 조정하였습니다.

(6) 선급비용

선급비용 평가감액 ××원은 현재 출원 중인 특허권 등에 대한 선급비용으로 본 실사 시 무형자산을 인정하지 아니하기 때문에 평가감액하였습니다.

(7) 재공품

재공품 증가액 ××원은 공사진행기준에서 인도기준으로 조정함에 따라 증가액 ××원가 기타 원가조정에 따른 감소액 ××원으로 조정되었으며 프로젝트별 세부내용은 부속명세서에 기술되어 있습니다.

(8) 유가증권

유가증권 ××원은 기계공제조합에 대한 출자금으로 ×× 3개 회사가 통일하여 감액처리하였습니다.

(9) 보증금

① 보증금 ××원의 증액은 관세환급금의 추가계상액으로 회사가 ××사업부문의 관계환급미수액을 구분하는 과정에서 착오로 누락시킨 금액이 확인되어 본 실사에서 증액처리하였습니다.

② 보증금 ××원의 증액은 연구소의 국책과제 및 정부과제관련 정부출연금 중 미사용잔액을 통장상의 잔액과 확인하는 과정에서 차이가 있어 본 실사에서 증액처리하였습니다.

⑽ 유형자산

① 재평가자산의 평가조정

자산명	취득가액의 감소액	상각누계액의 감소액	순액효과
건물			
구축물			
기계장치			
차량운반구			

회사는 2011년 10월 1일을 기준일로 하여 자산재평가를 실시하였으며, 재평가액을 새로운 취득원가로 하지 아니하고 기존장부가액에 재평가차액을 가산하였습니다. 따라서 기업회계기준에 일치시키기 위하여 장부가와 상각누계액을 상계시켰습니다.

그리고 회사는 2011년 1월부터 9월까지 9개월간의 감가상각비를 재평가 전 장부가액을 기준으로 하여 계상하였으나, 감가상각비는 합의된 기준에 따라 취소하였으며 이로 인한 재평가자산의 증액효과는 ××원입니다.

② 공구기구

공구기구의 감액 ××원(상각누계액 : ××원)은 자산실사 시 부실자산으로 판명되어 감액처리한 것입니다.

③ 건설자금이자

건설중인자산과 미착시설에 대하여 적수기준으로 7%의 이자율을 적용하여 건설자금이자 ××원과 ××원을 각각 계상하였습니다.

⑾ 무형자산

무형자산은 합의된 기준에 따라 전액 감액처리하였습니다.

⑿ 연구개발비

합의된 기준에 따라 전액 감액처리하였습니다.

⒀ 매입채무

매입채무 감소액 ××원은 외화환산에 따른 환산이익 해당액입니다.

⒁ 미지급금

미지급금의 평가조정 내용은 다음과 같습니다.

내 용	금 액
지급 Royalty 미계상액	
미지급금의 외화평가이익	

(15) 선수금

선수금조정액 ××원은 진행기준에서 인도기준으로 조정함에 따라 계상된 것이며, 프로젝트별 내용은 부속명세서에 기재되어 있습니다.

(16) 기타의 유동부채

기타의 유동부채 증가액 ××원은 국책과제관련 총수령액을 계상한 것입니다. 향후, 실제 정산 시에는 부채해당액이 감소할 것으로 예상되나, ×× 3사가 통일하여 정산 전 총액을 계상한 것이며, 국책과제관련 자산해당액도 ×× 3사가 통일하여 계상하지 아니하였습니다.

3. 부속명세서

(1) 이전조정 자산 및 부채

① 이전조정 자산 명세

(단위 : 원)

계정과목	금 액	이전조정 근거
선급금		제외 : ××사업과 무관
매출채권		〃
보증금		〃
토지		〃
건물		〃
기계장치		〃
구축물		이전 : ××사업에 해당됨.
차량운반구		〃
공구와 기구		〃
집기비품		〃
원재료		〃
합계		

② 이전조정 부채 명세

(단위 : 원)

계정과목	금 액	이전조정 근거
매 입 채 무		제외 : 실무상 구분 곤란으로 제외
미 지 급 금		〃
기 타 의 유 동 부 채		〃
합 계		

(2) **매출채권**

(단위 : 원)

거래처	발생일	내 역	금 액	이전조정	조정금액	조정 후 금액
합 계						

• 인도기준 적용에 따른 매출채권 조정

(단위 : 원)

Project명	금 액	조정금액	조정 후 금액	비 고

Project명	금 액	조정금액	조정 후 금액	비 고
합 계				

(3) **기타 당좌자산**

(단위 : 원)

구 분	내 역	금 액	이전조정	조정금액	조정 후 금액
합 계					

(4) **선급금**

(단위 : 원)

거래처	금 액	이전조정	조정금액	조정 후 금액

거래처	금 액	이전조정	조정금액	조정 후 금액
합 계				

CHAPTER

09 내부회계관리제도

1 내부회계관리제도의 개념과 정의

(1) 도입배경

1990년대 후반과 2000년대 초반 국내외적으로 대규모 분식회계사건(미국 : 엔론, 월드컴 등, 국내 : 대우, SK 등)이 발생함에 따라 전 세계적으로 회계정보의 정확성과 투명성은 자본시장에 대한 공공의 신뢰 제고에 있어서 무엇보다 중요한 요소로 여겨지고 있으며, 이에 대한 합리적인 제도적 장치를 마련할 필요성이 대두되었다.

이에 따라 내부회계관리제도를 미국의 경우 기업의 지배구조 및 재무보고에 관한 내부통제 등을 개선하기 위해 2002년 7월에 회계개혁법안인 Sarbanes－Oxley Act(사베인스－옥슬리법)를 제정하였고, 우리나라의 경우 기업의 회계투명성을 제고하고 금융기관이 신용위험을 효율적으로 관리할 수 있는 체계를 마련하고 기업구조조정을 신속하고 원활하게 추진하기 위한 2001년 8월에 제정된 기업구조조정촉진법(이하 "구촉법")을 통하여 도입하였으며, 이를 2003년 12월에 기업회계 및 경영의 투명성을 높여 투자자를 보호하고 기업 및 시장에 대한 국내외 신뢰를 제공하기 위한 방안으로 한시법인 구촉법에서 항구법인 주식회사 등의 외부감사에 관한 법률(이하 "외감법")로 이관하였다.

(2) 내부회계관리제도모범규준 등 최근 개정 내용

내부회계관리제도 관련 내부회계관리제도운영위원회(이하 "운영위원회")는 2005년 6월 내부회계관리제도모범규준, 2005년 12월과 2007년 6월에 각각 상장대기업 모범규준

적용해설서, 상장중소기업과 비상장대기업 모범규준 적용해설서를 제정 발표한 바 있으며, 2012년 12월에 모범규준 등(이하 "모범기준 등")을 개정 발표하였다.

운영위원회는 2013년 5월 COSO(The Committee of Sponsoring Organizations of the Treadway Commission)가 COSO 개념체계를 전면 개정하였고, 2017년 11월 외감법 개정에서 상장기업에 대한 내부회계관리제도에 대한 외부감사인의 인증수준이 검토에서 감사로 강화 및 회사의 대표자는 사업연도마다 주주총회, 이사회 및 감사에게 해당 회사의 내부회계관리제도의 운영실태를 보고하여야 하는 등 국내·외적인 환경변화에 대응하기 위하여 2018년 6월에 COSO개념체계의 주요 개정 내용을 반영하고, 현행 모범규준에 포함되어 있는 기업차원의 내부회계관리제도 평가절차 관련 부분들을 국제적 적합성에 맞추기 위하여 별도로 분리하는 방향으로 모범규준 등을 개정하였다. 또한 개정된 모범규준을 적용하는 데 도움이 되도록 2019년 6월에 내부회계관리제도 모범규준 등 적용 FAQ를 발표하였다. 이후 2019년 12월에 내부회계관리제도 운영실태보고서에 유의한 미비점은 기재하지 않고 중요한 취약점만 기재하도록 하는 것과 사업연도 중 매각완료된 사업부분을 평가대상에서 제외하도록 하는 등의 추가 개정이 있었다.

2018년 6월 개정된 모범규준의 주요 특징 및 내용은 다음과 같다.

① 내부통제의 원칙 제시 및 요구사항의 명확화

기존 모범규준 등에서는 내부통제 구성요소별로 관련 정의 등을 나열하는 방식으로 기술하였으나, 개정된 모범규준 등에서는 원칙기반 접근법(Principles－Based Approach)에 따라 내부통제 구성요소별로 반드시 달성되어야 하는 17가지 원칙(Principles)을 정의하고 각 원칙별로 갖추어야 하는 원칙달성을 위한 75개의 중점고려사항(Point of Focus)을 기술하였다.

17가지 원칙(Principles)은 기업에서 필수적으로 적용해야 하는 사항이며, 원칙달성을 위한 75개의 중점고려사항(Point of Focus)은 기업별로 경영진의 의사결정에 따라 적절히 조정하여 적용이 가능하도록 하여 효율적이고 효과적인 내부회계관리제도 설계 및 운영의 기반을 마련하였다.

가. 통제환경

a. 원칙 1. 도덕성과 윤리적 가치에 대한 책임(경영진의 적극적인 태도, 일부신설)

• 경영진과 이사회 의지

• 윤리강령 수립(윤리 · 행동강령 정책, 교육프로그램)
• 윤리강령 준수 평가(미준수 시 조치 및 공지 절차 수립)
• 윤리강령 위반사항의 적시 처리(보고 및 즉각적인 조치 절차 수립)

b. 원칙 2. 내부회계관리제도 감독 책임(이사회의 감독 책임 수행, 일부 신설)
• 이사회의 감독 책임 정립(정관 및 이사회 규정에 정의)
• 이사회의 전문성 확보(요건 미충족 시 감사위원회 등 대안 제시 필요)
• 이사회의 독립적 운용(요건 미충족 시 감사위원회 등 대안 제시 필요)
• 내부회계관리제도 감독 수행

c. 원칙 3. 조직구조, 권한 및 책임 정립(강조)
• 목적 달성을 위한 조직구조 고려
• 보고체계의 수립
• 권한과 책임의 정의, 부여 및 제한(업무분장 포함)

d. 원칙 4. 적격성 유지(적격성에 대한 원칙 설정, 신설)
• 정책 및 실무절차 수립
• 적격성 평가 및 보완
• 인력 선발, 육성 및 유지
• 승계 계획 및 준비

e. 원칙 5. 내부회계관리제도 책임 부여(내부통제 책임 강화, 신설)
• 조직구조, 권한 및 책임을 통한 내부회계관리제도 책임 부여
• 성과평가 및 보상정책 수립
• 성과평가 및 보상정책과의 연계
• 과도한 압박 고려
• 개인의 성과평가, 보상 또는 징계조치

나. 위험평가

f. 원칙 6. 구체적인 목적 수립(적절한 목적으로 구체화, 강조)
• 적합한 회계기준의 준수
• 회사 활동의 실질 반영(공시를 포함한 외부 재무보고 항목 확인)
• 중요성 고려(양적, 질적 중요성, 합리적 확신을 위한 충분한 Coverage 필요)

g. 원칙 7. 위험 식별 및 분석(리스크 식별 및 평가, 일부 신설)

- 다양한 조직 수준 고려(자회사, 부서, 기능별 조직 등)
- 내부 및 외부 요인 분석(변화관리체계와 연계한 지속적인 절차 강조)
- 적절한 수준의 경영진 참여
- 식별된 위험의 중요성 평가(발생가능성과 영향의 크기 등)
- 위험에 대한 대응 방안 결정

h. 원칙 8. 부정위험의 평가(일부 신설)

- 다양한 부정의 유형 고려(부정한 재무보고와 자산 보호 중심의 부정위험 평가 및 대응방안 수립－이후 통제활동 설계, 정보 의사소통, 모니터링 활동과 연계 필요)
- 유인과 압력의 평가(경영진의 통제 무시 위험 고려)
- 기회의 평가(회계정보의 위조, 변조 및 훼손할 위험 등 고려)
- 태도와 합리화에 대한 평가

i. 원칙 9. 중요한 변화의 식별과 분석(내 · 외부 변화에 대한 변화관리체계 수립－이후 통제활동 설계, 정보 의사소통, 모니터링 활동과 연계 필요. 일부 신설)

- 외부 환경 변화의 평가
- 사업모델 변화의 평가
- 리더십 변화의 평가

다. 통제활동

j. 원칙 10. 통제활동의 선택과 구축(강조)

- 위험평가와의 통합(위험평가와 연계되는 업무프로세스 통제활동 설계)
- 회사의 고유한 요인 고려
- 관련 있는 업무프로세스 결정
- 통제유형의 조합
- 다양한 수준의 통제활동 적용 고려
- 업무분장 고려(실용적이지 않은 경우 보완 통제 요구)

k. 원칙 11. 정보기술 일반통제의 선정과 구축(강조)

- 업무프로세스상 정보기술 사용 의존도 결정
- 정보기술 인프라 통제활동 수립

• 보안관리 프로세스 통제절차 수립
• 정보기술 취득, 개발 및 유지보수 통제절차 수립

l. 원칙 12. 정책과 절차를 통한 실행(신설)
• 경영진의 지침 전달을 위한 정책과 절차 수립
• 정책과 절차 실행을 위한 책임 확립과 담당자 지정
• 통제활동의 적시 수행
• 개선 조치 이행
• 통제수행 인력의 적격성
• 정책, 절차 및 통제활동의 주기적인 재평가

라. 정보 및 의사소통

m. 원칙 13. 관련 있는 정보의 사용(신설)
• 정보 요구사항의 식별 절차
• 내부 및 외부의 데이터 원천 포착
• 데이터의 정보화
• 정보 처리 과정에서의 품질 유지, 관리
• 비용과 효익의 고려

n. 원칙 14. 내부 의사소통
• 내부회계관리제도 정보에 대한 의사소통
• 경영진과 이사회 간의 의사소통
• 별도의 의사소통 라인 제공
• 적절한 의사소통 방법 선택

o. 원칙 15. 외부 의사소통(강조)
• 외부 관계자와의 의사소통 프로세스 구축
• 외부로부터의 의사소통 채널 마련
• 이사회와의 의사소통
• 별도의 의사소통 채널 마련
• 적절한 의사소통 방법 선택

마. 모니터링 활동

p. 원칙 16. 상시적인 모니터링과 독립적인 평가 수행(강조)

- 상시적인 모니터링과 독립적인 평가의 균형 고려
- 업무와 업무프로세스의 변화 정도 고려
- 출발점(Baseline)의 설정
- 충분한 지식 보유 인력 활용
- 업무프로세스와 통합
- 범위와 빈도의 조정
- 객관적인 평가

q. 원칙 17. 미비점의 평가와 의사소통(강조)

- 결과 평가
- 미비점 의사소통
- 개선활동에 대한 모니터링

② 모범규준 등의 구성 체계 구분

내부회계관리제도의 구성요소에 대한 개념적 설명을 설계 · 운영 개념체계에서 기술하고 개념체계에서 제시한 17개 원칙을 기업이 내부회계관리제도 설계 운영 시 어떻게 적용해야 하는지에 대한 적용기법과 적용사례를 설계 · 운영 개념체계의 자율적 지침으로 제시하였고, 내부회계관리제도의 평가와 관련된 내용을 평가 · 보고 모범규준과 평가 · 보고 실무사례로 구분하되 기존 모범규준 등에서 규정하고 있었던 내부회계관리제도의 평가와 관련된 내용 중 지나치게 상세하고 획일적이라고 지적된 내용을 평가 · 보고 실무사례로 이동하고 평가 · 보고 모범규준에는 내부회계관리제도의 평가와 관련된 일반 원칙만을 기술하였다.

모범규준 등의 구성 체계를 다음과 같이 구분하였다.

[설계 및 운영]

A. 내부회계관리제도 설계 및 운영에 관한 개념체계(이하 '설계 · 운영 개념체계')

(참고지침 1) 내부회계관리제도 설계 및 운영 적용기법(이하 '적용기법')

(참고지침 2) 내부회계관리제도 설계 및 운영 적용사례(이하 '적용사례')

[평가 및 보고]

B. 내부회계관리제도 평가 및 보고 모범규준(이하 '평가 · 보고 모범규준')

(참고지침) 내부회계관리제도 평가 및 보고 실무사례(이하 '평가 · 보고 실무사례')

"설계 · 운영 개념체계"와 "평가 · 보고 모범규준"은 필수적으로 적용해야 하는 부분임에 반해 "적용기법" 및 "적용사례"와 "평가 · 보고 실무사례"는 평가절차와 관련된 사례 등으로서 그 적용이 강제되는 것은 아니며 "설계 · 운영 개념체계"와 "평가 · 보고 모범규준"의 일부를 구성하지 아니한다.

모범규준 등의 개정 전 · 후 구성체계의 변화를 표로 나타내면 다음과 같다.

<table>
<tr><th colspan="4">개정 전</th></tr>
<tr><td rowspan="3">모범규준</td><td colspan="2">설계 · 운영</td><td rowspan="6">의무적용</td></tr>
<tr><td rowspan="2">평가 · 보고</td><td>원론</td></tr>
<tr><td>각론</td></tr>
<tr><td rowspan="3">적용해설서</td><td colspan="2">설계 · 운영</td></tr>
<tr><td rowspan="2">평가 · 보고</td><td>원론</td></tr>
<tr><td>각론</td></tr>
</table>

<table>
<tr><th colspan="3">개정 후</th></tr>
<tr><td colspan="2">설계 · 운영 개념체계</td><td>의무적용</td></tr>
<tr><td rowspan="2">(COSO개념체계 대응)</td><td>적용기법</td><td rowspan="2">자율적 지침</td></tr>
<tr><td>적용사례</td></tr>
<tr><td colspan="2">평가 · 보고 모범규준</td><td>의무적용</td></tr>
<tr><td>(SEC Management Guidance 대응)</td><td>평가 · 보고 실무사례</td><td>자율적 지침</td></tr>
</table>

③ 구 모범규준의 내부회계관리제도 구성요소 설명과 개정 모범규준상 원칙 비교

구 모범규준의 구성요소 적용해설서 설명과 개정 모범규준상 원칙을 비교하면 다음과 같다(내부회계관리제도 운영위원회).

구성요소	구 모범규준 적용해설서	설계 · 운영 개념체계상 원칙
통제환경	윤리	원칙 1. 도덕성과 윤리적 가치에 대한 책임
	적격성 유지	원칙 4. 적격성 유지
	이사회 및 감사위원회	원칙 2. 내부회계관리제도 감독 책임
	경영진의 철학과 운영방식	원칙 1. 도덕성과 윤리적 가치에 대한 책임
	조직체계 · 구조	원칙 3. 조직구조, 권한 및 책임 정립 원칙 5. 내부회계관리제도 책임 부여
	권한과 책임의 위임	원칙 3. 조직구조, 권한 및 책임 정립
	인력운용 정책 및 교육정책	원칙 4. 적격성 유지
위험평가	내 · 외부 위험에 대한 대응체계 수립 변화하는 환경에 따라 위험을 파악하고 처리할 수 있는 위험평가체계 고안	원칙 6. 구체적인 목적 수립 원칙 7. 위험 식별 및 분석 원칙 8. 부정위험평가 원칙 9. 중요한 변화의 식별과 분석
통제활동	기업의 상황에 따라 적합한 통제활동 설계 고려	원칙 10. 통제활동의 선택과 구축 원칙 11. 정보기술 일반통제의 선정과 구축 원칙 12. 정책과 절차를 통한 실행
정보 및 의사소통	정보(내부통제에 필요한 목적적합한 정보의 적시 제공을 위한 정보의 파악 및 보고절차)	원칙 13. 관련 있는 정보의 사용
	의사소통(IT의 효과적 활용에 기반한 내 · 외부 의사소통)	원칙 14. 내부 의사소통 원칙 15. 외부 의사소통
모니터링	모니터링의 의의	원칙 16. 상시적인 모니터링과 독립적인 평가 수행
	상시적인 평가/독립적인 평가	원칙 16. 상시적인 모니터링과 독립적인 평가 수행
	예외사항의 보고	원칙 17. 미비점 평가와 의사소통

④ 개정 모범규준상 내부회계관리제도 구성요소 원칙의 내용과 구 모범규준 대비 변화

개정 모범규준 내부회계관리제도 구성요소 원칙의 주요 내용과 구 모범규준 대비 변화 사항은 다음과 같다(내부회계관리제도 운영위원회).

원칙	구성요소	항목	주요 내용	변화 사항
1	통제환경	윤리강령	• 윤리강령의 준수 여부 평가 • 위반 사항에 대한 적절한 조치와 공유	• 윤리(청렴성 및 도덕성)와 관련된 구체적인 사항을 원칙 1.에서 명료하게 기술하여 강조
2	통제환경	이사회 [감사 (위원회)]	• 내부회계관리제도 감독 책임 명시 • 감사(위원회) 전문성 및 독립성 요건 제시 • 감사(위원회) 역할	• 조직체계 · 구조 및 권한과 책임의 위임 부분에서 제시되어 있는 사항을 원칙 2.와 3.에서 명료하게 기술하여 강조
3	통제환경	내부회계 관리조직	• 내부회계관리제도의 조직과 보고체계 수립 • 내부회계 관련 권한과 책임의 정비(업무 분장 포함)	• 다양한 사업모델과 외부서비스제공자 및 외부 협력업체의 이용에 따라 발생하는 복잡한 조직구조에 대한 내부통제를 고려할 필요성을 강조
4	통제환경	적격성 유지	• 정책(직무기술서 등)을 통한 적격성 제시 및 유지 방안 강구	• 정책 등을 통한 적격성 관리 및 유지를 위한 고려 요소를 제시
5	통제환경	내부회계 관리제도 책임	• 전사 인원에게 부여된 책임에 대한 주기적 업데이트 • 해당 내부회계책임에 대한 성과평가 및 보상과 연계	• 인력운용정책 및 교육정책에서 부분적으로 제시되어 있는 사항을 명료하게 기술하여 강조 • 회사의 목적달성을 위한 내부통제를 지원하기 위한 회사 자원 배분을 돕기 위해 리스크와 성과 간의 연관관계 및 위험 관리(Risk oversight)의 개념을 강화
6	위험평가	구체적인 목적 수립	• 공시를 포함한 외부 재무보고 항목을 확인 • 중요성 금액을 결정하여 유의한 재무제표의 항목을 선정(합리적 확신을 위한 충분한 Coverage 필요)	• 중요성 관점에서 실질을 반영하는 회계기준의 준수 강조

09

원칙	구성요소	항목	주요 내용	변화 사항
7	위험평가	위험 식별 및 분석	• 다양한 조직 및 프로세스상의 위험을 파악하는 체계 수립 • 변화관리체계와 연계한 지속적인 수행 강조 • 외부서비스 제공자(아웃소싱) 고려 • 위험 평가 수행(발생가능성과 영향의 크기 등) 및 대응방안 수립	• 위험평가 프로세스에 위험의 식별, 위험분석 및 평가, 위험에 대한 대응 방안 마련 절차가 포함됨을 명확화
8	위험평가	부정위험 평가	• 부정한 재무보고와 자산의 보호 중심의 부정위험 평가 및 대응 방안 수립(이후 통제활동 설계, 정보/의사소통, 모니터링 활동 연계 필요) • 경영진 통제 무시 위험 필수 고려 • 회계정보의 위조, 변조 및 훼손할 위험 등 고려	• 위험평가 시 부정위험을 고려할 것을 명확화 • 자산의 보호와 부정방지 프로그램에서 간략히 제공되고 있는 부분을 부정에 대한 위험평가를 강조하는 원칙 중심으로 개정
9	위험평가	변화관리 체계	• 내 · 외부 변화를 적시에 확인하고 위험을 식별 및 평가할 수 있는 체계의 수립(이후 통제활동 설계, 정보 · 의사소통, 모니터링 활동 연계 필요)	• 경영진이 내 · 외부적인 요인의 유의한 변화사항 및 해당사항이 전반적인 내부통제 시스템에 영향을 미치는 방법에 대하여 이해할 필요성에 대하여 논의를 확장
10	통제활동	통제활동 설계	• 위험평가와 연계되는 업무프로세스 수준의 통제활동 설계 • 다양한 유형과 수준의 통제활동적용(정교한 통제활동 요구) • 업무 분장 고려명시(실용적이지 않은 경우 보완 통제요구)	• 정보처리목적(Information Processing Objectives)을 별도로 구분하고 상세설명(정확성, 완전성, 유효성)을 제시
11	통제활동	정보기술 일반통제	• 정보기술 일반통제와 업무프로세스의 IT 연관성 명시 • IT 연관성 있는 모든 시스템에 대한 정보기술 일반통제 수립	• 비즈니스 프로세스와의 연관성을 강조하기 위하여 자동통제와 정보기술 일반통제 간의 관계 명확화

원칙	구성요소	항목	주요 내용	변화 사항
12	통제활동	정책 · 절차 연계	• 정책절차와 연계한 통제활동 강조 • 통제활동 수행에 필요한 개선조치의 이행 명시 • 책임자/담당자 지정 및 적격성 있는 담당자 수행을 명시 • 주기적인 재평가 수행 요구 (변화관리체계와 연계)	• 통제활동은 정책 및 절차 그 자체가 아니라 정책 및 절차를 통하여 수립된 실행방안이라는 사실을 명확화
13	정보 및 의사소통	관련 있는 정보의 사용	• 정보의 식별 체계 수립 • 정보의 신뢰성 관리 방안	• 정보 품질의 중요성에 대한 논의를 강조
14	정보 및 의사소통	내부 의사소통	• 원활한 의사소통 강조 • 경영진과 이사회[감사(위원회)], 내부고발제도 등 별도 의사소통라인 유지	• 변동사항 없음.
15	정보 및 의사소통	외부 의사소통	• 외부 의사소통 강조(외부서비스제공자에 대한 내부통제 평가 포함) • 이사회[감사(위원회)]와 감사인 커뮤니케이션 등 강조	• 속도, 방법, 정보흐름의 품질 관점에서 정보기술 및 다른 의사소통 메커니즘의 영향을 반영하여 소셜 미디어 웹 사이트 등 다양한 방식의 게시물 예시 추가 제공 • 조직과 제3자 간 정보 및 의사소통의 필요성에 대한 내용을 추가
16	모니터링 활동	평가수행	• 출발점(Baseline)의 설정 - 변화관리체계와 연계한 효율적 평가 방안 제시 • 위험평가결과 등과 연계된 평가 수행 강조 • 평가자의 독립성과 적격성의 강조 • 외부서비스제공자의 내부통제 평가 • 상세 사항은 내부회계관리제도 평가 및 보고 모범규준에서 상세 제시	• 지속적/개별적 평가방안을 수립하고 평가함에 있어 변화의 정도를 고려하기 위한 출발점(Baseline) 개념을 추가 • 정보기술 및 외부 서비스 공급자에 대한 논의를 확장

원칙	구성요소	항목	주요 내용	변화 사항
17	모니터링 활동	미비점 평가 및 개선활동	• 다양한 원천의 미비점을 종합 평가 • 개선활동에 대한 모니터링 강조	• 독립적인 평가(Separate Evaluation)에 대한 용어의 정의 추가

⑤ 내부회계관리제도 평가 및 보고 모범규준의 주요 개정 내용

내부회계관리제도 평가 및 보고 모범규준의 개정된 주요 내용은 다음과 같다(내부회계관리제도 운영위원회).

구분	개정 전	개정 후
법령근거	• 외감법 2조의 2만 근거조문으로 제시(적용해설서 문단 3.1.1)	• 외감법 관련 규정 명확화 및 법규요구 준수여부 등 평가(B*1 문단 5, 문단 17 등)
평가 일반론	• 해당 내용이 명확치 않음.	• 반드시 설계·운영 개념체계에서 규정하고 있는 내부통제의 구성요소별 원칙에 부합되도록 설계·운영되는지 확인(C*1 문단 6, 23 등)
Reasonable possibility · 중요한 취약점*2	• Reasonable possibility를 '합리적 수준 이상(reasonably possible 혹은 probable)'으로 번역 • 중요한 취약점이란 하나의 유의한 미비점 또는 여러 유의한 미비점의 결합으로서 재무제표상 중요한 왜곡표시가 예방 또는 적발되지 못할 가능성이 합리적인 수준 이상으로 존재하는 경우를 말한다. 일반적으로 발생가능성은 '낮은', '합리적 수준으로 존재하는(reasonably possible 혹은 probable)', 매우 높은(highly probable)' 등으로 구분할 수 있다(모범규준 문단 57).	• Reasonable possibility를 '가능성이 낮지 않은(reasonably possible 혹은 probable)'으로 번역 • 중요한 취약점이란 하나 또는 여러개 미비점의 결합으로서 재무제표상 중요한 왜곡표시가 예방 또는 적시에 적발되지 못할 가능성이 낮지 않은(reasonable possibility) 경우를 말한다(B 문단 16.1 등). • 일반적으로 발생가능성은 (i) '낮은(remote)', (ii) '합리적으로 발생가능한(reasonably possible)', (iii) '높은(probable)'의 세 단계로 구분되는데, 여기에서 (ii) '합리적으로 발생가능한(reasonably possible)' 또는 (iii) '높은(probable)' 가능성의 경우가 '가능성이 낮지 않은(reasonable possibility) 경우'에 해당된다(B 문단 16.2).

구분	개정 전	개정 후
Reasonable possibility · 중요한 취약점*2		(주 1) '(i) 낮은(remote)' 분류에 해당되지 않는 경우 '가능성이 낮지 않은(reasonable possibility)' 경우에 해당하며, 이에 따라 실무적으로는 이를 'more than remote(낮지 않은 발생가능성)'라고 표현하기도 함. (주 2) 위 표현과 분류의 변경은 국제적 내부통제실무와의 정합성을 고려한 변경이며 실제 내용의 변경은 아님. • Reasonable possibility의 번역이 달라지게 된 결과 '유의한 계정과목(C 문단 38)', '평가대상 사업단위의 선정(C 문단 53)' 등의 표현도 수정
분별력 있는 관리자	• 유의한 미비점 판단 시 분별력 있는 관리자(prudent officials)의 판단이 필요	• '분별력 있는 관리자'를 '회계와 내부회계관리제도에 충분한 전문지식을 갖춘 객관적인 관리자'로 변경(C 문단 132 등)
재무보고 위험과 통제 식별	• 암묵적으로 언급되어 있음.	• 각 회사의 재무보고 위험에 따라 경영진은 관련 통제를 식별하고 통제에 대한 증거자료를 입수(B 문단 22~36) • 특히 부정 위험 평가를 포함할 것을 요구(경영진의 통제무시 위험 포함)
변화관리 체계의 강조	• 명시적으로 언급되지 않음.	• 내부회계관리제도 설계내용의 변화를 파악하는 변화관리체계가 적절하게 운영되지 않는 경우 추적조사를 확대하는 등 설계평가 범위 확대(B 문단 47) • 유의한 업무프로세스가 누락되지 않도록 하기 위해 지속적으로 변화관리 체계를 유지(C 문단 62) • 설계평가 시 활용(C 문단 95)
전사적 수준에서의 내부회계관리 제도 고려	• 경영진은 주요 계정과목의 경영자 주장이 왜곡될 수 있는 위험을 적절히 예방 또는 적발할 수 있는 통제들을 식별하고 평가하는 과정에서 전사적 수준의 내부회계관리제도를 고려해야 함(적용해설서 문단 3.2.1).	• 좌동, 특히 경영진은 설계·운영 개념체계에서 요구하는 효과적인 내부회계관리제도를 위한 요건과 전사적 수준 통제들이 재무보고 요소와 연관되는 방식을 고려해야 함(B 문단 38).

09

구분	개정 전	개정 후
전사적 수준에서의 내부회계관리 제도 고려		• 전사적 수준 통제가 충분히 정교한 경우 관련된 거래수준 통제평가 제외 가능(B 문단 41, C 문단 30) • 전사적 수준 통제활동과 정보기술 일반통제의 평가 결과가 바람직하지 않은 경우 거래수준 평가 방법 등 확대(C 문단 30)
운영평가 시 평가자의 적격성 평가	• 신설	• 통제운영자의 적격성 요건을 평가 대상에 포함(C 문단 73)
재무제표 재작성의 영향	• 해당 내용이 명시적으로 존재하지 아니함.	• 재무제표 재작성이 내부회계관리 제도 운영실태보고서에 미치는 영향을 별도로 기술(B 문단 98~99)
독립적 평가자	• 평가대상 통제와 독립적인 제3자를 의미함.	• 평가자의 '독립적 위치' 정의는 동일 • 전문성이나 독립성이 낮다고 판단되는 '동일부서의 다른 인원의 평가' 및 '전담부서가 아닌 다른 부서의 평가'를 보완하기 위한 방안을 추가로 제시(C 문단 19)
위험평가를 통한 유의한 계정과목 등의 파악	• 계정과목 등이 양적 요소를 충족시키는 경우에도 회사의 사업내용, 업무프로세스 및 회계처리에 대한 축적된 지식과 경험 및 판단을 합리적으로 활용하여 평가범위에서 제외가능(적용해설서 문단 3.4.1)	• 평가범위에서 제외할 수는 없으나 당해 계정과목 등과 관련된 프로세스의 위험평가 결과에 따라 평가자, 평가방법, 테스트 범위 및 시기 등을 유연하게 조정가능(C 문단 39)
	• 양적요소로서 중요성, 유의한 왜곡표시 금액기준 활용	• 양적요소로서 중요성, 수행 중요성 기준 활용(개념적으로 달라진 것은 없음)
	• 신설	• 법규 및 감독당국의 강조사항(금융감독원 등 규제기관에서 강조하거나 감리 등을 통해 지적되는 항목)을 질적기준으로 제시(C 문단 42) • 주요한 외부환경의 변화가 존재하는 계정을 질적기준으로 제시(C 문단 42)

구분	개정 전	개정 후
외부서비스 제공자	• 서비스조직(적용해설서 문단 3.6.3)	• 외부서비스제공자(C 55)
설계 문서화	• 신설	• 통제운영자의 적격성 요건을 문서화 항목으로 제시(C 문단 73) • 프로세스와 관련된 정책 및 절차를 문서화 항목으로 제시(C 문단 74)
전사적 수준의 내부회계관리제도 문서화	• 신설	• 외감법 등에서 요구하는 내부회계관리규정 및 보고절차 등을 문서화 대상으로 명시적으로 제시(C 문단 78)
핵심통제	• '주요통제'로 표현(적용해설서 문단 3.8.2)	• '핵심통제(Key control)'로 표현하고 관련 내용을 추가(C 문단 88)
중요한 취약점의 징후	• 신설	• 외감법과 시행령 등에서 강조되는 감사위원회의 기능이 미흡하거나 내부회계관리규정을 위반한 경영진의 지시사항에 대응하는 절차에 단순하지 않은 미비점이 존재하는 경우 중요한 취약점의 징후가 있음(C 문단 148).
감사(위원회) 평가절차	• 감사(위원회)의 내부회계관리제도 평가절차의 원칙 기술(적용해설서 문단3.12)	• 감사(위원회)의 내부회계관리제도 평가절차 구체화(C 문단 158～160) • 경영진의 평가와 관련된 자료를 근거로 평가절차를 수행
운영실태 보고서 예시	• 신설	• 외감법 등 법령에서 요구하는 사항 추가(C 예시)
평가보고서 예시	• 신설	• 외감법 등 법령에서 요구하는 사항 추가(C 예시)

*1 평가 · 보고 모범규준은 B, 평가 · 보고 적용기법은 C로 칭하기로 함.
*2 중요한 취약점의 정의가 변경되었어도 가능성이 '합리적인 수준 이상'으로 존재하는 것과 '낮지 않은' 것 사이에 유의적인 차이가 없으므로 중요한 취약점의 성격 등이 달라지지는 아니함.

09

(3) 개념 및 정의

내부회계관리제도는 기업의 재무보고 내부통제이다. 재무보고 내부통제란 기업이 일반적으로 인정된 회계원칙에 의거한 재무제표의 작성과 재무보고체계의 신뢰성에 대한 합리적 확신을 제공하기 위해 설계된 제도로서 기업의 이사회, 경영진 등 모든 구성원들에 의해 지속적으로 실행되는 과정(Process)을 의미한다.

외감법 제8조 제1항에서 내부회계관리제도에 대하여 다음과 같이 정하고 있다.

회사(주권상장법인이 아닌 회사로서 직전 사업연도 말의 자산총액이 1천억원 미만인 회사, 유한회사, 법인세법 제51조의 2 제1항에 따른 회사(유동화전문회사 등) 및 법령상 상근하는 임직원을 둘 수 없는 등 회사의 특성상 내부회계관리제도를 운영하기가 사실상 어려운 회사로서 금융위원회가 정하는 회사는 제외한다)는 신뢰할 수 있는 회계정보의 작성과 공시를 위하여 다음 각 호의 사항이 포함된 내부회계관리규정과 이를 관리·운영하는 조직(이하 "내부회계관리제도"라 한다)을 갖추어야 한다.

① 회계정보(회계정보의 기초가 되는 거래에 관한 정보를 포함한다)의 식별·측정·분류·기록 및 보고방법에 관한 사항

② 회계정보의 오류를 통제하고 이를 수정하는 방법에 관한 사항

③ 회계정보에 대한 정기적인 점검 및 조정 등 내부검증에 관한 사항

④ 회계정보를 기록·보관하는 장부(자기테이프·디스켓, 그 밖의 정보보존장치를 포함한다)의 관리 방법과 위조·변조·훼손 및 파기를 방지하기 위한 통제 절차에 관한 사항

⑤ 회계정보의 작성 및 공시와 관련된 임직원의 업무 분장과 책임에 관한 사항

⑥ 그 밖에 신뢰할 수 있는 회계정보의 작성과 공시를 위하여 필요한 다음의 사항

가. 내부회계관리규정의 제정 및 변경을 위한 절차에 관한 사항

나. 외감법 제8조 제3항에 따른 내부회계관리자의 자격요건 및 임면절차

다. 외감법 제3조 제1항에 따른 지배·종속의 관계에 있는 회사들이 연결재무제표에 관한 회계정보를 작성·공시하기 위해 내부회계관리제도를 운영하는 데 필요한 사항(지배회사가 주권상장법인인 경우에 한정한다)

라. 내부회계관리규정 위반의 예방 및 사후조치에 관한 다음 각 목의 사항

- 내부회계관리제도의 관리·운영을 책임지는 자(회사의 대표자), 감사(회사에 감사위원회가 설치되어 있는 경우에는 감사위원회), 내부회계관리자, 회계정

보를 작성·공시하는 임직원 등을 대상으로 하는 교육훈련의 계획·성과평가·평가결과의 활용 등에 관한 사항

- 회사의 대표자 등이 임직원으로 하여금 내부회계관리규정을 위반하여 회계정보를 작성·공시하도록 지시하는 경우에 임직원의 대처방법에 관한 사항
- 내부회계관리규정 위반행위 신고제도의 운영에 관한 사항
- 외감법 제22조 제3항, 제4항 및 제5항에 관하여 필요한 감사의 역할 및 책임, 회사의 대표자의 역할 및 책임에 관한 사항
- 내부회계관리규정을 위반한 임직원의 징계 등에 관한 사항

마. 외감법 제8조 제4항에 따른 운영실태(회사의 대표자, 내부회계관리자, 회계정보를 작성·공시하는 임직원이 외감법 제8조제2항을 준수하였는지 여부를 포함한다) 점검·보고의 기준 및 절차

바. 외감법 제8조 제5항에 따른 평가·보고의 기준 및 절차

사. 외감법 제8조 제5항에 따른 평가의 결과를 회사의 대표자, 내부회계관리자, 회계정보를 작성·공시하는 임직원의 인사, 보수, 차기 사업연도 내부회계관리제도 운영계획 등에 반영하기 위한 절차 및 방법

내부회계관리제도 설계 및 운영에 관한 개념체계 문단 10～13에서 내부회계관리제도에 대하여 다음과 같이 정하고 있다.

내부회계관리제도는 회사의 재무제표가 일반적으로 인정되는 회계처리기준에 따라 작성·공시되었는지에 대한 합리적 확신을 제공하기 위해 설계·운영되는 내부통제제도의 일부분으로서 회사의 이사회와 경영진을 포함한 모든 구성원들에 의해 지속적으로 실행되는 과정을 의미한다.

내부회계관리제도는 내부통제제도의 세 가지 목적 중 재무정보의 신뢰성 확보목적, 특히 외부에 공시되는 재무제표의 신뢰성 확보를 목적으로 하며, 여기에는 자산의 보호 및 부정방지 프로그램이 포함된다. 또한, 운영목적이나 법규준수목적과 관련된 통제절차가 재무제표의 신뢰성 확보와 관련된 경우 해당 통제절차는 내부회계관리제도의 범위에 포함된다.

① 자산보호와 관련된 통제라 함은 재무제표에 중요한 영향을 미칠 수 있는 승인되지 않은 자산의 취득·사용·처분을 예방하고 적시에 적발할 수 있는 체계를 의미한다.

② 부정방지 프로그램은 재무제표의 신뢰성을 훼손할 수 있는 부정을 예방·적발하는 한편, 확인된 특정 부정위험을 감소시킬 수 있도록 고안된 체제 및 통제로서 이는 회사 내 효과적인 통제문화를 조성함에 있어서 필수적인 요소이다.

2 내부회계관리제도의 평가 및 보고 등

내부회계관리제도는 통제환경, 위험평가, 통제활동, 정보 및 의사소통, 모니터링을 모두 고려하여 설계하고, 이사회, 경영진, 감사(위원회) 및 중간관리자와 일반직원 등 조직 내 모든 구성원들에 의해 운영된다.

- 통제환경이란 경영진은 내부회계관리제도의 중요성을 강조하는 직업윤리 및 청렴도의 기준을 윤리강령 등을 제시하고 회사의 모든 구성원들이 내부회계관리제도에 있어서 자신의 역할을 이해하고 그 절차를 충실히 따르도록 하는 통제문화를 조성하는 것을 말한다.
- 위험평가란 경영진은 재무제표의 신뢰성 확보에 부정적인 영향을 미치는 위험을 식별하고 지속적으로 평가하는 공식적인 체계를 구축하는 것을 말한다.
- 통제활동이란 각 업무단위의 수준에서의 통제절차를 명확히 정립한 내부회계관리제도가 효과적으로 관리되는지에 대한 통제로 승인, 상급자검토, 검증 및 대사, 업무분장, 시스템 구성 및 입력데이터의 사전통제, 시스템의 접근통제, 문서통제, 물리적 보안 통제, 규정 및 지침서 등의 통제절차가 있다.
- 정보 및 의사소통이란 내부회계관리제도가 효율적으로 작동하기 위해서는 신뢰할 수 있는 정보, 적시에 제공되는 정보 등 유용한 정보제공과 구성원 간의 원활한 의사소통의 경로를 구축하는 것을 말한다.
- 모니터링이란 내부회계관리제도의 운영에 대한 해당 통제를 직접 운영하는 자에 의한 평가와 경영진에 의한 문서결재, 내부 구성원 및 외부 이해관계자와의 의사소통, 정기적인 실사, 구성원의 윤리강령 이행여부 확인절차 등을 말한다.

내부회계관리제도는 전사적 수준에서의 내부회계관리제도 고려, 유의한 계정과목 및 주석정보의 파악, 경영자 주장의 식별, 유의한 업무프로세스 파악 및 평가 대상 사업단위의 결정, 내부회계관리제도 설계의 효과성 평가 및 내부회계관리제도 운영의 효과성 평가의 절차를 적용하여 평가된다. 유의한 계정과목 및 주석정보의 파악이란 재무제표에서 중요한 계정과목을 파악한 후 각 사업부 및 업무 단위에서 중요한 계정과목과 공시정보를 파악하는 것으로 중요성에 대한 판단 시 양적 요소뿐만 아니라 계정의 크기 및 구성, 실수 및 부정행위로 인한 손해의 가능성, 계정을 통해 수행된 개별 거래의 크기, 복잡성, 동질성, 계정의 고유 속성, 계정과 관련된 회계 및 보고의 복잡성, 계정으로 인한 손실에 대한 노출, 계정에 의해 발생되는 주요 우발 채무의 가능성, 계정에 관계회사 간의 거래 존재 등 질적 요소까지 고려하여 판단해야 한다.

내부회계관리제도 설계 및 운영의 효과성을 평가하는 과정에서 발견된 중요한 취약점은 내부회계관리자의 운영실태 보고서 및 감사의 평가보고서에 반영되어 내부회계관리제도의 효과성에 대한 종합 결론으로 보고한다.

외감법 및 모범규준 등에서의 내부회계관리제도의 평가 및 보고에 대한 대표자, 감사(또는 감사위원회), 이사회 및 외부감사인 내용은 다음과 같다.

(1) 회사의 대표자

① 외감법상의 의무

가. 회사의 대표자는 내부회계관리제도의 관리 · 운영을 책임지며, 이를 담당하는 상근이사(담당하는 이사가 없는 경우에는 해당 이사의 업무를 집행하는 자를 말한다) 1명을 내부회계관리자(이하 "내부회계관리자"라 한다)로 지정하여야 한다(외감법 제8조 3항).

나. 회사의 대표자는 사업연도마다 주주총회, 이사회 및 감사(감사위원회가 설치된 경우에는 감사위원회를 말한다)에게 해당 회사의 내부회계관리제도의 운영 실태를 보고하여야 한다. 다만, 회사의 대표자가 필요하다고 판단하는 경우 이사회 및 감사에 대한보고는 내부회계관리자가 하도록 할 수 있다(외감법 제8조 4항).

다. 회사의 대표자는 법 제8조제4항 본문에 따라 다음 각 호의 사항을 문서(이하 "내부회계관리제도 운영실태보고서"라 한다)로 작성하여 이사회 및 감사에 대면(對面) 보고하여야 한다. 다만, 회사의 대표자가 직접 보고를 할 수 없어 내부회계관리자가 보고를 해야 하는 경우에는 내부회계관리자가 보고를 하기 전에 회사의 대표자가 그 사유를 이사회 및 감사에 문서로 제출하여야 한다(외감법 시행령 제9조 8항).

- 내부회계관리제도의 운영 실태를 점검한 결과 및 취약사항에 대한 시정조치 계획
- 직전 사업연도에 보고한 제1호에 따른 시정조치 계획의 이행 결과
- 다음 각 목의 사항을 확인하고 서명하여 보고내용에 첨부하였다는 사실
  - 보고내용에 거짓의 기재 또는 표시가 없고, 기재 또는 표시를 빠뜨리고 있지 아니하다는 사실

－보고내용의 기재 또는 표시 사항을 이용하는 자로 하여금 중대한 오해를 일으키는 내용이 기재 또는 표시되어 있지 아니하다는 사실
－보고내용의 기재사항에 대하여 상당한 주의를 다하여 직접 확인·검토하였다는 사실

라. 회사의 대표자는 내부회계관리제도 운영실태보고서, 내부회계관리제도 평가보고서, 감사인의 종합의견을 정기총회에 보고하여야 한다(외감법 시행령 제9조 12항).

② 모범규준상 평가 및 보고 등

가. 하나의 통제 미비점 또는 통제 미비점들의 결합이 중요한 취약점인지 결정하기 위하여 경영진은 파악된 개별 통제 미비점의 심각성을 평가하여야 한다. 중요한 취약점으로 평가한 통제 미비점은 내부회계관리제도의 효과성 평가에 대한 경영진의 운영실태보고서에 반영되어야 한다. 유의한 미비점으로 고려된 통제 미비점은 감사(위원회) 및 외부감사인에게 보고되어야 한다. 다만, 해당 유의한 미비점은 경영진의 운영실태보고서에 포함하지는 않는다(평가·보고 모범규준 문단 75).

나. 내부회계관리제도 운영실태보고서의 보고(평가·보고 모범규준 문단 88)
내부회계관리제도 운영실태보고서에는 다음과 같은 내용을 포함하여야 한다. 대표자(또는 대표이사, 이하 동일)는 운영실태보고서를 감사(위원회), 이사회, 주주총회 및 외부감사인에게 보고한다.

- 보고서 제목에 내부회계관리제도 운영실태보고서임을 기술
- 수신인이 주주총회, 이사회 및 감사(위원회)임을 기술
- 평가기준일에 평가 대상 기간에 대하여 내부회계관리제도의 설계 및 운영의 효과성에 대하여 평가하였다는 사실
- 경영진이 선택한 내부통제체계와 이에 따른 내부회계관리제도의 설계 및 운영의 책임은 대표이사 및 내부회계관리자를 포함한 회사의 경영진에 있다는 사실
- 내부회계관리제도의 설계 및 운영의 평가기준으로 평가·보고 모범규준을 사용하였다는 사실
- 중요성의 관점에서 평가·보고 모범규준에 따른 내부회계관리제도 평가 결론
- 중요한 취약점이 있는 경우 내부회계관리제도의 설계와 운영상의 중요한 취약점에 대한 설명
- 중요한 취약점이 있는 경우 중요한 취약점에 대한 시정조치 계획

• 직전 사업연도에 보고한 중요한 취약점에 대한 시정조치 계획의 이행결과
• 그 밖에 외감법령에 따른 기재사항
• 보고서 일자
• 대표이사 및 내부회계관리자의 서명 날인
• 별첨 : 상세평가내용
  －위반자에 대한 징계사항
  －중요한 취약점 및 시정조치 계획에 대한 상세 설명

(2) 감사(또는 감사위원회) 및 이사회

① 외감법상의 의무

회사의 감사는 내부회계관리제도의 운영 실태를 평가하여 이사회에 사업연도마다 보고하고 그 평가보고서를 해당 회사의 본점에 5년간 비치하여야 한다. 이 경우 내부회계관리제도의 관리·운영에 대하여 시정 의견이 있으면 이를 포함하여 보고하여야 한다(외감법 제8조 5항).

회사는 내부회계관리규정을 제정하거나 변경할 때 감사의 승인 및 이사회의 결의를 거쳐야 한다. 이 경우 감사와 이사회는 그 이유 등을 문서(전자문서를 포함한다. 이하 같다)로 작성·관리하여야 한다(외감법 시행령 제9조 6항).

감사, 감사인은 외감법 제8조 제4항부터 제6항까지의 업무(내부회계관리제도 운영실태 보고 등)에 관하여 필요한 자료나 정보를 회사의 대표자에 요청할 수 있다. 이 경우 감사 또는 감사인으로부터 요청을 받은 회사의 대표자는 특별한 사유가 없으면 지체 없이 이에 따라야 한다(외감법 시행령 제9조 7항).

감사는 내부회계관리제도의 운영 실태를 평가한 후 다음 각 호의 사항을 문서(이하 "내부회계관리제도 평가보고서"라 한다)로 작성·관리하여야 한다. 이 경우 감사위원회는 내부회계관리제도의 운영 실태를 평가하기 위해 대면 회의를 개최하여야 한다(외감법 시행령 제9조 9항).

• 해당 회사의 내부회계관리제도가 신뢰성 있는 회계정보의 작성 및 공시에 실질적으로 기여하는지 여부를 평가한 결과 및 시정 의견
• 내부회계관리제도 운영실태보고서에 거짓의 기재 또는 표시가 있거나 기재하여야 할 사항을 누락하였는지 여부를 점검한 결과 및 조치내용

- 내부회계관리제도 운영실태보고서의 시정 계획이 해당 회사의 내부회계관리제도를 개선하는 데 실질적으로 기여할 수 있는지 여부를 검토한 결과 및 대안

감사는 정기총회 개최 1주 전까지 내부회계관리제도 평가보고서를 이사회에 대면 보고하여야 한다(외감법 시행령 제9조 9항).

② 모범규준상 평가 및 보고 등

감사(위원회)의 평가보고서에는 다음과 같은 내용을 포함하여 이사회에 대면 보고한다(평가 · 보고 모범규준 문단 97).

- 제목이 내부회계관리제도 평가보고서임을 기술
- 수신인이 주주 및 이사회임을 기술
- 평가기준일에 평가 대상 기간에 대하여 내부회계관리제도의 설계 · 운영의 효과성에 대하여 평가하였다는 사실
- 경영진이 선택한 내부통제체계와 이에 따른 내부회계관리제도의 설계 및 운영의 책임은 대표이사 및 내부회계관리자를 포함한 회사의 경영진에 있으며 감사(위원회)는 관리감독 책임이 있다는 사실
- 내부회계관리제도의 설계 및 운영의 평가 기준으로 평가 · 보고 모범규준을 사용하였다는 사실
- 중요성의 관점에서 평가 · 보고 모범규준에 따른 내부회계관리제도 평가 결론
- 중요한 취약점이 있는 경우 내부회계관리제도의 설계와 운영상의 중요한 취약점에 대한 설명
- 중요한 취약점이 있는 경우 중요한 취약점에 대한 시정조치 계획 또는 이미 수행중인 절차
- 감사(위원회)는 내부회계관리제도 운영실태보고서를 참고하여 평가하였다는 사실, 추가적인 검토절차를 수행한 경우 해당 사실
- 그 밖에 외감법령에 따른 기재사항
- 보고서 일자
- 감사(위원회)의 서명 날인
- 별첨 : 상세평가내용
  - 운영실태보고서에 보고한 중요한 취약점 요약
  - 권고사항

(3) 외부감사인의 의무

감사인은 회계감사를 실시할 때 해당 회사가 이 조에서 정한 사항을 준수했는지 여부 및 내부회계관리제도의 운영 실태에 관한 보고내용을 검토하여야 한다. 다만, 주권상장법인의 감사인은 외감법 제8조(내부회계관리제도의 운영 등)에서 정한 사항을 준수했는지 여부 및 내부회계관리제도의 운영 실태에 관한 보고내용을 감사하여야 한다(외감법 제8조 6항).

감사인은 내부회계관리제도가 효과적으로 설계 · 운영되고 있는지를 검토 또는 감사하여야 한다. 이 경우 주권상장법인의 감사인이 감사를 하는 경우에는 회계감사기준을 준수하여야 한다(외감법 시행령 제9조 11항).

참고로 주권상장법인 내부회계관리제도의 운영 등에 대해 외부감사인의 감사 적용시점 및 개정 모범규준 적용시점은 다음과 같다.

자산총액	감사적용시점	개정모범규준 적용시점	연결감사적용시점(안)
2조원 이상	2019년	2019년	2022년
5천억원 이상	2020년	2020년	2023년
1천억원 이상	2022년	2022년	2024년
전체	2023년	2023년	2024년
비상장대법인	N/A	2023년	N/A

(*) 개정 모범규준의 시행시기가 도래하기 전까지는 종전 '내부회계관리제도모범규준', '내부회계관리제도모범규준 적용해설서' 및 '내부회계관리제도모범규준 중소기업 적용해설서'를 적용한다(단, 시행시기 전 조기적용을 허용한다).

09

3 내부회계관리제도의 공시 및 인증

(1) 외감법상 공시사항

사업보고서 제출대상법인은 금융위원회가 정하는 바에 따라 다음 각 호의 사항을 공시하여야 한다(외감법 시행령 제9조 제13항).

- 내부회계관리제도 운영실태보고서

- 내부회계관리제도 평가보고서
- 그 밖에 금융위원회가 정하는 사항

주권상장법인은 사업보고서에 감사인의 검토의견 또는 감사의견, 내부회계관리제도 운영실태보고서 및 평가보고서, 내부회계관리규정 및 이를 관리 · 운영하는 인력에 관한 사항을 첨부하여야 한다(외부감사 및 회계 등에 관한 규정 제7조).

공시하는 내부회계관리제도 운영보고서에는 다음 사항이 기재되어야 한다.

① 내부회계관리규정과 이를 관리 · 운영하는 조직에 관한 사항(내부회계관리규정, 당해 사업연도 중 내부회계관리규정의 주요 개선내용, 관리 · 운영조직의 책임자 현황, 내부회계관리 · 운영조직 인력 및 공인회계사 보유현황)

② 내부회계관리자가 이사회 및 감사에게 보고한 내부회계관리제도 운영실태

③ 감사가 내부회계관리제도의 운영 실태를 평가하여 이사회에 보고한 내용

④ 감사인이 감사보고서에 표명한 종합의견

⑤ 당해 사업연도 중 내부회계관리규정을 위반한 임 · 직원에 대한 징계내용

⑥ 기타 내부회계관리제도에 대한 투자자 등의 이해 · 평가를 위하여 필요한 사항

(2) 자본시장과 금융투자업에 관한 법률상 인증사항

증권신고서 및 사업보고서를 제출하는 기업의 대표이사 및 신고를 담당하는 이사는 외감법에 의한 내부회계관리제도가 운영하고 있다는 사실을 확인 · 검토하여 각각 서명하여야 한다.

4 내부회계관리제도의 위반 시 제재

(1) 벌 칙

경영진이나 그 밖에 회사의 회계업무 등 내부회계관리제도의 운영에 관련된 자로서 내부회계관리제도에 의하지 아니하고 회계정보를 작성하거나 내부회계관리제도에 따라

작성된 회계정보를 위조·변조·훼손 및 파기하는 자는 5년 이하의 징역 또는 5천만원 이하의 벌금에 처한다(외감법 제41조).

증권신고서 및 사업보고서에 중요사항에 관하여 거짓의 기재 또는 표시를 하거나 중요사항을 기재 또는 표시하지 아니한 자 및 그 중요사항에 관하여 거짓의 기재 또는 표시가 있거나 중요사항의 기재 또는 표시가 누락되어 있는 사실을 알고도 서명을 한 자는 5년 이하의 징역 또는 2억원 이하의 벌금에 처한다(자본시장과 금융투자업에 관한 법률 제444조).

(2) 과태료

내부회계관리제도를 갖추지 아니하거나 내부회계관리자를 지정하지 아니한 자, 내부회계관리제도의 운영 실태를 보고하지 아니한 자 또는 운영 실태를 평가하여 보고하지 아니하거나 그 평가보고서를 본점에 비치하지 아니한 자, 내부회계관리제도의 운영 실태에 관한 보고내용 등에 대하여 검토 및 감사하지 아니하거나 감사보고서에 종합의견을 표명하지 아니한 자는 3천만원 이하의 과태료를 부과한다(외감법 제47조).

〈내부회계관리제도관련 참고문헌〉

주식회사 등의 외부감사에 관한 법률(법제처)

회계감사기준(금융위원회)

내부회계관리제도 운영실무(한국상장사협의회)

내부회계관리제도 모범규준 등(내부회계관리제도운영위원회)

보론 1 종전 내부회계관리제도모범규준 (내부회계관리제도운영위원회)

내부회계관리제도 모범규준은 2018년 6월에 개정되었다. 개정 모범규준의 시행시기가 도래하기 전까지는 종전 '내부회계관리제도모범규준', '내부회계관리제도모범규준 적용해설서' 및 '내부회계관리제도모범규준 중소기업 적용해설서'를 적용한다(단, 시행시기 전 조기적용을 허용한다).

내부회계관리제도모범규준

제1장 모범규준의 목적 및 적용

목적

1. 본 내부회계관리제도모범규준(이하 '모범규준'이라 함)은 주식회사의 외부감사에 관한 법률(이하 '외감법'이라 함) 제2조의 2 및 제2조의 3의 규정의 적용을 받는 회사가 내부회계관리제도를 설계・운영・평가・보고(이하 운영 및 평가라 함)하는 데 필요한 기본원칙을 제시함으로써 회사가 합리적이고 효과적인 내부회계관리제도를 구축하도록 지원하고 이를 통해 회사가 공시하는 재무제표의 신뢰성을 제고하는 것을 그 목적으로 한다.

적용

2. 본 모범규준은 내부회계관리제도의 이론 및 원칙을 제시한 것으로서, 회사는 내부회계관리제도를 운영 및 평가함에 있어 일반적으로 인정된 다른 기준을 적용할 수 있다.
3. 모범규준이 회사별로 상이한 업종의 특성과 고유한 사업환경을 모두 고려할 수는 없으므로 각 회사는 본 모범규준을 기본으로 하여 자체적으로 고유의 내부회계관리제도를 설계 및 운영하여야 한다. 따라서 각 회사는 본 모범규준을 참고하여 회사의 실정에 맞는 내부회계관리제도 규정, 내부회계관리제도 지침서 등을 구비할 필요가 있다.
4. 회사는 본 모범규준에서 제시하는 내부회계관리제도 운영 및 평가원칙을 준수하여야 한다. 다만, 회사는 본 모범규준을 적용함에 있어 회사의 규모, 관련 비용 및 효익 등을 고려하여 합리적인 수준에서 그 내용을 조정할 수 있다.

제2장 내부통제제도와 내부회계관리제도

내부통제제도

내부통제제도의 정의

5. 내부통제제도는 다음의 세 가지 목적달성에 대한 합리적 확신을 제공하기 위하여 조직의 이사회, 경영진 및 여타 구성원에 의해 지속적으로 실행되는 일련의 과정이다.

- 기업운영의 효율성 및 효과성 확보(운영목적)
  - 회사가 업무를 수행함에 있어 자원을 효과적이고 효율적으로 사용하고 있다.
- 재무정보의 신뢰성 확보(재무보고목적)
  - 회사가 정확하고 신뢰할 수 있는 재무정보의 작성 및 보고체계를 유지하고 있다.
- 관련 법규 및 정책의 준수(법규준수목적)
  - 회사의 모든 활동은 관련법규, 감독규정, 내부정책 및 절차를 준수하고 있다.

6. 내부통제제도의 구성요소는 다음과 같이 통제환경, 위험평가, 통제활동, 정보 및 의사소통, 모니터링의 다섯 가지로 나누어 볼 수 있다.
   - 통제환경 : 내부통제제도 전체의 기초를 이루는 개념으로서 조직체계·구조, 내부통제를 유인하는 상벌 체계, 인력운용 정책, 교육정책, 경영자의 철학, 윤리, 리더십 등을 포함한다.
   - 위험평가 : 회사의 목적달성과 영업성과에 영향을 미칠 수 있는 내·외부의 위험을 식별하고 평가·분석하는 활동을 의미하며, 전사적 수준 및 업무프로세스 수준의 위험식별, 위험의 분석·대응방안 수립, 위험의 지속적 관리 등이 포함된다.
   - 통제활동 : 조직 구성원이 이사회와 경영진이 제시한 경영방침이나 지침에 따라 업무를 수행할 수 있도록 마련된 정책 및 절차와 이러한 정책 및 절차가 준수되도록 하기 위한 제반 활동을 의미하며, 업무의 분장, 문서화, 승인·결재체계, 감독체계, 자산의 보호체계 등을 포함한다.
   - 정보 및 의사소통 : 조직 구성원이 책임을 적절하게 수행할 수 있도록 시의적절한 정보를 확인·수집할 수 있도록 지원하는 절차와 체계를 의미하며, 정보의 생성·집계·보고체계, 의사소통의 체계 및 방법 등이 포함된다.
   - 모니터링 : 내부통제의 효과성을 지속적으로 평가하는 과정을 의미하며, 일반적으로 상시적인 모니터링과 독립적인 평가 또는 이 두 가지의 결합에 의해서 수행된다.

내부통제제도의 효과와 한계

7. 효과적인 내부통제제도는 경영진이 업무성과를 측정하고, 경영의사결정을 수행하며, 업무프로세스를 평가하고, 위험을 관리하는 데 기여함으로써 회사의 목표를 효율적으로 달성하고 위험을 회피 또는 관리할 수 있도록 한다. 그리고 직원의 위법 및 부당행위(횡령, 배임 등) 또는 내부정책 및 절차의 고의적인 위반행위뿐만 아니라 개인적인 부주의, 태만, 판단상의 착오 또는 불분명한 지시에 의해 야기된 문제점들을 신속하게 포착함으로써 회사가 시의적절한 대응조치를 취할 수 있게 해 준다.

7.1 그러나 아무리 잘 설계된 내부통제제도라고 할지라도 제도를 운영하는 과정에서 발생하는 집행위험은 피할 수 없다. 즉, 최상의 자질과 경험을 지닌 사람도 부주의, 피로, 판단착오 등에 노출될 수 있으며, 내부통제제도도 이러한 사람들에 의해 운영되므로 내부통제제도가 모든 위험을 완벽하게 통제할 수는 없다.

내부회계관리제도

내부회계관리제도의 정의 및 범위

8. 내부회계관리제도는 회사의 재무제표가 일반적으로 인정되는 회계처리기준에 따라 작성·공시되었는지에 대한 합리적 확신을 제공하기 위해 설계·운영되는 내부통제제도의 일부분으로서 회사의 이사회와 경영진을 포함한 모든 구성원들에 의해 지속적으로 실행되는 과정을 의미한다.

9. 내부회계관리제도는 내부통제제도의 세 가지 목적 중 재무정보의 신뢰성 확보목적, 특히 외부에 공시되는 재무제표의 신뢰성 확보를 목적으로 하며, 여기에는 자산의 보호 및 부정방지 프로그램이 포함된다. 또한, 운영목적이나 법규준수목적과 관련된 통제절차가 재무제표의 신뢰성 확보와 관련된 경우 해당 통제절차는 내부회계관리제도의 범위에 포함된다.

9.1 자산보호와 관련된 통제라 함은 재무제표에 중요한 영향을 미칠 수 있는 승인되지 않은 자산의 취득·사용·처분을 예방하고 적시에 적발할 수 있는 체계를 의미한다.

9.2 부정방지 프로그램은 재무제표의 신뢰성을 훼손할 수 있는 부정을 예방·적발하는 한편, 확인된 특정 부정위험을 감소시킬 수 있도록 고안된 체제 및 통제로서 이는 회사 내 효과적인 통제문화를 조성함에 있어서 필수적인 요소이다. 예를 들어, 경영진의 권한남용 및 통제회피위험 등에 대한 적절한 부정방지 프로그램이 존재하지 않는 경우 이는 통제상 중요한 취약점으로 분류될 수 있다.

제3장 내부회계관리제도의 설계 및 운영

10. 내부회계관리제도는 내부통제의 일반적인 다섯 가지 구성요소(통제환경, 위험평가, 통제활동, 정보 및 의사소통, 모니터링)를 모두 고려하여 설계하고, 이사회, 경영진, 감사(위원회) 및 중간관리자와 일반직원 등 조직 내 모든 구성원들에 의해 운영된다.

통제환경

이사회 및 감사(위원회)의 책임

11. 이사회는 경영진이 설계·운영하는 내부회계관리제도 전반에 대한 감독책임을 지며, 감사(위원회)는 경영진과는 독립적으로 내부회계관리제도에 대한 평가기능을 수행함으로써 내부회계관리제도의 적정한 운영 및 개선을 지원한다.

11.1 이사회는 경영진에 대한 지도·감독업무를 수행하는바, 여기에는 다음과 같은 업무가 포함된다.

- 내부회계관리 규정 및 중요 정책의 승인
- 내부회계관리제도와 관련된 조직구조의 승인
- 회사 내 재무보고 및 자산보호와 관련된 제반 위험에 대한 이해
- 재무제표 신뢰성 관련 위험을 평가·통제하기 위해 경영진이 취한 조치에 대한 확인
- 내부회계관리제도의 효과성에 대한 경영진의 모니터링 및 평가활동에 대한 확인 등

11.2 감사(위원회)는 경영진과 독립적인 입장에서 내부회계관리제도의 운영실태를 평가하고 그 결과를 이사회에 보고하여 미비점이나 취약점을 시정하게 함으로써 내부회계관리제도가 원활하게 운영되도록 하는 역할을 수행하며, 여기에는 다음과 같은 업무가 포함된다.

- 내부회계관리제도에 대한 전반적 평가결과의 이사회 보고
- 내부회계관리제도의 개선을 위한 권고안 제시
- 내부회계관리제도상의 미비점이나 취약점 및 개선방안에 대한 이행여부 확인 등

경영진의 책임

12. 회사의 대표이사는 효과적인 내부회계관리제도의 설계 및 운영에 대한 최종 책임을 지며, 내부회계관리제도 운영을 담당할 내부회계관리자를 지정한다.

13. 경영진은 다음 사항을 포함하여 내부회계관리제도가 원활히 작동하는 데 필요한 제반 조치를 강구한다.

- 이사회가 승인한 내부회계관리규정의 시행
- 내부회계관리제도의 설계 및 운영
- 내부회계관리제도의 효과성에 대한 평가
- 내부회계관리제도에 대한 책임 · 권한 · 보고관계의 명확화 등

14. 경영진은 내부회계관리제도를 문서화 · 공식화하여 회사의 각 계층 및 기능별로 내부회계관리제도상의 역할과 통제를 명확히 이해하고 수행할 수 있도록 한다.

14.1 회사는 고유한 사업환경을 감안하여 내부회계관리제도에 대한 문서화 수준을 차별화할 수 있으나, 이 경우에도 각 업무 프로세스별 통제목표와 통제절차에 대한 구체적 식별 및 평가절차는 문서화하여야 한다.

14.2 회사 내 특정 기능 또는 사업단위를 책임지는 담당자는 해당 기능, 사업단위 내의 내부회계관리제도를 설계 및 운영할 책임이 있으며, 전사적인 내부회계관리제도를 총괄하는 대표이사와 내부회계관리자를 적절히 지원한다.

통제문화

15. 이사회와 경영진은 내부회계관리제도의 중요성을 강조하는 직업윤리 및 청렴도의 기준을 윤리강령 등을 통해 제시하고 솔선수범하는 한편, 회사의 모든 구성원들이 내부회계관리제도에 있어서 자신의 역할을 이해하고 그 절차를 충실히 따르도록 하는 통제문화를 조성한다.

15.1 경영진은 구성원에게 윤리가치를 강조함에 있어서 구성원의 부당한 행위를 유발할 수 있는 다음과 같은 정책이나 관행을 피할 수 있도록 한다.

- 회사 자산의 횡령 또는 재무제표 왜곡표시를 가능케 하는 내부통제의 부재 또는 부적절한 업무분장
- 하부조직에서 행해지는 부당행위를 최고경영진이 인지하지 못하여 적시에 시정조치를 취하지 못할 정도의 과도한 분권화
- 부당한 행위를 예방 · 적발 · 보고할 수 없을 정도로 취약한 내부감사기능

- 최고경영진에 대한 객관적인 감독을 수행할 수 없을 정도로 비효과적인 이사회기능
- 부당행위에 대한 방지책으로서의 역할을 수행하지 못할 정도의 부적절한 징계 또는 징계사실의 은폐행위

16. 경영진은 회사의 윤리강령, 부정방지 프로그램 등에 재무제표 관련 부정행위를 사전에 방지하고 적시에 적발·시정할 수 있는 절차를 포함하는 한편, 모든 구성원들이 직무수행 중 내부회계관리제도 운영상의 문제점이나 윤리강령·정책의 위반사례, 위법·부정행위를 발견한 경우 담당 책임자에게 이를 보고할 수 있도록 하는 공식적인 체계를 마련한다.

위험평가

17. 경영진은 재무제표의 신뢰성 확보에 부정적인 영향을 미치는 위험을 식별하고 지속적으로 평가하는 공식적인 체계를 구축한다. 특히 내부회계관리제도와 관련하여 수행하는 경영진의 위험 식별 및 평가는 재무제표상의 유의한 계정과목 각각에 대한 경영자 주장을 대상으로 이루어진다.

17.1 재무제표의 신뢰성과 관련된 위험은 재무제표에 대한 경영자 주장과 관련이 있으며 경영진은 재무제표를 적절히 작성 및 공시하였다는 사실을 다음과 같은 형태로 주장한다.
- 실재성 : 자산이나 부채는 보고기간 종료일 등 주어진 특정일자 현재에 존재한다.
- 권리와 의무 : 보고기간 종료일 등 주어진 특정일자 현재 자산이나 부채는 회사에 귀속된다.
- 발생사실 : 거래나 사건은 회계기간 동안 회사에 실제로 발생하였다.
- 완전성 : 재무제표에 기록되지 않은 자산, 부채, 거래나 사건 혹은 공시되지 않은 항목은 없다.
- 평가 : 자산이나 부채는 적절한 가치로 계상되었다.
- 측정 : 거래나 사건은 적절한 금액으로 기록되었으며 수익이나 비용은 적절한 기간에 배분되었다.
- 재무제표 표시와 공시 : 재무제표의 구성항목은 일반적으로 인정된 회계처리기준에 따라 공시, 분류 및 기술되어 있다.

17.2 재무제표의 신뢰성과 관련된 위험에는 아래의 내용이 포함된다.
- 재무제표상 중요 정보의 누락 및 미공시
- 자산, 부채, 손익, 거래의 왜곡된 평가·측정·표시
- 현금 또는 재산의 횡령, 이의 은폐를 위한 재무 기록의 변조
- 승인받지 아니한 자산의 취득, 사용 및 처분
- 허위 매출 및 가공 자산 계상
- 부실한 회계정보 및 재무보고로 인한 의사결정오류 등

18. 경영진은 새로 발생하거나 지금까지 통제되지 않았던 위험을 적절히 식별·관리할 수 있도록 내부회계관리제도를 설계·운영한다.

통제활동

19. 경영진은 효과적인 내부회계관리제도를 구축하기 위해 다음과 같은 사항을 고려하여 각 업무프로세스 수준에서의 통제활동을 명확히 설정한다.
   - 통제활동을 통해 얻고자 하는 확신 또는 목표
   - 통제활동의 수행자 및 이에 대한 승인·검토자
   - 통제활동의 수행과 관련한 기록 또는 보고서
   - 통제활동을 지원하는 시스템
   - 통제활동의 수행주기
   - 통제활동의 수행장소(지역, 부서 등)
   - 통제활동의 수행 후 오류 또는 예외적인 상황이 발견되었을 경우의 사후관리 절차 등

20. 통제활동은 회사 일상 업무의 일부가 되어야 하며, 개별 통제목표에 따라 그 형태 및 세부 운영수준은 다를 수 있지만 가장 일반적인 형태의 통제활동의 예는 다음과 같은 것이 있다.
   - 경영진의 검토 : 최고경영진은 다양한 업무활동에 대한 정책 및 절차를 수립할 뿐만 아니라 회사의 모든 분야에서 이들 정책과 절차가 준수되도록 하고 기존정책과 절차가 적정한지 주기적으로 평가한다. 또한 성과보고서(예산대비 실적보고서 등)를 통해 경영 목표의 달성 정도를 점검하는 과정에서 관리자와의 질의·응답을 통해 통제의 취약점이나 재무제표 왜곡표시의 가능성을 파악한다.
   - 중간관리자의 검토 : 각 기능별 또는 활동별 중간관리자는 정기적으로 각 기능별·활동별 성과보고서를 검토한다. 이러한 검토는 경영진의 검토보다 상세한 수준에서 더 짧은 주기로 수행한다.
   - 정보처리과정의 통제 : 정보의 정확성, 완전성, 적절한 승인 여부를 확인하기 위해 다양한 통제를 활용한다. 예를 들어, 정확한 자료의 입력여부 및 입력된 자료와 처리된 자료의 일치여부를 확인할 수 있는 사후검증절차가 수립되어야 하며, 예외사항 발견 시 상위 관리자에게 즉시 보고되어 적절한 후속조치가 이루어지도록 한다.
   - 물리적 통제 : 유형자산, 재고자산, 유가증권, 현금 등 회사의 자산을 물리적으로 보호하며, 주기적인 실물확인 절차를 통하여 장부상 보고되는 금액과의 일치여부를 확인된다. 이러한 통제활동은 경영진의 부정방지 프로그램과도 연관된다.
   - 성과지표의 분석 : 경영진은 재무제표의 중요한 왜곡표시를 방지·적발하기 위해 성과지표(반품비율 등과 같이 회사의 목표달성을 위해 계속적·주기적으로 수집되는 계량적 측정 지표를 말함)상 예기치 못한 결과나 비정상적인 추세를 분석함으로써 재무제표의 왜곡이 발생할 위험이 있는 분야를 식별하고 필요한 경우 개선할 수 있다.
   - 업무의 분장 : 구성원들이 업무를 수행함에 있어 잠재적인 이해상충이나 실수 또는 부적절한 행위가 발생할 위험을 감소시키고 적시에 발견하기 위해 업무는 적절히 분장되어야 하며, 그러한 위험이 높은 업무분야를 파악하여 지속적으로 모니터링한다. 예를 들어, 외상매출거래의 경우 거래자체의 승인과 거래의 기록, 관련 자산의 취급에 대한

권한과 책임을 구분하여, 거래를 승인하는 관리자에게는 매출채권 계정의 관리나 현금 회수활동과 관련된 권한과 책임을 부여하지 않는다.

정보 및 의사소통

정보

21. 경영진은 재무제표의 신뢰성을 확보하기 위하여 재무정보뿐만 아니라 재무제표에 영향을 미칠 수 있는 비재무정보(운영활동정보, 법규준수활동정보, 외부환경정보 등)도 적절하게 수집 · 유지 · 관리한다.

21.1 예를 들어, 일상적인 매입 · 매출 거래뿐만 아니라 경쟁자의 신제품출시나 여타 경제상황변동 등과 같은 정보는 재고자산이나 매출채권의 평가에도 영향을 미칠 수 있다. 이와 같이 내 · 외부로부터 획득한 비재무적 정보도 재무제표의 신뢰성 확보 목적과 연관될 수 있다.

22. 경영진은 내부회계관리제도의 효과적 운영과 이와 관련된 효율적 의사결정을 위해 신뢰할 수 있는 회계정보를 제공할 수 있는 정보시스템을 구축한다.

22.1 정보시스템은 매입 · 매출과 관련된 거래정보 등 내부정보뿐만 아니라 경제여건의 변동 등 재무제표에 영향을 미칠 수 있는 외부사건 관련 정보도 취급한다.

22.2 정보시스템은 회사의 규모 및 여건에 따라 자동화 또는 수동화될 수 있으며, 공식적 또는 비공식적일 수 있다. 하지만, 정보시스템이 효과적이기 위해서는 필요한 정보를 식별 · 획득함은 물론 적시에 관련 정보를 처리 · 보고하여 회사의 통제활동을 적절히 지원할 수 있어야 한다.

23. 정보시스템으로부터 산출되는 정보가 효과적으로 내부회계관리제도를 지원하기 위해서는 다음과 같은 요건을 필요로 한다.

- 정보가 관련 의사결정목적에 부합하여야 한다(목적적합성).
- 정보가 적시에 사용가능하여야 한다(적시성).
- 정보가 최신의 것이어야 한다(최신성).
- 정보가 정확하여야 한다(정확성).
- 관련 정보에 대한 접근이 용이하여야 한다(접근가능성).

의사소통

24. 경영진은 회사의 구성원들이 내부회계관리제도상 책임 또는 임무와 관련된 정책 및 절차를 충분히 이해하고 준수할 수 있도록 하고, 관련된 정보가 해당 구성원에게 효과적으로 전달될 수 있는 의사소통 경로를 마련한다.

25. 경영진은 하향의 의사소통경로뿐만 아니라 중요한 정보에 대한 상향의 의사소통경로도 마련하여야 한다. 특히, 재무제표에 영향을 미치는 관련 법규나 윤리강령의 위반행위 등에 대한 내부 고발자를 보호하고, 아울러 검증되지 않은 주장에 근거한 악의적인 내부고발을 방지하기 위한 적절한 장치도 균형 있게 마련한다.

26. 경영진과 이사회 간의 원활한 의사소통을 위해 경영진은 재무제표에 영향을 미칠 수 있는 중요한 사업의 내용 및 위험, 경영성과 등에 관한 최신 정보를 이사회에 충분히 제공하며, 이사회는 필요한 정보를 경영진에게 요구하고 제공받은 정보에 대한 검토결과를 경영진에게 제공한다.
27. 경영진은 내부 의사소통 이외에도 외부 이해관계자(외부감사인, 감독당국, 거래처, 고객 등)로부터 회사의 재무제표에 중요한 영향을 미치는 정보를 효과적으로 획득할 수 있는 경로와 절차를 마련하고, 이러한 과정을 통해 획득한 중요한 정보를 조직 전체에 전달한다.

모니터링

28. 경영진은 내부회계관리제도의 운영에 대한 상시적인 모니터링과 독립적인 평가를 수행함과 동시에 내부회계관리제도의 전반적 효과성에 대한 평가결과를 이사회 및 감사(위원회)에 보고한다.
28.1 상시적인 모니터링은 구성원에 의한 평가와 경영진에 의한 일상적인 모니터링으로 구분된다. 구성원에 의한 평가에는 해당 통제를 직접 운영하는 자에 의한 평가 등이 있으며, 경영진에 의한 일상적인 모니터링에는 문서결재, 내부 구성원 및 외부 이해관계자와의 의사소통, 정기적인 실사, 구성원의 윤리강령 이행여부 확인절차 등이 있다.
28.2 독립적인 평가는 평가대상이 되는 통제에 대해 독립적인 지위에 있는 자에 의해 정기적으로 실시되는 평가로서 전문성과 독립성을 갖춘 내부감사기능 또는 기타 외부의 전문기관 등에 의해 수행되는 평가 등이 있다.
28.3 내부회계관리제도의 전반적 효과성에 대한 평가결과를 보고함에 있어 경영진은 평가결과뿐만 아니라 평가절차, 발견된 예외사항 또는 미비점을 비롯한 주요 특이사항 및 이에 대한 조치내용 등 평가결과를 뒷받침할 수 있는 충분한 근거자료를 마련한다.
29. 감사(위원회)는 경영진이 실시한 평가절차와 운영실태 평가결과의 적정성을 감독자의 관점에서 독립적으로 평가하여 이사회에 보고한다.
29.1 감사(위원회)는 내부회계관리제도를 독자적으로 평가하거나 회사의 내부감사기능을 활용하여 평가할 수 있으며, 평가절차 및 그 결과를 문서화하여 충분한 근거자료를 마련한다.
29.2 감사(위원회)는 내부회계관리제도에 대한 평가를 광의의 내부통제제도에 대한 정기적인 평가에 포함하여 실시할 수 있다.
29.3 감사(위원회)는 내부회계관리제도 평가 시 필요에 따라 경영진의 평가와 관련된 자료를 근거로 평가절차를 수행할 수 있다.
30. 경영진은 자체평가 또는 감사(위원회)의 평가결과 나타난 통제상의 미비점이 적시에 시정될 수 있도록 하는 체계를 마련한다.
30.1 경영진은 자체평가 결과에 따른 통제상의 미비점과 감사(위원회)의 권고사항 및 평가결과에 따른 필요한 조치를 결정한다.
30.2 경영진은 시정 또는 개선을 요하는 사항들에 대해 계획된 기간 내에 필요한 조치가 완료될 수 있도록 하며 사후 이행여부를 확인한다.

제4장 내부회계관리제도의 평가

내부회계관리제도 평가개요

31. 경영진은 체계적이고 합리적인 평가 절차를 개발하여 내부회계관리제도를 평가하고 충분한 문서화를 통해 그 근거를 마련한다.

31.1 내부회계관리제도 평가 시에 적용되는 일반적인 절차는 다음과 같다.

- 전사적 수준에서의 내부회계관리제도 고려
- 유의한 계정과목 및 주석정보의 파악
- 경영자 주장의 식별
- 유의한 업무프로세스 파악 및 평가 대상 사업단위의 결정
- 내부회계관리제도 설계의 효과성 평가
- 내부회계관리제도 운영의 효과성 평가

31.2 경영진은 다음 사항에 대한 충분한 문서화를 통해 내부회계관리제도의 평가의 근거를 확보한다.

- 내부회계관리제도 평가범위
- 내부회계관리제도 설계의 효과성 평가
- 내부회계관리제도 운영의 효과성 평가
- 내부회계관리제도의 효과성에 대한 최종 결론

내부회계관리제도의 평가 시기

32. 내부회계관리제도의 평가는 평가기준일 현재 내부회계관리제도가 효과적으로 설계·운영되고 있는지에 대한 합리적인 확신을 얻는 것을 목적으로 한다. 그러나, 재무제표에 기록된 거래는 회계기간 중 지속적으로 발생하기 때문에 충분한 기간에 대하여 평가하여야 하며, 일반적으로 평가기준일과 가까운 시기에 수행한다.

32.1 그러나 평가기준일 이전의 가까운 시기에 모든 평가절차를 실시하는 것은 불가능하므로 당해 평가대상 기간의 중간에 평가를 실시하고 기중에 평가된 중요한 통제 중 평가실시 이후 변경된 부분은 없는지, 기말 현재에도 여전히 효과적인지 등을 확인하여 평가절차를 간소화할 수도 있다.

32.2 일부 통제활동은 평가기준일 후에 이루어지는 경우가 있다. 그러나 이러한 통제활동(예를 들어, 기말 재무제표 작성절차)은, 비록 평가기준일 후에 이루어지더라도, 회사의 평가기준일 현재의 내부회계관리제도와 관련된 것이므로 반드시 이에 대한 평가가 수행되어야 한다.

평가자

33. 경영진은 평가대상 통제로부터 독립된 위치에 있는 자를 평가자로 지정하여 평가를 수행한다.

전사적 수준에서의 내부회계관리제도 고려

34. 전사적 수준에서의 내부회계관리제도는 개별 업무프로세스 수준의 내부회계관리제도의 기반을 형성한다.

34.1 전사적 수준의 내부회계관리제도는 업무프로세스, 개별거래 및 정보기술 응용통제 등에 영향을 미치고 경영진이 효과적인 내부회계관리제도를 유지 · 감독할 수 있도록 하는 체계적 수단을 제공한다. 이러한 전사적 수준의 내부회계관리제도의 일반적인 예는 다음과 같다.

- 통제환경(최고 경영자의 의지 및 철학, 권한과 책임의 위임, 일관성 있는 정책과 절차, 윤리강령, 부정방지 프로그램 등)
- 경영진의 권한 남용 및 통제무시 위험과 관련한 통제
- 위험평가 절차
- 중앙집중적인 업무처리활동 및 통제활동
- 영업성과에 대한 모니터링
- 통제활동에 대한 모니터링(감사(위원회)의 활동 및 자체평가 프로그램을 포함)
- 재무제표 작성절차
- 이사회가 승인한 중요정책
- 내부회계관리규정 및 조직 등

35. 업무프로세스 수준에서 이루어지는 모든 거래를 회사가 선택한 회계처리 정책에 의해 회계처리하고 각 사업부문에서 작성 및 제출되는 결산 관련 자료를 취합하는 등의 기말 재무제표 작성절차는 전사적 수준의 내부회계관리제도로 구분되며, 일반적으로 아래의 내용이 포함된다.

- 회계정책을 선택하고 적용하는 절차
- 회계전표를 작성, 승인, 기록하고 총계정원장에 전기하는 절차
- 결산 조정사항 및 수정사항의 반영절차
- 재무제표 및 관련 주석사항의 작성절차

유의한 계정과목 및 주석정보의 파악

36. 경영진은 먼저 재무제표에 표시되는 수준에서 유의한 계정과목 및 주석정보를 파악한 후 재무제표 하위 구성요소 수준에서 유의한 계정과목 및 주석정보를 파악한다. 예를 들어, 은행의 경우 재무제표 수준의 유의한 계정과목은 재무제표에 표시된 원화대출금이 될 수 있으며, 재무제표의 하위 구성요소 수준의 유의한 계정과목은 재무제표에 표시되지 않는 기업대출금 계정이 될 수 있다.

36.1 계정과목 및 주석정보가 개별적 또는 다른 계정과목이나 주석정보와 결합하여 재무제표의 중요한 왜곡표시가 합리적인 수준 이상으로 발생가능하다면, 이를 유의한 계정과목 및 주석정보라 한다.

36.2 계정과목 및 주석정보의 중요성을 판단함에 있어서는 양적 요소뿐 아니라 아래와 같은 질적 요소도 함께 고려한다.

- 계정과목의 규모 및 구성내용
- 오류 또는 부정행위로 인한 손실발생가능성
- 동일 계정과목 내 개별 거래의 규모, 복잡성, 동질성
- 계정과목의 고유 속성
- 회계처리 및 보고의 복잡성
- 우발채무의 발생가능성
- 특수관계자 거래의 존재여부
- 계정과목 특성의 변동여부(예를 들어, 새로운 거래유형의 발생이나 새로운 회계처리기준의 도입 등)

경영자 주장의 식별

37. 경영진은 재무제표에 표시된 계정과목에 암묵적으로 내재되어 있는 경영자 주장(실재성, 권리와 의무, 발생사실, 완전성, 평가, 측정, 재무제표 표시와 공시)이 무엇인지 식별한다. 예를 들어, 재무제표상 현금 및 예금계정은 현금 및 예금의 실재 존재 여부(실재성) 및 담보제공여부(권리와 의무, 재무제표 표시와 공시)와 관련된 경영자 주장을 암묵적으로 내포하고 있다.

유의한 업무프로세스의 파악 및 평가 대상 사업단위의 결정

38. 유의한 계정과목 및 주석정보, 그리고 이와 관련된 경영자 주장을 파악한 후에 경영진은 해당 계정과목 및 주석정보에 영향을 미치는 주요 거래 유형(예를 들면 영업활동, 구매활동 등)별 유의한 업무프로세스와 회계처리절차를 파악한다.
39. 업무프로세스는 자료 입력, 분류 및 합산, 계산, 거래 업데이트, 파일관리, 거래생성, 취합 및 보고 등의 일련의 업무과정을 포함하며, 정보기술 환경에서는 마스터파일의 생성, 갱신 등의 활동을 포함한다. 경영진은 각각의 유의한 업무프로세스에 대해 다음과 같은 활동을 수행한다.
    - 거래의 발생, 기록, 처리, 보고 등 거래흐름의 이해
    - 부정 등에 의해 재무제표 왜곡표시가 발생할 수 있는 업무 절차상 주요단계의 파악
    - 잠재적인 재무제표 왜곡표시를 예방 또는 적발할 수 있는 통제의 파악
    - 승인받지 않은 자산의 취득, 사용, 처분 등의 예방 또는 적발을 위한 통제의 파악
40. 경영진은 어느 사업단위가 평가대상에 포함되는지 결정함에 있어 각 사업단위의 재무적 비중 및 고유위험, 특수한 회계처리방법의 적용여부, 과거 대내외 감사결과 등의 과거경험, 사업환경의 변화 등 개별 사업단위가 지니는 상대적 중요성 및 위험을 고려한다.
41. 경영진은 각 사업단위가 중요하면 이를 평가대상에 포함하며, 특정 사업단위가 개별적으로는 중요하지 않더라도 재무제표상의 중요한 왜곡표시를 유발할 수 있는 위험이 있거나, 다른 사업단위와 결합 되었을 때 재무제표상의 중요한 왜곡표시를 유발시킬 수 있는 경우 이를 평가대상에 포함한다.

42. 회사가 재무제표 관련 자료 처리에 관한 서비스를 제공하는 서비스조직을 이용하고 있을 경우, 해당 서비스와 관련된 통제의 책임은 경영진에게 있으므로 경영진은 서비스조직의 내부통제에 대한 평가를 고려한다.

42.1 서비스조직의 감사인이 서비스조직의 통제설계와 통제운영의 효과성 평가에 대한 보고를 경영진에게 제공한다면, 경영진은 이러한 보고서가 서비스조직의 통제 평가를 뒷받침하기에 충분한 증거를 포함하고 있는가를 확인한다.

43. 내부회계관리제도 및 관련 통제절차의 문서화 범위에는 다음과 같은 내용이 포함되며, 문서화 시에는 업무기술서 및 업무흐름도, 업무분장표, 통제기술서 등을 활용할 수 있다.

- 유의한 계정과목에 대한 경영자 주장과 관련된 통제 설계
- 부정을 적발하거나 예방할 수 있는 통제 설계
- 재무제표 작성절차에 관한 통제 설계
- 자산의 보호를 위한 통제 설계

내부회계관리제도 설계의 효과성 평가

44. 경영진은 내부회계관리제도가 재무제표의 중요한 왜곡표시를 초래할 수 있는 오류나 부정을 예방하고 적시에 적발할 수 있도록 설계되었는지 여부를 판단하기 위해 내부회계관리제도 설계의 효과성을 평가한다. 이러한 평가는 전사적 수준과 업무프로세스 수준의 내부통제 설계에 대한 평가 등으로 구성된다.

45. 경영진은 내부회계관리제도 설계의 효과성 평가결론을 뒷받침하기 위해 충분하고 적합한 근거를 확보하여야 하며, 설계의 효과성에 대한 평가 절차 및 그 결과에 대해 문서화하여야 한다. 경영진은 설계의 효과성을 평가하는 과정에서 운영의 효과성 평가의 대상이 되는 주요 통제를 결정할 수 있다.

46. 경영진은 설계의 효과성 평가 대상 통제를 결정함에 있어 다음과 같은 요소를 고려한다.

- 통제 설계의 변경 여부
- 통제 설계 및 운영의 효과성에 부정적인 영향을 미칠 수 있는 거래량 및 거래성격의 변경 여부
- 해당 통제가 다른 통제(예를 들면, 통제환경, 정보기술 일반통제 등)의 효과성에 의존하는 정도
- 통제를 수행하는 중요 담당자의 변경 여부
- 통제의 수행방법(수작업 통제 또는 자동화된 통제 여부)
- 통제의 복잡성 정도 등

47. 내부회계관리제도는 다음과 같이 설계되어 있을 때 효과적이라고 볼 수 있다.

- 각 업무 프로세스별로 통제목표가 설정되어 있음.
- 각 통제목표를 충족할 수 있는 통제가 있음.
- 통제활동이 설계된 대로 운영되는 경우 재무제표상 중요한 왜곡표시를 예방 또는 적발할 수 있음.

48. 효과적으로 설계된 내부회계관리제도에는 각 업무프로세스별 통제목표 달성을 위한 예방통제와 적발통제가 적절히 결합되어 있어야 한다. 또한, 내부회계관리제도 설계의 효과성을 판단함에 있어서는 특정 통제의 부재 또는 미비점을 보완하는 보완통제의 유무를 추가적으로 고려한다.

49. 경영진은 내부회계관리제도 설계의 효과성을 평가하기 위하여 추적조사, 질문, 문서검사 등과 같은 방법을 사용할 수 있다. 평가자는 한 가지 방법을 단독으로 적용하거나 여러 방법을 조합하여 적용함으로써 내부회계관리제도 설계의 효과성에 대해 합리적인 확신을 얻는다.

49.1 추적조사는 내부회계관리제도 설계의 효과성 평가에 있어서 매우 효과적인 절차이다. 추적조사는 거래유형별로 1~2개의 거래를 표본으로 추출하여 거래의 시작에서 종료까지 회계장부나 증빙서류 등의 거래증적을 따라 거래흐름을 추적하고 관련된 통제활동을 파악하는 것이다. 추적조사를 통해서 회사는 업무기술서나 업무흐름도를 작성하는 과정에서 발생할 수 있는 오류나 불완전한 부분을 보완할 수 있으며, 부수적으로 관련 통제절차들이 실제 효과적으로 운용되고 있는지에 대한 증거를 수집할 수 있다.

내부회계관리제도 운영의 효과성 평가

50. 경영진은 내부회계관리제도가 설계된 대로 운영되고 있는지 여부를 판단하기 위해 내부회계관리제도 운영의 효과성을 평가한다. 이러한 평가는 전사적 수준 및 업무프로세스 수준 등의 내부회계관리제도 운영에 대한 평가로 구성된다.

51. 경영진은 내부회계관리제도 운영의 효과성에 대한 평가 절차 및 그 결과에 대해 문서화하여야 한다.

52. 내부회계관리제도 운영의 효과성은 주요 통제 위주로 평가한다. 하지만 다음과 같은 상황이 발생하는 경우 경영진은 평가대상 통제의 범위(통제 및 표본 수)를 확대할 것을 고려하여야 한다.

- 전사적 수준 또는 업무프로세스 수준의 통제설계가 비효과적인 것으로 평가된 경우
- 정보기술 일반통제의 설계가 비효과적인 것으로 평가된 경우
- 재무제표작성 통제설계가 비효과적인 경우
- 상시적인 모니터링을 수행한 결과 내부회계관리제도가 비효과적이라고 판단되는 경우 등

53. 경영진은 매 회계기간마다 회사의 내부회계관리제도가 효과적으로 운영되고 있는지에 대한 충분한 증거를 획득하기 위하여 통제의 성격, 수행빈도, 중요성을 고려하여 평가범위를 결정하여야 한다.

54. 내부회계관리제도 운영의 효과성을 평가하기 위하여 질문, 관찰, 문서검사, 재수행 등의 방법을 사용할 수 있다. 평가자는 이러한 방법을 단독으로 적용하거나 여러 방법을 조합하여 적용함으로써 내부회계관리제도 운영의 효과성에 대해 합리적인 확신을 얻는다.

54.1 이러한 평가 방법은 평가 대상인 통제 활동의 속성에 따라 선택적으로 적용된다. 예를 들어 승인, 증빙대조, 연관된 보고서 간의 상호 검증 등 문서 증거가 존재하는 통제 활동에 대하여는 문서검사의 방법으로 통제운영의 효과성을 평가할 수 있다. 반면에 통제환

경과 관련된 문서화된 증거는 존재하지 않을 수도 있다. 통제활동의 문서화된 증거나 통제성과가 존재하지 않거나 존재하지 않을 것으로 기대되는 경우에는 질문과 관찰 등이 사용될 수 있다.

54.2 재수행이란 통제활동을 평가자가 다시 반복하여 수행해 봄으로써 통제활동이 효과적으로 수행되었는지 평가하는 것으로, 질문, 관찰 등의 방법보다 높은 수준의 확신을 제공하여 주는 평가 방법이다.

평가결과 보고

55. 내부회계관리제도와 관련된 통제상 미비점은 통제의 설계상 또는 운영상 미비점으로서 경영진과 종업원이 담당 업무를 수행하는 정상적인 과정에서 적시에 재무제표 왜곡표시를 예방하거나 적발할 수 없을 때 발생한다.

55.1 설계상 미비점은 (a) 내부회계관리제도의 목적을 달성하기 위하여 필요한 내부회계관리제도의 구성요소(통제환경, 위험평가, 통제활동, 정보 및 의사소통, 모니터링)가 미비하거나, (b) 내부회계관리제도가 적절하게 설계되어 있지 않아서 내부회계관리제도가 설계된 대로 작동하더라도 그 목적이 달성되지 못할 때 발생한다.

55.2 운영상 미비점은 적절하게 설계된 내부회계관리제도가 (a) 설계된 대로 운영되지 않거나, (b) 내부회계관리제도를 수행하는 담당자가 내부회계관리제도를 효과적으로 수행하기 위해 필요한 권한이나 자질을 갖고 있지 않을 때 발생한다.

55.3 내부회계관리제도의 미비점은 재무제표 왜곡표시의 발생가능성 및 금액적 중요도에 따라 I) 단순한 미비점(유의한 미비점이나 중요한 취약점이 아닌 미비점), II) 유의한 미비점, III) 중요한 취약점으로 구분한다.

56. 유의한 미비점이란 중요한 취약점으로 분류될 수준은 아니지만, 회사의 재무보고를 감독할 책임이 있는 이사회, 감사위원회 등이 주목할 만한 하나의 미비점 또는 여러 통제상 미비점의 결합을 의미한다.

56.1 특정 왜곡표시가 재무제표에 미치는 영향이 개별적 또는 다른 왜곡표시와 합하여 명백히 중요하지 않다고 합리적으로 판단된다면, 이는 유의한 왜곡표시가 아니다. 따라서 왜곡표시가 재무제표에 미치는 영향이 명백히 중요하지 않다고 합리적으로 판단되는 경우가 아니라면, 유의한 왜곡표시로 보아야 한다. 한편, 유의한 왜곡표시를 판단할 경우에는 이미 발견된 왜곡표시뿐만 아니라 발견되지 못한 추가적인 왜곡표시의 가능성을 함께 고려한다.

57. 중요한 취약점이란 하나의 유의한 미비점 또는 여러 유의한 미비점의 결합으로서 재무제표상 중요한 왜곡표시가 예방 또는 적발되지 못할 가능성이 합리적인 수준 이상으로 존재하는 경우를 말한다. 일반적으로 발생가능성은 '낮은', '합리적인 수준으로 존재하는(reasonably possible 혹은 probable)', '매우 높은(highly probable)' 등으로 구분할 수 있다.

58. 특정 미비점이 발견된 경우, 동 미비점이 유의한 미비점인지 중요한 취약점인지를 판단하여야 하며, 이는 보완통제의 유무와 그 효과성을 고려한 후에 이루어진다.

58.1 내부통제상 미비점이 발견된 경우 내부회계관리자는 내부통제상 미비점으로 인해 발생할 수 있는 잠재적인 재무제표 왜곡의 발생가능성과 중요성을 고려하여 종합적인 내부통제 평가 결론을 제시한다.

59. 내부회계관리제도 설계 및 운영의 효과성을 평가한 결과 중요한 취약점이 발견된 경우 이는 내부회계관리제도가 효과적으로 설계 또는 운영되고 있지 않다는 사실을 나타내므로 내부회계관리제도의 효과성에 대한 종합결론을 내리는 데 반영되어야 한다.

59.1 평가자는 평가기준일 현재 존재하는 중요한 취약점뿐만 아니라 유의한 미비점에 대하여도 평가보고서에 별도로 기재하여야 한다.

60. 내부회계관리자의 운영실태 평가보고서에는 다음과 같은 내용을 포함한다.

- 제목이 내부회계관리자의 내부회계관리제도 운영실태 평가보고서임을 기술
- 평가기준일에 평가대상기간에 대하여 내부회계관리제도의 설계 · 운영의 효과성에 대하여 평가하였다는 사실
- 내부회계관리제도의 설계 · 운영의 책임은 내부회계관리자를 포함한 회사의 경영진에 있다는 사실
- 내부회계관리제도의 설계 · 운영의 평가기준으로 내부회계관리제도 모범규준(다른 기준을 사용한 경우 그 기준)을 사용하였다는 사실
- 중요성의 관점에서 모범규준에 근거한 자체평가에 따른 종합결론
- 중요한 취약점이 있는 경우 내부회계관리제도의 설계와 운영상의 중요한 취약점에 대한 설명
- 중요한 취약점이 있는 경우 중요한 취약점에 대한 시정조치 계획
- 보고서일자
- 내부회계관리자의 서명 날인
- 대표이사의 서명 날인
- 별첨 : 상세 평가 내용
  - 전사적 수준 및 업무프로세스 수준의 통제평가 결과
  - 유의한 미비점
  - 유의한 미비점에 대한 개선 사항
  - 위반자에 대한 징계 사항
  - 중요한 취약점 및 시정조치 계획에 대한 상세 설명

61. 감사(또는 감사위원회)의 평가 보고서에는 다음과 같은 내용을 포함한다.

- 제목이 감사의 평가 보고서임을 기술
- 평가기준일에 평가대상기간에 대하여 내부회계관리제도의 설계 · 운영의 효과성에 대하여 평가하였다는 사실
- 내부회계관리제도의 설계 · 운영의 책임은 내부회계관리자를 포함한 회사의 경영진에 있다는 사실
- 감사는 내부회계관리자가 제출한 내부회계관리제도 운영실태 평가보고서를 참고하여 평가했다는 사실

- 내부회계관리제도의 설계 · 운영의 평가기준으로 내부회계관리제도 모범규준(다른 기준을 사용한 경우 그 기준)을 사용하였다는 사실
- 중요성의 관점에서 모범규준에 근거한 종합평가결론
- 중요한 취약점이 있는 경우 내부회계관리제도의 설계와 운영상의 중요한 취약점에 대한 설명
- 중요한 취약점이 있는 경우 중요한 취약점에 대한 시정의견 설명
- 보고서 일자
- 감사의 서명 날인
- 별첨 : 상세 평가 내용
  - 내부회계관리자의 보고내용 요약(평가 결론, 유의한 미비점, 시정조치 및 향후 계획 등)
  - 평가 결과 추가적으로 발견된 사항
  - 권고사항

제5장 중소기업에 대한 적용

62. 중소기업(중소기업기본법의 적용대상 회사를 말함. 이하 같다.) 역시 본 내부회계관리제도 모범규준의 내용을 모두 적용함이 바람직하다. 단, 중소기업의 경우 경영여건을 감안하여 본 모범규준을 세부적으로 적용하는 과정에서 대기업보다는 완화된 방식으로 내부회계관리제도를 설계 · 운영 및 평가할 수 있다.

통제환경

63. 중소기업의 경영진은 조직 내 윤리문화를 조성하는 데 있어 문서화된 윤리강령이나 부정방지 프로그램을 제정하기보다는 구성원에 대한 직접적인 표현 및 지시, 또는 일상적인 모임 등의 수단을 활용할 수 있다.
이 경우 경영진은 자신의 청렴성과 행동이 구성원들에게 전달되는 내용 및 취지와 일관성을 갖도록 한다.

63.1 문서화된 윤리강령이나 부정방지 프로그램이 없다는 것이 그 회사에 도덕적 · 윤리적 행동의 중요성을 강조하는 문화가 없다는 것을 의미하는 것은 아니다. 특히 경영진의 윤리적 행동은 조직 전반에 중요한 영향을 미치기 때문에, 그들의 행동과 구두 전달내용은 일치하여야 한다.

위험평가

64. 중소기업의 경우에도 위험평가의 기본적인 개념체계는 대기업과 다르지 않다. 다만, 관련 위험에 대한 평가과정이 대기업에 비해 비공식적이고 비체계적이며, 명시적으로 문서화되어 있지 않을 수 있다.

64.1 중소기업의 경우에 비교적 단순한 조직구조를 갖고 있고 대부분의 의사결정이 경영진에 의해 이루어지므로 경영진과 종업원, 경영진과 외부이해관계자 간에 보다 직접적인 의사소통을 이용한 위험평가를 통해 통제목표를 효과적으로 달성할 수 있다.

통제활동

65. 중소기업의 경우 경영진의 직접적인 관여 등 보다 효과적인 통제로 인해, 대기업에 적합한 특정 통제절차가 적절하지 않을 수 있다. 따라서 모범규준에서 제시한 일반적인 통제활동 중 중간관리자의 검토, 정보처리과정의 통제, 명확한 업무분장 등의 통제활동을 모두 갖추기 어려운 경우에는 정직하고 윤리적인 경영진의 직접적인 관리 · 감독 등으로 보완할 수 있다.

65.1 예를 들어, 현금취급업무에 있어 경영진의 직접적인 승인절차를 거치도록 하는 것이나 수표지급사항을 검토하기 위해 월별 은행계정에 대하여 경영진이 직접적으로 점검하도록 하는 절차 등이 업무분장에 대한 보완통제로서 운영될 수 있다.

정보 및 의사소통

66. 중소기업의 경우 회사의 규모가 작고 직위체계가 단순하기 때문에, 경영진과 구성원들 사이의 효과적인 내부 의사소통이 대기업보다 쉽게 이루어질 수 있다. 따라서 대기업에서 전형적으로 이루어지는 공식적인 의사소통 창구가 마련되어 있지 않더라도 경영진과의 보다 일상적인 접촉이나 상위 경영진과의 직접적인 의사소통경로 등을 통할 수 있다.

67. 또한 중소기업에서는 일반적으로 경영진이 외부이해관계자와 직접적으로 접촉하기 때문에 공식적인 의사소통절차가 마련되어 있지 않더라도 외부이해관계자와 효과적인 의사소통이 이루어질 수 있다.

모니터링

68. 중소기업의 경우 내부회계관리제도에 대한 독립적인 평가 수행이 어려운 경우, 통제 업무 수행자에 의한 자체평가를 수행하고 이를 독립된 위치에 있는 자에 의해 검증하는 방식을 채택할 수 있다. 다만, 이러한 경우에는 평가계획, 평가수행과정, 평가결론의 도출 및 당해 문서화 과정에 대한 보다 많은 주의가 요구되며 가능한 한 최대한의 객관성을 유지하도록 노력하여야 한다.

68.1 중소기업의 경우 다양한 통제수단들을 업무프로세스 내에 설계 · 운영하는 대신 상시적인 모니터링 중 경영진에 의한 일상적인 모니터링에 의존하는 경우가 많다. 경영진에 의한 일상적인 모니터링이 재무제표의 중요한 왜곡표시 위험을 적절한 수준으로 감소시킬 수 있을 정도로 효과적으로 설계 · 운영될 경우 내부회계관리제도를 모니터링 통제의 효과성 평가 위주로 평가할 수 있다.

평가보고

69. 중소기업의 경우 내부회계관리제도 설계의 효과성을 평가함에 있어 추적조사의 절차를 생략하고 질문 및 문서검사 위주로 평가를 실시할 수 있으며, 내부회계관리제도 운영의 효과성을 평가함에 있어 재수행절차를 생략하고 질문, 관찰, 문서검사 위주로 실시할 수 있다.

70. 중소기업의 경우 내부회계관리자는 내부회계관리제도 운영실태 평가보고서상 기재되는 평가결론을 소극적인 확신의 수준으로 표명할 수 있으며, 감사(위원회)의 경우에도 내부회계관리제도 평가보고서상 기재되는 평가결론을 소극적인 확신의 수준으로 표명할 수 있다.

제6장 부 칙

71. 비상장대기업(주권상장법인 또는 코스닥상장법인이 아닌 회사로서 중소기업이 아닌 회사를 말함)의 경우 제5장(중소기업에 대한 적용)을 준용할 수 있으며, 비상장중소기업(주권상장법인 또는 코스닥상장법인이 아닌 회사로서 중소기업인 회사를 말함)의 경우에는 본 모범규준에 불구하고 외감법 제2조의 2 규정에 따라 내부회계관리규정 및 조직을 구비하고 내부회계관리규정상 관련 통제절차를 모두 준수하는 경우 본 모범규준을 준수한 것으로 본다.
72. 본 모범규준에서 정한 사항이 내부회계관리제도에 관한 외감법상 규정의 적용을 유예하거나 면제하는 것이 아니므로 회사는 모범규준의 시행 및 적용여부와 상관없이 외감법상 관련규정을 모두 준수하여야 한다.

보론 2 개정 내부회계관리제도 설계 및 운영에 관한 개념체계 (내부회계관리제도운영위원회 2018년 제정, 2019년 개정)

목적

1. 본 내부회계관리제도 설계 및 운영 개념체계(이하 "설계 · 운영 개념체계"라 함)는 주식회사 등의 외부감사에 관한 법률(이하 "외감법"이라 함) 제8조의 규정이 적용되는 회사가 내부회계관리제도를 설계 및 운영하는 데 필요한 기본원칙을 제시함으로써 회사가 합리적이고 효과적인 내부회계관리제도를 구축하도록 지원하고, 이를 통해 회사가 공시하는 재무제표의 신뢰성을 제고하는 것을 그 목적으로 한다.

적용

2. 본 설계 · 운영 개념체계는 내부회계관리제도에 적용할 수 있는 내부통제제도 체계(이하 "내부통제체계"라 함)를 제시한 것으로, 회사는 내부회계관리제도를 설계 및 운영함에 있어 일반적으로 인정된 다른 기준을 적용할 수 있다.
3. 본 설계 · 운영 개념체계가 회사별로 상이한 업종의 특성과 고유한 사업환경을 모두 고려할 수는 없으므로 각 회사는 본 설계 · 운영 개념체계를 기본으로 하여 자체적으로 고유의 내부회계관리제도를 설계 및 운영하여야 한다. 따라서 각 회사는 본 설계 · 운영 개념체계를 참고하여 회사의 실정에 맞는 내부회계관리규정, 내부회계관리제도 지침서 등을 구비할 필요가 있다.
4. 회사가 내부회계관리제도 설계 및 운영을 위한 내부통제체계로 본 설계 · 운영 개념체계를 선택하는 경우에는 이하에서 제시하는 내용을 준수하여야 한다. 다만, 회사는 본 설계 · 운영 개념체계를 적용함에 있어 회사의 규모, 관련 비용과 효익 등을 고려하여 합리적인 수준에서 그 내용을 조정할 수 있다.

내부통제제도

5. 내부통제제도는 다음의 세 가지 목적달성에 대한 합리적 확신을 제공하기 위하여 조직의 이사회, 경영진 및 여타 구성원에 의해 지속적으로 실행되는 일련의 과정이다.
   - 기업운영의 효율성 및 효과성 확보(운영목적)
     - 회사가 업무를 수행함에 있어 자원을 효과적이고 효율적으로 사용하고 있다.
   - 보고 정보의 신뢰성 확보(보고목적)
     - 회사는 내부 및 외부 보고를 위해 정확하고 신뢰할 수 있는 재무정보와 비재무정보의 작성 및 보고체계를 유지하고 있다.
   - 관련 법규 및 정책의 준수(법규준수목적)
     - 회사의 모든 활동은 관련 법규, 감독규정, 내부정책 및 절차를 준수하고 있다.

내부통제제도의 구성요소와 원칙

6. 내부통제제도는 다음과 같이 통제환경, 위험평가, 통제활동, 정보 및 의사소통, 모니터링 활동의 5가지의 구성요소와 각 구성요소별로 달성되어야 할 원칙으로 이루어진다. 내부통제제도의 구성요소별로 달성되어야 할 원칙은 다음과 같다.

내부회계관리제도 구성요소	원 칙
통제환경	원칙 1~5
위험평가	원칙 6~9
통제활동	원칙 10~12
정보 및 의사소통	원칙 13~15
모니터링 활동	원칙 16~17

* 내부회계관리제도에 적용되는 각 원칙은 문단 36 이하에서 설명한다.

- 통제환경 : 내부통제제도의 기반을 이루는 구성요소로 도덕성과 윤리적 가치에 대한 태도를 기반으로 이사회 및 감사 및 감사위원회를 포함한 내부통제제도 관련 조직의 책임을 명확히 하고 해당 업무를 수행할 수 있는 조직 체계의 구성, 교육을 포함한 인력 운용 및 성과평가와의 연계가 이뤄질 수 있는 체계를 포함한다.
- 위험평가 : 내부통제제도의 목적 달성을 저해하는 위험 구체적이고 명확한 목적을 설정하여 관련된 위험을 파악하고, 파악된 위험의 중요도(심각성) 정도를 평가한다. 동 절차에서 부정위험 평가를 포함하여 고려하고, 회사의 중요한 변화사항을 고려하여 기존에 평가한 위험을 지속적으로 유지·관리하는 것을 포함한다.
- 통제활동 : 조직 구성원이 이사회와 경영진이 제시한 경영방침이나 지침에 따라 업무를 수행할 수 있도록 마련된 정책 및 절차가 준수될 수 있는 통제활동이 선택 및 구축될 수 있는 체계를 포함한다. 통제활동은 경영진의 업무성과 검토, 정보기술 일반통제, 승인, 대사 및 물리적 통제 등 다양한 방법이 포함된다.
- 정보 및 의사소통 : 조직 구성원이 내부통제제도의 책임을 수행할 수 있도록 신뢰성 있는 정보를 활용할 수 있는 체계를 구비하고 4가지 통제 구성요소에 대한 대·내외 의사소통이 원활하게 이뤄질 수 있는 체계를 포함한다.
- 모니터링 활동 : 내부통제제도의 설계와 운영의 효과성을 평가하고 유지하기 위해 상시적인 모니터링과 독립적인 평가 또는 두 가지의 결합을 고려한 평가를 수행하고 발견된 미비점을 적시에 개선할 수 있는 체계를 포함한다.

통제 미비점

7. '통제 미비점(Internal control deficiency)'은 내부통제 목적을 달성함에 있어 하나의 구성요소 또는 복수의 구성요소 및 원칙들에 결함이 존재함을 뜻하며, '중요한 미비점(Major Deficiency)'은 내부통제 목적 달성을 중대하게 저해하는 하나의 통제 미비점 또는 여러 통제 미비점들의 결합을 말한다.

09

내부통제제도의 효과와 한계

8. 효과적인 내부통제제도는 경영진이 업무성과를 측정하고, 경영의사결정을 수행하며, 업무프로세스를 평가하고, 위험을 관리하는 데 기여함으로써 회사의 목표를 효율적으로 달성하고 위험을 회피 또는 관리할 수 있도록 한다. 그리고 직원의 위법 및 부당행위(횡령, 배임 등) 또는 내부정책 및 절차의 고의적인 위반행위뿐만 아니라 개인적인 부주의, 태만, 판단상의 착오 또는 불분명한 지시에 의해 야기된 문제점들을 신속하게 포착함으로써 회사가 시의적절한 대응조치를 취할 수 있게 해 준다. 또한, 효과적인 내부통제제도는 정보의 신뢰성을 향상시킨다.
9. 그러나 아무리 잘 설계된 내부통제제도라고 할지라도 제도를 운영하는 과정에서 발생하는 집행위험은 피할 수 없다. 즉, 최상의 자질과 경험을 지닌 사람도 부주의, 피로, 판단착오 등에 노출될 수 있으며, 내부통제제도도 이러한 사람들에 의해 운영되므로 내부통제제도가 모든 위험을 완벽하게 통제할 수는 없다.

합리적 확신 제공

10. 효과적인 내부통제제도는 경영진과 이사회에 회사의 목적 달성에 관한 합리적 확신을 제공한다. “절대적 확신”이 아닌 “합리적 확신”이라는 개념은 모든 내부통제제도에 한계가 존재하고, 정확하게 예측할 수 없는 불확실성과 위험이 존재한다는 것을 인정하는 것이다. 이러한 한계로 인해 경영진과 이사회는 회사의 목적 달성에 대한 절대적인 확신을 갖지 못하게 된다. 즉, 내부통제제도는 합리적 확신을 제공하며, 절대적 확신을 제공하지 못한다.

내부회계관리제도

11. 내부회계관리제도는 회사의 재무제표가 일반적으로 인정되는 회계처리기준에 따라 작성・공시되었는지에 대한 합리적 확신을 제공하기 위해 설계・운영되는 내부통제제도의 일부분으로서 회사의 경영진과 이사회를 포함한 모든 구성원들에 의해 지속적으로 실행되는 과정을 의미한다.

내부회계관리제도의 범위

12. 내부회계관리제도는 내부통제제도의 보고정보의 신뢰성 확보목적 중 외부에 공시되는 재무제표의 신뢰성 확보를 목적으로 하며, 여기에는 자산의 보호 및 부정방지 프로그램이 포함된다. 또한, 운영목적이나 법규준수목적 등 다른 목적과 관련된 내부통제제도가 재무제표의 신뢰성 확보와 관련된 경우 해당 내부통제제도는 내부회계관리제도의 범위에 포함된다.
13. 자산의 보호와 관련된 통제라 함은 재무제표에 중요한 영향을 미칠 수 있는 승인되지 않은 자산의 취득, 사용, 처분을 예방하고 적시에 적발할 수 있는 체계를 의미한다.
14. 예를 들어, 경영진의 권한남용 및 통제 무시(management override) 위험 등에 대한 적절한 부정방지 프로그램이 존재하지 않는 경우 이는 내부회계관리제도상 중요한 취약점으로 분류될 수 있다.

효과적인 내부회계관리제도

15. 내부회계관리제도는 내부통제제도의 일반적인 5가지 구성요소(통제환경, 위험평가, 통제활동, 정보 및 의사소통, 모니터링 활동)와 각 구성요소별 원칙을 모두 고려하여 설계하고, 이사회, 경영진, 감사(위원회) 및 중간관리자와 일반 직원 등 조직 내 모든 구성원들에 의해 운영된다.

효과적인 내부회계관리제도의 요건

16. 효과적인 내부회계관리제도는 외부 재무보고의 신뢰성 확보라는 목적 달성을 저해할 수 있는 위험을 합리적인 수준에서 감소시킬 수 있으며, 그러한 목적은 다음의 요건이 모두 충족될 때 달성될 수 있다.
    - 내부회계관리제도의 각 구성요소와 관련 원칙이 존재하고 기능한다.
    - 내부회계관리제도의 구성요소가 연계되어 통합적으로 운영된다.
17. 각 구성요소와 관련 원칙들이 존재하고 기능하며, 구성요소들이 연계되어 통합적으로 운영되는지 여부를 평가함에 있어 경영진의 판단을 필요로 한다. 원칙은 구성요소와 밀접하게 연계되어 있는 기초 개념으로서 특정 원칙이 존재하지 않거나 기능하지 않고 있다면, 관련 구성요소는 존재하지 않거나 기능하지 않고 있다고 판단할 수 있다.
18. 내부회계관리제도 구성요소와 관련 원칙들이 존재하고 기능하는지 여부를 판단함에 있어 다른 원칙과의 연관성을 고려한다.

내부회계관리제도의 구성요소와 원칙

19. 내부회계관리제도의 구성요소와 원칙은 모든 기업에 적용된다. 원칙은 각 내부회계관리제도 구성요소와 관련된 근본적인 개념으로 각 구성요소가 존재하고 기능하는 데 중대한 영향을 미친다. 따라서 관련된 원칙이 존재・기능하지 않는 경우 해당 내부회계관리제도 구성요소가 존재・기능할 수 없다. 그러나 관계 법령, 산업 및 운영환경상의 특성에 따라 특정 원칙이 적용 가능하지 않다고 경영진이 판단할 수 있는 극히 예외적인 경우가 있을 수 있다. 특정 원칙이 회사에 적용 가능성이 없다고 결론을 내리기 위해서는 해당 원칙이 부재함에도 불구하고 관련 구성요소가 어떻게 존재하고 기능할 수 있는지에 대한 합리적인 근거로 경영진의 판단을 뒷받침하여야 한다.

구성요소와 원칙의 존재와 기능

20. 존재와 기능은 내부회계관리제도 구성요소 및 원칙에 적용되는 개념으로 다음과 같은 의미를 갖는다.
    - "구성요소 및 원칙이 존재한다" 함은 내부회계관리제도 구성요소 및 관련 원칙이 설계 및 구축되어 있다고 판단할 수 있어야 함을 의미한다.
    - "구성요소 및 원칙이 기능한다" 함은 내부회계관리제도 구성요소 및 관련 원칙이 계속적으로 운영되고 있다고 판단할 수 있어야 함을 의미한다.

21. 내부회계관리제도 구성요소가 "연계되어 통합적으로 운영된다" 함은 5가지 구성요소가 상호 유기적으로 연계되고 운영되어 외부 재무보고 신뢰성을 저해하는 위험을 감소시킨다고 합리적 수준에서 판단할 수 있어야 함을 의미한다.

원칙 달성을 위한 중점 고려사항

22. 본 설계·운영 개념체계는 내부회계관리제도의 구성요소별 원칙 달성을 위한 중요한 항목으로 중점 고려사항을 제시하고 있다. 회사의 특수한 환경을 고려하여 일부 중점 고려사항을 적용하는 것이 적합하지 않거나 필요한 경우 중점 고려사항을 변경 또는 추가할 수 있다. 중점 고려사항은 경영진이 내부회계관리제도의 설계 및 운영 그리고 관련된 원칙이 실질적으로 존재하고 기능함을 평가하는 데 유용하게 사용될 수 있다.

23. 경영진은 내부회계관리제도를 설계, 운영 및 평가함에 있어 각 구성요소와 원칙을 필수적인 사항으로 고려하여야 하나, 원칙을 실현하기 위한 중점 고려사항은 개별 회사의 상황에 따라 적절히 조정하여 적용할 수 있다.

원칙 달성을 위한 통제

24. 통제는 회사의 정책 및 절차와 긴밀히 연계되어야 한다. 정책은 효과적인 통제를 위해 반드시 수행되어야 하는 경영진의 지시사항을 반영한다. 절차는 정책을 실행하기 위한 다양한 활동으로 구성된다. 따라서 정책이나 절차가 연계되지 않는 통제는 효과적이지 않을 것이다.

25. 경영진은 내부회계관리제도의 5가지 구성요소와 관련 원칙을 달성하기 위해 구성요소 내에 통제를 설계하고 구축한다. 본 설계·운영 개념체계는 효과적인 내부회계관리제도를 위해 설계 및 운영되어야 하는 특정한 통제를 제시하지는 않는다. 어떤 통제를 설계 및 운영할 것인가는 회사의 다양한 특성을 고려한 경영진의 결정 사항이다. 다만 경영진은 구성요소와 관련 원칙이 존재하고 기능하고 있다는 결론을 뒷받침하기 위해 설득력 있는 근거를 갖추어야 하며, 이를 위해 구성요소 및 원칙과 관련된 통제를 고려하여야 한다.

26. 효과적인 내부회계관리제도를 설계 및 운영할 수 있도록 본 설계·운영 개념체계에서는 5가지 구성요소에 대한 17가지 원칙 및 각 원칙을 달성하기 위한 중점 고려사항을 제시하고 있다. 내부회계관리제도 구성요소 및 17가지 원칙은 효과적인 내부회계관리제도의 필수적인 요구사항이며, 원칙달성을 위한 중점 고려사항은 회사의 상황에 따라 적절히 조정하여 적용할 수 있다.

<table>
<tr><th>내부통제 구성요소 구성체계</th><th>비고</th></tr>
<tr><td>5가지 구성요소</td><td rowspan="2">효과적인 내부통제제도를 위한 필수 요건</td></tr>
<tr><td>17가지 원칙</td></tr>
<tr><td>원칙달성을 위한 중점 고려사항</td><td rowspan="2">상황에 따라 적절히 조정하여 적용가능</td></tr>
<tr><td>원칙별 중점 고려사항을 반영한 통제 설계</td></tr>
</table>

내부회계관리제도 미비점

27. 내부회계관리제도의 미비점은 재무제표 왜곡표시의 발생가능성 및 금액적 중요성에 따라 단순한 미비점, 유의한 미비점, 중요한 취약점*으로 구분된다.

* 내부회계관리제도의 중요한 취약점(Material Weakness)은 내부통제의 중요한 미비점(Major Deficiency) 수준에 대응된다.

28. 내부회계관리제도 미비점이 내부회계관리제도의 설계 및 운영의 효과성에 미치는 영향은 구성요소별 통제 미비점을 종합하여 판단하여야 한다. 구성요소 또는 관련 원칙이 존재하고 기능하거나 구성요소들이 통합적으로 연계되어 운영됨에 있어 중요한 취약점이 존재할 때에는 회사가 효과적인 내부회계관리제도의 요구사항을 충족하고 있다고 볼 수 없다.
29. 내부회계관리제도의 미비점 평가를 위한 구체적인 사항은 "내부회계관리제도 평가 및 보고 모범규준(이하 "평가 · 보고 모범규준"이라 함)"에 제시된다.

문서화

30. 회사는 내부회계관리제도와 관련된 문서화를 수행하여야 한다. 문서화는 사업 수행에 필요한 정책 및 절차를 준수하는 데 일관성을 높일 수 있는 명확한 권한과 책임을 제시한다. 또한, 통제의 설계를 확인하고 통제 수행자, 수행 방식 등을 전달하며 수행의 기준과 기대사항을 수립하는 데 유용하다. 이는 임직원의 교육에도 유용할 뿐 아니라, 내부회계관리제도의 일부로 통제 운영의 증거를 제공하고 내부회계관리제도의 평가를 가능하게 한다.
31. 효과적인 내부회계관리제도의 설계와 운영을 확신하기 위해서도 문서화가 반드시 필요하다. 외부감사인의 감사(검토) 시, 경영진은 내부회계관리제도가 효과적으로 설계되고 운영된다는 것을 입증할 수 있는 근거를 제시하여야 한다. 필요한 문서화를 결정함에 있어, 경영진은 중요한 결정 및 최종 결정을 내린 근거를 포함하여야 할 것이다.
32. 경영진이 일상적인 업무 수행과정에서 임직원이 관련 통제를 적절히 수행했음을 확인할 수 있는 경우에는 내부통제가 비공식적이고 문서화되지 않을 수 있다. 그러나 내부회계관리제도의 평가를 위한 범위선정이나 평가 근거 및 결과 등은 문서화 없이 고위 경영진의 머릿속에서만 수행될 수 없음을 고려한다.
33. 문서화의 수준과 특성은 조직의 규모와 통제의 복잡성에 따라 달라질 수 있다. 규모가 큰 기업은 일반적으로 보다 복잡한 내부통제 시스템과 업무프로세스로 구성되어 있으므로 보다 정교한 정책 및 절차 매뉴얼, 통제기술서, 업무흐름도, 조직도, 직무기술서 등 다양한 문서가 필요할 수 있다.
34. 중소기업은 공식적인 문서화의 필요성이 상대적으로 낮다. 중소기업에서는 일반적으로 인력과 관리조직이 복잡하지 않으며 수시로 확인이 가능한 일상적 업무처리 방식을 통해 수행하여야 하는 사항과 진행되는 현황에 대해 충분히 인지할 수 있다. 따라서 중소기업의 경영진은 직접적인 관찰을 통해 통제활동이 기능하고 있는지를 판단할 수도 있다.

내부회계관리제도 관련 법규의 고려

35. 회사는 내부회계관리제도 설계 및 운영 시 외감법 등 관련 법규의 요구사항을 준수하여야 한다. 경영진은 내부회계관리규정에 내부회계관리제도를 관리하고 운영하는 조직의 구성, 내부회계관리자의 지정 등 내부회계관리제도 설계 및 운영과 관련된 제반 사항을 반영하고 적용하여 신뢰할 수 있는 회계정보의 작성과 공시를 위한 체계를 갖추어야 한다.

36. 내부회계관리제도의 설계 · 운영과 관련하여 외감법에서 요구하고 있는 사항은 다음과 같다.

- 회사는 신뢰할 수 있는 회계정보의 작성과 공시를 위하여 내부회계관리규정과 이를 관리 · 운영하는 조직을 갖추어야 한다(외감법 제8조 제1항).
  - 회계정보(회계정보의 기초가 되는 거래에 관한 정보를 포함한다. 이하 이 조에서 같다)의 식별 · 측정 · 분류 · 기록 및 보고방법에 관한 사항(외감법 제8조 제1항 제1호)
  - 회계정보의 오류를 통제하고 이를 수정하는 방법에 관한 사항(외감법 제8조 제1항 제2호)
  - 회계정보에 대한 정기적인 점검 및 조정 등 내부검증에 관한 사항(외감법 제8조 제1항 제3호)
  - 회계정보를 기록 · 보관하는 장부(자기테이프 · 디스켓, 그 밖의 정보보존장치를 포함한다)의 관리 방법과 위조 · 변조 · 훼손 및 파기를 방지하기 위한 통제 절차에 관한 사항(외감법 제8조 제1항 제4호)
  - 회계정보의 작성 및 공시와 관련된 임직원의 업무 분장과 책임에 관한 사항(외감법 제8조 제1항 제5호)
  - 그 밖에 신뢰할 수 있는 회계정보의 작성과 공시를 위하여 필요한 사항으로서 외감법 시행령에서 정하는 사항
- 회사는 내부회계관리제도에 의하지 아니하고 회계정보를 작성하거나 내부회계관리제도에 따라 작성된 회계정보를 위조 · 변조 · 훼손 및 파기해서는 아니 된다(외감법 제8조 제2항).
- 회사의 대표자는 내부회계관리제도의 관리 · 운영을 책임지며, 이를 담당하는 상근이사(담당하는 이사가 없는 경우에는 해당 이사의 업무를 집행하는 자를 말한다) 1명을 내부회계관리자(이하 "내부회계관리자"라 한다)로 지정하여야 한다(외감법 제8조 제3항).

중소기업에 대한 적용

37. 본 설계 · 운영 개념체계에서 제시하는 내부회계관리제도 구성요소 및 원칙은 중소기업에도 동일하게 적용된다. 단, 중소기업의 경우 경영여건을 감안하여 본 설계 · 운영 개념체계를 세부적으로 적용하는 과정에서 대기업보다는 유연한 방식으로 내부회계관리제도를 설계 및 운영할 수 있다.

구성요소, 원칙 및 원칙 달성을 위한 중점 고려사항

통제환경

38. (원칙 1. 도덕성과 윤리적 가치에 대한 책임) 회사는 도덕성과 윤리적 가치에 대한 책임을 강조한다.

원칙 달성을 위한 중점 고려사항

38.1 경영진과 이사회의 의지 - 경영진과 이사회는 내부회계관리제도가 효과적으로 기능할 수 있도록 지침, 조치, 행동을 통해 도덕성과 윤리적 가치의 중요성을 강조한다.

38.2 윤리강령 수립 - 회사의 윤리강령은 도덕성과 윤리적 가치에 관한 이사회와 고위 경영진의 기대사항을 반영하고 있으며, 회사의 모든 임직원, 외부서비스제공자 및 협력업체가 이를 숙지하고 있다.

38.3 윤리강령 준수 평가 - 윤리강령의 준수에 대한 개인과 팀의 성과를 평가하는 프로세스가 수립되어 있다.

38.4 윤리강령 위반사항의 적시 처리 - 윤리강령의 위반사항은 적시에 일관된 방식으로 식별되고 개선된다.

39. (원칙 2. 내부회계관리제도 감독 책임) 이사회는 경영진으로부터 독립성을 유지하며 내부회계관리제도의 설계 및 운영을 감독한다.

원칙 달성을 위한 중점 고려사항

39.1 이사회의 감독 책임 정립 - 이사회는 수립된 요구사항 및 기대사항과 관련된 감독 책임을 인지하고 수용한다. 단, 이사회는 외감법 등 법률에서 정하는 사항과 내부회계관리제도, 내부감사 및 부정방지 프로그램 등의 감독 책임을 감사(위원회)에 위임할 수 있다.

39.2 이사회의 전문성 확보 - 이사회는 이사회 구성원에게 필요한 기술과 전문지식을 정의하고, 유지하며, 주기적으로 평가한다. 이를 통해 이사회 구성원들이 고위 경영진에게 면밀한 질문을 하고 상응하는 조치를 취할 수 있게 한다.

39.3 이사회의 독립적 운영 - 이사회는 경영진의 의사결정을 평가하고 감독함에 있어 경영진으로부터 독립적이며 객관성을 갖춘 충분한 인력을 보유한다.

39.4 내부회계관리제도 감독 수행 - 이사회는 경영진의 내부회계관리제도 설계, 구축 및 운영에 대한 감독 책임을 가진다.

- 통제환경 - 도덕성 및 윤리적 가치, 감독 체계, 권한 및 책임, 적격성에 대한 기대사항 및 이사회의 책임 정립
- 위험평가 - 경영진이 평가한 내부회계관리제도의 목적 달성을 저해하는 위험 요소에 대한 감독(중요한 변화, 부정 및 내부회계관리제도에 대한 경영진의 권한 남용으로부터 야기되는 잠재적 영향 포함)
- 통제활동 - 경영진의 통제활동 설계 및 운영에 대한 감독
- 정보 및 의사소통 - 회사의 내부회계관리제도 목적 달성과 관련된 정보의 분석 및 논의

- 모니터링 활동 - 모니터링 활동의 성격과 범위, 경영진의 통제 미비점 및 개선활동의 평가 및 감독

40. (원칙 3. 조직구조, 권한 및 책임 정립) 경영진은 내부회계관리제도의 목적을 달성하기 위해 이사회의 감독을 포함한 조직구조, 보고체계 및 적절한 권한과 책임을 정립한다.

원칙 달성을 위한 중점 고려사항

40.1 조직구조 고려 - 경영진과 이사회는 회사의 목적 달성을 지원하기 위해 다양한 조직구조(운영단위, 법적 실체, 지역적 분포, 외부서비스제공자 포함)를 고려한다.

40.2 보고체계 수립 - 경영진은 각각의 조직이 권한과 책임을 이행하고 정보교류가 가능한 보고체계를 설계하고 평가한다.

40.3 권한과 책임의 정의, 부여 및 제한 - 경영진과 이사회는 권한을 위임하고 책임을 정의하며 적절한 프로세스와 기술을 활용하여 조직의 다양한 수준의 필요성에 따라 책임을 부여하고 업무를 분장한다.

- 이사회 - 중요한 의사결정 권한 보유 및 경영진이 부여한 권한과 책임의 적정성 검토
- 고위 경영진 - 임직원이 내부회계관리제도와 관련된 책임을 이해하고 이행할 수 있도록 방향성 제시, 지침 및 통제 수립
- 경영진 - 고위 경영진의 지침과 통제가 회사 및 하위 조직 내에서 실행될 수 있도록 실무지침을 제시하고 지원
- 직원 - 윤리강령, 위험 요소, 조직 각 계층의 통제활동, 정보 및 의사소통 흐름, 모니터링 활동에 대한 이해
- 외부서비스제공자 - 모든 외부 직원의 권한 및 책임 범위에 대해 경영진이 정한 사항의 준수

41. (원칙 4. 적격성 유지) 회사는 내부회계관리제도 목적에 부합하는 적격성 있는 인력을 선발, 육성하고 관리한다.

원칙 달성을 위한 중점 고려사항

41.1 정책 및 실무절차 수립 - 정책 및 실무절차는 내부회계관리제도 목적 달성 지원을 위해 필요한 적격성의 기대사항을 반영한다.

41.2 적격성 평가 및 보완 - 경영진과 이사회는 정책 및 실무절차에 의거하여 조직 구성원 및 외부서비스제공자들의 적격성을 평가하고, 평가 결과 파악된 미비사항을 보완하기 위해 필요한 조치를 취한다.

41.3 인력 선발, 육성 및 유지 - 회사는 내부회계관리제도 목적 달성을 지원하기 위해, 충분하고 적격성 있는 인력 및 외부서비스제공자를 선발, 육성하고 유지하는 데 필요한 교육과 훈련을 제공한다.

41.4 승계계획 및 준비 - 고위 경영진과 이사회는 내부회계관리제도상 중요한 책임에 관한 승계계획을 수립한다.

42. (원칙 5. 내부회계관리제도 책임 부여) 회사는 조직 구성원들에게 내부회계관리제도의 목적을 달성하기 위해 필요한 책임을 부여한다.

원칙 달성을 위한 중점 고려사항

42.1 조직구조, 권한 및 책임을 통한 내부회계관리제도 책임 부여 – 경영진과 이사회는 조직 전체 구성원들과 내부회계관리제도 수행에 관한 책임에 대해 의사소통을 하고, 그들에게 책임을 부여하며 필요한 경우 개선활동을 이행하도록 하는 체계를 수립한다.

42.2 성과평가 및 보상정책 수립 – 경영진과 이사회는 장단기 목적 달성의 균형을 고려하고, 조직 전체 구성원의 내부회계관리제도 책임 이행에 적합한 성과평가와 보상정책을 수립한다.

42.3 성과평가 및 보상정책과의 연계 – 경영진과 이사회는 내부회계관리제도 목적 달성을 위해 내부회계관리제도 책임 이행과 그에 따른 성과평가 및 보상을 연계한다.

42.4 과도한 압박 고려 – 경영진과 이사회는 조직 구성원들에게 책임을 부여하고 성과평가 지표를 수립하고 평가할 때 관련된 압박이 존재하는지를 평가하고 조정한다.

42.5 개인의 성과평가, 보상 또는 징계조치 – 경영진과 이사회는 내부회계관리제도 책임 이행(윤리강령의 준수 및 적격성의 기대 수준 충족 포함)에 대한 성과를 평가하고, 그 결과에 따라 보상하거나 필요시 징계조치를 취한다.

위험평가

43. (원칙 6. 구체적인 목적 수립) 회사는 관련된 위험을 식별하고 평가할 수 있도록 내부회계관리제도의 목적을 명확하게 설정한다.

원칙 달성을 위한 중점 고려사항

43.1 적합한 회계기준의 준수 – 신뢰할 수 있는 외부 재무제표 작성을 수립할 때, 경영진은 회사에 적용되는 회계기준을 고려한다. 또한 경영진은 회사의 상황과 목적에 적합한 회계원칙을 채택하고 일관성 있게 적용한다.

43.2 회사 활동의 실질 반영 – 외부 재무보고는 재무정보의 질적 특성과 경영자 주장을 뒷받침할 수 있는 기초 거래와 사건을 반영한다.

43.3 중요성 고려 – 경영진은 재무제표 표시에 있어 중요성을 고려한다.

44. (원칙 7. 위험 식별 및 분석) 회사는 목적 달성에 영향을 미치는 위험을 전사적으로 식별하고, 위험 관리방안을 수립하기 위해 위험을 분석한다.

원칙 달성을 위한 중점 고려사항

44.1 회사 내 다양한 조직 수준 고려 – 회사는 회사, 종속회사, 부문, 운영 팀 및 기능 단위 등 회사 전체 조직 단위에서 목적 달성과 관련된 위험을 식별하고 평가한다.

44.2 외부 재무보고에 영향을 미치는 내부 및 외부 요인 분석 – 내부 및 외부 요인과 그 요인들이 외부에 공시되는 재무제표의 신뢰성을 확보하는 목적을 달성하는 데 미치는 영향을 고려한다.

44.3 적절한 수준의 경영진 참여 - 적절한 수준의 경영진이 참여하는 효과적인 위험평가체계를 구축한다.

44.4 식별된 위험의 중요성 평가 - 회사는 해당 위험의 잠재적인 중요성을 평가하는 절차를 포함한 프로세스를 통해 식별된 위험을 분석한다.

44.5 위험 대응 방안 결정 - 위험평가 결과 식별된 재무제표 왜곡표시 위험에 대하여는 적절한 위험 대응 방안을 결정하여 시행한다.

45. (원칙 8. 부정위험 평가) 내부회계관리제도 목적 달성에 대한 위험 평가 시 잠재적인 부정 가능성을 고려한다.

원칙 달성을 위한 중점 고려사항

45.1 다양한 부정의 유형 고려 - 부정위험 평가 시 다양한 방식의 부정과 비리행위로부터 비롯되는 부정한 재무보고, 자산의 잠재적 손실, 부패 등을 고려한다.

45.2 유인과 압력의 평가 - 부정위험 평가 시 유인(incentive)과 압력(pressure)으로 인한 부정의 발생가능성을 고려한다.

45.3 기회 평가 - 부정위험 평가 시 취약한 통제활동 등으로 인해 승인되지 않은 자산의 취득·사용·처분, 재무보고기록의 변경, 기타 부적절한 행위 등 부정을 저지를 수 있는 기회가 발생할 수 있는 가능성을 고려한다.

45.4 태도와 합리화에 대한 평가 - 부정위험 평가 시 임직원이 어떻게 부적절한 행위에 연관되는지와 어떻게 부적절한 행위를 정당화하는지를 고려한다.

46. (원칙 9. 중요한 변화의 식별과 분석) 회사는 내부회계관리제도에 중요한 영향을 미치는 변화를 식별·분석하여 내부회계관리제도를 유지·관리한다.

원칙 달성을 위한 중점 고려사항

46.1 외부 환경 변화의 평가 - 위험을 식별하는 과정에서 사업과 관련된 규제의 변화, 경제적인 변화, 물리적 환경의 변화 등이 내부회계관리제도에 미치는 영향을 고려한다.

46.2 사업모델 변화의 평가 - 새로운 사업영역이나 기존 사업구성의 급격한 변화, 기업인수나 사업양수도, 급격한 성장, 해외 의존도의 변화, 새로운 기술 등이 내부회계관리제도에 미치는 영향을 고려한다.

46.3 리더십 변화의 평가 - 회사는 경영진의 변경과, 이에 따른 경영진의 태도 및 철학의 변화가 내부회계관리제도에 미치는 영향을 고려한다.

통제활동

47. (원칙 10. 통제활동의 선택과 구축) 회사는 내부회계관리제도의 목적 달성을 저해하는 위험을 수용 가능한 수준으로 줄일 수 있는 통제활동을 선택하고 구축한다.

원칙 달성을 위한 중점 고려사항

47.1 위험평가와의 통합 – 위험평가 결과 확인된 위험을 관리하고 줄일 수 있는 통제활동을 마련한다.

47.2 회사의 고유한 요인 고려 – 경영진은 통제활동 선택 및 구축 시, 회사의 고유한 특성뿐만 아니라 사업 환경, 복잡성, 성격 및 범위 등의 영향을 고려한다.

47.3 관련 있는 업무프로세스 결정 – 경영진은 통제활동이 필요한 관련 있는 업무프로세스를 결정한다.

47.4 통제유형의 조합 – 위험을 완화시키기 위해 다양한 속성을 결합한 균형 잡힌 통제활동을 고려한다(수동통제와 자동통제, 예방통제와 적발통제 등).

47.5 다양한 수준의 통제활동 적용 고려 – 경영진은 회사 내 다양한 수준의 통제활동을 고려한다.

47.6 업무분장 고려 – 경영진은 양립할 수 없는 직무를 분리하되, 업무분장 적용이 가능하지 않을 경우 대체적인 통제활동을 선택하고 구축한다.

48. (원칙 11. 정보기술 일반통제의 선정과 구축) 회사는 내부회계관리제도 목적 달성을 지원하는 정보기술 일반통제를 선정하고 구축한다.

원칙 달성을 위한 중점 고려사항

48.1 업무프로세스에서 사용되는 정보기술과 정보기술 일반통제 간 의존도 결정 – 경영진은 업무프로세스 및 자동통제와 정보기술 일반통제 간의 의존성과 연관성을 이해하고 결정한다.

48.2 정보기술 인프라 통제활동 수립 – 경영진은 정보처리의 완전성, 정확성 및 이용가능성을 확보하기 위한 정보기술 인프라에 대한 통제활동을 선택하고 구축한다.

48.3 보안관리 프로세스에 대한 통제활동 수립 – 경영진은 업무 책임에 상응하는 정보기술 접근권한을 허가된 담당자로 제한하고, 외부의 위협으로부터 회사의 자산을 보호하기 위한 보안 관련 통제활동을 선택하고 구축한다.

48.4 정보기술의 취득, 개발 및 유지보수 프로세스에 대한 통제 수립 – 경영진은 내부회계관리제도 목적 달성을 위하여 정보기술 및 인프라의 취득, 개발, 유지보수 활동에 대한 통제활동을 선정하고 구축한다.

49. (원칙 12. 정책과 절차를 통한 실행) 회사는 기대사항을 정한 정책과 그 정책을 실행하기 위한 절차를 통하여 통제활동을 적용한다.

원칙 달성을 위한 중점 고려사항

49.1 경영진의 지침 전달을 지원하기 위한 정책 및 절차 수립 – 경영진은 기대사항을 정한 정책과 이를 실행 가능한 구체적 절차로 제시하여 업무프로세스 및 구성원의 일상적인 활동에 통제활동이 내재화되도록 한다.

49.2 정책과 절차의 적용을 위한 책임 확립과 담당자의 지정 - 경영진은 관련 위험이 존재하는 사업단위 또는 부서의 경영진(또는 지정된 인원)과 함께 통제활동에 대한 책임을 확립하고 담당자를 지정한다.

49.3 통제활동의 적시 수행 - 통제활동별로 지정된 담당자가 정책과 절차에 정해진 대로 통제활동을 적시에 수행한다.

49.4 개선조치 이행 - 통제활동 수행 결과 식별된 문제점에 대하여 책임 있는 담당자가 조사하고 조치를 취한다.

49.5 적격성 있는 담당자의 수행 - 충분한 권한을 가진 적격성 있는 담당자가 지속적인 관심과 주의를 기울여 통제활동을 수행한다.

49.6 정책, 절차 및 통제활동의 주기적인 재평가 - 경영진은 정책, 절차 및 통제활동이 지속적으로 적정한지 판단하기 위하여 주기적으로 검토하고, 필요시 정책, 절차 및 통제활동을 개정 또는 개선한다.

정보 및 의사소통

50. (원칙 13. 관련 있는 정보의 사용) 회사는 내부회계관리제도의 운영을 지원하기 위하여 관련 있는 양질의 정보를 취득 또는 생산하고 사용한다.

원칙 달성을 위한 중점 고려사항

50.1 정보 요구사항의 식별 - 회사의 내부회계관리제도 목적 달성과 내부회계관리제도 구성요소들의 기능을 지원하기 위해 필요하고 요구되는 정보를 식별하는 절차가 수립되어 있다.

50.2 내부 및 외부의 데이터 원천 포착 - 정보시스템은 내부 및 외부의 데이터 원천을 포착한다.

50.3 관련 있는 데이터를 의미 있는 정보로 변환 - 정보시스템은 관련 있는 데이터를 처리하여 의미 있는 정보로 변환한다.

50.4 정보 처리 과정에서 품질의 유지・관리 - 정보시스템은 시의적절하고, 최신의, 정확하고, 완전하고, 접근가능하고, 보호되고, 검증가능한 정보를 생산하고 유지하며 동 정보가 내부회계관리제도 구성요소 지원에 적절한 정보인지 검토한다.

50.5 비용과 효익 고려 - 의사소통 대상이 되는 정보의 성격, 양, 상세한 정도는 회사의 내부회계관리제도 목적에 부합하고, 목적 달성을 지원한다.

51. (원칙 14. 내부 의사소통) 회사는 내부회계관리제도의 운영을 지원하기 위하여 필요한 내부회계관리제도에 대한 목적과 책임 등의 정보에 대해 내부적으로 의사소통한다.

원칙 달성을 위한 중점 고려사항

51.1 내부회계관리제도 정보에 대한 의사소통 - 모든 직원이 내부회계관리제도 책임을 이해하고 이행하기 위해 필요한 정보를 교환하는 프로세스가 존재한다.

51.2 경영진과 이사회 간의 의사소통 – 경영진과 이사회는 회사의 내부회계관리제도 목적과 관련한 각자의 역할 수행을 위해 요구되는 정보를 얻을 수 있도록 양자 간에 의사소통한다.

51.3 별도의 의사소통 라인 제공 – 통상적인 의사소통 채널이 비효과적인 경우를 대비하여 익명 또는 비밀이 보장된 의사소통이 가능하도록 내부고발제도 같은 별도의 의사소통 채널이 갖추어져 있다.

51.4 적절한 의사소통 방법 선택 – 시기, 대상자 및 정보의 성격을 고려하여 의사소통의 방법을 선택한다.

52. (원칙 15. 외부 의사소통) 회사는 내부회계관리제도의 운영에 영향을 미치는 사항에 대해 외부 관계자와 의사소통한다.

원칙 달성을 위한 중점 고려사항

52.1 외부 관계자와의 의사소통 – 주주, 협력업체, 소유주, 규제기관, 고객, 재무분석가 등 외부 관계자와 관련 있는 정보를 적시에 의사소통할 수 있는 프로세스가 구축되어 있다.

52.2 외부로부터의 의사소통 – 고객, 소비자, 공급자, 외부감사인, 규제기관, 재무분석가 등 외부 관계자의 의견을 수렴하여 경영진과 이사회에 관련 있는 정보를 제공할 수 있는 개방된 의사소통 채널을 마련한다.

52.3 이사회와의 의사소통 – 외부 관계자가 수행한 평가로부터 도출된 관련 있는 정보는 이사회와 의사소통된다.

52.4 별도의 의사소통 라인 제공 – 통상적인 의사소통 채널이 작동하지 않거나 비효과적인 경우를 대비하여 익명 또는 비밀이 보장된 의사소통이 가능하도록 내부고발제도와 같은 별도의 의사소통 채널이 갖추어져 있다.

52.5 적절한 의사소통 방법 선택 – 의사소통의 시기, 대상, 성격뿐만 아니라 법률, 규제, 주주 및 이해관계자의 요구사항 및 기대를 고려하여 의사소통 방법을 선택한다.

모니터링 활동

53. (원칙 16. 상시적인 모니터링과 독립적인 평가 수행) 회사는 상시적인 모니터링과 독립적인 평가 방안을 수립하여 내부회계관리제도 설계 및 운영의 적정성을 평가한다.

원칙 달성을 위한 중점 고려사항

53.1 상시적인 모니터링과 독립적인 평가의 결합 고려 – 경영진은 상시적인 모니터링과 독립적인 평가의 균형을 고려한다.

53.2 변화의 정도 고려 – 경영진은 상시적인 모니터링과 독립적인 평가를 선택하고 구축할 때, 업무와 업무프로세스의 변화의 정도를 고려한다.

53.3 출발점(Baseline)의 설정 – 내부회계관리제도의 설계와 현재 상태는 상시적인 모니터링과 독립적인 평가를 위한 출발점을 수립하는 데 활용된다.

53.4 충분한 지식을 갖춘 인력 활용 - 상시적인 모니터링과 독립적인 평가를 수행하는 평가자들은 평가대상에 대한 충분한 지식을 보유하고 있다.

53.5 업무프로세스와의 통합 - 상시적인 모니터링은 업무프로세스에 내제되고 변화하는 상황에 따라 조정된다.

53.6 범위와 빈도 조정 - 경영진은 위험의 중요성에 따라 독립적인 평가의 범위와 빈도를 달리 한다.

53.7 객관적인 평가 - 객관적인 피드백을 제공하기 위해 주기적으로 독립적인 평가가 수행된다.

54. (원칙 17. 미비점 평가와 의사소통) 회사는 내부회계관리제도의 미비점을 평가하고 필요한 개선활동을 적시에 시행한다.

원칙 달성을 위한 중점 고려사항

54.1 결과 평가 - 경영진과 이사회는 상시적인 모니터링과 독립적인 평가 결과에 대해 적절히 평가한다.

54.2 미비점 의사소통 - 내부회계관리제도의 미비점은 개선활동을 수행할 책임이 있는 담당자와 책임자(일반적으로 차상위자, 필요시 고위 경영진과 이사회 포함), 이사회와 적절하게 의사소통된다.

54.3 개선활동에 대한 모니터링 활동 - 경영진은 통제 미비점들이 적시에 개선되는지 확인한다.

보론 3 개정 내부회계관리제도 평가 및 보고 모범규준 (내부회계관리제도운영위원회 2018년 제정, 2019년 개정)

제1장 개요

목적 및 적용

1. 내부회계관리제도는 회사의 재무제표가 일반적으로 인정되는 회계처리기준(이하 "회계기준"이라 함)에 따라 작성・공시되었는지에 대한 합리적 확신을 제공하기 위해 설계・운영되는 내부통제제도의 일부분으로서 회사의 경영진과 이사회를 포함한 모든 구성원들에 의해 지속적으로 실행되는 과정이다.
2. 주식회사 등의 외부감사에 관한 법률(이하 "외감법"이라 함)은 경영진으로 하여금 신뢰할 수 있는 회계정보의 작성과 공시를 위하여 내부회계관리제도를 유지하도록 요구하는 동시에 내부회계관리제도에 대한 합리적 확신을 제공하기 위해 내부회계관리제도가 효과적으로 설계・운영되는지 여부를 매 사업연도마다 평가하고 투자자들에게 그 평가 결과를 공표하도록 요구하고 있다.
3. 경영진은 외감법 제8조에 따라 내부회계관리제도를 설계・운영하기 위하여 준거기준으로 사용할 일반적으로 인정되는 내부통제제도 체계(이하 "내부통제체계"라 함)를 선택하여야 한다. 일반적으로 인정되는 내부통제체계는 회사가 내부회계관리제도를 설계・운영하는 데 필요한 기본원칙을 제시하는 기준으로서, 효과적인 내부통제에 실제 존재하고 작동할 것으로 기대되는 내부통제의 구성내용을 정의한다.
4. 경영진은 일반적으로 인정되는 내부통제체계로서 내부회계관리제도운영위원회(이하 "운영위원회"라 함)가 발표한 "내부회계관리제도 설계 및 운영 개념체계(이하 "설계・운영 개념체계"라 함)"를 사용할 수 있으며 또한 경영진은 보다 적절하다고 판단하는 경우 다른 내부통제체계(예를 들어, COSO Framework(미국) 등 외감법 제8조의 정의에 부합되는 기타 기준)를 일반적으로 인정되는 내부통제체계로 사용할 수도 있다. 운영위원회는 경영진이 회사의 환경 및 상황을 고려하여 적절하고 유용한 내부통제체계를 검토하고 선택하는 것을 권장한다.
5. 본 내부회계관리제도 평가 및 보고 모범규준(이하 "평가・보고 모범규준"이라 함)은 경영진이 선택한 내부통제체계에 따라 설계・운영한 내부회계관리제도의 평가 및 보고에 관한 지침을 제공하는 것을 목적으로 한다. 본 평가・보고 모범규준은 내부회계관리제도 평가 시 하향식 접근방법 또는 위험기반의 접근방법을 적용할 수 있는 방안을 제공한다. 본 평가・보고 모범규준을 준수하여 내부회계관리제도를 평가하는 것은 외감법 제8조에서 제시하는 내부회계관리제도의 평가 요구사항을 충족할 수 있는 하나의 방법이다.

5.1 내부회계관리제도 평가 · 보고와 관련하여 외감법에서 요구하고 있는 사항은 다음과 같다.

- 회사의 대표자는 사업연도마다 주주총회, 이사회 및 감사(또는 감사위원회)에게 해당 회사의 내부회계관리제도운영실태를 대면(對面)보고하여야 한다. 회사의 대표자가 필요하다고 판단하는 경우 이사회 및 감사에 대한 보고는 내부회계관리자가 하도록 할 수 있다(외감법 제8조 제4항).
- 회사의 감사(또는 감사위원회)는 내부회계관리제도의 운영실태를 평가하여 이사회에 사업연도마다 보고하고 그 평가보고서를 해당 회사의 본점에 5년간 비치하여야 한다. 이 경우 내부회계관리제도의 관리 · 운영에 대하여 시정 의견이 있으면 그 의견을 포함하여 보고하여야 한다(외감법 제8조 제5항).
- 그 밖에 신뢰할 수 있는 회계정보의 작성과 공시를 위하여 필요한 사항으로서 외감법 시행령에서 정하는 사항

6. 본 평가 · 보고 모범규준은 회사가 외감법에서 요구하는 내부회계관리제도를 내부통제체계에 따라 이미 구축하여 운영하고 있음을 가정한다. 따라서 본 평가 · 보고 모범규준에서는 회사가 선택한 내부통제체계에 부합하도록 하기 위하여 내부회계관리제도를 어떻게 설계 · 운영하여야 하는지에 대한 지침은 제공하지 않는다. 또한 본 평가 · 보고 모범규준은 외부 재무보고 목적 이외 내부통제시스템의 효과성을 평가하는 절차까지 포함하지는 않는다.

내부회계관리제도 평가의 의의

7. 경영진은 내부회계관리제도의 설계 · 운영 평가에 합리적인 확신을 제공하기 위한 문서화를 포함한 증거자료를 유지할 책임이 있다. 이를 통하여 외부감사인과 같은 제3자가 증거자료를 기반으로 경영진이 수행한 내부회계관리제도와 관련된 업무의 타당성을 확인할 수 있다.

8. 내부회계관리제도는 인적 오류로 인한 잘못된 판단 및 부주의 등 내부통제의 고유 한계로 인하여 절대적 확신을 제공할 수 없다. 또한, 내부회계관리제도는 공모 또는 부적절한 경영진의 통제 무시(management override)를 통해 우회될 수 있다. 이러한 한계 때문에 내부회계관리제도는 의도하지 않은 오류 혹은 부정 여부와 관계없이 모든 왜곡표시를 예방 또는 적발할 수 없다. 그러나 이러한 고유 한계는 재무보고 프로세스의 특징으로 잘 알려져 있기 때문에 고유 한계로부터 발생하는 위험을 제거하지는 못하더라도 이를 감소시키기 위한 절차를 안전장치로서 설계하는 것이 바람직하다.

9. 설계 · 운영 개념체계에서 제시한 "합리적 확신"이란, 이른바 회사의 회계와 내부회계관리제도에 충분한 전문지식을 갖춘 객관적인 관리자(prudent official)를 만족시키기에 충분한 확신과 정교함의 수준을 의미한다. 이러한 "합리성"은 회사 기록에 대한 정확성의 절대적 기준을 의미하지 않는다. "합리성"이 객관적인 기준이지만, 내부회계관리제도를 적용 및 실행하는 데 있어 어느 정도가 합리적인지에 대한 회사의 판단이 필요하다. 따라서 평가 · 보고 모범규준에서 "합리적", "합리적인", "합리성"이라는 문구는 하나의 결론이나 방법론을 의미하는 것이 아니라 회사의 결정에 근거가 될 수 있는 다양하고 적절한 업무 절차, 결론, 방법론을 포함할 수 있다.

10. 합리적인 결론을 도출하기 위한 다양한 방법을 허용하고 이에 따른 유연성을 제공하기 위해 평가·보고 모범규준에서는 다음과 같은 사항을 제시한다.
- 내부회계관리제도 평가에 일상적인 업무과정, 자가평가 및 기타 상시적인 모니터링의 적용 방안
- 설계·운영 개념체계에 제시된 문서화의 목적에 부합하는 유연한 내부회계관리제도 평가 방식에 대한 문서화 방법
- 위험평가 결과가 낮은 영역과 관련된 적절한 증거자료의 범위 결정 시, 상당한 수준의 유연성 제공
- 외부감사인과 다른 테스트 방법을 적용하는 것을 허용

평가 및 보고의 원칙

11. 평가·보고 모범규준은 다음의 두 가지 원칙을 제시한다.

11.1 첫 번째 원칙은 경영진이 재무제표의 중요한 왜곡표시를 적시에 예방하거나 적발하지 못할 위험을 적절히 다루기 위한 통제활동을 설계 및 구축하였는지 평가하는 것이다. 평가·보고 모범규준은 동 원칙에 대한 접근방법으로 전사적 수준 통제의 역할을 포함하여 재무보고 위험을 평가하고 통제의 적정성을 평가하는 데 있어 적용할 하향식 접근방법 또는 위험기반의 접근방법을 설명한다. 이를 통해, 평가·보고 모범규준은 경영진이 재무제표의 중요한 왜곡표시 위험을 적절히 다룰 수 있는 통제에 집중하도록 함으로써 내부회계관리제도의 효율성 증대방안을 제시한다.

평가·보고 모범규준은 경영진에게 프로세스의 모든 통제를 식별하거나 내부회계관리제도에 영향을 주는 모든 업무프로세스의 문서화를 요구하지는 않는다. 오히려 경영진은 중요한 왜곡표시 위험을 적절하게 다룰 수 있는 통제의 설계 및 운영을 평가하는 데 필요한 문서화와 평가 절차에 중점을 둘 수 있다. 예를 들어, 만약 경영진이 중요한 왜곡표시 위험이 전사적 수준의 통제에 의해 충분히 관리되었다고 판단한다면 다른 통제에 대한 추가적인 평가는 필요하지 않을 수 있다.

11.2 두 번째 원칙은 경영진이 위험평가에 기초하여 통제 운영에 대한 평가를 수행하여야 한다는 것이다. 평가·보고 모범규준은 내부회계관리제도 평가에 필요한 증거에 대해 위험기반의 접근방법을 제시한다. 이를 통해 경영진이 재무보고의 신뢰성에 위험을 초래하는 정도에 따라, 평가 절차의 성격과 범위를 결정할 수 있도록 한다. 결과적으로, 경영진은 위험이 낮은 부문의 증거자료를 수집할 경우 자가평가와 같은 좀 더 효율적인 접근방식을 적용할 수 있으며, 위험이 높은 부문의 증거자료를 수집할 경우 좀 더 광범위한 테스트를 수행할 수 있다.

11.3 제시된 두 가지 원칙에 따라, 다양한 규모와 복잡성을 가진 회사들이 내부회계관리제도 평가를 효과적이고 효율적으로 수행할 수 있을 것이다.

12. 본 평가·보고 모범규준은 내부회계관리제도가 효과적인지 평가하기 위한 실무적인 지침을 제공하고, 회사의 고유한 특성에 부합하는 평가 절차를 수립하기 위해 경영진이 회사의 경험과 정보에 근거한 판단을 적용하여야 한다는 내용을 반복하고 있다. 이를

09

통하여 경영진이 평가 절차를 수립하기 위한 충분하고 적절한 유연성을 가질 수 있도록 한다. 일반적으로 대기업보다 덜 복잡한 내부통제시스템을 가지고 있는 중소기업은 회사가 처한 환경과 상황에 맞게 평가방법과 절차를 조정할 수 있다. 운영위원회는 중소기업이 효율적이고 효과적인 내부회계관리제도 평가를 수행하는 과정에서 본 평가·보고 모범규준을 유연하게 적용하는 것을 권장한다.

13. 내부회계관리제도의 최초 평가를 수행하는 데 필요한 업무의 정도는 회사마다 다를 것이다. 이는 회사가 기존에 수행하고 있는 위험평가 절차와 관련된 내부통제 모니터링 활동이 다르기 때문이기도 하다. 최초 평가가 수행된 이후에는 재무보고 위험과 관련 통제를 식별하기 위한 경영진의 노력은 줄어드는 것이 일반적이다. 왜냐하면 후속 평가는 모든 재무보고 위험과 관련된 통제의 식별보다는 기존에 적절하게 파악된 위험과 관련 통제의 변화사항에 집중하기 때문이다.

14. 위험평가 및 관련된 통제 식별 절차를 통해, 경영진은 외부 재무보고의 신뢰성에 대한 합리적인 확신을 제공하기 위해 필요한 통제만을 선정하고, 해당 통제 운영에 대한 증거를 효율적으로 획득할 수 있을 것이다. 통제가 지속적으로 효과적인지 평가하기 위한 절차의 성격과 범위는 회사의 상황에 따라 조정될 수 있으며, 이를 통하여 불필요한 관련 비용을 줄일 수 있다.

내부회계관리제도의 미비점

15. 내부회계관리제도의 미비점은 경영진과 임직원이 담당 업무를 수행하는 정상적인 과정에서 재무제표 왜곡표시를 예방하거나 적시에 적발할 수 없을 때 발생하며, 설계의 미비점 또는 운영의 미비점으로 구분할 수 있다.

15.1 설계의 미비점은 내부회계관리제도의 목적을 달성하기 위한 내부통제가 존재하지 않거나, 내부회계관리제도가 적절하게 설계되어 있지 않아서 내부회계관리제도가 설계된 대로 작동하더라도 그 목적이 달성되지 못할 때 발생한다.

15.2 운영의 미비점은 적절하게 설계된 내부회계관리제도가 설계된 대로 운영되지 않거나, 통제를 수행하는 담당자가 통제를 효과적으로 수행하기 위해 필요한 권한이나 자질을 갖고 있지 않을 때 발생한다.

내부회계관리제도의 미비점의 분류

16. 내부회계관리제도의 미비점은 재무제표 왜곡표시의 발생 가능성 및 금액적 중요성에 따라 단순한 미비점, 유의한 미비점, 중요한 취약점*으로 구분하며, 중요한 취약점이 발견된 경우에는 경영진은 회사의 내부회계관리제도가 효과적이라고 결론지을 수 없다. 경영진은 발견된 모든 미비점을 개별적으로 그리고 다른 미비점과 결합하여 평가하여, 회사의 내부회계관리제도에 유의한 미비점 또는 중요한 취약점이 존재하는지 여부를 평가한다.

* 내부회계관리제도의 중요한 취약점(Material Weakness)은 내부통제의 중요한 미비점(Major Deficiency) 수준에 대응된다.

<table>
<tr><td>준거기준</td><td>내부통제제도의 미비점 분류
(내부회계관리제도 개념체계 문단 7)</td><td>내부회계관리제도의 미비점 분류
(내부회계관리제도 개념체계 문단 27 및 본 평가 · 보고 모범규준)</td></tr>
<tr><td rowspan="3">미비점 구분</td><td>중요한 미비점(Major Deficiency)</td><td>중요한 취약점(Material Weakness)</td></tr>
<tr><td rowspan="2">미비점(Deficiency)</td><td>유의한미비점(Significant Deficiency)</td></tr>
<tr><td>미비점(Deficiency)</td></tr>
</table>

16.1 중요한 취약점이란 하나 또는 여러 개 미비점의 결합으로서 재무제표상 중요한 왜곡표시가 예방 또는 적시에 적발되지 못할 가능성이 낮지 않은(reasonable possibility) 경우를 말한다.

16.2 일반적으로 발생가능성은 i) '낮은(remote)', ii) '합리적으로 발생가능한(reasonably possible)', iii) '높은(probable)'의 세 단계로 구분되는데, 여기에서 ii) '합리적으로 발생가능한(reasonably possible)' 또는 iii) '높은(probable)' 가능성의 경우 '가능성이 낮지 않은(reasonable possibility) 경우'에 해당한다.

* i) '낮은(remote)' 분류에 해당하지 않는 경우 '가능성이 낮지 않은(reasonable possibility)' 경우에 해당하며, 이에 따라 실무적으로는 이를 'more than remote(낮지 않은 발생가능성)'이라고 표현하기도 함.

16.3 유의한 미비점이란 중요한 취약점으로 분류될 수준은 아니지만, 회사의 재무보고를 감독할 책임이 있는 이사회, 감사(위원회) 등이 주목할 만한 하나 또는 여러 개 통제상 미비점의 결합을 의미한다.

내부회계관리제도 관련 법규의 고려

17. 회사는 내부회계관리제도 평가 및 보고 시 외감법 등 내부회계관리제도 관련 법규 요구사항의 준수 여부를 평가하여야 한다. 주요 평가 대상으로 다음 항목의 적정성을 고려하여야 한다.
- 내부회계관리 규정과 관리 운영
- 내부회계관리제도 조직 및 내부회계관리자 지정
- 회계정보의 작성, 변경, 폐기 관련 규정과 적용
- 내부회계관리제도 설계 및 운영
- 내부회계관리제도 평가 및 보고 절차
- 기타 관련 법규 등에서 규정하는 사항

제2장 평가 절차

내부회계관리제도의 평가 개요

18. 내부회계관리제도는 회사의 재무제표가 회계기준에 따라 작성 및 공시되었는지에 대한 합리적 확신을 제공하는 것을 목적으로 한다. 내부회계관리제도의 평가 목적은 경영진이 회계연도 말 시점의 내부회계관리제도에 중요한 취약점의 존재 여부를 평가하는 데 있어서 합리적인 근거를 제공하는 데 있다. 이를 달성하기 위해, 경영진은 재무보고의 신뢰성

09

에 대한 위험을 식별하고, 이러한 위험을 처리하기 위한 통제가 존재하는지 평가하며, 위험평가에 근거한 통제 운영에 대한 증거를 평가하여야 한다.

19. 평가 절차는 기업마다 다를 수 있다. 그러나 본 평가 · 보고 모범규준에서 설명하는 하향식 접근방법 또는 위험기반의 접근방법은 일반적으로 평가를 수행하는 가장 효율적이고 효과적인 방법일 것이다.
20. 평가 절차는 두 개의 부문으로 되어 있다. 첫 번째 부문은 외부 재무보고의 위험을 식별하고 식별된 위험과 관련하여 경영진이 구축한 내부회계관리제도가 해당 위험을 적절히 처리할 수 있도록 설계되었는지를 평가(설계의 효과성 평가)하는 방법을 설명한다. 두 번째 부문은 내부회계관리제도의 운영이 효과적인지를 평가(운영의 효과성 평가)하기 위한 방법, 절차 및 적용할 수 있는 판단의 방법을 설명한다. 두 개의 부문 모두 전사적 수준 통제가 내부회계관리제도 평가 절차에 어떻게 영향을 주는지를 설명하고 있으며, 경영진이 재무제표 왜곡표시 위험이 높은 분야에 평가의 중점을 둘 수 있는 방법을 설명한다.
21. 경영진의 내부회계관리제도의 효과성에 대한 사업연도별 평가는 반드시 회사가 선택한 내부통제체계에서 제시하는 효과적인 내부통제에 대한 정의에 부합하는지 여부를 확인하여야 한다. 또한, 내부회계관리제도의 효과성을 평가하는 데 있어서 경영진은 그 내부통제 구성내용이 효과적인 내부회계관리제도에 필요한 정책, 절차 및 활동을 포함하고 있는지 여부를 평가한다.

재무보고 위험과 통제에 대한 식별

22. 경영진은 내부회계관리제도의 목적을 달성하기 위한 통제가 잘 설계 및 운영되었는지 평가하여야 한다. 경영진의 평가는 재무보고의 신뢰성에 대한 위험의 식별과 평가로부터 출발한다. 그리고 경영진은 재무보고의 신뢰성에 대한 위험을 처리하는 데 합리적인 확신을 제공할 수 있도록 통제가 설계 및 운영되고 있는지 여부를 평가하여야 한다. 경영진은 평가된 위험을 적절하게 다루는 통제를 식별하는 데 있어 회사의 전사적 수준의 통제 평가 결과를 고려하여야 한다.
23. 평가 · 보고 모범규준에서 제시된 평가 방법은 아래에서 설명하는 각 회사의 재무보고 위험에 따라 경영진이 관련 통제를 식별하고 통제에 대한 증거자료를 유지하는 방법에 적용할 수 있도록 한다.

재무보고 위험의 식별

24. 경영진은 왜곡표시 위험이 개별적으로 또는 다른 요소들과 결합하여 재무제표의 중요한 왜곡표시로 나타날 수 있는지 식별하여야 한다. 일반적으로 재무보고 위험의 식별은 회계기준의 요구 사항이 회사의 사업, 운영 및 거래에 어떻게 적용되고 있는지 평가하는 것으로 시작한다. 경영진은 회계기준에 따라 회사의 재무상태, 재무성과 및 현금흐름을 공정하게 표시하는 재무제표를 투자자에게 제공하여야 한다. 하나 이상의 재무제표 금액과 공시사항에 누락을 포함한 중요한 왜곡표시가 있는 경우 적정한 표시가 아니다.

25. 경영진은 사업 및 조직, 운영과 프로세스에 대한 지식과 이해를 바탕으로 재무보고 요소의 왜곡표시 위험과 그 원천을 고려한다.

26. 또한, 왜곡표시 위험은 재무보고와 관련된 거래의 개시, 승인, 처리, 기록 및 수정절차와 같은 원천으로부터 발생할 수 있다. 경영진은 잠재적 왜곡표시 가능성과 원천 및 중요한 왜곡표시가 발생하는 원인을 식별하기 위해 재무보고 요소에서 "무엇이 잘못될 수 있는가"를 고려하는 것이 효과적이다.

27. 재무보고 위험을 식별하기 위한 방법 및 절차는 회사의 특성에 따라 달라질 수 있다. 이러한 특성에는 회사의 크기, 복잡성, 조직구조와 프로세스 및 재무보고 환경뿐만 아니라 경영진이 채택한 내부통제체계에서 제시하는 방안 등이 포함된다. 예를 들어, 대규모 비즈니스나 복잡한 비즈니스 프로세스에서 재무보고 위험을 식별하기 위해 경영진은 전문 지식을 가진 직원을 포함하여 다양한 직원들을 참여시킬 수 있다. 참여한 인원은 회계기준과 거래를 발생부터 승인, 기록 및 처리하는 데 필요한 시스템을 포함한 관련된 프로세스 및 절차를 충분히 이해할 필요가 있다. 반면, 프로세스 또는 위험이 거의 변화하지 않고 덜 복잡한 비즈니스 프로세스를 가진 중소기업의 경우, 경영진의 일상적인 모니터링 활동이 재무보고 위험을 적절히 식별하는 데 충분한 정보를 제공할 수 있다.

28. 경영진의 왜곡표시 위험에 대한 평가는 부정한 재무보고, 자산의 남용 및 부패와 같은 부정에 대한 기업의 취약점과 해당 취약점으로 인해 재무제표가 중요하게 왜곡표시될 수 있는지에 대한 고려가 포함되어야 한다. 부정위험 평가에 요구되는 업무의 정도는 회사의 운영 활동과 재무보고 환경의 규모 및 복잡성에 비례한다.

29. 경영진은 부정에 의한 왜곡표시 위험이 규모나 유형에 관계없이 모든 조직에 일반적으로 존재하며, 특정 지역 또는 부문 및 개별 재무보고 요소에 따라 다를 수 있음을 인식하여야 한다. 예를 들어, 모든 규모와 유형의 회사에서 부정한 재무보고를 초래할 수 있는 부정위험의 유형은 경영진의 내부회계관리규정이나 통제를 무시할 위험이다.

재무보고 위험을 적절히 다룰 수 있는 통제의 식별

30. 경영진은 회사의 재무보고 위험을 적절하게 다루는 통제가 운영되고 있는지 평가하여야 한다. 개별 통제 또는 통제의 결합하여 재무보고 위험을 적절히 처리하고 있는지 여부를 결정하는 것은 통제가 적절하게 운영된다면 재무제표의 중요한 왜곡표시를 초래할 수 있는 오류를 효과적으로 예방하거나 적발할 수 있는지에 대한 판단을 포함한다. 내부회계관리제도에 미비점이 존재한다고 경영진이 판단했다면 중요한 취약점에 해당하는지 여부를 결정하기 위해 발견된 미비점을 평가하여야 한다. 본 평가 · 보고 모범규준 제3장 내 '통제 미비점에 대한 평가' 부분에서 경영진이 해당 평가를 할 수 있도록 지원한다.

31. 경영진은 재무보고 위험을 적절하게 처리할 수 있는 예방통제, 적발통제 또는 두 가지를 결합한 통제를 식별할 것이다. 재무보고 요소에 대한 왜곡표시 위험을 처리하기 위해서는 하나 이상의 통제가 있을 수 있다. 반면에 하나의 통제가 하나 이상의 재무보고 요소의 위험을 처리할 수도 있다.

09

32. 만약, 재무보고 위험을 다루기 위해 중복되는 통제가 필요한 경우가 아니라면 중복 통제를 포함한 존재하는 모든 통제를 식별할 필요는 없다. 예를 들어, 경영진은 재무제표의 중요한 왜곡표시를 초래할 수 있는 이자비용의 왜곡표시 위험이 회사의 기말 재무제표 작성 절차 관련 통제에 의해 충분히 관리될 수 있다고 판단할 수 있다. 이러한 경우에 경영진은 내부회계관리제도의 평가 목적상 이자비용의 왜곡표시 위험과 관련하여 추가적인 통제에 대한 평가가 필요하지 않다고 판단할 수 있다.

33. 또한 경영진은 식별된 재무보고 위험 통제 운영 평가의 효율성을 고려할 수 있다. 하나 이상의 통제가 존재하고 각각 재무보고 위험을 적절하게 처리하는 경우, 경영진은 운영의 효과성 증거를 보다 효율적으로 얻을 수 있는 통제를 평가 대상으로 선택할 수 있다. 또한, 적절한 정보기술 일반통제가 존재하고 해당 통제의 운영이 효과적이라고 판단한다면 경영진은 자동통제가 수동통제보다 평가하기에 보다 더 효율적이라고 판단할 수 있다.

34. 구체적인 개별 재무보고 요소의 위험을 처리하는 통제를 식별하는 것 외에, 경영진은 기말 재무제표 작성 절차에 대한 통제, 전사적 수준과 전반적 요소를 처리할 수 있는 통제 등을 포함하여 평가한다. 예를 들어, 일반적으로 통제환경과 관련된 통제, 경영진의 통제 무시 위험과 관련한 통제, 전사적 수준의 위험평가 프로세스 및 모니터링 활동, 그리고 기말 재무제표 작성 절차에 대한 통제 및 중요한 통제와 위험관리 활동과 관련된 정책 등이 효과적인 내부통제에 부합하는지 여부를 평가하는 것을 포함한다.

35. 재무보고 위험을 다루는 통제 식별 시, 경영진은 통제가 설계된 대로 작동하지 않을 위험과 관련된 통제의 특성을 인지할 수 있다. 예를 들어, 통제의 복잡성과 통제 적용에 필요한 판단의 정도를 확인하고 운영 평가의 방법, 범위 및 시기 등을 결정하는 데 이용할 수 있다.

36. 통제 식별 과정의 마지막으로, 경영진은 내부회계관리제도의 목적을 달성하는 데 필요한 통제를 평가하고 통제의 운영에 대한 증거를 확인하고, 통제 운영의 증거를 효과적이고 효율적으로 획득할 수 있는 방안을 확인할 수 있다.

전사적 수준 통제의 고려

37. 경영진은 재무보고 요소에 대한 위험 및 관련 통제를 식별할 때 회사의 전사적 수준 통제의 효과성을 고려한다.

38. 이 과정에서, 경영진은 설계·운영 개념체계에서 요구하는 효과적인 내부회계관리제도를 위한 요건과 전사적 수준 통제들이 재무보고 요소와 연관되는 방식을 고려하는 것이 중요하다. 단, 재무보고 요소와의 관계가 직접적이지 않을수록 통제가 왜곡표시를 예방하거나 적발하는 데 덜 효과적일 수 있다.

39. 통제환경과 관련된 통제와 같은 일부 전사적 수준 통제는 간접적이지만 적시에 왜곡표시를 예방하거나 적발할 가능성에 중요한 영향을 미친다. 이러한 통제는 경영진이 재무보고 요소에 대한 위험을 적절하게 다루기 위하여 필요한 다른 통제들을 결정하는 데 영향을 미칠 수 있다. 그러나 경영진은 재무보고 요소에 대하여 식별된 위험을 적절하게 다루기 위하여 이러한 유형의 전사적 수준 통제만을 식별하지는 않을 것이다.

40. 일부 전사적 수준 통제는 하위 수준의 통제가 실패할 가능성을 식별할 수 있도록 설계될 수도 있지만, 해당 전사적 수준 통제만으로 재무보고 위험을 적절하게 처리할 수 있는 것은 아니다. 예를 들어, 통제 운영의 결과를 모니터링하는 전사적 수준 통제는 잠재적인 왜곡표시를 적발하고 하위 수준의 통제가 실패하였는지 조사하도록 설계될 수 있다. 그러나 모니터링 통제에 의하여 적발되기 전까지 존재할 수 있는 잠재적인 왜곡표시의 금액이 너무 큰 경우 해당 통제는 재무보고 요소와 관련된 위험을 적절하게 처리하지 못할 수 있다.
41. 전사적 수준 통제는 프로세스, 응용시스템, 거래 또는 계정과목 수준에서 재무제표의 중요한 왜곡표시를 초래할 수 있는 재무보고 요소의 왜곡표시를 예방하거나 적시에 적발할 수 있도록 충분히 정교하게 설계되고 운영될 수 있다. 이러한 경우, 경영진은 재무보고 위험과 관련된 추가적인 통제를 식별하거나 평가할 필요가 없을 수 있다.

정보기술 일반통제의 역할

42. 경영진이 재무보고 위험을 다루기 위하여 식별한 통제들은 자동화되거나, IT기능에 의존하거나 수동 및 자동화된 절차의 결합일 수 있다. 이러한 경우, 경영진은 평가 과정에서 자동통제 및 IT에 의존하는 통제와 함께 해당 IT기능을 제공하는 시스템에 대한 정보기술 일반통제의 설계 및 운영을 고려한다. 일반적으로 정보기술 일반통제만으로 재무보고 위험을 적절하게 처리할 수는 없지만, 적절하고 지속적인 자동통제 또는 IT기능은 효과적인 정보기술 일반통제에 의존한다. IT와 관련된 위험과 통제의 식별은 별도로 평가되어서는 안 되며, 경영진이 재무보고 위험과 통제를 식별하고 평가에 필요한 증거자료를 결정하는 과정에서 사용되는 하향식, 위험기반 접근방법에 따라 수행되어야 한다.
43. 내부회계관리제도 평가에 연관되는 정보기술 일반통제의 대상 시스템 및 통제는 회사의 상황에 따라 다를 수 있다. 내부회계관리제도 평가 목적으로 경영진은 재무보고 위험을 적절하게 처리하기 위하여 설계된 통제가 적절하고 지속적으로 운영되는 데 필요한 정보기술 일반통제만을 평가할 수 있다. 예를 들어, 경영진은 프로그램 개발, 프로그램 변경, 컴퓨터 운영, 프로그램과 데이터에 대한 접근과 같은 정보기술 일반통제 영역의 특정 부분을 회사의 상황에 맞게 적용하는 것을 고려한다. 즉, 재무보고 위험을 처리하는 것과 관련이 없으며, 회사의 운영 측면의 효과성 또는 효율성과 주로 관련된 정보기술 일반통제를 평가할 필요는 없다.

평가의 근거자료

44. 내부회계관리제도 평가 시, 경영진은 반드시 평가 결론을 뒷받침할 수 있는 합리적인 수준의 근거자료를 유지하여야 한다. 효과적인 내부회계관리제도를 위하여 필요한 전사적 수준 통제 및 다른 전반적인 구성요소를 포함한 위험을 적절히 처리하기 위해 경영진이 수행하는 통제 설계에 대한 문서화는 합리적인 근거자료의 필수적인 부분이다. 문서화의 형식과 범위는 회사의 규모, 성격, 복잡성에 따라 달라질 수 있으며, 종이 문서, 전자문서, 또는 다른 미디어 등 다양한 형태일 수 있다.

45. 또한 문서화는 정책 및 절차 매뉴얼, 업무흐름도, 조직도, 직무기술서, 내부 기안문, 양식 등 여러 가지 방법으로 수행될 수 있다. 문서화는 재무보고에 영향을 미치는 프로세스 내에 존재하는 모든 통제를 포함할 필요는 없으며, 경영진이 재무보고 위험을 적절하게 해결할 수 있다고 결정한 통제만 포함할 수 있다.

46. 통제 설계에 대한 문서화는 내부회계관리제도 평가뿐만 아니라 효과적인 내부통제 시스템의 다른 목적들도 지원한다. 예를 들어, 통제의 변화 여부를 포함하여 내부회계관리제도상 통제가 식별되었고, 통제 수행 책임자와 의사소통되었으며, 회사에 의해 모니터링될 수 있다는 근거로 사용될 수 있다.

내부회계관리제도 설계 및 운영의 효과성 평가

47. 경영진은 내부회계관리제도 설계와 운영의 효과성에 대한 증거자료를 평가하여야 한다. 통제 설계의 효과성을 평가할 때는 통제가 정책 및 절차와 긴밀하게 연계되는지, 관련된 위험이 충분히 처리될 정도로 정교한지, 예외사항 발생 시의 대응 방안 등이 적절한지 확인한다. 회사의 주요 프로세스에 대한 추적조사는 매우 효과적인 설계 평가 방법 중 하나이다. 회사의 내부회계관리제도의 최초 설계와 변화관리체계가 적절하게 운영되는 경우, 동 절차로 설계 평가를 대신할 수 있다. 이러한 경우 후속 연도마다 내부회계관리제도 전체 설계 문서를 새로 작성하지 않더라도, 전년 대비 변화사항에 대한 설계 평가가 적시에 이뤄졌을 것이다. 이와 반대로 내부회계관리제도의 설계에 대한 변화관리가 적절히 이루어지지 못하는 경우 설계 평가를 위한 추적조사를 확대 적용하는 것을 고려한다. 변화관리체계는 기중에 발생하는 내부회계관리제도에 영향을 미치는 변화사항을 식별하고 위험을 평가하여 대응하는 통제활동의 설계 및 변경을 수행하고 관련 내부회계관리제도 문서를 업데이트하는 절차로 구성된다.

48. 통제 운영의 효과성을 평가할 때는 통제가 설계된 대로 운영되고 있는지 여부와 통제를 수행하는 인원이 효과적으로 통제를 수행하는 데 필요한 권한과 능력을 보유하고 있는지 고려하여야 한다. 재무보고 요소에 대한 위험을 적절하게 처리하기 위하여 식별된 통제의 운영에 대한 증거자료 수집 절차는 개별 재무보고 요소의 성격 등이 고려된 고유위험 및 관련된 통제위험에 따라 조정된다.

49. 경영진은 일반적으로 재무보고 요소의 왜곡표시 위험이 높은 영역의 통제 운영 평가에 중점을 두어야 한다. 또한, 경영진은 재무보고 위험평가 시 통제환경의 상대적인 강점 및 약점과 같은 전사적 수준 통제의 영향을 고려하여야 한다. 전사적 수준 통제가 특정 통제가 작동하지 않을 위험에 영향을 미칠 수 있기 때문이다.

50. 통제의 효과적인 운영에 대한 증거자료는 통제에 대한 독립적인 평가 또는 상시적인 모니터링을 통하여 얻을 수 있다. 통제의 효과적인 운영에 대한 충분한 증거자료를 얻기 위한 평가 절차의 성격, 시기, 범위는 내부회계관리제도의 위험평가 결과에 따라 다르다. 입수한 통제 운영의 증거자료가 내부회계관리제도 운영 평가에 대한 합리적인 근거가 될 수 있는지 검토할 때, 경영진은 증거자료의 양(예를 들어, 표본의 크기)뿐만 아니라 증거자료의 질적 특성도 고려하여야 한다.

51. 증거자료의 질적 특성은 수행된 평가 절차의 성격, 증거자료와 연관된 기간, 통제를 평가하는 인원의 객관성, 상시적인 모니터링 대상과 관련되거나 모니터링 항목의 기반이 되는 통제를 독립적인 평가에 포함하는 방식 등이 예가 될 수 있다. 증거자료의 충분성은 이러한 속성 중 어떤 하나의 속성에 의해서 개별적으로 결정되는 것은 아니다.

평가 시 필요한 증거자료 결정

52. 경영진은 내부회계관리제도 평가 시 필요한 증거자료를 결정하기 위하여 재무보고 요소에 대한 위험을 적절하게 처리할 수 있도록 식별된 통제가 효과적으로 설계 및 운영되지 않을 위험(이하 "통제위험"이라 함)을 평가하여야 한다. 이러한 평가 시 통제가 관련되어 있는 재무보고 요소의 특성 및 통제 자체의 특성을 고려하여야 한다.

53. 경영진은 재무보고 요소의 왜곡표시 위험을 판단할 때 재무보고 요소 자체의 중요성과 이를 구성하는 계정잔액, 거래 또는 기타 정보의 민감성 등을 고려한다. 재무보고 요소의 금액이 증가할수록 재무제표가 왜곡표시될 수 있는 금액이 증가하므로, 경영진의 재무보고 요소에 대한 왜곡표시 위험도 비례하여 증가한다.

54. 추가적으로, 경영진은 중요한 왜곡표시가 발생하기 쉬운 거래, 계정잔액 또는 기타 정보를 포함하는 재무보고 요소를 고려한다. 재무보고 요소에서 중요한 왜곡표시의 발생 가능성은 다음을 고려하여 판단한다.

- 계정과목 등의 금액을 결정하는 데 필요한 판단의 정도
- 부정 발생의 가능성
- 회계처리의 복잡성
- 계정과목 등을 구성하는 거래의 성격 또는 규모의 변화 정도
- 기술적, 경제적 발전과 같은 환경적 변화에 대한 민감도

55. 경영진은 통제가 효과적으로 운영되지 못할 위험을 판단할 때 다음 사항을 고려한다.

- 통제의 유형(즉, 수동통제 또는 자동통제)과 수행 빈도
- 통제의 복잡성
- 경영진의 통제 무시 위험
- 통제를 수행하기 위하여 필요한 판단의 정도
- 통제를 수행하거나 통제 운영의 적정성을 모니터링하는 인원의 역량
- 통제를 수행하거나 통제 운영의 적정성을 모니터링하는 주요 인원의 변동 여부
- 통제가 예방 또는 적발하고자 하는 왜곡표시의 성격(예를 들어, 오류 혹은 부정)과 중요성
- 통제가 다른 통제활동의 효과성에 의존하는 정도(예를 들어, 정보기술 일반통제)
- 과거연도 통제 운영의 효과성 평가 결과

예를 들어, 경영진은 복잡하지 않고 적은 판단을 요구하는 통제보다는 중요한 판단을 요구하는 통제가 효과적으로 운영되지 못할 위험이 더 높은 것으로 평가할 것이다.

56. 특수관계자 거래, 중요한 회계정책, 중요한 회계추정치와 관련된 재무보고 요소들은 일반적으로 높은 왜곡표시 위험을 가진 것으로 평가된다. 이러한 재무보고 요소들과 관련

09

된 통제의 속성이 경영진의 통제 무시 위험에 취약하고, 중요한 판단을 수반하거나 복잡할 때, 일반적으로 재무보고가 왜곡표시될 위험이 높은 것으로 평가되어야 한다.

57. 재무보고 요소와 관련된 위험에 대응하여 둘 이상의 통제를 설계·운영하는 경우 경영진은 개별 통제의 위험 특성을 분석하여야 한다. 왜냐하면 각각의 통제가 반드시 같은 종류의 위험을 처리하지 않을 수 있기 때문이다. 예를 들어, 중요한 추정을 수반하는 재무보고 요소에는 원천 데이터를 집계하는 자동통제와 높은 수준의 판단이 필요한 수동통제의 조합이 필요할 수 있다. 이러한 경우, 큰 변화가 없는 시스템의 효과적인 정보기술 일반통제에 의존하는 자동통제는 낮은 위험을 가진다고 평가될 수 있는 반면, 수동통제는 높은 위험을 가진다고 평가된다.

58. 경영진은 내부회계관리제도 평가에 필요한 증거자료를 결정할 때 전사적 수준 통제의 영향을 고려하여야 한다. 예를 들어, 통제가 효과적으로 운영되지 못할 가능성에 대한 경영진의 판단은 통제환경의 효과성에 의해 영향을 받을 수 있고, 이로 인하여 해당 통제를 평가하기 위한 증거에 영향을 미칠 수 있다. 하지만, 잘 갖추어진 통제환경이라 하더라도 직접적이지 않은 전사적 수준의 통제를 근거로 통제 운영에 대한 평가를 수행하지 않을 수는 없다.

내부회계관리제도 설계 및 운영에 대한 평가절차 수립

59. 경영진은 식별된 통제 운영의 효과성에 대한 합리적인 근거를 제공하는 증거자료를 평가하여야 한다. 경영진은 충분한 증거자료를 얻기 위하여 필요한 평가 방법과 절차를 결정하기 위하여 위험 평가 결과를 고려한다. 평가 방법과 절차는 임직원의 일상적인 업무와 통합되거나, 내부회계관리제도 평가 목적을 위하여 별도로 수립될 수 있다.

60. 경영진이 평가하는 증거자료는 통제에 대한 독립적인 평가와 상시적인 모니터링 또는 두 가지의 방법을 사용하여 얻을 수 있다. 일반적으로 통제에 대한 독립적인 평가는 검토대상 통제에 대하여 높은 수준의 객관성을 가진 인원에 의해 정기적으로 수행된다. 독립적인 평가는 특정 시점의 증거를 제공하며, 상시적인 모니터링의 신뢰성에 대한 근거를 제공할 수 있다.

61. 상시적인 모니터링은 통제 운영의 결과를 확인하는 경영진의 일상적이고 반복적으로 수행되는 활동을 의미한다. 예를 들어, 이러한 활동들은 자가평가 절차와 통제 운영 여부를 확인할 수 있도록 설계된 성과지표를 분석하는 절차를 포함한다. 자가평가는 다양한 수준의 객관성을 가진 인원에 의하여 수행되는 여러 유형의 절차를 포함한다. 자가평가는 평가 대상 통제를 운영할 책임이 있는 인원이 수행하는 평가는 물론 평가 대상 통제의 운영책임이 없는 경영진 등이 실시하는 평가를 포함하는 개념이다. 자가평가가 제공하는 증거자료의 성격은 평가자나 평가 수행 방식 등에 따라 달라진다. 예를 들어, 통제를 운영할 책임이 있는 인원에 의해 수행된 자가평가의 증거자료는 일반적으로 평가자의 낮은 객관성으로 인하여 낮은 수준의 확신을 제공하므로 핵심통제활동에는 적용하지 않는다.

62. 통제위험의 크기에 따라 경영진은 입수된 증거자료의 성격을 조정한다. 예를 들어, 경영진은 보다 객관적인 인원을 활용하여 상시적인 모니터에 대한 증거자료를 추가하거나, 주기적으로 수행되는 통제활동에 대한 독립적인 평가 범위를 증가시킬 수 있다. 경영진은 또한 독립적인 평가의 대상 기간을 조정함으로써 입수된 증거자료의 성격을 조정할 수 있다.
63. 통제위험이 높게 평가된 경우, 경영진이 입수하는 증거자료는 일반적으로 독립적인 평가 또는 높은 수준의 객관성을 가진 인원에 의하여 수행된 상시적인 모니터링의 결과로 구성될 것이다 상시적인 모니터링이 객관성이 낮은 인원에 의하여 수행된 경우, 통제 운영과 독립된 인원에 의한 독립적인 평가로 보강하는 것을 고려한다. 이러한 경우, 통제에 대한 독립적인 평가는 상시적인 모니터링 및 모니터링 대상 통제의 운영 평가에 대한 증거자료를 제공한다. 통제위험이 낮게 평가된 경우, 경영진은 상시적인 모니터링에 의해 입수된 증거자료가 충분하다면 독립적인 평가는 필요하지 않다고 결론지을 수도 있다.
64. 경영진은 평가 수행 시 평가 대상이 되는 기간 중 일반적으로 회계연도 말을 포함하는 충분한 기간에 대한 증거자료를 고려한다. 중간평가를 통해 발견한 통제 미비점을 개선한 경우, 개선된 통제가 회계연도 말 시점을 기점으로 충분한 기간 동안 운영되어 향후에도 효과적일 것으로 판단할 수 있어야 한다.
65. 중소기업의 경우, 회사의 통제와 경영진의 일상적인 상호작용이 내부회계관리제도 운영을 평가하기에 충분한 증거자료를 제공할 수 있다. 일상적인 상호작용으로부터 입수된 증거자료는 내부회계관리제도의 효과성 평가 책임자가 통제 수행에 지속적으로 참여하거나 직접적인 감독을 수행함으로써 입수된 정보를 포함한다.
66. 통제와의 일상적인 상호작용이 내부회계관리제도 운영의 효과성을 평가하기 위한 충분한 증거자료를 제공하는지 결정할 때 경영진은 회사의 특정한 상황과 환경을 고려하여야 한다. 예를 들어, 일상적인 상호작용은 통제 운영이 중앙 집중화되어 있고, 통제 운영에 관련되는 인원의 수가 제한적인 경우에 충분한 증거자료를 제공한다. 반대로, 경영진의 보고 체계 또는 운영 부문이 복잡한 회사의 일상적인 상호작용은 내부회계관리제도의 효과성 평가 책임자가 일반적으로 통제 운영에 대한 지식이 충분하지 않기 때문에 충분한 증거자료를 제공하지 못할 것이다. 이러한 상황에서는 평가를 합리적으로 지원하기 위하여 경영진이 통제를 독립적으로 평가하거나 다른 상시적인 모니터링 절차를 활용한다.
67. 경영진은 통제가 효과적으로 운영되고 있는지 판단하기 위하여 수집한 증거자료를 평가한다. 이러한 평가 시 통제가 설계된 대로 운영되고 있는지 고려한다. 또한 경영진은 어떻게 통제가 적용되었는지, 일관되게 적용되고 있는지, 그리고 통제를 수행하는 인원이 통제를 효과적으로 수행하기 위하여 필요한 권한 및 역량을 보유하고 있는지 고려한다.

평가를 지원하기 위한 증거자료

68. 경영진의 평가 결과는 합리적인 증거자료에 의하여 뒷받침되어야 한다. 평가에 대한 합리적인 증거자료는 증거를 수집하고 평가하는 데 사용된 방법 및 절차에 대한 문서화와 같은 경영진의 평가 근거를 포함한다.

69. 증거자료는 여러 가지 형태를 취할 수 있으며, 각각의 재무보고 요소와 관련된 통제에 대하여 평가된 위험평가 결과에 따라 다를 수 있다. 예를 들어, 전사적 수준 통제 및 재무보고 요소가 왜곡표시될 고유위험과 통제위험의 정도에 따라 경영진의 평가 방법, 절차 및 기타 중요한 항목을 결정할 수 있다. 이러한 위험평가 결과에 근거한 평가의 계획 및 결과를 문서화한다.

70. 만약 경영진이 회사의 장부와 기록된 증거자료가 경영진의 평가 결과를 합리적으로 지원하는 데 충분하다고 판단한다면, 경영진이 평가한 증거자료에 대한 사본을 별도로 유지할 필요가 없을 수 있다. 예를 들어, 회사의 통제와 경영진의 일상적인 상호작용이 평가의 근거자료를 제공하는 중소기업의 경우, 경영진은 내부회계관리제도 평가를 위하여 별도의 문서를 작성하는 것을 제한할 수 있다. 그러나 이러한 경우 경영진은 평가의 합리적인 근거로써 경영진의 일상적인 상호작용이 어떻게 충분한 증거를 제공하는지에 관한 문서를 포함시킬지 고려하여야 한다. 이러한 문서화는 메모, 이메일 그리고 경영진부터 직원들까지 공유된 정책 또는 지침 등을 포함한다.

71. 경영진의 평가에 대한 합리적인 근거를 제공하는 증거자료에는 회사가 채택한 내부통제체계에서 필요하다고 제시한 회사의 전사적 수준 및 내부회계관리제도의 전반적인 구성요소들의 효과성에 대한 결론을 경영진이 어떻게 도출하였는지에 대한 문서화를 포함한다.

복수의 사업단위에 대한 고려

72. 경영진의 재무보고 위험에 대한 고려는 일반적으로 개별 사업장과 사업단위로 평가한다. 다만 경영진은 하나의 사업부를 가진 회사의 평가 접근방법과 유사하게 재무보고 위험이 중앙 집중화되어 운영되는 통제들에 의하여 처리될 경우 통합하여 평가할 수 있다. 재무보고 위험을 처리하는 데 필요한 통제들이 둘 이상의 사업장 또는 사업부에서 운영되는 경우, 경영진은 일반적으로 개별 사업장 또는 사업부 수준에서 통제 운영에 대한 증거를 평가한다.

73. 경영진은 개별 사업장 또는 사업부에서 운영되는 통제위험이 낮다고 판단할 수 있는 경우가 있다. 이러한 경우, 경영진은 반복적인 자가평가 또는 상시적인 모니터링을 통하여 입수된 증거자료들이 개별 사업장의 운영 결과를 모니터링하는 중앙 집중화된 통제로부터 입수된 증거들과 결합되었을 때, 평가를 위한 충분한 증거자료가 구성되었다고 판단할 수 있다. 반대로 경영진은 개별 사업장의 통제 운영이 복잡하거나 판단이 개입되어 통제가 효과적으로 운영되지 않을 위험이 높다고 판단할 경우, 사업장 통제의 효과적인 운영에 대하여 더 많은 증거자료가 필요하다고 결정할 수 있다.

74. 경영진은 일반적으로 증거자료의 성격과 범위가 충분한지 결정할 때, 개별 사업장의 모든 통제에 대하여 동일한 판단을 하기보다는 각 재무보고 요소에 대한 통제의 위험 특성을 고려하여야 한다. 식별된 통제의 위험 특성을 평가할 때, 경영진은 통제가 효과적으로 운영되지 못할 위험에 영향을 줄 수 있는 사업장 특유의 위험이 존재하는지 고려하여야 한다. 추가적으로, 특정 사업장의 모든 통제 또는 대부분의 통제가 높은 위험을 가지고 있다고 고려할 수 있는 전반적인 위험 요소가 존재할 수 있다.

제3장 보고 시 고려사항

통제 미비점에 대한 평가

75. 하나의 통제 미비점 또는 통제 미비점들의 결합이 중요한 취약점인지 결정하기 위하여 경영진은 파악된 개별 통제 미비점의 심각성을 평가하여야 한다. 중요한 취약점으로 평가한 통제 미비점은 내부회계관리제도의 효과성 평가에 대한 경영진의 운영실태보고서에 반영되어야 한다. 유의한 미비점으로 고려된 통제 미비점은 감사(위원회) 및 외부감사인에게 보고되어야 한다. 다만, 해당 유의한 미비점은 경영진의 운영실태보고서에 포함하지는 않는다.

76. 경영진은 하나 이상의 내부회계관리제도 미비점이 중요한 취약점으로 결정된다면 내부회계관리제도가 효과적이라고 할 수 없다. 내부회계관리제도 평가 시, 경영진은 회계연도 말 시점을 기준으로 각 미비점이 개별적으로 또는 결합하여 중요한 취약점인지 고려한다.

77. 통제 미비점이 개별적으로는 덜 심각하더라도, 복수의 통제 미비점이 동일한 재무제표 계정 또는 공시사항에 영향을 미치는 경우 왜곡표시의 가능성은 증가하며, 재무제표의 중요한 왜곡표시를 예방하거나 적시에 적발하지 못할 가능성이 낮지 않은지(reasonable possibility) 종합적으로 고려하여 중요한 취약점으로 판단한다. 따라서 경영진은 통제 미비점들이 결합되어 중요한 취약점으로 평가되는지 판단하기 위하여 개별 통제 미비점들이 동일한 재무제표 금액 또는 공시사항, 또는 설계·운영 개념체계의 내부통제제도 구성요소와 원칙에 영향을 미치는지 평가하여야 한다.

78. 통제 미비점의 심각성 평가 시에는 양적인 요소와 질적인 요소를 모두 고려하여야 한다. 경영진은 회사의 내부회계관리제도가 재무제표 금액 또는 공시사항의 왜곡표시가 발생할 가능성과 미비점 또는 미비점들로부터 초래되는 잠재적 왜곡표시의 금액적 크기를 고려하여 내부회계관리제도 미비점의 심각성을 평가한다. 내부회계관리제도 미비점의 심각성은 왜곡표시가 실제로 발생했는지가 아니라, 회사의 내부회계관리제도가 왜곡표시를 예방하거나 적시에 적발하는 데 실패할 가능성이 낮지 않은지(reasonable possibility) 여부에 따라 평가한다.

79. 미비점 또는 미비점의 결합으로 재무제표 금액 또는 공시사항의 왜곡표시가 발생할 가능성에 영향을 미치는 위험 요소는 다음 사항을 포함하며, 이에 한정되지 않는다.
   - 관련된 재무보고 요소의 성격(예를 들어, 가계정 및 특수관계자 거래는 더 큰 위험을 수반)
   - 관련된 자산 및 부채의 손실 또는 부정에 노출된 민감도(예를 들어, 민감도가 클수록 위험이 증가)
   - 금액 결정에 요구되는 주관성, 복잡성 및 판단의 정도(예를 들어, 회계 추정과 관련된 사항과 같이 주관성, 복잡성, 판단의 정도가 클수록 위험이 증가)
   - 통제들의 상호 의존성 및 중복 여부를 포함한 통제와 다른 통제들 간의 연관 관계(예를 들어, 보완통제가 존재하면 위험이 감소하고, 통제 간 상호 의존성이 높으면 위험이 증가)

09

- 둘 이상의 연관된 미비점에 대한 평가 시 미비점들의 상호작용으로 인하여 동일한 재무제표 금액 또는 공시사항에 영향을 줄 수 있는지 여부(예를 들어, 미비점 간 상호작용이 있으면 위험이 증가)
- 미비점으로 인하여 발생 가능한 미래의 결과(예를 들어, 발생 가능한 미래의 결과가 중요할수록 위험이 증가)

80. 내부회계관리제도의 미비점 또는 미비점들로부터 발생할 수 있는 왜곡표시의 금액적 크기에 영향을 미치는 요소들은 다음의 사항을 포함하나, 해당 사항으로만 한정되지는 않는다.
    - 미비점에 노출된 재무제표 금액 또는 거래금액 합계
    - 당기에 발생하였거나 미래에 발생할 것으로 예상되는 미비점에 노출된 계정잔액 또는 거래 유형의 규모
81. 잠재적 왜곡표시의 금액적 크기를 평가할 때, 과대계상될 수 있는 계정잔액 또는 거래금액 합계의 최댓값은 일반적으로 기록된 금액이나, 과소계상의 경우 더 큰 금액으로 평가될 수 있다. 또한 대부분의 경우, 소액의 왜곡표시 가능성이 거액의 왜곡표시 가능성보다 더 높다.
82. 경영진은 하나의 미비점 또는 미비점들의 결합이 중요한 취약점인지 결정할 때 보완통제의 영향을 평가하여야 한다. 보완 효과를 가지기 위하여 보완통제는 중요한 왜곡표시를 예방 또는 적발할 수 있는 정교한 수준으로 운영되어야 한다. 하나의 미비점 또는 미비점들의 결합이 중요한 취약점인지 판단할 때, 경영진은 관련된 정보를 고려하여야 한다.
83. 다음은 중요한 취약점의 징후로서 경영진은 다음 상황이 발생하는 경우, 해당 내부회계관리제도의 미비점이 중요한 취약점인지 평가하여야 한다.
    - 금액이 중요한지와 관계없이 고위 경영진에 의한 부정이 발견된 경우
    - 중요한 왜곡표시의 수정을 반영하기 위하여 기존 재무제표를 재작성하는 경우
    - 회사의 내부회계관리제도에 의해 파악하지 못한 중요한 당기 수정사항으로서, 회사가 제시한 최초 재무제표에 반영되지 아니하였으나 외부감사인에 의하여 파악된 경우(최종 재무제표에 동 수정사항을 반영하였는지 여부는 관계없음)
    - 회사의 외부 재무보고와 내부회계관리제도에 대한 감사(위원회)의 감독기능이 효과적이지 않은 경우
    - 합리적인 근거 없이 외감법 제8조에서 정한 사항이 내부회계관리규정에 포함되지 않거나 준수되지 않은 경우
84. 내부회계관리제도 미비점의 중요성 평가 시에는 재무제표 작성을 관리 감독할 경영진의 능력이 현저히 부재한 경우나 유의한 미비점들에 대한 경영진의 시정조치가 적절히 이행되지 않은 경우와 같이 내부회계관리제도에 전반적인 영향을 미칠 수 있는 상황을 함께 고려하여야 한다.
85. 내부회계관리제도의 미비점 또는 미비점 결합의 중요성 평가 시, 경영진은 회계와 내부회계관리제도에 충분한 전문지식을 갖춘 객관적인 관리자가 업무를 수행하는 과정에서

회계기준에 부합하는 재무제표가 작성되었다는 합리적인 확신을 가질 수 있도록 하는 확신의 정도와 정교함의 수준을 결정하고 이를 평가에 적용하여야 한다. 만약 미비점 또는 미비점 결합으로 인해 회계와 내부회계관리제도에 충분한 전문지식을 갖춘 객관적인 관리자가 업무를 수행하는 과정에서 회계기준에 부합하는 재무제표가 작성되었다는 합리적인 확신을 가질 수 없다면, 경영진은 해당 미비점 또는 미비점 결합을 중요한 취약점으로 다루어야 한다.

86. 경영진은 미비점의 중요도를 판단할 때 재무보고를 감독할 책임이 있는 이사회, 감사(위원회) 등의 시각도 함께 고려하여야 한다, 즉, 중요한 취약점으로 분류될 수준은 아니지만 감독기구가 주목할 만큼 중요하다면 해당 미비점은 유의한 미비점으로 분류되어야 한다.

경영진에 의한 내부회계관리제도의 효과성 평가 결론

87. 경영진은 내부회계관리제도의 효과성에 대한 평가 결과를 명확하게 표시하여야 하며, 회사의 내부회계관리제도가 특정 제약조건하에서 효과적이라고 결론을 내릴 수 없다. 예를 들어, 경영진은 식별된 특정 중요한 취약점을 제외하거나 특정 사업부 등을 제외하고는 회사의 내부회계관리제도가 효과적이라고 결론을 내릴 수 없다.

내부회계관리제도 운영실태 평가보고서의 보고

88. 내부회계관리제도 운영실태보고서에는 다음과 같은 내용을 포함하여야 한다. 대표자(또는 대표이사, 이하 동일)는 운영실태보고서를 감사(위원회), 이사회, 주주총회 및 외부감사인에게 보고한다.
   - 보고서 제목에 내부회계관리제도 운영실태보고서임을 기술
   - 수신인이 주주총회, 이사회 및 감사(위원회)임을 기술
   - 평가기준일에 평가 대상 기간에 대하여 내부회계관리제도의 설계 및 운영의 효과성에 대하여 평가하였다는 사실
   - 경영진이 선택한 내부통제체계와 이에 따른 내부회계관리제도의 설계 및 운영의 책임은 대표이사 및 내부회계관리자를 포함한 회사의 경영진에 있다는 사실
   - 내부회계관리제도의 설계 및 운영의 평가기준으로 평가·보고 모범규준을 사용하였다는 사실
   - 중요성의 관점에서 평가·보고 모범규준에 따른 내부회계관리제도 평가 결론
   - 중요한 취약점이 있는 경우 내부회계관리제도의 설계와 운영상의 중요한 취약점에 대한 설명
   - 중요한 취약점이 있는 경우 중요한 취약점에 대한 시정조치 계획
   - 직전 사업연도에 보고한 중요한 취약점에 대한 시정조치 계획의 이행결과
   - 그 밖에 외감법령에 따른 기재사항
   - 보고서 일자
   - 대표이사 및 내부회계관리자의 서명 날인

• 별첨 : 상세평가내용
  – 위반자에 대한 징계사항
  – 중요한 취약점 및 시정조치 계획에 대한 상세 설명

89. 경영진은 운영실태평가 또는 감사(위원회) 평가 결과 확인된 내부회계관리제도의 미비점이 적시에 시정될 수 있도록 하는 체계를 마련한다. 경영진은 평가를 통해 확인된 중요한 취약점과 (운영실태보고서에는 포함되지 않지만 평가결과 확인된) 유의한 미비점 및 개선방안을 감사(위원회)에 보고한다. 경영진은 감사(위원회)의 권고사항을 고려하여 평가결과에 따른 필요한 조치를 결정한다. 경영진은 시정 또는 개선을 요하는 사항들에 대해 계획된 기간 내에 필요한 조치가 완료될 수 있도록 하며 사후 이행 여부에 대해 확인하여 보고한다.

90. 중요한 취약점의 존재를 공시하는 것도 중요하지만, 오해를 불러일으키지 않도록 전체적인 상황을 구성하는 데 필요하고 중요한 다른 정보들도 함께 공시하여야 한다. 공시의 근본적인 목적은 투자자들에게 중요한 취약점의 존재 여부만을 언급하는 것을 넘어서 분석내용을 제공하는 것이다. 특정 중요한 취약점의 잠재적 효과를 평가할 때 중요할 수 있는 다양한 유형의 중요한 취약점과 다양한 고려사항이 존재한다.

91. 경영진은 하나 이상의 중요한 취약점이 존재하는 경우, 보고서에 내부회계관리제도가 비효과적이라는 결론을 공시하고, 투자자들이 통제 미비점의 원인을 이해하고 각각의 중요한 취약점의 잠재적인 영향을 평가할 수 있는 정보를 제공할 것인지 고려하여야 한다.

92. 경영진이 내부회계관리제도에 전반적인 영향을 미치는 중요한 취약점과 부분적인 영향을 미치는 중요한 취약점을 구분하는 것을 포함하여 식별된 중요한 취약점이 재무제표에 미치는 잠재적인 영향 및 중요성을 구분해 준다면, 이러한 공시는 투자자들에게 더 유용할 것이다.

감사(위원회)의 내부회계관리제도 평가 및 보고

93. 이사회는 경영진이 설계·운영하는 내부회계관리제도 전반에 대한 감독책임을 지며, 감사(위원회)는 경영진과는 독립적으로 내부회계관리제도에 대한 평가기능을 수행하고 이사회에 보고함으로써 내부회계관리제도의 적정한 운영과 지속적인 개선을 지원한다.

94. 이사회는 내부회계관리제도에 대한 관리 감독 업무를 수행하며, 여기에는 다음과 같은 업무가 포함된다.
  • 내부회계관리규정 및 중요 정책의 승인
  • 내부회계관리제도와 관련된 조직구조의 승인
  • 회사 내 재무보고 및 자산보호와 관련된 제반 위험에 대한 이해
  • 파악된 위험에 대한 경영진의 대응 방안 및 통제 미비점에 대한 경영진의 조치에 대한 확인
  • 내부회계관리제도의 효과성에 대한 경영진의 모니터링 및 평가활동에 대한 확인 등

95. 감사(위원회)는 경영진과 독립적인 입장에서 내부회계관리제도의 운영실태를 평가하고 그 결과를 이사회에 보고하여 미비점이나 취약점을 시정하게 함으로써 내부회계관리제도가 원활하게 운영되도록 하는 역할을 수행한다. 다음의 업무를 포함하는 감사(위원회)의 활동은 독립적인 평가가 이뤄졌다고 판단할 수 있다.

- 평가기간의 위험평가 결과를 포함한 평가 계획의 적정성 검토(당기 조치 계획 및 결과, 평가 기간, 평가자, 평가 대상과 방식의 적정성 포함)
- 운영실태보고서에 모든 중요한 취약점이 포함되었는지 확인(인지하거나 보고받은 회계처리 이슈와 관련된 내부회계관리제도 적정성 평가)
- 운영실태보고서상 미비점 평가, 개선 조치의 적정성 및 이행 현황 확인
- 내부회계관리규정 위반이나 운영실태보고서상 미비점으로 인한 성과평가 반영 계획이나 결과의 적정성 확인
- 외부감사인의 내부회계관리제도 감사 계획 및 결과의 적정성 확인
- 내부회계관리제도에 대한 독립적 평가 결과의 이사회 보고
- 내부회계관리제도와 관련된 내부고발 사항의 검토 및 내부회계관리제도에 미치는 영향 확인
- 운영실태보고서상 기타 항목의 적정성 확인과 내부회계관리제도 관리감독을 위한 검토

96. 감사(위원회)는 이와 같은 업무 수행을 통해 경영진이 실시한 평가 절차와 운영실태 평가 결과의 적정성을 감독자의 관점에서 독립적으로 평가한다. 감사(위원회)는 내부회계관리제도 평가 시 경영진의 평가와 관련된 자료를 주로 활용하고, 경영진의 평가 절차가 적절하지 않거나 충분하지 않은 경우 추가적인 테스트를 수행할 수 있다. 감사(위원회)는 전문가를 활용하여 독자적으로 평가하거나, 회사의 내부감사기능을 활용하여 추가적인 테스트를 수행할 수 있으며, 평가 절차 및 그 결과를 문서화하여 충분한 근거자료를 마련한다.

97. 감사(위원회)의 평가보고서에는 다음과 같은 내용을 포함하여 이사회에 대면 보고한다.

- 제목이 내부회계관리제도 평가보고서임을 기술
- 수신인이 주주 및 이사회임을 기술
- 평가기준일에 평가 대상 기간에 대하여 내부회계관리제도의 설계·운영의 효과성에 대하여 평가하였다는 사실
- 경영진이 선택한 내부통제체계와 이에 따른 내부회계관리제도의 설계 및 운영의 책임은 대표이사 및 내부회계관리자를 포함한 회사의 경영진에 있으며 감사(위원회)는 관리감독 책임이 있다는 사실
- 내부회계관리제도의 설계 및 운영의 평가 기준으로 평가·보고 모범규준을 사용하였다는 사실
- 중요성의 관점에서 평가·보고 모범규준에 따른 내부회계관리제도 평가 결론
- 중요한 취약점이 있는 경우 내부회계관리제도의 설계와 운영상의 중요한 취약점에 대한 설명

- 중요한 취약점이 있는 경우 중요한 취약점에 대한 시정조치 계획 또는 이미 수행 중인 절차
- 감사(위원회)는 내부회계관리제도 운영실태보고서를 참고하여 평가하였다는 사실, 추가적인 검토절차를 수행한 경우 해당 사실
- 그 밖에 외감법령에 따른 기재사항
- 보고서 일자
- 감사(위원회)의 서명 날인
- 별첨 : 상세평가내용
  - 운영실태보고서에 보고한 중요한 취약점 요약
  - 권고사항

재무제표 재작성이 내부회계관리제도 운영실태보고서에 미치는 영향

98. 기공시된 재무제표에서 중요한 왜곡표시가 발견되는 경우, 회사는 재무제표를 재작성하여야 한다. 그러나 재무제표 재작성 그 자체만으로는 해당 기간의 내부회계관리제도의 효과성에 대한 결론을 수정하여야 하는 것은 아니다.
99. 경영진에게 내부회계관리제도의 효과성과 관련된 결론을 재평가하거나 수정하는 것이 필수적인 절차는 아니지만, 경영진은 과거의 결론이 여전히 적절한지 고려하여야 한다. 또한, 재무제표 재작성의 관점에서 기존 결론에 대한 오해가 발생하지 않기 위해 필요한 중요한 추가정보를 기존 공시된 내용에 보충하거나 수정을 고려하여야 한다.

내부회계관리제도의 특정 영역에 대한 평가가 불가능한 상황

100. 경영진이 내부회계관리제도의 특정한 영역을 평가하기가 어려운 상황이 있을 수 있다. 예를 들면, 중요한 프로세스를 외부서비스제공자에 아웃소싱한 경우 해당 프로세스의 통제운영의 효과성에 대한 증거자료가 필요할 수 있다. 그러나 외부서비스제공자가 3402 보고서(서비스조직의 통제에 대한 인증보고서)를 제공하려 하지 않거나, 외부서비스제공자에 구축된 통제의 효과성을 경영진이 직접 평가하는 것을 허용하지 않을 수 있다. 또한, 경영진은 대체적인 방법으로 프로세스에 대한 통제의 효과성 판단을 가능하게 하는 보완통제를 가지고 있지 않을 수도 있다.
101. 그럼에도 불구하고, 경영진은 내부회계관리제도 운영실태보고서에 내부회계관리제도의 효과성에 관한 종합결론을 표명하여야 하며, "특정 부분을 제외하고는 효과적이다"는 식의 한정적인 표현을 사용할 수 없다. 따라서 경영진은 통제평가가 불가능한 특정 프로세스가 내부회계관리제도 전반에 미치는 중요성을 고려하여 내부회계관리제도에 대한 종합결론을 내려야 한다.

보론 4 상장회사 내부회계관리제도 감사체크리스트

Ⅰ. 내부회계관리제도 운영 절차 적정성 검증

한국상장사협의회 2011.9.30. 제정

감사영역	감사목적	감사항목	감 사 절 차
1. 내부회계 관리제도 운영 주체	실질적인 내부회계관리제도 운영을 할 수 있도록 내부회계관리제도 운영주체가 명확하게 정의되어 있어야 한다.	내부회계관리제도 주관부서 및 담당자 역할이 운영지침에 규정되어 있으며, 규정에 따라 담당자 별 역할을 수행하고 있는지 확인한다.	[문서검토] 내부회계관리제도 운영조직 관련 문서 검토 －내부회계관리제도 운영지침상 주관부서가 정의되어 있는가? －주관부서 내 책임자, 담당자, 담당자별 업무가 정의되어 있는가? －담당자 변동 사항이 운영지침상에 적절히 수정되어 있는가? [인터뷰] 주관부서 담당업무 및 역할 관련 질문 －주관부서의 역할에 대해 인지하고 있는가? －주관부서 책임자로서 의무사항에 대해 인지하고 있는가? －각 담당자는 본인의 업무범위, 역할 및 책임에 대해 인지하고 있는가?
		각 업무프로세스 통제책임자가 통제 항목별로 선정되어 있으며, 책임자별 역할을 수행하고 있는지 확인한다.	[문서검토] 내부회계관리제도 운영조직 관련 문서 검토 －내부회계 운영지침상 업무프로세스 총괄 책임자가 규정되어 있는가? －해당 인력 직급 및 전문성을 고려할 때 총괄 책임자의 자격은 적격한가? －업무프로세스 내 내부통제 항목별로 통제 담당자가 지정되어 있는가? [인터뷰] 업무프로세스 통제책임자 역할 관련 질문 －각 업무프로세스 총괄 책임자의 역할을 인지하고 있는가? －각 업무프로세스 내 통제 담당자는 본인의 역할을 인지하고 있는가?

감사영역	감사목적	감사항목	감 사 절 차
2. 유의한 업무프로세스 및 사업단위 선정 문서화	합리적 수준에서 재무정보에 대한 확신을 가질 수 있도록 내부회계관리제도의 대상 범위가 되는 유의한 업무프로세스와 사업단위를 주기적으로 파악하여야 하며, 해당 근거가 문서화되어 있어야 한다.	유의한 계정과목과 주석정보를 중요성 판단 기준에 일치하도록 주기적으로 파악하고 있는지 확인한다.	[문서검토] 유의한 계정과목 및 주석정보 선정 문서 검토 －유의한 계정과목 및 주석정보 선정 절차와 관련된 내부 규정이 존재하는가? －선정 주기가 규정에 따라 수행되었는가? －재무제표 계정과목 외 주석을 고려하고 있는가? －중요성 금액 산정이 규정에 따라 산정되었는가? －양적 요소 외 질적 요소를 고려하였는가? －중요한 계정과목 및 주석정보 선정 문서에 적격 승인자가 검토하고 승인하였는가? －상기 위험평가결과를 외부감사인과 공유하였는가?
		유의한 계정과목 및 주석에 영향을 미칠 수 있는 모든 유의한 업무프로세스를 내부회계관리제도 대상에 포함하였는지 확인한다.	[문서검토] 유의한 업무프로세스 선정 관련 문서 검토 －유의한 계정과목과 주석정보 모두 관련 업무프로세스와 연계되어 있는가? －계정과목과 해당 업무프로세스가 적정하게 연계되었는가? －결산 업무프로세스가 유의한 업무프로세스로 선정되어 있는가? －유의한 업무프로세스 선정 관련 문서에 적격 승인자의 검토와 승인이 수행되었는가?
		복수의 사업단위가 존재하는 경우 각 사업단위의 재무적 비중, 고유위험 등을 고려하여 적정하게 내부회계관리제도 대상에 포함하였는지 확인한다.	[인터뷰] 사업단위 결정 절차 관련 질문 －사업단위를 무엇으로 정의하였는가? －사업단위를 결정하기 위해 재무적 중요성 및 비재무적 중요성을 모두 고려하였는가? －다른 사업단위와 연결되었을 때 중요성 여부를 고려하였는가? －상기 사업단위 결정결과를 외부감사인과 공유하였는가?

감사영역	감사목적	감사항목	감 사 절 차
2. 유의한 업무 프로세스 및 사업단위 선정 문서화			[문서검토] 사업단위 결정 관련 문서 검토 －주기적으로 사업단위를 갱신하여 현재 변경된 모든 사업단위를 대상으로 평가하였는가? －사업단위를 결정하기 위해 고려한 재무적, 비재무적 중요성 기준이 적정한가? －내부회계관리제도 모범규준에서 제시하고 있는 고려요소를 모두 참조하였는가?
3. 재무보고 내부통제 문서화	재무보고 신뢰성 확보를 위한 모든 내부통제에 대해서 문서화되어 있어야 한다.	전사적 수준의 내부회계관리제도 문서에 내부회계관리제도 모범규준에서 요구한 사항이 모두 포함되어 있는지 여부를 확인한다.	[문서검토] 전사적 수준의 내부회계관리제도 통제 문서 검토 －전사적 수준의 내부회계관리제도 문서가 업무프로세스 수준의 내부회계관리제도 문서와 구분되어 있는가? －해당 문서에 통제목적과 통제활동이 명확하게 기술되어 있는가? －내부회계관리제도 구성요소 중 통제환경, 위험평가, 정보 및 의사소통, 모니터링으로 구분되어 있으며, 모든 구성요소에 대한 경영자의 통제목적과 통제활동이 기술되어 있는가? －전사적 수준의 내부회계관리제도 최종 문서화 일자가 최근 일자로 기재되어 있으며, 최근 변동사항까지 모두 갱신되었는가?
		정보기술 일반통제에 대한 내부회계관리제도 문서가 내부회계관리제도 모범규준에서 요구한 사항을 모두 포함하고 있는지 여부를 확인한다.	[문서검토] 정보기술 일반통제 내부회계관리제도 통제 문서 검토 －정보기술 일반통제에 대해 별도로 구분되어 기술되어 있는가? －주요한 재무정보(재무정보의 원천이 되는 자료 또는 정보를 포함한다)를 입력, 처리 및 산출하는 데 사용되는 전산시스템을 대상으로 하여 통제가 문서화되어 있는가? －프로그램 개발, 변경, 접근보안, 컴퓨터 운영으로 구성되어 있으며 각각의 통제목적과 통제활동이 기술되어 있는가?

감사영역	감사목적	감사항목	감 사 절 차
3. 재무보고 내부통제 문서화		업무프로세스 수준의 내부회계관리제도 문서가 내부회계관리제도 모범규준에서 요구한 사항을 모두 포함하고 있는지 여부를 확인한다.	[문서검토] 업무프로세스 수준의 내부회계관리제도 문서 검토 －업무기술서(또는 업무흐름도), 업무분장표, 통제기술서가 작성되어 있는가? (중소기업의 경우 업무기술서, 업무흐름도, 업무분장표 제외 가능) －업무기술서(또는 업무흐름도), 통제기술서가 상호 연계되어 참조할 수 있도록 일련번호를 부여하여 문서화되어 있는가? －통제기술서상에 통제목표 또는 위험, 통제활동, 관련 계정과목 및 경영자의 주장, 통제유형 및 통제빈도에 대한 통제 속성이 각 통제활동 항목별로 명확하게 기술되어 있는가? －업무프로세스 수준의 내부회계관리제도 최종 문서화 일자가 최근 일자로 기재되어 있으며, 최근 변동사항까지 모두 갱신되었는가? [인터뷰] 업무프로세스 수준의 내부회계관리제도 문서화 질문 －각 업무프로세스 통제 담당자가 최근 변동사항을 갱신하였으며 주요 재무보고 내부통제를 모두 반영하였는가? －내부회계관리제도 설계 유효성 평가 이전에 업무기술서, 업무흐름도, 업무분장표, 통제기술서가 모두 갱신되었는가?
4. 내부회계관리제도 설계 효과성 평가	내부회계관리제도 설계 효과성 평가는 내부회계관리제도 운영 효과성 평가 이전에 수행되어야 하며, 모든 주요 통제가	내부회계관리제도 설계 효과성 평가 이전에 평가방법론이 규정되어 있으며, 규정에 따라 평가방법을 적용하였는지 확인한다.	[인터뷰] 내부회계관리제도 설계 효과성 평가 방법론 관련 질문 －설계 효과성 평가 방법론이 사전에 규정되어 있는가? －설계의 효과성을 평가하기 위하여 추적조사, 질문, 문서검사 중 어떤 방법론을 사용하였는가?

감사영역	감사목적	감사항목	감 사 절 차
4. 내부회계관리제도 설계 효과성 평가	반영되어 회사의 현황에 맞게 설계되어 있는지 여부를 실질적으로 확인하여야 한다.		−만약 추적조사를 수행하였다면 표본을 무엇을 근거로 선정하였는가? −내부회계관리제도 설계 평가자에게 설계 평가 방법론에 대한 교육을 진행하였는가? [문서검토] 설계 효과성 평가 방법론 관련 문서 검토 −설계 효과성 평가 방법론에 대한 규정이 존재하는가? −설계 효과성 평가 방법론이 구체적으로 기술되어 평가자 임의 해석 없이 적용가능하도록 기술하고 있는가?
		내부회계관리제도 설계 효과성 평가 시 내부회계관리제도 모범규준에서 제시한 필요사항을 모두 고려하여 평가를 실질적으로 수행하였는지 여부를 확인한다.	[인터뷰] 내부회계관리제도 설계 효과성 평가 관련 질문 −설계 효과성 평가 결과, 업무프로세스 수준의 각 통제 항목이 통제목적을 효과적으로 달성하고 위험을 감소시키도록 설계되어 있다고 확신할 수 있는가? −통제수행빈도, 통제 담당자 지식과 경험, 관련 업무분장, 예외사항의 적시 처리 여부, 통제에 사용된 정보 신뢰성을 모두 고려하여 효과성을 평가하였는가? [문서검토] 설계 효과성 평가 관련 문서 검토 −설계 효과성 평가에 대한 근거가 문서화되어 있으며, 필요 요소에 대한 고려가 이루어졌는가?
		운영 효과성 평가의 대상이 되는 주요 통제를 명확히 식별하고 결정하였는지 여부를 확인한다.	[인터뷰] 주요 통제 결정 관련 질문 −주요 통제를 결정하는 기준이 문서화되어 있는가? −주요 통제를 결정하는 기준은 내부회계관리제도모범규준에서 제시하는 모든 고려요소를 반영하였는가? −주요 통제 결정에 대한 근거가 문서화되어 있는가?

09

감사영역	감사목적	감사항목	감 사 절 차
4. 내부회계관리제도 설계 효과성 평가			–주요 통제를 결정함에 있어 외부감사인과 협의를 하였는가? [문서검토] 주요 통제 결정 관련 문서 검토 –전년 대비 주요 통제 변경 사항은 특이사항이 없는가? –주요 통제 결정에 대해 승인이 이루어졌는가?
5. 내부회계관리제도 운영 효과성 평가	내부회계관리제도 운영 효과성 평가는 내부회계관리제도가 설계된 대로 운영되고 있는지 여부를 경영진이 독립적이고 객관적으로 평가하고 통제상 미비점을 즉각 개선하여야 한다.	운영 효과성 평가 주체 및 방법론, 평가를 위한 평가 담당자 교육이 명확히 계획되어 있었는지 여부를 확인한다.	[문서검토] 운영 효과성 평가 계획 관련 문서 검토 –내부회계관리제도 운영 효과성 평가 계획서가 작성되었으며, 책임자의 승인을 받았는가? –운영 효과성 평가 계획서에 테스트할 주요 통제, 테스트 방법, 테스트 범위, 수행시기, 예외사항 파악 및 처리 계획이 기재되어 있는가? –운영 효과성 평가 수행시기가 사업연도마다 구분되어 있는가? –테스트 대상 주요 통제 항목별로 테스트 주체가 선정되어 있으며 테스트 주체와 통제 수행 주체가 상이한 부서, 상이한 인력으로 선정되어 있는가? –테스트 주체에 대한 테스트 방법론 교육 계획이 수립되어 있으며, 해당 계획대로 교육 진행되었는가?
		운영 효과성 평가 결과를 문서화하여 승인하였으며, 평가 결과가 적정한지 여부를 독립적 입장에서 검증한다.	[문서검토] 운영 효과성 평가 결과 관련 문서 검토 –운영 효과성 평가 계획에 따라 운영 효과성 평가가 수행되었는가? –테스트 대상 주요 통제 항목별로 평가 결과가 조서화되어 있으며, 통제 미비점 존재 여부가 표시되어 있는가? –운영 효과성 평가 결과를 문서로 작성하였으며 해당 문서에 승인을 받았는가? –테스트 방법이 표본 테스트인 경우,

감사영역	감사목적	감사항목	감 사 절 차
5. 내부회계관리제도 운영 효과성 평가			해당 표본 내역이 평가 결과에 조서화되어 있는가? -운영 효과성 평가 시 사용한 표본 내역을 모집단으로 하여 표본을 추출[1]하고 테스트 방법론과 동일한 방법론으로 테스트를 재수행하여 운영 효과성 평가 시 결과와 동일한 결과를 산출하고 있는가? -주요 통제 중 일부 통제를 선별하여 운영 효과성 평가 시 사용한 표본과 상이한 표본을 독자적으로 추출[2]하여 추가적인 통제 미비점이 없는가? [인터뷰] 운영 효과성 평가 관련 질문 -운영 효과성 평가 담당자가 해당 통제 및 테스트 방법에 대해서 충분히 이해하고 있는가?
		운영 효과성 평가 시 발견된 예외사항에 대해 즉시 보고를 하여 평가기준일 이전에 수정 완료되었는지 여부를 확인한다.	[인터뷰] 운영 효과성 평가 시 발견된 예외사항 관련 질문 -테스트 중 발견된 예외사항에 대해 경영진이 원인을 파악하고 해당 예외사항이 통제 미비점인지 여부를 판단하기 위해 추가 평가를 수행하였는가? -해당 예외사항을 평가기준일 이전에 수정하기 위해 즉각적인 보고와 수정 노력을 기울였는가? -발견된 미비점을 분류함에 있어 외부감사인과 충분한 협의를 하였는가? [문서검토] 예외사항의 평가 및 수정 조치 관련 문서 검토 -예외사항에 대한 평가 및 원인 규명 절차가 문서화되어 있으며 경영진의 승인이 존재하는가? -예외사항 중 통제 미비점으로 분류된 사항에 대한 수정 방법 및 담당자, 수

1) 경영진이 평가한 표본에 대한 재검증은 일반적으로 주요 통제 항목별 1~2개를 대상으로 시행하나 감사목적에 따라 상이하게 적용할 수 있다.
2) 내부감사인의 독립적 표본 추출 개수는 감사 목적에 따라 상이하게 적용할 수 있다.

감사영역	감사목적	감사항목	감 사 절 차
5. 내부회계관리제도 운영 효과성 평가			정 기한이 명기된 수정 계획이 수립되었으며 해당 담당부서장의 승인이 존재하는가? －통제 미비점이 수정 계획에 따라 수정되었는가? －통제 미비점 중 평가기준일까지 수정 완료되지 않은 항목은 정당한 사유가 있는가?
6. 내부회계관리제도 효과성 평가 결론	경영진은 내부회계관리제도 효과성 평가에 기반하여 내부회계관리제도 운영 실태 보고서에 효과성 평가 결론을 명확하게 표명하여야 한다.	평가기준일까지 수정되지 않은 내부회계관리제도 미비점을 내부회계관리제도 모범규준에 따라 구분하였는지 확인한다.	[인터뷰] 내부회계관리제도 미비점 평가 관련 질문 －중요한 취약점으로 분류된 사항이 있는가? －발견된 미비점에 대한 근거 및 원인 분석을 충분히 하였는가? －해당 미비점에 대한 차기 수정 계획은 무엇인가? [문서검토] 내부회계관리제도 미비점 평가 관련 문서 검토 －내부회계관리제도 미비점에 대해 설계 미비점과 운영 미비점으로 구분하여 평가되었는가? －단순한 미비점, 유의한 미비점, 중요한 취약점으로 구분 평가되었으며 해당 평가 결론에 대한 근거가 기재되어 있으며 해당 근거는 정당한가? －전사적 수준의 내부회계관리제도(정보기술 일반통제 포함), 업무 프로세스 수준의 내부회계관리제도 각 부문별로 발생한 미비점에 대해 내부회계관리제도 모범규준에 따라 평가를 수행하였는가? －미비점 평가 결과 보고서에 대해 내부회계관리제도 총 책임자가 승인하였는가? －발생 미비점에 대한 내부감사의 독립적 평가 결과, 경영진 평가 결론과 동일한 결론이 도출되었는가?

감사영역	감사목적	감사항목	감 사 절 차
6. 내부회계관리제도 효과성 평가 결론		내부회계관리제도 운영 실태 평가보고서가 내부회계관리제도 모범규준에 따라 작성되었는지 여부를 확인한다.	[문서검토] 내부회계관리제도 운영실태 평가보고서 검토 –운영실태 평가보고서를 매 사업연도마다 작성하고 있으며 경영진의 승인을 받은 평가보고서를 작성하였는가? –운영실태 평가보고서 문구는 명확하게 기재되어 있으며, 소극적 확신을 나타내는 문구로 작성되지 아니하였는가? –"중요성의 관점에서 효과적으로 설계되어 운영되고 있지 않다"고 판단한 경우, 해당 원인을 분석하여 귀책사유 규명 및 향후 즉각적인 개선 대책 수립이 이루어졌는가? –운영실태 평가보고서를 감사(위원회)에게 적시에 보고 완료하였는가?

Ⅱ. 재무보고내부통제의 유효성 검증

Ⅱ–1. 전사적 수준의 내부통제 유효성 검증

감사영역	감사목적	감사항목	감 사 절 차
1. 통제환경 유효성	통제환경에는 최고경영자의 의지 및 철학, 권한과 책임의 위임, 일관성 있는 정책과 절차 및 조직 전반에 걸쳐 적용되는 윤리강령, 부정방지 프로그램 등이 포함되어 있어야 한다.	통제환경 관련 내부통제로서 최소한 내부회계관리제도 모범규준에서 예시로 제시한 기본 통제가 모두 전사적 수준의 내부회계관리제도 문서에 포함되어 있는지 확인한다.	[문서검토] 통제환경 관련 문서 검토 –회사 윤리강령을 임직원에게 공표한 근거가 존재하는가? –일부 임직원에 대해서 윤리준수 확인서 표본 조사 결과, 주기적으로 회사 윤리강령을 확인하고 있는가? –재무정보 산출과 관련된 주요 직무가 규정되어 있으며, 각 직무별로 직무기술서가 존재하는지 여부 및 해당 직무기술서가 최근 조직변동 사항에 따라 갱신되었는가? –이사회 및 감사(위원회) 구성원의 이력서를 확인하여 회사가 속한 산업 및 영업활동에 대한 충분한 경험 및 지식을 보유하고 있는지 여부와 최소 1인

감사영역	감사목적	감사항목	감 사 절 차
1. 통제환경 유효성			은 재무정보 검토 능력을 보유한 인력으로 구성되어 있는가? －회계처리 방침 설정과 관련된 내부품의서를 확인하여 주요 회계처리 방침 결정 시 전문가의 의견을 수렴하여 결정하고 있는가? [문서검토] 전사적 수준의 내부회계관리제도 문서 검토 －최소 상기 사항이 전사적 수준의 내부회계관리제도 문서에 통제환경과 관련한 통제로 설계되어 있으며 매 사업연도마다 설계·운영 평가 완료하였는가?
2. 위험평가 유효성	위험평가절차에는 유의한 계정과목 등의 선정, 업무프로세스와의 연계, 사업부문의 선정 등에 대한 과정이 포함되어 있어야 한다.	위험평가 관련 내부통제로서 최소한 내부회계관리제도 모범규준에서 예시로 제시한 기본 통제가 모두 전사적 수준의 내부회계관리제도 문서에 포함되어 있는지 확인한다.	[문서검토] 위험평가 관련 문서 검토 －내부회계관리제도 문서 중 평가범위 산정 문서(유의한 계정과목 및 주석정보와 업무 프로세스 연계 문서)를 확인한 결과, 내부회계관리제도 평가범위를 선정하기 위한 제반 기준(중요성 금액, 유의한 왜곡표시 금액기준, 사업단위 선정기준 등)이 수립되어 있는가? －매 평가기간 초 또는 중요한 변경 발생 시마다 평가범위를 재설정하고, 이사회의 승인을 받았는가? [문서검토] 전사적 수준의 내부회계관리제도 문서 검토 －최소 상기 사항이 전사적 수준의 내부회계관리제도 문서에 위험평가와 관련한 통제로 설계되어 있으며 매 사업연도마다 설계·운영 평가 완료하였는가?
3. 정보 및 의사소통 유효성	정보 및 의사소통에는 회사의 구성원 개개인이 맡은 바 직무를 수행할 수 있도록 적절한	정보 및 의사소통 관련 내부통제로서 최소한 내부회계관리제도 모범규준에서 예시로 제시한 기본	[문서검토] 정보 및 의사소통 관련 문서 검토 －요약 재무제표 및 주요 재무지표가 작성되어 과거 기간 또는 예산과의 중요한 변동에 대한 설명과 함께 매월 임

감사영역	감사목적	감사항목	감 사 절 차
3. 정보 및 의사소통 유효성	내용의 정보가 적절한 시기에 구분, 수집, 보고하기 위한 통제가 포함되어야 한다.	통제가 모두 전사적 수준의 내부회계관리제도 문서에 포함되어 있는지 확인한다.	원회의에 보고되는가? －경영진 보고자료, 회신자료, 사내 공고 자료를 검토하여 경영의사결정에 필요한 자료가 적시에 수집되며 경영진이 공유할 수 있도록 하고 있는가? －내부고발 대장, 경영진 보고 자료를 검토하여 회사에 발생한 모든 부정 발생 건 혹은 의심 건이 보고되고 있으며, 사내 규정에 내부 고발제도가 프로그램으로 명시화되어 있는가? [문서검토] 전사적 수준의 내부회계관리제도 문서 검토 －최소 상기 사항이 전사적 수준의 내부회계관리제도 문서에 정보 및 의사소통과 관련한 통제로 설계되어 있으며 매 사업연도마다 설계·운영 평가 완료하였는가?
4. 모니터링 유효성	모니터링에는 내부 통제가 효과적으로 운영되는지 확인하기 위한 상시 모니터링[3]과 독립적인 평가 또는 이 두 가지의 결합이 포함되어 있어야 한다.	모니터링 관련 내부통제로서 최소한 내부회계관리제도 모범규준에서 예시로 제시한 기본 통제가 모두 전사적 수준의 내부회계관리제도 문서에 포함되어 있는지 확인한다.	[문서검토] 모니터링 관련 문서 검토 －내부회계관리제도 설계 효과성 평가 및 운영 효과성 평가 문서를 확인하여 매 사업연도마다 모니터링을 수행하고 있으며, 경영진이 승인하고 있는가? －조직도상에 내부감사 조직이 명기되어 있으며, 내부감사보고서를 확인하여 내부감사 결과 발견된 통제상의 미비점에 대한 개선계획이 수립되고, 개선계획의 이행여부를 주기적으로 모니터링하고 있는가? [문서검토] 전사적 수준의 내부회계관리제도 문서 검토 －최소 상기 사항이 전사적 수준의 내부회계관리제도 문서에 모니터링과 관련한 통제로 설계되어 있으며 매 사업연도마다 설계·운영 평가 완료하였는가?

3) 상시모니터링은 최근 개정에서 상시적인 모니터링으로 명칭이 변경되었고 상시적인 모니터링을 그 성격에 따라 구성원에 대한 평가와 경영진에 의한 일상적인 모니터링으로 세분화하였다.

09

Ⅱ-2. 업무프로세스 수준의 내부통제 유효성 검증

감사영역	감사목적	감사항목	감 사 절 차
1. 매출 프로세스	회사의 매출 및 매출채권 관련 재무정보가 부정이나 오류 없이 산출될 수 있도록 매출관리 시스템 및 프로세스가 정립되어 있어야 한다.	매출 거래처 등록의 적정성을 검증할 수 있는 통제가 업무프로세스 수준의 내부회계관리제도에 포함되어 있는지 확인한다.	[문서검토] 고객 등록 관련 통제기술서 검토 아래 통제가 업무프로세스 수준의 내부회계관리제도 통제기술서상 주요 통제에 포함되어 있는가? -거래처 실재성 확인 통제 : 사업자 등록증 확인 작업 등 -거래처 등록의 필수 입력항목(사업자 등록번호, 여신한도 등) 중 누락 여부 검증 : 주기적 고객마스터 데이터 분석 등 -고객 마스터에 등록되지 않은 고객과의 매출 거래 여부 모니터링 통제 -공식적이고 문서화된 신용정책 작성 및 갱신 여부 확인 -고객별 여신한도 설정 및 승인 -고객마스터 등록 전 적격권자 승인
		매출관련 주문수령의 적정성을 검증할 수 있는 통제가 업무프로세스 수준의 내부회계관리제도에 포함되어 있는지 확인한다.	[문서검토] 주문수령 관련 통제기술서 검토 아래 통제가 업무프로세스 수준의 내부회계관리제도 통제기술서상 주요 통제에 포함되어 있는가? -매출 주문이 객관적 근거(구매요청서 등)에 기반하여 발생하였는지 검증하는 통제 -주문수령 전 거래처 신용평가 -주문수령 전 적격권자의 승인 -주문수령 후 납기 내 인도하지 못한 항목 처리 및 원인분석
		선적 및 출고의 적정성을 검증할 수 있는 통제가 업무프로세스 수준의 내부회계관리제도에 포함되	[문서검토] 선적 및 출고 관련 통제기술서 검토 아래 통제가 업무프로세스 수준의 내부회계관리제도 통제기술서상 주요 통제에 포함되어 있는가?

감사영역	감사목적	감사항목	감 사 절 차
1. 매출 프로세스		어 있는지 확인한다.	–선적 및 출고 전 적격권자 승인 –물품인도확인서, 운송장, 출하내역을 대사하는 통제 –생산부서와 선적/출하부서의 업무분장 –선적/출하와 주문등록, 매출기록의 업무분장 –선적/출하에 대한 접근 통제 –선적/출하시점과 회계상 매출인식의 시점차이로 인한 조기매출(혹은 매출이연) 발생 여부를 모니터링하는 통제
		매출송장 작성의 적정성을 검증할 수 있는 통제가 업무프로세스 수준의 내부회계관리제도에 포함되어 있는지 확인한다.	[문서검토] 매출송장 작성 관련 통제기술서 검토 아래 통제가 업무프로세스 수준의 내부회계관리제도 통제기술서상 주요 통제에 포함되어 있는가? –매출송장의 고객발송 전 적격권자 승인 –매출송장과 선적/출하내역 대사 통제 –매출송장의 고객발송 누락 여부를 확인하는 통제 –매출송장의 일련번호 부여를 위한 시스템 자동 통제 및 일련번호 중복/누락 여부 확인 통제 –매출송장 보관 통제
		매출채권관리가 규정에 따라 적정하게 수행되었는지를 검증할 수 있는 통제가 업무프로세스 수준의 내부회계관리제도에 포함되어 있는지 확인한다.	[문서검토] 매출채권관리 관련 통제기술서 검토 아래 통제가 업무프로세스 수준의 내부회계관리제도 통제기술서상 주요 통제에 포함되어 있는가? –주기적인 매출채권 회수예정일 초과 여부 모니터링 통제 –매출채권보조부와 매출송장(혹은 매출장)대사 통제 –매출채권 반제내역과 은행 입금 내역 대사 통제 –입금 거래처와 매출채권 반제 거래처 대사 통제

감사영역	감사목적	감사항목	감 사 절 차
1. 매출 프로세스			-장기 미회수 매출채권 모니터링 및 회수 대책 수립 통제 -매출채권 반제에 대한 적격권자 승인 -회계장부에 수기로 입력한 매출채권 발생 및 반제 처리내역 모니터링 통제
2. 구매 프로세스	회사의 매입 및 매입채무 관련 재무정보가 부정이나 오류 없이 산출될 수 있도록 구매관리 시스템 및 프로세스가 정립되어 있어야 한다.	매입 구매처 등록의 적정성을 검증할 수 있는 통제가 업무프로세스 수준의 내부회계관리제도에 포함되어 있는지 확인한다.	[문서검토] 구매처 등록 관련 통제기술서 검토 아래 통제가 업무프로세스 수준의 내부회계관리제도 통제기술서상 주요 통제에 포함되어 있는가? -구매처 실재성 확인 통제 : 사업자 등록증 확인 작업 등 -구매처 등록의 필수 기재항목(사업자 등록번호, 여신한도 등) 중 누락 여부 검증 : 주기적 구매처 마스터 데이터 분석 등 -구매처마스터에 등록되지 않은 구매처와의 거래 여부 모니터링 통제 -구매처 결제조건에 대한 검토 및 승인 -구매처 마스터 등록 전 적격권자 승인 -구매처 등록과 구매요청 권한의 분리
		구매요청의 적정성을 검증할 수 있는 통제가 업무프로세스 수준의 내부회계관리제도에 포함되어 있는지 확인한다.	[문서검토] 구매요청 관련 통제기술서 검토 아래 통제가 업무프로세스 수준의 내부회계관리제도 통제기술서상 주요 통제에 포함되어 있는가? -구매요청서에 대한 적격권자 승인 -구매요청서상 일련번호 부여 및 주기적인 일련번호 중복/누락 여부 모니터링 통제 -구매요청이 없는 입고에 대한 모니터링 통제 -구매요청 이후 구매행위가 발생하지 않는 항목 모니터링 통제
		입고 및 검수의 적정성을 검증할 수 있는	[문서검토] 입고 및 검수 관련 통제기술서 검토

감사영역	감사목적	감사항목	감 사 절 차
2. 구매 프로세스		통제가 업무프로세스 수준의 내부회계관리제도에 포함되어 있는지 확인한다.	아래 통제가 업무프로세스 수준의 내부회계관리제도 통제기술서상 주요 통제에 포함되어 있는가? －입고증에 대한 구매처 서명 여부 확인 통제 －입고 및 검수에 대한 적격권자 승인 －검수 불합격 및 반품에 대한 품의서 작성 및 적격권자 승인 －구매요청, 입고, 검수 내역의 대사 통제 －입고 및 검수 내역을 시스템에 중복과 누락 없이 등록하였는지 일단위로 확인하는 통제 －입고검수와 구매요청, 업체선정 권한 분리 －입고 및 검수부서에 대한 접근 통제
		매입전표 생성의 적정성을 검증할 수 있는 통제가 업무프로세스 수준의 내부회계관리제도에 포함되어 있는지 확인한다.	[문서검토] 매입전표 생성 관련 통제기술서 검토 아래 통제가 업무프로세스 수준의 내부회계관리제도 통제기술서상 주요 통제에 포함되어 있는가? －검수완료 내역과 매입전표 내역의 일단위 대사 통제(품목 내역, 수량, 일자까지 대사) －매입단가와 계약단가의 대사 통제 －거래처의 송장과 매입 회계전표 대사 및 매입처리에 대한 적격권자 승인 －매입채무 보조부와 매입장 대사 통제
		매입채무 관리가 규정에 따라 적정하게 수행되었는지를 검증할 수 있는 통제가 업무프로세스 수준의 내부회계관리제도에 포함되어 있는지 확인한다.	[문서검토] 매입채무관리 관련 통제기술서 검토 아래 통제가 업무프로세스 수준의 내부회계관리제도 통제기술서상 주요 통제에 포함되어 있는가? －매입할인에 대한 적격권자 승인 －매입채무 지급결의서 적격권자 승인 －지급결의 되지 않은 매입채무 지급 건에 대한 주기적인 모니터링 통제 －지급결의서상 지급 거래처와 상이한

감사영역	감사목적	감사항목	감 사 절 차
2. 구매 프로세스			거래처로 지급된 거래 내역 모니터링 통제 －매입채무 잔액에 대한 주기적인 거래처 조회 통제 －매입전표 생성과 지급처리의 업무분장
3. 재고관리 프로세스	회사의 재고 관련 재무정보가 부정이나 오류 없이 산출될 수 있도록 재고관리시스템 및 프로세스가 정립되어 있어야 한다.	재고수불부의 적정성을 검증할 수 있는 통제가 업무프로세스 수준의 내부회계관리제도에 포함되어 있는지 확인한다.	[문서검토] 재고수불부 작성 관련 통제기술서 검토 아래 통제가 업무프로세스 수준의 내부회계관리제도 통제기술서상 주요 통제에 포함되어 있는가? －재고 입고 및 검수 내역과 재고수불부 입고 내역 대사 통제 －재고 선적 및 출고 내역과 재고수불부 출고 내역 대사 통제 －재고수불부 정확성 확인 통제 및 월 단위 검토/승인 통제 －재고수불부 및 회계장부상 재고가액의 대사 통제
		기준일자 재고 수량의 적정성을 검증할 수 있는 통제가 업무프로세스 수준의 내부회계관리제도에 포함되어 있는지 확인한다.	[문서검토] 재고실사 관련 통제기술서 검토 아래 통제가 업무프로세스 수준의 내부회계관리제도 통제기술서상 주요 통제에 포함되어 있는가? －재고실사 계획서 작성 및 승인 －재고실사를 위한 기준일 재고현황과 재고수불부 대사 통제 －재고실사 결과보고서 작성 및 승인(재고실사 결과, 차이내역에 대한 원인분석 및 처리 방안 포함) －타처보관 재고자산에 대한 주기적 실사 혹은 타처보관 재고자산 조회 확인 통제 －재고실사자와 재고실물 관리자가 분리되어 있는지 여부 검토
		장기재고 관리가 규정에 따라 적정하게	[문서검토] 장기재고관리 관련 통제기술서 검토

감사영역	감사목적	감사항목	감 사 절 차
3. 재고관리 프로세스		수행되었는지를 검증할 수 있는 통제가 업무프로세스 수준의 내부회계관리제도에 포함되어 있는지 확인한다.	아래 통제가 업무프로세스 수준의 내부회계관리제도 통제기술서상 주요 통제에 포함되어 있는가? －장기 재고에 대한 관리 기준 보유 －주기적인 장기재고 파악 및 처분계획 수립과 적격권자 승인 －장기재고에 대한 재고평가손익 평가 및 적격권자 승인 －재고실물관리자와 재고평가 책임자의 분리 여부 검토
4. 급여관리 프로세스	회사의 급여 관련 재무정보가 부정이나 오류 없이 산출될 수 있도록 급여관리시스템 및 프로세스가 정립되어 있어야 한다.	급여 지급 대상 직원 명부(임직원 인사마스터)의 적정성을 검증할 수 있는 통제가 업무프로세스 수준의 내부회계관리제도에 포함되어 있는지 확인한다.	[문서검토] 인사마스터 관리 관련 통제기술서 검토 아래 통제가 업무프로세스 수준의 내부회계관리제도 통제기술서상 주요 통제에 포함되어 있는가? －인사마스터 등록 전 적격권자의 승인 통제 －인사마스터 필요정보 누락 여부 모니터링 통제 －인사마스터 미등록자/퇴사자에게 급여가 지급되었는지 주기적으로 모니터링
		임직원 근태관리의 적정성을 검증할 수 있는 통제가 업무프로세스 수준의 내부회계관리제도에 포함되어 있는지 확인한다.	[문서검토] 근태관리 관련 통제기술서 검토 아래 통제가 업무프로세스 수준의 내부회계관리제도 통제기술서상 주요 통제에 포함되어 있는가? －초과근무 여부에 대한 현장 확인 및 승인 －휴가 및 휴직 사항에 대한 정확한 등록 및 승인 －급여지급 규정에 따라 근태관리가 수행되고 있는지 주기적으로 검토하는 통제
		급여 계산의 적정성을 검증할 수 있는 통제가 업무프로세스 수준의 내부회계	[문서검토] 급여 작성 관련 통제기술서 검토 아래 통제가 업무프로세스 수준의 내부회계관리제도 통제기술서상 주요 통제

감사영역	감사목적	감사항목	감 사 절 차
4. 급여관리 프로세스		관리제도에 포함되어 있는지 확인한다.	에 포함되어 있는가? －급여규정에 대한 승인 및 전 임직원 공지 －연봉계약서, 근로계약서에 대한 당사자 서명 및 적격권자 승인 －연봉계약서, 근로계약서와 급여계산 프로그램(급여지급 마스터 데이터 등)의 대사 통제 －급여계산 프로그램의 정확성 재계산 통제 －급여(일반 판매비와관리비) 계정과 노무비(제조원가) 구분의 정확성 여부 검토 통제 －초과근무수당 내역과 근태관리 현황 대사 통제 －휴가/휴직기간에 대한 급여산정 여부 모니터링 통제 －급여산정 내역에 대한 적격권자의 승인
		급여 지급의 적정성을 검증할 수 있는 통제가 업무프로세스 수준의 내부회계관리제도에 포함되어 있는지 확인한다.	[문서검토] 급여 지급 관련 통제기술서 검토 아래 통제가 업무프로세스 수준의 내부회계관리제도 통제기술서상 주요 통제에 포함되어 있는가? －급여지급 마스터에 등록된 급여지급 계좌와 상이한 계좌로 지급된 건 모니터링 통제 －급여지급명세서에 대한 적격권자의 승인
5. 회계프로세스	회사의 모든 재무정보가 일반적으로 인정된 회계기준에 부합하게 입력/집계/산출될 수 있도록 회사의 회계정책 및 회계시스템, 회계프로	대외적 회계투명성을 유지할 수 있도록 회계기준 수립/변경 통제가 업무프로세스 수준의 내부회계관리제도에 포함되어 있는지 확인한다.	[문서검토] 회계기준 수립 및 변경 관련 통제기술서 검토 아래 통제가 업무프로세스 수준의 내부회계관리제도 통제기술서상 주요 통제에 포함되어 있는가? －IFRS 변경 사항에 대한 적시인지 및 갱신통제 －회사 회계정책에 대한 외부 전문가 검

감사영역	감사목적	감사항목	감 사 절 차
5. 회계프로세스	세스가 정립되어 있어야 한다.		토 통제 －회계정책 수립 및 변경에 대한 적격권자 승인 및 공표 －회계 계정과목(Chart of Account)의 변경 전 적격권자 승인
		회계 전표의 적정성을 검증할 수 있는 통제가 업무프로세스 수준의 내부회계관리제도에 포함되어 있는지 확인한다.	[문서검토] 회계전표 작성 관련 통제기술서 검토 아래 통제가 업무프로세스 수준의 내부회계관리제도 통제기술서상 주요 통제에 포함되어 있는가? －회계전표 작성 유형(예 : 수기입력, 자동생성 등)별로 회계전표를 작성하는 방법 및 근거 증빙이 규정화 －회계전표 승인권자에 대한 위임전결 규정 존재 －회계전표 작성을 위해 필요한 정보가 누락되는 것을 방지하는 통제와 누락된 정보를 모니터링하는 통제 －자동생성 전표(예 : 매출전표 및 재고전표)를 수기 조정한 경우 해당 전표를 모니터링하는 통제 －입출금 전표 작성 시 입출금 계좌정보가 은행계좌 마스터에 등록되지 않은 경우 해당 전표 생성을 방지하는 통제 및 모니터링하는 통제 －모든 전표에 대한 적격권자의 승인 통제 －전표 입력자와 승인권자, 자금지출권자의 업무분장
		회계 결산 및 재무제표 작성의 적정성을 검증할 수 있는 통제가 업무프로세스 수준의 내부회계관리제도에 포함되어 있는지 확인한다.	[문서검토] 결산 및 재무제표 작성 관련 통제기술서 검토 아래 통제가 업무프로세스 수준의 내부회계관리제도 통제기술서상 주요 통제에 포함되어 있는가? －결산 마감 체크리스트에 의한 순차적 결산 통제 －마감 완료되지 않은 항목에 대한 처리 통제

09

감사영역	감사목적	감사항목	감 사 절 차
5. 회계프로세스			-결산 마감 전 재계산 통제 -총계정원장과 각 계정별 보조원장의 대사 통제 -재무제표에 대한 최종 승인권자(CFO)의 승인

[부록] 내부회계관리제도를 위한 내부감사조직의 기능과 역할에 대한 점검사항

감사(위원회)는 경영진과 독립적인 입장에서 내부회계관리제도의 운영 실태를 평가하고 그 결과를 이사회에 보고하여 문제점을 시정하게 함으로써 내부회계관리제도가 원활하게 운영되도록 하는 역할을 수행하여야 함. 감사(위원회)가 이러한 역할을 수행할 수 있도록 보조하는 내부감사 전담조직의 구성 및 기능과 역할 측면에서 고려할 사항은 다음과 같음.

가. 감사(위원회)의 독립적인 내부회계관리제도 평가를 실질적으로 보조할 수 있는 내부감사 전담조직이 구성되어 있으며, 충분한 역량을 갖춘 인력으로 구성되어 있는가?

나. 내부감사 전담조직은 경영진이 내부회계관리제도 운영실태 평가를 위해 선정한 표본에 대한 독립적 평가와 함께 별도의 개별적 표본조사방식을 동시에 수행하였는가?

다. 내부감사 독립적 평가 결과와 경영진의 운영실태 평가 결과가 상이한 경우, 해당 사항에 대해 경영진과 함께 충분한 협의를 진행하였는가?

라. 내부감사 전담조직의 독립적 평가에서 파악된 문제점을 경영진이 충분히 이해하였으며, 개선계획을 상세히 수립하였는가?

마. 내부감사 전담조직은 경영진이 수립한 개선계획이 독립적 평가에서 파악된 문제점을 근본적으로 해결하기에 충분한지 여부를 평가하였으며, 경영진의 개선계획에 따라 개선업무를 적시에 시행하고 있는지에 대한 사후관리를 수행하고 있는가?

바. 내부감사 전담조직은 내부감사 수행 결과를 주기적으로 감사(위원회)에게 상세 평가 결과와 함께 보고하고 있는가?

사. 감사(위원회)는 이사회에 내부회계관리제도 운영 실태에 대한 독립적 평가결과를 적시에 보고하고 있는가?

아. 내부회계관리제도 운영실태 평가결과를 외부감사인에게 제공하고, 이에 대한 검토 의견을 수령하였는가?

자. 감사(위원회) 및 내부감사 전담조직은 외부감사인으로부터 내부회계관리제도 검토에 대한 결과를 제공받아 이를 검토 및 사후관리하고 있는가?

CHAPTER

10 내부회계관리제도 실제사례(설계보고서)

1 Project의 개요

(1) Project의 목적

본 프로젝트는 주식회사 등의 외부감사에 관한 법률(이하 "외감법") 및 자본시장과 금융투자업에 관한 법률(이하 "자본시장법")에 따른 법적 요구사항에 대한 대비를 주목적으로 하여 내부회계관리제도와 공시통제제도의 구축 및 이를 점검하기 위한 내부인증체계의 구축을 추진하는 데 있다.

목 적	→	프로젝트 과제
• 외감법, 자본시장법의 요구사항 이행 －내부회계관리제도의 설계·구축·운영 및 평가(외감법, 2004.4.1. 시행) －사업보고서 등 공시서류에 대한 CEO, CFO의 직접 확인·서명(증권거래법, 2004.4.1. 시행 → 자본시장법으로 변경) －2007.1.1.부터 모범규준 적용 • 지속적인 내부통제의 역량강화 －내부통제 운영실태의 실질적이고 상시적인 점검 －사업보고서 등의 CEO, CFO 인증을 위한 근거 마련	→	• 내부회계관리제도 구축 －효과적인 통제활동의 설계 및 문서화 • 공시통제제도 구축 • 내부인증체계 구축 －내부회계관리제도에 대한 주기적인 자가점검 절차 및 단계별 인증체계 구축 －사업보고서 등 공시서류에 대한 CEO, CFO의 확인·서명 절차 수립 －내부인증시스템 Tool의 구축 : 주기적 점검결과의 기록 및 인증서 공시

(2) Project의 절차

Project는 2단계로 진행되었으며, 1단계는 Process 분석, Test template, Test Worksheet 설계 및 문서화 작업이고 2단계는 전산 System 구축이다.

Step 1 내부회계관리제도의 설계	Step 2 전산 System 구축	자가점검 및 인증 운영
• 재무 Risk 방지를 위한 통제활동 및 자가점검 절차 설계 ① 재무제표상 유의한 계정 관련 프로세스 분석 ② 내재된 재무 Risk 파악 ③ Process 분석서 ④ Test template 및 Test W/S 설계 • 공시통제제도 수립	• 시스템 설계 및 개발 －테스트 －개선 및 안정화 －사용자 교육 • Sampling 방법 : 무작위 • E－mail기능의 전산 Sy－stem구축은 하지 아니함.	• 자가점검 및 인증 프로세스 수행 • 보고서 발행
• Accounts & Process matrix • 프로세스 분석서 • Test template • Test Worksheet • 공시통제점검표 • 공시규정(안) • 내부회계관리규정 • 회계업무처리규정	• Test Worksheet	• 보고서 • CEO/CFO 인증서

10

2 Project 추진의 기본사고

(1) 통제의 개념

① 초우량기업의 조건은 자신감, 정신력, 추진력이며, 시장에서의 성공요인은 신속성, 단순성에 있다.
그리고 기업운영에 있어서 가장 유용한 정보는 MIS, ERP가 아니고 숨 가쁘게 진행되는 대화 속에 있는 것이다.
또한 효과적인 관리란 우선순위 결정, 일괄처리, 유용한 정보수집에 있다.
이러한 측면에서 자율경영과 책임경영이 강조되고 있다.
그러나 지나친 자율경영은 방임에 흐르기 때문에 통제가 필요하다.

② 하지만 지나친 통제는 신속성과 추진력을 떨어뜨리고, 누구도 책임지지 않는 풍토가 조성된다.
또한 아무리 많은 통제도 담합이나 공모는 적발하지 못하는 한계가 있다.
많은 Control은 많은 Cost를 수반하고 업무의 생산성과는 반비례한다.
따라서 반드시 필요한 최소한의 통제가 당사에 유용한 통제이다.
추가적으로 관리의 주요판단 기준은 통제가 아니라 예상판매량, 재고・채권현황, 가동상태, 품질, 제품의 경쟁력이다.

(2) Project의 추진방법

① Bottom−up 방식의 경우 지나치게 많은 Control Point를 설정하여 업무의 효율성을 저해하고, 실제로 내부통제제도가 작동할 수 없다.
따라서 본 Project는 Top−down 방식에 의하여 가장 기본적인 Control Point를 Best Practice에서 상정한 후 회사에 있는지 여부를 가지고 검토하였다.
그리고 가장 중요한 Control Point를 식별한 후 최소한의 가장 중요한 Point에 대하여 Test하는 방안을 강구하였다.

② 영업관리의 경우 정확하게 주문받아, 정확하게 전달하고 대금을 적정하게 수령하면 가장 잘 통제되는 것이다.

신규고객개발이나 기존고객의 유지는 열정과 신속성에 있는 것이다.

구매관리의 경우 필요한 자재를 정확하게 주문하고, 주문한 품질 수준에 부합하는 자재를 수령한 후 창고에 입고하고, 적정한 시기에 대금을 지급하면 가장 잘 통제되는 것이다.

원가절감을 위한 구매나 새로운 구매선의 발굴은 통제보다는 유용한 정보수집과 열정에 있는 것이다.

생산관리의 경우 생산지시서에 맞게, 불량이 없는 제품을 적기에 생산하면 가장 잘 통제되는 것이다.

품질개선이나 원가절감, 수율향상은 동기부여 및 작업자의 제안에 있는 것이다.

③ 그리고 우량기업에서 위대한 기업으로 가기 위해서는 잘할 수 있는 일에 집중하고, 적합한 사람을 Bus에 태우고 가는 기업문화에 있다.

이러한 기업문화를 구축하기 위해서는 필요한 통제만을 하되 자율성과 창의성을 고취하여야 하며, 과다한 통제는 자율성을 저하시킨다. 또한 강한 기업이 되기 위해서는 경영의 초점이 명확해야 하고, 의사결정 시 그 배경과 이유에 대하여 많은 구성원이 공감해야 하며, 항상 위기의식을 갖고, vision을 공유할 수 있어야 한다.

④ 상기와 같은 개념을 가지고 본 Project는 Top－down 방식으로 Best Practice를 참조하여 추진하였다.

(3) 본 Project의 효과

① 전 직원의 Control mind를 향상시키고, 윤리의식을 강화하며, 반드시 필요한 통제 Point가 무엇이며, 자신이 하고 있는 업무에 대하여도 항상 제3자가 검증하고 있다는 의식을 심어주며, 자본시장법 및 외감법에서 요구하고 있는 내부회계관리제도를 정착시켜서 회계감사 시의 적정의견을 받고, 집단소송 시 항변할 수 있는 자료를 구비하는 것이다.

② 내부통제제도의 3가지 목적인 기업운영의 효율성 및 효과성 확보, 재무정보의 신뢰성확보, 관련법규 및 정책의 준수 중 내부회계관리제도는 재무정보의 신뢰성 확보에 있다. 그리고 내부통제제도가 기업운영의 효율성 및 효과성을 확보하는 측면은 제한적이다.

(4) 모범규준에서 규정하고 있는 내부회계관리제도

① 재무제표의 신뢰성을 확보하기 위해서 재무제표상 계정과목의 중요도를 평가한 후 중요한 계정과목과 관련된 Process를 정의하고, 관련 Process가 재무정보를 정확하게 산출하기 위한 통제 Point를 설정한 후, 이러한 통제 Point가 설계된 대로 작동하는지 주기적으로 검토하는 것이다.

② 따라서 종업원의 동기부여, 고객의 충성도, 효율적인 자금관리, 신규제품의 개발, 품질개선 등과는 다른 개념이며, 기본취지는 분식결산의 방지에 있다.

(5) 중소기업(중소기업기본법상의 중소기업)에의 적용

① 중소기업의 경우는 문서화된 윤리강령이 없어도 되고, 내부고발제도, 인사규정, 이사회의 독립성 체크, 윤리강령 등의 부정방지프로그램이 없어도 된다.
그리고 위험평가서류를 문서화하지 아니하여도 되나, 자체평가기능이 있어야 하기 때문에 통제 Point정도는 식별하고 있어야 한다.

② 그리고 타부서에서 Cross－Test를 하지 아니하여도 되나, 업무담당자에 의한 자체평가는 실시하여야 하며, 자체적으로 실시한 TOT(Test Of Transaction) 및 TOC(Test Of Control)는 제3자가 검토하여야 한다.

③ 본 Project는 중소기업적용규정을 배제하고 모범규준대로 적용하였다.

④ 결론적으로 통제 Point만 식별하고, 통제 Point에 대한 Test Worksheet만 구비하고 있으면 된다고 사료된다.

3 경영진의 책임

(1) 내부회계관리제도에 대한 경영진의 책임

내부회계관리제도에 대한 경영진(대표이사, CFO, 내부회계관리자)의 책임은 내부회계관리제도를 설계하고, 운영 · 평가하며, 각 부서에 책임을 할당하는 것이다.

세부적인 내용은 다음과 같다.

① 이사회가 승인한 내부회계관리규정의 시행
② 적절한 내부회계관리제도의 설계 및 운영
③ 내부회계관리제도의 효과성에 대한 평가
④ 내부회계관리제도의 책임 · 권한 · 보고관계의 명확화
⑤ 각 업무 Process별 통제목표와 통제절차에 대한 구체적인 식별 및 평가절차 문서화
⑥ 사업단위를 책임지는 임원에게 해당 사업단위 내의 회계관리제도의 설계 · 운영에 대한 책임부여
⑦ 윤리강령을 제정하고 실행하는 책임
⑧ 재무제표의 신뢰성에 부정적인 영향을 미칠 수 있는 위험을 식별하고 지속적으로 평가하는 공식체계 구축

(2) 사업보고서 등에 대한 경영진의 책임

사업보고서 등에 대한 경영진의 책임은 사업보고서가 적정하다고 입증하는 것이며, 세부적인 내용은 다음과 같다.

① 신고서 기재내용에 대하여 직접 확인 검토하였다는 사실
② 중요한 기재사항의 기재 또는 표시의 누락이나 허위의 기재 또는 표시가 없고, 신고서 내용 중 오해를 일으키는 내용은 표시되지 아니하였다는 사실
③ 외감법에 따라 내부회계관리제도가 운영되고 있다는 사실

* 상기요구사항을 충족시키기 위하여 경영진은 공시통제점검표를 확인하고, 공시통보담당자 및 사업보고서 정보제공 담당자를 지정하고 책임을 부여하기 위해서 Sign을 득한다.

경영진은 자사제품의 Market동향, 자사제품 및 자사의 competition, 자사직원에 대한 동기부여 및 자기개발에 주력해야 한다. 그리고 추가로 고객충성도 유지방안, 자금흐름의 안정화 방안에 주력해야 한다.

10

(3) 이사회 및 감사(또는 감사위원회)의 책임

내부회계관리제도에 대한 이사회의 책임은 다음과 같다.

① 내부회계관리규정 및 중요정책의 승인
② 내부회계관리제도 관련 조직구조에 대한 승인
③ 회사 내 재무보고 및 자산보호와 관련된 제반 위험에 대한 이해
④ 재무제표 신뢰성 관련 위험을 평가 · 통제하기 위해 적절한 조치를 강구하는지에 대한 확인
⑤ 내부회계관리제도의 효과성에 대한 적절한 모니터링 및 평가활동을 수행하고 있는지에 대한 확인

내부회계관리제도에 대한 감사의 책임은 다음과 같다.

① 내부회계관리제도에 대한 전반적인 평가결과의 이사회보고
② 내부회계관리제도의 개선을 위한 권고안 제시
③ 내부회계관리제도상의 취약점 및 개선방안에 대한 이행 여부 확인

4 내부회계관리제도의 구축

(1) 내부통제 준거기준

본 프로젝트에서는 내부통제의 준거기준으로 내부회계관리제도운영위원회에서 제정한 내부회계관리제도 모범규준(이하 "모범규준")을 적용하였다(2007.1.1.부터 모범규준 강제화).

내부회계관리제도의 정의

내부회계관리제도는 회사의 재무제표가 일반적으로 인정되는 회계처리기준에 따라 작성 · 공시되었는지 여부에 대한 합리적인 확신을 제공하기 위하여 설계 · 운영되는 내부통제제도의 일부분으로서 회사의 이사회, 경영진 등 모든 조직구성원들에 의해 지속적으로 실행되는 과정을 의미한다.

내부회계관리제도는 아래와 같은 5가지 구성요소를 고려하여 설계되었다(COSO 보고서 인용).

① 통제환경	내부통제제도 전체의 기초를 이루는 개념으로서 조직체계 · 구조, 내부통제를 유인하는 상벌체계, 인력운용정책, 교육정책, 경영자의 철학, 윤리, 리더십 등을 포함하는 포괄적인 개념이다(경영자의 윤리의식 등).
② 위험평가	회사의 목적달성과 영업성과에 영향을 미칠 수 있는 내 · 외부의 관련 위험을 식별하고 평가 · 분석하는 활동을 위미하며, 전사적 수준 및 업무프로세스 수준의 위험 식별, 위험의 분석 · 대응방안 수립, 위험의 지속적 관리 등이 포함된다(고객위험, 종업원위험, 자금위험, 제품위험 등).
③ 통제활동	조직 구성원이 이사회와 경영진이 제시한 경영방침이나 지침에 따라 업무를 수행할 수 있도록 마련된 정책 및 절차와 이러한 정책 및 절차가 준수되도록 하기 위한 제반활동을 의미하며, 업무의 분장, 문서화, 승인 및 결재체계, 감독체계, 자산의 보호체계 등을 포함한다.
④ 정보 및 의사소통	조직 구성원이 그들의 책임을 적절하게 수행할 수 있도록 시의적절한 정보를 확인 · 수집할 수 있도록 지원하는 절차와 체계를 의미하며, 정보의 생성 · 집계 · 보고체계, 의사소통의 체계 및 방법 등이 포함된다(예 : ERP 구축).
⑤ 모니터링	내부통제의 효과성을 지속적으로 평가하는 과정을 의미하며, 회사전체 또는 사업단위에 대한 자체평가, 자체 감사활동 및 사후관리 등이 포함된다.

(2) 세부 수행업무

본 프로젝트는 재무제표상 유의한 계정과목과 주석정보를 파악하고 위험을 분석함으로써 동 위험을 예방/적발하기 위한 내부회계관리제도를 설계하고 이의 운영 실태에 대한 자가점검 절차를 수립하였다.

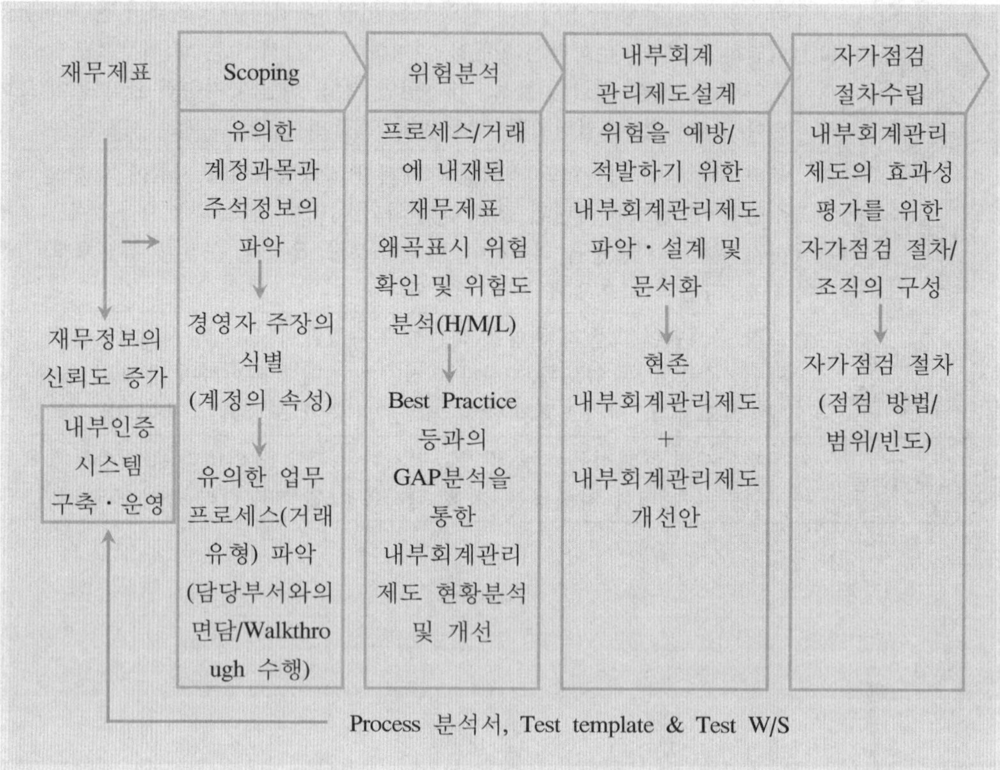

* 유의한 계정과목(Significant Accounts) : COSO 보고서의 Significant를 유의한으로 번역한 것으로, 금액적으로 중요하거나, 질적으로 중요한 계정과목을 의미한다. 실무상 유의한 계정과목이란 현 · 예금, 채권, 재고, 매입채무, 차입금, 매출, 매출원가, 급여 등 회수의 주요 경비 등이다.

* 경영자의 주장이란 계정과목의 금액이 실제로 있고, 정확하고, 누락된 것이 없이 완전하고, 평가는 적정하며, 주석으로 표시될 사항은 모두 기술하였다는 주장이다.

* 유의한 업무 프로세스 : 유의한 업무 프로세스란 현 · 예금의 경우는 자금관리 Process이고, 채권의 경우는 판매관리 Process이다.

(3) 내부통제 구성요소분석

① 내부통제제도의 전사적 수준 구성요소 분석서

구성요소	세부요소	Best Practice	Recommendation	Remarks
통제환경 (윤리)	• 청렴성 · 도덕성 및 윤리의식	• 윤리서약을 받고 교육을 시킴. • 부적적한 행위 발생 시 행동지침 마련	• 포괄적이고 직접적으로 기술된 윤리강령 제정 • 윤리 서약 징구 • 인성교육실시 • 위반조치, 보상규정	
		• 외부업체와의 업무 시 회사의 윤리지침 인지시킴.	• 필요시 외부업체에 윤리지침 확인서 징구	
	• 분식결산	• 경영층에서 이익의 조정을 지시하지 못함.	–	• 이익조정도 범죄라는 인식이 필요함.
통제환경 (적격성)	• 업무에 대한 적격성	• 업무기술서 작성함. • 업무교육시킴.	• 업무기술서 자성 및 유지, 보완 • 교육 프로그램 제공	
통제환경 (이사회 및 감사)	• 이사회 운영	• 중요의사결정사항은 중지를 모아 이사회에서 결정함.	• 이사회규정 제정 요망(실질적인 이사회 기능수행)	• 우리나라 대부분의 기업이 이사회 기능이 작동하지 못함.
	• 감사 또는 감사위원회	• 경영진과 독립적으로 구성함.	• 감사규정 제정요망(실질적인 감사 기능수행)	• 우리나라 대부분의 기업이 감사 가능이 작동하지 못함.
통제환경 (경영진의 철학 및 운영방식)	• 경영철학 및 운영 방식	• 합리적인 사고를 가지고, 투명하게 운영함.	• 임원의 윤리 서약 징구 • 내부회계관리제도의 실질적인 운영	
통제환경 (조직체계, 권한과 책임)	• 권한과 책임의 위임	• 업무분장, 위임 전결규정을 운영함.	• 실질적인 위임 전결 규정의 시행 • 업무분장강화	• 인원의 Slim화로 전반적으로 내부통제의 가장 중요한 요소인 업무 분장이 미약함.

10

구성요소	세부요소	Best Practice	Recommendation	Remarks
통제환경 (조직체계, 권한과 책임)				• 위임전결은 동기부여와 책임의식의 고취측면에서 반드시 필요함. 그리고 업무를 가장 잘 아는 것은 책임자가 아니고 담당자임.
	• 조직체계 · 구조	• 보고체계 수립함.	• 회사 내 활동, 정보의 원활한 흐름을 위한 보고체계 구축	
	• 내부회계관리 조직	• 내부회계관리 조직 수립함.	• 내부회계관리 조직과 보고 체계 구축 관련 권한과 책임 명확화 요망	
	• 인사정책	• 인사위원회에서 인사고과에 기초하여 결정함.	• 채용 · 승진규정 명확화 요망	• 위원회 설치가 문제를 해결하지는 못함. 그러나 투명한 인사관리는 직원의 동기부여에 매우 중요함. 승진이란 직원에게 표본을 보여주는 것임.
		• Rotation실시	• Rotation권고	• Rotation은 기업의 활력을 증대시킴.
	• 구성원 관리	• 건강검진, 체력단력비지원 • 동호회지원 • 교육비지원	–	• 공존한다는 개념, 같이 벌어서 먹고 산다는 개념은 매우 중요함.
		• 상호신뢰 구축 • 협력체제 구축	–	• 솔선수범 및 법과 원칙 중시 • 편애경영은 안 됨.
			–	• 의사소통채널의 다양화 • 종업원은 경쟁력의 핵심임.
		• 성과보상	• 성과보상 방안수립	• 고성과 창출하면 보상

구성요소	세부요소	Best Practice	Recommendation	Remarks
통제환경 (조직체계, 권한과 책임)	• 기업문화	• 기업이념이 명확함.	• 기업이념이 직원의 행동지침이 되어야 함.	• 종업원존중의 경영철학정립
위험평가	• 구체적인 목적 수립	• 중요성 금액 설정 기준 • 유의한 재무제표 항목의 설정	• 중요성 금액을 기준으로 한 유의한 재무제표 항목이 설정되어야 함.	
	• 위험평가프로세스	• 위험평가프로세스	• 위험의 중요도, 발생가능성, 부정위험, 위험예방 활동을 위한 프로세스 체계수립	
	• 변화관리 체계	• 변화관리체계 수립	• 내·외부 변화에 대한 위험 식별·평가를 위한 프로세스 체계 수립	
	• 전사수준의 목적 • 업무수준의 목적	• 예산관리 • 중장기계획수립	– • 중장기계획 수립	• 미래를 예측하고 계획하는 제도보다는 역동적인 조직이 더 중요함. 그러나 예산관리는 반드시 필요함.
	• 자금 위험 관리	• 자금수지계획 수립 • 회계자금의 분리 • 자금승인의 이중 관리	• 회계자금의 분리	• 인원의 제약 때문에 한계는 있음.
	• 거래처위험 관리	• Credit limit 설정 • 영업거래처 신용평가	– –	
	• 제품 위험 관리	• 고객상담제도 • 품질관리	– –	• 회사의 경우 품질과 납기 그리고 원가절감이 핵심이라 사료됨.

구성요소	세부요소	Best Practice	Recommendation	Remarks
위험평가	• 제품경쟁력	• 1등하는 제품으로 발전시키고, 시장동향 분석함.	–	• 산업 및 제품에 대한 통찰력 배양(경험과 고뇌 그리고 창의성)
정보 및 의사소통	• 정 보	• ERP 등 정보시스템 구축	–	
		• 정보담당자 회의	–	• ERP가 중요한 모든 정보를 제공하는 것은 아님.
	• 의사소통	• Counselling 제도	–	• 미국기업이 매우 잘하고 있음.
		• 새로운 정보를 공표하는 프로세스	• 정보 전달을 위한 프로세스 구축	
		• 제안제도	–	
		• 내부고발제도	• 내부고발제도 운영	
	• 경영진 보고자료	• 재무정보, Market 및 Competition 자료	• 핵심자료에 치중 요망 • EIS정비	• 핵심자료 : Market, Competition
모니터링	• 내부통제 검토	• 주기적인 내부통제 test실시	• Test요망	
	• 독립적 평가	• 내부회계관리제도의 정기적인 검진 • Test 결과에 대한 조치	• 재검진	
	• 내부감사	• 실질적인 감사 • 공시규정	• 실질적인 감사	• 실질적인 내부감사를 실시하는 기업은 거의 없음.
	• 미비점 보고	• 내부회계관리제도의 미비점 파악 및 개선절차 규정	• 미비점과 개선방안 보고 및 사후관리	

구성요소	세부요소	Best Practice	Recommendation	Remarks
모니터링	• 규 정	• 공시규정 • 내부회계관리 규정 • 회계처리규정	• 제 규정 제정	–

② 구성요소 질문서

일자 : _____

구성요소	통제절차 및 항목	Check Yes	Check No
통제환경 (윤리)	• 경영진은 회사 자원의 적절한 사용, 이해상충, 불공정 경쟁방지, 내부자 거래 등과 같은 항목을 포괄적으로 기술하고 있는 윤리강령이나 정책을 유지하고 있습니까?		
	• 회사의 임직원은 부적절한 행위에 직면하였을 때 수행해야 하는 행동수칙에 관하여 이해하고 있습니까?		
	• 신규 입사자에 대한 오리엔테이션과 인터뷰 시 높은 윤리의식의 중요성에 대하여 토의하고 있습니까?		
	• 경영진은 임직원, 거래처, 투자자, 경쟁업체 또는 감사인과의 업무수행 시 윤리지침을 준수하고 있습니까?		
	• 경영진은 윤리강령 또는 회사의 정책에 위반행위에 대하여 적시에 그리고 적절한 방법으로 조치를 취하고 있습니까?		
	• 공정하고 적절한 보상체계가 수립되어 있어 윤리강령 및 회사의 정책 준수에 대한 동기부여를 하고 있습니까?		
	• 공식화된 문서에 내부회계관리 규정을 예외적으로 적용할 수 있는 특정 상황을 사전 정의하고 있습니까?		
	• 내부회계관리규정을 준수하지 않은 경우 이에 대한 사유와 수행된 내용을 기록 유지하고 있습니까?		
통제환경 (적격성)	• 특정업무 수행에 요구되는 작업과 지식, 기술능력 등을 분석한 업무기술서가 존재하고, 임직원들에 의해 공유되고 있습니까?		
	• 경영진은 회사의 업무에 대한 교육 프로그램을 제공하고 있습니까?		

구성요소	통제절차 및 항목	Check Yes	Check No
	• 임직원의 업무상 과실이 발견되었을 때, 원인분석 및 재교육, 재배치, 적절한 컨설팅과 같은 교정활동들이 이루어지고 있습니까?		
	• 회사 내 중요한 업무 변화가 발생되는 경우, 관련 임직원의 적격성 재검토 및 그러한 변화로 인해 발생되는 새로운 문제점들에 대해 조직 내에서 상호 공유하고 있습니까?		
	• 업무공백 및 회사의 원활한 업무 진행을 위하여 임직원들은 본인이 맡고 있는 업무 이외에 대해서도 교육받고 있습니까?		
	• 임직원이 수행한 업무에 대한 평가 후 개선이 필요한 사항에 대해서 명확하게 기술하여 관리하고 있습니까?		
통제환경 (이사회 및 감사)	• 경영진과 의견이 다를 경우, 이사회는 특별한 제약 없이 의견을 개진할 수 있습니까?		
	• 이사회 구성원들은 회사가 속한 산업에 대한 충분한 지식을 갖고 있으며, 업무 수행에 충분한 시간을 할애하고 있습니까?		
	• 이사회와 감사위원회 구성원들은 재무 및 회계책임자, 내부감사인, 외부감사인 등과 재무정보 및 재무보고와 관련한 중요 사안에 대해 시의 적절하게 협의하고 있습니까?		
	• 감사 또는 감사위원회는 경영진과 독립적으로 구성되어 있습니까?		
	• 감사 또는 감사위원회는 내부감사 또는 외부감사인의 업무범위에 대하여 검토 및 승인을 하고 있습니까?		
	• 이사회는 회사의 중요 정보에 대하여 정기적으로 보고받고 있습니까?		
	• 이사회는 경영진에게 회사의 윤리강령 준수를 요구하고 있습니까?		
	• 이사회는 경영진에게 감사 지적사항에 대한 이행계획을 요구하고 적절한 이행여부를 감독하고 있습니까?		
	• 중요한 문제점이 발생되는 경우 이사회는 적시에 보고받고 익명성이 보장되는 절차가 존재합니까?		

구성요소	통제절차 및 항목	Check Yes	Check No
	• 이사회 및 감사위원회는 기업지배구조 최선관행을 이해하고, 회사의 지배구조 개선 추진 현황을 확인하고 있습니까?		
통제환경 (경영진의 철학, 운영방식)	• 경영진은 회계기능을 회사 내 다양한 통제활동에 대한 모니터링 수단으로 활용하고 있습니까?		
	• 경영진은 내부/외부 감사 및 평가 활동 등의 중요성을 인식하고 있으며, 이러한 활동의 결과에 대해 적절한 조치를 수행하고 있습니까?		
	• 회사 내 중요한 예외사항이 경영진에 보고될 때 경영진은 유관 기관과 긴밀히 그리고 적시에 협력하여 처리하고 있습니까?		
	• 경영진은 중요한 예외사항에 대하여 필요시 적시에 외부공시를 하고 있습니까?		
	• 경영진은 회사의 중요한 지적자산 및 정보 보안에 관한 프로세스가 존재합니까?		
	• 경영진은 기업지배구조 평가결과를 정기적으로 검토하고 내부회계관리제도의 유효성을 제고하기 위하여 필요한 기업지배구조 개선책을 강구하고 있습니까?		
통제환경 (조직체계)	• 회사는 주요 부문에 대한 권한과 책임을 명확히 정의하고 있습니까?		
	• 회사는 회사 내 활동의 속성 및 규모에 적합한 보고체계를 구축하고 있습니까?		
	• 임원들은 본인들의 경영활동에 대한 명확한 이해를 하고 있어 본인들의 경영활동이 회사 전체적으로 어떠한 영향을 미치는지 알고 있습니까?		
	• 적시에 적합한 사람에게 회사 내 정보가 원활히 흐를 수 있도록 하는 보고체계가 수립되어 있습니까?		
	• 경영진은 주기적으로 조직구조를 평가하여 산업변화에 따른 대응을 하고 있습니까?		
	• 회사의 사업목적은 분명하고 합리적입니까?		
	• 권한 없는 자가 회사 내 관련업무에 실질적 영향을 미칠 수 있습니까?		

구성요소	통제절차 및 항목	Check	
		Yes	No
통제환경 (권한과 책임)	• 회사의 모든 임직원에게 관련 업무별로 적절한 책임과 권한이 부여되어 있습니까? • 회사의 임직원에게 문제점을 시정하고 개선활동을 수행할 권한이 부여되어 있습니까? • 하위 관리자에 대한 권한과 상위권자 간의 권한이 적절한 균형을 이루고 있습니까? • 내부회계관리제도와 관련하여 발생하는 책임에 대한 규정과 절차가 존재합니까?		
통제환경 (인사)	• 임직원 채용 시 교육 정도, 과거 업무경험 및 실적, 과거 이력 검토 등을 포함한 청렴성 및 도덕성을 갖춘 적격한 직원을 채용하기 위한 기준을 수립하여 운영하고 있습니까? • 임직원의 승진 또는 업무순환이 정기적인 업무평가를 통하여 이루어지고 있습니까? • 회사의 정책이나 윤리강령에 어긋나는 행위에 대한 징계 또는 교정 절차가 명확히 기술되어 있습니까? • 사내 교육프로그램은 현재의 경영환경에 효과적으로 대응할 수 있도록 설계되어 있습니까?		
위험평가	• 위험의 중요도 측정, 발생가능성 평가, 위험예방 활동 등에 관한 위험평가프로세스가 회사 내에 수립되어 있습니까? • 위험평가프로세스는 부정관련 위험을 파악하고 평가하는 것을 포함하고 있습니까? • 경영목적이 수립되어 회사 내 모든 조직을 통하여 경영목적이 공유되고, 모니터링이 이루어지고 있습니까? • 이사회는 경영전략에 대하여 검토하고 승인하고 있습니까? • 신규시장 진입, 신규 제품 또는 서비스 제공, 데이터 보호, 경제적 또는 법규의 변화와 같은 경영위험을 파악하는 프로세스가 수립되어 효과적으로 운영되고 있습니까? • 재무보고 위험을 파악하고 평가하는 프로세스가 수립되어 있습니까? • 이사회나 감사위원회가 위험평가프로세스를 감독하고 모니터링하고 있습니까?		

구성요소	통제절차 및 항목	Check Yes	Check No
	• 파악된 위험에 대하여 이사회나 감사위원회가 적시에 조치를 취하고 있습니까?		
	• 경영환경 변화에 대응하기 위하여 예산을 적시에 수정하고 있습니까?		
	• 회계부서는 회계처리기준의 변경에 대응하기 위하여 그러한 변경을 파악하고 관련부서에 공표하고 있습니까?		
정보 및 의사소통 (정보)	• 재무보고의 기초가 되는 대내외 정보의 정확성과 정합성을 유지하기 위한 통제활동들이 회사 내에 존재합니까?		
	• 경영진을 포함한 임직원에게 목적적합한 정보가 적시에 제공되고 있습니까?		
	• 경영진은 적합한 정보시스템 직원의 채용을 통하여 회사 경영목적에 부합하는 정보시스템을 설계하고 있습니까?		
	• 재무정보시스템에서 생성된 재무정보는 정기적으로 보고되고 있습니까?		
	• 정기적으로 예산대비 실적의 검토 및 비교를 수행하고 있습니까?		
	• 경영진은 정보시스템 구조의 적합성을 정기적으로 검토하고 있습니까?		
	• 재무담당임원은 정기적으로 운영결과를 토의하기 위하여 현장관리자들과 회의를 가지고 있습니까?		
	• 효과적인 모니터링을 위하여 적시에 효율적인 방법으로 정보가 제공되고 있습니까?		
정보 및 의사소통 (의사소통)	• 새로운 회계처리기준에 따른 정보를 공표하는 프로세스가 존재합니까?		
	• 경영진은 내부회계관리제도의 중요성과 목적을 임직원들에게 명확히 전달하고 정기적으로 교육하고 있습니까?		
	• 회사 구성원은 본인의 직무와 내부회계관리제도를 이해하고, 자신의 역할을 어떻게 이에 부합시킬 것이며 다른 업무와 어떻게 관련되는지를 이해하고 있습니까?		
	• 경영진은 재무보고 및 내부통제 문제점을 토의하기 위한 교육, 회의 등을 진행하고 있습니까?		
	• 고객, 공급자, 규제기관 등 외부로부터 획득한 정보가 관련 임직원에게 적절히 공유되고 있습니까?		

구성요소	통제절차 및 항목	Check	
		Yes	No
	• 조직 내부의 보고체계와 관련한 사규, 조직도 또는 사내 운영지침이 문서화되어 임직원에게 배포되고 있습니까? • 임직원들이 필요시 직속상관부서를 거치지 않고 익명으로 회사 내 상급 부서에 의견을 개진할 수 있습니까? • 필요시 익명으로 제3자가 재무보고 쟁점사항에 대해 의견을 개진할 수 있는 방법이 있습니까? • 임직원의 부정행위에 대한 내부자고발제도를 운영하고 있습니까? • 보고된 문제점들이 적시에 조사되어 적절한 조치들이 취해지고 있습니까? • 모든 재무보고에 관한 문제점들은 감사위원회에 보고됩니까? • 재무보고 담당임원은 정기적으로 사업부 책임자들과 회사 전체적인 재무목표에 대하여 토의하고 있습니까?		
모니터링(상시적인 모니터링)	• 회사 직원은 일상적인 업무활동을 통해 시스템에서 생성된 정보를 비교하고, 부정확한 사항이나 예외사항 등 발견된 문제점에 대하여 후속조치를 하고 있습니까? • 사전에 예방될 수 있었던 것을 미리 적절히 통제하지 못한 사항에 대한 조사가 이루어지고 있습니까? • 경영진은 회사의 중요한 운영 및 시스템의 통제활동에 대해 주기적인 평가계획을 세우고 이행하고 있습니까? • 거래처와 정보 교환 등을 통해 대사 등의 내부통제검증 절차를 수행하고 있습니까? • 거래처나 관계기관 같은 제3자가 제기하는 재무관련 문제제기 사항들이 조사되고 문서화되고 있습니까? • 장부와 회사의 물리적 자산을 정기적으로 대사하고 있습니까? • 임직원들이 회사의 윤리강령 및 중요 절차규정을 준수하고 있는지 정기적으로 점검하고 있습니까? • 내부감사 업무는 사전에 경영진, 감사위원회 및 외부감사인과 검토되어 수행되고 있습니까? • 내부감사는 회사의 전 분야를 검토할 권한을 갖고 있습니까?		

구성요소	통제절차 및 항목	Check Yes	Check No
	• 내부감사 계획은 전사 수준의 위험평가에 근거하여 이루어지고 있습니까? • 내부감사인은 풍부한 경험과 적격성을 갖고 있습니까? • 경영진은 내부감사 및 외부감사의 지적사항에 대하여 적절한 조치를 취하고 있습니까? • 내부감사 업무는 독립적인 위치에서 수행되고 있습니까? • 경영진은 내부감사부서의 지적사항 및 개선 권고안에 대해 적시에 대응하고, 감사 지적사항을 감사위원회 및 이사회에 보고하고 있습니까?		
모니터링 (독립적 평가)	• 내부회계관리제도에 대한 평가는 전문성과 독립성을 갖춘 자에 의해 수행되고 있습니까? • 내부회계관리제도의 평가범위와 평가주기는 회사의 상황에 적합하게 결정되고 있습니까? • 내부회계관리제도에 대한 감독이나 모니터링의 빈도나 범위가 회사의 규모나 속성에 맞게 이루어지고 있습니까? • 회사는 내부회계관리제도의 평가와 관련하여 어떤 방법론을 적용하고 있습니까? • 회사의 내부회계관리제도 평가과정은 권한과 능력, 경험을 가진 회사 경영진의 감독을 받고 있습니까? • 내부회계관리제도의 평가결과와 개선계획이 문서화되고 있습니까?		
모니터링 (미비점 보고)	• 회사는 내부회계관리제도와 관련한 미비점을 파악하여 보고하고, 이를 개선하기 위한 체계적인 절차를 갖고 있습니까? • 회사의 경영진은 내부회계관리제도와 관련한 미비점과 개선방안을 적시에 보고받아 검토하고, 적절히 사후관리하고 있습니까?		
답변자 : , , ,			

* 구성요소 질문서는 매 사업연도별로 내부회계관리자가 작성하여 대표이사, 감사, 이사회에 보고하는 자료이다. 내부회계관리자의 평가보고서에 첨부한다.
* 본 질문서는 내부회계관리자가 CEO, CFO, 임원진 및 해당부서 부서장에게 질문하여 Check한다.

(4) Accounts & Process Matrix

Accounts & Process matrix는 다음과 같은 내용으로 구성되며, 재무상태표와 손익계산서를 놓고 작성하면 된다.

① 유의한 계정과목 및 주석정보의 파악

내부회계관리제도 모범규준에 따르면 중요한 계정과목 및 공시정보의 파악은 먼저 재무제표 수준에서 중요한 계정과목을 파악한 후에 각 사업단위에서 발생하는 중요한 계정과목과 공시정보를 파악함으로써 이루어진다. 하나 혹은 그 이상의 계정과목이 연결되어 재무제표에 중대한 영향을 미칠 가능성이 큰 경우 이를 중요한 계정과목 및 공시정보로 정의하고 있다.

중요한 계정의 선정 기준은 기본적으로 양적요소와 질적요소를 고려하여 계정이 재무제표에 중요한 영향을 미칠 수 있는 오류를 포함하고 있을 가능성을 평가하고 오류를 포함하고 있을 가능성이 있거나 거의 확실한 경우 그 계정은 중요한 계정으로 선정한다.

가. 양적요소

중요성 금액은 일반적으로 직전 평가기간의 세전순이익 또는 당해 평가기간 예상 세전순이익의 일정 비율로 결정한다. 다만, 세전순이익이 중요성 금액을 결정하는 데 적절하지 않다고 판단하는 경우에는, 총자산 또는 영업수익(또는 매출액)을 이용할 수 있다. 경영진은 중요성 금액의 산출근거를 적절히 문서화한다.

세전순이익 기준보다 총자산 또는 영업수익(또는 매출액) 기준을 적용하는 것이 더 적절한 경우의 예는 다음과 같다.

- 직전 평가기간에 손실이 발생했거나 이익규모가 적은 경우(또는 당해 평가기간에 손실이 발생하거나 적을 것으로 예상되는 경우)
- 사업 초기단계로서 세전순이익의 변동성이 크거나 빠르게 성장하는 경우
- 영업활동이 거의 없는 회사의 경우
- 세전순이익이 영업의 규모를 적절히 반영하지 못하는 경우

예시)

구 분	세전순이익기준	총자산기준
법인세차감 전 순이익	3,000,000,000	450,000,000,000
Ratio(MPP)	5.00%	0.50%
MPP(중요성 금액)	150,000,000	2,250,000,000
Ratio(SMT)	75.00%	75.00%
SMT(유의한 왜곡표시 중요성 금액)	112,500,000	1,687,500,000
총비율기준	3.75%	0.38%

나. 질적요소

- 오류 또는 부정행위로 인한 손실발생가능성 :
  과거에 회계처리상의 오류나 부정 등이 발생하였던 계정과목이나, 그 특성상 오류 또는 부정으로 인한 손실이 발생할 가능성이 높은 계정과목(예를 들어, 현금, 재고자산, 유가증권과 관련된 계정 등)은 중요성 금액 또는 유의한 왜곡표시 금액기준 이하라 하더라도 내부회계관리제도의 평가범위에 포함할 것을 고려한다.
- 계정과목 내 개별 거래의 규모, 복잡성, 동질성 :
  특정 계정과목이 다양한 거래와 관련하여 처리되거나, 관련 거래가 복잡할수록 그 계정과목(예를 들어, 복잡한 구조의 투자 상품)은 재무제표 왜곡표시를 야기할 위험이 크기 때문에 중요성 금액 또는 유의한 왜곡표시 금액기준 이하라 하더라도 내부회계관리제도의 평가범위에 포함할 것을 고려한다.
- 계정과목의 고유 속성 :
  경영진을 포함한 구성원의 성과평가 또는 보상체계에 직접적으로 관련되는 계정과목이나 차입약정, 기타 경영상의 중요한 계약 조건 혹은 법규의 이행여부와 관련된 계정과목은 의도적인 재무제표 왜곡표시가 발생할 가능성이 상대적으로 높기 때문에 질적 요소로 고려한다.
- 회계처리 및 보고의 복잡성 :
  회계처리상 복잡한 추정이나 판단을 요하거나 불확실성이 높은 계정과목(예를 들어, 판매보증충당부채, 공사손실충당부채, 소송충당부채 등)은 계산상의 오류나 경영진의 의도적인 재무제표 왜곡표시가 발생할 가능성이 상대적으로 높다. 또한 과거에 회계처리상의 오류가 빈번하게 발생한 계정과목이나, 신규 또는 복잡한 회계처리의

10

영향을 받는 계정과목(특히, 당해 회계처리와 관련하여 다양한 해석이 존재하는 경우)은 재무제표 왜곡표시의 위험이 상대적으로 높기 때문에 질적 요소로 고려한다.

- 우발채무의 발생가능성 :
  특정 계정과목과 관련되어 수행하는 업무프로세스에서 유의한 우발채무가 발생할 가능성이 높은 경우 양적 요소에 추가하여 고려한다.
- 특수관계자 거래의 존재여부 :
  특수관계자와의 거래는 제3자와의 거래에 비하여 의도적인 재무제표 왜곡표시의 가능성이 상대적으로 높기 때문에 양적 요소에 추가하여 고려한다.
- 계정과목 특성의 변동 여부 :
  당기 이전부터 계속 유의한 계정과목으로 분류된 계정과목의 금액이 당기에 중요성 금액 또는 유의한 왜곡표시 금액기준에 미치지 못하는 경우 계정과목 규모의 감소가 일시적인 것인지의 여부를 추가적으로 검토하고, 향후 지속적으로 양적 요소를 충족시키지 못할 가능성이 낮지 않은 경우에는 유의한 계정과목 등으로의 분류를 고려한다. 또한 새로운 거래유형의 발생 또는 새로운 회계처리기준의 도입 등 계정과목 특성의 변동여부를 고려한다.

② 경영자 주장의 식별

- 실재성
- 평가
- 권리와 의무
- 측정
- 발생사실
- 재무제표 표시와 공시
- 완전성

③ 유의한 업무프로세스의 파악 및 평가대상사업단위의 결정

- 판매관리
- 자산관리
- 세무관리
- 구매관리
- 자금관리
- 인사 · 급여관리
- 생산 및 재고관리
- 회계 및 결산관리
- 세무관리

〈제조업의 일반적인 Process〉

업 무 프로세스	하위 프로세스
수 익	여신정책 수립 및 관리
	고객 주문 접수 및 처리
	출고 및 대금 청구
	수익인식
	대금회수
	반품관리
	마스터파일(고객 및 가격)관리
	충당금 설정(판매보증충당부채, 대손충당금)
구 매	구매요청 및 발주
	입고 및 검수
	매입채무 인식
	Claim 처리
	마스터파일(거래처, 자재)관리
재고자산 관리 및 원가계산	재고자산 이동 및 수불부 관리
	원가 계산
	재고자산 평가
	마스터파일(제품) 관리
인사 및 급여	급여/제 수당 계산 및 지급
	퇴직금 계산 및 지급
	퇴직급여충당부채 계산

업 무 프로세스	하위 프로세스
비유동 자산	유형자산 마스터파일 관리
	유형자산 취득
	유형자산 감가상각 계산
	유형자산 처분
	운용리스 및 금융리스
	유형자산 평가(감액 등)
	무형자산 관리(개발비 등)
자 금	소액현금관리
	예금구좌개설 및 해지
	은행계정 조정
	자금이체관리
	어음 및 수표관리
	차입금관리
	투자자산관리
	대금지급
세 무	법인세
	부가가치세
	기타 세금(지방세, 관세 등)
재무결산 및 보고	계정과목 목록(Chart of Account) 관리
	전표관리
	결산 및 재무제표 작성
	재무제표 검토 및 보고

예 Accounts & Process Matrix

재무상태표

과 목	Amounts	비율 (%)	Significant 양적 기준	질적 기준	CEA VOP	관련 프로세스	모듈	관련팀	주석공시 (Yes/No)
자 산									
Ⅰ. 유 동 자 산		38.26%							
(1) 당 좌 자 산		31.19%							
1. 현금및현금성자산		4.72%	포함		CEA	자금관리			Y
2. 단 기 금 융 상 품		2.60%	포함		CEA	자금관리			Y
3. 매 출 채 권		30.48%	포함		CEAVO	수익관리			
대 손 충 당 금		−7.87%		포함	CV	수익관리			Y

(5) Process 분석서

Process 분석서는 다음과 같은 내용이다.

① 업무기술서 : 본 project에서는 작성하지 아니하고 이미 비치되어 있는 자료로 갈음한다. 업무기술서의 경우 작성만 해 놓으면 담당자가 바뀌어도 업무기술서만 보고 업무가 이루어지리라 생각하나, 대부분의 기업이 작성만 해놓고 활용하지 못한다. 그 이유는 경험이라는 대단히 중요한 Factor를 간과했기 때문이다.

② 업무흐름도 : flow chart를 의미하는 것으로 본 project에서는 이미 작성되어 있는 자료로 갈음한다.

③ 업무분장표 : 본 project에서는 이미 작성되어 있는 자료로 갈음한다. 지나친 업무분장은 업무의 흐름을 방해한다.

④ 통제기술서

본 project에서는 식별된 주요 process에 대하여 다음과 같이 작성한다.

process	sub−process	control activity	Best practice	Risk	Risk Rating	Recommendation	관련 부서

상기 통제기술서에서 파악된 Recommendation은 지속적으로 관리되고 실무에 점진적으로 적용하여 개선해 나가야 한다(혁신이 아닌 Kaizen 방식이다).

- Risk : Risk란 해당 통제활동이 없는 경우 발생할 수 있는 위험을 의미한다.
- Risk Rating : High, Moderate, Low로 구분하여 위험도를 평가한 것이다.
- Recommendation : 개선권고사항으로 점진적으로 업무 Process를 개선하기 위한 통제 Point를 의미한다. 강제사항이 아닌 권고사항이다.

* Control Point에 대하여 분석하고 있으나, Control Point를 제거하는 것도 중요한 업무개선활동이다. 본 Project에서는 Control Point의 제거에 대하여는 검토하지 아니하였다.

통제활동은 다음과 같은 표준적인 유형을 가지도록 설계되었다.

유 형	내 용
승인	거래의 집행과 관련하여 상위 관리자가 거래내용과 상황을 파악하여 거래의 진행 여부를 결정하는 절차이다. 예를 들어 특정한도를 초과하는 거래에 대하여 사전승인을 한다.
상급자 검토	수행된 활동을 분석하고 감독하는 사람, 또는 회계처리 담당자가 아닌 사람에 의해 수행되는 검토행위이다. 예를 들어 하급자의 업무에 대하여 상급자가 검토한다.
검증 및 대사	두 가지 이상의 아이템 간의 일관성 및 정확성 여부를 확인하는 행위이다. 예를 들어 두 개의 서로 다른 시스템에서 산출된 자료를 대사한다.
업무분장	거래의 승인, 거래의 기록 및 보관 유지에 대한 책임과 의무를 분리하는 것이고 개인이 실수나 부정을 저지르고 숨길 수 있는 위치에 있는 것을 예방할 수 있게 한다. 예를 들어 자금의 수령자와 기록자를 분리한다.
예외 보고서	특정 사건이나 거래에 대해 생성되는 보고서상의 의문점이나 이슈가 해결될 때까지 특정 통제들을 지속적으로 추적 관리함. 예를 들어 신용한도를 초과한 고객 판매에 대하여 보고한다.
시스템 구성	시스템설정이 조직의 영업방침에 따라 부적절한 절차에 대한 자료를 보호하기 위해 시스템 내에 있는 기능 설정을 의미한다. 예를 들어 사전에 정한 특정한도 이상의 입력이 불가능하게 시스템을 설정한다.
접근통제	시스템 내에 설계된 접근 권한에 의하여 정의된 바대로, 컴퓨터 정보시스템 처리 환경 내에서 개인 사용자 또는 사용자 그룹이 가지고 있는 능력을 말한다. 예를 들어 모든 시스템의 접근은 ID와 PW가 부여된 자들만이 가능하다.
문서통제	문서화된 자료의 보관 및 접근 권한 설정을 의미한다. 예를 들어 회계전표를 안전한 장소에 체계적으로 보관한다.
물리적 보안	자산보호와 관련하여 회사의 물리적 자산을 보호하고 접근을 제한하는 것을 의미한다. 예를 들어 금고를 사용하여 금융자산에의 접근을 통제한다.

유 형	내 용
규정 및 지침	규정 및 지침을 제정하고 시행하여 업무프로세스가 표준적이고 일관되게 처리되도록 한다. 예를 들어 구매와 관련되어 업무정의, 권한, 책임범위 등을 포함한 구매규정을 제정한다.

* 주요 4대 통제활동
- Authorization(승인)
- Segregation of duties(업무분장)
- Safeguard Control(물리적 보안)
- Documentation(문서화)

* 일반적인 형태의 통제활동
- 경영진의 검토 : 정책 · 절차의 수립 · 검토
- 중간관리자의 검토 : 기능별 · 활동별성과보고서
- 정보처리과정의 통제 : 입력자료와 처리자료의 일치 여부
- 물리적 통제
- 성과지표의 분석
- 업무의 분장

(6) Test template(Test하는 형태의 기본판)

process 분석서에서 식별된 통제 point에 대하여 test하는 절차를 기술한 것으로 통제 point가 수정되면 test template도 수정되어야 한다.

그리고 process 분석서 및 test template는 해당 업무를 주관하는 부서에서 관리하여야 하고 process 분석서 및 test template를 주기적으로 검토하고 이의 적정성에 대하여 해당 책임자는 Report를 작성하여야 한다.

Report 양식은 보고서 양식Part에 있다.

(7) Test worksheet(Test를 하는 작업서류)

Test worksheet는 실제자료를 sample하여 test하는 서류이며, test하는 point는 test template에서 선정하는 것이다. Sample은 전산에서 Random하게 추출된다.

test worksheet는 전산으로 출력하여 지정된 test담당자에게 전달되고, 전달받는 담당자는 즉시 해당 부서를 방문하여 test를 실시한 후 test worksheet와 Report를 내부회계관리자에게 전달하여야 한다.

sample 수는 통상 10~30개 정도이고, sampling방법은 난수표를 사용하거나 일정간격단위로 추출한다.

test하는 sheet는 업무단위당 통상 3가지 종류이다. 하나는 장부에서 원시증빙서류로, 다른 하나는 원시증빙서류에서 장부로, 끝으로 총괄 합계가 맞는지 test하는 방식이다.

(8) Test 시 유의사항

① 전산에서 Test work sheet가 출력되면 Test지정자는 TWS를 가지고 해당 부서를 즉시 방문하여 Test를 실시한다.

② Test 시 오류가 있거나 자료가 미비하면 미비한 대로 Test하고 보고하여야 하며 사후 보완한다고 하여 적정하다고 check하여서는 아니 된다.

③ Test 시 현업에 부담을 주어서는 아니 되며, 증빙을 copy하여 붙이지 말고 실제로 보았으면 보았다고 check하면 된다.

④ Test 후에는 반드시 현업책임자와 Test결과를 토의한 후 토의내용을 간략히 memo형식으로 기재할 수 있다.

⑤ Test의 범위, 주기는 시행하면서 감소시키는 것도 가능하다.

(9) Best Practice 요약

Process	Sub－Process	Best Practice
영업관리	• 주문수령	• 명확한 증거서류에 의한 주문
	• 거래처신용평가	• 공식적이고 문서화된 신용정책 · 절차 • Credit Limit 설정
	• 선적 · 출고	• 선적서류의 일련번호관리 • 거래처로부터의 수령확인서 징구
	• 대금청구	• 대금청구서의사전일련번호 부여 • 출고지시서, 수령확인서와 대금청구서의 대조
	• 매출채권관리	• 대금청구기능은 출하 및 회계처리 기능과 분리 • Aging Schedule 작성 • 채권수금정책
	• 대금수령	• 통장입금 • 입금표 일련번호 관리
구매관리	• 구매요청	• 복수거래처선정 • 구매담당자 Rotation • 구매요청서 작성 및 일련번호 부여 • 거래처평가제도 정립

10

Process	Sub-Process	Best Practice
구매관리	• 입고 · 검수	• 입고명세서에 검수인 날인 • 구매 요청서와 대조 • 입고부서는 생산부서 및 선적부서와 분리
	• 매입채무관리	• 대금지급정책 • 구매요청서 및 입고 명세서와 대조
	• 대금지급	• 대금지급 전 장부확인 • 은행 송금 • 대금지급 후 관계서류 Paid 표시 • 대금지급과 회계처리 기능의 분리
급여인사	• 급여작성	• 승인된 자만 급여대장 접근 • 인사이동 퇴사 시 즉시 급여 부서로 통보 • Time Card와 급여산정대조
	• 급여지급	• 은행이체 • 이체 전 급여산정 내역서와 대조
	• 인사정책	• 문서화되고 공식화된 보상제도, Rotation
	• 보상제도	• 객관성 있는 문서화된 보상제도(상여, 휴가, 퇴직금 등)
	• 퇴사관리	• 회사대여금 정산 • Pass Word 회수
재고자산 및 원가	• 재고이동	• 입 · 출고 시의 승인 • 적정재고 산정 • 입고완료 후 대금지급 • 기간귀속 • 입고 시 검수 • 출고 시 출고확인증 수령 • 보험 • 진부화재고
	• 수불부 관리	• 입 · 출고 지시서별 수불관리 • 수불부의 △규명 • 실사 • 실사와 대조 • 장기체화재고 식별
	• 재고자산 평가	• 평가방법과 일치 여부 • 평가감 여부
	• 원가자료 집계 • 배부	• c/c별 집계 • 배부기준 적정성

Process	Sub-Process	Best Practice
재고자산 및 원가	• 원가계산	• 재공품 평가 • 표준원가 사용 • 원가차이 분석 • BOM수립
생산계획	• 생산계획 · 통제	• BOM관리 • 매출예상에 의한 생산계획 수립 • 제조지시서에 의한 생산착수 • 생산 완료보고서에 의한 창고 입고
자산관리	• 취득 • 처분 • 감가상각	• 취득 시 승인, 품의서 • 처분 시 승인, 품의서 • 정확성 Check • 유지
공시통제관리	• 공시사항 • 사업보고서	• 통보담당자 지정 및 Check List 구비 • 작성담당자 지정 및 사업보고서 내용 검토
결산재무보고	• 계정관리	• 계정과목신설 · 변경 시의 승인 및 절차 • Chart of a/c 해설표 비치 여부 • 계정과목의 c/c별 부서별 집계정도
	• 전표관리	• 전표 일련번호 • 전표의 승인 • 전표의 양식 및 전표작성요령 • 현업에서 전표입력 후 회계에서 check기능 • 전표입력자와 승인자의 구분 승인자는 전표입력 못함. • 전표철의 관리방법 • 전표 뒤에 첨부되는 증빙의 규정화 • 결산 전표입력 시 사전 check기능 • 무전표 system 사용 시의 감사추적방법 • 전표입력 시 계정과목 오류의 check기능 • 전표수정 시 수정전표의 승인방법
	• 결산 및 F/S작성	• 결산절차 및 담당자의 구분 • 결산일정표 • 회계업무처리규정 • 월F/S와 보조부의 일치검토 • 결산정리분개 요약표 구비 • 결산 후 Check List • 결산 후 장부마감하고 마감사항 확인방법

10

Process	Sub-Process	Best Practice
결산재무보고	• 결산 및 F/S작성	• 추가 수정전표 발생 시 원인규명 • 회사의 회계처리 방침과 일치 여부 확인 • 합계잔액시산표상의 차 · 대 누계 검토 • 미결 a/c의 정리방법 • 전기대비 분석표 작성 여부 • 주석사항 관리
	• 사후 Monitering	• 매출의 기간귀속 검토실시 • 감가비 overall test실시 • 지급이자 · 수입이자 overall test실시 • 잡이익, 잡손실의 세부내역 검증 • aging schedule관리여부 • 진부화된 재고파악 • 지급보증, 부외부채의 확인
	• 장부관리	• 장부종류 규명 및 책임자 지정 • 장부 개관하여 이상항목 검토 여부 • 장부의 활용여부 및 출력비치 여부 • 채권 · 채무 등 거래처별 장부와 G/L의 대조
자금	• 소액현금관리	• 소액자금 전도제사용 • 정산서 승인 • 정산주기 수립 • 첨부증빙 규정
	• 예금구좌 개설해지	• 목적, 용도별 예금구좌 • 모든 통장 등록 • 통장, 도장 구분 • 어음, 수표와 도장분리 • 미사용, 어음수표 보관 • 개설 · 해지 시 승인 • PC Banking 시 Password변경 • PC Banking 시 이중 check
	• 은행계정조정	• 은행계정조정표 월별작성 • 미사용당좌의 즉시해지 • 당좌차월 시의 한도액 검토
	• 자금이체관리	• 은행별 자금수지 계획 • 자동이체 시 이중 check기능 • 담당자, 승인자의 password공유불가 • 자금이체 주기설정

Process	Sub-Process	Best Practice
자금	• 어음수표관리	• 어음, 수표수불 총괄 sheet작성 • 미결재어음, 수표의 원인규정절차 • 어음수표와 도장분리 • 미사용어음, 수표보관 • 견질제공 시 견질증보관
	• 차입금관리	• 차입금 만기일별 상환계획 • 차입금 재연장에 대한 방안수립 • 적정차입금 규모산정 • 차입금 이자율의 감축방안 • 차입 가능한도의 관리정도 • 차입금의 장·단기 규모 검토 • 금융기관 총괄조회(주기적)
	• 투자자산관리	• 국공채의 만기일별 관리 및 이자수령 계획표 • 주식투자 시의 주식투자규모 및 손익관리 system • 선물환 거래 시의 손익한도 설정 • 비상장법인 투자 시의 주식가치 평가방법 및 절차수립

(10) 평가결과의 보고

평가 후 설계상미비점과 운영상 미비점으로 구분하여 보고하여야 한다.

① 설계상 미비점
- 구성요소가 미비한 경우
- 통제 point가 제대로 설계되지 못한 경우

② 운영상 미비점
- 설계된 대로 운영하지 아니한 경우
- 담당자가 권한이나 자질을 갖고 있지 아니한 경우

그리고 미비점은 다시 유의한 미비점과 중요한 취약점으로 구분해야 한다.

① 유의한 미비점

재무제표의 의미 있는 왜곡이 예방되거나 적발되지 못할 가능성이 매우 높거나 어느 정도 있는 경우

* '의미 있는'의 뜻은 명백히 중요하지 않다고 확실할 수 없는 경우이다. 즉 어느 정도 중요한 경우이다.

10

② 중요한 취약점

유의한 미비점 또는 여러 유의한 미비점의 결합으로 재무제표상 중요한 왜곡표시가 예방 또는 적발되지 못할 가능성이 매우 높거나 어느 정도 있는 경우이다.

* '중요한'이란 통상 당기순이익 5%, 총자산의 1% 정도를 중요하다고 판단한다.

(11) worksheet 작성시기

worksheet	작 성 시 기
• 구성요소 test worksheet	중간 및 기말 작성
• 윤리서약	매년 1월 작성
• Accounts&process matrix	매년 1번 작성
• walk through T/W	중간 및 기말 작성
• 공시통제 점검표	중간 및 기말 작성
• 공시통보 담당자	매년 1월 sign 득함.
• 사업보고서 정보제공 담당자	매년 1월 sign 득함.
• cycle별 test worksheet	중간 및 기말 작성
• Inquiry&observation sheet	중간 및 기말 작성
• 상호자가점검보고서	cycle별 test worksheet 작성 후
• 자체자가점검보고서	cycle별 test worksheet 작성 후
• 내부회계관리자 평가보고서	익년 1월 작성
• 회계업무처리 점검보고서	익년 1월 작성
• 감사 평가보고서	익년 1월 작성
• 이사회 의사록	익년 1월 작성

* 중간평가시기 : 8월에서 10월 중에서
* 기말평가시기 : 12월에서 익년 1월 중에서(보고서는 익년 1월 중에)
* 중간평가 : 식별된 내부회계관리제도상의 미비점(또는 취약점)을 개선하고 평가기준일 현재(또는 근접한 시점)의 재평가를 통해 내부회계관리제도의 평가 결론에 반영할 수 있도록 평가대상 기간 중간에 효과성을 평가하는 것
* 기말평가 : 중간평가 기준일 현재 내부회계관리제도의 효과성에 대한 평가 결론이 평가기준일 현재에도 여전히 유효한지를 확인하기 위하여 평가기준일 혹은 이에 근접한 일자에 추가적인 평가를 통해 보완하는 절차. 이 경우 기말평가에서는 담당자와의 면담(질문)을 통해 내부회계관리제도 설계의 변경여부를 확인하고, 설계상 변경이 없는 경우에는 운영의 효과성 평가를 위한 표본 수를 최소화하는 등 그 절차를 간소화하여 수행할 수 있다. 다만, 중요한 비일상적 거래와 관련된 통제와, 통제수행자의 주관적인 판단이나 추정에 크게 의존하는 통제 및 기말재무제표 작성절차 등은 평가기준일을 기준으로 테스트한다.

보론 1 Process 분석서(실제사례)

예 1. 판매 Process 분석서

Process	Sub-Process	현행 Control Activity	Best Practice	Risk	Risk rating	Recommen-dation	관련부서
Sales Cycle	주문 수령	① 지점에서 대리점으로부터 주문서를 Fax 또는 유선상으로 받는다. ② 지점에서는 영업사원이 대리점 주문서에 대해 1차적으로 여신 및 재고 현황을 확인 후 지점장의 승인을 득하여 본사 영업관리팀에 Fax로 송부한다.	주문은 반드시 명확한 증거서류에 의한다. 즉 단순한 구두로 주문수령을 하여서는 안 된다.	주문수령이 잘못되어 출고가 잘못된다.	H	주문은 반드시 거래처의 확인이 있는 주문서를 받는다. (회사양식 또는 거래처 양식)-명문화 필요	영업 관리팀
		본사영업관리팀은 주문서 Fax에 대해 ERP상의 주문입력 Program상에 입력한다(주문입력 Program상에 여신한도에 대한 Check/재고의 유무를 파악하여 출고가능 검토, 매출단가에 대해서는 사전에 정하여진 단가/Promotion인 경우에는 자동처리).	주문의 확정 전에 거래처의 신용을 평가하여 주문을 확정한다.	① 매출 후 대금회수 못하고 대손만 발생한다. ② 비정상가격임에도 개인의 목표달성 을 위해서 수령하고, 결국 회사 전체이미지와 가격정책의 혼란을 초래한다.	H		영업 관리팀
		주문입력 Program상에서 주문입력이 이루어지면 주문번호가 자동적으로 생성되며 주문의 진행상태를 볼 수 있다.	인도하지 못한 주문서는 매일, 매주주기로 검토되어 인도 시 지연이 없도록 한다.	① 납기준수를 못하여 고객을 잃거나 고객이 제품수령을 거부한다. ② 주문수령서를 분실하여 고객을 잃거나, 거래처와 회사 영업담당자는 서로 책임을 돌린다.	L		전략 기획팀

Process	Sub-Process	현행 Control Activity	Best Practice	Risk	Risk rating	Recommen-dation	관련부서
Sales Cycle	주문 수령	신유통 사업부문 일부의 경우는 EDI system에 의해 주문 접수하는 경우도 있다(E-mart, Lotte mart, 농협 등). 기타의 경우는 대리점과 동일하다.	① 주문수령이 확정되면 고객에게 즉시 주문 수령내용을 다시 통보한다. ② 내부통제제도에 대한 정책 및 절차가 주기적으로 검토되어야 한다.	① 제품인도 후 고객이 이의를 제기한다. ② 통제제도가 불필요 하거나, 통제점을 제대로 파악하지 못하고 있다.	M		영업관리팀
	신용 평가	① 신규대리점의 개설인 경우 회사의 거래처관리 프로세스의 절차에 의해 의한다. ② 대리점에 대해서는 담보평가에 의해 신용한도를 설정한다.	① 공식적이고 문서화된 신용정책 및 절차가 수립되어야 한다. ② 각 고객마다 신용한도를 선정하고 주기적으로 검토하며 신용한도를 초과하는 경우 영업담당자에게 사유를 소명 및 즉시 현금 회수를 요구한다.	거래처 평가를 잘 못하여 판매 후 대금회수를 못한다.	H	여신 및 채권관리규정의 정립 1. 여신 : 최초의 여신한도 명문화, 담보평가방법 명문화, 담보한도초과 여신제공 시의 승인절차(일반적으로 영업본부장 및 재무본부장 승인)	영업관리팀
	출고	① 주문완료되면 전산상에 배차등록이 이루어진다(최초 주문에서 배송까지 2~3일 소요). ② 생산물류관리팀에서 출하지시서(작업지시서, 팀장의 결제)를 출력하여 주고 출고담당자에게 전달된다.	공장에서 출고되는 모든 제품 및 상품은 사전에 승인을 받아야 한다.	잘못된 고객에게 배송, 배달시기 오류, 회사의 재산이 도난당한다.	M		생산물류관리팀
		① 출고담당자는 제품출고 상차 후 배차기사에게 상차내역확인 후 출하지시서를 제공한다. ② 배차기사가 출하지시서를 가져오면 생산물류관리팀 배차담당자는 출하지시서상 상차사인확인 후 거래	① 출하지시서는 매일, 매주단위로 기재관리되어야 한다. ② 모든 출고에 대해서는 적정하게 문서화되어야 한다.	거래명세서 분실 등에 의해 대금청구를 안 하고 있다.	L		생산물류관리팀

Process	Sub-Process	현행 Control Activity	Best Practice	Risk	Risk rating	Recommen-dation	관련부서
Sales Cycle	출고	명세서(일련번호 부여됨)를 발행한다. ③ 정문에서 거래명세서사의 중량과 차량의 무게를 계근하고 총중량에 대한 체크를 한다.	③ 출하서류는 사전에 일련번호가 부여되어 있어야 하고 일련번호별로 철해야 한다.				
		운송회사 또는 거래처로부터 거래명세서상의 인수확인을 받는다. 인수 확인을 위해 거래명세서 3부를 발행하여 1부 물류보관, 1부 영업소보관, 나머지 1부는 인수확인용으로 사용한다. 수도권영업소는 납품 후 인수증을 수령하고 지방영업소는 팩스로 받으며 유통매장은 별도의 납품서를 수령한다.	운송회사 또는 거래처로부터 반드시 인수했다는 확인서를 수령해야 한다.	운송 중 분실되어도 누구책임인지 모르고, 거래 여부도 회계부서에서 파악하지 못하고 있다.	H	여신 및 채권관리규정의 정립 2. 인수증 관리 : 인수증은 일련법호별로 관리되어야 하며, 타사발행 납품확인서의 경우는 회사의 거래명세서 번호 기재 관리한다(추후 문제 시 거래처와의 확인은 인수증밖에 없다).	생산물류 관리팀
		제품의 물류창고 출고 시 ERP Program상 자동 매출처리된다. 주문일자 기준으로 매월 말일자로 해당월의 매출을 마감한다.	매월에 해당하는 매출의 기간귀속에 대한 구분절차가 수립되어야 한다.	월말경에 전월매출인지 당월매출인지 구분해야 함에도 구분하지 못하고 수익, 비용의 대응이 제대로 이루어지지 못한다.	L		생산물류 관리팀
	대금 청구	① 영업관리팀에서 거래처의 상황에 따라 월합계세금계산서(일련번호 자동부여) 또는 매출발생 시마다 세금계산서(일련번호 자동부여)를 발행한다. ② 세금계산서와 월간의 자료명세서를 거래처에 송부한다.	① 모든 매출에 대해서는 세금계산서가 작성되어야 한다. ② 대금의 청구기능은 출하 및 회계처리 기능과 반드시 분리되어 있어야 한다. ③ 세금계산서는 반드시 출고지시서, 거래명세서에 의하여 즉시	① 세금계산서가 잘못 작성되어 대금청구하지 못하는 경우가 있다. ② 의도적인 부정이 발생한다. ③ 세금계산서가 잘못 작성되어 대금청구하지 못하는 경우가 있다. ④ 매출하고도 대	H		전략 기획팀

10

Process	Sub-Process	현행 Control Activity	Best Practice	Risk	Risk rating	Recommen-dation	관련부서
Sales Cycle	대금청구		작성되어야 하고 사전 일련번호가 부여되어 있어야 한다. ④ 모든 세금계산서는 최소한 매월 단위로 장부에 기재되어야 하고 출고된 사항은 모두 대금청구를 하여야 한다. ⑤ 세금계산서는 고객에게 전달하기 전에 반드시 가격, 수량, 대금조건 등에 대하여 재검토되어야 한다. ⑥ 매출할인 및 에누리는 반드시 해당 부서의 승인을 받아야 한다.	금청구하지 않는다. ⑤ 의도적으로 매출할인하여 주고 개인이 착복한다.			
	수금관리	① 대리점에 대한 수금은 거래처별 Code에 의해 은행통장으로 자동 입금된다. ② 신유통부문은 전자어음 또는 받을어음에 의해 결제된다. ③ 영업관리팀에서는 채권잔액에 대해 검토하고, 부실 또는 대손예상처에 대해서는 영업관리팀에서 별도 관리한다.	① 공식적으로 문서화된 수금절차가 수립되어야 한다. ② 수금부서는 공식화된 기준에 의하여 채권잔액을 검토하고 부실 및 대손예상처에 대한 회수노력이 고객관리대장에 기재되어야 한다. ③ 고객의 불만, 요구사항 등은 신속하게 검토되어 해결할 권한을 담당자에게 주어야 한다.	① 수금절차나 수금정책이 없어서 수금이 책임자 마음대로 한다. ② 수금관리의 부재로 장기미수채권을 대손처리하는 상황이 발생한다. ③ 고객의 불만을 해결 못하면 고객이 떠난다.	M	여신 및 채권관리규정의 정립 3. 수금정책수립 : 회사는 현재 신용한도 내에서만 있으면 제품출고 제한 외는 없음(당월 매출분은 최소한 언제 이내에 입금되어야 한다는 내용 포함).	영업관리팀
	현금의 수령	전 거래처에 대해 은행입금으로만 관리되므로 현금수금은 없다.					

Process	Sub-Process	현행 Control Activity	Best Practice	Risk	Risk rating	Recommen-dation	관련부서
Sales Cycle	매출 채권 관리	① 매출채권의 장부는 ERP Program상에 세금계산서 발행 시 자동분개처리 후 처리된다. ② 대금의 입금은 은행을 통해서 이루어지며 이에 대해 재무팀에서 수금내역을 거래처별로 입력한다.	① 매출채권의 장부는 대금청구하거나 대금을 수령하는 사람이 유지하여서는 절대 아니 된다. ② 매출채권보조부는 반드시 세금계산서 및 대금입금에 의하여 체크되어야 한다. ③ 매출채권보조부는 반드시 총계정원장과 대조하여야 하고 대조결과를 상급자에 의하여 승인받아야 한다.	① 대금수령하여 본인이 횡령한다. ② 매출채권보조부 관리가 부실하여 거래처별 금액의 착오가 발생한다. ③ 영업부 장부와 회계장부의 차이가 발생한다.	M		영업 관리팀
		매출채권에 대해서는 매출채권연령분석표가 작성되며 장기 미회수채권에 대해서는 해당 지점 또는 영업사원에게 통보하여 관리하게 한다.	매출채권연령분석표가 매달 작성되어야하며, 장기 미회수 거래처에 대해서는 즉시 그 원인이 분석되어야 한다.	회수불능채권도 정상채권인 것처럼 속여 경영자의 업적을 과대포장한다.	M		영업 관리팀
		매출채권에 대해서는 회전일을 검토하여 장려금 및 한도 장기정체 등에 대해 검토한다.	① 내부매출채권관리보고서가 작성되어야 하며 여기에는 회전일, 기일경과분석, 향후 부도발생거래 유무, 대금회수 노력의 적정성이 담겨있어야 한다. ② 채권잔액에 대한 조정사항(매출할인, 에누리, 대손상각 등)은 반드시 회사정책	대금회수가 제대로 못하여 계속적으로 대손이 증가한다.	H	여신 및 채권관리규정의 정립 4. 채권관리 : 매출채권관리보고서상 문제되는 채권에 대해 향후의 채권회수 및 업체관리를 위한 내부절차서가 필요하다(문서화된).	영업 관리팀

10

Process	Sub-Process	현행 Control Activity	Best Practice	Risk	Risk rating	Recommen-dation	관련부서
Sales Cycle	매출 채권 관리		에 따라 조정되어야 한다.				
		매출채권에 대해서는 연 2회 정도 자체적인 잔액조회를 실시 채권의 정확성을 검토한다.	매출채권에 대해서는 연 2회 정도 타 부서(재무팀 등) 자체적인 잔액조회를 실시 채권의 정확성을 검토한다.	장부상의 채권잔액이 잘못되어 있다.	H		재무팀

예 2. 판매 Test Template

Process	Sub-Process	통제목적	통제활동	통제절차
Sales Cycle	주문 수령	주문의 적정성·완전성·정확성에 관한 기록이 유지 보관되어야 한다.	① 주문은 반드시 명확한 증거서류에 의한다. 즉 단순한 구두로 주문수령을 하여서는 안 된다. ② 주문의 확정 전에 거래처의 신용을 평가하여 주문을 확정한다. ③ 인도하지 못한 주문서는 매일, 매주주기로 검토되어 인도 시 지연이 없도록 한다. ④ 주문수령이 확정되면 고객에게 즉시 주문수령 내용을 다시 통보한다. ⑤ 내부통제제도에 대한 정책 및 절차가 주기적으로 검토되어야 한다.	① 주문서(거래처의 확인된) 승인 여부 및 주문 입력프로그램상 수량, 단가가 정확한지 확인한다. ② 주문 입력프로그램상 여신한도 내의 주문인지를 확인한다.
	신용 평가	거래처의 신용평가가 내부규정에 의해 이루어지고 채권이 여신한도 내에서 유지되도록 한다.	① 공식적이고 문서화된 신용정책 및 절차가 수립되어야 한다. ② 각 고객마다 신용한도를 선정하고 주기적으로 검토하며 신용한도를 초과하는 경우 영업담당자에게 사유를 소명 및 즉시 현금회수를 요구한다.	① 거래처에 대해서는 여신관리규정 및 거래처관리 프로세스상의 절차에 의해 신용평가가 되어 있는지 확인한다. ② 채권잔액이 여신한도규정에 의해 유지되는지 확인한다.
	출고	모든 제품의 출고에 대해 매출 등의 기록이 발생되도록 한다.	① 공장에서 출고되는 모든 제품 및 상품은 사전에 승인을 받아야 한다. ② 출하지시서는 매일, 매주단위로 기재 관리되어야 한다. ③ 모든 출고에 대해서는 적정하게 문서화되어야 한다. ④ 출하서류는 사전에 일련번호가 부여되어 있어야 하고 일련번호별로 철해야 한다. ⑤ 운송회사 또는 거래처로부터 반드시 인수했다는 확인서를 수령해야 한다. ⑥ 매월에 해당하는 매출의 기간귀속에 대한 구분절차가 수립되어야 한다.	① 거래처확인 거래명세서(인수증) 또는 납품완료보고서(거래처발행)와 회사발행한 거래명세서(승인된)가 일치하는지 확인한다. ② 거래처인수증(회사의 거래명세서상)이 일련번호대로 관리 보관되는지 확인한다.
	대금 청구	모든 출고에 대해 대금청구가 이루어져야 하며 정확하여야 한다.	① 모든 매출에 대해서는 세금계산서가 작성되어야 한다. ② 대금의 청구기능은 출하 및 회계처리기능과 반드시 분리되어 있어야 한다. ③ 세금계산서는 반드시 출고지시서, 거래명세서에 의하여 즉시 작성되어야 하고 사전 일련번호가 부여되어 있어야 한다. ④ 모든 세금계산서는 최소한 매월단위로 장부에 기재되어야 하고 출고된 사항은 모두 대금청구	① 월합계 세금계산서 발행 시 거래명세서와 금액의 일치하는지 확인한다. ② 월거래명세서 총합계가 매출계상 총액과 일치하는지 확인한다.

10

Process	Sub-Process	통제목적	통제활동	통제절차
Sales Cycle	대금 청구		를 하여야 한다. ⑤ 세금계산서는 고객에게 전달하기 전에 반드시 가격, 수량, 대금조건 등에 대하여 재검토되어야 한다. ⑥ 매출할인 및 에누리는 반드시 해당 부서의 승인을 받아야 한다.	
	수금 관리	모든 매출에 대해서는 수금정책에 의해 정상적으로 수금되어야 한다.	① 공식적으로 문서화된 수금절차가 수립되어야 한다. ② 수금부서는 공식화된 기준에 의하여 채권잔액을 검토하고 부실 및 대손예상처에 대한 회수노력이 고객관리대장에 기재되어야 한다. ③ 고객의 불만, 요구사항 등은 신속하게 검토되어 해결할 권한을 담당자에게 주어야 한다.	① 수금정책에 따라 매출대금이 회수 되는지 확인한다. ② 어음실물 회수의 경우 어음 발행일, 수금일(입금표상) 및 입금전표일을 확인한다.
	매출 채권 관리	거래처별 매출채권의 정확성을 확인한다. 정확한 기일분석에 의해 장기채권의 발생을 억제하도록 한다.	① 매출채권의 장부는 대금청구하거나 대금을 수령하는 사람이 유지하여서는 절대 아니 된다. ② 매출채권보조부는 반드시 세금계산서 및 대금 입금에 의하여 체크되어야 한다. ③ 매출채권보조부는 반드시 총계정원장과 대조하여야 하고 대조결과를 상급자에 의하여 승인받아야 한다. ④ 매출채권연령분석표가 매달 작성되어야 하며, 장기 미회수 거래처에 대해서는 즉시 그 원인이 분석되어야 한다. ⑤ 내부매출채권관리보고서가 작성되어야 하며 여기에는 회전일, 기일경과분석, 향후 부도발생거래 유무, 대금회수노력의 적정성이 담겨 있어야 한다. ⑥ 채권잔액에 대한 조정사항(매출할인, 에누리, 대손상각 등)은 반드시 회사정책에 따라 조정되어야 한다. ⑦ 매출채권에 대해서는 연 2회 정도 타부서(재무팀 등) 자체적인 잔액조회를 실시 채권의 정확성을 검토한다.	① 영업의 매출채권장부와 재무팀의 채권잔액이 일치하는지 확인한다. ② 연령분석표에 의해 수금정책상의 기일이 초과한 거래처에 대한 관리가 이루어지는지 확인한다. ③ 반품에 대해서는 회사의 반품규정(정당한 반품인 가에 대한 승인)에 의해 이루어지고 있는지 확인한다. ④ 거래처의 잔액에 대해 잔액확인서조회를 실시한다.

예 3. 판매 Test Work sheet

Process : 판매 Process 1

검토자	성명	부서	직급

No.	거래일자	내역	금액	Test						
				A	B	C	D	E	F	G
1										
2										
3										
4										
5										
6										
7										
8										
9										
10										

<Sample Source>

매출장에서 전산으로 10건을 추출한다.

<Test>

A 주문서(거래처의 확인된) 승인 여부 및 주문 입력프로그램상 수량, 단가가 정확한지 확인한다.
관련 문서 등 : 주문서 및 ERP상의 주문입력프로그램

B 주문 입력 프로그램상 여신한도 내의 주문인지를 확인한다.
관련 문서 등 : ERP상의 주문 입력프로그램

C 신규 고객에 대해서는 여신관리규정 및 거래처관리 프로세스상의 절차에 의해 신용평가가 되어 있는지 확인한다.
관련 문서 등 : 대리점 등 개설 관련 철

D 채권잔액이 여신한도규정에 의해 유지되는지 확인한다.
관련 문서 등 : ERP상 등록된 고객정보, 거래처별 보조원장상의 TEST시점 채권잔액

E 거래처확인 거래명세서(인수증) 또는 납품완료보고서(거래처발행)와 회사발행 거래명세서(승인된)가 일치하는지 확인한다.
관련 문서 등 : 거래처확인 인수증 또는 납품완료보고서, 회사발행 거래명세서

F 수금정책에 따라 매출대금이 회수되는지 확인한다.
관련 문서 등 : 입금통장, 입금전표, 거래처보조부

G 어음실물의 회수경우 어음발행일, 수금일(입금표상) 및 입금전표일을 확인한다.
관련 문서 등 : 어음실물, 입금전표, 거래처보조부

<결과>

∨ 이상사항 없다.

∀ 차이 또는 이상사항 있다.

N/A 해당 사항 없다.

Process : 영업 Process 2

검토자	성명	부서	직급

No.	거래일자	내역	금액	Test						
				A	B	C	D	E	F	G
1										
2										
3										
4										
5										
6										
7										
8										
9										
10										

<Sample Source>

1~5는 주문 FILE에서 전산으로 5건을 추출한다.

6~10은 거래명세서 FILE에서 전산으로 5건을 추출한다.

<Test>

A 주문서(거래처의 확인된) 승인 여부 및 주문 입력프로그램상 수량, 단가가 정확한지 확인한다.
관련 문서 등 : 주문서 및 ERP상의 주문 입력프로그램

B 주문 입력 프로그램상 여신한도 내의 주문인지를 확인한다.
관련 문서 등 : ERP상의 주문 입력프로그램

C 신규고객에 대해서는 여신관리규정 및 거래처관리프로세스상의 절차에 의해 신용평가가 되어 있는지 확인한다.
관련 문서 등 : 대리점 등 개설 관련 철

D 채권잔액이 여신한도규정에 의해 유지되는지 확인한다.
관련 문서 등 : ERP상 등록된 고객정보, 거래처별 보조원장상의 TEST시점 채권잔액

E 거래처확인 거래명세서(인수증) 또는 납품완료보고서(거래처발행)와 회사발행한 거래명세서(승인된)가 일치하는지 확인한다.
관련 문서 등 : 거래처확인 인수증 또는 납품완료보고서, 회사발행 거래명세서

F 수금정책에 따라 매출대금이 회수되는지 확인한다.
관련 문서 등 : 입금통장, 입금전표, 거래처보조부

G 어음실물의 회수경우 어음발행일, 수금일(입금표상) 및 입금전표일을 확인한다.
관련 문서 등 : 어음실물, 입금전표, 거래처보조부

<결과>

∨ 이상사항 없다.

∀ 차이 또는 이상사항 있다.

N/A 해당사항 없다.

Process : 영업 Process 3

검토자	성명	부서	직급

No.	거래일자	내역	금액	TEST			
				YES	NO	N/A	비고
TEST A		합계					
TEST B							
1		합계					
2		합계					
TEST C		합계					
TEST D							
1		반품종류기재					
2		반품종류기재					
TEST E							
1		회전일 ×× 이상					
2		회전일 ×× 이상					
TEST F							

<Sample Source>

<table>
<tr><td>TEST A</td><td>외상매출금원장</td><td></td><td>1건</td><td rowspan="5">SAMPLE은 내부관리자가 정해 준다.</td></tr>
<tr><td>TEST B</td><td>매출거래처보조부</td><td></td><td>2건</td></tr>
<tr><td>TEST C</td><td>매출장</td><td></td><td>1건</td></tr>
<tr><td>TEST D</td><td>반품LIST</td><td></td><td>2건</td></tr>
<tr><td>TEST E</td><td>연령분석표</td><td></td><td>2건</td></tr>
<tr><td>TEST F</td><td colspan="4">거래처 채권잔액 LIST에서 일정규모 이상(회사판단)에 의해 재무팀 주관으로 조회실시</td></tr>
</table>

<Test>

A 영업의 매출채권 장부와 재무팀의 채권잔액이 일치하는지 확인한다.
: 매출채권 잔액이 서로 일치하는지 여부를 확인한다.
(거래일자 : ××년 ××월 ××일, 금액은 해당일의 채권잔액 합계)

B 월합계 세금계산서 발행 시 거래명세서와 금액의 일치하는지 확인한다.
: 거래명세서 월합계와 세금계산서의 발행금액이 일치하는지 확인한다.
(거래일자 : ××년 ××월, 금액은 해당 월의 거래처별 매출합계)

C 월거래명세서 총합계가 매출계상 총액과 일치하는지 확인한다.

: 월매출총액이 서로 일치하는지 여부를 확인한다.

(거래일자 : ××년 ××월, 금액은 해당 월의 매출총합계)

D 반품에 대해서는 회사의 반품규정(정당한 반품인가에 대한 승인)에 의해 이루어지고 있는지 확인한다.

: 반품이 정당한 반품 유무, 반품규정에 적합한 반품인지의 유무를 확인한다.

(거래일자는 반품처리일자, 내역은 정상반품, 폐기반품 등 구분기재)

E 연령분석표에 의해 수금정책상의 기일이 초과한 거래처에 대한 관리가 이루어지는지 확인한다.

: 일정기간 이상의 미회수채권에 대해 영업관리팀에서 작성한 매출채권관리보고서에서의 주의채권에 대해 현업(영업)에서의 회수 관련 절차가 제대로 수행되는지를 확인한다.

즉 영업관리팀에서 문제제기 후 추가적인 절차의 진행 유무를 확인하는 것이다.

거래일자 : test일자, 내역은 test일자를 기준으로 회전일(자체 수금정책에 의해 회전일 얼마이상의 요주의 채권 등으로 분류관리)

F 거래처의 잔액에 대해 잔액확인서조회를 실시한다.

: 거래처의 채권잔액이 회사장부상의 금액과 일치하는지 확인한다.

Process : 영업 Process 4

검토자	성명	부서	직급

No.	거래일자	내역	금액	TEST			
				YES	NO	N/A	비고
TEST A							
1							
2							
3							
TEST B							
1							
2							
3							
TEST C							
1							
2							
3							
TEST D							
1							
2							
3							

<Sample Source>

TEST A	접대비		3건	전산파트에서 추출함.
TEST B	운반비		3건	
TEST C	판매촉진비		3건	
TEST D	광고선전비		3건	

<Test>

A 접대비의 사용이 상위 관리자의 승인 및 내부의 자금집행 절차에 의해 지출되는지 확인한다.
접대비의 증빙이 회사에서 정한 적격증빙에 해당하는지 확인한다.
접대행위 자체가 부적절한 것인지 확인한다(룸살롱 등).

B 운반비가 계약된 단가에 의해 계산된 것이고 이에 대한 승인 및 내부의 자금집행절차에 의해 지출되는지 확인한다.

C 판촉비 발생이 일반적인 경우는 상위관리자의 승인 및 내부의 자금집행절차에 의해 지출되는지 확인한다.
판촉비 발생이 특별한 판촉행사에 의해 발생된 경우는 사전품위에 의한 승인 유무, 승인된 범위 안에서의 지출인지 여부 및 내부의 자금집행절차에 의해 지출되는지 확인한다.
특별판촉행사에 대한 결과보고서가 작성되는지 확인한다.

D 광고선전비의 발생이 일반적인 경우는 상위관리자의 승인 및 내부의 자금집행절차에 의해 지출되는지 확인한다.
광고선전비의 특별한 경우(TV광고 등)는 사전품위에 의한 승인 유무, 승인된 범위 안에서의 지출인지 여부 및 내부의 자금집행절차에 의해 지출되는지 확인한다.

예 4. 구매 Process 분석서

Process	Sub-Process	현행 Control Activity	Best Practice	Risk	Risk rating	Recommen-dation	관련부서
구매 Cycle	구매	① 거래처 선정은 구매파트, 대금지급업무는 재무팀(자금파트), 회계장부기록을 구매파트에서 먼저 수행하고 재무팀에서 검토하고 있다. ② 거래처 선정 시 식품안전연구센터에서 협력업체 품질평가서를 작성하고 있으나, 구매파트에서는 여러 가지 요소(가격, 재무제표, 면담 등)를 고려하여 거래처를 선정한다. 다만, 정형화된 평가서가 구비되어 있지 않다.	거래처선정기능과 대금지급업무 및 회계장부기록 기능은 반드시 분리하여야 한다.	부적절한 거래처로부터 원재료를 구매하고 있으며 대금지급도 임의적이다.	M	거래처 선정 시 정형화된 평가서(계량적·비계량적 요소 포함)를 작성하여 평가한다.	구매부
		구매담당자가 정기적으로 Ro-tation이 되지 못하고 있으며, 이에 대한 대안으로 거래처 방문 시 구매담당자와 기술연구소 직원이 동행하도록 강제화시키고 있다.	구매담당자의 경우는 정기적으로 Ro-tation을 실시해야 하고, Rotation을 못하는 경우에는 다른 통제절차가 반드시 있어야 한다.	거래선이 대부분 구매담당자와 밀착되어 있고, 구매담당자가 뇌물을 받고 있다.	M	구매담당자가 정기적으로 Rotation되도록 한다.	구매부
		원부자재 매입의 구매요청은 생산물류관리팀에서 ERP의 구매요청서로 작성되어 부서장의 승인하에 경영지원팀(구매파트)로 전송되고, 경영지원팀(구매파트)담당자가 P.O를 작성한 후 경영지원팀장(구매파트)의 승인 후 구매가 이루어진다.	원재료, 상품, 소모품 등을 구입 시에는 반드시 구매요청서가 작성되어야 한다. 그러나 교육세미나참석 등의 경우는 반드시 구매요청서가 작성될 필요는 없다.	주문하지 않은 상품이 오거나, 이중으로 주문하거나, 주문한 원재료 등의 주문이 누락되는 경우가 있다.	H	OEM상품매입은 마케팅부서가 판매계획서를 주간단위로 작성하여 구매팀에 송부하도록 한다.	구매부
		원·부자재 매입의 구매요청은 생산부서에서 작성되어 생산부서장의 승인하에 구매파트로 전송되고, 구매파트 담당자가 P.O를 작성한 후 구매팀장의 승인 후 구매가 이루어진다.	구매요청서는 반드시 구매원인행위부서에 작성되어야 하고, 구매부에서 구매하기 전에 승인을 받아야 한다.	부적절한 거래선에서 구매하고 있다.	L		구매부
		ERP상에서 구매요청서의 일련번호가 자동으로 부여된다.	모든 구매요청서에는 일련번호가 부여되어 있어야 하며, 일련번호가 Check 되어야 한다.	구매요청서가 분실되어 장부에 기재되지 못한다.	L		구매부

Process	Sub-Process	현행 Control Activity	Best Practice	Risk	Risk rating	Recommen-dation	관련부서
구매 Cycle	구매	실무적으로 복수거래를 원칙으로 하고 있으나, 소량의 거래나 Buying Power를 행사하는 경우 등은 단일거래처를 예외적으로 이용하기도 한다. 단, 명문화된 규정이 없다.	단일거래처로부터의 구입은 원칙적으로 허용해서는 아니 된다. 설사 품질·가격에서 1거래처가 단일거래처를 요구하여도 허용하지 말아야 한다.	납품중단 시 생산라인 전체가 가동을 중단한다.	M	단일거래처와의 거래에 대한 규정을 제정한다.	구매부
			구매발주서는 반드시 입고·검수부서로 그리고 재무팀으로 통보되어야 한다.	입고되지도 않고 구매요청서에 의하여 대금지급한다. 구매요청했는데도 입고되지 않고 있다.	M	구매발주서가 재무팀으로 통보되도록 한다.	구매부
		구매단가가 당초보다 상승한 경우에는 대표이사까지 승인을 받는다.	구매단가가 당초 승인가격보다 상승한 경우에는 반드시 승인을 득해야 한다.	승인되지 않고 고가로 원재료를 매입하고 있다.	L		구매부
		매월 입고확인서, 거래명세표, 세금계산서와 매입채무계정을 대조하고 있다.	매월단위로 구매요청서, 매입채무계정, 입고보고서 간에 대조가 이루어져야 한다.	상호 Cross Check가 없어서 내부관리가 없는 상태이다.	L		구매부
		반품은 식품안전센터에서 부적합보고서를 작성하여 유관부서로 송부하고 있다. 경영지원팀(구매파트)에서는 반품보고서 수령 시 반품회계처리를 수행하고 있다.	반품에 대하여는 반드시 책임자의 승인절차가 있어야 하고, 적정하게 회계처리가 되어야 한다.	상품 받고도 정품처럼 창고에 보관한 후 출고하고 나서 문제가 생긴다.	L		구매부
	입고, 검수 절차	입고부서와 생산관리부서는 생산물류관리팀으로 통합되어 있으나, 사무실은 분리되어 있어야 한다.	입고부서는 생산부서 및 선적부서와 물리적으로 분리되어 있어야 한다.	입고품이 분실되거나, 입고절차 없이 생산으로 투입된다. 그리고 입고 후에도 부정확하게 입고사실이 보고된다.	L		생산물류관리팀
		입고부서에 대한 접근은 입고담당자에 의해서만 통제되고 있다.	입고부서에 대한 접근은 엄격하게 통제되어야 한다. 즉, 승	상동	L		생산물류관리팀

10

Process	Sub-Process	현행 Control Activity	Best Practice	Risk	Risk rating	Recommen-dation	관련부서
구매 Cycle	입고, 검수 절차		인된 사람만 출입할 수 있어야 한다.				
		승인된 구매발주서에 의한 물품만 입고되고 있다.	승인된 구매발주서에 의한 물품한 입고부서에서 입고를 받아야 한다.	요청하지도 않은 물품이 입고부서를 거쳐서 입고로 처리된다.	L		생산물류관리팀
		입고부서에서는 계근 또는 수량체크를 통해 입고 수량 확인 후 이상이 없을 시에 담당자가 입고명세서에 확인사인을 한다. 수량 확인 후 기술연구소의 식품안전연구센터에서 품질검사를 수행하며 품질검사 결과를 생산물류관리팀에 통보해 준다.	입고부서에서는 일련번호가 부여된 검수보고서를 작성하거나, 입고명세서에 검수인을 날인한다.	입고되지도 않았는데 구매대금이 지급되거나, 이중으로 구매대금이 지급된다.	M	일련번호가 부여된 품질검사 보고서를 작성한다.	생산물류관리팀
		품질검사는 실제로 수령한 원재료, 상품 등에 대하여 작성되고 있다.	검수보고서에는 반드시 실제로 수령한 원재료, 상품 등에 대하여 작성되어야 한다. 미리 입고를 가정하여 작성하여 놓으면 안 된다.	입고품이 분실되거나 입고절차 없이 생산으로 투입된다. 그리고 입고 후에도 부정확하게 입고사실이 보고된다.	L		기술연구소
		입고물품은 수량, 무게를 측정하고 있으며 입고 전에 반드시 검수를 하고 있다.	입고물품은 반드시 수량확인이 되거나 무게가 측정되어야 한다. 검수된 후 입고조건이면 반드시 검수한 후에 입고로 처리해야 한다.	품질불량이거나, 수량부족인 상태인데도 정상적인 입고로 처리된다.	L		생산물류관리팀
		입고부서에서는 입고명세서의 검수날인을 확인한 후 입고를 하고 있으며, 검수보고서는 식품안전관리센터에서 보관하고 있다.	검수보고서는 반드시 입고부서에서 보관하고 있어야 하며, 지급채무부서로 통보되어야 한다.	주문하지 아니한 물품에 대해서도 대금이 지급되거나, 잘못된 주문에 대하여도 대금이 지급된다.	M	품질검사보고서가 입고부서에 보관되어야 한다.	생산물류관리팀, 기술연구소
		입고물품은 신속하게 즉시 검수하여 수량, 품질 부족 등을 확인한다.	입고물품은 신속하게 즉시 검수하여, 수량부족, 품질부족 등을 확인해야 한다.	검수지연으로 파손품에 대한 책임규명이 불분명하다.	L		생산물류관리팀

Process	Sub-Process	현행 Control Activity	Best Practice	Risk	Risk rating	Recommen-dation	관련부서
구매 Cycle	입고, 검수 절차	입고된 물품은 각 창고에 보관되고 있다.	입고된 물품은 안전하게 보관되어야 한다.	입고물품이 분실된다.	L		생산물류 관리팀
		구매요청서는 ERP로 작성되고, 출력하여 보관하지는 않고 있다. 구매요청서는 생산물류 관리팀장의 승인을 받아야 구매부서로 통보가 된다.	작성된 모든 구매요청서는 잘 보관되어 있어야 하고, 승인받지 아니한 사용을 방지하기 위해서 반드시 승인이 있어야 처리한다.	승인권한이 없는 사람이 임의로 거래선을 변경한다.	L		생산물류 관리팀
		구매요청서에는 수량, 납기요구일 등이 기재되며, 운송수단, 지급조건은 기재되어 있지 않다.	구매요청서에는 수량, 운송수단, 납기요구일, 지급조건 등이 반드시 기재되어야 한다.	구매물품이 납기에 안 들어오고 수량도 부족하여 생산활동에 차질을 초래한다.	L		생산물류 관리팀
		사전에 승인된 거래선 List를 1년에 한 번씩 품질저하, 납기지연 등의 사유를 고려하여 수급계약서를 작성한다. 품질 등의 심각한 하자가 아닌 경우에는 기존 거래선이 계속 유지되고 있다.	사전에 승인된 거래선 List를 1년에 한 번씩 검토하여 다시 확정한다. 그리고 새로운 거래선을 추가하거나 문제 있는 납품처를 제외시킨다.	사장의 친인척이 회사 설립하여 친인척회사로부터 비싼 가격으로 원재료를 구매하고 있다.	M	납품처 변경에 대한 사전기준을 설정하여 품질저하 등의 거래처가 납품처에서 제외되도록 철저하게 유지한다.	구매부
		거래선의 신용도는 품질저하, 납기지연 등의 내용으로만 주로 평가하고 있다.	거래선의 신용도에 대하여 1년에 한 번 검토하여 재무상의 문제로 부도가능성은 없는지, 그리고 노사분규 가능성은 없는지 확인한다.	하청업체에서 노사분규가 있어서 회사의 전체 생산에 차질을 가져왔다.	M	매년 거래처에 대한 정형화된 평가를 실시한다.	구매부
		단일거래처로부터 구매 시 원인 및 사유에 타당성을 항상 검토하고 있으며, 대표이사 승인을 얻는다.	단지 단일거래처로부터 구매 시에는 단일거래처로부터 구매하는 원인 및 사유가 타당한지 항상 검토해야 한다.	거래선을 경쟁시켜 가격을 낮추어야 함에도 구매담당자와의 담합에 의하여 계속 한 거래처로부터 고가로 구매한다.	L		구매부
	매입 채무 관리	구매기능은 경영지원팀(구매파트) 총계정원장 기능은 재무팀에서 수행하고 있다.	매입채무 기장기능은 구매기능 및 총계정원장 기장기능과 분리되어 있어야 한다.	도난 및 오류의 가능성이 높다.	L		구매부

Process	Sub-Process	현행 Control Activity	Best Practice	Risk	Risk rating	Recommen-dation	관련부서
구매 Cycle	매입 채무 관리	송장을 경영지원팀(구매파트)로 송부하고, 경영지원팀(구매파트)는 송장과 공장에서 입고 처리된 자료와 비교하여 매입을 확정하여 송장, 세금계산서, 입고확인서를 문서출력하여 재무팀에 송부하고 재무팀은 상기 문서의 정확성을 확인한 후 총계정원장으로 이체하고 있다.	납품거래처는 그들의 송장(=invoice)을 바로 구매부서로 송부하도록 한다.	납품을 받고도 매입채무로 기장하지 못한다.	L		구매부
			대금지급을 하기 전에 거래처의 송장과 승인된 구매요청서가 대조되어야 한다.	대금지급이 잘못되어 납품처의 불만이 크다.	L		구매부
		구매요청서 등이 없는 송장이 발생하지 않는다.	구매요청서나 검수보고서가 없는 송장(Invoice)은 반드시 경영층의 승인을 득해야 한다.	입고도 없이 송장이 와서 가공채무가 발생하고, 가공채무지급으로 자금이 유용된다.	L		재무팀
		수입품과 관련된 운임청구서는 선적서류와 대조하고 있다.	운임청구서는 반드시 선적서류와 대조한 후 지급해야 한다.	선적하지도 아니한 운임을 지급한다.	L		재무팀
		송장의 계산검증, 지급기일 확인을 하고 있다.	납품처의 송장은 반드시 계산검증, 지급기일 확인 등을 실시해야 한다.	계산착오가 있음에도 발견하지 못하고 대금을 지급한다.	L		경영 지원팀
		송장을 경영지원팀(구매피트)으로 송부하고, 경영지원팀(구매피트)은 송장과 공장에서 입고처리된 자료와 비교하여 매입을 확정하여, 송장, 세금계산서, 입고확인서를 문서 출력하여 재무팀에 송부하고 재무팀은 상기문서의 정확성을 확인한 후 총계정원장으로 이체하고 있다.	대금지급 전에 관련서류와 대조되고 관련 서류가 첨부되어진 후에 확인하고 지급한다.	이중지급이 이루어지거나 지급누락이 발생한다.	M		경영 지원팀
		종종 거래명세서는 fax 사본으로 첨부되는 경우가 있으며, 사본첨부에 대한 이유가 기술되지 않고 있다.	대금지급 전에는 반드시 원본서류가 첨부되어야 하며, Copy를 첨부하는 경우에는 그 이유가 기술되어야 한다.	Invoice copy로 대금지급 시 가공으로 Copy분을 작성하여 자금을 횡령한다.	L	사본첨부 시에는 그 이유를 사본에 기술하여 재무팀의 승인하에 대금지급이 이루어지도록 한다.	경영 지원팀

Process	Sub-Process	현행 Control Activity	Best Practice	Risk	Risk rating	Recommen-dation	관련부서
구매 Cycle	매입 채무 관리	매월 말 매입채무 분개장의 금액을 총계정원장으로 전기된다. 또한 매월 말 대금지급 후 거래처별 매입채무 잔액을 확인한다.	보조부의 매입채무와 총계정원장상의 매입채무는 주기적으로 대사되어야 한다.	채무장부를 조작하여 자금을 횡령한다.	L		재무팀
		매입할인은 OEM상품 매입에서 주로 발생한다. 매입할인의 승인은 마케팅, 경영지원팀장(책임자)의 승인을 받는다.	매입할인 및 매입에누리는 반드시 상급자의 승인을 득하여야 한다.	매입할인을 받고도 회사에 통보하지 아니하고, 개인이 착복한다.	M		재무팀
	대금 지급	대금지급기능은 재무팀의 자금파트, 매입채무관리는 경영지원팀의 구매파트, 입고관리기능은 생산물류관리팀의 검수파트에서 수행하고 있다.	대금지급기능은 매입채무관리, 입고관리기능과 반드시 분리해야 한다.	수령하지도 않은 상품, 원료에 대하여 대금지급이 일어난다.	L		구매부/생산물류관리팀
		송장을 경영지원팀(구매파트)으로 송부하고, 경영지원팀(구매파트)은 송장과 공장에서 입고 처리된 자료와 비교하여 매입을 확정하여 송장, 세금계산서, 입고확인서를 문서출력하여 재무팀에 송부하고 재무팀은 상기 문서의 정확성을 확인한 후 총계정원장으로 이체하고 있다.	은행이체는 반드시 구매요청서 및 검수보고서, 송장원본 등과 대조한 후 행한다.	승인 없이 그리고 입고도 안 된 상태에서 대금이 지급된다.	L		구매부/재무팀
		전월마감 후 익월 20일에 결제하는 것이 원칙이며, 간혹 긴급결제가 이루어지는 경우가 있다. 행사관련(식품박람회 등), 거래조건 등에 의해 수시로 지급하는 거래처가 있다. 100만원 이상은 10일 만기어음(전자)을 발행하고, 이하는 현금결제한다.		납품처로부터 접대받고 대금을 일찍 지급한다.	H	대금지급이 당초 약정기일 이전에 지급되는 경우에 대한 내부규정이 있어야 하며, 규정과 달리 지급되는 경우는 대표이사의 승인을 받는다.	재무팀
		송장을 경영지원팀(구매파트)으로 송부하고, 경영지원팀(구매파트)은 송장과 공장에서 입고처리된 자료와 비교하여 매입을 확정하여 송장, 세금계산서, 입고확인서를 문서출력하	대금지급은 반드시 회계기록에 기록된 것을 확인하고 지급한다.	장부에 기록도 없이 지급되어 이중지급해도 파악이 안 된다.	L		재무팀

Process	Sub-Process	현행 Control Activity	Best Practice	Risk	Risk rating	Recommen-dation	관련부서
구매 Cycle	대금 지급	여 재무팀에 송부하고 재무팀은 상기 문서의 정확성을 확인한 후 총계정원장으로 이체하고 있다.					
		어음은 견질용으로 2매를 대한장류조합에 제공하였고 4매를 금고에 보관하고 있으며, 보관자 자금파트 담당자, 도장소지자는 전략기획팀 담당자가 보관하고 있다.	미사용어음은 반드시 금고에 보관되어 있어야 하고, 미사용어음 보관자와 도장소지자는 반드시 분리해야 한다.	종업원이 어음횡령 후 도주한다.	L		재무팀
		매일 경비 지급 시에는 전표에 적색 날인을 하고 있으나, 정규매입 대금지급 시에는 전표를 발생시키지 않고 있으므로 적색 날인을 하지 않고 있다. 주요 매입거래처에 대해서는 전표발생이 되지 않으며, 재무팀 회계파트서 서류검증 후에 자금파트에서는 별도의 검증 없이 대금지급이 이루어진다.	대금지급 후에는 관계서류에 Paid라는 날인을 찍어야 한다.	종업원이 관계서류를 다시 첨부하여 이중으로 대금을 횡령한다.	L		재무팀

예 5. 구매 Test Template

Process	통제목적	통제활동	통제절차
구매 cycle	매입거래는 적절한 승인을 얻고 집행되었는가?	구매요청서, 구매주문서, 지급결의서는 적절한 승인을 얻어야 한다.	매입 관련 증빙상에 승인표시 여부(결재도장 등)를 확인한다.
	매입거래기록에는 가공이 아닌 실제로 발생한 거래만 기록되었는가?	• 매입기록과 구매요청서, 구매주문서, 검수보고서, 지급결의서, 매도인송장 등이 일치하는지 정기적으로 내부검증되어야 한다. • 구매요청서를 제외한 서류에 일련번호를 부여한다.	• 관련 문서들의 검토확인에 대한 증적을 확인한다. • 증빙서류의 일련번호를 확인한다.
	실제로 발생한 모든 매입거래는 장부에 기록되었는가?	• 구매주문서, 검수보고서, 지급전표에 사전에 일련번호가 부여되고, 순서대로 사용되어야 한다. • 매일의 지급전표와 매입보조부, 재고수불부상의 합계를 내부검증하여야 한다. • 검수·미검수파일 및 대금지급 미지급파일을 구분보관하고 수시로 내부검증한다.	
	매입거래는 발생한 회계기간에 즉시 기록되었는가?	• 검수즉시 검수보고서가 작성되어야 한다. • 검수보고서일자와 보조부를 내부검증하여야 한다.	
	기록된 매입거래금액이 정확한가?	구매주문서, 검수보고서, 매도인송장상의 수량, 단가, 금액을 계산검증 및 대조 확인하는 내부검증절차가 필요하다.	
	매입거래가 적절히 계정분류되었는가?	매입에 대한 회계규정집과 계정과목분류표 등이 정비되어야 한다.	회계규정집 및 계정과목분류표 등이 적절히 구비되어 있는지를 확인한다.
	매입거래가 장부에 적절히 전기되고 집계되었는가?	• 매입보조부와 총계정원장 담당자의 업무분장이 되어야 한다. • 보조부와 총계정원장과의 정기적인 대조확인이 되어야 한다.	• 보조부와 총계정원장을 대조 확인한다.

예 6. 구매 Test Work Sheet

Test Work Sheet 1									
Process : 구매				점검자 :					
						Test			
NO.	일자	관리번호	내역	금액	수량	A	B	C	D
1									
2									
3									
4									
5									
6									
7									
8									
9									
10									
<Source> 매입장에서 전산으로 10건 Sample함.									
<Test>									
A : 협력업체 품질평가서가 있는지를 확인한다.									
B : 구매요청서의 수량을 대조한다.									
C : 구매요청서의 승인을 확인한다.									
D : 구매발주서의 수량, 금액을 대조한다.									
E : 구매발주서의 승인을 확인한다.									
F : 거래명세표, 세금계산서와 대조한다.									
G : 검수보고서와 대조한다.									
H : 대금지급이 규정대로 되었는지 확인한다.									
<검토결과>									

Test Work Sheet 2									
Process : 구매				점검자 :					
						Test			
NO.	일자	관리번호	내역	금액	수량	A	B	C	D
1									
2									
3									
4									
5									
6									
7									
8									
9									
10									
<Source>	NO. 1~5번은 구매요청서 file에서 전산추출								
	NO. 6~10번은 입고확인서 file에서 전산추출								
<Test>									
1. NO. 1~5번									
A : 매입장과 대조한다.									
B : 구매요청서의 승인사실을 확인한다.									
2. NO. 6~10번									
C : 매입장과 대조한다.									
D : 검수보고서와 대조한다.									
E : 입고확인서의 승인사실을 확인한다.									
3. 공통									
F : 대금지급이 규정대로 되었는지 확인한다.									
<검토결과>									

Test Work Sheet 3

Process : 구매	점검자 :

Test 내용	Yes	No	비 고
1. 회계규정집 및 계정과목분류표 등이 적절히 구비되어 있는지를 확인한다. 2. 특정월을 샘플하여 거래명세표, 세금계산서와 총계정원장 상의 금액을 대조 확인한다.			

<검토결과>

예 7. 생산 및 재고 Process 분석서

Process	Sub-Process	현행 Control Activity	Best Practice	Risk	Risk rating	Recommen-dation	관련부서
제조 Cycle	원가 계산	원가계산제도는 공정별, 품목별로 적정하게 집계, 배부되고 있다.	원가계산제도는 Cost center별 또는 제품별로 적정하게 집계, 배부되고 있으며, 재고통제 및 가격결정을 위해서 유용한 정보를 제공할 수 있게 적정히 유지된다.	부적절한 원가계산으로 단가산정이 어렵고, 원가관리도 어렵다.	M		
		표준원가는 1년에 1번 재개정되고 있다.	최소한 1년에 1번 표준원가가 재개정된다.	표준원가가 오래되어서 현실성이 없다.	L		
		표준원가제도를 시행한 지 1년 정도밖에 되지 않았기 때문에, 표준원가와 실제원가와의 차이에 대한 의미 있는 분석이 이루어지지 않고 있다. 차이원인은 주로 1>조업도(생산량) 차이, 2>표준원가 생성 Tool (Standard Set up)의 한계(간접비), 3>원가기초자료 미비(공정별 관리수준 불균형) 등으로 파악하고 있다.	표준원가와 실제원가의 차이를 매월 비교하여 중요한 차이가 발생하면 즉시 원인분석을 실시한다.	오류, 부정이 약간씩 있어도 그냥 조사 없이 지나간다.	H	표준원가와 실제원가와의 차이를 변동비와 고정비로 구분하여 각각의 차이에 대해 매월 효과적인 분석이 이루어져야 한다.	
		표준의 개정은 전략기획팀에서 수행한다. 재무팀인원 1인이 참석하여 진행되나, 공식적인 재무팀의 승인절차가 없다.	표준의 개정은 기술부, 재무팀의 승인을 거쳐서 이루어진다.	표준의 개정이 현업의 의견이 수렴되지 못하고, 재무팀이 일방적으로 정한다.	M		
		매월 재고자산의 기부/폐기품에 대해 생산물류관리팀에서 기안하여 재무팀의 합의하에 대표이사의 승인을 거친 후 처리가 이루어지고 있다.	재고자산의 진부화, 부족, 파손은 즉시 검토되고 회계처리된다.	부실의 고의로 은폐하여 회사의 위기감을 속인다.	L		
		매월 표준원가와 실제원가에 의한 원가계산이 이루어지고 있으며, 원가차이는 적정한 기준에 의하여 배부되고 있다.	매월 신속하게 원가계산이 이루어진다.	원가도 모르면서 판매가격을 정한다.	L		

10

Process	Sub-Process	현행 Control Activity	Best Practice	Risk	Risk rating	Recommen-dation	관련부서
제조 Cycle	재고 관리	재고 관리자와 생산담당자와 구분되어 있다.	재고관리자는 생산담당자와 구분되어야 하고, 창고에서 실물을 관리하는 자와 구분되어야 한다.	재고가 분실되거나 일시적으로 왜곡되어도 파악하지 못한다.	M		
		대금지급은 법적 소유권이 이전된 후 이루어지고 있다.	원자재매입에 대한 대금지급은 반드시 법적 소유권이 이전된 후 이루어져야 한다. 연말에 미착재고는 장부기록과 대사되어야 한다.	재고입고도 안 된 상태에서 대금지급이 이루어져 금전상의 위험과 장부의 오류가 발생한다.	M		
		재고의 입, 출고와 기간귀속이 구분되어 있으나, 영동이나 조치원에서 생산되는 제품이 저녁 늦게 입고되는 경우 월말에 종종 기간 귀속의 구분이 모호해지는 경우가 있다(월 중에는 도착 익일 입고처리).	재고의 입출고와 기간귀속이 정확하게 구분되어야 한다.	원가계산이 잘못되고, 손익의 오류가 발생하고, 월별비교가 어려워 원가관리가 불가능해진다.	M	영동, 조치원공장제품 입고 시 매월 말일 저녁 늦게 입고되는 경우 익일 아침에 전일 도착으로 입고처리	
		재고는 창고에 보관되고 있으며, 완제품은 매일, 원·부자재는 일주일마다 실물확인하여 ERP상 재고수불기록과 확인하고 있다.	재고는 창고에 안전하게 보관되어야 하고, 재고수불부는 총계정원장과 주기적으로 대사되어야 한다.	재고가 분실되거나, 도난 맞고 있으며, 생산에 투입되었는데도 투입분과 창고보관분이 구분되지 아니한다.	L		
		재고는 구매주문에 의한 품목만 수량 및 품질검사를 거쳐 입고하며, 정해진 양식의 출하지시서에 의해 출고가 이루어진다.	재고는 반드시 승인받고 입고 및 출고가 이루어져야 한다.	재고이동이 통제없이 마음대로 옮겨 다닌다.	L	재고출고 시 사전에 승인을 받고 이루어지도록 한다.	
		재고는 입고 시 계근이나 검사가 이루어진 후 식품안전연구센터의 품질검사를 받고 있다. 대금은 검사 후에 지급이 되고 있다.	재고는 반드시 입고 시 검수되어야 하고, 검수 후 대금지급이 이루어져야 한다.	불량재고가 입고되어도 모르고 있으며, 대금지급 후 나중에 불량재고가 확인된다.	M		
		생산부서의 생산계획에 의해 재고를 생산하고 생산물류관리팀 창고로 출고하며, 재고관	생산부서의 생산스케줄에 의하여 재고가 출고되어야 하며,	잘못된 재고가 생산부로 출고되거나 수량이 잘못된다.	M		

Process	Sub-Process	현행 Control Activity	Best Practice	Risk	Risk rating	Recommen-dation	관련부서
제조 Cycle	재고 관리	리자의 승인을 받는다.	재고관리자의 승인도 받아야 한다.				
		완제품은 매월 말 유통기한별 재고실사를 하여 선입선출이 가능하도록 재고위치를 변동시키고 있으며, 유통기한이 임박하거나 반품처리된 제품들은 마케팅 부서에 통보하여 처리하고 있다.	진부화된 재고는 반드시 부기단위로 파악되어야 한다. 진부화된 재고는 반드시 처분계획에 따라 신속하게 처리한다.	진부화된 재고에 대하여 책임지는 사람도 없고, 계속 장부에 남아 있어 손익을 왜곡시킨다. 스크랩이나 Return 품이 도난당하고, 부적절한 가격으로 판매하여 부정이 발생한다.	L		
		원재료를 타처에 보관 시 보관증을 수령하고, 계약서에 의해 책임문제를 명확히 구분하고 있다.	타인소유재고나 타처보관재고에 대하여 책임문제를 규정하는 절차가 수립되어 있다.	타처에 보관한 재고가 타인에 의하여 사용되고 나중에 충당받아 재고에 대한 이자만 부담하고 추후 세무조사 시 부가가치세문제가 크게 발생한다.	L		
		재고자산에 대하여 보험에 가입되어 있다.	재고자산에 대하여 적절하게 보험에 가입한다.	보험에 가입하지 아니하여 한 번의 화재로 회사가 치명적인 손실을 보게 된다.	M		
	생산 계획 및 통제	마케팅부서에서 판매계획서를 작성하여 월 1회 MDS 생산회의를 통해 판매계획을 확정한 후 이를 근거로 생산물류관리팀에서 생산계획을 수립하여 재고수준을 결정하고 재고조달계획을 수립하고 있다.	매출예측이 신뢰성 있게 이루어지고 매출예측에 근거하여 생산계획이 수립되고, 재고수준이 결정되고, 다시 재고조달계획이 수립된다.	잘못된 생산계획으로 재고가 부족하거나 과다한 재고를 보유하게 된다.	H		
		BOM이 수립되어 있다.	원자재소요표(BOM : Bills of Material)가 정확하게 수립되어 있다.	원자재소요표가 없어서 주먹구구식으로 자재를 조달하여 어느 자재는 남고, 어느 자재는 모자라는 현상이 발생한다.	M		

Process	Sub-Process	현행 Control Activity	Best Practice	Risk	Risk rating	Recommen-dation	관련부서
제조 Cycle	생산 계획 및 통제	생산계획부서의 승인이 있어야 생산이 가능하다.	생산계획부서의 승인에 의하여만 생산이 이루어진다.	필요하지도 아니한 생산을 하거나 납기가 급박한 거래처에 대하여는 납기를 준수하지 못한다.	L		
		원재료 투입 시 출고처리가 적시에 이루어지고 있다.	원재료 투입과 인건비발생의 기간귀속이 적절하게 이루어진다.	잘못된 기간귀속으로 원가정보가 왜곡된다.	L		
		스크랩은 1개의 거래업체가 취급하고 있다.	스크랩을 폐기하면서 경쟁입찰방식을 취한다.	스크랩이 잘못된 가격으로 처분되고, 스크랩이 처분되어지는지도 모르는 경우가 발생한다.	L	스크랩매각 시 경쟁입찰방식의 적용이 가능한지를 검토한다.	
		생산팀이 생산완료 후 ERP 시스템에 생산수량을 입력하고 있으며, 생산물류관리팀에서 ERP상 수량을 확인한 후 보관창고로 이동시키고 있다.	생산완료 후 제품은 생산완료지시서에 의하여 창고로 입고된다.	재품이 분실되거나 파손되어도 통제하는 기능이 없다.	M		
		각 공정별로 품질검사 기준이 사전에 설정되어 있으며, 검사요원이 품질검사를 수행한 후 ERP시스템에 검사결과를 입력하고 있다. 품질검사에 합격해야만 차공정으로 진행이 될 수 있다.	생산완료 후 또는 생산 중에서 계속 품질에 대한 검토가 이루어져야 한다.	불량품이 거래처로 출고되어 다시 불량이라 하여 반품된다.	M		
	재고 흐름의 실물 통제	재고실사 시 재고실사계획서는 없지만 완제품은 매일, 원부자재는 주간단위로 재고조사를 시행하고 있으며, 이외에는 필요시 수시로 재고조사를 시행하고 있다.	재고의 실사는 반드시 재고실사계획서에 의하여 체계적으로 이루어진다.	재고실사가 형식적으로 이루어지고, 실물과 장부의 차이가 규명되지 못한다.	L	재고실사계획서를 작성하여 진행하여야 한다.	
		재고는 수량을 확인하기 쉽게 배열되어 있고, 주기적으로 실물이 다시 재정리되고 있다.	재고는 수량을 확인하기 쉽게 배열되어 있어야 하고, 주기적으로 실물이 다시 재정리되어야 한다.	상동	L		

Process	Sub-Process	현행 Control Activity	Best Practice	Risk	Risk rating	Recommen-dation	관련부서
제조 Cycle	재고 흐름의 실물 통제	파손 및 반품재고 등은 별도의 반품창고에 보관하고 있다.	파손, 진부화, 장기체화 재고는 구분하기 쉽게 별도로 구분되어야 한다.	상동	M		
		사전에 일련번호가 부여된 재고실사표를 사용하여 실사가 이루어지고 있다.	사전에 일련번호가 부여된 재고실사표(Tag)를 사용하여 실사가 이루어져야 한다.	재고실사 시 재고가 이중계상되거나 누락된다.	L		
		실제로 Tag수량이 맞는지를 실사하고 있다. 보관창고에 보관 중인 재고수량을 실사하고 있다.	실제로 Tag 수량이 맞는지를 실사하여야 한다. Tag에는 장부수량을 기재하지 아니한다.	실사하지도 않고 대충 수량만 기재한다.	L		
		재고실사 시 재고이동이 있는 경우 통제가 적절하게 이루어진 상황에서 실사가 이루어지고 있다.	재고실사 시 재고이동이 있는 경우 실사에 포함하는 수량, 실사에서 제외하는 수량이 명확히 구분된다.	실물이 계속 이동한다는 핑계로 부정확하게 대충 실사한다.	L		
		완제품은 매일, 원·부재료는 1주일 단위로 실사를 하고 있으며, 연말에는 전수실사를 하고 있다.	최소한 1년에 2번은 실사하고, 1번은 일부 품목만 추출하여 실사하고, 연말에는 전수실사를 한다.	실사를 제대로 하지 아니하여 재고가 있는지 없는지도 모른다.	M		
		실사수량과 장부수량은 그 차이원인을 대부분 규명하고 있으나, 규명이 안 되는 경우에는 불량품으로 조정하여 처리하고 있다.	실사수량과 장부수량은 그 차이원인을 규명한다.	실사 후 대충 맞는다고 하여 차이원인도 규명하지 아니하고 종결하여 실물관리자가 1~2개는 훔쳐가도 좋다고 생각하게 된다.	H	실사수량과 장부수량과의 차이원인에 대한 처리기준을 설정하여 처리한다.	

10

예 8. 생산 및 재고 Test Template

Process	통제목적	통제활동	통제절차
제조 cycle	원가계산은 적정하게 이루어지고 있는가?	표준원가와 실제원가의 차이를 매월 비교하여 중요한 차이가 발생하면 즉시 원인분석을 실시한다.	표준원가와 실제원가의 차이에 대한 비교분석보고서가 있는지를 확인한다.
		표준의 개정은 전략기획팀, 재무팀의 승인을 거쳐서 이루어진다.	표준개정이 전략기획팀과 재무팀의 승인이 있는지를 확인한다.
		재고자산의 진부화, 부족, 파손은 즉시 검토되고 회계처리된다.	폐기처리되는 재고자산에 대한 문서와 증빙을 대사한다.
	재고관리는 적정하게 이루어지는가?	재고는 반드시 승인받고 입고 및 출고가 이루어져야 한다.	재고의 입고 및 출고에 대한 승인 여부를 확인한다.
		재고는 반드시 입고 시 검수되어야 하고, 검수 후 대금지급이 이루어져야 한다.	재고입고 시 품질검사보고서를 확인한다.
		생산부서의 생산스케줄에 의하여 재고가 출고되어야 하며, 재고관리자의 승인도 받아야 한다.	생산계획서와 재고관리자의 승인이 동일자에 이루어졌는지 확인한다.
		타인소유재고나 타처보관재고에 대하여 책임문제를 규정하는 절차가 수립되어 있다.	타처보관재고확인서를 징구하여 재고수불부상 수량과 대사한다.
		재고자산에 대하여 적절하게 보험에 가입한다.	재고자산보험가입내역을 확인한다.
	생산계획 및 통제는 적정하게 이루어지는가?	매출예측이 신뢰성 있게 이루어지고 매출예측에 근거하여 생산계획이 수립되고, 재고수준이 결정되고, 다시 재고조달계획이 수립된다.	판매계획서와 생산계획서를 대사하여 생산계획의 근거가 타당한지 검토한다.
		원자재소요표(BOM : Bills of Material)가 정확하게 수립되어 있다.	BOM이 정확하게 수립되었는지 확인한다.
		생산계획부서의 승인에 의하여만 생산이 이루어진다.	생산이 생산관리부서의 승인하에 이루어졌는가를 확인한다.
		원재료 투입과 인건비발생의 기간귀속이 적절하게 이루어진다.	원재료 실사를 하여 기간귀속의 적정성을 검토한다.
		생산완료 후 또는 생산 중에서 계속 품질에 대한 검토가 이루어져야 한다.	공정 중에 있는 반제품에 대한 품질검사서를 확인한다.
	재고흐름의 실물통제는 적정하게 이루어지는가?	재고의 실사는 반드시 재고실사계획서에 의하여 체계적으로 이루어진다.	재고실사계획서가 있는지 확인한다.
		파손, 진부화, 장기체화 재고는 구분하기 쉽게 별도로 구분되어야 한다.	반품(불량)창고에 별도로 구분되어 있는지 확인한다.

Process	통제목적	통제활동	통제절차
제조 cycle	재고흐름의 실물통제는 적정하게 이루어지는가?	재고실사 시 재고이동이 있는 경우 실사에 포함하는 수량, 실사에서 제외하는 수량이 명확히 구분된다.	재고실사 시 재고이동이 있는 재고에 대한 통제 절차가 적절히 수립되어 있는지 확인한다.
		실사수량과 장부수량은 그 차이원인을 규명한다.	차이원인규명보고서가 있는지 확인한다.

10

예 9. 생산 및 재고 Test worksheet

Test Work Sheet 1													
Process : 제조 Cycle						점검자 :							
						Test							
No.	일자	관리번호	내역	금액	수량	A	B	C	D	E	F	G	…
1													
2													
3													
4													
5													
6													
7													
8													
9													
10													
<Source> 원재료, 반제품, 제품 수불부에서 각각 3건씩 추출한다.													

<Test>

A : 반제품(또는 제품)의 입고·출고의 승인을 확인한다.

B : 반제품의 공정품질검사서를 확인한다.

C : 타처보관재고 확인서가 있는지를 확인한다.

D : 제품생산이 생산관리부서의 승인하에 이루어졌는지 확인한다.

<검토결과>

Test Work Sheet 2

Process : 제조 Cycle 점검자 :

Test 내용	수행 여부		비 고
	Yes	No	
1. 표준원가와 실제원가 차이에 대한 비교분석 보고서가 있는가?			
2. 표준원가계정이 전략기획팀과 재무팀의 승인이 있는가?			
3. 폐기처리되는 재고에 대한 문서와 증빙을 1건 샘플하여 확인한다.			
4. 재고자산에 대한 보험가입이 되어 있는가?			
5. 판매계획서와 생산계획서를 대사하여 생산계획수량의 근거가 타당한지 점검한다.			
6. BOM이 정확하게 수립되어 적용되는지 1개의 제품을 샘플하여 추적조사한다.			
7. 재고실사계획서가 있는가?			
8. 반품창고가 별도로 구분되어 적절하게 운영되고 있는가?			
9. 재고실사 시 재고이동이 있는 재고에 대한 통제절차가 적절히 수립되어 있는가?			
10. 실제재고와 장부재고의 차이원인에 대한 규명이 적절한가?			

예 10. 자산관리 Process 분석서

Process	Sub-Process	통제 목적	현행 Control Activity	Best Practice	Risk	Risk rating	Recommendation	담당부서
자산관리	유형자산의 취득	중요자산의 구매처선정이 합리적으로 이루어진다.	공개입찰방식을 통하지만 가격, 신뢰도, 실적 등을 판단지표로 하여 구매처 선정이 이루어지고 있다. 대표이사까지 사전승인을 얻는다.	공개입찰을 통하고 문서화된 구매처 선정기준에 의거하여 구매처가 선정되어야 하며 전결권자의 승인을 얻어야 한다.	구매처 선정오류로 인하여 회사의 재무적 손실이 발생한다.	M	문서화된 구매처 선정기준을 마련하여 선정한 후 전결권자(대표이사)의 승인 시 선정기준에 따른 평가결과를 함께 제출하여야 한다.	
		구매주문이 정확하게 이루어진다.	현업부서담당자가 발주 시 계약서 등 계약 성립의 근거서류를 작성한다.	현업부서담당자가 발주 시 계약서 등 계약 성립의 근거서류를 작성한다.	구매물품의 품질 및 납기가 충족되지 않아 재무적 손실이 발생한다.	H		
		발주한 품목이 정확하고 완전하게 입고된다.	현업부서담당자가 구매품의서와 세금계산서, 인수증 또는 거래명세서를 대사확인하여 차이 여부를 검토한다.	현업부서담당자가 구매품의서와 세금계산서, 인수증 또는 거래명세서를 대사확인하여 차이 여부를 검토한다.	주문수량보다 부족하게 입고되거나 하자품이 납품되는 등 입고한 품목이 발주한 품목과 차이가 발생한다.	H		
	유형자산의 관리 (Master변경, 감가상각비 계산)	유형자산관리대장에 입력된 master data가 적절하게 유지되도록 접근 통제한다.	재무팀장은 master data변경내용을 확인하고 정당성 검토 후 승인한다.	전결권자는 master data변경내용을 확인 후 정당성 검토 후 승인하고, password를 부여하고 정기적으로 수정한다.	유형자산관리대장에 입력된 master data가 적절한 승인권이 없는 직원에 의하여 수정될 수 있다.	H	유형자산관리대장에 접근이 가능한 담당자수를 제한하고, password를 부여한 후 정기적으로 수정하여야 한다.	
		Master data의 입력은 정확하고 완전하게 수행된다.	재무팀원 모두에게 master data의 입력권한이 부여되어 있다.	Master data의 입력권한은 이해상충업무와 권한이 분리되어 있다.	이해상충업무와 권한이 분리되지 않아 재무적 손실이 발생한다.	H	재무팀 내 자금 Part 담당자는 Master data 입력권한을 부여하지 않아야 한다.	
		감가상각비는 정확하고 완전하게 계산되어야 한다.	매 분기별 감가상각내역 전체를 Excel로 전환한 후 재계산 검증한다. 또한 Master data 입력 시 Cost Center별	ERP상에서 자동으로 감가상각내역 샘플이 자동추출되면 담당자는 이에 대해 재계산 검증한다. 또한 원가계산을 위한	Master data의 부정확함으로 인하여 정확한 감가상각비가 산출되지 못한다.	H		

Process	Sub-Process	통제 목적	현행 Control Activity	Best Practice	Risk	Risk rating	Recommen-dation	담당 부서
자산관리	유형자산의 관리(Master변경, 감가상각비 계산)		분류의 적정성을 확인한다.	Cost Center집계의 적정성을 검증한다.				
	유형자산의 관리(실사, 보험계약 갱신)	자산의 실재성이 확인되어진다.	기계장치의 경우 연 1회 설비팀에서 실사를 실시하고 결과보고를 한다.	이상변동내역이나 금액적 중요성을 고려하여 실물확인하고 실사 후 감액 여부를 검토한다. 또한 재물조사보고서 작성 후 전결권자의 승인을 얻는다.	장부와 실물 간의 차이로 재무제표상 금액이 과대 또는 과소계상될 수 있다.	H	모든 유형자산에 대한 실사 담당부서와 책임자를 규정하고 문서화시켜 실물관리에 대한 책임의식을 제고시켜야 한다.	
		자산에 대한 적절한 보험가입이 적시에 이루어진다.	재무팀 담당자는 보험만기 전에 보험부보내역서를 첨부한 보험연장품의서를 작성하고 전결권자의 승인을 득한다.	재무팀 담당자는 보험만기 전에 보험부보내역서를 첨부한 보험연장품의서를 작성하고 전결권자의 승인을 득한다.	부적절한 보험가입이 이루어지거나 만기경과 후에 이루어질 수 있다.	M		
	유형자산의 처분	불용품의 처분이 적절하게 승인된다.	현업부서 담당자는 자산폐기, 매각, 이관과 관련한 협조전을 작성하여 전결권자의 승인을 득한다.	자산의 금액적 중요성에 따라 경쟁입찰 여부를 고려하고 자산처분보고서를 작성하여 전결권자의 승인을 득한다.	처분 관련 승인절차 미비로 인해 부적절한 처분이 발생하여 재무적 손실이 발생한다.	M		

예 11. 자산관리 Test Template

Process	Sub-Process	통제목적	통제활동	통제절차
자산관리	유형자산의 취득	중요 자산의 구매처 선정이 합리적으로 이루어진다.	공개입찰을 통하고 문서화된 구매처 선정기준에 의거하여 구매처가 선정되어야 하며 전결권자의 승인을 얻어야 한다.	구매처 선정이 선정기준에 따라 이루어졌는지 여부와 구매품의서가 대표이사의 승인을 득했는지 확인한다.
		구매주문이 정확하게 이루어진다.	현업부서담당자가 발주 시 계약서 등 계약성립의 근거서류를 작성한다.	구매품의서와 인수증, 거래명세서 등 관련 증빙과 대조확인한다. 유형자산관리대장인 FA Module상에 정확하고 완전하게 등록되었는지 확인한다.
		발주한 품목이 정확하고 완전하게 입고된다.	현업부서담당자가 구매품의서와 세금계산서, 인수증 또는 거래명세서를 대조 확인하여 차이 여부를 검토한다.	
	유형자산의 관리(Master변경, 감가상각비 계산)	유형자산관리대장에 입력된 master data가 적절하게 유지되도록 접근통제한다.	전결권자는 master data변경내용을 확인 후 정당성검토 후 승인하고, password를 부여하고 정기적으로 수정한다.	Master data의 변경 History를 출력하여 변경자를 확인하여 사전에 접근권한이 부여된 담당자인지 여부를 확인하고 변경 후 승인 여부도 확인한다.
		Master data의 입력은 정확하고 완전하게 수행된다.	Master data의 입력권한은 이해상충 업무와 권한이 분리되어 있다.	
		감가상각비는 정확하고 완전하게 계산되어야 한다.	ERP상에서 자동으로 감가상각 내역샘플이 자동추출되면 담당자는 이에 대해 재계산 검증한다. 또한 원가계산을 위한 Cost Center집계의 적정성을 검증한다.	매 분기별 재계산 검증한 자료를 징구하여 재계산검증 여부와 검증의 정확성을 확인한다.
	유형자산의 관리(실사, 보험계약 갱신)	자산의 실재성이 확인된다.	이상변동내역이나 금액적 중요성을 고려하여 실물확인하고 실사 후 감액 여부를 검토한다. 또한 재물조사보고서 작성 후 전결권자의 승인을 얻는다.	자산실사보고서를 징구하여 보고서상 수량과 FA Module상 수량을 대조확인하고 실사보고서의 검토 및 승인 여부를 확인한다.
		자산에 대한 적절한 보험가입이 적시에 이루어진다.	재무팀 담당자는 보험만기 전에 보험부보내역서를 첨부한 보험연장품의서를 작성하고 전결권자의 승인을 득한다.	보험연장품의서를 징구하여 전결권자의 승인 여부를 확인한다.
	유형자산의 처분	불용품의 처분이 적절하게 승인된다.	자산의 금액적 중요성에 따라 경쟁입찰 여부를 고려하고 자산처분보고서를 작성하여 전결권자의 승인을 득한다.	자산처분 시 생성되는 협조전과 관련 증빙들을 대조확인하고 승인 여부를 확인한다.

예 12. 자산관리 Test Worksheet

FA TOT Sheet Ⅰ

PROCESS : 유형자산 점검자 : 성 명 부 서 직 급

No	Sub-process	일자	관리번호	내역	금액	TEST A	B	C	D	E	F	G	H
1	취득												
2	〃												
3	〃												
4	〃												
5	〃												
6	〃												
7	〃												
8	관리												
9	관리												
10	처분												

(Sample Source)

취득 : 유형자산관리대장

관리 : Master data의 변경 History, 감가상각비 재계산 Sheet, 자산실사 보고서, 보험연장품의서철

처분 : 고장자산관리대장

⇒ 각 Sub Process별 Source에서 총 10건을 추출한다(장부에서 추출하여 원시증빙을 Test함).

(Test 절차)

A : 구매처선정기준에 의한 선정 여부와 대표이사 승인 여부를 확인한다.

B : 구매품의서와 계약서, 인수증, 거래명세서와 대조확인한다.

C : 유형자산관리대장인 FA Module상에 정확하고 완전하게 입력되었는지 확인한다.

D : Master data의 변경 History상의 변경자가 접근권한이 부여된 담당자인지 여부를 확인하고 변경 후 승인 여부도 확인한다.

E : 감가상각비 재계산 검증한 자료를 징구하여 재계산 검증 여부와 검증의 정확성을 확인한다.

F : 자산실사보고서를 징구하여 보고서상 수량과 FA Module상 수량을 대조확인하고 실사보고서의 검토 및 승인 여부를 확인한다.

G : 보험연장품의서를 징구하여 전결권자의 승인 여부를 확인한다.

H : 자산처분 시 생성되는 협조전과 관련 증빙들을 대조확인하고 승인 여부를 확인한다.

(결과)

∨ : 특이사항 없다.

∀ : 차이 및 특이사항 있다.

N/A : 해당 사항 없다.

FA TOT Sheet Ⅱ

PROCESS : 유형자산　　　　　　점검자 : 성 명　부 서　직 급

No	Sub－process	일자	관리번호	내역	금액	TEST A	B	C	D	E	F	G	H
1	취득												
2	〃												
3	〃												
4	〃												
5	〃												
6	〃												
7	〃												
8	관리												
9	관리												
10	처분												

(Sample Source)

취득 : 구매품의서철

관리 : Master data의 변경 History , 감가상각비 재계산 Sheet, 자산실사 보고서, 보험연장품의서철

처분 : 협조전

⇒ 각 Sub Process별 Source에서 총10건을 추출함(원시증빙에서 추출하여 장부를 Test함).

(Test 절차)

A : 구매처선정기준에 의한 선정 여부와 대표이사 승인 여부를 확인한다.

B : 구매품의서와 계약서, 인수증, 거래명세서와 대조확인한다.

C : 유형자산관리대장인 FA Module상에 정확하고 완전하게 입력되었는지 확인한다.

D : Master data의 변경 History상의 변경자가 접근권한이 부여된 담당자인지 여부를 확인하고 변경 후 승인 여부도 확인한다.

E : 감가상각비 재계산 검증한 자료를 징구하여 재계산 검증 여부와 검증의 정확성을 확인한다.

F : 자산실사보고서를 징구하여 보고서상 수량과 FA Module상 수량을 대조확인하고 실사보고서의 검토 및 승인 여부를 확인한다.

G : 보험연장품의서를 징구하여 전결권자의 승인 여부를 확인한다.

H : 자산처분 시 생성되는 협조전과 관련 증빙들을 대조확인하고 승인 여부를 확인한다.

(결과)

∨ : 특이사항 없다.

∀ : 차이 및 특이사항 있다.

N/A : 해당 사항 없다.

예 13. 자금 Process 분석서

Process	Sub-Process	통제 목적	현행 Control Activity	Best Practice	Risk	Risk rating	Recommen-dation	담당 부서
자금	투자	모든 투자에 대한 타당성을 충분히 검토한다.	투자에 대한 타당성검토를 한 후 전결권자의 승인을 득한다.	투자에 대한 타당성 검토를 한 후 전결권자의 승인을 득한다.	타당성 없는 투자로 인하여 재무적 손실이 발생한다.	M		
		실재의 투자거래는 모두 기록된다.	현업부서 담당자는 투자와 관련된 증빙을 대조확인하고 유가증권 실물이나 확인서를 정기적으로 수령한다.	현업부서 담당자는 투자와 관련된 증빙을 대조확인하고 유가증권 실물이나 확인서를 정기적으로 수령한다.	실재한 거래가 누락되어 재무제표상의 금액이 과소 또는 과대계상될 수 있다.	M		
		투자자산의 취득, 처분, 만기 등 관련 Data들이 정확히 기록되고 유지된다.	중요한 투자자산의 취득, 처분 시에는 전결권자의 승인을 얻고, 관련 증빙들과 장부상 금액을 대사확인하여 차이는 적시에 조정하고, 오류는 즉시 수정된다.	중요한 투자자산의 취득, 처분 시에는 전결권자의 승인을 얻고, 관련 증빙들과 장부상 금액을 대사확인하여 차이는 적시에 조정하고, 오류는 즉시 수정된다.	차이나 오류로 인하여 재무제표상의 금액이 과소 또는 과대계상될 수 있다.	M		
		모든 투자손익은 정확하게 계산하고 적시에 기록한다.	투자손익 계산내역은 검토되거나 독립적으로 재계산되며, 차이는 적시에 조정된다.	투자손익 계산내역은 검토되거나 독립적으로 재계산되며, 차이는 적시에 조정된다.	차이나 오류로 인하여 재무제표상의 금액이 과소 또는 과대계상될 수 있다.	M		
		모든 투자거래는 적기에 기록된다.	결산일 전후에 발행한 투자거래는 정밀조사하고 적절한 회계기간에 완전히 일관성 있게 기록되고, 검토되며, 오류발생 시 즉시 수정된다.	결산일 전후에 발행한 투자거래는 정밀조사하고 적절한 회계기간에 완전히 일관성 있게 기록되고, 검토되며, 오류발생 시 즉시 수정된다.	차이나 오류로 인하여 재무제표상의 금액이 과소 또는 과대계상될 수 있다.	M		

Process	Sub-Process	통제목적	현행 Control Activity	Best Practice	Risk	Risk rating	Recommendation	담당부서
자금	현금 등 관리	자금수지계획은 적정하게 작성되어야 한다.	일일자금수지계획은 매일 작성되어 전결권자의 승인을 득한다.	일일, 월간, 연간 자금수지계획은 전반적으로 사업계획에 부합하게 적정하게 작성되어야 하면 전결권자의 승인을 득해야 한다.	승인받지 않은 지출이 예산을 초과하여 발생할 수 있다.	M	월간, 연간자금수지계획을 작성하여 보다 안정적인 자금수지가 이루어져야 한다.	
		은행인감은 적절하게 관리된다.	은행인감은 전략기획팀 담당자가 보관해야 하며 사용 시에는 인감사용대장에 기록한다.	은행인감은 적절한 관리자가 보관해야 하며 사용 시에는 인감사용대장에 기록한다.	중요한 부정이나 오류가 발생할 수 있다.	H		
		예금은 적절하게 관리된다.	신규계좌개설 시 적절한 승인을 득하고, 통장잔액과 대조확인되고 은행계정조정을 실시하고 관리자에게 검토된다.	신규계좌개설 시 적절한 승인을 득하고, 통장잔액과 대조확인되고 은행계정조정을 실시하고 관리자에게 검토된다.	회사의 예금이 개인명의 통장으로 유용될 수 있다.	H		
		배당 시 적절한 절차를 따른다.	배당 시 이사회와 주주총회의 승인을 득하고 배당금지급 시에는 적절한 관리자가 검토한다.	배당 시 이사회와 주주총회의 승인을 득하고 배당금지급 시에는 적절한 관리자가 검토한다.	자금수지계획과 상이한 배당금이 결정될 수 있고 지급 시 오류가 발생할 수 있다.	M		
		증자 시 적절한 절차를 따른다.	증자의 필요성에 대한 충분한 검토가 이루어지고 이사회와 주주총회의 승인을 득하며 결의사항대로 실행하고 적절한 관리자가 검토한다.	증자의 필요성에 대한 충분한 검토가 이루어지고 이사회와 주주총회의 승인을 득하며 결의사항대로 실행하고 적절한 관리자가 검토한다.	법적절차를 무시한 증자가 이루어져 법률적 위반사항이 발생할 수 있다.	M		
		차입 시 적절한 절차를 따른다.	자금수지계획에 따른 차입금규모, 차입시기 등에 대한 충분한 사전검토를 하고 전결권자의 승인을 득한다.	자금수지계획에 따른 차입금규모, 차입시기 등에 대한 충분한 사전검토를 하고 전결권자의 승인을 득한다.	중요한 자금수지계획의 차질이 발생할 수 있다.	M		

Process	Sub-Process	통제 목적	현행 Control Activity	Best Practice	Risk	Risk rating	Recommen-dation	담당 부서
자금	현금 등 관리	전자식 자금이체는 적절하게 통제되고 회사자산은 보호된다.	인터넷뱅킹상 계좌이체는 사전에 승인받은 자만 가능하게 하고 계좌이체가 가능한 계좌는 사전에 등록된 계좌로만 한정하고 적절한 관리자가 사전, 사후 검토한다.		사전승인 없는 중요한 자금이 유용될 수 있다.	H		
		현금, 유가증권 등은 적절하게 보관되고 불필요한 사외유출을 방지한다.	현금, 유가증권 등은 적절한 곳에 보관되고 승인된 자만이 접근할 수 있어야 한다.	현금, 유가증권 등은 적절한 곳에 보관되고 승인된 자만이 접근할 수 있어야 한다.	사전승인 없는 중요한 자금이 유용될 수 있다.	H		

10

예 14. 자금 Test Template

Process	Sub-Process	통제목적	통제활동	통제절차
자금	투자	모든 투자에 대한 타당성을 충분히 검토한다.	투자에 대한 타당성 검토를 한 후 전결권자의 승인을 득한다.	타당성 검토자료가 있는지 질문하고 승인 여부를 확인한다.
		실재의 투자거래는 모두 기록된다.	현업부서 담당자는 투자와 관련된 증빙을 대조확인하고 유가증권실물이나 확인서를 정기적으로 수령한다.	취득·처분 관련된 품의서상의 승인 여부와 손익 관련 계산의 정확성을 확인한다.
		투자자산의 취득, 처분, 만기 등 관련 Data들이 정확히 기록되고 유지된다.	중요한 투자자산의 취득, 처분 시에는 전결권자의 승인을 얻고, 관련 증빙들과 장부상 금액을 대사확인하여 차이는 적시에 조정하고, 오류는 즉시 수정된다.	
		모든 투자손익은 정확하게 계산하고 적시에 기록한다.	투자손익 계산내역은 검토되거나 독립적으로 재계산되며, 차이는 적시에 조정된다.	
		모든 투자거래는 적기에 기록된다.	결산일 전후에 발행한 투자거래는 정밀조사하고 적절한 회계기간에 완전히 일관성 있게 기록되고, 검토되며 오류발생 시 즉시 수정된다.	
	현금 등 관리	자금수지계획은 적정하게 작성되어야 한다.	일일·월간·연간 자금수지계획은 전반적으로 사업계획에 부합하게 적정하게 작성되어야 하며 전결권자의 승인을 득해야 한다.	자금수지계획을 징구하여 승인 여부 확인한다.
		은행인감은 적절하게 관리된다.	은행인감은 적절한 관리자가 보관해야 하며 사용 시에는 인감사용대장에 기록한다.	인감사용대장을 징구하여 사용자 및 승인자 서명날인 여부를 확인한다.
		예금은 적절하게 관리된다.	신규계좌개설 시 적절한 승인을 득하고, 통장잔액과 대조확인되고 은행계정조정을 실시하고 관리자에게 검토된다.	장부상 잔액과 통장잔액을 대조확인한다.
		배당 시 적절한 절차를 따른다.	배당 시 이사회와 주주총회의 승인을 득하고 배당금지급 시에는 적절한 관리자가 검토한다.	배당금지급이 이사회, 주총결의사항대로 집행되었는지 지불증 및 정산서와 배당 관련 품의서를 확인한다.

Process	Sub-Process	통제목적	통제활동	통제절차
자금	현금 등 관리	증자 시 적절한 절차를 따른다.	증자의 필요성에 대한 충분한 검토가 이루어지고 이사회와 주주총회의 승인을 득하며 결의사항대로 실행하고 적절한 관리자가 검토한다.	필요성 검토자료를 징구하여 승인 여부 확인한다.
		차입 시 적절한 절차를 따른다.	자금수지계획에 따른 차입금규모, 차입시기 등에 대한 충분한 사전검토를 하고 전결권자의 승인을 득한다.	필요성 검토자료를 징구하여 승인 여부 확인한다.
		전자식 자금이체는 적절하게 통제되고 회사자산은 보호된다.	인터넷뱅킹상 계좌이체는 사전에 승인받은 자만 가능하게 하고 계좌이체가 가능한 계좌는 사전에 등록된 계좌로만 한정하고 적절한 관리자가 사전·사후검토한다.	계좌이체 전표상에 사전에 승인받은 자가 서명했는지 여부를 확인하고 승인 여부를 확인한다. 또한 계좌이체영수증상의 계좌번호가 사전에 등록된 계좌인지 여부를 확인한다.
		현금, 유가증권 등은 적절하게 보관되고 불필요한 사외유출을 방지한다.	현금, 유가증권 등은 적절한 곳에 보관되고 승인된 자만이 접근할 수 있어야 한다.	금고열쇠 소지자에 대하여 질문하고 실제로 보관하고 있는지 확인한다.

예 15. 자금 Test Worksheet

Fund TOT Sheet Ⅰ

PROCESS : 자금 점검자 : 성 명 부 서 직 급

No	Sub-process	일자	관리번호	내역	금액	A	B	C	D	E	F	G	H	I
						TEST								
1	투자													
2	현금 등 관리													
3	〃													
4	〃													
5	〃													
6	〃													
7	〃													
8	〃													
9	〃													
10	〃													

(Test Data Source)
투자 : 투자품의서
현금 등 관리 : 배당품의서, 인감사용대장, 통장
⇒ 각 Sub Process별 Source에서 총10건을 추출한다(원시증빙에서 추출하여 장부를 Test함).
(Test 절차)
A : 투자타당성 검토자료 징구하여 승인 여부를 확인한다.
B : 일일자금수지계획에 없는 수입, 지출 여부와 사전 승인 여부를 확인한다.
C : 인감사용대장상의 사용자와 승인자의 서명 여부를 확인한다.
D : 배당품의서와 이사회, 주총의사록, 지불증 및 정산서를 대조확인한다.
E : 계좌이체는 사전권한이 부여된 자만 하고 있는지 여부와 상급자의 승인 여부를 확인한다.
F : 계좌이체 담당자가 작성한 계좌이체현황과 통장을 대조확인한다.
G : 금고열쇠 소지자에 대하여 질문하고 실제 보관 여부를 확인한다.
H : 증자필요성 검토자료를 징구하고 승인 여부를 확인한다.
I : 차입필요성 검토자료를 징구하고 승인 여부를 확인한다.
(결과)
∨ : 특이사항 없다.
∀ : 차이 및 특이사항 있다.
N/A : 해당 사항 없다.

Fund TOT Sheet II

PROCESS : 자금

점검자 : 성 명 부 서 직 급

No	Sub-process	일 자	관리번호	내 역	금 액	TEST A	B	C	D	E
1	투자									
2	현금 등 관리									
3	〃									
4	〃									
5	〃									
6	〃									
7	〃									
8	〃									
9	〃									
10	〃									

(Test Data Source)
투자 : 투자자산 장부
현금 등 관리 : 현 예금 원장
⇒ 각 Sub Process별 Source에서 총10건을 추출한다(장부에서 추출하여 원시증빙을 Test함).
(Test 절차)
A : 일일자금수지계획에 없는 수입・지출 여부와 사전승인 여부를 확인한다.
B : 인감사용대장상의 사용자와 승인자의 서명 여부를 확인한다.
C : 배당품의서와 이사회, 주총의사록, 지불증 및 정산서를 대조확인한다.
D : 계좌이체는 사전권한이 부여된 자만 하고 있는지 여부와 상급자의 승인 여부를 확인한다.
E : 계좌이체 담당자가 작성한 계좌이체현황과 통장을 대조확인한다.
(결과)
∨ : 특이사항 없다.
∀ : 차이 및 특이사항 있다.
N/A : 해당 사항 없다.

예 16. 결산 및 재무보고 Process 분석서

Pro cess	Sub-Process	통제 목적	현행 Control Activity	Best Practice	Risk	Risk rating	Recommen-dation	담당 부서
결산 및 재무보고	장부마감 및 재무보고 절차의 정형화	결산절차는 결산분개리스트, 부서별로 작성해야 할 결산자료 및 자료의 제출기한을 포함하여 적절하게 확립되어 있으며 명확하게 문서화되어 있다.	경영진은 회사의 사업성격에 근거한 결산 및 재무보고절차를 확립하고, 주요 내용들은 공식적으로 문서화되고, 승인되며, 정기적으로 검토된다.	경영진은 회사의 사업성격에 근거한 결산 및 재무보고절차를 확립하고, 주요 내용들은 공식적으로 문서화되고, 승인되며, 정기적으로 검토된다.	필요한 결산자료가 누락되고 제출기한 경과로 회사의 손실을 발생할 수 있다.	M		
		결산절차에 대한 역할과 책임이 명확하게 정의되고 문서화되어 있다.	결산 및 재무보고 절차상의 역할과 책임에 대하여 정기적으로 정의, 문서화, 재조정하고 검토한다.	결산 및 재무보고 절차상의 역할과 책임에 대하여 정기적으로 정의, 문서화, 재조정하고 검토한다.	비효율적인 업무중복이 발생하고 책임이 불명확해 질 수 있다.	H		
	거래 정보의 획득과 처리	경영진과 결산담당팀원들은 회사에 영향을 미치는 일반적으로 인정된 회계처리기준을 인식하고 이해한다.	회계정책과 절차는 재무팀에 의해 수립 및 갱신되어야 하고 결산담당자는 회계 관련 법규정 및 기업회계기준의 변경사항을 검토하고 적시에 회사의 정책에 반영하고 결산팀원 및 관련 부서에 배포되어야 한다.	회계정책과 절차는 재무팀에 의해 수립 및 갱신되어야 하고 결산담당자는 회계 관련 법규정 및 기업회계기준의 변경사항을 검토하고 적시에 회사의 정책에 반영하고 결산팀원 및 관련 부서에 배포되어야 한다.	잘못된 회계처리 등으로 인해 재무제표가 기준에 위배되어 작성될 수 있다.	H		
		장부마감 및 재무보고절차의 변경은 사전에 충분히 검토되고 적절히 승인된다.	결산절차에 변동사항은 모니터링되고 독립적으로 검토되고 승인된다.	결산절차에 변동사항은 모니터링되고 독립적으로 검토되고 승인된다.	비효율적인 결산절차의 변동이 검증 없이 일어날 수 있다.	M		
	장부마감 및 결산	각각의 결산분개에 대해서 적절한 회계처리방법이 규정되어야 한다.	결산분개에 대한 상세내역과 회계추정치 계산방법 및 회계판단의 근거는 문서화되고	결산분개에 대한 상세내역과 회계추정치 계산방법 및 회계판단의 근거는 문서화되고	담당자에 따라 상이한 결산분개가 일어날 수 있다.	M		

Process	Sub-Process	통 제 목 적	현행 Control Activity	Best Practice	Risk	Risk rating	Recommen-dation	담 당 부 서
결산 및 재무 보고	장부마감 및 결산		관련 부서와 정기적으로 의사소통하여야 한다.	관련 부서와 정기적으로 의사소통하여야 한다.				
		각각의 결산분개는 각 부서 간, 모든 회계기간에 일관된 가정과 방법을 사용하여 계산한다.	회계내규와 결산업무매뉴얼에서 규정하는 개별 결산분개방법은 모든 회계기간별로, 각 부서별로 일관성 있게 적용되어야 한다.	회계내규와 결산업무매뉴얼에서 규정하는 개별 결산분개방법은 모든 회계기간별로, 각 부서별로 일관성 있게 적용되어야 한다.	일관성 있는 장부마감 및 결산이 일어나지 않을 수 있다.	M		
		결산분개를 작성하는 데 필요한 관련성 있고 신뢰할 만한 충분한 자료가 획득된다.	결산분개 시 관련성 있는 데이터를 이용한다. 이를 위하여 데이터의 타당성, 정확성 및 완전성을 보장하는 통제절차가 마련되어 있으며 효과적으로 운영되고 있다.	결산분개 시 관련성 있는 데이터를 이용한다. 이를 위하여 데이터의 타당성, 정확성 및 완전성을 보장하는 통제절차가 마련되어 있으며 효과적으로 운영되고 있다.	잘못된 회계처리가 발생할 수 있다.	M		
		결산분개는 적시에 처리되고, 회사의 규정에 의하여 정해진 절차와 방법을 이용하여 적시에 문서화한다.	결산담당자는 결산분개를 뒷받침하는 계산명세표를 작성하여 문서화하고 결산분개가 적시에 처리되었는지 검토한다.	결산담당자는 결산분개를 뒷받침하는 계산명세표를 작성하여 문서화하고 결산분개가 적시에 처리되었는지 검토한다.	정확한 회계기간에 결산분개가 반영되지 않을 수 있다.	M		
		결산분개가 적정하게 처리되고, 상급자에 의하여 검토되고 승인된다.	중요한 회계추정과 판단사항은 자격요건을 갖춘 상급자에 의해 독립적으로 검토되고 승인된다.	중요한 회계추정과 판단사항은 자격요건을 갖춘 상급자에 의해 독립적으로 검토되고 승인된다.	중요한 회계처리에 오류가 발생할 수 있다.	H		
	공시사항의 작성 및 검토	공시를 요하는 사항은 완전하게 준비되고 독립적으로 검토되어 공시담당 부서에 의해서 취합된 후 승인된다.	개별항목들에 대해서 적격한 지식을 가진 담당자가 제 규정을 준수하고 있는지 독립적으로 검토하고 승인받는다.	개별항목들에 대해서 적격한 지식을 가진 담당자가 제 규정을 준수하고 있는지 독립적으로 검토하고 승인받는다.	중요한 공시사항의 누락이 발생하여 재무적 손실이 발생할 수 있다.	M		

10

Process	Sub-Process	통제 목적	현행 Control Activity	Best Practice	Risk	Risk rating	Recommendation	담당 부서
결산 및 재무 보고	재무제표의 검토와 승인	경영진, 이사회 혹은 감사위원회는 공표용으로 작성된 재무제표와 공시사항 초안을 검토한다.	재무제표와 공시사항이 일반적으로 인정된 회계처리기준과 공시사항 체크리스트에 따라 적정하게 작성되었는지 검토를 수행한다.	재무제표와 공시사항이 일반적으로 인정된 회계처리기준과 공시사항 체크리스트에 따라 적정하게 작성되었는지 검토를 수행한다.	재무제표와 공시사항이 중요하게 잘못 작성·공시될 수 있다.	M		
		경영진, 이사회 또는 감사위원회는 공표용으로 작성된 재무제표와 공시사항 초안을 승인한다.	결산담당자는 재무제표 및 공시사항을 공시하기 전에 재무제표와 공시사항을 검토하고 경영진과 이사회에 승인을 얻는다.	결산담당자는 재무제표 및 공시사항을 공시하기 전에 재무제표와 공시사항을 검토하고 경영진과 이사회에 승인을 얻는다.	재무제표와 공시사항이 중요하게 잘못 작성·공시될 수 있다.	M		
		재무제표를 최종적으로 공시하기 전에 공시 관련 법률에서 요구하는 사항을 모두 준수하였는지 확인한 후 공시한다.	경영진은 재무제표와 관련 공시사항을 공시하기 전에 공시 관련 법률에서 요구하는 모든 절차를 이행하였는지 확인한다.	경영진은 재무제표와 관련 공시사항을 공시하기 전에 공시 관련 법률에서 요구하는 모든 절차를 이행하였는지 확인한다.	재무제표와 공시사항이 중요하게 잘못 작성·공시될 수 있다.	M		

예 17. 결산 및 재무보고 Test Template

Process	Sub-Process	통제목적	통제활동	통제절차
결산 및 재무보고	장부마감 및 재무보고절차의 정형화	결산절차는 결산분개리스트, 부서별로 작성해야 할 결산자료 및 자료의 제출기한을 포함하여 적절하게 확립되어 있으며 명확하게 문서화되어 있다.	경영진은 회사의 사업성격에 근거한 결산 및 재무보고절차를 확립하고, 주요 내용들은 공식적으로 문서화되고, 승인되며, 정기적으로 검토된다.	결산담당자와의 인터뷰를 통해서 결산절차에 대한 질문을 하고 결산절차를 규정하고 있는 문서를 검토한다.
		결산절차에 대한 역할과 책임이 명확하게 정의되고 문서화되어 있다.	경영진은 결산 및 재무보고절차상의 역할과 책임에 대하여 정기적으로 정의, 문서화, 재조정하고 검토한다.	결산업무분장표를 징구하여 문서화 여부를 검토하고 결산담당자에게 질문하여 자신의 업무를 인지하고 있는지 확인한다.
	거래정보의 획득과 처리	경영진과 결산담당팀원들은 회사에 영향을 미치는 일반적으로 인정된 회계처리기준을 인식하고 이해한다.	회계정책과 절차는 재무팀에 의해 수립 및 갱신되어야 하고 결산담당자는 회계 관련 법규정 및 기업회계기준의 변경사항을 검토하고 적시에 회사의 정책에 반영하고 결산팀원 및 관련 부서에 배포되어야 한다.	회사가 일반적으로 인정된 회계처리기준의 변경사항 등을 적절하게 업데이트하고 있는지 질문한다.
		장부마감 및 재무보고절차의 변경은 사전에 충분히 검토되고 적절히 승인된다.	결산절차에 변동사항은 모니터링되고 독립적으로 검토되고 승인된다.	결산담당자에게 최근 회계기간에 결산절차 및 계정과목에 변동이 있었는지 질문하고, 만일 있었을 경우 그 변경절차가 적절한 승인절차를 거쳐서 이루어졌는지 확인한다.
	장부마감 및 결산	각각의 결산분개에 대해서 적절한 회계처리방법이 규정되어야 한다.	결산분개에 대한 상세내역과 회계추정치 계산방법 및 회계판단의 근거는 문서화되고 관련 부서와 정기적으로 의사소통하여야 한다.	결산담당자에게 회계관리규정을 숙지하고 있고 결산 시 적용 여부를 질문한다.
		각각의 결산분개는 각 부서간, 모든 회계기간에 일관된 가정과 방법을 사용하여 계산한다.	회계내규와 결산업무매뉴얼에서 규정하는 개별 결산분개방법은 모든 회계기간별로, 각 부서별로 일관성 있게 적용되어야 한다.	결산담당자에게 전기대비 변경된 가정과 방법이 있는지 질문하고 있었다면 적절한 승인절차를 거쳤는지 확인한다.
		결산분개를 작성하는 데 필요한 관련성 있고 신뢰할 만한 충분한 자료가 획득된다.	결산분개 시 관련성 있는 데이터를 이용한다. 이를 위하여 데이터의 타당성, 정확성 및 완전성을 보장하는 통제절차가 마련되어 있으며 효과적으로 운영되고 있다.	주요한 회계처리에 대한 근거자료가 충분하고 정확하고 적시성 있는 자료인지 여부를 확인한다.

Process	Sub－Process	통제목적	통제활동	통제절차
결산 및 재무보고	장부마감 및 결산	결산분개는 적시에 처리되고, 회사의 규정에 의하여 정해진 절차와 방법을 이용하여 적시에 문서화한다.	결산담당자는 결산분개를 뒷받침하는 계산명세표를 작성하여 문서화하고 결산분개가 적시에 처리되었는지 검토한다.	
		결산분개가 적정하게 처리되고, 상급자에 의하여 검토되고 승인된다.	중요한 회계추정과 판단사항은 자격요건을 갖춘 상급자에 의해 독립적으로 검토되고 승인된다.	
	공시사항의 작성 및 검토	공시사항 체크리스트를 활용하여 공시의 완전성과 일관성을 유지한다.	공시담당자는 적절한 회계기간에 정기공시사항을 적절히 공시하기 위해서 최신의 공시사항 체크리스트를 사용한다.	공시사항 체크리스트가 작성·유지되고 있는지를 질문·확인하고 공시 관련 제 규정을 준수하는지 여부에 대한 독립적인 검토가 있는지 확인한다.
		공시를 요하는 사항은 완전하게 준비되고 독립적으로 검토되어 공시담당부서에 의해서 취합된 후 승인된다.	개별항목들에 대해서 적격한 지식을 가진 담당자가 공시사항 체크리스트를 이용하여 제 규정을 준수하고 있는지 독립적으로 검토하고 승인받는다.	
	재무제표의 검토와 승인	경영진, 이사회 혹은 감사위원회는 공표용으로 작성된 재무제표와 공시사항 초안을 검토한다.	재무제표와 공시사항이 일반적으로 인정된 회계처리기준과 공시사항 체크리스트에 따라 적정하게 작성되었는지 검토를 수행한다.	경영진, 이사회 또는 감사위원회의 검토, 승인기록 및 의사록을 징구하여 재무제표와 공시사항의 검토 및 승인사실을 확인한다.
		경영진, 이사회 또는 감사위원회는 공표용으로 작성된 재무제표와 공시사항 초안을 승인한다.	결산 담당자는 재무제표 및 공시사항을 공시하기 전에 재무제표와 공시사항을 검토하고 경영진과 이사회에 승인을 얻는다.	
		재무제표를 최종적으로 공시하기 전에 공시 관련 법률에서 요구하는 사항을 모두 준수하였는지 확인한 후 공시한다.	경영진은 재무제표와 관련 공시사항을 공시하기 전에 공시 관련 법률에서 요구하는 모든 절차를 이행하였는지 확인한다.	

예 18. 결산 및 재무보고 Test Worksheet

결산 및 재무보고 질문서

PROCESS : 결산 및 재무보고

No	질문 및 검토사항	수행 여부
1	결산 및 재무보고절차를 규정하고 있는 문서를 검토한다.	
2	결산업무분장표는 문서화되었는지 여부를 검토한다.	
3	결산담당자에게 질문하여 자신의 업무를 인지하고 있는지 확인한다.	
4	일반적으로 인정된 회계처리기준의 변경사항 등을 적절하게 업데이트하고 있는지 질문한다.	
5	결산담당자에게 최근 회계기간에 결산절차 및 계정과목에 변동이 있었는지 질문한다.	
6	만일 있었을 경우 그 변경절차가 적절한 승인절차를 거쳐서 이루어졌는지 확인한다.	
7	결산담당자에게 회계관리규정을 숙지하고 있고 결산 시 적용 여부를 질문한다.	
8	전기대비 변경된 가정과 방법이 있는지 질문하고 있었다면 적절한 승인절차를 거쳤는지 확인한다.	
9	주요한 회계처리에 대한 근거자료가 충분하고 정확하고 적시성 있는 자료인지 여부를 확인한다.	
10	공시사항 체크리스트가 작성・유지되고 있는지를 확인한다.	
11	공시 관련 제 규정을 준수하는지 여부에 대한 독립적인 검토가 있는지 확인한다.	
12	재무제표와 공시사항의 검토 및 승인사실을 확인한다.	

5 공시통제점검제도

기업공시제도는 상장법인 등으로 하여금 자사주식의 투자판단에 중대한 영향을 미칠 수 있는 중요한 기업 내용의 정보를 공시하도록 함으로써 투자자가 기업의 실체를 파악하여 투자자 스스로의 자유로운 판단과 책임하에 투자결정을 할 수 있도록 하는 제도로서, 공시의 종류는 다음과 같다.

정기공시는 투자자에게 기업내용과 함께 일정기간의 영업성과 및 재무상태를 정기적으로 공시하는 것을 말한다.

수시공시는 자본시장법에서 유통시장에서 수시로 발생하는 기업의 주요 경영정보에 대하여 발생 시마다 지체 없이 공시하도록 규정하고 있으며, 구체적인 공시대상은 거래소의 유가증권시장 공시규정에 명시하고 있다. 따라서 상장법인은 주요경영사항에 해당하는 사실 또는 결정이 있는 경우에는 즉시 그 내용을 거래소에 신고하여야 한다. 또한 지주회사의 자회사 및 종속회사의 주요경영사항(부도발생 · 합병 · 주식교환 등)은 연결실체 등에 중대한 영향을 미치므로 지주회사 또는 지배회사가 이를 공시하도록 하고 있다.

- 조회공시는 기업의 주요 경영사항 또는 그에 준하는 사항에 관한 풍문 또는 보도(풍문 등)의 사실여부나 당해 기업이 발행한 주권 등의 가격이나 거래량에 현저한 변동(시황)이 있는 경우 거래소가 상장법인에게 중요한 정보의 유무에 대한 답변을 요구하고 당해 기업은 이에 응하여 공시하도록 하는 제도이다.
- 자율공시란 상장법인의 공시능력을 제고하고자 자진공시 및 일부항목에서 제한적으로 운용되던 자율공시항목을 확대하여 주요경영사항 이외의 사항에 관하여 상장기업의 자율적인 판단에 의해 당해 기업에 관한 주요 경영상의 정보 등을 공시할 수 있도록 하는 제도이다.

공정공시란 상장법인이 증권시장을 통해 공시되지 아니한 중요정보를 기관투자자 등 특정인에게 선별적으로 제공하고자 하는 경우 모든 시장참가자들이 동 정보를 알 수 있도록 그 특정인에게 제공하기 전에 증권시장을 통해 공시하도록 하는 제도이다. 공정공시는 불공정거래의 예방, 수시공시제도의 보완, 합리적 기업분석을 유도하는 증시환경 조성 등의 기능을 담당한다.

(1) 공시통제점검표

공시통제점검표

(1) ××××년의 공시사항

일 자	내 용	비 고

(2) 신고 · 보고사항 Check list(유가증권시장 예)

구 분	내 용	해당 여부	신고 일자	해당 부서
Ⅰ. 정기공시 사항	• 사업보고서 제출			
	• 반기보고서 제출			
	• 분기보고서 제출			
Ⅱ. 수시공시 사항				
1. 주요 경영사항				
(1) 영업 및 생산 관련	• 매출액의 5%(대규모법인 2.5%) 이상에 해당하는 영업의 정지 등			
	• 매출액의 5%(대규모법인 2.5%) 이상에 해당하는 거래처와 거래 중단			
	• 매출액의 5%(대규모법인 2.5%) 이상의 단일 계약 체결 또는 해지			
	• 매출액의 5%(대규모법인 2.5%) 이상의 제품 수거, 폐기			
	• 매출액의 5%(대규모법인 2.5%) 이상을 생산하는 공장의 생산중단, 폐업			
(2) 재무구조 관련	• 증자, 감자, 소각			
	• 자기주식의 취득 또는 처분			
	• 주식의 분할 또는 병합			
	• 액면주식을 무액면주식으로 전환, 무액면주식을 액면주식으로 전환			
	• 사채, 증권예탁증권 또는 조건부자본증권 발행			
	• 조건부자본증권의 주식전환사유, 조건부자본증권 상환과 이자지급의무 감면 사유 발생			

구 분	내 용	해당 여부	신고 일자	해당 부서
	• 해외증권시장에 증권상장, 해외감독기관에 공시 등 서류제출, 해외증권시장에서 상장폐지 등 • 주권의 상장폐지 • 발행한 어음이 위변조된 사실			
(3) 투자활동 관련	• 자기자본의 10%(대규모법인 5%) 이상에 상당하는 신규시설투자 등 • 자산총액의 5%(대규모법인 2.5%) 이상에 상당하는 유형자산 취득, 처분 • 자기자본의 5%(대규모법인 2.5%) 이상에 상당하는 타법인 주식 출자, 처분 • 자기자본의 5%(대규모법인 2.5%) 이상을 출자하고 있는 비상장법인이 위의 공시사항이 있을 때			
(4) 채권채무 관련	• 자기자본의 10%(대규모법인 5%) 이상에 상당하는 단기차입금 증가(차환을 위한 차입은 제외) • 자기자본의 5%(대규모법인 2.5%) 이상의 채무를 인수, 면제 • 자기자본의 5%(대규모법인 2.5%) 이상의 담보제공, 채무보증 • 위의 담보 또는 채무보증 받은 자가 위의 차입증가, 채무인수, 담보 또는 채무보증 • 발행사채 및 차입금 관련 자기자본의 5%(대규모법인 2.5%)이상의 금액에 상당하는 원리금의 지급을 이행 못함. • 자기자본의 5%(대규모법인 2.5%) 이상의 타인에 대한 선급금, 가지급금, 대여금(종업원 및 우리사주조합 제외)			
(5) 손익관련	• 자기자본의 5%(대규모법인 2.5%) 이상의 재해 • 자기자본의 5%(대규모법인 2.5%) 이상의 벌금, 과태료, 추징금 및 벌과금			

구 분	내 용	해당 여부	신고 일자	해당 부서
	• 임직원의 횡령, 배임. 단, 직원의 경우 자기자본의 5%(대규모법인 2.5%) 이상의 횡령, 배임			
	• 자기자본의 5%(대규모법인 2.5%) 이상의 파생상품거래 손실			
	• 자기자본의 5%(대규모법인 2.5%) 이상의 임원 등의 가장납입			
	• 매출채권 이외의 채권에서 자기자본의 50%(대규모법인 25%) 이상의 손상차손 발생			
(6) 결산관련	• 외부감사인의 감사의견이 부적정, 의견거절 또는 감사범위제한의 한정			
	• 자기자본의 자본금의 50% 이상 잠식(지배회사의 경우 비지배지분 제외한 자본총계기준) 전액잠식은 별도표시			
	• 매출액이 50억원 미만			
	• 반기 외부감사인의 검토의견이 부적정, 의견거절			
	• 매출액, 영업이익 또는 당기순이익이 직전사업연도 대비 30%(대규모법인 15%) 이상 증가 또는 감소			
	• 주식배당, 현금·현물배당			
	• 증권선물위원회로부터 회계처리위반 관련 검찰고발, 검찰통보 또는 검찰기소(해당법인 또는 임직원)			
(7) 기업경영 활동 관련	• 최대주주 변경			
	• 지주회사인 유가증권시장주권상장법인의 자회사가 새로 편입, 탈퇴			
	• 주식교환 또는 주식이전			
	• 중요한 영업의 양도·양수·임대, 합병, 분할, 보증금 등의 대신납부			
	• 발행한 업음 또는 수표 부도			
	• 회생절차 개시·종결·폐지			
	• 파산신청·파산선고·파산기각			

구 분	내 용	해당 여부	신고 일자	해당 부서
	• 해산사유 발생 • 채권금융기관이 경영관리 또는 공동관리 개시 · 중단 · 해제 • 주채권은행 또는 채권금융기관협의회에 경영정상화계획의 이행 약정 • 상장효력에 대한 소송 등 • 소송금액이 자기자본의 5%(대규모법인 2.5%) • 소수주주의 주주총회 소집신청 · 임원의 선입 및 해임관련 주주총회 무효소 등 경영권 분쟁소송 • 증권관련 집단소송법에 의한 소송 • 주주총회소집 이사회 결의 • 주주총회 결의			
2. 자회사의 주요 경영사항	• 유가증권시장 공시규정 제8조 참조			
3. 종속회사의 주요 경영사항	• 유가증권시장 공시규정 제8조의 2 참조			
4. 부동산투자회사 등의 주요 경영사항	• 유가증권시장 공시규정 제9조 참조			
5. 선박투자회사의 주요 경영사항	• 유가증권시장 공시규정 제10조 참조			
6. 기업인수목적회사의 주요 경영사항	• 유가증권시장 공시규정 제11조 참조			
Ⅲ. 공정공시 사항	• 장래 사업계획 또는 경영계획 • 매출액, 영업손익, 법인세비용차감전계속사업손익 또는 당기순손익 등에 대한 전망 또는 예측 • 사업보고서 등을 제출하기 이전의 당해 사업보고서 등과 관련된 매출액, 영업손익, 법인세비용차감전계속사업손익 또는 당기순손익 등 영업실적			

구 분	내 용	해당 여부	신고 일자	해당 부서
Ⅳ. 자율공시 사항	• 주요 경영사항공시 관련 그 신고기한이 경과되지 아니한 사항 • 기술도입 · 이전 · 제휴 • 자원개발 투자 · 개발자원 경제성 판명 • 특허권 취득 또는 양수 · 도 • 단기차입금 감소 • 파생상품거래 · 채무면제 이익발생 • 녹색경영정보, 재산증여 · 수증 • 자산재평가 실시 및 실시결과 • 주요주주 또는 계열회사의 변경 • 기타 회사의 경영 · 재산 및 투자자의 투자판단에 중대한 영향을 미칠 수 있다고 판단되는 사항			

(3) 공시통제절차의 효과성 평가 검토표

질 문 사 항	검 토		
	예	아니요	해당 무
1. 주주총회 일정관리표는 작성되어, 관리되고 있나?			
2. 사업 · 반기 · 분기보고서의 신고기간은 요약 · 관리하고 있나?			
3. 결산 서류제출 일정은 관리되고 있나?			
4. 증자, 감자, 사채발생 시의 일정표는 관리되고 있나?			
5. 자기주식 관련 신고서의 제출기한은 관리되고 있나?			
6. Stock Option 부여절차 및 신고의무는 관리되고 있나?			
7. 주식 대량 보유, 변동보고는 관리되고 있나?			
8. 최대주주 등과의 거래 시 유의 사항은 파악하고 있나?			
9. 모든 이사회 의사록은 공시 담당자가 수령하고 있나?			
10. 이사회 규정은 지켜지고 있으며, 이사회결의 사항이 명확한가?			
11. 신고 · 보고 Check List가 각 부서 책임자에게도 전달 및 교육되어, 해당 사항이 발생 시 즉시 공시담당자에게 통보되는가?			
12. 사업 · 반기 · 분기보고서의 경우 작성자이외의 제3자가 검토하고, 다시 내부회계관리자가 검토하는가?			

질 문 사 항	검 토		
	예	아니요	해당 무
13. 회사의 주요 경영회의의 결과는 반드시 공시담당자에게 통보하는가?			
14. 전자공시서류의 작성 및 제출절차는 구비하고 있나?			
15. 과거의 공시사항에 대한 이력관리를 하고 있나?			
16. 빈번하게 발생하는 공시사항의 경우 중점관리표를 작성하여 관리하고 있나?			

(4) 사업보고서 적정성 평가 검토표

질 문 사 항	검 토		
	예	아니요	해당 무
1. 사업보고서상의 수치는 계산 검증하였는가?			
2. 사업보고서의 작성지침에 따라 기재사항을 모두 정확히 기재하였는가?			
3. 재무정보를 표시하는 항목은 장부와 대사 확인하였는가?			
4. 주요제품 및 원재료 등에 관한 변동사항은 없는가?			
5. 주주상황, 파생상품, 주요계약, R&D활동 중 특이사항은 없는가?			
6. 지배구조 및 관계회사의 현황에서 변경사항은 없는가? (지배구조 : 이사회, 감사, 의결권, 임원보수, 임원배상보험)			
7. 주식의 분포에서 변동사항은 없는가?			
8. 특수관계자와의 거래내용은 적정한가?			
9. 중요소송사건, 담보제공, 지급보증 등의 중요사항은 모두 기재됐나?			

(5) 미비점 및 개선사항

* 본 질문서는 공시담당자 및 사업보고서 총괄담당자에게 질문한다.

* 이 점검표는 반기단위로 작성한다. 그리고 내부회계관리자에게 보고한다.

* 공시통보담당자의 지정

불성실공시는 상장법인이 자본시장법 및 유가증권시장 공시규정에 의한 공시의무를 성실히 이행하지 아니하여 공시불이행, 공시번복 또는 공시변경에 해당하는 위반행위를 하는 것을 말하며, 불성실공시법인지정은 자본시장법상의 허위공시 등에 대한 제재나 금융위의 공시의무위반에 대한 제재 외에 자율규제기관인 거래소의 제재이다.

불성실공시법인으로 지정되는 경우 벌점부과 이외에 10억원 이내에서 공시위반제재가 부과될 수 있으며, 일정기간 매매거래정지 등의 불이익이 있다.

따라서 회사는 공시에 주의를 기울여야 하며 공시담당자는 위의 정기공시, 수시공시, 공정공시 및 자율공시의 내용을 정확히 파악하여 관련 부서에 담당자를 지정하여 관련 사항 발생 시 관련 사실을 공시담당자에게 통보할 수 있는 공시통보담당자를 지정할 필요가 있다.

(2) 사업보고서 정보제공담당자

구 분	사업보고서 내용	정보제공담당자
Ⅰ. 회사의 개요	1. 회사의 목적 2. 회사의 연혁 3. 자본금 변동사항 4. 주식의 총수 등 5. 의결권현황 6. 배당에 관한 사항 등	
Ⅱ. 사업의 내용	1. 사업의 개요(업계 및 회사의 현황) 2. 사업부문별 재무현황 3. 주요제품 및 원재료 등 4. 생산 및 설비에 관한 사항 가. 생산능력 및 생산능력 산출근거 나. 생산실적 및 가동률 다. 생산설비의 현황 등 5. 매출에 관한 사항 가. 매출실적 나. 판매경로 및 판매방법 6. 수주상황 7. 시장위험과 위험관리에 관한 사항 8. 파생상품 등 거래현황 9. 경영상의 주요계약 10. 연구개발활동 가. 연구개발활동의 개요 나. 연구개발 실적 11. 그 밖의 투자의사결정에 필요한 사항	
Ⅲ. 재무에 관한 사항	1. 요약재무정보 2. 연결재무제표 3. 연결재무제표 주석 4. 별도재무제표 5. 별도재무제표 주석 6. 기타 재무에 관한 사항	
Ⅳ. 감사인의 감사의견 등	1. 회계감사인의 감사의견 등 2. 내부통제에 관한 사항	

구　분	사업보고서 내용	정보제공담당자
Ⅴ. 이사의 경영진단 및 분석의견	1. 예측정보에 대한 주의사항 2. 개요 3. 재무상태 및 영업성과 4. 유동성 및 자금조달과 지출 5. 부외거래 6. 파생상품 및 위험관리 정책에 관한 사항 7. 그 밖의 투자의사결정에 필요한 사항	
Ⅵ. 이사회 등 회사의 기관에 관한 사항	1. 이사회에 관한 사항 2. 감사제도에 관한 사항 3. 주주의 의결권 행사에 관한 사항	
Ⅶ. 주주에 관한 사항	1. 최대주주 및 그 특수관계인의 주식소유 현황 2. 주식의 분포현황 3. 소액주주현황 4. 주식사무 5. 주가 및 주식거래 실적	
Ⅷ. 임원 및 직원 등에 관한 사항	1. 임원 및 직원의 현황 2. 임원의 보수 등	
Ⅸ. 계열회사 등에 관한 사항	1. 계열회사 현황 2. 관계기업 및 자회사의 지분 현황 3. 관련 법령상의 규제 내용 등 4. 회사와 계열회사 간의 임원 겸직현황 5. 타법인출자 현황	
Ⅹ. 이해관계자와의 거래 내용	1. 대주주 등에 대한 신용공여 등 2. 대주주와의 자산양수도 등 3. 대주주와의 영업거래 4. 대주주 이외의 이해관계자와의 거래	
Ⅺ. 그 밖에 투자자 보호를 위하여 필요한 사항	1. 공시사항의 진행·변경상황 2. 주주총회 의사록 요약 3. 중요한 소송사건 4. 채무보증내역 5. 제재현황 등 그 밖의 사항 6. 보고기간종료일 후 발생사건 등등	

〈회계 관련 업무 분장〉

(주)××

담당부서	책 임 자	소관업무분장	담당자
경영지원본부	경영지원본부장	1. 내부회계 관련규정의 입안 및 개폐 2. 재무회계 전반에 관한 사항 3. 공시업무 전반에 관한 사항	
경영지원팀	경영지원팀장	1. 회계기장 및 통계 2. 분기 및 정기결산 통계업무 3. 회계문서 및 장부보존관리 4. 세무신고 및 사후관리 5. 회계감사 및 보고업무 6. 장단기 수지계획 및 기획에 관한 사항 7. 장단기 자금계획 및 운영에 관한 업무 8. 유가증권 관리업무 9. 사업보고에 관한 업무 10. 부가세신고업무 11. 매입·매출 회계기장 및 채무·채권관리 12. 금융기관 관련 업무 13. 금전출납 및 자금수지업무 14. 원가 및 재무분석 15. 자산관리업무 16. 전자공시업무 17. 인력관리 및 처무에 관한 사항 18. 전산운영에 관한 사항 19. 문서관리 및 서무에 관한 사항	
자재·물류팀	자재·물류팀장	1. 원자재구입 및 재고관리업무 2. 외주업무 및 재고관리업무 3. 제품출하업무 4. 부자재·소모자재 구입 및 재고관리업무	
마케팅본부	마케팅관리팀장 국내영업팀장 해외영업팀장	1. 매출 및 매출채권관리의 전반에 관한 사항 2. 국내 판촉 및 영업전반에 관한 사항 3. 해외 판촉 및 영업전반에 관한 사항	
생산본부	생산팀장 공무팀장 생산팀장	1. 생산계획 및 관리업무 2. 설비유지 보수관리업무 3. 원단위(수율) 관리업무	

〈경영진의 승인전표〉

계 정 과 목	내 용
현 · 예금	• 장 · 단기 금융상품의 가입 · 해지 • 신규당좌개설 및 해지 • 소액현금출납 중 1백만원 이상
매출채권	• 대손충당금 설정 • 대손처리
단기대여금	• 대여 및 회수
선급금	• 중요 거래선의 지원금(3개월 이상)
재고자산	• 일정규모 이상의 구매전표 • 신규거래처로부터의 구매전표 • 재고자산의 폐기 처분 결정
장기투자증권	• 투자증권의 취득 · 처분전표
유형자산	• 일정규모 이상 자산의 취득 · 처분전송
매입채무	• 일정규모 이상의 매입전표
단기차입금	• 일정규모 이상의 차입 · 상환
미지급금	• 일정규모 이상의 미지급금 발생전표
장기차입금	• 신규차입전표
임대보증금	• 일정규모 이상의 보증금
매출	• 선출고전표 • credit limit 초과 거래처의 매출전표 • 대량 클레임 발생건 • 일정금액 이상의 매출할인
관리가능경비 • 복리후생비 • 여비교통비 • 교육훈련비 • 접대비	• 일정규모 이상 전표
기타경비 • 잡이익 • 잡손실 • 잡비	• 일정규모 이상 전표

6 내부인증 체계 구축

(1) 개요

내부회계관리제도 및 공시통제제도가 구축 · 운영되면 주기적으로 내부회계관리제도가 효과적으로 설계 및 운영되고 있는지에 대하여 자가점검을 수행한다. 자가점검결과를 바탕으로 회사의 내부회계관리제도의 효과성에 대한 평가 및 대내 · 외적 보고를 수행하여야 한다.

이를 위한 내부인증 절차는 다음과 같다.

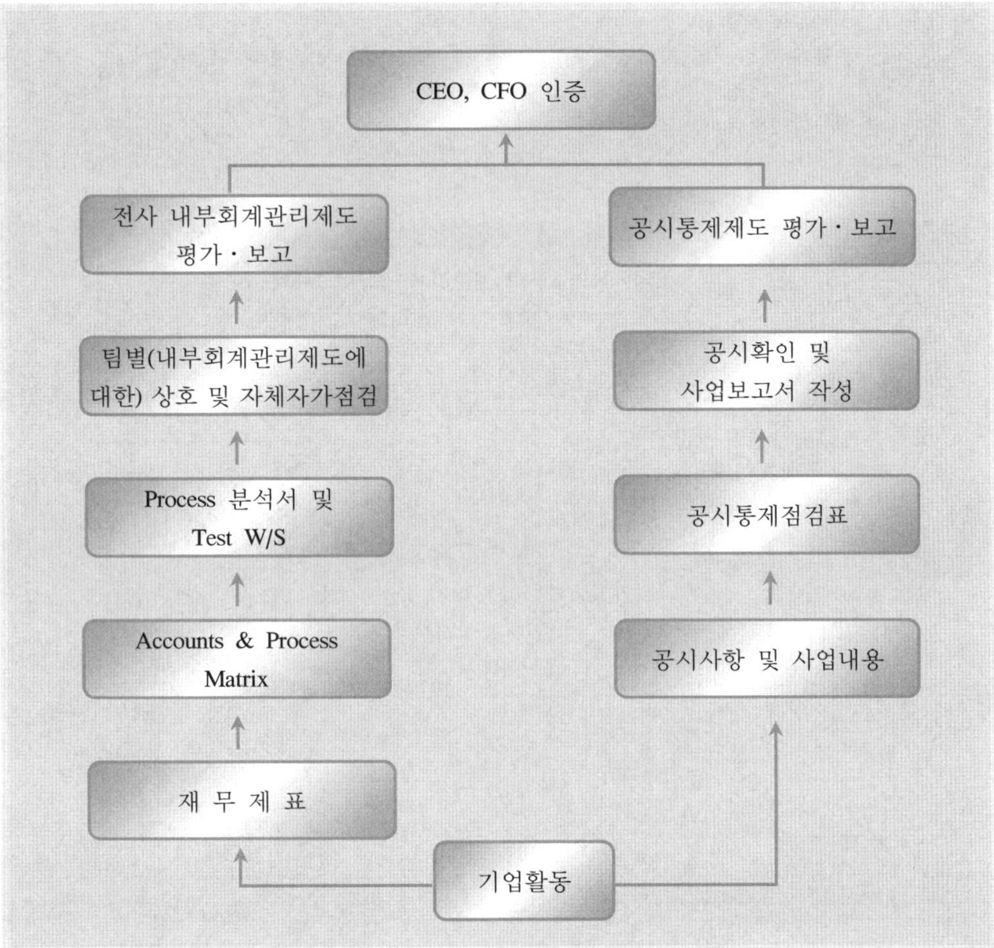

10

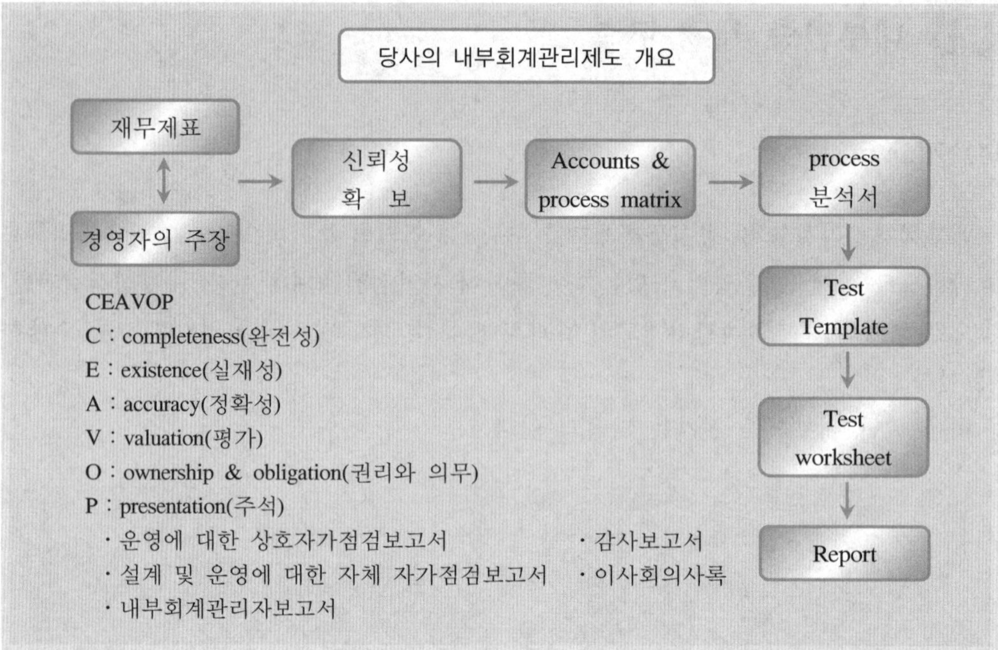
당사의 내부회계관리제도 개요
재무제표
경영자의 주장
신뢰성
확 보
Accounts &
process matrix
process
분석서
Test
Template
Test
worksheet
Report
CEAVOP
C : completeness(완전성)
E : existence(실재성)
A : accuracy(정확성)
V : valuation(평가)
O : ownership & obligation(권리와 의무)
P : presentation(주석)
· 운영에 대한 상호자가점검보고서
· 설계 및 운영에 대한 자체 자가점검보고서
· 내부회계관리자보고서
· 감사보고서
· 이사회의사록

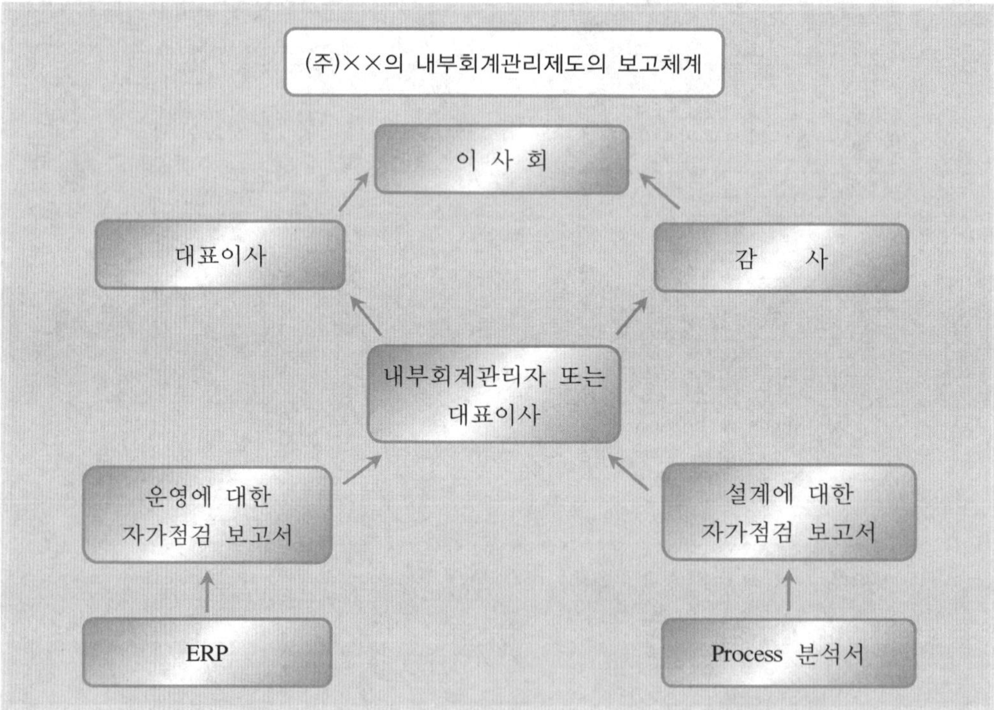
(주)××의 내부회계관리제도의 보고체계
이 사 회
대표이사
감 사
내부회계관리자 또는
대표이사
운영에 대한
자가점검 보고서
설계에 대한
자가점검 보고서
ERP
Process 분석서

(2) 자체 및 상호자가점검

자가점검은 팀별로 운영 중인 내부회계관리제도에 대하여 내부인증시스템을 이용하여 미리 설정된 방법에 따라 점검을 수행하고 점검결과를 평가하는 과정이다.

자체자가점검은 내부통제 Point에 대한 설계의 타당성과 운영의 적정성을 검토하는 것이고, 상호자가점검은 운영의 적정성을 타 부서의 Test의 담당자가 검토하는 것이다.

조 직	수행 업무
내부회계관리자	내부회계관리제도 통제 활동 항목별로 점검담당자를 지정한다.
↓	
점검 담당자	할당된 통제활동 항목을 확인하고 통제활동 항목별 점검방법에 따라 점검을 수행한다.
↓	
해당 책임자	자가점검 및 상호점검 결과를 검토하고 승인한다. 예외사항이 있는 경우 예외사항이 재무제표에 미치는 영향을 평가하여 미비점인지 여부를 결정한다. 그리고 평가보고서 작성한다.

(3) 전사 내부회계관리제도 평가 · 보고

전사 자체 및 상호자가점검이 완료된 후 내부회계관리팀은 내부회계관리제도에 대한 종합적인 효과성 평가를 수행하고 그 결과를 바탕으로 내부회계관리제도 운영실태 평가보고서를 작성한다.

내부회계 관리팀	전사 점검결과를 검토하고 평가한다.	→	내부회계 관리팀	운영실태 평가보고서를 작성한다.

• 회계연도 말 현재 개선되지 못한 미비점이 존재하는 경우 미비점을 발생가능성(Likelihood) 및 금액적 중요도(Magnitude)에 따라 유의한 미비점과 중요한 취약점으로 구분하여야 한다.

유의한 미비점	개별 또는 결합된 미비점으로 인하여 회사의 재무제표 왜곡표시가 발생할 가능성이 낮지 않고 재무제표에 미치는 영향이 의미가 있는 경우
중요한 취약점	개별 또는 결합된 유의한 미비점으로 인해 회사의 재무제표 왜곡표시가 발생할 가능성이 낮지 않고 재무제표에 미칠 수 있는 영향이 중요한 경우

• 중요한 취약점이 존재하는 경우 이는 내부회계관리제도가 효과적으로 설계 또는 운영되고 있지 않다는 사실을 나타내므로 내부회계관리제도의 효과성에 대한 종합결론에 반영되어야 한다.

• 운영실태 평가보고서는 중요한 취약점이 있는 경우와 없는 경우 별로 상이한 보고서가 작성된다.
  – 중요한 취약점이 없는 경우 유의한 미비점의 내용과 개선사항을 별첨하여야 하며
  – 중요한 취약점이 있는 경우는 중요한 취약점의 내용과 개선계획을 별첨하여야 한다.

• 동 보고서는 내부회계관리자 및 대표이사가 서명한다.

전사 자가점검이 완료된 후 내부회계관리팀은 전사 내부회계관리제도에 대한 종합적인 효과성 평가를 수행하고 그 결과를 바탕으로 내부회계관리제도 운영실태 평가보고서를 작성한다.

내부회계관리자 (CFO)	운영실태 평가보고서에 서명한다.	→	CEO	운영실태 평가보고서에 서명한다.

운영실태 평가보고서는 주주총회, 이사회 및 감사에게 보고된다.

매 반기별로 자가점검 및 내부인증 절차가 수행되므로 각 조직 간의 유기적인 협조와 주관부서의 책임 있는 역할 수행이 중요하다.

조 직	역 할	책 임
CEO, CFO	• 사업보고서 등에 대한 확인 · 서명 • 내부회계관리제도 운영실태 평가보고서 서명 • 내부회계관리제도 구축을 포함한 내부인증 체계수립에 대한 책이다.	• 사업보고서 등 공시정보의 정확성 · 신뢰성에 대한 궁극적인 책임 • 내부회계관리제도의 설계 및 운영에 대한 궁극적인 책임
팀 장	• 팀내 내부회계관리제도 운영실태 평가보고서 서명 • 팀내 자가점검 결과 총괄 검토	• 팀내 내부회계관리제도 설계 · 운영에 대한 책임 • 팀내 미비점에 대한 개선 감독
내부회계관리팀 (전사 주관부서)	• 전사 자가점검 결과의 취합 및 평가 • 운영실태 평가보고서의 작성 • 자가점검 리스트의 보완 및 변경 감독	• 내부인증 체계 운영 · 보완 · 변경 • 내부인증 일정관리

* 자가점검의 수행방법은 다음과 같이 분류된다.

방 법	내 용
관찰(Observation)	내부통제 절차의 수행을 관찰한다. 예를 들어 재고실사에 입회한다.
질문(Inquiry)	내부통제 담당자에게 해당 통제절차에 대한 정보에 관하여 질문한다. 예를 들어 심사를 담당하고 있는 직원에게 심사업무와 관련된 절차에 대해 질문한다.
문서검사(Inspection)	내부통제절차의 운영을 뒷받침하는 기록 또는 문서를 직접 확인한다. 예를 들어 내부통제가 효과적으로 운영되는지 확인하기 위하여 은행계정조정 내역을 문서검사한다.
재수행(Reperformance)	통제절차가 적절하게 수행되었음을 확인하기 위해 해당 통제절차를 재수행한다. 예를 들어 대출채권서류에 대한 검토를 재수행한다.
시스템추적(System Query)	IT애플리케이션 내의 자동화된 내부통제들이 적절하게 운영되었는지 검증한다. 예를 들어 권한 부여에 대한 시스템 설정을 확인한다.

7 Inquiry & observation Test Sheet

사업연도 단위로 내부회계관리팀이 작성하며, 내부회계관리자가 검토한 후 내부회계관리자의 평가보고서에 첨부한다.

(1) Sheet Ⅰ

Inquiry & observation Sheet(Ⅰ)

작성자 : ____________

Process	Test Procedure	Test 결과
공 시	• 공시담당자가 공시사항에 대한 각 해당부서의 통보책임자를 지정하고, 통보사항을 교육하고 있는지 질문하고 관찰한다. • 취합자가 공시 관련 법규의 개정내용 및 회사의 공시운영사항의 변경내용을 Update하고 있는지 질문한다. • 취합자는 공시 관련 Time Schedule(예 : 주총일정, 결산일정 등)을 관리하고 있는지 질문한다. • 회사의 공시규정은 적정히 관리되고 있는지 확인한다.	
재 무	• 회계와 자금담당자는 분리되어 있는지 확인한다. • 자금수지계획이 적정하게 수립되고 있는지 관찰한다. • 회계원칙이나 회계처리방법을 변경하는 경우 반드시 CFO의 승인을 득하는지 질문한다. • 어음 · 수표와 도장의 보관자가 분리되어 있는지 확인한다. • 정기적으로 은행예금통장과 장부를 대사하는지 확인한다. • 통장과 도장의 보관자가 분리되어 있는지 확인한다. • 장부잔액과 통장 및 은행잔액을 대조하여 이상이 없는지 확인한다. • 미사용 어음 · 수표의 보관상태가 적합한지 확인한다. • 자금지급 시 이중 Check 기능이 있는지 질문한다. • 자금 책임자는 불시에 출납현금을 실사하는지 질문한다. • 회계관리규정이 제대로 정비되어 있고 회계관리규정에 회계처리방침이 명확히 규정되어 있는지 확인한다.	
전 산	• 전산실 직원의 기능이 분리되어 있는지 관찰한다. • 물리적으로 접근이 통제되고 있는지 관찰한다. • 시스템개발과 Program 변경절차가 승인받고 문서화되어 있는지 질문한다. • Program 변경 1건을 Sample하여 승인을 득하였는지 관찰한다. • Data의 백업절차가 적정한지 관찰한다. • 전산실의 Program 개발 등이 적정하게 문서화되어 있는지 관찰한다. • 매월 전산장애 관련 회의를 열어 장애발생원인 및 조치내용이 관리되고 있는지 질문한다. • 전산직원의 입사 · 퇴사 시 보안서약서를 징구하고 있는지 확인한다. • 장기간 사용하지 않는 사용자 계정은 없는지 질문한다. • 계정별 사용자 및 권한목록을 검토하여 적정한지 확인한다. • 회계담당자가 승인 없이 회계자료를 수정할 수 있는지 확인한다.	

(2) Sheet Ⅱ

Inquiry & observation Sheet(Ⅱ)

작성자 : ____________

Process	Test Procedure	Test 결과
유형자산	• 자산대장에서 1건을 추출하여 실제로 있는지 관찰한다. • 보험계약체결 1건을 추출하여 자산대장에 있고 보험가입이 적정한지, 결재가 적정한지 확인한다. • 유형자산처분 1건을 추출하여 승인이 적정한지 관찰한다. • 발주된 구매자산 1건을 Sample로 추출하여 품의서에 해당 근거서류가 제대로 구비되어 있는지 확인한다. • 감가상각비 1건을 추출하여 내용연수, 상각률, 계산이 적정한지 확인한다.	
생　　산	• 제조지시서 1건을 Sample로 추출하여 품목과 수량이 적정하고 실제로 정확하게 생산되었는지 확인한다. • 공장경비 1건을 추출하여 지불증빙이 정확하게 구비되어 있는지 확인한다. • 공장의 출입통제가 적정한지 관찰한다.	
재　　고	• 재고수불부에서 1건 Sample하여 실사한다. • 재고수불부를 개관하여 ⊖항목이 있는지 확인한다. • 진부화된 재고는 처분계획에 따라 신속하게 처분하며, 진부화의 원인과 책임이 규명되고 있는지 질문한다. • 정기적으로 재고실사를 실제로 하고 있는지 질문한다. • 승인 없이 책임자가 쉽게 제품Sample을 가져가는 경우는 없는지 질문한다.	

(3) Sheet Ⅲ

Inquiry & observation Sheet(Ⅲ)

작성자 : ____________

Process	Test Procedure	Test 결과
영 업	• 신규거래처 1건을 Sample하여 신용조사 및 신용한도가 설정되어 있고 승인받았는지 관찰한다. • 주문을 수령하고 출하하지 못한 주문이 있었는지 질문하고 그 이유를 규명한다. • 정상가격이 아닌 할인된 가격으로 판매된 거래가 있는지 질문하고 승인을 득하였는지 확인한다. • 주문수령서 및 판매지시서의 file을 전산으로 열어보고 이상항목이 있는지 개관한다. • 채권에 대한 aging schedule을 관리하고 있으며, 채권의 회수가능성에 대하여 구분하여 관리하고 있는지 관찰한다. 약정일자에 회수되지 못한 것이 있는지 질문한다. • 판매 후 반품된 내역 1건을 Sample하여 승인을 확인하고, 반품사유를 질문한다. • 판매계획과 실제 판매 간에 차이를 규명하고 있는지 질문한다.	
구 매	• 거래처선정은 항상 복수로 하고 있으며, 계속 거래처의 경우는 구매가격을 정기적으로 타 업체와 비교하고 있는지 관찰한다. • 구매 담당자의 경우는 주기적으로 Rotation되고 있는지 질문한다. • 발주된 구매 1건을 Sample하여 품의서에 해당 근거서류가 제대로 구비되어 있는지 확인한다. • 구매 후 품질불량으로 반품한 것이 있는지 그리고 어떻게 사후조치 하였는지 질문한다. • 구매에 대한 대금지급이 당초 약정대로 지급되고 있는지 질문한다. • 장기 미지급된 매입채무가 있는지 질문하고, 있으면 그 원인을 규명한다.	
인 사	• 직원 1명을 Sample하여 직원의 이력관리가 적정한지 확인한다. (예 : 교육내용, 직급, 경력 등) • 퇴직자 1명을 Sample하여 퇴직금계산이 적정하였는지 확인한다. 그리고 전산 ID폐기, Password 회수, 주택자금 대출의 정산 등이 적정한지 확인한다. • 급여 Master file의 변경은 엄격하게 제한되고 있으며, 접근이 제한되고, 변경 시 승인이 적정한지 확인한다. • 주기적으로 전 직원에 대한 Rotation을 시행하고 있는지 질문한다. • 직원에게 승진의 요건이 무엇이고, 성과급의 계산근거가 무엇이며, 왜 차등이 있는지에 대하여 주지시키고 있는지 질문한다. • 업적평가기준이 명확하여 평가 전에도 직원 스스로 어느 정도의 등급에 해당할지 예측할 수 있는지 확인한다.	

(4) Sheet Ⅳ

Inquiry & observation Sheet(Ⅳ)

작성자 : ____________

Process	Test Procedure	Test 결과
전표관리	• 전표의 승인전결규정이 정비되어 있나? • 전표에 첨부되는 증빙이 무엇인지 사전에 규정되어 있나? • 전표에 작성부서, 작성자, 일련번호가 기재되어 있나? • 전표누락이 있는지 확인하는 절차가 있는가? (전표철의 일련번호 확인) • 승인받지 아니한 전표가 입력되는 오류를 방지하는 절차가 있나? (전표의 보관방법 및 전표의 승인검토) • 전표 수정 시 삭제전표, 재발행전표가 모두 구비되어 있는가? • 분개장과 전표를 마감 후 대사하는가? • 현업전표를 경리부에서 승인해야 전산처리되나?	
결산 및 재무제표 작성	• 결산일정표를 관리하고 있나? • 회계업무처리규정을 갖고 있나? • 합계잔액시산표와 보조부를 대조하고 있나? • 보조부를 개관하여 이상항목을 check하고 있나? • 장부마감 후 합계잔액시산표를 출력하고, 다시 결산정리분개요약표를 작성하여 결산조정분개를 입력 후 재무제표를 출력하고 check하는가? • 매년도의 결산조정분개이력을 관리하고 있나? • 미결계정 및 장기미정리 채권·채무는 그 원인을 규명하고 있나? • 매출의 기간귀속은 검토하고 있으며, 출고 없이 세금계산서가 발행되는 것은 없나? • 매출 및 매입의 인식시준은 명확한가? • aging schedule을 작성하여 관리하고 있나? • 지급보증, 부외부채, 차입한도에 대하여 관리하고 있나? • 채권·채무의 거래처별장부와 G/L은 대조하고 있나?	
장부관리	• 장부종류와 그 책임자를 규정하고 있나? • 장부의 책임자는 개관하여 이상항목을 check하고 있나? • 장부는 금고에 보관하고 있으며, 접근을 제한하고 있나?	
원가계산	• cost center별로 원가를 집계하고 있나? • 배부기준의 적정성에 대하여 검토하고 있나? • 재공품평가 시 진척도 등에 대한 기준이 합리적인가? • 제품별 원가계산이 합리적이라 인정할 수 있나?	

8 내부회계관리제도의 보고서

내부회계관리제도 운영에 대한 상호자가점검보고서

주식회사 ××

대표이사 및 내부회계관리자 귀중

본인은 20××년 12월 31일 현재 동일자로 종료하는 회계연도에 대한 구매업무의 내부회계관리제도의 운영실태에 대한 상호자가점검을 수행하였습니다.

상호자가점검의 수행결과 20××년 12월 31일 현재 경영지원팀의 내부회계관리제도는 중요성의 관점에서 효과적으로 운영되고 있다고 판단됩니다.

<별 첨>
1. 내부회계관리제도 Test W/S
 : Test 후 미비사항이나 오류가 있으면 기술한다.

20××년 1월 ××일
Test 담당자

* 상호 Check하는 Sheet로서 Test W/S를 완료한 후 작성하는 보고서이다.
사업연도 단위로 작성한다(회사의 선택에 의해 분기, 반기 단위로 작성해도 된다).

내부회계관리제도의 설계 · 운영에 대한 자체자가점검보고서

주식회사 ××

대표이사 및 내부회계관리자 귀중

본인은 20××년 12월 31일 현재 동일자로 종료하는 회계연도에 대한 구매업무의 통제 Point에 대한 자체자가점검을 수행하였습니다.

자체자가점검의 수행결과 20××년 12월 31일 현재 구매업무의 내부회계관리제도는 중요성의 관점에서 효과적으로 설계되고 운영되고 있다고 판단됩니다.

<별 첨>

1. Process 분석서의 미비점개선사항
   : 없으면 없다고 기술하면 된다. 그러나 구매담당부서의 고충사항을 기술하는 것도 좋은 방법이다.

2. walk through test w/s(내부회계관리자가 실시하는 경우는 첨부생략함)

20××년 1월 ××일

구매업무 담당팀장

* 내부회계관리제도의 설계 및 운영에 대하여 자체에서 스스로 평가하고 작성하는 보고서이다. 통상 첨부서류는 없다. 사업연도 단위로 작성한 한다(회사의 선택에 의해 분기, 반기 단위로 작성해도 된다).

내부회계관리자의 내부회계관리자의 운영실태 평가보고서(구 규준)

주식회사 ×× 이사회 및 감사 귀중

본 내부회계관리자는 20××년 12월 31일 현재 동일자로 종료하는 회계연도에 대한 당사의 내부회계관리제도의 설계 및 운영의 효과성을 평가하였습니다.

내부회계관리제도의 설계 및 운영의 책임은 내부회계관리자를 포함한 회사의 경영진에 있습니다. 본 내부회계관리자는 회사의 내부회계관리제도가 신뢰할 수 있는 재무제표의 작성 및 공시를 위하여 재무제표의 왜곡을 초래할 수 있는 오류나 부정행위를 예방하고 적발할 수 있도록 효과적으로 설계 및 운영되고 있는지의 여부에 대하여 평가하였습니다. 본 내부회계관리자는 내부회계관리제도의 설계 및 운영실태를 평가함에 있어 내부회계관리제도 모범규준을 평가기준으로 사용하였습니다.

본 내부회계관리자의 내부회계관리제도 운영실태 평가결과, 20××년 12월 31일 현재 당사의 내부회계관리제도는 내부회계관리제도 모범규준에 근거하여 볼 때, 중요성의 관점에서 효과적으로 설계되어 운영되고 있다고 판단됩니다.

20××년 1월 ××일

내부회계관리자 × × × (인)

대 표 이 사 × × × (인)

* 내부회계관리자가 작성한 보고서이다.

* 유의한 미비점이 존재하지 아니하는 경우는 무관하나 유의한 미비점이 존재하는 경우 내부회계관리자는 유의한 미비점의 내용 및 개선사항 등에 대해 별첨의 형태로 언급하여 향후의 계획 등 제시한다.

대표이사 및 내부회계관리자의 내부회계관리자의 운영실태 평가보고서(개정 규준)

주식회사 ×× 주주, 이사회 및 감사(위원회) 귀중

본 대표이사 및 내부회계관리자는 20××년 ×월 ×일 현재 동일자로 종료하는 회계연도에 대한 당사의 내부회계관리제도의 설계 및 운영실태를 평가하였습니다.

내부회계관리제도의 설계 및 운영에 대한 책임은 본 대표이사 및 내부회계관리자를 포함한 회사의 경영진에 있습니다.

본 대표이사 및 내부회계관리자는 회사의 내부회계관리제도가 신뢰할 수 있는 재무제표의 작성 및 공시를 위하여 재무제표의 왜곡을 초래할 수 있는 오류나 부정행위를 예방하고 적발할 수 있도록 효과적으로 설계 및 운영되고 있는지의 여부에 대하여 평가하였습니다.

본 대표이사 및 내부회계관리자는 내부회계관리제도의 설계 및 운영을 위해 내부회계관리제도운영위원회에서 발표한 '내부회계관리제도 설계 및 운영 개념체계(다른 체계를 사용한 경우 그 체계의 명칭)'를 준거기준으로 사용하였습니다. 또한 내부회계관리제도의 설계 및 운영실태를 평가함에 있어 주식회사 등의 외부감사 및 회계 등에 관한 규정 제××조 및 내부회계관리제도운영위원회에서 발표한 내부회계관리제도 평가 및 보고 모범규준을 평가기준으로 사용하였습니다.

본 대표이사 및 내부회계관리자는 보고내용에 거짓의 기재 또는 표시가 없고, 기재 또는 표시를 빠뜨리고 있지 아니함을 확인하였습니다.

또한 본 대표이사 및 내부회계관리자는 보고내용의 기재 또는 표시사항을 이용하는 자로 하여금 중대한 오해를 일으키는 내용이 기재 또는 표시되어 있지 아니하다는 사실을 확인하였으며, 보고내용의 기재사항에 대하여 상당한 주의를 다하여 직접 확인 검토하였습니다.

본 대표이사 및 내부회계관리자의 내부회계관리제도 운영실태 평가결과, 20××년 ×월 ×일 현재 당사의 내부회계관리제도는 '내부회계관리제도 설계 및 운영 개념체계(다른 체계를 사용한 경우 그 체계의 명칭)'에 근거하여 볼 때, 중요성의 관점에서 효과적으로 설계되어 운영되고 있다고 판단됩니다.

<별 첨>
유의한 미비점의 내용, 시정조치 계획 및 직전 사업연도 보고한 시정조치 계획의 이행결과 등

20××년 1월 ××일
내부회계관리자 × × × (인)
대 표 이 사 × × × (인)

* 대표이사 및 내부회계관리자가 작성한 보고서이다.

10

■ 내부회계관리자의 보고내용 요약(예시)

□ 대상 Cycle 선정

영업, 구매, 생산, 회계, 자금, 자산관리의 Process에 대하여 내부통제 Point를 선정하여 관리하고 있으며, 여타업무는 승인 및 문서화로 관리하고 있습니다.

□ Process별 통제

핵심 통제 Point는 Process 분석서에서 기술하고 있으며, Top－down방식에 의한 핵심통제 Point만 집중관리하고 있습니다.

□ Process별 설계 및 운영실태 평가

Sample을 선정하여 Test한 결과 양호하며, 중요성의 관점에서 효과적으로 설계되어 운영되고 있습니다.

□ 조직구성도

내부회계관리제도를 수행하기 위해서는, 내부회계관리자, 내부회계관리담당자, 내부감사팀(평가자)의 조직을 보유하여야 하는데, 당사는 내부회계관리자 및 재무기획팀에서 수행하고 있습니다.

□ 향후개선사항

내부통제구성요소 평가서에서 지적된 사항은 지속적으로 개선할 계획이며, ×××는 즉시 시행할 예정입니다.

회계업무처리 점검보고서

주식회사 ×× 이사회 및 대표이사 귀중

본 내부회계관리자는 20××년 12월 31일 현재 동일자로 종료하는 3개월 회계기간에 대한 당사의 회계업무처리를 다음과 같이 점검하였습니다.

• 회계처리방법이 기업회계기준 및 내부회계관리규정을 준수하였는지 여부를 질문과 관찰로 조사하였습니다.

• 전표, 회계보조부, 회계장부, 기타보고서가 정확한지 여부 및 적절한 보고 및 승인절차를 따랐는지 여부를 질문과 관찰로 조사하였습니다.

• 최종보고서가 기초회계정보를 정확히 반영하고 있는지 여부를 질문과 관찰로 조사하였습니다.

• 회계담당자가 상급자로부터 법령 및 내부회계관리규정에 어긋나는 회계처리를 하도록 지시받은 사실의 유무를 질문과 관찰로 조사하였습니다.

본 내부회계관리자는 상기와 같이 조사를 한 결과 기업회계기준 및 내부회계관리규정을 준수하지 아니한 사항은 발견되지 아니하였습니다.

20××년 1월 ××일
내부회계관리자 ×××(인)

* 사업연도 단위로 작성하는 보고서이며(회사의 선택에 의해 분기, 반기 단위로 작성해도 된다), 첨부서류는 없어도 무방하다.

감사의 평가보고서(구 규준)

주식회사 ×× 주주 및 이사회 귀중

본 감사(위원회)는 20××년 12월 31일 현재 동일자로 종료하는 회계연도에 대한 당사의 내부회계관리제도의 설계 및 운영실태를 평가하였습니다.

내부회계관리제도의 설계 및 운영에 대한 책임은 본 내부회계관리자를 포함한 회사의 경영진에 있습니다. 본 감사는 내부회계관리자가 본 감사에게 제출한 내부회계관리제도 운영실태 평가보고서를 참고로, 회사의 내부회계관리제도가 신뢰할 수 있는 재무제표의 작성 및 공시를 위하여 재무제표의 왜곡을 초래할 수 있는 오류나 부정행위를 예방하고 적발할 수 있도록 효과적으로 설계 및 운영되고 있는지의 여부에 대하여 평가하였습니다. 본 감사는 내부회계관리자의 설계 및 운영실태를 평가함에 있어 내부회계관리제도 모범규준을 평가기준으로 사용하였습니다.

본 감사(위원회)의 내부회계관리제도 운영실태 평가 결과, 20××년 12월 31일 현재 당사의 내부회계관리제도는 내부회계관리제도 모범규준에 근거하여 볼 때, 중요성의 관점에서 효과적으로 설계되어 운영되고 있다고 판단됩니다.

<별 첨> : 별첨서류가 없어도 무방하다.

- 내부회계관리자의 보고내용 요약(평가 결론, 유의점 미비점, 시정조치 및 향후 계획 등)
- 평가 결과 추가적으로 발견된 사항
- 권고사항

20××년 1월 ××일
감사 × × × (인)

* 감사가 작성하는 보고서이다. 사업연도 단위로 작성하면 된다.

감사(또는 감사위원회)의 평가보고서(개정 규준)

주식회사 ×× 주주 및 이사회 귀중

본 감사(위원회)는 20××년 ×월 ×일 현재 동일자로 종료하는 회계연도에 대한 당사의 내부회계관리제도의 설계 및 운영실태를 평가하였습니다.

내부회계관리제도의 설계 및 운영에 대한 책임은 대표이사 및 내부회계관리자를 포함한 회사의 경영진에 있습니다.

본 감사(위원회)는 대표이사 및 내부회계관리자가 본 감사(위원회)에게 제출한 내부회계관리제도 운영실태보고서를 참고로, 회사의 내부회계관리제도가 신뢰할 수 있는 재무제표의 작성 및 공시를 위하여 재무제표의 왜곡을 초래할 수 있는 오류나 부정행위를 예방하고 적발할 수 있도록 효과적으로 설계 및 운영되고 있는지의 여부에 대하여 평가하였으며, 내부회계관리제도가 신뢰성 있는 회계정보의 작성 및 공시에 실질적으로 기여하는지 여부를 평가하였습니다.

또한 본 감사(위원회)는 내부회계관리제도 운영실태보고서에 거짓의 기재 또는 표시가 있거나 기재하여야 할 사항을 누락하였는지 여부를 점검하였으며, 내부회계관리제도 운영실태보고서의 시정 계획이 해당 회사의 내부회계관리제도를 개선하는 데 실질적으로 기여할 수 있는지 여부를 검토하였습니다.

회사는 내부회계관리제도의 설계 및 운영을 위해 내부회계관리제도운영위원회에서 발표한 '내부회계관리제도 설계 및 운영 개념체계(다른 체계를 사용한 경우 그 체계의 명칭)'를 준거기준으로 사용하였습니다.

본 감사(위원회)는 내부회계관리제도의 설계 및 운영실태를 평가함에 있어 주식회사 등의 외부감사 및 회계 등에 관한 규정 제××조 및 내부회계관리제도운영위원회에서 발표한 내부회계관리제도 평가 및 보고 모범규준을 평가기준으로 사용하였습니다.

본 감사(위원회)의 의견으로는, 20××년 ×월 ×일 현재 당사의 내부회계관리제도는 '내부회계관리제도 설계 및 운영 개념체계(다른 체계를 사용한 경우 그 체계의 명칭)'에 근거하여 볼 때, 중요성의 관점에서 효과적으로 설계되어 운영되고 있다고 판단됩니다.

<별 첨>

· 내부회계관리자의 보고내용 요약(평가 결론, 유의한 미비점, 시정조치 및 향후 계획 등)
· 평가 결과 추가적으로 발견된 사항
· 권고사항
· 내부회계관리제도가 신뢰성 있는 회계정보의 작성 및 공시에 실질적으로 기여하지 못하고 있다고 판단한 경우 그 시정 의견

· 내부회계관리제도 운영실태보고서에 거짓의 기재 또는 표시가 있거나 기재하여야 할 사항을 누락한 것에 대한 조치내용
· 내부회계관리제도 운영실태보고서의 시정 계획이 해당 회사의 내부회계관리제도를 개선하는 데 실질적으로 기여하지 못하고 있다고 판단한 경우 대안
· 내부회계관리제도를 평가하기 위해 개최한 대면회의 횟수, 참석자, 주요 논의내용 등

20××년 1월 ××일
(감사 설치 회사) 감사 × × × (인)
(감사위원회 설치 회사) 감사위원회 위원장 × × × (인)

* 감사가 작성하는 보고서이다. 사업연도 단위로 작성하면 된다.

이사회의사록

1. 일　　시 : 20××년 1월 ××일(×요일) 오전 10시
2. 장　　소 : 당사 12층 회의실
3. 참석이사 : 총 ×명 중 ×명
4. 참석감사 :
5. 안　　건 : 내부회계관리제도 운영실태점검 결과 보고의 건

1. 의장 대표이사 ×××는 의장석에 등단하여 상법 제390조 제2항 및 당사 정관 제33조에 의거 합법적으로 이사회가 개최되었음을 선언하고,

2. 내부회계관리자 대표이사 사장 ×××은 내부회계관리규정 및 주식회사 등의 외부감사에 관한 법률에 의거 당사 제××기 연간 내부회계관리제도 운영실태를 점검하여 본 이사회 및 감사에게 보고하였으며

3. 회사의 감사 ×××는 내부회계관리제도의 운영실태를 평가하여 이사회에 보고하고 그 평가보고서를 당해 회사의 본점에서 5년간 비치하기로 한다.

4. 상기 안건에 대하여 부의하고 심의를 구한바, 참석이사 전원은 이의 없이 가결하고 서명날인하다.

－다　　음－

－내부회계운영실태 점검대상기간 : 20××.1.1.~20××.12.31.
－운영실태 점검 : 내부회계 관리자　　(점검기간 : 20××.1.×.~1.×.)
－운영실태 평가 : 내부회계 감　사　　(평가기간 : 20××.1.×.)
－기업회계기준 준수여부 평가 : 적　정

주식회사 ×× 이사회

대표이사

이　사	사외이사
이　사	사외이사
이　사	감　사

10

확 인 서

담당업무명 :
직　　　위 :
성　　　명 :

다음 내용을 서약합니다.

1. 본인은 (주)××(이하 "당사")의 연도 및 보고서명(이하 "보고서")의 기재내용 중 본인이 책임지고 있는 영역에 대하여 상당한 주의를 다하고 직접 검토하였습니다.

2. 본인이 알고 있는 한, 본인이 검토한 영역과 관련하여 동 보고서를 이용하는 자에게 중대한 오해를 유발시킬 만한 중요한 사실의 누락이나 허위사실의 기재가 없습니다.

3. 본인이 알고 있는 한, 본인이 검토한 영역과 관련하여 동 보고서에 포함된 재무제표 및 기타 재무정보는 기준일 현재의 재무상태와 동일로 종료되는 기간의 영업성과와 현금흐름을 기업회계기준에 따라 중요성 관점에서 적정하게 표시하고 있습니다.

4. 당사는 관련법규에서 요구하는 공시정보가 적시에 정확하고 완전하게 기록, 처리, 요약 및 보고될 수 있도록 해당 공시통제를 본인의 책임하에 설계하였습니다.

5. 본인이 "책임"지고 있는 영역의 공시통제와 관련하여, 해당 공시통제의 설계 및 운영에 부정적 영향을 미칠 수 있는 중대한 결함 및 취약점을 이사회 및 감사위원회에 모두 보고하였습니다.

6. 본인은 동 보고서의 기준일지 이후부터 서약일까지 회사의 중요한 영향을 미칠 수 있는 영업 및 재무현황과 관련된 발생사건을 이사회 및 감사위원회에 모두 보고하였습니다.

7. 본인은 동 보고서와 동일한 기준일 시점의 타 공시대상에 포함되어 있는 재무제표 및 기타 재무정보의 정확성과 완전성에 대한 확인을 본 서약서로 갈음하고 있음을 인지하고 있습니다.

8. 본인은 당사의 대표이사가 관련규정에서 요구되는 동 보고서에 대한 서약과 관련하여 본 서약서에 의존하고 있음을 인지하고 있습니다. 만약, 본 공시 전에 본인이 서약한 내용과 상이한 사항이 발견될 경우 수정된 정보를 즉시 제공할 것을 약속합니다.

서　명 :
날　짜 :

* 사업보고서에 대하여 확인하고 제출하는 해당 부서 임원(경영관리본부)의 확인서이다.

확 인 서

우리는 당사의 대표이사 및 신고업무담당이사로서 이 사업보고서의 기재내용에 대해 상당한 주의를 다하여 직접 확인·검토한 결과, 중요한 기재사항의 기재 또는 표시의 누락이나 허위의 기재 또는 표시가 없고, 이 사업보고서에 표시된 기재 또는 표시사항을 이용하는 자의 중대한 오해를 유발하는 내용이 기재 또는 표시되지 아니하였음을 확인합니다.

또한 당사는 주식회사 등의 외부감사에 관한 법률 제8조에 따라 내부회계관리제도를 마련하여 운영하고 있음을 확인합니다.

20××년 ××월 ××일

대 표 이 사 (서명)

신고담당이사 (서명)

* 사업보고서에 대하여 제출하는 대표이사 및 신고담당이사의 확인서이다.

9 전산 System의 구축

① 내부회계관리제도에 대한 전산System은 ××사의 Package를 가장 많이 사용하고 있다.

② ××사의 Package 내용은 다음과 같다.

- Accounts & Process matrix 작성 시 회계 file에서 끌어와 작성한다.

  * 본 용역에서는 excel로 down받도록 한다.
  3~4년에 1번 정도 작업하는 내용이다.

- Test template가 전부 전산에 입력되어 있어서, test template에 test한 사실을 표시하면 이것이 집약되어 내부회계관리자 화면에 요약 표시되고, 이상항목은 이상항목대로 집계된다.
- 전자인증기능을 가지고 있어서 제1결재자, 제2결재자, 제3결재자가 순차적으로 Sign하게 되어 있다.
- 계정과목 → 통제 Point → Test 내용 → 결과가 단계적으로 볼 수 있게 화면이 구성되어 있다.
- Report가 전산화되어 있어 내부회계관리자에게 보고된다.

③ 본 Project에서의 전산화

앞에서 기술한 내용을 전산화하는 것은 업무의 효율성에 비추어 실익이 없다.

따라서 본 Project는 TOT Sheet만을 전산화하여 출력하여 테스터 담당자가 전산으로 출력된 TOT Sheet를 가지고 Test하도록 구성하였다.

그리고 전자인증기능이나 Test Template의 전산화는 실익이 없기 때문에 전산화하지 아니한다.

10 향후과제

① **윤리서약서 개정 및 징구**

본 Project에서 작성한 윤리서약서에 대하여 임원진의 의견을 반영하여 수정한 후 1년에 1번 전 직원 및 임원에 대하여 징구하고, 징구한 서약서는 내부회계관리자가 보관한다.

② 공시규정의 제정

본 Project에서 작성한 공시규정에 대하여 공시책임자가 수정한 후 이사회결의를 득한 후 공시책임자가 관리하고, 공시담당자는 항상 숙지하고 있다.

③ 내부통제구성요소 분석서

가. 내부통제구성요소 분석서에서 제시된 개선권고사항을 각 담당부서별로 할당한 후 개선활동을 지속적으로 실시한다.

나. 제시된 개선권고사항은 말 그대로 권고사항이지 의무사항이 아니기 때문에 각 담당부서의 판단에 의하여 개선활동을 전개한다.

④ 내부통제구성요소 평가서

가. 내부통제구성요소 평가서에서 "아니요"라고 판단되는 사항은 지속적으로 개선한다.

나. 또한 질문내용 중 환경의 변화에 의하여 필요 없는 사항은 삭제하고, 필요하다고 판단되는 질문사항은 추가한다.

⑤ 공시사항 및 사업보고서 담당자

공시사항 및 사업보고서 담당자는 매년 새롭게 확정짓고, 담당자들에 대하여 교육훈련을 실시한다.

⑥ Process 분석서

가. 해당 Process의 책임자를 지정하고, 책임자는 해당 Process 분석서에서 제시된 개선권고사항을 지속적으로 실무에 적용하여야 한다.

나. 그러나 항상 cost-benefit 측면을 고려하여 benefit이 큰 경우에만 실무에 도입하는 것이 바람직하다.

다. 그리고 개선권고사항의 실무도입은 kaizen방식으로 도입해야지 혁신방식으로 도입하여서는 아니 된다.

라. 실무에서 반드시 필요하다고 판단하여 도입하여도 정착시키는 데에 반드시 시행착오가 따르게 되어 있다.

마. Process 분석서에서 분석된 control point 이외에 추가로 필요한 control point가 있으면 process 분석서를 update한다.

⑦ Accounts & Process matrix

가. 3년에 1번 Accounts & Process matrix를 작성하여 유의한 계정과목과 경영자의 주장을 재식별하고, 해당 Process를 새롭게 정의한다.

나. 그러나 특이한 변동사항이 없으면 개정하지 말고 재무제표상의 수치만 update하면 된다.

⑧ Test template

가. Process 분석서에서 도출된 control point에 대하여 어떻게 Test할지 기술한 것이 Test template이기 때문에 control point가 바뀌면 Test template도 변경하여야 한다.

나. 그리고 Test template에서 기술하고 있는 Test procedure가 실무에 적용하면서 적합하지 못한 경우는 수정하여 관리하여야 한다.

⑨ Test worksheet 확정 및 test 실시

가. 각 해당 부서와 협의하여 Test worksheet의 양식과 test procedure를 확정 짓는다.

나. Test를 실시하기 위한 sample을 추출하기 위하여 sample수와 sample을 추출하는 file을 확정 짓는다.

다. Test worksheet의 양식이 확정되고, test procedure가 확정되고, sample수와 추출방법이 확정되면 전산실과 협의하여 고안된 양식대로 전산에서 출력되도록 설계한다.

라. 설계된 대로 출력되는지 test를 실시한다.

마. 설계된 대로 출력이 이루어지면 내부회계관리자는 Tester를 지정하고, 해당 양식을 송부하여 즉시 test를 실시하도록 한다.

바. Test가 완료되면 test를 완료하였다는 보고서와 test worksheet를 내부회계관리자에게 송부한다.

사. 내부회계관리자는 test 시 적발된 사항을 취합하여 대표이사 및 감사에게 보고하고 협의한다.

아. 내부회계관리자는 Process 분석서가 제대로 분석되고 설계되었는지 확인하기 위하여 해당 Process의 책임자로부터 설계 및 운영이 적정하다는 보고서를 수령한다.

자. Test를 실시한 후 Tester들로부터 의견을 수렴하여 sample수의 조정, test procedure의 조정을 실시한다.

위에서 기술한 '⑨'가 내부회계관리제도의 핵심이며, 회사의 상황에 맞게 분기별, 반기별, 연별로 반드시 실시하여야 한다.

11 본 Project에서의 고려사항

(1) Process 분석서

• Process 분석서는 다음과 같이 작성한다.

Process	sub－process	통제 목적	현행 Control activity	Best Practice	Risk	Risk Rating	권고	담당 부서

• 모범규준에서 요구하는 통제

－통제 목표(목적)

－통제 수행자, 승인자

－통제활동 수행주기, 장소

－통제활동 관련 문서

－통제활동 지원 System

－통제유형(예방, 적발, 자동, 수작업)

* 본 Project에서 모범규준에서 요구하는 일부사항을 설계하지 아니하였으며, 설계하지 아니한 사유는 다음과 같다.

• 통제목적은 "～은 적정하게 공시되어야 한다. ～에 따라 적정하게 회계처리하여야 한다. ～는 정확하게 기록되어야 한다. ～을 확인 후 이루어져야 한다"라고 내용으로 작성된다.

• 통제수행자, 승인자는 본 Project에서 담당부서만 규정하였고, 통제수행자 및 승인자는 회사의 업무분장 및 위임전결과 중복되기 때문에 추가로 동일작업을 반복하지 아니하였다.

• 통제활동 수행주기, 장소는 건별, 일별, 월별, 분기별, 연도별로 구분하는 것인데, 본 Project에서는 통제활동만 보아도 누구나 식별할 수 있기 때문에 작성하지 아니하였다.

• 통제유형의 경우는 Manual과 Automated의 구분이 있는데 회사실무자는 누구나 알고 있는 사항이어서 작성하지 아니하였고, Automated의 경우 이미 전산 System에 set－up 되어 있기 때문에 식별하지 아니하였다. 잘못되면 업무가 진행이 되지 못한다. 그리고 예방이나 적발이냐의 경우 대부분 예방이기 때문에 구분하지 아니하였다.

(2) Test Template

Process	Sub－process	통제목적	통제활동	통제절차

* 본 Project에서는 Test 시의 범위, 빈도, 수행자를 지정하지 아니하였는데 범위는 Test Worksheet에서 규정하였고, 빈도는 반기단위이며, 수행자는 별도로 지정하기 때문이다.

(3) 일반적인 경우의 Process 분석 조서

Ⅰ. Contact Point : 담당자 성명과 업무 내용 및 전화번호

Ⅱ. Requested Document : 조직도, 업무분장, 업무 매뉴얼, 해당 Process 관련 전산 System 및 타 System과의 InterFace 내역, 결산 관련 자료 및 System에 입력하는 전표 내역

Ⅲ. 해당 Process와 관련된 규정

Ⅳ. Process Overview : 범위 및 업무 요약 기술

Ⅴ. 업무활동 : 업무기술서이다. Flow－Chart가 첨부된다.

Ⅵ. 위험과 통제활동분석 및 Test 절차

1. Sheet 1

업 무	주요 위험	위 험 도	통제절차	통제절차 세부 현황

2. Sheet 2

통제 절차 현황	규정	관련 계정 과목	재무 제표 주장	COSO 구성 요소	통제 목적	통제 범위	통제 주기	수동 자동	예방 적발	관련 부서

3. Sheet 3

통제절차현황	Test 방법	수행부서	범 위	빈 도

Ⅶ. GAP분석

업 무	통제절차현황	Best practice	GAP	비 고

Ⅷ. 개선사항보고서

업 무	현 황	문제점	개선사항	비 고

Ⅸ. Follow－up 사항

* 본 Project에서는 상기사항을 Process 분석서 및 Test Template로 요약하였다.

상기와 같이 작성하는 경우 업무(Process), Process 내용, 통제절차세부현황이 매 Sheet마다 작성되어 동일내용이 계속 반복되며, coso 구성요소, 통제주기, 통제범위, 수동·자동, 예방·적발 등은 사실상 이론정립 시나 필요한 구분이지, 실무에 적용하는 경우는 큰 의미가 없다.

그리고 F/S 주장도 대부분의 계정과목에서 CEAVOP가 모두 해당되고, 특정통제가 CEAVOP 중 어느 것과 matching되는가 구분 짓는 것도 이론정립 시 필요한 것이지, 실무에 적용은 의미가 없다.

(4) 다른 경우의 Process 분석조서

Ⅰ. Flow Chart 및 업무기술서

Ⅱ. Process 분석

통제 목적	통제 활동명	통제 활동 내용	통제 활동 상세 기술	관련 문서	중요도	빈도	통제 유형	내규 등 관련 규정	담당 부서	담당자

Ⅲ. Control Matrix

제목	통제 목적	COSO 범위	통제 위험	통제 위험 유형	통제 활동	통제 목적 유형	통제 형태	통제 빈도	F/S 주장	담당자

• COSO 범위

－Operation(운영)

－Financial Reparting(재무보고)

－Compliance(준수)

• 통제위험유형

－Financial related risk(재무 관련 위험)

－Fraud related risk(부정 관련 위험)

－Safeguanding of asset related risk(자산보호 관련 위험)

• 통제목적유형

－Completeness(완전성)

－Accuracy(정확성)

－Validity(정당성)

－Restricted of asset(접근제한)

• 통제형태

－Preventive(사전예방)

－Detective(부정적발)

－Automatic(전산통제)

－Manual(수작업통제)

• 통제빈도

－Continuously(지속적)

－Daily(일)

－Weekly(주)

－Monthly(월)

－Quarterly(분기)

－Semi annually(반기)

－Annually(연)

- F/S 주장
  - Completeness(완전성)
  - Accuracy(정확성)
  - Cut-off(기간귀속)
  - Existence/occurrence(실재성/발생사실)
  - Valuation(평가)
  - Rights & obligations(권리, 의무)
  - Presentation & disclosure(재무제표 표시)

  * 상기와 같이 detail하게 구분짓는 것은 개념상 필요한 것이지 실무적용에는 실익이 없어서 본 Project에서는 구분하지 아니한다.

Ⅳ. Test 절차서

통제 목적	Test 절차	질문	관찰	검증	재수행	표본 크기	Test 일자	Test 담당자	GAP 개선	취약도	대처 방안

일반적인 Control & objective matrix

Procedures	C	E	A	V	O	P
• 승인(authorization) 승인받는다.	V	V	V			
• System Configuaration System 구성이 적절히 디자인되고, 이행되고, 유지되며 적절한 절차에 의해 수정된다.		V	V			
• Exception report 예외사항에 대한 보고서가 작성되고, 감독권자에 의하여 검토된다.			V	V		
• Interface 모든 System의 인터페이스는 적절히 디자인되고, 이행되고, 유지되며, 적절한 절차에 의해 수정된다.			V			
• 경영진의 검토 비경상적인 거래는 감독권자에 의해 검토된다.		V	V			
• 조정(Reconciliation) 대조하고, 불일치 시 적시에 조정한다.		V				
• Segregation of duties	V	V	V			
• System access		V	V			

(Audit objective: C E A V O P)

* control procedure가 경영자의 주장인 CEAVOP와 어떤 관계를 갖는지 파악한 표이다.

보론 2 SOX법 및 내부회계관리 규정 등

1. Sarbanes－Oxley법의 주요 내용

2002년 7월 30일, 미국의 부시 대통령이 상원과 하원에서 통과시킨 Sarbanes－Oxley 기업개혁법에 서명함으로써, 미국의 금융시스템을 개혁하기 위한 제도적 차원의 기틀이 마련되었다. 법률안을 제출한 민주당 상원의원 Paul Sarbanes와 공화당 하원의원 Michael Oxley의 이름을 따서 Sarbanes－Oxley법이라고 명명된 새로운 기업개혁법의 주요 골자는 다음과 같다.

- 최고경영자(CEO)와 최고재무책임자(CFO)에 의한 확인서(Certification) 제출 및 내부통제에 대한 경영자보고서(Assertion)과 외부감사인의 감사(Attestation)
- 상장기업과 경영진에 대한 공시기준의 강화
- 감사위원회(Audit Committee)의 책임확대
- 감사인의 독립성 강화
- 회계법인을 감독하기 위해 SEC 산하에 독립기구인 회계감독위원회(Public Company Accounting Oversight Board)의 신설
- 내부자 거래의 제한과 증권사기의 방지
- 기업부정에 대한 처벌강화 등

(1) CEO · CFO의 재무정보 및 관련 내부통제에 대한 인증(Certification) 및 주장(Assertion)

Sarbanes－Oxley법은 정기적으로 SEC에 제출되는 재무보고서에 재무제표의 정확성에 대한 CEO와 CFO의 확인서(Certification)를 첨부하도록 요구하고 있다. SEC는 새로운 기업개혁법이 제정되기 이전인 2002년 6월 이미 900여개의 상장기업들로 하여금 최고경영자의 확인서를 첨부한 재무보고서를 제출하도록 통보한 바 있다. 그러나 새로운 개혁법의 발효에 따라 CEO와 CFO의 확인서가 단발성 행사가 아닌, SEC에 정기적으로 제출되는 모든 연례보고서와 분기보고서에 첨부되도록 의무화되었으며, 그 내용에 있어서도 이전에 SEC에서 요구했던 수준보다 한층 더 강화되었다.

- CEO와 CFO는 재무제표가 주요 사안의 누락 없이 기업의 재무상태와 경영실적을 정확하게 반영하고 있음을 서명(Certification)을 통해 확약해야 할 뿐만 아니라 기업 내부통제(Internal control)의 기능과 효과에 대한 보고서(Assertion)를 함께 제출해야 한다.
- 내부통제에 대한 보고서는 효과적인 내부통제를 설치, 운영해야 하는 경영진의 책임을 진술해야 하며, 실제로 내부통제시스템이 효과적으로 기능하고 있는지에 대한 평가와 진단을 포함해야 한다.
- 경영진은 내부통제의 기능성과 효과, 보완해야 할 사항들을 감사위원회에 보고해야 할 의무가 있으며, 이를 외부감사인으로부터 감사(Attestation)를 통해 확인받아야 한다.

⑵ 공시 의무규정의 강화

재무제표의 투명성과 기업공개의 질을 향상하기 위하여 새로운 기업개혁법은 몇 가지 강화된 공시 의무규정을 두고 있다.

- SEC에 제출되는 모든 재무제표는 미국의 일반적인 회계기준인 GAAP(Generally Accepted Accounting Principle)에 근거하여 작성되어야 하며, 새 개혁법은 상장기업들로 하여금 외부감사인에 의한 모든 지적사항을 수정하도록 권고하고 있다.
- 최근 회계부정이 속출하면서 논쟁이 되고 있는 재무상태표에 계상되지 않는 거래들(off－balance sheet transactions)과 미래에 일어날 수 있는 모든 잠재적 채무(contingency), 재무환경의 변화 등이 재무보고서에 자세히 공시되어야 한다. 또한 재무보고서에 포함되는 추정(pro forma) 재무정보가 GAAP을 준수하도록 강제하는 법령이 SEC에 의해 조만간 발표될 것으로 보인다.
- 새로운 법률에 의한 공시규정의 이행을 감독하기 위하여 SEC는 모든 상장기업들을 최소한 3년에 한 번씩 조사하게 될 것이다. 조사대상 기업의 선정은 과거의 재무제표를 수정, 재작성하는 빈도, 자본규모, 기업의 영향력, 주식가치가 과대평가된 신생기업들, 주식가격의 변동폭 등에 근거하게 된다.

⑶ 감사위원회(Audit committee)의 구성과 권한

Sarbanes－Oxley법은 처음으로 상장기업의 기업지배구조(corporate governance)에 대한 연방법 차원의 기준을 제시하고 있다는 점에서 또 다른 의미를 지니고 있다. 이전에는 기업지배구조에 대한 규제들이 주로 개별 주정부나 NYSE, NASDAQ 같은 증권거래소에 의해 규정받아 왔으며, 외국계 기업에 대해서는 대부분 예외적용의 혜택을 주어왔다. 그러나 이번에 새로 입법화된 개혁법은 외국계 기업에도 예외 적용의 혜택을 주지 않으며, 강화된 감사위원회는 구성된 모두가 기업으로부터 보수를 받지 않는 독립된 외부 이사들로 구성되어야 한다. 감사위원회의 구성원 중 최소한 한 명 이상이 재무전문가여야 하는데, SEC의 정의에 의하면, 재무전문가는 충분한 교육과 경험을 통해 재무제표의 작성과 감사, GAAP의 적용, 내부통제, 감사위원회의 기능 등에 대한 충분한 지식을 가지고 있어야 한다. 새로운 개혁법에 의해 감사위원회의 역할과 권한이 크게 확대되었다. 감사위원회는 외부감사인의 선정과 감사수수료를 승인할 뿐만 아니라, 감사인의 경영진 사이에서 의견을 조정하는 중재역할을 한다. 외부감사인은 GAAP의 적용과 새로운 회계상의 쟁점들, 감사인의 의견 등 회계감사 과정에서 발생하는 모든 사안들을 감사위원회와 논의해야 한다. 기업의 경영진은 감사위원회가 역할을 수행하는 데 필요한 권한과 재정적 지원을 제공해야 하는 의무가 있다.

⑷ 외부감사인의 감독과 독립성

외부감사인의 독립성을 향상시키기 위한 조치의 일환으로 새로운 개혁법은 외부감사인이 감사를 받는 기업에게 특정 종류의 다른 서비스를 제공하는 것을 금지하고 있다. 감사인이 감사를 받는 기업에게 제공할 수 없는 비감사 서비스의 종류는 Sarbanes－Oxley법에 의해 다음의 8가지로 구체적으로 규정되고 있다.

• 회계장부의 기록, 재무제표의 작성에 관한 서비스
• 재무정보시스템을 설계 또는 구현해 주는 서비스
• 기업가치를 측정, 평가하는 서비스(Valuation)
• 보험계리(Actuarial) 서비스
• 기업을 위해 내부감사를 대행해 주는 서비스
• 기업의 전반적인 운영 또는 인사관리 서비스
• 유가증권의 중개 및 거래, 투자자문 서비스
• 법률 서비스, 감사와 관련이 없는 각종 전문 서비스

⑸ 경영진과 이사진에 관한 규정

새로운 개혁법에 의하면, 법률이 규정하는 조건을 충족하지 못하여 재무제표가 다시 수정되어야 하는 경우, CEO와 CFO는 회사로부터 받은 보너스는 물론, 스톡옵션과 같은 인센티브 수당, 그리고 수정되어야 하는 재무제표가 발행된 이후 12개월 이내에 회사 주식을 매각하여 발생한 차익을 회사에 반납해야 한다. 아울러, 몇 가지 예외를 제외하고는 기업의 임원들에 대한 개인적 대출이 금지된다. 그러나 경영진에 대한 대출금지 조항은 새로운 개혁법 이전에 존재했던 대여금에 대해서는 소급 적용되지 않는다. 또한 새로운 개혁법은 일정 기간 동안 연금기금(pension fund)에 대한 접근을 제한하는 이른바 "blackout" 기간 동안 기업의 경영진들이 내부거래를 통해 회사주식을 매매하던 권리의 남용을 금지시키고 있다. 증권사기를 방지하고, 내부자 거래의 투명성을 증진시키기 위하여, 기업의 경영진 또는 10퍼센트 이상 지분을 보유한 주주가 회사의 주식을 사고파는 경우 증권거래법 16항에 준하여 공시문서를 제출하여야 한다. 현행 SEC의 규정에서, 기업의 경영진이 자사주를 거래할 경우 거래일 기준으로 40일 이내에만 신고하면 되었던 것을, 새로운 개혁법은 2일 이내에 신고하도록 대폭 단축시켰다. SEC는 추가적인 법령을 통해 기업들이 재무관리자들을 위한 윤리강령을 채택하도록 할 것이며, 윤리강령의 존재 여부와 부재하는 경우 그 이유 등을 재무보고서에 공시하도록 의무화시킬 것이다.

⑹ 민사 · 형사상의 책임

강화된 개혁법에 의해, 관련 혐의의 발견 후 1년, 실제 위법시점으로부터 3년으로 제한되어 있던 증권사기에 대한 소송 소멸시효가 각각 2년, 5년으로 확대되었다. 관련된 주요 문서를 은폐, 조작, 파기하는 경우 최고 징역 20년, 감사자료를 최소 5년 동안 보관하지 못한 회계사에 대해 최고 징역 10년, 증권사기에 대해서는 최고 25년 징역형까지 부과할 수 있다. 그 밖의

다양한 기업부정에 대한 벌금과 징역기간이 새로운 개혁법에 의해 한층 강화되었다. 자본시장의 신뢰실추가 최고경영진의 도덕성 상실에 근원하고 있다는 공감대가 확산되면서, 기업부정에 대한 경영진의 민사, 형사상의 처벌을 강화하는 Sarbanes－Oxley 법안이 만장일치로 입법부를 통과하는 결과로 나타났다. 최근 기업부정에 연루된 월드컴, 아델피아, 타이코의 전직 최고경영진들이 회사자금 횡령과 증권사기 혐의 등으로 검찰로 기소되어 있으며, 12개 투자은행에 대한 SEC의 조사가 진행되고 있는 시점에서, 경영진의 탈법에 대한 사법부의 단죄는 더욱 엄격해질 것으로 보인다.

Sarbanes－Oxley법은 기업개혁을 위해 필요한 모든 조치들을 구체적으로 실행에 옮기기 위한 실제적인 지침을 법률이 정하는 시일 내에 SEC에 의해 제정되도록 규정하고 있다. 실제로 개혁법이 지정한 시일이었던 2002년 8월 말에 CEO, CFO에 의한 확인서 제출과 주요 주주들에 의한 주식거래 공시를 위한 구체적인 시행령이 SEC에 의해 이미 발표되었다. 그 밖에 SEC가 구체적인 시행령을 발표한 내용들은 다음과 같다.

- 기업의 윤리강령 제정과 공시
- 감사위원회에 포함된 재무전문가에 대한 공시
- 연금기금의 blackout 기간 동안의 내부자 거래금지
- 변호사의 책임에 관한 규정
- 감사위원회에 의한 감사인의 서비스 사전승인
- 감사인에게 금지되는 비감사 서비스
- 감사파트너의 정기적 교체
- 감사위원회에 대한 감사인의 보고

2. 내부회계관리규정(상장회사)

제1장 총 칙

제1조 【목적】 이 규정은 「주식회사 등의 외부감사에 관한 법률(이하 '법'이라 한다)」 제8조 및 법 시행령(이하 '영'이라 한다) 제9조, 주식회사의 외부감사 및 회계 등에 관한 규정(이하 '외감규정'이라 한다) 제6조가 정하는 바에 따라 회사가 작성·공시하는 회계정보(회계정보의 기초가 되는 거래에 관한 정보를 포함한다. 이하 같다)의 대내외적인 신뢰를 높이기 위하여 내부회계관리를 합리화하는 데 필요한 사항을 정함을 목적으로 한다.

제2조 【적용범위】 내부회계관리에 관한 사항은 법령 또는 정관에 정하여진 것 이외에는 이 규정이 정하는 바에 따른다.

제3조 【용어의 정의】 이 규정에서 사용하고 있는 용어의 정의는 다음과 같다.

1. '내부회계관리'라 함은 신뢰할 수 있는 회계정보의 작성 및 공시를 위하여 회계의 부정과 오류를 예방하고 적시에 발견할 수 있도록 회계시스템을 관리·통제함을 목적으로 수행되는 모든 절차와 과정을 말한다.

10

2. ‘내부회계관리제도’라 함은 내부회계관리의 목적을 달성하기 위하여 필요한 사항을 정한 내부회계관리규정과 이를 관리·운영하는 조직을 말한다.
3. ‘내부회계관리자’라 함은 법 제8조 제3항의 내부회계관리자를 말한다.

제 2 장 회계정보의 관리

제4조 【회계정보처리의 일반원칙】 회계정보의 식별·측정·분류·기록 및 보고 등 회계처리에 관하여는 법 제5조 제1항에서 정하는 회계처리기준이 정하는 바에 따른다.

제5조 【회계업무의 처리】 회계정보에 대한 식별·측정·분류·보고 등 회계처리방법 및 회계기록에 관한 사항은 다음 각 호와 같은 요령으로 처리한다.

1. 회계처리방법
   자산·부채의 평가방법, 수익·비용의 인식기준 등 구체적인 회계처리 방법과 절차를 정하여 이사회의 결의를 거쳐야 한다.
   또한 각 부서의 회계담당자는 사용되는 회계처리 방법과 절차를 숙지하고 이에 따라야 하며, 만일 회계처리방법이 법 제5조 제1항이 정하는 회계처리기준이 정하는 바에 어긋난다고 판단되는 경우에는 지체 없이 내부회계관리자에게 보고하여야 하며 내부회계관리자 역시 같은 판단을 한 경우에는 이를 이사회에 보고하고 그 결의에 따라 시정하여야 한다.
2. 회계처리방법의 변경
   자산·부채의 평가방법, 수익·비용의 인식기준 등 구체적인 회계처리 방법과 절차를 변경하고자 하는 경우에는 이사회의 결의를 거쳐야 하며, 이사회는 그 타당성에 관해 감사와 감사인의 의견을 청취해야 한다.
3. 회계정보의 보고
   회사의 회계시스템에 의해 산출되는 회계정보를 보고할 때에는 그 성격에 따라 보고서의 종류를 구분하고, 보고 의무자, 보고를 받는 자, 보고기한 등을 명확히 표시하여야 한다. 이 경우 보고의 형식이나 보고서 양식은 회사가 따로 정하는 바에 의한다.
4. 회계거래의 기록방법
   모든 거래는 복식부기의 원리에 따라 정확하게 기록·분류하여야 한다. 다만 전표의 작성, 회계장부 등의 기록방법과 절차에 관하여 세부적인 사항은 “회계업무처리규정”에서 정하는 바에 의하며, 전산시설을 이용하는 경우에는 전산프로그램의 명칭과 그 운용요령 등이 포함되어야 한다.
5. 회계정보의 공시
   법령에 의하여 공시하여야 할 회사의 정보에 회계정보가 포함되어 있는 경우에는 공시담당자는 내부회계관리자에게 그 내용을 서면으로 문의하고 서면으로 확인하여야 한다. 이 서면에는 공시담당자 및 내부회계관리자가 각각 서명하여야 한다.
6. 회사의 대표자는 “회계업무처리규정”의 제정 책임자와 제1호 내지 제5호의 각 절차를 수행하여야 하는 책임자 및 담당자를 정하여야 한다.

제6조 【회계업무처리의 점검】 ① 내부회계관리자는 회계정보의 유형별로 또는 회계정보를 산출하는 부서별로 시기를 정하여 매 3개월에 1회 다음 각 호의 사항을 조사하고 이상의 유무를 대표자와 이사회에 보고하여야 한다.

1. 회계처리방법이 법 제5조 제1항이 정하는 회계처리기준 및 이 규정을 준수하는지 여부
2. 전표, 회계보조부, 회계장부, 기타 보고서가 정확한지 여부 및 적절한 보고 및 승인절차를 따랐는지 여부
3. 최종보고서가 기초 회계정보를 정확히 반영하고 있는지 여부
4. 회계담당자가 상급자로부터 법령 및 이 규정에 어긋나는 회계처리를 하도록 지시받은 사실의 유무

② 제1항의 조사를 한 결과 기업회계기준 및 이 규정을 준수하지 않은 사항이 있거나 오류가 있을 경우에는 즉시 시정하고, 그 원인과 관련자에 관해 대표자와 이사회에 보고하여야 한다.

제7조 【회계기록의 관리 · 보존】 ① 전표, 회계보조부, 회계장부 등 모든 회계정보는 컴퓨터에 입력하여야 한다. 대표자는 회계기록이 재난이나 도난 등에 의해 손상되지 않도록 회사 내의 컴퓨터와 장소를 달리하는 컴퓨터에 동시에 기록을 보존하여야 한다.

② 회계기록의 담당자가 회계정보를 컴퓨터에 입력할 때에는 동시에 같은 내용을 내부회계관리자가 관리하는 컴퓨터에 전송하여야 한다. 회계기록의 담당자가 종전의 회계기록을 변경할 경우에는 내부회계관리자에게 그 이유를 설명하고 동의를 얻어야 한다.

③ 회계기록의 담당자는 회계기록이 수록된 전자문서에 암호를 부여하여 기록을 관리하고 타인이 접속할 수 없도록 하여야 한다. 회계담당자가 회계기록을 상급자에게 보고할 때에는 서면으로 출력하여 보고하거나, 기록을 복사해 전송하는 방식으로 보고하여야 한다.

제 3 장 내부회계관리제도의 관리 및 운영

제8조 【내부회계관리제도의 관리 · 운영책임자】 회사 내부회계관리제도의 관리 · 운영책임자는 회사의 대표자로 하며, 회사의 대표자는 내부회계관리제도가 원활히 관리 · 운영되도록 관련임직원을 교육하고, 필요한 설비를 지원하여야 한다.

제9조 【내부회계관리자】 ① 회사의 대표자는 내부회계관리제도의 관리 · 운영을 책임지며, 담당하는 상근이사(담당하는 이사가 없는 경우에는 해당 이사의 업무를 집행하는 자를 말한다) 1명을 내부회계관리자로 지정한다.

② 내부회계관리자는 사업연도마다 이사회 및 감사(감사위원회를 포함한다. 이하 같다)에게 내부회계관리제도의 운영실태를 보고하여야 한다.

③ 내부회계관리자는 이 규정 제2장에 규정된 업무를 수행하며, 이사회 또는 감사가 법 제8조 제4항 및 제5항의 직무를 수행하기 위하여 자료의 제출을 요구하는 경우에는 이에 성실히 따라야 한다.

제10조 【회계정보관련 업무분장】 회사 회계정보의 작성 및 공시를 담당하는 임직원의 업무는 별표 제○호와 같이 분장한다.

제11조【내부회계관리규정 위반의 지시 등】 ① 회사의 대표자 기타 임직원이 회계정보담당자에게 이 규정을 위반하는 내용의 회계정보를 작성하게 하거나 공시할 것을 지시하는 경우에는 해당 회계정보담당 임직원은 이를 내부회계관리자 및 감사에게 즉시 보고하여야 한다.
② 내부회계관리자는 제1항의 보고를 받은 후 해당 지시가 위법·부당하다고 인정되는 경우에는 지체 없이 이사회의 소집을 청구하여 이사회에 보고하여야 한다.
③ 제1항에 의해 보고받은 내부회계관리자는 보고자의 신분 등에 관한 비밀을 유지하여야 한다.

제12조【감사의 보고의무】 감사는 이 규정 제9조 제2항 또는 제3항에 의해 내부회계관리자가 보고하는 내부회계관리제도의 운영실태를 평가하여 이사회에 사업연도마다 보고하고 그 평가보고서를 회사의 본점에 5년간 비치하여야 한다. 이 경우 내부회계관리제도의 관리·운영에 대하여 시정 의견이 있으면 이를 포함하여 보고하여야 한다.

제13조【내부회계관리제도의 공시】 ① 회사는 내부회계관리제도에 관한 사항을 공시해야 하며, 「자본시장과 금융투자업에 관한 법률」 제159조에 따라 제출하는 사업보고서에 다음 각 호의 사항을 기재한 서류(이하 '내부회계관리제도운영보고서'라 한다)를 첨부하여야 한다.

1. 내부회계관리규정과 이를 관리·운영하는 조직에 관한 사항
2. 내부회계관리자가 이사회 및 감사에게 보고한 내부회계관리제도 운용실태
3. 감사가 내부회계관리제도의 운용실태를 평가하여 이사회에 보고한 내용
4. 감사인이 감사보고서에 표명한 종합의견
5. 내부회계관리제도의 공시와 관련하여 기타 필요한 사항

② 제1항의 규정에 의한 내부회계관리제도운영보고서는 「외감규정」 제6조 및 같은 규정 시행세칙 제6조에서 정한 서식에 의한다.

제4장 보　칙

제14조【징계 등】 이 규정을 위반한 임직원의 징계에 관하여는 인사규정 등 관련규정에서 정하는 바에 따른다. 다만, 다음 각 호의 요건을 충족하는 신고자 및 고지자(이하 '신고자 등'이라 한다)에 대하여는 징계를 감면할 수 있다.

1. 신고자 등이 신고 또는 고지한 위반행위의 주도적 역할을 하지 아니하였고, 다른 관련자들에 대하여 이를 강요한 사실이 없을 것
2. 증권선물위원회, 감사인(법 제9조의 감사인을 말하며 소속공인회계사를 포함한다) 및 감사가 신고자 등이 신고 또는 고지한 위반행위에 관한 정보를 입수하지 아니하였거나 정보를 입수하고 있어도 충분한 증거를 확보하지 아니한 상황에서 신고 또는 고지하였을 것
3. 위반행위를 신고 또는 고지하였으며, 그 위반행위를 입증하는 데에 필요한 증거를 제공하고 조사가 완료될 때까지 협조하였을 것

제15조【규정의 개정】 이 규정을 개정하고자 하는 경우에는 이사회의 결의를 거쳐야 한다.

부　칙

이 규정은 20○○년 ○월 ○일부터 시행한다.

[별표 1] 회계정보 관련 업무분장

소속기관 또는 부서	책임자 성 명	직 책	담당업무		전화번호
			내부회계관리제도 관련	기타	
감사위원회		감사위원회 위원장 (사외이사)	내부회계관리제도의 운용실태를 평가하여 이사회에 보고하고 내부회계관리규정 개정안에 대해 심사		
이사회		내부회계 관리자 (경영지원 총괄 사장)	회계정보 오류 통제 및 내부검증을 책임지며 매반기마다 내부회계관리제도의 운용실태를 점검하고 이사회 및 감사위원회에 보고		
회계처리부서		재경팀장 (부사장)	기업회계기준에 따라 회계정보처리(전산시스템에 의한 회계장부 관리 및 운영, 자금운영 포함)		
공시 관련 부서		IR팀장 (전무)	회계정보의 공시		
인사 관리 부서		인사팀장 (전무)	내부회계관리규정 위반자 징계		

* 회사의 조직구조에 맞게 수정하여 사용하십시오.

3. 외부감사인의 내부회계관리제도 운영실태평가 검토 또는 감사(샘플)

외부감사 대상회사를 감사하는 경우 외감법 제8조에 따라 회사가 다음과 같은 사항이 포함된 내부회계관리규정과 이를 관리/운영하는 조직(이하 "내부회계관리제도")을 갖추었는지 파악하고 그 운영실태를 검토(또는 감사)하여야 한다. 그리고 검토결과에 대한 종합의견을 감사보고서에 내부회계관리제도에 대한 검토(또는 감사)보고서를 첨부하여 표명하여야 한다.

- 회계정보(회계정보의 기초가 되는 거래에 관한 정보를 포함)의 식별, 측정, 분류, 기록 및 보고방법에 관한 사항
- 회계정보의 오류를 통제하고 이를 수정하는 방법에 관한 사항
- 회계정보에 대한 정기적인 점검 및 조정 등 내부검증에 관한 사항
- 회계정보를 기록, 보관하는 장부(자기테이프, 디스켓, 그 밖의 정보보존장치를 포함)의 관리방법과 위조, 변조, 훼손 및 파기의 방지를 위한 통제절차에 관한 사항
- 회계정보의 작성 및 공시와 관련한 임원, 직원의 업무분장과 책임에 관한 사항
- 내부회계관리규정의 제정 및 변경절차에 관한 사항
- 내부회계관리자의 자격요건 및 임면절차에 관한 사항
- 연결재무제표에 관한 회계정보를 작성·공시하기 위해 내부회계관리제도를 운영하는 데 필요한 사항(지배회사가 주권상장법인인 경우에 한정)

• 내부회계관리규정 위반의 예방 및 사후조치에 관한 사항
• 운영실태점검 · 보고의 기준 및 절차에 관한 사항
• 운영실태평가 · 보고의 기준 및 절차에 관한사항
• 운영실태평가의 결과를 회사의 대표자, 내부회계관리자, 회계정보를 작성 · 공시하는 임직원의 인사, 보수, 차기 사업연도 내부회계관리제도 운영계획 등에 반영하기 위한 절차 및 방법
• 회계정보를 작성, 공시하는 임직원이 업무를 수행함에 있어서 준수하여야 할 절차에 관한 사항
• 주식회사의 대표자 등의 내부회계관리규정을 위반하여 회계정보의 작성, 공시를 지시하는 경우에 있어서 임직원의 대처방법에 관한 사항
• 내부회계관리규정을 위반한 임직원의 징계 등에 관한 사항

① 내부회계관리제도 이해단계(Understanding of Internal Control over Financial Reporting)

감사인은 내부회계관리제도에 대한 운영실태에 관한 회사 내부의 보고내용을 검토(또는 감사)하기 위하여 회사의 해당 임직원에 대한 질문, 관련 문서의 확인, 내부회계관리제도 운영실태에 대한 점검 등을 실시한다. 또한 필요하다고 판단되는 경우 회계감사기준(기업과 기업환경 이해를 통한 중요왜곡표시위험의 식별과 평가)에서 규정하는 내부통제에 대한 검토(또는 감사)절차를 실시한다.

Components	Description	W/P Ref.
회사의 내부회계관리제도 개요	재경총괄이사가 내부회계관리자의 역할을 수행하고 있다. 대표자 또는 내부회계관리자는 이사회 및 감사에 사업연도마다 내부회계관리제도의 운영실태보고를 하고, 대표이사는 내부회계관리제도의 관리 · 운영에 대하여 책임을 지고 있다.	
내부회계관리자	상무이사	
보고체계 및 시기	내부회계관리자는 상반기와 하반기의 연 2회에 걸쳐 이사회 및 감사에 내부회계관리제도의 운영보고를 하고 있다.	
경영자의 자체평가서 유무	있다.	
자체평가서의 근거자료 유무	내부회계관리제도의 운영 및 평가보고서	

② 내부회계관리제도 검토(또는 감사)단계(Review(Audit) of Internal Control over Financial Reporting)

회사가 외감법 제8조에 규정된 다음의 사항들에 대해서 수행한 운영실태를 감사인으로서 어떻게 검토(또는 감사)하였는지 그 검토(또는 감사)절차 및 검토(또는 감사)한 근거자료를 구체적으로 기술한다(근거자료를 조서화한 경우 관련 조서번호를 기재한다).

1. 회계정보(회계정보의 기초가 되는 거래에 관한 정보를 포함)의 식별, 측정, 분류, 기록 및 보고방법에 관한 절차를 파악하고 이 절차가 효과적으로 수행되고 있는지 확인하라.
회계기록(전표, 장부 등)이 규정에 의하여 기록 유지되고 있으며, 매월 월차결산을 통하여 재무정보를 산출하고 있으며, 상법에 의한 의무보유기간 이상의 기간까지 보유하고 있다. 회사는 매년 말에 다음 기의 매출, 비용예산을 편성하여 기획실에 보내 승인을 얻으며, 매년 초 기획실에서 예산을 승인한다. 매월 말에 월마감하여 월 매출과 비용에 대하여 재경총괄이사, 기획실의 승인을 얻으며, 이는 대표이사에게 보내져 최종 승인을 득한다. 회계정보의 식별, 측정, 분류, 기록, 보고 등의 절차에 대한 규정이 있으며, 업무분장이 적절하다. 감사인은 회사의 회계규정을 입수하여 기업회계기준과 상이한 점이 있는가 검토(또는 감사)하였으며, Test of Control에서 내부통제에 따른 회계문서들을 입수하여 원시증빙과 대조확인하고 승인 여부에 대해 확인하였다.
상기 내용을 검토(또는 감사)한 결과, 통제미비점이 있다면 이를 요약하라.
N/A

2. 회계정보의 오류를 통제하고 수정하는 절차를 파악하고 이 절차가 효과적으로 수행되고 있는지 확인하라.
1) 비정상적 사항의 보고 : 의심이 가는 비정상적인 사항을 보고하는 의사소통경로가 확립되어 있다. 대부분의 경우 재경총괄이사에게 보고된 후, 중요도에 따라 상부에 보고 및 수정권고 등이 수행된다. 특히 부정과 관련된 사항은 금액적 중요성과 무관하게 대표이사까지 보고되어 인사위원회에서 징계와 관련된 결정이 내려진다. 2) 문서화 : 오류통제 및 수정 시에는 재경총괄이사의 승인을 득한 후, 이를 담당자에 통보하고 추가사항을 지시한 후 전산에서 최후로 입력이 되어야만 수정이 가능하므로 수정사항 등은 문서화(승인된 수정전표)되어 있다. 3) 수정행위 : 회계정보의 오류가 발견된 경우 적절하게 수정행위가 이루어진다. 월결산 마감 후에는 직접 수정이 되지 않으며, 반드시 수정전표를 작성하여 재경총괄이사의 승인을 득한 후 오류사항이 발견된 월에 수정이 이루어진다. 4) 취약점의 보고 : 업무분장에 의하여 상호 견제가 되고, 재경총괄이사에게 계속적으로 보고되어지도록 통제제도가 명문화되어 있고, 이러한 절차에 의해서 취약점이 있는 경우 보고되어지고 있다. 5) 권고사항에 대한 수용태도 : 내부통제를 강화하기 위한 외부감사인의 권고에 대해 수용적이다. 적절한 업무분장이 이루어져 있고 내부통제의 취약점을 발견한 경우, 이를 보고하고 수정하는

10

2. 회계정보의 오류를 통제하고 수정하는 절차를 파악하고 이 절차가 효과적으로 수행되고 있는지 확인하라.
절차가 있으며, 외부감사인의 경영개선권고사항을 적극적으로 반영하고자 한다. 매월 월차결산 시 각 회계담당자가 계정과목별로 오류 여부 검토(또는 감사)하고 수정하는 절차를 거친다. 회계전표의 입력 시 일정한 승인절차를 거치는지를 전결규정과 회계전표를 검토(또는 감사)한 결과 적절한 검토(또는 감사)절차와 승인절차를 유지하고 있음을 확인하였다.
상기 내용을 검토(또는 감사)한 결과, 통제미비점이 있다면 이를 요약하라.
N/A

3. 회계정보의 정기적인 점검 및 조정 등 내부검증절차를 파악하고 이러한 절차가 효과적으로 수행되고 있는지 확인하라.
현금성자산은 거의 보관하고 있지 않고 대부분 금융기관에 수탁하고 있다. 소액현금은 재경총괄이사가 관리하는 금고에 넣어 보관하고 있다. 회계정보의 점검은 월차결산 시 재경부에 의해서 회계전표와 증빙을 검토(또는 감사)하는 절차가 존재하며, 이 과정에서 오류가 발생되는 경우에는 해당 담당자에게 이 사실을 통보하고 재입력하는 과정을 거친 후에야 비로소 결산과정이 시작된다. 또한 내부회계관리자에 의하여 정기적으로 검토되도록 규정되어 있다. 모든 payment에 대해서는 출납담당자가 자금지출 시 증빙 및 계좌를 확인하고, 담당이사의 승인 후, 대표이사가 최종 승인, 결재하는 절차를 거치고 있으며, 결산에 대한 회계처리 전표는 재경총괄이사의 검토 후 승인이 이루어지고 있다. 매출채권－마케팅팀에서 매출채권 잔액을 월별로 집계, 보고하면 재경부에서 aging report를 작성하여 장기체화매출채권에 대해 관리하며, 대표이사에 보고가 이루어진다. 감사인은 중간감사시점에서 결산이 마감된 9월의 aging report와 관련하여 대표이사 보고 내용을 check한다. 현금－소액 현금에 대해서는 사용 시에 지출결의서를 작성하여 승인을 얻으며, 통장에 입금된 금액은 주기적으로 check하여 장부와 대조확인하고 있다.
상기 내용을 검토(또는 감사)한 결과, 통제미비점이 있다면 이를 요약하라.
N/A

4. 회계정보를 기록, 보관하는 장부(자기테이프, 디스켓, 그 밖의 정보보존장치를 포함)의 관리방법과 위조, 변조, 훼손 및 파기의 방지를 위한 통제절차를 파악하고 이러한 절차가 효과적으로 수행되고 있는지 확인하라.
회계처리프로그램은 서버가 본사에 있으며, 회사에서 승인을 받은 인원들(재경부)만이 프로그램에 접근할 수 있도록 되어 있으며, 개인마다 ID와 Password를 부여하고 수시로 Password를 변경하고 있다. 감사인은 직접 재경부를 방문하여 회계전산시스템의 ID, Password 관리에 대하여 관찰확인하였다. 월마감 후에는 일반전표에 의한 수정은 불가하며, 반드시 수정전표를 발행하여 재경총괄이사의 승인을 얻어야만 수정이 가능하게 되어 있다.
상기 내용을 검토(또는 감사)한 결과, 통제미비점이 있다면 이를 요약하라.
N/A

5. 회계정보의 작성 및 공시와 관련한 임원, 직원의 업무분장과 책임에 관한 사항을 파악하고 이러한 사항이 효과적으로 수행되고 있는지 확인하라.
회사의 조직도에 의하여 업무분장이 되고(내부회계관리자 : 상근이사 XXX, 경리총괄(회계 및 공시 관련 운영총괄) : XXX 과장, 자금총괄(자금 관련 관리, 운영총괄 : XXX 과장) 또한 회계처리를 전담하는 재경부 내에서도 전표의 작성, 검토(또는 감사) 및 승인이 별도로 분리되어 있어서 이에 따라 각자 업무에 따른 권한과 의무에 의하여 업무가 수행되고 있다. 회계처리의 책임과 권한의 위임이 적절하며, 담당직원들의 지식수준은 담당하고 있는 업무의 성격 및 복잡성에 비추어 적절한지를 검토(또는 감사)하기 위하여 관련 회계전표 등의 전결사항을 확인한다. 회계처리인원의 지식 및 기술수준은 회사의 크기와 활동의 성격, 복잡성에 비추어 볼 때, 적절한 것으로 판단된다.
상기 내용을 검토(또는 감사)한 결과, 통제미비점이 있다면 이를 요약하라.
N/A

6. 내부회계관리규정의 제정 및 변경절차를 확인하고 이러한 절차가 효과적으로 수행되고 있는지 확인하라.
회사의 내부회계관리규정은 이사회의 승인을 받으며, 변경 또한 이사회의 승인을 받는다.
상기 내용을 검토(또는 감사)한 결과, 통제미비점이 있다면 이를 요약하라.
N/A

7. 내부회계관리자의 자격요건 및 임면절차를 확인하고 이러한 절차가 효과적으로 수행되고 있는지 확인하라.
회사의 내부회계관리자의 자격요건 및 임면절차는 회사의 규정집에 규정되어 있고, 규정에 따라 임면하고 있다. 감사인은 회사의 내부회계관리자의 임면절차 및 자격요건에 대해 관련 문서를 검사를 통해 규정대로 운영되고 있는 것을 확인한다.
상기 내용을 검토(또는 감사)한 결과, 통제미비점이 있다면 이를 요약하라.
N/A

8. 연결재무제표에 관한 회계정보를 작성·공시하기 위해 내부회계관리제도를 운영하는 데 필요한 사항(지배회사가 주권상장법인인 경우에 한정) 절차를 확인하고 이러한 절차가 효과적으로 수행되고 있는지 확인하라.
회사는 지배·종속의 관계에 있는 회사에 대해 회사의 내부회계관리규정 및 제도를 전달하고 동 회사가 내부회계관리규정 및 제도에 맞게 운영하는지에 대해 check list를 작성하여 검토하고 있다.
상기 내용을 검토(또는 감사)한 결과, 통제미비점이 있다면 이를 요약하라.
N/A

9. 내부회계관리규정 위반의 예방 및 사후조치 절차를 확인하고 이러한 절차가 효과적으로 수행되고 있는지 확인하라.
회사는 내부회계관리제도의 관리·운영을 책임지는 자(대표이사), 감사, 내부회계관리자, 회계정보를 작성·공시하는 임직원 등을 대상으로 하는 교육훈련프로그램 유지 및 실시, 대표이사 등이 임직원으로 하여금 내부회계관리규정을 위반하여 회계정보를 작성·공시하도록 지시하는 경우에 임직원의 대처방법으로는 회사의 중요한 의사결정은 이사회를 통하여 결정되고 집행되고 있다. 또한, 경영진에 의한 내부회계관리규정 위반 지시에 대하여

9. 내부회계관리규정 위반의 예방 및 사후조치 절차를 확인하고 이러한 절차가 효과적으로 수행되고 있는지 확인하라.
사내규정에 의하여 내부고발이 가능하며, 보고를 받은 후 지시가 위법부당하다고 인정되는 경우에는 지체 없이 이사회에 보고하도록 규정되어 있다. 현재까지는 그러한 사례가 발생하지 않았다. 회사는 내부회계관리규정 위반행위에 대한 신고제도의 운영하고 있으며, 위반 시 인사관리규정 등 관련규정에서 정하는 임직원 징계에 따라 징계할 수 있다. 부정행위 등의 보고에 대한 감사의 역할과 책임에 대한 규정 등을 운영하고 있다. 감사인은 회사 담당자에게 질의 및 문서 검사를 통해 임직원에 대한 징계절차는 인사관리규정에 위임되어 있으며, 회사의 인사관리규정은 실질적으로 효력을 가지고 있으므로 징계절차는 효율적으로 운용되고 있다고 판단된다.
상기 내용을 검토(또는 감사)한 결과, 통제미비점이 있다면 이를 요약하라.
N/A

10. 내부회계관리제도에 대한 운영실태 점검 및 보고, 평가 및 보고 절차 및 운영실태 평가결과에 관련된 사후 조치에 대한 절차가 효과적으로 수행되고 있는지 확인하라.
회사의 내부회계관리제도에 대한 운영실태 점검 및 보고, 평가 및 보고 절차 및 운영실태 평가결과에 관련된 사후 조치에 대한 절차에 대한 규정 등을 구비하고 있다. 감사인은 규정된 절차에 의해 진행되고 있는지 문서검사를 통해 확인한다.
상기 내용을 검토(또는 감사)한 결과, 통제미비점이 있다면 이를 요약하라.
N/A

10

③ 내부회계관리제도 보고단계(Reporting of Internal Control over Financial Reporting)

내부회계관리제도의 통제미비점(control deficiency)이 발견된 경우에는 다음의 평가절차에 따라 그러한 통제미비점이 중요한 취약점에 해당되는지 여부를 판단한다. 이 경우 감사인은 내부회계관리제도의 통제미비점에 대한 보완적인 통제(compensating control)의 유무와 그 효과성을 고려하여야 한다.

ⓐ 통제미비점

내부회계관리제도의 통제미비점은 회사의 임직원이 일상적으로 통제기능을 수행하는 과정에서 해당 통제의 설계 또는 운영이 재무제표의 왜곡표시를 적시에 예방 또는 적발하지 못하는 상태를 의미한다. 이러한 통제미비점은 발생원천별로 설계상 미비점과 운영상 미비점으로 구분한다.

• 설계상 미비점 : 내부회계관리제도의 설계상 미비점은 a) 내부회계관리제도의 목적을 달성하기 위하여 필요한 내부회계관리제도의 구성요소가 누락되어 있거나, b) 내부회계관리제도가 적절하게 설계되어 있지 않아 설계된 대로 운영되더라도 내부회계관리제도의 목적, 즉 재무제표의 왜곡표시를 적시에 예방하고 적발하지 못할 가능성이 있는 경우를 말한다.
• 운영상 미비점 : 내부회계관리제도의 운영상 미비점은 a) 적절하게 설계된 내부회계관리제도가 설계된 대로 운영되지 않고 있거나, b) 내부회계관리제도를 수행하는 담당자가 효과적인 내부회계관리제도 수행을 위하여 필요한 권한이나 자질을 갖고 있지 않는 경우를 말한다.

ⓑ 유의적 미비점

유의하여야 할 미비점(significant deficiency, 이하 “유의적 미비점”이라 한다)은 개별적 또는 상호 복합적인 내부회계관리제도의 통제미비점으로 인해 회계정보의 식별, 측정, 분류, 기록 및 보고에 부정적인 영향을 미치고, 이 결과 합리적인 의사결정자의 입장에서 볼 때에 명백히 중요하지 않다고 결론 내릴 수 없는(inconsequential) 재무제표의 왜곡표시가 예방 또는 적발되지 않을 가능성이 매우 높거나(probable) 어느 정도 있는(reasonably possible) 상태를 의미한다.

ⓒ 중요한 취약점

내부회계관리제도의 중요한 취약점(Material weakness)은 개별적 또는 상호 복합적인 내부회계관리제도의 유의적 미비점으로 인하여 재무제표의 중요한 왜곡표시가 예방 또는 적발되지 않을 가능성이 매우 높거나 어느 정도 있는 상태를 의미한다.

W/P Ref.	통제미비점 (Control Deficiency)	유의적 미비점 (Significant Deficiency) Y/N?	중요한 취약점 (Material Weakness) Y/N?
	상단의 검토(또는 감사) 결과, 통제미비점은 발견되지 않다.	**N**	**N**

ⓓ 검토(또는 감사)의견

상기 검토(또는 감사)절차들을 수행한 결과와 발견된 유의적 미비점 및 중요한 취약점 등을 종합적으로 고려하여 감사인의 내부회계관리제도 검토(또는 감사)의견 및 그 근거를 기술한다.

보론 3 내부회계관리제도 통제기술서 및 테스트방법(실제사례)

통제기술서는 회사의 통제활동을 사이클 및 업무프로세스 단위로 구분하여 회사가 수행하는 통제 활동을 하나의 매트리스 안에 집합시켜 놓은 자료로 업무기술서 등에 기술된 각종 활동 중 회사의 내부통제에 유효한 활동만을 도출하여 통제활동으로 기술한 것이다.

테스트방법은 기술된 통제활동에 대한 테스트방법을 기술한 것이다.

사용된 용어의 내용은 다음과 같다.

- 경영자의 주장 : A(정확성 accuracy), C(완전성 completeness), E(실재성 existence), O(발생사실 occurrence), V(평가 valuation), RO(권리와 의무 rights and obligations), U(이해가능성 understandability), CO(기간귀속 cut-off), CL(분류 classification)
- 통제주기 : C(continuously), D(daily), W(weekly), M(monthly), Q(quarterly), S(semi-annually), A(annually)
- 통제유형 : P(예방통제 preventive control), D(적발통제 detective control), A(전산통제 automated control), M(수작업통제 manual control)

10

통제기술서 및 테스트 방법

Mega Process	Sub Process	Job Description No.	직무활동	Risk	관련 계정과목	경영자의 주장	통제목적
매출	일반	1-1-1	거래처 등록 요청, 생성	ⓐ 거래처등록현황이 정확하게 관리되지 않음으로써 주문접수, 매출 및 수금과정에서 오류가 발생할 위험 ⓑ 신용상태가 취약한 거래처에 대한 매출로 인하여 재무적 손실이 발생할 위험 ⓒ 매출 증가 유인에 의하여 영업관리팀 내에서 부적절하게 여신을 확대시킴으로써 재무적 손실이 발생할 위험	매출/매출채권	C, E	거래처의 업체등록은 적절히 보관유지 및 변경되어 영업활동의 오류를 방지한다.
매출	주문관리/납기관리	1-2-1	주문관리 생산의뢰	정확한 주문 관리를 하지 못할 위험	매출/매출채권	C, E	거래처로부터 주문을 받을 경우 외부증빙이 남게 하여 정확한 주문관리를 할 수 있도록 한다.
매출	주문관리/납기관리	1-2-2	납기관리	재고부족으로 인하여 납기에 착오가 발생할 위험	매출/매출채권	C, E	납기에 차질이 없이 제품이 출고되어야 한다.
매출	주문관리/납기관리	1-2-3	출고	출고지시내역과 다르게 출고될 위험	재고자산/제조원가	C, E	출고지시한 제품은 납기에 맞추어 정확하게 출고가 이루어져야 한다.
매출	매출 부대비용 관리	1-3-1	운반비의 계상	운반비지급규정에 따라서 운반비를 지급하지 않을 위험	운반비	C, E	운반비지급규정에 맞추어 적정하게 운반비가 지급되고 기록될 수 있도록 한다.
매출	매출채권/매출 등록	1-4-1	세금계산서의 발행	거래처 및 거래내용이 부적절하게 기록될 위험	매출채권/매출	C, E	거래명세서 및 청구서 없이 임의적으로 세금계산서를 발행할 수 없다.
매출	업체별 여신관리	1-5-1	여신한도 변경 필요시 사전승인	여신한도를 초과하는 부적절한 출고등록의 위험성	매출채권/매출	C, E	적절한 한도의 여신한도 내 출고등록

통제활동	통제주기	통제유형 예방 or 적발	통제유형 자동화 or 수동화	Key/Non Key	통제 관련팀	통제평가 책임자	테스트방법	샘플모집단	샘플수	Test No.
업체등록(변경)의뢰서, 단가등록요청서, 사업자등록증을 본부장까지 결재한다.	M	P	M/A	Key	영업관리팀	영업관리팀장 및 본부장	당해 연도 신규거래처에 대하여 Sampling한 후 업체등록(변경)의뢰서, 단가등록요청서, 사업자등록증이 있는지 확인한다.	업체등록(변경) 의뢰서, 단가등록요청서, 사업자등록증	3	T1-1-1
정확한 주문접수를 위하여 E-MAIL, FAX 등 외부증빙이 남는 주문접수를 유도하고, 영업팀 국내 영업담당은 주문서 접수 시에 규격, 납기, 중량, 납품장소, 납기, 단가, 품질, 관련내용을 검토한 후 ERP system에 주문등록한다.	D	P	M	Key	영업관리팀	영업관리팀장	주문거래처로부터 받은 발주서에서 Sampling하여 ERP system 전산의 주문등록현황과 일치하는지 대사한다.	발주서(명칭은 서로 상이하지만, 업체로부터 받은 주문서 등)	25	T1-2-1
전산상 재고수량을 파악하고 재고가 부족한 경우 영업관리팀과 협의하여 적절한 제품수량의 생산을 의뢰하고 거래처와 납기일에 대하여 재차 상담한다.	D	P	M/A	Key	영업관리팀	영업관리팀장	N/A	N/A	25	T1-2-2
영업팀이 출고납기일에 맞추어 영업관리팀에 출고의뢰를 하고 영업관리팀은 출고지시를 위하여 전산에 출하List를 등록한다. 실제 출고가 발생한 경우 영업관리팀은 현장에서 출고품이 출고지시서와 일치하는지 확인하고 ERP system에 출고등록을 한 후 거래명세서를 출력한다.	D	D	M/A	Key	영업관리팀, 영업팀, 출고팀	영업관리팀장	출하리스트에서 Sampling하여, 실제 출고품과 일치하는지 대사한다.	출하리스트	25	T1-2-3
출고 등록 시 출고량이 운송비 내역등록 입력 시 등록하는 출고품과 일치하는지 확인하고, 단가는 기존의 계약 단가와 일치하는지 확인한다.	M	P	M	Key	영업관리팀	영업관리팀장	운반비지급내역에서 Sampling하여 출고품이 일치하는지 계약단가는 ERP system상 운송비내역등록 내용과 일치하는지 대사한다.	운반비지급내역	3	T1-3-1
영업관리팀은 거래처와 합의한 최종청구서를 기반으로 세금계산서를 발행한다.	M	D	A	Key	영업관리팀	영업관리팀장	청구서를 Sampling하여 세금계산서와 일치하는지 확인하고, 청구서 내역 중 일부를 Sampling하여 거래명세서와 일치하는지 확인한다.	청구서	1	T1-4-1
여신한도가 부족할 경우 출고등록이 안 된다. 여신한도 해제 필요시 여신한도 증액요청서를 작성하여 본부장의 결재를 득한다.	Q	P	A	Key	국내영업팀	국내영업팀장	여신한도증액요청서를 입수하여 타당성 및 본부장 승인 여부를 확인한다.	여신한도증액요청서	1	T1-5-1

Mega Process	Sub Process	Job Description No.	직무활동	Risk	관련 계정과목	경영자의 주장	통제목적
매출	업체별 여신관리	1-5-2	담보관리	거래처에서 제공한 담보제공자산 등에 대한 부적절한 평가로 인하여 부실채권에 대한 대금회수가 불가능할 위험	매출채권/ 대손충당금	E, V	담보력을 적절히 평가하여 합리적인 여신한도를 설정한다.
매출	매출채권 입금관리	1-6-1	대금회수	입금기록이 지연되어 매출채권이 과대계상될 위험	매출채권/ 대손충당금	C, E	입금내역이 즉시 기록되어 매출채권의 정확성을 유지한다.
매출	매출채권 입금관리	1-6-2	부실채권 발생방지	불량거래처에 대하여 계속적인 여신이 발생함으로 인하여 추가적인 부실채권이 발생하여 대손충당금이 추가 발생될 위험	매출채권/ 대손충당금	E, V	불량거래처에 대한 추가적인 채권의 발생을 사전에 방지한다.
매출	매출채권 입금관리	1-6-3	채권관리	장기 미회수채권에 대하여 적정한 대손충당금을 설정하지 못할 위험	대손상각비	C, E	장기미회수채권에 대하여 적정한 대손충당금을 설정하고, 장기미회수채권이 발생하지 않도록 관리
매출	반품관리	1-7-1	반품관리	실질적인 반품 사유가 되지 않음에도 불구하고 반품을 받아 줌으로 인한 재무적 손실의 위험	매출채권/ 매출	C, E	승인 없이 반품이 되지 않도록 하며, 반품의 책임소재가 불분명하지 않게 한다.
구매	거래처 정보관리	2-1-1	거래처 평가	거래처 평가결과에 대한 승인이 이루어지지 않을 위험	재고자산/ 제조원가	E, A/ E, A/ E, A	거래처 평가결과는 적절한 승인을 요한다.
구매	국내주문	2-2-1	생산계획	ⓐ <월구매계획 기초자료>가 <원자재계획 및 실적> 등을 적절하게 반영하지 못할 위험 ⓑ 구매발주가 타당한 근거에 의하여 작성되지 않음으로써 업무의 비효율성 발생 또는 부정과 오류가 발생할 위험	재고자산/ 제조원가	E, A/ E, A/ E, A	월별 생산계획에 따라서 구매팀에서는 필요한 원부자재를 적시적소에 공급함으로써 원활한 생산이 이루어질 수 있도록 한다.
구매	국내주문	2-2-2	공급 업체와의 단가 계약 체결	승인 절차의 미비로 단가 계약에 대한 검토가 부적절할 가능성	원재료/ 저장품	E, A/ E, A	모든 원재료 등의 구매단가는 정당한 절차에 의한 승인을 받아야 한다.

통제활동	통제주기	통제유형		Key/Non Key	통제 관련팀	통제평가 책임자	테스트방법	샘플모집단	샘플수	Test No.
		예방 or 적발	자동화 or 수동화							
담당자는 매년 담보설정된 내역에 대하여 담보력이 떨어지는지를 조사하고, 조사결과 담보력이 낮아진 경우 추가적인 담보요구 등의 보고서를 작성하고 내부결제 승인을 받는다.	A	P	M	Key	영업관리팀	영업관리팀장	담보받은 내역을 Sampling하여 담보평가내역 보고서에 포함되어 있는지 검토한다.	담보평가내역보고서	1	T1-5-2
입금된 금액에 대해서는 재무팀에서 당일 정리하고, 익일에 반드시 영업관리팀으로 전달하여 늦어도 하루 이내에는 매출채권 차감이 발생할 수 있도록 한다. 어음의 경우 영업팀에서 수령하면 당일에 영업관리팀으로 전달하고 익일에 입고 마감 처리할 수 있도록 한다.	D	D	M	Key	영업관리팀, 재무팀	영업관리팀장, 재무팀장	은행수금내역상 입금일자가 매출채권 반제처리되는 전표날짜와 일치하는지 대사한다.	은행입금내역	25	T1-6-1
월말 마감 후 외상매출채권기일 3개월 초과 업체에 대한 현황파악 및 회수대책 및 감축대책 수립을 월마다 한다.	M	P	M	Key	영업관리팀	영업관리팀장	3개월 이상 장기미수업체명단을 입수하여 적절한 대책이 수립되었는지 확인한다.	장기미수업체명단	3	T1-6-2
매월 월마감이 이루어지면, 전산에서 채권연령분석자료를 받아서 회사의 대손설정 정책에 따라 연령별 대손충당금을 설정한다.	M	D	M	Key	재무팀	재무팀장	대손충당금 설정을 위한 엑셀 파일에서 거래처별 연령자료를 Sampling하여 ERP system상 출력되는 전산상 연령자료와 일치하는지 대사	대손충당금 설정을 위한 엑셀자료	3	T1-6-3
반품을 받기 전에 반드시 영업팀으로부터 반품승인서를 받아야만 반품처리를 해 준다. 또한, 반품받은 제품에 대해서는 필요시 품질경영팀에서 조사한다.	M	D	M	Key	영업관리팀	영업관리팀장	반품이 기재된 청구서에서 Sampling하여 반품된 중량, 품명, 거래처 등이 반품승인서 및 계근표와 일치하는지 대사한다.	반품이 기재된 청구서	3	T1-7-1
구매담당자는 신규거래처 선정 시 거래처조사보고서를 작성하여 전결권자의 승인을 득한다.	M	D	M	Key	구매팀	구매팀장	평가기간 중 신규거래처 목록을 징구하여 거래처조사보고서의 승인 여부를 확인한다.	신규거래처목록, 거래처조사보고서	3	T2-1-1
구매팀은 <3개월생산계획서> 및 <원자재계획 및 실적서>를 검토한다.	M	D	M	Key	구매팀	구매팀장	1. <3개월생산계획>, <원자재계획 및 실적> 중 일부를 무작위로 표본을 추출한다. 2. 상기 내용이 <영업판매계획>과 <생산계획>을 반영하고 있는지 검토하고, 팀장에 의해 검토되었는지를 확인한다.	3개월 생산계획서, 원자재계획 및 실적	3	T2-2-1
장기공급계약상 구매단가는 전결권자의 검토 및 승인을 받는다.	M	D	M	Key	구매팀	구매팀장	평가기간 중 발생한 장기공급계약 목록을 징구하여 전결권자의 검토 및 승인 여부를 확인한다.	장기공급계약 목록, 장기공급계약서	3	T2-2-2

Mega Process	Sub Process	Job Description No.	직무활동	Risk	관련 계정과목	경영자의 주장	통제목적
구매	국내주문	2-2-3	구매단가의 검토	ⓐ 구매주문서 작성 시 계약단가의 변동이 적절하지 않을 위험 및 승인받지 아니한 구매주문서가 발주될 위험 ⓑ 구매승인절차의 부재로 타당하지 않은 구매가 이루어질 위험 ⓒ 구매주문서가 적시에 구매발주되지 않고 누락될 수 있는 위험	원재료/ 저장품/ 미착품	E, A/ E, A/ E, A	계약단가 변동 시 정당한 절차에 의한 승인을 받아야 한다.
구매	국내주문	2-2-4	원자재 검수 및 입고	ⓐ 부적절한 원자재 검수로 인하여 재고가 과소 또는 과대계상될 위험	원재료/ 저장품/ 미착품	E, A/ E, A/ E, A	원자재 재고는 검수를 통하여 정확한 수량을 파악한다.
구매	국내주문	2-2-5	원자재 분석실에 의한 검사	ⓐ 원자재분석실에 의한 검사가 적절하게 수행되지 못하여 재고손실이 발생할 위험 ⓑ 입고된 원자재가 사전 검사기준에 의해 품질검사가 이뤄지지 않을 경우 부적합한 검사가 실시될 위험 ⓒ 입고된 물품 중 품질검사 절차가 누락되어 생산활동에 불량재고가 투입될 위험	원재료/ 저장품/ 미착품	E, A/ E, A/ E, A	모든 검사 대상품목에 대하여 누락 없이 검사 의뢰가 이루어져야 한다.
구매	국내주문	2-2-6	입고 입력	ⓐ 발주수량과 입고수량이 적시에 검토, 확인되지 않을 위험 ⓑ 구매발주에 대한 입고현황파악의 부재로 인한 원자재 부족현상으로 생산에 차질을 빚을 위험 ⓒ 정당하지 않게 발생한 구매주문을 사후적으로도 발견하지 못할 위험	원재료/ 저장품/ 미착품	E, A/ E, A/ E, A	권한이 있는 자에 의하여 ERP system상에서 입고 입력이 이루어져야 한다.
구매	국내주문	2-2-7	매입(거래명세서 및 세금계산서 검증)	ⓐ 매입채무에 대한 인식이 누락되거나 중복될 가능성 ⓑ 구매업무와 구매에 대한 기록의 업무분장이 미비함으로 인해 비효율적인 구매활동, 입고되지 않은 재고자산에 대한 매입채무 기록 등 부정과 오류가 발생할 위험	매입채무	C, A	매입채무는 완전하고 정확하게 회계상 기록되어야 한다.

통제활동	통제주기	통제유형		Key/ Non Key	통제 관련팀	통제평가 책임자	테스트방법	샘플모집단	샘플수	Test No.
		예방 or 적발	자동화 or 수동화							
장기공급계약을 통해 매입하는 원재료의 구매단가가 계약서상 단가와 일치하는지 확인하며, 단가 변동 시 정당한 절차에 의한 승인을 받는다.	W	D	M	Key	구매팀	구매팀장	1. 장기공급계약거래처와의 원자재구매내역을 징구한다. 2. 원자재구매내역상 단가와 장기공급계약서상 단가의 일치 여부를 확인한다. 3. 단가가 상이할 경우 단가변동품의서가 작성이 되고 전결권자의 승인 여부를 확인한다.	장기공급계약 거래처의 원자재 구매내역	8	T2-2-3
검수 담당자는 검수를 수행하고 입고 증빙에 검수확인 사인을 받게 된다.	O	D	M	Non Key	구매팀	구매팀장	거래 명세서 또는 수입 면장으로부터 무작위로 표본을 추출하여 검수 확인 사인이 되어 있는지 문서검사한다.	거래명세서, 수입면장, 공급받는자용 검수확인서	40	T2-2-5
품질 검사를 필요로 하는 품목에 대하여 자동으로 검사 의뢰가 생성된다.	O	P	M	Non Key	구매팀	구매팀장	1. 품질검사를 필요로 하는 품목에 대하여 자동으로 검사의뢰가 작성되는지 확인한다. 2. 검사의뢰서를 기준으로 원자재검사서가 작성이 되고 전결권자의 승인 여부를 확인한다.	품질 검사 대상 품목 구매 내역	40	T2-2-6
입고 입력은 구매팀 검수 담당자에 의해 수행되며, 팀장의 승인을 득한다.	O	P	M	Key	구매팀	구매팀장	1. 입고입력 권한이 부여된 사용자리스트를 조회한 후 이를 근거로 구매팀장과의 확증적 질문을 통해 입고입력 권한을 가지고 있는 사용자의 적절성 여부를 검토한다. 2. ERP system 입고내역(일일입고내역)과 검수확인서를 대사한다.	입고입력권한 자 리스트일일입고 내역	40	T2-2-7
거래명세서와 세금계산서를 증빙으로 하여 담당자는 전표발행하며, 본부장까지 결재를 득한다.	M	D	M	Key	구매팀	구매팀장	1. 매입채무계상전표를 무작위로 추출하여 거래명세서와 세금계산서 정보와 일치하는지 대사한다. 2. 입고내역과 송장검증, 세금계산서내역 비교 시 차이가 발생하는 경우에 대하여 질문한다. 3. 본부장까지의 결재를 득하였는지 검토한다.	매입채무 계상 전표	3	T2-2-8

10

Mega Process	Sub Process	Job Description No.	직무활동	Risk	관련 계정과목	경영자의 주장	통제목적
구매	국내주문	2-2-8	자금결제	ⓐ 매입거래에 대한 대금지급이 승인 없이 이루어질 위험 ⓑ 매입대금의 지급액이 실제 매입액과 다를 위험 ⓒ 재무제표상 재고자산과 매입채무가 정확히 계상되지 않을 위험	매입채무	C, A	매입채무는 완전하고 정확하게 회계상 기록되어야 한다.
구매	외자수입	2-3-1	연간, 월간 구매계획 수립	ⓐ 생산계획이 매출계획 등을 적절하게 반영하지 못할 위험 ⓑ 구매(수입)계획이 타당한 근거에 의하여 작성되지 않음으로써 업무의 비효율성 발생 또는 부정과 오류가 발생할 위험	매입채무/미착품	E, A/ E, A/ E, A	생산 계획을 반영한 원자재 수입계약계획을 수립한다.
구매	외자수입	2-3-2	Offer접수 및 계약 체결	거래처로부터의 Offer와 실제계약이 불일치하여 재무상 손실이 발생할 위험	매입채무/미착품	E, A/ E, A/ E, A	계약서는 완전하고 정확하게 관리되며, 적절한 승인권자의 승인을 득하여야 한다.
구매	외자수입	2-3-3	L/C 개설 의뢰	계약서가 없는 건에 대한 L/C 개설 의뢰가 진행될 가능성, 계약서와 달리 작성될 위험	매입채무/미착품	C, A/ E, A	L/C 개설 의뢰 시에는 우선적으로 계약서가 존재하여야 한다. 기재사항이 계약서와 일치하여야 한다.
구매	외자수입	2-3-4	L/C 개설 접수 및 개설 내역 확인	금융기관의 L/C 개설 내역이 개설 의뢰 내역과 상이할 가능성	매입채무/미착품	C, A/ E, A	L/C 개설 의뢰 내역과 개설 내역은 동일하여야 한다.
구매	외자수입	2-3-5	B/L 내역 확인(B/L, Invoice 및 부보 등록 확인)	B/L 및 Invoice에 대한 ERP system 등록이 적절하지 않을 가능성	매입채무/미착품	C, A/ E, A	B/L 및 Invoice 내역은 ERP system상에 정확하게 입력되어야 한다.

통제활동	통제주기	통제유형		Key/Non Key	통제관련팀	통제평가책임자	테스트방법	샘플모집단	샘플수	Test No.
		예방 or 적발	자동화 or 수동화							
자금결제일에 담당자는 채권채무 반제등록에서 반제전표를 작성한 후 본부장까지 결재를 득한다.	M	D	M	Key	구매팀	구매팀장	1. 대금지급에 대한 승인(대금지급은 반드시 매입채무 결제전표와 원재료검사서, 계근표, 세금계산서 등과 대조한 후 행한다. 또한, 대금지급은 반드시 회계기록에 기록된 것을 확인 후 지급한다.) 2. 결제일 현재 채권채무반제등록상황을 파악한다. 3. 본부장까지의 결재 여부를 확인한 후 자금지급증빙을 검토한다.	채권채무반제상황, 반제전표, 자금출금증빙	3	T2-2-9
구매팀은 차년도수입계약계획(차월통관/계약계획)을과 연간(월간)구매계획을 수립하여 경영진의 승인을 득하여 확정한다.	M	D	M	Key	구매팀	구매팀장	1. <차년도(차월)수입계약계획>, <연간(월간)구매계획> 중 일부를 무작위로 표본을 추출한다. 2. <계획서>는 경영진 승인 여부를 확인한다.	차년도(차월)수입계약계획, 연간(월간)구매계획	3	T2-3-1
계약서는 거래처로부터 받거나 계약서를 발행하여 상호계약을 확정하고 승인권자가 검토한다.	O	D	M	Key	구매팀	구매팀장	계약서(P/O 또는 Sales Contract)에 전결권자의 승인 여부를 확인한다.	계약서	40	T2-3-2
구매팀 담당자가 ERP system상에서 L/C 개설 등록을 실행하기 위해서는 승인된 계약서가 존재하여야 하며, 계약서와의 일치 여부를 검토한다.	O	D	M	Key	구매팀	구매팀장	1. L/C개설의뢰건 중에서 무작위로 표본을 추출하여 계약서가 존재하는지, 계약서와의 일치 여부를 확인한다. 2. L/C개설의뢰 시 우선적으로 계약서가 존재하여야 하는지 계약담당자 및 구매담당자에게 확인한다.	L/C 개설 의뢰건, 계약서	40	T2-3-3
구매팀 담당자는 L/C 발행신청서와 L/C케이블을 개설 은행으로부터 수령하여 비교한다.	O	D	M	Key	재무팀	재무팀장	1. L/C발행신청서와 L/C케이블 중에서 무작위로 표본을 추출하여, 상호대조하여 차이 여부를 담당자에게 질문한다.	L/C발행신청서, L/C케이블	40	T2-3-4
구매팀 담당자는 B/L과 Invoice, ERP system에 입력한 내용을 상호 대조를 실시한다.	O	D	M	Key	구매팀	구매팀장	1. B/L과 Invoice를 표본추출하여 ERP system상 입력내역과 비교 후 관련성 여부를 질문 및 관찰한다. 2. B/L과 Invoice를 상호대사하는 재작업을 수행한다.	ERP system 등록화면, 실물 B/L, Invoice	40	T2-3-5

Mega Process	Sub Process	Job Description No.	직무활동	Risk	관련 계정과목	경영자의 주장	통제목적
구매	외자수입	2-3-6	구매주문 접근통제	구매주문 정보가 통제 없이 수정될 위험	매입채무/ 미착품	C, A/ E, A	구매주문 정보는 권한 있는 자에게만 접근이 허용된다.
구매	외자수입	2-3-7	구매주문 번호관리	주문번호가 중복/누락될 가능성	매입채무/ 미착품	C, A/ E, A	주문번호의 중복/누락을 방지하여 완전성을 유지한다.
구매	외자수입	2-3-8	관세환급	관세환급금 계산이 적절하지 않을 가능성	매입채무/ 미착품	C, A/ E, A	관세환급금은 정확하게 계산되어야 한다.
구매	외자수입	2-3-9	통관관리	통관절차가 지연됨에 따른 물류비용의 증가 가능성, 수입신고의뢰가 미비할 가능성	매입채무/ 미착품	C, A/ E, A	선적과 통관이 적절히 이루어져 계약사항이 준수되어야 한다.
구매	외자수입	2-3-10	Invoice 전표 발행 및 승인	매입비용의 인식이 적절하지 않을 위험	매입채무/ 미착품	C, A/ E, A	매입비용은 완전하고 정확하게 기록되어야 한다.
구매	외자수입	2-3-11	에이전트 커미션 관리	매입비용의 인식이 적절하지 않을 위험	매입채무/ 미착품	C, A/ E, A	매입비용은 완전하고 정확하게 기록되어야 한다.
원가 계산	제조원가	3-1-1	전산과 회계장부의 제조비용 대사	전산과 회계장부의 불일치로 인한 원가왜곡 위험	제품/ 재공품/ 매출원가/	C, E, A/ C, E, A/ C, A	전산상의 제조비용과 회계장부상의 제조비용이 일치한다.

통제활동	통제주기	통제유형		Key/Non Key	통제 관련팀	통제평가 책임자	테스트방법	샘플모집단	샘플 수	Test No.
		예방 or 적발	자동화 or 수동화							
구매주문 정보입력은 구매담당자에게만 접근이 허용되어 있으며, 권한 없는 사원에 의한 접근은 통제되고 있다.	A	P	A	Non Key	구매팀	구매팀장	구매주문 정보입력은 권한 없는 사원에 의한 접근이 통제되는지 확인한다.	ERP system 등록화면	1	T2-3-6
발주서는 시스템에 의해 자동으로 일련번호가 부여되고 있으며, 수작업으로 발주서 일련번호를 생성하지 못하도록 한다.	A	P	A	Non Key	구매팀	구매팀장	발주서는 시스템에 의해 자동으로 일련번호가 부여되고 있으며, 수작업으로 발주서 일련번호를 생성하지 못하는지 확인한다.	ERP system 등록화면	1	T2-3-7
관세사로부터의 관세환급내역과 실제 Invoice와의 상이 여부를 검토하고 ERP system에 관세환급내역을 등록을 한다. 팀장은 승인을 한다.	D	D	M	Non Key	구매팀	구매팀장	1. 관세환급내역과 실제 Invoice, ERP system등록 중에서 무작위로 표본을 추출하여, 상호대사한다. 2. 관세환급내역서에 대한 구매팀장의 승인 여부를 확인한다.	관세환급내역서, 실제 Invoice, ERP system 등록 내용	25	T2-3-8
현물과 선적서류 및 통관서류가 일치하는지 검토하고, 통관이 지연되는 경우 그 이유를 검토한다.	O	D	M	Key	구매팀	구매팀장	수입신고필증, Invoice, ERP system 통관등록내용 중 일부를 표본추출하여 상호대사하고, 검토승인 여부를 확인한다.	ERP system 통관등록내용, 수입신고필증, Invoice	40	T2-3-9
구매팀의 수입 담당자는 Invoice에 따른 비용에 대한 검토를 하고, 팀장은 이를 승인한다.	O	D	M	Key	구매팀	구매팀장	1. 지급신청서, 송금slip(은행 측 자료) 중에서 무작위로 표본을 추출한다. 2. Invoice와 전표, 지급신청서, 송금slip을 상호대사하며, 이에 대한 팀장, 본부장의 승인 여부를 확인한다.	지급신청서, 전표, Invoice, 송금 slip	40	T2-3-10
구매팀의 수입 담당자는 Commission Invoice에 따른 비용에 대한 검토를 하고, 팀장은 이를 승인한다.	D	D	M	Non Key	구매팀	구매팀장	1. 지급신청서 중에서 무작위로 표본을 추출한다. 2. Commission Invoice와 전표, 지급신청서를 상호대사하며, 이에 대한 팀장, 본부장의 승인 여부를 확인한다.	지급신청서, Commission Invoice, 전표	25	T2-3-11
원가담당자는 ERP system상 제조비용 집계액과 회계장부상의 총제조비용을 대사 확인한다.	M	D	M	Key	재무팀	재무팀장	1. ERP system 제조비용집계액과 회계장부상의 총제조비용이 일치하는지 확인한다.	ERP system 제조비용 집계액, 회계상 제조비용 집계액	3	T3-1-1

10

Mega Process	Sub Process	Job Description No.	직무활동	Risk	관련 계정과목	경영자의 주장	통제목적
원가계산	제조원가	3-1-2	원가시스템 접근 통제	승인받지 않은 수불내용이 원가계산에 이용되어 재무제표가 왜곡될 위험	제품/ 재공품/ 매출원가/	C, E, A/ C, E, A/ C, A	현업에서는 설비별, 제품별 사용량에 대하여 ERP system에 등록·마감되며(생산, 영업, 구매), 재무담당자는 ERP system를 통해 이를 인터페이스받는다.
원가계산	제조원가	3-1-3	원재료/상품 입고 대사	원재료 및 상품 구매내역이 장부에 반영되지 못할 위험	제품/ 재공품/ 매출원가/	C, E, A/ C, E, A/ C, A	원재료/상품 구매내역은 누락 없이 장부에 반영한다.
원가계산	제조원가	3-1-4	공통비용의 배분	부서 간 실적 등을 고려하여 승인되지 않은 임의의 접근에 의하여 공통비용의 배부기준이 임의로 변경되어 재무제표의 왜곡을 초래할 위험	판관비/ 제조원가	C, A/ C, A	전사업장에 걸쳐 발생된 비용 또는 특정 부서와의 직접적인 연관관계를 설명하기 곤란한 비용들은 사전에 설정된 배부기준에 의거, 자동적으로 배분된다.
원가계산	제조원가	3-1-5	배부금액에 대한 검증(재공품, 제품, 제조원가 등)	각각의 공정별 재공품 및 제품의 단위당 원가배부과정에서 배부금액 중 일부가 누락되거나 중복배부될 위험	제품/ 재공품/ 매출원가/	C, A/ C, A/ C, A	공정별 단위로의 배부 전 금액과 배부 후 금액의 합은 서로 동일하다.
원가계산	제조원가	3-1-6	배부기준에 대한 Access 통제	ⓐ 임의의 Access에 의해 전산상 사전에 설정된 ERP system상 단위별 배부기준이 변경될 위험 ⓑ 부적절한 배부기준의 적용으로 인하여 원가계산이 왜곡될 위험이 있다.	제품/ 재공품/ 매출원가/	C, A/ C, A/ C, A	승인된 자 이외에는 전산상 단위당 원가배부기준에 접근할 수 없다.
원가계산	제조원가	3-1-7	월별 생산량 및 수율 현황 검토	시스템의 이상에도 불구하고 이에 대한 체크기능이 없어 물량이동이 왜곡될 위험	제품/ 재공품/ 매출원가/	C, E, A/ C, E, A/ C, A	ERP system에 의해 체크되는 재공품의 물량이동은 시스템자체 및 별도수불내용과 비교되어 그 완전성을 검증한다.

통제활동	통제주기	통제유형		Key/Non Key	통제 관련팀	통제평가 책임자	테스트방법	샘플모집단	샘플수	Test No.
		예방 or 적발	자동화 or 수동화							
각 ERP system모듈에서 ERP system으로 재고자산 수불현황 및 원자재 수불금액이 인터페이스되며, 각 ERP system 모듈에서 원가모듈로 인터페이스된 기초 Data는 원가계산 담당자가 직접 수정할 수 없다.	M	D	A	Key	재무팀	재무팀장	1. 원가시스템 접근대상자를 징구하고, 그 이외의 자가 원가시스템 수정이 가능한지 확인한다.	원가시스템	1	T3-1-2
원가담당자는 매월 구매담당자가 작성하여 송부한 구매전표와 세금계산서의 일치여부를 확인하고, 수불부상 구매내역과 회계장부상 구매내역을 비교하여 원재료/상품 입고가 빠짐없이 전표입력되었는지 확인한다. 원가담당자가 검토한 후 담당이사의 승인을 득한다.	M	D	M	Key	재무팀	재무팀장	1. 구매전표와 세금계산서의 일치 여부를 확인하고, 수불부상 구매내역과 회계장부상 구매내역을 비교하여 자재입고가 빠짐없이 전표입력되었는지 확인한다. 담당이사의 승인 여부를 확인한다.	전표 및 증빙	3	T3-1-3
내부주문은 실제 비용발생부서에서는 Access가 불가능하며, 공통비용이 발생될 경우 전산상 설정된 배부기준(인원수 또는 임원수 등)에 따라 각 원가 Category로 자동으로 배부를 하도록 설계되어 있다.	M	P	M	Key	재무팀	재무팀장	1. 대상기간 중 예산이 편성되어 있는 부서의 비용반영내역 중 무작위로 샘플을 추출한다. 2. 추출된 전표를 대상으로 실제 배부된 내용과 사전에 설정된 배부기준과 일치하는지의 여부를 확인한다.	공통비용 배부전표	3	T3-1-4
공정 단위별로 배부된 금액이 실제투입비용의 총합계금액과 차이가 생길 경우 시스템상 Error Message를 발생시켜 원가담당자가 이를 해결하고 있다.	M	P	A	Key	재무팀	재무팀장	무작위로 특정월을 선정하여 공정단위별로 배분되는 과정을 재수행하는 과정에서 합계금액이 차이가 날 경우 실제로 Error Message가 발생되는지의 여부를 확인한다.	배부금액 검증내역	1	T3-1-5
ERP system상 단위별 배부기준은 현업에서 실제 투입된 물량이 정확하게 기재되어 있으며, 이러한 설정은 임의의 Access에 의해 변경될 수 없다.	M	P	A	Key	재무팀	재무팀장	ERP system상 입력된 실제 투입물량의 변경가능성에 대해서 재수행 등을 통한 통제의 유효성을 확인한다.	질문서	1	T3-1-6
생산기획팀에서 자체적으로 작성한 월별 생산 및 수율 현황과 ERP system상의 데이터를 이용하여 작성된 생산실적파일을 비교함으로써 상호검증을 수행한다.	M	P	M	Key	재무팀	재무팀장	1. 생산기획팀에서 작성한 월별생산 및 수율 현황에서 무작위로 표본추출한다. 2. ERP system상의 데이터와 상호대사하여 일치 여부를 확인한다.	월별 생산 및 수율 현황	3	T3-1-7

10

Mega Process	Sub Process	Job Description No.	직무활동	Risk	관련 계정과목	경영자의 주장	통제목적
원가 계산	제조원가	3-1-8	원가마감 자료의 승인	제조단가계산이 계산상의 오류 등을 포함하고 있음에도 수정 없이 그대로 승인될 위험	제품/ 재공품/ 매출원가/	C, A/ C, A/ C, A	계산된 제조단가는 월별 비교 및 비용분석 등을 통해 계산과정상의 오류존재여부 및 관리목적상의 개선사항 등에 대한 체크를 수행하며, 담당이사의 승인을 득한다.
원가 계산	재고실사	3-2-1	실사계획서의 작성 및 승인	재고실사가 형식적으로 이루어지고, 실물과 장부의 차이가 규명되지 못할 위험	재고자산/ 제조원가	C, E/ C, E, A	재고흐름의 실물통제 및 실사는 적정하게 이루어져야 한다.
원가 계산	재고실사	3-2-2	실사결과의 집계	재고자산 장부수량과 실물수량에 차이가 발생할 위험	재고자산/ 제조원가	C, E/ C, A	재고자산 장부수량과 실물수량은 일치한다.
원가 계산	재고실사	3-2-3	실사차이의 원인파악 및 결과보고	재고자산 장부수량과 실물수량의 차이원인이 무시될 위험	재고자산/ 제조원가	C, E/ C, A	재고자산 장부수량과 실물수량은 일치한다.
원가 계산	재고실사	3-2-4	실사차이 전표작성 및 승인	재고자산 장부수량과 실물수량의 차이내역이 장부에 적절히 반영되지 못할 위험	재고자산/ 제조원가	C, E/ C, A	재고자산 장부수량과 실물수량은 일치한다.
원가 계산	재고자산 평가	3-3-1	장기재고에 대한 관리	Non-Moving의 기준이 임의적으로 결정됨에 따라 평가손실이 왜곡될 위험	제품/ 재공품/ 미착품/ 매출원가/	V/ V/ V/ C, A	6개월 이상의 장기재고는 자산가치를 고려하여 생산공정에 재투입 또는 용도변경한다.

통제활동	통제 주기	통제유형 예방 or 적발	통제유형 자동화 or 수동화	Key/ Non Key	통제 관련팀	통제평가 책임자	테스트방법	샘플모집단	샘플 수	Test No.
원가계산 확정 후 당월손익 및 누적손익보고자료를 작성하여 담당이사의 승인을 득한다.	M	D	M	Key	재무팀	재무팀장	1. 원가담당자가 작성한 당월손익 및 누적손익보고자료에 담당이사의 승인 여부를 확인한다. 2. 원가담당자가 작성한 당월손익 및 누적손익보고자료에 품목별 단가추이 등 분석내용이 포함되어 있는지 확인한다.	월별 손익 및 누적 손익 보고자료	3	T3-1-8
재고의 실사는 반드시 재고실사계획서에 의하여 체계적으로 이루어진다.	A	D	M	Key	생산기획팀/생산팀/영업팀/구매팀/부자재팀/재무팀	생산기획팀/생산팀/영업팀/구매팀/부자재팀/재무팀/대표이사	1. 재고의 실사는 반드시 재고실사계획서에 의해 체계적 실시 여부(재고실사계획서의 승인) 및 최소한 1년에 2번은 실사하고, 1번은 일부품목만 추출하여 실사(실사결과보고서 승인)하고, 연말 또는 반기에는 전수실사 여부를 검토한다.	재고실사 계획서	1	T3-2-1
원가담당자는 실사를 수행한 전 부서로부터 각 부서장의 승인을 득한 실사내역을 누락없이 집계한다.	A	D	M	Key	생산기획팀/생산팀/영업팀/구매팀/부자재팀/재무팀	생산기획팀/생산팀/영업팀/구매팀/부자재팀/재무팀/대표이사	1. 자재담당자는 실사를 수행한 전 부서로부터 각 부서장의 승인을 득한 실사내역을 누락 없이 수령하였는지 확인한다.	승인받은 실사리스트	1	T3-2-2
재고자산 실사담당자는 실사차이 결과를 집계하고, 실사보고서를 작성하여 전결권자의 승인을 받는다.	A	D	M	Key	재무팀	재무팀장	1. 실사보고서에 대표이사의 승인이 있는지 확인한다.	실사보고서	1	T3-2-3
원가담당자는 실사차이내역을 검토하여 감모손실(매출원가 또는 영업외비용) 전표를 발의하여 승인을 득한다.	A	D	M	Key	재무팀	재무팀장	1. 감모손실(매출원가 또는 영업외비용) 전표에 승인을 득하였는지 확인한다.	실사차이 반영 전표	1	T3-2-4
6개월 Non-moving의 명확한 기준을 설정함에 따라 임의적 적용을 배제하고 있다.	M	D	M	Non Key	원자재 1팀, 영업팀(제품)	원자재 1팀장, 영업팀장(제품)	무작위로 특정월을 선정하여 정상재고로 분류된 Device별 재고자산 중 6개월 이상 Non-Moving항목이 포함되었는지 여부를 확인한다.	장기재고 검토내역	3	T3-3-1

10

Mega Process	Sub Process	Job Description No.	직무활동	Risk	관련 계정과목	경영자의 주장	통제목적
원가계산	재고자산 평가	3-3-2	재고자산 평가손익 전표작성 및 승인	재고자산을 적절하게 평가하지 못할 위험	제품/ 재공품/ 원재료/ 매출원가/	V/ V/ V/ C, A	재고자산은 저가법으로 평가된다.
인사급여	일반	4-1-1	채용 및 선발	신입사원에 대한 원시데이터가 인사정보 시스템상 정보와 일치하지 않을 위험	급여	C, E	신입사원에 대한 원시데이터는 인사정보 시스템에 적시에 정확하게 입력된다.
인사급여	일반	4-1-2	승진 및 전임	1. 인사변동사항의 누락 또는 오류로 인하여 직원에 대한 보상이 왜곡될 위험 2. 전임 등 인사변동에 따른 업무공백으로 인하여 재무적 손실이 발생할 위험	급여	C, E	인사정보는 누락 또는 오류 없이 완전하게 기록되며 승진심의 시 반영된다. 인사변동에 따른 업무공백을 방지한다.
인사급여	급여계산	4-2-1	급여	급여자료의 누락 또는 오류로 인하여 부정확한 급여산정 및 재무제표가 왜곡될 위험	급여	C, A	급여자료는 누락 또는 오류 없이 완전하게 반영된다.
인사급여	급여계산	4-2-2	급여	지급 또는 공제내역이 정확하게 급여 계산에 반영되지 못할 위험	급여	C, A	급여의 지급내역 및 공제내역은 급여계산에 정확하게 반영된다.
인사급여	급여계산	4-2-3	급여의 지급	급여 계산내역과 지급내역이 불일치할 위험	급여	C, A	급여계산은 정확하게 이루어져야 하며, 계산된 금액은 정확하게 이체되어야 한다.
인사급여	퇴직금 계산	4-3-1	퇴직	실제 퇴사자가 아닌 가공의 인물에 대하여 퇴직금을 지급할 위험 및 적정한 금액이 아닌 퇴직금이 지출될 위험	퇴직부채/ 퇴직급여	C, A	실제 퇴사자에게 퇴직금이 지급이 되어야만 하고 퇴직금은 정확하게 계산 및 지출되어야 한다.
인사급여	퇴직금 계산	4-3-2	퇴직부채 및 퇴직연금운용자산	연금계리방식에 따른 퇴직부채 계산이 적정하지 않을 위험과 퇴직연금운용자산이 적정하게 계상되지 않을 위험	퇴직부채/ 퇴직연금 운용자산/ 보험수리적 손익/ 퇴직급여	C, A	IFRS에서 규정하고 있는 퇴직부채 및 퇴직연금운용자산의 적정한 계상

통제활동	통제주기	통제유형		Key/Non Key	통제관련팀	통제평가책임자	테스트방법	샘플모집단	샘플수	Test No.
		예방 or 적발	자동화 or 수동화							
원가담당자는 매 분기 결산 시마다 재고자산에 대해 저가법을 적용하여 평가손익을 인식하는 전표를 작성하고 승인받는다.	Q	D	M	Key	재무팀	재무팀장	매 분기 결산 시마다 재고자산에 대해 저가법을 적용하여 평가손익을 인식하는 전표를 작성하고 승인받는지 확인한다.	재고자산평가손익 내역 및 전표	2	T3-3-2
신입사원에 대한 인사정보를 인사정보시스템에 등록하기 위해서, 이력서, 가족관계증명원, 자격증사본, 신체검사서 등을 확인한다.	M	D	M	Key	인사노무팀	인사노무팀장	신입사원에 대한 인사정보시스템상의 정보가 원시데이터(입사원서, 인사기록카드 등)와 일치하는지 대사 확인한다.	신규입사자 인사데이터(이력서, 가족관계증명원, 자격증사본, 신체검사서)	3	T4-1-1
승진대상자에 대한 인사정보시스템상 인사정보데이터와 원시자료를 대사 확인하여 인사변동 사항의 정확성을 확인한다. 업무인수인계 시 내부규정에 따른 <업무인수인계서>를 작성하여 서명날인 후 인수자와 감독자의 확인을 거친다.	A	D	M	Key	인사노무팀	재무팀	<업무인수인계서> 중 무작위로 샘플을 추출하여 감독자 및 인수자의 서명을 확인한다.	승진대상자 중 <업무인수인계서>	1	T4-1-2
현장에서는 일일근태내역을 ERP system에 정확하게 입력하여야 하며, 생산팀장은 이를 확인 후 승인한다. 지문 및 카드 시스템상 입출입 내역을 대사한다.	M	D	A	Key	인사노무팀	인사노무팀장	ERP system상 일일근태내역과 지문 및 카드시스템상 입출입 내역을 대사한다.	ERP system상 일일근태내역	1	T4-2-1
일일근태내역의 적정성 확인 및 각종 수당(가족수당, 직무수당, 자격수당, 근속수당, 위험수당)을 지급하는 근거와 일치하는지 확인한다.	M	D	M	Key	인사노무팀, 재무팀	인사노무팀장	급여대장에서 Sampling 하여 각종 수당과 관련한 원천증빙(가족관계증명원, 자격증, 직책 및 근속년수)과 대사한다.	급여대장	3	T4-2-2
급여대장상 급여지출액이 은행별 이체내역과 일치하는지 확인한다.	M	D	M	Key	재무팀	재무팀장	급여대장상 급여지출액 총액이 은행별 이체내역 총액과 일치하는지 확인한다.	급여대장	3	T4-2-3
사직서 및 승인 여부를 확인하고 퇴직금 작업을 하며, 최종적으로 퇴직금원천징수영수증과 이체증빙이 일치하는지 확인한다.	M	D	M	Key	인사노무팀	인사노무팀장	퇴사자들 중 Sampling 하여 실제 사직서가 있는지 확인하고, 퇴직금원천징수영수증과 이체증빙이 일치하는지 확인한다.	ERP system 퇴사자 명단	3	T4-3-1
분기별로 퇴직연금사업자로부터 연금계리보고서를 입수한 후 보고서에 따라서 계상한다. 퇴직연금운용자산 적립내역도 분기별로 입수하여 전표입력한다.	Q	D	M	Key	재무팀	재무팀장	재무제표에 계상된 퇴직부채가 연금계리보고서상 금액과 일치하는지 검토한다. 재무제표에 계상된 사외적립자산이 연금사업자로부터 받은 사외적립자산 운용내역서와 일치하는지 검토한다.	연금계리보고서, 사외적립자산 운용보고서	2	T4-3-2

Mega Process	Sub Process	Job Description No.	직무활동	Risk	관련 계정과목	경영자의 주장	통제목적
유형자산	유형자산 투자	5-1-1	<연간투자계획>의 수립	<연간투자계획>이 잘못되어 회사가 손해를 입을 위험	-	C, E, A/P	<연간투자계획>을 통하여 연간투자활동이 효율적으로 이루어지도록 한다.
유형자산	유형자산 투자	5-1-2	구매주문서(PO)의 생성	유형자산 소요 부서에서 요구한 유형자산을 구매하지 않을 위험	유형자산	C, E, A/P	유형자산 소요 부서에서 요구하는 품질 등을 만족할 수 있는 적정한 물품을 구매
유형자산	유형자산 투자	5-1-3	접수창고에서의 검수	주문된 물품과 다른 물품이 입고되거나 수량이 불일치할 위험	유형자산	C, E, A/P	주문된 물품의 사양이나 수량이 정확하게 입고되도록 한다.
유형자산	유형자산 투자	5-1-4	계정과목 생성	실질과 다른 계정과목의 생성으로 인하여 회사 재무제표가 왜곡될 위험	유형자산/유형자산의 증감	C, E, A/P	회사의 회계규정에 맞도록 적정하게 유형자산을 분류한다.
유형자산	관리 및 보호	5-2-1	정기 실사 및 특별실사, 실사차이내역 규명	보유 자산에 대한 실사가 수행되지 않음에 따라 장부상 자산가액과 실제 보유 자산의 차이 존재 시 적발되지 않을 위험	유형자산	E, A	정기적인 실사수행 및 특정사유 발생 시 특별실사를 수행하여 장부상 보유자산과 실제 보유자산의 차이를 파악할 수 있게 하며, 차이발생을 예방할 수 있게 한다. 차이내역의 원인파악이 수행되며, 재무팀은 검토업무를 통해 장부에 적절하게 반영한다.
유형자산	관리 및 보호	5-2-2	감가상각내역 및 결산관리	보유 자산에 대한 감가상각이 적정하게 이루어졌으며 누락/오류로 인한 과대 과소 계상될 위험	감가상각비	E, A	보유자산에 대한 신규 및 처분내역과 감가상각비의 올바른 계상이 이루어져야 한다.
유형자산	관리 및 보호	5-2-3	재산종합보험	보유 자산에 대해 발생가능한 위험을 회피할 수 있는 보험 가입이 수행되지 않음에 따라 회사 자산이 적절하게 보호되지 않을 위험	유형자산 담보 주석	E, A	보유 자산에 대한 보호를 위해서 승인권자에 대한 승인을 통해 보험에 가입되도록 한다.

통제활동	통제주기	통제유형		Key/Non Key	통제 관련팀	통제평가 책임자	테스트방법	샘플모집단	샘플수	Test No.
		예방 or 적발	자동화 or 수동화							
생산본부 등에서 작성된 <총연간사업계획서>는 생산본부장의 승인을 얻는다. 확정된 <총연간사업계획서>는 부자재팀장의 승인을 얻는다.	A	D	M	Key	부자재팀장, 재무팀장, 현업부서팀장	구매본부장	1. <총연간사업계획서>를 검토, 승인한 회의록을 입수한다. 2. <총연간사업계획서>에 대한 검토 및 승인이 이루어졌는지 회의록 내용을 확인한다.	<총연간사업계획서>	1	T5-1-1
생산본부에서 작성한 품의서 또는 구매의뢰결의서 등을 받아야만 부자재팀은 구매할 수 있다.	M	D	M	Key	부자재팀, 생산본부	부자재팀장, 생산본부장	자산대장에서 당기에 구매한 유형자산을 Sampling한 후 소요부서에서 생성한 품의서 또는 구매의뢰서와 일치하는지 검토한다.	자산대장 중 당기 취득자산	3	T5-1-2
부자재팀 담당자는 접수창고에서 거래명세서(내수) 또는 수입면장(수입)과 실제 입고되는 물품수량 및 외형을 대조확인하고 ERP system상 미입고 현황과 대조한다.	M	D	M	Key	부자재팀, 생산본부	부자재팀장, 생산본부장	ERP system상 입고내역 중 Sampling하여 발주처로부터 받은 거래명세서와 일치하는지 검토한다.	ERP system상 입고내역	3	T5-1-3
부자재팀 담당자가 자산 대체를 진행하기 전 재무팀에 문의하고, 전결 규정에 의해 부자재팀장의 결재를 득한 후, 재무팀으로 이관한다.	M	D	M	Key	부자재팀, 재무팀	재무팀장	당기 취득 유형자산 중 Sampling하여 회사의 회계규정에 맞추어 유형자산, 소모품, 수선품 등으로 분류가 적절히 되었는지 검토한다.	자산대장 중 당기 입고분	3	T5-1-4
회사는 보유 유형자산에 대한 정기실사 및 특별실사를 수행한 후, 실사차이 원인을 자산관리부서가 파악하여 이를 재무팀이 검토한다.	A	D	M	Key	재무팀, 부자재팀, 생산본부	재무팀장, 생산본부장	유형자산 실사 후 생성되는 차이내역 보고서 및 품의서가 존재하는지 검토한다.	자산실사 차이내역 보고서	1	T5-2-1
유형자산 증감 내역이 유형자산 명세서에 반영되었으며 감가상각이 올바르게 반영이 되었는지 검토한다.	M	D	A	Key	재무팀	재무팀장	ERP system상 감가상각 계산 내역과 손익계산서 및 제조원가명세서상 감가상각금액과 일치하는지 검토한다.	자산대장	1	T5-2-2
보유자산에 대한 위험을 회피하기 위해서 승인절차를 통해 보유자산에 대한 보험을 가입하고 있다.	A	D	A	Key	재무팀	재무팀장	추출된 최종 보험계약에 부보자산이 회사보유자산을 포괄하고 있는지와 최종 승인권자의 승인이 적절하게 포함되어 있는지 여부를 확인한다.	자산대장	1	T5-2-3

Mega Process	Sub Process	Job Description No.	직무활동	Risk	관련 계정과목	경영자의 주장	통제목적
유형자산	관리 및 보호	5-2-4	임대 계약 체결 및 임대 거래 인식	보유 자산에 대한 임대계약 체결 시 적절한 승인권자의 승인 없이 수행될 위험	유형자산/임대보증금/임대수익	E, A/ C, E, A/ C, E, A	임대계약체결은 관련부서 간 업무협조를 통해 수행되며 최종 승인권자의 승인을 통해 수행되도록 한다. 계약담당자와 입금담당자의 업무분장으로 거래의 정확성을 검증한다.
유형자산	관리 및 보호	5-2-5	유지/보수	보유 자산에 대해 수선 유지 수행을 하지 않음으로 자산의 재무적 손실 또는 생산 능력이 감소될 위험. 자본적 지출과 수익적 지출의 과대과소계상될 위험	유형자산/소모수선비	E, A	적시에 적정한 유지보수활동을 통하여 최상의 성능을 발휘할 수 있도록 조치한다.
유형자산	유휴자산 재사용 및 처분	5-3-1	유휴자산 발생통보 및 매각계약체결	매각 절차에서 발생가능한 공모 또는 부정 등의 비윤리적 행위로 인해 회사의 자산이 비정상적으로 처분될 가능성	유형자산/유형자산 처분손익	C, E, A/ C, E, A	불용판정 받지 아니한 유형자산의 처분등이 발생하지 아니하도록 한다.
유형자산	자산손상	5-4-1	자산손상	유형자산의 부적절한 평가는 회사의 자산을 과대 또는 과소계상할 위험	유형자산/손상차손	E, A	IFRS 1016호에서 규정하고 있는 유형자산의 자산손상이 재무제표에 적절히 반영될 수 있도록 한다.
유형자산	자산손상	5-4-2	자산손상	유형자산의 부적절한 회계기간의 기록은 기간손익의 왜곡을 초래할 위험	유형자산/손상차손	E, A	IFRS 1016호에서 규정하고 있는 유형자산의 자산손상이 재무제표에 적절히 반영될 수 있도록 한다.
공시통제	공시규정 등의 관리 및 유지	6-1-1	공시관련 교육	공시는 완전히 적시에 그리고 정확히 공시한다.	모든 계정	C, P	공시가 부적절하게 공시될 위험
공시통제	공시규정 등의 관리 및 유지	6-1-2	공시자료 보관	공시자료는 안전하게 보관한다.	모든 계정	C, P	공시자료가 안전하게 보관하지 않을 위험
공시통제	정기공시	6-2-1	정기공시	정기공시는 완전히 적시에 그리고 정확히 공시한다.	모든 계정	C, P	정기공시가 부적절하게 공시될 위험
공시통제	정기공시	6-2-2	정기공시	정기공시는 완전히 적시에 공시한다.	모든 계정	C, P	정기공시가 부적절하게 공시될 위험
공시통제	정기공시	6-2-3	정기공시	정기공시는 완전히 적시에 공시한다.	모든 계정	C, P	정기공시가 부적절하게 공시될 위험

통제활동	통제 주기	통제유형		Key/ Non Key	통제 관련팀	통제평가 책임자	테스트방법	샘플모집단	샘플 수	Test No.
		예방 or 적발	자동화 or 수동화							
회사보유자산에 대한 임대계약최종보고는 총무담당상무 또는 CFO에 보고되어 승인받고 있다. 업무분장으로 상호대조가 되며 거래의 정확성이 검증되고 있다.	Q	D	M	Key	총무팀	총무팀장	임대계약건 중 Sampling하여 임대계약서, 임대관련품의서가 있는지 검토하며, 품의서에는 관련부서장의 승인이 있는지 검토한다.	임대보증금 명세서	2	T5-2-4
생산본부에서 생성하는 소모품 등과 관련한 구매의뢰서가 발생 시 부자재팀은 적시에 공급하며, 부자재팀은 생산본부에서 생성하는 구매의뢰서 없이 독단적으로 구매할 수 없다.	M	P	M	Key	부자재팀	부자재 팀장	소모품비 수선비 계정에서 Sampling하여 생산본부에서 작성한 구매의뢰서가 있었는지 검토한다.	소모품비, 수선비 원장	3	T5-2-5
반드시 생산본부로부터 불용판정을 받고 처분과 관련된 품의서를 획득한 이후에 처분할 수 있도록 한다.	Q	D	M	Key	생산본부, 부자재팀	생산 본부장, 부자재 팀장	자산대장에서 당기에 처분한 내역 중 Sampling하여 생산본부로부터 제출된 처분관련 품의서가 존재하는지 검토한다.	자산대장	2	T5-3-1
재무팀 담당자는 손상징후 테스트를 위한 점검표를 구비하여 매 결산시점에 손상징후 테스트를 수행하고 수행결과에 대해 재무팀장의 승인을 득한다.	A	D	M	Non Key	재무팀	재무팀장	손상징후테스트에 운영지원팀장의 승인을 있는지 확인한다.	손상징후 테스트 점검표	1	T5-4-1
유형자산의 손상, 환입에 대한 회계처리 결과는 재무팀장의 승인을 받는다.	A	D	M	Non Key	재무팀	재무팀장	1. 유형자산의 손상/환입된 List를 확보하고 표본을 선정한다. 2. 표본선정된 손상/환입 회계처리가 운영지원팀장의 승인이 있었는지 확인한다.	유형자산 손상 품의서	1	T5-4-2
공시담당자는 주기적으로 공시관련법규교육을 받는다.	A	P	M	Key	재무팀	재무팀장	상장회사협의회의 교육일정표에 따라 수료증을 검토한다.	교육일정표, 수료증	1	T6-1-1
공시 및 공시관련자료는 일정기간 동안 분리된 서고에 보관한다.	A	P	M	Key	재무팀	재무팀장	서고에 보관된 공시자료가 구분되어 있는지 검토한다.	공시자료 분류	1	T6-1-2
공시담당자는 정기공시와 관련 결산 및 현업담당자에게 공시관련자료 및 제출일정을 통보한다.	Q	P	M	Key	재무팀	재무팀장	통보된 공시관련자료 및 제출일정표를 입수하여 검토한다.	공시관련 일정표	2	T6-2-1
공시담당자는 각 부서장으로부터 받은 공시관련자료를 검토하고 공시문서를 작성한다.	Q	P	M	Key	재무팀	재무팀장	공시문서를 입수하여 현업부서담당자에게 제출받은 공시자료와 검토한다.	공시기초 자료	2	T6-2-2
공시담당자는 감사받은 재무정보를 포함한 정기보고서를 사전검토한다.	Q	P	M	Key	재무팀	재무팀장	공시담당자가 각 사업부서 담당자에게 정기보고서 특이사항에 대하여 질문한다.	인터뷰	2	T6-2-3

10

Mega Process	Sub Process	Job Description No.	직무활동	Risk	관련 계정과목	경영자의 주장	통제목적
공시 통제	정기공시	6-2-4	정기공시	정기공시는 완전히 적시에 공시한다.	모든 계정	C, P	정기공시가 부적절하게 공시될 위험
공시 통제	정기공시	6-2-5	정기공시	정기공시는 완전히 적시에 공시한다.	모든 계정	C, P	정기공시가 부적절하게 공시될 위험
공시 통제	수시공시	6-3-1	수시공시	수시공시는 완전히 적시에 공시한다.	모든 계정	C, P	수시공시가 부적절하게 공시될 위험
공시 통제	수시공시	6-3-2	수시공시	수시공시는 완전히 적시에 공시한다.	모든 계정	C, P	수시공시가 부적절하게 공시될 위험
결산 관리	현장전표 관리	7-1-1	매뉴얼 전표 생성	승인되지 않은 회계기표로 인하여 재무정보의 신뢰성이 훼손될 위험	전 계정	E, P	회계전표는 정당한 승인마감을 거친 후 재무제표에 반영된다.
결산 관리	결산관리	7-2-1	주석사항 집계 및 검토	주석사항이 정확히 공시되지 아니할 위험	전 계정	P	주석사항은 누락 또는 오류 없이 정확하게 재무제표에 반영된다.
결산 관리	결산관리	7-2-2	재무제표 검토	결산조정 사항이 누락되어 회사의 재무정보가 왜곡될 위험	전 계정	P	결산조정사항은 누락 또는 오류 없이 정확하게 재무제표에 반영된다.
결산 관리	결산관리	7-2-3	재무제표 보고	재무제표가 승인받지 않고 공시될 위험	전 계정	P	재무제표는 적절한 승인권자의 승인을 득한 후 공시된다.
결산 관리	결산관리	7-2-4	재무제표 보고	재무제표가 승인받지 않고 공시될 위험	전 계정	P	재무제표는 적절한 승인권자의 승인을 득한 후 공시된다.
결산 관리	연결결산 관리	7-3-1	연결재무제표 보고	연결재무제표의 재무정보가 왜곡될 위험	연결재무제표 전 계정	P	연결재무제표상 종속기업의 재무정보가 오류 없이 정확하게 연결재무제표에 반영된다.
결산 관리	연결결산 관리	7-3-2	연결재무제표 보고	연결재무제표의 재무정보가 왜곡될 위험	연결재무제표 전 계정	P	연결재무제표상 특수관계거래와 관련된 정보가 정확하게 주석에 반영된다.

통제활동	통제주기	통제유형		Key/Non Key	통제 관련팀	통제평가 책임자	테스트방법	샘플모집단	샘플수	Test No.
		예방 or 적발	자동화 or 수동화							
공시담당자가 작성한 공시관련자료(사업보고서)를 대표이사 및 공시책임자의 서명을 받는다.	Q	P	M	Key	재무팀	재무팀장	공시관련자료를 입수하여 대표이사 등의 서명 여부를 검토한다.	공시자료	2	T6-2-4
공시 및 공시관련자료는 일정기간동안 분리된 서고에 보관한다.	Q	P	M	Key	재무팀	재무팀장	서고에 제본된 정기공시자료가 순차적으로 보관되어 있는지 검토한다.	정기공시 자료분류표	2	T6-2-5
수시공시가 필요한 자료에 대하여 각 부서장에게 받는다.	Q	P	M	Key	재무팀	재무팀장	통보된 공시관련자료를 검토한다.	공시관련 자료 및 제출일정표	2	T6-3-1
공시담당자는 해당부서로부터 입수한 공시관련자료를 검토하고 공시문서를 작성하여 대표이사 승인을 득한 후 공시한다.	Q	P	M	Key	재무팀	재무팀장	공시문서를 입수하여 공시문서 작성 및 승인을 득하고 공시한다.	공시문서 및 공시자료	2	T6-3-2
전표 승인은 증빙자료와의 일치 여부를 파악 후 이루어진다.	O	D	M	Key	재무팀	재무팀장	Posting된 전표의 완전성, 근거자료와의 일치 여부 및 승인의 적정성에 대하여 검사한다.	Posting 전표	40	T7-1-1
재무팀 결산총괄담당은 보고된 주석사항에 대하여 시산표와 대사하여 정확성을 검토한다.	Q	D	M	Key	재무팀	재무팀장	주석사항과 시산표와 대사한다.	시산표와 주석사항 전수	2	T7-2-1
회계팀 결산총괄담당은 시산표에 결산조정사항이 모두 정확하게 반영되었는지 검토한다.	M	D	M	Key	재무팀	재무팀장	결산조정사항과 시산표와 대사한다.	결산조정 사항 전수	3	T7-2-2
분기별 최종재무제표는 CFO의 승인을 득한다.	Q	D	M	Key	재무팀	재무팀장	ERP system에서 마감의 물리적 접근통제가 이루어지는지 확인한다.	승인된 기안서 및 분기별재무제표가 포함된 사업보고서	2	T7-2-3
결산완료 후 월 손익 및 익월추정손익에 대하여 CFO 및 대표이사의 승인을 득한다.	M	D	M	Key	재무팀	재무팀장	월별손익보고서상 CFO 및 대표이사의 승인을 확인한다.	월별 손익보고서	3	T7-2-4
연결결산을 위하여 사전에 soft copy를 수취하고, 추후 연결대상 종속법인으로부터 날인 재무제표를 수취하여 대사한다.	Q	D	M	Key	재무팀	재무팀장	종속회사 재무제표 soft copy 및 날인재무제표의 일치를 대사한다.	종속회사 재무제표 soft copy, 날인재무제표	2	T7-3-1
모기업에서 정리한 특수관계거래와 종속기업으로부터 수취한 특수관계거래를 대사하여 차이점에 대하여 이메일을 발송하여 추가확인한다.	Q	D	M	Key	재무팀	재무팀장	회사가 작성한 특수관계거래 내역과 종속회사로부터 수취한 주석사항을 대사하여 특이사항에 대하여 이메일을 발송하여 추가확인한다.	회사가 작성한 특수관계거래내역, 차이점에 대한 이메일 발송내역	2	T7-3-2

10

Mega Process	Sub Process	Job Description No.	직무활동	Risk	관련 계정과목	경영자의 주장	통제목적
결산관리	연결결산관리	7-3-3	연결재무제표 보고	연결재무제표의 재무정보가 왜곡될 위험	관계기업투자주식, 지분법손익	P	연결재무제표상 관계기업투자주식에 대하여 지분법 평가가 정확히 반영된다.
자금	일반	8-1-1	연간자금계획수립	부적절한 자금계획으로 인하여 유효한 투자기회를 상실하거나 투자수익률이 낮아질 위험	금융자산, 금융부채	E, V/E, V	적절한 자금계획을 수립하여 투자기회와 적절한 투자수익률 획득할 수 있도록 통제한다.
자금	일반	8-1-2	일일자금계획수립	부적절한 자금계획으로 인하여 유효한 투자기회를 상실하거나 투자수익률이 낮아질 위험	금융자산, 금융부채	E, V/E, V	적절한 자금계획을 수립하여 투자기회와 적절한 투자수익률 획득할 수 있도록 통제한다.
자금	일반	8-1-3	금융기관별 금리현황 등 파악	부적절한 거래금융기관에 대한 평가, 선정 및 한도관리로 인하여 재무적 손실 또는 유동성위험이 발생할 위험	금융자산, 금융부채	E, V/E, V	승인된 단기자금의 적절한 운용으로 목표 투자수익률을 획득한다.
자금	일반	8-1-4	통장보관 및 실재성 파악	현금성자산의 보관이 적절히 이루어지지 않아 자금의 유용이나 부정이 발생할 위험	현금및현금성자산	E, V/E, V	현금성자산은 주기적으로 실사하여 문서화하고 있다.
자금	일반	8-1-5	통장보관 및 실재성 파악	현금성자산의 보관이 적절히 이루어지지 않아 자금의 유용이나 부정이 발생할 위험	금융자산, 금융부채	E, V/E, V	현금성자산은 주기적으로 실사하여 문서화하고 있다.
자금	일반	8-1-6	미수이자의 인식, 해지처리 및 이자회수	이자수익과 미수수익이 정확하게 계상되지 않을 위험 기간별 이자수익을 잘못 계상할 위험	미수수익, 이자수익	E, V/E, V	투자한 금융상품 등에 따른 미수수익, 수입이자에 대해 정확하게 회계처리하고 발생주의에 의한 이자수익을 인식하고 미수이자를 계상한다.
자금	일반	8-1-7	전자결제	전자결제 등에 의한 통제를 소홀히 하여 부정과 오류가 발생할 위험	금융자산, 금융부채	E, V/E, V	전자결제에 대해서 적절한 통제가 이루어지고 있다.
자금	일반	8-1-8	법인카드 사용통제	법인카드의 부적절한 승인절차로 부정 및 오류가 발생할 위험	미지급금	C, V	법인카드의 사용은 적절한 통제가 이루어지고 있다.
자금	일반	8-1-9	지분투자활동	승인받지 못한 투자관련 거래가 발생함으로서 회사 자산의 부정과 오류가 발생할 위험	투자유가증권	E, V	회사의 출자관련 거래는 정당한 승인절차를 거쳐 이루어진다.

통제활동	통제주기	통제유형		Key/Non Key	통제 관련팀	통제평가 책임자	테스트방법	샘플모집단	샘플수	Test No.
		예방 or 적발	자동화 or 수동화							
지분법적용대상이 되는 관계기업투자주식에 대한 지분법 회계처리에 대하여 담당자는 지분법 평가를 수행한 후 재무팀장 및 CFO의 승인을 득한다.	Q	D	M	Key	재무팀	재무팀장	지분법 회계처리 담당자가 작성한 지분법평가내역에 대하여 관련 회계전표와 산출내역에 대하여 재무팀장 및 CFO 승인을 확인한다.	지분법평가자료에 대한 재무팀장 및 CFO 승인	2	T7-3-3
"연간자금계획"의 실행가능성을 검토하고 CEO에게 보고되고 승인을 받는다.	A	P	M	Key	재무팀	재무팀장	"연간자금계획서"를 징구하여 실행가능성과 CFO의 승인여부를 문서검사한다.	연간자금계획	1	T8-1-1
"일일자금계획"의 실행가능성을 검토하고 CEO에게 보고되고 승인을 받는다.	D	P	M	Key	재무팀	재무팀장	"일일자금계획"를 징구하여 실행가능성과 CFO의 여부를 문서검사한다.	일일자금계획	25	T8-1-2
금융자산의 담당자는 "기관별 금리현황" 등을 파악하여 "일일자금계획"에 첨부하여 상급자에게 보고하고 승인을 득한다.	D	P	M	Key	재무팀	재무팀장	"일일자금계획"상 단기자금투자 시 "기관별 금리현황"이 첨부되었는지 문서검사한다.	단기투자자금에 대한 일일자금계획	25	T8-1-3
예·적통장 등은 적절한 물리적 통제장치가 있다.	D	D	M	Key	출납	재무팀장	예·적금통장이 적절한 물리적 통제장치가 있는지 해당 담당자에게 질문을 한다.	보통예금일계표	25	T8-1-4
관련상급자는 통장을 매월 잔액 실사 시 실사하고 그 결과를 문서화한다.	D	D	M	Key	출납	재무팀장	"보통예금일계표"가 적절한 승인권자의 승인을 득하였는지 확인한다.	보통예금일계표	25	T8-1-5
재무팀 결산담당자가 처리한 "미수수익명세서", "수입이자입금전표"를 재무팀장이 ERP 또는 잔액증명서와 전표상 기재사항 및 금액을 대사하여 검토한 후 승인한다.	M	D	M	Key	출납	재무팀장	"미수수익명세서"와 "수입이자입금전표"에 재무팀장의 서명기재가 있는지 문서검사한다.	미수수익명세서 및 수입이자입금전표	3	T8-1-6
전자결제로 계좌이체를 하기 위해서는 적절한 승인을 받고 계좌이체에 대한 물리적 접근통제(OTP 보관 등)가 이루어지고 있다.	M	P	M	Key	재무팀	재무팀장	전자결제내역에 재무팀장의 승인을 득하였는지 검토하며, 물리적 접근통제(OTP 보관 여부)에 대하여 질문을 한다.	전자결제내역	3	T8-1-7
회사는 법인카드사용과 관련하여 회사업무와 무관한 개인적 사용을 방지하기 위해서 내부결전규정 및 상급자의 결제승인이 이루어지고 있다.	M	D	M	Key	재무팀	재무팀장	테스트 대상 기간 중 작성된 "법인카드 월별현황"을 징구하여 적절한 모니터링을 하였는지 검사한다.	법인카드 월별현황	3	T8-1-8
투자계획서를 발의한 팀에서 지분의 신규취득 시 작성한 투자 품의서로 대표이사의 결재승인을 득한 뒤 이사회를 통해서 승인된다.	A	D	M	Key	재무팀	재무팀장	중요한 출자 및 출자지분의 처분 또는 공시를 요하는 경우 중 샘플을 추출하여 대표이사 승인, 이사회결의를 득하였는지 품의서와 이사회 의사록을 징구하여 확인한다.	투자품의서, 이사회 의사록	1	T8-1-9

Mega Process	Sub Process	Job Description No.	직무활동	Risk	관련 계정과목	경영자의 주장	통제목적
자금	받을어음	8-2-1	어음수령	받을어음에 대한 입금통제를 적절하게 하지 못해 자금의 유용이나 부정이 발생할 위험	받을어음	C, E, V	어음의 안전하고 적정한 보관 및 추심을 위하여 외부금융기관에 수탁하고, 통장과 기록을 대사한다.
자금	받을어음	8-2-2	만기회수	받을어음에 대한 만기통제를 적절하게 하지 못해 자금의 유용이나 부정이 발생할 위험	받을어음	C, E, V	받을어음의 만기자금입금내역은 제3자에 의하여 적절히 검토된다.
자금	받을어음	8-2-3	부도처리	부도어음에 대한 통제를 적절하게 하지 못해 자금의 유용이나 부정이 발생할 위험	받을어음, 대손상각비	C, E, V	부도가 된 어음에 대해서는 해당 담당자에 의하여 적절한 사후조치가 취해진다.
자금	받을어음	8-2-4	전자결제	인터넷뱅킹에 의한 통제를 소홀히 하여 부정과 오류가 발생할 위험	받을어음	E, V/ E, V	전자결제에 대해서 적절한 통제가 이루어지고 있다.
자금	외환관리	8-3-1	외화자금 수지계획 수립	부적절한 F/X 한도 관리로 인해 외환포지션에 과다하게 노출되어 재무적 손실이 발생할 위험	외환자산, 외화부채, 외화환산 손익, 외환차손익	C, E, V/ C, E, V	F/X거래한도를 적정하게 관리할 수 있는 수준으로 관리하도록 한다.
자금	외환관리	8-3-2	무역대금 지급	적절한 승인 및 기록이 되지 않은 자금이 유출될 위험	외환자산, 외환부채, 외화환산 손익, 외환차손익	C, V/ C, V	적절한 절차를 거쳐 정확한 출납결산이 이루어지도록 한다.
자금	외환관리	8-3-3	외화환산 손익	외환거래로 인하여 발생한 손익을 정확하게 기록하지 않음으로서 재무제표가 왜곡될 위험	외환자산, 외환부채, 외화환산 손익, 외환차손익	C, E, V	외환거래로 인하여 발생한 손익은 정확하게 기록된다.
자금	차입금	8-4-1	연간자금 조달 계획 수립	부적절한 자금조달로 재무적 손실이 발생하거나 계속기업가정이 타당하지 않을 위험	차입금, 이자비용	C, V	불필요한 자금조달로 인한 자금수급의 불균형 및 유동성 리스크를 방지하기 위해 안정된 자금조달을 위한 차입정책이 존재한다.
자금	차입금	8-4-2	월간자금 조달 계획 수립	부적절한 자금조달로 재무적 손실이 발생하거나 계속기업가정이 타당하지 않을 위험	차입금, 이자비용	C, V	불필요한 자금조달로 인한 자금수급의 불균형 및 유동성 리스크를 방지하기 위해 안정된 자금조달을 위한 차입정책이 존재한다.

통제활동	통제주기	통제유형		Key/Non Key	통제관련팀	통제평가책임자	테스트방법	샘플모집단	샘플수	Test No.
		예방 or 적발	자동화 or 수동화							
재무팀담당자는 영업사원이 수령해 온 받을어음을 발행일과 수령일 등을 기입하고, 금융기관의 <받을어음수탁통장>에 입고하고, 통장원본을 재무팀장이 확인한다.	M	D	M	Key	v	재무팀장	<받을어음수탁통장>을 징구하여 <받을어음 현황표>와 일치하는지 확인하고, 실물어음이 적시에 수탁되는지 관찰한다.	받을어음 현황표/당좌통장	3	T8-2-1
어음만기일에 거래처로부터 자금이 입금되면 해당 담당자 입금 여부를 확인하고 수금처리한다.	M	D	M	Key	재무팀	재무팀장	<받을어음입금전표>에 승인권자의 서명기재가 있는지 문서검사한다.	받을어음 입금전표	3	T8-2-2
해당 담당자는 받을어음이 부도가 나는 경우, 해당 금융기관으로부터 부도어음 원본을 회수하여 금고에 보관하고, 영업팀에 채권회수업무를 하도록 동 사실을 통보한다.	A	D	M	Key	재무팀	재무팀장	<부도어음처리통보서>를 징구하여 부도어음이 금고에 보관되어 있는지 확인하며, 거래처의 부도발생 시 현업팀에게 동 사실이 즉시 통보하는지 관찰한다. 부도발생으로 인한 회계철리가 적절한지 질문한다.	부도어음 처리통보서	1	T8-2-3
전자결제로 계좌이체를 하기 위해서는 적절한 승인과 물리적 통제 및 전산통제가 이루어지고 있다.	M	P	M	Key	재무팀	재무팀장	인터넷 계좌 이체 내역에 재무팀장의 승인을 득하였는지 문서검사한다.	인터넷계좌 이체내역	3	T8-2-4
해당 부서의 담당자는 "외화자금수지계획서"를 작성하여 재무팀장의 승인을 받는다.	M	D	M	Key	재무팀	재무팀장	<외화자금수지계획서>에 재무팀장의 승인을 득하였는지 문서검사한다.	외화자금 수지계획서	3	T8-3-1
무역대금집행결과에 대해서는 "지급전표"와 전산상에서 출력되는 "만기결제리스트", "은행지급증빙"을 첨부하여 재무팀장 승인을 득한다.	M	D	M	Key	재무팀	재무팀장	무역대금집행내역이 적절한 승인절차를 거쳤는지 문서검사를 하고, "지급전표"와 일치하는지 확인한다.	무역대금 집행내역	3	T8-3-2
담당자가 작성한 외화환산손익 전표는 상위감독자에 의하여 재계산 검증된 후 확정된다.	M	D	M		재무팀	재무팀장	외환차손익원장에서 기준환율을 적용하여 외환차손익이 정확하게 계산되었는지 재계산 검증한다.	원장과 대사확인	3	T8-3-3
차입금관련 해당 부서는 연간사업계획서상 연간차입계획을 수립하여 CFO 및 CEO의 승인을 득한다.	A	P	M	Key	재무팀	재무팀장	<연간자금조달계획>을 징구하여 CEO 및 CFO의 승인 여부를 문서검사한다.	연간자금 조달계획	1	T8-4-1
차입금관련 해당 부서는 연간사업계획서를 근거로 월단위로 자금조달계획을 작성해 CFO 및 CEO의 승인을 득한다.	M	P	M	Key	재무팀	재무팀장	월간 자금조달계획이 CEO 및 CFO의 승인을 득하였는지 문서검사한다.	월간자금 조달계획	3	T8-4-2

Mega Process	Sub Process	Job Description No.	직무활동	Risk	관련 계정과목	경영자의 주장	통제목적
자금	차입금	8-4-3	자금조달 업무분장	자금조달에 대한 업무분장이 적절하게 되지 않아 부정이나 오류가 발생할 위험	차입금, 이자비용	C, V	자금조달과 관련한 업무분장을 적절하게 하여 업무의 효율성을 도모한다.
자금	차입금	8-4-4	자금입금 관리	입금계좌 개설 절차가 통제되지 않아 차입금 조달 금액이 정당하지 않은 계좌로 외부 유출이 발생할 위험	차입금, 이자비용	C, V	차입계약에 따른 자금조달액은 정당한 승인절차를 거쳐 개설된 입금계좌를 통해 이루어진다.
자금	차입금	8-4-5	차입금 상환 및 이자 지급 관리	차입금 및 이자지급에 대한 승인이 부적절하게 이루어져 재무적 손실이 발생할 위험	차입금, 이자비용	C, V/ C, V	차입계약이 체결된 모든 부채와 관련된 지출은 적절한 승인을 거쳐 적시에 상환되도록 한다.
자금	차입금	8-4-6	신규 차입 결과 보고 및 매월 말 차입금 현황보고	부채 원금 및 이자비용이 재무제표에 적정하게 기록되지 않을 위험	차입금, 이자비용	C, V	모든 외부부채는 재무제표에 적절하게 기록보고되어야 한다.
자금	차입금	8-4-7	금융기관별 차입금 잔액과 회사의 차입 원장 대조 확인	부채 원금 및 이자비용이 재무제표에 적정하게 기록되지 않을 위험	차입금, 이자비용	C, V	모든 외부부채는 재무제표에 적절하게 기록보고되어야 한다.
자금	차입금	8-4-8	차입계약 관련 문서의 보관 관리	차입관련 중요정보에 대한 접근통제가 적절하게 이루어지지 않을 위험	차입금, 이자비용	C, V	차입관련 중요문서에 대한 접근통제가 적절하게 이루어진다.
자금	차입금	8-4-9	차입계약 약정	차입계약 약정을 준수하지 않아 회사에 재무적 손실을 초래할 위험	차입금, 이자비용	C, V	차입계약약정사항은 적절하게 준수되고 제3자에 의해 검토된다.
자금	차입금	8-4-10	금융자원 결산 Checklist 관리	금융자원 결산항목에 대한 평가가 적절하지 못해 재무제표가 왜곡 표시될 위험	차입금, 이자비용	C, V	금융자원에 대한 결산평가가 적절히 이루어지도록 한다.
자금	차입금	8-4-11	지급보증 관리	금융기관으로부터 자금 조달 관련해 회사 및 타인을 위해 제공한 지급보증의 부적절한 관리로 재무적 손실이 발생할 위험	차입금, 이자비용	C, E, V, O	금융기관으로부터 자금 조달 관련해 회사 및 타인을 위해 제공한 지급보증의 처리에 대한 관리가 적절히 이루어져야 한다.
자금	차입금	8-4-12	계약체결	차입이자율이 높을 경우 재무적 손실이 발생할 위험	차입금, 이자비용	C, V	단기자금의 차입 시 적절한 승인절차를 거쳐 금융기관 및 상품을 선택하여야 한다.

통제활동	통제주기	통제유형		Key/Non Key	통제 관련팀	통제평가 책임자	테스트방법	샘플모집단	샘플수	Test No.
		예방 or 적발	자동화 or 수동화							
자금조달과 관련하여 해당 부서 조직도를 통하여 업무가 분장되어 있다.	A	P	M	Key	재무팀	재무팀장	조직도를 입수하여 업무분장이 적절한지 검토한다.	조직도	1	T8-4-3
신규자금조달관련회사의 입금계좌는 지정된 계좌를 이용하며 입금전표는 승인권자의 승인을 득한다.	Q	D	M	Key	재무팀	재무팀장	자금조달입금전표가 금융팀장 및 자금담당임원의 승인 여부를 검토한다.	자금조달 입금전표	2	T8-4-4
차입금관련 해당 부서의 담당자는 전산상 이자비용 및 원금상환내역과 금융기관이 지급요청한 이자비용 및 원금상환내역이 일치하는지 검토하고 지출전표를 작성하여 승인권자의 승인을 득한다.	M	D	M	Key	재무팀	재무팀장	차입금이자지급전표가 금융팀장의 승인을 득하였는지 문서검사한다.	차입금 이자지급전표	3	T8-4-5
차입금관련 해당 부서의 담당자는 매월 말 신규 차입한 금액에 대한 차입계약내용 및 차입처별 미상환 잔액 등이 포함된 <차입금현황>을 작성해 자금담당임원 및 CFO에게 보고한다.	M	D	M	Key	재무팀	재무팀장	차입금현황표가 자금담당임원의 승인 여부를 검토한다.	차입금 현황	3	T8-4-6
차입금관련 해당 부서 담당자는 차입금잔액과 금융기관별 잔액증명서를 대조확인하고 전산상 자료와 확인하여 차입금의 완전성과 정확성을 검토한다.	M	D	M	Key	재무팀	재무팀장	<차입금금융기관별 현황>을 <금융기관별 잔액증명서>와 확인하여 일치 여부를 검토한다.	차입금 금융기관별 현황	3	T8-4-7
관련부서는 차입금 관련 정보를 문서보존기간 동안 접근통제를 하고 보관한다.	M	D	M	Key	재무팀	재무팀장	차입금 관련보고서가 문서보존 기간 동안 시건장치가 있는 서류함에 보관되고 있는지 확인한다.	차입금 관련 보고서	3	T8-4-8
회사는 차입에 대한 차입계약 약정을 검토를 하여 이를 차입기관에게 제출하여야 한다. 이와 관련해 회사의 CFO, CEO의 서명을 득한다.	Q	D	M	Key	재무팀	재무팀장	<차입계약약정에 대한 기안서>를 작성하여 CEO, CFO의 승인 여부를 확인한다.	차입계약 약정에 대한 기안서	2	T8-4-9
차입금 관련 결산 조정항목에 대한 체크리스트가 작성·유지되어 결산항목의 누락을 방지한다.	M	P	M	Key	재무팀	재무팀장	차입금관련 결산조정항목에 대한 체크리스트가 적정하게 작성되었는지 여부와 적절한 승인권자의 승인 여부를 검토한다.	금융자원 결산관련 체크리스트	3	T8-4-10
회사가 지급보증을 제공할지에 대해서 법무팀의 법적 검토를 거쳐 차입금관련 해당부서의 책임자 및 자금담당임원, CFO 및 CEO의 승인을 득한다.	Q	P	M	Key	재무팀	재무팀장	지급보증관련계약서가 적절한 승인권자의 승인 여부를 검토한다.	지급보증 관련 계약서	2	T8-4-11
차입금발행 해당 부서는 CP발행 및 단기차입금(당좌차월 포함)을 조달하는 경우 금융기관의 차입이자율을 검토한다.	Q	P	M	Key	재무팀	재무팀장	단기자금조달 주간사 선정품의서가 자금담당임원의 승인 여부를 검토한다.	단기자금조달 주간사 선정품의서	2	T8-4-12

10

Mega Process	Sub Process	Job Description No.	직무활동	Risk	관련 계정과목	경영자의 주장	통제목적
자금	차입금	8-4-13	금융보증부채	금융보증부채가 정확하게 재무제표에 계상되지 않을 위험	금융보증부채	C, V	금융보증계약에 대하여 공정가치로 재무제표에 계상되어야 한다.
자금	자본관리	8-5-1	유상증자	유상증자가 승인 없이 이루어져 정당하지 못한 자산의 외부유출이 발생할 가능성이 존재한다.	자본금, 주식발행초과금	E, P	유상증자는 정당한 승인절차를 거쳐 이루어져야 한다.
자금	자본관리	8-5-2	유상증자	유상증자 시 주금납입에 대한 미확인으로 인한 관련자들의 부정 및 횡령이 발생할 위험이 존재한다.	자본금, 주식발행초과금	E, P	유상증자 시 주금납입을 정확하게 확인한 후에 증자등기가 이루어져야 한다.
자금	자본관리	8-5-3	자기주식	회사의 자기주식 취득 관련한 거래가 정당한 승인절차를 거치지 않아 자기주식 취득 관련 거래의 부정과 오류가 발생할 위험	자기주식	E, P	회사의 자기주식 취득관련 거래는 정당한 승인절차를 거쳐 이루어진다.
자금	자본관리	8-5-4	자기주식	승인받지 못한 자기주식 처분관련 거래가 발생함으로서 회사 자산의 부정과 오류가 발생할 위험	자기주식	E, P	회사의 자기주식 처분관련 거래는 정당한 승인절차를 거쳐 이루어진다.
세무	법인세	9-1-1	세법 변경 및 중요 거래 관리	중요한 거래의 세무적 영향이 충분히 파악되지 아니하여 예상치 못한 재무적 손실을 입을 가능성	이연법인세자산(부채), 법인세비용, 당기법인세자산(부채)	C, E, A, P	중요한 거래의 세무적 영향이 충분히 파악되어 적절한 세무전략이 수립된다.

통제활동	통제주기	통제유형		Key/Non Key	통제 관련팀	통제평가 책임자	테스트방법	샘플모집단	샘플 수	Test No.
		예방 or 적발	자동화 or 수동화							
보증 등의 거래가 발생할 경우에 기준서에 따라 금융보증계약을 공정가치로 측정해야 하는지 검토한 후 회계처리한다.	A	D	M	Key	재무팀	재무팀장	이사회의사록 등을 확인하여 보증 등의 거래에 대하여 금융보증계약 공정가치 회계처리를 검토했는지 여부를 확인한다.	이사회의사록, 회계처리 검토 여부 확인	1	T8-4-13
증자에 대한 품의서를 작성하고 CFO 및 대표이사는 증자계획안, 품의서에 대하여 증자가능주식수, 발행금액, 발행조건, 주관사 등을 검토하고 승인한다.	A	D	M	Key	재무팀	재무팀장	보조원장에 기록된 유상증자 신규 건 중에서 샘플로 min(발생건수, 1건)을 선택 후 유상증자 품의서를 징구하여 증자관련내역과 전결권자의 승인 여부를 확인한다.	보조원장에 기록된 유상증자 신규 건	1	T8-5-1
은행으로부터 수령한 주금납입확인서와 통장을 통해 청약금액을 대사 확인한 후에 증자등기를 수행한다.	A	D	M	Key	재무팀	재무팀장	보조원장에 기록된 유상증자 신규 건 중에서 샘플로 min(발생건수, 1건)을 선택 후 주금납입확인서와 관련 통장 징구하여 주금납입사실을 확인하고 품의서의 청약금액과 일치하는지 확인한다.	보조원장에 기록된 유상증자 신규 건	1	T8-5-2
회사의 자기주식 취득 관련 거래는 대표이사 승인 및 이사회의 결의절차를 거쳐 이루어진다.	A	D	M	Key	재무팀	재무팀장	중요한 자기주식 취득 및 처분 또는 공시를 요하는 경우 중 샘플을 추출하여 대표이사 승인, 이사회결의를 득하였는지 품의서와 이사회 의사록을 징구하여 확인한다.	자기주식취득품의서, 이사회의사록	1	T8-5-3
자기주식의 매각거래는 이사회의 결의절차를 거쳐 이루어진다.	A	D	M	Key	재무팀	재무팀장	처분내용에 대해서는 투자주식 매각 품의서가 승인을 득하였는지 확인하고 이사회 의사록을 징구하여 이사회 결의를 득하였는지 확인한다.	자기주식취득품의서, 이사회의사록	1	T8-5-4
현업에서 새로운 거래, 비정상적 거래의 세무상 영향을 질문하면 질문 내용 및 답변을 문서화하고 관련 증빙을 첨부한다. 동 거래 발생 시 해당 거래의 세무적 영향을 재검토하고 이를 유지관리하여 세무조정에 반영한다.	S	P	M	Key	재무팀	재무팀장	검토내역철에 대한 검토내역서를 현업에서 질문한 거래가 실제로 발생하였는지 확인하고 세무조정에 반영되었는지 확인한다.	검토내역철에 대한 검토내역문서	1	T9-1-1

10

Mega Process	Sub Process	Job Description No.	직무활동	Risk	관련 계정과목	경영자의 주장	통제목적
세무	법인세	9-1-2	법인세-세무조정계산서 작성	세무조정 계산의 오류로 인하여 법규를 위반하거나 재무적 손실을 입을 가능성	이연법인세자산(부채), 법인세비용, 당기법인세자산(부채)	C, E, A	세무조정은 실제로 발생한 사실만 정확하게 세무조정에 반영한다.
세무	법인세	9-1-3	법인세-신고/납부	적절히 검토 또는 승인되지 않은 법인세 세무조정으로 인하여 법규를 위반하거나 재무정보의 신뢰성이 훼손될 위험	이연법인세자산(부채), 법인세비용, 당기법인세자산(부채)	A, O, P	세무조정사항은 적절한 승인절차를 거친 후 과세관청에 신고된다.
세무	부가가치세	9-2-1	매출부가세 집계/매입부가세 집계	부가세 기초자료의 누락 또는 오류로 인하여 법규를 위반하거나 재무적 손실을 입을 가능성	부가세대급금, 부가세예수금	C, E, A,	부가세 기초자료는 정확하고 완전하게 기록되어 세액산출에 반영된다. 회사와 거래처가 동일한 기간에 동일한 금액을 부가세 신고한다.
세무	부가가치세	9-2-2	신고서 작성 및 신고, 납부	적절히 검토 또는 승인되지 않은 부가세 신고로 인하여 법규를 위반하거나 재무정보의 신뢰성이 훼손될 위험	부가세대급금, 부가세예수금	C, E, A, P / C, E, A, P	부가세 신고사항은 적절한 승인절차를 거친 후 과세관청에 신고된다.
세무	지방세	9-3-1	지방세-자진신고납부	지방세 기초자료의 누락 또는 오류로 인하여 법규를 위반하거나 재무적 손실을 입을 가능성	세금과공과	C, E, A,	지방세 기초자료는 정확하고 완전하게 기록되어 세액산출에 반영된다.
세무	지방세	9-3-2	지방세-자진신고납부	적절히 검토 또는 승인되지 않은 지방세 신고로 인하여 법규를 위반하거나 재무정보의 신뢰성이 훼손될 위험	세금과공과	P	지방세신고사항, 고지납부대상은 적절한 승인절차를 거친 후 과세관청에 신고납부한다.
IT	프로그램 개발변경	10-1-1	프로그램의 개발/신규프로젝트 추진	필요한 프로그램이 현업부서의 요구사항을 효과적으로 지원하지 못할 위험	전 계정	A, C, E, V	조직의 전체적인 전략적 방향에 부합하는 프로그램개발 절차를 갖고 있다.
IT	정보시스템 관리	10-2-1	백업관리	적절한 백업관리가 이루어지지 않을 위험	전 계정	A, C, E, V	적절한 백업관리가 이루어지고 있다.
IT	정보시스템 관리	10-2-2	서버관리	적절한 서버관리가 이루어지지 않을 위험	전 계정	A, C, E, V	적절한 서버관리가 이루어지고 있다.

통제활동	통제주기	통제유형		Key/ Non Key	통제 관련팀	통제평가 책임자	테스트방법	샘플모집단	샘플수	Test No.
		예방 or 적발	자동화 or 수동화							
재무팀 법인세 담당자는 현업에서 작성한 전표자료를 통해 세무조정을 분석적 검토/실시한다.	S	D	M	Key	재무팀	재무팀장	세무조정 분석적 검토 내역의 적정성을 확인한다.	세무조정 검토 내역	1	T9-1-2
<세무조정내역보고> 품의서는 CEO까지 보고 및 승인된다.	S	D	M	Key	재무팀	재무팀장	<세무조정내역보고> 품의서에 대한 CEO의 승인 여부를 확인한다.	<세무조정내역보고> 품의서	1	T9-1-3
매입·매출을 집계하여 국세청자료와 대사를 실시하며, 부가세신고서 작성을 위한 엑셀 검증을 실시한다.	M	D	M	Key	재무팀	재무팀장	전산 및 국세청 자료와의 비교 대사를 실제로 수행하였는지 확인하며, 부가세신고에 대한 엑셀 검증이 이루어졌는지 확인한다.	국세청 매입 매출과 전산 대사자료, 부가세신고 전 검증자료	3	T9-2-1
부가세신고서는 신고하기 전에 승인권자의 승인을 받는다.	M	D	M	Key	재무팀	재무팀장, 비서총무팀장	부가가치세 신고 납부에 대한 품의서에 승인권자의 승인 여부 및 첨부자료의 정확성에 대하여 검사한다.	부가가치세 신고 납부에 대한 품의서	3	T9-2-2
지방세 담당자는 현업에서 작성한 공문을 토대로 검토보고서를 작성하고 승인권자의 승인을 득한다.	A	D	M	Key	재무팀, 비서 총무팀	재무팀장, 비서총무팀장	신고납부할 지방세 검토항목에 대하여 현업에서 작성한 공문 또는 인사정보시스템과 재대사하고 승인권자의 승인 여부를 확인한다.	신고납부할 지방세 검토서	1	T9-3-1
지방세 담당자는 납부금액에 대한 전표를 발의하고 전결규정에 따라 승인권자의 승인을 득한다.	A	D	M	Key	재무팀	재무팀장	신고 납부 지방세 납부 전표가 고지서 금액과의 일치 여부 및 승인권자의 승인 여부를 확인한다.	신고 납부 지방세 납부 전표	1	T9-3-2
현업으로부터의 프로그램개발/수정의뢰를 접수 후 협의를 통해 상세설계를 완료한다. 설계에 따라 프로그램 개발을 진행하며 검증작업을 통해 완료된다.	M	D	M	Key	전산팀	전산팀장	대상기간 중 발생한 프로젝트 개발/수정 건 중 샘플을 추출하여 전산개발요청서가 작성되고 전결권자의 승인 여부를 검토한다.	전산개발 목록	3	T10-1-1
ERP system를 통해 입력된 데이터는 전산팀 메인서버에 저장되며, 이 데이터는 네트워크에 백업되어 분석실 백업서버에 관리된다.	D	P	A	Key	전산팀	전산팀장	백업서버로 보관된 백업목록과 분석실백업서버에 보관된 목록을 대조한다.	백업목록	1	T10-2-1
외주업체는 유지보수계약에 의거하여 주기적으로 서버 등을 점검하며, System정비확인서를 작성하여 전산담당자에게 제출하고 승인을 득한다.	M	P	M	Key	전산팀	전산팀장	주기적으로 System 정비확인서가 작성되고 전산담당자의 승인을 득하는지 확인한다.	System 정비 확인서	3	T10-2-2

Mega Process	Sub Process	Job Description No.	직무활동	Risk	관련 계정과목	경영자의 주장	통제목적
IT	정보시스템 관리	10-2-3	하드웨어 및 소프트웨어(지적자산 보호) 구매	부적절한 소프트웨어와 하드웨어를 구입할 위험	전 계정	A, C, E, V	적절한 소프트웨어와 하드웨어를 구입한다.
IT	정보시스템 관리	10-2-4	소프트웨어 및 하드웨어 등록	소프트웨어와 하드웨어는 관리되지 않을 위험	전 계정	A, C, E, V	소프트웨어와 하드웨어가 적절히 관리되고 있다.
IT	보안관리	10-3-1	보안관리	적절하지 못한 보안정책 및 대응절차로 인하여 비인가자에 의한 재무 데이터 변경 및 손실로부터 보호되지 못할 위험	전 계정	A, C, E, V	재무보고 시스템과 그 하부시스템들은 승인받지 않은 사용과 정보공개, 변경, 데이터의 손상이나 손실로부터 적절히 보호되고 있다.
IT	보안관리	10-3-2	소프트웨어 및 하드웨어 등록	소프트웨어와 하드웨어는 관리되지 않을 위험	전 계정	A, C, E, V	소프트웨어와 하드웨어가 적절히 관리되고 있다.
IT	보안관리	10-3-3	전산교육관리(OJT 교육)	담당자의 미숙으로 인하여 전산통제가 이루어지지 않을 위험	전 계정	A, C, E, V	현업담당자들의 OJT교육을 통해 숙련도를 향상시키고 있다.
생산	생산계획 및 수립	11-1-1	연간생산계획의 수립	생산계획이 승인 없이 진행될 가능성	매출원가/재고자산	C, E	생산계획 및 통제는 적정하게 이루어져야 한다.
생산	생산계획 및 수립	11-1-2	월간생산계획의 수립	생산계획이 승인 없이 진행될 가능성	매출원가/재고자산	C,E	생산계획 및 통제는 적정하게 이루어져야 한다.
생산	생산계획 및 수립	11-1-3	월생산계획 대비 실적의 보고	생산계획과 실적의 차이분석이 정확하지 못할 위험	매출원가/재고자산	C, E	생산계획과 생산실적은 정확하게 분석된다.
생산	제품생산	11-2-1	작업지시서에 의한 생산	필요하지도 아니한 생산을 하거나, 납기가 급박한 거래처에 대하여는 납기를 준수하지 못한다.	매출원가/재고자산	C, E	생산계획 및 통제는 적정하게 이루어져야 한다.

통제활동	통제주기	통제유형		Key/ Non Key	통제 관련팀	통제평가 책임자	테스트방법	샘플모집단	샘플수	Test No.
		예방 or 적발	자동화 or 수동화							
S/W 및 H/W의 구매는 전산팀담당자가 구매의 내용을 해당부서와 협의하여 해당부서의 팀장 및 대표이사의 승인을 득한다. 구입하여 검수 후 해당부서에 이관한다.	W	P	M	Key	해당부서, 전산팀	전산팀장	IT 구매내역을 모집단으로 샘플을 추출하여 해당 물품과 관련한 <견적서> 및 <거래명세서>의 일치 여부 및 해당 부서장의 승인 여부를 검토한다.	IT 구매내역	8	T10-2-3
전산관리자는 S/W 및 H/W 대장을 유지 관리한다.	S	P	M	Key	전산팀	전산팀장	전산관리대장을 입수하여 적절히 관리되는지 검토한다.	전산관리 대장	1	T10-2-4
네트워크연결이 사용되는 곳에서는 권한이 부여되지 않은 접근을 방지하기 위해 ERP system 권한을 업무분장에 따라 구분부여하여 적절한 통제가 존재하고 사용된다.	W	P	M	Key	전산팀	전산팀장	평가기간 중 발생한 ERP system 권한부여내역을 징구하여 ERP system권한 부여가 전산개발요청서(해당부서장 승인)에 따라 이루어지는지 확인한다.	권한부여 내역	8	T10-3-1
전산팀은 주기적으로 불법 S/W사용 여부를 전산상 검토하여 회사규정에 위반되는 S/W는 설치를 금하고 있다.	S	P	M	Key	전산팀	전산팀장	전산팀의 사내 네트워크화면을 출력하여 검토한다.	ERP S/Ware 관리	1	T10-3-2
현업담당자들의 지속적인 OJT교육을 통해 전산관리능력을 향상시키고 있다.	S	P	M	Key	전산팀	전산팀장	전산팀의 교육계획서를 입수하여 주기적으로 교육이 수행되는지 여부를 검토한다.	<사내게시판 교육의뢰서>, <교육자료>	1	T10-3-3
생산기획팀은 판매계획에 준거하여 차년도 연간 생산계획을 수립한다.	A	D	M	Key	생산기획팀/ 구매팀/ 영업팀/ 재무팀	생산기획 팀장/ 본부장	생산기획담당자는 영업팀의 연간 판매계획에 준거하여 익년도 제품별/공정별 생산 계획을 수립하여 전결권자의 승인을 득하는지 확인한다.	연간생산 계획	1	T11-1-1
생산기획팀은 판매계획에 준거하여 제품별/재질별 월간 생산계획을 수립한다.	M	D	M	Key	생산기획팀/ 구매팀/ 영업팀/ 재무팀	생산기획 팀장/ 본부장	생산기획담당자는 영업팀의 연간 판매계획에 준거하여 월간 제품별/공정별 생산 계획을 수립하여 전결권자의 승인을 득하는지 확인한다.	월간생산 계획	3	T11-1-2
생산기획팀은 계획대비 생산실적자료를 작성하고 차이원인에 대하여 분석하여 전결권자의 승인을 득한다.	M	D	M	Key	생산기획팀/ 구매팀/ 영업팀/ 재무팀	생산기획 팀장/ 본부장	생산기획담당자는 계획대비 생산실적자료를 작성하여 전결권자의 승인을 득하는지 확인한다.	생산계획 대비 실적보고서	3	T11-1-3
생산계획부서의 승인에 의하여만 생산이 이루어진다.	D	D	M	Key	생산기획팀	생산기획 팀장/ 본부장	작업지시서가 작성이 되고 생산이 이루어지고 있는지 확인한다.	작업지시서	25	T11-2-1

Mega Process	Sub Process	Job Description No.	직무활동	Risk	관련 계정과목	경영자의 주장	통제목적
생산	외주업체 관리	11-3-1	외주업체 사후관리	외주업체 보관 재고자산 장부수량과 실물수량에 차이가 발생할 위험	매출원가/재고자산	C, E	외주업체 보관 재고자산 장부수량과 실물수량이 일치한다.
생산	외주업체 관리	11-3-2	외주보관재고의 조회	외주업체 보관 재고자산 장부수량과 실물수량에 차이가 발생할 위험	매출원가/재고자산	C, E	외주업체 보관 재고자산 장부수량과 실물수량이 일치한다.
품질	품질관리	12-1-1	품질관리 및 통제	부적합품에 대한 처리 결정에 따른 미조치 시 재고 관리 등에 문제될 위험	매출/매출원가/매출채권/재고자산	C, E	품질관리 및 통제는 내부기준에 따라 적정하게 이루어져야 한다.
품질	품질관리	12-1-2	클레임 접수 및 통제	거래처로부터 반품 및 대금공제된 내용과 당사의 클레임비용처리 장표의 내용이 불일치함으로써 재무제표에 잘못 표시될 위험	매출/매출원가/매출채권/재고자산	C, E	클레임 접수 및 통제는 내부기준에 따라 적정하게 이루어져야 한다.
연구개발	연구개발 과제관리	13-1-1	접근통제(보안통제)	연구개발과제 관련 중요정보에 대한 접근통제가 적절하게 이루어지지 않을 위험	무형자산, 경상개발비	C, E, V, O, P	연구 내용과 관련된 기술자료에 대해서 접근통제가 적절히 이루어진다.
연구개발	연구개발 과제관리	13-1-2	과제 진행에 대한 승인	실현가능성이 없거나 불필요한 기술개발활동으로 인하여 회사자원의 유출가능성	무형자산, 경상개발비, 정부보조금	C, E, V, O, P	무형자산 투자활동에 대해서는 사전에 타당성이 검토되어 승인되어야 한다.
연구개발	연구개발 과제관리	13-1-3	비용승인 절차	불필요한 기술개발비로 인한 회사자원의 과대 유출가능성	무형자산, 경상개발비	C, E, V, O, P	개발비에 대한 비용통제가 이루어져야 한다.
연구개발	연구개발 과제관리	13-1-4	프로젝트 관리	실현가능성이 없어진 프로젝트가 계속진행됨에 따라서 불필요한 회사자산의 유출가능성	무형자산, 경상개발비	C, E, V, O, P	프로젝트의 진행사항에 대한 보고통제를 구축함으로써 프로젝트의 진행여부 평가 적시성 있게 이루어져야 한다.
연구개발	연구개발 과제관리	13-1-5	정부출연금관리	국고보조금 지원과제와 무관한 정부출연금집행 및 국고보조금 회계, 세무상 처리의 오류발생가능성	무형자산, 경상개발비	C, E, V, O, P	정부출연금 경비통제와 관련 국고보조금의 회계처리의 완전성과 정확성이 확보되어야 한다.

통제활동	통제주기	통제유형		Key/Non Key	통제관련팀	통제평가책임자	테스트방법	샘플모집단	샘플수	Test No.
		예방 or 적발	자동화 or 수동화							
외주가공업체에 대해 업무규정에 정해진 주기마다 정기평가(품질경영팀) 및 방문(생산기획팀)을 실시한다.	M	D	M	Key	생산기획팀	생산기획팀장/본부장	정기적으로 외주업체에 대한 방문이 이루어지고 있는지 질문하고 외주업체 방문 후 외주업체방문보고서가 작성되고 있는지 확인한다.	외주업체 방문보고서	3	T11-3-1
외주가공업체가 보관하고 있는 재고중량을 확인하기 위해 정기적(최소 1년 1회)으로 타처보관재고자산조회서를 발송하고 회신한다.	S	D	M	Key	생산기획팀	생산기획팀장/본부장	정기적으로 타처보관재고자산조회서를 발송하고 회신하는지 타처보관재고자산조회서를 징구하여 확인한다.	타처보관재고자산조회서	1	T11-3-2
부적합품에 대하여 식별 및 관리 절차를 정하고, 기준에 부합할 경우 부적합보고서를 작성하고 보고서 안에 처리결정 기재 후 품질경영팀장의 결재를 받고 조치한다.	M	D	M	Key	품질경영팀	품질경영팀장	부적합 보고서를 확인하여, 처리 결정에 따른 처리 결과를 확인한다.	부적합보고서	3	T12-1-1
클레임이 발생한 경우 영업팀으로부터 조사의뢰서를 받고, 조사 후 클레임조사보고서를 작성 후 클레임에 따른 기안서를 작성 후 최종 결재권자의 결재를 득한 후 영업팀에 전달한다.	M	D	M	Key	내수영업팀/해외영업팀/품질경영팀	내수영업팀장/해외영업팀장/품질경영팀장	클레임 조사의뢰서에 따른 클레임조사보고서가 있는지 확인하고 이에 따른 클레임 기안서의 작성 및 최종결재권자의 결재 여부와 영업팀 전달 여부를 확인한다.	클레임조사의뢰서, 클레임조사보고서 및 클레임관련기안서	3	T12-1-2
기술연구소는 "기술자료 관리기준"에 따라 보안유지책임과 권한을 가지며, 기술연구소 전용 PC에 PASSWORD를 설정하여 관리한다.	O	P	A	Key	연구개발팀	연구개발팀장/기술연구소장	기술자료관리기준에 따라 기술연구소 전용 PC에 PASSWORD를 설정되었는지 질문한다.	기술자료관리기준	1	T13-1-1
연구개발팀 개발담당자는 시장조사 및 실현적합성을 검토하고 해당 결과를 연구개발팀 팀장과 연구소장에게 승인을 받아 최종적으로 대표이사의 승인을 득한다.	A	P	M	Key	연구개발팀	연구개발팀장/기술연구소장	기술개발팀 개발담당자는 과제의 타당성 검토한 과제보고서에 대해서 승인권자의 승인을 확인한다.	과제 진행 승인에 대한 기안협조전	1	T13-1-2
비용 처리는 담당자 권한으로 집행하며, 내부 전표는 연구개발팀 팀장의 승인을 받아 제출한다.	M	P	M	Key	연구개발팀	연구개발팀장/기술연구소장	기술개발비 비용승인 기안서에 대해서 관련 승인권자가 승인하였는지 확인한다.	연구개발팀이 작성한 회계전표 및 품의서	3	T13-1-3
참여연구원 변경이나 연구비 예산변경에 대해서 기안서를 작성하여 연구소장까지 승인을 받아 문서를 관리한다.	D	P	M	Key	연구개발팀	연구개발팀장/기술연구소장	기술개발팀 개발담당자가 과제진행내용변경에 대하여 과제진행내용변경에 대한 기안협조전을 팀장에게 보고되는지 관찰한다.	과제 진행내용 변경에 대한 기안협조전	25	T13-1-4
1년 단위로 연구비 정산이 이루어지며, RCMS 웹사이트에 연구비사용실적보고서를 출력하여 집행내역과 증빙자료를 대조한다.	Q	D	M	Key	연구개발팀	연구개발팀장/기술연구소장	국고보조과제가 연차별, 과제별로 구분하여 현황표의 문서검증과 이를 근거로 회계처리가 이루어지는지 질문 확인한다.	연구개발비사용실적보고서	2	T13-1-5

10

Mega Process	Sub Process	Job Description No.	직무활동	Risk	관련 계정과목	경영자의 주장	통제목적
연구개발	연구개발 과제관리	13-1-6	제품화 모니터링	실현가능성이 없어진 프로젝트가 계속진행됨에 따라서 불필요한 회사자산의 유출가능성	무형자산, 경상개발비	C, E, V, O, P	프로젝트의 진행사항에 대한 보고통제를 구축함으로써 프로젝트의 진행여부 평가 적시성 있게 이루어져야 한다.
연구개발	연구개발 과제관리	13-1-7	비용집계 및 Feed back	실현가능성이 없어진 프로젝트가 계속진행됨에 따라서 불필요한 회사자산의 유출가능성	무형자산, 경상개발비	C, E, V, O, P	프로젝트의 진행사항에 대한 보고통제를 구축함으로써 프로젝트의 진행여부 평가 적시성 있게 이루어져야 한다.
전사	통제환경	14-1-1	윤리강령 또는 윤리 관련 규정의 구비	회사의 윤리기준에 대한 모든 임직원, 외부서비스제공자, 협력업체 공유가 미흡할 위험	전 계정	C, E, A, V, O, P	회사는 공식적인 윤리강령 또는 윤리관련 정책을 확립하여 준수하고, 이러한 강령 또는 정책은 적절한 윤리적인 행동기준에 대해서 언급하고 허용 가능한 업무사례들과 이해 상충의 경우에 대해서 기술해야 한다.
전사	통제환경	14-1-2	윤리경영 관련 경영진의 의지	회사의 윤리기준에 대한 모든 임직원, 외부서비스제공자, 협력업체 공유가 미흡할 위험	전 계정	C, E, A, V, O, P	경영진의 회사 운영에 대한 윤리적 의지가 확고하여야 하며, 이러한 의지가 모든 임직원에게 전달되어야 한다.
전사	통제환경	14-1-3	윤리경영 관련 외부조직	회사의 윤리기준에 대한 모든 임직원, 외부서비스제공자, 협력업체 공유가 미흡할 위험	전 계정	C, E, A, V, O, P	사업관계에 있는 외부조직에 서비스수준 합의서 등에 윤리, 행동강령 준수를 요구해야 한다.
전사	통제환경	14-1-4	도덕성과 윤리성에 대한 경영진의 솔선수범	회사의 도덕성과 윤리적 가치가 미흡할 위험	전 계정	C, E, A, V, O, P	회사의 윤리행동강령과 제반절차에 경영진의 일관된 의사소통과 지속적 강조 및 준수를 위한 성과평가 및 인센티브체계 구축 및 위반 시의 보고 및 즉각적인 조치절차를 수립하여야 한다.
전사	통제환경	14-1-5	윤리서약의 징구	회사의 윤리적 기준에 대해 적절히 인지시키지 못할 위험	전 계정	C, E, A, V, O, P	경영진이 조직의 성실성 및 윤리적 가치가 훼손되어서는 안 된다는 명확한 기준을 내리고 조직원들이 숙지하도록 한다. 또한 경영진이 이러한 높은 수준의 윤리적 기준을 언행을 통해 모범을 보여 조직에 전파될 수 있도록 한다.
전사	통제환경	14-1-6	윤리강령 또는 윤리 관련규정의 세부지침	회사의 윤리적 기준에 대해 적절히 인지시키지 못할 위험	전 계정	C, E, A, V, O, P	승인된 정책과 절차의 시행 또는 윤리관련 규정의 위반 시에는 규범의 준수를 위한 적절한 교육 또는 처벌이 이루어져야 한다.

통제활동	통제주기	통제유형		Key/Non Key	통제 관련팀	통제평가 책임자	테스트방법	샘플모집단	샘플수	Test No.
		예방 or 적발	자동화 or 수동화							
연구개발팀 담당자는 주기적으로 제품화 과정을 확인하며, 특이사항 발생 시 생산팀과 미팅을 통해서 진행 여부 및 특이사항을 해결한다.	W	P	M	Key	연구개발팀	연구개발팀장/기술연구소장	연구개발팀에서 작성한 생산요청에 대한 문서를 확인한다.	연구개발팀에서 작성한 실험계획표, 실험보고서	8	T13-1-6
담당자는 월별로 연구비의 현금과 현물 집행내역과 잔액을 확인하고 문서화 및 팀장에게 보고한다.	Q	D	M	Key	연구개발팀	연구개발팀장/기술연구소장	예산대비 발생비용집계표를 작성하여 상위감독자에게 보고되는지 확인한다.	예산대비 발생비용집계표	2	T13-1-7
현재 윤리강령을 제정하고 윤리관련 정책을 확립하여 준수하고 있다.	A	P	M	Key	재무팀	재무팀장	윤리강령 또는 기타규정에 부적절한 지출, 회사 자원의 적절한 사용, 이해 상충, 불공정 경쟁방지, 내부자거래 등과 같은 항목이 포함되어 있는지 확인한다.	윤리규정 또는 윤리관련 기타규정	1	T14-1-1
현재 윤리강령을 제정하고 윤리관련 정책을 확립하여 준수하고 있다.	A	P	M	Non Key	재무팀	재무팀장	경영진이 청렴성과 도덕성의 중요성을 강조하고 임직원의 도덕적/윤리적 행동을 장려하는 조치를 취하는지 확인한다(윤리강령 선포식, 윤리규범 준수 관련 교육 시행 등).	윤리규정 또는 윤리관련 기타규정	1	T14-1-2
현재 외부조직과의 계약 또는 업무합의 시 윤리강령 준수를 요구하고 있다.	A	P	M	Non Key	총무팀	총무팀장 및 관련팀장	외부조직과의 계약 또는 업무합의 시 회사의 윤리강령의 준수를 요구하고 있는지 확인한다.	윤리규정 또는 윤리관련 기타규정	1	T14-1-3
현재 윤리강령을 제정하고 윤리관련 정책을 확립하여 준수하고 있다.	A	P	M	Non Key	재무팀	재무팀장	경영진이 도덕성과 윤리성을 강조하고 도덕적/윤리적 행동을 장려하는 조치를 취하는지 확인한다(윤리강령 선포식, 윤리규범 준수 관련 교육 시행 등).	윤리규정 또는 윤리관련 기타규정	1	T14-1-4
임직원은 입사 시에 서약서를 작성하고 있으며, 윤리와 관련된 내용이 포함되어 있다.	A	P	M	Key	재무팀	재무팀장	모든 임직원들로부터 윤리관련서약을 받았는지 서약서관리철을 확인한다.	임직원 현황 LIST	1	T14-1-5
현재 윤리규범 등을 제정되어 있고, 인사규정, 취업규칙에 의하여 위반자에 대한 징계관련 내용 및 징계절차가 규정되어 있다.	A	P	M	Key	재무팀	재무팀장	모든 임직원이 윤리규정의 위반행위에 대한 처벌을 인식할 수 있도록 윤리규정에 대한 공지가 실시되었는지 확인한다.	윤리규정 공지 내역	1	T14-1-6

10

Mega Process	Sub Process	Job Descri-ption No.	직무활동	Risk	관련 계정과목	경영자의 주장	통제목적
전사	통제환경	14-1-7	이사회 규정	이사회가 경영진으로부터 독립성 유지 및 내부회계관리제도의 설계 및 운영을 감독이 미흡할 위험	전 계정	C, E, A, V, O, P	이사회의 역할, 책임 및 위임규정 등을 포함한 이사회규정이 있도록 한다.
전사	통제환경	14-1-8	감사(위원회)규정	감사(위원회)의 재무보고 및 내부회계관리제도 감독에 대한 역할, 책임이 미흡할 위험	전 계정	C, E, A, V, O, P	감사(위원회)의 역할, 책임 및 위임규정 등을 포함한 감사(위원회)규정이 있도록 한다.
전사	통제환경	14-1-9	독립적인 이사회/감사의 운영	문제발견 시 충분히 조사되어야 함에도 불구하고 경영진으로부터의 독립성이 보장되지 못할 위험	전 계정	C, E, A, V, O, P	이사회와 감사는 경영진으로부터 독립적이어야 한다.
전사	통제환경	14-1-10	전문성과 독립성	이사회와 감사(위원회)의 전문성과 독립성이 미흡할 위험	전 계정	C, E, A, V, O, P	이사회와 감사(위원회)의 전문성과 독립성을 포함한 종합적인 능력을 평가한다.
전사	통제환경	14-1-11	내부감사 발견사항의 시정조치	문제발견 시 적절한 조치를 수행하지 못함으로 인하여 문제점이 지속될 가능성	전 계정	C, E, A, V, O, P	부정조사 및 감찰 등의 주요 발견사항에 대하여 이사회 또는 감사는 적절한 조치를 수행하여야 한다.
전사	통제환경	14-1-12	내부회계관리제도상 임직원 권한과 책임 부여	비윤리적 행위의 사전방지 및 사후관리가 미흡할 위험	전 계정	C, E, A, V, O, P	업무기술서 등에 내부회계관리제도와 관련하여 발생하는 책임에 대한 규정 및 절차가 존재하여야 한다.
전사	통제환경	14-1-13	상호 점검 기능	회사의 윤리기준에 대한 외부 이해관계자 공유가 미흡할 위험	전 계정	C, E, A, V, O, P	부정 발생 위험을 감소시키기 위한 내부통제가 적절히 유지되어야 한다.
전사	통제환경	14-1-14	계열사 내부감사절차	비효율적, 비윤리적 행위의 사후관리가 미흡할 위험	전 계정	C, E, A, V, O, P	독립적인 기구에 의해 정기적인 감사를 통해 부정을 포함하여 문제점을 평가하는 절차가 있어야 한다.

통제활동	통제 주기	통제유형		Key/ Non Key	통제 관련팀	통제평가 책임자	테스트방법	샘플모집단	샘플 수	Test No.
		예방 or 적발	자동화 or 수동화							
회사의 이사회규정에는 이사회의 역할, 책임, 위임규정 및 내부회계관리제도의 설계 및 운영에 관한 사항 등이 포함되어 있다.	A	P	M	Key	재무팀	재무팀장	회사의 이사회의사록철에서 이사회의 시행업무와 규정을 비교확인한다. 내부회계관리제도관련사항도 확인한다.	이사회규정 및 이사회 의사록	1	T14-1-7
내부회계관리제도, 내부감사부서, 외부감사인 및 부정방지프로그램에 대한 관리 감독과 기타 감사업무와 관련한 내용을 포함하는 규정이 있다.	A	P	M	Key	재무팀	재무팀장	감사(위원회) 업무철에서 시행업무와 규정을 비교 확인한다.	감사(위원회) 규정 및 감사(위원회) 업무철	3	T14-1-8
대표이사, 사내이사, 사외이사로 이사회가 구성되며, 정관 또는 이사회운영규정에서 정하고 있는 이사회의 결의가 필요한 사항이 발생할 때마다 수시로 개회하고 있다.	Q	P	M	Key	재무팀	재무팀장	정관, 내부의사소통운영기준 등을 징구하여 동 규정 등에서 이사회 등의 결의 등이 필요한 사항을 확인하고 당기 중 해당사항이 있는 항목에 대해 이사회의사록 등을 열람하여 이사회/감사가 경영진이 내린 의사결정, 중요 사안에 대한 업무처리에 대하여 적극적으로 감시하는지 확인한다.	정관, 내부의사소통 운영기준	2	T14-1-9
이사회와 감사(위원회) 구성원에 대한 전문성과 독립성 평가를 위한 자가평가 및 독립적 평가를 위한 기준이 마련되어 있다.	A	P	M	Key	재무팀	재무팀장	이력서와 평가기준을 확인한다.	평가기준과 이력서	2	T14-1-10
주주사를 통해 1년~1.5년의 주기로 내부감사를 실시하며, 감사결과 및 시정사항을 문서로 전달되며, 회사는 관련사항을 시정하고 시정결과보고를 실시한다.	A	P	M	Non Key	재무팀	재무팀장	감사결과 및 시정결과보고 관련하여 문서보고자료가 있는지 확인한다.	감사결과 시정사항 및 시정결과보고자료	1	T14-1-11
내부회계관리규정상에 경영진과 임직원의 책임이 기술되어 있다.	A	P	M	Non Key	재무팀	재무팀장	내부회계관리규정 내에 내부회계관리제도와 관련하여 내부회계관리자의 역할과 책임이 기술되어 있는지 확인한다.	내부회계 관리 규정	1	T14-1-12
내부회계관리제도운영보고 및 평가보고를 연 2회 실시하고 있음. 회사의 경우 내부감사의 기능이 정기적으로 운영되고 있지 않으나 주주사로부터 내부감사를 받는 등 간접적으로 내부감사기능이 운영되고 있다.	A	P	M	Key	재무팀	재무팀장	내부회계관리제도운영보고 및 평가보고가 연 1회 실시되었는지 확인한다.	내부회계관리제도 운영보고 및 평가보고	1	T14-1-13
주주사를 통해 1년~2년의 주기로 내부감사를 실시하며, 감사결과 및 시정사항을 문서로 전달되며, 회사는 관련사항을 시정하고 시정결과보고를 실시한다.	A	P	M	Non Key	재무팀	재무팀장	내부감사보고관련 자료가 있는지 확인한다.	감사결과 보고	1	T14-1-14

Mega Process	Sub Process	Job Description No.	직무활동	Risk	관련 계정과목	경영자의 주장	통제목적
전사	통제환경	14-1-15	업무분장 및 직무기술서	특정업무를 구성하는 직무를 공식/비공식적으로 정의하고 있지 못할 위험	전 계정	C, E, A, V, O, P	경영진은 업무별로 요구되는 자격요건을 명확히 정의하며, 또한 필요한 지식 및 기술에 대해서도 명확히 기술하고 있다.
전사	통제환경	14-1-16	보고체계	이사회에게 충분한 정보가 적시에 보고되지 못할 위험	전 계정	C, E, A, V, O, P	경영진의 목적과 전략, 조직의 재무상태, 운영성과, 중요계약에 대한 모니터링을 수행할 수 있도록 이사회에게 충분한 정보를 적시에 보고해야 한다.
전사	통제환경	14-1-17	내부보고체계(위임전결규정)	내부보고체계가 확립되어 있지 않아 상하위간 의사소통이 원활하지 못할 위험	전 계정	C, E, A, V, O, P	적절하고 명확한 내부 보고 체계를 확립하여야 한다.
전사	통제환경	14-1-18	임직원에 대한 업무교육	교육의 기회가 제공되지 않아 업무에 필요한 역량을 유지하지 못할 가능성	전 계정	C, E, A, V, O, P	회사는 임직원이 업무에 필요한 역량을 유지하고 향상시키기 위한 교육 기회를 제공해야 한다.
전사	통제환경	14-1-19	임직원에 대한 업무교육	내부회계관리제도 관련 주요 역할을 하는 임직원이 업무 적격성에 미흡할 위험	전 계정	C, E, A, V, O, P	내부회계관리제도 관련 임직원이 업무에 필요한 역량을 유지하고 향상시키기 위한 교육 기회를 제공해야 한다.
전사	통제환경	14-1-20	인사정책 및 절차	비윤리적 행위의 사전방지 및 사후관리가 미흡할 위험	전 계정	C, E, A, V, O, P	임직원에 대한 인사 정책 및 절차들이 적절하게 갖추어져 있어야 한다.
전사	통제환경	14-1-21	윤리적 분위기를 양성하는 보상체계	종업원, 공급자, 고객, 투자자, 채권자, 경쟁자, 감사인 등의 이해 관계자들과 비윤리적인 거래가 발생할 수 있는 위험	전 계정	C, E, A, V, O, P	이익목표나 매출목표 등을 맞추기 위하여 경영진이 압력을 받을 가능성이 있으며, 인센티브 등으로 인하여 재무제표를 왜곡할 가능성에 대비하여야 한다.
전사	통제환경	14-1-22	조직구조의 관리	환경에 변화가 일어나는 경우에 따라 조직구조가 적절히 변화되지 못할 위험	전 계정	C, E, A, V, O, P	조직의 구조는 회사의 활동을 모니터링을 할 수 없을 정도로 단순하지 않으며, 회사 내 정보의 흐름을 방해할 정도로 복잡해서도 안 된다. 조직구조는 각 구성원의 책임과 재무 보고의 상관관계를 명확히 이해하는 데 도움을 주며, 책임소재구분을 명확하게 한다.

통제활동	통제 주기	통제유형		Key/ Non Key	통제 관련팀	통제평가 책임자	테스트방법	샘플모집단	샘플 수	Test No.
		예방 or 적발	자동화 or 수동화							
각 본부증의 관리하여 직제규정을 보유하고 있으며, 조직구조, 직제, 부서별 업무분장 등을 구체적으로 정의하고 있다. 부서별로 부서별 업무관리규정을 보유하여 업무를 정의 및 구분하고 있으며, 개인별 업무기술보다는 업무단계별 업무정의 및 절차를 규정하고 있다.	A	P	M	Non Key	재무팀	재무팀장	사원을 샘플링 하여 해당사원의 직무기술서 내에 직무별 필요한 지식, 기술, 능력 등이 정의되어 있는지 확인한다.	직원 현황 LIST	1	T14-1-15
정기이사회는 매 분기마다 실시하며 임시이사회는 안건발생 시 수시로 실시하고 있다.	Q	P	M	Key	재무팀	재무팀장	이사회의사록을 열람하여 재무제표, 중요 계약 및 협상내용과 같은 중요 정보를 이사회가 정기적으로 검토하는지 확인한다.	이사회 의사록	2	T14-1-16
회사는 위임전결규정에 의한 내부보고체계가 수립되어 있다.	O	P	M	Non Key	재무팀	재무팀장	1. 최근의 위임전결규정을 징구한다. 2. 임의의결의서를 샘플하여 위임전결규정에 의해 내부보고체계를 거쳤는지 확인한다.	임의의 결의서	40	T14-1-17
교육훈련 및 자격부여기준의 규정을 통하여 교육을 관리하고 있으며, 연초 직무관련교육에 대하여 계획을 수립하여 시행하고 있다. 직무교육은 인사에서, 기술교육은 QA에서 실시한다.	A	P	M	Non Key	재무팀	재무팀장	사원을 샘플링하여 해당사원의 직급별/업무특성에 따른 교육시간 지정 및 이에 따른 사후관리 여부를 확인한다.	임직원 현황 LIST	1	T14-1-18
교육훈련 및 자격부여기준의 규정을 통하여 교육을 관리하고 있으며, 연초 직무관련교육에 대하여 계획을 수립하여 시행하고 있다. 직무교육은 인사에서, 기술교육은 QA에서 실시한다.	A	P	M	Non Key	재무팀	재무팀장	내부회계관리제도 관련 임직원을 샘플링하여 해당 임직원의 직급별/업무특성에 따른 교육시간 지정 및 이에 따른 사후관리 여부를 확인한다.	임직원 현황 LIST	1	T14-1-19
인사규정이 공식화 & update되고 있다.	A	P	M	Non Key	재무팀	재무팀장	인사규정을 징구하여 채용, 승진 등이 인사규정을 준수하였는지 확인한다.	채용/승진자 등의 LIST	1	T14-1-20
성과급지급은 노사협의에 의하여 지급되며, 성과급지급을 위해서 재무제표가 왜곡될 가능성은 낮다.	A	P	M	Non Key	재무팀	재무팀장	성과급에 대해 질문하고 노사협의에 의하여 지급되는지 확인한다.	노사협의서	1	T14-1-21
기획팀에서 직제규정을 관리하고 있으며, 조직구조의 변경이 필요할 경우 직제규정의 변경을 통해서 실시하며, 이는 임원 승인 및 대표이사의 승인을 득하고 있다.	A	P	M	Non Key	재무팀	재무팀장	조직도 변경이력을 징구받아 조직변경 시 검토한 자료를 확인한다.	조직도 변경이력	1	T14-1-22

10

Mega Process	Sub Process	Job Descri-ption No.	직무활동	Risk	관련 계정과목	경영자의 주장	통제목적
전사	위험평가	14-2-1	재무제표 생성에 대한 경영진의 주장 및 태도	회계처리 및 적용의 분쟁 등의 경우에 재무보고와 관련하여 그릇된 태도와 행동을 취할 위험(예, 회계원칙이 잘못 적용된 경우, 중요 회계정보가 공시되지 않거나, 조작된 경우, 보수적/진보적 회계원칙 선택)	전 계정	C, E, A, V, O, P	경영진의 철학 및 운영스타일은 조직전반에 영향을 미치며 효과적인 내부통제 환경 안에서, 경영진의 내부통제에 대한 관심과 경영 방식은 업무 프로세스와 통제활동을 효과적으로 하는 긍정적인 분위기를 형성하는 데 기여한다.
전사	위험평가	14-2-2	회계정책의 수립 및 변경	회계규정이 적합한 회계기준 및 회계기준의 제/개정에 미흡할 위험	전 계정	C, E, A, V, O, P	회사의 회계규정이 적합한 회계기준과 제/개정 내용을 포함하여 회계처리에 적정성을 제공한다.
전사	위험평가	14-2-3	내외부적 risk 대응방안	내부 원천 또는 외부 요소로부터 발생하는 위험을 적정하게 식별하지 못할 위험	전 계정	C, E, A, V, O, P	조직의 위험평가 절차는 조직 수준과 활동 수준 모두에 대해서 관련 위험의 영향을 고려하고 식별한다. 위험 평가절차는 조직의 목적 달성에 영향을 주는 외부, 재무 요소를 모두 고려하여, 해당 위험을 분석하여 기본적인 관리 방안도 제공한다.
전사	위험평가	14-2-4	조직의 전사수준의 목적 수립 과정의 평가	회사의 전사적 목적과 운영전략과의 일관성이 결여될 위험	전 계정	C, E, A, V, O, P	조직의 효과적인 통제를 위해 조직이 성취하고자 하는 것에 대한 설명이 포함된 전사적 목적이 수립되어 있으며 전략적 계획에 의해 지원된다.
전사	위험평가	14-2-5	전사적 목적과 사업별 목적 간의 일관성 유지	각 업무 및 사업별로 추구하는 목적이 전사적 목적 및 전략 계획과 일관성이 없을 위험	전 계정	C, E, A, V, O, P	일상 업무 수준의 목적은 전사적 목적과 전략으로부터 시작되며 연결된다. 일상 업무수준의 목적은 특정 목적 및 기한이 명시되기도 한다. 각각의 주요 업무별 목적이 수립되며, 이러한 일상 업무 수준의 목적은 다른 업무와 일관성이 유지된다.
전사	위험평가	14-2-6	부정위험의 평가	회사의 부정위험 요인의 파악이 미흡할 위험	전 계정	C, E, A, V, O, P	다양한 부정위험 유형, 부정의 유인과 압력 등을 파악하여 전 임직원 교육 시 활용하여 부정위험을 예방한다.

통제활동	통제주기	통제유형		Key/Non Key	통제 관련팀	통제평가 책임자	테스트방법	샘플모집단	샘플수	Test No.
		예방 or 적발	자동화 or 수동화							
최고경영자(CEO)에게 매일 자금보고, 주간업무보고, 월차결산보고와 경영목표달성현황 및 전망에 대한 보고(영업, 생산중심) 등을 최소 매월 보고한다.	M	P	M	Key	재무팀	재무팀장	매일자금보고, 주간업무보고, 월간계획, 월차결산보고와 경영목표달성현황 및 전망에 대한 보고 등이 최소 매월 CEO에게 보고되는지 확인한다.	1. 일일자금보고 2. 월차결산보고 3. 경영목표달성현황 및 전망에 대한 보고	3	T14-2-1
회계규정의 변경은 이사회의 승인을 득한다.	A	P	M	Key	기획팀	기획팀장	회계규정이 적합한 회계기준이 반영되어 있는지 확인하고 이에 따라 회계처리되고 있는지 확인한다. 또한 회계규정의 변경 시 이사회의 승인을 득하는지 확인한다.	회계규정 및 전표	1	T14-2-2
주기적으로 실시되는 간부 및 임원회의를 통해 전략적인 위험 등에 대하여 논의가 이루어지고 있다. 최고경영자는 매일, 주간, 매월단위로 부서별 보고자료를 통해 위험을 파악하고 검토하고 있으며, 매월 확대간부회의를 통해 토의하고 있다.	M	P	M	Non Key	재무팀	재무팀장	회사 내외부적으로 위험을 식별하기 위하여 사용하는 방법론이 있으며 그러한 방법론에 의하여 식별된 위험이 업무에 반영되거나 경영진에게 보고되는지 질문 또는 문서 확인한다.	간부회의/임원회의 회의록 또는 기타 보고자료 등	3	T14-2-3
회사는 경영계획수립 및 관리규정을 통해 중장기계획수립을 관리하고 있으며, 회사는 중장기전략계획수립차원에서 매년 향후 3년의 사업계획을 작성하고 있다.	A	P	M	Key	재무팀	재무팀장	회사의 향후 3년의 사업계획을 징구한다.	향후 3년의 사업계획서	1	T14-2-4
회사의 경우 전사수준의 경영목표가 설정되면 전사수준의 경영목표를 달성하기 위한 각 팀별 경영목표를 설정하고 있으며 매년 대표이사가 보고받고 있으며 전사수준의 경영목표대비 현재 달성수준에 대해 매월 간부회의에서 보고되고 있으며, 하반기에 향후 달성전망 등에 대해서 대표이사에게 보고하고 있다.	M	P	M	Non Key	재무팀	재무팀장	1. 팀별 경영목표가 설정되어 있고 매년 대표이사로부터 보고가 되는지 확인한다. 2. 전사수준의 경영목표에 대해서는 목표설정 이후 매월 보고되는지 확인한다.	팀별 경영목표 달성현황 및 전망(년 단위), 전사 경영목표 달성현황 및 전망(월 단위)	3	T14-2-5
회사의 특성에 맞는 부정유형, 유인과 압력 등을 파악하여 문서화 하고 전 임직원 교육 시 활용하고 있다.	A	P	M	Key	재무팀	재무팀장	1. 회사의 부정유형, 유인과 압력에 관한 문서를 징구한다. 2. 관련 교육 실시 여부를 확인한다. 3. 부정발생 여부 및 과거 발생사례를 확인한다.	임직원 교육목록	1	T14-2-6

Mega Process	Sub Process	Job Description No.	직무활동	Risk	관련 계정과목	경영자의 주장	통제목적
전사	위험평가	14-2-7	내부회계관리제도 평가범위의 선정	내부회계관리제도 평가범위가 선정되지 않을 경우 평가대상의 누락 또는 중요하지 않은 평가대상이 포함될 위험	전 계정	C, E, A, V, O, P	내부회계관리제도 평가범위 선정은 적절한 방법론에 따라 적절한 주기로 이루어진다.
전사	통제활동	14-3-1	내부통제활동에 대한 정책 및 절차	회사의 각 통제 활동을 적용하기 위한 필요한 정책과 절차가 정의되지 않아, 일관성 있게 지속적으로 적용되지 못할 위험	전 계정	C, E, A, V, O, P	통제활동은 경영진의 지시가 효과적으로 작용하도록 하는 광범위한 정책과 관련 절차를 포함한다. 조직의 목적을 성취하고 위험을 줄이기 위해 필요한 활동이 수행된다.
전사	통제활동	14-3-2	정보기술 일반통제	IT통제가 미흡하여 정보의 왜곡을 초래할 위험	전 계정	C, E, A, V, O, P	IT와 연관성을 가진 통제기술서, 업무흐름도 또는 업무기술서를 통한 통제활동 적용에 사용되는 시스템과 관련 기능을 문서화한다.
전사	통제활동	14-3-3	업무 분장의 적절성	업무분장이 제대로 되어 있지 않아 부정 및 부적절한 행위를 감소시키지 못할 위험	전 계정	C, E, A, V, O, P	통제활동은 경영진의 지시가 효과적으로 작용하도록 하는 광범위한 정책과 관련 절차를 포함한다. 조직의 목적을 성취하고 위험을 줄이기 위해 필요한 활동이 수행된다.
전사	정보 및 의사소통	14-4-1	정보목록	필요한 정보의 누락으로 내부회계관리제도의 신뢰성 저하 위험	전 계정	C, E, A, V, O, P	경영진의 정보 요구사항 목록을 작성함으로써 내부회계관리제도의 신뢰성을 확보한다.

통제활동	통제주기	통제유형		Key/Non Key	통제 관련팀	통제평가 책임자	테스트방법	샘플모집단	샘플수	Test No.
		예방 or 적발	자동화 or 수동화							
현재 내부회계관리제도 평가범위를 선정하기 위한 방법이 수립되어 있지 않으나 새로운 내부회계관리제도의 도입에 의해 평가범위의 방법론이 제시될 예정이다. 또한, 이사회 승인사항을 추가하도록 한다.	A	P	M	Key	재무팀	재무팀장	1. 내부회계관리제도평가범위의 선정기준에 대한 문서를 징구한다. 2. 동 선정기준이 내부회계관리자 및 대표이사의 승인을 득하였는지 확인한다.	내부회계관리제도 평가범위 선정기준 문서	1	T14-2-7
내부회계관리제도 구축 시 회사의 프로세스별 통제기술서가 적합하게 기술되고 있고, 통제포인트가 명확하게 설계되어 있다.	M	P	M	Non Key	재무팀	재무팀장	각 프로세스별 통제기술서가 적합하고 통제포인트가 명확한지 확인한다.	통제기술서		T14-3-1
IT와 연관성을 가진 통제기술서, 업무흐름도 또는 업무기술서를 통한 통제활동적용에 사용되는 시스템과 관련기능을 문서화되어 있다. IT연관항목에는 자동통제, 리포트, 보안, 계산, 인터페이스 등이 포함된다.	M	P	M	Non Key	재무팀	전산팀장/재무팀장	IT관련 문서화를 확인한다.	IT관련 통제기술서, 업무기술서	3	T14-3-2
직제규정 및 위임전결규정 등에 따라 업무분장이 되어 있다.	A	P	M	Non Key	재무팀	재무팀장	1. 자산보관담당자가 그 자산에 대한 기록 등의 회계업무를 겸직하고 있는지 질문한다(예, 현금수납을 담당하는 직원이 현금과 매출채권장부를 기록하는 경우, 급여계산담당자가 급여를 지급하는 경우, 구매담당자가 구입기록을 유지하는 경우). 2. 거래의 승인권자에게 관련자산에 대한 통제기능이 부여되어 있는지 질문한다(예, 신규입사자나 퇴사자를 급여계산에서 제외하는 업무를 수행하는 직원에게 동시에 급여를 지급하는 업무를 맡기는 경우).	자산보관 담당자, 거래 승인권자, 회계기록 담당자	1	T14-3-3
1. 통제가 효과적으로 작동하기 위해 필요한 중요한 정보(재고수불리스트, 각종 평가보고서, 평가에 사용된 예측정보 등) 2. 필요한 정보의 취득 및 관리방안(외부원천정보, 비재무부문 정보, 정보의 저장과 관리, 시스템을 이용한 데이터의 정보화, 정보의 품질관리 방안, 재무보고 데이터 및 정보의 식별 유지관리)	M	P	M	Non Key	재무팀	재무팀장	내부회계관리제도의 각 프로세스별 통제기술서에 해당사항이 기술되고 통제포인트가 적합하게 설계되어 있는지 확인한다.	통제기술서, 정보목록	5	T14-4-1

Mega Process	Sub Process	Job Description No.	직무활동	Risk	관련 계정과목	경영자의 주장	통제목적
전사	정보 및 의사소통	14-4-2	의사소통 수단의 검토 및 개선	조직 내 필요정보의 비 공유로 인한 의사소통의 미흡 위험	전 계정	C, E, A, V, O, P	회사는 구성원들 간의 중요 정보에 대한 의사소통을 위하여 다양한 의사소통의 형식과 수단을 활용해야 한다.
전사	정보 및 의사소통	14-4-3	의사소통 수단의 검토 및 개선	조직 외부 필요정보의 비 공유로 인한 의사소통의 미흡 위험	전 계정	C, E, A, V, O, P	회사는 조직 외부 정보에 대한 의사소통을 위하여 다양한 의사소통의 형식과 수단을 활용해야 한다.
전사	모니터링	14-5-1	상시적인 내부통제 검증작업	부적절한 활동에 대해 보고할 수 있는 의사소통 채널이 미흡할 위험	전 계정	C, E, A, V, O, P	회사의 구성원은 일상 업무를 수행하는 동안 내부통제가 적절하게 기능을 수행하는지에 대한 정보를 획득하여야 한다.
전사	모니터링	14-5-2	미비점 평가	내부회계관리제도의 미비점에 대한 개선활동이 미흡할 위험	전 계정	C, E, A, V, O, P	미비점에 대한 시정조치 절차가 마련되어 조치현황을 관리 감독한다. 미비점은 모범규준에 따라 경영진, 이사회, 감사(위원회) 등에 보고하는 절차가 있다.

Mega Process	Sub Process	Job Description No.	직무활동	Risk	관련 계정과목	경영자의 주장	통제목적
전사	위험평가	14-2-7	내부회계관리제도 평가범위의 선정	내부회계관리제도 평가범위가 선정되지 않을 경우 평가대상의 누락 또는 중요하지 않은 평가대상이 포함될 위험	전 계정	C, E, A, V, O, P	내부회계관리제도 평가범위 선정은 적절한 방법론에 따라 적절한 주기로 이루어진다.
전사	통제활동	14-3-1	내부통제활동에 대한 정책 및 절차	회사의 각 통제 활동을 적용하기 위한 필요한 정책과 절차가 정의되지 않아, 일관성 있게 지속적으로 적용되지 못할 위험	전 계정	C, E, A, V, O, P	통제활동은 경영진의 지시가 효과적으로 작용하도록 하는 광범위한 정책과 관련 절차를 포함한다. 조직의 목적을 성취하고 위험을 줄이기 위해 필요한 활동이 수행된다.
전사	통제활동	14-3-2	정보기술 일반통제	IT통제가 미흡하여 정보의 왜곡을 초래할 위험	전 계정	C, E, A, V, O, P	IT와 연관성을 가진 통제기술서, 업무흐름도 또는 업무기술서를 통한 통제활동 적용에 사용되는 시스템과 관련 기능을 문서화한다.
전사	통제활동	14-3-3	업무 분장의 적절성	업무분장이 제대로 되어 있지 않아 부정 및 부적절한 행위를 감소시키지 못할 위험	전 계정	C, E, A, V, O, P	통제활동은 경영진의 지시가 효과적으로 작용하도록 하는 광범위한 정책과 관련 절차를 포함한다. 조직의 목적을 성취하고 위험을 줄이기 위해 필요한 활동이 수행된다.
전사	정보 및 의사소통	14-4-1	정보목록	필요한 정보의 누락으로 내부회계관리제도의 신뢰성 저하 위험	전 계정	C, E, A, V, O, P	경영진의 정보 요구사항 목록을 작성함으로써 내부회계관리제도의 신뢰성을 확보한다.

통제활동	통제 주기	통제유형 예방 or 적발	통제유형 자동화 or 수동화	Key/ Non Key	통제 관련팀	통제평가 책임자	테스트방법	샘플모집단	샘플 수	Test No.
현재 내부회계관리제도 평가범위를 선정하기 위한 방법이 수립되어 있지 않으나 새로운 내부회계관리제도의 도입에 의해 평가범위의 방법론이 제시될 예정이다. 또한, 이사회 승인사항을 추가하도록 한다.	A	P	M	Key	재무팀	재무팀장	1. 내부회계관리제도평가범위의 선정기준에 대한 문서를 징구한다. 2. 동 선정기준이 내부회계관리자 및 대표이사의 승인을 득하였는지 확인한다.	내부회계관리제도 평가범위 선정기준 문서	1	T14-2-7
내부회계관리제도 구축 시 회사의 프로세스별 통제기술서가 적합하게 기술되고 있고, 통제포인트가 명확하게 설계되어 있다.	M	P	M	Non Key	재무팀	재무팀장	각 프로세스별 통제기술서가 적합하고 통제포인트가 명확한지 확인한다.	통제기술서		T14-3-1
IT와 연관성을 가진 통제기술서, 업무흐름도 또는 업무기술서를 통한 통제활동적용에 사용되는 시스템과 관련기능을 문서화되어 있다. IT연관항목에는 자동통제, 리포트, 보안, 계산, 인터페이스 등이 포함된다.	M	P	M	Non Key	재무팀	전산팀장/ 재무팀장	IT관련 문서화를 확인한다.	IT관련 통제기술서, 업무기술서	3	T14-3-2
직제규정 및 위임전결규정 등에 따라 업무분장이 되어 있다.	A	P	M	Non Key	재무팀	재무팀장	1. 자산보관담당자가 그 자산에 대한 기록 등의 회계업무를 겸직하고 있는지 질문한다(예, 현금수납을 담당하는 직원이 현금과 매출채권장부를 기록하는 경우, 급여계산담당자가 급여를 지급하는 경우, 구매담당자가 구입기록을 유지하는 경우). 2. 거래의 승인권자에게 관련자산에 대한 통제기능이 부여되어 있는지 질문한다(예, 신규입사자나 퇴사자를 급여계산에서 제외하는 업무를 수행하는 직원에게 동시에 급여를 지급하는 업무를 맡기는 경우).	자산보관 담당자, 거래 승인권자, 회계기록 담당자	1	T14-3-3
1. 통제가 효과적으로 작동하기 위해 필요한 중요한 정보(재고수불리스트, 각종 평가보고서, 평가에 사용된 예측정보 등) 2. 필요한 정보의 취득 및 관리방안(외부원천정보, 비재무부문 정보, 정보의 저장과 관리, 시스템을 이용한 데이터의 정보화, 정보의 품질관리 방안, 재무보고 데이터 및 정보의 식별 유지관리)	M	P	M	Non Key	재무팀	재무팀장	내부회계관리제도의 각 프로세스별 통제기술서에 해당사항이 기술되고 통제포인트가 적합하게 설계되어 있는지 확인한다.	통제기술서, 정보목록	5	T14-4-1

통제활동	통제 주기	통제유형		Key/ Non Key	통제 관련팀	통제평가 책임자	테스트방법	샘플모집단	샘플 수	Test No.
		예방 or 적발	자동화 or 수동화							
업무연락, 회의, 사내메일 등을 활용하여 내부적인 의사소통 및 제안제도가 이루어진다.	A	P	M	Non Key	재무팀	재무팀장	구성원들 간의 중요정보에 대한 의사소통을 위하여 다양한 의사소통의 형식과 수단의 활용유무를 질문한다.		1	T14-4-2
고객상담실제도를 운영함으로써 외부와의 의사소통을 이루려고 한다.	A	P	M	Non Key	재무팀	재무팀장	고객상담실의 운영현황을 파악하고 고객불만에 대한 내부처리절차가 규정대로 시행되고 있는지 확인한다.	고객상담실 운영 규정 및 운영일지	1	T14-4-3
새로운 인증시스템의 도입을 통해 상시적인 운영이 가능하도록 설계되어 있다.	A	P	M	Key	재무팀	재무팀장	내부회계담당에 의한 운용 TEST가 실시되고 운용 TEST의 결과물이 CEO, CFO에게 보고 및 승인되었는지 확인한다.	내부회계관리제도 운용 TEST의 결과물	1	T14-5-1
1. 미비점보고에 포함할 사항(미비점의 성격 및 특성, 근본 원인, 원천부서 및 프로세스, 재무제표에 미치는 영향, 왜곡표시 가능성 및 개선 방안) 2. 시정조치에 대한 모니터링(진행상태를 검토하기 위한 회의, 시정조치 문서)	S	P	M	Key	재무팀	재무팀장	미비점보고 및 시행조치가 규정대로 시행되는지 확인한다.	미비점보고서, 시정조치 리스트	2	T14-5-2

테스트수행결과 양식 sample

대 분 류		테스트수행자	
중 분 류		테스트검토자	
직무활동			

1. 통제활동 :

2. 통제주기 :

3. 모집단 :

4. 표본수 :

5. 표본기간 :

6. 테스트 절차 :

7. 결과 :

NO					

(Y : 예외사항 없음, N : 예외사항 있음, N/A : 해당사항 없음)

8. 예외사항 :
   발생원인 :
   개선방안 :
   예외사항 발생 시 샘플수 3배수 확대한 테스트결과 :

9. 운영의 유효성에 대한 결론 :

Profile

강 인 준

- 고려대학교 졸업(동 대학원 석사)
- 한국 및 미국 공인회계사, 경영진단사
- 미국 KPMG LA Office 근무(Super Vising Senior)
- KPMG Computer Specialist 과정 이수
- (전) 산동회계법인 이사
  산동경영연구원 수석연구원
  동아제약㈜ · ㈜액토즈소프트 · ㈜듀티프리24 비상근감사
- (현) 대성삼경회계법인 대표

〈저서〉
- 계정과목별 경리업무매뉴얼(㈜조세통람)
- 경영기획업무매뉴얼(㈜조세통람)
- 실전회사규정집(㈜조세통람)

정 병 무

- 인하대학교 졸업
- 한국공인회계사
- (전) 산동회계법인 근무
  청운회계법인 근무
- (현) 대성삼경회계법인 파트너
  사단법인 교황청전교기구 한국지부 비상근감사
  재단법인 한국카리타스인터내셔널 비상근감사

최 정 혜

- 고려대학교 졸업
- 한국공인회계사
- (전) 삼일회계법인 근무
- (현) 삼덕회계법인 근무

내부감사 매뉴얼

저 자 강인준, 정병무, 최정혜
발 행 인 서동혁
편 집 인 김주원
편집·교정 정우식, 김영분, 박가온
편집디자인 라미경, 이수빈, 신혜연, 송계영
발 행 처 ㈜조세통람
펴 낸 날 2002년 4월 15일 초판 발행
2020년 7월 10일 개정7판 발행

저자와의 협의하에 인지생략

주 소 서울특별시 중구 동호로 14길 5-6(신당동)
등 록 1976. 11. 5. 제9－81호
대표전화 02) 2231－7027
F A X 02) 2234－1754
구입문의 02) 2231－7027~9

I S B N 979－11－6064－175－2 13320
정 가 **85,000원**

(주)조세통람은 좋은 책을 만들기 위해 독자 여러분의 의견을 기다립니다.
E·mail(josetop@inaus.co.kr)과 홈페이지(www.taxnet.co.kr)의 고객지원센터 "고객의 소리" 코너